엑셀과 파워포인트 2013 개정판

강동진, 송무희, 하숙정, 박보석, 류춘하 지음

한빛아카데미
Hanbit Academy, Inc.

지은이 **강동진, 송무희, 하숙정, 박보석, 류춘하**

지은이들이 소속된 경북대학교 교양전산교육부는 IT활용과 프로그래밍 등 실무형 정보화 교육을 담당하고 있다. IT 교육의 실용성을 확보하기 위해 C 언어, 매트랩, 오피스 활용, 멀티미디어 활용 등 컴퓨터 관련 강의를 수년간 하고 있으며, 교재 개발 또한 지속적으로 하고 있다. 대학 강의 외 초청 특강, 모바일용 앱 및 웹 기반 솔루션 개발에도 다양한 방법으로 참여하고 있다.

- 강동진 djkang@ knu.ac.kr
- 송무희 mhsong@ knu.ac.kr
- 하숙정 sjha@ knu.ac.kr
- 박보석 boseok4u@ knu.ac.kr
- 류춘하 chryu@ knu.ac.kr

엑셀과 파워포인트 2013 개정판

초판발행 2015년 04월 11일
6쇄발행 2021년 01월 25일

지은이 강동진, 송무희, 하숙정, 박보석, 류춘하 / **펴낸이** 전태호
펴낸곳 한빛아카데미(주) / **주소** 서울시 서대문구 연희로 2길 62 한빛아카데미(주) 2층
전화 02-336-7112 / **팩스** 02-336-7199
등록 2013년 1월 14일 제2017-000063호 / **ISBN** 979-11-5664-177-3 93000

책임편집 변소현 / **기획** 유경희 / **편집** 유경희 / **진행** 권오상
디자인 표지 더그라프, 내지 여동일
영업 이윤형, 길진철, 김태진, 김성삼, 이정훈, 임현기, 이성훈, 김주성 / **영업기획** 김호철, 주희

이 책에 대한 의견이나 오탈자 및 잘못된 내용에 대한 수정 정보는 아래 이메일로 알려주십시오.
잘못된 책은 구입하신 서점에서 교환해 드립니다. 책값은 뒤표지에 표시되어 있습니다.

홈페이지 www.hanbit.co.kr / 이메일 question@hanbit.co.kr

Published by HANBIT Academy, Inc. Printed in Korea

원리를 알면 IT가 맛있다
IT COOKBOOK

1시간 강의를 위해 3시간을 준비하는 마음!

군더더기 없는 핵심 원리 + 말랑말랑 쉬운 컨텐츠

핵심 원리 하나만 제대로 알면 열 가지 상황도 해결할 수 있습니다.
친절한 설명과 명확한 기승전결식 내용 전개로 학습 의욕을 배가시켜줍니다.

핵심 원리 → 풍부한 예제와 연습문제 → 프로젝트로 이어지는 계단 학습법

기본 원리를 다져주는 예제, 본문에서 배운 내용을 촘촘하게 점검해볼 수 있는 연습문제,
현장에서 바로 응용할 수 있는 프로젝트를 단계별로 구성해 학습의 완성도를 높였습니다.

학습욕구를 높여주는 현장 이야기가 담긴 IT 교과서

필드 어드바이저의 인터뷰와 주옥 같은 현업 이야기를 담았습니다.
강의실 밖 현장의 요구를 접하는 기회를 제공하고,
학생들 스스로 필요한 공부를 할 수 있도록 방향을 제시합니다.

엑셀과 파워포인트, 제대로 알고 효과적으로 사용하자

대표적인 오피스 프로그램인 엑셀과 파워포인트는 버전업이 될 때마다 각각의 전문 기능뿐만 아니라 다른 분야의 기능도 지원하도록 확장되고, 사용자가 좀 더 사용하기 쉽도록 계속 변화하고 있습니다. 오피스 2013에서도 많은 변화가 있었지만 버전업이 되더라도 핵심 기능에는 큰 변함이 없습니다. 그래서 이 책에서는 핵심 기능을 중심으로 다루면서 달라진 기능 중 유용하고 편리한 기능을 추가로 다루었습니다.

저자들이 수년간 강의를 해오면서 가장 안타까웠던 점은 많은 사람들이 파워포인트나 엑셀을 이미 사용하고 있으면서도 충분히 활용하지 못하고 있다는 점입니다. 파워포인트의 경우 눈금자를 이용해 단락의 모양을 변경할 수 있다거나 서식 복사 기능이 있다거나 마스터를 통해 모든 슬라이드의 제목 서식을 한 번에 수정하고 더 나아가 자신만의 디자인을 만들 수 있다는 것을 몰라 아주 기본적이고 단편적인 기능만 활용하는 경우가 많습니다. 엑셀도 계산기를 대신하거나 차트를 만드는 경우에만 사용하고, 시트에 데이터를 자동으로 입력할 수 있는 채우기 핸들이나 사용자가 복잡한 수식을 작성하지 않아도 원하는 정보를 구해주는 함수, 대량의 데이터에서 필요한 요약 정보로만 구성하는 피벗 테이블 등의 강력한 기능을 몰라 일일이 수작업을 하는 경우가 많습니다.

엑셀과 파워포인트의 사용 목적이 원하는 결과물을 편리하고 빠르게 얻는 것인 만큼 다양한 기능을 정확히 알고 최대한 활용할 줄 알아야 합니다. 물론 이러한 기능을 사용하지 않고도 가능한 작업이 많이 있습니다. 하지만 제대로 사용하면 시간과 노력을 줄일 수 있고, 나중에 수정하거나 확장하기도 훨씬 수월합니다.

이러한 관점으로 집필한 이 책은 다음과 같은 특징이 있습니다.

1. 기능 설명에 앞서 해당 기능이 왜 필요하며, 어떻게 활용하는지, 주의 사항은 무엇인지를 먼저 소개합니다.

각 장의 도입에서 앞으로 배울 기능이 필요한 배경을 소개하고, 각 기능 설명에서도 해당 기능의 필요성과 활용 예를 먼저 언급합니다. 예를 들어 엑셀 함수의 경우 함수 이름, 형식, 인수를 무작정 외우기 전에 이 함수가 어떤 정보를 구하기 위해 필요하며 그런 정보를 구하기 위해 어떤 인수가 필요한지를 이해하기 쉽게 설명합니다.

2. 실습을 통해 이론을 다지면서 기능을 익힐 수 있도록 기본 예제, 종합 예제, 평가 예제로 구성되어 있습니다.

핵심 기능을 차근차근 익히는 기본 예제, 실제 문서처럼 기본 기능을 조합해보는 종합 예제, 배운 내용을 다시 확인해보는 평가 예제를 통해 기본기를 다질 수 있습니다. 그리고 학생들이 자주 틀리고 질문을 많이 하는 부분은 그림에 부가 설명을 달아 설명하고 관련 기능의 팁으로 추가 설명을 해줍니다.

3. 그림만 보고도 예제의 각 단계를 따라할 수 있게 구성되어 있습니다.

예제 따라하기는 그림의 지시선을 통해 설명하여 그림만으로도 쉽게 따라할 수 있습니다.

4. 강의하기 편하게 예제 파일이 구성되어 있습니다.

예제 파일은 해당 기능을 완벽히 이해하고 습득할 수 있도록 단순하게 구성하였습니다. 익힐 기능은 같은데 광범위한 데이터로 작업하면 기능의 이해도와 설명의 명료함이 떨어지기 때문입니다. 그리고 예제 파일은 관리하기 쉽도록 각 장마다 작업 시트를 모아서 하나의 통합 문서로 구성하였습니다.

부디 이 책이 정보 사회의 한 일원으로서 자신의 꿈과 목표를 이루는 데 일조할 수 있기를 바랍니다. 이 책의 최종 구조가 잡히기까지 몇 번의 원고 편집과 화면 캡쳐를 반복하며 지원해준 한빛아카데미㈜ 관계자분께 진심으로 감사드립니다.

저자 일동

이 책을 보는 방법

장 도입

앞으로 배울 기능이 필요한 배경과
이를 위해 구체적으로
어떤 기능을 다룰지 소개한다.

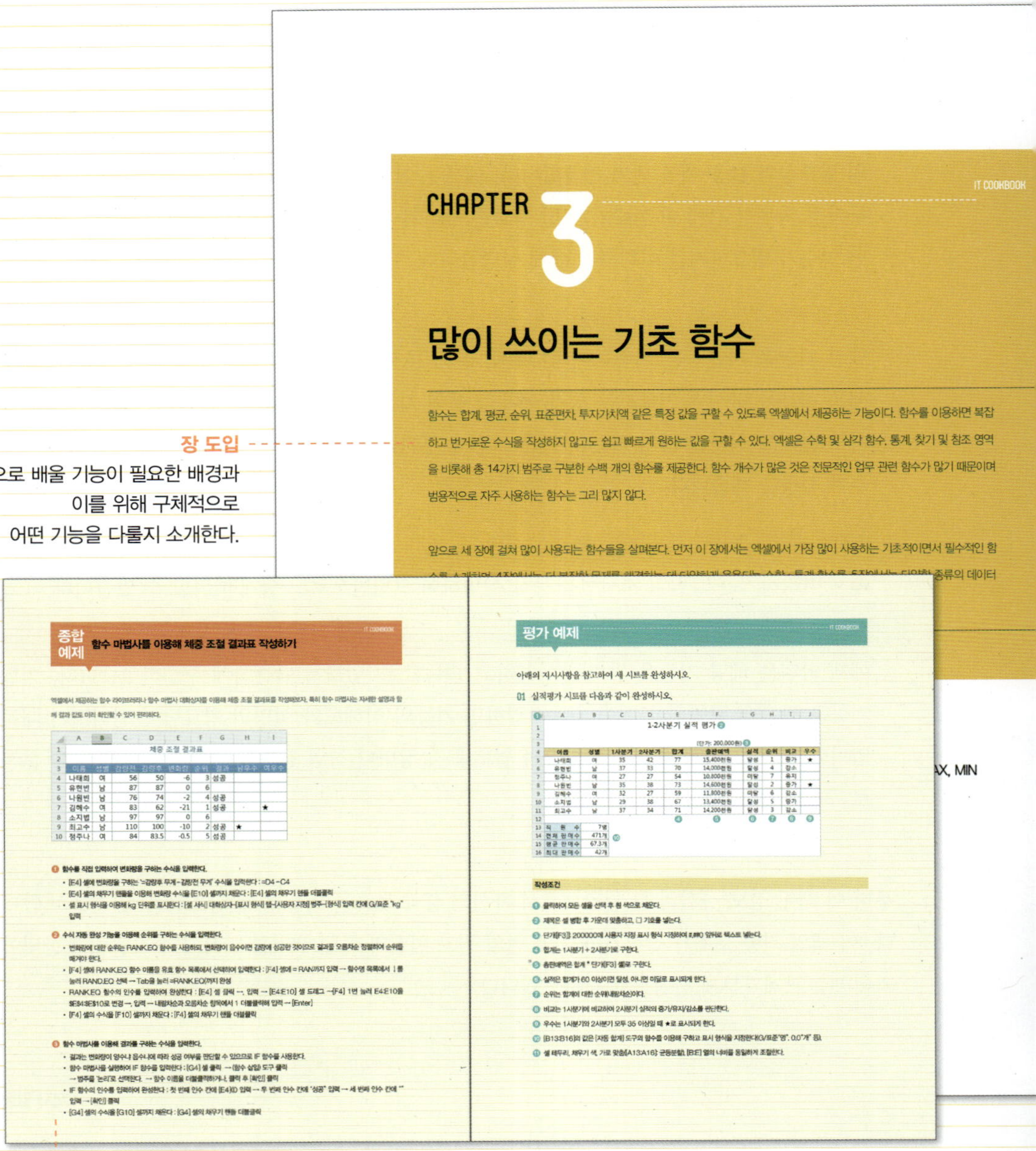

종합 예제와 평가 예제

- 종합 예제 : 본문에서 익힌 세분화된 기능을 조립하여 전체적으로 완성해보는 예제이다.
- 평가 예제 : 배운 내용을 다시 확인하여 스스로 체크해볼 뿐만 아니라, 지면의 제약으로 본문에서 소개하지 않은 기능도 풀어볼 수 있도록 구성한 예제이다.

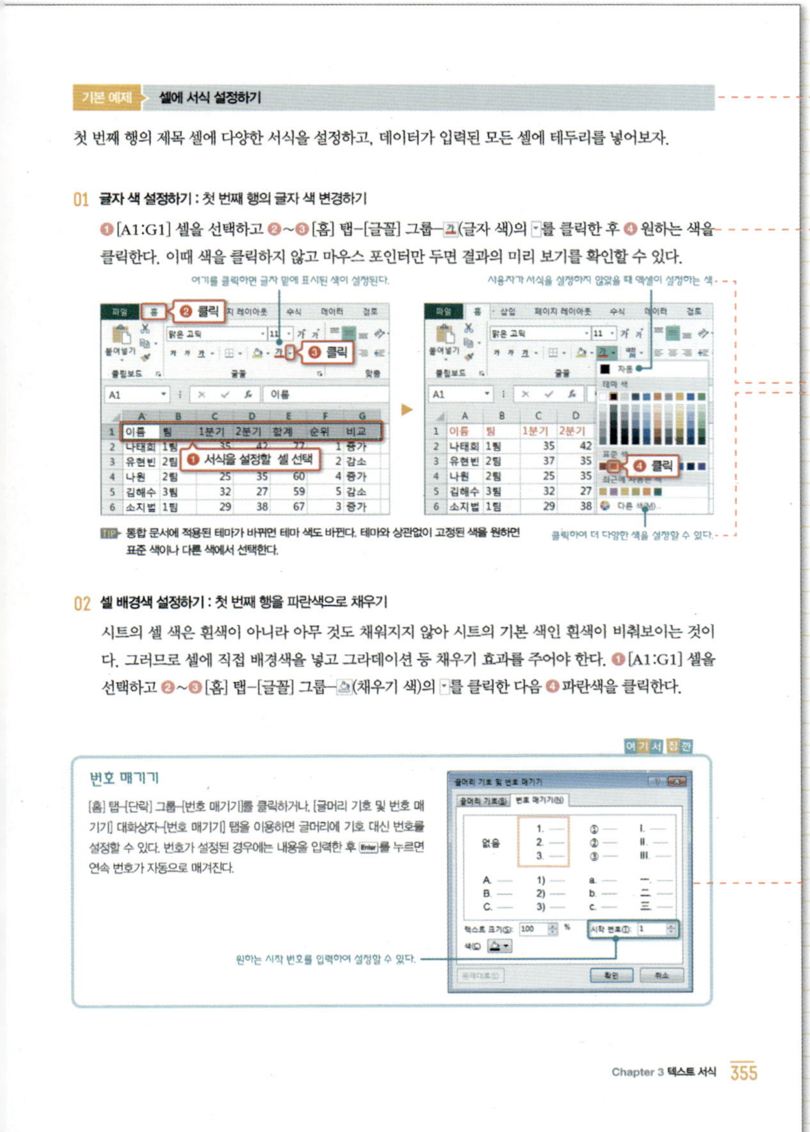

기본 예제 셀에 서식 설정하기

첫 번째 행의 제목 셀에 다양한 서식을 설정하고, 데이터가 입력된 모든 셀에 테두리를 넣어보자.

01 글자 색 설정하기 : 첫 번째 행의 글자 색 변경하기

❶ [A1:G1] 셀을 선택하고 ❷~❸ [홈] 탭-[글꼴] 그룹-(글자 색)의 를 클릭한 후 ❹ 원하는 색을 클릭한다. 이때 색을 클릭하지 않고 마우스 포인터만 두면 결과의 미리 보기를 확인할 수 있다.

TIP 통합 문서에 적용된 테마가 바뀌면 테마 색도 바뀐다. 테마와 상관없이 고정된 색을 원하면 표준 색이나 다른 색에서 선택한다.

02 셀 배경색 설정하기 : 첫 번째 행을 파란색으로 채우기

시트의 셀 색은 흰색이 아니라 아무 것도 채워지지 않아 시트의 기본 색인 흰색이 비춰보이는 것이다. 그러므로 셀에 직접 배경색을 넣고 그라데이션 등 채우기 효과를 주어야 한다. ❶ [A1:G1] 셀을 선택하고 ❷~❸ [홈] 탭-[글꼴] 그룹-(채우기 색)의 를 클릭한 다음 ❹ 파란색을 클릭한다.

여기서 잠깐

번호 매기기

[홈] 탭-[단락] 그룹-[번호 매기기]를 클릭하거나, [글머리 기호 및 번호 매기기] 대화상자-[번호 매기기] 탭을 이용하면 글머리에 기호 대신 번호를 설정할 수 있다. 번호가 설정된 경우에는 내용을 입력한 후 Enter를 누르면 연속 번호가 자동으로 매겨진다.

원하는 시작 번호를 입력하여 설정할 수 있다.

Chapter 3 텍스트 서식 355

기본 예제

핵심 기능을 차근차근 익히는 예제이다.

단계 설명

그림의 단계를 보다 자세히 설명한다. 그림을 보며 기능을 익히다가 부족한 설명은 이곳을 참고한다.

보충 설명, 팁, 주의

학습자가 자주 틀리거나 질문을 많이 하는 내용, 그리고 이 예제에서는 사용하지 않지만 알아두면 유용한 내용을 소개한다.

여기서 잠깐

관련해 한 번 읽어보면 도움이 되는 내용이다.

[예제 소스]

예제 소스는 다음 주소에서 내려 받을 수 있습니다. 기본 예제는 준비와 완성 파일로 구성되어 있고, 종합 예제와 평가 예제는 준비 파일로만 구성되어 있습니다.

http://www.hanbit.co.kr/src/4177

강의 보조 자료와 강의 계획표

강의 보조 자료

한빛아카데미 홈페이지에서 '교수 회원'으로 가입하신 분은 인증 후 교수용 강의 보조 자료를 제공받을 수 있습니다. 한빛아카데미 홈페이지 상단의 〈교수전용공간〉 메뉴를 클릭해 주세요.

http://www.hanbit.co.kr/academy

강의 계획표

수업 중에는 기본 예제를 중심으로 기본 기능을 익힌 후 종합 예제를 혼자 연습해볼 수 있게 한 후 평가 예제를 과제로 제출하게 합니다. 실습 시간이 주어진 경우 종합 예제와 평가 예제를 구분하지 않고 적절히 선별하여 과제로 주어도 됩니다. 강의 과목에 따라 파워포인트, 엑셀 순서로 강의해도 무방합니다.

주	해당 장	주제
1	엑셀 1장	엑셀 기본 사용법
2	엑셀 2장	수식과 표시 형식
3	엑셀 3-4장	많이 쓰이는 기초 함수, 유용한 수학·통계 함수
4	엑셀 5장	찾기 및 참조 영역과 그 외 유용한 함수
5	엑셀 6-7장	인쇄와 조건부 서식, 차트
6	엑셀 8-9장	데이터베이스 관리, 데이터베이스 분석
7	엑셀 10장	엑셀 표 및 유용한 기능, 엑셀 전체 내용 정리
8		중간고사
9	파워포인트 1-3장	프레젠테이션 제작 과정과 기법, 파워포인트 기본 사용법과 기능, 텍스트 서식
10	파워포인트 4-5장	도형의 활용, 그림의 활용
11	파워포인트 6장	스마트아트, 표, 차트의 활용
12	파워포인트 7-8장	슬라이드 쇼를 위한 화면 전환 효과와 애니메이션, 비디오, 오디오, 하이퍼링크의 활용
13	파워포인트 9장	슬라이드 마스터 및 인쇄
14	파워포인트 10장	기타 유용한 기능과 옵션, 파워포인트 전체 내용 정리
15		기말고사

목차

목차

목차

목차

목차

목차

목차

IT COOKBOOK

PART 01

엑셀

PART 01

IT COOKBOOK

엑셀

CHAPTER 1

IT COOKBOOK

엑셀 기본 사용법

스프레드시트(spreadsheet) 응용 프로그램은 경리와 회계 업무에 사용하던 계산용지를 표 형태로 구현한 워크시트(worksheet)에 데이터를 입력하고, 다양한 계산을 통해 정보를 얻으며, 데이터베이스와 그래픽 기능을 통해 데이터 검색과 관리, 차트 작성 등을 할 수 있는 사무 자동화 프로그램이다. 엑셀은 마이크로소프트사에서 개발한 스프레드시트 응용 프로그램으로 독보적인 위치에 있다고 할 수 있다.

이 장에서는 엑셀의 중요 기능을 소개하기 전에 엑셀의 기본 화면, 통합 문서를 만드는 방법, 데이터를 워크시트에 입력하는 방법, 워크시트 내용을 편집하는 방법, 그리고 워크시트를 관리하는 방법 등 가장 기본적이고 필수적인 기능을 소개한다.

SECTION 01 ---- IT COOKBOOK

엑셀 시작하기

1.1 엑셀 실행과 통합 문서

엑셀은 다른 응용 프로그램처럼 작업표시줄의 (시작) 버튼-[모든 프로그램]-[Microsoft Office 2013]-[Excel 2013] 메뉴를 차례로 클릭하거나, 바탕화면의 (Excel 2013 바로가기)를 더블클릭해 실행한다. 엑셀이 실행되면 [그림 1-1]과 같이 새 통합 문서를 만들거나 기존 통합 문서를 열 수 있는 화면이 나타난다.

그림 1-1 엑셀 실행 첫 화면

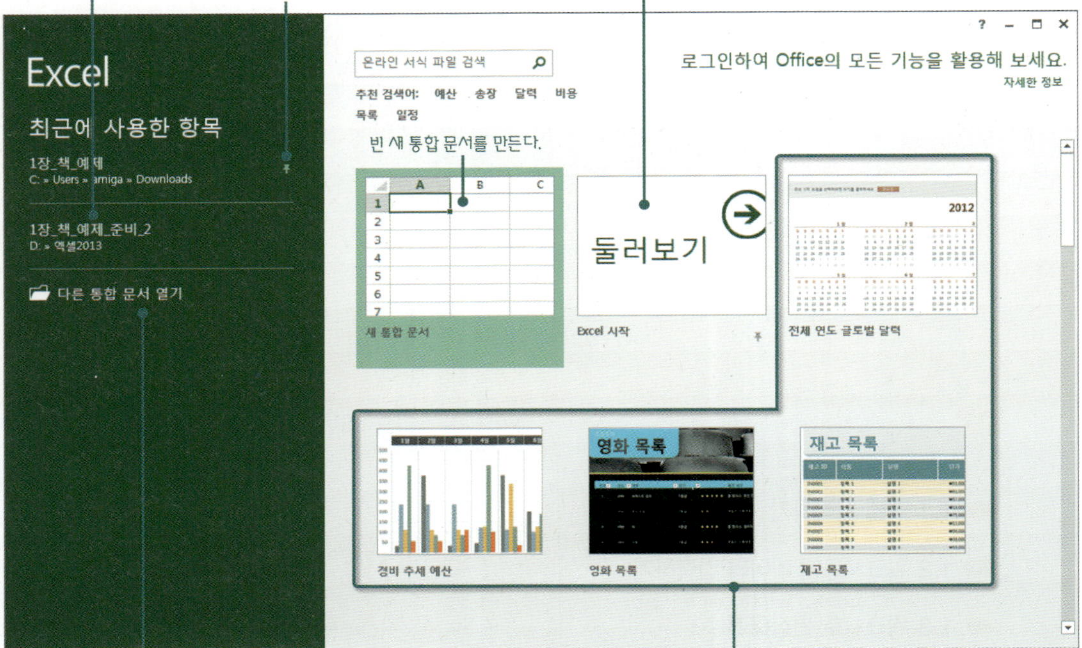

[그림 1-1]의 첫 화면에서 [새 통합 문서] 미리 보기를 클릭하면 엑셀 창에 새 통합 문서가 나타난다. 새 통합 문서에는 기본적으로 워크시트가 한 개만 포함되어 있으며 필요하다면 워크시트를 직접 추가할 수 있다.

엑셀에서 만든 파일은 [그림 1-2]와 같이 하나 이상의 워크시트(worksheet)들로 구성되며, 확장자로 xlsx가 사용된다. 워크시트에서는 데이터 입력과 편집뿐만 아니라, 수식 계산, 차트, 데이터 관리 등 다양한 작업까지 할 수 있어 엑셀 파일을 대개 통합 문서라고 한다.

각 워크시트는 여러 행과 열로 나뉜 직사각형 모양의 셀(cell)들로 이루어져 있다. 엑셀의 작업 대부분은 이 셀에 데이터를 입력하고 입력한 데이터에 수식을 사용해 결과값(정보)을 얻으며, 정보 분석을 위한 차트나 피벗 테이블을 만드는 것이다.

그림 1-2 통합 문서, 워크시트, 셀의 관계

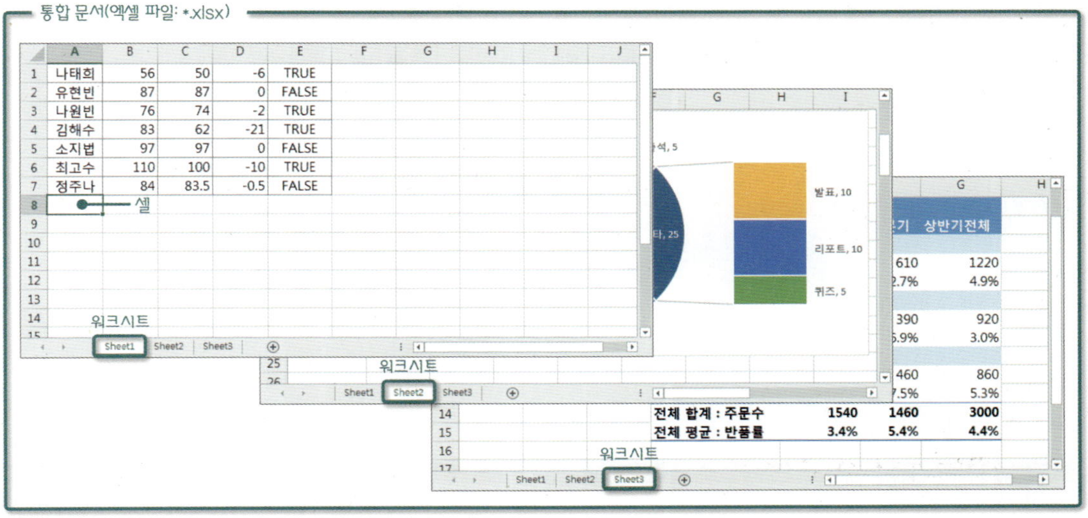

1.2 엑셀의 기본 화면

엑셀 작업을 하려면 통합 문서가 있어야 하는데 [그림 1-1]의 엑셀 실행 첫 화면에서 [새 통합 문서]를 클릭하면 워크시트가 하나인 새 통합 문서가 나타난다. 새 통합 문서에는 기본적으로 워크시트가 한 개만 포함되어 있으며 필요하다면 워크시트를 직접 추가할 수 있다. 새 통합 문서가 열려 있는 엑셀의 기본 화면은 [그림 1-3]과 같이 크게 리본 메뉴, 워크시트, 상태 표시줄로 구성된다.

1 **리본 메뉴** : 엑셀이 제공하는 기능들을 분류하여 리본처럼 가로로 펼쳐서 도구화해 둔 곳이다. 비슷한 작업끼리 모아 둔 탭으로 구성되어 있으며, 각 탭은 다시 관련 기능끼리 그룹으로 분류되어 표시된다.

2 **워크시트** : 워크시트는 엑셀 통합 문서의 기본 구성 단위로 데이터나 수식을 입력하는 직사각형의 셀들을 2차원으로 모아둔 것이다. 엑셀 2013에서는 새로 만든 통합 문서에 워크시트가 한 개 포함되어 있지만 필요하다면 컴퓨터 메모리가 허용하는 선에서 계속 추가할 수 있다.

3 **상태 표시줄** : 셀의 편집 상태, 키보드 상태, 화면 보기 상태, 화면 확대/축소 등 작업 상태를 표시하는 부분이다.

그림 1-3 엑셀의 기본 화면

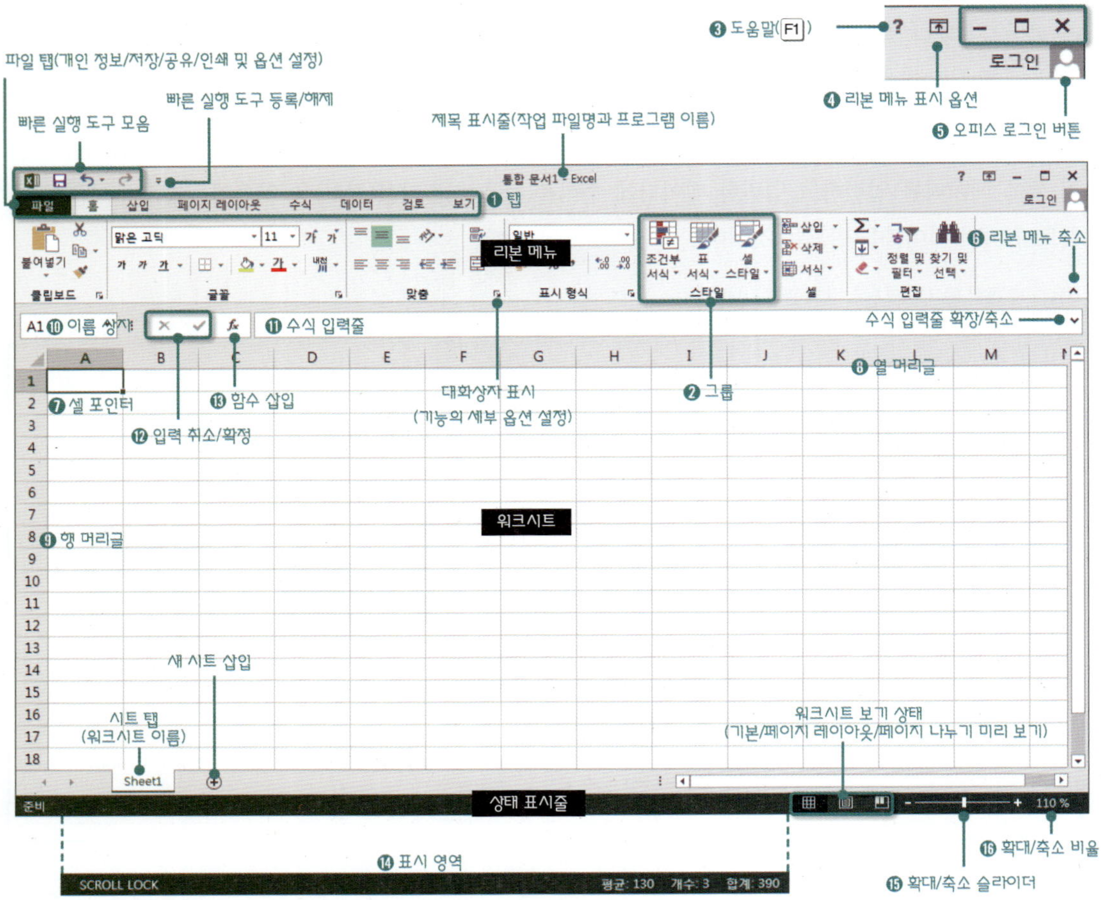

❶ **탭** : 비슷한 종류의 명령을 모아 놓은 곳으로 탭 이름(그림에서는 홈 탭)을 클릭하면 활성화되어 해당 리본 메뉴가 나타난다. 이 외에도 상황에 따라 특별한 기능을 수행할 수 있는 탭이 추가로 나타난다.

❷ **그룹** : 같은 탭에 속한 많은 기능들을 다시 세분화하여 그룹별로 찾기 쉽게 구성해 두었다.

❸ **도움말** : 엑셀 도움말 창을 연다. F1을 눌러도 된다.

❹ **리본 메뉴 표시 옵션** : [리본 메뉴 자동 숨기기], [탭 표시], [탭 및 명령 표시] 중 하나를 선택하여 리본 메뉴 공간을 사용자 목적에 맞게 워크시트 공간으로 확대하여 사용할 수 있다.

❺ **오피스 로그인 버튼** : 오피스 라이브 계정으로 로그인한 다음 오피스 문서를 스카이드라이브(SkyDrive)에 온라인으로 [업로드], [열기], [공유]할 수 있다. 스카이드라이브는 마이크로소프트에서 제공하는 클라우드 서비스로 일반 웹하드처럼 장소와 장치에 구애 받지 않고 문서를 활용할 수 있도록 해주는 저장 공간이다.

❻ **리본 메뉴 축소** : 리본 메뉴를 축소하여 탭 이름만 표시한다. 탭의 리본 메뉴를 보려면 탭 이름을 클릭한다. 항상 리본 메뉴가 나타나게 하려면 임의의 탭 이름을 더블클릭한다. 현재 활성화된 탭 이름을 더블클릭해도 리본 메뉴가 축소된다.

❼ **셀 포인터** : 현재 선택된 셀을 구분하기 위해 표시하는 녹색의 굵은 테두리로, 오른쪽 아래에는 채우기 핸들이 표시된다.

❽ **열 머리글** : 열 이름이 표시되는 곳으로, 총 16,384개의 열(A~XFD)이 있다.

⑨ **행 머리글** : 행 번호가 표시되는 곳으로, 총 1,048,576행이 있다.

⑩ **이름 상자** : 선택한 셀의 주소 또는 범위의 이름이 나타난다. 셀의 주소는 셀이 있는 열 이름과 행 번호의 조합이다. 함수 입력 시엔 함수 목록이 나타난다.

⑪ **수식 입력줄** : 선택한 셀에 입력한 내용이 나타난다. 특히 셀에 수식을 입력한 경우 셀에는 수식의 결과값이 나타나지만, 수식 입력줄에는 입력한 수식이 그대로 나타나므로 수식을 확인하고 수정할 때 많이 이용된다.

⑫ **입력 취소(Esc)/입력 확정(Enter)** : 셀에 새로 입력하고 있던 내용을 취소 또는 확정한다.

⑬ **함수 삽입** : 함수를 편리하게 입력할 수 있는 함수 마법사를 실행한다.

⑭ **표시 영역** : 키보드 기능키의 선택 상태를 표시하고(현재는 Scroll Lock을 눌러서 방향키가 셀 이동이 아닌 화면 스크롤 키로 작동하는 상태임을 표시), 셀의 범위를 선택하면 그 범위 안의 숫자 값에 대한 평균, 내용이 입력된 셀의 개수, 숫자의 합계를 표시한다.

⑮ **확대/축소 슬라이더** : 좌우의 －와 +를 클릭하여 10% 단위로 워크시트의 축소와 확대가 가능하며, 조절바를 좌우로 드래그하여 축소와 확대를 할 수 있다.

⑯ **확대/축소 비율** : 클릭하여 워크시트의 확대와 축소 배율을 설정할 수 있다.

엑셀의 기능은 지금 소개한 리본 메뉴를 이용하거나, 마우스 오른쪽 버튼을 눌러 나타나는 팝업 메뉴(단축 메뉴, 바로가기 메뉴)나 미니 도구 모음, 단축키, 빠른 분석 도구를 통해 사용할 수 있다. 특히 빠른 분석 도구는 엑셀 2013에 새로 추가된 기능으로, 셀 범위를 선택하면 자동으로 표시되는 빠른 분석 버튼을 클릭하면 나타난다. 이 빠른 분석 도구를 사용하면 차트, 표, 합계, 조건부 서식 등의 기능을 한두 번의 클릭으로 쉽고 빠르게 사용할 수 있다.

그림 1-4 빠른 분석 도구

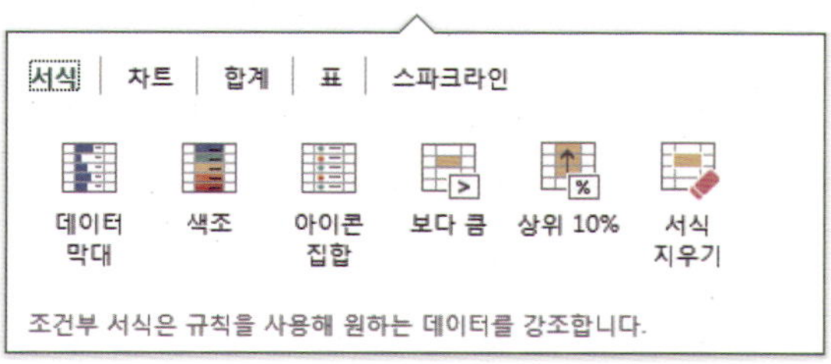

1.3 통합 문서 생성과 저장

통합 문서를 만들 때는 빈 통합 문서에서 작업하여 완성해가는 것이 일반적이지만, 서식 파일을 이용하면 기본 데이터와 서식이 미리 만들어져 있으므로 필요한 부분만 수정하여 빠르고 편리하게 자신이 원하는 통합 문서를 완성할 수 있다. 여기서는 엑셀 창이 열려 있는 상태에서 서식 파일을 이용해 새로운 통합 문서를 만들어 저장하는 방법을 익혀본다.

기본 예제 > 서식 파일을 이용해 새 통합 문서 만들고 저장하기

[그림 1-1]의 엑셀 실행 첫 화면에서 [새 통합 문서]를 클릭해 '통합 문서1'이 열려있는 상황에서 서식 파일을 이용해 새 통합 문서를 만들고 저장하는 방법을 살펴보자.

01 서식 파일을 이용해 새 통합 문서 만들기

❶~❷ [파일] 탭을 클릭한 후 [새로 만들기]를 클릭한다. ❸ [새로 만들기] 백스테이지에 나타난 여러 서식 파일 중 하나([대학 학점 기록표])를 선택한 후 ❹ 미리 보기 화면에서 [만들기]를 클릭하면 서식과 적절한 내용이 입력되어 있는 서식 파일이 다운로드되어 새 엑셀 창에 나타난다. 이 통합 문서에서 사용자가 원하는 시트가 되도록 편집 작업을 한다.

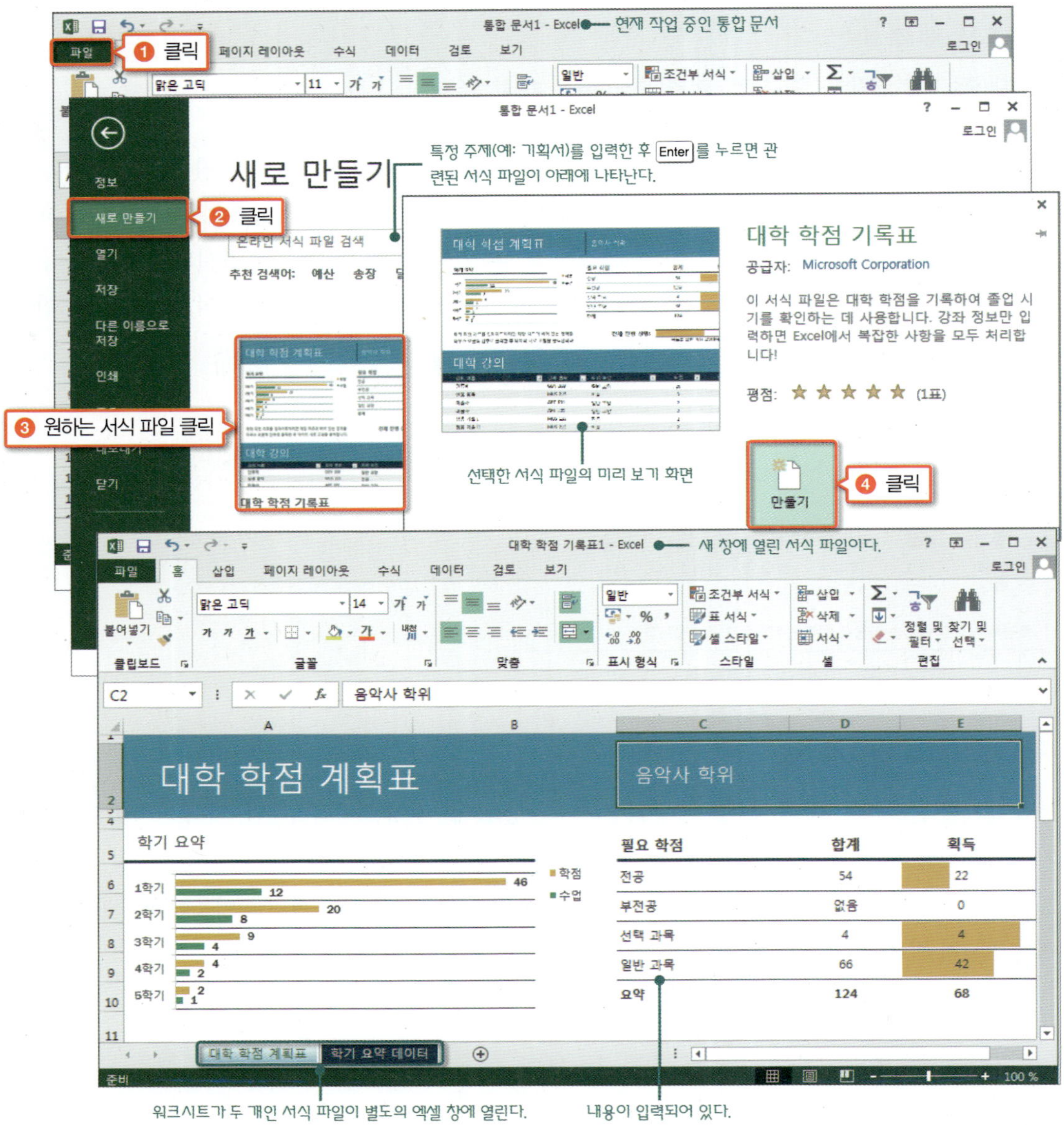

02 통합 문서 저장하기

작업한 통합 문서를 저장할 때는 ①~②[파일] 탭-[저장]을 클릭한다(또는 빠른 실행 도구 모음의 (저장), Ctrl+S). 새 통합 문서를 만든 후 한 번도 저장한 적이 없다면 [저장]을 클릭해도 자동으로 [다른 이름으로 저장]을 클릭했을 때와 같은 [다른 이름으로 저장] 백스테이지가 나타난다. 컴퓨터 하드 디스크에 저장하기 위해 ③~④[컴퓨터]를 클릭한 후 오른쪽 영역에서 [찾아보기]를 클릭하면 [다른 이름으로 저장] 대화상자가 나타난다. ⑤[다른 이름으로 저장] 대화상자에서 통합 문서를 저장할 경로와 통합 문서 이름을 설정한 후 [저장]을 클릭하면 저장된다. 일단 저장된 후 [파일] 탭-[저장]을 클릭하면 곧바로 저장되면서 백스테이지가 자동으로 닫힌다.

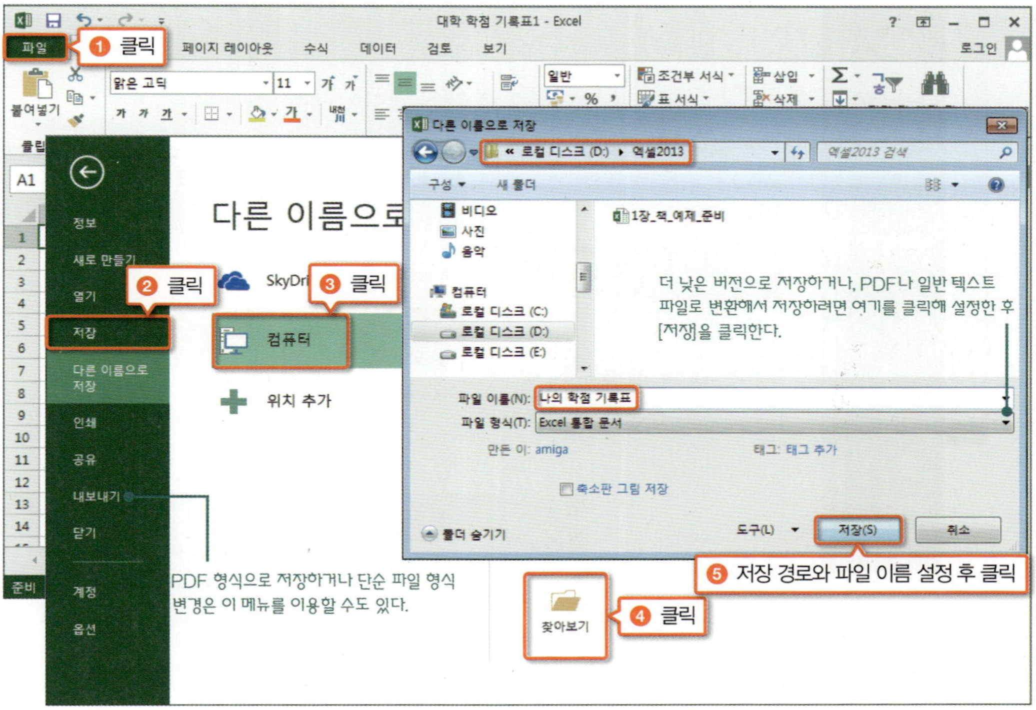

TIP 엑셀 2007, 2010, 2013 버전의 파일은 서로 호환이 되므로 버전에 상관없이 파일을 열어 사용할 수 있다. 단 상위 버전에서만 지원하는 기능은 하위 버전에서 사용할 수 없다.

03 통합 문서 닫기 : '나의 학점 기록표.xlsx' 닫기

엑셀 2013에서는 통합 문서마다 엑셀 창이 열리므로 ×(닫기)를 클릭하여 엑셀 창을 닫으면 통합 문서가 닫힌다(Alt+F4). 하지만 엑셀 창이 하나만 남아 있을 때 엑셀을 종료하지 않고 통합 문서만 닫으려면 [파일] 탭-[닫기]를 클릭한다(Ctrl+F4).

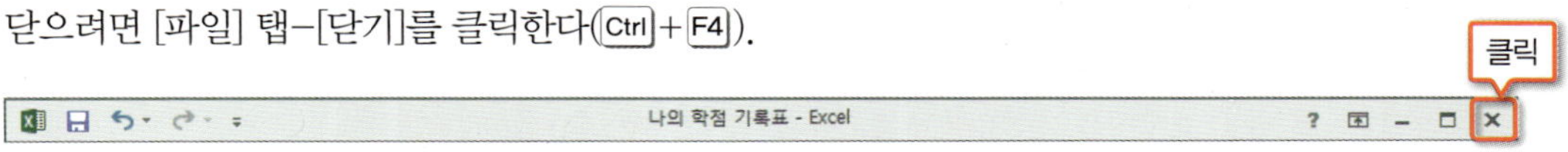

04 통합 문서 열기 : '나의 학점 기록표.xlsx' 다시 열기

엑셀을 실행한 직후에는 첫 화면에 최근에 사용한 통합 문서 목록이 나타나므로 클릭 한 번으로 통합 문서를 쉽게 열 수 있다. 그러나 현재 엑셀에서 작업 중이라면 리본 메뉴를 이용해야 한다. ❶~❹ [파일] 탭–[열기]–[컴퓨터]를 클릭한 후 [찾아보기]를 클릭해 ❺ [열기] 대화상자에서 원하는 파일을 선택하고 [열기]를 클릭한다.

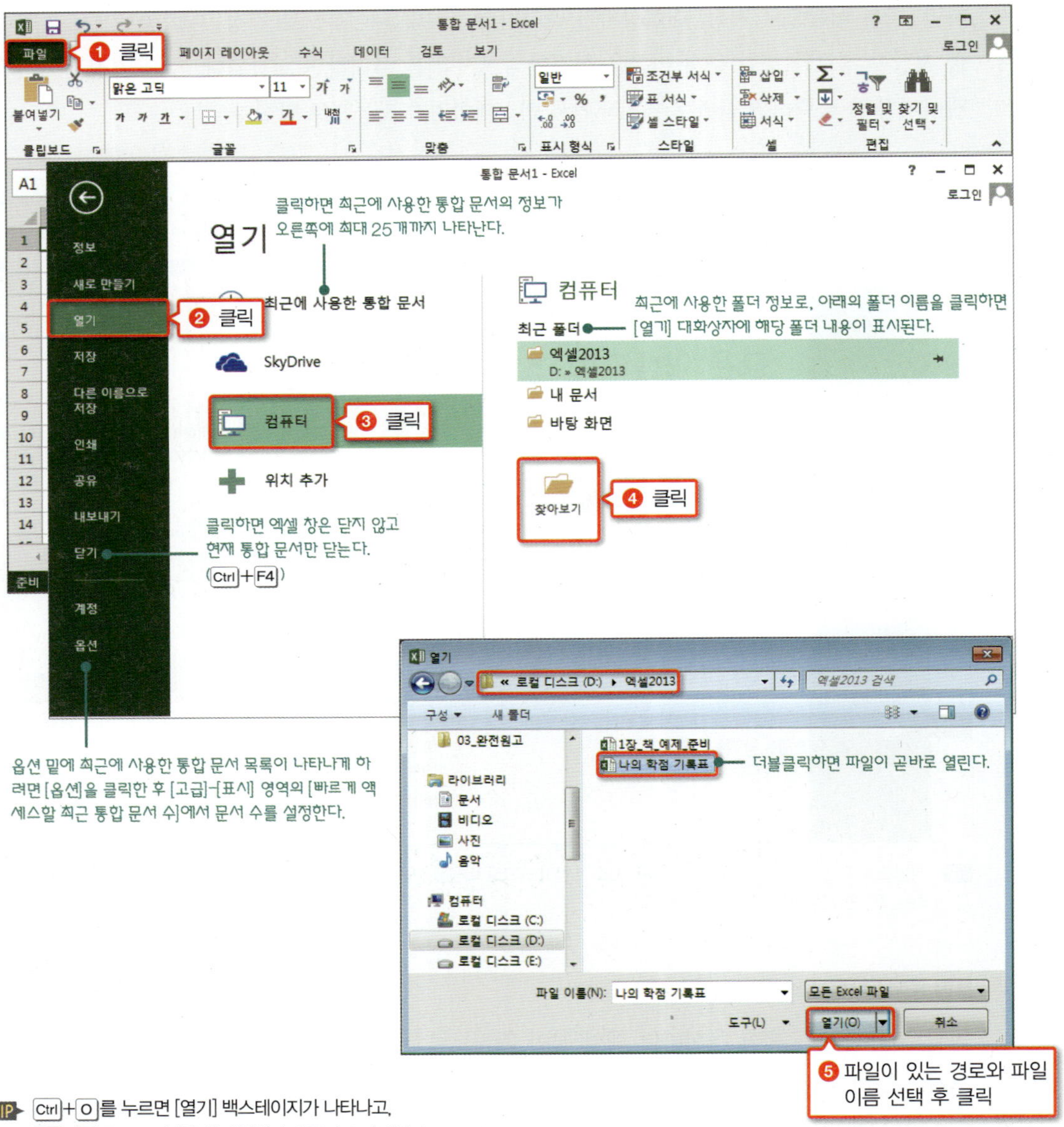

TIP Ctrl+O를 누르면 [열기] 백스테이지가 나타나고, Ctrl+F12를 누르면 [열기] 대화상자가 곧바로 나타난다.

SECTION ---------- IT COOKBOOK

02 워크시트에 데이터 입력하기

엑셀은 워크시트의 셀에 데이터나 계산할 수식을 입력하여 사용자가 원하는 워크시트를 만들기 위해 사용하는 것이므로, 엑셀 문서를 만든다는 것은 곧 워크시트를 작성한다는 의미가 된다. 지금부터 워크시트에 다양한 데이터를 입력하는 방법을 살펴보자.

2.1 셀 포인터 이동과 데이터 입력

시트에서 작업 대상 셀을 클릭하여 선택하면 해당 셀에 셀 포인터( )가 표시되는데 작업 대상 셀을 바꾸려면 이 셀 포인터를 이동해야 한다. 마우스로 클릭하는 것 외에도 [그림 1-5]와 같이 키보드를 이용해 셀 포인터를 이동할 수 있다.

그림 1-5 셀 포인터를 상하좌우로 이동하기 : 방향키 또는 단축키 이용

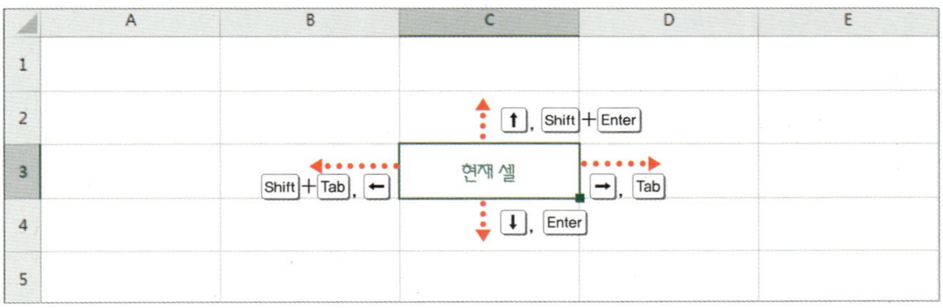

기본 예제 〉 셀에 데이터 입력하고 수정하기

셀에 데이터를 입력하고 입력한 데이터를 수정해보자.

01 셀에 데이터 입력하기 : [A1] 셀에 '한빛' 입력하기

❶ 데이터를 입력할 셀에 셀 포인터를 두고 ❷ 키보드에서 키를 누르면 데이터가 입력되며, ❸ Enter를 누르거나 다른 셀을 마우스로 클릭하면 입력이 완료된다. 입력 도중에 Esc를 누르면 입력이 취소되어 새로 입력한 내용은 모두 사라지고 원래 셀 내용이 유지된다.

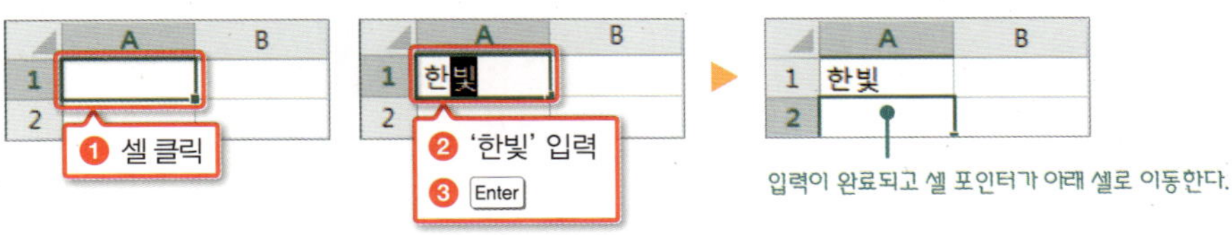

02 셀에 입력된 데이터 수정하기 : '한빛'을 '한빛대학교'로 수정하기

엑셀에서는 하나의 셀에 입력하는 내용이 값 한 개이거나 단어 한 개와 같이 짧은 내용이 대부분이므로 일부를 수정하기보다는 새로 입력하는 경우가 많다. 셀 포인터를 수정할 셀에 두고 곧바로 키보드로 새 내용을 입력한 후 Enter를 누르면 새 내용으로 수정된다. 하지만 셀 안의 내용을 일부만 수정할 때는 ❶ 수정할 셀을 더블클릭하거나 셀을 선택한 후 F2를 눌러 커서가 나타나게 한 다음 ❷ ~❸ 수정하고 Enter를 누른다. 데이터를 수정할 때 완료 전에 Esc를 누르면 새로 입력한 내용이 모두 사라지고 수정이 취소된다. 이는 2장부터 소개하는 수식을 수정할 때 잘못 수정한 경우 원래 수식으로 돌아가는 데 많이 사용된다.

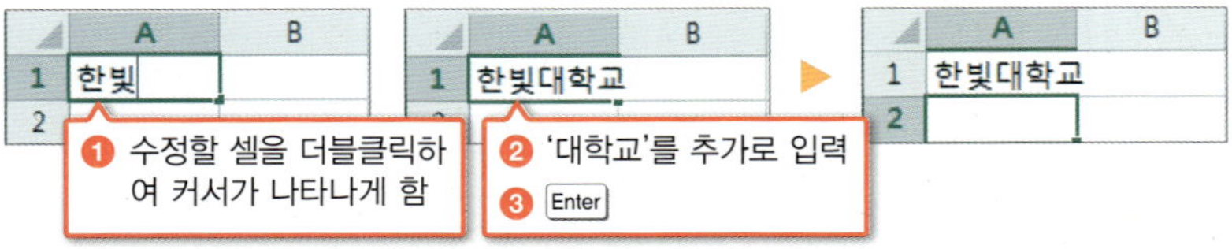

기본 예제 셀에 다양한 데이터 입력하기

엑셀에서 처리하는 데이터는 크게 텍스트, 숫자, 날짜와 시간으로 나눌 수 있고, 데이터마다 수행할 수 있는 작업과 셀에 표시되는 방법이 다르다. 또한 엑셀은 사용자가 입력하는 데이터에 포함된 내용(숫자, 문자, −나 %와 같은 특수 기호)에 따라 데이터를 자동으로 분류하여 적절한 서식으로 표시한다. 데이터를 종류별로 입력해보면서 어떤 특징이 있는지 살펴보자.

01 셀에 텍스트 입력하기

입력하는 데이터에 한글, 영문, 한자, 특수 문자(특정 용도의 특수 문자는 제외)가 포함되어 있으면 텍스트로 취급한다. 특히 숫자 앞에 작은 따옴표를 붙여 '010으로 입력한 경우 화면으로는 010으로 숫자처럼 보이지만 실제로는 "010"이라는 텍스트가 되므로 나중에 배울 SUM이나 COUNT 함수에서 숫자로 취급하지 않아 예상과 다른 결과를 얻게 된다.

	A	B	C	D
6	입력 내용	표시 결과	비고	설명
7	한빛	홍길동		텍스트는 기본적으로 왼쪽 맞춤으로 정렬된다.
8	한빛대학교 1학년	한빛대학교 1학년		입력 내용이 셀 너비보다 길지만 오른쪽 셀이 비어 있으면 오른쪽 셀에 이어서 보인다.
9	한빛대학교 1학년	한빛대학교 1ㅎ	재학	입력 내용이 셀 너비보다 길지만 오른쪽 셀에 내용이 있으므로 셀 너비만큼만 잘려 보인다.
10	한빛대학교 Alt+Enter 1학년	한빛대학교 1학년		Alt+Enter를 누르면 셀 안에서 강제 줄바꿈이 된다.
11	'010	010		셀에 010을 입력하면 숫자로 인식하여 10이 표시된다. 010으로 표시하려면 숫자를 텍스트로 인식하도록 맨앞에 '(작은 따옴표)를 입력한다. 또는 2장에서 소개하는 셀 표시 형식을 이용하여 셀 표시 형식을 텍스트로 설정 후 010을 입력해도 되며, 텍스트가 아닌 숫자 10을 010으로 표시하고 싶다면 사용자 지정 표시 형식 000을 이용한다.

02 셀에 숫자 입력하기

숫자를 입력할 때 쉼표(,), 소수점(.), %, ₩, $ 기호를 같이 입력하면 해당 기호마다 정해진 서식이 적용된다. 숫자가 셀 너비보다 길면 지수 표시 형식(120000이라면 1.2×10^5에 해당하는 1.2E+05)으로 표현하며, 그래도 셀 너비가 부족하면 #으로 표시한다. #으로 표시된 셀은 셀 너비를 늘리면 제대로 표시된다.

	A	B	C, D
14	입력 내용	표시 결과	설명
15	12345	12345	숫자는 기본적으로 오른쪽 맞춤으로 정렬된다.
16	-1.23	-1.23	
17	123456789123456	1.23457E+14	셀 너비가 부족하면 지수 표시 형식으로 표시된다. 1.23457×10^{14}을 의미한다.
18	12345,000	12,345,000	숫자 중간에 ,를 직접 입력하면 통화 표시 형식이 적용되어 세자리마다 ,가 나타난다.
19	₩1000000	₩1,000,000	숫자 앞에 통화단위를 입력하면 통화 표시 형식이 자동으로 적용된다.
20	90%	90%	숫자 뒤에 백분율 기호(%)를 입력하면 백분율 표시 형식이 자동으로 적용된다. 실제 셀 값은 0.9임에 주의한다.
21	01084310909	1084310909	011이나 3.20과 같이 숫자 앞이나 . 아래 끝에는 0을 입력해도 표시되지 않는다. 이런 0을 표시하고 싶다면 3장의 사용자 지정 표시 형식을 이용한다.

03 셀에 날짜와 시간 입력하기

연월일 숫자 사이에 하이픈(–)이나 슬래시(/)를 입력하면 날짜로 인식하고, 시:분:초나 분:초 형태로 콜론(:)을 입력하면 시간으로 인식하여 엑셀의 기본 날짜와 시간 표시 형식으로 표시된다. 셀에서 Ctrl+; 을 누르면 현재 날짜가, Ctrl+Shift+; 을 누르면 현재 시각이 입력된다.

	A	B	C, D
24	입력 내용	표시 결과	설명
25	14-12-25	2014-12-25	숫자 중간에 -나 /를 넣어 입력하면 날짜 형식으로 표시된다.
26	12-25	12월 25일	
27	6:5	6:05	숫자 중간에 :을 넣으면 시간으로 인식하여 24시간제로 표시된다.
28	21:5	21:05	

기본 예제 셀에 기호 넣기

키보드에 없는 특수 문자나 기호를 셀에 넣는 방법을 익혀보자.

01 리본 메뉴를 이용해 기호 넣기

특수 문자나 기호는 리본 메뉴 또는 한글 자음과 한자를 이용해 넣을 수 있다. ❶ 셀을 더블클릭하여 기호를 넣을 곳에 커서를 둔다(빈 셀은 그냥 클릭). ❷~❸ [삽입] 탭–[기호] 그룹–[기호]를 클릭한다(Alt+I+S) ❹~❼ [기호] 대화상자의 [기호] 탭에서 원하는 기호를 찾아서 선택하고 ❽ [삽입]을 클릭하면 기호가 입력된다. [닫기]를 클릭할 때까지는 기호를 더블클릭하여 계속 넣을 수 있다.

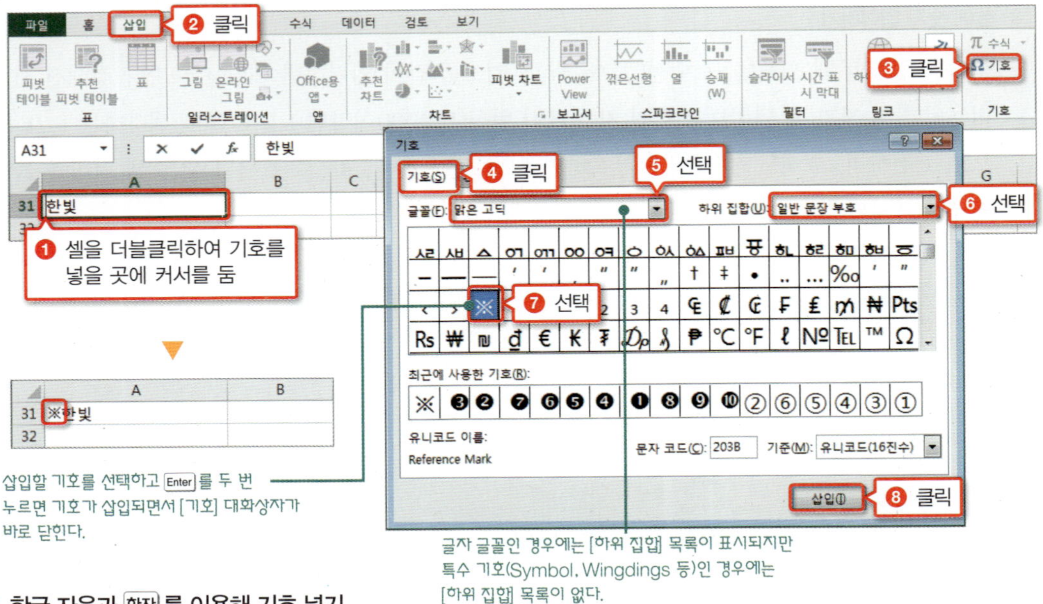

02 한글 자음과 한자를 이용해 기호 넣기

한글 자음과 한자를 이용하는 특수 문자 입력은 마이크로소프트 사에서 제공하는 모든 응용 프로그램에서 사용할 수 있다. ❶~❷ 한글 자음을 입력한 후 곧바로 한자를 눌러 ❸ 나타나는 특수 문자 목록에서 선택한다.

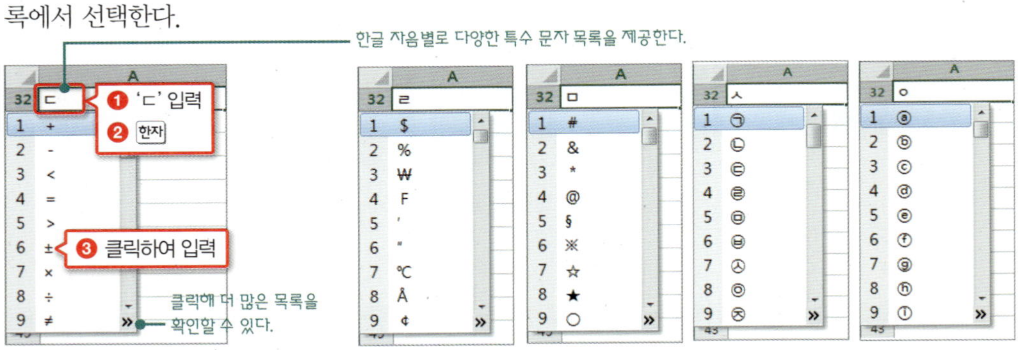

기본 예제 셀에 한자 넣기

한자는 한글로 먼저 입력한 후 한자로 변환해야 한다. 엑셀은 기본적으로 단어 단위로 변환을 하므로 한 글자씩 변환하려면 글자를 블록으로 선택한 후 변환하거나 [한글/한자 변환] 대화상자의 [한글자씩]을 이용한다. 특히 여러 단어 중간에 있는 단어를 변환하는 경우에는 단어 끝에 커서를 두면 맨 앞의 단어가 변환되므로 커서는 변환할 글자 앞에 두는 것이 안전하다.

❶ 한자로 변환할 단어가 있는 셀을 더블클릭하여 단어 안에 커서를 둔 다음 ❷ 한자를 누른다(또는 [검토] 탭–[언어] 그룹–[한글/한자 변환] 클릭). ❸ [한글/한자 변환] 대화상자의 한자 목록에서 한자를 선택한 후 ❹ [변환]을 클릭한다.

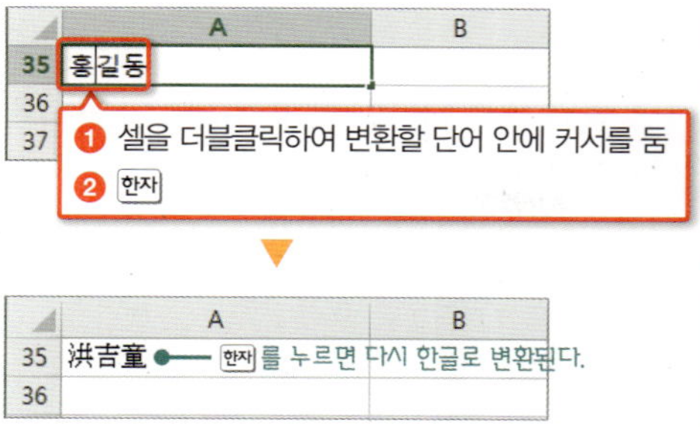

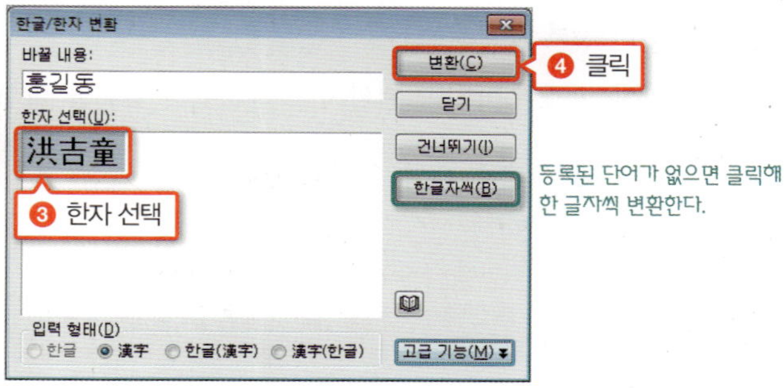

TIP 한 글자씩 곧바로 한자로 변환하며 입력하려면 한글 한 자를 입력한 후 한자를 눌러 나타나는 목록에서 원하는 한자를 선택한다.

2.2 자동 채우기

엑셀에서 사용하는 데이터에는 월화수목금토일, 1월2월3월, 1차2차3차와 같이 일상 생활에서 자주 사용되는 특정 순서의 데이터들과 일정한 순차적 규칙이 있는 데이터들이 많다. 이런 연속성이 있는 데이터를 빠르고 정확하게 자동으로 입력할 수 있게 엑셀에서는 자동 채우기 핸들을 제공한다.

채우기 핸들은 [그림 1-6]과 같이 셀 포인터 우측 하단에 나타나는 작은 사각형이다. 채우기 핸들에 마우스 포인터를 두면 마우스 포인터가 **+** 모양으로 바뀌는데 이때 마우스를 드래그하거나 더블클릭하면 다른 셀에 데이터가 자동으로 채워진다.

그림 1-6 셀 포인터 우측 하단의 채우기 핸들

채우기 핸들은 기본적으로 복사 기능을 제공하지만 정해진 순서가 있거나 특정 규칙이 있는 데이터는 순서나 규칙에 맞는 데이터를 자동으로 채워준다. 채우기 핸들을 드래그했을 때 대상 셀의 내용을 자동으로 채우는 규칙은 다음과 같다.

1 문자나 숫자만 있으면 단순히 복사하여 채운다.

2 문자와 숫자가 섞여 있으면 숫자를 1씩 증가시킨 값으로 채운다.

3 월화수목금토일과 같이 일반적으로 통용되는 순서의 데이터 집합(사용자 지정 목록이라고 함)은 정해진 순서로 채운다. 엑셀에서 제공하지 않는 목록이라면 사용자가 직접 사용자 지정 목록을 추가하여 이용할 수 있다.

4 10, 20, 30과 같이 일정한 차이가 있는 데이터는 연속된 셀 두 개를 선택하고 채우기 핸들을 드래그하면 차이가 일정한 데이터로 채운다.

기본 예제 채우기 핸들 사용하기

채우기 핸들을 이용해 셀 내용을 복사하거나 연속된 데이터를 채워보자.

01 채우기 핸들로 셀 내용 채우기

❶ 시작 셀에서 마지막 셀까지 드래그하여 범위를 설정하면 범위 우측 하단에 채우기 핸들이 표시된다. ❷ 채우기 핸들을 드래그하면 각 셀의 데이터에 따라 적절한 내용으로 채워진다.

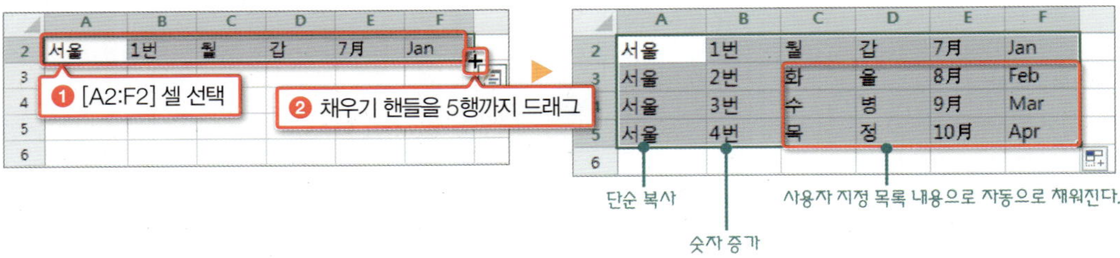

02 채우기 핸들로 연속된 숫자 채우기

❶ 숫자만 있는 셀에서 채우기 핸들을 이용하면 단순 복사가 된다. ❷~❸ 이때 자동 채우기 옵션 버튼을 이용하면 연속된 숫자로 채울 수 있다. 그리고 숫자만 있는 경우 Ctrl을 누른 채 채우기 핸들을 드래그하면 숫자가 1씩 증가하여 채워진다.

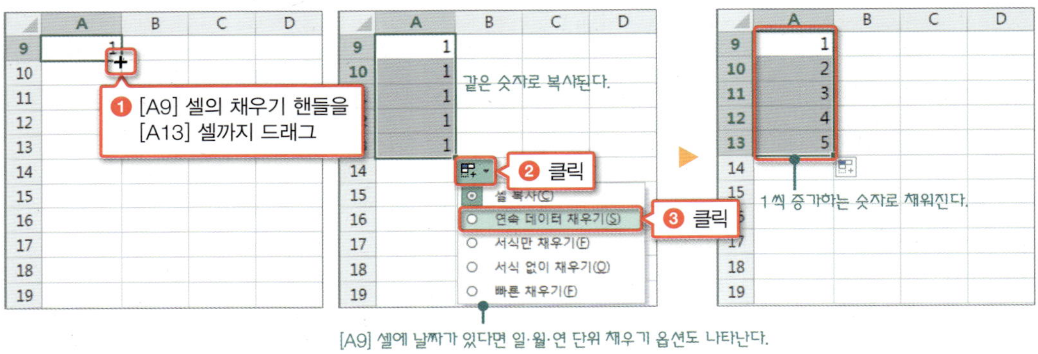

03 채우기 핸들로 복사하기

❶ 문자와 숫자가 같이 있는 셀에서 채우기 핸들을 이용하면 숫자가 연속된 값으로 변경되어 채워진다. ❷~❸ 이때 자동 채우기 옵션 버튼을 이용하면 단순히 복사된 값으로 채울 수 있다. 문자와 숫자가 같이 있는 경우에는 Ctrl을 누른 채 채우기 핸들을 드래그하면 강제로 복사가 된다.

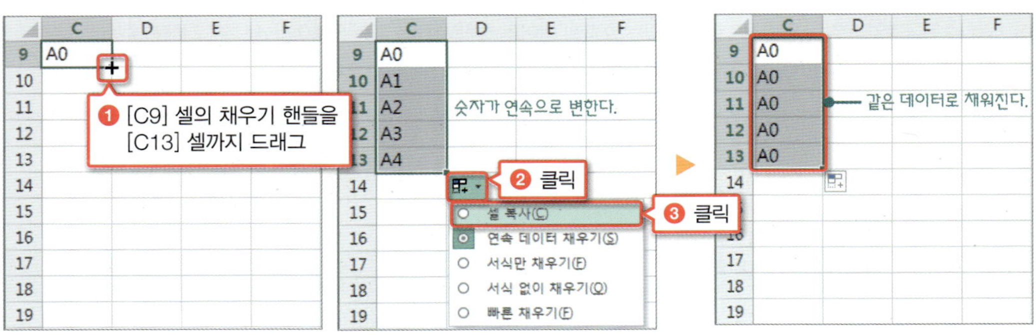

04 두 셀을 이용해 일정한 변화로 자동 채우기

문자와 숫자가 같이 있거나 숫자만 있는 셀은 값 차이를 이용해 나머지 셀을 연속으로 채울 수 있다. ❶~❷ 데이터가 입력된 두 셀을 선택하고 ❸ 채우기 핸들을 드래그하면 두 셀의 차이 간격으로 숫자가 증가하면서 채워진다.

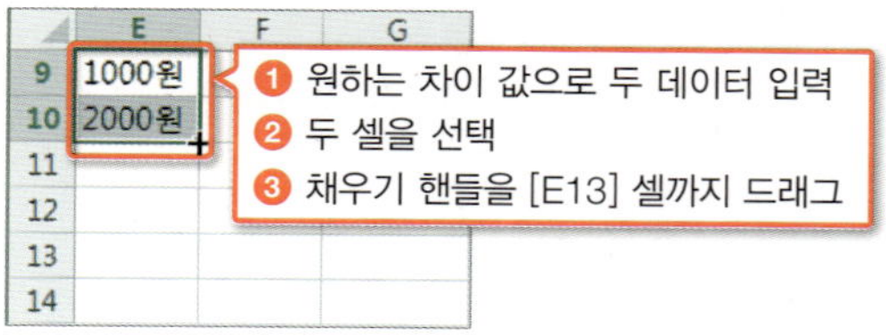

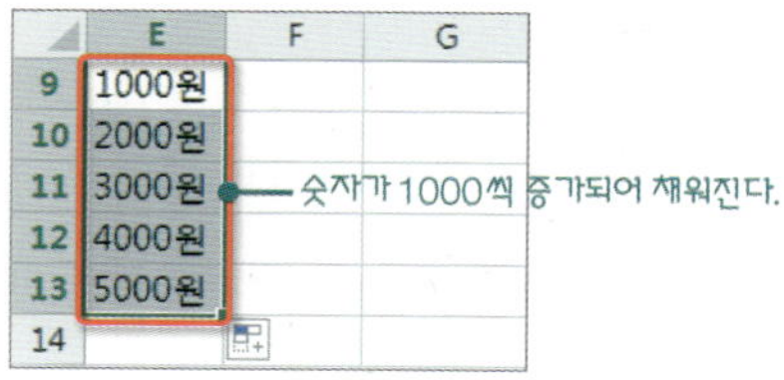

기본 예제 사용자 지정 목록을 이용해 자동 채우기

월요일~일요일이나 1사분기~4사분기와 같이 일반적으로 통용되는 순서의 데이터는 엑셀에 사용자 지정 목록으로 정의되어 있기 때문에 채우기 핸들을 이용하면 정해진 순서의 값들을 자동으로 채울 수 있다. 그러나 엑셀에서 제공하지 않는 순서의 목록은 사용자가 직접 사용자 지정 목록을 만들어 추가해야 한다. 공과대, 자연대, 인문대, 사회대, 농과대, 예술대, 체육대로 구성된 사용자 지정 목록을 추가해보자.

01 사용자 지정 목록 추가하기 : 공과대, 자연대, 인문대, 사회대, 농과대, 예술대, 체육대

❶ [파일] 탭–[옵션]을 클릭한다. ❷ [Excel 옵션] 대화상자–[고급] 항목을 선택하고 오른쪽의 세로 슬라이더를 맨 아래로 내려서 ❸ 일반 영역의 [사용자 지정 목록 편집]을 클릭한다. ❹ [사용자 지정 목록] 대화상자의 [목록 항목]에 목록을 입력한 후 ❺ [추가]를 클릭해 사용자 지정 목록에 추가한 다음 ❻ [확인]을 누른다. ❼ 다시 [Excel 옵션] 대화상자에서 [확인]을 누른다.

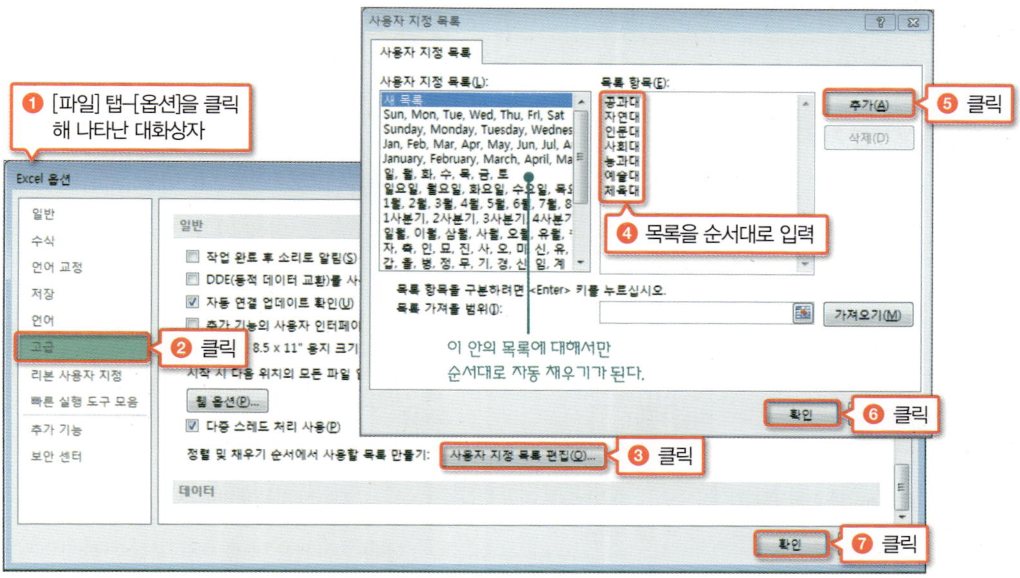

02 사용자 지정 목록으로 채우기

❶ [A17] 셀에 '공과대'를 입력한 후 ❷ 채우기 핸들을 드래그하면 새로 추가한 목록 순으로 데이터가 채워진다.

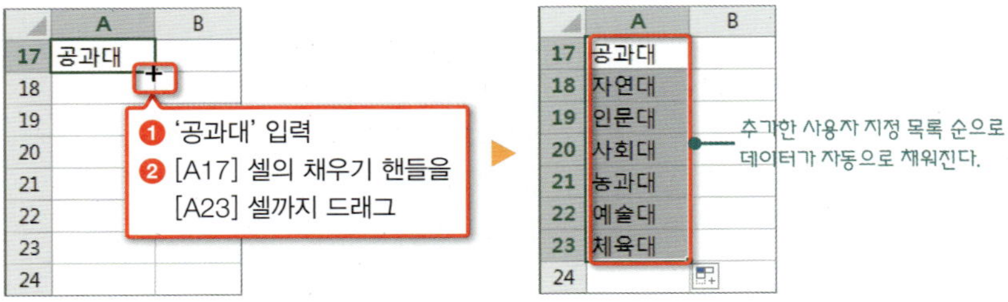

기본 예제 자동 완성 기능 사용하기

엑셀은 같은 열에서 데이터를 입력할 때 현재 셀 위나 아래로 이미 입력된 내용과 비슷한 것이 있으면 자동으로 셀 내용을 완성해주는 자동 완성 기능을 제공한다. 이 기능은 숫자 데이터에는 적용되지 않으며 소속대학명, 부서명, 직급, 지출항목명과 같이 텍스트나 텍스트와 숫자가 함께 있는 내용을 반복해서 입력할 때 편리하다. 자동 완성 기능을 이용해 데이터를 입력해보자.

01 자동 완성 기능으로 데이터 채우기

❶ [A30] 셀에 '자'를 입력하면 위로 [A28] 셀에 '자'로 시작하는 데이터가 있어 '자연대학'이 자동으로 완성되어 표시된다. ❷ Enter를 누르면 '자연대학'으로 입력이 완료된다.

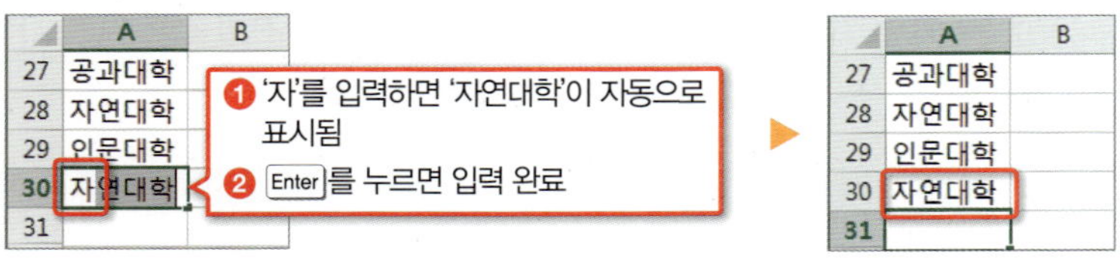

02 자동 완성 부분 지우기

자동 완성 기능은 편리하지만 위에 입력된 '홍길동' 전체가 아닌 '홍길'까지만 있는 데이터를 입력할 때는 오히려 불편할 수 있다. 이럴 때는 '홍길'까지 직접 입력한 후 뒤에 자동으로 완성된 부분을 지우기 위해 Delete를 누른다.

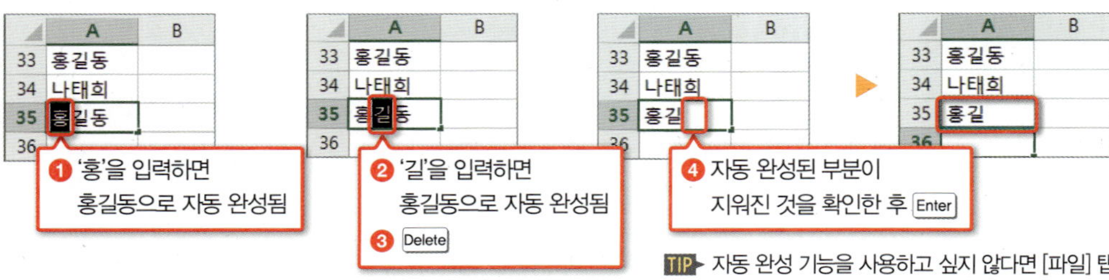

TIP 자동 완성 기능을 사용하고 싶지 않다면 [파일] 탭-[옵션]-[고급]-[셀 내용을 자동 완성]의 체크를 해제한다.

SECTION ----- IT COOKBOOK

03 워크시트 편집하기

엑셀에서 데이터를 입력하고 편집하는 곳은 워크시트의 셀이다. 그러므로 셀과 워크시트를 잘 다룰 수 있어야 한다. 이 절에서는 워크시트를 편집하기 위한 작업 대상 범위 설정, 시트의 행과 열의 삽입/삭제, 행과 열의 높이/너비 조절, 셀(범위)의 삽입/삭제/복사/잘라내기 기능을 살펴보자.

3.1 셀 포인터 이동과 셀 범위 선택

워크시트에 많은 데이터가 입력되어 있다면 셀 포인터를 특정 위치로 빨리 옮길 수 있도록 단축키를 사용하는 것이 편리하다. 셀 포인터 이동에 자주 사용되는 단축키는 [표 1-1]과 같다.

표 1-1 편리한 셀 포인터 이동 단축키

단축키	기능
Home	현재 행의 첫 번째 셀로 이동한다.
Ctrl+Home	[A1] 셀로 이동한다.
Ctrl+End	데이터가 입력되었거나 서식이 설정되었던 마지막 행과 열에 해당하는 셀(오른쪽 맨 아래 셀)로 이동한다.
Ctrl+↑, ↓, ←, →	각 방향으로 연속된 데이터가 있는 마지막 셀 또는 새 데이터 시작 셀로 이동한다.

그림 1-7 셀 포인터 이동 예

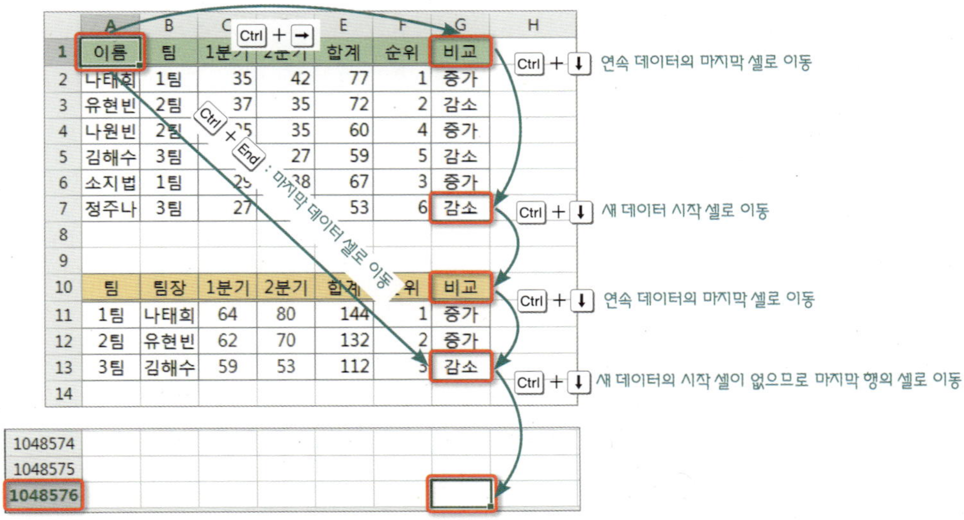

셀의 복사, 이동, 서식 설정 등의 작업을 할 때는 작업 대상 범위를 정확히 설정해야 한다. 작업 대상 셀의 범위를 설정하는 방법은 매우 다양한데, 상황에 따라 가장 정확하고 빠른 방법을 사용하면 작업 속도를 높일 수 있다.

기본 예제 마우스로 셀 범위 선택하기

마우스로 셀 범위를 선택하는 방법을 익혀보자.

01 시트의 모든 셀 선택하기

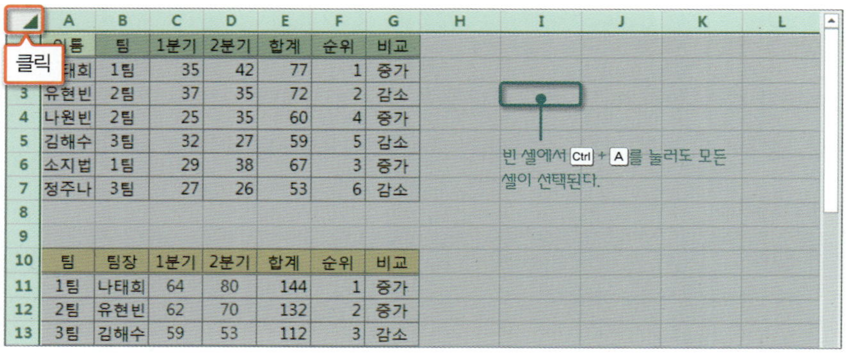

02 여러 열/행 선택하기

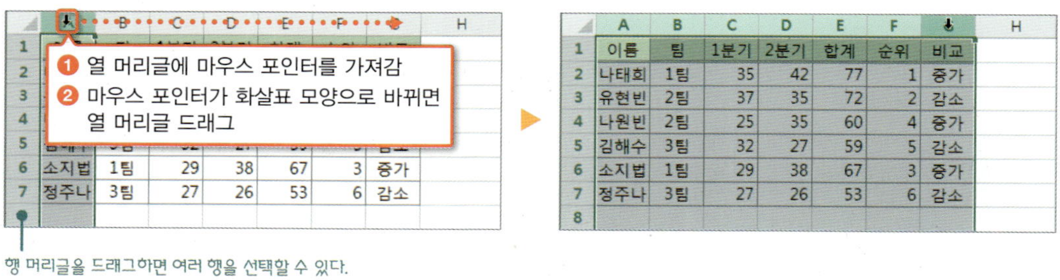

03 직사각형의 연속된 셀을 선택하기

직사각형의 연속된 셀 범위를 선택하려면 [방법1] 시작 셀부터 마지막 셀까지 드래그하거나 [방법2] 첫 번째 셀을 클릭한 후 마지막 셀을 Shift를 누른 채 클릭한다.

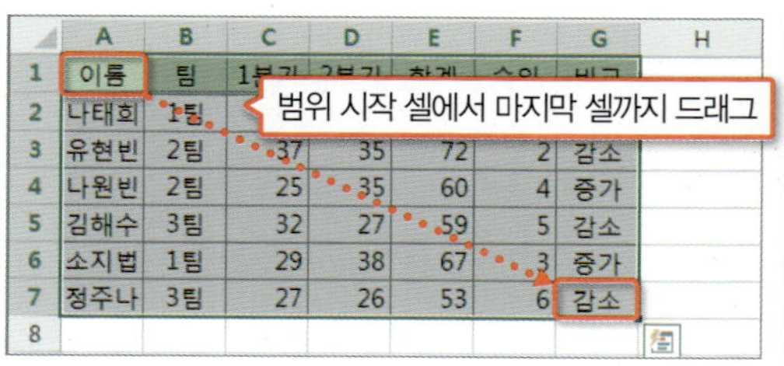

방법1

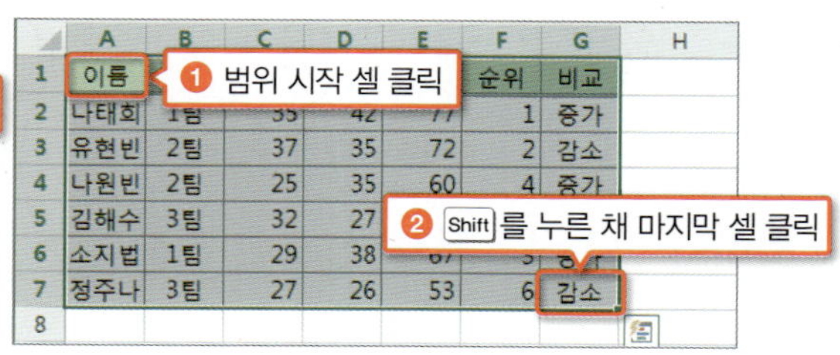

방법2

04 비연속인 여러 범위 선택하기

비연속인 여러 범위는 ❶ 첫 번째 범위를 선택한 후 ❷ 다음 비연속 범위부터는 Ctrl 을 누른 채 드래그한다.

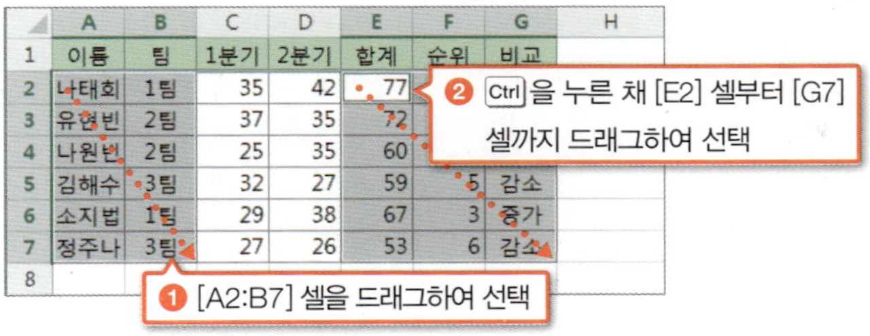

기본 예제 키보드로 셀 범위 선택하기

키보드로만 셀 범위를 선택할 때는 Shift 키와 셀 이동키(단축키)를 조합해 사용하는 경우가 많다.

01 Shift + ↑, ↓, ←, →

방향키 방향으로 셀 범위를 선택한다.

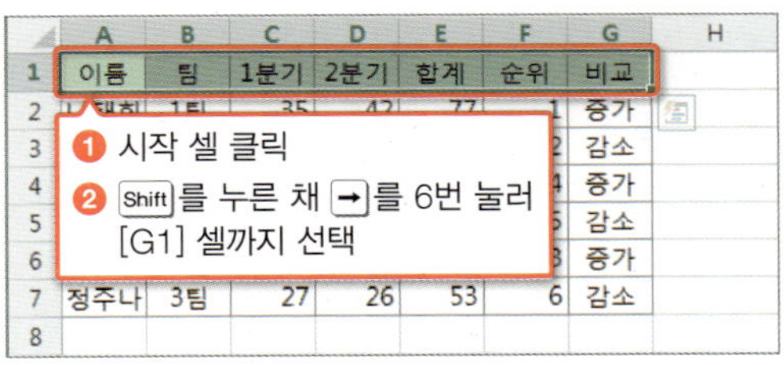

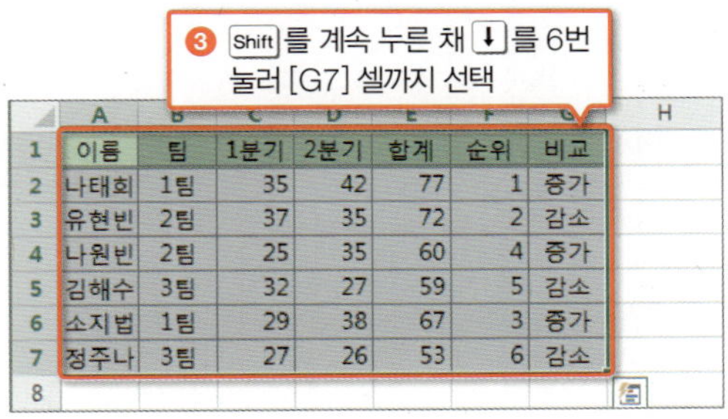

TIP 셀을 선택한 후 Ctrl + Space Bar 를 누르면 열 전체가, Shift + Space Bar 를 누르면 행 전체가 선택된다.

02 Shift + Ctrl + ↑, ↓, ←, →

현재 셀부터 방향키 방향으로 데이터가 있는 마지막 셀까지 또는 새로 데이터가 있는 셀까지 범위를 확대한다.

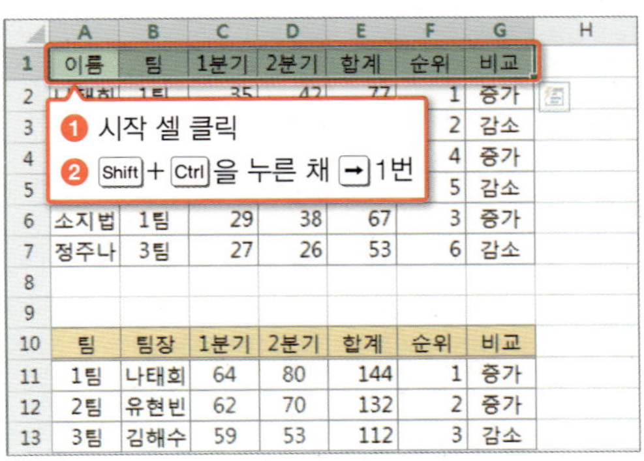

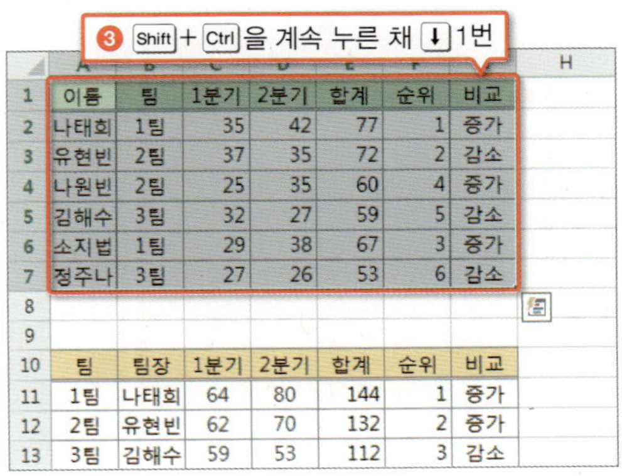

03 Ctrl + * : 연속된 직사각형 범위 선택

특정 셀에서 Ctrl + * 를 누르면 현재 셀을 포함하여 연속으로 데이터가 있는 직사각형 영역이 셀 범위로 선택된다. Ctrl + * 로 선택되는 범위는 정확하게는 빈 행이나 빈 열이 없는 직사각형 영역이며, * 는 Shift + 8 보다 숫자 키 패드를 이용하는 것이 편리하다. 일반적으로 연속된 직사각형 모양의 셀 범위를 선택하는 경우가 많으므로 알아두면 유익하다.

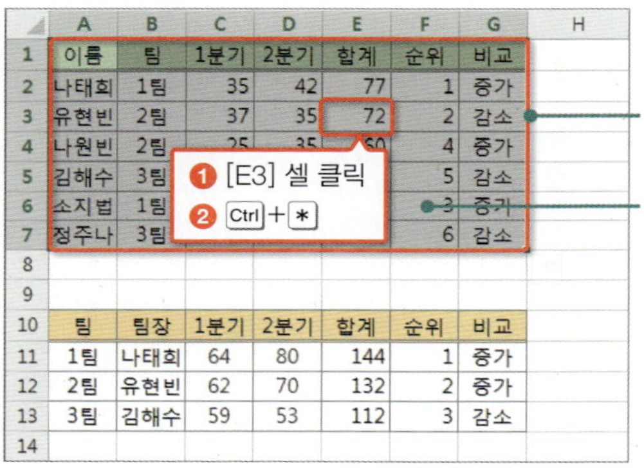

현재 셀 포인터로부터 완전히 분리된 행, 열 이전까지의 직사각형 영역이 자동으로 선택된다. [A1]에서 Shift + Ctrl + → + ↓ 를 눌렀을 때와 결과가 같다.

데이터가 있는 중간 셀에서 Ctrl + A 를 누르면 동일한 범위가 선택된다.

04 Shift + Ctrl + End

현재 셀부터 데이터가 입력된 마지막 행과 열의 셀까지를 범위로 선택한다.

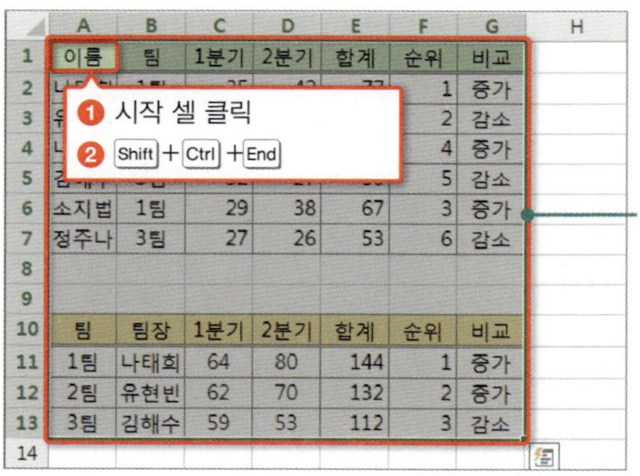

마지막 데이터가 있는 행과 열의 셀까지를 범위로 선택한다.

TIP 엑셀은 시트에 데이터가 있던 가장 아래 행과 오른쪽 열 위치를 기억하고 있으므로 작업 중 [8:13]행 내용을 제거하더라도 Shift + Ctrl + Enter 를 누르면 [G13] 셀까지 범위가 선택된다. 하지만 통합 문서를 저장하면 마지막 위치가 수정되므로 [G7] 셀까지 범위가 선택된다.

3.2 행/열 편집

시트의 기존 열 사이에 새로운 열을 추가하거나 기존 열을 삭제하는 방법, 그리고 열의 너비나 행의 높이를 조절하는 방법을 살펴보자.

기본 예제 > 행/열 삽입하기와 삭제하기

열과 행은 기본적으로 삽입과 삭제 방법이 동일하므로 여기서는 열을 기준으로 방법을 익혀본다.

01 한 열 삽입/삭제하기 : B열에 새 열 삽입하기

❶~❷ 열을 삽입할 자리의 열 머리글에서 마우스 오른쪽 버튼을 누르고 팝업 메뉴에서 [삽입]을 클릭하면 현재 열 자리에 새 열이 삽입되고 기존 열은 옆으로 밀린다. ❸~❹ 열을 삭제하려면 삭제할 열 머리글의 팝업 메뉴에서 [삭제]를 클릭한다.

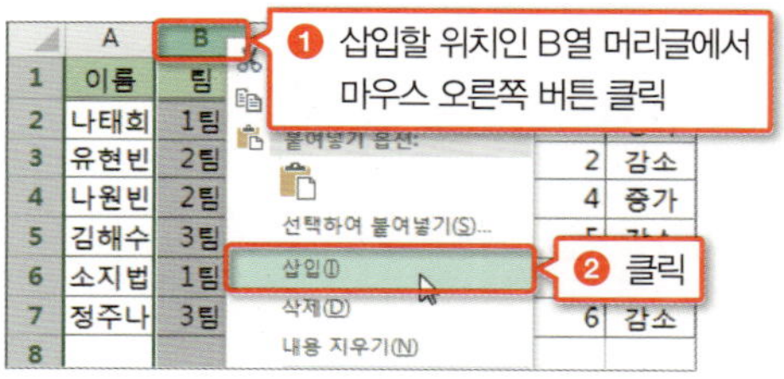

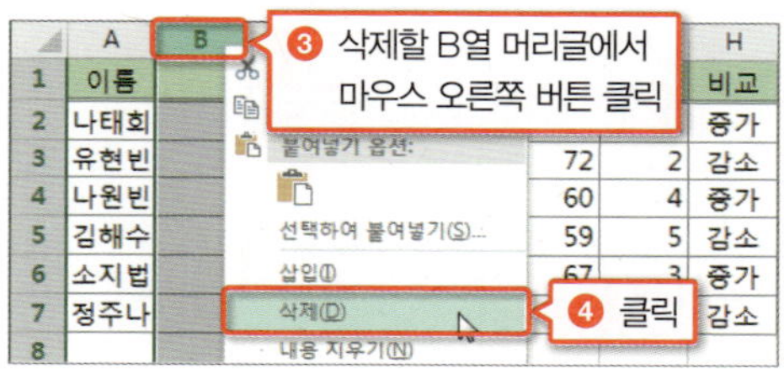

02 여러 열 삽입/삭제하기 : [B:D] 열 자리에 세 열 삽입하기

❶~❸ 삽입할 자리의 열 머리글을 선택한 후 마우스 오른쪽 버튼을 눌러 팝업 메뉴에서 [삽입]을 선택한다. 범위로 선택한 열 개수만큼 새 열이 삽입되고 기존 열은 오른쪽으로 밀린다. ❹~❻ 여러 열을 한 번에 삭제할 때는 삭제할 열들의 머리글을 선택한 후 팝업 메뉴에서 [삭제]를 클릭한다.

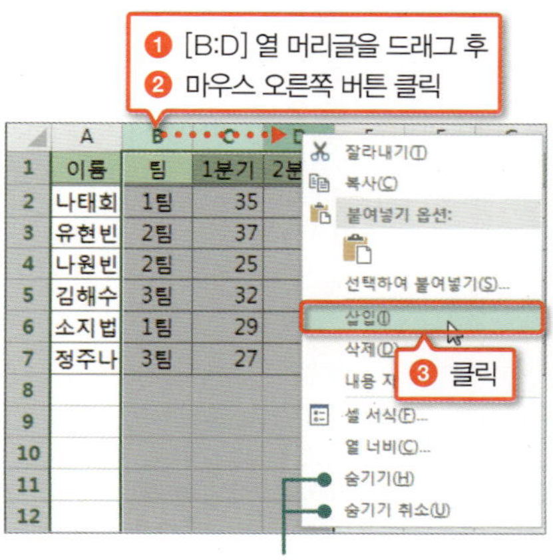

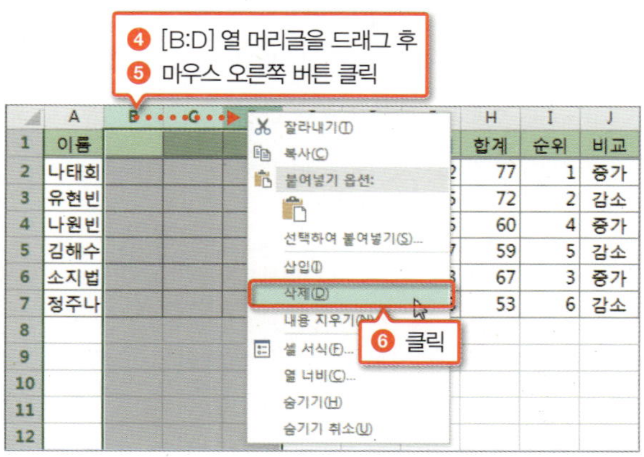

H열에 사원의 전화번호를 입력해야 한다면 A열의 이름 바로 옆에 H열이 표시되도록 8장의 1.2에서 소개하는 숨기기 기능을 이용한다. [B:G]열을 선택한 후 [숨기기]를 클릭하면 선택한 열이 숨겨지며, 숨겨진 열은 [숨기기 취소]를 클릭하면 다시 나타난다.

기본 예제 열 너비(행 높이) 조절하기

숫자나 날짜가 나타나는 셀의 너비가 이를 표시할 수 없을 만큼 좁아지면 #으로 채워진다. 이런 경우 셀의 너비를 넓혀야 하는데, 엑셀에서는 특정 셀만 넓히는 것은 불가능하며 열 단위로 너비를 조절해야 한다. 열 너비를 조절할 때는 열 머리글의 오른쪽 경계선을 드래그하거나 더블클릭한다. 또는 열 머리글에서 마우스 오른쪽 버튼을 눌러 팝업 메뉴의 [열 너비]를 이용해 열 너비값을 직접 설정해도 된다. 행 높이도 열 너비와 조절하는 방법이 동일하므로 여기서는 열을 기준으로 방법을 익혀본다.

01 열 머리글 경계선을 드래그하여 너비 변경하기 : A열 너비 넓히기

날짜가 있는 셀의 너비가 좁아 #으로 표시된 A열의 너비를 넓혀보자. ❶ 너비를 조정할 열 머리글 오른쪽 경계선에서 마우스 포인터 모양이 ✛일 때 ❷ 경계선을 좌우로 드래그하면 열 너비가 조절된다.

TIP 엑셀은 열 머리글 경계선을 드래그할 때 ✛ 위로 '너비: 10.00 (85 픽셀)'처럼 현재 열의 너비가 얼마인지 알려준다. 여기서 10.00은 현재 셀 너비에 포함할 수 있는 기본 스타일의 문자 수가 10개임을 의미한다. 반면 행의 높이는 너비와는 다른 단위로 포인트(point)를 사용한다. 1포인트는 1/72 인치에 해당한다. 행과 열의 높이와 너비를 센티미터 단위로 확인하려면 [보기] 탭-[통합 문서 보기] 그룹-[페이지 레이아웃]을 클릭하여 시트 보기 방법을 변경한 후 행/열 머리글에서 팝업 메뉴 [행 높이]/[열 너비]를 이용하거나 행과 열 머리글 경계선에서 마우스 왼쪽 버튼을 누르고 있으면 된다.

02 열 머리글 경계선을 더블클릭하여 너비를 자동으로 조절하기 : C열 너비를 자동으로 조절하기

열 머리글 오른쪽 경계선에서 더블클릭하면 해당 열에 표시할 데이터 중 가장 긴 데이터에 맞는 너비로 자동 조절되므로 매우 편리하다.

03 여러 열을 내용에 맞게 적정 너비로 조절하기 : [A:E] 열 너비를 자동 조절하기

❶ 여러 열을 선택하고 ❷ 열 머리글 경계선을 더블클릭하면 각 열마다 적절한 너비로 조절된다.

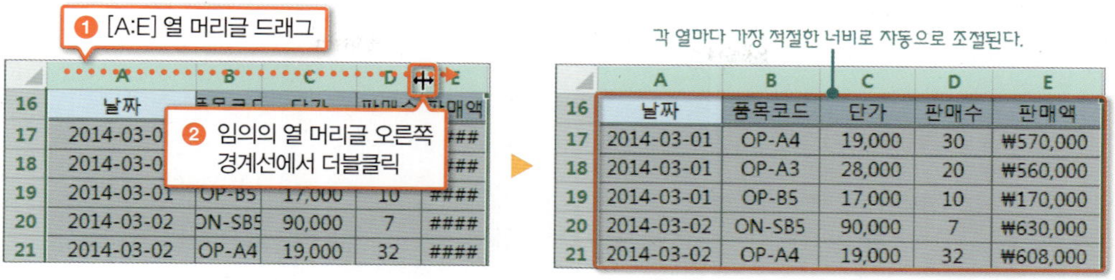

TIP ▶ 열 머리글에서 마우스 오른쪽 버튼을 눌러 팝업 메뉴에서 [열 너비]를 클릭하면 너비 값을 직접 입력할 수 있다.

04 여러 열을 동일한 너비로 설정하기 : [A:E] 열 너비를 동일하게 설정하기

❶ 여러 열을 선택하고 ❷ 이 중에서 임의의 열 머리글 경계선을 드래그하면 선택한 모든 열의 너비가 동일하게 조절된다.

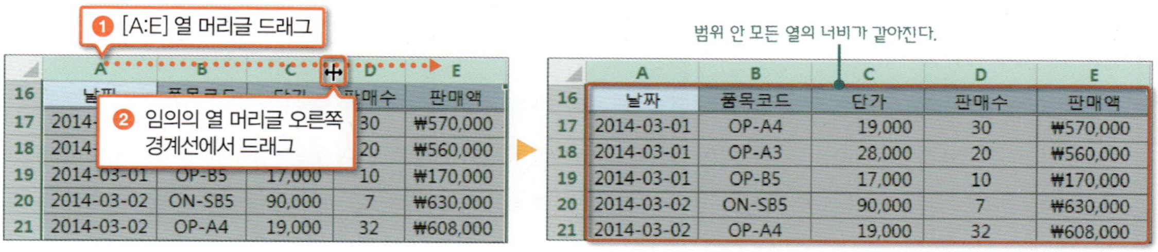

3.3 빈 셀 삽입과 특정 셀 삭제

엑셀에서는 행/열 단위의 편집이 아닌 셀 또는 셀 범위 단위의 편집 작업이 많다. 여기서는 중간에 누락된 데이터를 추가하기 위해 빈 셀을 삽입하는 법, 중복 또는 잘못 입력된 셀을 삭제하는 법, 특정 범위의 셀들에 입력된 내용을 다른 곳으로 복사하는 법 등 셀 편집 작업에 대해 살펴본다. 특히 빈 셀을 삽입하는 방법은 50명의 나이를 입력하다가 열 번째를 누락한 경우처럼 이미 입력된 데이터 중간에 새로운 데이터를 입력해야 할 경우 모든 데이터를 일일이 수정할 필요 없이 중간에 빈 셀을 삽입해 해결할 수 있어 유용하다.

기본 예제 > 빈 셀 삽입하기와 기존 셀 삭제하기

기존의 날짜와 품목코드 사이에 품목명을 추가해야 한다면 중간에 새 열을 삽입해 해결할 수 있다. 하지만 날짜와 품목코드 아래에 다른 내용이 있으면 이 내용까지 열이 이동하게 되므로 이럴 때는 필요한 위치에만 새 셀을 삽입하여 해결한다.

01 **빈 셀 삽입하기 : 품목코드 자리에 빈 셀 삽입하기**

❶새로 셀을 삽입할 부분만 선택하고 ❷~❸마우스 오른쪽 버튼을 눌러 팝업 메뉴에서 [삽입]을 선택한다. ❹[삽입] 대화상자에서 기존 셀을 오른쪽으로 밀도록 선택한 후 ❺[확인]을 누르면 빈 셀이 삽입된다.

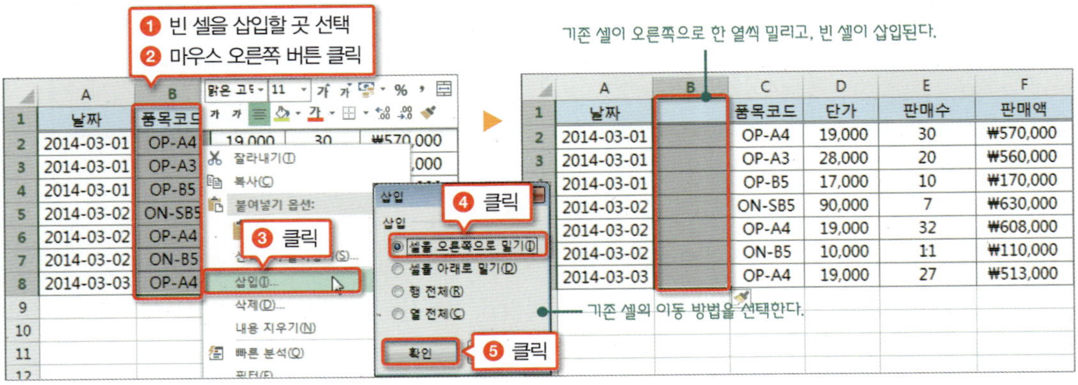

02 **셀 삭제하기**

많은 데이터를 입력하다 보면 중복된 값을 입력하기도 한다. 이때는 중복된 셀만 제거해 간단히 수정할 수 있다. 또 데이터가 입력된 셀의 내용뿐만 아니라 셀까지 삭제할 경우에도 셀 삭제 기능이 유용하다. 앞서 추가한 빈 셀을 다시 삭제하려면 ❶삭제할 셀을 선택하고 ❷~❸마우스 오른쪽 버튼을 눌러 팝업 메뉴에서 [삭제]를 선택한다. ❹[삭제] 대화상자에서 기존 셀을 왼쪽으로 밀어서 빈 공간을 채우도록 선택한 후 ❺[확인]을 누르면 해당 셀이 삭제되고, 그 부분이 옆의 셀로 채워진다.

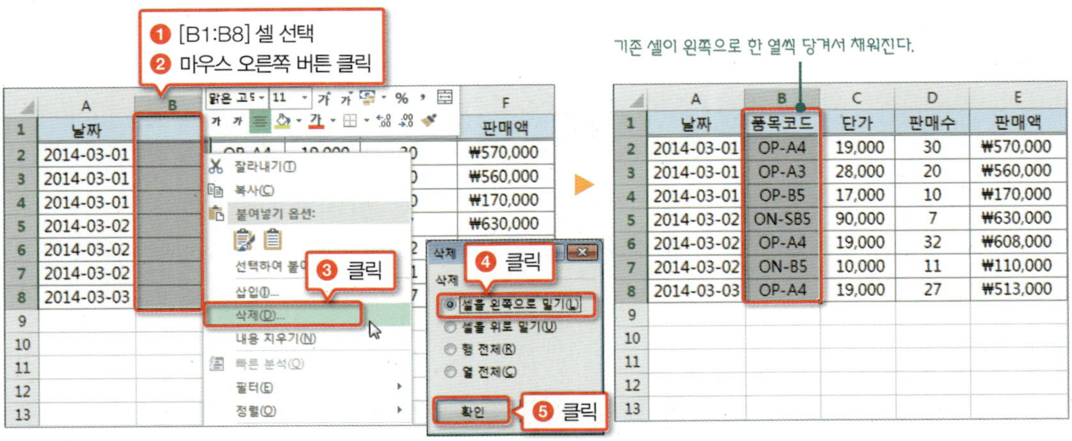

3.4 셀 복사와 이동

셀 내용을 다른 곳으로 복사하는 방법은 다음과 같이 다양하다.

방법 1 복사할 셀을 선택하고 [홈] 탭-[클립보드] 그룹-[복사]를 클릭하여 원본을 복사한다. 그런 다음 붙여넣을 목적지 첫 번째 셀을 선택하고 [홈] 탭-[클립보드] 그룹-[붙여넣기]를 클릭한다.

방법 2 복사할 셀을 선택하고 마우스 오른쪽 버튼을 눌러 팝업 메뉴에서 [복사]를 클릭한 후 목적지 첫 번째 셀에서 팝업 메뉴의 [붙여넣기 옵션] 중 원하는 옵션을 클릭한다.

방법 3 복사할 셀을 선택했을 때 나타나는 테두리에 마우스 포인터를 두고 Ctrl을 누른 채 테두리를 목적지로 드래그한다.

방법 4 복사할 셀을 선택하고 Ctrl+C를 눌러 복사한 후 목적지 첫 번째 셀에서 Ctrl+V를 눌러 붙여넣는다. 붙여넣은 후에 '붙여넣기' 옵션 버튼을 클릭한 후 원하는 옵션을 골라 결과를 변경할 수 있다.

기본 예제 〉 셀 복사하기

셀을 복사하는 방법 중 단축키를 이용하는 방법과 붙여넣기 옵션에 대해 알아보자.

01 단축키를 이용해 셀 복사하기 : 품목코드를 G열로 복사하기

❶~❷ 복사할 셀을 선택하고 Ctrl+C를 눌러 복사하면 녹색 점선 테두리가 나타난다. ❸~❹ 복사한 내용을 붙여넣을 목적지 첫 번째 셀을 선택해서 Ctrl+V를 눌러 붙여넣는다.

	A	B	C	D	E	F	G
1	날짜	품목코드	단가	판매수	판매액		
2	2014-03-01	OP-A4	19,000	30	₩570,000		
3	2014-03-01	OP-A3	28,000	20	₩560,000		
4	2014-03-01	OP-B5					
5	2014-03-02	ON-SB5					
6	2014-03-02	OP-A4					
7	2014-03-02	ON-B5	10,000	11	₩110,000		
8	2014-03-03	OP-A4	19,000	27	₩513,000		

❶ 복사할 [B1:B8] 셀 선택
❷ Ctrl+C를 눌러 복사

❸ 목적지 첫 번째 셀인 [G1] 셀 클릭
❹ Ctrl+V를 눌러 붙여넣음

[주의] 셀 복사 후 다른 작업을 하여 녹색 점선 테두리가 사라지면 붙여넣기가 되지 않는다.

▼

	A	B	C	D	E	F	G	H
1	날짜	품목코드	단가	판매수	판매액		품목코드	
2	2014-03-01	OP-A4	19,000	30	₩570,000		OP-A4	
3	2014-03-01	OP-A3	28,000	20	₩560,000		OP-A3	
4	2014-03-01	OP-B5	17,000	10	₩170,000		OP-B5	
5	2014-03-02	ON-SB5	90,000	7	₩630,000		ON-SB5	
6	2014-03-02	OP-A4	19,000	32	₩608,000		OP-A4	
7	2014-03-02	ON-B5	10,000	11	₩110,000		ON-B5	
8	2014-03-03	OP-A4	19,000	27	₩513,000		OP-A4	
9								

붙여넣기
값 붙여넣기
기타 붙여넣기 옵션
(Ctrl)

클릭하면 다양한 붙여넣기 옵션을 선택할 수 있다([표 1-2]).

02 붙여넣기 옵션 알아보기

붙여넣기 옵션을 이용하면 복사 결과에 대해 원본의 셀 너비 유지, 셀의 글꼴이나 채우기 색 서식 유지, 행과 열의 전환 등 다양한 설정을 할 수 있다. 또한 결과에 대한 미리 보기를 제공하므로 자신이 원하는 결과인지 확인하고 선택할 수 있어 편리하다. 붙여넣기 옵션을 이용하려면 ❶~❷ 복사할 원본 셀을 선택하고 Ctrl+C를 눌러 복사한다. ❸~❹ 붙여넣을 목적지 [H1] 셀에서 마우스 오른쪽 버튼을 눌러 팝업 메뉴의 붙여넣기 옵션에서 원하는 옵션을 선택한다. 이때 마우스 포인터를 옵션 아이콘에 두면 최종 결과가 미리 나타나므로 이를 먼저 확인한 후 선택할 수 있다.

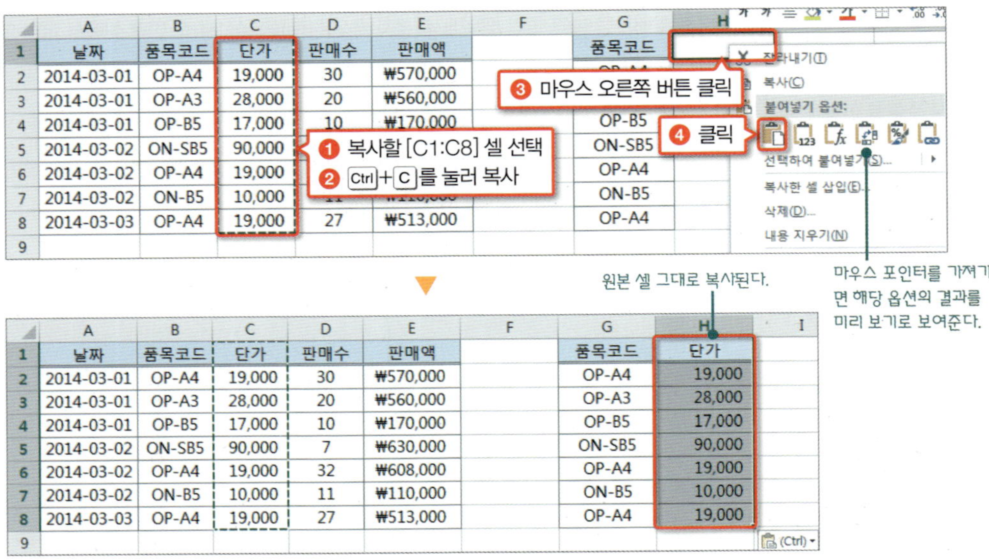

붙여넣기를 하기 위한 팝업 메뉴는 처음에는 [그림 1-8]의 오른쪽처럼 모두 나타나지만 마우스 포인터를 특정 붙여넣기 옵션 아이콘으로 옮기면 [그림 1-8]의 왼쪽처럼 나머지 부분은 사라진다. 그리고 다시 마우스 포인터를 움직이면 모든 메뉴가 표시된다. 팝업 메뉴의 붙여넣기 옵션에는 자주 사용되는 옵션만 있고, [그림 1-8]의 오른쪽처럼 [선택하여 붙여넣기]에 마우스 포인터를 가져가면 추가 옵션을 볼 수 있으며 이 옵션들도 미리 보기를 제공한다.

그림 1-8 붙여넣기 옵션

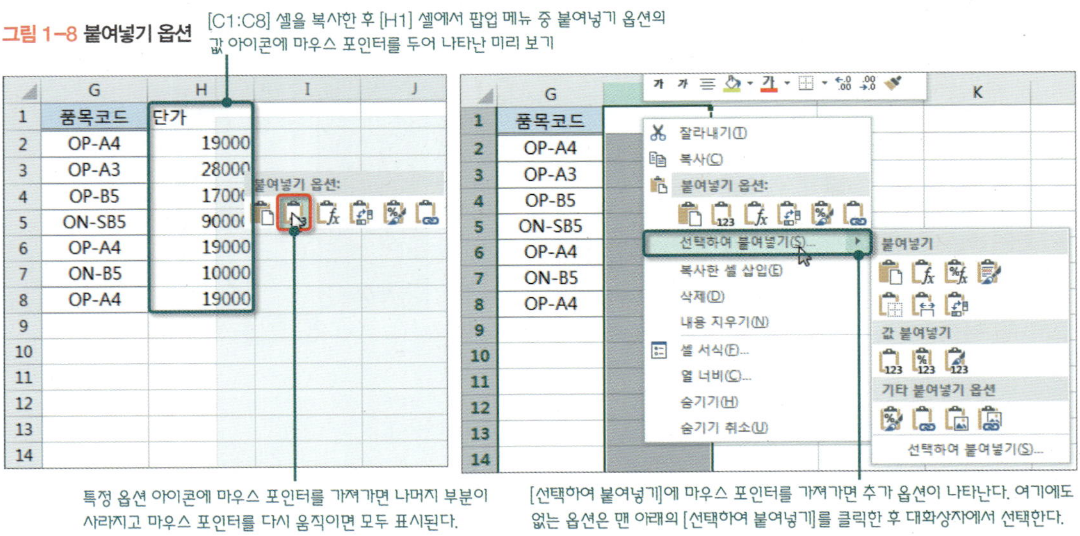

[그림 1-9]는 복사한 [C1:C8] 단가 셀을 [H1] 셀에 붙여넣을 때 몇 가지 붙여넣기 옵션을 적용한 예이다.

그림 1-9 붙여넣기 옵션 적용 예

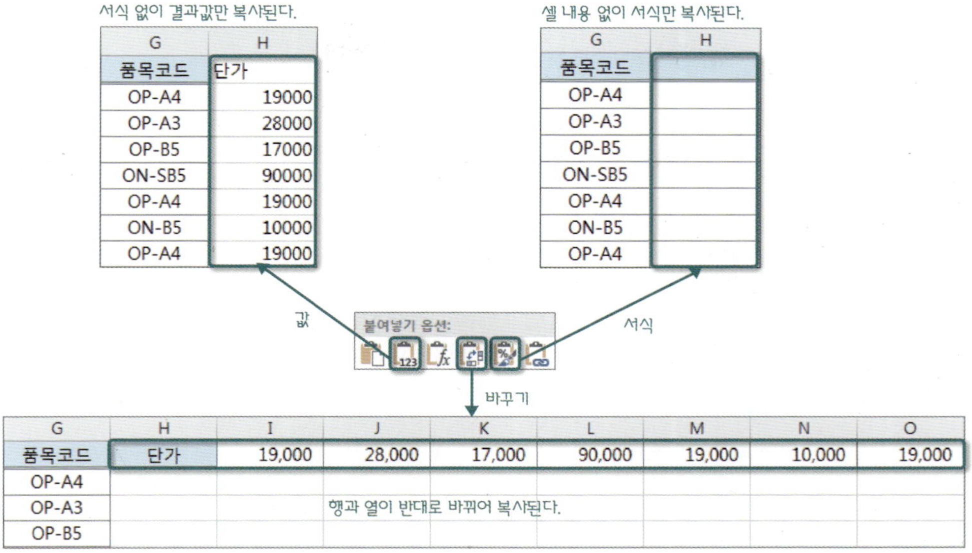

[표 1-2]는 다양한 붙여넣기 옵션을 보여준다. 이 중 (붙여넣기)가 일반적인 복사를 의미한다. 특히 [값 붙여넣기]의 옵션은 셀에 2장에서 소개하는 수식이 있을 때 많이 사용된다. 이 옵션은 수식이 아닌 셀에 표시된 결과값을 복사하기 위해 꼭 필요한 옵션이므로 미리 기억해두자.

표 1-2 팝업 메뉴 [선택하여 붙여넣기]의 옵션

붙여넣기 옵션		붙여넣기 결과
붙여넣기	붙여넣기	원본 그대로 복사하되 통합 문서에 설정된 테마와 관련된 서식은 복사하지 않는다.
	수식	셀의 서식은 복사하지 않고 나머지는 원본 그대로 복사한다. 특히 서식을 제외한 셀의 수식만 복사할 때 주로 이용한다.
	수식 및 숫자 서식	수식 그대로 복사하되 결과 숫자에 관한 표시 형식 서식만 복사한다. 다른 셀 서식은 복사하지 않고 목적지 셀의 서식을 따른다.
	원본 서식 유지	원본의 테마와 관련된 서식까지 그대로 복사한다.
	테두리 없음	원본 셀의 테두리 모양을 복사하지 않는다.
	원본 열 너비 유지	원본의 열 너비를 그대로 유지한다. 다른 옵션은 셀의 너비를 목적지 셀의 너비에 맞춘다.
	바꾸기	행과 열을 반대로 배치한다.
값 붙여넣기	값	셀의 수식 결과값만 복사하고 서식은 복사하지 않는다.
	값 및 숫자 서식	셀의 수식 결과값과 숫자 표시 형식에 관련된 서식만 복사하고, 채우기와 테두리 등의 서식은 복사하지 않는다.
	값 및 원본 서식	셀의 수식 결과값과 모든 서식을 복사한다.

기타 붙여넣기 옵션	서식	셀 내용은 복사하지 않고 서식만 복사한다.
	연결하여 붙이기	복사한 원본 셀의 값이 바뀌면 붙여넣기한 셀의 값도 바뀐다.
	그림	복사한 원본 셀이 화면에 표시된 그대로 그림으로 붙여진다.
	연결된 그림	그림으로 붙여넣되 원본 셀의 값이 바뀌면 그림도 같이 바뀐다.

기존 셀의 내용을 다른 곳으로 이동하는 방법도 다양하다.

방법 1 이동 대상 셀들을 선택하고 [홈] 탭-[클립보드] 그룹-[잘라내기](Ctrl+X)를 클릭한 다음, 목적지의 첫 번째 셀에서 [홈] 탭-[클립보드] 그룹-[붙여넣기](Ctrl+V)를 클릭한다.

방법 2 이동 대상 셀들을 선택하고 마우스 오른쪽 단추를 눌러 팝업 메뉴의 [잘라내기]를 선택한 다음 목적지의 첫 번째 셀에서 팝업 메뉴의 [붙여넣기 옵션] 중 원하는 버튼을 클릭한다.

방법 3 셀 범위 테두리에 마우스 포인터를 둔 후 마우스 포인터가 ✥ 모양이 되었을 때 테두리를 드래그하여 목적지로 옮긴다.

기본 예제 셀 내용 이동하기

셀 내용을 이동하기 위해 단축키를 이용하는 방법과 선택한 셀의 테두리를 드래그하는 방법을 알아보자.

01 단축키를 이용해 셀 내용 이동하기 : 판매수를 I열로 이동하기

❶~❷ 이동할 원본 셀을 선택하고 Ctrl+X를 눌러 잘라낸 다음 ❸~❹ 목적지 첫 번째 셀에서 Ctrl+V를 눌러 붙여넣는다.

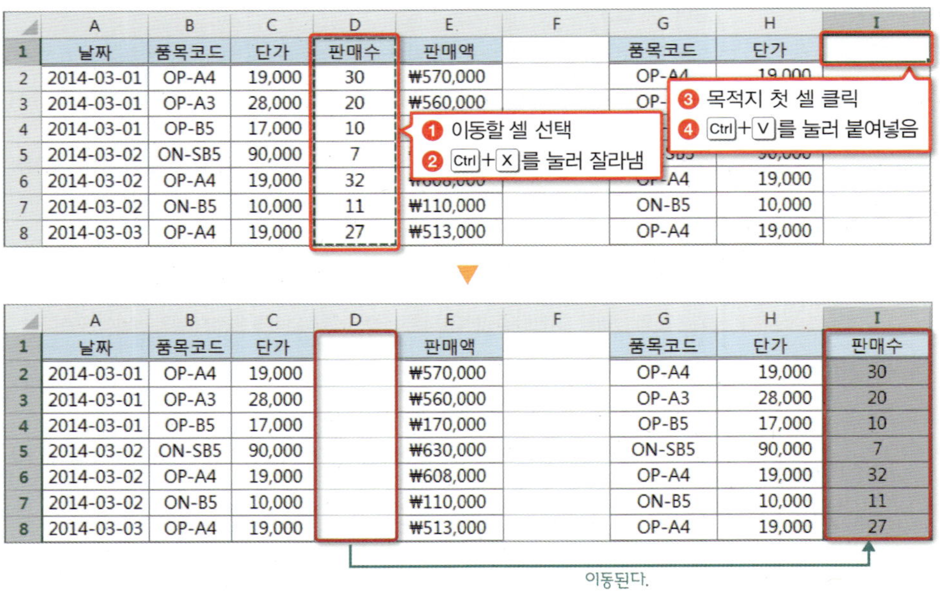

02 셀 범위를 드래그하여 셀 내용 이동하기 : 판매액을 J열로 이동하기

❶ 이동할 원본 셀을 선택한 후 ❷~❸ 셀 범위 테두리에 마우스 포인터를 두어 마우스 포인터가 ✥ 모양으로 바뀌었을 때 테두리를 드래그하여 목적지로 옮긴다.

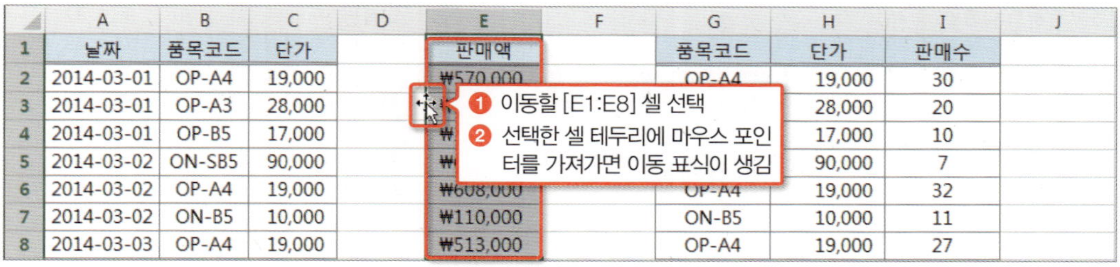

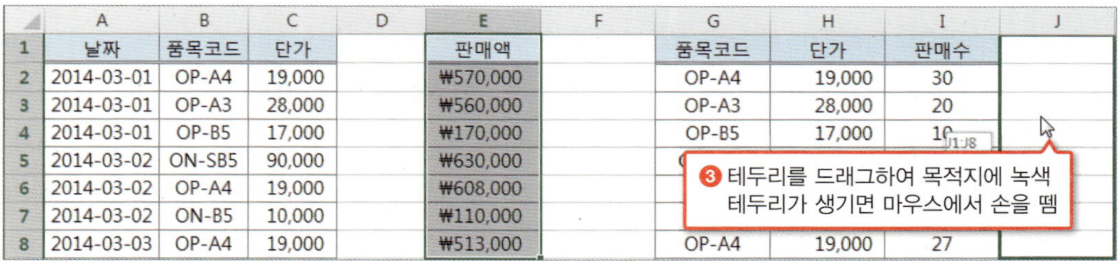

[주의] [E1:E8]의 판매액을 복사하여 [A10:A17] 셀 위치로 붙여넣으면 #VALUE! 오류가 표시된다. 이는 2장에서 소개하는 상대 참조 개념을 이해해야 이유를 알 수 있다. 이 경우 판매액에 표시된 값만 복사하는 데 사용되는 옵션이 [표 1-2]의 값 붙여넣기이며 뒤에서 자세히 소개한다.

3.5 기존 셀 끼워넣기(교환하기)

복사 또는 잘라낸 셀을 내용이 있는 셀에 그냥 붙여넣기 하면 기존 내용이 사라지므로 이를 방지하려면 끼워넣기를 해야 한다. 끼워넣기는 셀들의 위치를 서로 교환할 때도 유용하다. 잘라낸 셀이든 복사한 셀이든 끼워넣어 삽입하는 방법은 같으므로 여기서는 잘라낸 셀을 삽입하는 방법만 살펴보자.

기본 예제 〉 잘라낸 셀 삽입하기와 다양한 끼워넣기

셀을 끼워넣는 방법에는 여러 가지가 있고 그만큼 다양하게 응용할 수 있으므로 하나씩 익혀보자.

01 잘라낸 셀 삽입하기로 위치 교환하기 : 엑셀과 파포 정보 위치 교환하기

잘라낸 셀 삽입하기를 통해 엑셀과 파포 정보 셀의 위치를 교환해보자. 8행 이후로 내용이 없다면 D열에 새 열을 삽입한 후, B열의 엑셀 정보를 새 D열로 이동한 후 빈 B열을 삭제해도 된다. 그러나 [9:10] 행에 내용이 있으므로 엑셀 정보 셀만 잘라낸 후 파포와 실습 정보 사이에 끼워넣어 해결한다. ❶~❷ 끼워넣기를 할 원본 셀을 선택하고 Ctrl+X를 눌러 잘라낸 후 ❸~❹ 목적지의 첫 번째 셀에서 마우스 오른쪽 버튼을 누르고 팝업 메뉴에서 [잘라낸 셀 삽입]을 클릭한다.

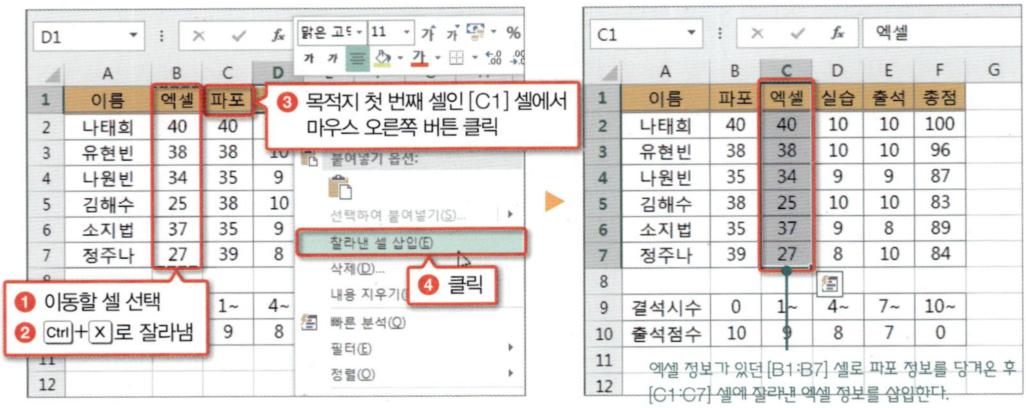

02 [Shift] **+ 드래그로 끼워넣기 :** 파포 정보를 실습과 출석 사이로 끼워넣기

팝업 메뉴를 이용하지 않고 [Shift]를 이용하면 보다 편리하게 끼워넣기를 할 수 있다. ❶ 위치를 옮길 셀을 선택하고 ❷ 이 범위의 녹색 테두리에서 [Shift]를 누른 채 목적지로 드래그하면 끼워넣기가 가능한 곳에 I 모양의 표식이 생긴다. [Shift]를 누른 채 드래그할 때 ↖가 셀 오른쪽 경계선으로 지나면 세로로 긴 I 가, 셀 아래쪽 경계선으로 지나면 가로로 긴 ⊢⊣ 가 나타난다. ❸ 그림에서 [D1:D7] 셀 오른쪽 경계선에 가로로 긴 I가 나타났을 때 마우스와 키보드에서 손을 떼면 끼워넣기가 된다.

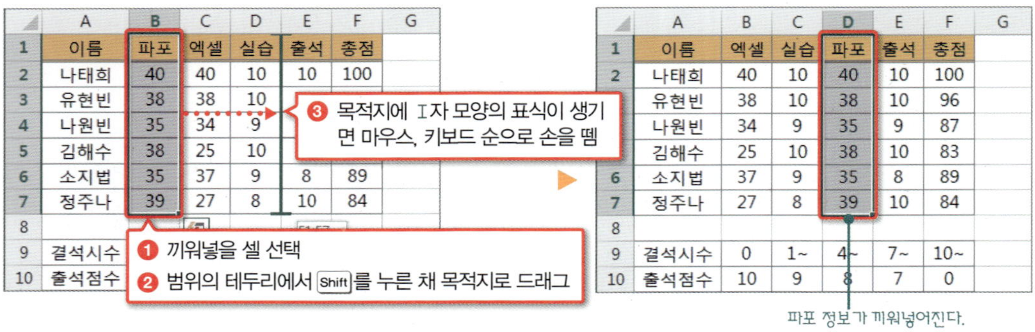

03 마우스 오른쪽 버튼을 이용해 끼워넣기 : 엑셀 정보를 파포와 출석 사이에 끼워넣기

마우스 오른쪽 버튼을 누른 채 셀 범위를 드래그하여 셀의 복사, 이동 등 다양한 편집을 할 수 있다. 특히 이 방법은 기존 셀을 다른 곳에 끼워넣을 때 매우 유용하게 사용할 수 있다. ❶~❷ 이동할 셀을 선택하고 이 범위의 녹색 테두리에서 마우스 오른쪽 버튼을 누른 채 드래그한다. ❸~❹ 목적지에 초록색 테두리가 나타났을 때 마우스에서 손을 떼면 나타나는 팝업 메뉴에서 [오른쪽으로 이동하고 옮기기]를 선택하면 현재 목적지의 녹색 테두리 안의 셀을 오른쪽으로 민 후 그 자리에 엑셀 정보 셀을 옮긴다. 원래 엑셀 정보가 있던 셀은 자동으로 삭제된다.

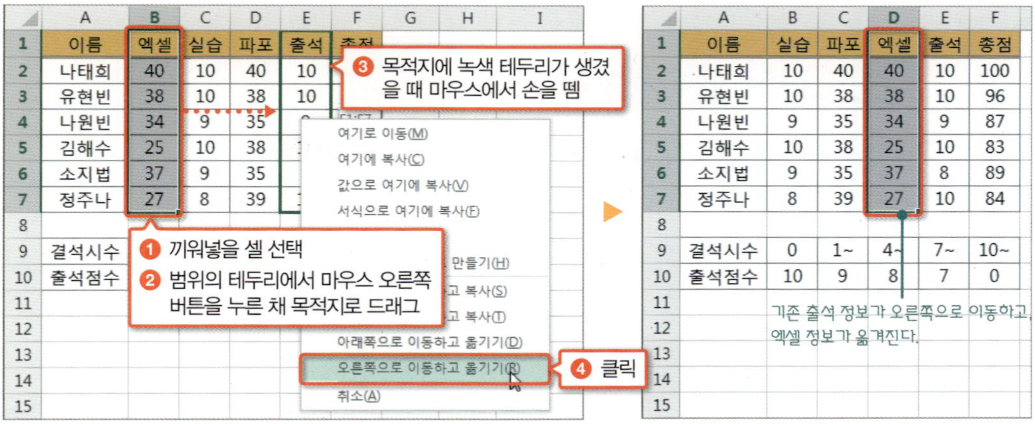

04 행/열 단위 이동, 복사, 끼워넣기 : A열 내용을 H열로 옮기기

행이나 열 단위의 이동, 복사, 끼워넣기는 행 또는 열 머리글을 클릭하거나 드래그하여 선택한 후 셀 이동, 복사, 끼워넣기와 같은 방법으로 작업한다. ①~② 이동할 A열을 선택하고, 이 범위의 녹색 테두리에서 목적지로 드래그한다. ③ 목적지에 녹색 테두리가 나타났을 때 마우스에서 손을 뗀다.

SECTION 04 -- IT COOKBOOK

워크시트 관리하기

엑셀 통합 문서는 기본적으로 워크시트를 하나만 포함하고 있지만 필요에 따라 더 추가하거나 삭제할 수 있다. 그리고 시트별로 이름을 설정하거나 시트 탭의 색도 변경할 수 있다. 이런 시트 관리 기능은 시트 탭에서 마우스 오른쪽 버튼을 눌러 팝업 메뉴를 통해 간편하게 작업할 수 있다.

다른 워크시트로 이동할 때는 해당 워크시트 탭을 클릭하면 되는데, 키보드를 이용할 때는 Ctrl + Page Down 을 누르면 오른쪽 시트로 Ctrl + Page Up 을 누르면 왼쪽 시트로 이동한다. 여러 시트를 한꺼번에 선택할 때는 첫 번째 시트 탭을 클릭한 후 마지막 시트 탭을 Shift 를 누른 채 클릭하면 되고, Ctrl + 클릭으로 비연속 시트를 여러 개 선택할 수도 있다.

기본 예제 > 워크시트 추가하기, 이름 변경하기, 삭제하기, 복사하기, 이동하기

01 워크시트 추가하기

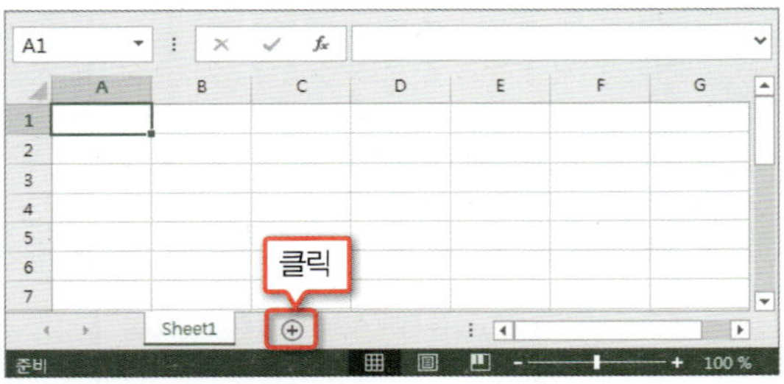

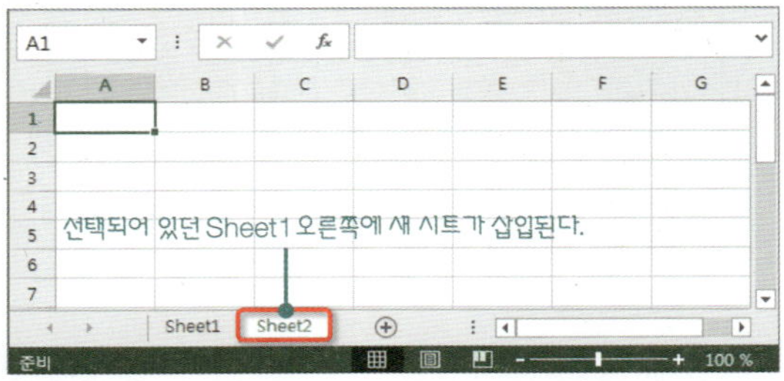

TIP ▶ 마우스 오른쪽 버튼을 눌러 [삽입] 메뉴를 이용하면 워크시트, 차트, 서식 파일 중 골라서 삽입할 수 있는데, 이 경우 현재 시트 왼쪽에 새 시트가 삽입된다.

02 워크시트 이름 변경하기 : 첫 번째 시트의 이름을 1사분기로 변경하기

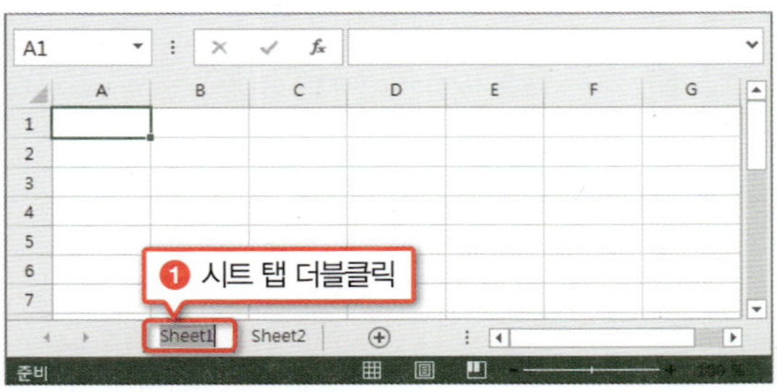

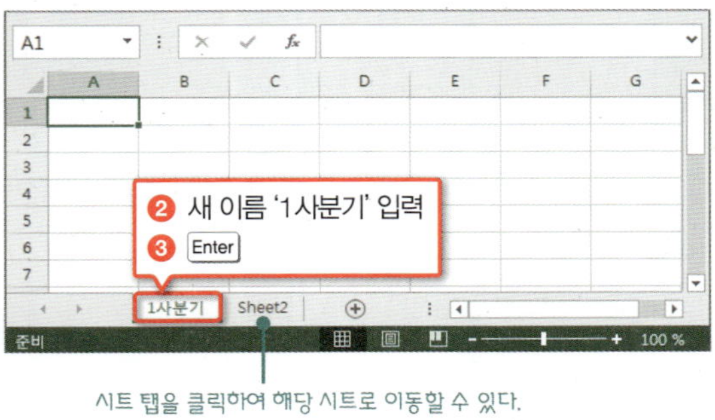

03 워크시트 삭제하기 : 두 번째 워크시트 삭제하기

삭제할 워크시트 탭에서 마우스 오른쪽 버튼을 눌러 팝업 메뉴에서 [삭제]를 선택한다. 만약 삭제하려는 시트에 데이터가 있으면 삭제 여부를 묻는다. 삭제한 시트는 작업 취소(Ctrl+Z)로 복원할 수 없기 때문이므로 시트를 삭제할 때는 주의해야 한다.

04 워크시트 복사하기와 이동하기 : 1사분기 시트를 다른 통합 문서로 복사하기

워크시트 전체 셀을 선택하여 다른 시트로 복사하면 열의 너비가 유지되지 않는 등 원본 시트 그대로 복사되지 않을 수 있다. 그러므로 동일한 시트를 만들려면 시트 자체를 복사하는 것이 좋다. 현재 작업 중인 통합 문서 안에서 워크시트를 복사하고 이동하는 방법은 간단한다. 시트 탭을 원하는 위치로 드래그하면 이동이 되고, Ctrl을 누른 채 시트 탭을 드래그하면 복사가 된다.

시트를 다른 통합 문서로 복사하거나 이동할 때는 주의할 사항이 있다. 다른 통합 문서가 미리 열려 있어야 한다는 것이다. ❶ 목적지인 '1장_준비.xlsx' 통합 문서를 미리 열어둔 상태에서 복사 작업을 시작한다. ❷~❸ 복사할 시트 탭에서 팝업 메뉴 [이동/복사]를 클릭한다. ❹~❺ [이동/복사] 대화상자의 [대상 통합 문서]에서 목적지 문서를 선택한 다음 [다음 시트의 앞에] 목록에서 복사될 위치를 선택한다. ❻ 복사를 하려면 [복사본 만들기]에 반드시 체크를 해야 한다. 그렇지 않으면 원본 시트가 제거되므로 시트를 이동하는 결과가 된다. ❼ 마지막으로 [확인]을 누르면 목적지 통합 문서 창이 활성화되어 복사 결과를 바로 확인할 수 있다.

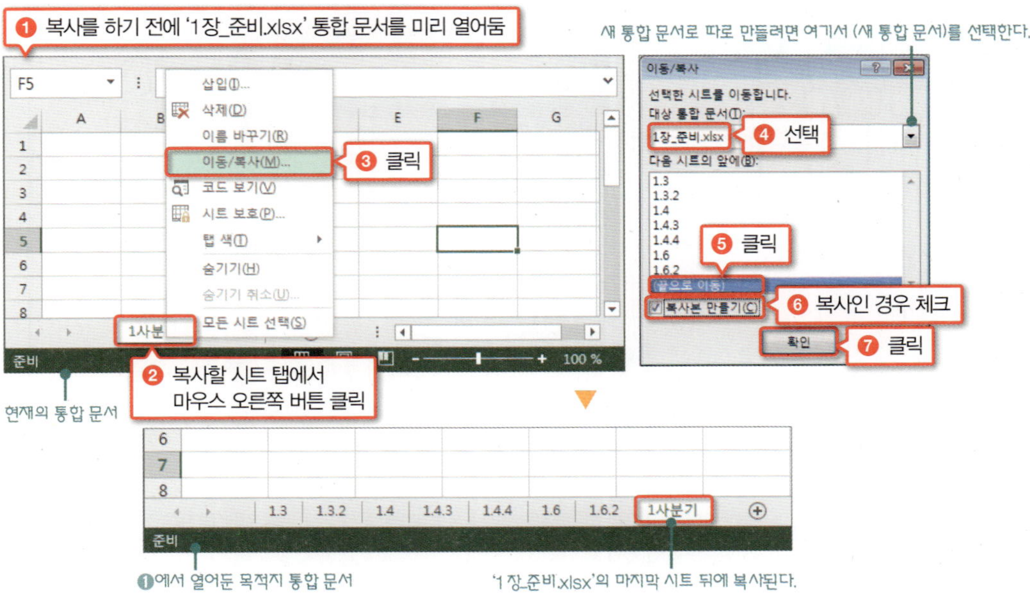

05 셀에 서식 설정하기

셀에 서식을 설정하면 시트 내용을 보기 좋고 이해하기 쉽게 만들 수 있다. 특히 시트에 보이는 셀 눈금선은 인쇄하면 나타나지 않으므로 인쇄물에 셀 눈금선을 표시하려면 테두리를 직접 넣어야 한다.

셀 서식은 [홈] 탭의 [글꼴], [맞춤], [표시 형식], [스타일] 그룹의 도구를 이용하거나, 마우스 오른쪽 버튼을 눌러 팝업 메뉴에서 [셀 서식]을 클릭해 나타나는 [셀 서식] 대화상자에서 설정할 수 있다. 일반적으로 자주 사용하는 서식은 [홈] 탭의 도구를 이용하고, 세부적으로 설정할 때는 [셀 서식] 대화상자를 이용한다.

5.1 글꼴, 셀 채우기, 셀 테두리 서식

셀의 글꼴, 채우기, 테두리 서식을 설정하기 위한 [홈] 탭의 [글꼴] 그룹과 세부 설정을 위한 [셀 서식] 대화상자(Ctrl+1)의 [글꼴] 탭은 [그림 1-10]과 같다.

그림 1-10 [홈] 탭-[글꼴] 그룹과 [셀 서식] 대화상자의 [글꼴] 탭

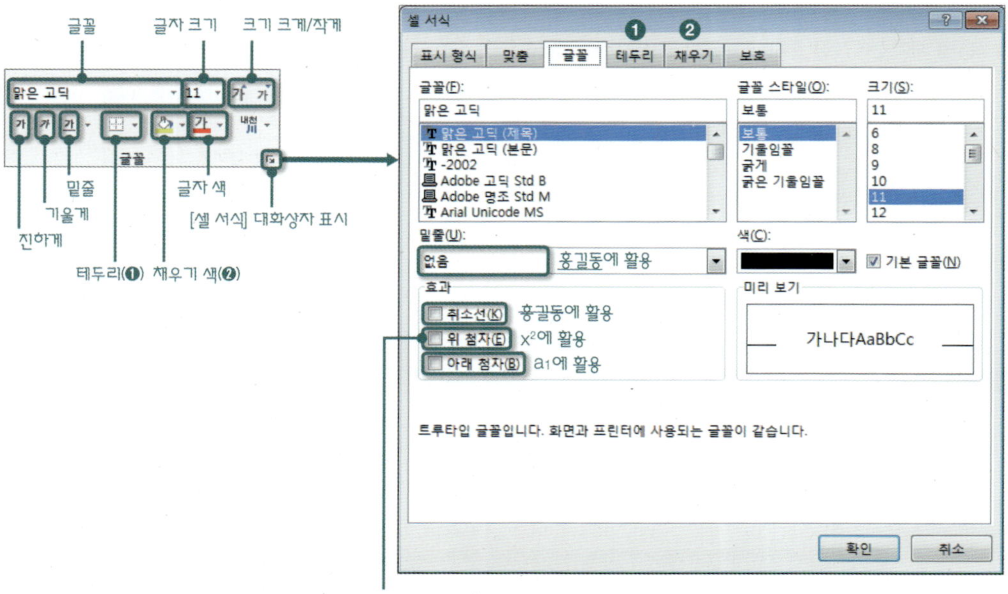

셀의 X2를 X^2으로 편집하려면 ❶ 셀을 더블클릭하여 커서를 나타낸 후 ❷ 2만 블록으로 설정한다. ❸ [셀 서식] 대화상자를 띄우고 ❹ [위 첨자]에 체크한 후 ❺ [확인]을 누른다.

기본 예제 셀에 서식 설정하기

첫 번째 행의 제목 셀에 다양한 서식을 설정하고, 데이터가 입력된 모든 셀에 테두리를 넣어보자.

01 글자 색 설정하기 : 첫 번째 행의 글자 색 변경하기

❶ [A1:G1] 셀을 선택하고 ❷~❸ [홈] 탭–[글꼴] 그룹–가(글자 색)의 ▾를 클릭한 후 ❹ 원하는 색을 클릭한다. 이때 색을 클릭하지 않고 마우스 포인터만 두면 결과의 미리 보기를 확인할 수 있다.

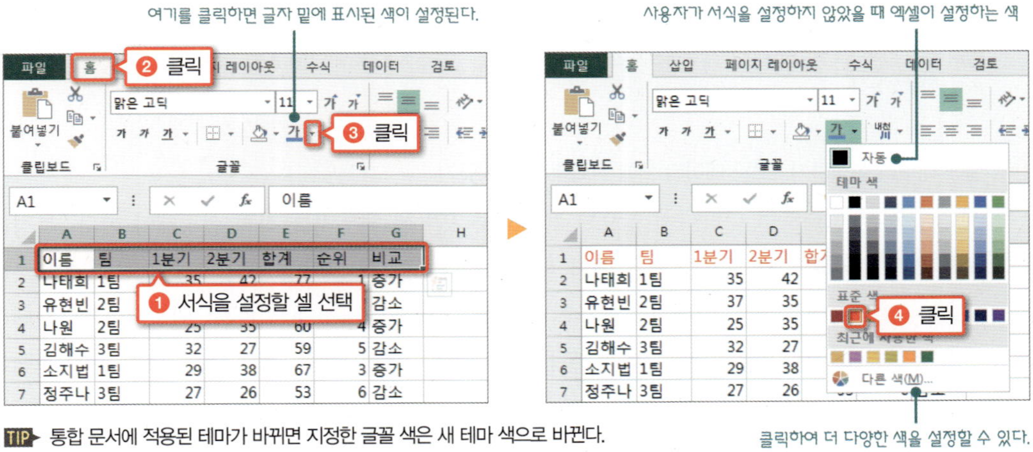

TIP 통합 문서에 적용된 테마가 바뀌면 지정한 글꼴 색은 새 테마 색으로 바뀐다. 테마와 상관없이 고정된 색을 원하면 표준 색이나 [다른 색]에서 선택한다.

02 글자 진하게 표시하기 : 첫 번째 행의 글자를 진하게 표시하기

❶ [A1:G1] 셀을 선택하고, ❷~❸ [홈] 탭–[글꼴] 그룹–가(진하게)를 클릭한다.

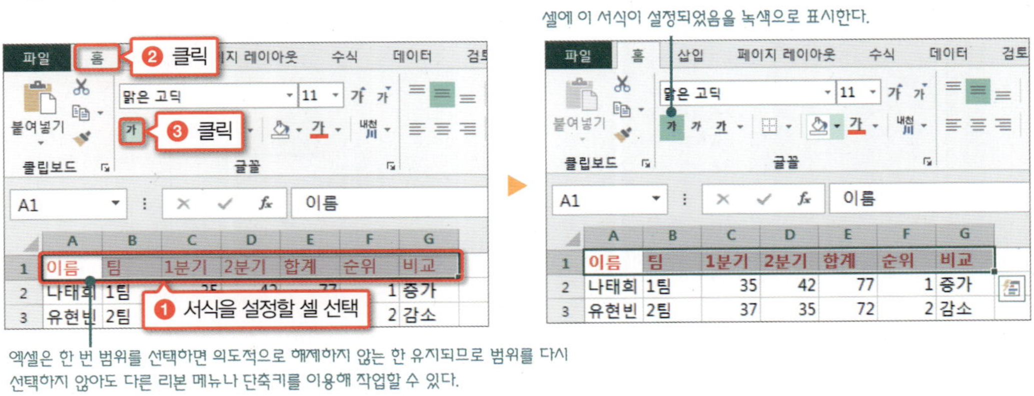

03 셀 배경색 설정하기 : 첫 번째 행을 회색으로 채우기

시트의 셀 색은 아무 것도 채워지지 않아 시트의 기본 색인 흰색이 비춰보이는 것이다. 그러므로 셀에 색을 넣고 싶다면 직접 배경색을 넣고 그라데이션 등 채우기 효과를 주어야 한다. ❶ [A1:G1] 셀을 선택하고 ❷~❸ [홈] 탭–[글꼴] 그룹–(채우기 색)의 ▾를 클릭한 다음 ❹ 회색을 클릭한다.

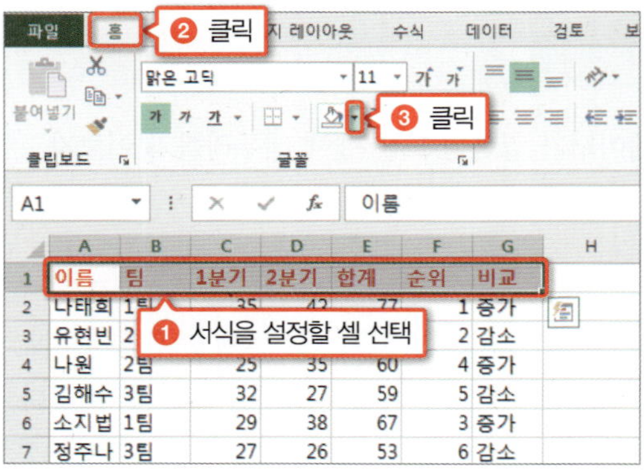

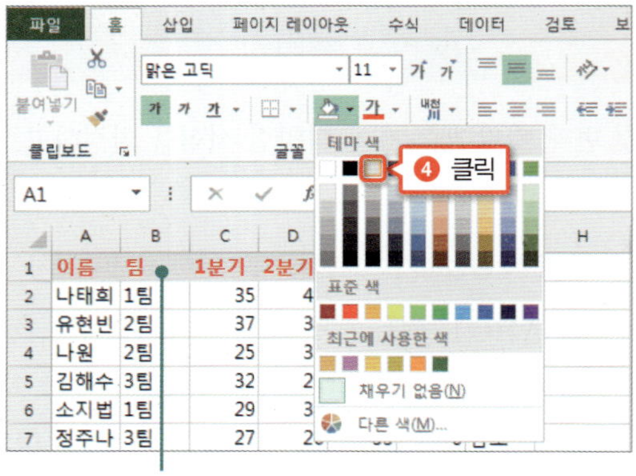

TIP 셀을 흰색으로 채우면 시트의 셀 눈금선을 안 보이게 하는 효과를 얻는다.

셀에 배경색을 설정하면 셀 눈금선이 표시되지 않는다.

04 셀에 테두리 설정하기 : 모든 데이터 셀에 진회색 테두리 긋기

셀 눈금선은 인쇄하면 나타나지 않으므로 필요하다면 셀 테두리를 직접 설정해야 한다. 특정 색의 테두리를 사용하고 싶다면 선 색을 먼저 설정한 후 테두리를 그어야 한다. ❶ [A1:G7] 셀을 선택하고 ❷~❸ [홈] 탭–[글꼴] 그룹–⊞(테두리)의 ▾를 클릭한 후 ❹ [선 색]에서 원하는 색을 선택한다. 다시 ❺~❻ ⊞(테두리)의 ▾를 클릭한 후 [모든 테두리]를 선택하면 범위 안의 모든 셀에 선택한 색의 테두리가 그어진다.

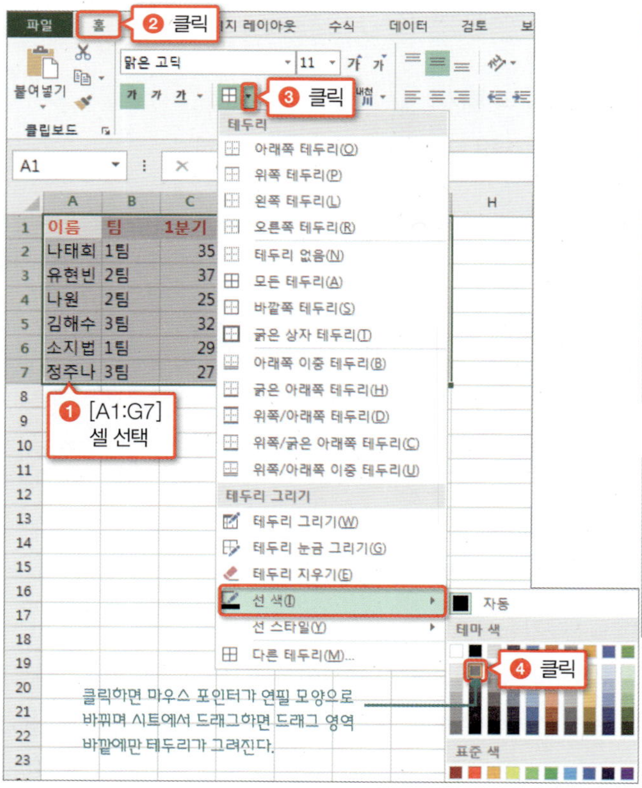

클릭하면 마우스 포인터가 연필 모양으로 바뀌며 시트에서 드래그하면 드래그 영역 바깥에만 테두리가 그려진다.

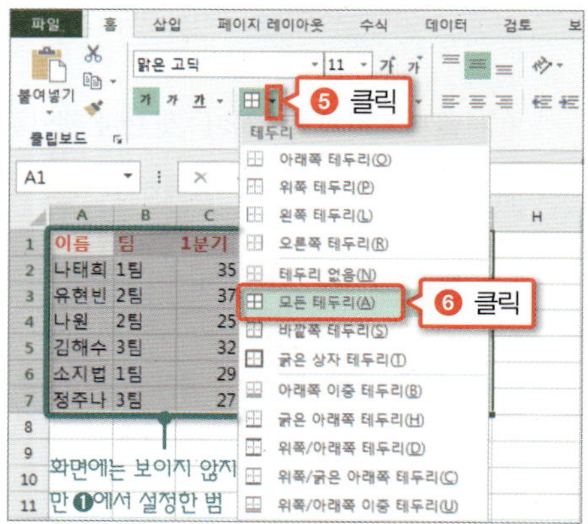

화면에는 보이지 않지만 ❶에서 설정한 범위가 유지되어 있다.

셀 내용이 셀 가운데 오도록 하려면 다음에 소개하는 셀 맞춤 서식을 설정해야 한다.

셀의 테두리는 [그림 1-11]과 같이 [홈] 탭-[글꼴] 그룹-⊞(테두리)의 ▾를 클릭해 나타난 도구 외에도 [셀 서식] 대화상자의 [테두리] 탭에서 다양하게 설정할 수 있다.

그림 1-11 [테두리 그리기] 도구와 [셀 서식] 대화상자의 [테두리] 탭

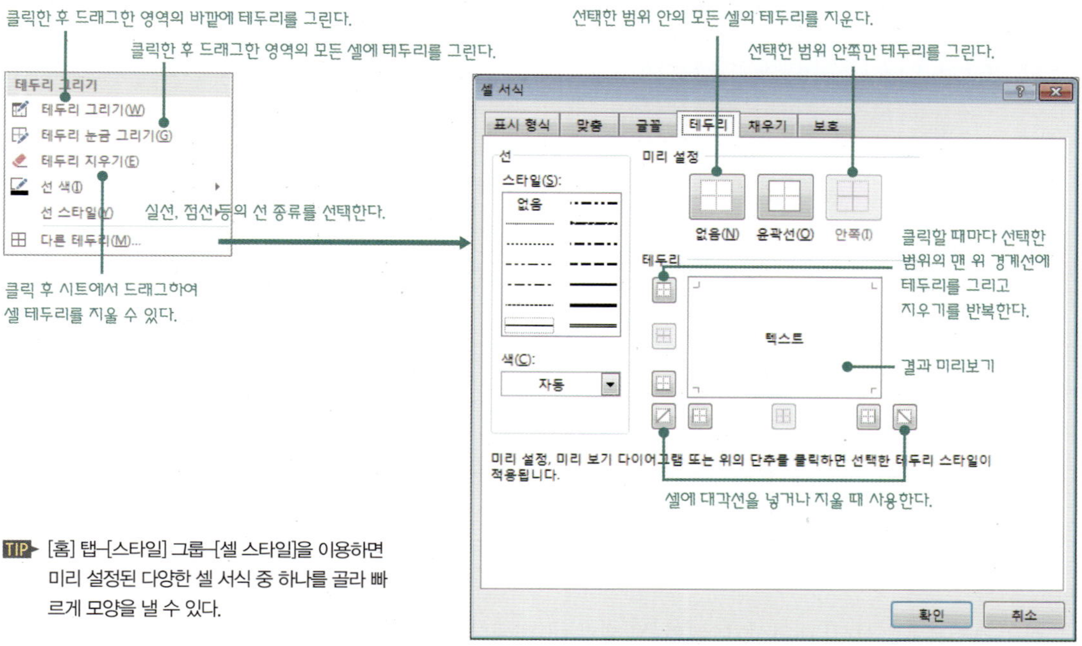

TIP [홈] 탭-[스타일] 그룹-[셀 스타일]을 이용하면 미리 설정된 다양한 셀 서식 중 하나를 골라 빠르게 모양을 낼 수 있다.

5.2 셀 맞춤 서식

셀 안의 내용을 왼쪽으로 정렬하느냐 오른쪽으로 정렬하느냐에 따라 내용이 더 직관적으로 보이기도 하고 그렇지 않기도 한다. 셀 맞춤은 [그림 1-12]의 [홈] 탭-[맞춤] 그룹의 도구를 이용하거나 [그림 1-13]의 [셀 서식] 대화상자-[맞춤] 탭에서 설정한다.

[그림 1-12]는 [홈] 탭-[맞춤] 그룹의 도구를 이용해 맞춤 서식을 설정한 예이다. 특히 [병합하고 가운데 맞춤]은 표 제목을 표시할 때 많이 사용된다. 모든 열의 너비가 같지 않으면 제목을 정확히 가운데에 표시하기가 곤란한데, 이때 셀을 하나로 병합한 후 가운데 맞춤을 하는 이 기능을 이용하면 편리하다.

[그림 1-12]의 맨 아래 그림은 제목을 넣을 [A1:G1] 셀을 선택한 후 [홈] 탭-[맞춤] 그룹-[병합하고 가운데 맞춤]을 클릭하여 셀을 하나로 병합한 후 제목을 입력한 결과이다. 병합한 셀을 선택한 후 다시 [병합하고 가운데 맞춤]을 클릭하면 원래대로 분리된다.

그림 1-12 [홈] 탭-[맞춤] 그룹의 도구와 적용 예

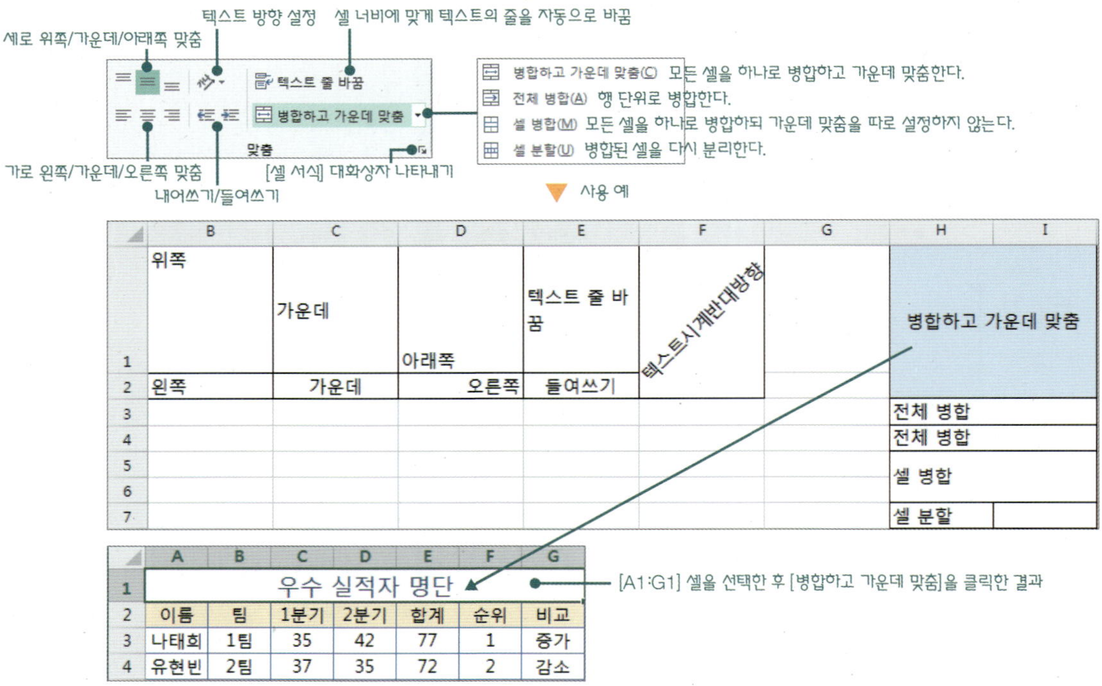

[그림 1-13]은 [셀 서식] 대화상자의 [맞춤] 탭과 이 탭에서 맞춤 서식을 적용한 예를 보여준다.

그림 1-13 [셀 서식] 대화상자-[맞춤] 탭의 설정과 사용 예

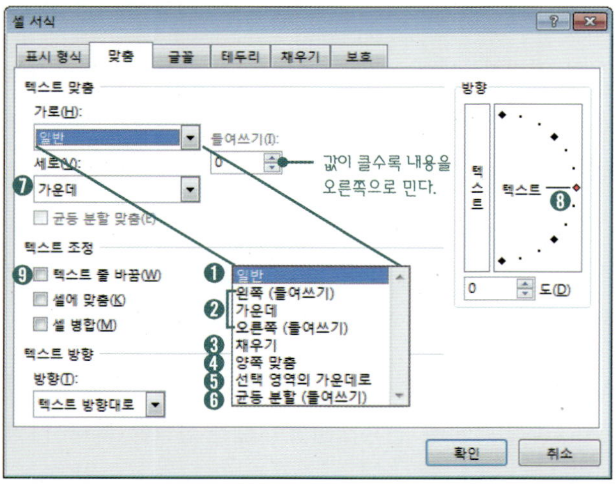

❶ **일반** : 사용자가 특별히 맞춤을 설정하지 않았을 때 엑셀이 데이터 종류에 맞게 자동으로 맞춤을 한다. 맞춤을 다르게 설정한 후 엑셀의 원래 설정으로 돌아가게 하려면 [일반]을 선택한다.

❷ **왼쪽/가운데/오른쪽** : 내용을 셀 가로로 왼쪽/가운데/오른쪽 맞춤으로 정렬한다.

❸ **채우기** : 셀의 오른쪽 끝까지 내용을 반복해서 채운다.

❹ **양쪽 맞춤** : 왼쪽과 오른쪽 끝이 맞춰지도록 조정한다. 문서에서 일반 단락에 사용하는 맞춤으로 균등 분할과 달리 마지막 줄은 강제로 오른쪽 끝을 맞추지 않는다.

❺ **선택 영역의 가운데로** : 셀을 하나로 병합하지 않고도 선택한 범위 가운데에 내용을 위치하게 한다. 셀 병합과 달리 내용이 들어간 셀만 채우기 색 등의 별도 서식을 설정할 수 있다.

❻ **균등 분할** : 왼쪽과 오른쪽 끝까지 차도록 글자 간격을 조정한다. 표에서 항목명을 나타낼 때 많이 사용한다.

❼ **위쪽/가운데/아래쪽** : 내용을 셀 세로로 위쪽/가운데/아래쪽 맞춤으로 정렬한다.

❽ **방향** : 드래그하여 텍스트 방향을 변경할 수 있다.

❾ **텍스트 줄 바꿈** : 엑셀은 내용이 길어도 줄을 자동으로 바꾸지 않고 셀 너비까지만 표시한다. 줄을 자동으로 바꾸게 하려면 [텍스트 줄 바꿈]을 체크해야 한다. 강제로 줄을 바꾸려면 Alt+Enter를 누른다.

▼ 사용 예

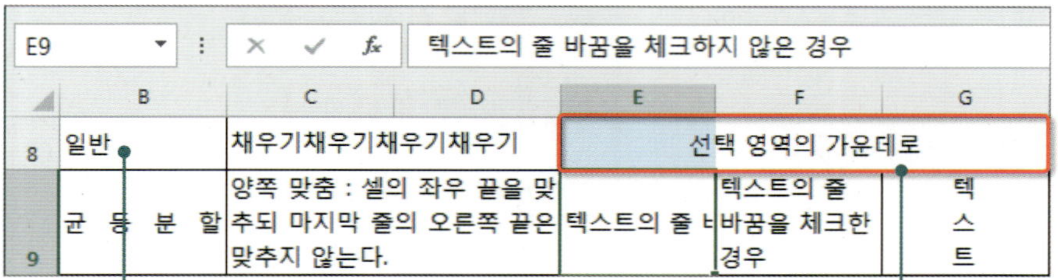

사용자가 맞춤을 지정하지 않은 경우로 텍스트는 왼쪽, 숫자는 오른쪽 맞춤이 된다.

선택한 [E8:G8] 셀 가운데에 시작 셀 [E8]의 내용이 표시된다.

기본 예제 〉 **셀 맞춤 서식 설정하기**

이름 제목과 내용에 셀 가로로 가운데 맞춤과 균등 분할 맞춤을 적용해보자.

01 셀을 가로로 가운데 맞춤하기

❶~❸ [A10:D10] 셀의 제목은 '병합하고 가운데 맞춤'으로 설정하고 ❹~❺ [A11] 셀은 '가운데 맞춤'으로 설정한다.

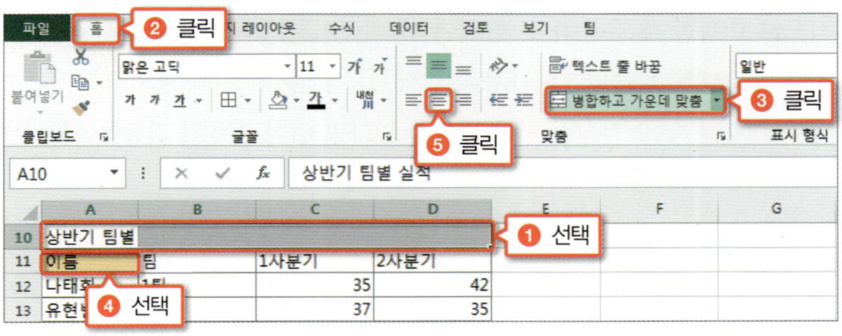

▼

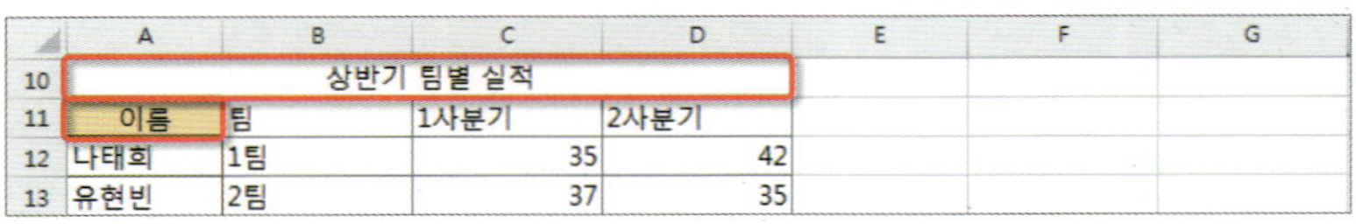

02 셀 가로로 균등 분할하여 맞추기 : 이름을 셀 좌우 끝에 맞추기

❶ 서식을 적용할 [A12:A17] 셀을 선택하고 ❷~❸ [홈] 탭–[맞춤] 그룹–⧉(대화상자 표시)를 클릭한다. ❹~❺ [셀 서식] 대화상자–[맞춤] 탭에서 [가로]를 '균등 분할 (들여쓰기)'로 설정하고 ❻ [확인]을 누른다.

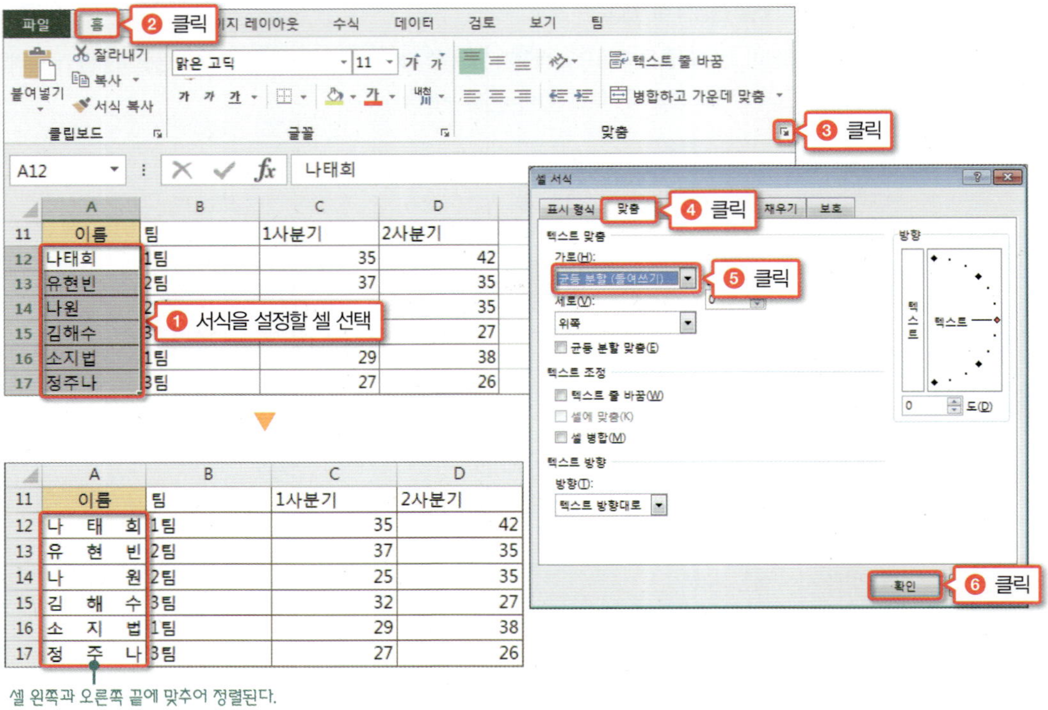

5.3 셀 서식 복사와 제거

특정 셀의 서식과 동일한 서식을 다른 셀에 적용할 때는 셀 서식 복사를 이용하면 편리하다. 이 기능은 특히 여러 셀을 동일한 서식으로 변경할 때 유용하다. 한편 셀에 서식이 설정되어 있을 때 Delete를 누르면 셀의 내용만 지워지고 서식은 그대로 남는다. 셀 내용과 함께 셀 서식까지 지우려면 모두 지우기 기능을 이용해야 한다. 셀 내용은 그대로 두고 서식만 지울 필요가 있다면 서식 지우기 기능을 이용한다.

기본 예제 〉 셀 서식 복사하기와 지우기

현재 이름이 있는 [A11:A17] 셀에 적용된 서식을 나머지 [B11:D17] 셀에 복사해보자.

01 셀 서식 복사하기 : 이름 정보 셀의 서식을 팀, 1사분기, 2사분기 정보 셀에 복사하기

① 복사할 원본 서식이 있는 셀을 선택하고 ②~③ [홈] 탭–[클립보드] 그룹–[서식 복사]를 클릭한 후 시트로 마우스 포인터를 이동하면 붓 아이콘 ✚🖌이 추가로 표시된다. ④ 동일한 서식을 적용할 셀을 마우스로 클릭하거나 드래그하면 셀들의 서식이 자동으로 변한다. [서식 복사]를 더블클릭하면, Esc를 누르거나 다른 리본 메뉴를 클릭하여 복사 기능을 해제하기 전까지 마우스 포인터의 붓이 사라지지 않으므로 계속 드래그하여 다른 셀에 서식을 적용할 수 있다.

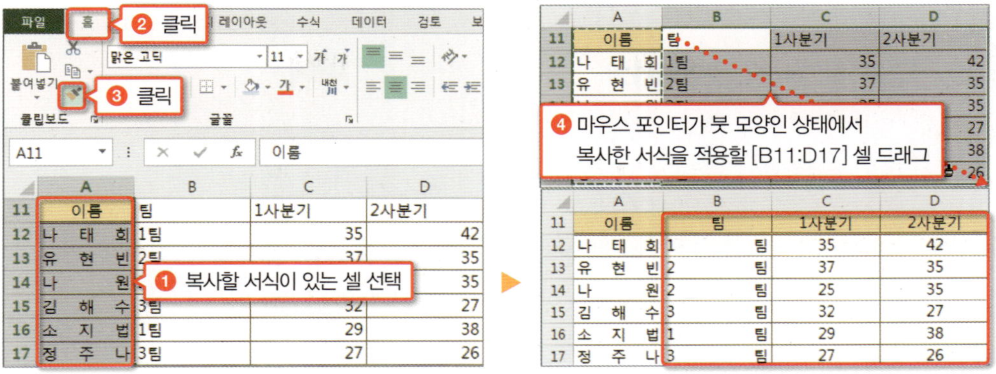

02 셀 서식 지우기 : [A11:D17] 셀의 서식만 지우기

① 서식을 지울 셀을 선택하고 ②~③ [홈] 탭–[편집] 그룹–[지우기]–[서식 지우기]를 클릭한다.

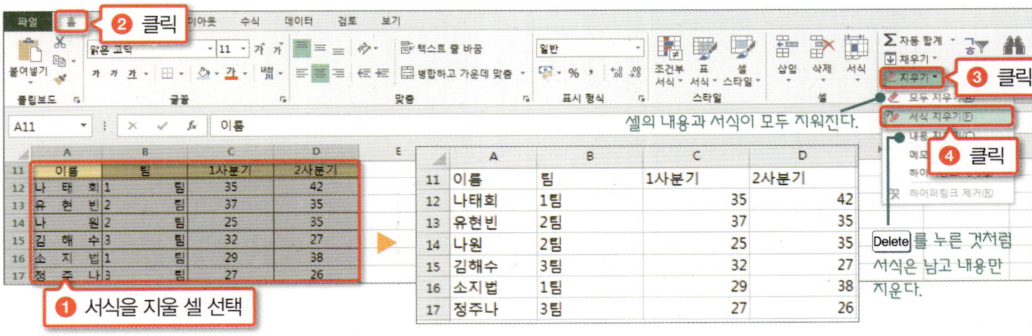

03 셀 내용과 서식 한꺼번에 지우기 : 19행 뒤의 내용과 서식 지우기

엑셀에서는 내용 및 서식 지우기 작업을 많이 하므로 간단히 Ctrl+D를 이용하는 방법을 알아두면 매우 편리하다. Ctrl+D는 맨 위에 있는 셀의 내용과 서식대로 아래 셀을 복사하는 기능이다. 그러므로 맨 위의 셀이 빈 셀이라면 내용과 서식을 모두 지워준다.

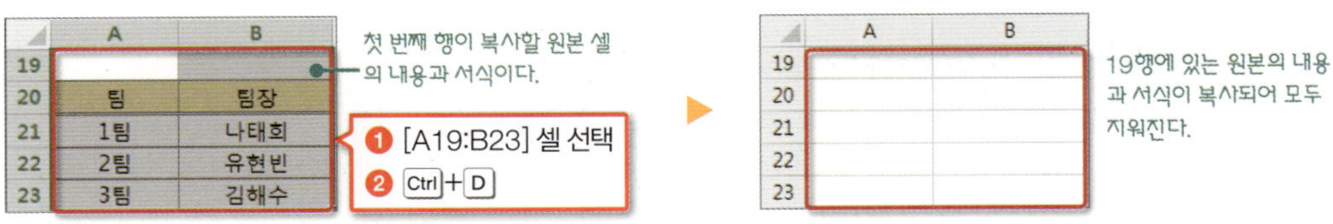

TIP 서식이 없는 [A19] 셀을 Ctrl+C로 복사한 후 서식까지 지울 [A20:B23] 셀을 선택하고 Ctrl+V를 눌러도 된다.

그림 1-14 미니 도구 모음

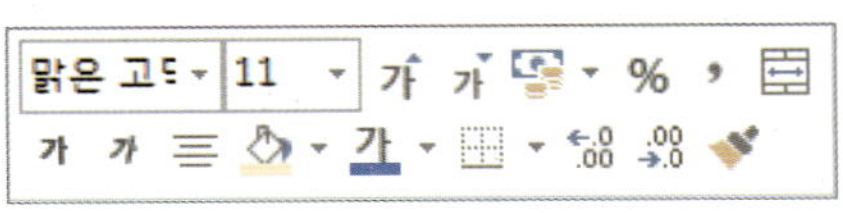

셀 서식을 설정할 때는 리본 메뉴 대신 마우스 오른쪽 버튼을 눌러 [그림 1-14]와 같은 미니 도구 모음을 이용해도 된다. 미니 도구 모음은 자주 사용하는 서식을 클릭 한 번으로 설정할 수 있어 매우 편리하다.

종합 예제 간단한 견적서 작성하기

엑셀의 빈 통합 문서에 그림과 같은 간단한 견적서를 만들어보자. 금액, 금액 합계, 부가세, 청구액은 수식으로 계산해야 하지만 2장에서 소개하므로 여기서는 단순히 값을 입력하자.

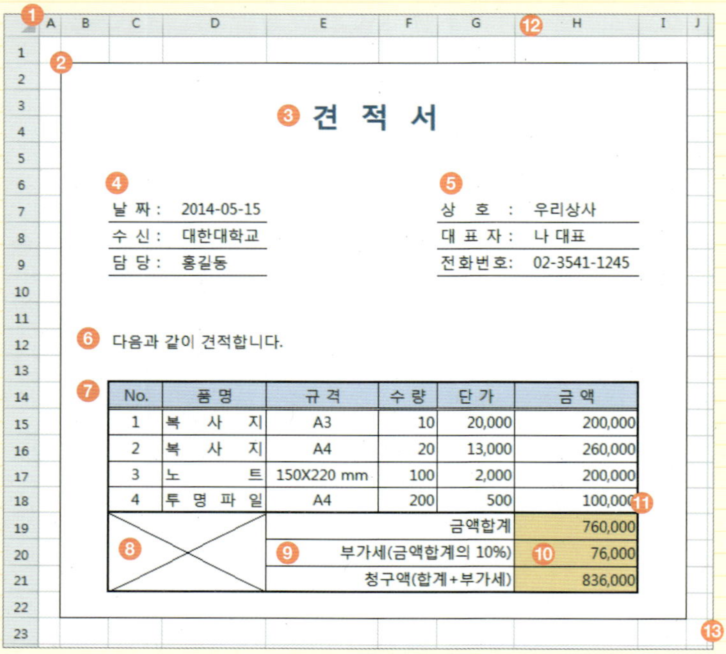

❶ 엑셀을 실행하여 빈 통합 문서를 만든다.

- 엑셀을 실행한 후 초기 화면에서 [새 통합 문서]를 클릭한다.

❷ 견적서 영역을 흰색으로 채운 후 바깥에 테두리를 넣는다.

- [B2:I22] 셀을 선택하고 [홈] 탭–[글꼴] 그룹–[채우기 색]을 흰색으로 지정한다.
- [홈] 탭–[글꼴] 그룹–[바깥 쪽 테두리]를 클릭해 바깥에 테두리를 넣는다.

❸ 견적서 제목을 입력하고 서식을 설정한다.

- [C3] 셀에 '견적서'를 입력하되 글자 사이는 두 칸씩 띄운다.
- [C3:H4] 셀을 선택하고 [홈] 탭–[맞춤] 그룹–[병합하고 가운데 맞춤]으로 병합한다.
- [C3:H4] 셀을 선택한 상태에서 [홈] 탭–[글꼴] 그룹–[글꼴 크기]를 20으로, [홈] 탭–[글꼴] 그룹–[글꼴 색]을 파란색 맨 아래 것으로 지정한다.

❹ 날짜, 수신, 담당을 입력하고 서식을 설정한다.

- [C7:C9] 셀에 '날짜:', '수신:', '담당:'을 각각 입력하고 [D7:D9] 셀에 그림과 같이 내용을 각각 입력한다.

- [C7:C9] 셀을 선택하고 [셀 서식] 대화상자–[맞춤] 탭–[가로]–[균등 분할(들여쓰기)]를 클릭해 셀 내용이 셀 좌우 끝에 딱 맞게 맞춰지게 한다.
- [D7:D9] 셀을 선택하고 [홈] 탭–[맞춤] 그룹–(왼쪽 맞춤)과 (들여쓰기)를 각각 클릭하여 셀 내용을 셀 왼쪽으로 맞추되 오른쪽으로 조금 민다(들여쓰기는 [셀 서식] 대화상자–[맞춤] 탭–[들여쓰기]의 값을 1로 지정해도 된다).
- [C7:D7] 셀을 선택하고 [홈] 탭–[글꼴] 그룹–[테두리]의 –[아래쪽 테두리]를 클릭하여 아래쪽에만 테두리를 넣는다. 같은 방법으로 [C8:D8] 셀과 [C9:D9] 셀에도 아래쪽에 테두리를 넣는다.

5 데이터를 입력하고 4 서식을 복사해서 적용한다.

- [G7:H9] 셀에 그림과 같이 데이터를 각각 입력한다.
- [C7:D9] 셀의 서식을 복사하기 위해 셀 범위를 설정한 후 [홈] 탭–[클립보드] 그룹–[서식 복사]를 클릭하여 원본의 서식만 복사하고, [G7:H9] 셀을 드래그하여 동일한 서식을 적용한다.

6 텍스트를 입력한다.

- [C12] 셀에 텍스트를 입력한 후 [C12:H12] 셀을 선택하고, [홈] 탭–[맞춤] 그룹–[병합하고 가운데 맞춤]의 –[셀 병합]을 클릭하여 셀은 병합하되 가운데 맞춤은 지정하지 않는다.

7 견적서 표 내용을 작성한다.

- 표의 [C14:H18] 셀에 데이터를 입력한다.
- 열 제목 [C14:H14] 셀을 선택하고 [홈] 탭–[맞춤] 그룹–(가운데 맞춤) 클릭, [홈] 탭–[글꼴] 그룹–(채우기 색)의 '파랑, 강조 5, 80% 더 밝게'로 설정한다.
- No.의 [C15:C18] 셀을 선택하고 [홈] 탭–[맞춤] 그룹–(가운데 맞춤)을 클릭하여 가운데에 맞춘다.
- 품명의 [D15:D18] 셀을 선택하고 [셀 서식] 대화상자–[맞춤] 탭–[가로]–[균등 분할 (들여쓰기)]을 선택한다.
- 규격의 [E15:E18] 셀을 선택하고 [홈] 탭–[맞춤] 그룹–(가운데 맞춤)을 클릭한다.
- 수량, 단가, 금액의 [F15:H18] 셀을 선택하고 [홈] 탭–[맞춤] 그룹–(오른쪽 맞춤)을 클릭한다.

8 대각선을 넣는다.

- [C19:D21] 셀을 선택하고 [홈] 탭–[맞춤] 그룹–[병합하고 가운데 맞춤]을 클릭해 셀을 병합한 후, [셀 서식] 대화상자의 [테두리] 탭에서 와 를 각각 클릭하여 대각선을 넣는다.

9 행 단위로 셀을 병합한다.

- [E19:G21] 셀을 선택하고 [홈] 탭–[맞춤] 그룹–[병합하고 가운데 맞춤]의 –[전체 병합]을 클릭하여 각 행마다 셀을 병합한다. 셀에 텍스트를 입력한 후 셀을 선택하고 [홈] 탭–[맞춤] 그룹–(오른쪽 맞춤)을 클릭한다.

10 셀에 스타일을 설정한다.

- [H19:H21] 셀을 선택하고 [홈] 탭–[스타일] 그룹–[셀 스타일]–[테마 셀 스타일]–'40%–강조색 4'를 클릭한다.

11 셀의 테두리를 설정한다.

- [C14:H21] 셀을 선택하고 [홈] 탭–[글꼴] 그룹–[테두리]의 [모든 테두리]와 [굵은 상자 테두리]를 차례로 클릭하여 안쪽은 일반 테두리를 유지하고, 바깥쪽은 굵은 테두리가 되게 한다.
- 같은 방법으로 [C14:H14] 셀에는 [아래쪽 이중 테두리]를, [C19:H21] 셀에는 [굵은 상자 테두리]를 설정한다.

12 각 열의 너비를 조정한다.

- 각 열머리글 오른쪽 경계선에서 드래그하여 열의 너비를 그림과 같이 적절히 조정한다.

13 작성한 견적서의 시트 이름을 변경한 후 통합 문서를 저장한다.

- 시트 이름을 더블클릭하고 '견적서'를 입력한 후 Enter를 누른다.
- [파일] 탭–[저장]을 클릭하고 [파일 이름] 대화상자에 '1장_견적서'를 입력하고 Enter를 눌러 저장한다.

평가 예제

'1장_평가예제.xlsx'를 열어 아래의 작성 조건대로 세 개의 시트를 완성하시오. 그런 다음 시간표 시트만 새 통합 문서로 복사한 후 '시간표.xlsx'로 저장하시오.

01 'Sheet1' 시트를 다음과 같이 완성하시오.

	A	B	C	D	E	F
1	순번	이름	연락처	학과	날짜	봉사구역
2		나태희	010-5234-7979	인문대		
3		유원빈	010-5210-1472	자연대		
4		소지법	010-1235-8765	공과대		
5		유재수	010-8282-8282			
6		김회수	010-5136-3483	예술대		
7		장근속	010-5223-1628	사범대		
8		나동건	010-1345-1676	경상대		
9		정주나	010-5210-5463	자연대		
10		오만상	010-5210-1234	공과대		
11			010-8255-8255	예술대		
12			010-5413-3472	인문대		
13				공과대		

▶

	A	B	C	D	E	F	⑨ G
1	① 동아리 봉사활동 안내						
2	②						
3	순번	이름	학과	연락처	날짜	봉사구역	조장
4	1	나 태 희	인문대	010-5234-7979	06월 20일	동구	○
5	2	유 원 빈	자연대	010-5210-1472	06월 20일	서구	
6	3	소 지 법	공과대	010-1235-8765	06월 20일	남구	○
7	4	유 재 수	예술대	010-8282-8282	06월 20일	북구	
8	5	김 회 수	사범대	010-5136-3483	06월 21일	동구	
9	6	장 근 속	경상대	010-5223-1628	06월 21일	서구	○
10	7	나 동 건	자연대	010-1345-1676	06월 21일	남구	
11	8	정 주 나	공과대	010-5210-5463	06월 21일	북구	○
12	9	오 만 상	예술대	010-5210-1234	06월 22일	동구	
13	10	박 명 소	인문대	010-8255-8255	06월 22일	서구	
14	11	유 원	공과대	010-5413-3472	06월 22일	남구	
		③	④	⑤	⑥	⑦	⑧

작성조건

① 제목 [A1:G1] : [1:2] 두 행을 추가한 후 [A1:G1] 셀에 제목 입력, 1행 높이는 18포인트(24 픽셀), 글자 크기는 14pt, 셀 배경색은 제일 연한 파란색으로 설정한다.

② 순번 : 자동 채우기를 이용한다.

③ [B13:B14] 셀에 이름을 두 개 입력한 후 셀 좌우 끝까지 글자가 나타나게 셀 맞춤을 설정한다.

④ ~ ⑤ 학과와 연락처 : 원래 시트의 빈 셀 [D5]를 제거한 후 학과와 연락처의 위치를 교환한다.

⑥ 날짜 : 월일만 표시되게 '6-20' 형식으로 입력한다. 모두 직접 입력하지 않고 채우기 핸들을 이용해 복사한다(열 너비가 좁아 # 으로 표시되므로 열 너비를 넓힌다).

⑦ 봉사구역 : 동구, 서구, 남구, 북구를 사용자 지정 목록에 추가하여 활용한다.

⑧ 조장 : 특수 기호 ○를 넣고, 셀의 서식은 [F3:F14] 셀의 서식을 복사하여 적용한다.

⑨ 열 너비 : [A:G] 열을 가장 적절한 너비로 자동 조절한다. 직접 열 너비를 변경하지 않고 열 머리 경계선에서 더블클릭하여 자동으로 조절되게 한다.

⑩ 시트 이름 : '동아리명부'로 변경한다.

02 새 시트(Sheet3)를 추가하여 다음과 같이 작성하시오.

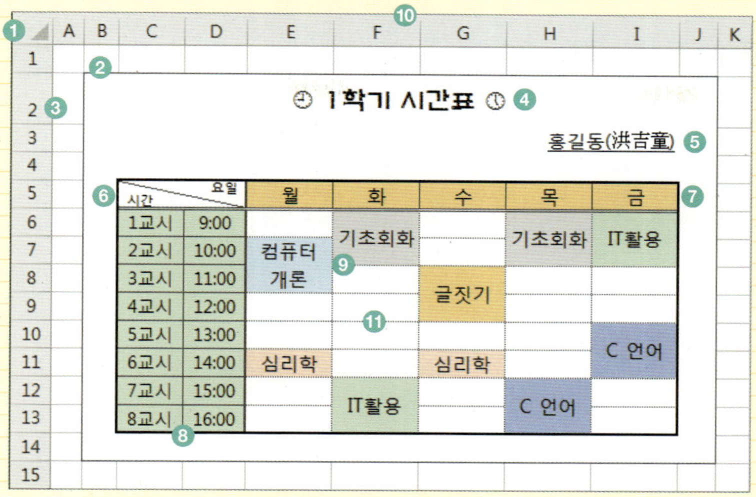

작성조건

① 시트 추가 : 앞의 01에서 작성한 '동아리명부' 시트 뒤에 새 시트를 추가한 후 시트 이름을 '시간표'로 변경한다.

② 사각형 [B2:J14] : 셀을 흰색으로 채운 후 바깥쪽으로만 회색 테두리를 넣는다.

③ 2행 높이를 30포인트로 설정한다.

④ 제목 [C2:I2] : 셀 병합하고 가운데 맞춤 후, 글꼴은 HY목각파임B, 글자 크기는 14pt, 특수 기호는 [기호] 대화상자의 [글꼴]을 'Wingdings'로 선택 후 찾아 넣는다.

⑤ 작성자 [H3:I3] : 셀 병합하고 오른쪽 맞춤 후 자신의 이름과 한자를 넣고 텍스트에 밑줄을 넣는다.

⑥ 대각선 [C5:D5] : 셀 병합 후 대각선을 넣는다. '시간 요일' 입력 후 '시간'은 아래 첨자, '요일'은 위 첨자로 설정한다. 시간과 요일 사이에 빈 칸을 적절히 추가한다.

⑦ 월~금 [E5:I5] : 자동 채우기를 활용한다. 셀 스타일은 [홈] 탭-[스타일] 그룹-[테마 셀 스타일] 중 '노란색 40% – 강조색4'로 설정한다.

⑧ 1교시~16:00 [C6:D13] : 자동 채우기를 활용한다. 글자 크기 10pt, 셀 스타일은 [테마 셀 스타일] 중 녹색의 '20% – 강조색 6'으로 설정한다.

⑨ 과목명 [E6:I13] : 두 시간 연강 과목은 셀 병합 후 가운데 맞춤한다. 컴퓨터 개론은 셀 안에서 강제로 줄을 나누고(Alt+Enter), 동일 과목은 채우기 색을 동일하게 지정한다.

⑩ A, B, J, K 열 너비는 그림과 같이 좁게, [E:I] 열 너비는 7.5(65 픽셀)로 동일하게 조절한다.

⑪ 시간표에서 과목이 표시된 [E6:I13] 셀의 안쪽에만 회색의 점선을 넣고, 나머지는 그림과 같이 선을 넣는다.

03 'Sheet2' 시트를 다음과 같이 완성하시오.

	A	B	C	D	E	F	G	H
1	물품코드	사이즈	재고수	지점명	전화번호	가격	할인율	할인가격
2	B121-B	55	2	강남	252-3568	##	0%	75,000
3	B121-B	66	1	강서	438-8965	##	20%	60,000
4	B121-W	55	3	강북	753-4950	##	0%	75,000
5	B121-W	66	7	강서	438-6897	##	20%	60,000
6	P214-B	66	5	강동	132-6784	##	10%	60,300
7	P214-B	77	2	강서	438-2345	##	0%	67,000
8	P214-W	55	2	강남	252-6438	##	0%	67,000
9	P342-B	55	3	강서	438-9878	##	10%	88,200
10	S123-B	66	8	강북	753-2123	##	20%	45,600
11	S123-G	77	7	강북	753-2425	##	20%	45,600
12	S123-W	55	6	강서	438-4849	##	30%	39,900
13	S214-Y	66	2	강동	132-7586	##	0%	88,000
14	S515-B	77	3	강남	252-2332	##	10%	108,000

	J	K	L	M	N
1	지점명	강남	강동	강북	강서
2	전화번호	252-3568	132-6784	753-4950	438-8965
3					
4	물품코드	품명			
5	B121	블라우스			
6	P214	바지			
7	P342	바지			
8	S123	스커트			
9	S214	스커트			
10	S515	스커트			

▼

	A	B	C	D	E	F	G	H
1	물품코드	사이즈	재고수	지점명	전화번호	가격	할인율	할인가격
2	B121-B	55	2	강남	252-3568	75,000	0%	75,000
3	B121-B	66	1	강서	438-8965	75,000	20%	60,000
4	B121-W	55	3	강북	753-4950	75,000	0%	75,000
5	B121-W	66	7	강서	438-6897	75,000	20%	60,000
6	P214-B	66	5	강동	132-6784	67,000	10%	60,300
7	P214-B	77	2	강서	438-2345	67,000	0%	67,000
8	P214-W	55	2	강남	252-6438	67,000	0%	67,000
9	P342-B	55	3	강서	438-9878	98,000	10%	88,200
10	S123-B	66	8	강북	753-2123	57,000	20%	45,600
11	S123-G	77	7	강북	753-2425	57,000	20%	45,600
12	S123-W	55	6	강서	438-4849	57,000	30%	39,900
13	S214-Y	66	2	강동	132-7586	88,000	0%	88,000
14	S515-B	77	3	강남	252-2332	120,000	10%	108,000

	J	K	L	M	N
1	지점명	전화번호		물품코드	할인가격
2	강남	252-3568		B121-B	75,000
3	강동	132-6784		B121-B	60,000
4	강북	753-4950		B121-W	75,000
5	강서	438-8965		B121-W	60,000
6				P214-B	60,300
7				P214-B	67,000
8				P214-W	67,000
9				P342-B	88,200
10				S123-B	45,600
11				S123-G	45,600
12				S123-W	39,900
13				S214-Y	88,000
14				S515-B	108,000

작성조건

1. 가격 : 열 너비를 넓혀 셀에 # 대신 숫자가 표시되게 한다.
2. 기존의 물품코드와 품명 [J4:K10] : 기존 내용 및 서식을 지운다([J3:K10] 셀을 선택한 후 Ctrl+D).
3. 지점명과 전화번호 : 행과 열을 전환하여 [J1:K5] 셀에 표시한다(기존의 [J1:N2] 셀의 지점명과 전화번호를 복사한 후, 빈 [J4] 셀에서 마우스 오른쪽 버튼을 눌러 [붙여넣기 옵션]–(바꾸기)를 클릭하면 행과 열이 전환되어 붙여넣기가 된다. [J1:N3] 셀을 삭제하면서 [셀을 위로 밀기] 옵션을 선택해 복사 결과가 1행에 오게 한다).
4. A열의 물품코드를 M열로 복사한다.
5. H열을 N열에 복사하되 수식이 아닌 화면에 보이는 값으로, 그리고 셀의 서식까지 복사한다(붙여넣기 옵션 중 (값 및 원본 서식) 선택).
6. 시트 이름 : '재고현황'으로 변경한다.
7. 시트의 순서를 동아리명부, 재고현황, 시간표가 되게 한 후 '1장_평가문제_완성.xlsx'로 저장한다.
8. 시간표 시트만 새 통합 문서로 복사한 후 '시간표.xlsx'로 저장한다(시간표 시트 탭에서 팝업 메뉴 [이동/복사]를 선택 후 [대상 통합 문서]를 (새 통합 문서)로 선택한다. [복사본 만들기]에 체크한 후 [확인]을 누른다).

CHAPTER 2

IT COOKBOOK

수식과 표시 형식

엑셀하면 가장 먼저 떠오르는 것이 계산과 차트일 것이다. 엑셀을 이용하면 숫자, 날짜, 텍스트와 같은 다양한 종류의 데이터에 대해 복잡하고 다양한 계산을 쉽게 할 수 있기 때문이다.

이 장에서는 계산을 위해 엑셀에서 수식을 작성하는 방법과 수식에서 셀의 값을 사용하기 위한 상대 참조, 절대 참조, 혼합 참조의 개념, 그리고 수식을 편리하게 작성하고 이해하기 쉽게 해주는 셀 이름 정의 기능을 살펴본다. 그리고 12, 15, 20000000과 같은 데이터를 12명, 15박스, 이천만 원과 같이 의미를 파악하기 쉽게 표시해 주는 셀 표시 형식에 대해서도 알아본다.

SECTION 01 수식의 형식, 입력, 수정 익히기

1.1 수식의 형식과 입력

수식은 =(등호) 기호 뒤에 수식을 입력한 후 Enter를 눌러 입력을 완료한다. 수식 계산 결과는 [그림 2-1]과 같이 셀에 표시되고, 입력한 수식은 셀을 더블클릭하거나 수식 입력줄에서 확인할 수 있다.

그림 2-1 수식의 형식과 사용 예

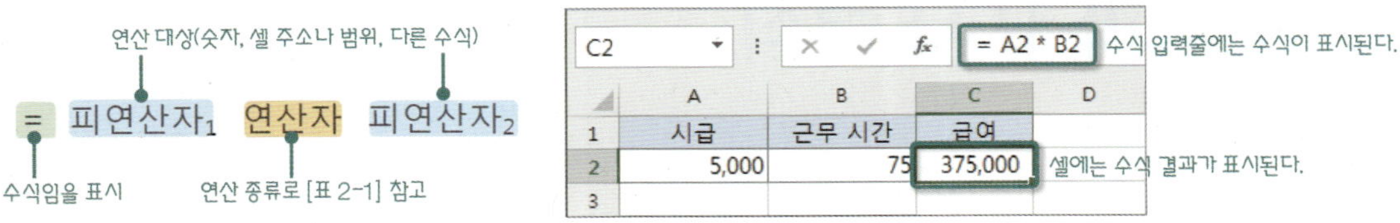

수식에서 피연산자는 1, 3, −2.5와 같은 숫자, "과장", "A+"와 같이 " "로 묶은 텍스트, A1과 같이 셀의 값을 사용하기 위한 셀 참조, 또는 다른 수식이 될 수 있다. 피연산자가 하나인 =A1이나 =SUM(A1:A5) 같은 함수 형태도 가능하다. 엑셀 수식에 사용할 수 있는 연산자의 종류는 [표 2-1]과 같다.

표 2-1 엑셀 수식에 사용할 수 있는 연산자

종류	연산자	의미	수식에 사용한 예	
			셀에 입력된 수식	셀에 표시되는 값
산술	+	덧셈	=5+4	9
	−	뺄셈	=5−4	1
	*	곱셈	=5*4	20
	/	나눗셈	=5/4	1.25
	%	백분율	=5*50%	2.5
	^	거듭제곱	=2^4	16
텍스트	&	텍스트 연결	="Mr." & " Kim"	Mr. Kim
비교	<	작다.	=3<6	TRUE
	<=	작거나 같다.	=3<=6	TRUE
	>	크다.	=3>6	FALSE
	>=	크거나 같다.	=3>=6	FALSE
	=	같다.	=3=6	FALSE
			="기획"="기획부"	FALSE
	<>	다르다.	=3<>6	TRUE
			="기획"<>"기획부"	TRUE

%는 피연산자 뒤에 사용하며 0~1의 비율로 변환한다. 예를 들어 50%는 0.5이다.

수식에서 셀 값을 피연산자로 사용할 때는 값 대신 셀 참조를 이용하면 편리하다. 엑셀은 수식이 참조하는 셀의 값이 바뀌면 참조 셀을 사용하는 수식을 자동으로 다시 계산하여 결과를 바꿔주기 때문이다.

수식의 셀 참조는 키보드, 방향키, 마우스 등을 사용해 입력할 수 있는데, 보통 어느 한 가지 방법만 사용하기보다는 상황에 따라 적절히 혼합해 사용한다. 이 중 키보드를 사용하는 방법은 커서의 위치에 따라 같은 동작에도 결과가 달라져 사용 시 주의할 사항이 몇 가지 있다. 먼저 키보드로만 수식을 입력하면서 주의할 사항을 알아본 후에 키보드와 마우스를 이용하여 입력하는 방법과 엑셀의 채우기 핸들 기능을 이용해 수식을 채우는 방법을 알아본다.

기본 예제 키보드로 수식 입력하기 : 참조 셀 주소를 방향키로 입력하기

체중 변화량을 '감량 후 무게 – 감량 전 무게'로 구하도록 [D3] 셀에 수식 '=C3–B3'을 입력해 보자.

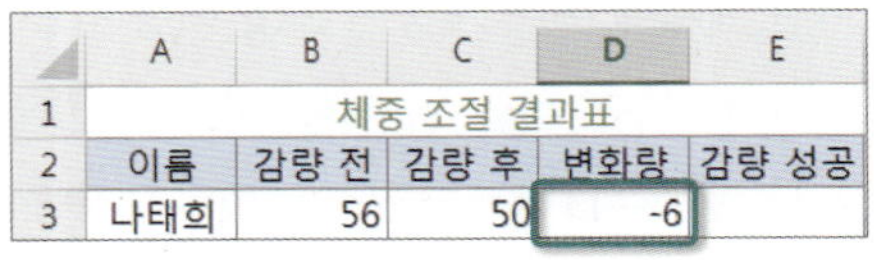

01 피연산자1에 감량 후 무게가 있는 [C3] 셀 참조 입력하기 : =C3

❶ [D3] 셀에 =를 입력한 후 ❷ 왼쪽 방향키 [←]를 누르면 수식에 셀 참조 C3이 입력된다. 이처럼 = 나 연산자 뒤와 같이 셀 참조를 입력할 수 있는 자리에 커서가 있을 때 방향키를 누르면 커서가 이동하는 것이 아니라 참조 셀 선택 상태가 된다. 즉, 수식에는 해당 셀 주소가 입력되고, 참조 셀에는 수식의 셀 주소와 같은 색의 시계 방향으로 회전하는 점선 테두리가 표시된다. 이처럼 점선 테두리가 있는 상태에서는 참조 셀을 방향키로 계속 변경할 수 있다.

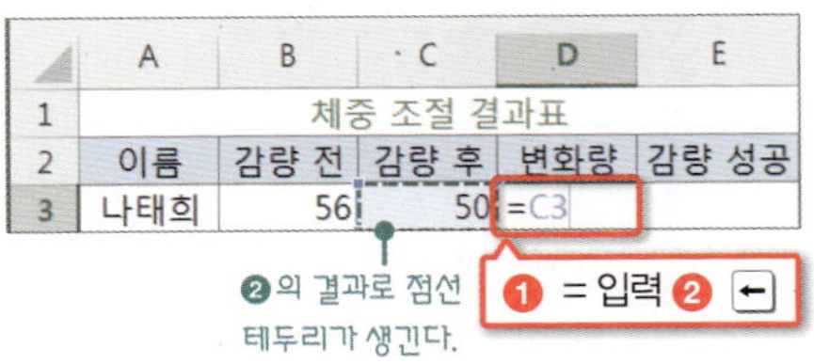

TIP 회전하는 점선 테두리를 'dancing ants'라 하는데 엑셀 2013 버전의 경우 시스템 설정에 따라 점선 테두리가 회전하는 애니메이션이 나타나기도 하고 애니메이션 없이 나타나기도 한다.

02 연산자 입력하기 : =C3 →=C3–

참조 셀에 점선 테두리가 있고 커서가 수식의 C3 뒤에 있을 때 [–]를 눌러 – 연산자를 입력한다.

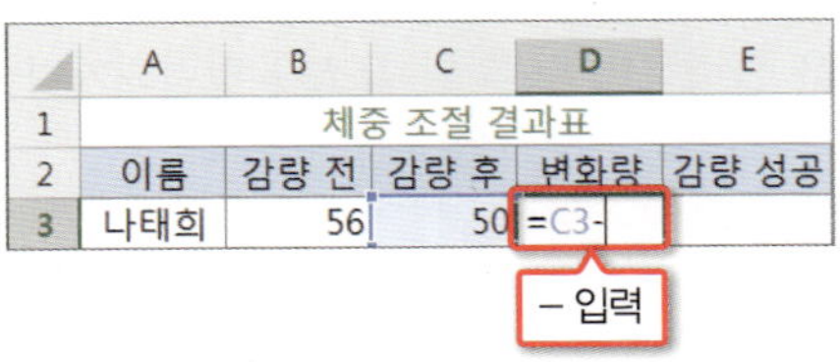

03 피연산자2에 감량 전 무게가 있는 [B3] 셀 참조를 입력하고 수식 입력 완료하기 : =C3- → =C3-B3

❶ 커서가 – 뒤에 있을 때 [←]를 2번 눌러 – 연산자 뒤에 셀 참조 B3을 입력한다. ❷ 수식이 완성되면 [Enter]를 눌러 입력을 완료한다. 수식을 입력하는 중에 [Esc]를 누르면 모든 입력이 취소된다.

	A	B	C	D	E
1	체중 조절 결과표				
2	이름	감량 전	감량 후	변화량	감량 성공
3	나태희	56	50	=C3-B3	

❶의 결과로 점선 테두리가 생긴다.

❶ [←] 2번 ❷ [Enter]

▶

	A	B	C	D	E
1	체중 조절 결과표				
2	이름	감량 전	감량 후	변화량	감량 성공
3	나태희	56	50	-6	

기본 예제 마우스로 셀 참조 입력하고 채우기 핸들로 수식 복사해 채우기

이전 예제에 이어 체중이 2kg 이상 감소했다면 감량 성공([E3:E9] 셀)에 TRUE가, 아니라면 FALSE가 표시되도록 수식을 입력해보자. '변화량<=-2' 식의 참/거짓에 따라 TRUE/FALSE를 표시하면 되므로 [E3] 셀에 '=D3<=-2'를 입력한 후 자동 채우기 기능을 이용해 [E4:E9] 셀에 이 수식을 복사해 채우면 된다.

	A	B	C	D	E
1	체중 조절 결과표				
2	이름	감량 전	감량 후	변화량	감량 성공
3	나태희	56	50	-6	
4	유현빈	87	87		
5	나원빈	76	74		
6	김해수	83	62		
7	소지법	97	97		
8	최고수	110	100		
9	정주나	84	83.5		

▶

	A	B	C	D	E
1	체중 조절 결과표				
2	이름	감량 전	감량 후	변화량	감량 성공
3	나태희	56	50	-6	TRUE
4	유현빈	87	87	0	FALSE
5	나원빈	76	74	-2	TRUE
6	김해수	83	62	-21	TRUE
7	소지법	97	97	0	FALSE
8	최고수	110	100	-10	TRUE
9	정주나	84	83.5	-0.5	FALSE

01 마우스로 변화량이 있는 [D3] 셀 참조 입력하기 : =D3

❶ [E3] 셀에 =를 입력하고 = 뒤에 커서가 있을 때 ❷ 마우스로 [D3] 셀을 클릭하면 커서 자리에 D3이 입력된다. 이처럼 셀 참조를 입력할 수 있는 자리에 커서가 있을 때 마우스로 셀을 클릭하거나 드래그하면 수식에 해당 셀의 주소(셀 참조)가 입력되고, 참조 셀에는 수식과 동일한 색의 점선 테두리가 표시된다. 참조 셀에 점선 테두리가 있는 상태에서는 마우스로 다른 셀을 클릭하여 참조 셀을 계속 변경할 수 있다. 하지만 키보드에서 다른 내용을 입력하거나 수식을 마우스로 클릭하면 점선 테두리가 실선으로 바뀌며, 이 상태에서 시트의 셀을 클릭하면 다른 셀 참조가 입력되거나 수식 입력이 완료되므로 주의한다.

	A	B	C	D	E
1	체중 조절 결과표				
2	이름	감량 전	감량 후	변화량	감량 성공
3	나태희	56	50	-6	=D3

❶ = 입력 ❷ [D3] 셀 클릭

02 나머지 수식 입력하기 : =D3 → =D3<=-2

D3 뒤에 커서가 있을 때 ❶~❷ 키보드로 <=-2를 입력한 후 ❸ Enter를 눌러 수식 입력을 완료한다.

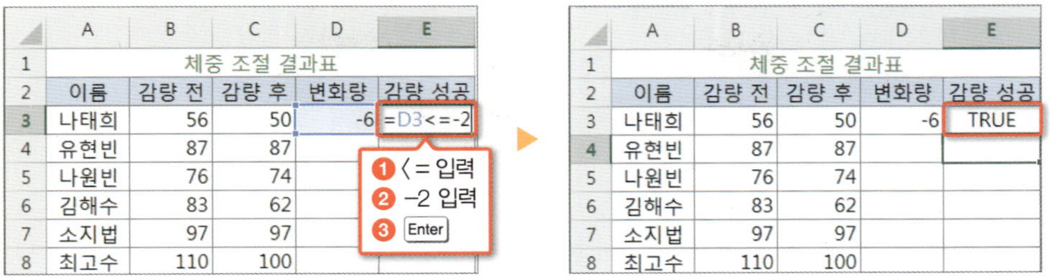

03 자동 채우기로 수식 복사해서 채우기

❶ [D3:E3] 셀을 범위로 선택한 후 ❷ 채우기 핸들을 더블클릭하거나 [E9] 셀까지 드래그하여 수식을 복사해서 채운다.

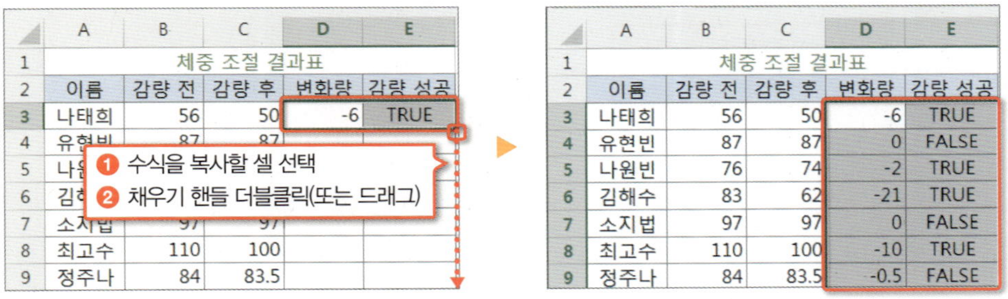

TIP▸ 채우기 핸들을 더블클릭하면 현재 셀 왼쪽이나 오른쪽으로 데이터가 연속해서 입력된 가장 마지막 행까지 자동으로 수식이 채워진다.

1.2 수식의 수정

엑셀에서는 수식을 많이 사용하므로 수식 입력뿐만 아니라 수정 작업도 많이 이루어진다. 특히 잘못된 수식을 수정할 때는 수식이 입력된 셀을 더블클릭하거나 수식 입력줄에서 클릭해보면 도움이 된다. 이는 엑셀이 참조 셀을 수식과 같은 색의 테두리로 표시해주어 식별하기 쉽기 때문이다. 그리고 참조 셀에 표시되는 테두리를 드래그하여 수식의 셀 참조를 수정할 수도 있다.

수식을 수식 입력줄에서 수정하는 방법과 셀에서 수정하는 방법을 차례로 익혀보자.

기본 예제 ▸ 수식 입력줄에서 수식 수정하기

'(몸무게-100)*0.9'로 잘못 입력된 표준체중 수식을 수식 입력줄에서 '(키-100)*0.9'로 수정해보자.

01 수식 입력줄에서 표준체중 수식 확인하기

❶ 수정할 [C13] 셀을 클릭하면 수식 입력줄에 해당 수식이 나타난다. ❷ 수식 입력줄을 클릭하면 수

식에서 셀 참조 B13 부분이 특정 색으로 표시되고 [B13] 셀에도 동일한 색의 진한 테두리가 표시된다.

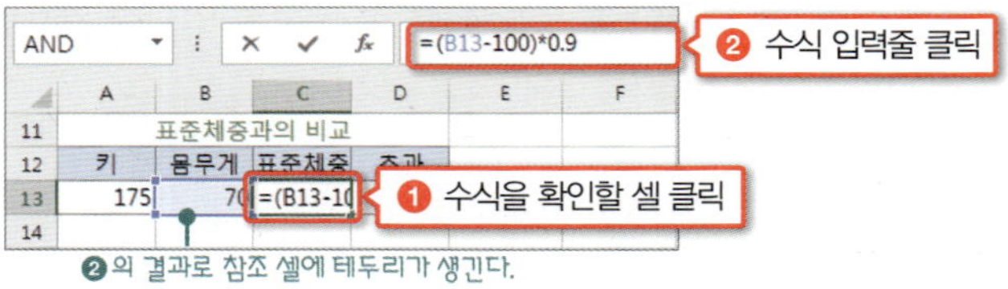

02 수식 수정하기 : (키–100)*0.9로 수정하기

❶~❷ [B13] 셀에 표시된 테두리에 마우스 포인터를 가져가면 ✥가 생기는데 이때 [A13] 셀로 드래그하면 수식의 셀 참조 부분이 A13으로 변경된다. 마지막으로 ❸ Enter를 눌러 수식 수정을 완료한다.

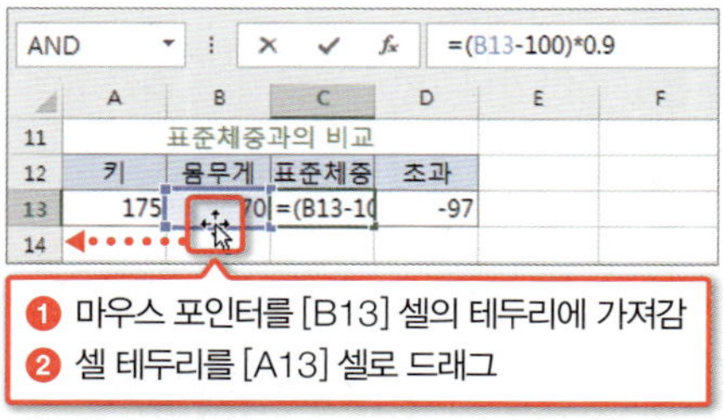

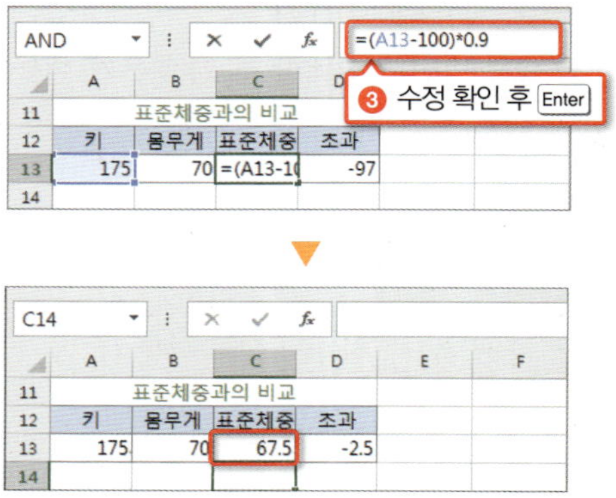

기본 예제 셀에서 수식 수정하기

표준체중 초과치를 구하는 수식을 '표준체중–몸무게'에서 '몸무게–표준체중'으로 셀에서 직접 수정해보자.

01 셀에 초과 수식 나타내기

수식을 수정할 [D13] 셀을 더블클릭하면 셀에 수식이 나타난다.

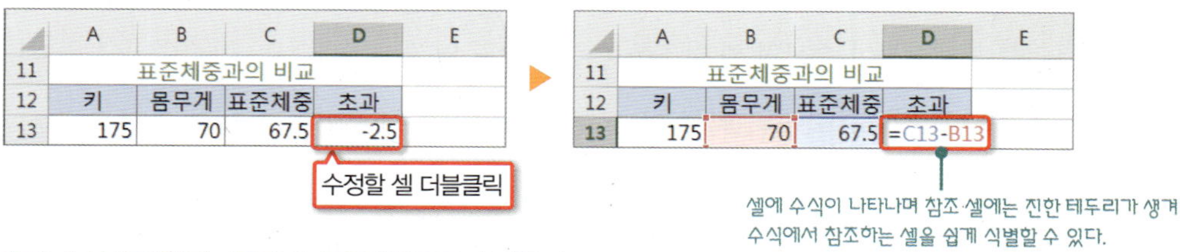

02 초과 수식 수정하기 : 몸무게–표준체중으로 수정하기

수식의 C13을 B13으로 수정하기 위해 ❶~❷ 수식의 C13을 더블클릭하여 선택하고 [B13] 셀을 클릭한다. 그런 다음 ❸~❹ 수식에서 – 뒤의 B13을 더블클릭하여 선택한 후 [C13] 셀을 클릭해 –B13을 –C13으로 수정한다. 마지막으로 ❺ Enter를 눌러 수정을 완료한다.

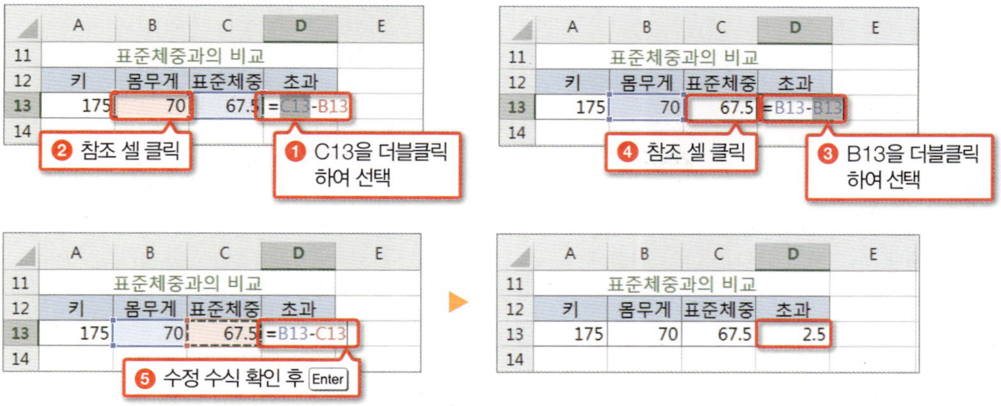

[주의] ❷까지 작업한 후 [B13] 셀에 점선 테두리가 있을 때, 수식에서 – 뒤의 B13을 C13으로 수정하기 위해 커서를 B13으로 옮기려고 →를 누르면, 커서가 이동하는 것이 아니라 참조 셀이 [B13] 셀에서 [C13] 셀로 이동한다. 이처럼 수식을 수정하거나 입력하는 동안 점선 테두리가 있을 때 방향키는 참조 셀 위치 변경에 사용되므로 커서를 이동할 때는 마우스로 클릭하는 것이 안전하다.

1.3 수식의 결과값 복사하여 붙여넣기

엑셀에서는 수식을 입력한 셀의 최종 결과값만 따로 복사해 보관하거나 활용하는 경우가 많다. 이는 의도치 않게 수식에서 참조하는 셀의 값을 잘못 변경하여 결과까지 잘못되지 않도록 하기 위해서이다. 또한 수식의 참조 셀 내용 없이도 결과값이 표시되게 하기 위해, 실제로 필요한 최종 결과값으로만 시트를 구성하기 위해, 결과값만 다른 수식에서 이용하기 위해서이다.

수식을 일반 데이터처럼 복사해 붙이면 #으로 시작하는 에러 메시지가 표시되거나 다른 값으로 변경되어 버리기도 한다. 이는 나중에 소개할 상대 참조 원리에 따라 수식 셀이 복사되며 이동한 만큼 참조 셀도 이동하므로 참조 셀이 사라지거나 엉뚱한 셀을 참조하기 때문이다. 그러므로 셀의 수식이 아닌 결과값이 필요하다면 [붙여넣기 옵션]이나 [선택하여 붙여넣기] 팝업 메뉴를 이용해야 하는데 이 방법을 예제를 통해 살펴보자.

기본 예제 〉 수식의 결과값을 복사하여 붙여넣기

앞에서 계산한 변화량의 결과값만 복사하여 [G2] 셀부터 표시되도록 해보자.

01 수식 결과값 복사하기 : 변화량 결과값 복사하기

❶ 결과값을 복사할 [D2:D9] 셀을 선택하고 ❷ Ctrl+C를 눌러 복사하면 복사한 범위에 점선 테두리가 나타난다. 이때 붙여넣기를 하기 전에 다른 작업을 하여 점선 테두리가 사라지면 붙여넣기를 할 수 없으므로 주의한다.

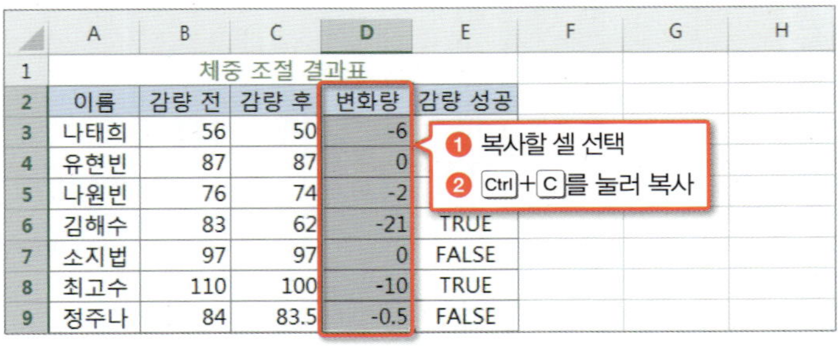

02 붙여넣기 옵션을 이용해 붙여넣기 : [G2] 셀 위치에 붙여넣기

❶ 붙여넣을 곳의 시작 위치인 [G2] 셀을 선택하고 ❷ Ctrl+V를 누른다. 그러면 원본과 다른 값으로 표시되는데, 이는 수식을 다른 곳으로 복사해서 붙이면 수식에 있는 참조 셀이 바뀌기 때문이다. ❸ 수식의 결과값만 제대로 복사하기 위해 복사된 결과 밑의 (Ctrl)(붙여넣기 옵션)을 클릭해 ❹ 수식의 결과값과 함께 숫자에 지정된 서식까지 복사되는 '값 및 숫자 서식' 옵션을 선택한다.

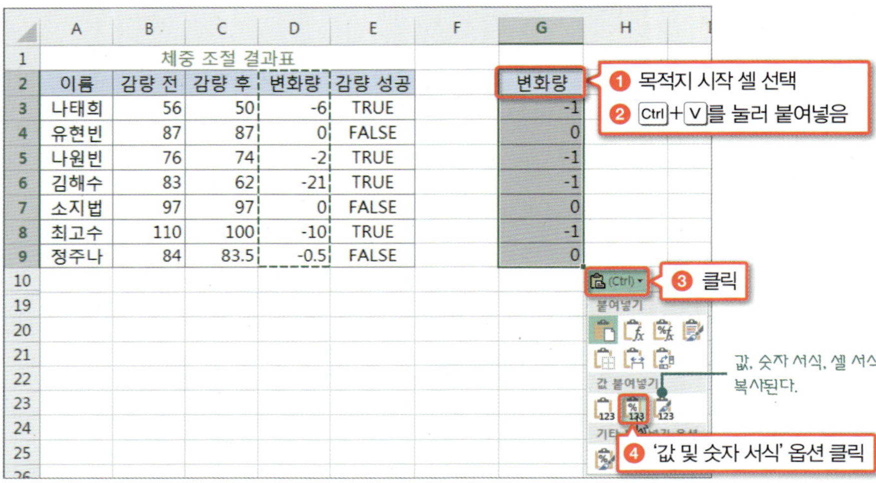

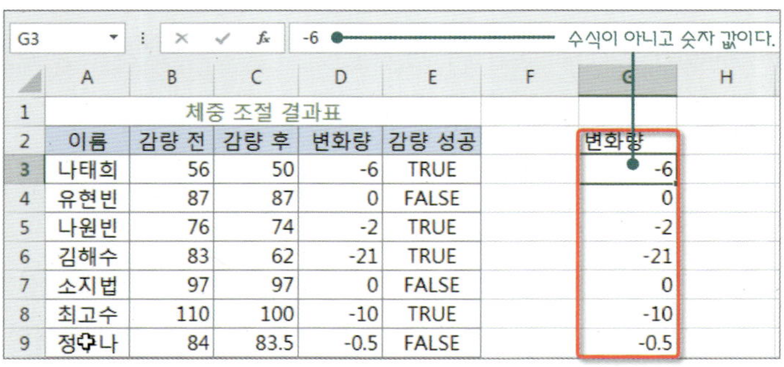

TIP Ctrl+V를 하기 전에 1장에서 소개한 대로 붙여넣기 옵션을 먼저 선택할 수도 있다. [G2] 셀에서 마우스 오른쪽 버튼을 누른 후 팝업 메뉴에서 [붙여넣기 옵션] 중 선택하거나, [선택하여 붙여넣기]에 마우스 포인터를 가져가면 나타나는 다양한 붙여넣기 옵션에서 선택하면 된다.

TIP G열의 변화량을 음수가 아닌 양수로 바꾸려면 선택하여 붙여넣기를 이용한다. 임의의 빈 셀 [H2]에 −1을 입력한 후 [H2] 셀을 복사한다. 그리고 값을 바꿀 [G3:G9] 셀을 선택한 후 팝업 메뉴 [선택하여 붙여넣기]를 클릭한다. [선택하여 붙여넣기] 대화상자에서 연산의 [곱하기], 붙여넣기의 [값]을 선택한 후 [확인]을 누르면 G열의 변화량이 [H2] 셀의 −1과 곱한 값으로 바뀐다. 이 방법은 별도의 수식을 사용하지 않고 셀 값을 복사한 값과 연산한 값으로 곧바로 바꿀 수 있어 유용하다.

SECTION 02 자동 합계 도구를 이용해 수식 입력하기

엑셀은 사용자들이 특별히 많이 사용하는 합계, 평균, 숫자 개수(카운팅), 최대값, 최소값을 빠르게 계산할 수 있도록 [홈] 탭–[편집] 그룹에 [자동 합계]라는 도구를 제공한다. 3장에서 이 도구에 포함된 계산을 비롯해 다양한 계산을 하는 함수를 작성하는 방법을 배우지만 이 다섯 가지의 계산은 [자동 합계] 도구를 사용하면 간편하다.

그림 2-2 [자동 합계] 도구

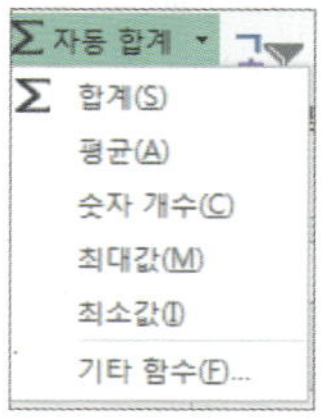

2.1 합계

합계는 일상에서 가장 많이 하게 되는 계산 중 하나일 것이다. 엑셀에서는 [자동 합계] 버튼을 이용해 합계를 쉽게 계산할 수 있는데 이 버튼은 3장에서 배울 SUM 함수를 구현한 것으로, 지정한 범위의 모든 숫자의 합을 구하는 데 사용된다.

기본 예제 실적 합계 구하기

1분기와 2분기의 실적 합계를 [자동 합계] 도구를 이용해 구해보자.

01 1분기와 2분기의 실적 합계 수식을 [자동 합계] 도구로 입력하기

❶ 수식을 입력할 [D4] 셀을 선택하고 ❷~❸ [홈] 탭–[편집] 그룹–[자동 합계]를 클릭하면 합계를 구하는 수식이 자동으로 입력된다. ❹ 수식에서 합계를 구할 범위가 맞으면 Enter를 눌러 입력을 완료한다.

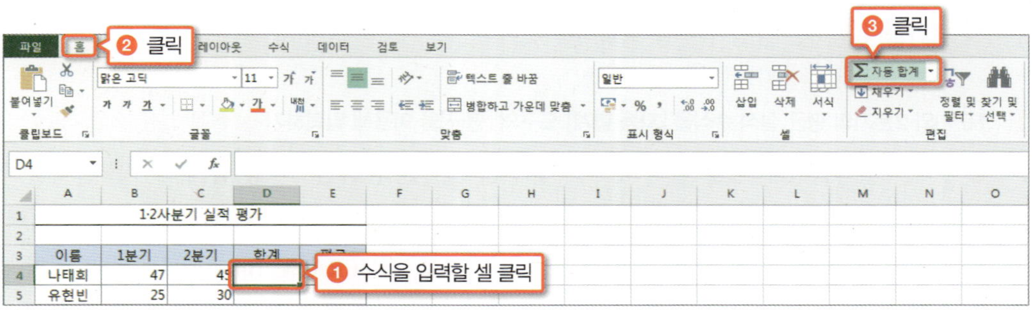

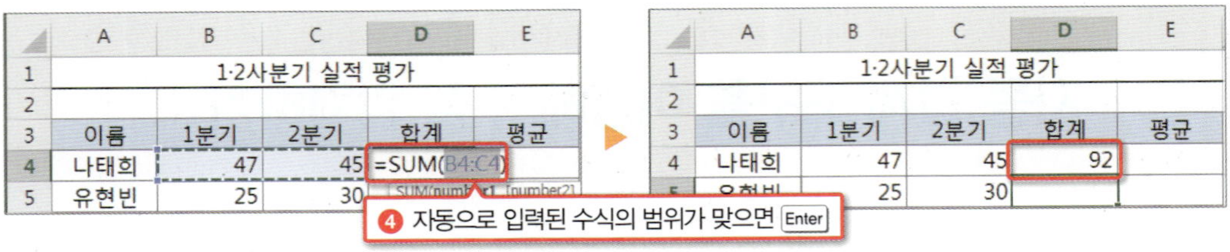

TIP ③직후 수식의 셀 범위가 틀렸다면 합할 범위를 마우스로 직접 드래그하여 수정한 후 Enter를 누른다(다음 예제 참조).

TIP =SUM(B4:C4)는 [B4:C4] 셀 범위의 합계를 구하는 함수 수식이다.

02 자동 채우기로 합계 수식 채우기

[D4] 셀의 채우기 핸들을 더블클릭하거나 [D10] 셀까지 드래그하여 합계 수식을 복사해서 채운다.

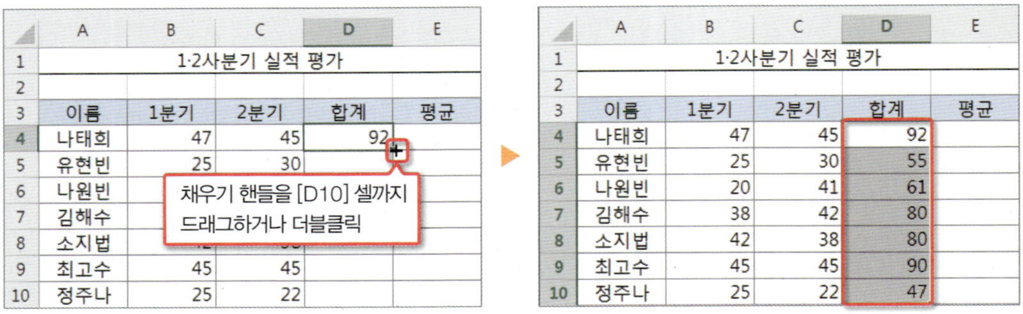

2.2 평균

[자동 합계] 도구의 [평균]은 AVERAGE 함수를 구현한 것으로, 지정한 범위에 있는 숫자들의 평균을 구한다.

기본 예제 평균 실적 구하기

1분기와 2분기 실적의 평균을 [자동 합계] 도구의 [평균]을 이용해 구해보자. 이번에는 자동으로 입력된 수식의 범위를 수정하는 방법까지 함께 익혀볼 것이다.

01 1분기와 2분기의 평균 실적 수식을 [자동 합계] 도구의 [평균]을 이용해 입력하기

①수식을 입력할 [E4] 셀을 선택하고 ②~③[홈] 탭-[편집] 그룹-[자동 합계]의 ▾를 클릭한 후 ④[평균]을 클릭하면 평균을 구하는 수식이 자동으로 입력된다. 엑셀은 기본적으로 수식을 입력하는 셀과 연속된 범위의 숫자를 계산 대상으로 인식하므로 =AVERAGE(B4:D4)로 평균을 구할 셀 범위가 잘못되어 있다. ⑤수식의 B4:D4 범위를 B4:C4로 수정하기 위해 [B4:C4] 셀을 드래그한다. ⑥마지막으로 Enter를 눌러 입력을 완료한다.

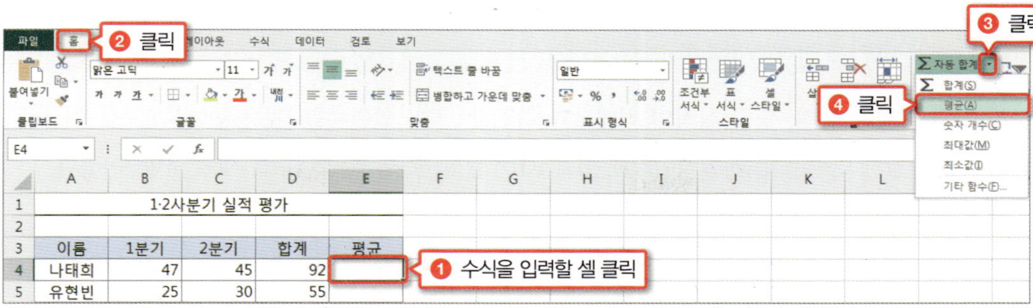

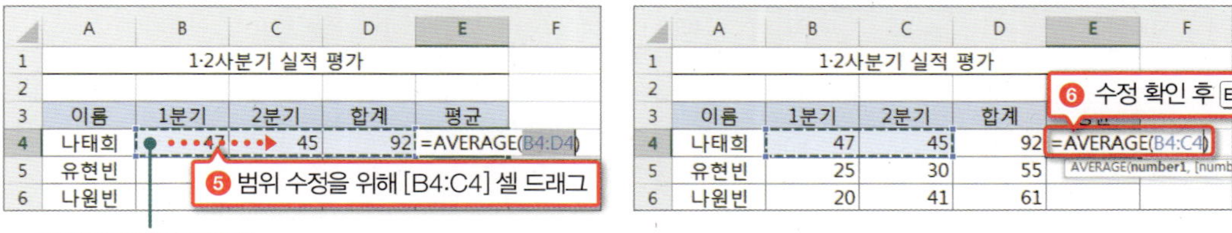

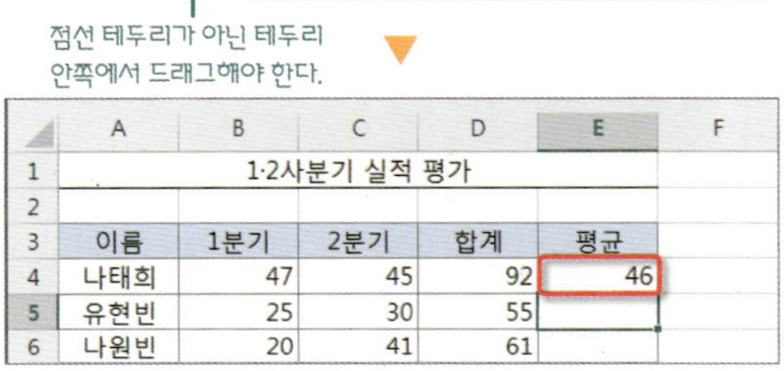

TIP ④ 직후 범위를 수정하지 못하고 Enter를 눌렀다면, 셀을 더블클릭하여 수식의 B4:D4 부분을 선택한 후 시트에서 [B4:C4] 셀을 드래그하여 수정할 수 있다.

02 자동 채우기로 평균 수식 채우기

[E4] 셀의 채우기 핸들을 [E10] 셀까지 드래그하여 나머지 셀에도 평균 수식을 복사해서 채운다.

2.3 숫자 개수, 최대값, 최소값

[자동 합계] 도구의 [숫자 개수]는 셀 범위에서 숫자 값인 셀의 개수를 구하는 COUNT 함수를 구현한 것이다. 셀에 입력된 값에 상관없이 단순히 숫자 셀의 개수를 구하여 해당 인원수나 항목수를 구할 때 유용하다. 그리고 [최대값]과 [최소값]은 각각 MAX와 MIN 함수를 구현한 것으로, 지정한 범위에서 최대값과 최소값을 구한다.

기본 예제 평가 인원, 최대/최소 평균 실적 구하기

모든 직원의 평균 실적, 평균 실적의 최대값과 최소값, 평가 인원수를 [자동 합계] 도구를 이용해 구해 보자. 이 중 평가 인원은 평균 실적이 있는 [E4:E10] 셀 중 숫자 셀의 개수를 세어 구할 수 있다.

	A	B	C	D	E
1	1·2사분기 실적 평가				
2					
3	이름	1분기	2분기	합계	평균
4	나태희	47	45	92	46
5	유현빈	25	30	55	27.5
6	나원빈	20	41	61	30.5
7	김해수	38	42	80	40
8	소지법	42	38	80	40
9	최고수	45	45	90	45
10	정주나	25	22	47	23.5
11				평균	36.0714
12				최대	46
13				최소	23.5
14				인원	7

평균	=AVERAGE(E4:E10)
최대	=MAX(E4:E10)
최소	=MIN(E4:E10)
인원	=COUNT(E4:E10)

인원의 범위로 B4:B10, C4:C10, D4:D10을 사용해도 결과는 같다.

평균
- [E11] 셀 클릭
- [홈] 탭–[편집] 그룹–[자동 합계]의 ▾–[평균] 클릭
- Enter

최대
- [홈] 탭–[편집] 그룹–[자동 합계]의 ▾–[최대값] 클릭
- [E4:E10] 셀을 드래그하여 범위 수정
- Enter

최소
- [홈] 탭–[편집] 그룹–[자동 합계]의 ▾–[최소값] 클릭
- [E4:E10] 셀을 드래그하여 범위 수정
- Enter

인원
- [홈] 탭–[편집] 그룹–[자동 합계]의 ▾–[숫자 개수] 클릭
- [E4:E10] 셀을 드래그하여 범위 수정
- Enter

TIP 수식 내용은 Ctrl+`(백쿼터)를 누르면 한꺼번에 모두 확인할 수 있다. 다시 Ctrl+`를 누르면 수식 결과 값이 표시된다.

TIP [자동 합계] 도구로 계산하는 값 중 평균과 합계는 해당 데이터를 범위로 선택만 해도 상태 표시줄에서 바로 확인할 수 있다. 값만 잠깐 확인하고 싶을 때는 이 방법이 간편하다.

	A	B	C	D	E	F	G	H	I
1	1·2사분기 실적 평가								
2									
3	이름	1분기	2분기	합계	평균				
4	나태희	47	45	92	46				
5	유현빈	25	30	55	27.5				
6	나원빈	20			30.5				
7	김해수	38			40				
8	소지법	42	38	80	40				
9	최고수	45	45	90	45				
10	정주나	25	22	47	23.5				
11				평균	36.0714				
12				최대	46				
13				최소	23.5				
14				인원	7				

[B4:B10] 셀 선택

2.1 | 2.1.2 | 2.2 | 2.3 | 2.4 | 2.5 | 숫자서식코드 ...

준비 평균: 34.57142857 개수: 7 합계: 242 120 %

평균, 개수, 합계가 표시된다. 중간의 '개수: 7'은 현재 셀 범위에서 데이터가 있는 셀의 개수를 표시한다. [자동 합계] 도구의 [개수]와 같이 숫자 셀의 개수를 표시하려면 상태 표시줄에서 마우스 오른쪽 버튼을 눌러 팝업 메뉴의 [숫자 셀 수]를 체크하면 된다. 최소값과 최대값 역시 같은 방법으로 표시할 수 있다.

SECTION 03 IT COOKBOOK

상대 참조, 절대 참조, 혼합 참조 이해하기

수식에서 셀 참조를 사용하면 참조하는 셀 값이 수정될 때 수식 결과도 자동으로 수정되어 편리함을 알았다. 셀을 참조하는 방식에는 상대 참조와 절대 참조, 그리고 이 둘을 혼용한 혼합 참조가 있다. 참조 방식마다 고유의 특성이 있어 원하는 결과를 제대로 얻으려면 그 특성을 정확히 이해하고 제대로 구분하여 사용해야 한다. 참조 방식별로 어떤 특성이 있는지 간단히 살펴본 후 예제를 통해 직접 사용하면서 이해해보자.

표 2-2 상대 참조, 절대 참조, 혼합 참조의 비교

참조 방식	설명
상대 참조 예: A1	· 행/열 주소 앞에 $ 기호를 붙이지 않는다. · =를 입력한 후 셀을 클릭하면 기본으로 적용되는 참조 방식이다. · 수식을 복사하는 방향에 따라 수식에 포함된 상대 참조 셀의 주소도 변경된다. 즉, 좌우로 복사하면 열 주소가 변경되고 상하로 복사하면 행 주소가 변경된다.
절대 참조 예: $A$1	· 행/열 주소 앞에 각각 $ 기호를 붙인다. · 수식을 복사해도 수식에 포함된 절대 참조 셀의 주소는 변경되지 않는다.
혼합 참조 예: $A1, A$1	· 행 또는 열 주소 중 하나에만 $ 기호를 붙인다. · 수식을 복사하는 방향에 따라 $가 없는 행/열 주소만 변경된다.

TIP 복사가 아닌 잘라내어 붙여넣기를 하면 어떤 참조 방식을 사용하든 참조 셀의 주소가 변하지 않는다.

셀 참조 방식을 변경할 때는 셀 주소에 $를 직접 입력해도 되지만 [그림 2-3]과 같이 F4를 눌러 간편하게 변환할 수 있다.

그림 2-3 F4를 이용한 상대 참조와 절대 참조의 변환 순서

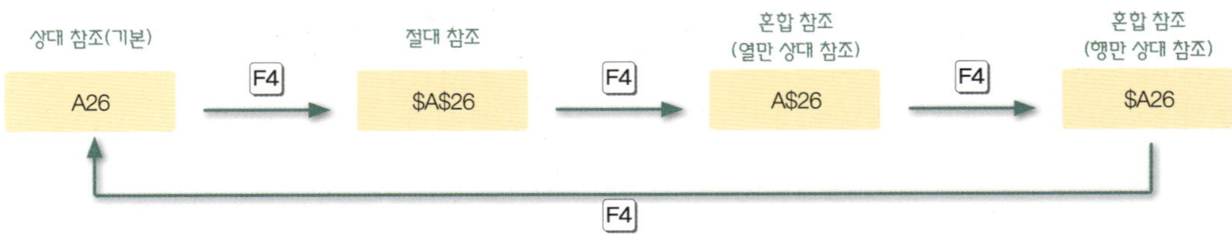

상대 참조를 사용한 수식 셀을 복사해 다른 셀로 붙여넣으면 수식 셀이 이동한 만큼 상대 참조 주소도 변해 버린다. 그래서 수식에는 참조 셀이 변하지 않도록 절대 참조를 사용해야 할 것처럼 보이지만 지금까지의 수식은 상대 참조만 사용해왔다. 그 이유는 무엇 때문일까? [그림 2-4]의 예를 통해 그 이유를 살펴보자.

그림 2-4 상대 참조 예 : [C3] 셀의 수식을 [C4], [C5] 셀로 복사했을 때 상대 참조의 변화

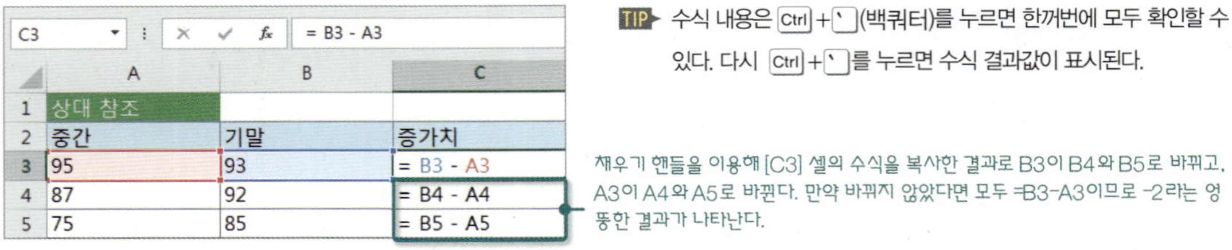

TIP 수식 내용은 Ctrl+`(백쿼터)를 누르면 한꺼번에 모두 확인할 수 있다. 다시 Ctrl+`를 누르면 수식 결과값이 표시된다.

상대 참조는 현재의 수식 셀을 기준으로 참조 셀의 위치를 지정하는 것이다. 그래서 [그림 2-4]에서 [C3] 셀의 수식은 '현재 셀의 왼쪽 첫 번째 셀 - 현재 셀의 왼쪽 두 번째 셀'로 해석되어 복사된 [C4] 셀의 수식이 [C4] 셀의 왼쪽 첫 번째 셀과 왼쪽 두 번째 셀을 참조하는 '=B4-A4'로 변경되는 것이다.

이처럼 상대 참조는 현재 셀을 기준으로 참조 셀의 주소를 지정하며, 수식 셀을 복사하여 다른 셀로 붙여넣으면 수식 셀이 이동한 만큼 참조 셀의 주소도 변경된다. 그 결과 [C3] 셀의 수식을 한 행 아래인 [C4] 셀로 복사하면 상대 참조 B3도 한 행 아래인 셀로 변경되어 B4가 된다.

[그림 2-5]는 [D8] 셀에 있는 =A8*5% 수식을 [E8], [D9], [E9] 셀로 복사해서 붙여넣었을 때의 변화 모습이다. 이처럼 상대 참조는 수식 셀을 좌우로 복사하면 열 주소가 변경되고 상하로 복사하면 행 주소가 변경된다.

그림 2-5 [D8] 셀의 수식을 다른 셀로 복사했을 때 상대 참조가 변한 예

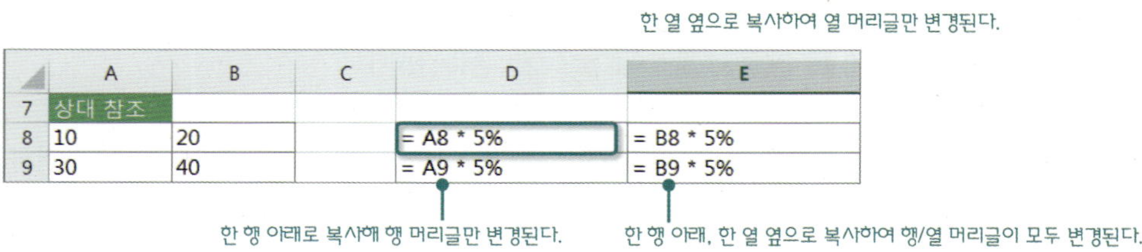

일반적으로 상대 참조를 많이 사용하지만 절대 참조가 꼭 필요한 경우가 있다. 특히 3장부터 소개하는 함수에서는 여러 셀의 범위를 참조하는 경우 대개 절대 참조를 사용한다. 그리고 상대 참조와 절대 참조를 혼합해야 하는 혼합 참조가 필요한 경우가 있는데 예제를 통해 상대 참조와 절대 참조를 비교해봄으로써 절대 참조가 필요한 경우와 혼합 참조가 필요한 경우를 살펴보자.

기본 예제 상대 참조와 절대 참조 비교하기

원 단위의 단가를 달러 단위로 변환하는 수식에서 환율 정보 셀을 절대 참조하지 않았을 때의 문제점을 직접 확인한 후 환율 정보 셀을 절대 참조로 변경하여 수식을 수정해보자.

01 환율 정보 셀을 상대 참조하여 달러 단위 단가 구하기 : 수식 오류 발생

❶ [B17] 셀에 [B16] 셀의 원화를 달러로 변환하는 수식인 =B16/B15를 입력한 후 ❷ Enter를 누른다. ❸ [B17] 셀의 채우기 핸들을 [D17] 셀까지 드래그하여 [B17] 셀의 수식을 복사하면 0으로 나누려 한다는 오류가 표시된다. ❹ 오류가 표시된 [C17] 셀을 더블클릭해보면 수식 셀 [B17]을 오른쪽 열로 복사하여 상대 참조 B15가 C15로 바뀌어 값이 없는 [C15] 셀로 나누려 하고 있음을 확인할 수 있다. [B17] 셀의 수식을 [C17] 셀로 한 열 오른쪽으로 복사할 때 단가는 [C16] 셀로 변해야 하지만 환율 정보가 있는 [B15] 셀의 참조는 변하지 않도록 절대 참조를 해야 함을 알 수 있다.

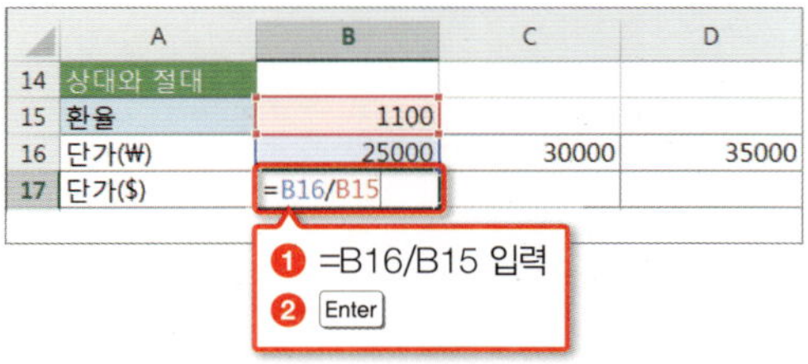

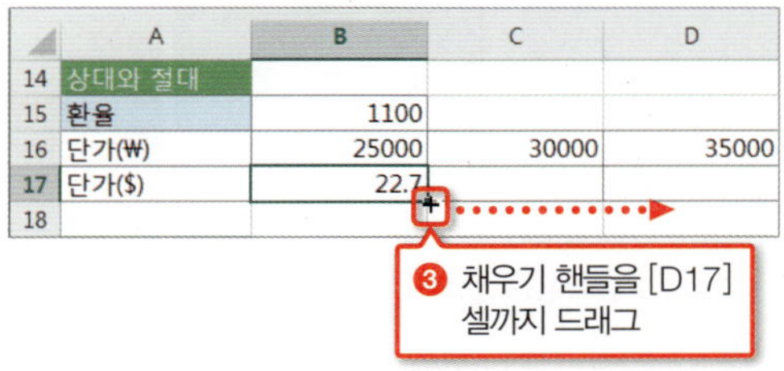

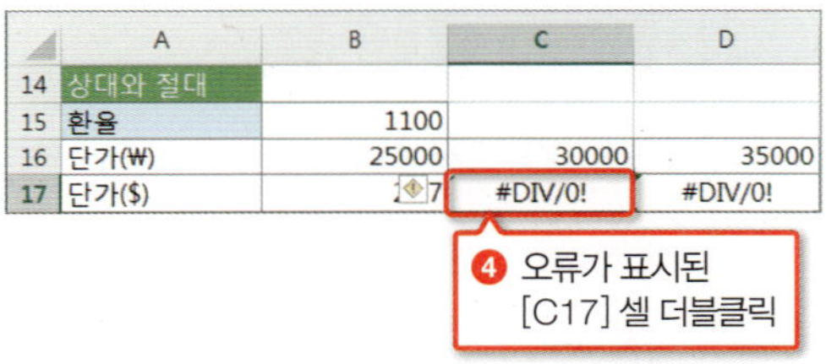

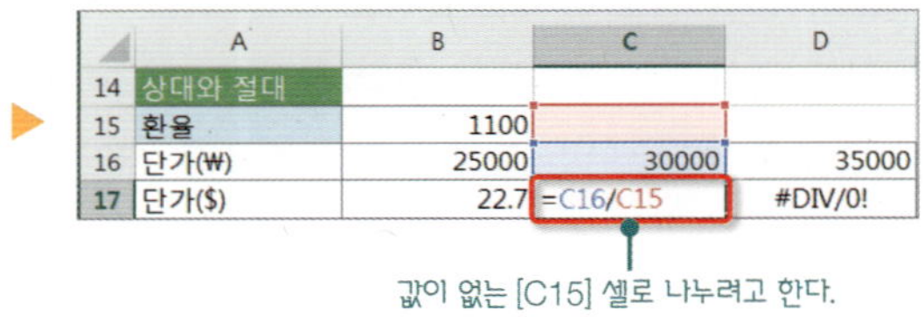

TIP 셀을 더블클릭하거나 수식 입력줄을 클릭하면 참조 셀이 테두리로 표시되어 확인이 쉽다. 특히 수식을 복사한 후 오류가 발생한 경우에 오류가 발생한 첫 번째 셀을 현재처럼 확인하면 상대 참조로 인한 오류를 쉽게 확인할 수 있어서 편리하다.

02 환율 정보 셀을 절대 참조로 변경하여 오류 수정하기 : =B16/B15 → =B16/$B$15

오류가 있는 셀은 [C17:D17] 셀이지만 이는 첫 번째 수식인 [B17] 셀에서 환율 정보 셀을 상대 참조하여 발생한 문제이므로 [B17] 셀의 수식을 수정한 후 수식을 다시 복사하는 것이 바람직하다. ❶ 상대 참조를 수정할 [B17] 셀을 더블클릭하여 수식을 나타낸 후 ❷~❸ 수식의 B15를 선택하고 F4를 한 번 눌러 절대 참조로 변경한 후 ❹ Enter를 눌러 수정을 완료한다. ❺ [B17] 셀의 채우기 핸들을 [D17] 셀까지 드래그하면 오류 표시가 사라지고 결과가 제대로 표시된다. ❻ [C17] 셀을 더블클릭하거나 Ctrl+`를 눌러보면 환율 정보를 올바르게 참조하고 있는 것을 확인할 수 있다.

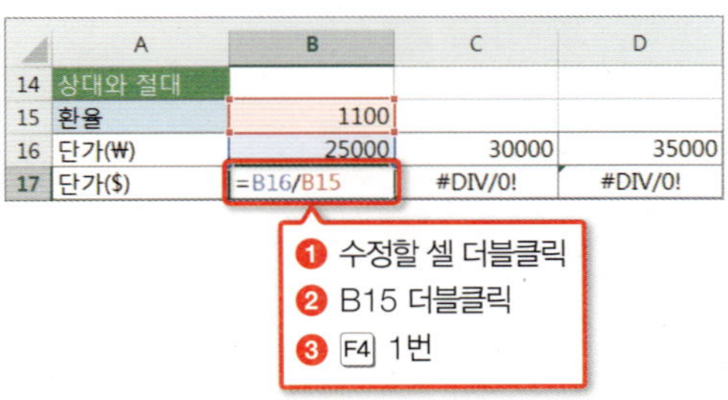

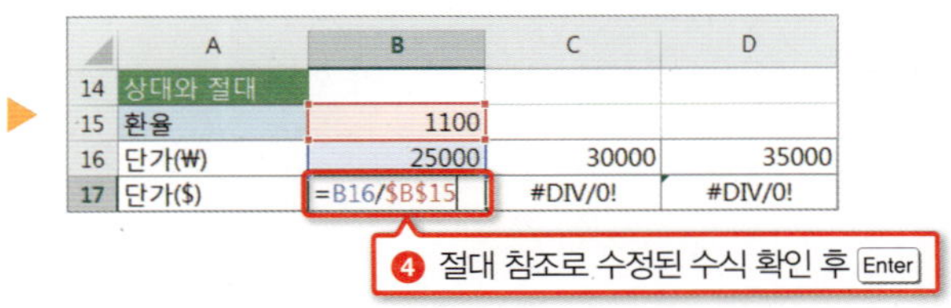

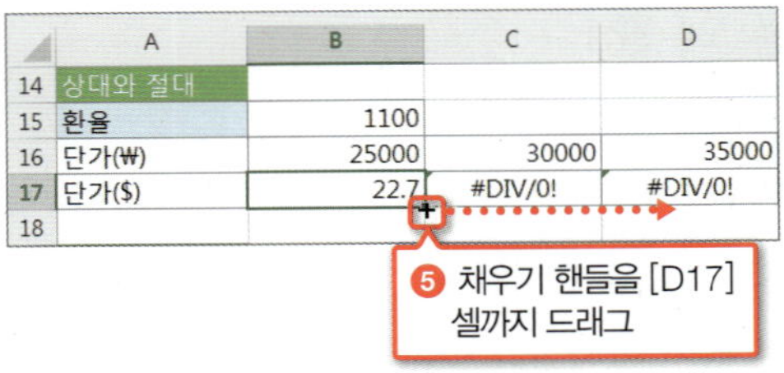

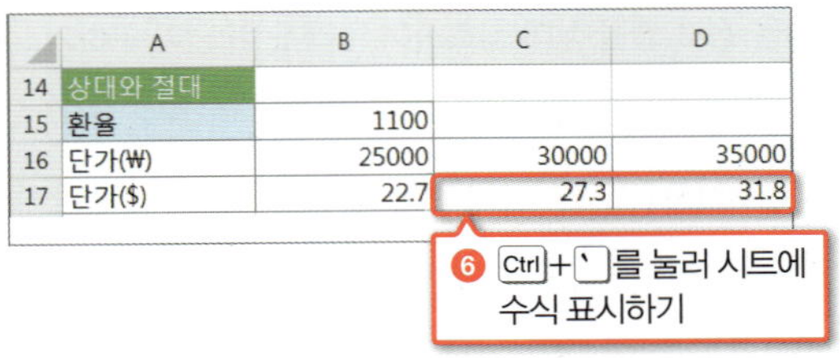

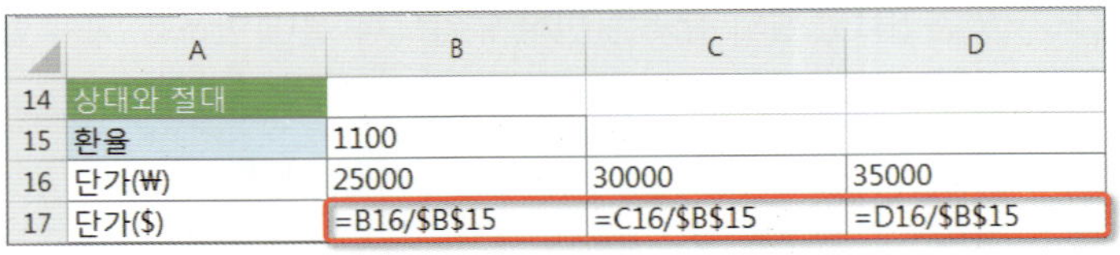

기본 예제 혼합 참조 사용하기

다음과 같이 시급과 시간에 따른 지급액을 구해보자. 예제처럼 [B21] 셀의 수식을 오른쪽과 아래쪽으로 동시에 복사하는 경우에는 혼합 참조가 자주 사용된다. 혼합 참조를 사용하는 경우에는 어떤 부분을 상대 참조로 하고, 어떤 부분을 절대 참조를 해야 할지 바로 구분하기가 쉽지 않다. 그러므로 여기서는 상대 참조와 절대 참조를 구분하는 방법부터 하나씩 살펴보자.

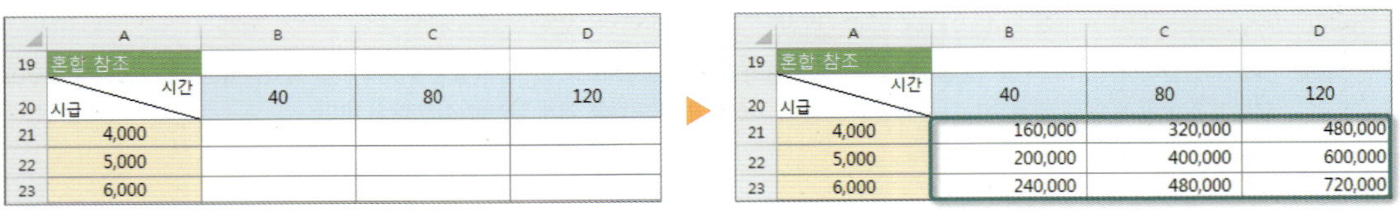

01 상대 참조와 절대 참조 부분 찾아내기

상대 참조와 절대 참조를 구분하기 어려울 때는 일단 [B21] 셀에 상대 참조 방식으로 수식을 입력한 후 오른쪽 열과 아래 행으로 복사하여 셀 참조가 변하면 안되는 절대 참조를 찾으면 도움이 된다. ❶ 첫 번째 셀인 [B21]에 시급과 시간을 곱하는 수식을 입력한 후 ❷ Ctrl+`를 눌러 시트에 수식이 표시되게 한다. ❸ 이 수식을 아래 행으로 복사하면 시간 셀의 행 주소가 절대 참조여야 함을, ❹ 오른쪽 열로 복사하면 시급 셀의 열 주소가 절대 참조이어야 함을 알 수 있다. 그러므로 [B21] 셀의 수식은 =$A21*B$20이어야 한다.

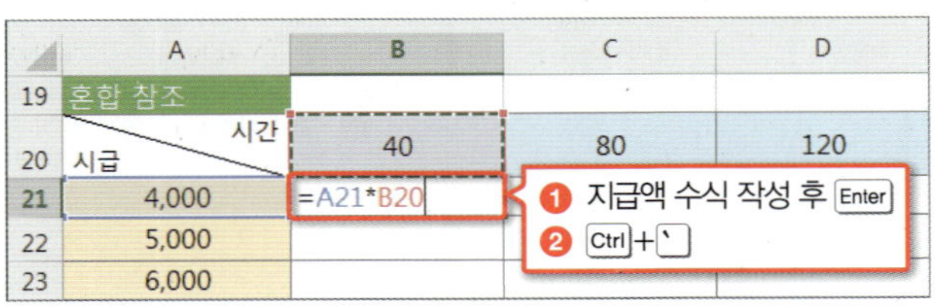

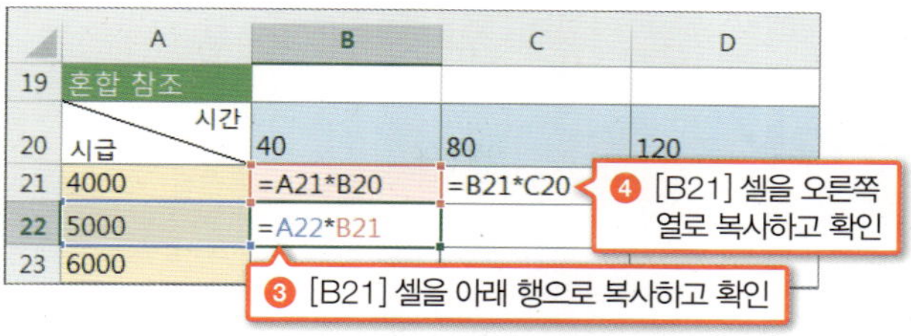

오른쪽으로 복사되면서 해당 시급이 [A21] 셀에 있는데 B21로 변했다. 시급의 열이 변하면 안되므로 [B21] 셀의 수식에서 시급은 열 주소가 절대 참조인 $A21이 되어야 한다.

아래로 복사되면서 해당 시간이 [B20] 셀에 있는데 B21로 변했다. 시간은 행이 변하면 안되므로 [B21] 셀의 수식에서 시간의 행 주소는 절대 참조인 B$20이 되어야 한다.

▼

시간의 행 주소와 시급의 열 주소가 절대 참조여야 하므로 [B21] 셀의 수식은 =$A21*B$20이어야 한다.

02 혼합 참조를 사용해 지급액 수식 수정하기

❶ 수식을 수정할 [B21] 셀을 더블클릭하여 수식이 표시되게 한 후 ❷~❸ 수식에서 A21을 더블클릭하여 선택하고 F4를 3번 눌러 $A21로 변경하고 ❹~❺ B20을 더블클릭하여 선택하고 F4를 2번 눌러 B$20으로 변경한 후 ❻ Enter를 눌러 수정을 완료한다. ❼~❽ [B21] 셀의 채우기 핸들을 드래그하여 [B21:D23] 셀에 해당 수식을 복사해서 채운다.

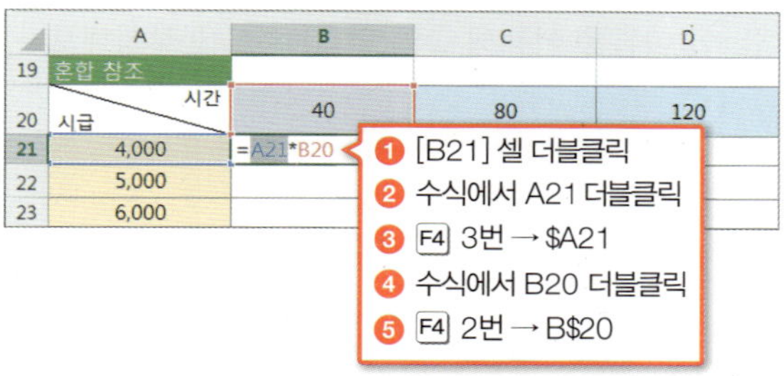

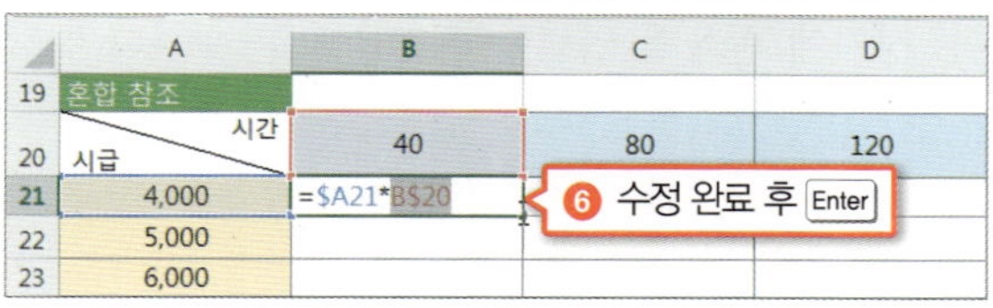

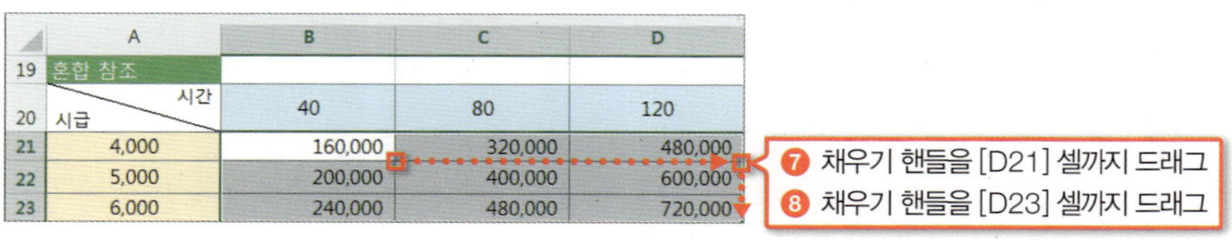

SECTION 04 --- IT COOKBOOK

셀(범위) 이름 정의하기

4.1 셀 이름 정의

수식에는 셀 참조가 많이 사용된다. 그런데 참조한 셀이 다른 시트에 존재하거나 멀리 떨어진 경우에는 빠르고 정확히 찾기가 어렵다. 이럴 때는 셀 범위에 이름을 부여하는 이름 정의 기능을 이용하면 편리하다. 셀 범위에 이름을 정의해두면 해당 셀 범위를 마우스로 드래그하지 않고도 빠르게 선택할 수 있으며 수식에서 이름을 사용하면 절대 참조가 되어 $를 붙일 필요가 없다. 또 =A1*B1 수식만으로는 어떤 내용인지 정확히 의미를 파악하기 어렵지만 [A1]과 [B1] 셀에 각각 '판매액'과 '단가' 같은 이름을 정의해두면 '=판매액*단가'로 표현할 수 있어 총 판매액을 구하는 수식임을 직관적으로 파악할 수 있다.

기본 예제 셀에 이름 정의 후 수식에서 사용하기

환율이 있는 [D4] 셀의 이름을 '환율'로 정의한 후, 이 이름을 이용해 총액(달러) 수식을 작성해보자.

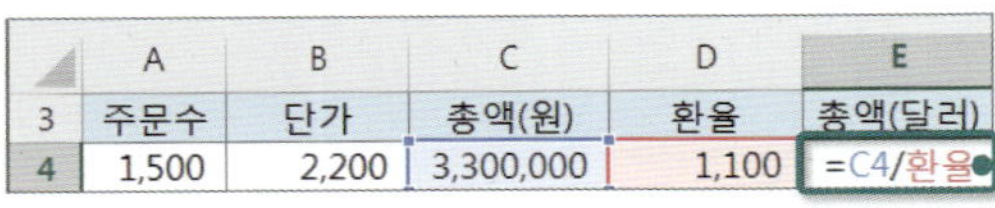

01 환율 정보 셀에 '환율' 이름 정의하기

❶ 이름을 정의할 [D4] 셀을 선택하고 ❷ 이름 상자에 '환율'을 입력한 후 ❸ Enter를 누른다.

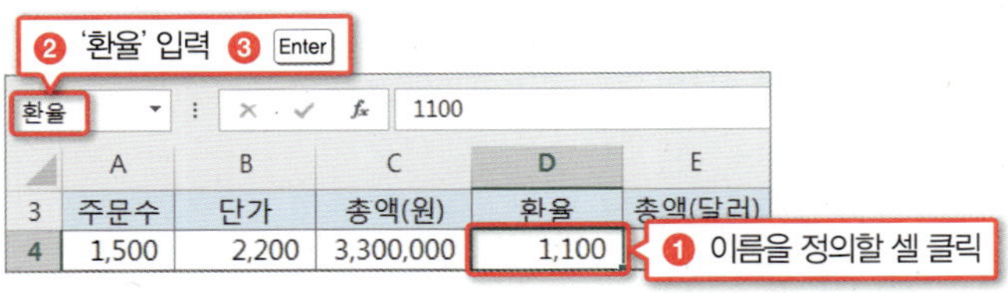

02 '환율' 셀 이름을 이용해 총액 수식 작성하기

❶ 총액(달러)를 구할 [E4] 셀을 클릭한 후 ❷ =C4/환율을 입력한다. 셀 이름 환율은 직접 입력하거나 [수식] 탭-[정의된 이름] 그룹-[수식에서 사용]을 클릭한 후 정의된 이름 목록 중에서 선택하여 입력할 수 있다. ❸ Enter를 눌러 입력을 완료한다.

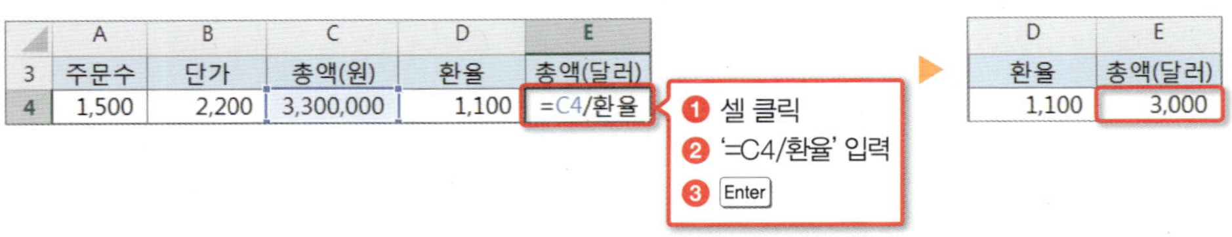

4.2 선택 영역의 내용을 이용한 빠른 이름 정의

이름 정의 기능은 셀 범위에도 적용할 수 있다. 하지만 여러 범위에 이름을 일일이 정의하기가 번거로울 수 있는데 이를 해결해주는 것이 [선택 영역에서 만들기] 도구이다. 표 형태의 데이터는 대개 첫 행(열)이 해당 데이터의 종류나 의미를 나타내는 경우가 많은데 [선택 영역에서 만들기] 도구를 이용하면 표의 첫 행(열)을 해당 범위의 이름으로 한꺼번에 정의할 수 있다.

기본 예제 > 선택 영역의 첫 행을 이용하여 이름 정의하기

시험점수와 과제점수를 배정된 비율에 맞게 각각 변환한 시험과 과제를 구한 후 총점과 전체 평균을 구하는 시트를 완성해 보자. 현재 시트에는 [I9:J10]의 각 셀에 그림과 같이 이름이 정의되어 있다. 나머지 이름 6개, 시험점수 6개, ..., 총점 6개에도 8행의 내용대로 이름을 정의해보자.

	A	B	C	D	E	F	G	H	I	J
8	이름	시험점수	과제점수	시험	과제	총점		항목	만점	배점
9	나태희	98	20					시험	100	85
10	유원빈	85	19					과제	20	15
11	나동건	79	20							
12	소지법	92	17							
13	유재수	97	20							
14	나원빈	89	15							
15					평균					

시험배점 / 과제배점 / 시험만점 / 과제만점

▼

	A	B	C	D	E	F	G	H	I	J
8	이름	시험점수	과제점수	시험	과제	총점		항목	만점	배점
9	나태희	98	20	83.3	15	98.3		시험	100	85
10	유원빈	85	19	72.25	14.25	86.5		과제	20	15
11	나동건	79	20	67.15	15	82.15				
12	소지법	92	17	78.2	12.75	90.95				
13	유재수	97	20	82.45	15	97.45				
14	나원빈	89	15	75.65	11.25	86.9				
15					평균	90.375				

이름 / 시험점수 / 과제점수 / 시험 / 과제 / 총점

여기서 잠깐

같은 통합 문서에서 시트마다 동일한 이름 정의하기

이름 상자에서 정의한 이름은 통합 문서 안에서 유일한 이름으로 정의된다. 그런데 다른 시트의 다른 셀에 동일한 이름을 정의하여 사용하고 싶을 때는 정의할 이름을 적용할 범위를 제한하여 정의해야 하므로 [이름 정의] 도구를 이용한다. [수식] 탭-[정의된 이름] 그룹-[이름 정의] 도구를 클릭하면 [새 이름] 대화상자가 나타난다. 여기서 [범위]를 특정 시트의 이름으로 지정하면 이 시트에서만 사용할 수 있는 이름으로 정의된다. 단, 통합 문서 하나에 동일한 이름이 여러 개면 구분이 잘 안되어 혼란을 줄 수도 있으므로 필요에 따라 선택적으로 사용하는 것이 좋다.

그림 2-6 [새 이름] 대화상자

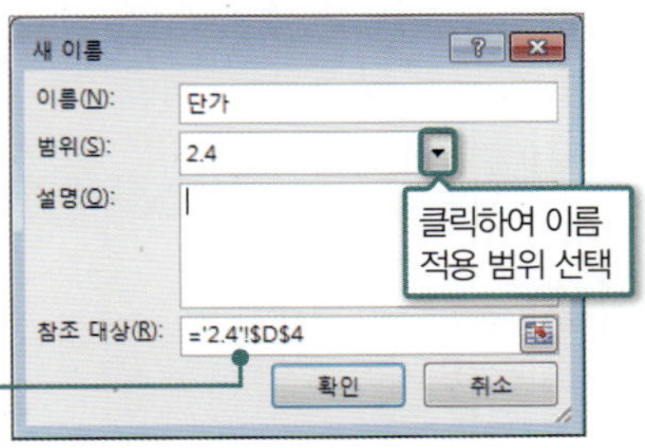

01 이름부터 총점까지 각 범위마다 이름 정의하기

❶ 이름을 정의할 [A9:F14] 셀뿐만 아니라 각 범위의 이름이 입력된 [A8:F8] 셀까지 포함해 범위로 선택하고 ❷~❸ [수식] 탭–[정의된 이름] 그룹–[선택 영역에서 만들기]를 클릭한다. ❹ 설정된 범위의 첫 행에 있는 값을 나머지 각 열 범위의 이름으로 사용하도록 [첫 행]은 체크, [왼쪽 열]은 체크를 해제한 후 ❺ [확인]을 누른다.

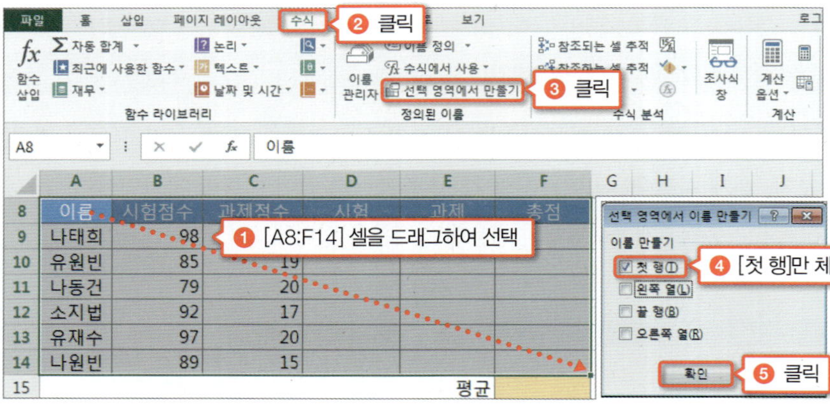

TIP 이름을 정의한 후 이름 상자에서 '시험'을 클릭하면 [D9:D14] 셀이 선택되므로 빠르고 편리하다.

02 이름을 사용해 수식 작성하기

❶ [D9:F9] 셀에 다음과 같이 이름을 이용해 수식을 작성한 후 ❷ 채우기 핸들을 이용해 [D10:F14] 셀에 해당 수식을 채운다. ❸ 평균을 구하는 [F15] 셀에도 이름을 이용해 수식을 작성한다. [F9:F14] 셀의 수식을 확인하면 모두 =시험+과제로 되어 있다. 수식 셀에서 셀 범위를 참조하는 경우가 아닌데 셀 범위 이름을 사용하면 셀 범위 중 현재의 수식 셀과 같은 행에 있는 셀의 값을 자동으로 참조하기 때문에 모두 결과가 제대로 나온다. 정의된 이름을 사용하지 않았다면 [F9] 셀의 총점 수식이 =D9+E9로 =시험+과제보다 의미 파악이 어렵다.

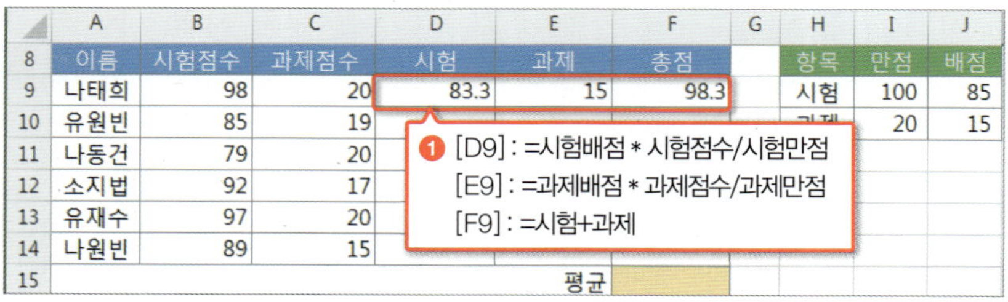

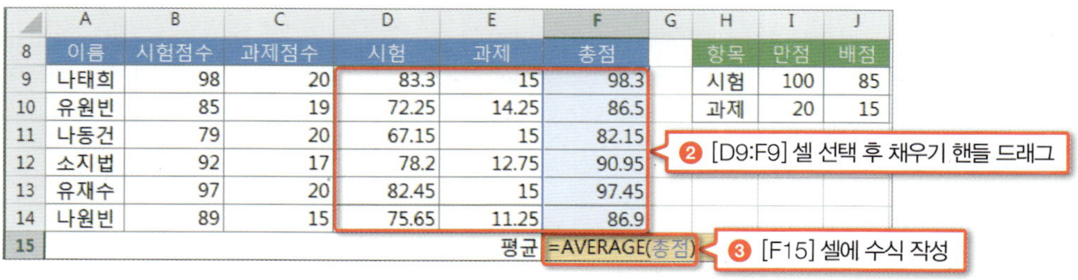

셀에 이름을 정의하지 않았다면 [D9]의 수식은 =$J$9*B9/$I$9이다. 정의한 이름은 절대 참조가 되므로 절대 참조를 위해 $를 붙이는 번거로움도 없어진다.

정의된 이름을 모르거나 키보드로 입력하지 않으려면 [수식] 탭–[정의된 이름] 그룹–[수식에서 사용]을 클릭하여 정의된 이름 중 선택한다.

03 이름을 사용해 총점 셀 선택 후 서식 적용하기

이름을 이용해 셀을 선택한 후 서식을 적용해보자. ❶ 이름 상자의 ▾를 클릭한 후 ❷ 총점을 선택하면 총점 이름으로 정의된 [F9:F14] 셀이 범위로 선택되므로 서식을 한꺼번에 바로 지정할 수 있다.

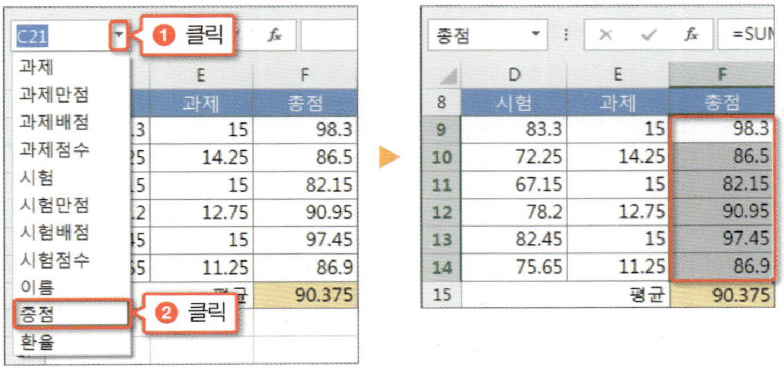

4.3 셀 이름의 수정, 추가, 삭제

새 이름 정의와 기존 이름의 수정과 삭제는 [수식] 탭–[정의된 이름] 그룹–[이름 관리자]를 클릭하면 나타나는 [이름 관리자] 대화상자를 이용해 작업할 수 있다.

그림 2–7 [이름 관리자] 대화상자

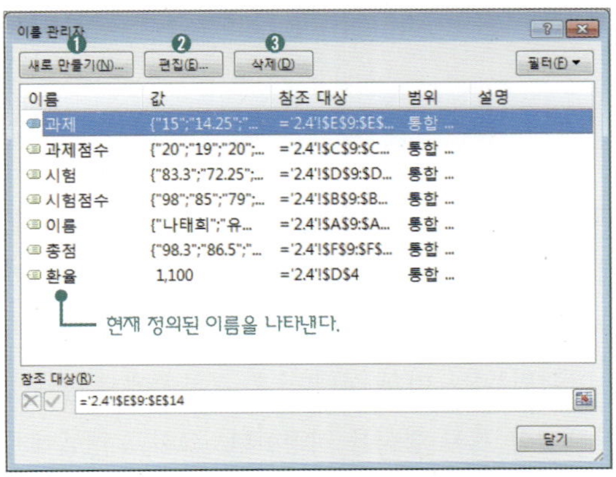

❶ 클릭한 후 [그림 2–6]의 [새 이름] 대화상자에서 새 이름을 정의할 수 있다.

❷ 클릭한 후 [이름 편집] 대화상자에서 이름, 적용 범위, 참조 대상을 수정할 수 있다.

❸ 정의된 이름 목록에서 삭제할 이름을 선택하고 [삭제]를 클릭하면 정의된 이름이 삭제된다. Ctrl을 누른 채 클릭하여 삭제할 이름을 여러 개 선택하고 이 버튼을 클릭하면 이름을 한꺼번에 삭제할 수 있다.

SECTION 05 IT COOKBOOK

표시 형식 지정하기

같은 데이터라도 표시 형식을 어떻게 적용하느냐에 따라 정보의 명확성이 달라진다. [그림 2-8]에서는 (b)가 (a)보다 개수의 단위가 박스임을 명확히 알 수 있고, 가격과 총액도 ,와 원이 있어 숫자의 크기와 통화 단위를 좀 더 직관적으로 파악할 수 있다.

그림 2-8 단위 표시에 따른 데이터의 명확성 비교

(a) 단위를 표시하지 않은 경우

	A	B	C	D
1	품명	개수	가격	총액
2	라면	50	30000	1500000

(b) 단위를 표시한 경우

	A	B	C	D
1	품명	개수	가격	총액
2	라면	50박스	30,000원	1,500,000원

하지만 [그림 2-8]의 (b)와 같이 나타내기 위해 셀에 '50박스', '30,000원'으로 텍스트를 직접 포함시키면 숫자가 아니므로 곱셈 연산을 할 수 없다. 이때 유용한 것이 셀 표시 형식이다. [그림 2-9]와 같이 실제 셀 값은 숫자 50이지만 표시 형식을 G/표준"박스"로 지정하여 시트의 셀에는 50박스로 표시되게 할 수 있다. 표시 형식은 셀 값을 직접 변경하지 않으면서 시트 내용을 명확하고 이해하기 쉽게 해주는 강력한 기능이다.

그림 2-9 셀 표시 형식의 기능

5.1 표시 형식의 종류

자주 사용하는 표시 형식은 [그림 2-10]의 [홈] 탭-[표시 형식] 그룹의 도구를 이용해 지정할 수 있다. 보다 다양하고 자세한 세부 표시 형식은 [홈] 탭-[표시 형식] 그룹 옆의 ⧉(대화상자 표시)를 클릭하거나 셀에서 마우스 오른쪽 버튼을 누른 후 팝업 메뉴에서 [셀 서식]을 선택하면 나타나는 [셀 서식] 대화상자-[표시 형식] 탭에서 지정한다. [표시 형식] 탭에서는 [범주]를 먼저 선택한 후 오른쪽에서 [기호], [형식] 등 범주마다 제공하는 다양한 옵션을 통해 보다 세밀한 표시 형식을 지정한다. 그리고 엑셀에서 기본적으로 제공하지 않는 표시 형식은 [범주]를 '사용자 지정'으로 선택한 후 [형식] 칸에 사용자가 직접 서식 코드를 입력해 지정한다.

그림 2-10 [홈] 탭-[표시 형식] 그룹과 [셀 서식] 대화상자의 [표시 형식] 탭

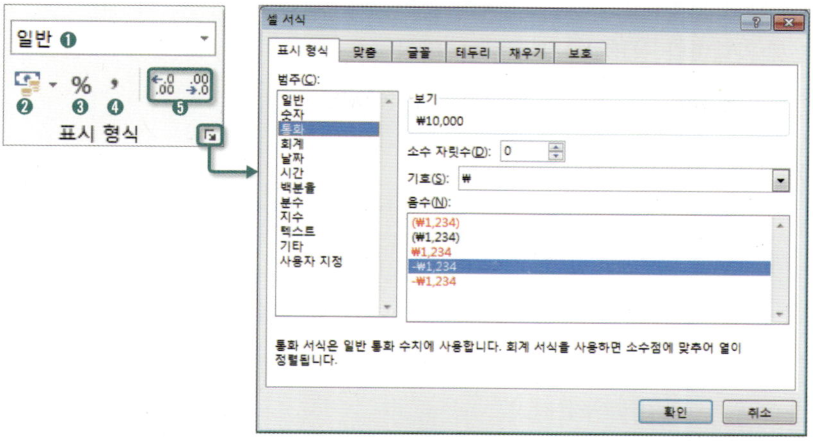

❶ 표시 형식 목록 : 일반, 숫자, 통화, 회계 등 많이 사용되는 표시 형식 중 하나를 선택할 수 있다.

❷ 회계 표시 형식 : 원화(₩), 달러($), 엔화(¥) 등의 통화 기호를 표시하고 세 자리마다 쉼표(,)를 표시하는 회계 표시 형식으로 지정한다(예: ₩ 10,000,000).

❸ 백분율 스타일 : 숫자에 100을 곱한 후 % 기호를 붙인다(예: 25%).

❹ 쉼표 스타일 : 숫자 세 자리마다 쉼표(,)를 표시하는 회계 범주의 표시 형식으로 지정한다(예: 10,000,000).

❺ 자릿수 늘림/줄임 : 소수 이하 자릿수를 한 자리씩 늘리기/줄이기를 한다.

[표 2-3]은 셀에 지정한 표시 형식에 따라 셀에 입력한 값이 어떻게 표시되는 지를 보여준다. 범주를 특별히 지정하지 않으면 대개 '일반' 범주로 자동 지정되며 엑셀에서 기본으로 제공하지 않는 서식은 '사용자 지정' 범주를 선택한 후 [형식] 입력 칸에 서식 코드를 직접 입력해 지정한다.

표 2-3 [셀 서식] 대화상자-[표시 형식] 탭에서 표시 형식(범주와 옵션)을 지정한 예

	A	B	C	D
1	셀에 입력한 값	지정한 표시 형식(범주-[옵션])	셀에 표시된 결과	비고
2	홍길동	일반	홍길동	엑셀이 텍스트임을 식별하여 왼쪽 맞춤으로 표시
3	1004	일반	1004	엑셀이 숫자임을 식별하여 오른쪽 맞춤으로 표시
4	010	텍스트	010	표시형식을 지정한 후 010을 입력해야 함
5	0.123	숫자-[소수 자릿수] 2	0.12	지정한 소수 자릿수만큼 표시
6	-12345	숫자-[음수] (1234)	(12345)	음수일 때 - 대신 ( )를 사용하고 빨간색으로 표시
7	10000000	회계-[기호] $	$ 10,000,000	세 자리마다 ,를 넣고 통화 기호를 셀 맨 왼쪽에 표시
8	1000000	통화-[기호] ₩	₩1,000,000	세 자리마다 ,를 넣고 통화 기호를 숫자 바로 앞에 표시
9	14-12-25	날짜-[형식] 2012년 3월 14일	2014년 12월 15일	
10	14:30	시간-[형식] 오후 1:30	오후 2:30	
11	0.1	백분율	10%	10%로 직접 입력하면 자동으로 백분율 표시 형식이 지정됨
12	3.14	분수-[형식] 한 자릿수 분모 1/4	3 1/7	
13	0.000001	지수-[소수 자릿수] 2	1.00E-06	1.00 * 10^{-6} 의미
14	9711032671213	기타-[형식] 주민등록번호	971103-2671213	앞 6자리 뒤에 -를 자동으로 표시
15	701201	기타-[형식] 우편번호	701-201	중간에 -를 자동으로 표시
16	1000000	기타-[형식] 숫자(한글)	일백만	숫자를 한글로 표시
17	15123000	사용자 지정-[형식] #,##0,"천원"	15,123천원	마지막 세자리 생략하고 뒤에 천원 텍스트 표시
18	1100	사용자 지정-[형식] "환율:"G/표준"원"	환율:1100원	환율: 텍스트 뒤에 일반 범주의 셀 숫자(G/표준) 표시 후 원 표시
19	홍길동	사용자 지정-[형식] @"귀하"	홍길동귀하	셀의 텍스트(@) 뒤에 귀하 텍스트 표시

기본 예제 숫자를 $ 단위의 통화 형식으로 표시하기

금액 앞에 $ 단위를 붙이고 세 자리마다 쉼표(,)를 표시하며, 마이너스 금액은 – 부호 대신 ( ) 안에 빨간색 글자로 표시하도록 셀 표시 형식을 지정해보자. 단, 소수 자리는 표시하지 않는다.

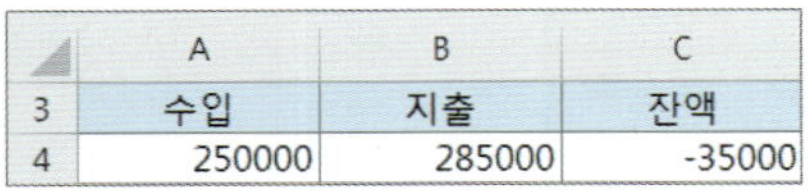

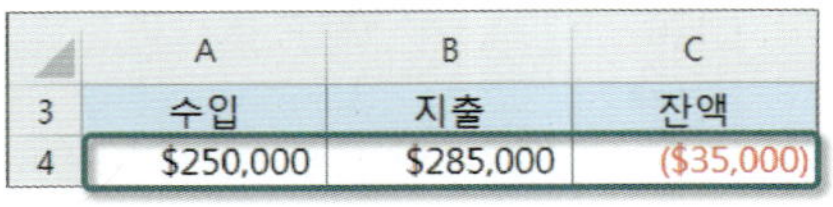

❶ 표시 형식을 지정할 [A4:C4] 셀을 선택하고 ❷~❸ [홈] 탭–[표시 형식] 그룹 옆의 ⧉(대화상자 표시)를 클릭한다. ❹~❺ [셀 서식] 대화상자–[표시 형식] 탭에서 [범주]를 '통화'로 선택하고 소수 자릿수, $ 단위, 음수 표시 형식을 지정한 후 ❻ [확인]을 누른다.

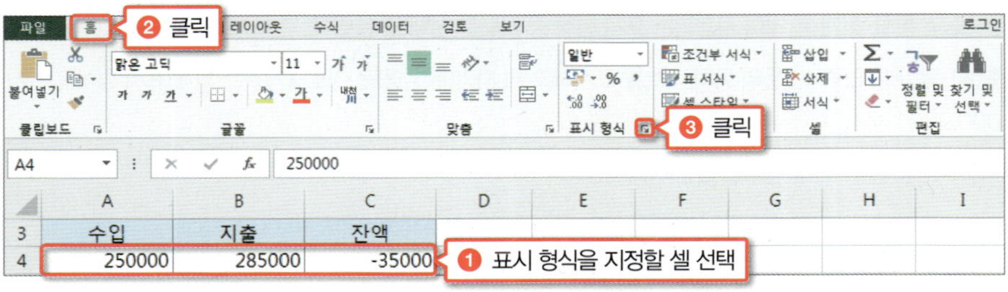

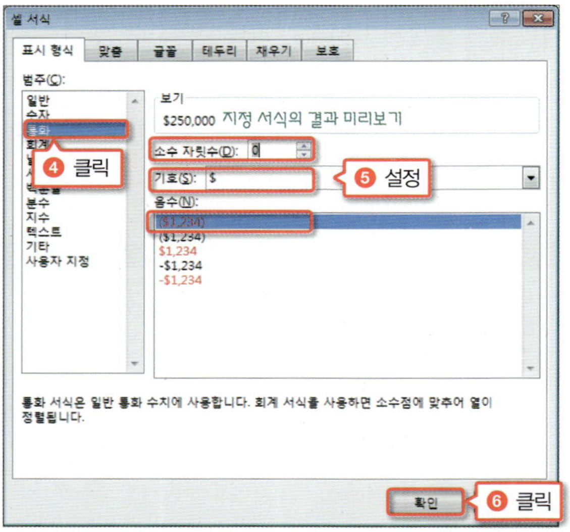

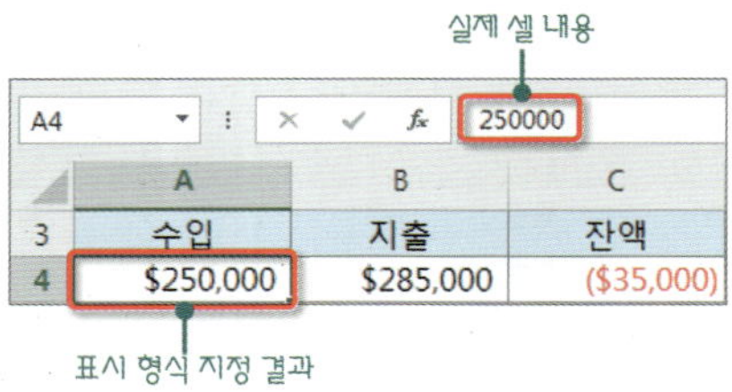

TIP [셀 서식] 대화상자는 Ctrl+1을 누르거나 마우스 오른쪽 버튼을 누른 후 팝업 메뉴에서 [셀 서식]을 선택해도 나타난다.

5.2 사용자 지정 표시 형식

엑셀에서 기본으로 제공하지 않는 셀 표시 형식은 사용자가 서식 코드를 직접 지정해야 하므로 형식에 많이 사용되는 서식 코드를 살펴보자. 엑셀에서는 [날짜] 범주에 다양한 날짜 표시 형식을 제공하지만 사용자가 원하는 것과 딱 맞는 형식이 없다면 [표 2-4]의 날짜 서식 코드를 이용해 직접 지정한다.

표 2-4 날짜 서식 코드

서식 코드		표시 예	서식 코드		표시 예
년도	yy	00 ~ 99	요일	aaa	일 ~ 토
	yyyy	1900 ~ 9999		aaaa	일요일 ~ 토요일
월	m	1 ~ 12		ddd	Sun ~ Sat
	mm	01 ~ 12		dddd	Sunday ~ Saturday
	mmm	Jan ~ Dec	시	h	0 ~ 23
	mmmm	January ~ December		hh	00 ~ 23
일	d	1 ~ 31로 표시	분	m	0 ~ 59
	dd	01 ~ 31로 표시		mm	00 ~ 59

기본 예제 날짜에 사용자 지정 표시 형식 지정하기

2015-10-09로 표시되는 날짜를 2015년 10월 9일 금으로 표시해보자. 일의 경우 09 대신 한 자리로 표시하려면 d를 사용해야 하며, 요일을 한글 축약 형태로 표시하려면 aaa 서식 코드를 사용해야 한다.

❶ 표시 형식을 지정할 [A8] 셀을 선택하고 ❷~❸ [홈] 탭-[표시 형식] 그룹 옆의 (대화상자 표시)를 클릭한다. ❹~❺ [셀 서식] 대화상자-[표시 형식] 탭에서 [범주]를 '사용자 지정'으로 선택한 후 [형식]에 년도는 네 자리로 표시하도록 yyyy, 일은 한 자리 숫자일 때는 9로 표시하도록 d, 요일은 한글 축약 형태로 표시하도록 aaa, 숫자 뒤에 년, 월, 일을 표시하기 위해 해당 서식 코드 뒤에 각각 년, 월, 일을 추가하여 'yyyy년 mm월 d일 aaa'를 직접 입력한다. [보기]에서 결과를 확인해 맞으면 ❻ [확인]을 누른다.

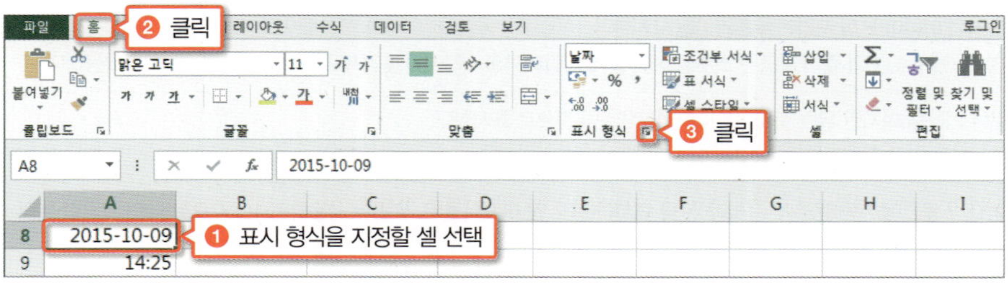

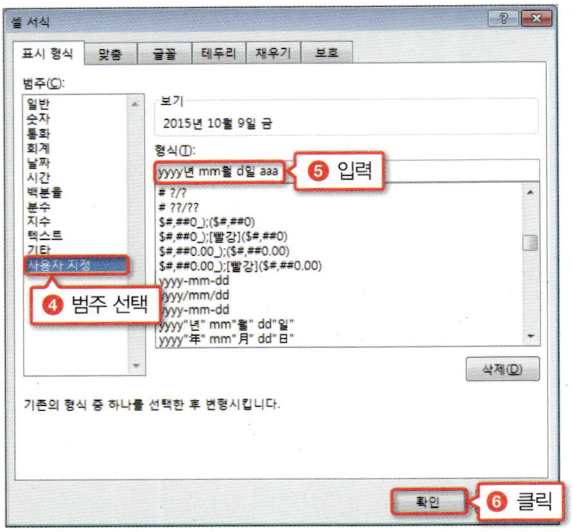

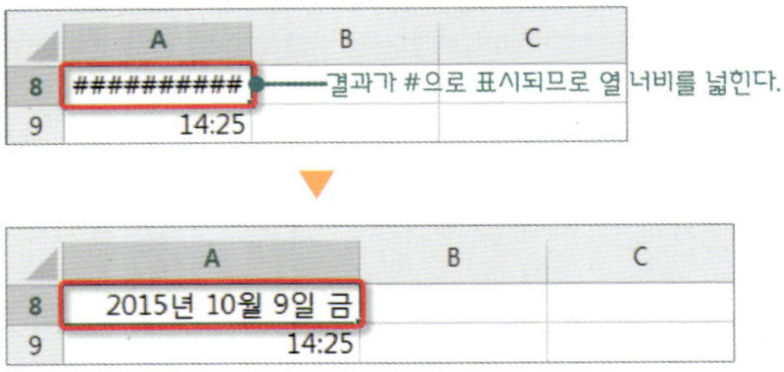

[주의] [형식] 입력 칸에 빈 칸이나 텍스트를 입력하면 셀에 그대로 표시된다. 위의 경우 [형식]에서 yyyy년 뒤에 빈 칸을 지정했으므로 2015년 뒤에 빈 칸이 표시된다. 또한 원래 텍스트는 " "로 묶어야 하므로 2015년은 yyyy"년"으로 지정해야 하지만 엑셀이 식별 가능한 텍스트라면 자동으로 " "를 추가해주므로 생략하였다. 하지만 뒤에 소개할 @와 함께 사용할 때는 텍스트에 " "를 생략하면 안된다. 그러므로 일반 텍스트는 " "로 묶는 습관을 갖는 것이 좋다.

TIP 형식 목록에서 최대한 비슷한 yyyy"년" mm"월" dd"일"을 먼저 선택한 후 [형식] 입력 칸에서 수정해도 된다.

TIP 표시 형식을 dddd, mmmm, dd, yyyy로 지정하면 Friday, October, 09, 2015로 표시된다.

TIP [A9] 셀에 h:mm AM/PM 형식을 지정하면 24시제가 아닌 12시제가 적용되어 2:25 PM으로 표시된다.

숫자의 서식을 지정하는 데 사용되는 대표적인 코드 기호로 #, 0, ?, ,가 있는데 그 의미는 [표 2-5]와 같다.

표 2-5 사용자 지정 표시 형식에 사용되는 숫자 서식 코드

서식 코드	설명
#	유효 숫자만 표시하므로 유효 숫자가 아닌 0은 표시하지 않는다. 12.30 끝의 0, 010의 앞의 0, 0.3의 앞의 0은 모두 무효한 0에 해당한다. 무효한 0이란 원래 숫자의 크기를 나타내는 데 필요하지 않은 0이다. 그래서 0.20을 #.## 서식 코드로 표시하면 .2만 표시된다.
0	유효 숫자가 아니어도 이 자리에 무조건 0을 표시한다. 특히 3.10, 0.21, 1.00과 같이 무조건 소수점 아래 둘째 자리까지 표시하기처럼 강제로 소수 자릿수를 맞출 때 유용하다.
?	0과 같은 기능을 하지만 유효 숫자가 아니면 무조건 빈 칸으로 표시한다. 0을 표시하지 않고 전체 자릿수를 맞출 때 유용하다.
,	여러 #, 0, ? 중간에 사용하면 세 자리마다 ,를 표시하는데, 맨 마지막 #, 0, ? 뒤에 사용하면 1000으로 나눈 것처럼 뒤의 세 자리를 제외하고 표시하는 데 사용된다. #,###,"천원"처럼 세 자리마다 ,를 표시하고 마지막 세 자리는 제거하는 대신 천원을 붙이기 위한 서식 코드에 사용된다.

특히 #과 0의 차이를 명확히 알기 위해 [표 2-6]을 통해 동일 데이터에 다른 서식 코드를 사용했을 때의 결과를 비교해 보자.

표 2-6 숫자 서식 코드 #.##과 0.00의 비교

	A	B	C	D	E
1	셀 값	서식 #.##		서식 0.00	
2	172.567	172.57	. 아래 셋째 자리에서 반올림	172.57	. 아래 셋째 자리에서 반올림
3	178.5	178.5	. 아래 둘째 자리의 무효 0을 표시하지 않음	178.50	. 아래 둘째 자리의 무효 0을 표시
4	180	180.	. 아래 무효 0을 표시하지 않음	180.00	. 아래 두 자리의 무효 0을 표시
5	0.5	.5	. 위 무효 0을 표시하지 않음	0.50	. 위 무효 0과 . 아래 둘째의 무효 0을 표시
6	0	.	. 위와 아래의 무효 0을 표시하지 않음	0.00	. 위와 아래의 무효 0을 표시

무조건 소수점 아래 둘째 자리까지 표시하므로 소수점 위치를 맞출 수 있다.

표 2-7 숫자 서식 코드 0.0과 ???.?과 ??0.0의 비교

	A	B	C	D	E	F
1	셀 값	서식 0.0	서식 ???.?		서식 ??0.0	
2	100	100.0	100.	. 뒤에 빈 칸 하나 표시	100.0	. 아래 무효 숫자 0도 표시
3	92.8	92.8	92.8	9 앞에 빈 칸 하나 표시	92.8	9 앞에 빈 칸 하나 표시
4	88.5	88.5	88.5	8 앞에 빈 칸 하나 표시	88.5	8 앞에 빈 칸 하나 표시
5	45	45.0	45.	4 앞과 . 뒤에 빈 칸 하나 표시	45.0	4 앞에 빈 칸 하나 표시
6	0	0.0	.	. 앞에 빈 칸 세 개 . 뒤 빈 칸 하나 표시	0.0	0 앞에 빈 칸 두 개 표시

[C2:C6] 셀과 [E2:E6] 셀을 가운데 맞춤으로 지정했을 때 ??를 사용한 경우에는 빈 칸이 있으므로 소수점(.)의 위치를 세로로 동일하게 유지할 수 있다. 하지만 [B2:B6] 셀은 가운데 맞춤을 하면 소수점 위치가 이동한다.

[표 2-8]은 단위가 큰 숫자 표시에 유용한 쉼표(,)와 텍스트의 결합을, [표 2-9]는 특별한 서식을 지정하지 않은 일반 범주의 숫자 셀 값을 의미하는 G/표준, 텍스트 셀의 텍스트를 의미하는 @를 사용한 사용자 지정 표시 형식의 사용 예를 보여준다. 특히 G/표준은 #, 0, ? 서식 코드를 모를 때에도 [형식] 목록에서 G/표준을 선택한 후 [형식] 칸에서 G/표준"박스"와 같이 텍스트만 추가하여 서식 코드를 지정할 수 있다.

표 2-8 숫자를 위한 쉼표(,)와 텍스트의 조합 사용 예

	A	B	C	D
1	서식 코드	셀 값	표시 결과	비고
2	#,###	1000000	1,000,000	,가 # 중간에 나타나므로 세 자리마다 ,를 표시
3	#,###,"천원"	10000000	10,000천원	세자리마다 ,를 붙이고 마지막 세자리 제거 후 뒤에 천원 표시
4		100	천원	마지막 세자리 제거 후 남는 게 없으므로 천원만 표시
5	#,##0,"천원"	100	0천원	마지막에 # 대신 0을 사용하여 숫자 끝자리에 0이 표시되게 함
6		800	1천원	800을 1000으로 나눈 0.8을 반올림한 1 뒤에 천원 표시
7	#,##0,,"백만원"	10000000	10백만원	0 뒤에 ,가 두 개이므로 여섯 자리를 제거한 후 백만원 단위 표시
8	**#,##0"원"	10000000	*******1,000,000원	* 기호는 뒤의 한 개의 문자를 셀 왼쪽 여백에 채우는 데 사용
9	₩* #,##0	35000	₩ 35,000	₩와 35,000 사이의 여백을 * 뒤의 빈 칸으로 채운다. *를 이용하면 셀 가로 맞춤이 무엇이든 셀 좌우로 꽉 차게 표시된다.

#,###,의 끝에 있는 ,는 정확하게는 1000으로 나눈 값을 소수점 아래 첫 자리에서 반올림한다는 의미이다. 그러므로 1234567은 1,235로 표시된다.

표 2-9 G/표준, @ 사용 예

	A	B	C	D
11	서식 코드	셀 값	표시 결과	비고
12	G/표준"이상"	90	90이상	일반 범주의 숫자(G/표준) 뒤에 이상을 표시
13	G/표준"대"	2,000	2000대	일반 범주의 숫자(G/표준) 2000 뒤에 대를 표시(, 서식이 제거됨)
14	"총" G/표준"명"	27	총 27명	일반 범주의 숫자(G/표준) 앞에는 총과 빈칸을, 뒤에는 명을 표시
15	@"님"	홍길동	홍길동님	현재 셀의 텍스트(@) 뒤에 님을 표시

기본 예제 범주의 표시 형식을 활용하여 사용자 지정 표시 형식 지정하기

사용자 지정 표시 형식을 지정할 때 서식 코드를 잘 모르면 엑셀이 제공하는 것 중 가장 비슷한 것을 먼저 선택한 후 필요한 부분만 수정하면 편리하다. 큰 숫자를 빠르게 인식하도록 셀의 10000000을 일천만 원으로 표시해보자. [기타] 범주에 숫자를 한글로 표시하는 서식이 제공되므로 이 코드 뒤에 원을 추가하면 된다.

❶ 표시 형식을 지정할 [A13] 셀을 선택하고 ❷~❸ [홈] 탭–[표시 형식] 그룹 옆의 (대화상자 표시)를 클릭한다. ❹~❺ [셀 서식] 대화상자–[표시 형식] 탭에서 [범주]를 '기타'로 선택하고 [형식]을 '숫자(한글)'로 선택한 후 ❻ 다시 '사용자 지정' 범주를 선택하면 ❼ [형식] 입력칸에 해당 서식 코드가 입력되어 있다. 맨 뒤에 원을 추가한 후 ❽ [확인]을 누른다.

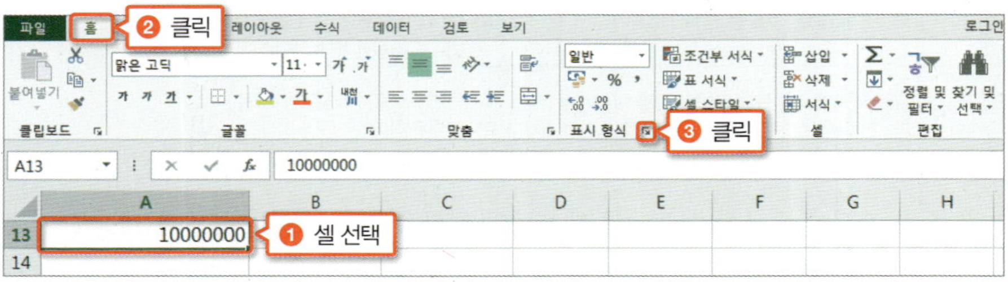

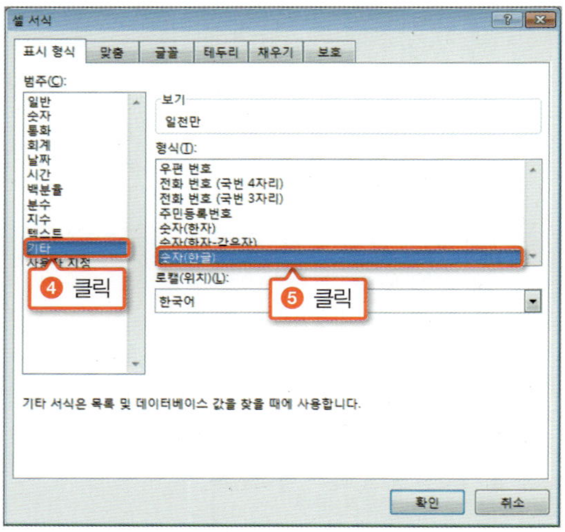

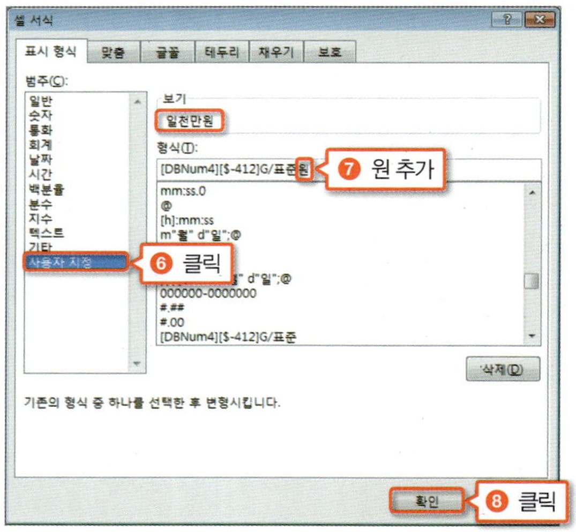

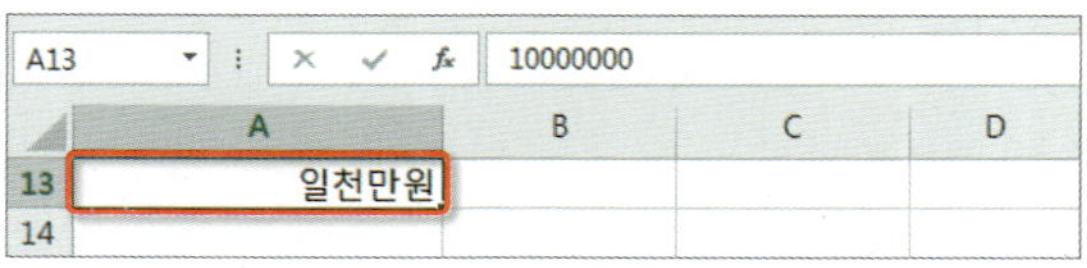

종합 예제 수식과 표시 형식을 이용해 견적서 작성하기

'2장_종합예제.xlsx'를 열어 수식과 표시 형식을 이용해 다음과 같이 완성해보자.

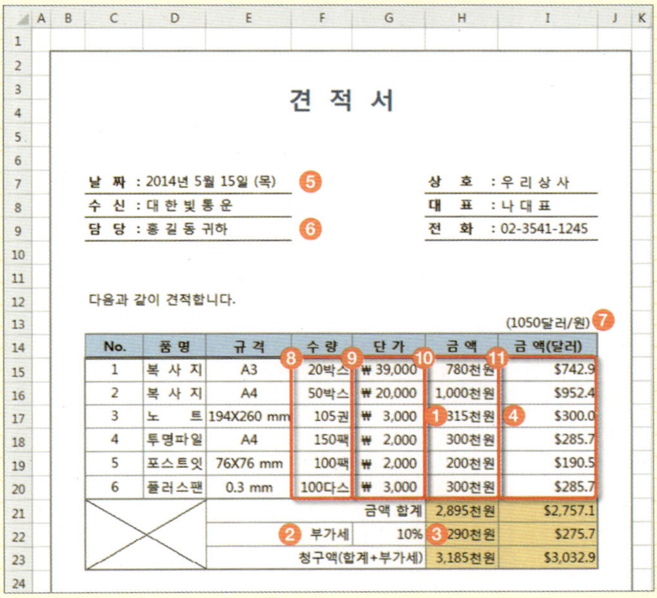

견 적 서

날 짜 : 2014년 5월 15일 (목) ⑤ | 상 호 : 우 리 상 사
수 신 : 대 한 빛 통 운 | 대 표 : 나 대 표
담 당 : 홍 길 동 귀하 ⑥ | 전 화 : 02-3541-1245

다음과 같이 견적합니다.

(1050달러/원) ⑦

No.	품 명	규 격	수 량	단 가	금 액	금 액(달러)
1	복 사 지	A3	20박스	₩ 39,000	780천원	$742.9
2	복 사 지	A4	50박스	₩ 20,000	1,000천원	$952.4
3	노 트	194X260 mm	105권	₩ 3,000	315천원	$300.0
4	투명파일	A4	150팩	₩ 2,000	300천원	$285.7
5	포스트잇	76X76 mm	100팩	₩ 2,000	200천원	$190.5
6	플러스팬	0.3 mm	100다스	₩ 3,000	300천원	$285.7
				금액 합계	2,895천원	$2,757.1
			부가세	10%	290천원	$275.7
				청구액(합계+부가세)	3,185천원	$3,032.9

① 금액 [H15:H20]

- 금액은 수량*단가. [H15] 셀에 = F15*G15 입력 후 [H20] 셀까지 수식 복사

② 부가세 10% [E22:G22]

- [E22] 셀에서 [홈] 탭–[맞춤] 그룹–[병합하고 가운데 맞춤] 클릭하여 기존의 셀 병합 해제. [E22:F22] 셀 선택 후 [홈] 탭–[맞춤] 그룹–[병합하고 가운데 맞춤] 클릭하여 두 셀을 병합. [E22:G22] 셀에서 [홈] 탭–[맞춤] 그룹–[오른쪽 맞춤] 클릭으로 오른쪽 맞춤 지정, [홈] 탭–[글꼴] 그룹–[테두리]–[오른쪽 테두리]를 클릭하여 [F22] 셀 오른쪽에 테두리 넣기. [G22] 셀에 '10%' 입력하여 백분율 서식 지정

③ 금액합계, 부가세, 청구액 [H21:H23]

- 금액 합계는 모든 금액의 합계 = SUM(H15:H20) ([홈] 탭–[편집] 그룹–[자동 합계] 이용), 부가세는 금액 합계의 10%로 = H21*G22, 청구액은 금액 합계와 부가세의 합계로 = H21+H22 또는 = SUM(H21:H22)

④ 금액(달러) [I15:I23]

- 금액을 환율로 나눈 값으로 [I15] 셀에 = H15/$I$13을 입력한 다음 [I23] 셀까지 채우기 핸들로 복사 후 [자동 채우기 옵션] 버튼을 눌러 [서식 없이 복사]를 선택하여 [I21:I23] 셀의 서식을 그대로 유지하기

⑤ ~ ⑧ 사용자 지정 : yyyy년 m월 d일 (aaa), @ "귀하", "("G/표준"달러/원)", G/표준"박스", G/표준"권", G/표준"팩", G/표준"다스"

⑨ [범주] 회계, [기호] ₩

⑩ ~ ⑪ 사용자 지정 : #, ##0,"천원", "$"#,##0.0(또는 [범주] 통화, [소수 자릿수] 1, [기호] $)

평가 예제

IT COOKBOOK

아래의 지시사항을 참고하여 '2장_평가예제.xlsx'의 세 시트를 완성하시오.

01 '성적표' 시트를 다음과 같이 완성하시오.

	A	B	C	D	E	F	G
1							
2							
3	과목명	담당교수	연락처	학점	등급	평점	평점계
4	글쓰기	홍길동	1084319797	2	A+	4.5	
5	수학	이몽룡	1074511234	2	A0	4	
6	경영학개론	나태희	1023456987	3	A0	4	
7	정보사회와 윤리	유원빈	1065789845	3	A+	4.5	
8	회화	우연희	1032125465	3	B+	3.5	
9	생활과 체육	성춘향	1021278484	2	A0	4	
10	C언어	장한	1012345678	3	A+	4.5	
11							
12	평균 점수		신청 학점		평점 평균		

▼

	A	B	C	D	E	F	G
1	2014학년도 2학기 성적 ④						
2			⑨			⑩	
3	① 과목명	담당교수	연락처	학점	등급	평점	평점계
4	글쓰기	홍길동	010-8431-9797	2	A+	4.5	⑤ 9.0
5	수학	이몽룡	010-7451-1234	2	A0	4.0	8.0
6	경영학개론	나태희	010-2345-6987	3	A0	4.0	12.0
7	정보사회와 윤리	유원빈	010-6578-9845	3	A+	4.5	13.5
8	회화	우연희	010-3212-5465	3	B+	3.5	10.5
9	생활과 체육	성춘향	010-2127-8484	2	A0	4.0	8.0
10	C언어	장한	010-1234-5678	3	A+	4.5	13.5
11				②		③	
12	평균 점수	92.0점 ⑧	신청 학점	18학점 ⑥	평점 평균	4.14 ⑦	

작성조건

① [A3:G3] 셀의 내용이 각각 아래로 7개 셀 범위의 이름이 되도록 셀 범위 이름을 정의한다.

②~③ [D12] 셀은 '신청학점', [F12:G12] 셀은 병합한 후 '평점평균'으로 이름을 정의한다.

④ 제목 [A1:G1] 셀 : 제목 입력, 글자 크기 14pt, 병합하고 가운데 맞춤을 한다.

⑤ 평점계 : 학점*평점으로, 소수점 아래 1자리까지 표시한다.

⑥ 신청 학점 : [D4:D10] 셀 학점의 합계로, 셀의 표시 형식은 G/표준"학점"이다.

⑦ 평점 평균 : 평점계 합계/신청 학점으로, [F12:G12] 셀에서 [자동 합계]를 이용해 평점계의 합계를 먼저 구한 후 '/신청학점'을 입력하여 수식을 완성한다. 그리고 소수점 아래 2자리까지 표시한다.

⑧ 평균 점수 : 4.5 평점 평균을 100점 만점 점수로 변환한 값으로, 표시 형식은 0.0"점"이다(실제로 4.5 만점제를 100점 만점으로 변환하는 방법은 다양하고 복잡하지만 여기선 단순하게 구한다).

⑨ 연락처 [C4:C10] : 번호 맨 앞의 숫자 0을 표시하고 중간에 -도 표시하도록 표시 형식을 지정한다(#이 아닌 0을 사용하면 해당 자리에 0을 표시할 수 있으므로 0과 -를 이용한다).

⑩ 평점 : 소수점 아래 1자리까지 표시한다.

02 '급여' 시트를 다음과 같이 완성하시오. '급여' 시트에서는 상대 참조와 절대 참조를 직접 구분하는 연습을 하기 위해 이름 정의를 하지 않고 수식을 작성한다.

	A	B	C	D	E	F	G	H	I	J	K
1	성명	부서명	직급	기본급	직급수당	초과근무	시간외수당	부양가족	가족수당	총액	차이
2	유아남	인사	부장	2800000	300000	7		4			
3	송주기	영업	과장	2200000	200000	13		3			
4	나태희	인사	대리	1900000	0	10		2			
5	오선지	기획	대리	1900000	0			2			
6	김해수	영업	사원	1850000	0			1			
7	최고수	인사	사원	1750000	0	10		3			
8	한가장	기획	사원	1700000	0	12		0			
9	나원빈	기획	사원	1550000	0	15		2			
10	문건영	영업	사원	1550000	0	10		2			
11	유현빈	인사	사원	1550000	0	10		1			
12											
13									급여총계		
14									평균급여		
15									최대급여		
16									총인원수		

▼

	A	B	C	D	E	F	① G	H	② I	③ J	⑤ K
1	성명	부서명	직급	기본급	직급수당	초과근무	시간외수당	부양가족	가족수당	총액	차이
2	유아남	인사부	부장	₩ 2,800,000	₩ 300,000	7시간	70천원	4명	120천원	3,290천원	1,218,000
3	송주기	영업부	과장	₩ 2,200,000	₩ 200,000	13시간	130천원	3명	90천원	2,620천원	548,000
4	나태희	인사부	대리	₩ 1,900,000	₩ -	10시간	100천원	2명	60천원	2,060천원	(12,000)
5	오선지	기획부	대리	₩ 1,900,000	₩ -		0천원	2명	60천원	1,960천원	(112,000)
6	김해수	영업부	사원	₩ 1,850,000	₩ -		0천원	1명	30천원	1,880천원	(192,000)
7	최고수	인사부	사원	₩ 1,750,000	₩ -	10시간	100천원	3명	90천원	1,940천원	(132,000)
8	한가장	기획부	사원	₩ 1,700,000	₩ -	12시간	120천원	0명	0천원	1,820천원	(252,000)
9	나원빈	기획부	사원	₩ 1,550,000	₩ -	15시간	150천원	2명	60천원	1,760천원	(312,000)
10	문건영	영업부	사원	₩ 1,550,000	₩ -	10시간	100천원	2명	60천원	1,710천원	(362,000)
11	유현빈	인사부	사원	₩ 1,550,000	₩ -	10시간	100천원	1명	30천원	1,680천원	(392,000)
12		⑥		⑦		⑧	⑨	⑩		⑨	⑪
13									급여총계	₩20,720,000	
14									평균급여	₩2,072,000	⑫
15									최대급여	₩3,290,000	
16									총인원수	10명	⑩
										④	

작성조건

① 시간외수당 : 초과근무*10000

② 가족수당 : 부양가족*30000

③ 총액 : 기본급+직급수당+시간외수당+가족수당

④ 급여총계, 평균급여, 최대급여 : 직원의 총액에 대한 해당 값을 구한다. 총인원수 : 직원수를 구한다.

⑤ 차이 : 총액-평균급여(평균급여는 절대 참조)

⑥ ~ ⑫ 표시 형식을 지정한다(참고 : [범주] 숫자/회계/통화, G/표준"시간", @"부", 0"명", #,##0,"천원", G/표준"명", ₩#,###, 0"시간").

03 이자계산 시트를 다음과 같이 완성하시오. 상대 참조와 절대 참조를 직접 구분하는 연습을 하기 위해 이름 정의를 하지 않고 수식을 작성하여 그림과 같이 완성한다.

	A	B	C	D	E	F
1						
2		원금	4000000			
3		이자율	0.035			
4						
5		납입회수	이자납입일	대출일수	납입이자	
6		대출일	2014-03-01			
7		1				

▶

	A	B	C	D	E	F
1						
2		원 금	사백만원 ①			
3		이 자 율	3.5% ②			
4						
5		납입회수	이자납입일	대출일수	납입이자	
6		대출일	14. 03. 01 (토)			
7		1	14. 04. 01 (화)	⑤ 31	⑥ ₩11,890	
8		2	14. 05. 01 (목)	30	₩11,507	
9		3	14. 06. 01 (일)	31	₩11,890	
10		4	14. 07. 01 (화)	30	₩11,507	
11		5	14. 08. 01 (금)	31	₩11,890	
12		6	14. 09. 01 (월)	31	₩11,890	
13		7	14. 10. 01 (수)	30	₩11,507	
14		8	14. 11. 01 (토)	31	₩11,890	
15		9	14. 12. 01 (월)	30	₩11,507	
16		10	15. 01. 01 (목)	31	₩11,890	
17		11	15. 02. 01 (일)	31	₩11,890	
18		12	15. 03. 01 (일)	28	₩10,740	
19		③	④			

작성조건

① 숫자를 한글로 표시하도록 '기타' 범주의 표시 형식을 먼저 선택한 후 사용자 지정 표시 형식을 이용해 현재 서식 코드 뒤에 원을 표시한다.

② 표시 형식을 백분율로 지정한다('3.5%'로 입력하면 표시 형식이 자동으로 백분율이 된다. 하지만 현재 0.035가 입력된 상태에서는 표시 형식을 [범주] 백분율, [소수 자리수] 1로 설정하면 된다).

③ 1, 2 입력 후 채우기 핸들을 드래그하여 채운다.

④ 월 단위로 날짜를 채운 후 표시 형식을 지정한다([C6] 셀에서 채우기 핸들을 드래그하여 [C18] 셀까지 날짜를 채운 후 '자동 채우기 옵션' 버튼을 이용해 월 단위의 날짜로 채운다).

⑤ 대출일수 : 이달 이자납입일 – 전월 이자납입일

⑥ 납입이자 : 원금*대출일수*일이자율(3.5%는 1년 이율이므로 365로 나누어야 1일 이율이 된다).

⑦ 그림대로 셀 테두리를 넣는다.

CHAPTER 3

IT COOKBOOK

많이 쓰이는 기초 함수

함수는 합계, 평균, 순위, 표준편차, 투자가치액 같은 특정 값을 구할 수 있도록 엑셀에서 제공하는 기능이다. 함수를 이용하면 복잡하고 번거로운 수식을 작성하지 않고도 쉽고 빠르게 원하는 값을 구할 수 있다. 엑셀은 수학 및 삼각 함수, 통계, 찾기 및 참조 영역을 비롯해 총 14가지 범주로 구분한 수백 개의 함수를 제공한다. 함수 개수가 많은 것은 전문적인 업무 관련 함수가 많기 때문이며 범용적으로 자주 사용하는 함수는 그리 많지 않다.

앞으로 세 장에 걸쳐 많이 사용되는 함수들을 살펴본다. 먼저 이 장에서는 엑셀에서 가장 많이 사용하는 기초적이면서 필수적인 함수를 소개하며, 4장에서는 더 복잡한 문제를 해결하는 데 다양하게 응용되는 수학 • 통계 함수를, 5장에서는 다양한 종류의 데이터를 다루는 텍스트, 날짜 및 시간 함수 그리고 찾기 및 참조 영역 함수를 소개한다.

SECTION 01 함수의 기본 이해하기

시트에 1,000명의 분기별 판매 실적이 입력되어 있을 때 각 분기별로 판매 실적에 대해 순위를 매기고, 정해진 기준에 따라 실적에 상 · 중 · 하를 표시하며, 판매 실적 범위에 근거하여 지정한 보너스를 표시하는 경우를 가정해보자. 이 모든 값을 직접 구해 해결할 수도 있다. 그러나 인원이 많아질수록 시간이 많이 걸리고 실수로 인해 결과가 부정확해질 가능성도 높아진다. 이러한 시간 낭비와 부정확한 결과를 없애줄 수 있는 강력한 기능이 엑셀의 함수이다.

엑셀에서는 수학의 함수처럼 사용자가 함수 이름과 함께 함수에 필요한 정보를 제공하면 특정 값을 구할 수 있도록 해주는 함수 기능을 제공한다. 그래서 셀들의 합계 · 평균 · 최대값 · 최소값, 조건에 맞는 셀의 개수, 조건 만족 여부에 따라 둘 중 하나 선택하기, 셀들의 표준편차 · 분산을 함수로 쉽고 빠르게 구할 수 있다. 이러한 함수를 잘 활용하면 복잡하고 번거로운 작업을 직접 할 필요가 없다.

엑셀의 함수는 합계, 평균과 같이 특정 값 하나를 구해주므로 2장에서 소개한 수식의 피연산자로 사용할 수 있는데, 수식에서 함수를 사용하는 형식은 [그림 3-1]과 같다. 먼저 사용할 함수의 이름을 명시한 후 바로 뒤의 ( ) 안에 인수를 명시한다.

그림 3-1 함수의 형식과 사용 예

인수는 수학의 함수처럼 결과값을 구할 수 있도록 제공하는 정보이다. 수학에서 임의의 두 수에 대한 곱을 구하는 함수 f(x, y)=x*y가 정의되어 있을 때 x와 y 값으로 19와 27을 제공하면 결과값으로 f(19, 27)=513을 얻는다. 이때 f(19, 27)에서 19와 27이 f 함수의 인수에 해당한다. 예를 들어, [그림 3-1]에서 1~3차 점수의 평균을 구하려면 1~3차의 점수가 무엇인지 알아야 한다. 그러므로 AVERAGE 함수를 사용할 때 AVERAGE(A2, B2, C2)와 같이 인수를 세 개 제공해야 한다. 인수가 연속된 범위일 때는 A2:C2로 표현할 수 있으므로 [D2] 셀의 수식은 간단히 =AVERAGE(A2:C2)로 작성할 수 있다.

평균을 구한 후 합격과 탈락 판정을 할 때 합격 기준은 평균 70점 이상이라고 하자. [E2] 셀의 결과값이 합격인지 탈락인지를 결정하려면 평균이 70 이상인지를 확인해야 하며, 조건이 참이면 셀에 합격을 표시하고 그렇지 않다면 탈락을 표시해야 한다. 따라서 [E2] 셀의 수식에 사용된 IF 함수에는 세 개의 인수가 사용된다.

함수를 사용할 때 인수 개수가 많고 인수에 대한 이해가 부족하여 함수를 어려워하는 경향이 있다. 그러므로 엑셀 함수를 공부할 때는 함수의 인수를 무조건 외우기보다는 함수가 결과값을 구하는 과정을 사람이 직접 처리하는 과정과 비교해 보는 것이 좋다. 이렇게 하면 함수에 필요한 인수가 무엇인지, 어떤 순서와 형식으로 지정해야 하는지를 쉽게 파악할 수 있다. 또한 엑셀에서는 정확한 함수 이름, 인수의 순서, 값을 모르더라도 함수를 작성하기 쉽도록 함수 마법사, 수식 자동 완성 기능 등 다양한 방법을 지원하므로 함수에 대한 기본적인 이해가 있다면 이를 통해 함수를 완성할 수 있다.

엑셀 2013은 수백 개의 함수를 14가지 범주로 나누고 있는데 이 중에서 자주 사용되는 범주는 논리, 수학 및 삼각, 날짜 및 시간, 찾기 및 참조 영역, 텍스트, 통계이다. 이 책에서는 이 중 [표 3-1]과 같이 자주 사용하는 함수를 중심으로 소개할 것이다.

표 3-1 이 책에서 소개하는 함수의 범주와 종류

범주	함수 종류
수학 및 삼각 함수	SUM, SUMIF, SUMIFS, SUMPRODUCT, ROUND, ROUNDUP, ROUNDDOWN, RANK.EQ, RANK.AVG
논리 함수	AND, OR, NOT, IF
찾기 및 참조 영역 함수	VLOOKUP, HLOOKUP, CHOOSE, INDEX, MATCH
날짜 및 시간 함수	TODAY, NOW, YEAR, MONTH, DAY, DATE, WEEKDAY
통계 함수	AVERAGE, AVERAGEIF, AVERAGEIFS, COUNT, COUNTA, COUNTBLANK, COUNTIF, COUNTIFS, MAX, MIN, FREQUENCY, STDEV.S, STDEV.P, VAR.S, VAR.P
텍스트 함수	LEFT, MID, RIGHT
재무 함수	FV, PMT

함수는 다양한 방법으로 입력할 수 있지만 셀에서 직접 입력하는 것이 가장 빠르다. 하지만 함수의 인수 종류, 개수, 순서를 정확히 모를 때 또는 함수와 인수에 대한 도움말과 함수 결과를 미리 확인하며 함수를 입력하고 싶을 때는 엑셀에서 제공하는 함수 마법사를 이용할 수 있다.

이 장의 기본 예제에서는 함수의 활용법과 함수의 인수의 의미, 개수, 종류, 순서를 정확히 이해하고 익히는 데 중점을 두었다. 그래서 결과값을 구하기 위해 셀에 입력된 수식을 중심으로 소개한다. 그런 다음 종합 예제에서 함수 마법사, 키보드, 마우스를 이용해 함수를 입력하고 수정하는 방법을 자세히 소개한다.

SECTION IT COOKBOOK

02 합계, 평균, 개수, 최대값, 최소값을 구하는 함수

SUM, AVERAGE, COUNT, MAX, MIN

합계, 평균, 숫자 개수, 최대값, 최소값을 구하는 SUM, AVERAGE, COUNT, MAX, MIN 함수는 매우 자주 사용되는 것들이다. 그래서 엑셀은 [홈] 탭–[편집] 그룹–[자동 합계] 도구와 [빠른 분석] 도구 형태로도 이 함수들의 기능을 지원한다. 이 함수들은 수식으로 직접 입력하기보다는 도구를 많이 사용하므로 2장에서 이미 사용법을 살펴보았다. 하지만 복잡한 수식 안에 이 함수들이 포함될 수도 있으므로 함수 형식을 정확히 알고 사용할 수 있어야 한다.

함수의 기능과 형식을 본격적으로 살펴보기에 앞서 공통적으로 알아둘 사항은 다음과 같다.

1. [ ] 안에 명시한 인수는 생략 가능하다.
2. 인수가 숫자 또는 값인 경우 인수로 상수(예: 20)뿐 아니라 값이 있는 셀 참조(예 : B2), 수식(예 : B2 * 3), 다른 함수(예 : MAX(A1, B1))도 사용할 수 있다.
3. 같은 의미의 여러 인수가 연속된 셀이면 B2:B5와 같이 범위로 표현할 수 있다.
4. 동일한 의미의 인수는 대부분 최대 255개까지 지정할 수 있다. 인수 마지막에 ...이 있으면 255개의 인수를 지정할 수 있음을 나타낸다. 그러므로 최대 255개가 아닌 경우에만 별도로 언급한다.

SUM 나열한 숫자들의 합계를 구한다.

숫자 1 / 숫자 2

```
SUM(number1, [number2], ...)
```

- number1: 합계를 구할 숫자

AVERAGE 나열한 숫자들의 평균을 구한다.

숫자 1 / 숫자 2

```
AVERAGE(number1, [number2], ...)
```

- number1: 평균을 구할 숫자. 빈 셀은 무시하지만 값이 0인 셀은 포함한다.

SUM 대신 PRODUCT 함수를 사용하면 모든 인수를 곱한 값을 구할 수 있다. 특정 조건을 만족하는 숫자들의 합계는 SUMIF 함수를, 여러 조건을 만족하는 숫자들의 합계는 SUMIFS 함수를 사용한다. 그리고 특정 조건을 만족하는 숫자들의 평균은 AVERAGEIF 함수를, 여러 조건을 만족하는 숫자들의 평균은 AVERAGEIFS 함수를 사용하는데 이 함수들은 모두 4장에서 소개한다.

COUNT 나열한 **값** 중 숫자의 개수를 센다.

```
          값1          값2
COUNT(value1, [value2], ...)
        └-- 숫자인지 확인할 값
```

COUNT 함수는 인수를 범위로 사용하여 범위 안에 숫자가 있는 셀 수를 구해 인원수와 납부자수 등의 정보를 얻는 데 많이 사용된다. 그리고 값이 있는 셀의 개수는 COUNTA 함수를, 값이 없는 셀의 개수는 COUNTBLANK 함수를, 특정 조건에 부합하는 숫자 값이 입력된 셀의 개수는 COUNTIF 함수를, 여러 조건을 모두 만족하는 셀의 개수는 COUNTIFS 함수를 사용하는데 이들은 4장에서 소개한다.

MAX 나열한 **숫자** 중 최대값을 구한다.

```
       숫자1        숫자2
MAX(number1, [number2], ...)
      └-- 최대값을 구할 숫자
```

MIN 나열한 **숫자** 중 최소값을 구한다.

```
       숫자1        숫자2
MIN(number1, [number2], ...)
      └-- 최소값을 구할 숫자
```

기본 예제 > 재고의 합계, 평균, 최대값, 최소값, 지점수 구하기

SUM, AVERAGE, MAX, MIN, COUNT 함수를 이용해 지점별 재고 현황 데이터로부터 재고의 합계, 평균, 최대값, 최소값, 지점수를 구해보자.

	A	B	C	D	E	
1	지점별 재고 현황			전체 재고 자료		
2						
3	지점명	재고수		항목	값	
4	동부	29		총재고	74	=SUM(B4:B8)
5	서부	25		평균	14.8	=AVERAGE(B4:B8)
6	남부	7		최고	29	=MAX(B4:B8)
7	북부	10		최저	3	=MIN(B4:B8)
8	중부	3		지점수	5	=COUNT(B4:B8)

=SUM(B4:B8): 북부를 제외한 합은 =SUM(B4:B6, B8)이다.

=COUNT(B4:B8): 재고수 항목에 숫자가 입력된 셀 개수가 곧 지점 수이다. 재고가 없으면 재고수에 데이터를 입력하지 않는 경우라면 재고 보유 지점수를 구할 수 있다.

SECTION -- IT COOKBOOK

03 둘 중 하나를 선택하는 함수, 다양한 조건을 표현하는 함수

IF, AND, OR, NOT

IF 함수는 점수가 70 이상이면 합격 아니면 불합격, 1년 총 판매액이 목표액 이상이면 달성, 아니면 미달, 나이가 20 이상이면 성년 아니면 미성년과 같이 특정 조건의 만족 여부에 따라 둘 중 하나의 값을 선택할 때 유용하다.

IF 조건이 참이면 결과값 1이, 거짓이면 결과값 2가 최종값이다.

조건 / 결과값 1 / 결과값 2

```
IF(logical_test, [value_if_true], [value_if_false])
```

- [value_if_false] : 조건이 거짓일 때의 결과값
- [value_if_true] : 조건이 참일 때의 결과값
- logical_test : 결과가 참(TRUE) 또는 거짓(FALSE)이 되는 계산식

기본 예제 판매수와 목표수를 비교하여 목표 달성을 달성과 미달성으로 구분해 표시하기

IF 함수를 이용해 판매수가 목표수보다 크거나 같으면 달성, 작으면 미달성으로 표시해보자.

	A	B	C	D
1	이름	판매수	목표수	목표 달성
2	나태희	140	150	미달성
3	유원빈	175	150	달성
4	소지법	180	170	달성

판매수(B2)가 목표수(C2) 이상이면 달성, 아니면 미달성이다.
미달성 대신 판매수와 목표수의 차이 표시는 =IF(B2>=C2, "달성", B2-C2)이다.

= IF(B2>=C2, "달성", "미달성")
= IF(B3>=C3, "달성", "미달성")
= IF(B4>=C4, "달성", "미달성")

[주의] IF 함수의 결과값이 셀 참조나 숫자가 아닌 텍스트이면 " "를 붙여야 한다.

기본 예제 결석 시간이 기준을 초과한 경우에 출석 판정을 미달로 표시하기

IF 함수를 이용해 결석이 4를 넘으면 출석 판정을 미달로, 넘지 않으면 비어 있게 해보자.

	A	B	C	D	E
11	이름	점수	결석	출석 판정	결과
12	홍길동	75	5	미달	
13	이몽룡	87	2		
14	김갑돌	98	0		

= IF(C12>4, "미달", "")
= IF(C13>4, "미달", "")
= IF(C14>4, "미달", "")

[주의] IF 함수의 세 번째 인수를 생략하여 =IF(C12>4, "미달")로 작성하면 [D13:D14] 셀에 FALSE가 표시되고, =IF(C12>4, "미달",)로 작성하면 0이 표시된다. 그러므로 최종 결과로 셀을 빈 상태로만 두려면 세 번째 인수도 생략하지 말고 ""(빈 텍스트)로 작성해야 한다.

함수는 최종 결과값이 있으므로 수식에서 피연산자로 사용할 수 있으며 다른 함수의 인수로도 사용할 수 있다. 둘 중 하나의 값을 선택하는 것이 아니라 여러 값 중 하나를 선택할 경우에는 IF 함수의 인수로 IF 함수를 사용한 중첩된 IF 함수가 많이 사용된다.

기본 예제 > 점수에 따라 성적을 상, 중, 하로 구분해 표시하기

둘 중 하나가 아니라 여럿 중 하나를 선택할 때는 크게 둘 중 하나를 선택할 수 있는 조건을 이용해 IF 함수를 작성한 후에 더 세분화된 조건을 이용해 IF 함수를 중첩하여 작성하는 방식으로 해결할 수 있다. 아래 표와 같이 점수가 90 이상이면 A, 점수가 80 이상 90 미만이면 B, 점수가 80 미만이면 C로 표시되게 IF 함수를 중첩해보자.

점수 범위	결과
90~100	A
80~89	B
0~79	C

① 일단 A냐 아니냐로 나누어 IF 함수로 작성
=IF(B12>=90, "A", "B" 아니면 "C")
② 세 번째 인수를 B냐 아니냐로 나누어 다시 IF 함수로 작성
=IF(B12>=90, "A", IF(B12>=80, "B", "C"))

	A	B	C	D	E	
11	이름	점수	결석	출석 판정	결과	
12	홍길동	75	5	미달	C	=IF(B12>=90, "A", IF(B12>=80, "B", "C"))
13	이몽룡	87	2		B	=IF(B13>=90, "A", IF(B13>=80, "B", "C"))
14	김갑돌	98	0		A	=IF(B14>=90, "A", IF(B14>=80, "B", "C"))

더 많은 A+, A0, B+, ..., F 중 하나를 선택하는 경우라면
조건 범위와 결과값을 표로 만든 후 5장에서 소개할 VLOOKUP 함수를
이용하면 수식이 훨씬 간단해 진다.

IF 함수에 사용하는 조건이 단순하지 않고 복잡할 때는 논리 함수인 AND, OR, NOT을 이용해 표현할 수 있다. 엑셀에서는 논리값 참과 거짓을 TRUE와 FALSE로 사용하므로 AND, OR, NOT 함수의 결과값은 TRUE 또는 FALSE이다. '기획부 남자'라는 조건은 기획부라는 조건과 남자라는 두 조건을 모두 만족하는지 검사하는 것이므로 AND 함수로, '기획부이거나 총무부'라는 조건은 둘 중 하나라도 만족하는지 검사하는 것이므로 OR 함수로, '과락이 아니라면' 조건은 과락이라는 조건을 만족하지 않는지 검사하는 것이므로 NOT 함수로 표현할 수 있다. 특히 NOT 함수는 남자가 아니라면, 60점 이상이 아니라면과 같이 특정 조건에 해당하지 않는지를 확인할 때 많이 사용된다.

AND 여러 조건을 모두 만족할 때 TRUE(참)가 된다.

조건 1 / 조건 2

```
AND(logical1, [logical2], ...)
```

- 모두 만족하는지 조사할 조건으로, 참 또는 거짓인 식

OR 여러 **조건** 중 하나라도 만족하면 TRUE(참)가 된다.

```
     조건1         조건2
OR(logical1, [logical2], ...)
```

└ 하나라도 만족하는지 조사할 조건으로, 참 또는 거짓인 식

NOT **조건**이 참이면 FALSE(거짓), 거짓이면 TRUE(참)가 된다.

```
     조건
NOT(logical)
```

└ 만족하지 않는지 조사할 조건으로, 참 또는 거짓인 식

기본 예제 우수, 과락, 통과 기준의 만족 여부를 TRUE와 FALSE로 표시하기

AND, OR, NOT 함수를 이용해 우수, 과락, 통과 기준을 만족하면 TRUE, 만족하지 않으면 FALSE 값이 표시되게 해보자. 우수는 1차~3차 모두 90 이상이면 TRUE, 과락은 평균이 70 미만이거나 1차~3차 중 하나라도 70 미만이면 TRUE이며, 통과는 평균이 70 이상이고 과락이 아니면 TRUE이다.

	A	B	C	D	E	F	G
1	1차	2차	3차	평균	우수	과락	통과
2	86	96	92	91.3	FALSE	FALSE	TRUE

우수 : = AND(A2>=90, B2>=90, C2>=90)
과락 : = OR(D2<70, A2<70, B2<70, C2<70)
통과 : = AND(D2>=70, NOT(F2))

NOT(F2=TRUE) 또는 F2<>TRUE로도 표현 가능

기본 예제 측정치 범위에 따라 정상과 이상으로 판정하기

AND 함수를 이용해 측정치와 정상치의 차이가 5 이내면 정상, 아니면 이상으로 판정해보자.

	A	B	C
11		정상치	110
12			
13	순번	측정치	판정
14	1	112	정상
15	2	117	이상
16	3	107	정상

'정상치-측정치'가 5 이하라는 조건과 -5 이상이라는 두 조건을 모두 만족해야 하므로 AND 함수를 이용한다.

= IF(AND($C$11-B14<=5, $C$11-B14>=-5), "정상", "이상")
= IF(AND($C$11-B15<=5, $C$11-B15>=-5), "정상", "이상")
= IF(AND($C$11-B16<=5, $C$11-B16>=-5), "정상", "이상")

TIP [C14] 셀의 수식을 [C15:C16] 셀에 복사하여 채울 때 정상치가 있는 [C11] 셀의 참조는 변하지 않아야 하므로 절대 참조이어야 한다.

SECTION

04 순위를 구하는 함수

RANK.EQ, RANK.AVG

엑셀에서 순위를 구하는 함수로 RANK.EQ와 RANK.AVG가 있는데, 판매 실적 순위, 성적 순위와 같이 일반적으로 순위를 매길 때 사용하는 함수는 RANK.EQ이다.

RANK.EQ 순위를 매길 **숫자**가 **참조범위**의 값 중에서 몇 위인지를 구한다.

```
        숫자      참조범위   순위유형
RANK.EQ(number,   ref,     [order])
```

- number(숫자): 순위를 매길 값
- ref(참조범위): 숫자의 순위를 구하기 위해 비교할 값들의 범위
- order(순위유형):
  - 내림차순 정렬에 대한 순위라면 0 (생략 가능)
  - 오름차순 정렬에 대한 순위라면 다른 값(보통 1)

RANK.AVG 함수는 RANK.EQ 함수와 인수는 동일하나 같은 값이 여러 개 있으면 모두 평균 순위를 갖는다는 점이 다르다.

RANK.AVG 순위를 매길 **숫자**가 **참조범위**의 값 중에서 평균 몇 위인지를 구한다.

```
         숫자      참조범위   순위유형
RANK.AVG(number,   ref,     [order])
```

기본 예제 키가 큰 순서대로 순위 매기기

키가 큰 순서대로 순위를 매기되 키가 같으면 높은 순위를 매기도록 RANK.EQ 함수를 이용해 보자.

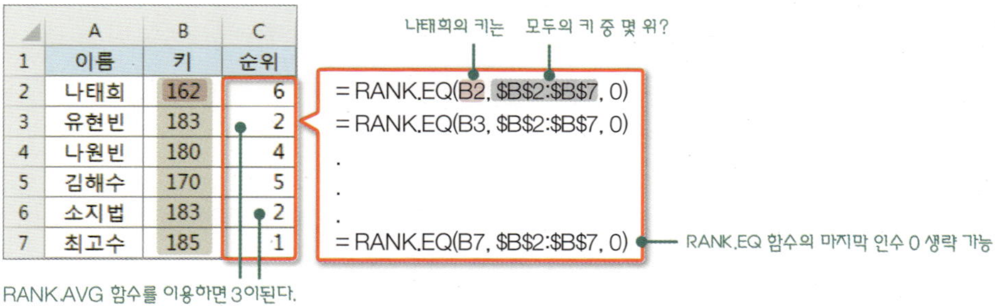

TIP 전체 키 범위는 수식을 복사해도 변하지 않아야 하므로 절대 참조이어야 한다. 이처럼 함수에서 셀의 범위를 참조할 때는 대부분 절대 참조가 사용된다.

종합 예제 함수 마법사를 이용해 체중 조절 결과표 작성하기

IT COOKBOOK

엑셀이 제공하는 수식 자동 완성 기능과 함수 라이브러리나 함수 마법사를 통해 나타나는 [함수 인수] 대화상자를 이용해 함수를 입력하여 체중 조절 결과표를 작성해보자.

	A	B	C	D	E	F	G	H	I
1	체중 조절 결과표								
2					❶	❷	❸	❹	❺
3	이름	성별	감량전	감량후	변화량	순위	결과	남우수	여우수
4	나태희	여	56	50	-6 kg	3	성공		
5	유현빈	남	87	87	0 kg	6			
6	나원빈	남	76	74	-2 kg	4	성공		
7	김해수	여	83	62	-21 kg	1	성공		★
8	소지법	남	97	97	0 kg	6			
9	최고수	남	110	100	-10 kg	2	성공	★	
10	정주나	여	84	83.5	-0.5 kg	5	성공		

❶ 변화량: 감량후 무게–감량전 무게
셀 표시 형식을 이용해 "kg" 단위 표시
❷ 순위: 몸무게 변화량에 대한 순위
❸ 결과: 몸무게가 조금이라도 줄었다면 '성공' 표시
❹ 남우수: 남자 중 10kg 이상 감량했다면 '★' 표시
❺ 여우수: 여자 중 10kg 이상 감량했다면 '★' 표시

❶ 변화량을 구하는 수식을 직접 입력한다. = D4 – C4

- [E4] 셀에 =D4 – C4를 입력한 후 채우기 핸들을 드래그하여 변화량 수식을 [E10] 셀까지 채운다.
- [셀 서식] 대화상자–[표시 형식] 탭–[범주] '사용자 지정'–[형식] 입력 칸에 G/표준 "kg"을 입력한다.

❷ 수식 자동 완성 기능을 이용해 변화량의 순위를 구하는 수식을 입력한다. = RANK.EQ(E4, $E$4:$E$10, 1)

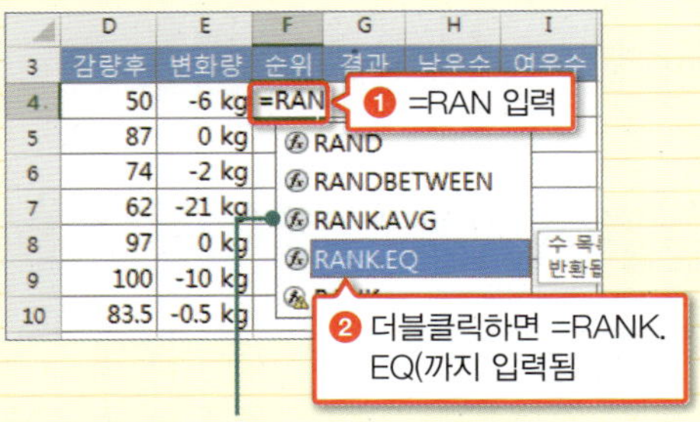

지금까지 입력한 내용으로 시작하는 함수 목록을 보여주는데, 방향키를 이용해 입력할 함수로 이동한 후 Tab 를 눌러도 된다.

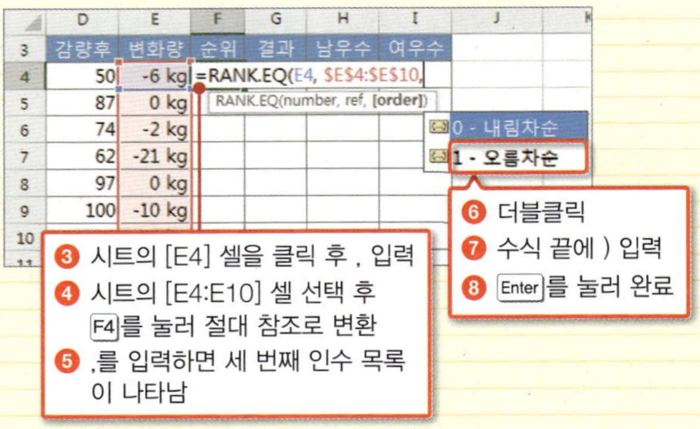

❸ 함수 마법사를 이용해 결과를 구하는 수식을 입력한다. = IF(E4<0, "성공", " ")

- [G4] 셀에서 함수를 입력하기 위해 함수 마법사를 이용해 IF 함수 인수 대화상자를 나타낸다.

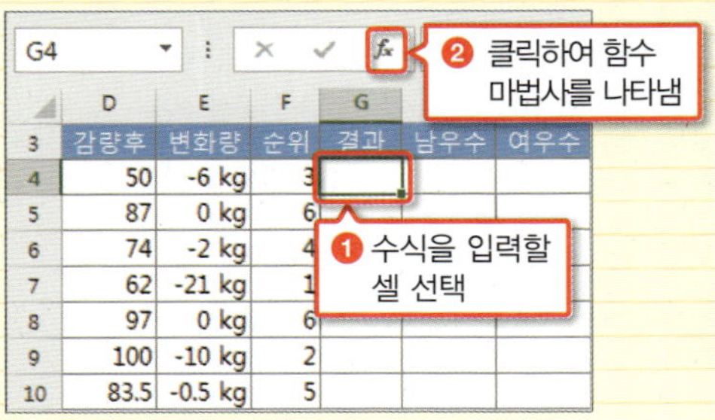

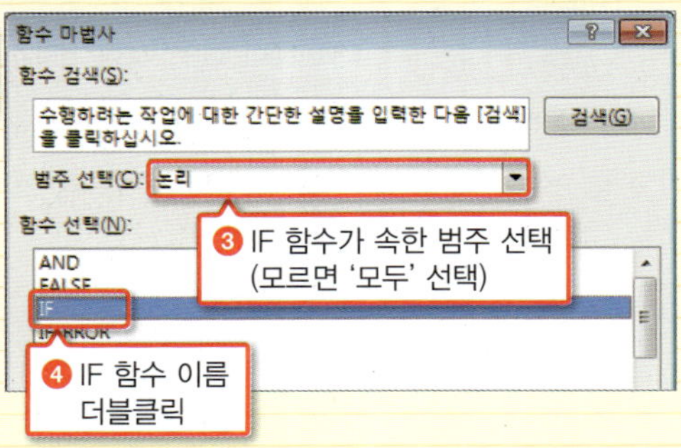

- [함수 인수] 대화상자에서 IF 함수의 인수를 입력하여 수식을 완료한 후 [G10] 셀까지 수식을 복사해 채운다. [함수 인수] 대화상자를 이용하면 함수의 인수 이름, 순서, 자세한 설명과 함께 함수의 결과값도 미리 확인할 수 있어서 편리하다. 그러나 셀에서 직접 수식을 입력하는 것보다는 시간이 걸린다.

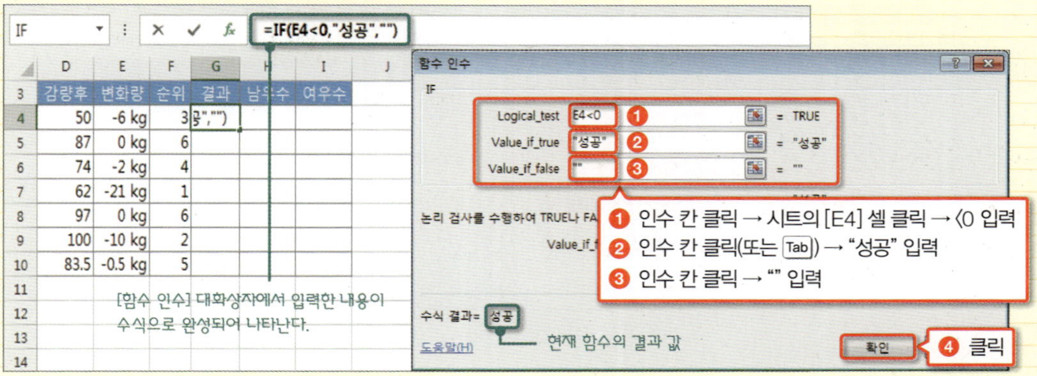

TIP ▶ 두 번째 인수 칸에 성공만 입력해도 자동으로 "성공"으로 표시된다. 그러나 항상 자동으로 텍스트를 표시하는 ""가 입력되는 것은 아니므로 직접 입력하는 습관을 들이는 것이 바람직하다.

TIP ▶ [함수 인수] 대화상자가 시트를 가린다면 [함수 인수] 제목 표시줄을 드래그하여 옮기거나 인수 입력칸 옆의 ▣을 클릭하여 대화상자를 최소화할 수 있다. 최소화된 대화상자는 ▣을 클릭하면 다시 최대화된다.

❹ 함수 라이브러리와 함수 마법사를 이용해 남우수를 구하는 중첩 함수를 입력한다. =IF(AND(B4="남", E4<=-10), "★", "")

- 수식을 입력할 [H4] 셀을 클릭한 후 함수 라이브러리에서 IF 함수 인수 대화상자를 나타낸다. 함수 마법사를 이용할 때는 함수의 범주를 모르는 경우 [범주 선택]을 '모두'로 지정하여 함수를 찾지만 [함수 라이브러리] 그룹에서는 임의의 범주를 선택한 후 함수 이름 목록 맨 마지막의 [함수 삽입]을 클릭하여 함수 마법사를 나타내야 한다.

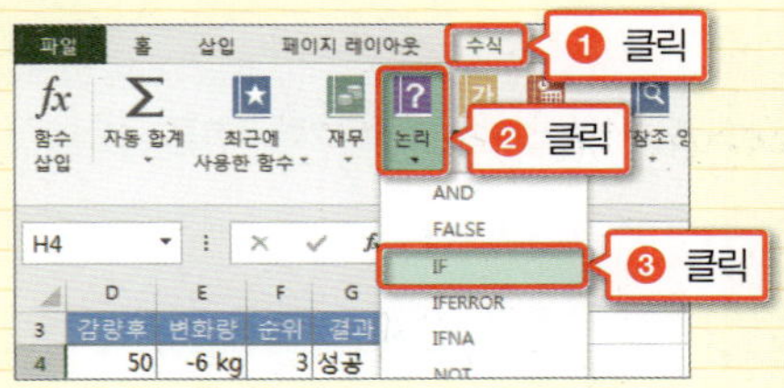

- IF 함수의 첫 번째 인수가 AND 함수이므로 첫 번째 인수 칸에서 AND 함수 인수 대화상자를 나타낸다.

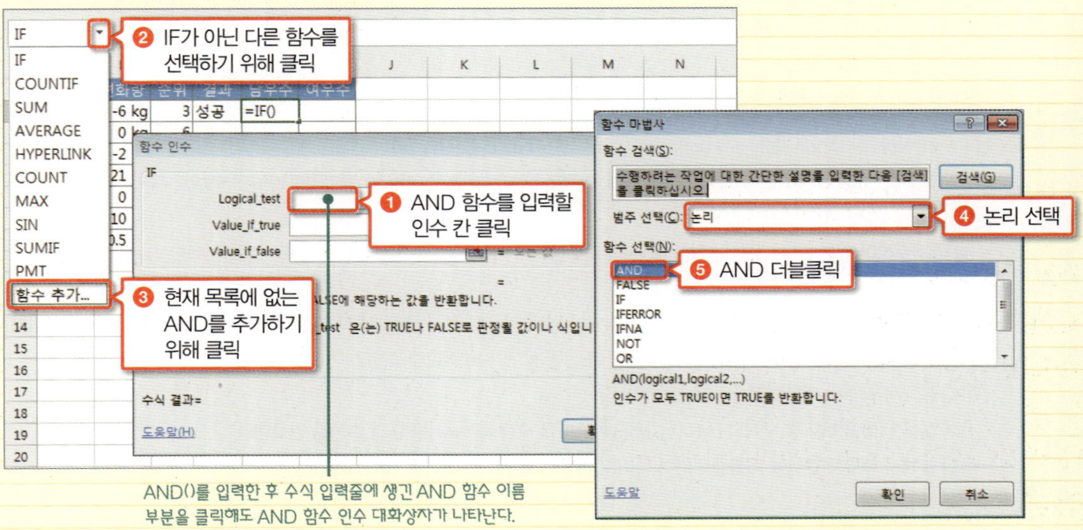

- AND 함수 인수 대화상자에서 인수를 입력한 후 미완성의 IF 함수 인수 대화상자를 나타낸다.

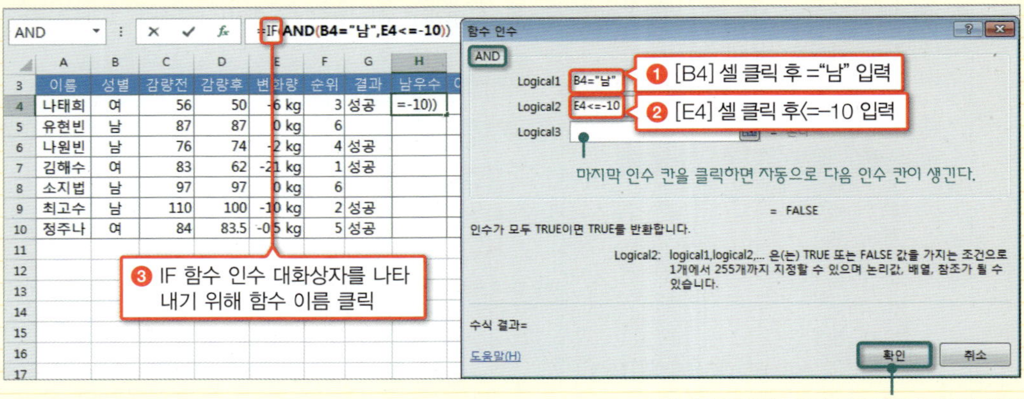

- IF 함수 인수 대화상자를 완성하여 [확인]을 누른 후 나머지 남우수 셀에도 수식을 복사해 채운다.

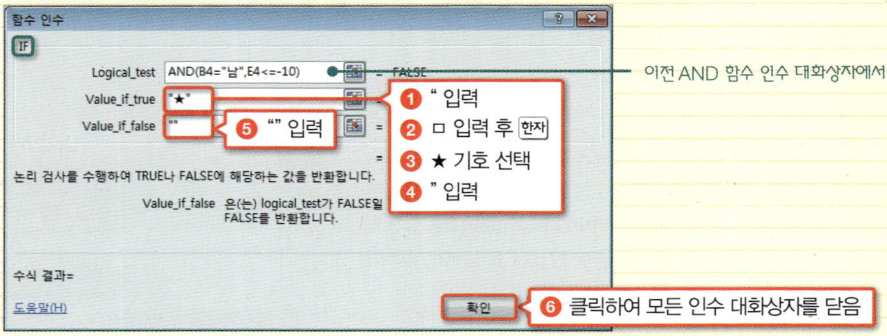

TIP 수식을 수정할 때 함수 인수 대화상자에서 함수를 수정하고 싶다면 수식 입력줄에서 수정할 함수 이름에 커서를 두고 fx(함수 삽입)를 클릭한다. 이미 다른 함수의 인수 대화상자가 나타나 있는 상태라면 수식 입력줄에서 함수 이름만 클릭해서 해당 함수의 인수 대화상자로 바꿀 수 있다.

❺ 남우수 수식을 복사하여 여우수 수식으로 수정한다. =IF(AND(B4="여", E4<=-10), "★", "")

여우수 수식은 성별이 "여"인지 검사하는 조건을 제외하고는 남우수 수식과 동일하므로 남우수 수식을 복사하여 다른 부분만 수정한다.

- 남우수 수식이 있는 [H4] 셀을 클릭한 후 수식 입력줄에서 마우스로 드래그하여 수식 텍스트를 선택한 다음 Ctrl+C를 눌러 복사한다.
- Esc를 눌러 [H4] 수식 셀 편집 상태에서 벗어난다(현재 남우수 수식 편집 상태이므로 Esc를 누르지 않고 여우수 수식을 입력할 [I4] 셀을 클릭하면 점선 테두리가 생기며 참조 셀 선택 상태가 되므로 주의한다).
- [I4] 셀에서 Ctrl+V를 눌러 수식을 붙여넣는다.
- [I4] 셀을 더블클릭한 후 수식의 B4="남"을 B4="여"로 수정 후 Enter를 눌러 수정을 완료한다.
- [I4] 셀에서 채우기 핸들을 더블클릭하여 나머지 여우수 셀에도 수식을 복사해 채운다.

평가 예제

IT COOKBOOK

아래의 지시사항을 참고하여 '3장_평가예제.xlsx'의 세 시트를 완성하시오.

01 '실적평가' 시트를 다음과 같이 완성하시오.

①	A	B	C	D	E	F	G	H	I	J
1	1·2사분기 실적 평가 ②									
2										
3						(단가: 200,000원) ③				
4	이름	성별	1사분기	2사분기	합계	총판매액	실적	순위	비교	우수
5	나태희	여	35	42	77	15,400천원	달성	1	증가	★
6	유현빈	남	37	33	70	14,000천원	달성	4	감소	
7	정주나	여	27	27	54	10,800천원	미달	7	유지	
8	나원빈	남	35	38	73	14,600천원	달성	2	증가	★
9	김해수	여	32	27	59	11,800천원	미달	6	감소	
10	소지법	남	29	38	67	13,400천원	달성	5	증가	
11	최고수	남	37	34	71	14,200천원	달성	3	감소	
12					④	⑤	⑥	⑦	⑧	⑨
13	직 원 수	7명	⑩							
14	전체 판매수	471개								
15	평균 판매수	67.3개								
16	최대 판매수	42개								

작성조건

① 클릭하여 모든 셀을 선택 후 흰 색으로 채운다.

② 제목은 셀 병합 후 가운데 맞춤하고, · 기호를 넣는다(· 기호는 [기호] 대화상자의 [글꼴] : (현재글꼴), Symbol, Wingdings에서 찾기).

③ 단가([F3] 셀) 200000에 사용자 지정 표시 형식을 지정한다(#,##0 앞뒤로 텍스트를 넣는다).

④ 합계는 1사분기 + 2사분기로 구한다.

⑤ 총판매액은 합계 * 단가([F3] 셀)로 구한다.

⑥ 실적은 합계가 60 이상이면 달성, 아니면 미달로 표시되게 한다.

⑦ 순위는 합계에 대한 순위(내림차순)이다.

⑧ 비교는 1사분기와 비교하여 2사분기 실적의 증가/유지/감소를 판단한다.

⑨ 우수는 1사분기와 2사분기 모두 35 이상일 때 ★로 표시되게 한다.

⑩ [B13:B16] 셀의 값은 [자동 합계] 도구를 이용해 구하고 표시 형식을 지정하여 명이나 개가 표시되게 한다.

⑪ 셀 테두리, 채우기 색, 가로 맞춤([A13:A16] 셀은 균등분할), [B:E] 열의 너비를 동일하게 조절한다.

02 시트를 추가한 다음 '실적평가' 시트에서 1위와 2위의 정보를 복사하여 다음과 같이 작성하시오.

①	A	B	C	D	E	F	G	H
1	1·2사분기 실적 우수자 명단 ②							
2								
3	이름	성별	1사분기	2사분기	합계	총판매액	실적	순위
4	③ 나태희	여	35	42	77	15,400천원	달성	1
5	나원빈	남	35	38	73	14,600천원	달성	2

작성조건

① 새 시트 추가 후, 모든 셀을 흰 색으로 채운다.

② 제목은 병합하고 가운데 맞춤 후 셀 아래쪽에 테두리를 넣는다.

③ 우수자 정보 [A3:H5]는 '실적평가' 시트에서 우수자들의 순위 정보까지만 새 시트에 복사하되 각 열의 너비를 원본대로 유지하고 수식은 값으로 복사한다.

- '실적평가' 시트의 [A4:H5] 셀 범위 드래그 후 Ctrl을 누른 채 [A8:H8]을 드래그하여 분산된 범위를 선택 후 Ctrl+C로 복사하고, 새 시트의 [A3] 셀에서 Ctrl+V로 붙여넣기 후 [붙여넣기 옵션] 버튼을 클릭하여 [붙여넣기] 영역의 (원본 열 너비 유지) 옵션을 선택하여 원본의 너비를 유지한다. 그런데 수식으로 복사되어 '실적평가' 시트의 [F3] 셀의 절대 참조로 인해 총판매액이 #VALUE!로 표시된다. 이를 해결하기 위해 한번 더 붙여넣기를 해야 한다.
- [A3] 셀에서 한번 더 Ctrl+V를 누르면 이전에 조정된 열 너비 안에 수식의 값이 붙여진다. 이는 두 번째 붙여넣기를 시도하면 엑셀이 판단하여 수식을 값으로 붙여넣는 것이다. 만일 엑셀이 값으로 붙여넣지 않는다면 [붙여넣기] 옵션 버튼을 클릭하여 '값' 옵션을 선택해야 한다. 혹시 도중에 다른 작업을 해 원본의 녹색 점선 테두리가 없어졌다면 '실적평가' 시트에서 다시 복사한 다음 붙여넣기를 해야 한다.

④ 시트 이름을 '우수명단'으로 바꾼다.

03 '성적처리' 시트를 다음과 같이 완성하시오.

	A	B	C	D	E	F	G	H
1	수업시수	45시간/학기		①				
2					②	③	④	⑤
3	이름	점수	결석	재이수학기	점수등급	출석판정	최종등급	비고
4	장근수	89	0		B		B	
5	태연희	95	0	20131	A		B	조정됨
6	송주기	87	2		B		B	
7	구하라	65	12		D	미달	F	조정됨
8	최고수	52	0		F		F	
9	최이수	79	0	20132	C		C	
10	유아남	93	3		A		A	
11	이민후	97	0		A		A	
12	서민국	76	0		C		C	
13	한가한	78	6		C		C	

작성조건

① 수업시수 [B1:C1] 셀은 사용자 지정 표시 형식으로 셀의 숫자 뒤에 "시간/학기"를 표시한다.

② 점수등급은 현재 90 이상→A, 80 이상→B, 70 이상→C, 나머지→F가 되도록 작성된 IF 함수에서 F를 세분화하여 60 이상→D, 나머지→F가 되도록 수정한다.

③ 출석판정은 결석 시간이 [B1:C1] 셀의 수업시수의 1/4 이상이면 미달을 표시한다.

④ 최종등급은 기본적으로 점수등급과 동일하다. 그러나 출석판정이 미달이면 무조건 F, 재이수자면 최고등급을 B로 제한한다. 즉 재이수자면서 점수등급이 A이면 최종등급을 B로 수정한다. 재이수학기의 20131은 2013년 1학기를 의미하므로 재이수자 여부는 재이수학기<>"" 또는 재이수학기>0 수식의 참과 거짓으로 확인할 수 있다. 그러므로 최종등급 수식은 = IF(출석판정이 미달이면, "F", IF(재이수자면서 점수등급이 A이면, "B", 점수등급 셀 그대로))이다.

⑤ 비고는 최종등급이 점수등급 그대로가 아니라 출석판정이나 재이수에 의해 조정이 되었다면 조정됨을 표시한다. 단순히 점수등급과 최종등급 셀이 동일한지를 비교하는 IF 함수로 해결한다.

CHAPTER 4

IT COOKBOOK

유용한 수학 · 통계 함수

수학 · 통계 함수에는 3장에서 다룬 함수를 변형한 형태가 많다. 합격자의 수, 합격자의 평균, 영업팀 남직원의 총 판매실적 등 전체가 아닌 특정 데이터에 대해서만 3장에서 다룬 함수 값을 구할 때가 많기 때문이다.

이 장에서는 수학 및 삼각 함수 중 전문적인 용도로 사용되는 삼각 함수는 제외하고, 수학 함수 중 많이 사용하는 반올림 함수, 조건에 맞는 셀의 합계를 구하는 함수 등을 소개한다. 그리고 조건에 맞는 셀 개수와 평균 구하기, 분산, 표준편차 구하기처럼 많이 사용하는 통계 함수를 소개한다.

SECTION 01 ········ IT COOKBOOK

숫자 반올림, 올림, 내림 함수

ROUND, ROUNDUP, ROUNDDOWN

엑셀을 사용하다보면 소수점 이하 자리를 명확히 제한하지 않아 [그림 4-1]과 같이 합계가 잘못 계산된 것처럼 나타나는 경우가 아주 가끔 있다. 이를 해결하려면 셀 값이 처음부터 소수점 아래 한 자리까지 있도록 강제로 반올림, 올림 또는 내림을 해야 한다. 이 외에도 금액과 같은 데이터에서 소수점 아래 값 또는 1원 단위의 값이 그다지 의미가 없다면 목적에 맞게 올림 또는 내림을 한다. 이럴 때 사용할 수 있는 함수가 ROUND, ROUNDUP, ROUNDDOWN이다.

그림 4-1 소수점 이하 자리를 명확히 제한하지 않아 잘못된 결과를 표시하는 예

	A	B	C
1	1차	2차	합계
2	165.05	150.06	315.11

▶

	A	B	C
1	1차	2차	합계
2	165.1	150.1	315.1

엑셀은 셀의 너비를 줄이면 숫자를 너비에 맞게 반올림한 값으로 표시하므로 이대로 시트를 인쇄하면 합계가 틀리게 된다.

ROUND 함수는 반올림할 자리의 값이 5 이상일 때 반올림을 하고, ROUNDUP 함수는 1 이상만 되어도 무조건 올림하며, ROUNDDOWN 함수는 무조건 내림한다. ROUNDUP과 ROUNDDOWN 함수는 1원 단위의 의미가 없는 금액 데이터에서 유용하게 사용된다.

ROUND/ROUNDUP/ROUNDDOWN 숫자를 반올림/올림/내림위치에 맞춰 반올림/올림/내림한다.

숫자 / 반올림위치

`ROUND(number, num_digits)`

- number: 반올림할 숫자
- num_digits:
  - (0 또는 양수) n : 소수점 아래 n+1번째 자리에서 반올림
  - (음수) -n : 소수점 위 n번째 자리에서 반올림

숫자 / 올림위치

`ROUNDUP(number, num_digits)`

- number: 올림할 숫자
- num_digits: ROUND 함수의 인수와 의미가 같지만 해당 자리에서 무조건 올림

숫자 / 내림위치

`ROUNDDOWN(number, num_digits)`

- number: 내림할 숫자
- num_digits: ROUND 함수의 인수와 의미가 같지만 해당 자리에서 무조건 내림

ROUND, ROUNDUP, ROUNDDOWN 함수를 비교하기 위해 같은 값 124.72에 각 함수를 적용한 결과를 살펴보자. **1**과 **2** 경우와 같이 두 번째 인수 n이 양수 또는 0이라면 소수점 아래 n+1번째 자리에서 반올림/올림/내림을 한 후 n번째 자리까지의 값이 된다. 그리고 **3**과 같이 두 번째 인수가 음수인 −n이라 소수점 위 n번째 자리에서 반올림/올림/내림한 후 소수점 위 첫 번째 자리부터 n번째 자리까지는 0이 되고, 소수점 아래 값은 버려서 정수가 된다.

1 반올림/올림/내림위치 인수 1

=ROUND(124.72, 1)	소수점 아래 1+1번째 자리에서 반올림	➡ 124.7
=ROUNDUP(124.72, 1)	소수점 아래 2번째 자리에서 올림	➡ 124.8
=ROUNDDOWN(124.72, 1)	소수점 아래 2번째 자리에서 내림	➡ 124.7

2 반올림/올림/내림위치 인수 0

=ROUND(124.72, 0)	소수점 아래 0+1번째 자리에서 반올림	➡ 125
=ROUNDUP(124.72, 0)	소수점 아래 1번째 자리에서 올림	➡ 125
=ROUNDDOWN(124.72, 0)	소수점 아래 1번째 자리에서 내림	➡ 124

3 반올림/올림/내림위치 인수 −1

=ROUND(124.72, −1)	소수점 위 1번째 자리에서 반올림	➡ 120
=ROUNDUP(124.72, −1)	소수점 위 1번째 자리에서 올림	➡ 130
=ROUNDDOWN(124.72, −1)	소수점 위 1번째 자리에서 내림	➡ 120

기본 예제 > 통화료와 지급 포인트를 구해 올림/내림하기

통화료는 10원 미만 금액은 할인하도록 내림하고, 포인트는 통화료의 2%로 하되 최소 1점 단위까지만 표시하도록 올림을 해보자.

	A	B	C	D	E	F
5	서비스 번호	사용 시간(분)	사용 시간(초)	초당 요금	통화료	포인트
6	010-**31-0707	150	37	1.8	16,260	326

325.2가 326으로 올림된 결과

16267이 16260으로 내림된 결과

통화료 : =ROUNDDOWN((B6 * 60+C6) * D6, −1)
포인트 : =ROUNDUP(E6 * 2%, 0)

SECTION 02 ······ IT COOKBOOK

조건에 맞는 셀 개수를 구하는 함수

COUNTA, COUNTBLANK, COUNTIF, COUNTIFS

3장에서는 단순히 숫자 값이 있는 셀의 개수를 세는 COUNT 함수를 익혔지만, 엑셀에는 이 외에도 조건에 맞는 셀의 개수를 세는 다양한 함수들이 있다. 바로 COUNTA, COUNTBLANK, COUNTIF, COUNTIFS 등인데, 이 절에서는 이 함수들의 유용함과 활용법을 살펴본다. 특히 COUNTIF 함수는 엑셀에서 다양하게 응용되는 함수이므로 잘 익혀보자.

2.1 값이 있는/없는 셀 개수를 구하는 함수 : COUNTA/COUNTBLANK

3장에서 소개한 COUNT 함수는 지정한 범위에서 숫자가 있는 셀 개수를 구했지만, COUNTA 함수는 데이터 종류와 상관없이 값이 있는 셀 개수를 구한다. 값 자체가 아니라 값의 유무만으로 의미 있는 값을 구할 때 유용하다. 예를 들어 합격자일 때만 합격이라는 텍스트가 표시된다면, 합격자의 수는 COUNTA 함수를 이용하면 쉽게 구할 수 있다.

COUNTBLANK 함수는 COUNTA와 반대로 값이 없는 셀의 개수를 구한다. 예를 들어 시험 점수가 입력된 범위 중 값이 없는 셀이 결시자를 의미하는 경우가 많으므로 이럴 때 COUNTBLANK 함수를 이용하면 결시자 수를 쉽게 구할 수 있다.

COUNTA 인수 중 **값**이거나 **값**이 들어 있는 셀 개수를 센다.

값1 / 값2

```
COUNTA(value1, [value2], ...)
```

value1: 대부분 값이 있는지 확인할 셀 범위 사용

COUNTBLANK 지정한 **범위**에서 값이 없는 셀 개수를 센다.

범위

```
COUNTBLANK(range)
```

COUNTA 함수는 오류를 비롯해 어떤 값이라도 있다면 개수에 포함시킨다. 수식의 결과값이 빈 텍스트("")인 경우 COUNTA와 COUNTBLANK 모두 개수에 포함시키므로 주의한다.

기본 예제 자격증이 있는 학생과 없는 학생 수 구하기

COUNTA와 COUNTBLANK 함수를 이용해 자격증이 있는 학생과 없는 학생 수를 구해보자.

	A	B	C	D	E
1	이름	성별	학년	봉사시간	자격증
2	나태희	여	3	16	MOS엑셀
3	유현빈	남	1	20	
4	나원빈	남	1	17	컴활1급
5	김해수	여	3	31	ITQ
6	소지법	남	2	10	
7	최고수	남	3	15	ITQ
8	정주나	여	2	22	
9			지정시간	15	
10					
12	자격증이 있는 학생 수는?				4
13					
15	자격증이 없는 학생 수는?				3

= COUNTA(E2:E8) : 자격증이 있으면 이 범위에 자격증 종류를 나타내는 텍스트가 존재하므로 범위에서 값이 있는 셀 개수가 자격증이 있는 학생 수가 된다.

= COUNTBLANK(E2:E8) : 자격증이 없으면 셀이 비어 있게 되므로 이 범위에서 값이 없는 빈 셀 개수가 자격증이 없는 학생 수가 된다.

2.2 한 가지 조건을 만족하는 셀 개수를 구하는 함수 : COUNTIF

COUNTIF 함수는 학급의 여학생 수, 가격이 10만 원 이상인 품목 수, 90점 이상인 학생 수와 같이 특정 조건 하나를 만족하는 셀 개수를 구하는 데 사용하는 함수이다. 이 함수 자체는 조건을 하나만 지정할 수 있지만, 함수의 뺄셈과 덧셈으로 다양한 조건을 만족하는 셀 개수를 구할 수 있으며, 다른 많은 문제를 해결하는 데 이용된다.

COUNTIF 범위에서 조건을 만족하는 셀 개수를 센다.

```
COUNTIF(range, criteria)
```

- range: 범위
- criteria: 조건
  - 범위의 각 셀마다 만족하는지 조사할 조건
  - 비교 연산자와 값을 " "로 묶어 표현(예 : 2보다 크다 → ">2")
  - 셀 참조를 사용할 때는 "비교 연산자"&셀 참조로 표현(예 : [B2] 셀보다 크다 → ">"&B2)

기본 예제 조건에 맞는 제품 수 구하기

COUNTIF 함수를 사용해 조건을 만족하는 제품 수를 구해보자.

	A	B	C	D	E	F	G	H	I	J	K
2	강도(Kgf/cm^2)	134	130	136	132	131	137	125	135	132	129
3	기준 강도	133									
4											
5	135 이상의 제품 수	3	=COUNTIF(B2:K2, ">=135")								
6	130이거나 132인 제품 수	3	=COUNTIF(B2:K2, "=130")+COUNTIF(B2:K2, "=132")								
7	130 이상 135 미만 제품 수	5	=COUNTIF(B2:K2, ">=130")-COUNTIF(B2:K2, ">=135")								
8	기준 강도 이상인 제품 수	4	=COUNTIF(B2:K2, ">="&B3)								

COUNTIF 함수의 조건에는 비교 연산자가 아닌 AND나 OR 함수를 사용해 복잡한 조건을 표현할 수 없다. 대신 뺄셈(AND 조건)이나 덧셈(OR 조건)으로 표현한다.

COUNTIF 함수의 조건에서 셀 참조를 사용하고 싶으면 [B8] 셀의 수식과 같이 "비교 연산자"&셀 참조 형식으로 표현하는데 그 이유를 살펴보자. [B2:K2] 셀에서 [B3] 셀의 기준 강도 133을 넘는 제품 수를 구하는 COUNTIF 함수는 다음 세 가지로 생각해볼 수 있다. 그런데 예상 외로 **2**만 틀린 결과가 나온다.

1 =COUNTIF(B2:K2, ">=133") ○, 권장하지 않음

2 =COUNTIF(B2:K2, ">=B3") ×

3 =COUNTIF(B2:K2, ">="&B3) ○, 권장

(&: 텍스트 연결 연산자)

1은 답을 구할 수 있지만 [B3] 셀의 기준 강도가 135로 변경되면 함수의 조건도 ">=135"로 직접 수정해야 하므로 좋은 방법이 아니다. **2**는 조건 ">=B3"에 문제가 있다. 텍스트를 표현하는 " " 안에 B3이 있으므로 B3을 셀 주소가 아닌 단순 텍스트로 인식한다. 그러므로 ">=B3" 조건은 [B2:K2] 각 셀의 숫자와 "B3" 텍스트와 비교를 하므로 제대로 된 비교를 하지 못해 결과값이 0이 된다. **3**의 COUNTIF(B2:K2, ">="&B3)에서 &는 텍스트를 연결하여 결과도 텍스트가 되게 하는 연산자이다. 그러므로 ">="&B3은 최종적으로 ">=133"이 되어 결과적으로는 **1**과 같은 수식이 된다. 하지만 기준 강도가 135로 변경되어도 COUNTIF 함수의 조건을 수정할 필요가 없어 조건이 셀에 있는 값을 활용할 때는 이 방법을 권장한다. 강도가 기준 강도보다 5 더 높은 제품수는 = COUNTIF(B2:K2, ">="&B3+5)로 구할 수 있다.

COUNTIF 함수는 조건이 =로 시작하는 경우 =를 생략할 수 있으며, 조건의 값이 숫자라면 " "도 생략할 수 있다. 특히 조건에서 셀 참조를 이용할 때는 & 연산자까지 사용할 필요가 없어 매우 편리하다.

=COUNTIF(C2:C8, "=3") → =COUNTIF(C2:C8, "3") : =COUNTIF(C2:C8, 3)도 가능

=COUNTIF(C2:C8, "=ITQ") → =COUNTIF(C2:C8, "ITQ") : "ITQ"는 텍스트이므로 " " 생략 불가

=COUNTIF(C2:C8, "="&D9) → =COUNTIF(C2:C8, D9) : "D9"는 텍스트로 인식하므로 오류

2.3 여러 조건을 만족하는 경우의 수를 구하는 함수 : COUNTIFS

COUNTIF 함수는 조건을 하나만 지정할 수 있어 여러 조건을 동시에 만족하는 셀 개수는 함수의 뺄셈을 이용했다. 하지만 COUNTIFS 함수를 이용하면 기획부 직원 중 재직 기간이 20년 이상인 직원 수, 작년 제품 중 불량률이 2% 이상인 제품 수와 같이 여러 조건을 만족하는 경우의 수를 함수 하나로 구할 수 있다. 즉, 다음 형식과 같이 범위$_1$의 첫 번째 셀은 조건$_1$, 범위$_2$의 첫 번째 셀은 조건$_2$...과 같이 각 범위마다 동일 위치에 있는 셀들이 해당 조건을 모두 만족하는 경우가 몇 번 있는지 구할 수 있다.

COUNTIFS 각 **범위$_i$**마다 동일 위치의 셀이 해당 **조건$_i$**을 모두 만족하는 경우의 수를 센다.

최대 127 가지 가능

범위$_1$ 조건$_1$ 범위$_2$ 조건$_2$

```
COUNTIFS(criteria_range1, criteria1, [criteria_range2, criteria2], ...)
```

- criteria1: COUNTIF 함수와 동일한 형식("비교 연산자 값" 또는 "비교 연산자"&셀 참조)
- criteria_range1: 바로 뒤 조건의 만족 여부를 검사할 범위

기본 예제 > 여러 조건을 모두 만족하는 학생 수 구하기

COUNTIFS 함수를 이용해 여러 조건을 만족하는 학생 수를 구해보자.

	A	B	C	D	E
1	이름	성별	학년	봉사시간	
2	나태희	여	3	16	
3	유현빈	남	1	20	
4	나원빈	남	1	17	
5	김해수	여	3	31	
6	소지법	남	2	10	
7	최고수	남	3	15	
8	정주나	여	2	22	
9			지정시간	15	
10					
12	20~30시간 봉사한 학생 수				2
13	1학년 중 20~30시간 봉사한 학생 수				1

1학년 중 봉사시간이 20 이상 30 이하인 경우

=COUNTIF(D2:D8, ">=20")-COUNTIF(D2:D8, ">30")

❶ 봉사시간이 20 이상 ❷ 봉사시간이 30 이하

= COUNTIFS(D2:D8, ">=20", D2:D8, "<=30")

= COUNTIFS(C2:C8, "=1", D2:D8, ">=20", D2:D8, "<=30")

❶ 1학년 ❷ 봉사시간이 20 이상 ❸ 봉사시간이 30 이하

TIP 이 수식을 입력하면 셀 왼쪽 상단에 ◤ 표시가 나타난다. 이는 봉사 시간인 [D2:D8] 셀과 인접한 [D9] 셀에 숫자가 있어 엑셀이 함수에서 범위를 잘못 지정한 것으로 오인하기 때문이다. 셀 왼쪽에 나타나는 ◈을 클릭하여 [오류 무시]를 클릭하면 표시가 사라진다. 하지만 셀의 수식을 수정하거나 하면 ◤ 표시가 다시 생긴다. 그러므로 항상 표시되지 않게 하려면 [파일] 탭–[옵션]–[수식]–오류 검사의 [다른 작업을 수행하면서 오류 검사]의 체크를 해제한다.

기본 예제 > 봉사 시간 범위별 학생 수 구하기(도수 분포표 만들기)

COUNTIFS 함수를 이용해 봉사 시간 범위별로 해당 학생 수를 구해보자.

이상과 미만은 셀에 입력한 텍스트가 아니라 셀 표시 형식을 G/표준" 이상"과 G/표준" 미만"으로 지정하여 표시된 것이다.

	A	B	C	D	E	F	G	H	I
1	이름	성별	학년	봉사시간			봉사시간 도수분포표		
2	나태희	여	3	16					
3	유현빈	남	1	20			봉사시간		해당수
4	나원빈	남	1	17			0 이상	10 미만	0
5	김해수	여	3	31			10 이상	20 미만	4
6	소지법	남	2	10			20 이상	30 미만	2
7	최고수	남	3	15			30 이상	40 미만	1
8	정주나	여	2	22					
9			지정시간	15					

0 이상 10 미만

=COUNTIFS($D$2:$D$8, ">="&G4, $D$2:$D$8, "<"&H4)
=COUNTIFS($D$2:$D$8, ">="&G5, $D$2:$D$8, "<"&H5)
=COUNTIFS($D$2:$D$8, ">="&G6, $D$2:$D$8, "<"&H6)
=COUNTIFS($D$2:$D$8, ">="&G7, $D$2:$D$8, "<"&H7)

[I4] 셀에 COUNTIFS($D$2:$D$8, ">=0", $D$2:$D$8, "<10")으로 작성한 후 [I5:I7] 셀로 수식을 복사하면 각각 첫 번째 조건을 ">=10", ">=20", "=>30" 등으로 직접 수정해야 한다. 하지만 예제처럼 ">="&G4로 셀 참조를 하면 수식을 복사했을 때 ">="&G5, ">="&G6과 같이 셀 참조도 자동으로 변해 수식을 변경하지 않아도 되므로 편리하다. 그리고 예제에서 이용한 구간별 빈도수를 구하는 도수분포표는 나중에 소개하는 FREQUENCY 함수를 이용해 배열 수식으로도 구할 수 있다.

SECTION 03 IT COOKBOOK

조건에 맞는 셀의 합계, 평균을 구하는 함수

SUMIF, SUMIFS, AVERAGEIF, AVERAGEIFS

SUMIF와 SUMIFS 함수는 모든 직원이 아닌 남직원들의 총 판매 실적 또는 결혼한 여직원들의 총 판매 실적과 같이 특정 조건을 만족하는 직원들의 판매 실적의 합계를 구할 때 유용하다. 예를 들어 [그림 4-2]에서 조건을 하나만 지정한 3학년의 봉사시간(하늘색으로 표시된 셀) 합계는 SUMIF 함수를, 여러 조건을 지정한 3학년 남학생의 봉사 시간 합계는 SUMIFS 함수를 이용해 구할 수 있다.

그림 4-2 SUMIF와 SUMIFS 함수로 구할 수 있는 합계 예

	A	B	C	D	E	F
1	이름	성별	학년	봉사시간		
2	나태희	여	3	16		
3	유현빈	남	1	20		
4	나원빈	남	1	17		
5	김해수	여	3	31		
6	소지법	남	2	10		
7	최고수	남	3	15		
8	정주나	여	2	22		

3학년이란 조건 한 개를 만족하는 학생들의 봉사시간 합계는 SUMIF 함수로 구할 수 있다.

3학년과 남학생이란 여러 조건을 만족하는 학생들의 봉사시간 합계는 SUMIFS 함수로 구할 수 있다.

SUMIF 함수는 조건검사범위에서 조건을 만족하는 셀들을 찾은 후 합계범위에서 같은 위치에 있는 셀들을 더한 값을 구한다. 즉, 조건검사범위의 첫 번째와 세 번째 셀이 조건을 만족한다면 합계범위의 첫 번째와 세 번째 셀을 합한다.

SUMIF 한 가지 조건을 만족하는 셀들의 합계를 구한다.

```
     조건검사범위   조건        합계범위
SUMIF(range, criteria, [sum_range])
```

- sum_range: 실제로 합계를 구할 셀 범위(조건검사범위와 같으면 생략 가능)
- criteria: "비교 연산자 값" 또는 "비교 연산자"&셀 참조
- range: 조건 만족 여부를 검사할 셀 범위

SUMIFS 함수는 각 조건검사범위i에서 조건i를 모두 만족하는 셀 위치를 찾은 후 합계범위에서 같은 위치에 있는 셀들을 더한 값을 구한다. 즉, 모든 조건검사범위의 첫 번째와 세 번째 셀이 해당 조건을 만족한다면, 합계범위의 첫 번째와 세 번째 셀만 합한다.

SUMIFS 여러 가지 조건을 만족하는 셀들의 합계를 구한다.

합계범위 / 조건검사범위₁ / 조건₁ / 조건검사범위₂ / 조건₂

```
SUMIFS(sum_range, criteria_range1, criteria1, [criteria_range2, criteria2], ...)
```

- sum_range: 실제로 합계를 구할 셀 범위(SUMIF와 달리 첫 번째 인수임)
- criteria_range1: 조건₁의 만족 여부를 검사할 셀 범위
- criteria1: "비교 연산자 값" 또는 "비교 연산자"&셀 참조

기본 예제 조건을 만족하는 학생들의 봉사 시간 합계 구하기

SUMIF 함수를 이용해 단일 조건에 맞는 총 봉사시간을, SUMIFS 함수를 이용해 복수 조건에 맞는 총 봉사시간을 구해보자.

	A	B	C	D	E	F
1	이름	성별	학년	봉사시간		
2	나태희	여	3	16		
3	유현빈	남	1	20		
4	나원빈	남	1	17		
5	김해수	여	3	31		
6	소지법	남	2	10		
7	최고수	남	3	15		
8	정주나	여	2	22		
9						
11	봉사시간이 20 이상인 학생들의 총 봉사시간은?					73
12	남학생들의 총 봉사시간은?					62
13						
15	3학년 여학생들의 총 봉사시간은?					47

3학년의 봉사시간

조건검사범위와 같으므로 생략 가능

= SUMIF(D2:D8, ">=20", D2:D8)

= SUMIF(B2:B8, "=남", D2:D8)

= SUMIFS(D2:D8, B2:B8, "=여", C2:C8, "=3")

❶ 여학생 ❷ 3학년

앞에서 조건에 맞는 셀들의 합과 개수를 구하는 함수를 살펴보았다. 이 함수를 같은 범위와 조건에 적용하여 (SUMIF 함수값/COUNTIF 함수값)을 계산하면 조건에 맞는 셀들의 평균을 구할 수 있다. 그러나 AVERAGEIF와 AVERAGEIFS 함수를 이용하면 특정 조건에 맞는 숫자들의 평균을 함수 하나로 구할 수 있다.

AVERAGEIF 함수는 조건검사범위에서 조건을 만족하는 셀들을 찾은 후 평균범위에서 같은 위치에 있는 셀들의 평균을 구한다. 즉, 조건검사범위의 첫 번째와 세 번째 셀이 조건을 만족하면 평균범위의 첫 번째와 세 번째 셀의 평균을 구한다.

AVERAGEIF 한 가지 조건에 맞는 셀들의 평균을 구한다.

조건검사범위 / 조건 / 평균범위

```
AVERAGEIF(range, criteria, [average_range])
```

- range: 조건 만족 여부를 검사할 셀 범위
- criteria: "비교 연산자 값" 또는 "비교 연산자"&셀 참조
- average_range: 평균을 구할 셀 범위(조건검사범위와 같으면 생략 가능)

AVERAGEIFS 함수는 각 조건검사범위i에서 조건i를 모두 만족하는 셀 위치를 찾은 후 평균범위에서 같은 위치에 있는 셀들의 평균을 구한다. 즉, 모든 조건검사범위의 첫 번째와 세 번째 셀이 조건을 모두 만족한다면 평균범위의 첫 번째와 세 번째 셀의 평균을 구한다.

AVERAGEIFS 여러 조건에 맞는 셀들의 평균을 구한다.

평균범위 / 조건검사범위 1 / 조건 1 / 조건검사범위 2 / 조건 2

```
AVERAGEIFS(average_range1, criteria_range1, criteria1, [criteria_range2, criteria2], ...)
```

- average_range1: 평균을 구할 셀 범위
- criteria_range1: 조건1 만족 여부를 검사할 셀 범위
- criteria1: "비교 연산자 값" 또는 "비교 연산자"&셀 참조

기본 예제 조건에 맞는 셀들의 평균 구하기

AVERAGEIF 함수를 이용해 단일 조건에 맞는 평균 혈압 감소량을, AVERAGEIFS 함수를 이용해 복수 조건에 맞는 평균 혈압 감소량을 구해보자.

	A	B	C	D	E	F
1	이름	성별	투여약	혈압 감소량		
2	나태희	여	A	20		
3	유현빈	남	B	15		
4	나원빈	남	A	17		
5	김해수	여	B	10		
6	소지법	남	A	21		
7	최고수	남	B	11		
8						
10	A약을 투여한 사람의 평균 혈압 감소량은?					19.3
11	혈압이 10이상 감소한 사람의 평균 혈압 감소량은?					15.7
12						
14	A약을 투여한 남자의 평균 혈압 감소량은?					19

= AVERAGEIF(C2:C7, "=A", D2:D7) — C2:C7: A약 투여, D2:D7: 혈압 감소량

= AVERAGEIF(D2:D7, ">=10") — 평균범위가 조건검사범위인 D2:D7과 같으므로 생략되었다.

= AVERAGEIFS(D2:D7, C2:C7, "=A", B2:B7, "=남") — D2:D7: 혈압 감소량, C2:C7: A약 투여, B2:B7: 남자

SECTION ----- IT COOKBOOK

04 곱의 합을 구하는 함수

SUMPRODUCT

SUMPRODUCT 함수는 [그림 4-3]의 [C12] 셀과 같이 여러 상품의 상품별 단가와 개수에 대한 총액을 한꺼번에 구할 때 편리하다. 사실 총액은 D열에 각 상품별 구매액을 (개수 * 단가)로 구한 후 이 셀들을 SUM 함수로 더해도 된다. 하지만 SUMPRODUCT 함수를 이용하면 D열을 별도로 사용하지 않아도 되며 추가로 수식을 작성할 필요가 없어 편리하다.

그림 4-3 SUMPRODUCT 함수의 사용 예

	A	B	C
6	상품	개수	단가
7	노트A	50	2,500
8	노트B	50	1,500
9	필통	20	2,000
10	샤프	30	1,200
11	수첩	20	900
12	총액		294,000

SUMPRODUCT 범위마다 동일 위치의 항목을 서로 곱한 후 곱한 값의 합계를 구한다.

범위$_1$ 범위$_2$ 범위$_3$

```
SUMPRODUCT(array1, [array2], [array3], ...)
```

다른 범위와 곱할 숫자가 있는 셀 범위

SUMPRODUCT 함수는 범위마다 동일한 위치의 항목을 서로 곱한 후 곱한 값의 합계를 구하므로 결과를 다음과 같이 표현할 수 있다.

= (범위$_1$의 첫 번째 셀 * 범위$_2$의 첫 번째 셀 * ... * 범위$_{255}$의 첫 번째 셀) +

(범위$_1$의 두 번째 셀 * 범위$_2$의 두 번째 셀 * ... * 범위$_{255}$의 두 번째 셀) + ... +

(범위$_1$의 마지막 셀 * 범위$_2$의 마지막 셀 * ... * 범위$_{255}$의 마지막 셀)

기본 예제 곱의 합으로 총액 구하기

SUMPRODUCT 함수를 이용해 모든 상품의 총액을 구해보자. 총액은 각 상품의 (개수 * 단가)의 합이다.

	A	B	C
6	상품	개수	단가
7	노트A	50	2,500
8	노트B	50	1,500
9	필통	20	2,000
10	샤프	30	1,200
11	수첩	20	900
12	총액		294,000

총액
= 각 상품의 총액(개수 * 단가)의 합
= (B7 * C7) + (B8 * C8) + ... + (B11 * C11)

= SUMPRODUCT(B7:B11, C7:C11)

05 표준편차, 분산, 빈도수를 구하는 함수

STDEV.S/STDEV.P, VAR.S/VAR.P, FREQUENCY

표준편차와 분산은 통계 데이터 분석에 많이 사용된다. 예를 들어 성적 등을 분석할 때 표준편차나 분산은 값이 작을수록 데이터 값들이 평균에 밀집되어 있는 것이므로 시험 문제의 변별력이 떨어진다는 의미로 해석할 수 있다. 표준편차와 분산은 수식으로 직접 입력하려면 꽤 복잡하지만 엑셀 함수를 이용하면 간단히 표현할 수 있다.

STDEV.S / STDEV.P

숫자로 구성된 표본집단/모집단의 표준편차를 구한다.

```
          숫자1       숫자2
STDEV.S(number1, [number2], ...)
          └-- 표준편차를 구할 표본집단의 값

          숫자1       숫자2
STDEV.P(number1, [number2], ...)
          └-- 표준편차를 구할 모집단의 값
```

VAR.S / VAR.P

숫자로 구성된 표본집단/모집단의 분산을 구한다.

```
        숫자1       숫자2
VAR.S(number1, [number2], ...)
        └-- 분산을 구할 표본집단의 값

        숫자1       숫자2
VAR.P(number1, [number2], ...)
        └-- 분산을 구할 모집단의 값
```

기본 예제 강도 값의 표준편차와 분산 구하기

다음과 같이 10개의 강도 값이 표본집단인 경우와 모집단인 경우의 표준편차와 분산을 각각 구해 비교해보자. STDEV.S와 VAR.S 함수를 이용해 표본집단에 대한 표준편차와 분산을 구하고, STDEV.P와 VAR.P 함수를 이용해 모집단에 대한 표준편차와 분산을 구한다.

	A	B	C	D	E	F	G	H	I	J	K
1	강도(Kgf/cm²)	134	130	136	132	131	137	125	135	132	129
2											
4	표준편차(표본집단)	3.60						표준편차(모집단)			3.42
5	분산(표본집단)	12.99						분산(모집단)			11.69

= STDEV.S(B1:K1)
= VAR.S(B1:K1)

= STDEV.P(B1:K1)
= VAR.P(B1:K1)

모집단에 대한 값이므로 표본집단에 대한 값보다 작게 나온다.

60점까지, 70점까지, 80점까지, 90점까지, 100점까지와 같은 구간별 빈도수를 한꺼번에 구해주는 함수가 있는데 바로 FREQUENCY이다. FREQUENCY 함수는 지금까지 살펴본 수식과 달리 배열 수식으로 입력해야 하므로 먼저 배열에 대한 이해가 필요하다.

배열(array)은 연속된 셀의 범위이며, 배열 수식은 배열을 사용한 수식이다. 수식에서 배열을 사용할 때는 {1, 3, 5, 7}과 같이 {} 안에 배열에 포함된 값을 순서대로 나열하거나, 배열에 해당하는 셀 범위를 사용한다. 그리고 배열 수식은 입력 후 Ctrl+Shift+Enter를 눌러 수식 입력을 완료해야 한다. 지금까지의 수식처럼 Enter만 누르면 결과를 제대로 얻을 수 없다.

셀 하나에 입력한 배열 수식을 '단일 셀 배열 수식', 연속된 여러 셀에 입력한 배열 수식을 '다중 셀 배열 수식'이라 한다. 대부분의 배열 수식은 결과도 배열이므로 결과가 모두 필요하다면 다중 셀 배열 수식으로 작성해야 한다. 즉, 결과가 저장되는 셀도 배열처럼 범위를 미리 설정한 후에 셀 배열 수식을 입력해야 한다. 다중 셀 배열 수식을 만들 때는 다음의 과정을 따른다. 이 과정을 따라 배열 수식을 한 번만 입력하면 셀 범위(배열) 전체에 동일한 배열 수식이 입력되며 셀 범위(배열)의 각 셀마다 해당 결과값이 자동으로 표시된다.

1 수식을 작성할, 즉 결과가 저장될 셀 범위(배열)를 선택한다.
2 배열 수식을 입력한다.
3 Ctrl+Shift+Enter를 눌러 배열 수식 입력을 완료한다.

배열 수식을 이용하면 배열에 있는 모든 셀에 동일한 수식이 들어가 셀 단위로 수정할 수 없으므로 배열 전체 수식을 수정해야 한다. 수정할 때는 배열에 있는 특정 셀의 수식을 수정한 후 Ctrl+Shift+Enter를 누른다. 또는 수정할 배열 수식 전체를 범위로 설정한 후 수식을 새로 입력하거나 수정한 후 Ctrl+Shift+Enter를 누른다.

FREQUENCY 함수는 데이터배열에 포함된 값에 대해 특정 구간에 속하는 값의 개수를 구한다. 구간배열에 값이 n개 있으면 최대 n+1개 구간에 대한 빈도수를 구한다. 추가된 하나는 구간배열의 최대값보다 큰 값, 즉 구간배열 범위를 벗어난 값이다. 예를 들어 구간배열이 100, 110, 120이면 100까지, 110까지, 120까지, 나머지(120보다 큰 값) 구간에 대한 빈도수를 구한다.

FREQUENCY 구간별 빈도수 배열을 구한다.

```
FREQUENCY(data_array, bin_array)
```

- data_array (데이터배열): 빈도수를 구할 숫자가 있는 셀 범위(배열)
- bin_array (구간배열): 구간을 표현한 값이 있는 셀 범위(배열)
  값이 n개 있으면 최대 n+1개의 구간별 빈도수를 구할 수 있음
  구간 배열의 각 값은 '이전 구간 다음부터 현재 값까지' 구간을 의미함

기본 예제 10개의 강도 값에 대해 구간별 빈도수 구하기

10개의 강도 값에 대해 125까지, 130까지, 135까지, 나머지(135 초과)인 네 개의 구간별 빈도수를 FREQUENCY 함수를 이용해 [C10:C13] 셀에 구해보자. FREQUENCY 함수를 이용하려면 두 번째 인수인 구간 배열을 먼저 입력해야 한다. 구간 배열은 오름차순으로 정렬하면 편리한데 그 이유는 각 셀 값이 '이전 셀 값 다음부터 현재 셀 값까지'를 의미하므로 각 구간을 쉽게 파악할 수 있어서이다. ❶ 먼저 [B10:B12] 셀에 구간 배열을 입력한 후 ❷ 빈도수를 구하기 위해 다중 셀 배열 수식을 입력할 [C10:C13] 셀을 선택한다. ❸ [B1:K1] 셀의 강도 데이터에 대해 [B10:B12] 셀의 구간(배열)에 해당하는 빈도수를 구해야 하므로 =FREQUENCY(B1:K1, B10:B12)를 입력한 후 ❹ Ctrl+Shift+Enter를 누른다.

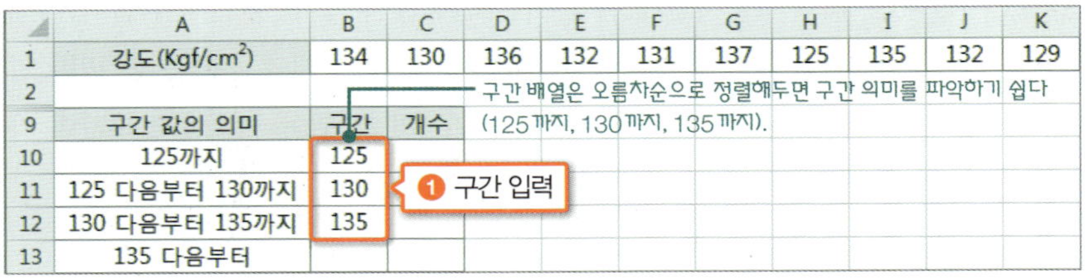

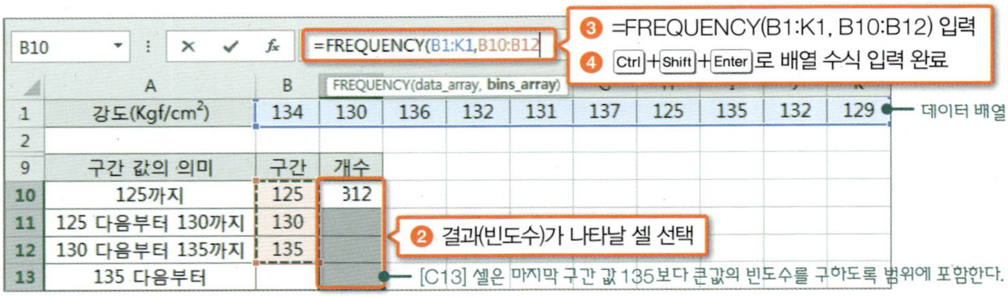

▼

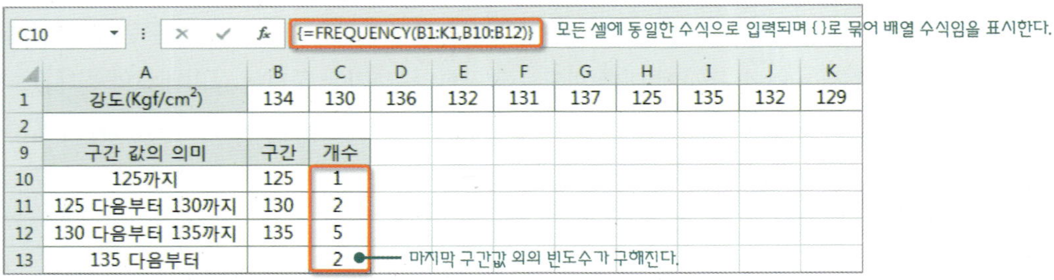

TIP [C10] 셀만 선택하여 ❷~❹의 배열 수식을 입력했다면 [C10] 셀에만 1이 구해지며, [C10:C12] 셀만 선택하여 배열 수식을 입력했다면 135를 초과한 구간의 빈도수를 구할 수 없다. 이런 경우 [C10:C13] 셀까지 배열 수식을 입력하게 수정하려면 [C10:C12] 셀을 선택하여 Delete로 배열 수식을 모두 제거한 후 ❷~❹ 과정에 따라 배열 수식을 새로 입력해야 한다.

종합예제 조건에 맞는 셀의 개수, 합계, 평균 구하기와 도수분포표 만들기

'4장_종합예제.xlsx'를 열어 다음과 같이 다양한 개수, 합계, 평균을 구하고 급여에 대한 도수 분포표를 만들어보자.

	A	B	C	D	E	F	G	H	I	J	K
1	성명	부서명	직급	기본급	직급수당	초과근무	시간외수당	부양가족	가족수당	총액	차이
2	유아남	인사부	부장	₩ 2,800,000	₩ 300,000	7시간	70천원	4명	120천원	3,290천원	1,218,000
3	송주기	영업부	과장	₩ 2,200,000	₩ 200,000	13시간	130천원	3명	90천원	2,620천원	548,000
4	나태희	인사부	대리	₩ 1,900,000	₩ -	10시간	100천원	2명	60천원	2,060천원	(12,000)
5	오선지	기획부	대리	₩ 1,900,000	₩ -		0천원	2명	60천원	1,960천원	(112,000)
6	김해수	영업부	사원	₩ 1,850,000	₩ -		0천원	1명	30천원	1,880천원	(192,000)
7	최고수	인사부	사원	₩ 1,750,000	₩ -	10시간	100천원	3명	90천원	1,940천원	(132,000)
8	한가장	기획부	사원	₩ 1,700,000	₩ -	12시간	120천원	0명	0천원	1,820천원	(252,000)
9	나원빈	기획부	사원	₩ 1,550,000	₩ -	15시간	150천원	2명	60천원	1,760천원	(312,000)
10	문건영	영업부	사원	₩ 1,550,000	₩ -	10시간	100천원	2명	60천원	1,710천원	(362,000)
11	유현빈	인사부	사원	₩ 1,550,000	₩ -	10시간	100천원	1명	30천원	1,680천원	(392,000)
12									평균급여	₩2,072,000	
13											
14	초과 근무를 한 직원 수						8	❶	급여 총액 도수분포표		
15	초과 근무를 하지 않은 직원 수						2	❷			❽
16	사원의 평균 기본 급여(천원 미만 금액은 무조건 내림하기)						1,658,000	❸	총액		해당수
17	인사부 직원 수						4	❹	1,500천원 이상	2,000천원 미만	7
18	대리 또는 과장 직원 수						3	❺	2,000천원 이상	2,500천원 미만	1
19	사원 중 10시간 이상 초과 근무를 한 직원들의 총 시간외 수당						570,000	❻	2,500천원 이상	3,000천원 미만	1
20	급여가 평균급여 이상인 직원들의 평균 급여						2,955,000	❼	3,000천원 이상	3,500천원 미만	1

❶ = COUNTA(F2:F11)

초과 근무를 한 직원은 초과 근무 시간이 [F2:F11] 셀에 입력되어 있다.

❷ = COUNTBLANK(F2:F11)

❸ = ROUND(AVERAGEIF(C2:C11, “=사원”, D2:D11), −3)

천 원 미만 금액을 무조건 없애기 위해 소수점 위 3번째 자리에서 내림한다.

❹ = COUNTIF(B2:B11, “=인사”)

현재 [B2:B11] 셀은 사용자 지정 표시 형식 '@부'에 의해 '부'가 표시된 것이므로 조건이 “=인사부”가 아닌 “=인사”여야 한다.

❺ = COUNTIF(C2:C11, “=대리”) + COUNTIF(C2:C11, “=과장”)

COUNTIF 함수는 조건에서 과장이거나 대리라는 조건을 표현하기 위해 OR 함수를 사용할 수 없으므로 대리 직원 수와 과장 직원 수를 더하여 구한다.

❻ = SUMIFS(G2:G11, C2:C11, “=사원”, F2:F11, “>=10”)

❼ = AVERAGEIF(J2:J11, “>=”&J12, J2:J11)

두 번째 인수의 조건을 명시할 때 셀 참조는 & 연산자를 이용해야 한다. “>=J12”는 텍스트 “J12”보다 크거나 같음을 의미한다.

❽ = COUNTIFS($J$2:$J$11, “>=”&I17, $J$2:$J$11, “<”&J17)

= COUNTIFS($J$2:$J$11, “>=1500000”, $J$2:$J$11, “<2000000”) 수식을 사용한다면 [K17] 셀에서 채우기 핸들을 드래그하여 [K20] 셀까지 수식을 복사한 후 조건에 명시한 숫자를 직접 수정해야 하므로 범위를 나타내는 숫자 값이 있는 셀을 참조해야 한다.

평가 예제

아래의 지시사항을 참고하여 '4장_평가예제.xlsx'의 세 시트를 완성하시오.

01 '성적평가' 시트를 다음과 같이 완성하시오.

	A	B	C	D	E	F	G	H	I	J
1		2014학년도 1·2학기 성적								
2								이수 과목 및 학점		
3	과목명	구분	신청학기	학점	등급	평점		구분	과목계	학점계
4	글쓰기	교양필수	2014/1 ①	2	A+	4.5		전공필수	④ 2	⑤ 6
5	수학	교양필수	2014/1	2	A0	4.0		전공선택	3	8
6	생활과 체육	교양선택	2014/1	2	A0	4.0		교양필수	5	11
7	경영학개론	교양선택	2014/1	3	A0	4.0		교양선택	3	7
8	정보사회와 윤리	전공선택	2014/1	3	A+	4.5		총 14 과목 중	13과목	32학점
9	컴퓨터 개론	전공선택	2014/1	3	A0	4.0		이수과목 평점평균		4.09 ⑥
10	기초회화	교양필수	2014/1	2	B+	3.5				
11	IT 활용	교양필수	2014/2	3	A+	4.5		등급별 과목수 ⑦		
12	창의적 설계	전공필수	2014/2	3	F	0.0		등급	해당수	
13	한국사	교양선택	2014/2	2	A0	4.0		A+	5	
14	C언어	전공필수	2014/2	3	A+	4.5		A0	5	
15	고급회화	교양필수	2014/2	2	B+	3.5		B+	2	
16	멀티미디어	전공선택	2014/2	2	B0	3.0		B0	1	
17	데이터베이스관리	전공필수	2014/2	3	A+	4.5		F	1	
18			총신청학점	35학점 ②	평점평균	3.74 ③		총	14과목	

[D18], [H8:J8], [I18] 셀은 표시 형식을 이용하여 셀의 숫자 앞뒤에 텍스트가 표시되게 하였다.

작성조건

① 신청학기에 사용자 지정 표시 형식(0000"/"0)을 지정한다.

② 총신청학점에는 신청한 전체 학점을 구하고, 셀의 숫자 뒤에 학점이 표시되게 표시 형식을 지정한다.

③ 평점평균에는 모든 과목마다 해당 학점과 평점을 곱한 값을 더한 후(SUMPRODUCT 함수) 총신청학점([D18])으로 나눈 값을 소수점 아래 두 자리까지 값이 있도록 반올림한다.

④ 과목계는 종류별로 F 등급을 받은 과목을 제외하고 이수한 과목의 수만 COUNTIFS 함수를 이용해 구한다([I4] 셀에는 [B4:B17] 셀 중 [H4] 셀과 같으면서 [E4:E17] 셀 중 F가 아닌 셀 수를 구한다).

⑤ 학점계는 종류별로 F 등급을 받은 과목을 제외하고 이수한 과목의 총 학점을 SUMIFS 함수를 이용해 구한다.

⑥ 이수과목 평점평균은 F 등급이 아닌 이수 과목의 평점 평균을 구한다. F 등급 과목의 평점이 0이므로 ③ 과 같은 SUMPRODUCT 함수 수식으로 구할 수 있다. 대신 이 합계를 [J8] 셀의 총 이수 학점으로 나누어야 한다. 소수점 아래 두 자리까지 반올림한다.

⑦ 해당수에는 신청한 과목 중 해당 등급을 받은 과목 수를 COUNTIF 함수를 이용해 구한다([I13] 셀에는 [E4:E17] 셀의 등급 중 [H13] 셀의 A+와 같은 셀의 개수를 구한다).

02 '백분위' 시트를 다음과 같이 완성하시오.

	A	B	C	D	E	F	G
1	순번	이름	총점	순위	동점자	백분위 (최소값)	백분위 (최대값)
2	1	나태희	82	4	3	40%	60%
3	2	유원빈	82	4	3	40%	60%
4	3	나동건	93	2	1	20%	20%
5	4	김회수	100	1	1	10%	10%
6	5	소지법	73	8	1	80%	80%
7	6	유재수	60	9	1	90%	90%
8	7	나원빈	82	4	3	40%	60%
9	8	장근속	45	10	1	100%	100%
10	9	이샛별	87	3	1	30%	30%
11	10	정주나	80	7	1	70%	70%
				❶	❷		❸

순위는 4이지만 동점자가 세 명이므로 4위까지의 인원수는 (4+3)-1=6이다. 10명 중 6명은 60%에 해당한다.

작성조건

❶ 순위에는 총점에 대한 내림차순 순위를 구한다.

❷ 동점자는 같은 순위의 개수를 구한다.

❸ 백분위(최대값)는 해당 학생의 총점이 상위 몇 퍼센트에 속하는지를 구하되 동점자를 포함한 최대 퍼센트를 구한다. 백분위는 백분위(최소값)과 같이 '자신의 순위/전체 인원수'로 간단히 구할 수 있다. 그러나 동점자가 있으면 상황에 따라 동점자를 고려하여 백분위를 구해야 하기도 한다. 예를 들어 상위 20%까지만, 즉 백분위 20% 안에 속할 때만 A 등급을 준다고 했을 때 마지막에 동점자가 있어 모두에게 A 등급을 준다면 실제로는 20%가 넘게 A 등급을 주게 된다. 이런 경우 다른 기준을 정해 동점자 중 몇 명에게만 A를 주거나 동점자 모두에게 A를 주지 않는 등 방법을 정해야 한다. 그래서 백분위(최대값)에는 20%가 되도록 동점자 중 일부를 선택하는 것이 아니라 동점자 모두를 배제하는 방법에서 사용할 수 있도록 동점자를 모두 포함한 백분위를 구한다. 동점자가 있는 경우 이를 모두 포함한 최대 백분위는 '(자신의 순위+동점자 수−1)/전체 인원수'로 구한다. D열과 E열을 사용하지 않고 백분위(최대값)를 구하려면 동점자 수를 구할 때 ❷와 같이 순위를 이용할 수 없다. 대신 총점을 이용해 동점자 수를 구할 수 있다.

03 '설문조사' 시트를 다음과 같이 완성하시오.

	A	B	C	D	E	F	G
1	순번	응답	나이		응답	인원	평균나이
2	1	3	12		1		
3	2	2	35		2		
4	3	1	48		3		
5	4	3	26		4		
6	5	4	37				
7	6	2	42				
8	7	3	19		연령대		인원
9	8	1	25		10	20	
10	9	3	27		20	30	
11	10	4	38		30	40	
12	11	2	34		40	50	
13	12	3	41		합계		0명
14	13	1	27				
15	14	2	19				
16	15	3	32		연령구간	인원	
17	16	4	34		9		
18	17	3	42		19		
19	18	2	47		29		
20	19	3	23		39		
21	20	1	26		49		

▶

	A	B	C	D	E	F	G
1	순번 ①	응답	나이		응답	인원 ②	평균나이 ③
2	1	3	12		1	4	31.5세
3	2	2	35		2	5	35.4세
4	3	1	48		3	8	27.8세
5	4	3	26		4	3	36.3세
6	5	4	37				
7	6	2	42				
8	7	3	19		연령대		인원 ⑤
9	8	1	25		10 이상	20 미만	3명
10	9	3	27	④	20 이상	30 미만	6명
11	10	4	38		30 이상	40 미만	6명
12	11	2	34		40 이상	50 미만	5명
13	12	3	41		합계		20명
14	13	1	27				
15	14	2	19		⑥		
16	15	3	32		연령구간	인원	
17	16	4	34		9까지	0명	
18	17	3	42		19까지	3명	
19	18	2	47		29까지	6명	
20	19	3	23		39까지	6명	
21	20	1	26		49까지	5명	

작성조건

1. 순번, 응답, 나이 이름 정의 : [A1:C1] 셀의 내용을 각각 해당 데이터 20개 셀 범위의 이름으로 정의한다.
2. 인원에는 해당 번호로 응답한 사람 수를 COUNTIF 함수를 이용해 구한다. COUNTIF 함수에서 [B2:B21] 셀 범위는 정의한 이름을 사용하고, 조건에서 응답 번호는 1~4 숫자 대신 [E2]~[E5] 셀을 참조하도록 한다.
3. 평균나이에는 해당 번호로 응답한 사람의 평균 나이를 AVERAGEIF 함수를 이용해 구한 다음 셀 표시 형식으로 뒤에 세가 표시되게 한다.
4. 사용자 지정 표시 형식을 이용하여 셀 숫자 뒤에 이상과 미만이 표시되게 한다.
5. 인원에는 나이가 해당 범위에 속한 사람 수를 COUNTIF 함수나 COUNTIFS 함수를 이용해 구한다.
6. 연령구간 숫자 뒤에 까지가 표시되게 한다. 인원에는 앞의 ⑤와 같은 값을 FREQUENCY 함수를 이용하여 구한다(FREQUENCY 함수에서 구간 값은 '~까지'를 의미하므로 10 이상 20 미만은 10부터 19까지가 되도록 구간 값을 정해야 하며, 배열 수식이므로 수식을 입력한 후 Ctrl+Shift+Enter를 눌러야 한다).

CHAPTER 5

IT COOKBOOK

찾기 및 참조 영역과 그 외 유용한 함수

4장에 이어 텍스트, 날짜 및 시간, 찾기 및 참조 영역, 재무 함수를 살펴본다. 주민등록번호에서 성별을 알려주는 문자를 가져오는 텍스트 함수, 날짜에 대한 다양한 값을 구하는 날짜 및 시간 함수, 표 형태의 데이터에서 특정 값이나 특정 위치를 구할 때 사용하는 찾기 및 참조 영역 함수, 대출금에 대한 원금 균등 분할 상환금을 구해주는 재무 함수 등을 다룰 것이다.

이 장이 엑셀 함수를 다루는 마지막 장이지만 엑셀은 이 외에도 수많은 함수를 제공한다. 하지만 여기서 다루는 함수만 제대로 활용할 수 있어도 일반적인 작업은 충분히 가능하다. 그리고 지금까지 함수 사용법의 기본을 모두 익혔으므로 특별히 전문적인 함수가 아니라면 10장에서 소개하는 도움말 사용법 정도만 참고해도 다루는 데 무리가 없을 것이다.

SECTION IT COOKBOOK

01 텍스트 함수

LEFT, RIGHT, MID

물품코드에서 생산 연도와 관련된 문자, 사원코드에서 입사 연도와 관련된 문자, 또는 주민등록번호에서 성별을 의미하는 문자만 추출해야 하는 경우가 있다. 예를 들어 주민등록번호 앞의 두 자리를 추출하면 나이를 계산할 수 있는데 이런 경우 두 자리의 숫자를 텍스트 함수로 추출할 수 있다. 데이터로부터 필요한 문자를 추출할 때 사용할 수 있는 대표적인 텍스트 함수로 LEFT, MID, RIGHT가 있다.

LEFT 텍스트의 왼쪽에서 문자 수만큼의 문자를 추출한다.

```
     텍스트   문자 수
LEFT(text, number_char)
```

- number_char: 텍스트 왼쪽 끝부터 추출할 문자 개수

RIGHT 텍스트의 오른쪽에서 문자 수만큼의 문자를 추출한다.

```
      텍스트   문자 수
RIGHT(text, number_char)
```

- number_char: 텍스트 오른쪽 끝부터 추출할 문자 개수

MID 텍스트의 추출 시작 위치부터 문자 수만큼의 문자를 추출한다.

```
    텍스트  추출 시작 위치   문자 수
MID(text, start_num, number_char)
```

- number_char: 텍스트 추출 시작 위치부터 추출할 문자 개수

텍스트 함수는 첫 번째 인수가 숫자이면 숫자를 단순히 텍스트로 간주하여 해당 문자를 추출한다. 이때 텍스트 함수의 결과는 문자열이므로 추출한 숫자가 1과 2라면 함수 결과는 텍스트 "12"임에 주의한다.

기본 예제 텍스트의 일부 문자를 추출하여 지점장의 정보 구하기

텍스트를 추출하는 함수를 이용해 지점장 데이터에서 김재수 지점장의 정보를 구해보자.

	A	B	C	D	E	F
2	지점(동, 지역)	지점장	주민등록번호		김재수 지점장의 정보	
3	대치, 서울	김재수	661125-1******		동	
4	흑석, 서울	나태희	581225-2******		지역	
5	수성, 대구	유현빈	700324-1******		성별	
6	연호, 부산	나원빈	750505-1******		출생연도	

▶

	E	F
2	김재수 지점장의 정보	
3	동	대치
4	지역	서울
5	성별	남
6	출생연도	1966

01 김재수 지점장이 있는 지점의 동과 지역 정보, 성별 정보 구하기

동 정보는 지점(동, 지역)의 왼쪽 두 문자, 지역 정보는 오른쪽 두 문자이므로 LEFT와 RIGHT 함수를 이용하여 구한다.

	A	B	C	D	E	F
2	지점(동, 지역)	지점장	주민등록번호		김재수 지점장의 정보	
3	대치, 서울	김재수	661125-1******		동	대치
4	흑석, 서울	나태희	581225-2******		지역	서울

= LEFT(A3, 2)

= RIGHT(A3, 2)

성별 정보는 주민등록번호 뒷자리의 첫 숫자에 포함되어 있으며, 숫자가 1이면 남자, 2면 여자이다. 이 숫자는 MID 함수로 구할 수 있지만 MID(C3, 8, 1)의 결과는 텍스트 값이므로 '함수 결과값이 1이면'이라는 조건식은 MID(C3, 8, 1)="1"로 표현해야 한다.

	A	B	C	D	E	F
2	지점(동, 지역)	지점장	주민등록번호		김재수 지점장의 정보	
3	대치, 서울	김재수	661125-1******		동	대치
4	흑석, 서울	나태희	581225-2******		지역	서울
5	수성, 대구	유현빈	700324-1******		성별	남

텍스트 함수 결과는 텍스트이므로 "1"과 비교해야 한다. 숫자 1로 하면 틀린 결과가 나온다.

= IF(MID(C3, 8, 1) = "1", "남", "여")

성별 구분 숫자는 – 까지 포함해 8번째 문자

02 김재수 지점장의 출생연도 정보 구하기

주민등록번호 앞의 두 숫자는 출생연도의 끝 두 자리에 해당한다. 하지만 LEFT 함수로 구할 수 있는 김재수 지점장의 주민등록번호 앞 두 자리 66은 출생연도의 끝 두 자리이므로 정확한 연도 1966을 구하려면 1900을 더해야 한다.

	A	B	C	D	E	F
2	지점(동, 지역)	지점장	주민등록번호		김재수 지점장의 정보	
3	대치, 서울	김재수	661125-1******		동	대치
4	흑석, 서울	나태희	581225-2******		지역	서울
5	수성, 대구	유현빈	700324-1******		성별	남
6	연호, 부산	나원빈	750505-1******		출생연도	1966

LEFT 함수 결과는 텍스트인 "66"이지만 덧셈 연산자 +로 인해 숫자로 변환되어 1900에 더해지므로 1966이 된다.

= 1900 + LEFT(C3, 2)

"66"

출생연도를 구할 때 2000년대 출생자까지 고려한다면 2000년대 출생자는 2000을, 1900년대 출생자는 1900을 더하도록 다음과 같이 IF 함수로 작성해야 한다.

= IF(주민등록번호 8번째부터 문자 한 개가 3이거나 4, 2000+주민등록번호 첫 두 자리, 1900+주민등록번호 첫 두 자리)

= IF(OR(MID(C3, 8, 1) = "3", MID(C3, 8, 1) = "4"), 2000+LEFT(C3, 2), 1900+LEFT(C3, 2))

그리고 LEFT 함수로 구한 텍스트 "66"을 이용해 출생연도에 1966을 표시하는 다른 방법으로 =19 & LEFT(C3, 2) 수식이 있다. 19는 숫자이지만 텍스트 연산자 &로 인해 텍스트 "19"로 변환된 후 두 텍스트가 연결되어 "1966"이 된다. 둘 다 화면에 표시되는 결과는 1966으로 같지만 첫 번째 방법은 1966이라는 숫자이고 두 번째 방법은 텍스트이다. 다른 수식이나 함수에서 [F6] 셀을 사용할 때는 숫자인지 텍스트인지를 구분하여 이에 맞는 연산이나 참조를 해야 한다.

SECTION ---------- IT COOKBOOK

02 날짜 및 시간 함수

TODAY, NOW, DATEDIF, YEAR, MONTH, DAY, DATE, WEEKDAY

시트에 자동으로 업데이트되는 오늘 날짜 나타내기, 회사 근무 연수나 월수, 특정 날짜의 요일 정보 등을 구할 때와 같이 날짜에 관련된 값을 구할 수 있는 함수가 있다. 그런데 우리는 날짜를 연, 월, 일로 구분하지만 엑셀은 날짜를 숫자 하나로 처리하도록 1900년 1월 1일을 기준으로 이날부터 9999년 12월 31일까지 1~2956565의 일련번호를 부여해 두고 있다. 즉 1900년 1월 1일로부터 몇 일째라는 개념으로 날짜를 관리한다. 대신 날짜의 일련번호는 표시 형식을 사용해 의미 있는 연월일 형태로 표시할 수 있다.

예를 들어 [그림 5-1]의 입력값은 14-12-25로 같지만 표시 형식에 따라 셀에 표시된 결과가 달라지는 것을 보여준다.

그림 5-1 날짜의 일련번호와 표시 형식

	A	B	C	D	E
2	날짜 형식	2014-12-25		숫자 형식	41998

14-12-25를 입력하여 자동으로 날짜 형식으로 표시된 결과

14-12-25를 입력한 후 표시 형식을 숫자 형식으로 변경하여 날짜가 일련번호로 표시된 결과

엑셀은 날짜와 시간에 관련된 다양한 함수를 제공하는데, 이 중에서 가장 대표적인 TODAY, NOW, DATEDIF, YEAR, DAY, MONTH, WEEKDAY 함수를 소개한다.

2.1 현재 날짜와 시각을 구하는 함수 : TODAY, NOW

TODAY와 NOW 함수는 현재의 날짜와 시각을 구할 때 사용한다. 이 함수는 엑셀 파일을 열 때마다 자동으로 현재 날짜와 시각으로 업데이트된다. 그러므로 입사일로부터 현재까지의 근무일, 현재부터 출고일까지 남은 일수와 같이 현재 날짜에 맞춰 값이 자동으로 계산되는 식에 유용하게 사용된다. 그리고 현재 시각만 구하는 함수는 없지만 =NOW()−TODAY() 수식을 이용하면 현재 시각도 구할 수 있다.

TODAY 현재 날짜를 구한다.

```
TODAY()
```

인수 없음

NOW 현재 날짜와 시각을 구한다.

```
NOW()
```

인수 없음

기본 예제 어제/오늘/내일 날짜와, 현재 시각 표시하기

통합 문서를 열 때마다 어제, 오늘, 내일 날짜와 현재 시각이 표시되게 해보자.

	A	B
5	어제	
6	오늘	
7	내일	
8	현재 시각	

▶

	A	B	
5	어제	2013-11-18	=TODAY()-1
6	오늘	2013-11-19	=TODAY()
7	내일	2013-11-20	=TODAY()+1
8	현재 시각	2013-11-19 15:13	=NOW()

TODAY와 NOW 함수를 이용해 구한 날짜와 시각은 통합 문서를 여는 시점에 따라 업데이트되지만, 현재 날짜와 시각을 입력하는 Ctrl+; 과 Ctrl+Shift+; 은 입력 시점의 값으로 고정된다.

2.2 경과 기간(연, 월, 일)을 구하는 함수 : DATEDIF

DATEDIF 함수는 함수 마법사에는 나타나지 않지만 YEAR, MONTH, DAY 함수 등으로 수식을 만들어 계산해야 하는 두 날짜 사이의 연수, 개월 수, 일수를 쉽게 구할 수 있어 많이 사용한다.

DATEDIF 두 날짜 사이에 경과된 기간을 년, 개월, 일 단위로 구한다.

```
DATEDIF(start_date, end_date, "return_type")
```

- start_date (시작일): 기간의 시작 날짜
- end_date (종료일): 기간의 마지막 날짜
- "return_type" (기간 단위): 두 날짜 사이의 경과 기간을 어떤 단위로 구할지 지정
  - "y" : 연수, "m": 개월 수, "d": 일수
  - "ym" : 경과된 연수를 빼고 남은 개월 수
  - "yd" : 경과된 연수를 빼고 남은 일수
  - "md" : 경과된 연과 개월 수를 빼고 남은 일수

DATEDIF 함수는 공식적으로 제공되는 함수가 아니고 엑셀의 원조라 할 수 있는 Lotus 1-2-3와의 호환성을 위해 만들어진 함수이므로 함수 마법사나 도움말의 날짜 및 시간 함수 범주에서 찾을 수 없다. 이 함수 대신 DAYS나 DAYS360 함수를 사용하라고 권장하기도 하지만 DAYS 함수는 일수만 구할 수 있고, DAYS360 함수는 한 달을 일괄적으로 30일로 가정하여 이 역시 개월 수를 계산하는 데 어려움이 있어 DATEDIF 함수를 더 많이 사용한다.

기본 예제 만 재직 개월과 재직 일수 구하기

통합 문서를 열 때마다 오늘까지 근무한 개월 수와 일수가 계산되어 나오도록 해보자.

	A	B
11	입사 일	2011-12-01
12	재직 일	
13	재직 개월	

▶

	A	B	
11	입사 일	2011-12-01	
12	재직 일	719	=DATEDIF(B11, TODAY(), "D")
13	재직 개월	23	=DATEDIF(B11, TODAY(), "M")

날짜를 일련번호의 개념으로 관리하므로 =TODAY()-B11을 입력해도 결과가 같다.

2.3 연, 월, 일을 구하는 함수 : YEAR, MONTH, DAY

입고된 물품 중 5월에 입고된 물품 개수만 알고 싶을 때나 나이를 계산하기 위해 생일에서 연도만 구하고 싶을 때와 같이 날짜에서 연, 월, 일 정보만 각각 필요하면 YEAR, MONTH, DAY 함수를 이용한다.

YEAR 날짜의 연도를 구한다.

날짜 일련번호

```
YEAR(serial_number)
```

연도만 알고 싶은 날짜 형식의 텍스트("14-12-25")나 날짜가 있는 셀 참조

MONTH/DAY 날짜의 월/일을 구한다.

날짜 일련번호

```
MONTH(serial_number)
```

날짜 일련번호

```
DAY(serial_number)
```

위의 함수에서 날짜를 인수로 사용할 때는 주의가 필요하다. 셀에 2014-12-25를 입력하면 자동으로 날짜로 인식하지만, YEAR 함수의 인수로 사용하면 -를 빼기 연산자로 인식해 YEAR(2014-12-25)가 YEAR(1977)이 된다. 결국 날짜 일련번호가 1977인 날짜 1905-5-30일의 연도를 구해 함수의 최종 결과값으로 1905가 표시된다. 그러므로 날짜가 있는 셀 참조가 아닐 경우에는 "2014-12-25"로 날짜 형식의 텍스트를 사용해야 한다.

기본 예제 생년월일에서 연, 월, 일 추출하기

생일에서 연, 월, 일 정보만 따로 구해보자.

	A	B
16	생년월일	1992-09-07
17	출생 연도	
18	출생 월	
19	출생 일	

▶

	A	B	
16	생년월일	1992-09-07	
17	출생 연도	1992	=YEAR(B16)
18	출생 월	9	=MONTH(B16)
19	출생 일	7	=DAY(B16)

2.4 날짜를 만드는 함수 : DATE

주민등록번호 앞 여섯 자리는 생일을 의미하므로 이 정보를 이용하면 생일 날짜를 만들 수 있다. 이처럼 연, 월, 일 정보를 이용해 날짜(날짜의 일련번호)를 만들 때 사용하는 함수가 DATE이다.

DATE 연, 월, 일에 해당하는 날짜(날짜 일련번호)를 구한다.

```
      연      월      일
DATE(year, month, day)
                       └ 1~31의 일
              └ 1~12의 월
      └ 0~9999의 연도
```

DATE 함수는 연도가 0~1899라면 1900을 더한 연도를 구한다. 그래서 연도가 97이면 1997년 날짜를 만든다. 월이 12를 넘으면 해당 연수만큼 더한 연도의 날짜를, 일이 해당 월의 마지막 날짜(28~31)를 넘으면 해당 개월 수만큼 더한 월의 날짜를 구한다. 월, 일 인수가 0이면 이전 월, 일을 의미한다.

여기서 잠깐

특정 월의 종료일 쉽게 구하기

모든 월의 시작일은 1일이므로 DATE(2014, 11, 1)과 같이 마지막 인수에 1을 사용하면 2014-11-1일 날짜가 된다. 그러나 종료일은 28, 29, 30, 31 등 다양하므로 쉽지 않다. 이때는 DATE(2014, 12, 1)-1과 같이 다음 달 시작일에서 -1을 함으로써 2014년 11월의 종료일을 구할 수 있다.

DATE 함수를 이용하면 형식은 날짜가 아니지만 날짜 정보가 포함된 데이터에서 필요한 정보를 추출하여 날짜를 만들 수 있다. 대표적인 예가 예제에서 다루는 주민등록번호에서 생년월일 정보를 추출하여 날짜를 만드는 경우이다.

기본 예제 주민등록번호 정보로 생년월일 만들기

회원의 주민등록번호를 이용하여 생년월일 날짜를 만들어보자.

	A	B	C
22	회원명	주민등록번호	생년월일
23	나회원	921103-2678237	

▼

	A	B	C
22	회원명	주민등록번호	생년월일
23	나회원	921103-2678237	1992-11-03

=DATE(LEFT(B23, 2), MID(B23, 3, 2), MID(B23, 5, 2))

- 주민등록번호 왼쪽 2개 문자 : 92(연도)
- 주민등록번호 세 번째부터 2개 문자 : 11(월)
- 주민등록번호 다섯 번째부터 2개 문자 : 03(일)

생년월일을 구할 때 2000년대 출생자까지 고려한다면 다음과 같이 작성한다.

=DATE(IF(OR(MID(B23, 7, 1)="3", MID(B23, 7, 1)="4"), 2000+LEFT(B23, 2), LEFT(B23, 2)), MID(B23, 3, 2), MID(B23, 5,2))

[B23] 셀의 주민등록번호가 9211032678237인데 표시 형식을 지정하여 중간에 -가 표시된 것이라면 성별을 나타내는 숫자는 왼쪽에서 일곱 번째에 해당한다. 실제로 -를 입력한 경우라면 여덟 번째 문자를 추출하여 검사한다.

2.5 특정 날짜의 요일을 구하는 함수 : WEEKDAY

셀에 날짜가 입력되어 있다면 (aaa)와 같은 사용자 지정 표시 형식을 이용하면 (월)로 요일을 표시할 수 있다. 하지만 수식에서 날짜의 요일 정보를 사용해야 하는 경우에는 WEEKDAY 함수를 이용한다. 이 함수는 특정 날짜의 요일 정보를 월, 화, 수와 같이 텍스트로 구해주는 것이 아니라 요일에 해당하는 숫자 7개 중 하나로 알려준다. 이 숫자 정보는 날짜와 관련된 정보를 얻기 위해 다양한 수식에 활용된다.

WEEKDAY 날짜의 요일 정보에 해당하는 숫자를 구한다.

날짜 일련번호 요일 시작 유형

```
WEEKDAY(serial_number, [return_type])
```

- serial_number : 요일 정보를 구할 날짜
- return_type : 함수값 범위와 시작 요일 결정
  - 1 또는 생략 : 1(일요일)~7(토요일)의 숫자
  - 2 : 1(월요일)~7(일요일)의 숫자
  - 3~17 : 위의 유형 정도만 알고 있어도 사용에 불편함이 없어 생략

WEEKDAY 함수의 첫 번째 인수에 날짜 형식의 값을 직접 입력할 때는 다음에 주의해야 한다.

=WEEKDAY(2020, 12, 25)	→(×), 인수를 세 개로 인식한다.
=WEEKDAY(DATE(2020, 12, 25))	→(O)
=WEEKDAY(2020-12-25)	→(×), -를 뺄셈으로 인식해 WEEKDAY(1983)이 된다.
=WEEKDAY("2020-12-25")	→(O)

기본 예제 5월 8일 어버이날이 주말인지 평일인지 확인하기

2014년 5월 8일 어버이날이 주말인지 평일인지 확인해보자.

	A	B
26	날짜	2014-05-08
27	요일 정보	
28	주말/평일	

▶

	A	B
26	날짜	2014-05-08
27	요일 정보	5
28	주말/평일	평일

두 번째 인수가 생략되었으므로 1(일)~7(토) 중의 값이 결과값

= WEEKDAY(B26)
= IF(OR(B27=1, B27=7), "주말", "평일")
(B27=1 : 일요일, B27=7 : 토요일)

TIP [B26] 셀의 표시 형식을 사용자 지정 표시 형식 aaa로 지정하면 날짜 대신 요일명 목이 표시된다.

TIP 월~일을 직접 표시하려면 수식을 = IF(B27=1, "일", IF(B27=2, "월", IF(B27=3, "화", IF(B27=4, "수", IF(B27=5, "목", IF(B27=6, "금", "토"))))))로 작성할 수 있는데, 이는 다음 절에서 소개하는 CHOOSE 함수를 이용하면 = CHOOSE(B27, "일", "월", "화", "수", "목", "금", "토")로 훨씬 간단히 작성할 수 있다.

SECTION ---------- IT COOKBOOK

03 찾기 및 참조 영역 함수

VLOOKUP, HLOOKUP, CHOOSE, INDEX, MATCH

[그림 5-2]의 품목별 단가표와 같이 표 형태로 구성된 정보로부터 코드에 맞는 품명과 단가 찾기, 순서대로 나열된 값 중에서 특정 번째의 값 구하기, 표에서 특정 행/열의 값 구하기, 특정 값의 행/열 위치 구하기와 같이 특정 범위에서 어떤 값을 찾거나 위치를 찾을 때는 찾기 및 참조 영역 함수를 이용한다. 여기서는 찾기 및 참조 영역 함수 중 대표적인 VLOOKUP, HLOOKUP, CHOOSE, INDEX, MATCH 함수를 소개한다.

3.1 표의 특정 열에서 값을 가져오는 함수 : VLOOKUP

[그림 5-2]와 같이 판매 제품의 제품코드와 단가가 표 형태로 있는 데이터를 참조하여 품명과 단가를 입력해야 하는 경우가 있다. 그런데 실제에서는 그림보다 제품이 훨씬 다양해 표에서 제품코드를 직접 찾아 품명과 단가를 확인하여 입력하기가 상당히 번거롭다. 이럴 때 VLOOKUP 함수를 이용하면 품명과 단가를 간편하게 구할 수 있다. 이 함수는 [그림 5-2]와 같이 일상 업무에서 품명과 단가를 직접 찾아 입력하는 과정을 함수화한 것이므로 그 과정과 함수 인수를 잘 연관시키면 함수를 이해하기 쉽다.

그림 5-2 품명을 직접 입력하기와 함수를 이용해 입력하기의 비교

	A	B	C	D	E	F	G	H	I	J
1	판매일	제품코드	품명	단가	개수	판매액		품목별 단가표		
2	3월 1일	OP-A4	A4 복사지	19,000	30	570,000				
3	3월 1일	OP-A3	❸		20	-		코드	품명	단가
4	3월 1일	OP-B5			10	-		ON-B5	B5 노트	10,000
5	3월 2일	ON-SB5			7	-		ON-SB5	스프링 노트	20,000
6	3월 2일	OP-A4			32	-		OP-A3	A3 복사지	28,000
7	3월 2일	ON-B5			11	-		OP-A4 ❶	A4 복사지 ❷	19,000
8	3월 3일	OP-A4			27	-		OP-B5	B5 복사지	17,000

	품명 입력하기	단가 입력하기
직접 입력 과정	① [B2] 셀의 OP-A4를 품목별 단가표(H4:J8)의 1열에서 찾은 후 ② 찾은 값이 있는 행의 2열에서 해당 품명이 A4 복사지임을 확인하고 ③ [C2] 셀에 A4 복사지를 입력한다.	④ [B2] 셀의 OP-A4를 품목별 단가표(H4:J8)의 1열에서 찾은 후 ⑤ 찾은 값이 있는 행의 3열에서 해당 단가가 19,000임을 확인하고 ⑥ [D2] 셀에 19,000을 입력한다.
함수 이용	=VLOOKUP(B2, $H$4:$J$8, 2, FALSE)	=VLOOKUP(B2, $H$4:$J$8, 3, FALSE)

[그림 5-2]의 예에서 사용한 VLOOKUP과 같이 특정 표 범위에서 셀에 표시할 결과값을 구하는 함수를 사용하려면 사용자가 표를 직접 작성할 줄 알아야 하고, 인수도 많고 기본으로 지켜야 할 규칙도 많아 조금 복잡하게 생각될 수도 있다. 하지만 제대로 이해해두면 아주 유용하고 활용도가 많은 함수이니 잘 익혀두자.

특정 표 범위에서 결과값을 구하는 대표적인 찾기 및 참조 영역 함수로 HLOOKUP과 VLOOKUP이 있다. HLOOKUP 함수는 표의 첫 행에서 가로(horizontal) 방향으로 찾기를 수행하며, VLOOKUP 함수는 표의 첫 번째 열에서 세로(vertical) 방향으로 찾기를 수행한다.

VLOOKUP 찾는 값과 관련된 결과값을 표 범위의 특정 열(결과값의 열 번호)에서 가져온다.

찾는 값 / 표 범위 / 결과값의 열 번호 / 범위 검색

```
VLOOKUP(lookup_value, table_array, col_index_num, [range_lookup])
```

- lookup_value: 둘째 인수인 표의 1열에서 찾을 값
- table_array: 찾는 값과 함수 결과값이 모두 있는 참조표의 범위(범위 검색 인수가 TRUE라면 표의 첫 열은 오름차순으로 정렬되어야 함)
- col_index_num: 찾는 값을 표의 첫 열에서 찾았을 때 실제 함수의 결과값이 있는 열의 번호
- range_lookup: 범위를 이용한 검색 여부를 TRUE/FALSE로 지정(TRUE는 생략 가능)

VLOOKUP 함수는 찾는 값을 표의 1열에서 찾았다면 찾은 값이 있는 행에서 열 번호째 열에 있는 값이 결과값이 된다. 범위 검색 인수는 찾는 값을 표의 1열에서 찾을 때 정확히 일치하는 값만 찾을지(FALSE로 지정) 특정 범위 안에 속하는 것을 찾을지(TRUE로 지정)를 결정한다.

VLOOKUP 함수를 사용할 때는 다음 두 가지를 주의해야 한다.

- 표 범위는 반드시 1열에 찾는 값이 있게 해야 하며, 1행에 관련 없는 데이터를 포함하지 않도록 범위를 잡는 것이 안전하다.
- 범위 검색을 TRUE로 지정한 경우 찾는 값과 같은 값이 표의 1열에 없으면 찾는 값보다 작은 값 중 가장 큰 값이 선택된다. 그리고 표의 1열은 반드시 오름차순으로 정렬되어 있어야 한다. 이렇게 오름차순으로 정렬된 1열의 값은 '현재 셀의 값~아래 셀의 값 이전까지'의 범위를 의미하게 된다. 이 원리는 예제에서 살펴볼 것이다.

기본 예제 물품 코드별 단가를 자동으로 입력하고 판매액 구하기 : 일치하는 값을 찾는 VLOOKUP

품목별 단가표를 참조하여 각 제품코드의 해당 단가를 자동으로 구한 후 판매액을 구해보자.

	A	B	C	D	E	F	G	H	I
1	판매일	제품코드	단가	판매수	판매액		품목별 단가표		
2	3월 1일	OP-A4		30					
3	3월 1일	OP-A3		20			코드	품명	단가
4	3월 1일	OP-B5		10			ON-B5	B5노트	10,000
5	3월 2일	ON-SB5		7			ON-SB5	스프링노트	20,000
6	3월 2일	OP-A4		32			OP-A3	A3복사지	28,000
7	3월 2일	ON-B5		11			OP-A4	A4복사지	19,000
8	3월 3일	OP-A4		27			OP-B5	B5복사지	17,000

▶

	A	B	C	D	E
1	판매일	제품코드	단가	판매수	판매액
2	3월 1일	OP-A4	19,000	30	570,000
3	3월 1일	OP-A3	28,000	20	560,000
4	3월 1일	OP-B5	17,000	10	170,000
5	3월 2일	ON-SB5	20,000	7	140,000
6	3월 2일	OP-A4	19,000	32	608,000
7	3월 2일	ON-B5	10,000	11	110,000
8	3월 3일	OP-A4	19,000	27	513,000

01 제품코드별 단가를 자동으로 입력하기

단가 왼쪽 셀의 제품코드와 일치하는 값을 단가표의 첫 열에서 찾아야 하므로 VLOOKUP 함수를 이용해야 한다. ❶ 첫 번째 단가인 [C2] 셀에 =VLOOKUP(B2, $G$4:$I$8, 3, FALSE) 수식을 입력한 후 ❷ 채우기 핸들로 [C3:C8] 셀에도 수식을 복사해 채운다.

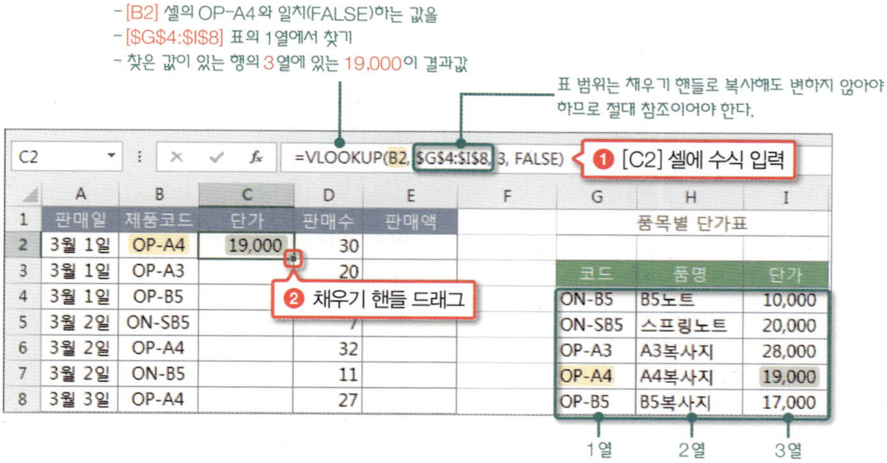

[주의] [G7] 셀의 OP-A4 앞이나 뒤에 빈 칸이 있으면 OP-A4와 정확히 일치하는 값을 찾지 못해 [C2] 셀에 #N/A가 표시된다.

02 판매액 구하기

❶ [E2] 셀에 =C2*D2 수식을 입력한 후 ❷ 채우기 핸들로 [E8] 셀까지 수식을 복사해 채운다.

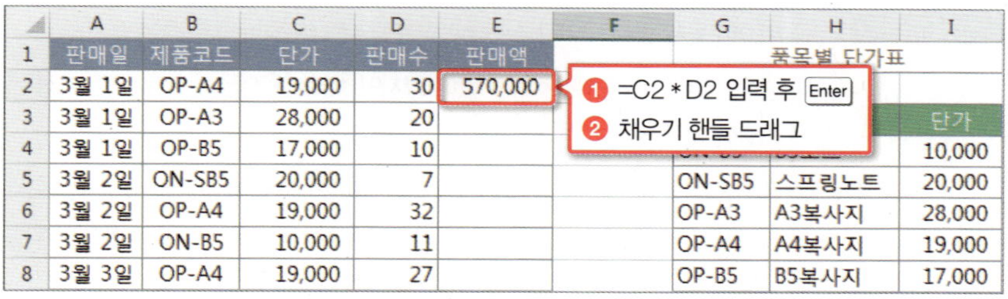

VLOOKUP 함수를 사용해 시험 점수 범위별로 상, 중, 하 등급을 매길 때 참조표는 어떻게 만들어야 할까? 0~60점에 하 등급을 주고자 한다면 0일 때 하, 1일 때 하, 2일 때 하, ..., 60일 때 하가 되도록 표 안에 61행을 각각 작성해야 할까? 이때 VLOOKUP 함수의 네 번째 인수가 TRUE인 범위를 이용한 검색을 하면 편리하다.

그런데 범위를 이용한 검색은 참조할 범위 표를 정확히 만들지 않으면 엉뚱한 결과를 얻게 된다. 그러므로 범위를 이용한 VLOOKUP 예제를 통해 표를 만드는 과정부터 하나씩 익히며 범위를 이용한 검색의 원리를 정확히 이해하자.

기본 예제 실습 점수 범위별로 평가 등급 매기기 : 범위를 이용하는 VLOOKUP

실습 점수가 15점 이상이면 상, 10점 이상 15점 미만은 중, 5점 이상 10점 미만은 하, 나머지 5점 미만은 재시임을 나타내는 실습 평가 기준표를 작성하고, 이 표를 기준으로 실습 점수에 따라 평가 등급을 자동으로 입력해보자.

	A	B	C	D	E	F	G
1	이름	실습점수	평가		실습 평가 기준표		
2	나태희	5					
3	유원빈	11			점수	등급	비고
4	김해수	13					0부터 5 이전
5	이현빈	10					5부터 10 이전
6	소지법	3					10부터 15 이전
7	문건영	19					15부터
8	유재수	15					

▶

	A	B	C	D	E	F	G
1	이름	실습점수	평가		실습 평가 기준표		
2	나태희	5	하				
3	유원빈	11	중		점수	등급	비고
4	김해수	13	중		0	재시	0부터 5 이전
5	이현빈	10	중		5	하	5부터 10 이전
6	소지법	3	재시		10	중	10부터 15 이전
7	문건영	19	상		15	상	15부터
8	유재수	15	상				

01 범위를 이용하도록 실습 평가 기준표 작성하기

범위를 이용해 검색을 하려면 참조표의 1열이 반드시 오름차순으로 정렬되어 있어야 하고, 그 결과 1열의 각 값은 '현재 셀 값부터 다음 셀 값 이전까지'의 범위를 의미한다는 것을 이해해야 한다. 즉, 참조표의 1열 값은 각각 값1부터, 값2부터, 값3부터와 같은 범위를 의미한다. 그러므로 예제의 평가 기준은 0부터는 재시, 5부터는 하, 10부터는 중, 15부터는 상으로 다시 분석하여 참조표를 다음과 같이 작성해야 한다. [E4:F7] 범위에서 [E6] 셀의 값이 어떻게 범위를 의미하는지 살펴보자.

	E	F	G
1	실습 평가 기준표		
2			
3	점수	등급	비고
4	0	재시	0부터 5 이전
5	5	하	5부터 10 이전
6	10	중	10부터 15 이전
7	15	상	15부터

- 찾는 값이 10이면 10이 일치하는 값이다.
- 찾는 값이 11이면 일치하는 값이 없지만 11보다 작은 0, 5, 10 중 가장 큰 값인 10이 유사 일치 값이다.
- 찾는 값이 12이면 일치하는 값이 없지만 12보다 작은 0, 5, 10 중 가장 큰 값인 10이 유사 일치 값이다.
- 이와 같이 찾는 값이 10부터 15 미만 값이면 모두 10이 (유사) 일치값으로 선택되므로 [E6] 셀의 10은 '현재 셀 값 10부터 다음 셀 값 15 이전까지' 범위를 의미한다.

02 범위를 이용한 VLOOKUP 함수 작성하기

실습 평가 기준표에는 학생의 모든 실습 점수가 없어서 범위를 이용하여 검색해야 한다. 따라서 네 번째 인수가 TRUE가 되어야 한다. ❶ 첫 번째 단가인 [C2] 셀에 = VLOOKUP(B2, $E$4:$F$7, 2, TRUE) 수식을 입력한 후 ❷ 채우기 핸들을 이용해 [C3:C8] 셀에도 수식을 복사해 채운다. 복사 결과 [C3] 셀에는 = VLOOKUP(B3, $E$4:$F$7, 2, TRUE) 수식이 입력된다. [B3] 셀의 값 11은 참조표에 없지만 10이 유사 일치값으로 선택되어 2열에 있는 중이 최종 결과값이 된다.

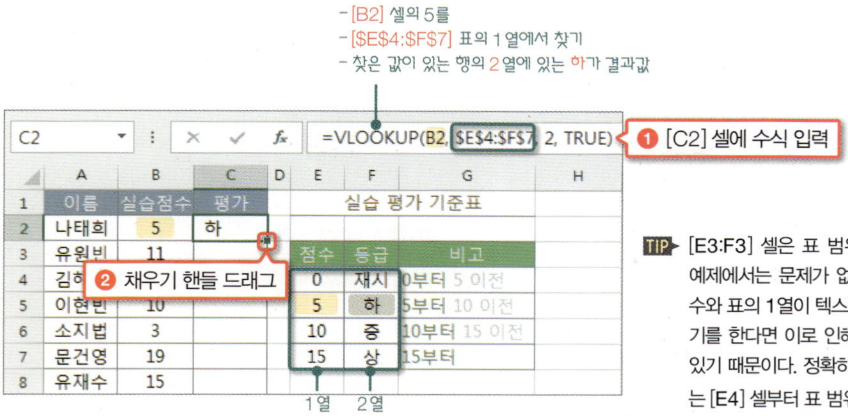

TIP [E3:F3] 셀은 표 범위에 포함시키지 않는다. 예제에서는 문제가 없지만 함수의 첫 번째 인수와 표의 1열이 텍스트이며, 범위를 이용한 찾기를 한다면 이로 인해 엉뚱한 결과가 나올 수 있기 때문이다. 정확히 범위의 첫 번째 값이 있는 [E4] 셀부터 표 범위가 되게 한다.

3.2 표의 특정 행에서 값을 가져오는 함수 : HLOOKUP

VLOOKUP 함수는 표의 첫 열에서 값을 찾으며 결과값이 있는 특정 열을 지정하는 반면 HLOOKUP 함수는 표의 첫 행에서 값을 찾으며 결과값이 있는 행을 지정한다. 두 함수는 참조할 표의 모양만 다르고 기능은 같으므로 참조 표의 구성에 따라 VLOOKUP이나 HLOOKUP 함수를 선택하여 사용한다.

HLOOKUP 찾는 값과 관련된 결과값을 표의 특정 행(결과값의 행 번호)에서 가져온다.

찾는 값 / 표 범위 / 결과값의 행 번호 / 범위 검색

```
HLOOKUP(lookup_value, table_array, row_index_num, [range_lookup])
```

- lookup_value: 둘째 인수인 표의 1행에서 찾을 값
- table_array: 찾는 값과 함수 결과값이 모두 있는 참조표의 범위(범위 검색 인수가 TRUE라면 표의 첫 행은 오름차순으로 정렬되어야 함)
- row_index_num: 찾는 값을 표의 첫 행에서 찾았을 때 실제 함수의 결과값이 있는 행의 번호
- range_lookup: 범위를 이용한 검색 여부를 TRUE/FALSE로 지정(TRUE는 생략 가능)

HLOOKUP 함수는 찾는 값을 표의 1행에서 찾았다면 찾은 값이 있는 열에서 행 번호째 행에 있는 값이 결과값이다. 범위 검색 인수는 찾는 값을 표의 1행에서 찾을 때 정확히 일치하는 값만 찾을지(FALSE로 지정) 특정 범위 안에 속하는 것을 찾을지(TRUE로 지정)를 결정한다.

HLOOKUP 함수를 사용할 때는 다음 두 가지를 주의해야 한다.

- VLOOKUP 함수와 마찬가지로 표 범위는 반드시 1행에 찾는 값이 있어야 하며, 1열에 관련 없는 데이터를 포함하지 않도록 범위를 선택하는 것이 안전하다.
- 범위 검색을 TRUE로 지정한 경우 찾는 값과 같은 값이 표의 1행에 없으면 찾는 값보다 작은 값 중 가장 큰 값이 선택된다. 그리고 표의 1행은 반드시 오름차순으로 정렬되어 있어야 한다. 이렇게 오름차순으로 정렬된 1행의 값은 '현재 셀의 값부터 옆 셀의 값 이전까지'의 범위를 의미하게 된다.

기본 예제 HLOOKUP 함수를 이용해 판매 개수에 따른 판매 실적 평가하기

제품 코드에 맞는 제품명과 단가를 HLOOKUP 함수를 이용해 구한 후, 판매 실적에 대한 평가에는 판매 개수가 30개 이상이면 상, 10개 이상 30개 미만이면 중, 10개 미만이면 하가 표시되게 하자.

	A	B	C	D	E	F	G
1	판매일	제품코드	제품명	단가	판매수	판매액	평가
2	3월 1일	OP-A4			27	-	
3	3월 1일	OP-A3			20	-	
4	3월 1일	OP-B5			10	-	
5	3월 2일	ON-SB5			7	-	
6	3월 2일	OP-A4			32	-	
7	3월 2일	ON-B5			11	-	
8	3월 3일	OP-A4			30	-	
9							
10	품목별 단가표						
11	코드	ON-B5	ON-SB5	OP-A3	OP-A4	OP-B5	
12	품명	B5노트	스프링노트	A3복사지	A4복사지	B5복사지	
13	단가	10,000	20,000	28,000	19,000	17,000	
14							
15	판매 평가 기준표						
16	판매수	0	10	30			
17	평가	하	중	상			
18	비고	0~	10~	30~			

▶

	A	B	C	D	E	F	G
1	판매일	제품코드	제품명	단가	판매수	판매액	평가
2	3월 1일	OP-A4	A4 복사지	19,000	27	513,000	중
3	3월 1일	OP-A3	A3 복사지	28,000	20	560,000	중
4	3월 1일	OP-B5	B5 복사지	17,000	10	170,000	중
5	3월 2일	ON-SB5	스프링 노트	20,000	7	140,000	하
6	3월 2일	OP-A4	A4 복사지	19,000	32	608,000	상
7	3월 2일	ON-B5	B5 노트	10,000	11	110,000	중
8	3월 3일	OP-A4	A4 복사지	19,000	30	570,000	상
9							
10	품목별 단가표						
11	코드	ON-B5	ON-SB5	OP-A3	OP-A4	OP-B5	
12	품명	B5 노트	스프링 노트	A3 복사지	A4 복사지	B5 복사지	
13	단가	10,000	20,000	28,000	19,000	17,000	
14							
15	판매 평가 기준표						
16	판매수	0	10	30			
17	평가	하	중	상			
18	비고	0~	10~	30~			

01 제품코드에 맞는 제품명 구하기

❶ 첫 번째 제품명인 [C2] 셀에 =HLOOKUP(B2, $B$11:$F$13, 2, FALSE) 수식을 입력한 후 ❷ 채우기 핸들을 이용해 [C3:C8] 셀에도 수식을 복사해 채운다.

- [B2] 셀의 OP-A4와 일치(FALSE)하는 값을
- [$B$11:$F$13] 표의 1행에서 찾기
- 찾은 열의 2행에 있는 A4 복사지가 결과값

C2 =HLOOKUP(B2, $B$11:$F$13, 2, FALSE) ❶ [C2] 셀에 수식 입력

	A	B	C	D	E	F	G
1	판매일	제품코드	제품명	단가	판매수	판매액	평가
2	3월 1일	OP-A4	A4 복사지			-	
3	3월 1일	OP-A3				-	
4	3월 1일	OP-B5			10	-	
5	3월 2일	ON-SB5			7	-	
6	3월 2일	OP-A4			32	-	
7	3월 2일	ON-B5			11	-	
8	3월 3일	OP-A4			30	-	
9							
10	품목별 단가표						
11	코드	ON-B5	ON-SB5	OP-A3	OP-A4	OP-B5	1행
12	품명	B5 노트	스프링 노트	A3 복사지	A4 복사지	B5 복사지	2행
13	단가	10,000	20,000	28,000	19,000	17,000	3행

❷ 채우기 핸들 더블클릭

제품명을 구하기 위한 표는 범위를 $B$11:$F$12로 선택해도 되지만 뒤의 단가와 동일한 범위를 선택하려고 13행까지 선택했다. [B11:F13] 범위에 '품목별단가표' 이름을 정의하면 이 수식을 = HLOOKUP(B2, 품목별단가표, 2, FALSE)로, 단가 수식도 = HLOOKUP(B2, 품목별단가표, 3, FALSE)로 작성할 수 있다. 정의된 이름은 절대 참조이므로 $를 붙이지 않아도 되기 때문에 편리하다.

02 제품코드별 단가 구하기

❶ 첫 번째 단가인 [D2] 셀에 =HLOOKUP(B2, $B$11:$F$13, 3, FALSE) 수식을 입력한 후 ❷ 채우기 핸들을 이용해 [D3:D8] 셀에도 수식을 복사해 채운다. ❸ [D2:D8] 셀이 선택된 상태에서 [홈] 탭–[표시 형식 그룹]–[,](쉼표 스타일)을 클릭하여 세 자리 수마다 ,가 표시되게 한다.

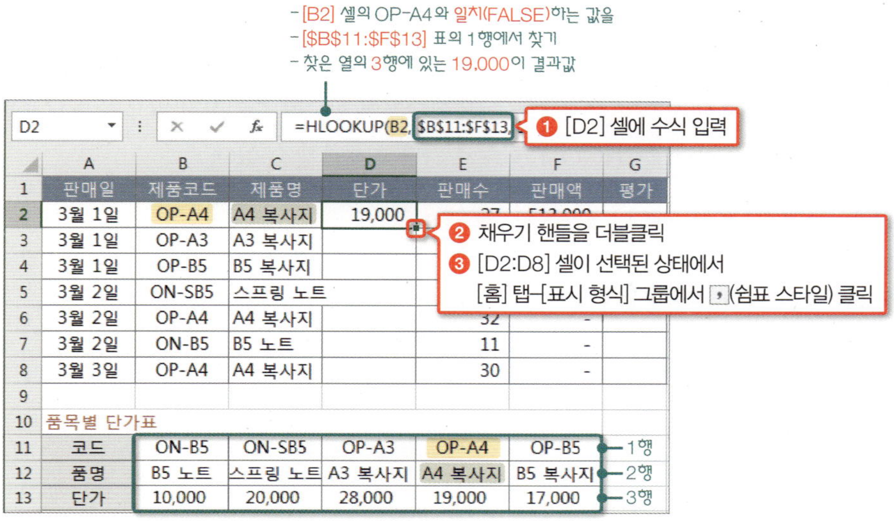

TIP 예제 파일처럼 판매액 수식이 미리 입력되어 있지 않다면 [F2] 셀에 = D2 * E2를 입력한 후 수식을 복사하면 된다.

03 판매 개수에 따라 실적 평가하기

판매 평가 기준표의 작성법은 VLOOKUP에서 살펴봤으므로 이 예제에서는 평가 기준표가 미리 작성되어 있는 상태에서 평가 결과만 구한다. ❶ 첫 평가 [G2] 셀에 =HLOOKUP(E2, $B$16:$D$17, 2, TRUE)를 입력한 후 ❷ 채우기 핸들을 이용해 [G3:G8] 셀에도 수식을 복사해 채운다.

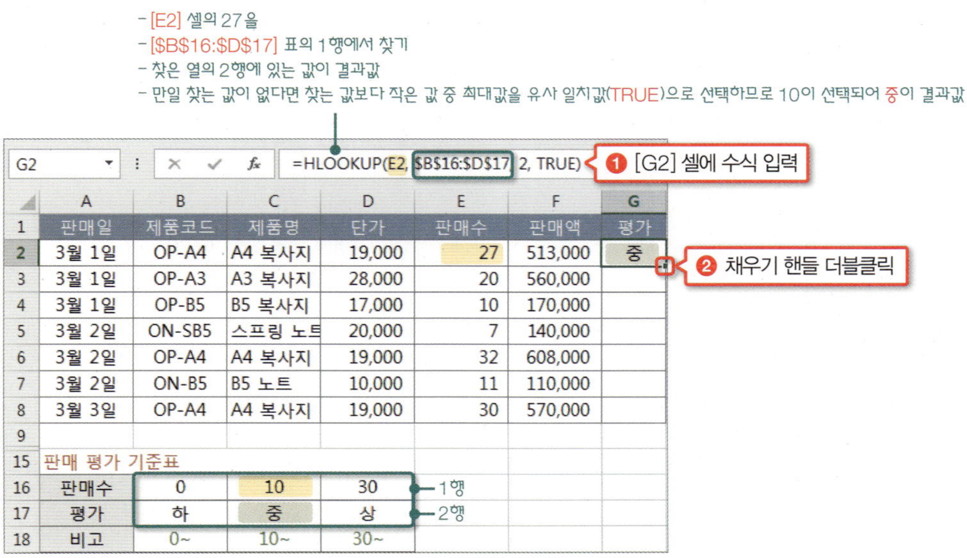

3.3 인수 목록에서 하나를 선택하는 함수 : CHOOSE

주민등록번호 뒷자리의 첫 번째 숫자가 1이면 남자, 2면 여자, 3이면 남자, 4면 여자와 같이 어떤 값이 1이냐 2냐 3이냐에 따라 결과값이 정해질 때 유용한 함수가 CHOOSE이다. CHOOSE 함수는 인수에 포함된 목록 중에서 값 하나를 선택한다. 결과값을 선택하는 기준은 함수의 첫 인수로 지정한 색인(인덱스) 값이다. 색인 값이 1이면 목록 중 첫 번째 값이, 2면 두 번째 값이 선택되는 것과 같이 목록 중 색인 번째의 값이 결과값으로 선택된다. 그러므로 특정 데이터 목록 중에서 결과값을 선택할 때 선택 기준이 1이냐 2냐 3이냐와 같이 순차적 숫자인 문제에서는 IF 함수처럼 함수를 중첩하지 않으며, VLOOKUP 함수처럼 참조할 표를 만들지 않고도 CHOOSE 함수로 간단히 해결할 수 있다.

CHOOSE 값 목록에서 색인 값 번째의 값을 선택한다.

색인 값 / 값1 / 값2

```
CHOOSE(index_num, value1, [value2], ...)
```

- index_num: 1~254의 수, 값 개수보다 크면 오류 발생
- value: 함수의 결과값에 대한 목록으로 색인 값이 1이면 값1이, 색인 값이 2면 값2가 … 색인 값이 254이면 값254가 결과값

기본 예제 시험 응시 유형별로 전형 방법 구분하기

시험의 응시 유형이 1이면 전형 방법에 일반, 2면 특별, 3이면 특기생, 4면 추천이 표시되게 해보자. 응시 유형 값이 1~4 중 어느 것이냐에 따라 4가지 전형 방법 중 하나를 선택하면 되므로 ❶ [D2] 셀에 CHOOSE 함수로 수식을 작성한 후 ❷ 채우기 핸들을 이용해 [D3:D8] 셀에도 수식을 복사해 채운다.

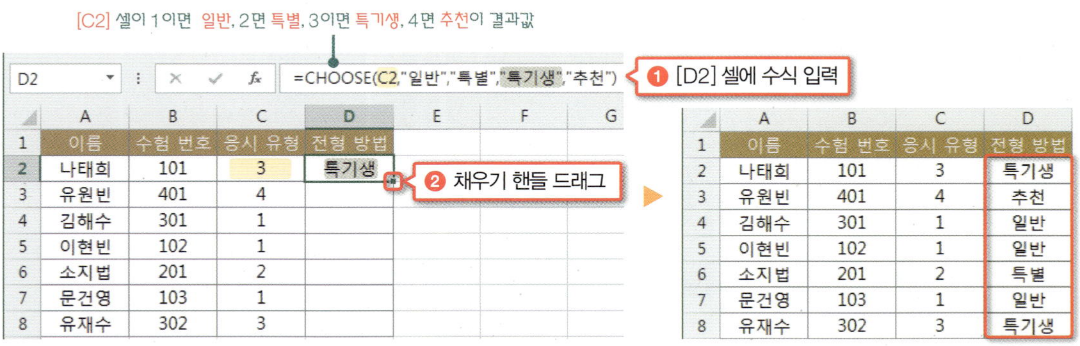

	A	B	C	D
1	이름	수험 번호	응시 유형	전형 방법
2	나태희	101	3	특기생
3	유원빈	401	4	추천
4	김해수	301	1	일반
5	이현빈	102	1	일반
6	소지범	201	2	특별
7	문건영	103	1	일반
8	유재수	302	3	특기생

TIP 단순히 IF 함수를 이용하면 [D2] 셀의 수식은 =IF(C2=1, "일반", IF(C2=2, "특별", IF(C2=3, "특기생", "추천")))이다.

3.4 표의 특정 위치에 있는 값, 특정 값이 있는 위치를 찾는 함수 : INDEX, MATCH

INDEX 함수는 [그림 5-3]의 ❶과 같이 표 형태의 셀 범위에서 특정 행과 열에 위치한 값을 구하며 MATCH 함수는 반대로 ❷와 같이 찾는 값이 셀 범위(한 행 또는 한 열)에서 몇 번째 위치하는지를 구한다.

특히 MATCH 함수는 INDEX 함수에서 행과 열의 위치를 지정하는 인수로 많이 사용된다.

그림 5-3 MATCH 함수와 INDEX 함수의 비교

❶ [B5:I9] 셀 범위에서 3행 2열 값은? 273,000 → INDEX 함수로 구할 수 있다.

❷ [B3:I3] 셀 범위에서 3년은 몇 번째 값인가? 3 → MATCH 함수로 구할 수 있다.

	A	B	C	D	E	F	G	H	I
1	자동차 배기량과 연식에 따른 자동차 세								
2									
3	연식	1년	2년	3년	4년	5년	6년	7년	8년
4	배기량(cc)	100%(세율)	100%	95%	90%	85%	80%	75%	70%
5	800	83,000	83,000	78,850	74,700	70,550	66,400	62,250	58,100
6	1,000	130,000	130,000	123,500	117,000	110,500	104,000	97,500	91,000
7	1,500	273,000	273,000	259,350	245,700	232,050	218,400	204,750	191,100
8	1,800	468,000	468,000	444,600	421,200	397,800	374,400	351,000	327,600
9	2,000	520,000	520,000	494,000	468,000	442,000	416,000	390,000	364,000

INDEX 참조 범위에서 행 번호째 행의 열 번호째 열에 있는 값을 구한다.

참조 범위 / 행 번호 / 열 번호

```
INDEX(reference, row_num, [column_num])
```

- column_num: 참조 범위에서 결과값이 있는 열의 번호
- row_num: 참조 범위에서 결과값이 있는 행의 번호
- reference: 함수의 결과값이 포함된 셀 범위

MATCH 찾는 값이 찾을 영역의 몇 번째 값인지를 구한다.

찾는 값 / 찾을 영역 / 찾기 유형

```
MATCH(lookup_value, lookup_array, [match_type])
```

- lookup_array: 한 행/열로 구성된 셀 범위
- match_type:
  - 0 → 처음으로 찾는 값을 찾은 위치를 구한다.
  - 1 또는 생략 → 찾는 값이 없으면 찾는 값보다 작은 값 중 가장 큰 값의 위치를 구한다. 이때 찾을 영역은 오름차순으로 정렬되어 있어야 한다.
  - −1 → 찾는 값이 없으면 찾는 값보다 큰 값 중 가장 작은 값의 위치를 구한다. 이때 찾을 영역은 내림차순으로 정렬되어 있어야 한다.
- lookup_value: 찾을 영역에서 찾고자 하는 값

기본 예제 배기량과 연식에 해당하는 자동차 세율과 세금 찾기

	A	B	C	D	E	F	G	H	I
1	자동차 배기량과 연식에 따른 자동차 세								
2									
3	연식	1년	2년	3년	4년	5년	6년	7년	8년
4	배기량(cc)	100%(세율)	100%	95%	90%	85%	80%	75%	70%
5	800	83,000	83,000	78,850	74,700	70,550	66,400	62,250	58,100
6	1,000	130,000	130,000	123,500	117,000	110,500	104,000	97,500	91,000
7	1,500	273,000	273,000	259,350	245,700	232,050	218,400	204,750	191,100
8	1,800	468,000	468,000	444,600	421,200	397,800	374,400	351,000	327,600
9	2,000	520,000	520,000	494,000	468,000	442,000	416,000	390,000	364,000
10	2,500	715,000	715,000	679,250	643,500	607,750	572,000	536,250	500,500
11	2,800	800,800	800,800	760,760	720,720	680,680	640,640	600,600	560,560
12	3,000	858,000	858,000	815,100	772,200	729,300	686,400	643,500	600,600
13	3,500	1,001,000	1,001,000	950,950	900,900	850,850	800,800	750,750	700,700
14	4,000	1,144,000	1,144,000	1,086,800	1,029,600	972,400	915,200	858,000	800,800

K	L
자동차 세 조회	
배기량	1,500
차 연식	5년
세율	
자동차세	

▼

K	L
자동차 세 조회	
배기량	1,500
차 연식	5년
세율	85%
자동차세	232,050

01 차 연식에 해당하는 세율 찾기

연식이 [B3:I3] 범위에서 5번째에 있다면 해당 세율 역시 [B4:I4] 범위에서 5번째에 있다. 그러므로 ❶[B3:I3] 범위에서 차 연식의 위치를 먼저 찾고, 이 위치를 이용해 [B4:I4] 세율 범위에서 세율을 찾도록 INDEX 함수를 사용해 수식을 작성한다. ❷그런 다음 표시 형식을 백분율로 지정한다.

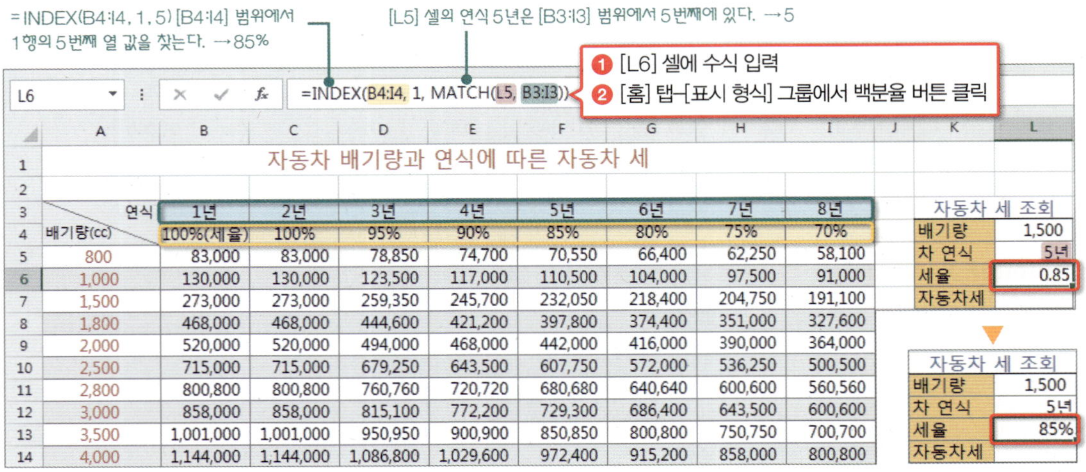

02 배기량과 차 연식에 해당하는 자동차세 찾기

자동차 세가 표시되어 있는 [B5:I14] 범위에서 찾는 세금이 있는 행과 열의 위치를 안다면 INDEX 함수를 이용하여 해당 위치의 값을 구할 수 있다. ❶조회할 배기량이 있는 행의 위치와 조회할 연식이 있는 열의 위치를 MATCH 함수로 구한 후 [B5:I14] 자동차 세 범위에서 해당 행, 열 위치에 있는 세금을 INDEX 함수로 구하여 결과값을 표시하도록 수식을 작성한다. ❷[홈] 탭–[표시 형식] 그룹–,(쉼표 스타일)을 클릭하여 세 자리 수마다 ,가 표시되게 한다.

SECTION ---- IT COOKBOOK

04 재무 함수

FV, PMT

엑셀은 다양한 재무 함수를 제공하지만 너무 전문적인 함수이므로 흔하게 사용되지는 않는다. 그래서 여기서는 재무 함수 중 가장 대표적인 FV와 PMT를 소개한다.

4.1 정기적 적금 만기액을 구하는 함수 : FV

10개월 동안 월 4만 원씩 연이율이 5%인 적금을 들었을 때 만기일에 찾는 금액은 얼마일까? 이처럼 이율이 고정적이며 정기적으로 일정액을 투자(적립)했을 때 기간 만료 후 찾는 금액 즉 미래 가치를 구하는 함수가 FV(future value) 함수이다.

FV 고정된 이율의 투자 상품에 납입 기간 동안 정기적으로 납입액을 투자했을 때 만기 후 받을 금액(미래 가치)을 구한다.

이율 / 납입 기간 / 납입액 / 현재 가치 / 납입 시점

```
FV(rate, nper, pmt, [pv], [type])
```

- type: 납입 주기(1년 또는 1개월)의 시작일마다 납입한다면 1, 마지막 일마다 납입한다면 0(생략 가능)
- pv: 투자 시작 시 투자한 금액(–) 또는 지급 받은 금액(+)으로 0원이면 생략 가능
- pmt: 한 번에 납입할 금액(–금액) (납입액은 납입자에게서 나가는 금액으로 자산 가치가 떨어지는 것이므로 음수 값이며, 함수 결과값은 납입자에게 들어오는 금액이므로 양수 값이다.)
- nper: 총 납입 기간(연 또는 월 단위)
- rate: 고정된 이자율(납입 기간이 연 단위이면 이율도 연 이율, 납입 기간이 월 단위이면 이율도 월 이율이 되어야 한다.)

기본 예제 적금 만기액 구하기

적금의 연이율이 5%인 은행에 매월 4만 원씩 10개월 동안 납입했을 때 만기일에 찾는 금액을 구해보자.

	A	B
2	이율	
3	기간(횟수)	
4	납입액	
5	적금만기액	

▶

	A	B
2	이율	5%
3	기간(횟수)	10
4	납입액	-40,000
5	적금만기액	₩409,282

=FV(B2/12, B3, B4, ,1)

- 월 이자율이 5%/12일 때
- 10개월 동안
- 40,000원씩
- 매달 초에 납입했을 때 찾는 만기액

[주의] =FV(B2/12, B3, B4, 1)로 입력하면 다섯 번째 인수가 생략된 것으로 간주하여 엉뚱한 결과가 나온다.

TIP [B4] 셀에 납입액을 40,000으로 입력하고 싶다면 수식을 =FV(B2/12, B3, –B4, ,1)로 작성한다.

TIP =FV(B2/12, B3, B4, 100000, 1)은 305,037이며, =FV(B2/12, B3, B4, –100000, 1)은 513,528이다.

4.2 정기적 대출 상환액을 구하는 함수 : PMT

은행에서 오백만 원을 대출받아서 연이율 7%로 10개월 동안 일정 금액으로 나누어 갚는다면 매월 상환액은 얼마일까? 이처럼 대출금을 고정된 이율로 정기적으로 갚아갈 때의 상환액을 구하는 함수가 PMT(payment) 함수이다.

PMT 고정된 이율로 납입 기간 동안 현재 가치만큼의 대출금을 갚아갈 때 정기적으로 상환할 금액을 구한다.

```
     이율     납입 기간   현재 가치  미래 가치  납입 시점
PMT(rate,      nper,       pv,       [fv],     [type])
```

- rate : 고정된 대출 이자율
- nper : 총 상환 기간(첫 번째 인수가 연이율이라면 연으로, 월이율이라면 월로 지정)
- pv : 대출인의 현재 자산, 즉 대출액(대출금이지만 상환을 시작하는 현재 시점에 납입자가 가지고 있는 자산이므로 양수값이며, 함수 결과인 정기적 상환액은 납입자에게서 나가는 자산이므로 음수 값이다.)
- [fv] : 납입 기간 후의 자산으로 대출의 경우 모두 상환해야 하므로 0(생략 가능) 양수 값으로 사용하면 납입 기간 후 찾을 수 있는 저금액 의미
- [type] : 상환 주기(1년 또는 1개월)의 시작 일마다 납입한다면 1, 마지막 일에 납입한다면 0(생략 가능)

기본 예제 고정 이율의 대출금에 대한 정기적 월 상환액 구하기

오백만 원을 대출받아 고정된 연이율 7%로 10개월 동안 나누어 갚을 때 매월 상환액을 구해보자.

	A	B
8	이율	
9	기간(횟수)	
10	대출금	
11	매월 상환액	

▶

	A	B
8	이율	7%
9	기간(횟수)	10
10	대출금	5,000,000
11	매월 상환액	-₩516,182

- 월 이자율이 7%/12일 때
- 10개월 동안
- 5,000,000원을 나누어 갚을 때
- 매달 말에 납입할 상환액

=PMT(B8/12, B9, B10)

TIP 매월상환액은 대출자에게서 나가는 금액이므로 음수값으로 표시된다. 그러므로 [B11] 셀에 양수값이 표시되게 하려면 수식을 =-PMT(B3/12, B4, B5)로 작성한다.

PMT 함수의 네 번째 인수인 미래 가치를 활용하면 특정액을 모으기 위한 매달 저금액을 계산할 수 있다. 5년 동안 오백만 원을 모으기 위해 연이율이 3.7%인 은행에 매달 저금할 금액은 =PMT(3.7%/12, 5*12, 0, 5000000, 1)=-75,757이다. 대출금이 없으므로 세 번째 인수를 0으로, 네 번째 인수는 5*12 개월 후 갖게 될 미래 가치 5000000으로, 다섯 번째 인수는 매달 초에 저금을 해야 한 달 이자가 계산되므로 1로 지정한 것이다. 만약 5년 동안 연이율이 3.7%인 은행에 매달 75,757원씩 저금을 하면 최종 저금액은 얼마일까? 최종 저금액은 =FV(3.7%/12, 5*12, -75757, 0, 1)=5,000,000이다. 이처럼 PMT 함수는 매달 저금할 금액이 궁금할 때, 반대로 FV 함수는 최종 저금액이 궁금할 때 활용할 수 있다.

IT COOKBOOK

종합 예제 직원 컴활 능력 시험 평가표 완성하기

직원의 수험번호 첫 숫자는 시험 유형 정보로 1, 2, 3, 4는 각각 1급필기, 1급실기, 2급필기, 2급실기를 의미한다. 이 정보를 이용해 유형을 구한 후 유형별 가산율표를 이용해 해당 가산율을 구해보자. 그런 다음 가산율을 적용하여 총점을 구하고 평가 기준표를 참조하여 총점에 대한 최종 평가를 구한 다음 직원의 이름을 [K8] 셀에 입력하면 해당 정보가 표시되도록 시트를 완성해보자.

직원 컴활 능력 시험 평가표

순번	수험번호	이름	점수	유형 ❶	가산율 ❷	총점 ❸	평가 ❹
1	2001	나태희	92	1급실기	5%	96.6	상
2	3001	유원빈	86	2급필기	0%	86.0	중
3	1001	손다정	82	1급필기	4%	85.3	중
4	1002	이현빈	65	1급필기	4%	67.6	미달
5	2002	소지법	93	1급실기	5%	97.7	상
6	3002	문건영	87	2급필기	0%	87.0	중
7	4001	유재수	61	2급실기	2%	62.2	미달
8	4002	고사연	78	2급실기	2%	79.6	하
9	1003	김주동	93	1급필기	4%	96.7	상

유형별 가산율표

유형	1급필기	1급실기	2급필기	2급실기
가산율	4%	5%	0%	2%

평가 결과 조회 ❺

이름	유원빈
총점	86
평가	중

평가 기준표

점수범위	등급	비고
0	미달	0~
70	하	70~
80	중	80~
90	상	90~

❶ 유형을 구한다. = CHOOSE(LEFT(B4, 1), "1급필기", "1급실기", "2급필기", "2급실기")

수험번호 왼쪽 글자 하나는 LEFT 함수로 구하며, 이 값이 1, 2, 3, 4 중 어느 것이냐에 따라 "1급필기", "1급실기", "2급필기", "2급실기" 중 하나로 결정되므로 CHOOSE 함수를 이용해 구한다.

❷ 가산율을 구한다. = HLOOKUP(E4, $K$4:$N$5, 2, FALSE)

가산율은 유형별 가산율표를 참조하여 유형에 해당하는 가산율을 구한다. 나태희의 가산율([F4])은 나태희의 시험 유형([E4])을 유형별 가산율표([K4:N5])의 첫 번째 행에서 찾은 후, 찾은 값이 있는 열의 두 번째 행(2)에서 가산율을 가져오므로 HLOOKUP 함수를 이용해 구한다.

❸ 총점을 구한다. = D4+D4*F4 또는 =D4*(1+F4)

총점은 점수에 가산율에 해당하는 점수를 더하여 구한다.

❹ 평가를 구한다. = VLOOKUP(G4, $M$9:$N$12, 2, TRUE)

평가는 총점의 범위에 따라 평가 기준표를 참조하여 해당 범위의 등급을 구한다. 나태희의 평가([H4])는 총점([G4])을 평가 기준표([M9:N12])의 첫 번째 열에서 찾아야 하며, 찾는 값이 없다면 범위에 해당하는 근사값을 찾아야 하며, 근사값을 찾았다면 찾은 값이 있는 행의 두 번째 열에서 등급을 가져오므로 VLOOKUP 함수를 이용해 구한다.

❺ 평가 결과를 조회한다. = VLOOKUP($K$8, $C$4:$H$12, 5, FALSE)
= VLOOKUP($K$8, $C$4:$H$12, 6, FALSE)

[K8] 셀의 이름에 해당하는 총점과 평가는 [C4:H12] 참조 표의 첫 열에서 이름을 찾은 후 이름이 있는 행의 5번째 열에 있는 총점과 6번째 열에 있는 평가 결과를 가져오면 되므로 VLOOKUP 함수를 이용해 구한다. VLOOKUP 함수는 첫 인수인 찾는 값을 참조 표의 첫 열에서만 찾으므로 참조 표는 C열부터 결과값이 있는 열까지 포함해야 한다.

평가 예제

IT COOKBOOK

아래의 지시사항을 참고하여 '5장_평가예제.xlsx'의 세 시트를 완성하시오.

01 '상반기' 시트에서 판매 수준 참고표를 이용하여 판매수에 따라 수준을 결정하고, 판매 수준별 격려금 표를 이용하여 수준에 따라 격려금을 구하시오. 그 다음에는 [F4] 셀에 사원명을 입력하면 해당 판매수와 수준이 표시되게 완성하시오. 수준과 격려금은 다음 조건에 따라 결정되도록 판매 수준별 격려금과 판매 수준 참고표를 직접 작성하시오.

- 수준 : 판매수에 근거하여 55 이상 → 상, 40 이상~55 미만 → 중, 20 이상~40 미만 → 하 , 나머지 20 미만 → 미달
- 격려금 : 수준에 근거하여 상 → 30만 원, 중 →20만 원, 하 → 10만 원, 미달 → 0원

	A	B	C	D	E	F	G	H	I	J	K
1											
2		1·2사분기 평가표				사원 정보 검색하기⑤					
3						사원명	판매수	수준			
4	성명	판매수	수준	격려금		유원빈	15	미달			
5	나태희	43	중	₩200,000							
6	유원빈	15	미달	₩ -		판매 수준별 격려금③					
7	나동건	43	중	₩200,000		수준					
8	손다정	52	중	₩200,000		격려금					
9	소지법	37	하	₩100,000							
10	유재수	48	중	₩200,000		판매 수준 참고표			분석 자료		
11	나원빈	57	상	₩300,000		판매수	수준	해당수	누적수	비율	누적비율
12	장근숙	55	상	₩300,000				1	1	10%	10%
13	이현빈	22	하	₩100,000		①		2 ⑥	3 ⑦	20%	30%
14	정주나	44	중	₩200,000				5	8	50%	80%
15			②	④				2	10	20%	100%
16							총	10명			

작성조건

① 수준을 결정하는 조건에 맞게 판매 수준 참고표를 작성한다(얼마부터는 미달, 얼마부터는 하, …으로 범위를 정한다).

② 수준은 해당 직원의 판매수를 판매 수준 참고표의 [F12:G15] 범위에서 찾아서 해당 수준을 가져오도록 VLOOKUP 함수로 구한다.

③ 판매 수준별 격려금 표는 정확히 같은 수준 내용을 표에서 찾아서 해당 격려금을 가져오므로 첫 번째 행이 정렬될 필요는 없다.

④ 격려금은 수준에 근거하여 HLOOKUP 함수로 구하고 표시 형식은 회계 범주로 통화 단위가 표시되게 지정한다.

⑤ 정보 검색을 위해 [F4] 셀에 사원명을 입력하면 해당 사원의 판매수와 수준이 옆에 표시되도록 VLOOKUP 함수를 이용한다.

⑥ 분석 자료의 해당수에는 왼쪽 셀의 수준에 해당하는 직원수를 COUNTIF 함수로 구한다.

⑦ 누적수는 여러 방법으로 구할 수 있다. [I12] 셀의 누적수는 [H12] 셀의 해당수 그대로, [I13] 셀의 누적수는 [I12] 셀의 누적수와 [H13] 셀의 해당수를 더한 값으로, 나머지 [I14:I16] 셀의 누적수는 [I13] 셀의 수식을 복사해서 구할 수 있다. 또는 SUM 함수를 이용하여 [H12] 셀의 해당수부터 SUM 함수를 입력하는 행의 해당수까지를 합계 범위로 설정해도 된다.

02 '일정표' 시트의 [C3:D3] 셀과 [F3] 셀에 연도와 월을 입력하면 해당 월의 달력이 일 단위로 표시되도록 완성하시오.

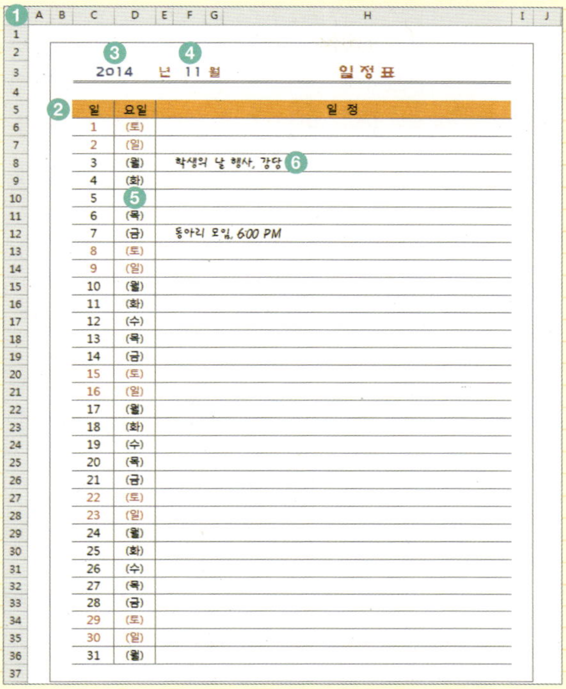

작성조건

❶ 다음과 같이 서식을 설정한다.

- 전체 셀을 흰색으로 칠하고 [B2:I37] 셀에 [바깥쪽 테두리]를 넣고 [C3:H3] 셀에 [아래쪽 이중 테두리]를 넣는다.
- [F5:H36] 셀은 각 행의 세 셀을 하나로 병합한다([병합하고 가운데 맞춤]의 [전체 병합] 이용). E 열은 일정을 띄우기 위해 병합하지 않는다.
- [C5:H36] 셀에 그림과 같이 테두리를 넣는다([모든 테두리]를 넣은 후 필요 없는 테두리를 지우면 편하다).

❷ 테마 색의 황금색 첫 번째 색(황금색, 강조 4)으로 채운다.

❸～❹ 일정표를 작성할 연도와 월을 입력한다.

❺ 앞의 ❸～❹에서 연도와 월을 입력하면 요일이 자동으로 표시되게 한다.

- 요일 정보는 WEEKDAY 함수와 DATE 함수를 중첩하여 구한다.
- 실제 요일 이름은 WEEKDAY 함수로 구한 정보를 이용하여 CHOOSE 함수로 구한다.
- 요일 이름 앞 뒤로 ( )를 표시하는 것은 CHOOSE 함수를 사용할 때 둘째 인수부터 직접 "(일)"～"(토)"로 사용하거나, CHOOSE 함수에서는 "일"～"토"로 인수를 지정한 후 셀 서식을 사용자 지정 표시 형식 "("@")"로 지정하거나, 수식에서 & 연산자를 이용하여 CHOOSE 함수 사용 앞 뒤로 "("와")"를 &로 연결해도 된다.

  [D6] 셀의 요일을 구하는 식을 입력하고 채우기 핸들로 [D36] 셀까지 수식을 복사하면 [D6] 셀의 서식까지 복사되어 글자가 모두 빨간색이 된다. 요일을 구할 때 사용자 지정 표시 형식을 사용하지 않고 (토)가 표시되게 했다면, 복사 후 아래의 '자동 채우기' 옵션을 이용하여 [서식 없이 채우기]를 클릭하면 각 셀의 기존 서식대로 표시된다(제공하는 시트의 [D6:D36] 셀에는 요일에 맞게 빨강과 검정 글자색이 설정되어 있다).

- DATE 함수를 이용해 날짜를 만든 후 사용자 지정 표시 형식을 (aaa)로 지정해도 같은 결과를 얻을 수 있지만 WEEKDAY와 CHOOSE 함수를 활용해보기 위해 위의 방법을 사용해본다.

⑥ 일정을 입력한다. 글꼴은 '휴먼 편지체'이다.

03 '적금_상환액' 시트에서 적금 이율이 연 4.5%일 때 매달 초 4만 원씩 6개월을 납입했을 때 만기일에 찾는 금액을 [B5] 셀에 구하고, 5천만 원을 연대출 이율 5.5%로 빌린 후 15개월 동안 매달 말 동일한 금액으로 갚아갈 상환액을 [E5] 셀에 구하시오. 주어진 적금 조건과 대출 조건 또한 각 셀에 직접 입력하시오.

	A	B	C	D	E
1	적금만기액 계산하기			대출금 매월 상환액 계산하기	
2	매달적금액			대출금	
3	기간(개월)	①		상환기간(개월)	③
4	이율			이율	
5	적금만기액	₩243,170 ②		매월상환액	-₩345,686 ④

작성조건

① 적금 조건 입력 : 매달 적금액은 나가는 금액이므로 음수 값으로 하고, 이율은 백분율 표시 형식으로 설정하고, 기간 단위는 월로 입력한다.

② 적금만기액 : 현재 셀에 있는 값이 나오도록 FV 함수를 입력한다.

③ 대출금 상환 조건 입력 : 대출금은 현재의 자산이므로 양수 값이다.

④ 매월 상환액 : 현재 셀에 있는 값이 나오도록 PMT 함수를 입력한다.

CHAPTER 6

IT COOKBOOK

인쇄와 조건부 서식

엑셀의 페이지 레이아웃 설정 기능을 이용하면 인쇄 모양을 다양하게 설정할 수 있다. 그리고 인쇄 미리 보기와 페이지 레이아웃 보기를 통해 인쇄 결과를 미리 확인하여 예상치 못한 잘못된 인쇄로 시간과 프린터 자원을 낭비하는 것을 막을 수 있다. 또한 통합 문서의 시트별로 창을 열어 작업하기 편하게 배치하면 작업 효율을 높일 수 있으며, 판매 실적이 상위 10%인 직원의 정보 셀만 파랗게 표시할 수 있다면 복잡한 시트에서 필요한 정보를 쉽게 확인할 수 있다.

이 장에서는 작업한 엑셀 통합 문서를 인쇄하는 방법, 작업을 좀 더 효율적으로 할 수 있게 해주는 창 설정, 조건을 만족하는 셀에 자동으로 서식이 적용되게 하는 조건부 서식 기능을 살펴본다.

SECTION ---- IT COOKBOOK

01 인쇄 기능 익히기

통합 문서의 시트는 페이지 단위로 구성되지 않아 시트만 봐서는 인쇄했을 때 몇 페이지로 인쇄되고, 페이지별로 어느 행과 열까지 인쇄되는지를 모른다. 인쇄 백스테이지를 열면 인쇄 미리 보기 기능을 이용하여 프린터로 인쇄한 결과를 미리 확인할 수 있으며, 다양한 인쇄 옵션 설정을 통해 사용자가 원하는 형태로 출력할 수 있다.

1.1 인쇄 백스테이지

엑셀에서는 화면으로는 제대로 보이던 셀이 인쇄를 하면 프린터 종류에 따라 숫자가 #으로 표시되거나 텍스트가 중간에 잘리기도 한다. 따라서 인쇄를 하기 전에 미리 보기로 먼저 확인하는 습관을 들이는 것이 좋다.

시트를 인쇄한 결과를 미리 보려면 [파일] 탭–[인쇄]를 클릭하여(Ctrl+P) 인쇄 백스테이지를 본다. [그림 6-1]과 같은 인쇄 백스테이지의 오른쪽 미리 보기 화면에서 인쇄 결과를 미리 확인한 후 [인쇄]를 클릭하면 인쇄가 시작된다.

그림 6-1 인쇄 백스테이지([파일] 탭–[인쇄])

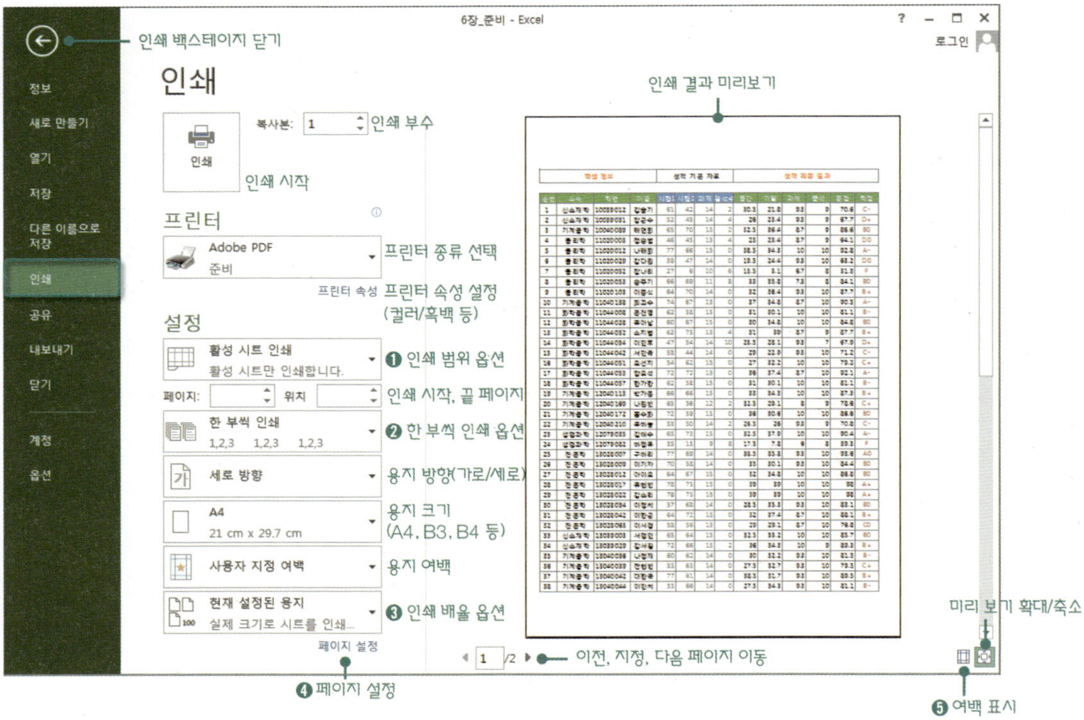

❶ 인쇄 범위 옵션

- **[활성 시트 인쇄]** : 미리 보기를 하기 전에 선택한 시트만 인쇄한다. 대개 현재 시트만 인쇄하지만 통합 문서에서 Ctrl을 누른 채 여러 시트 탭을 클릭하여 선택한 후 [파일] 탭–[인쇄]를 클릭했다면 이 옵션으로 여러 시트를 한꺼번에 인쇄할 수 있다.
- **[전체 통합 문서 인쇄]** : 통합 문서의 모든 시트를 인쇄한다.
- **[선택 영역 인쇄]** : 인쇄 백스테이지를 보기 전에 시트에서 미리 셀 범위를 선택했다면 해당 범위만 인쇄한다.

❷ 한 부씩 인쇄 옵션

- **[한 부씩 인쇄]** : 여러 페이지를 분류하기 쉽도록 전체 페이지를 한 부 인쇄한 후 다음 한 부를 인쇄하는 방식으로 인쇄한다. [한 부씩 인쇄 안함]보다 인쇄 시간이 많이 걸린다.
- **[한 부씩 인쇄 안함]** : 같은 페이지를 여러 부 인쇄한 후 다음 페이지를 인쇄하는 방식으로 인쇄한다.

❸ 인쇄 배율 옵션

시트의 오른쪽 끝 열이나 아래쪽 끝 행의 일부가 다음 페이지로 넘어가 인쇄될 때가 있는데 이 옵션을 이용하면 페이지 설정이나 행과 열의 크기를 변경하지 않더라도 [그림 6–2]와 같이 인쇄 배율만 조정해 한 페이지에 모두 인쇄되게 할 수 있다. 그리고 [사용자 지정 배율 옵션...]을 클릭한 후 [페이지 설정] 대화상자–[페이지] 탭에서는 [확대/축소 배율] 값을 직접 지정할 수도 있다.

그림 6–2 인쇄 배율 옵션 적용 예

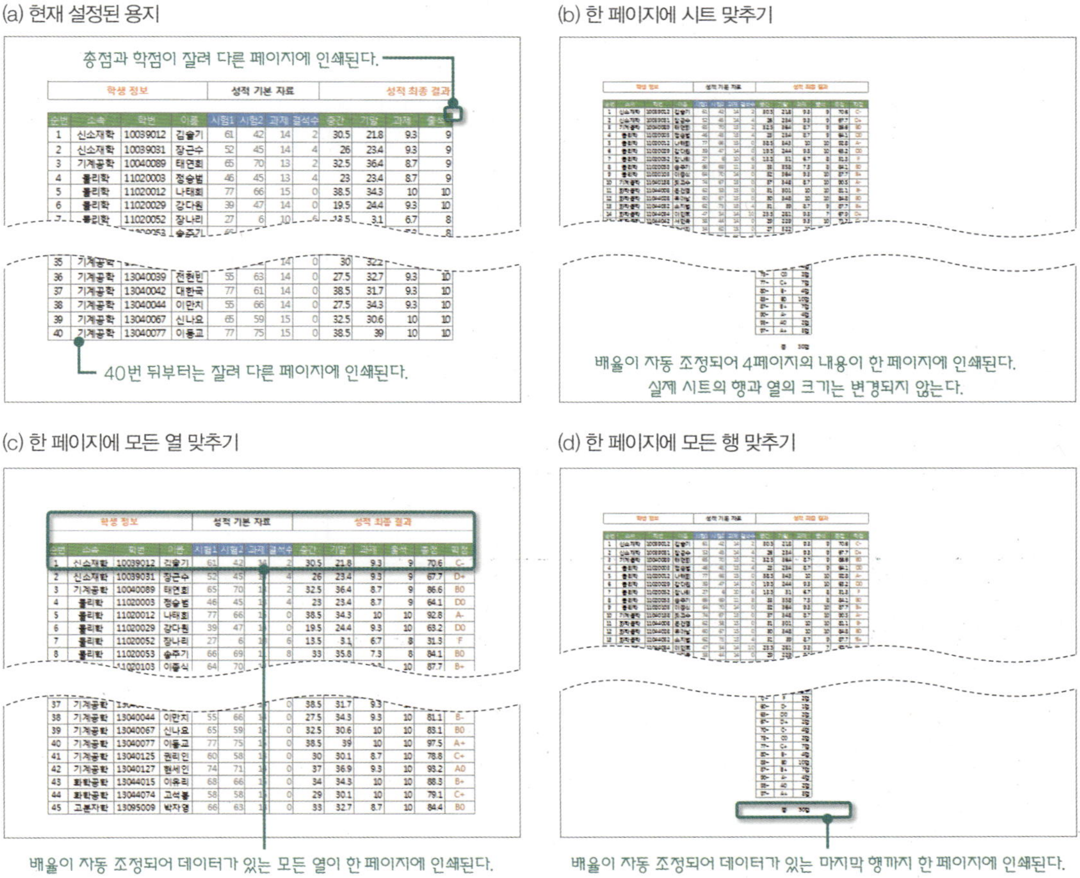

❹ 페이지 설정

클릭하면 인쇄 백스테이지에서 보다 더 세부적으로 인쇄 옵션을 설정할 수 있는 [페이지 설정] 대화상자가 열린다. 이 대화상자의 내용은 대부분 [페이지 레이아웃] 탭에 포함되어 있으므로 페이지 레이아웃 설정에서 함께 소개한다.

❺ ⊞(여백 표시)

클릭하면 미리 보기 화면에 드래그하여 여백을 변경할 수 있는 여백 구분선이 표시된다. 여백 표시 상태에서는 미리 보기 화면에서 셀의 오른쪽 경계선을 드래그하여 열 너비를 변경할 수 있다. 화면에는 제대로 보이는 내용이 인쇄를 하면 셀 너비가 좁아 #으로 표시되거나 줄이 바뀌는 경우가 있는데 이런 경우에 결과를 확인하면서 셀 너비를 조절할 수 있어 매우 편리하다.

기본 예제 미리 보기 화면에서 열 너비를 조절하여 인쇄하기

화면에는 제대로 보이는 학번과 시험1, 시험2 제목이 미리 보기 화면에서는 #과 줄이 바뀌어 나타날 때 미리 보기 화면에서 곧바로 열 너비를 수정하여 결과를 확인해보자.

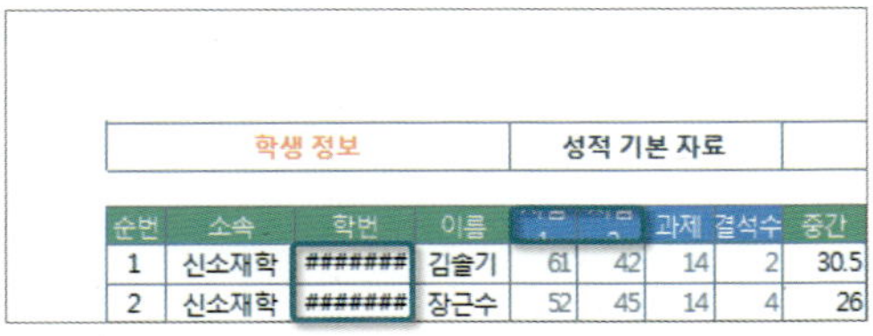

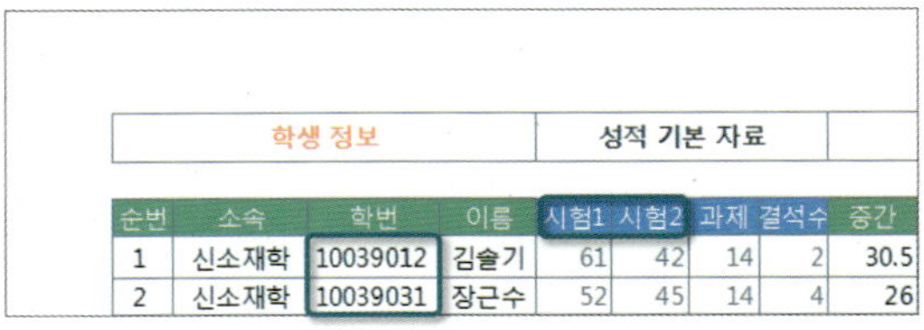

❶ [파일] 탭–[인쇄]를 클릭한 후 ❷ 인쇄 백스테이지의 오른쪽 미리 보기 맨 아래에 있는 ⊞(여백 표시)를 클릭하여 여백 구분선을 표시한다. ❸ 학번, 시험1, 시험2의 열 너비를 넓힌다.

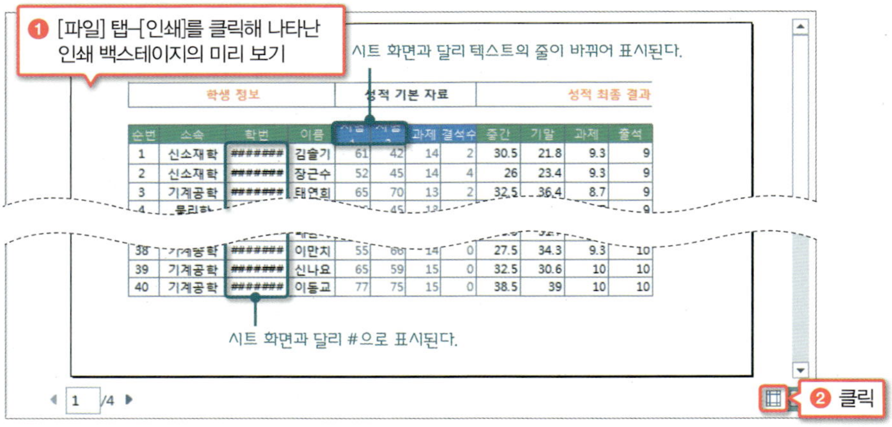

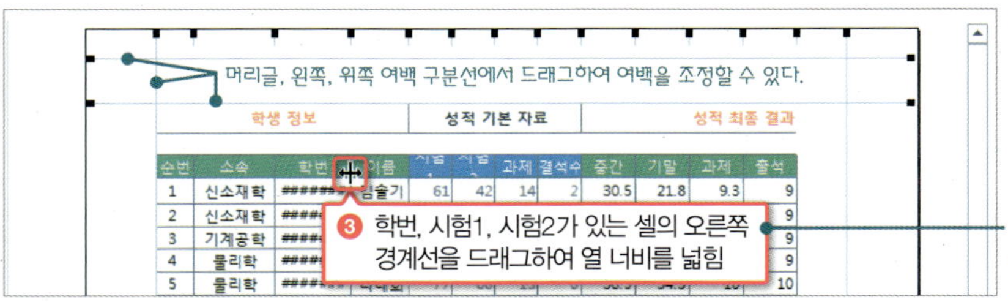

TIP 인쇄 배율 조정 작업으로 미리 보기 창이 그림과 다르다면 인쇄 백스테이지의 [설정] 맨 끝이 [현재 설정된 용지]로 지정되어 있는지 확인한다.

미리 보기에서 행 높이는 조절할 수 없다.

1.2 페이지 레이아웃 설정

인쇄 백스테이지에서 용지 방향, 크기, 여백 등의 기본 설정은 할 수 있지만 [그림 6-3]의 [페이지 레이아웃] 탭이나 [페이지 설정] 대화상자를 이용하면 인쇄와 관련된 더 세부적인 설정을 할 수 있다.

그림 6-3 [페이지 레이아웃] 탭과 인쇄 백스테이지 옵션 간의 연관성

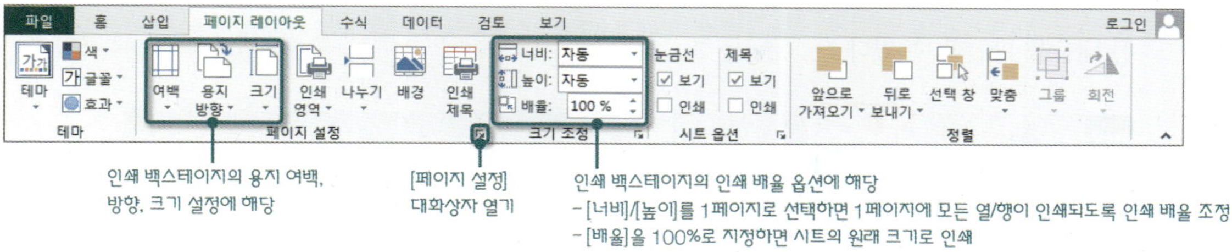

기본 예제 **페이지 레이아웃 설정하기(여백, 인쇄 제목, 페이지 나누기)**

1, 2페이지의 오른쪽 끝에서 잘린 두 열이 한 페이지에 인쇄되도록 그리고 첫 페이지 이후로도 3행의 항목 제목이 각 페이지 첫 행에 인쇄되도록 레이아웃을 설정하는 방법을 알아보자. 그리고 첫 페이지에는 35번 학생의 자료까지만 인쇄되도록 페이지를 나누어 보자.

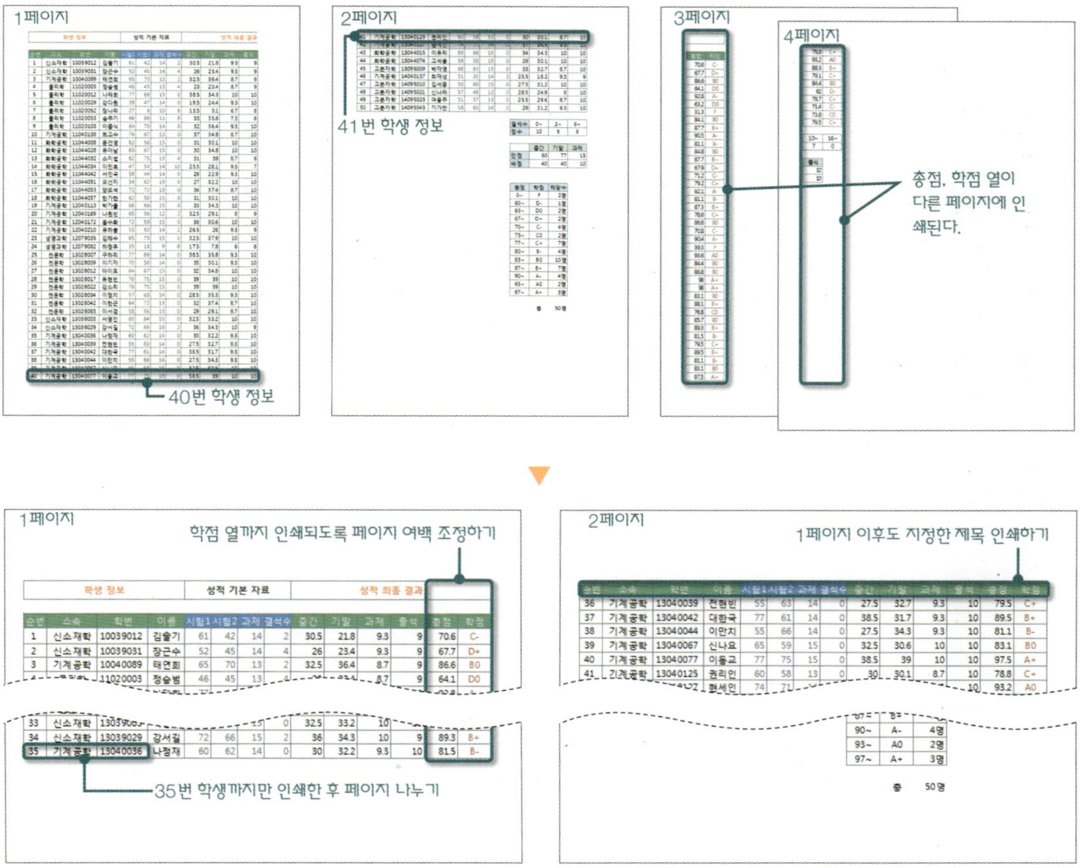

01 페이지 여백 설정하기

시트의 오른쪽 끝 일부가 잘려 인쇄될 때는 인쇄 배율 옵션을 '한 페이지에 모든 열 맞추기'로 설정해 해결할 수도 있지만 내용이 축소되어 글자가 작아지지 않게 하려면 여백을 조정하는 것이 좋다. ❶~❸[페이지 레이아웃] 탭–[페이지 설정] 그룹–[여백]–[사용자 지정 여백]을 클릭한다. ❹[페이지 설정] 대화상자에서 여백을 설정한 후 ❺[인쇄 미리 보기]를 클릭하면 미리 보기 화면에서 설정된 내용을 확인할 수 있다.

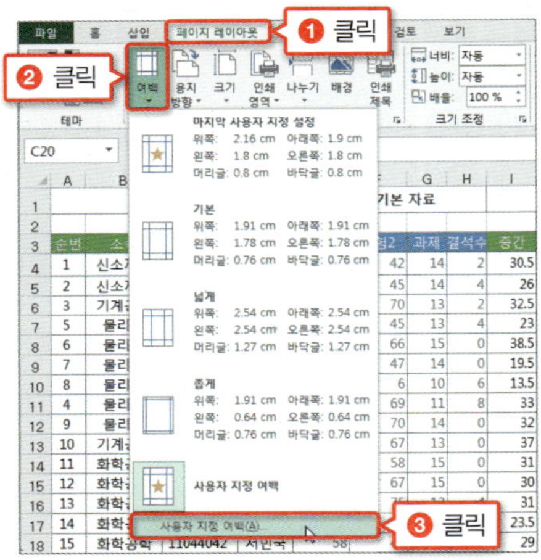

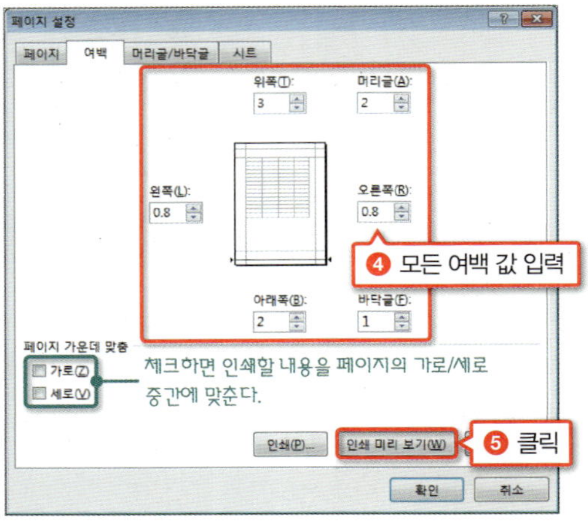

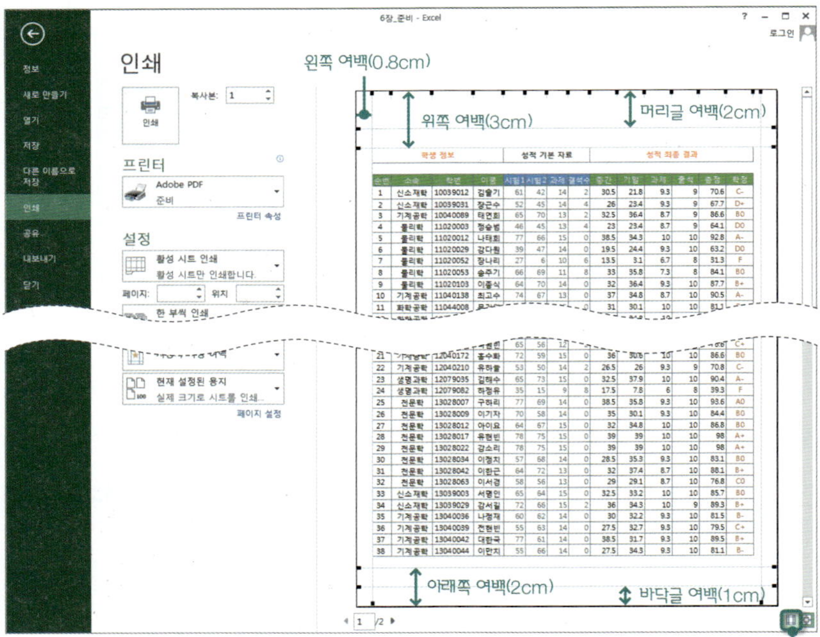

사용자 지정 여백은 대화상자보다는 이 [여백 표시]를 클릭하여 나타나는 여백 구분선을 드래그하는 것이 편리하다.

02 페이지의 인쇄 제목 설정하기 : 3행을 인쇄 제목으로 설정하기

동일한 형태의 데이터가 여러 페이지에 이어서 인쇄되는 경우 2페이지부터는 데이터의 제목이 없으면 구분이 잘 안되어 의미를 파악하기가 어렵다. 이 문제는 매 페이지마다 제목에 해당하는 행이 함께 인쇄되도록 설정하여 해결할 수 있다. ❶~❷ [페이지 레이아웃] 탭–[페이지 설정] 그룹–[인쇄 제목]을 클릭한 후 ❸ [페이지 설정] 대화상자의 [반복할 행]의 입력 칸을 클릭하여 커서를 둔 후 ❹ 제목으로 사용할 3행의 임의의 위치에 마우스 포인터를 두어 ➡ 모양로 바뀌었을 때 클릭하면 3행에 점선 테두리가 생기고 [페이지 설정] 대화상자의 [반복할 행]에 해당 행이 입력된다. ❺ [페이지 설정] 대화상자의 [인쇄 미리 보기]를 클릭하여 설정된 내용을 확인할 수 있다.

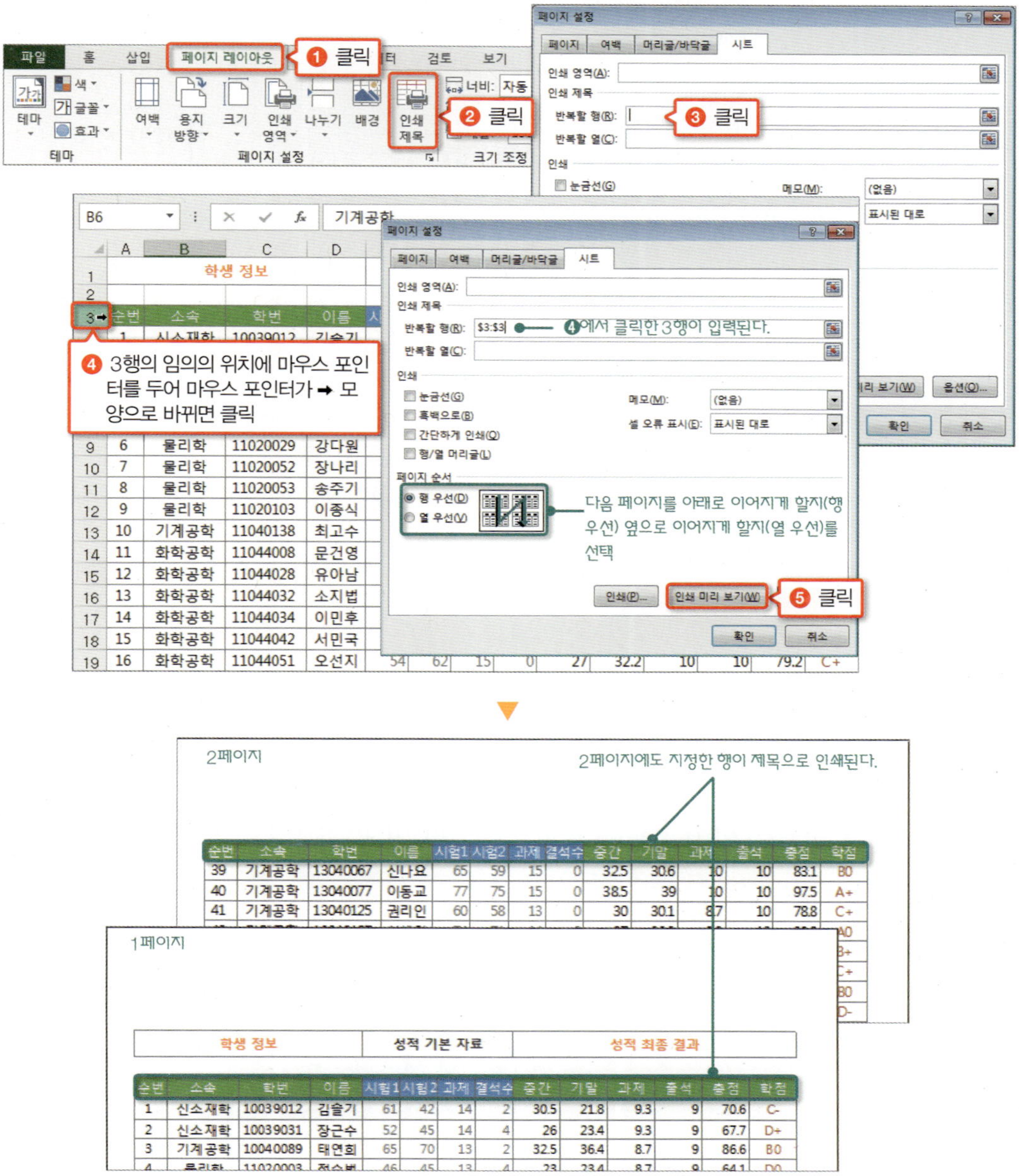

03 강제로 페이지 나누기 : [A39] 셀부터 새 페이지에 인쇄하기

페이지 크기나 여백에 상관없이 특정 위치부터는 새 페이지에 인쇄하고 싶다면 새 페이지에서 시작할 셀에 페이지 나누기를 삽입한다. 42행의 39번 학생이 아닌 39행의 36번 학생부터 새 페이지가 시작하도록 ❶ 39행의 첫 셀인 [A39] 셀을 선택하고 ❷~❹ [페이지 레이아웃] 탭–[페이지 설정] 그룹–[나누기]–[페이지 나누기 삽입]을 클릭한다. 셀 포인터가 있던 행부터 새로운 페이지로 나눠져 실선 경계선이 표시된다.

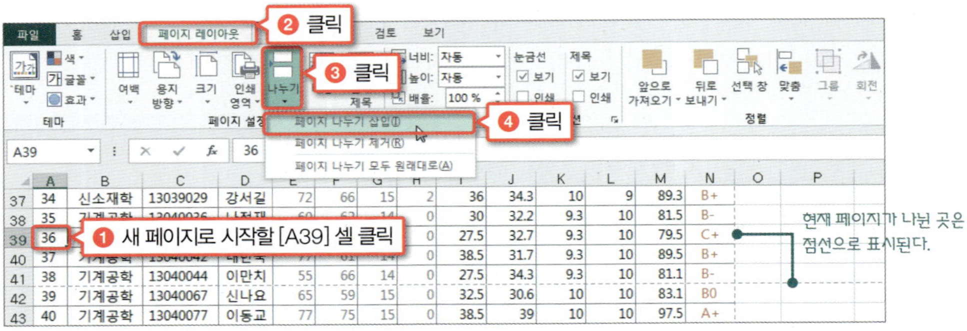

▼

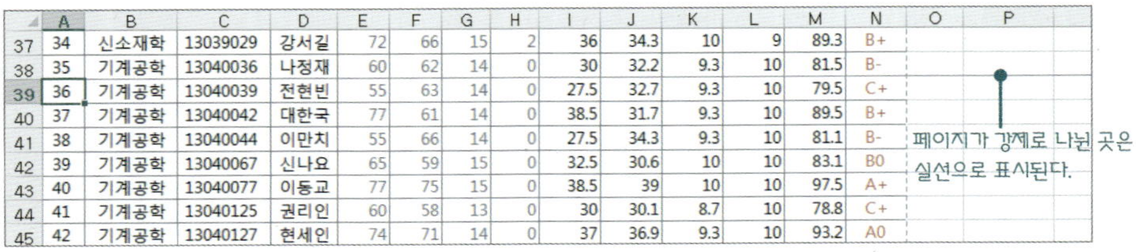

TIP 처음 시트를 만들거나 열면 페이지 구분선이 표시되지 않고 페이지 크기나, 용지 방향, 여백 등 페이지 설정에 관한 옵션을 바꾸면 페이지 구분선이 표시된다. 인쇄 미리 보기를 하면 대부분 사라진다.

TIP 셀 포인터를 [J39] 셀에 두고 페이지 나누기를 삽입하면 39행부터 그리고 J열부터 새 페이지로 나뉜다. 즉, 셀 포인터 위치를 기준으로 4개의 페이지로 나뉘어지므로 행과 열 모두 페이지 나누기를 삽입할 때 유용하게 사용된다.

04 페이지 나누기 제거하기 : [A39] 셀에 삽입한 페이지 나누기 제거하기

강제로 삽입한 페이지 나누기는 페이지 나누기를 삽입한 곳, 즉 강제 페이지 나누기 실선 바로 다음 행에서 제거해야 한다. 예제의 경우 38행이나 40행에서는 불가능하고 ❶ 39행에 셀 포인터를 두고 ❷~❹ [페이지 레이아웃] 탭–[페이지 설정] 그룹–[나누기]–[페이지 나누기 제거]를 클릭해 제거한다.

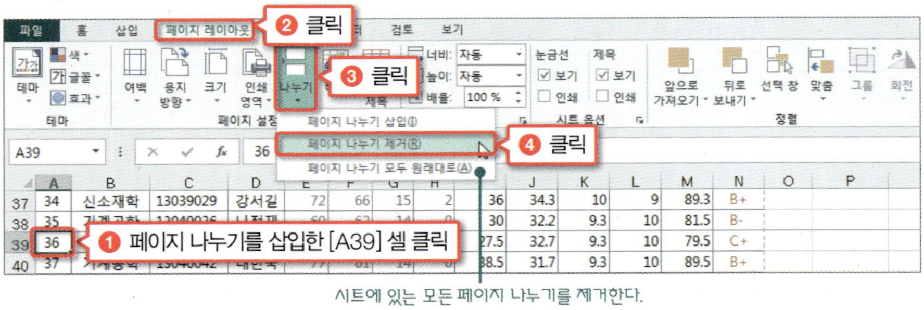

기본 예제 시트의 눈금선과 행/열 머리글 인쇄하기

엑셀 화면의 행/열 머리글은 인쇄해도 나타나지 않는데, 인쇄물에서 셀의 위치를 확인하기 위해 필요한 경우가 있다. 화면에 표시되는 셀 눈금선 또한 기본으로 인쇄되지 않으므로 인쇄 시 셀 테두리를 표시하고 싶으면 셀 테두리를 직접 지정해야 한다. 그러나 단순히 셀 구분선만 있으면 된다면 인쇄 옵션을 이용해 시트에 데이터가 입력된 마지막 행과 열까지 점선의 눈금선을 자동으로 인쇄할 수 있다. 인쇄물에 행/열 머리글과 눈금선을 인쇄하는 방법을 알아보자.

01 행/열 머리글을 함께 인쇄하기

❶~❷ [페이지 레이아웃] 탭–[시트 옵션] 그룹–제목의 [인쇄]를 체크한 후 인쇄 백스페이지를 열면 행과 열 머리글도 함께 인쇄되는 것을 확인할 수 있다.

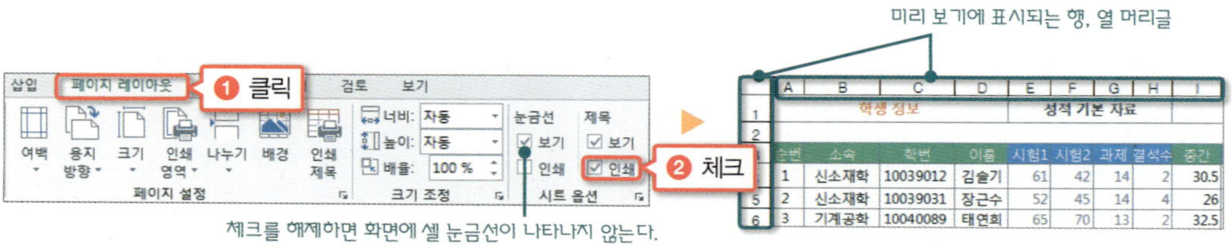

TIP [시트 옵션] 그룹의 눈금선과 제목 옵션에 있는 각 [인쇄]는 [페이지 설정] 대화상자의 [시트] 탭의 [눈금선], [행/열 머리글]에 해당한다.

02 데이터가 있는 마지막 행과 열까지 자동으로 눈금선 인쇄하기

❶~❷ [페이지 레이아웃] 탭–[시트 옵션] 그룹–눈금선의 [인쇄]를 체크하면 마지막 데이터가 있는 곳까지 눈금선도 함께 인쇄된다.

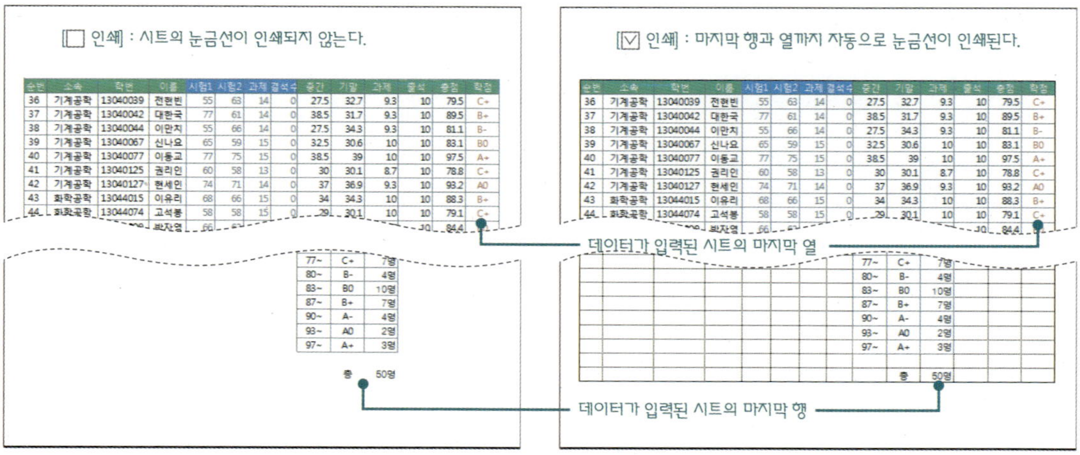

TIP 시트를 꾸미기 위해 예제처럼 테두리를 그어야 하는 경우가 아니라면 테두리를 설정하지 않고 눈금선을 인쇄하는 것이 편리하다.

기본 예제 시트 보기 상태 변경하기(기본/페이지 레이아웃/페이지 나누기 미리 보기)

지금까지는 데이터를 입력할 수 있는 시트의 셀과 셀의 위치를 쉽게 구분할 수 있도록 단순히 행과 열 머리글이 표시되는 기본 보기 상태에서 작업을 해왔다. 그런데 행/열 크기나 특정 범위에 입력된 내용의 크기를 눈금자로 보다 정확히 확인하거나, 실제 인쇄 시 페이지가 어떻게 나뉘는지를 확인하면서 통합 문서를 작성할 수도 있다. 이는 [보기] 탭–[통합 문서 보기] 그룹에서 시트 보기 상태를 선택하거나, 상태 표시줄의 (보기 바로가기)를 이용해 선택할 수 있다.

01 페이지 나누기 미리 보기와 페이지 레이아웃 보기 상태 선택하기

시트의 보기 상태는 ❶~❷ [보기] 탭–[통합 문서 보기] 그룹의 시트 보기 상태에서 선택한다.

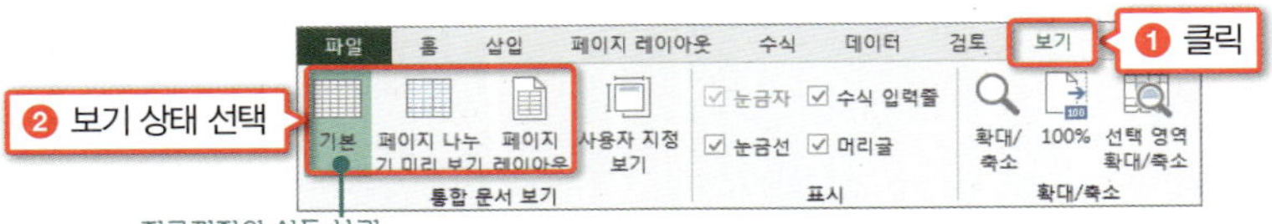

지금까지의 시트 보기

페이지 나누기 미리 보기 상태

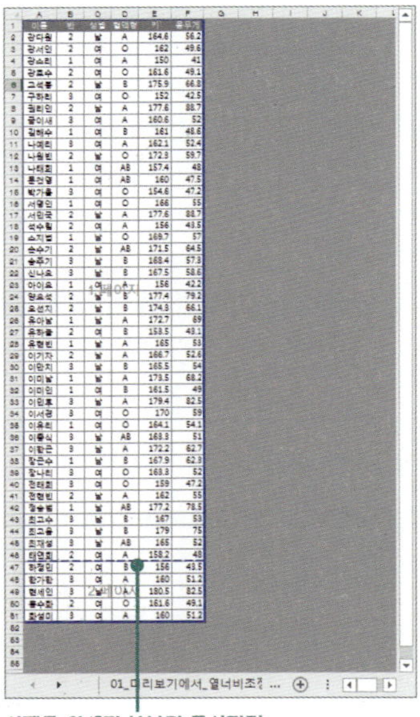

실제로 인쇄될 부분만 표시된다.
새 페이지가 시작되는 부분은 파란색 구분선으로 표시되며 이 구분선을 드래그하여 한 페이지에 인쇄될 범위를 수정할 수 있다(실제 셀의 높이나 너비가 조정되는 것이 아니라 인쇄 배율만 조정된다).

페이지 레이아웃 보기 상태

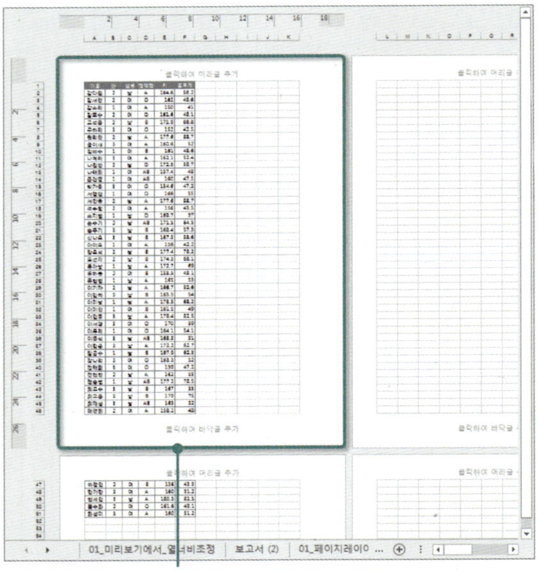

페이지마다 실제 인쇄 모양으로 보여주므로 인쇄 결과를 따로 확인할 필요가 없다.

02 공백 숨기기/표시하기

인쇄 미리 보기 화면에서는 여백 표시를 한 후 열 너비를 수정할 수는 있었지만 행 높이는 수정할 수 없었다. 반면 페이지 레이아웃 보기 상태에서는 행 높이도 조절할 수 있으며 눈금자를 이용해 크기도 정확히 확인할 수 있다. ❶ 페이지 레이아웃 보기 상태에서 ❷ 용지 좌측상단 경계선을 마우스로 클릭하면 공백 숨기기가 되어 용지 여백을 표시하지 않으므로 기본 보기와 유사한 상태로 페이지 레이아웃 보기 상태의 기능을 이용할 수 있다.

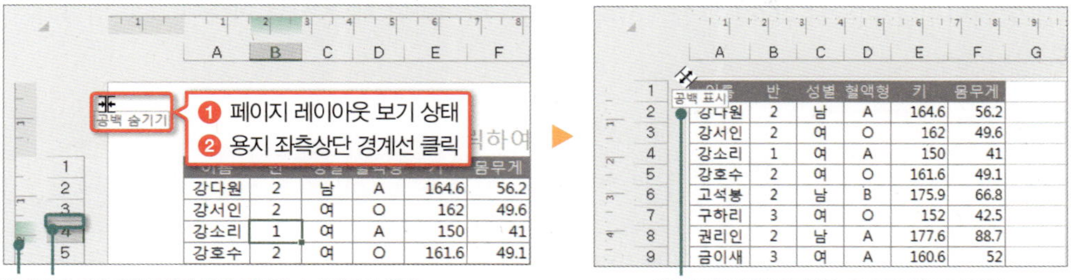

행 머리글 경계선에서 행 높이를 조절할 수 있으며 눈금자로 정확한 크기를 확인할 수 있다.

경계선에서 다시 클릭하면 공백이 다시 표시된다.

기본 예제 머리글/바닥글 넣기(시트 이름, 페이지 번호)

머리글과 바닥글은 인쇄 페이지의 위쪽과 아래쪽에 자동으로 인쇄되는 내용이다. 머리글이나 바닥글에 시트 이름을 표시하면 인쇄물이 통합 문서의 어느 시트 것인지 쉽게 구분할 수 있으며, 통합 문서가 저장된 파일 경로나 파일 이름을 표시하면 오래 전에 작업한 통합 문서를 열 때 저장한 파일 이름과 폴더를 쉽게 찾을 수 있다. 머리글과 바닥글은 시트의 위쪽과 아래쪽으로 나타나는 위치만 다르고 설정 방법은 같으므로 여기서는 머리글만 소개한다.

머리글을 넣을 부분은 왼쪽, 가운데, 오른쪽 세 영역으로 나눠져 있다. 머리글 영역에 사용자가 직접 입력한 텍스트는 각 페이지마다 동일하게 인쇄된다. 그러나 페이지 번호와 같이 매 페이지마다 값이 변경되거나, 시트 이름, 파일 이름, 현재 날짜와 같이 해당 내용이 변경되면 머리글도 자동으로 업데이트되어야 하는 내용은 코드 형태로 쉽게 삽입할 수 있는 버튼을 이용한다.

그림과 같이 시트 머리글 왼쪽 영역에는 학교 이름, 가운데는 시트 이름, 오른쪽에는 'Page'와 시트의 페이지 번호가 나타나게 해보자.

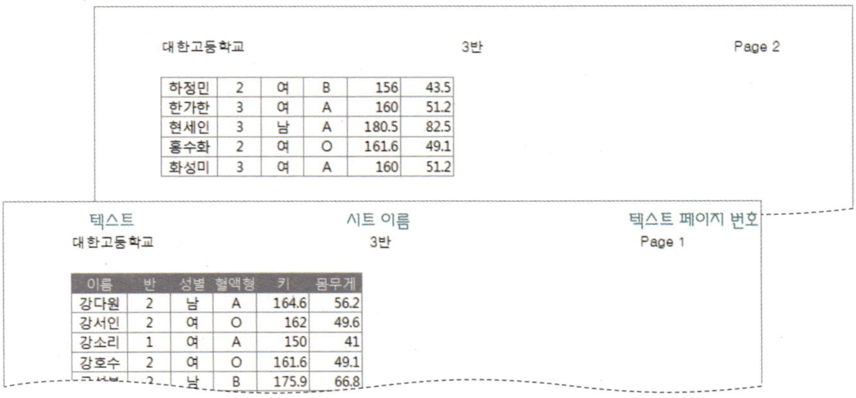

01 머리글에 시트 이름 코드 넣기

기본 보기 상태에서 ❶~❷ [삽입] 탭–[텍스트] 그룹–[머리글/바닥글]을 클릭하면 머리글을 넣을 수 있는 왼쪽, 가운데, 오른쪽 영역이 나타난다. ❸ 커서를 가운데 영역에 두고 ❹ [머리글/바닥글 도구:디자인] 탭–[머리글/바닥글 요소] 그룹–[시트 이름]을 클릭하면 해당 시트 이름이 자동 입력되는 코드가 삽입된다.

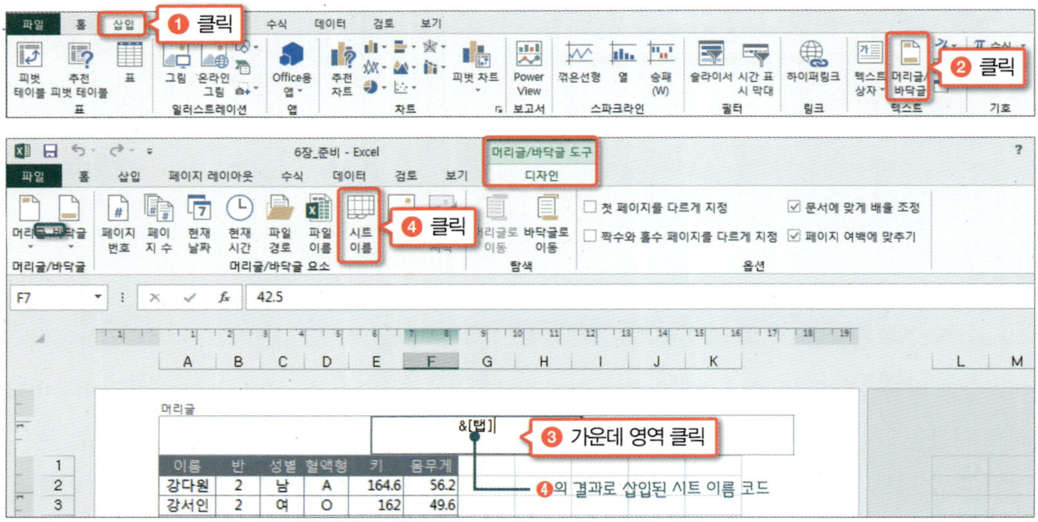

TIP 페이지 레이아웃 보기 상태에서는 위와 같이 머리글 영역이 기본으로 표시되므로 이를 클릭해 코드를 삽입할 수 있다.

02 머리글에 텍스트와 페이지 번호 넣기

❶ 머리글의 왼쪽 영역에 텍스트를 직접 입력하고 ❷ 오른쪽 영역에 'Page '를 입력한 후 ❸ [페이지 번호] 버튼을 클릭하여 페이지 번호 코드를 넣는다. 머리글을 입력한 후 시트의 셀을 클릭하여 머리글 편집을 마치고 시트 편집 작업을 하거나, 기본 보기 화면으로 전환하여 시트 편집 작업을 계속 한다.

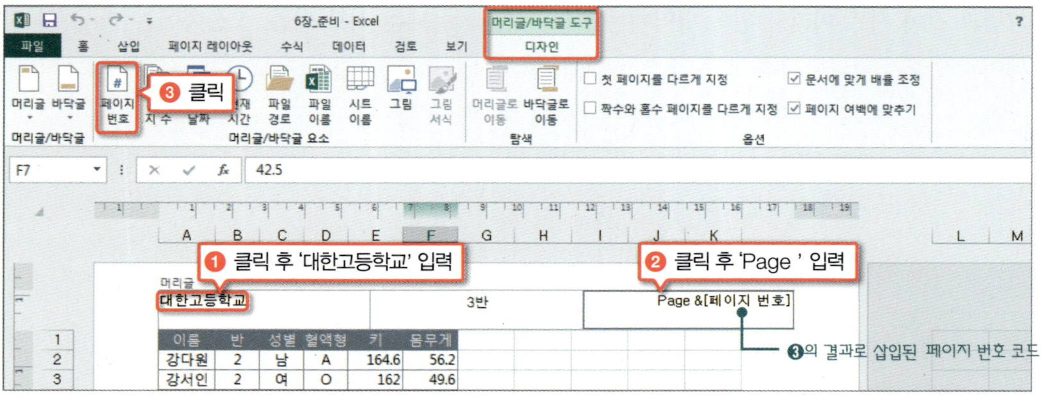

TIP 머리글을 수정하거나 제거하려면 [삽입] 탭–[텍스트] 그룹–[머리글/바닥글]을 클릭하거나 페이지 레이아웃 보기 상태에서 해당 영역을 클릭하여 작업한다.

SECTION ·· IT COOKBOOK

02 창 다양하게 설정하기

통합 문서를 여러 개 열어 작업할 때는 창을 어떻게 배치하느냐에 따라 작업 효율이 달라진다. 특히 한 통합 문서에 포함된 여러 시트를 서로 비교하며 작업할 때는 시트별로 창을 띄워 적절히 배치하면 훨씬 수월하게 작업할 수 있다.

기본 예제 시트별로 창을 따로 띄워 가로로 나란히 배치하기

동일한 통합 문서의 보고서와 참고표 시트를 별개의 창에 나타나게 한 후 모니터 화면에 나란히 배치하여 참고표 시트의 점수별 등급표를 참조하면서 보고서 시트의 등급을 입력할 수 있게 해보자.

01 통합 문서 하나를 엑셀 창 두 개에 나타내기

❶ 보고서 시트 탭을 클릭하여 보고서 시트를 화면에 표시한다. ❷~❸ [보기] 탭–[창] 그룹–[새 창]을 클릭하면 제목 표시줄에 현재 통합 문서 이름 뒤에 ':2'가 추가된 새 창이 열린다.

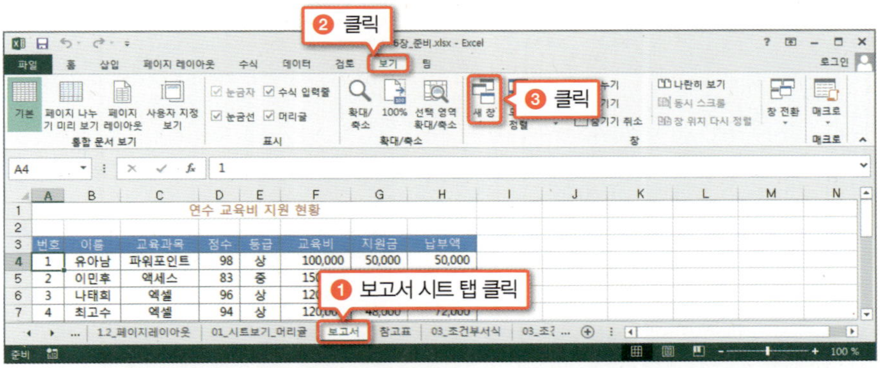

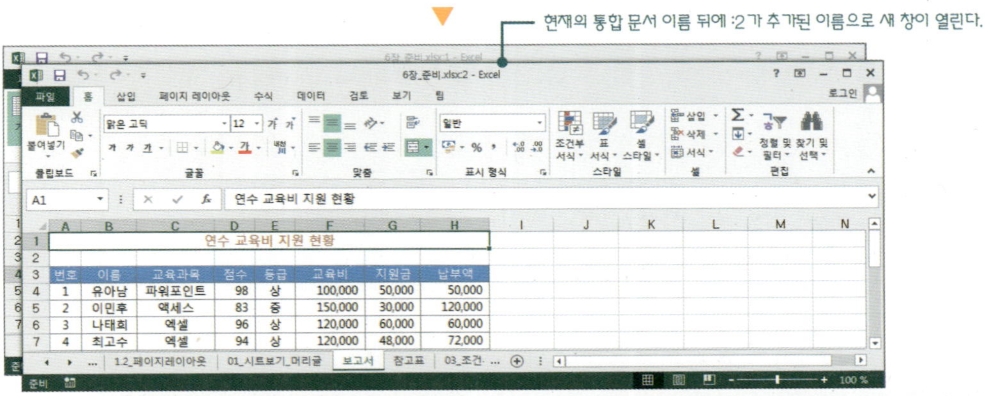

TIP 통합 문서 이름 뒤의 :2는 동일 통합 문서에 대해 창이 2개 열린 것을 표시한다. 어떤 창에서 작업하든 동일한 통합 문서이므로 같은 내용을 갖게 된다.

02 창 두 개를 가로로 나란히 배치하기

보고서 시트의 등급을 입력할 때 참고표 시트의 점수별 등급 표를 보면서 작업할 수 있도록 창을 배치해 보자. ❶ 두 번째 엑셀 창에서 참고표 시트가 나타나도록 참고표 시트 탭을 클릭한다. ❷~❸ [보기] 탭–[창] 그룹–[모두 정렬]을 클릭한 후 ❹~❺ 여러 개 열린 현재 통합 문서의 엑셀 창만 가로로 배치하도록 설정하고 ❻ [확인]을 누르면 두 창이 가로로 나란히 배치된다.

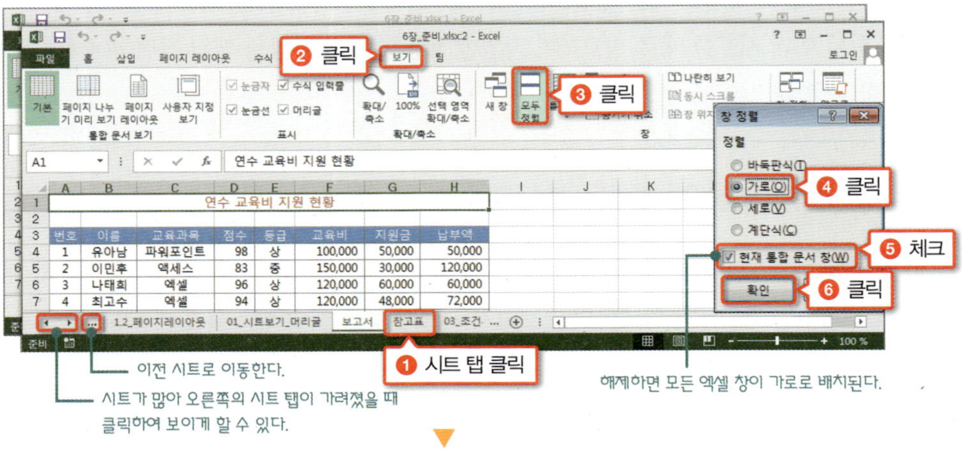

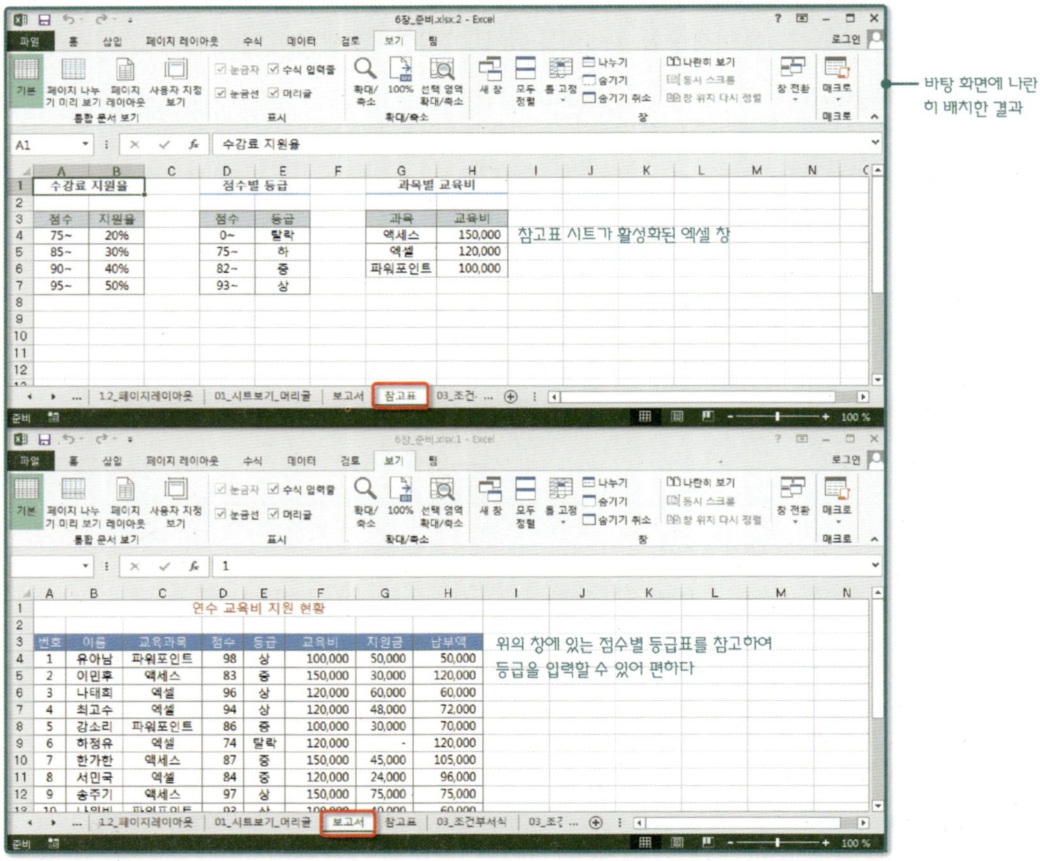

SECTION 03 ········· IT COOKBOOK

조건부 서식 지정하기

회비 미납자 정보만 노란색으로 채우기, 장학생 정보만 주황색으로 진하게 표시하기, 판매수를 상중하로 분류하여 구분되는 아이콘으로 표시하기와 같이 특정 조건을 만족하는 셀만 강조하거나 확인하기 쉽게 하고 싶을 때는 조건부 서식을 이용하면 편리하다. 물론 서식은 직접 지정해도 되지만 조건부 서식을 이용하면 해당 셀의 값이 바뀌어 조건을 만족하지 않게 되면 서식도 자동으로 해제되며 반대로 조건을 만족하게 되면 서식이 자동으로 적용되므로 매우 편리하다.

3.1 조건부 서식 지정과 제거

조건부 서식은 셀 자신의 값에 근거하여 서식 적용 여부를 결정하는 단순한 것뿐 아니라 다른 셀의 값이 특정 조건을 만족하느냐에 따라 서식 적용 여부를 결정하는 수식을 이용한 조건부 서식도 있다. 우선 단순한 조건부 서식을 지정하고 제거하는 방법을 알아본 후 수식을 이용한 조건부 서식을 알아보자.

기본 예제 > 셀 강조 규칙을 이용한 조건부 서식과 데이터 막대 넣기

그림과 같이 신체 검사 자료에서 키가 180 이상인 셀만 녹색으로 채우고 글자색도 녹색으로 표시하며, 몸무게가 입력된 셀에는 몸무게에 비례하는 데이터 막대를 넣어보자.

엑셀에서 제공하는 셀 강조 규칙을 이용하여 조건부 서식을 지정할 때는 180 이상, 즉 180보다 크거나 같다는 조건을 한 번에 지정할 수 없다. 이런 경우 '180보다 클 때'도 서식을 적용하고 '180과 같을 때'도 동일한 서식을 적용하도록 조건부 서식을 두 번 지정하여 해결한다.

	A	B	C	D	E
1	이름	성별	혈액형	키	몸무게
2	나원빈	남	AB	182.1	64.5
3	서민국	남	B	163.8	48
4	유아남	남	B	174.3	67.5
5	유태희	여	A	162.5	70.3
6	소지법	남	B	180	72.5
7	한가한	여	A	172.3	55
8	나태희	여	A	160.6	51.2
9	문건영	여	O	157.4	47.2
10	박가을	여	O	161.6	49.1
11	서민국	남	B	163.8	53

▶

	A	B	C	D	E
1	이름	성별	혈액형	키	몸무게
2	나원빈	남	AB	182.1	64.5
3	서민국	남	B	163.8	48
4	유아남	남	B	174.3	67.5
5	유태희	여	A	162.5	70.3
6	소지법	남	B	180	72.5
7	한가한	여	A	172.3	55
8	나태희	여	A	160.6	51.2
9	문건영	여	O	157.4	47.2
10	박가을	여	O	161.6	49.1
11	서민국	남	B	163.8	53

데이터 크기에 비례하는 막대

키가 180 이상인 셀

01 키가 180 이상인 셀만 셀 채우기 색과 글꼴이 녹색이 되도록 조건부 서식 지정하기

먼저 180보다 크다는 조건을 만족할 때 특정 서식이 적용되도록 조건부 서식을 지정한다. ❶ 조건부 서식을 지정할 [D2:D11] 셀을 선택하고 ❷~❹ [홈] 탭–[스타일] 그룹–[조건부 서식]–[셀 강조 규칙]–[보다 큼]을 클릭한다. ❺ [보다 큼] 대화상자에서 범위로 선택한 셀 중 셀 값이 180보다 클 때만 '진한 녹색 텍스트가 있는 녹색 채우기' 서식을 적용하도록 설정하고 [확인]을 누르면 [D2] 셀에만 서식이 적용되어 표시된다. ❻~❼ 앞의 ❶~❺ 의 과정을 참고하여 180과 같다는 조건을 만족할 때도 동일 서식이 적용되도록 조건부 서식을 지정하면 [D6] 셀에 추가로 서식이 적용되어 나타난다.

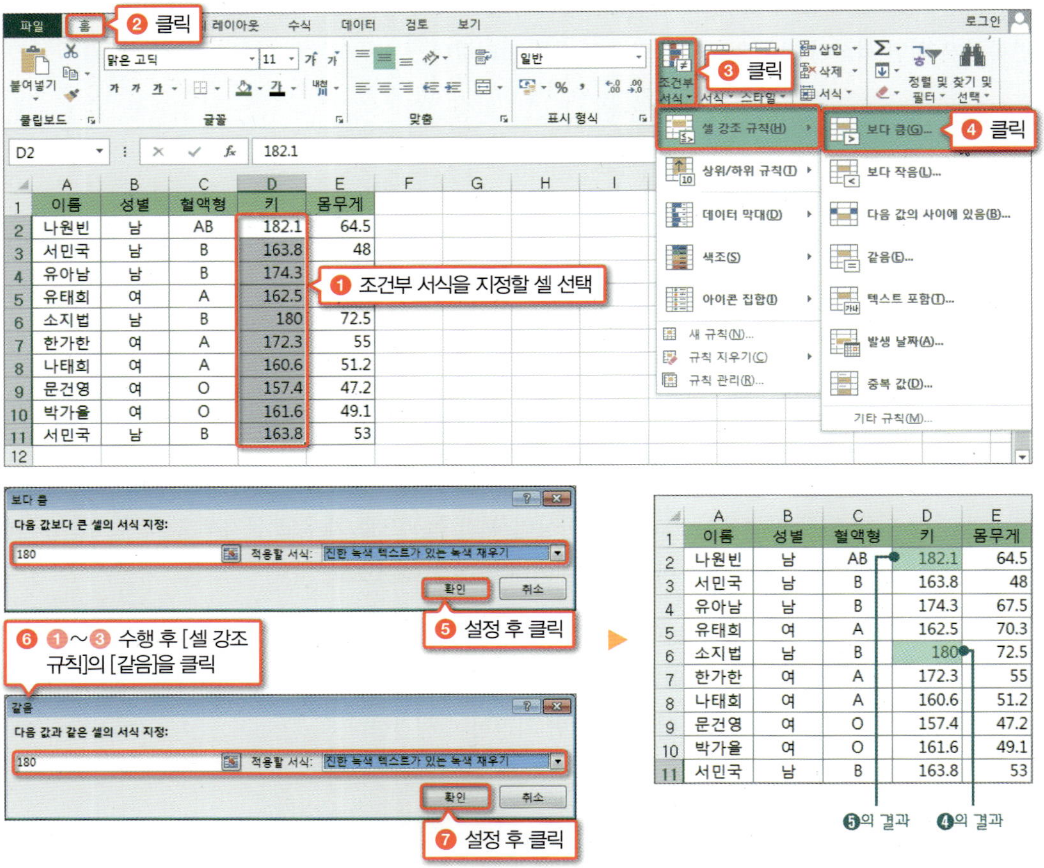

02 몸무게 셀에 무게에 비례한 데이터 막대 넣기

❶ 조건부 서식을 지정할 [E2:E11] 셀을 선택하고 ❷~❹ [홈] 탭–[스타일] 그룹–[조건부 서식]–[데이터 막대]–(파랑 데이터 막대)를 클릭하면 해당 셀에 셀 값에 비례하게 막대가 채워진다.

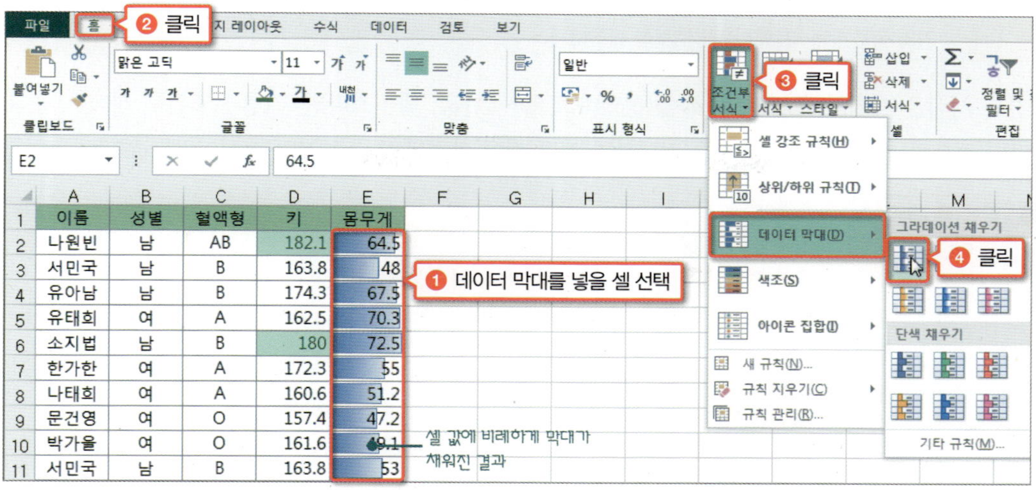

이 외에도 [그림 6-4]와 같이 [홈] 탭-[스타일 그룹]-[조건부 서식]에서 선택한 범위의 셀끼리 상중하로 분류하는 아이콘으로 표시하거나, 값의 크기에 따라 색을 점점 진하게 또는 각 셀의 채우기 색을 크기에 따라 다양한 색으로 그라데이션으로 표시하거나, 평균 초과 셀을 특정 색으로 채우거나, 항상 상위 20%에 해당하는 값 셀에 서식을 지정하는 등 다양한 작업을 할 수 있다.

그림 6-4 다양한 조건부 서식 적용 예

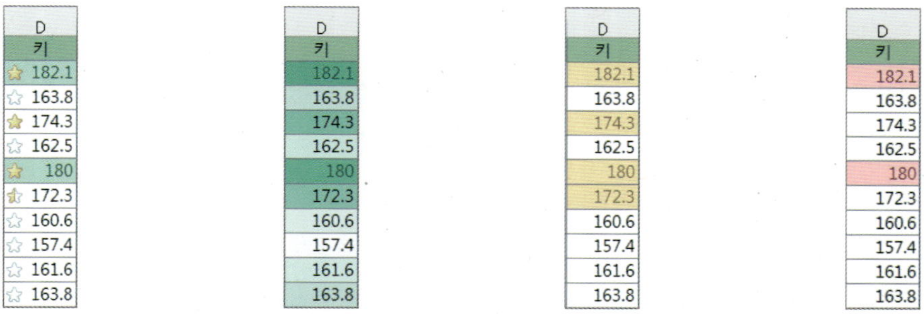

[아이콘 집합]-[별 3개]　[색조]-[녹색-흰색 색조]　[상위/하위 규칙]-[평균 초과]　[상위/하위 규칙]-[상위 10%]-상위 순위 20%

3.2 조건부 서식 제거

셀 하나에 조건부 서식을 여러 개 지정할 수 있지만 지정된 여러 서식을 한꺼번에 적용할 수 없을 때는 최근의 조건부 서식이 우선적으로 적용된다. 이때 특정 조건부 서식만 수정하거나 제거하려면 ❶ 조건부 서식을 제거/수정할 범위를 선택한 후 ❷ [홈] 탭-[스타일] 그룹-[조건부 서식]-[규칙 관리]를 클릭한다. ❸ [조건부 서식 규칙 관리자] 대화상자에서 제거/수정할 조건부 서식을 선택한 다음 ❹ [규칙 삭제]/[규칙 편집]을 클릭해 작업한다. 하지만 셀에 지정한 조건부 서식을 한꺼번에 제거할 때는 다음 기본 예제와 같이 리본 메뉴를 이용하면 편리하다.

기본 예제 키와 몸무게에 지정한 조건부 서식 제거하기

❶ 조건부 서식을 제거할 [D2:E11] 셀을 선택하고 ❷~❹ [홈] 탭–[스타일] 그룹–[조건부 서식]–[규칙 지우기]–[선택한 셀의 조건 지우기]를 선택하면 해당 셀에 설정된 모든 조건부 서식이 제거된다.

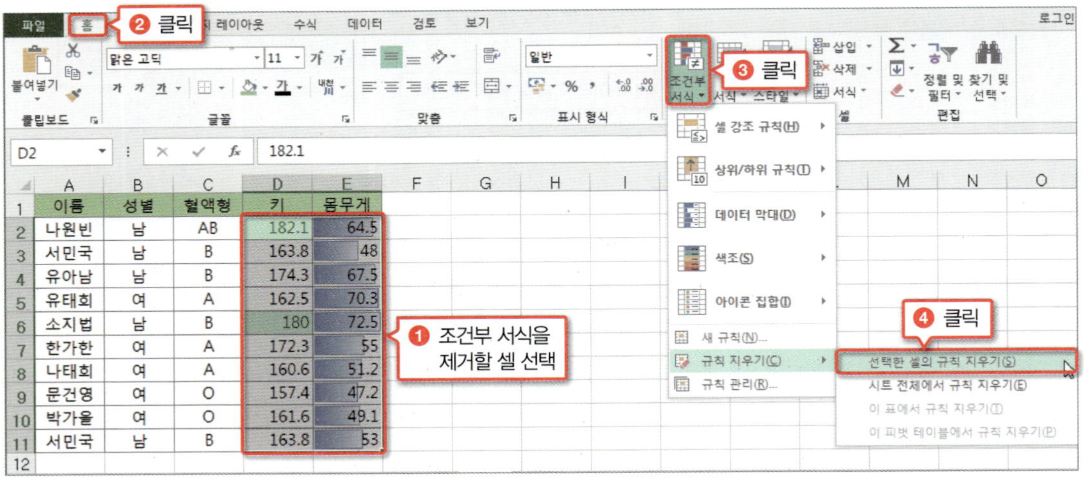

TIP ❹에서 [시트 전체에서 규칙 지우기]를 선택하면 시트에 지정된 모든 조건부 서식이 제거된다.

3.3 수식을 이용한 조건부 서식 지정

지금까지 소개한 조건부 서식은 셀 값에 따라 셀의 서식 적용 여부가 결정되었다. 그러나 [그림 6–5]와 같이 키가 180보다 크면 해당 학생의 모든 정보를 파란색으로 채우는 경우를 생각해 보자.

그림 6–5 수식을 이용한 조건부 서식 적용 예 : 키가 180보다 큰 학생의 모든 정보 셀에 파란색 채우기

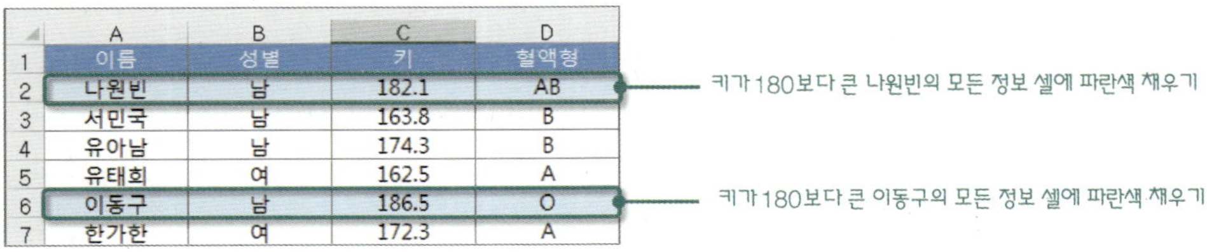

이 경우 [A2], [B2], [D2] 셀은 자신의 값이 180보다 커서가 아니라 해당 학생의 키가 있는 [C2] 셀의 값이 180보다 커 함께 파란색으로 채워진다. 이처럼 셀 자신의 값이 아닌 다른 셀 값에 따라 서식 적용 여부가 결정되게 하려면 수식을 이용한 조건부 서식을 지정해야 한다. 즉, [그림 6–6]과 같이 셀에 지정한 수식이 참이면 셀에 서식이 적용되게 하는 것이다. 조건 수식에는 AND, OR, NOT 함수를 사용할 수 있어 조건을 다양하게 지정할 수 있다. 수식을 이용해 조건부 서식을 지정할 때는 수식에 포함된 셀의 참조 방식이 정확해야 하는데 대개 혼합 참조가 많이 사용된다. 셀 참조 방식의 중요성과 혼합 참조가 많이 사용되는 이유를 자세히 살펴보자.

그림 6-6 서식이 적용되기 위해 각 셀이 만족해야 하는 조건 수식

	A	B	C	D
1	이름	성별	키	혈액형
2	나원빈 =C2>180	남 =C2>180	182.1 =C2>180	AB =C2>180
3	서민국 =C3>180	남 =C3>180	163.8 =C3>180	B =C3>180
4	유아남 =C4>180	남 =C4>180	174.3 =C4>180	B =C4>180
5	유태희 =C5>180	여 =C5>180	162.5 =C5>180	A =C5>180
6	이동구 =C6>180	남 =C6>180	186.5 =C6>180	O =C6>180

각 셀마다 해당 수식이 참이면 지정한 서식이 적용된다([A2:D2] 셀은 해당 학생의 키가 있는 [C2] 셀의 값이 180보다 커서 서식이 적용되고, [A3:D3] 셀은 해당 키 [C3] 셀이 180보다 크지 않아 서식이 적용되지 않는다).

엑셀은 [A2:D7]의 각 셀마다 조건 수식을 일일이 지정하지 않아도 되도록 선택한 셀 범위의 시작 셀에만 조건 수식을 지정하면 나머지 셀에 해당 수식이 복사되어 자동으로 지정되도록 하는 편리한 기능을 제공한다. 그런데 값이 아닌 수식이 복사되는 것이므로 다음 두 가지에 주의해야 한다.

- 시작 셀의 위치가 중요하다. [A2:D7] 셀을 선택할 때 대개 [A2] 셀에서 [D7] 셀로 범위를 선택하지만 [D2] 셀에서 [A7] 셀로 또는 [D7] 셀에서 [A2] 셀로 범위를 선택할 수도 있는데 이렇게 하면 범위의 시작 셀 위치가 달라져 조건 수식도 달라질 수 있다.
- 조건 수식에 상대 참조가 포함되어 있으면 조건 수식이 자동으로 복사되면서 상대 참조 셀 주소가 변하므로 상대 참조가 맞는지 절대 참조가 맞는지를 정확히 검토해야 한다.

주의 사항을 [그림 6-7] 예를 통해 살펴보자. [A2] 셀에서 [D7] 셀까지 드래그하여 [A2:D7] 셀을 선택한 후 시작 셀 [A2]의 조건 수식을 = C2>180으로 지정하면 엉뚱한 결과를 얻는다. [A2] 셀의 조건 수식이 다른 셀로 자동 복사되면서 C2 참조가 변경되었기 때문이다. 엑셀에서는 텍스트와 숫자를 비교하면 텍스트가 더 크다. 그래서 [B2:B7] 셀의 텍스트 값은 180 보다 크다란 조건이 참이 되어 서식이 적용된다.

그림 6-7 시작 셀 [A2]의 조건 수식을 = C2>180으로 지정한 결과

	A	B	C	D
1	이름	성별	키	혈액형
2	나원빈	남	182.1	AB
3	서민국	남	163.8	B
4	유아남	남	174.3	B
5	유태희	여	162.5	A
6	이동구	남	186.5	O
7	한가한	여	172.3	A

한 열 옆으로 복사되어 C2가 D2로 변한다(잘못된 조건 수식).

시작 셀 조건 수식

	A	B	C	D
1	이름	성별	키	혈액형
2	나원빈 =C2>180	남 =D2>180	182.1 =E2>180	AB =F2>180
3	서민국 =C3>180	남 =D3>180	163.8 =E3>180	B =F3>180
4	유아남 =C4>180	남 =D4>180	174.3 =E4>180	B =F4>180

한 행 아래로 복사되어 C2가 C3으로 변한다(바른 조건 수식).

[A2] 셀의 조건 수식이 나머지 셀에 자동으로 복사된다.

그렇다면 조건 수식에서 C와 2가 상대 참조인지 절대 참조인지는 어떻게 결정할 수 있을까? 우선 [그림 6-8]과 같이 시작 셀을 기준으로 아래와 오른쪽 셀이 만족해야 하는 조건 수식을 적어본다. 그런 다음 행과 열 주소 중 변해야 하는 것은 상대로, 변하면 안 되는 것은 절대 참조로 결정한다. 그러므로 이 경우 [A2] 셀의 조건 수식이 =$C2〉180으로 혼합 참조이어야 함을 알 수 있다. [그림 6-9]는 혼합 참조를 사용한 =$C2〉180 조건 수식이 나머지 셀에 복사되어 조건 수식이 정확히 지정된 결과이다.

그림 6-8 시작 셀 [A2]의 조건 수식을 찾는 과정 예

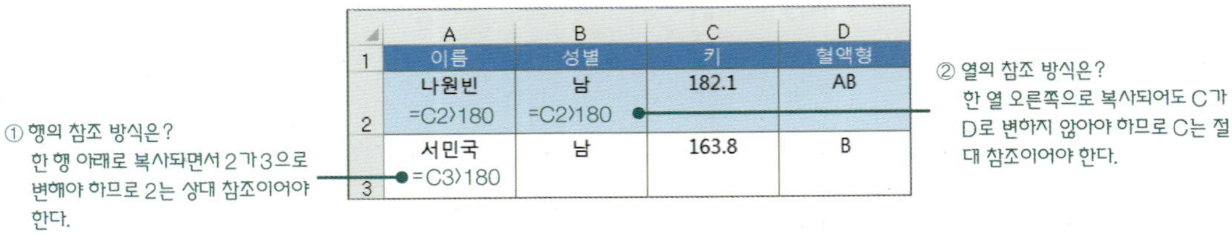

그림 6-9 시작 셀 [A2]의 조건 수식을 =$C2〉180으로 지정한 결과

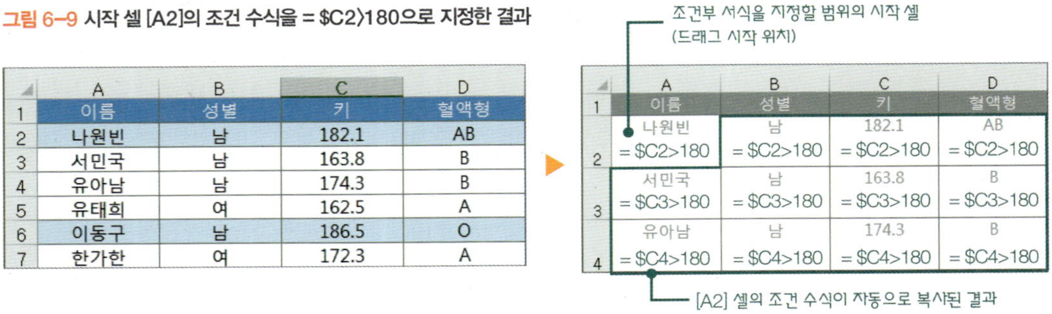

지금까지 많은 사용자들이 잘 이해하지 못하는 부분인 수식을 이용한 조건부 서식에서 혼합 참조가 사용되는 원리를 설명했다. 하지만 어느 정도 익숙해지면 이름이 바뀌면 참조할 키도 바뀌어야 하므로 행은 상대 참조여야 하며, 나원빈 성별은 이름 옆 열에 있지만 참조할 키의 열은 고정되어 있으므로 절대 참조여야 한다는 방식으로 단순하게 결정할 수 있을 것이다.

기본 예제 〉 혈액형이 A인 학생의 모든 정보 셀을 파란색으로 채우기

혈액형이 A인 학생의 모든 정보 셀을 파란색으로 만들어 보자. 유태희, 여, 162.5가 있는 셀은 셀 자신의 값과 상관없이 해당 학생의 혈액형이 A형이어서 파란색이 된다. 그러므로 수식을 이용한 조건부 서식을 지정해야 한다.

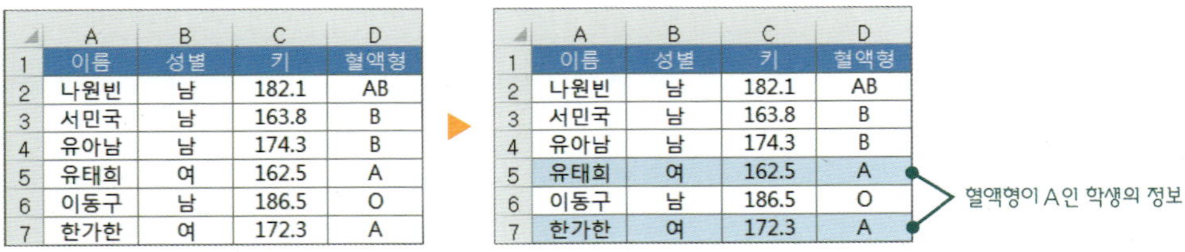

01 조건부 서식을 지정할 셀 선택한 후 [새 규칙] 메뉴 선택하기

❶ 조건부 서식을 지정할 [A2:D7] 셀을 선택하고 ❷~❹ [홈] 탭–[스타일] 그룹–[조건부 서식]–[새 규칙]을 클릭한다.

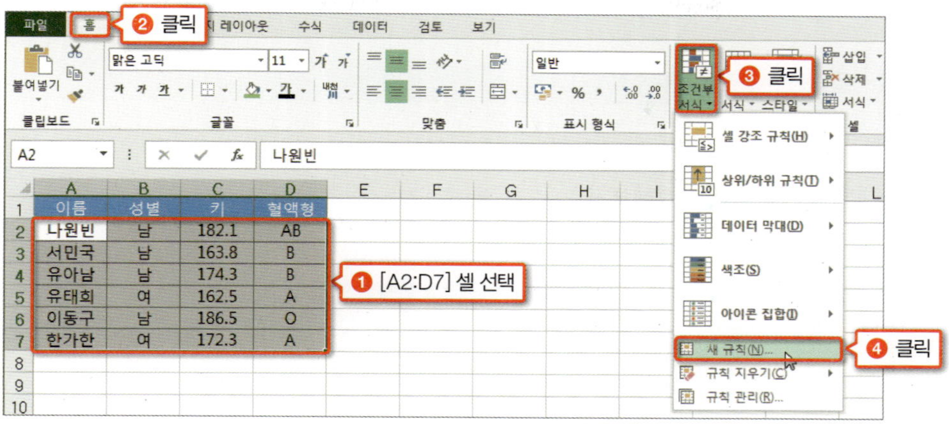

TIP 만일 [D7]부터 [A2]까지 드래그하면 시작 셀이 [D7]이 되므로 다음 단계에서 조건 수식을 =$D7="A"로 지정해야 한다.

TIP 조건부 서식을 지정할 필요가 없는 행을 포함해 [A1:D7] 셀을 선택하면 1행의 내용에 따라 불필요한 서식이 적용될 수 있으므로 제외하여 범위를 선택한다.

02 조건 수식과 서식 지정하기

[새 서식 규칙] 대화상자에서 ❶ [수식을 사용하여 서식을 지정할 셀 결정]을 클릭한 후 ❷ 조건 수식 =$D2="A"를 입력하고 ❸ [서식]을 클릭하여 ❹ [셀 서식] 대화상자에서 서식을 설정하고 [확인]을 누른다. ❺ [새 서식 규칙] 대화상자로 돌아와 미리 보기로 설정한 서식을 확인한 후 [확인]을 누르면 혈액형이 A인 학생의 정보 셀만 파란색으로 표시된다.

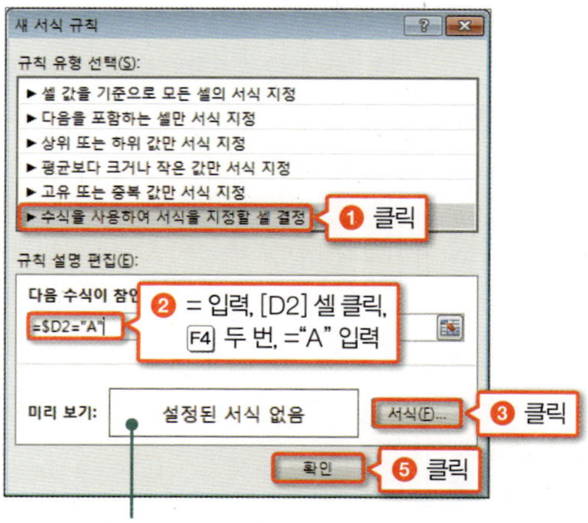

❹에서 서식을 설정하면 이곳에 설정한 서식이 표시된다.

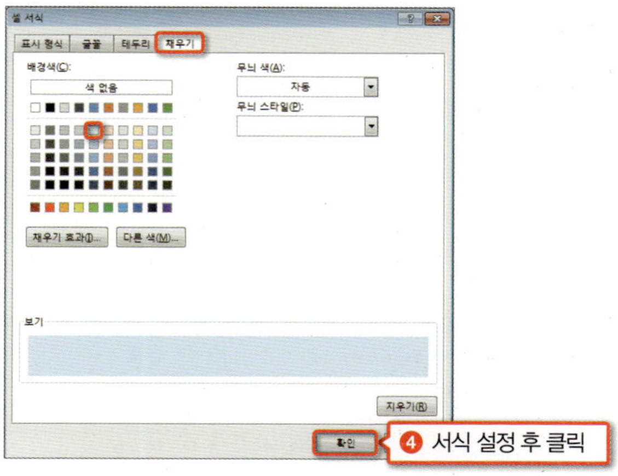

TIP ❷에서 =를 입력한 후 시트에서 [D2] 셀을 클릭하면 자동으로 절대 참조인 $D$2로 입력된다. 이때 2앞의 $를 지우기 위해 ←를 누르면 시트의 참조 셀 위치가 바뀌며 $D$2가 $C$2로 변경된다. 그러므로 수식을 입력할 때 커서의 위치를 이동하려면 마우스로 클릭해야 한다. [D2] 셀을 클릭한 후 F4를 두 번 눌러 혼합 참조로 바꾸는 것이 편리하다.

3.4 조건부 서식 수정

[조건부 서식 규칙 관리자] 대화상자를 통해 지정한 조건부 서식의 적용 대상, 규칙(조건 수식), 서식을 부분적으로 수정할 수 있고, 새 규칙을 추가하거나 기존 규칙을 제거하는 등의 세부 설정을 할 수 있다.

기본 예제 〉 수식을 이용한 조건부 서식 수정하기

혈액형이 A인 학생의 정보 셀을 파란색으로 채우도록 지정한 조건부 서식을 키가 170 이상인 여학생의 정보 셀을 파란색으로 채우도록 수정해보자.

	A	B	C	D
1	이름	성별	키	혈액형
2	나원빈	남	182.1	AB
3	서민국	남	163.8	B
4	유아남	남	174.3	B
5	유태희	여	162.5	A
6	이동구	남	186.5	O
7	한가한	여	172.3	A

▶

	A	B	C	D
1	이름	성별	키	혈액형
2	나원빈	남	182.1	AB
3	서민국	남	163.8	B
4	유아남	남	174.3	B
5	유태희	여	162.5	A
6	이동구	남	186.5	O
7	한가한	여	172.3	A

키가 170 이상인 여학생 정보

01 조건부 서식을 수정하기 위해 [규칙 관리] 메뉴 선택하기

❶ 조건부 서식을 수정할 [A2:D7] 셀 또는 이 중 한 셀을 선택하고 ❷~❹ [홈] 탭–[스타일] 그룹–[조건부 서식]–[규칙 관리]를 클릭한다.

TIP [A2:D7] 셀을 선택하지 않아도 현재 선택된 셀에 포함된 모든 조건부 서식을 수정할 수 있다.

02 조건 수식 수정하기 : 키가 170 이상인 여학생의 셀을 파란색으로 채우기

❶ [조건부 서식 규칙 관리자] 대화상자에서 수정할 조건부 서식을 선택한 후 ❷ [규칙 편집]을 클릭한다. ❸ [서식 규칙 편집] 대화상자에서 수식을 수정한 후 [확인]을 누른다. ❹ [조건부 서식 규칙 관리자] 대화상자로 돌아와 [확인]을 누르면 키가 170 이상인 여학생의 셀만 파란색으로 표시된다.

현재 워크시트로 수정하면 현재 시트에 포함된 조건부 서식이 모두 표시된다.

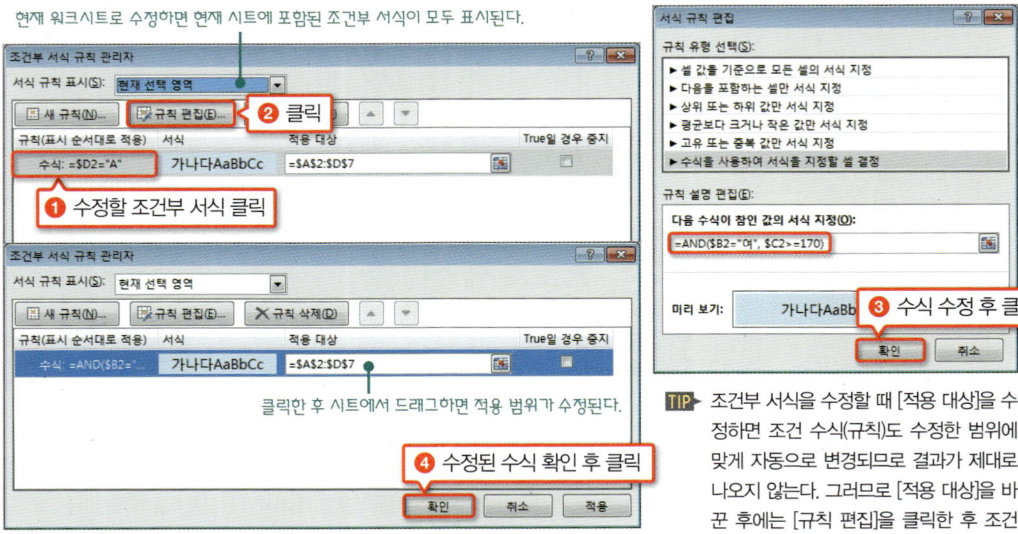

TIP 조건부 서식을 수정할 때 [적용 대상]을 수정하면 조건 수식(규칙)도 수정한 범위에 맞게 자동으로 변경되므로 결과가 제대로 나오지 않는다. 그러므로 [적용 대상]을 바꾼 후에는 [규칙 편집]을 클릭한 후 조건 수식도 반드시 수정한다.

종합 예제 조건부 서식과 페이지 레이아웃 설정하기

시트에서 총점에 대한 순위를 구한 후 조건부 서식을 지정하자. 그런 다음 인쇄했을 때 머리글에 시트 이름과 페이지 번호가 표시되고 인쇄 용지 가로 폭 가운데에 맞춰 인쇄되도록 페이지 레이아웃을 지정해보자.

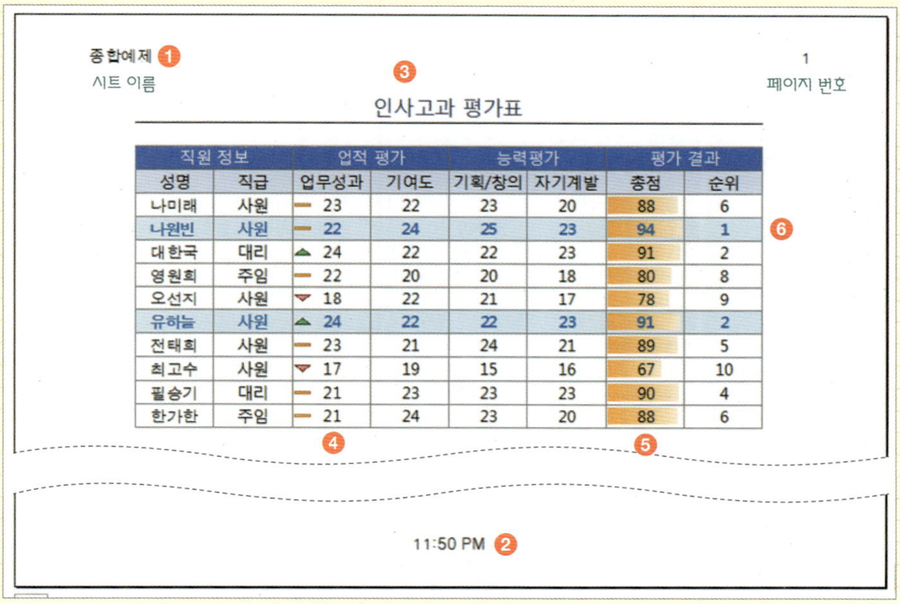

직원 정보		업적 평가		능력평가		평가 결과	
성명	직급	업무성과	기여도	기획/창의	자기계발	총점	순위
나미래	사원	23	22	23	20	88	6
나원빈	사원	22	24	25	23	94	1
대한국	대리	24	22	22	23	91	2
영원희	주임	22	20	20	18	80	8
오선지	사원	18	22	21	17	78	9
유하늘	사원	24	22	22	23	91	2
전태희	사원	23	21	24	21	89	5
최고수	사원	17	19	15	16	67	10
필승기	대리	21	23	23	23	90	4
한가한	주임	21	24	23	20	88	6

① 머리글에 시트 이름과 페이지 번호가 표시되게 한다.

- [보기] 탭-[통합 문서 보기] 그룹-[페이지 레이아웃] 클릭
- 머리글 왼쪽 영역 클릭 후 [머리글/바닥글 도구:디자인] 탭-[머리글/바닥글 요소] 그룹-[시트 이름] 클릭
- 머리글 오른쪽 영역 클릭 후 [머리글/바닥글 도구:디자인] 탭-[머리글/바닥글 요소] 그룹-[페이지 번호] 클릭

② 바닥글 가운데에 통합 문서를 연 현재 시각이 표시되게 한다.

- 바닥글 가운데 영역 클릭 후 [머리글/바닥글 도구:디자인] 탭-[머리글/바닥글 요소] 그룹-[현재 시간] 클릭

③ 인쇄 용지의 가로로 가운데 맞춤되어 인쇄되게 페이지 레이아웃을 지정한다.

- [페이지 레이아웃] 탭-[페이지 설정] 그룹-[여백]-[사용자 지정 여백] 클릭
- [페이지 설정] 대화상자-[여백] 탭-페이지 가운데 맞춤의 [가로] 체크 후 [확인] 클릭

❹ 업무성과 점수 셀 중 상위10%는 ▲, 하위 20%는 ▬, 나머지는 ▼가 표시되도록 조건부 서식 중 아이콘 집합의 삼각형 3개를 지정한다.

- 업무성과 점수 [C5:C14] 셀 선택 후 [홈] 탭-[표] 그룹-[조건부 서식]-[아이콘 집합]-방향의 ▲ ▬ ▼.
- 현재 업무성과 점수 [C5:C14] 셀이 선택된 상태에서 [홈] 탭-[표] 그룹-[조건부 서식]-[규칙 관리], [조건부 서식 규칙 관리자] 대화상자의 조건부 서식 목록에서 해당 조건부 서식 선택 후 [규칙 편집]을 클릭한 다음 [서식 규칙 편집] 대화상자에서 다음과 같이 설정

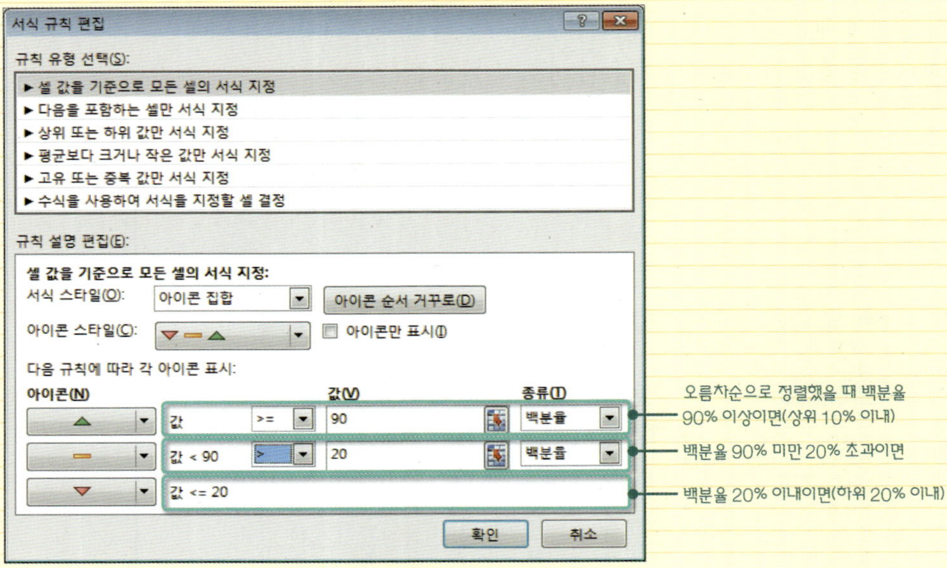

❺ 총점에는 조건부 서식으로 막대 그래프를 넣고 막대의 테두리를 없앤다.

- 총점 [G5:G14] 셀 선택 후 [홈] 탭-[표] 그룹-[조건부 서식]-[데이터 막대]-'주황 데이터 막대' 선택
- 총점 [G5:G14] 셀이 선택된 상태에서 [홈] 탭-[표] 그룹-[조건부 서식]-[규칙 관리], [조건부 서식 규칙 관리자] 대화상자의 조건부 서식 목록에서 해당 조건부 서식 선택 후 [규칙 편집] 버튼 클릭. [서식 규칙 편집] 대화상자에서 [테두리]를 '테두리 없음'으로 설정

❻ 수식을 이용한 조건부 서식을 이용해 사원 중 총점이 90점 이상인 직원의 모든 정보 셀을 파란색으로 채운다.

- 모든 직원의 정보가 있는 [A5:H14] 셀 선택 후 [홈] 탭-[표] 그룹-[조건부 서식]-[새 규칙]
- [규칙 유형 선택:]에서 [수식을 사용하여 서식을 지정할 셀 결정]을 클릭 후 조건 수식(=AND($B5="사원", $G5>=90))을 입력, [서식] 클릭 후 채우기 색을 연한 파란색으로 지정 후 [확인] 클릭, 다시 [새 서식 규칙] 대화상자에서 [확인] 클릭

평가 예제

IT COOKBOOK

아래의 지시사항을 참고하여 '6장_평가예제.xlsx'의 세 시트를 완성하시오.

01 '홈커밍자료' 시트의 내용이 그림과 같이 인쇄 용지의 가운데에 인쇄되도록 페이지 레이아웃과 머리글을 지정하시오.

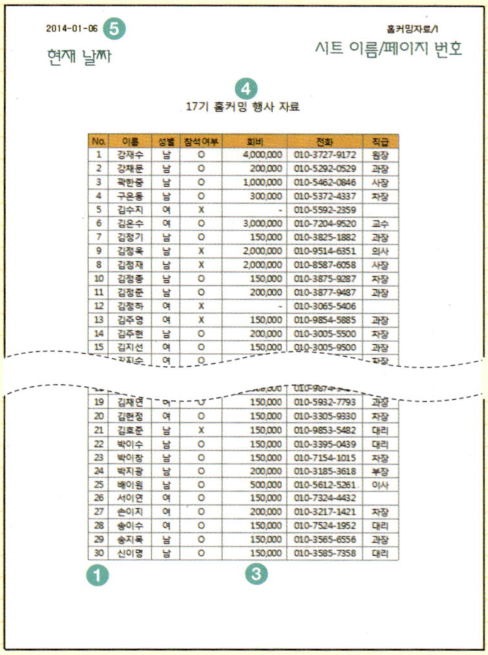

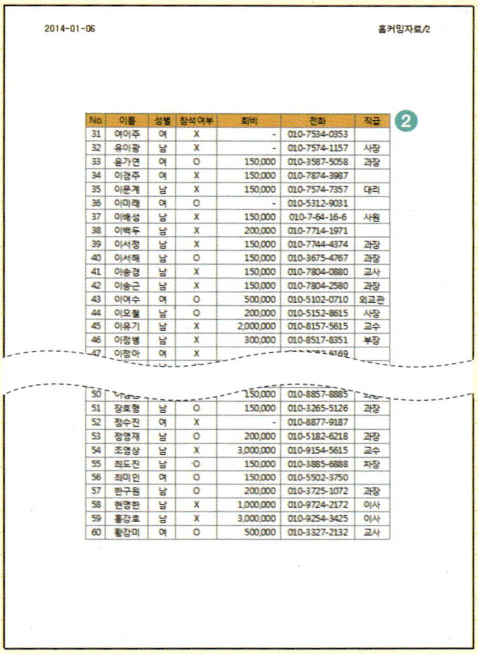

작성조건

1. 현재 [A40] 셀에 삽입된 페이지 나누기를 제거하고 31번째 데이터가 있는 [A35] 셀부터 새 페이지에 인쇄되도록 페이지 나누기를 삽입한다.
2. 2페이지부터 4행의 내용이 자동으로 제목으로 인쇄되도록 한다.
3. 인쇄 백스테이지에서 미리 보기를 통해 #으로 표시되는 회비의 열을 직접 넓혀 숫자가 제대로 표시되게 한다.
4. 시트가 인쇄 용지의 가로와 세로로 가운데 맞춤되어 인쇄되게 페이지 레이아웃을 설정한다([페이지 설정 대화상자]의 [여백] 탭에서 [가로]와 [세로]에 체크를 한다).
5. 시트의 머리글 왼쪽 영역에는 현재 날짜가, 오른쪽 영역에는 시트의 이름과 페이지 번호가 '홈커밍자료/1' 형태로 표시되게 한다.

02 '홈커밍자료' 시트를 복사하여 시트 이름을 '자료분석'으로 변경한 후 조건부 서식을 지정하여 다음과 같이 만드시오.

	A	B	C	D	E	F	G	H
4	No.	이름	성별	참석여부	회비	전화	직급	
5	1	강재수	남	O	▲ 4,000,000	010-3727-9172	원장	②
6	2	강채문	남	O	① 200,000	010-5292-0529	과장	
7	3	곽한중	남	O	▬ 1,000,000	010-5462-0846	사장	
8	4	구은동	남	O	300,000	010-5372-4337	차장	
9	5	김수지	여	X	-	010-5592-2359		③
10	6	김온수	여	O	▲ 3,000,000	010-7204-9520	교수	
11	7	김정기	남	O	150,000	010-3825-1882	과장	
12	9	김정욱	남	X	▲ 2,000,000	010-9514-6351	의사	
13	8	김정재	남	X	▲ 2,000,000	010-8587-6058	사장	
14	10	김정종	남	O	150,000	010-3875-9287	차장	
15	11	김정준	남	O	200,000	010-3877-9487	과장	
16	12	김정하	여	X	-	010-3065-5406		
17	13	김주영	여	X	150,000	010-9854-5885	과장	
60	56	최미인	여	O	150,000	010-5502-3750		
61	57	한구원	남	O	200,000	010-3725-1072	과장	
62	58	현명한	남	X	▬ 1,000,000	010-9724-2172	이사	
63	59	홍강호	남	X	▲ 3,000,000	010-9254-3425	이사	
64	60	황강미	여	O	500,000	010-3327-2132	교사	
65								

작성조건

① 회비가 2백만 원 이상이면 ▲, 그 외 백만 원 이상이면 ▬, 그 외는 아무 것도 표시되지 않도록 조건부 서식 중 아이콘 집합의 삼각형 3개를 지정한다.

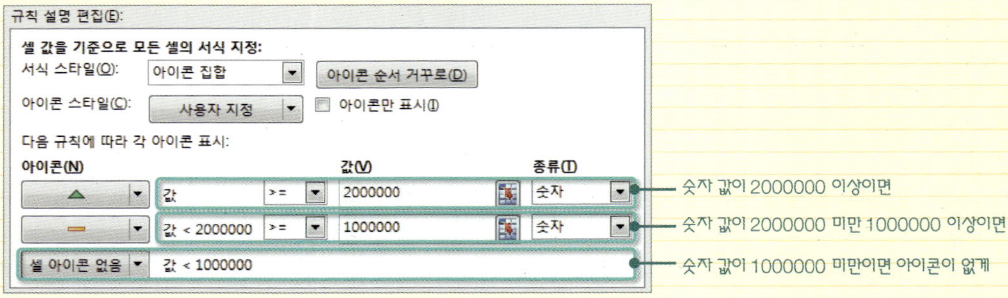

② 회비를 3백만 원 이상 낸 사람의 모든 정보 셀의 글자색을 파란색으로 진하게 표시한다(수식을 사용한 조건부 서식 지정).

③ 회비도 내지 않고(회비가 0) 참석하지도 않은 사람(참석여부가 X)의 모든 정보 셀을 회색으로 채운다(수식을 사용한 조건부 서식을 지정하되 두 가지 조건을 모두 만족하는 지 조사하기 위해 AND 함수를 사용해야 한다).

CHAPTER 7

IT COOKBOOK

차트

판매 실적이 가장 우수한 달, 월별 판매 실적 변화의 흐름, 직원들의 분기별 실적 변화와 직원간의 실적 비교, 작년과 올해의 기온 변화 등의 정보는 차트를 이용하면 더 쉽게 확인할 수 있다. 차트는 데이터 간의 크기 비교, 데이터 증감 변화, 데이터 간의 상관 관계 등을 빠르고 쉽게 확인하고 분석할 수 있도록 시트의 데이터를 그래프 형태로 표현한 것이다.

엑셀에서는 세로 막대형, 꺾은선형, 원형, 가로 막대형을 비롯해 총 10가지 차트를 2차원뿐만 아니라 3차원으로 만들 수 있다. 차트는 전달하려는 메시지와 목적에 따라 형태만 다를 뿐 기본 작성법은 유사하다. 그래서 이 장에서는 가장 기본적인 차트를 작성하고 수정하는 방법을 익힌 후 목적에 따른 차트를 자유자재로 작성할 수 있도록 다양한 차트를 만드는 방법을 소개한다.

SECTION 01 --- IT COOKBOOK

차트 삽입하고 편집하기

엑셀 2013 버전에는 사용자가 선택한 데이터 범위에 적합한 차트를 추천하여 한 번의 클릭으로 빠르게 차트를 삽입할 수 있는 추천 차트 기능이 추가되었다. 시트에 차트를 만들려면 이 추천 차트 기능을 이용하거나 이전 버전처럼 차트 종류를 직접 선택하여 차트를 만든 후 사용자가 원하는 대로 변경하면 된다. 여기서는 추천 차트 기능을 이용해 차트를 빠르게 만드는 방법을 알아본 후 차트 종류를 직접 선택하여 만든 후 차트의 종류, 데이터 원본 범위, 차트의 레이아웃과 스타일 등을 변경하는 방법을 알아본다.

1.1 추천 차트 삽입

추천 차트 기능을 이용해 차트를 만들 때는 리본 메뉴의 추천 차트 도구나 빠른 분석 갤러리를 이용할 수 있다. 두 가지 방법으로 동일한 데이터에 대해 차트를 만드는 방법을 예제를 통해 익혀보자.

기본 예제 > 추천 차트 기능을 이용해 빠르게 차트 삽입하기

추천 차트 기능을 이용해 20대의 찬반 의견 조사 결과에 대한 원형 차트와 세로 막대 차트를 작성해보자.

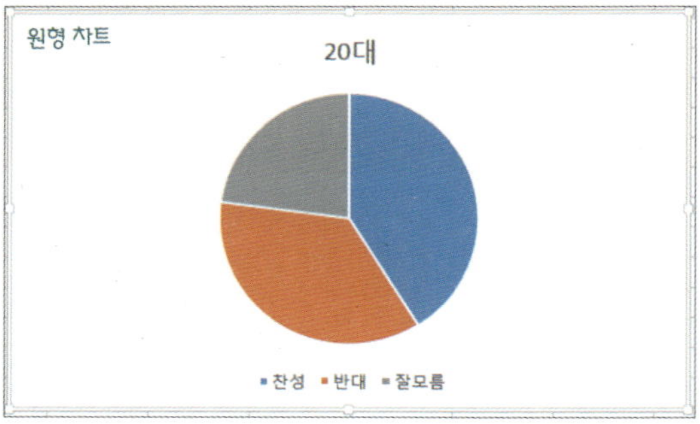

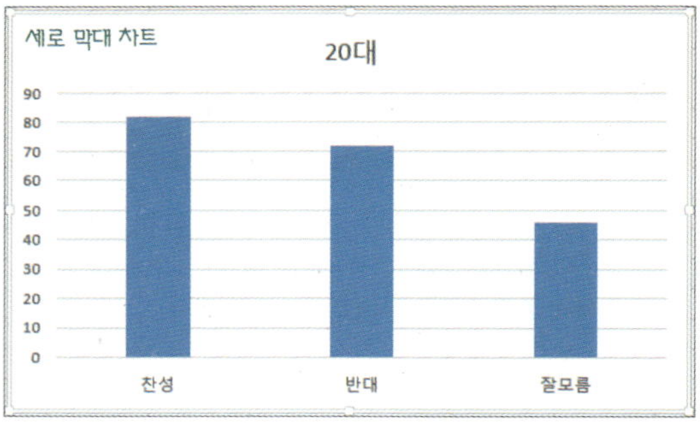

01 추천 차트 도구를 이용해 차트 삽입하기 : 원형 차트 삽입하기

❶ 차트에서 사용할 [A3:B6] 셀을 선택하고 ❷~❸ [삽입] 탭–[차트] 그룹–[추천 차트]를 클릭한다. ❹ [차트 삽입] 대화상자에서 추천 차트 중 원형 차트를 선택하고 ❺ [확인]을 누르면 시트에 원형 차트가 삽입된다.

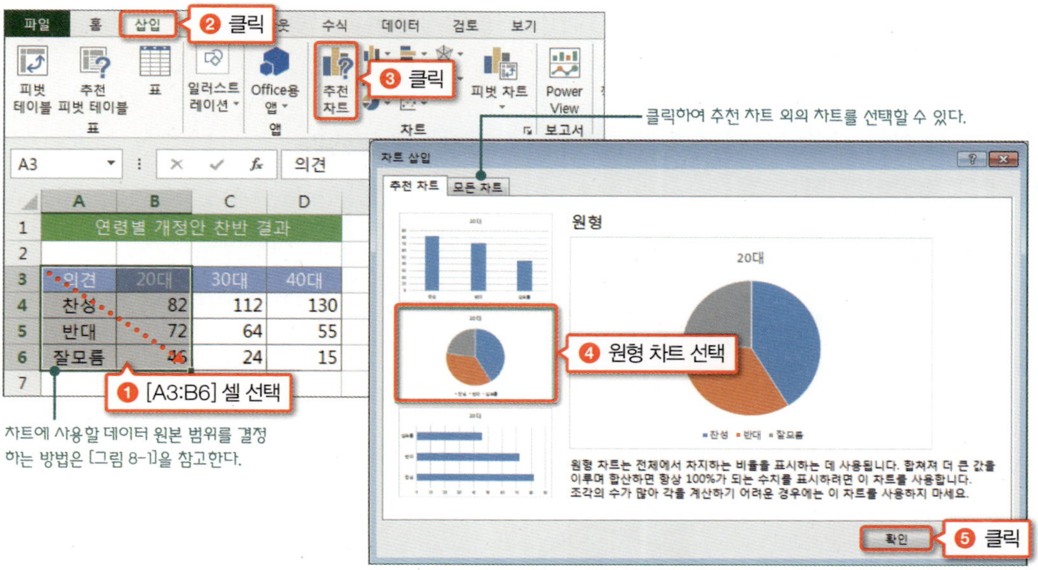

02 빠른 분석 갤러리를 이용해 차트 삽입하기 : 막대형 차트 삽입하기

① 차트에서 사용할 [A3:B6] 셀을 선택하고 ② 우측 하단에 나타나는 (빠른 분석) 버튼을 클릭하여 ③ 갤러리에서 [차트]를 클릭한다. ④ 추천 차트 중 '묶은 세로 막대형'을 클릭하여 차트를 삽입한다.

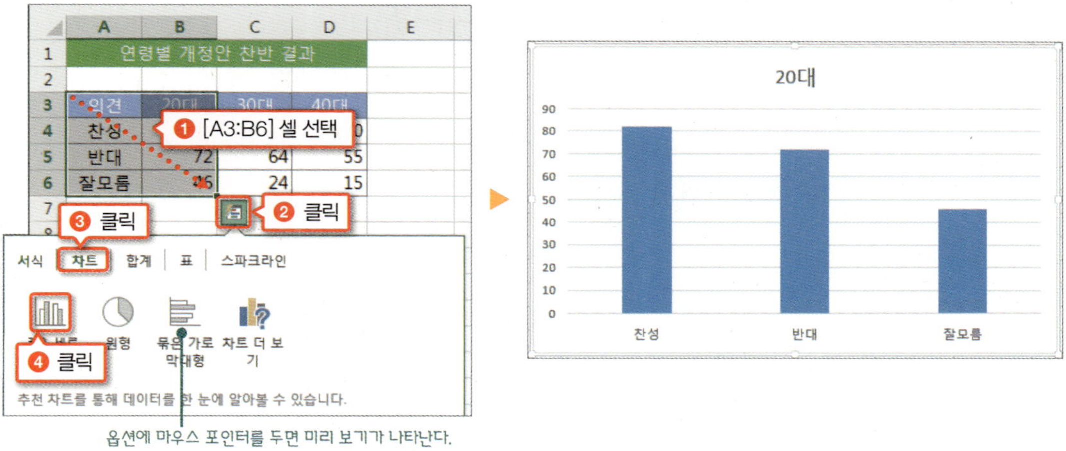

1.2 사용자 지정 차트의 삽입과 변경

추천 차트에서 선택한 차트이든 사용자가 직접 종류를 선택한 차트이든 사용자가 원하는 모양의 차트가 아니라면 직접 차트 요소를 변경해야 한다. 그러기 위해서는 [그림 7-1]에 있는 차트의 요소를 잘 알고 있어야 한다.

[그림 7-1]은 차트를 만드는 데 사용되는 데이터 원본과 차트 요소 간의 관계를 보여준다.

그림 7-1 차트 데이터 원본과 차트 요소

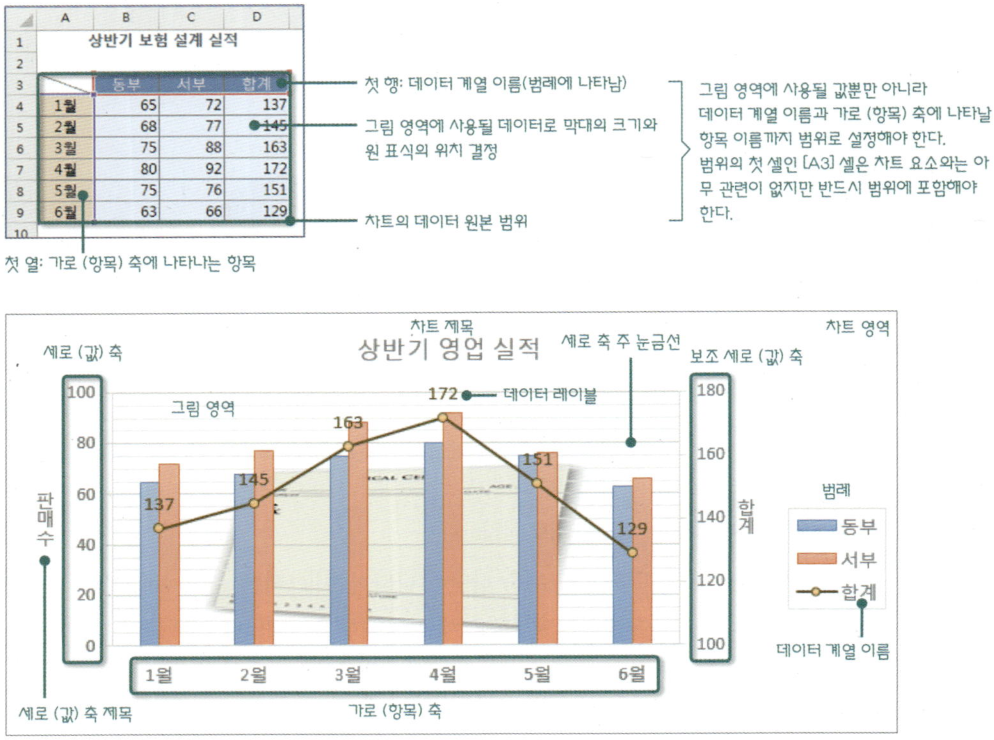

이제 차트 종류를 직접 선택해서 차트를 삽입한 후, 차트 요소를 추가하거나 데이터 계열마다 차트 종류를 다르게 하는 등 다양한 형태로 변경하는 방법을 익혀보자.

기본 예제 3차원 세로 막대형 차트 삽입하고 차트 종류 변경하기(콤보 차트)

[그림 7-1]의 데이터를 이용해 상반기 판매 실적에 대한 3차원 세로 막대형 차트를 만들어보자. 그런 다음 동부와 서부 계열은 막대형, 합계 계열은 꺾은선형으로 차트 종류를 변경해보자.

01 차트 삽입하고 위치 조정하기 : 3차원 세로 막대형 차트 만들기

❶ 차트에서 사용할 데이터 원본으로 [A3:D9] 셀을 선택하고 ❷~❹ [삽입] 탭–[차트] 그룹–[세로 막대형 차트 삽입]–[3차원 세로 막대형]을 클릭한다. ❺ 차트 전체 크기를 확대/축소하려면 일반 개체처럼 차트 모서리와 테두리에 나타나는 핸들을 드래그하고, 위치를 옮기려면 다른 요소가 없는 차트의 빈 공간에서 마우스 포인터가 ✥ 모양으로 바뀌면 드래그한다.

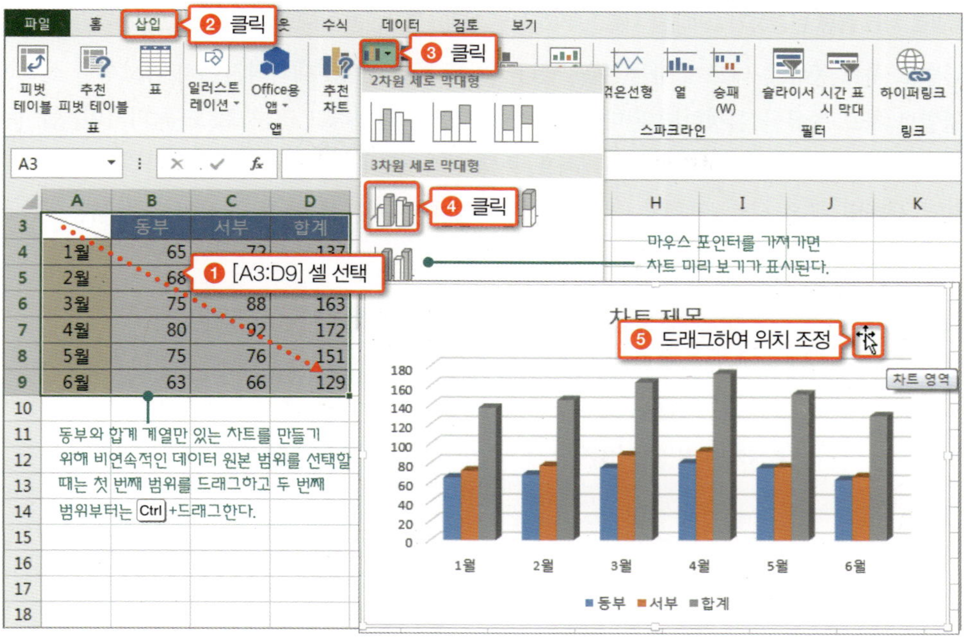

02 차트 종류 변경하기 : 표식이 있는 꺾은선형 차트로 변경하기

① 변경할 차트를 선택하고 ②~③ [차트 도구:디자인] 탭–[종류] 그룹–[차트 종류 변경]을 클릭한 후 ④~⑥ [차트 종류 변경] 대화상자에서 원하는 차트를 선택한다. 이때 세부 종류를 선택하면 차트 데이터 원본의 첫 번째 행과 첫 번째 열이 각각 가로(항목) 축 항목으로 사용되는 두 가지 미리 보기를 제공하는데 이 중 하나를 선택한 후 ⑦ [확인]을 누른다.

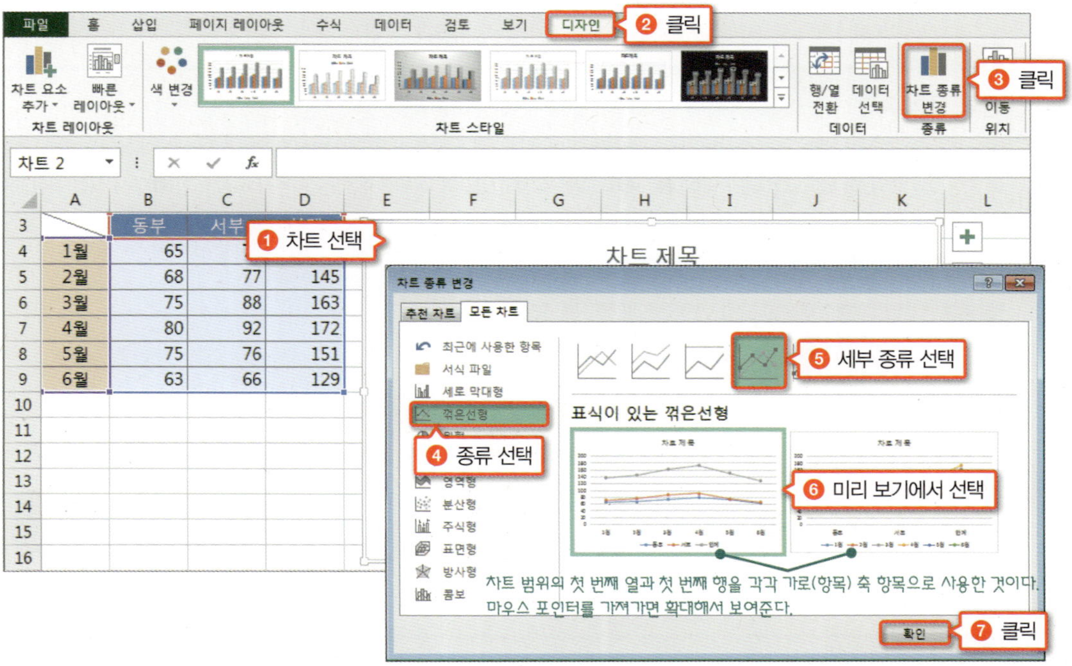

03 계열별로 차트 종류 변경하기 : 막대형 차트(동부와 서부 계열)+꺾은선형 차트(합계 계열)로 변경하기

계열별로 차트 종류를 다르게 만들 수도 있다. [차트 종류 변경] 대화상자에서 콤보형을 선택한 후 계열별로 차트 종류를 설정하면 된다. ❶ 변경할 차트를 선택하고 ❷ [차트 도구:디자인] 탭–[종류] 그룹–[차트 종류 변경]을 클릭한다. ❸ [차트 종류 변경] 대화상자에서 [콤보]를 클릭한 후 ❹~❺ 기본으로 선택된 '묶은 세로 막대형 – 꺾은선형'에서 합계를 [꺾은선형] 중 '표식이 있는 꺾은선'으로 변경하고 ❻ [확인]을 누른다.

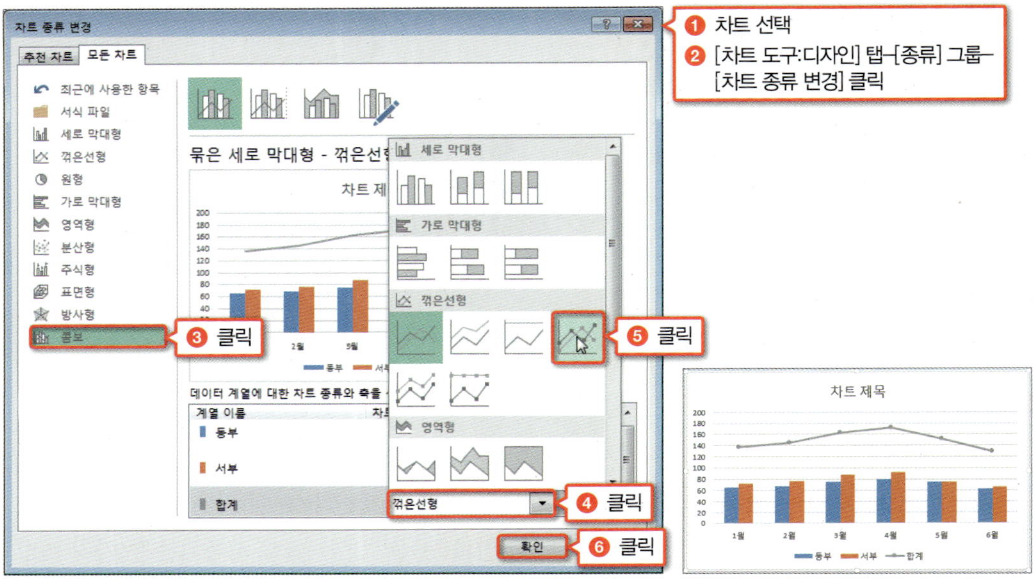

TIP 차트의 한 계열만 차트 종류를 바꾸고 싶다면 차트에서 계열을 미리 선택한 후 새로 차트를 만들 때처럼 [삽입] 탭–[차트] 그룹에서 차트 종류를 선택하면 된다.

여기서 잠깐

콤보 차트 유형

[콤보]의 기본 유형인 '묶은 세로 막대형 – 꺾은선형'(❶)은 앞의 데이터 계열을 묶은 세로 막대형으로, 뒤의 데이터 계열을 꺾은선형으로 자동 설정한다. 이 외에도 [그림 7–2]의 ❷~❸과 같은 유형이 있으며 그 밖에 유형은 '사용자 지정 조합'(❹)에서 직접 설정할 수 있다.

그림 7–2 차트의 콤보 유형

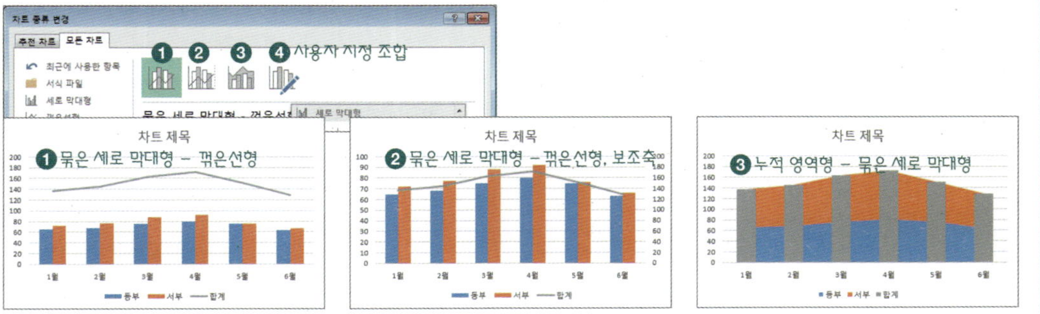

기본 예제 차트의 데이터 원본 범위 변경하기

차트의 데이터 원본 범위는 리본 메뉴를 이용해도 되지만 차트나 시트에서 직접 범위를 변경할 수도 있다. 다양한 방법으로 데이터 원본 범위를 변경해보자.

01 시트에서 차트의 데이터 원본 변경하기 : 6월 항목의 데이터 제거하기

❶ 차트를 클릭하면 데이터 원본에 세 가지 색의 사각형이 표시된다. ❷ 사각형 모서리의 핸들에 마우스 포인터를 두어 ↗(확대/축소) 모양이 되면 드래그하여 사각형 크기를 수정한다.

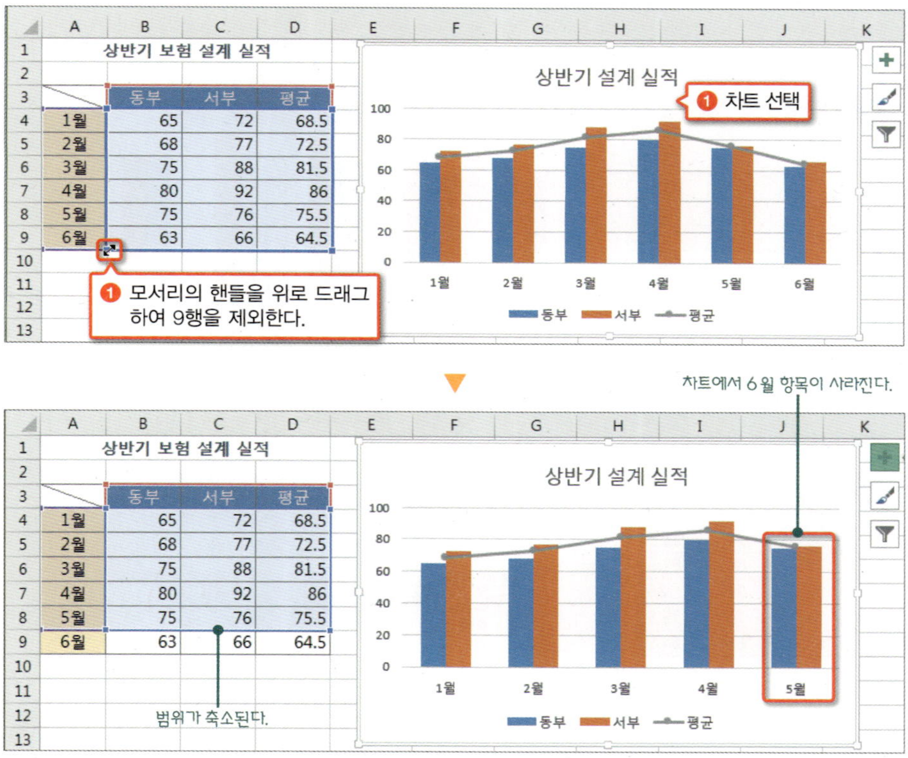

02 차트에서 차트의 데이터 원본 변경하기 : 평균 계열 제거하기

❶ 차트의 그림 영역에서 제거할 평균 계열의 꺾은선을 클릭하여 선택하고 ❷ Delete를 누른다.

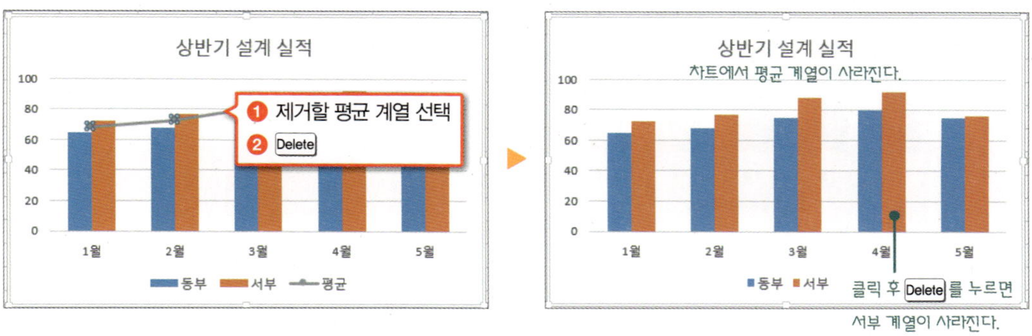

03 리본 메뉴를 이용해 데이터 원본 변경하기 : 6월 항목의 데이터를 다시 추가하기

❶ 차트를 선택하여 현재의 데이터 원본 범위를 확인한 후 ❷~❸ [차트 도구:디자인] 탭–[데이터] 그룹–[데이터 선택]을 클릭한다. ❹ [데이터 원본 선택] 대화상자가 나타나면 시트에서 [A3:C9] 셀을 선택한 다음 ❺ [확인]을 누르면 차트에 6월 항목이 추가된다.

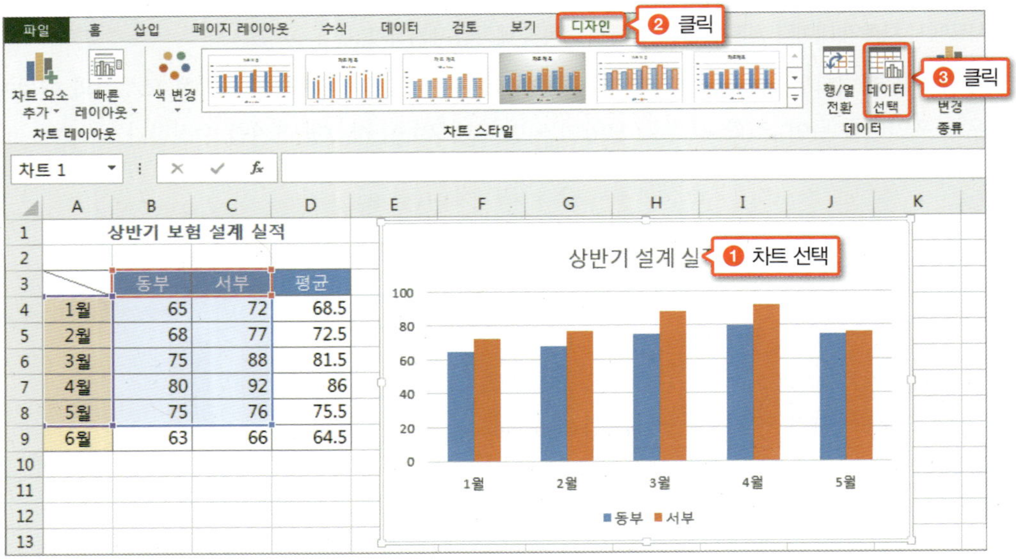

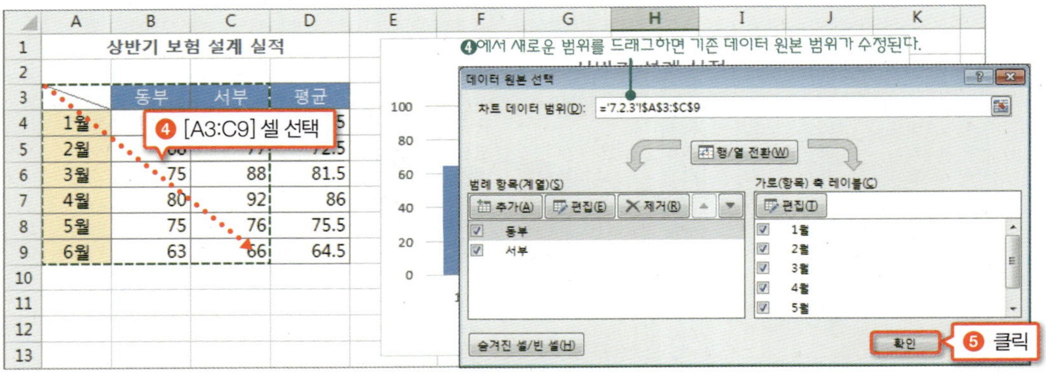

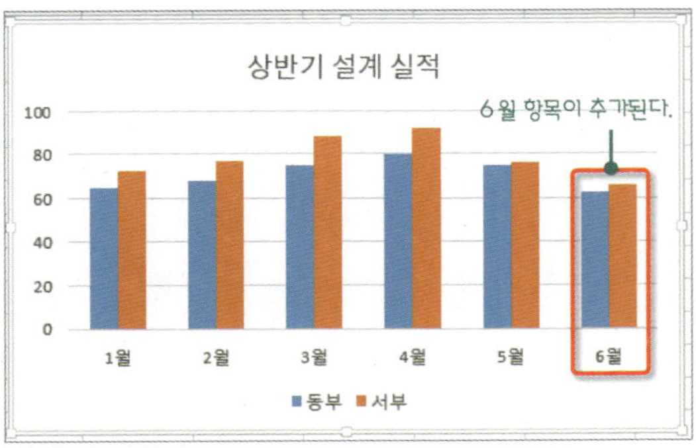

TIP 차트가 선택되면 시트의 데이터 원본에 세 가지 색의 사각형 영역이 표시되므로 이 사각형 영역을 한 행 확대하여 6월 항목의 데이터를 추가할 수 있다. 그러나 동부와 평균 계열만 차트에 포함시키려면 [데이터 원본 선택] 대화상자를 나타낸 후 [A3:B9] 셀을 드래그하여 선택한 후 떨어져 있는 평균은 Ctrl을 누른 채 [D3:D9] 셀을 드래그하여 선택해야 한다.

기본 예제 차트의 행/열 전환하기

기본적으로 데이터 원본 중 첫 번째 행은 차트의 범례에 나타낼 계열 이름으로, 첫 번째 열은 가로 축에 나타낼 항목으로 사용된다. 시트의 내용을 변경하지 않고 차트의 가로 축 항목과 범례의 계열 이름을 서로 전환해보자.

현재 가로 축에 차트 데이터 원본의 첫 번째 행이 나타나 있다. 데이터 원본의 첫 번째 열이 가로 축에 나타나게 하려면 ❶ 차트를 선택하고 ❷~❸ [차트 도구:디자인] 탭-[데이터] 그룹-[행/열 전환]을 클릭한다.

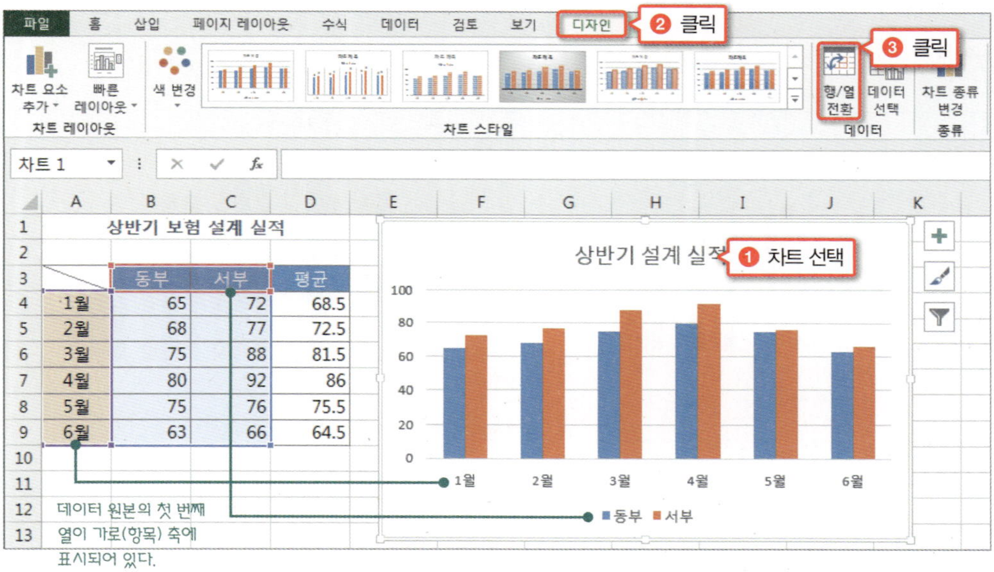

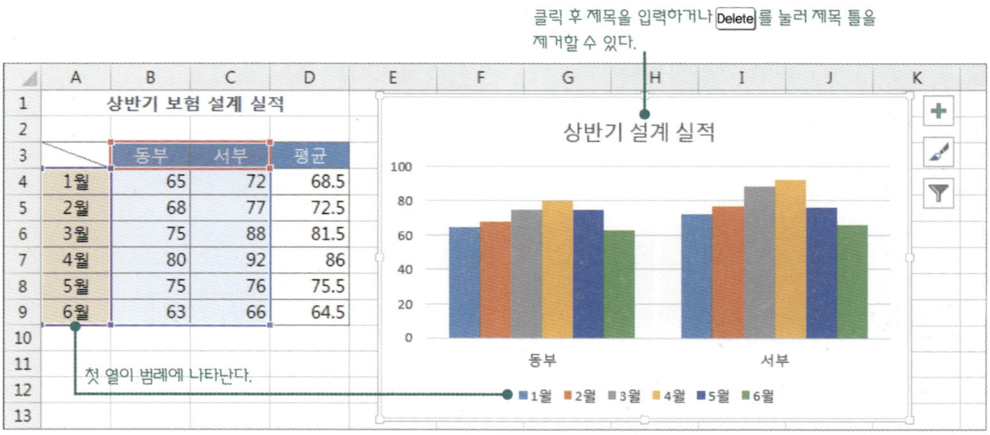

1.3 차트의 레이아웃, 스타일, 이동

차트의 구성요소를 추가하거나 제거하고, 색을 변경하고, 위치를 이동하는 등의 변경 작업은 사용자가 직접할 수 있다. 하지만 엑셀 자체에서 제공하는 빠른 레이아웃, 색상, 스타일 등을 이용하면 차트의 모양을 쉽고 빠르게 꾸밀 수 있다. 완성한 차트는 복사나 잘라내기를 하여 다른 시트 또는 다른 응용 프로그램에 삽입할 수도 있으며 이동 기능을 이용해 차트만 있는 별도의 시트를 만들 수도 있다.

기본 예제 차트의 레이아웃, 색상, 스타일 변경 후 별도의 차트 시트 만들기

상반기 실적 차트에 빠른 레이아웃, 색상, 스타일을 적용한 후 완성된 차트만 있는 '상반기_차트' 시트를 새로 만들어보자.

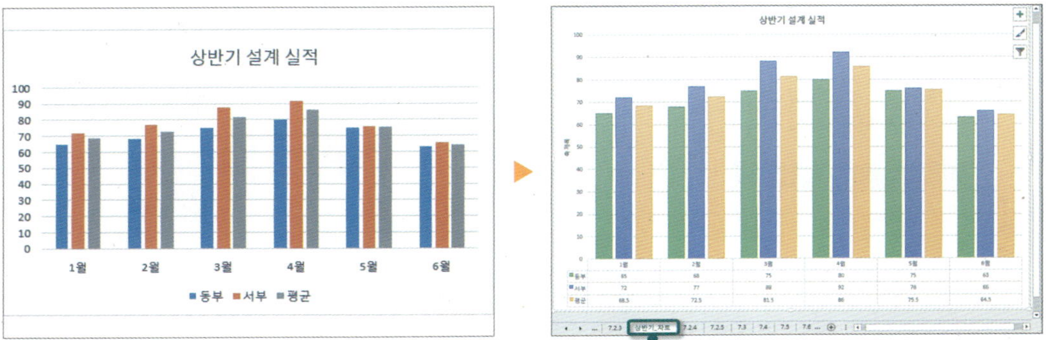

레이아웃 5, 스타일 5, 색 4 적용 후 '상반기_차트' 시트 만들기

01 차트에 빠른 레이아웃 적용하기 : 레이아웃 5 적용하기

❶ 레이아웃을 변경할 차트를 선택하고 ❷~❹ [차트 도구:디자인] 탭–[차트 레이아웃] 그룹–[빠른 레이아웃]–[레이아웃 5]를 클릭한다.

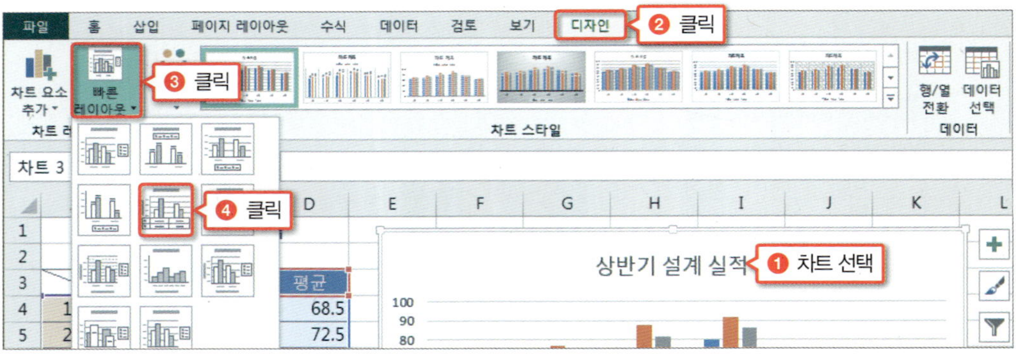

02 차트에 스타일과 색상형 적용하기 : 스타일 5, 색 4 적용하기

차트의 스타일과 색상은 차트를 선택했을 때 우측 상단에 나타나는 (차트 스타일)을 클릭하거나, [차트 도구:디자인] 탭–[차트 스타일] 그룹–[색 변경] 또는 스타일 갤러리를 이용해 설정할 수 있다.

❶ 스타일을 변경할 차트를 선택하고 ❷ 차트 오른쪽의 (차트 스타일)을 클릭한 후 ❸ 5번째 스타일을 클릭한다. ❹ 다음으로 [색] 탭을 선택한 후 ❺ 4번째 색상을 클릭해 적용한다.

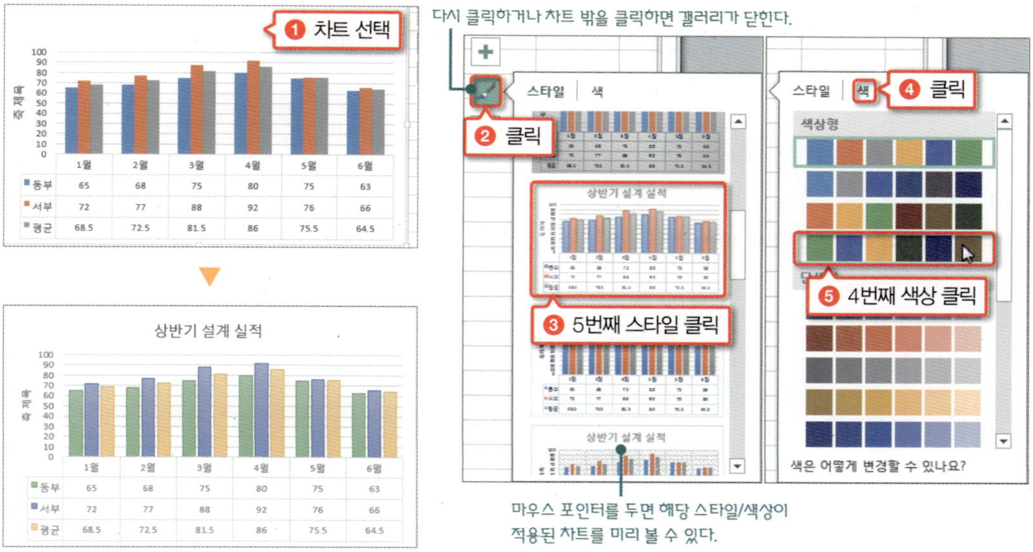

03 차트 시트 만들기 : 완성한 차트를 '상반기_차트' 새 시트로 이동하기

완성한 차트만 있는 새로운 시트를 만들기 위해 ❶ 차트를 선택하고 ❷~❸ [차트 도구:디자인] 탭–[위치] 그룹–[차트 이동]을 클릭한다. ❹~❺ [차트 이동] 대화상자의 [새 시트]를 선택하고 새 시트 이름을 입력한 후 ❻ [확인]을 누르면 차트만 있는 '상반기_차트'라는 새 시트가 추가된다.

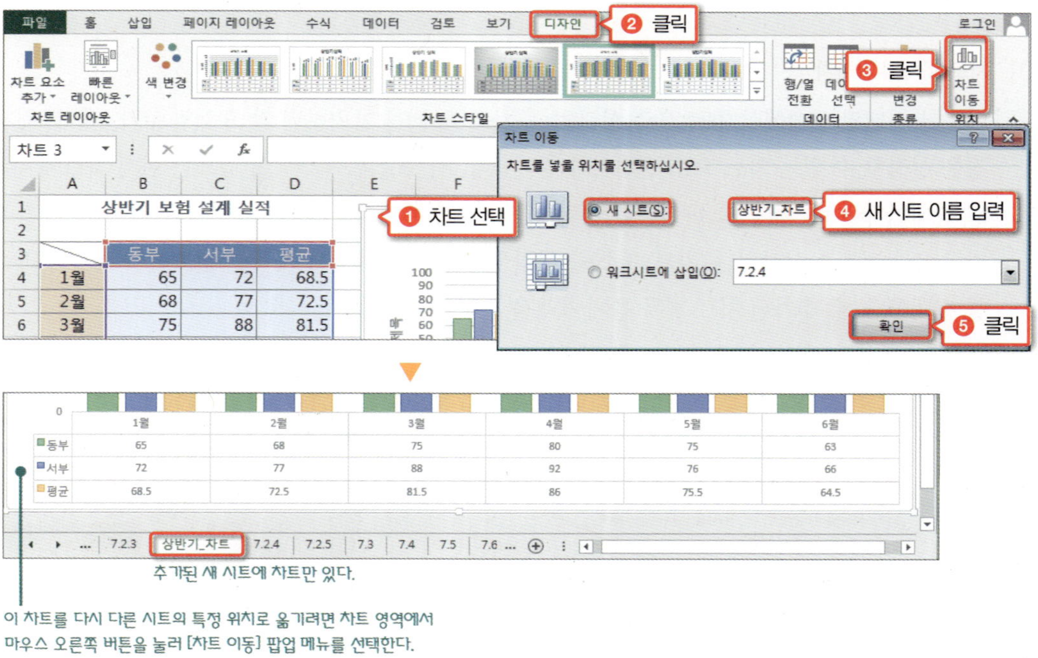

SECTION

02 차트 요소 추가/제거하기

[그림 7-1]에서 차트에는 많은 요소가 있는 것을 보았다. 그러나 실제로 차트를 삽입하면 차트에 포함되지 않은 요소가 많다. 요소를 추가하거나 제거할 때는 엑셀 2013 버전에 새로 추가된 기능으로 차트를 선택했을 때 우측 상단에 나타나는 ⊞(차트 요소)를 이용하면 편리하다. 리본 메뉴는 [차트 도구:디자인] 탭–[차트 레이아웃] 그룹–[차트 요소 추가]를 이용한다.

기본 예제 차트 요소 추가/제거하기

차트 요소의 추가, 제거, 위치 변경 방법을 다음과 같은 차트를 만드는 과정을 통해 익혀보자.

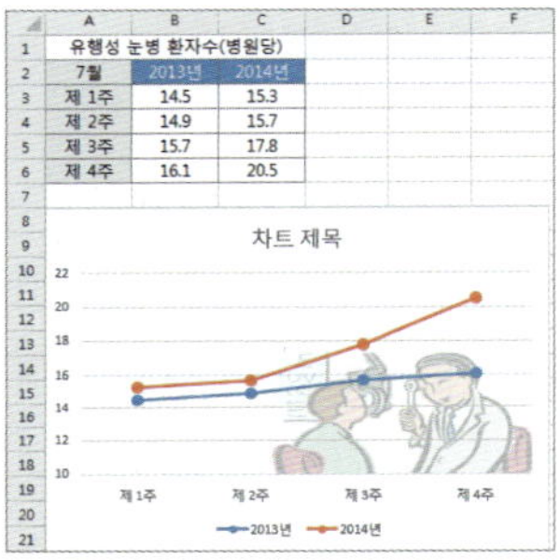

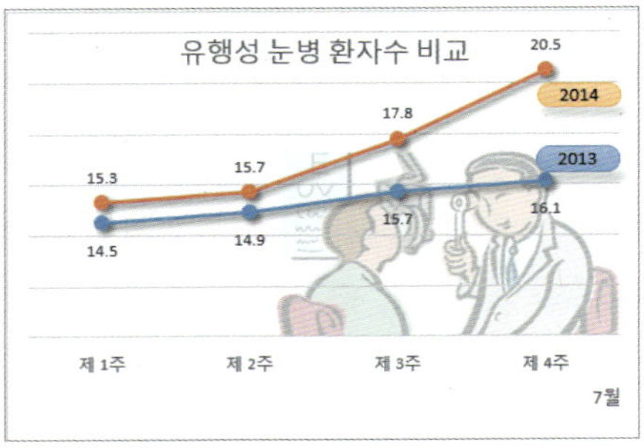

01 차트 제목 추가하기

차트가 선택된 상태에서 차트 우측 상단의 ⊞(차트 요소)를 클릭하면 각 요소의 추가, 제거, 위치 변경을 설정할 수 있는 차트 요소 갤러리가 나타난다. 각 요소가 체크되어 있으면 현재 차트에 추가가 된 상태이다. 이때 해당 요소 이름을 클릭하면 체크가 해제되고 차트에서 제거된다. ❶ 차트를 선택하고 ❷~❹ 우측 상단의 ⊞(차트 요소)를 클릭한 후 [차트 제목] 옆의 ▸를 클릭하여 제목 추가 위치를 선택한다. ❺ 추가된 차트 제목 틀에 제목을 입력한다.

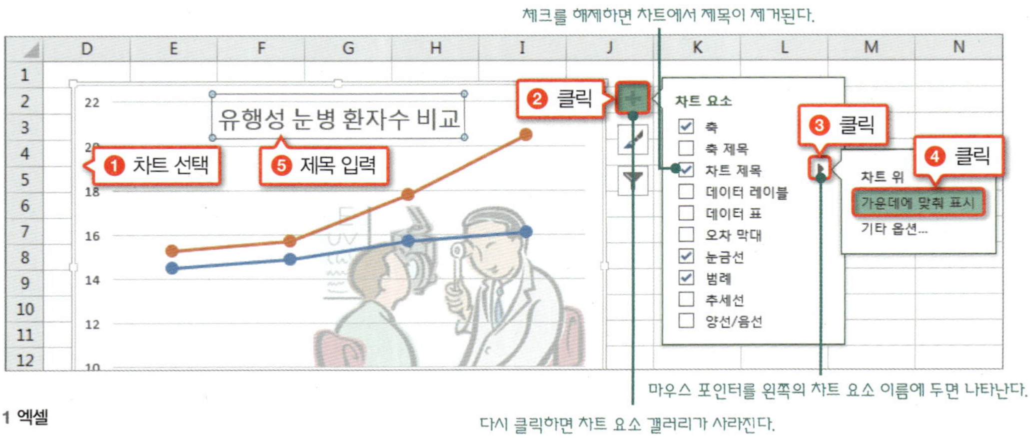

02 축 제목 추가하고 범례 제거하기

가로(항목) 축과 세로(값) 축 제목 추가와 범례 제거 역시 차트 요소 갤러리를 이용한다. ❶ 차트 요소 갤러리에서 [축 제목]을 클릭하여 체크하면 가로와 세로 축 제목 틀이 추가된다. ❷ [범례]는 클릭하여 체크를 해제한다. ❸ 추가된 세로 축 제목은 클릭하여 선택한 후 Delete를 눌러 삭제하고 ❹ 가로 축 제목은 클릭하여 '7월'을 입력한 후 테두리에서 드래그하여 위치를 이동한다.

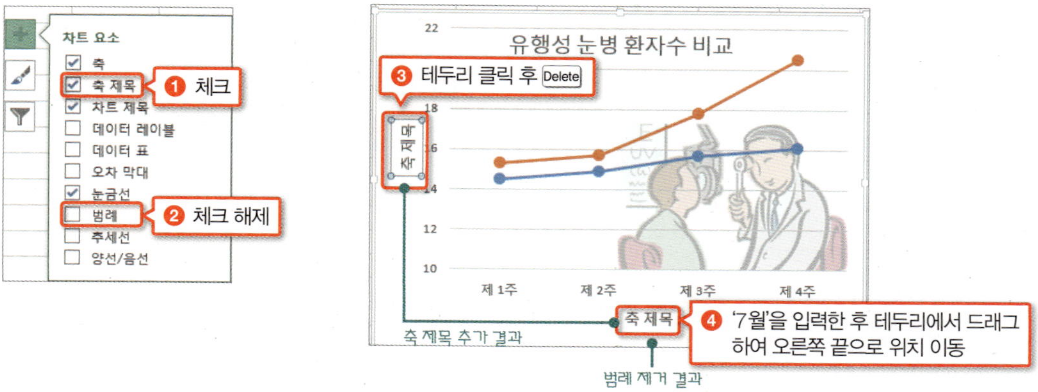

TIP 차트 요소를 클릭하여 선택하면 주변에 실선 테두리가 생긴다. 이때 테두리에서 드래그하여 위치 이동, Delete를 눌러 삭제, 키보드로 텍스트 입력이 가능하다. 그리고 차트 요소가 선택된 상태에서 한 번 더 클릭하면 점선 테두리로 변하며 커서가 생겨 글자 단위로 편집이 가능하다. 이때 테두리를 클릭하면 차트 요소가 다시 선택된 상태인 실선 테두리로 바뀐다.

03 데이터 레이블 추가하기와 위치 변경하기 : 2014년의 레이블은 표식 위쪽에, 2013년은 표식 아래쪽에 넣기

데이터 레이블은 차트의 막대나 표식의 실제 값을 정확히 표시하기 위해 많이 사용된다. 레이블로는 실제값 외에도 계열 이름, 항목 이름, 백분율을 사용하기도 한다. ❶ 차트를 선택한 후 ❷ 차트 요소 갤러리에서 [데이터 레이블]을 체크하면 모든 계열에 데이트 레이블이 추가된다. 2013년 계열의 데이터 레이블만 위치를 변경하기 위해 ❸ 2013년 계열 데이터 레이블 한 개를 클릭하면 2013년 계열의 데이터 레이블이 모두 선택된다. ❹~❺ 차트 요소 갤러리의 [데이터 레이블] 옆의 ▸를 클릭한 후 [아래쪽]을 선택한다.

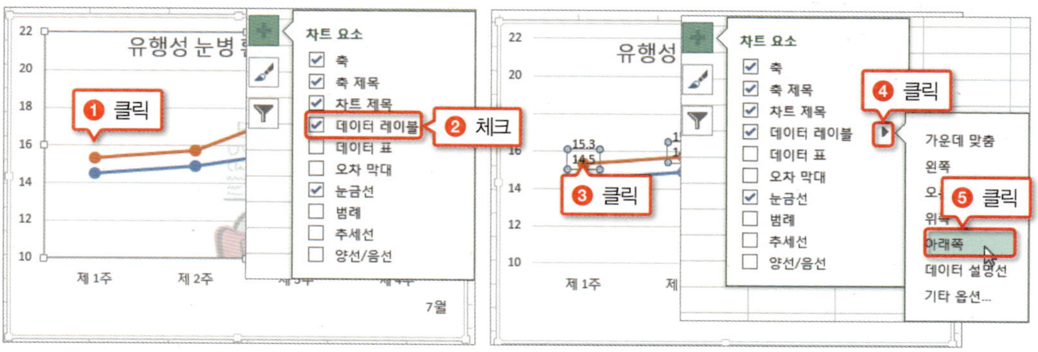

[주의] ❹에서 [데이터 레이블]을 클릭하여 체크를 해제하면 2013년 계열의 데이터 레이블이 제거되므로 반드시 옆의 ▸를 클릭하여 옵션이 나타나게 해야 한다.

04 세로 축 제거하기

최근에는 차트의 세로 축에 선을 긋지 않거나 아예 세로 축을 나타내지 않는 경우가 많다. 차트의 축 또한 차트 요소 갤러리에서 추가 또는 제거할 수 있다. ❶~❷차트 요소 갤러리에서 [축] 옆의 ▸를 클릭한 후 [기본 세로]의 체크를 해제하면 세로 축이 제거된다.

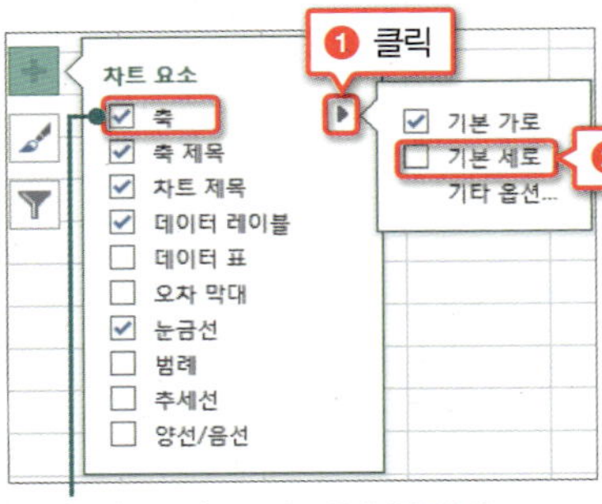

클릭하면 체크가 해제되어 가로와 세로 축이 모두 제거되므로 요소 이름이나 이름 옆에 마우스 포인터만 두어야 ▸가 나타난다.

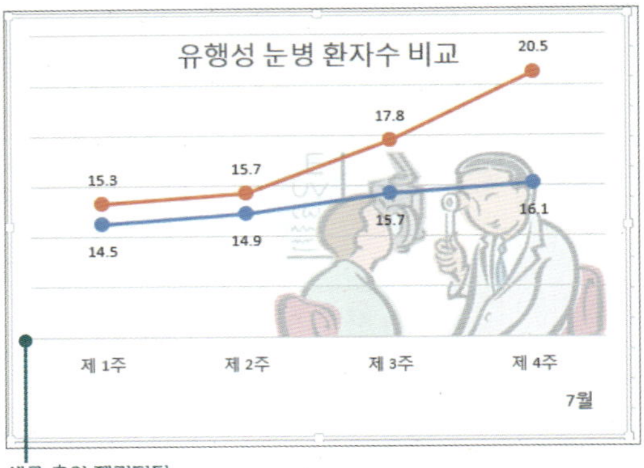

세로 축이 제거된다.

05 차트에 도형 추가하기 : 계열 이름을 도형에 표시하기

파워포인트에서 도형을 추가하여 서식을 설정할 수 있는 것처럼 엑셀에서도 텍스트 상자와 다양한 도형을 시트에 추가하여 서식을 설정할 수 있다. 도형의 모양 변경 및 서식 설정에 대한 자세한 내용은 파워포인트를 참고한다. 차트의 범례 대신 도형으로 계열 이름을 표시해보자. ❶차트를 클릭하여 선택하고 ❷~❹[삽입] 탭–[일러스트레이션] 그룹–[도형]–[모서리가 둥근 직사각형]을 선택한 후 ❺차트 위에서 드래그하여 도형을 추가한다. ❻도형에 텍스트를 입력하고 서식을 설정한다.

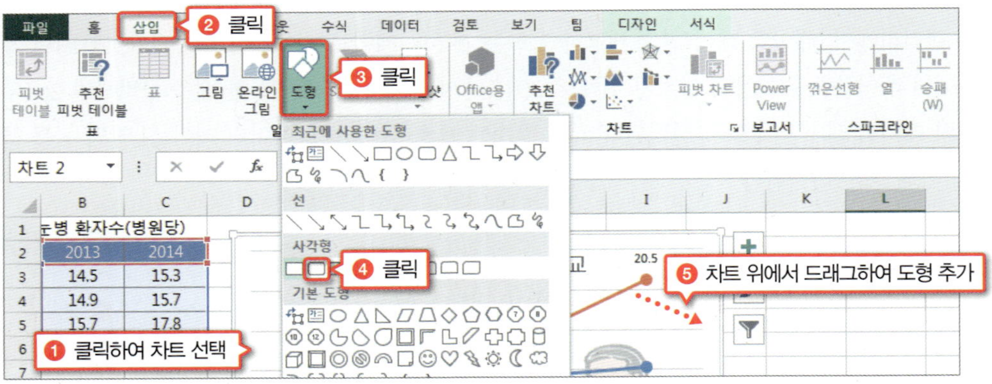

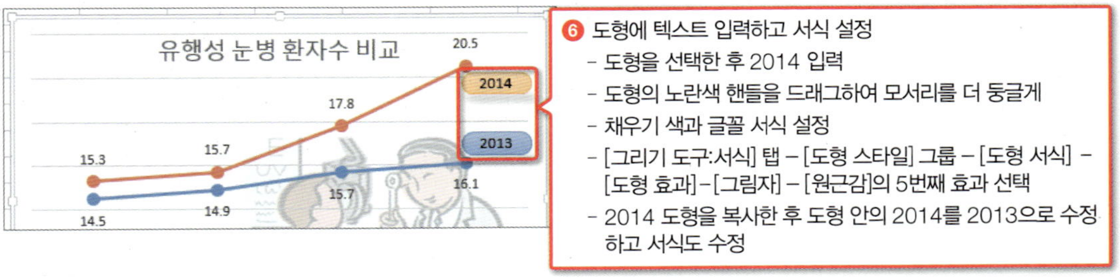

06 차트와 꺾은선에 그림자 효과 주기

2014 계열의 꺾은선을 클릭하여 선택한 후 ❷~❺ [차트 도구:서식] 탭–[도형 스타일] 그룹–[도형 효과]–[그림자]–[바깥쪽] 영역의 '오프셋 대각선 오른쪽 아래'를 클릭하여 그림자를 넣는다. ❻ 2015 계열의 꺾은선도 동일한 방법으로 그림자를 넣어 차트를 완성한다.

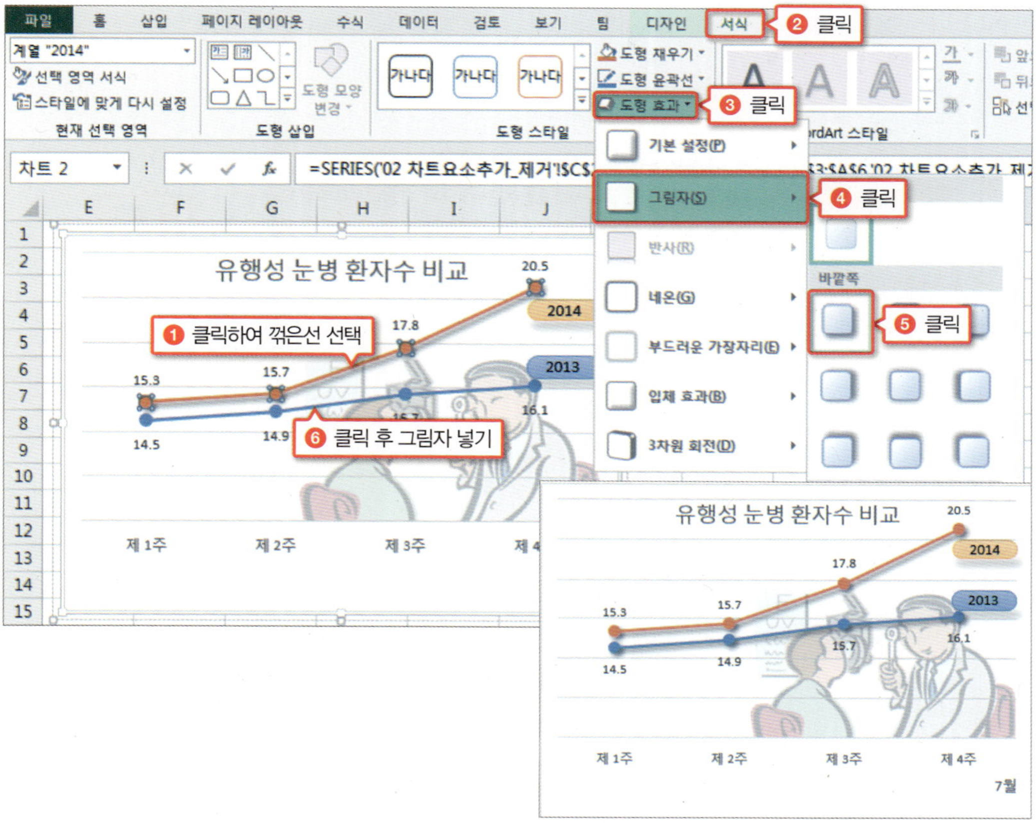

기본 예제 차트 필터를 이용해 특정 계열이나 데이터만 확인하기/나타내기

엑셀 2013에서는 차트의 데이터 원본을 바꾸지 않고도 차트 필터 기능을 이용해 원하는 데이터만 차트에 표시할 수 있다. 특히 복잡한 차트 그림 영역에서 보고 싶은 계열만 선명하게 볼 수 있으며 [데이터 원본 선택] 대화상자를 띄워 데이터 원본 범위를 변경할 수도 있어 편리하다.

01 차트 필터를 이용해 외식 계열만 선명히 보기

❶ 차트 안을 클릭하고 ❷ 오른쪽 상단의 (차트 필터)를 클릭한 후 ❸ [외식] 계열 이름에 마우스 포인터를 가져가면 ❹ 해당 계열의 영역만 선명하게 보이고 해당 데이터 원본에도 범위가 표시된다.

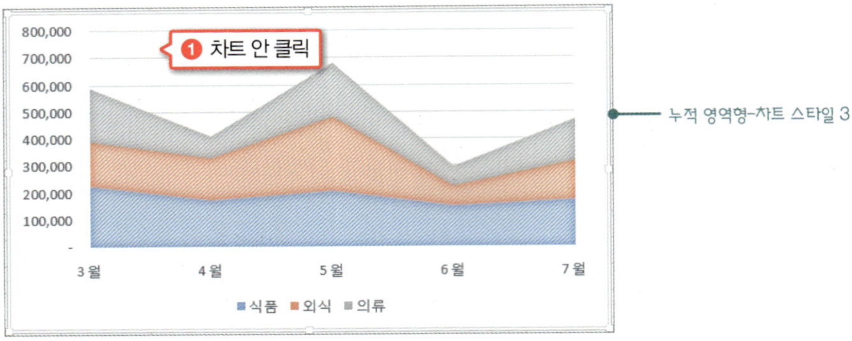

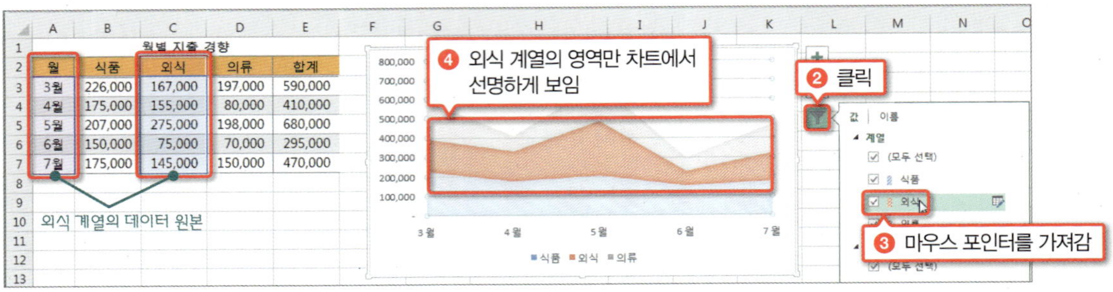

02 차트 필터를 이용해 일부 데이터 요소 제외하기

❶ 차트 안을 클릭한 후 ❷ 차트 필터를 클릭하고 ❸ 계열에서 [식품]을, 범주에서 [7월]을 클릭하여 체크를 해제한 후 ❹ [적용]을 클릭하면 차트에서 식품 계열과 7월이 사라진다.

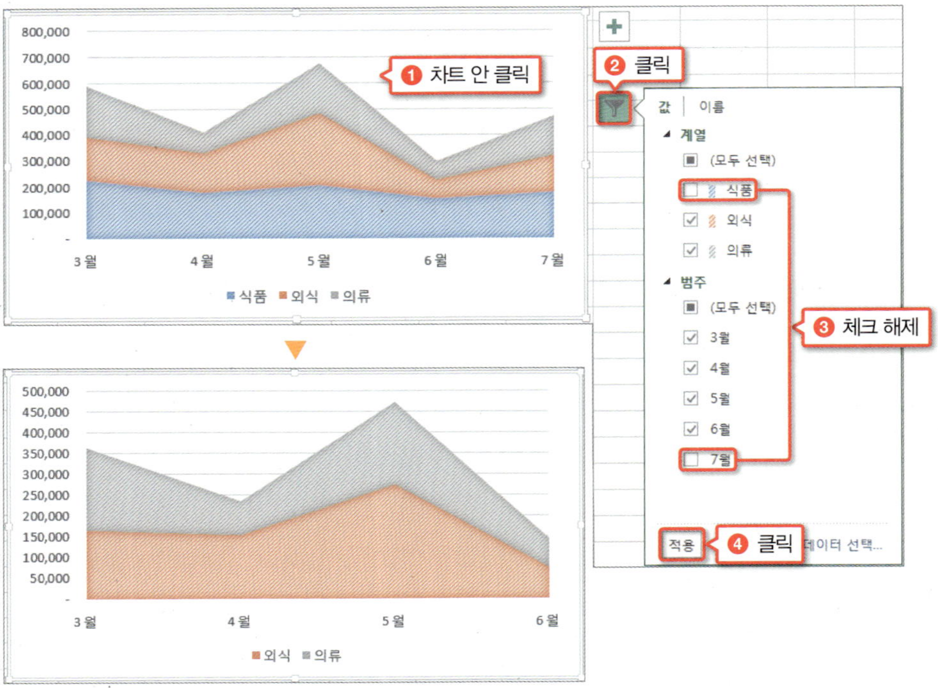

SECTION 03 IT COOKBOOK

차트 요소의 세부 사항 설정하기

엑셀 2013에서는 새로운 서식 작업창을 이용해 차트의 서식을 세부적으로 설정할 수 있다. 서식 작업창은 이전 버전까지는 리본 메뉴나 대화상자에 있던 많은 옵션을 찾기 쉽고 보기 좋게 모아 놓은 것이다.

서식 작업창은 [그림 7-3]과 같이 차트의 특정 요소나 영역을 더블클릭하면 시트 오른쪽에 나타난다. 또는 특정 요소·영역에서 마우스 오른쪽 버튼을 누르고 팝업 메뉴에서 [차트 제목 서식], [축 서식], [범례 서식]과 같이 해당 요소·영역에 대한 서식 메뉴를 클릭해도 나타난다. 리본 메뉴를 이용하려면 요소나 영역을 선택한 후 [차트 도구:서식] 탭-[현재 선택 영역] 그룹-[선택 영역 서식]을 클릭한다.

일단 서식 작업창이 표시된 상태에서는 차트에서 다른 요소를 클릭하여 선택하거나 서식 작업창의 해당 [옵션] 옆의 ▾를 클릭한 후 요소의 이름을 선택하면 해당 요소의 서식 작업창으로 바뀐다.

그림 7-3 서식 작업창 : 차트 제목을 더블클릭하여 나타냄

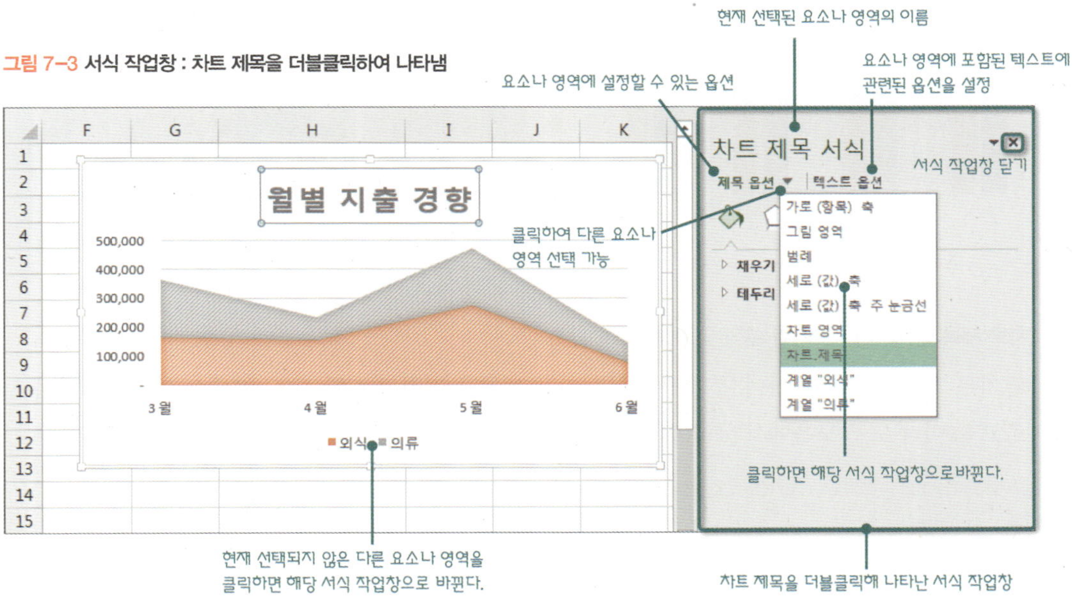

서식 작업창에서 특정 옵션을 선택하면 [그림 7-4]와 같이 아이콘(채우기 및 선, 테두리, 효과, 텍스트)이 표시되며 이 아이콘을 클릭하면 아이콘마다 그룹으로 모아 놓은 실제로 옵션을 설정할 수 있는 내용이 나타난다.

그림 7-4 [차트 제목 서식] 작업창 예

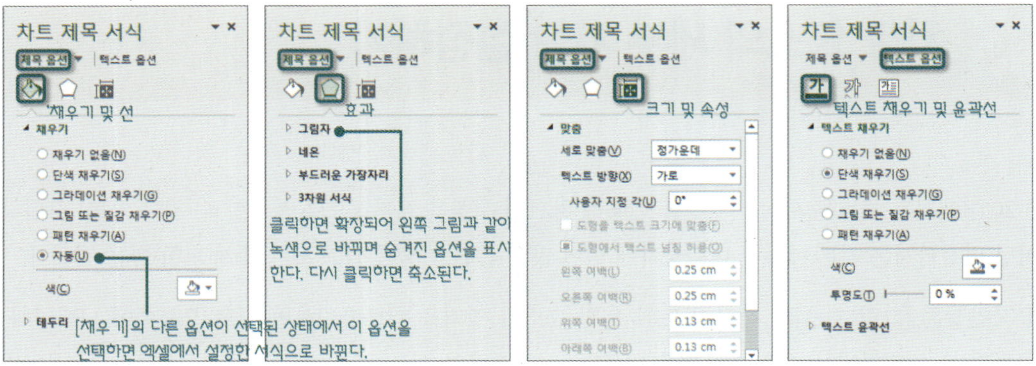

기본 예제 차트 요소, 그림 영역, 차트 영역의 세부 사항 설정하기

세로 막대형 차트를 다음과 같이 변경하는 과정을 통해 각 요소·영역을 설정하는 방법을 알아보자.

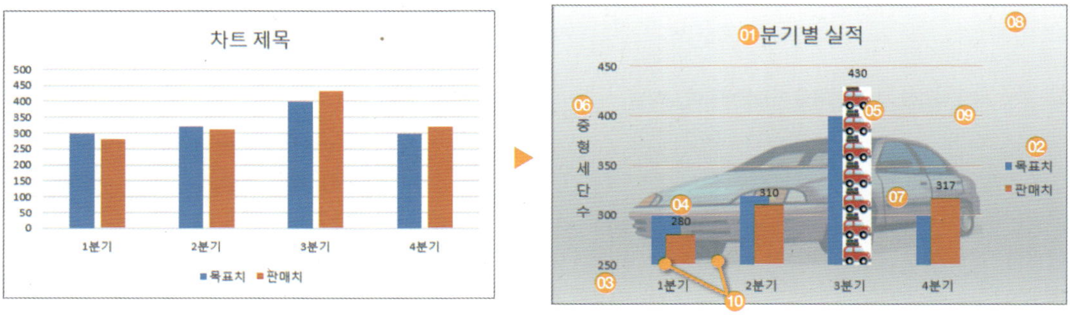

01 차트 제목 설정하기 : '분기별 실적' 입력하기

❶ 차트 제목 틀을 클릭하여 '분기별 실적'이라는 제목을 직접 입력한 후 ❷ 마우스 오른쪽 버튼을 누르고 ❸ 미니 도구 모음에서 [스타일]을 클릭한 후 ❹ 스타일 갤러리에서 원하는 스타일을 선택한다.

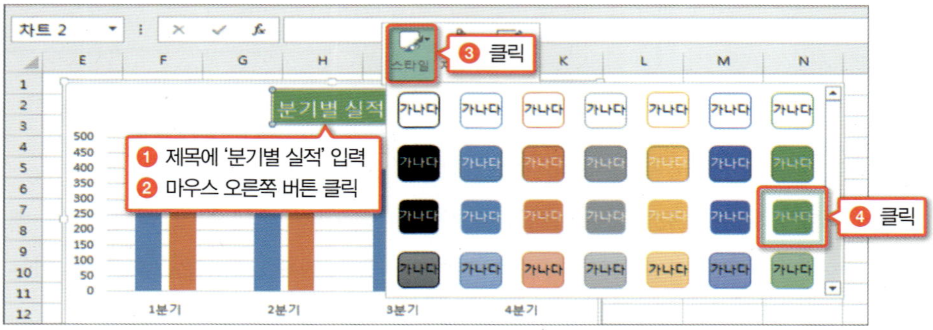

TIP 셀의 서식처럼 [홈] 탭의 리본 메뉴를 이용해서 글꼴이나 채우기 등 서식을 설정할 수 있다.

TIP 차트 요소의 서식을 원래 스타일로 되돌리려면 팝업 메뉴에서 [스타일에 맞게 다시 설정]을 선택한다.

02 범례를 오른쪽으로 옮기기

❶ 범례를 더블클릭하여 서식 작업창을 연 후 ❷~❹ [범례 서식] 작업창에서 그림과 같이 설정한다.

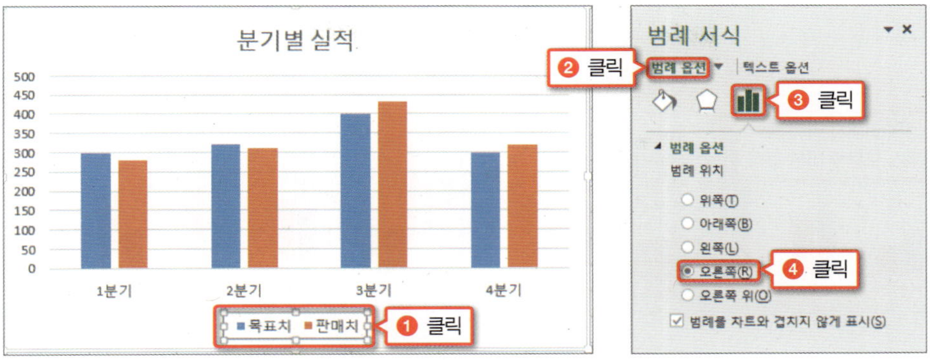

TIP 서식 작업창은 다른 서식 작업창으로 바뀌어도 가능한 이전 작업 창의 옵션 보기를 유지하므로 범례 서식 작업창을 열었을 때 [범례 위치]를 바로 선택할 수 있는 상태일 수도 있고 아닐 수도 있다.

03 세로 축 눈금값 범위와 주 눈금선 단위 설정하기

차트의 세로 축을 잘 조정하면 데이터 차이(변화)를 더 강조할 수 있다. 목표치와 판매치의 차이가 더 강조되도록 세로 축의 범위를 250~450으로, 주 눈금선의 단위를 50으로 고정해보자. ❶ 세로 축의 값 범위를 변경하기 위해 차트의 세로 축을 클릭하여 [축 서식] 작업창을 나타낸다. ❷~❹ 서식 작업창에서 눈금값 범위를 수정하고 주 눈금선의 단위값을 [주] 칸에 입력한다.

TIP 서식 작업창이 닫힌 상태이면 세로 축의 값을 더블클릭하여 다시 연다.

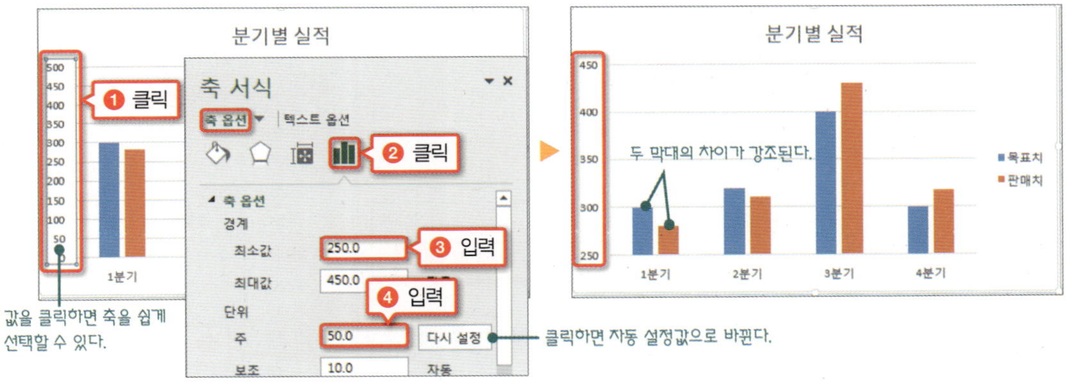

04 판매치 데이터 계열에 데이터 레이블 추가하기

단순히 차트를 선택하고 레이블을 추가하면 모든 막대에 데이터 레이블이 추가된다. 특정 계열에만 추가하려면 차트에서 계열의 막대를 한 번만 클릭하여 계열을 선택한 상태에서, 계열의 특정 요소 한 개에만 추가하려면 해당 계열의 모든 막대가 선택된 상태에서 원하는 요소의 막대를 한 번 더 클릭하여 한 개의 요소만 선택된 상태에서 레이블 추가 작업을 한다. ❶ 임의의 판매치 막대를 하나 클릭한 후 ❷~❸ 마우스 오른쪽 버튼을 누르고 팝업 메뉴에서 [데이터 레이블 추가]를 클릭하면 판매치 데이터 계열만 막대 바깥쪽에 데이터 레이블이 추가된다.

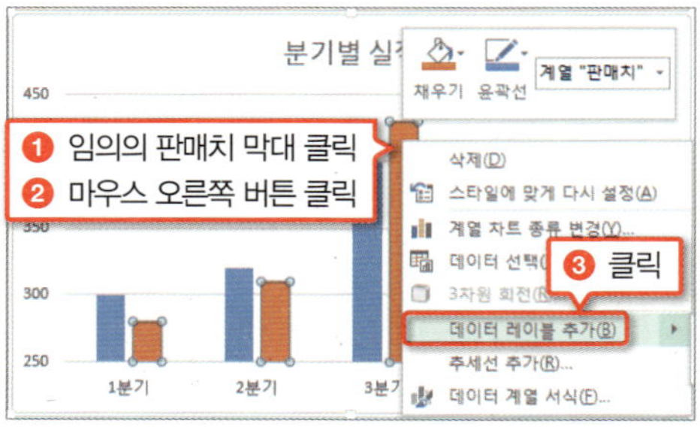

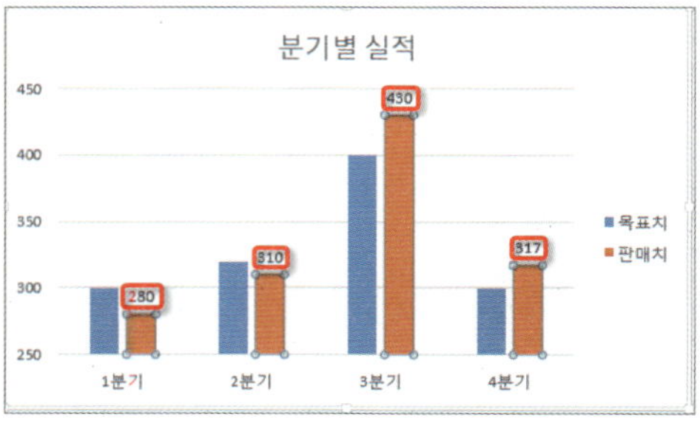

05 데이터 막대에 그림 삽입하기 : 온라인 그림 넣기

일반 도형과 마찬가지로 차트의 막대를 선택한 후 채우기 색, 테두리 색 등의 서식을 설정할 수 있다. 차트에서 최고의 판매치를 강조하여 차 모양의 그림으로 채워보자. ❶ 임의의 판매치 막대를 하나 클릭한 후 ❷ 3분기 막대를 한 번 더 클릭하여 요소 하나만 선택한 후 ❸~❺ 서식 작업창에서 그림과 같이 설정한 후 ❻ [온라인]을 클릭한다. ❼~❾ [그림 삽입] 창에서 그림을 검색해서 삽입한다.

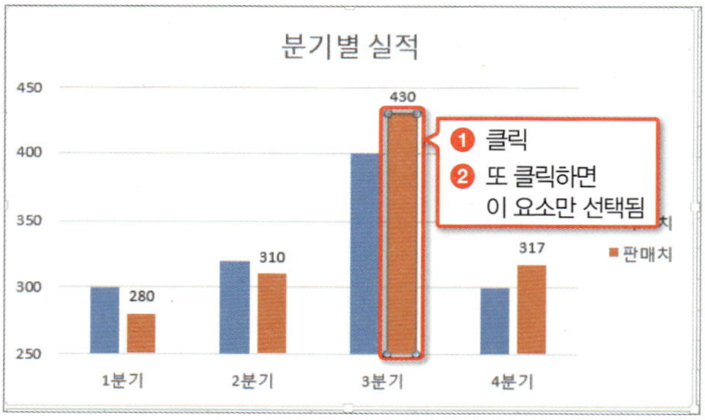

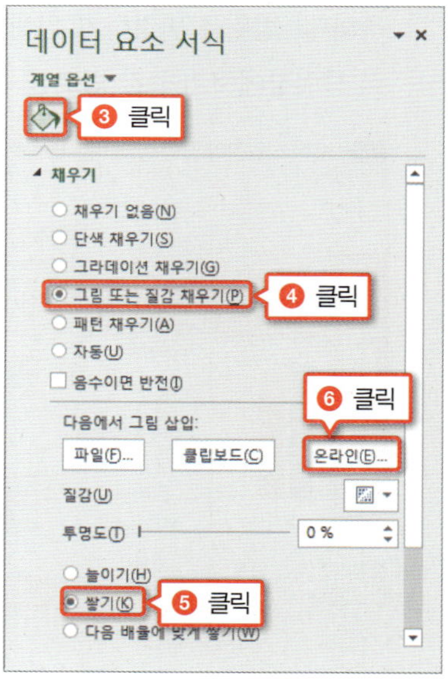

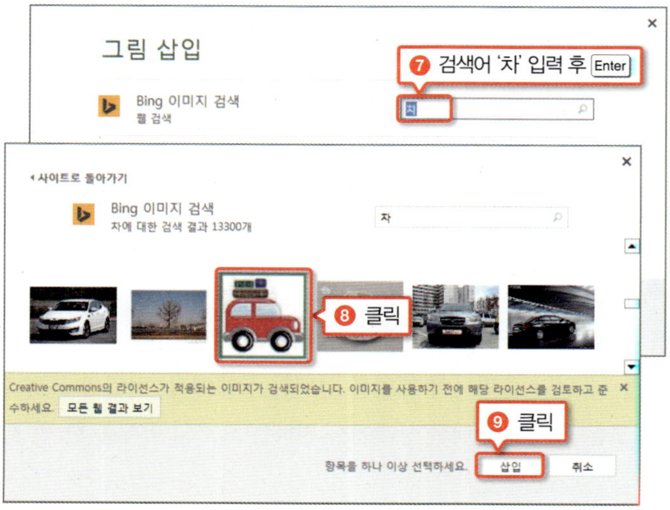

[참고] 2015년 이후로 MS 오피스에서는 클립 아트를 사용할 수 없다. 대신 Bing 이미지만 검색할 수 있는데, 검색된 이미지를 사용할 때는 라이선스를 반드시 확인해야 한다.

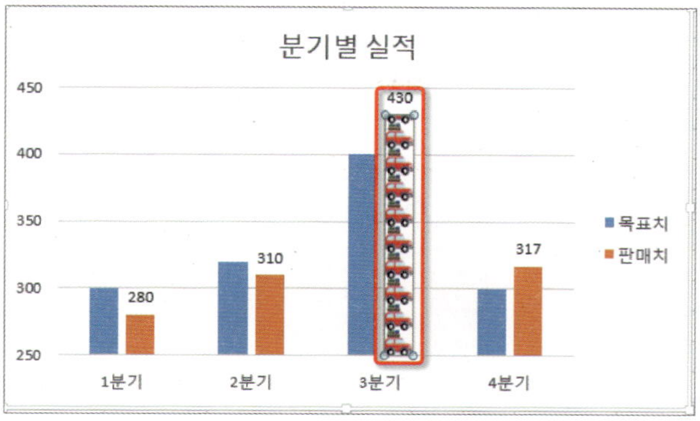

06 세로 축 제목 설정하기 : '중형세단수'를 세로로 넣기

❶ 차트를 선택하고 ❷~❹ 차트 요소 갤러리–[축 제목] 옆의 ▸ –[기본 세로]를 체크하여 세로 축 제목을 삽입한다. ❺ 추가된 세로 축 제목에 새 제목을 입력하고 ❻~❽ 제목의 방향을 수정하기 위해 텍스트 옵션을 그림과 같이 설정한다.

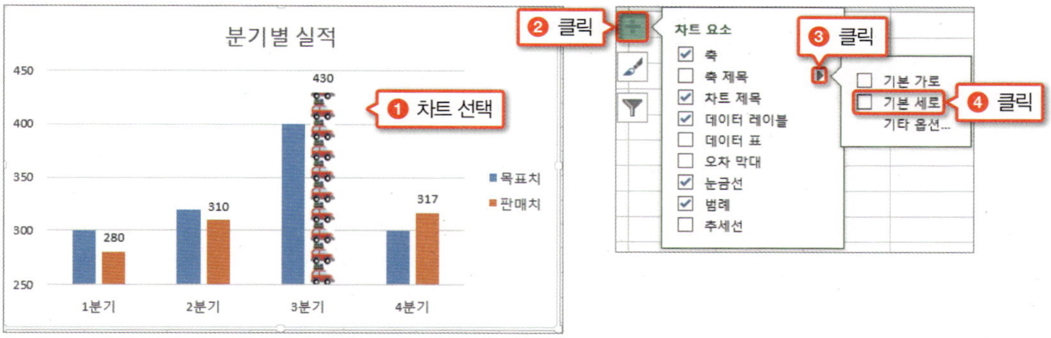

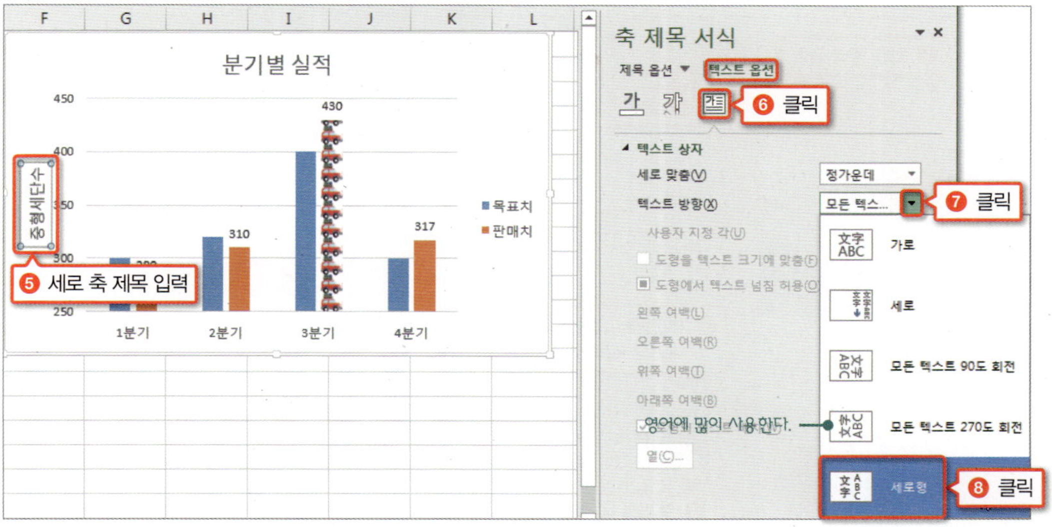

07 그림 영역 서식 설정하기 : 배경 그림 넣기

❶ 그림 영역을 클릭한 후 ❷~❸ [그림 영역 서식] 작업창에서 그림과 같이 설정하고 ❹ [온라인]을 클릭해 '세단'으로 검색한 그림으로 그림 영역을 채운다. ❺~❻ [투명도]와 [오프셋 위쪽]을 미리 보기로 확인하면서 설정한다.

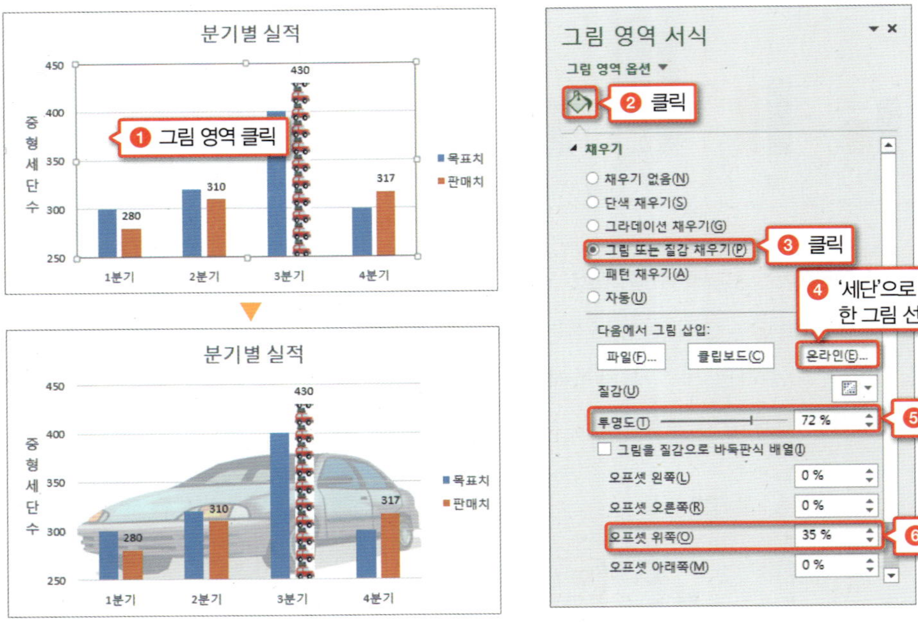

08 차트 영역 서식 설정하기 : 그라데이션으로 채우고 그림자 효과 주기

❶ 차트 영역을 클릭한 후 ❷~❻ [차트 영역 서식] 작업창의 채우기 및 선 옵션을 설정한 후 ❼~❾ 효과 옵션을 설정한다.

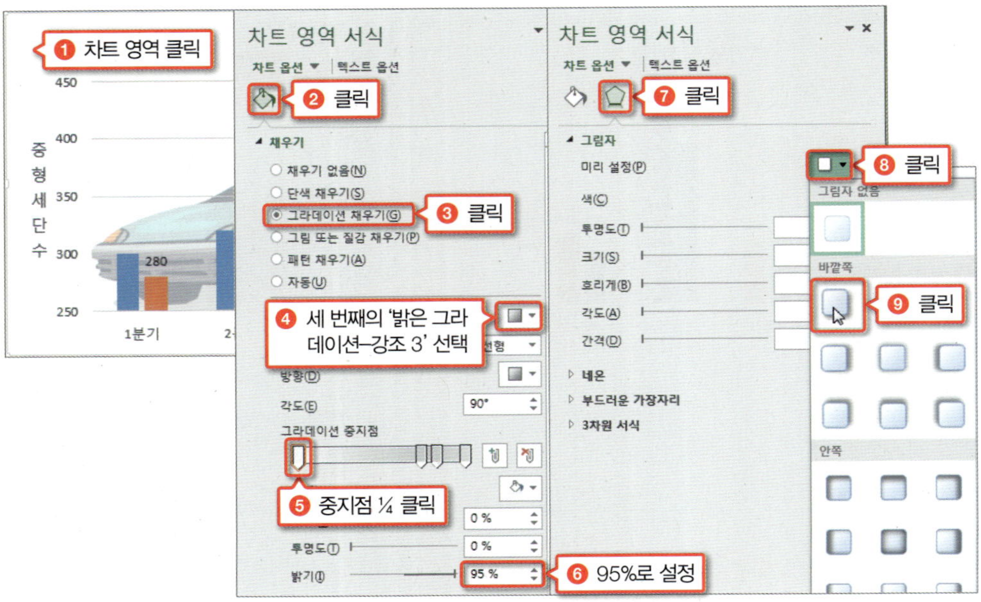

09 주 눈금선 서식 설정하기 : 주황색 주 눈금선으로 설정하기

주 눈금선의 색을 주황색으로 수정하기 위해 ❶ 임의의 주 눈금선 하나를 클릭한 후 ❷~❹ [주 눈금선 서식] 작업창에서 서식을 설정한다.

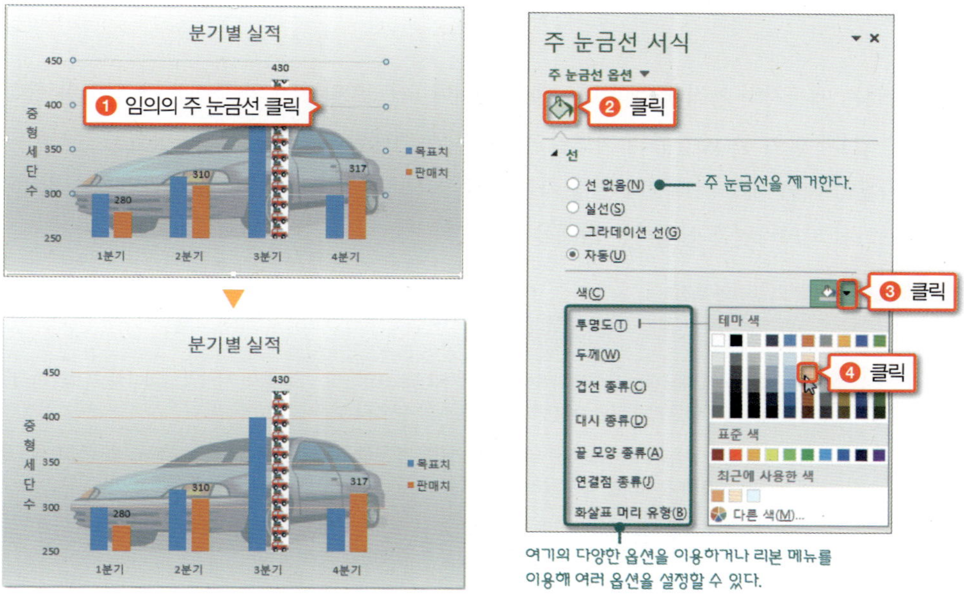

10 계열 막대 겹치기와 간격 조정하기 : 계열 간 막대 50% 겹치기, 항목 간 막대 간격 150% 설정하기

그림 영역에 나타날 데이터 계열의 막대가 많다면 막대를 서로 겹치거나 다른 항목의 막대와의 간격을 좁힐 수 있다. ❶ 임의의 막대를 하나 클릭한 후 ❷~❹ [데이터 계열 서식] 작업창에서 [계열 겹치기]와 [간격 너비]를 설정한다.

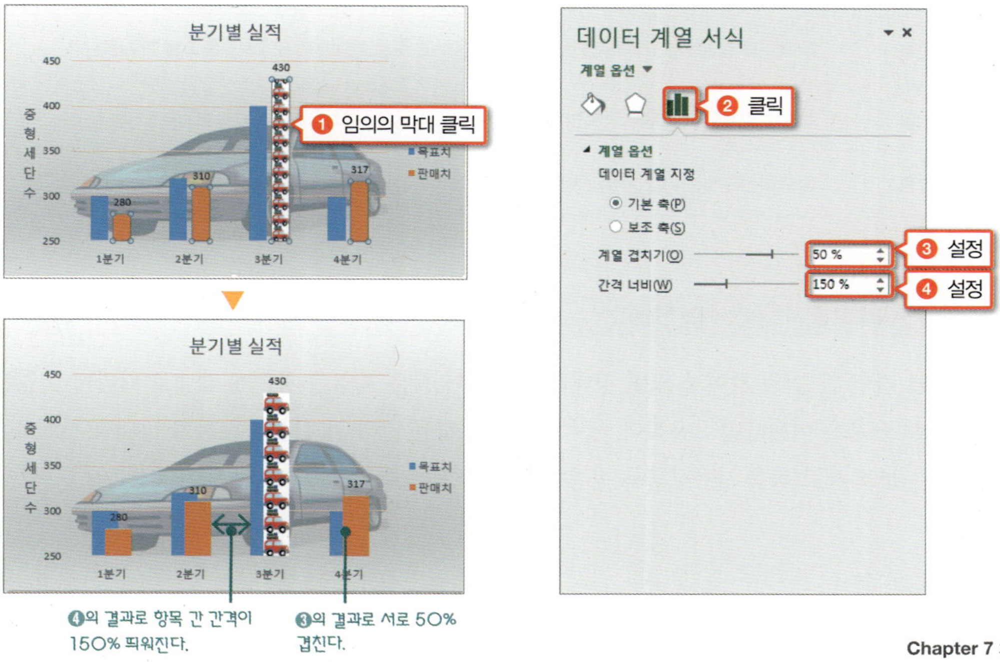

SECTION 04 ----- IT COOKBOOK

다양한 차트 만들기

차트는 전달하려는 메시지와 목적에 따라 다르게 만들어야 하므로 각 차트의 특징을 잘 알아야 한다. 엑셀에서는 [표 7-1]과 같이 총 10종류의 차트를 제공하지만 형태만 다를 뿐 만드는 방법은 유사하다. 여기서는 가장 기본이 되는 세로 막대형과 원형 차트를 중심으로 차트를 좀 더 다양하게 만드는 방법과 셀 안의 작은 차트인 스파크라인을 삽입하는 방법을 살펴본다.

표 7-1 엑셀에서 제공하는 차트의 종류와 특징

종류	설명
세로 막대형	가로 축 항목에 해당하는 데이터의 수량을 세로 막대로 표현한다. 가로 축이 시간의 경과나 수치값의 증감을 나타낸다면 이에 따른 데이터의 수량 변화를 잘 분석할 수 있다.
꺾은선형	시간의 경과나 수치의 증감에 따른 데이터의 변화를 꺾은선으로 표현한다. 가로 방향으로 꺾은선의 각도를 통해 변화 및 추이를 분석하는 데 유용하다.
원형 또는 도넛형	같은 계열에 포함된 데이터의 비율을 원의 파이 조각 크기로 표현하는 차트로, 데이터 값의 크기보다는 전체 데이터 합계에서 차지하는 비율 즉 백분율을 비교할 때 유용하다.
가로 막대형	세로 축 항목 간의 데이터를 비교 · 분석하는 데 또는 세로 축 위로부터 아래로 데이터의 순위를 표현하는 데 적합하다.
영역형	시간 흐름에 따른 데이터 변화를 강조할 때 사용한다. 항목별로 값의 합계를 표시함으로써 전체와 부분 간의 관계를 나타낼 수 있다.
분산형 또는 거품형	수치로 된 두 계열의 각 값을 (x, y) 좌표값으로 사용하여 한 점으로 표시한다. 두 계열이 서로에게 미치는 영향, 서로 관련이 많은 범위, 예외적인 데이터 분석에 유용하다.
주식형	주식 가격과 거래량 추이를 나타낼 때 사용한다.
표면형	두 데이터 집합에서 최적의 집합을 찾을 때 유용하고, 주로 지도에서 지형 지도를 그릴 때 사용한다.
방사형	둘 이상의 데이터 계열을 대칭 비교하여 항목 간의 균형, 비대칭, 편향성을 쉽게 파악할 수 있다.
콤보형	정보 특성에 맞는 다른 종류의 차트를 한 차트에 표현함으로써 다양한 자료를 한꺼번에 분석할 수 있다.

기본 예제 > 보조축을 사용하는 차트 만들기

데이터 계열 간의 값 범위 차이가 크면 상대적으로 값이 작은 계열은 차트에 제대로 나타나지 않는다. 이런 경우 보조 축을 이용하면 유용하다. 근무년수와 불량률 간의 관계를 묶은 세로 막대형 차트로 만들되 불량률은 보조 세로 축을 사용하도록 변경해보자.

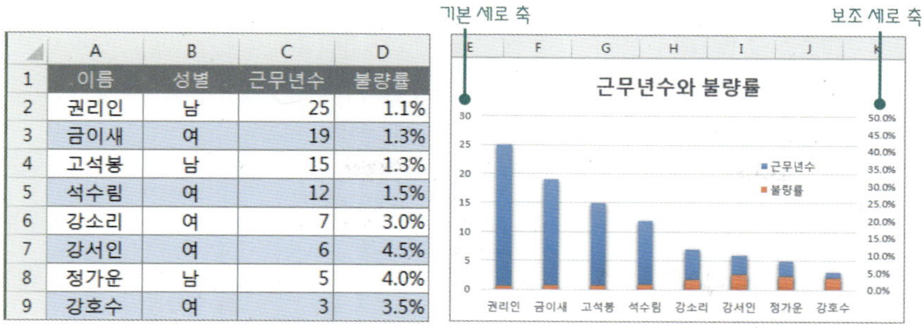

01 묶은 세로 막대형 차트 삽입하기 : 근무년수와 불량률 계열을 막대로 나타내기

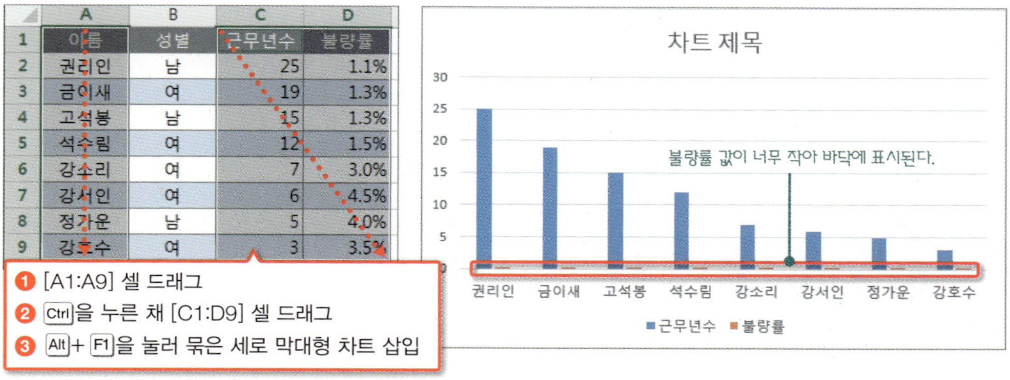

02 불량률 계열에 보조 세로 축 사용하기

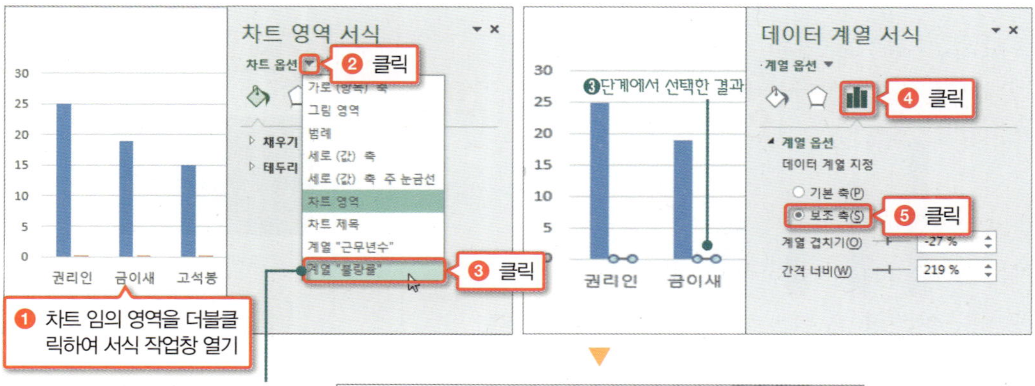

차트에서 직접 선택하기 어려운 요소는 이렇게 선택할 수 있다. 또한 [차트 도구:서식] 탭-[현재 선택 영역] 그룹-'차트 요소' 목록에서 선택할 수도 있다.

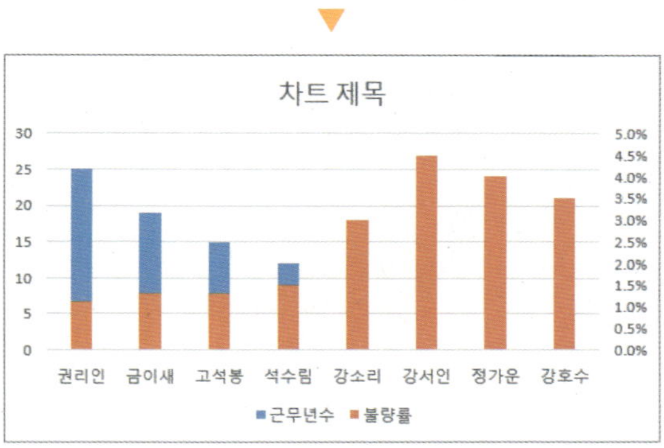

03 불량률 막대 뒤에 숨겨진 근무년수 막대가 잘 보이도록 보조 세로 축의 최대값을 50%로 조정하기

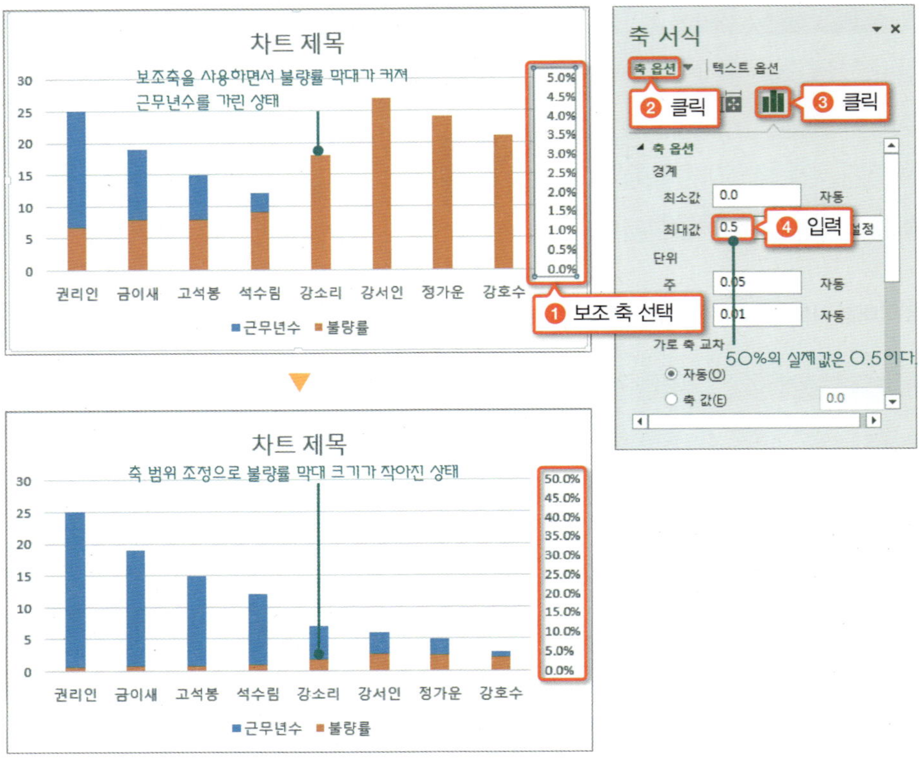

04 차트 제목을 입력하고 8번째 스타일 적용하기

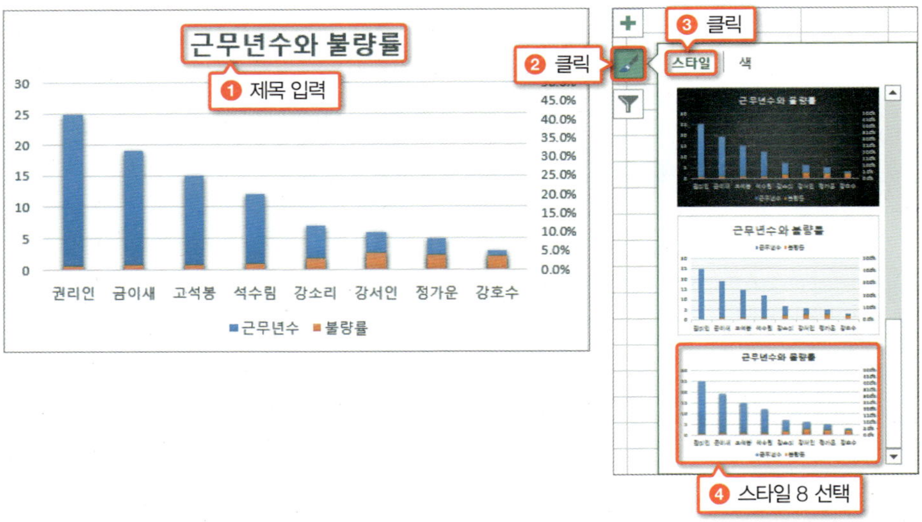

05 범례를 그림 영역으로 이동하고 모양 변경해 차트 완성하기

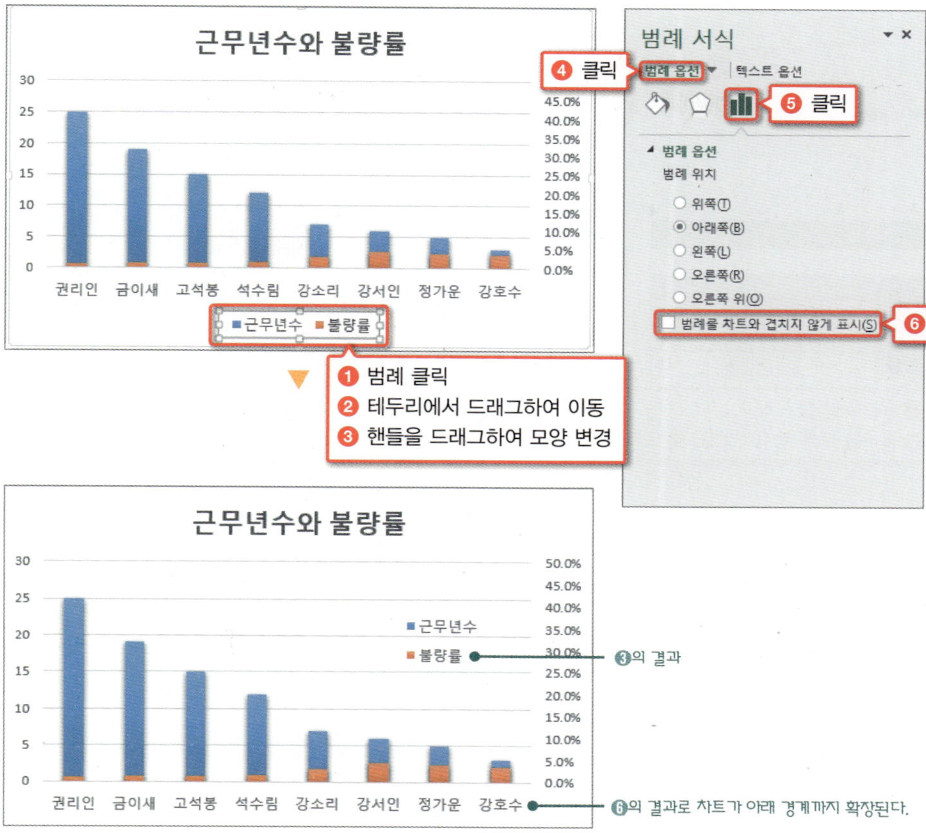

기본 예제 원형 차트 만들기

30대의 찬반 의견 중 반대 의견을 강조한 원형 차트를 만들어보자.

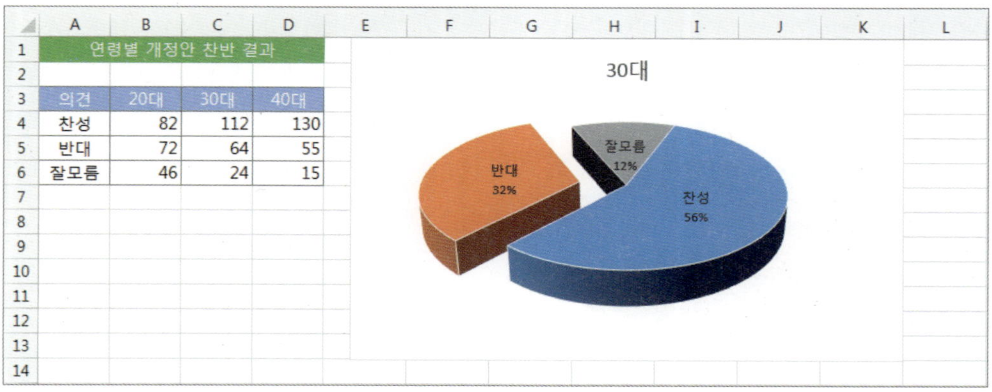

01 원형 차트 삽입하기

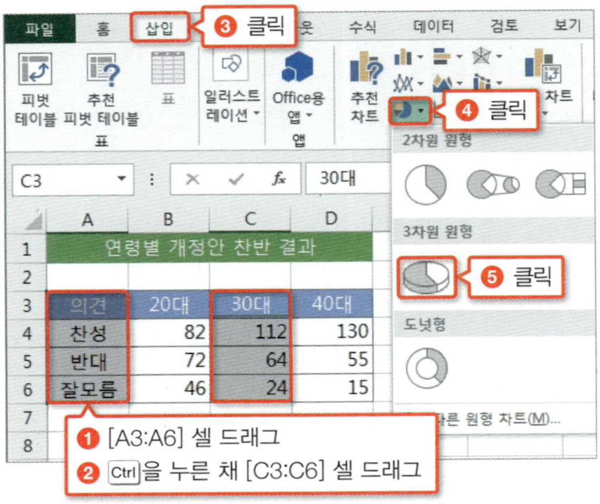

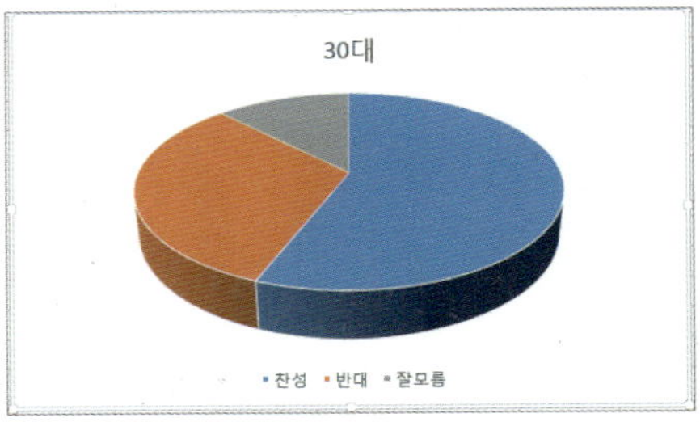

02 원형 차트 조각 가운데에 데이터 레이블 추가하기

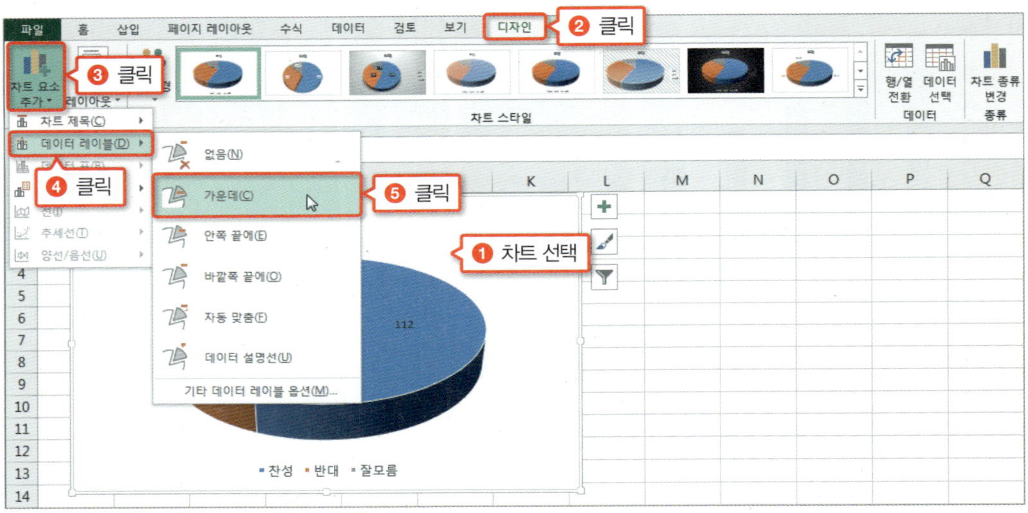

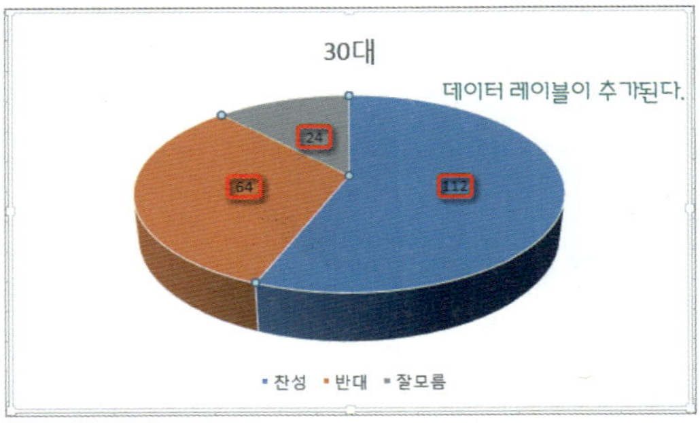

03 데이터 레이블에 백분율과 항목 이름 표시하기

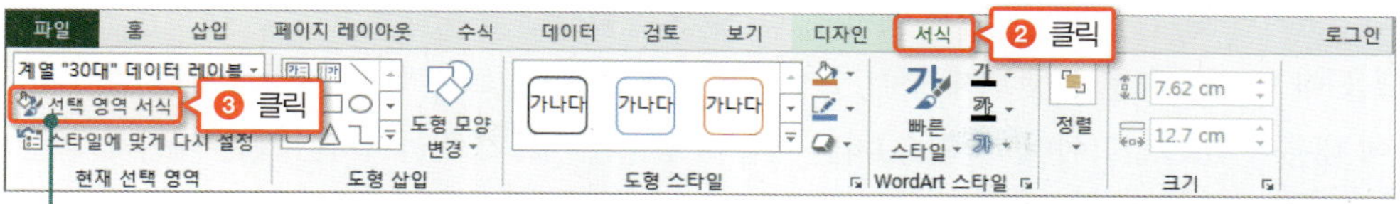

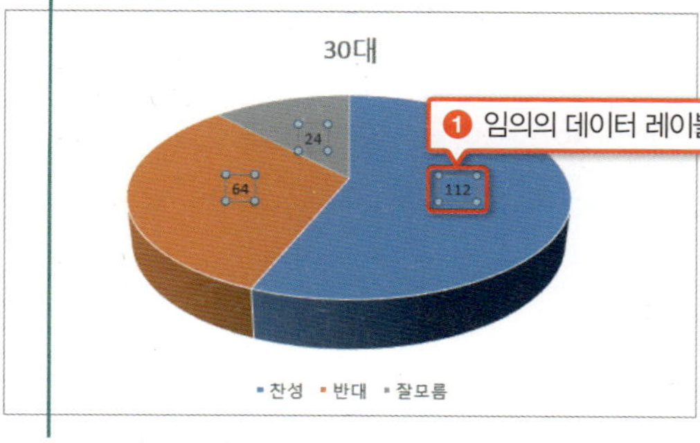

특정 요소나 영역을 선택한 후 클릭하면 해당 요소나 영역의 서식 작업창이 열린다.

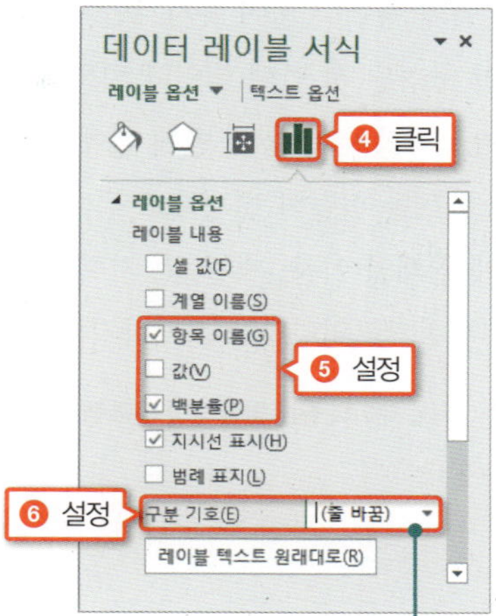

(줄 바꿈) 대신 ,를 선택하면 레이블이 '반대, 32%'로 표시된다.

04 원형 차트를 회전하고 잘모름 항목 조각만 떼어내기

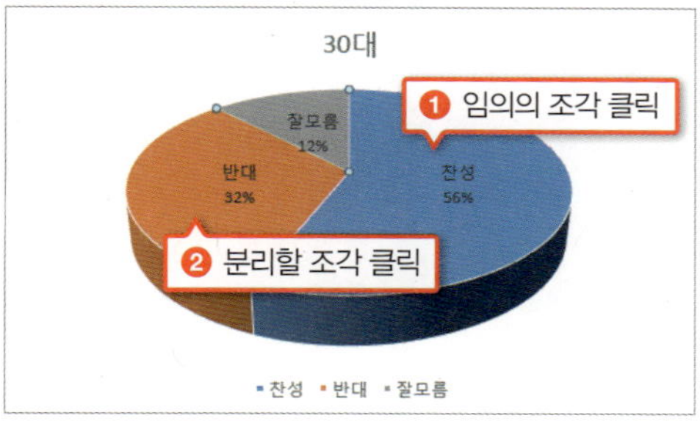

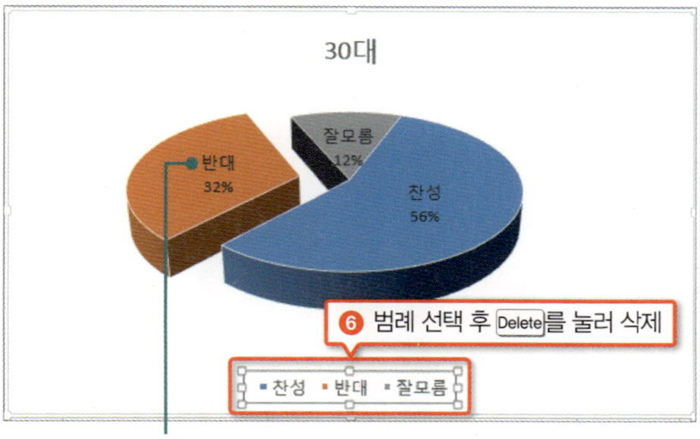

임의의 데이터 레이블을 클릭한 후 이 레이블만 조각 밖으로 멀리 드래그하면 레이블과 조각이 지시선으로 연결되어 표시된다.

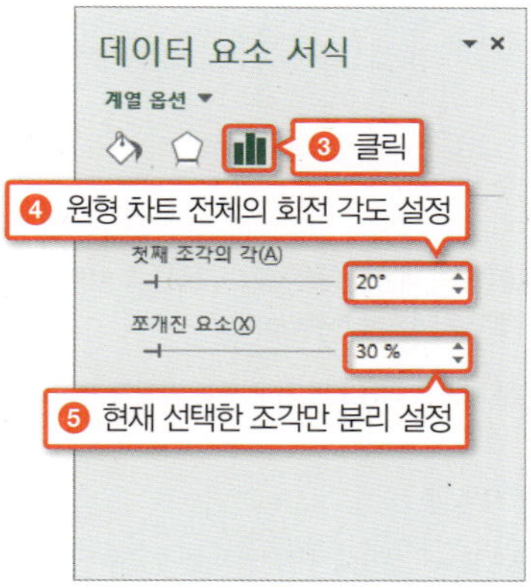

TIP 어떤 조각도 선택하지 않은 상태에서 임의의 조각을 밖으로 드래그하면 모든 조각이 분리된다.

[그림 7-5]는 데이터 원본 범위를 똑같이 [A2:C6] 셀로 설정한 후 Alt+F1을 눌러 기본 세로 막대형 차트를 삽입했지만 결과가 완전히 다른 예이다. (a)의 차트 범위는 앞의 유행성 눈병 환자수 비교 차트와 비교했을 때 데이터 원본의 첫 번째 행이 숫자라는 점만 다르다. (a)와 (b)의 차이는 원본 범위의 첫 번째 셀에 내용이 있고 없고이다. 결국 (a)처럼 이렇게 엉뚱한 차트가 만들어지는 것은 데이터 원본 범위의 첫 번째 행이나 열이 숫자로만 구성되어 있으며 원본 범위의 첫 번째 셀([A2])에 데이터가 있다면, 숫자로만 구성된 첫 번째 행이나 열도 차트의 데이터로 인식하기 때문이다. 이 문제를 해결하는 단순한 방법은 (b)와 같이 범위 첫 번째 셀에 내용을 입력하지 않는 것이다. 또는 추천 차트를 이용하여 차트를 만든 후 차트를 적절히 변경해도 된다. 하지만 제공한 방법을 사용하지 않으려면 [데이터 원본 선택] 대화 상자에서 계열 이름, 계열 값, 가로 축 레이블 범위를 일일이 지정해야 한다. 이 방법은 계열이 많아지면 훨씬 더 번거로워지므로 소개하지 않는다.

그림 7-5 차트 데이터 원본 범위의 첫 번째 행이나 첫 번째 열이 숫자인 경우

(a) 잘못된 차트 예

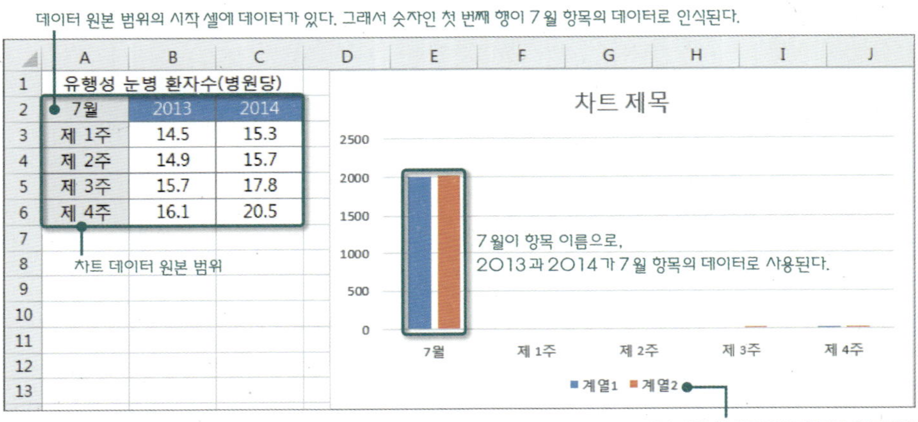

TIP [A2] 셀의 내용을 다른 셀로 이동한 후 차트를 삽입한 다음 [A2] 셀을 원래대로 복원하면 편리하다.

TIP 추천 차트를 이용하면 가로 축과 범례가 제대로 나타난다.

(b) 바른 차트 예

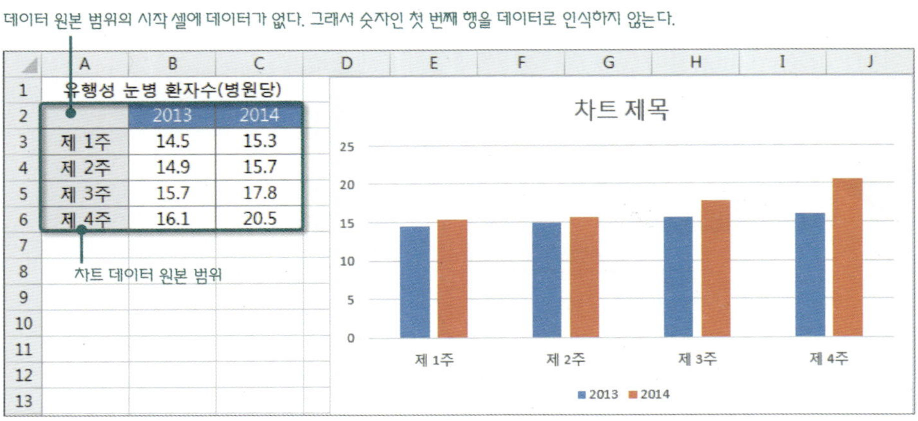

기본 예제 셀 안의 작은 차트 스파크라인 만들기

스파크라인은 셀 안에 표시한 작은 차트이다. 대부분 차트에 사용되는 데이터 옆에 스파크라인을 삽입하므로 데이터 원본을 바로 옆에서 보면서 데이터의 변화와 추세도 같이 한눈에 파악할 수 있어 유용하다. 관리비 항목의 상반기 추이를 나타내는 스파크라인을 삽입해보자.

01 추이 셀에 열 스파크라인 만들기 : 관리비 항목별로 1월~6월 동안의 추이 나타내기

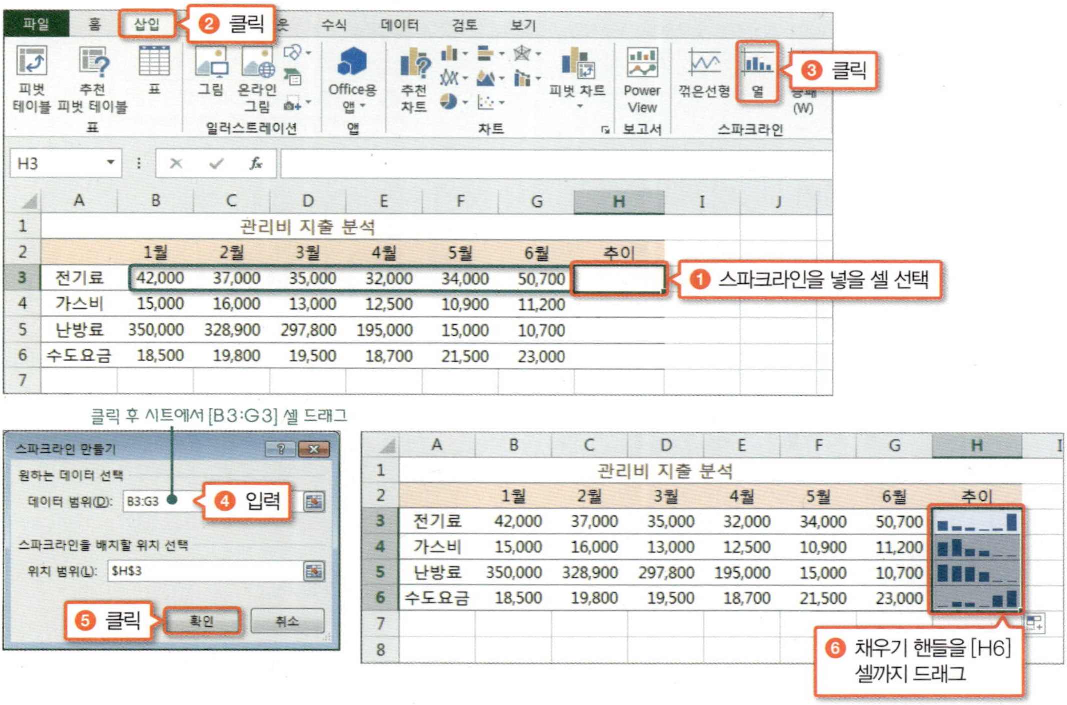

02 스파크라인 스타일 변경하기 : 높은 점 표시하고 스파크라인 색을 녹색으로 변경하기

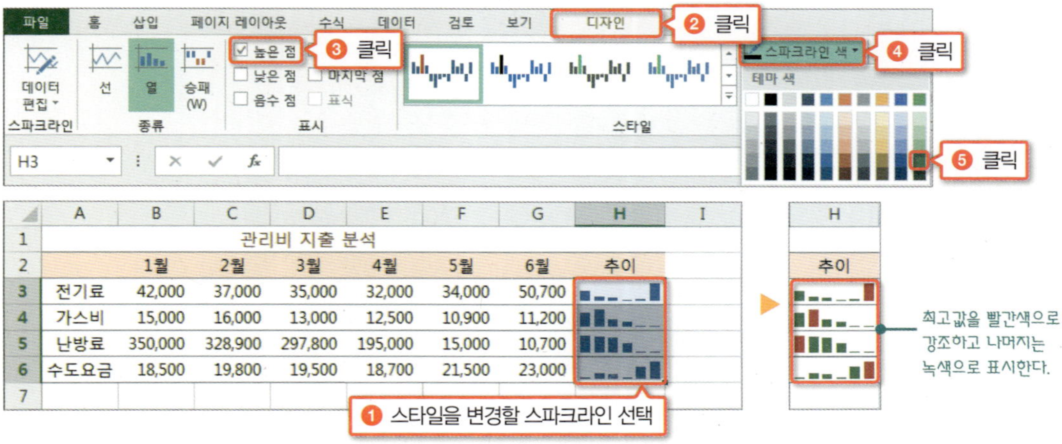

03 스파크라인 종류를 선 스파크라인으로 변경하기

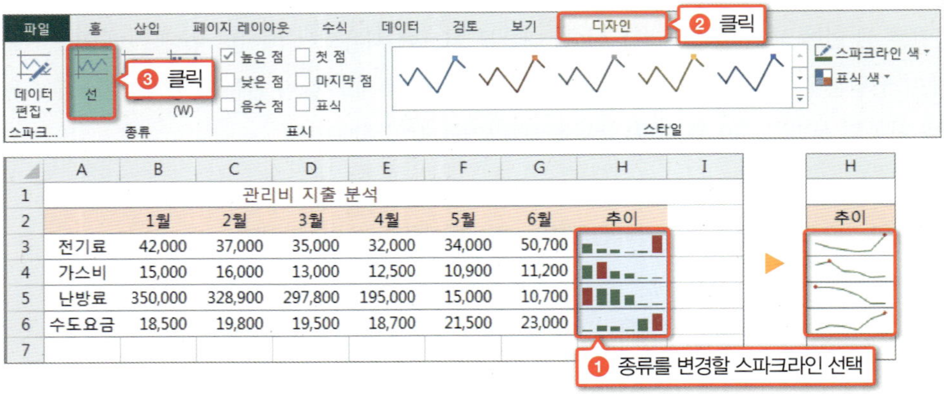

04 스파크라인 제거하기

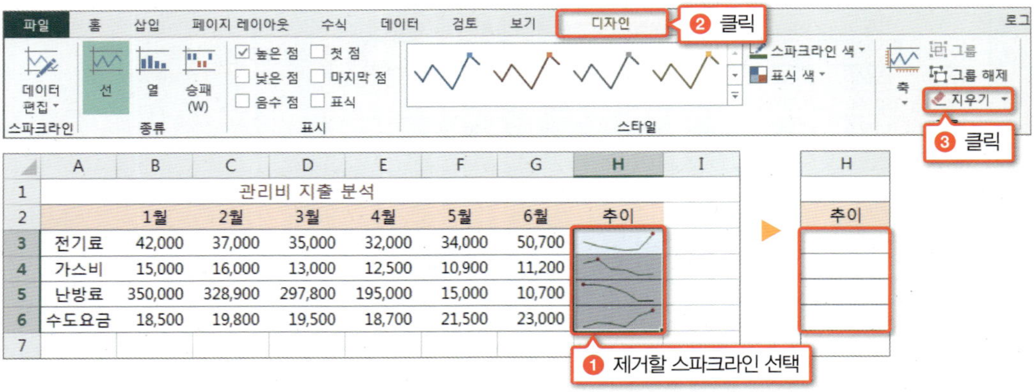

종합 예제 온라인 주문과 반품 상황의 꺾은선형 차트 만들기

온열 제품의 10월에서 2월까지의 온라인 주문과 반품 상황을 꺾은선형 차트로 나타내고 꺾은선의 표식과 데이터 레이블을 다양하게 변경해보자.

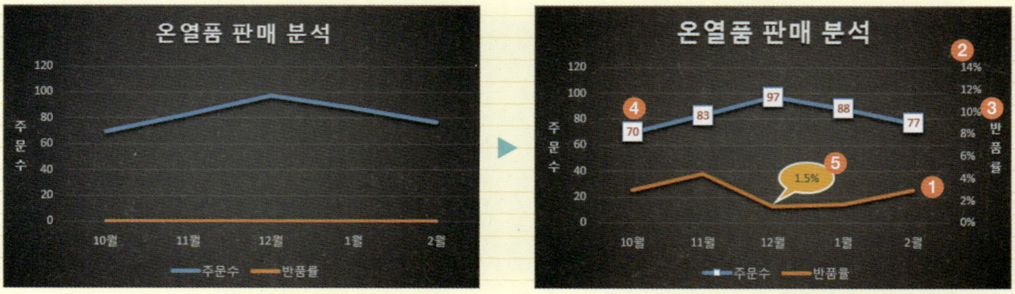

❶ 반품률 계열은 보조축을 사용하게 한다.

- 반품률 계열의 꺾은선 클릭 후 [데이터 계열 서식] 작업창–(계열 옵션)–[보조축] 선택. 이때 반품률 선이 잘 선택되지 않으면 차트의 임의의 위치에서 더블클릭하여 서식 작업창을 나타낸 후 맨 위 [옵션]의 ▾을 클릭한 후 '계열: 반품률' 선택

❷ 보조축의 범위를 0%~14%로 수정하고 보조축 값에 소수 자리를 표시하지 않게 한다.

- 보조축 선택 후 [축 서식] 작업창–(축 옵션)에서 [최대값]을 0.14로, [표시 형식]의 [소수 자리수]를 0으로 설정

❸ 보조 세로 축에 제목을 세로로 넣는다.

- 차트 선택 후 ＋(차트 요소)–[축 제목] 옆의 ▸–[보조 세로] 체크 후 제목 입력
- 보조 세로 축에 제목을 넣은 후 [축 제목 서식] 작업창–[텍스트 옵션]–[텍스트 상자]의 [텍스트 방향]을 '세로'로 설정(제목 방향은 [홈] 탭–[맞춤] 그룹–[방향]–[세로 쓰기]로도 설정 가능)

❹ 주문수 계열의 선에 표식을 넣은 후 표식에 데이터 레이블을 추가하고 서식을 설정한다.

- 주문수의 꺾은 선 선택 후 [데이터 계열 서식] 작업창에서 옆의 그림과 같이 표식 설정
- 주문수 계열에 데이터 레이블을 넣기 위해 ＋(차트 요소)–[데이터 레이블]의 ▸–[가운데 맞춤] 클릭
- 주문수 계열의 데이터 레이블을 클릭하여 선택 후 [홈] 탭–[글꼴] 그룹–가(글꼴 색)을 클릭해 빨간색으로 설정

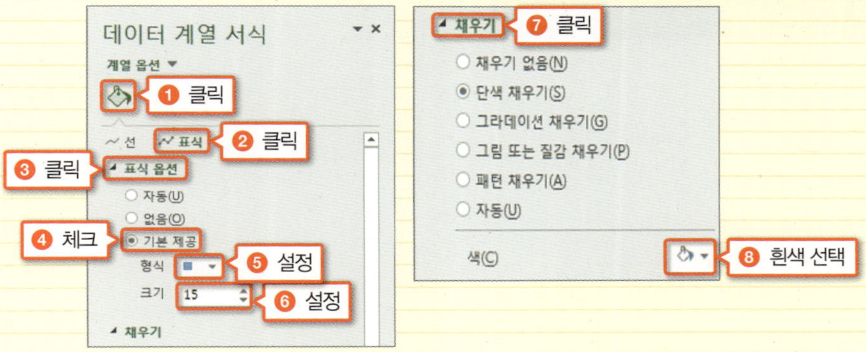

❺ 반품률 계열의 12월 항목에 도형 데이터 레이블을 넣고 서식을 설정한다.

- 반품률 계열의 꺾은 선 클릭 후 12월의 표식을 한 번 더 클릭하여 12월의 표식만 선택 후 [+](차트 요소)-[데이터 레이블]의 [▶]-[기타 옵션] 클릭하여 데이터 레이블 넣기

- 레이블 도형이 선택된 상태에서 레이블 도형 모양 변경

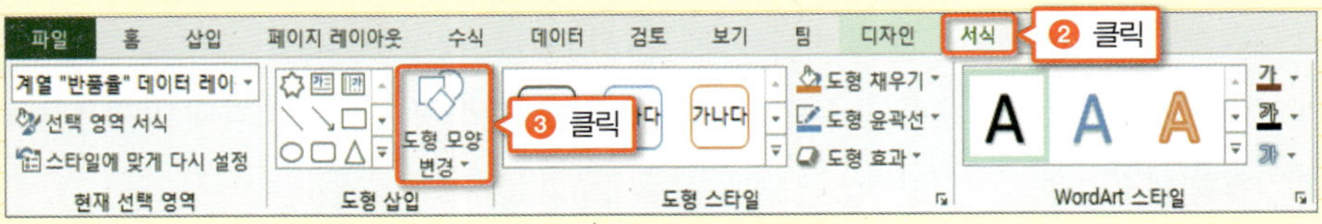

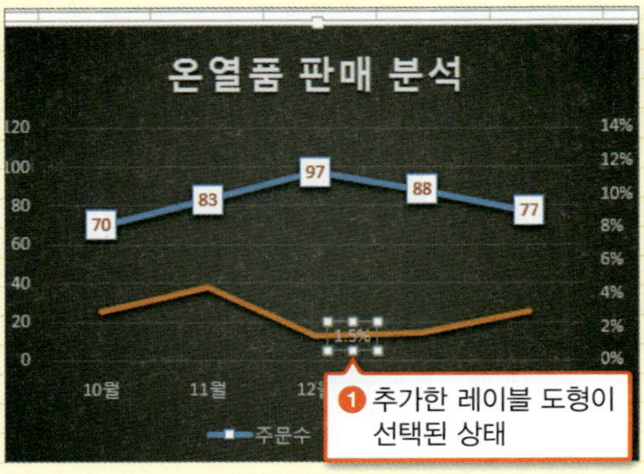

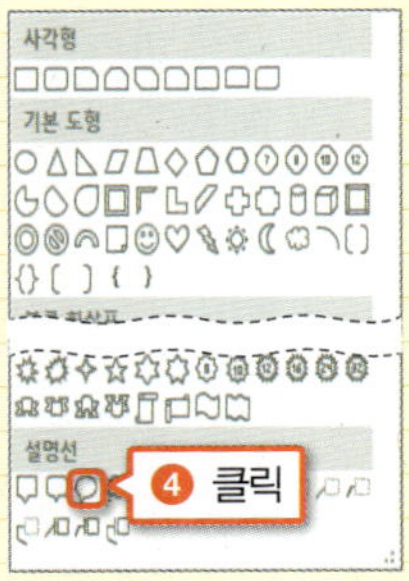

- 레이블 도형의 위치 변경, 스타일 지정, 지시선 제거

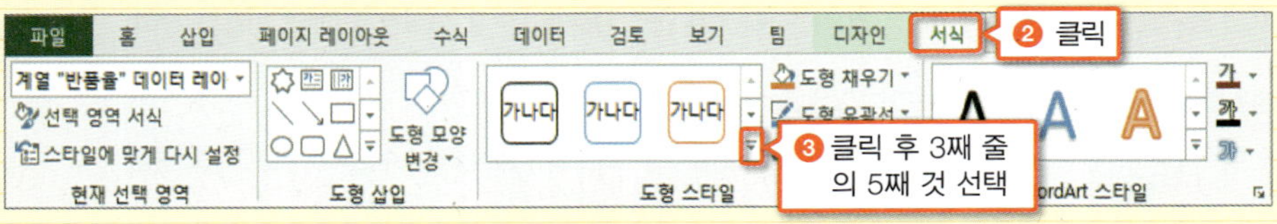

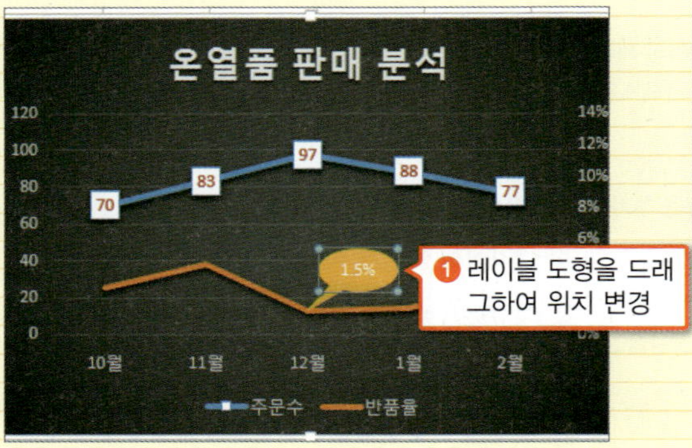

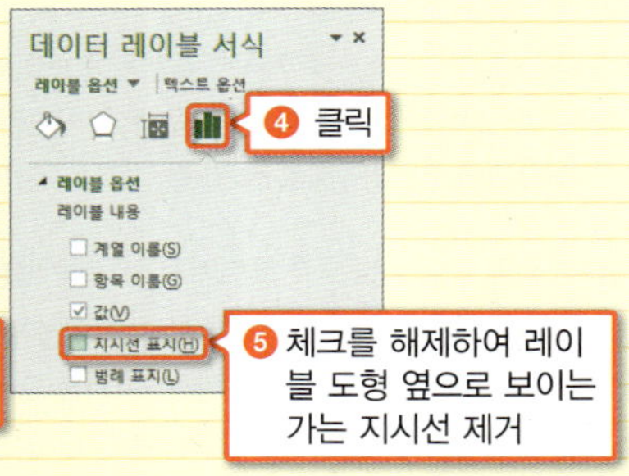

평가 예제

IT COOKBOOK

아래의 지시사항을 참고하여 '7장_평가예제.xlsx'의 세 시트를 완성하시오.

01 원형 차트를 이용할 때 항목이 너무 많다면 관련된 여러 항목을 하나로 묶은 후 세부 항목에 대해 다시 가로나 원형의 차트를 만들 수 있다. '원형 차트' 시트에 있는 데이터를 이용해 다음과 같이 가로 막대형 차트에 세 항목이 나타나는 원형 대 가로 막대형 차트를 작성하시오.

	A	B
1	평가방법	
2		
3	평가종류	배점
4	중간고사	35
5	기말고사	35
6	출석	5
7	발표	10
8	리포트	10
9	퀴즈	5
10	총점	100
11		

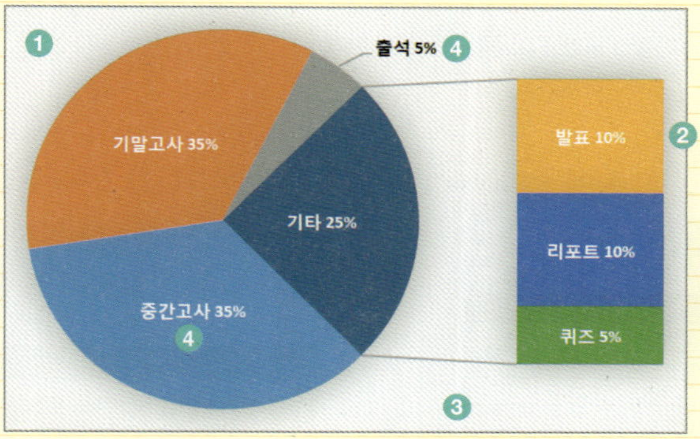

작성조건

① 차트 종류는 2차원 원형 중 원형 대 가로 막대형 차트, 차트 스타일은 '스타일 11'로 설정한다.

② 가로 막대에는 끝의 3개 항목이 나타나도록 변경한다([데이터 계열 서식] 작업창에서 (계열 옵션)-[계열 분할]은 '위치', [둘째 영역 값]은 3).

③ 차트 제목과 범례는 제거한다.

④ 데이터 레이블에는 항목 이름과 백분율이 공백으로 구분되어 파이 조각의 가운데 표시되도록 변경하고, 출석 레이블은 파이 조각 밖으로 이동 후 글자 색을 변경한다.

02 '콤보' 시트에 있는 데이터를 이용해 다음과 같이 평균 강우량은 보조 세로 축을 사용하고 세로 막대는 클립보드에 복사된 그림으로 채우는 차트를 작성하시오.

	A	B	C	D
1	월	최고기온	평균기온	(mm) 평균강우량
2	3	-5.9	5.1	40
3	4	-1.4	9.8	56.3
4	5	4.9	18	123.5
5	6	10.8	23.5	102.1
6	7	21.5	26.6	308.2
7	8	19.8	28.5	173.6
8	9	12.9	20.9	117.5

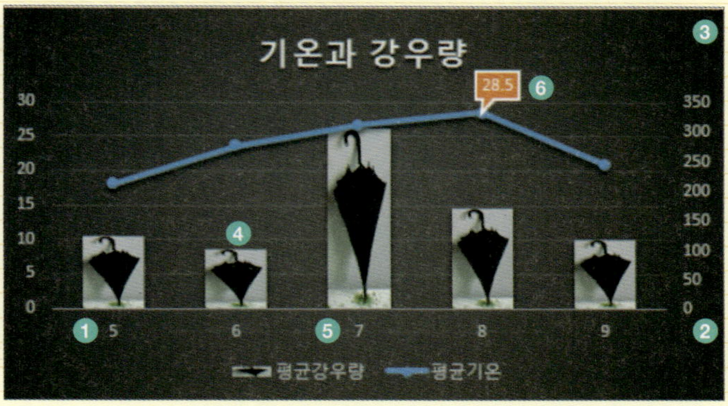

작성조건

① 3월~9월의 평균기온과 평균강우량으로 묶은 세로 막대형 차트를 만든 후 3월과 4월은 차트 필터를 이용해 표시되지 않게 한다.

② 평균기온의 차트 종류를 표식이 있는 꺾은선으로, 평균강우량은 보조 축을 사용하도록 변경한다.

③ 차트 스타일을 '스타일 6'으로 설정한다.

④ 평균강우량의 막대를 우산 그림으로 채운다(시트에 포함된 우산 그림을 Ctrl+C로 복사한 후 평균강우량 막대를 선택하고 [데이터 계열 서식] 작업창에서 (채우기)-[그림 또는 질감 채우기] 선택-[클립보드] 또는 Ctrl+V).

⑤ 평균강우량의 막대 사이 간격을 100으로 줄여 막대 너비를 넓힌다([데이터 계열 서식] 작업창에서 (계열 옵션)-[간격 너비] 100%).

⑥ 8월 평균기온 레이블만 도형을 이용해 표시되게 한다.

03 불량률 시트의 비고 란에 스파크라인을 넣고 차트를 그림과 같이 수정하시오.

	A	B	C	D
1				①
2	이름	1사분기	2사분기	비고
3	권리인	1.3%	1.1%	
4	금이새	1.3%	1.4%	
5	고석봉	1.2%	1.2%	
6	석수림	1.4%	1.3%	
7	강소리	2.0%	1.8%	
8	강서인	1.7%	1.5%	
9	유원빈	2.3%	2.1%	
10	나태희	1.7%	1.8%	

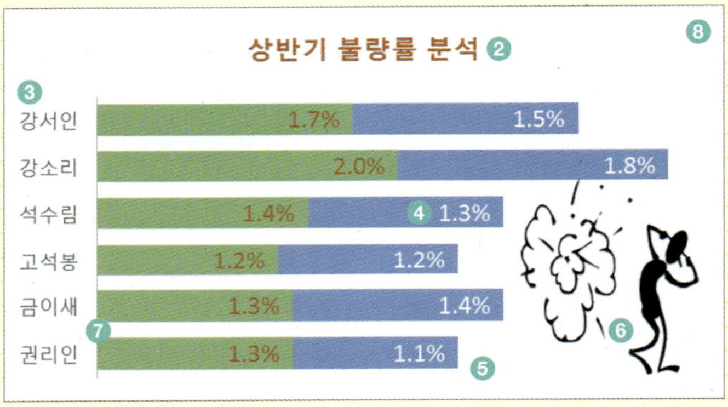

작성조건

① 비고 칸에 꺾은선형 스파크라인을 넣고 높은 점에 빨간색 표식을 넣는다.

② 차트 제목을 추가하고 글자 크기를 12pt로 설정한다.

③ 차트에서 유원빈과 나태희의 막대를 제거한다.

④ 데이터 레이블 위치와 색 변경 후 글자 크기는 12pt로 설정한다.

⑤ 기본 가로 축과 주 눈금선을 제거한다.

⑥ 그림 영역(차트 영역이 아님)에 '에러'로 검색한 임의의 온라인 그림을 넣은 후 오른쪽 아래로 오프셋을 지정한다.

⑦ 항목 간 막대 간격 너비를 50%로 설정한다.

⑧ 차트에 3차원 둥글게 입체 효과를 주고 테두리를 둥글게 변경한다([차트 영역 서식] 작업창에서 [차트 옵션]-(효과)-[3차원 서식]의 [위쪽 입체]를 첫 번째 둥글게로 선택, [차트 옵션]-(채우기 및 선)-[테두리]-[둥근 모서리] 체크).

CHAPTER 8

IT COOKBOOK

데이터베이스 관리

데이터베이스(database)는 데이터의 검색, 수정, 추가, 삭제가 용이하도록 방대한 양의 관련 데이터를 체계적으로 모아둔 것이다. 엑셀은 데이터베이스 관련 작업을 편리하게 할 수 있도록 다양한 기능을 제공한다. 즉, 시트의 행마다 관련 데이터(레코드)를 입력함으로써 데이터베이스를 간단하게 만들 수 있을 뿐만 아니라 데이터를 특정 순서로 나열하는 정렬, 정확한 데이터만 입력하게 하는 데이터 유효성 검사, 그룹별로 특정 필드의 합계와 평균 정보를 구하는 부분합, 필요한 데이터만 골라내는 필터링, 데이터 분석 자료를 표로 쉽게 만들어 주는 피벗 테이블 기능을 제공한다.

이 장에서는 데이터베이스 만들기, 데이터 유효성 검사, 데이터베이스 정렬, 부분합 구하기 기능을 소개하고, 다음 장에서 필터링과 피벗 테이블 기능을 소개한다.

SECTION 01 데이터베이스의 기본 익히기

1.1 데이터베이스 개념과 생성

데이터베이스(database)는 데이터의 검색, 수정, 추가, 삭제가 용이하도록 방대한 양의 관련 데이터를 체계적으로 모아둔 것이다. [그림 8-1]은 장학재단의 후원금 모금과 관련된 정보를 데이터베이스로 만든 예이다.

[그림 8-1]에서 30명 모두 장학재단 후원자에 관련된 정보이며, 후원자마다 동일한 종류와 순서의 데이터로 구성되어 있다. 후원자 한 명의 관련 정보를 레코드(record)라고 하므로, 데이터베이스는 단순하게 동일 구조의 서로 관련된 레코드를 모아 둔 것이라 할 수 있다. 후원자 개인의 레코드는 순번, 이름, 기수, 전화번호, 후원금, 날짜, 주소순으로 구성되어 있는데, 이처럼 레코드를 구성하는 관련 데이터를 필드값이라 한다. 즉, 관련된 필드(field)들이 모여서 레코드가 되고, 이 레코드들이 모여 데이터베이스가 된다.

엑셀 시트에서 데이터베이스를 만들 때는 [그림 8-1]과 같이 데이터베이스의 첫 행에 필드 이름을, 다음 행부터는 각 레코드의 필드값을 해당 필드 이름 열에 입력한다. 레코드는 한 행에 하나 입력하되 중간에 빈 행이 없게 연속으로 입력한다.

그림 8-1 레코드 30개로 구성된 데이터베이스 예

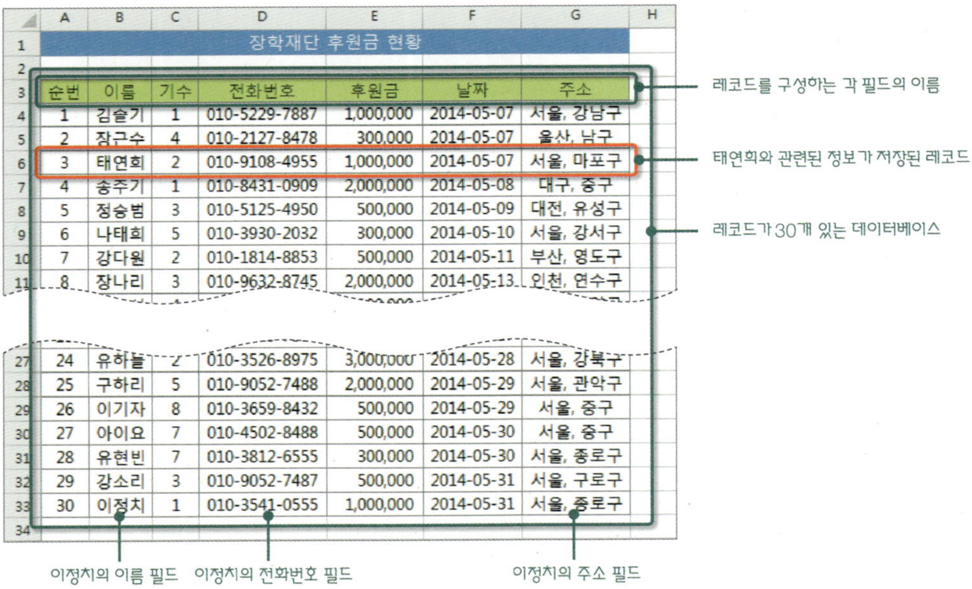

장학재단 후원금 현황

	순번	이름	기수	전화번호	후원금	날짜	주소
4	1	김슬기	1	010-5229-7887	1,000,000	2014-05-07	서울, 강남구
5	2	장근수	4	010-2127-8478	300,000	2014-05-07	울산, 남구
6	3	태연희	2	010-9108-4955	1,000,000	2014-05-07	서울, 마포구
7	4	송주기	1	010-8431-0909	2,000,000	2014-05-08	대구, 중구
8	5	정승범	3	010-5125-4950	500,000	2014-05-09	대전, 유성구
9	6	나태희	5	010-3930-2032	300,000	2014-05-10	서울, 강서구
10	7	강다원	2	010-1814-8853	500,000	2014-05-11	부산, 영도구
11	8	장나리	3	010-9632-8745	2,000,000	2014-05-13	인천, 연수구
27	24	유하늘	2	010-3526-8975	3,000,000	2014-05-28	서울, 강북구
28	25	구하리	5	010-9052-7488	2,000,000	2014-05-29	서울, 관악구
29	26	이기자	8	010-3659-8432	500,000	2014-05-29	서울, 중구
30	27	아이요	7	010-4502-8488	500,000	2014-05-30	서울, 중구
31	28	유현빈	7	010-3812-6555	300,000	2014-05-30	서울, 종로구
32	29	강소리	3	010-9052-7487	500,000	2014-05-31	서울, 구로구
33	30	이정치	1	010-3541-0555	1,000,000	2014-05-31	서울, 종로구

엑셀에서는 데이터베이스를 단순히 데이터 목록이라고도 한다. 엑셀의 데이터베이스 기능을 제대로 사용하려면 이 데이터 목록을 제대로 만들어야 한다. [그림 8-2]는 잘못된 데이터베이스의 예이다.

그림 8-2 데이터베이스 기능을 사용하기에 적절하지 못한 데이터베이스(목록) 예

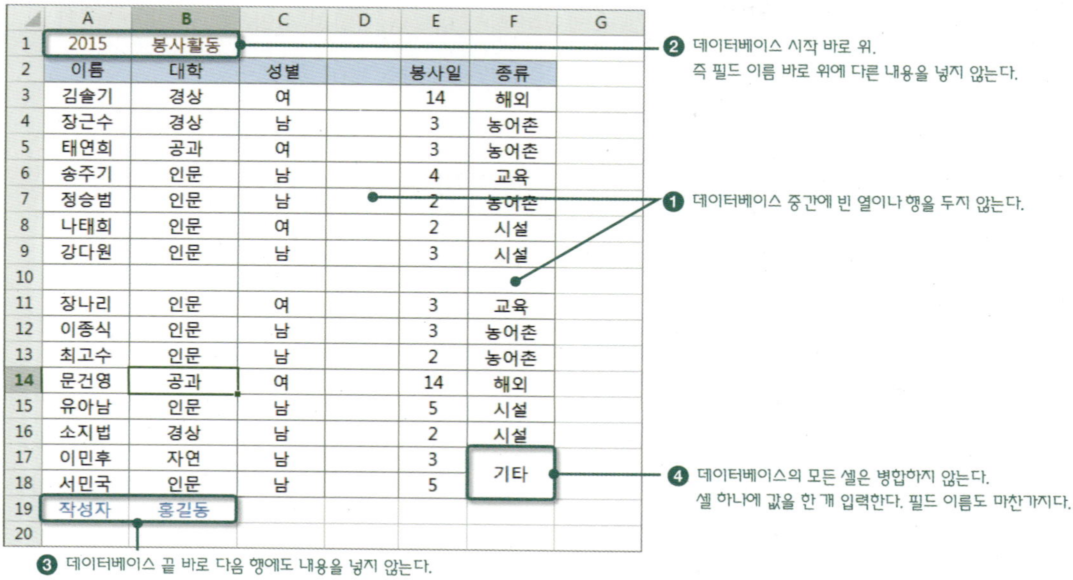

먼저 ❶의 경우 데이터베이스 기능을 이용할 때 [A2:F18]이 데이터베이스임을 알려주기 위해 직접 범위를 설정해야 하는 불편함과 부분합이나 피벗 테이블은 아예 만들 수 없는 문제점이 있다.

그 이유는 엑셀에서는 특별히 범위를 지정하지 않는 한 현재 셀 포인터를 포함한 연속된 직사각형 영역을 하나의 데이터베이스로 간주하기 때문이다. 그러므로 사방으로 완전히 분리되면 다른 데이터베이스로 간주된다. [그림 8-2]에는 셀 포인터가 [B14] 셀에 있으므로 범위를 직접 선택하지 않는 한 [A11:C19] 셀이 작업 대상 데이터베이스로 간주된다. 그러므로 [A2:F18] 셀이 하나의 데이터베이스가 되려면 빈 행이나 빈 열을 두지 않아야 한다. 만일 나중에 필요한 필드나 행을 위해 D열과 10행을 삽입한 것이라면 적어도 [D2] 셀에 필드 이름만 입력하고 [A10] 셀에는 이름을 입력하여 완전히 분리되지 않게 한다.

❷와 ❸의 경우도 ❶의 이유와 관련이 있다. ❷의 경우 데이터베이스 시작 직전에 데이터가 있으므로 상황에 따라 1행이 데이터베이스의 필드 이름이 있는 행으로 인식되기도 하며, ❸의 경우 마지막 레코드 다음에 데이터가 있으므로 19행을 데이터베이스의 마지막 레코드로 인식한다.

데이터베이스의 모든 레코드는 구조가 동일해야 하며 레코드 한 개가 한 행에 입력되어야 하며 모든 필드 이름 및 필드값은 한 셀에 입력되어야 하는데 ❹의 경우처럼 셀이 병합되면 정렬 등 데이터베이스 기능을 사용할 수 없다.

1.2 틀 고정과 행/열 숨기기

데이터베이스가 클 경우 시트를 아래로 스크롤하면 필드 이름이 있는 행이 사라질 수 있다. 또 필드 수가 많은 시트를 오른쪽으로 스크롤하면 왼쪽의 필드가 사라질 수 있다. 이때는 틀 고정 기능을 이용해 현재 시트의 왼쪽과 상단 일부분이 스크롤과 상관없이 항상 나타나게 하면 편리하다. 그리고 이 기능은 데이터베이스가 아닌 일반 데이터가 있는 시트에서도 유용하게 사용할 수 있다.

기본 예제 〉 틀 고정하기와 틀 고정 해제하기

B열의 이름 필드와 3행의 제목까지 화면에 항상 나타나도록 틀 고정한 후 다시 틀 고정을 해제해보자.

01 틀 고정하기 : [C4] 셀 위와 왼쪽의 행과 열을 항상 화면에 나타내기

B열의 이름 필드와 3행의 제목까지는 화면에 항상 나타나도록 틀 고정하려면 ❶ 고정할 행과 고정할 열 다음 셀인 [C4]를 선택해 셀 포인터를 두고 ❷~❹ [보기] 탭–[창] 그룹–[틀 고정]–[틀 고정]을 선택한다. 틀 고정을 한 후에 상하나 좌우로 스크롤해보면 3행과 B열까지는 화면에 항상 보이는 것을 확인할 수 있을 것이다.

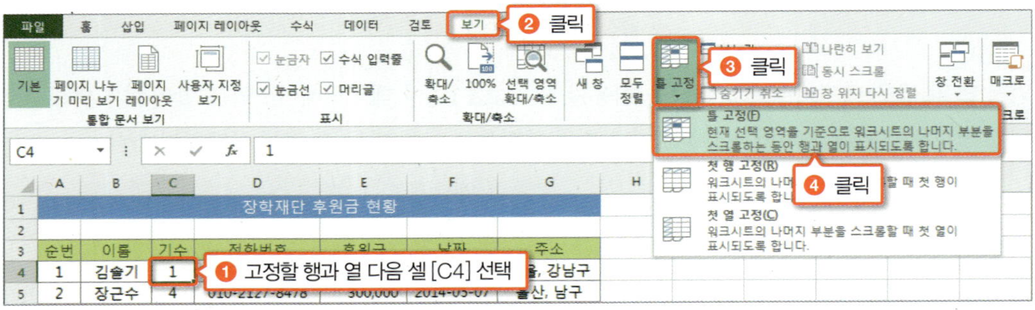

02 틀 고정 해제하기

틀 고정 해제는 셀 포인터의 위치와 상관없으므로 시트 어디에서든 ❶~❸ [보기] 탭–[창] 그룹–[틀 고정]–[틀 고정 취소]를 선택하면 된다.

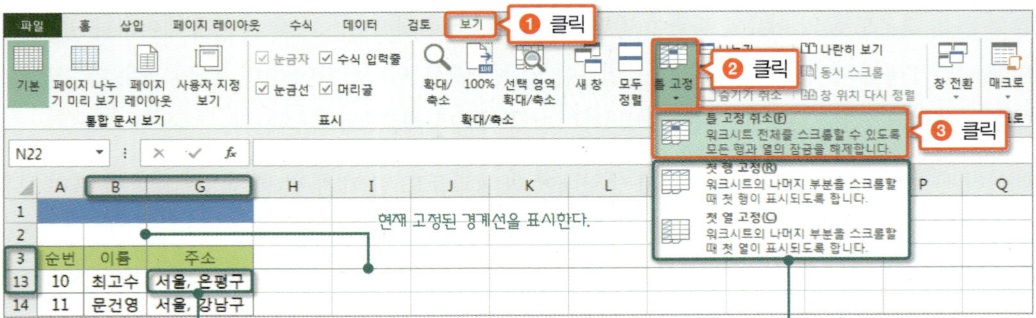

위의 [1:3] 행과 왼쪽의 [A:B] 열이 화면에 고정되어 있다.

현재 셀 포인터의 위치와 상관없이 무조건 첫 행/첫 열을 고정한다.

전화번호를 확인하고 싶은 학생의 이름과 전화번호가 멀리 떨어져 있거나, 전화번호가 화면 오른쪽에서 보이지도 않는 경우 필요 없는 필드를 시트에서 숨기면 필요한 필드를 가까이에서 확인할 수 있다.

기본 예제 열 숨기기/숨긴 열 다시 표시하기

이름 필드 바로 옆에 주소 필드가 표시되도록 [C:F] 열을 숨긴 후 숨긴 열을 다시 나타내보자.

01 열 숨기기 : [C:F] 열 숨기기

이름 필드 바로 옆에 주소 필드가 표시되도록 [C:F] 열을 숨기기 해보자. ❶~❷ [C:F] 열을 마우스로 드래그하여 선택한 후 마우스 오른쪽 버튼을 누르고 ❸ 팝업 메뉴에서 [숨기기]를 클릭하면 [C:F] 열이 사라진다. 행 숨기기는 행 머리글을 이용해 같은 방법으로 숨긴다.

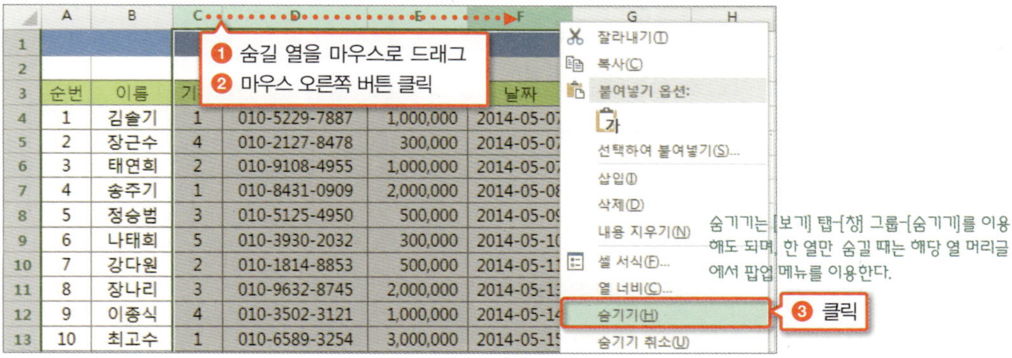

02 숨긴 열 다시 표시하기

❶ 숨긴 열 좌우의 열 머리글인 [B:G] 열을 드래그하여 선택하고 ❷ 마우스 포인터를 B와 G열 머리글 경계선 약간 오른쪽에 두면 ⟛ 모양으로 변하는데 이때 더블클릭하면 숨겨진 열이 가장 적절한 너비로 조정되어 다시 표시된다. ⟛ 모양일 때 드래그하면 숨겨진 열이 드래그한 너비만큼 동일하게 표시된다. [B:G] 열을 선택하지 않고 ⟛ 모양일 때 더블클릭하거나 드래그하면 맨 끝의 숨겨진 열, 즉 F열만 다시 표시된다.

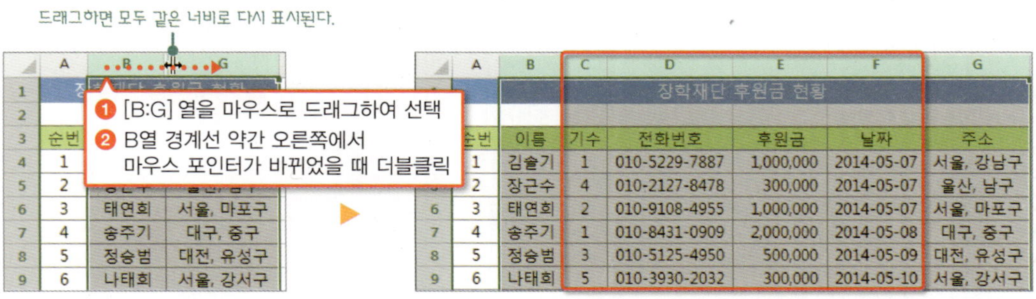

TIP ❷ 대신 팝업 메뉴 [숨기기 취소]를 선택하면 숨겨진 열의 원래 너비대로 표시된다.

TIP [A:C] 열을 숨겼다면 [D] 열머리글에서 왼쪽으로 ◢까지 드래그하여 범위를 선택하고 [숨기기 취소]를 해야 한꺼번에 다시 표시할 수 있다.

SECTION 02 --- IT COOKBOOK

데이터 유효성 검사하기

셀에 데이터 유효성 검사를 지정하면 0~100을 벗어난 시험 점수를 입력할 수 없게, 13자리를 초과한 주민등록번호를 입력할 수 없게, 1~12를 벗어난 월을 입력할 수 없게 하여 잘못된 데이터로 인한 오류를 방지할 수 있다. 또한 셀에 특정 목록의 내용만 입력할 수 있도록 제한할 수 있으며 잘못된 데이터 검사 기능을 이용해 유효하지 않은 데이터가 입력된 셀을 쉽게 확인할 수도 있다.

기본 예제 유효한 데이터 목록에서 선택하여 데이터 입력하기

사은품 필드의 값으로 [F4:F9] 셀에 미리 입력된 텍스트만 입력할 수 있도록 사은품 필드에 유효성 검사를 지정한 후, 목록에서 클릭하여 사은품을 입력해보자.

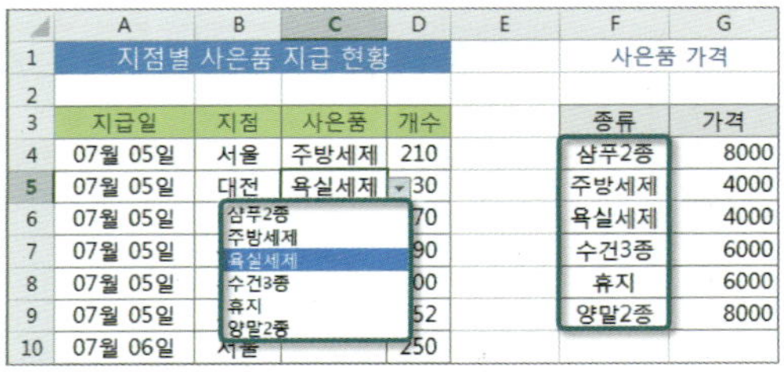

01 사은품을 목록에서 선택할 수 있도록 데이터 유효성 검사 지정하기

❶ 유효성 검사를 지정할 [C4:C33] 셀을 선택하고 ❷~❹ [데이터] 탭–[데이터 도구] 그룹–[데이터 유효성 검사]–[데이터 유효성 검사]를 클릭한다. ❺~❻ [데이터 유효성] 대화상자에서 그림과 같이 설정하고 ❼ [확인]을 누른다. 이제 사은품 필드의 값을 목록에서 선택하여 데이터를 입력할 수 있다.

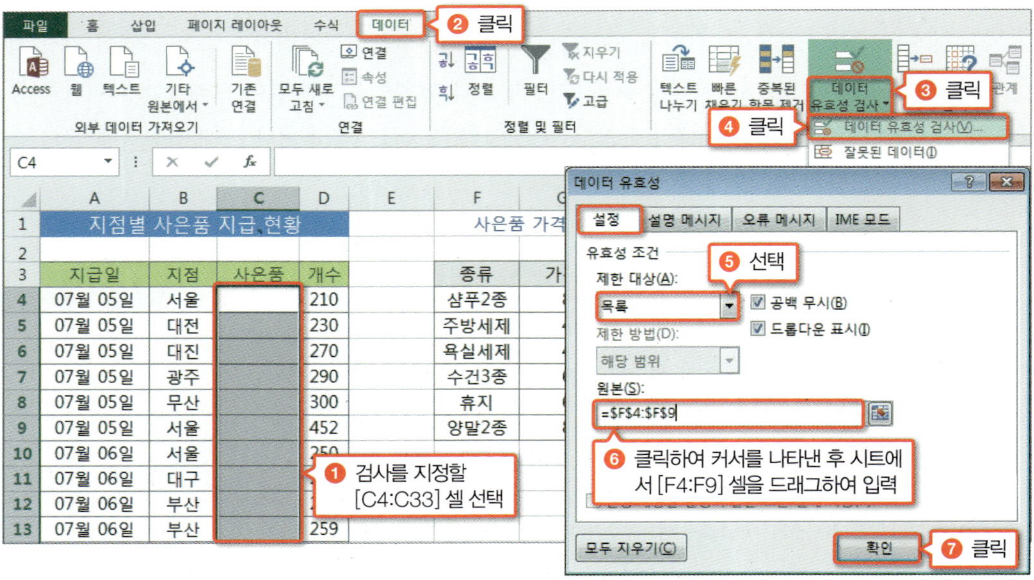

02 사은품을 목록에서 선택하여 입력하기

❶ 데이터를 입력할 셀을 클릭한 후 ❷~❸ 옆의 [▼]를 클릭해 목록에서 선택하여 입력한다.

데이터 유효성 검사는 [그림 8-3]과 같이 [데이터 유효성] 대화상자에서 다양하게 설정할 수 있다. 유효성 검사를 해제하려면 해제할 셀 범위를 선택 후 [그림 8-3]의 (d)와 같이 [설정] 탭의 [제한 대상]을 '모든 값'으로 설정한다.

그림 8-3 [데이터 유효성] 대화상자 설정 예

(a) [설정] 탭

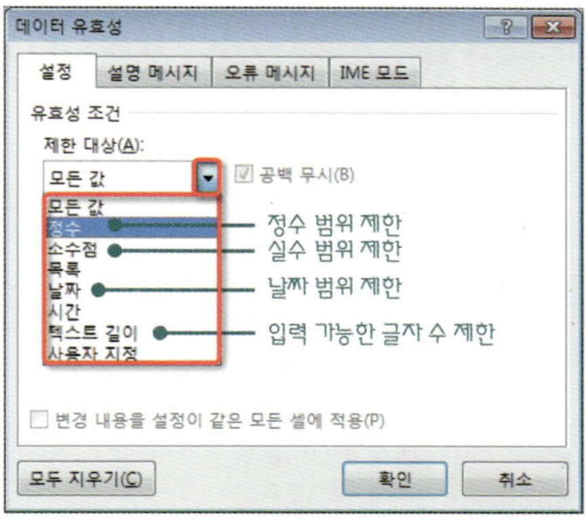

(b) [오류 메시지] 탭

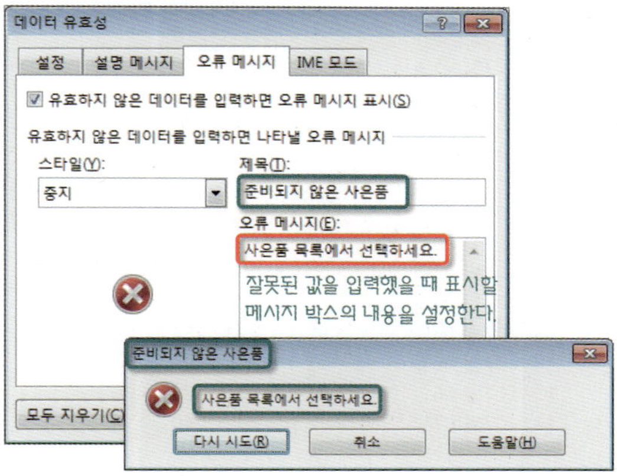

(c) [IME 모드] 탭

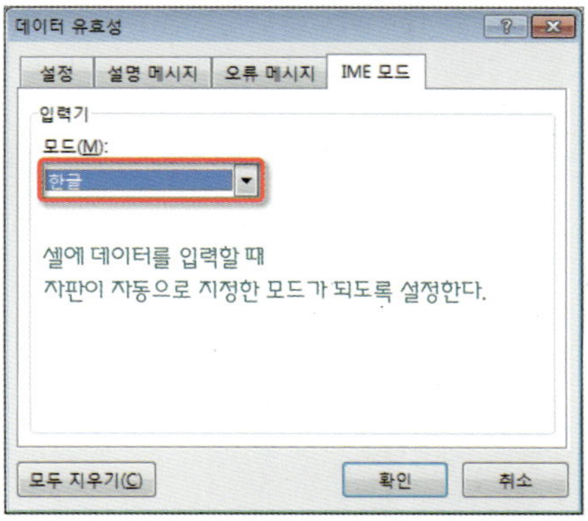

(d) 유효성 검사 해제

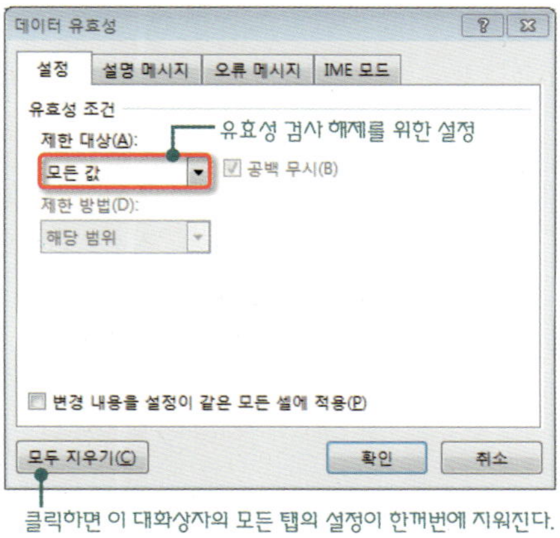

기본 예제 유효성 검사를 지정한 후 잘못된 데이터를 찾아 수정하기

유효성 검사를 지정하면 잘못된 데이터 찾기 기능을 사용해 유효하지 않은 값이 입력된 셀에 빨간색 타원을 표시할 수 있으므로 잘못된 데이터가 있는 셀을 쉽게 확인할 수 있다. 지점 필드에 서울, 대전, 대구, 부산, 광주 외의 잘못된 데이터가 입력되어 있는지 검사하여 잘못된 데이터 셀을 수정해보자.

01 유효성 검사 지정하기 : 서울, 대전, 대구, 부산, 광주만 지점 필드의 유효 데이터로 지정하기

❶ 유효성 검사를 지정할 지점 필드 [B4:B33] 셀을 선택하고 ❷~❸ [데이터] 탭–[데이터 도구] 그룹–[데이터 유효성 검사]를 선택한다. ❹ [데이터 유효성] 대화상자에서 그림과 같이 설정하고 ❺ [확인]을 누른다.

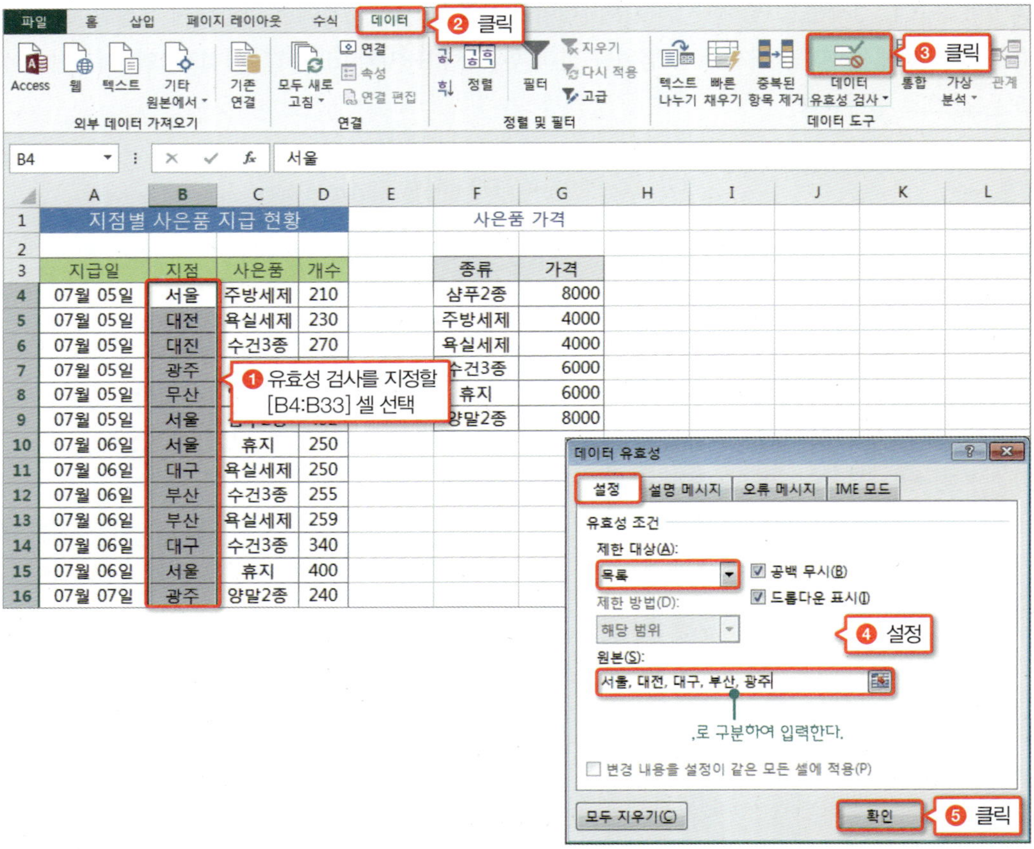

02 잘못된 데이터를 찾아 수정하기

지정한 유효성 검사 기준에 유효하지 않은 데이터가 있는 셀에 빨간색 타원이 표시되도록 하기 위해 ❶~❸ [데이터] 탭–[데이터 도구] 그룹–[데이터 유효성 검사]–[잘못된 데이터]를 선택하면 사은품 필드의 잘못된 값에 빨간색 타원이 표시된다. 데이터를 수정하면 빨간색 타원이 지워지나 데이터는 그대로 두고 빨간색 타원만 지우려면 [데이터 유효성 검사]–[유효성 표시 지우기]를 선택한다.

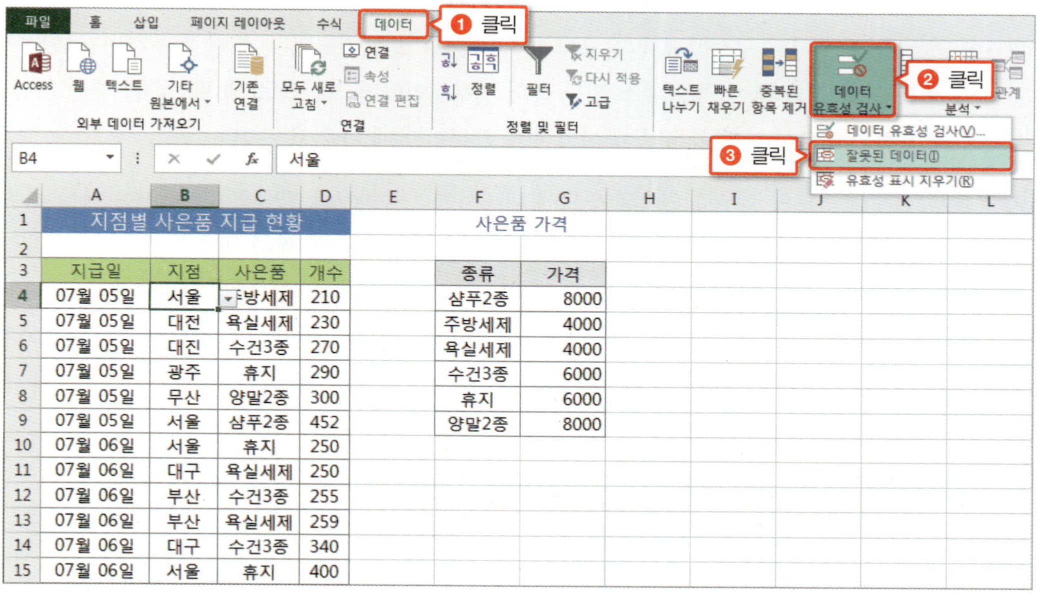

TIP 셀 포인터의 위치와 상관없이 현재 시트에서 유효성 검사가 지정되어 있는 모든 셀을 대상으로 잘못된 곳에 빨간색 타원이 표시된다.

03 빠른 채우기로 데이터 입력하기

2013 버전에 새로 추가된 기능인 빠른 채우기는 데이터베이스에 새 필드를 만들 때 새 필드 값이 기존 필드에 있는 값 중 일부로 구성될 경우 유용하게 사용할 수 있는 기능이다. 빠른 채우기는 [그림 8-4]와 같이 새 필드 구와 시의 값이 기존 주소 필드 값의 일부분이라면 자동으로 새 필드값을 채워준다. 그래서 필드에 포함된 내용이 여러 항목일 때 여러 필드로 분리할 때 아주 유용하다.

빠른 채우기는 새 필드의 좌우로 연속된 필드에 대해서만 가능하므로 그림의 K열에서는 빠른 채우기를 할 수 없다. 그리고 엑셀이 채우기 규칙을 찾아낼 수 없을 때는 정확한 빠른 채우기가 되지 않는다. 그래서 J 열에 후원자란 새 필드를 추가하고 첫 셀에 김**, 김솔기님, 김솔기(서울), 김솔기(1,000,000원)를 입력한 경우엔 빠른 채우기가 되지만 김솔기(1,000천원)일 때는 다음 셀이 단순히 장근수(2,000천원), 태연희(3,000천원)과 같은 연속 데이터로 채워진다. 이 기능은 데이터베이스가 아닌 일반 목록의 데이터에도 사용할 수 있지만 빠른 채우기를 할 열과 기존의 열은 연속된 범위에 속해야 한다.

그림 8-4 빠른 채우기 예 : 주소 필드값으로부터 구와 시 필드값 만들기

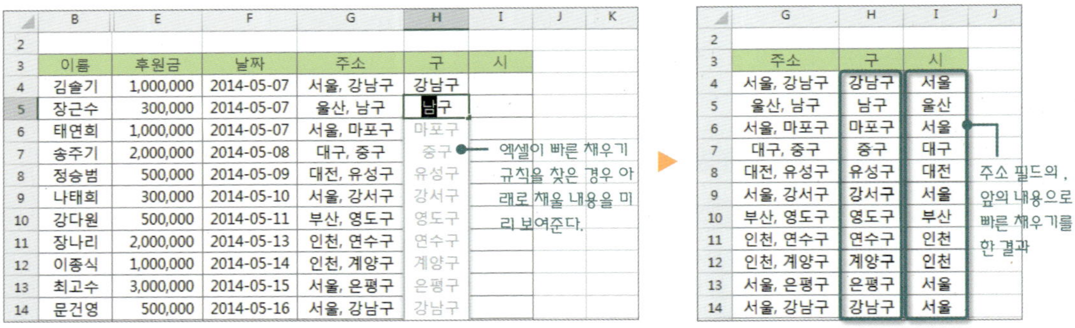

	B	E	F	G	H	I	J	K
2								
3	이름	후원금	날짜	주소	구	시		
4	김솔기	1,000,000	2014-05-07	서울, 강남구	강남구			
5	장근수	300,000	2014-05-07	울산, 남구	남구			
6	태연희	1,000,000	2014-05-07	서울, 마포구	마포구			
7	송주기	2,000,000	2014-05-08	대구, 중구	중구			
8	정승범	500,000	2014-05-09	대전, 유성구	유성구			
9	나태희	300,000	2014-05-10	서울, 강서구	강서구			
10	강다원	500,000	2014-05-11	부산, 영도구	영도구			
11	장나리	2,000,000	2014-05-13	인천, 연수구	연수구			
12	이종식	1,000,000	2014-05-14	인천, 계양구	계양구			
13	최고수	3,000,000	2014-05-15	서울, 은평구	은평구			
14	문건영	500,000	2014-05-16	서울, 강남구	강남구			

	G	H	I	J
2				
3	주소	구	시	
4	서울, 강남구	강남구	서울	
5	울산, 남구	남구	울산	
6	서울, 마포구	마포구	서울	
7	대구, 중구	중구	대구	
8	대전, 유성구	유성구	대전	
9	서울, 강서구	강서구	서울	
10	부산, 영도구	영도구	부산	
11	인천, 연수구	연수구	인천	
12	인천, 계양구	계양구	인천	
13	서울, 은평구	은평구	서울	
14	서울, 강남구	강남구	서울	

빠른 채우기는 첫 번째 셀에 데이터를 직접 입력한 후 두 번째 셀에 데이터를 입력하는 중간에 엑셀이 빠른 채우기 규칙을 찾게 되면 자동으로 채우기 결과를 미리 보여준다. 하지만 빠른 채우기 규칙이 있는데도 두 번째 셀에 데이터를 입력하는 중간에 엑셀이 빠른 채우기 결과를 미리 보여 주지 않는다면 리본 메뉴를 이용해 빠른 채우기를 할 수 있다.

기본 예제 빠른 채우기로 데이터를 자동으로 입력하기

빠른 채우기 기능을 이용해 후원자 필드에는 이름의 중간 글자를 *로 처리한 이름을, 거주시 필드에는 주소 중 시 이름을 입력해보자.

01 후원자 필드를 이름의 중간 글자를 *로 처리해 빠르게 채우기

❶ 첫 번째 후원자에 김*기를 입력한 후 ❷ 두 번째 후원자에 장을 입력하면 장*기, 태*기와 같이 잘못된 규칙으로 빠른 채우기가 된 미리보기가 나타난다. 이런 경우에는 엑셀이 다른 규칙을 찾을 수 있도록 두 번째 후원자에 장*수까지 직접 입력하고 Enter를 누른다. ❸ 셀 포인터가 세 번째 후원자인 [H6] 셀에 있는 상태에서 ❹~❺ [데이터] 탭–[데이터 도구] 그룹–[빠른 채우기] 또는 [홈] 탭–[편집] 그룹–[채우기]–[빠른 채우기]를 클릭하면 나머지 셀에 값이 자동으로 채워진다.

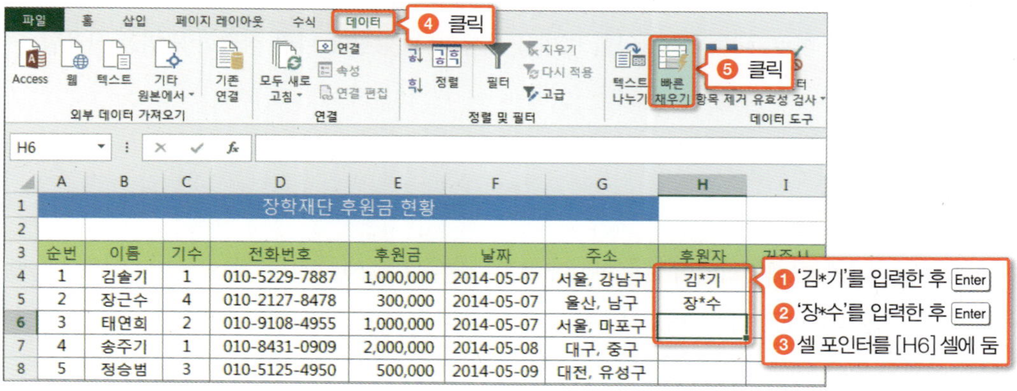

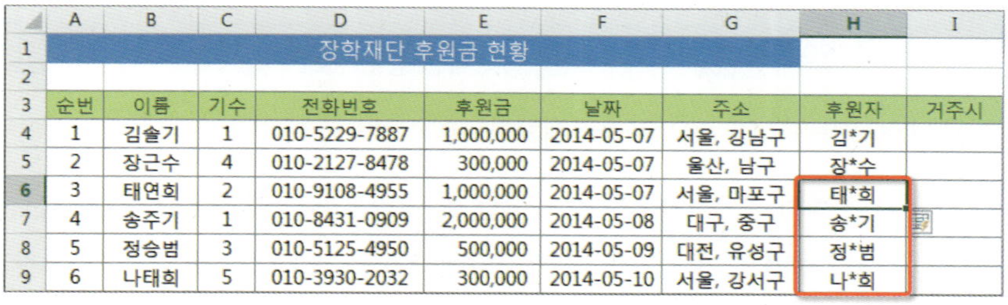

TIP 첫 번째 셀에 입력된 데이터만으로도 엑셀이 빠른 채우기 규칙을 안다면 두 번째 셀에서 [빠른 채우기]를 클릭해도 된다.

[주의] 중간에 빈 행이 있다면 빈 행 이전까지만 빠른 채우기가 적용된다. 그러므로 중간에 빈 행이 있으면 새 필드 값이 입력된 [H4:H5] 셀을 포함하여 전체 범위를 선택한 후 [자동 채우기]를 클릭해야 빈 행 뒤에도 빠른 채우기가 적용된다.

02 거주시 필드를 주소 필드의 , 앞에 있는 시 이름으로 채우기

❶ 거주시 필드의 첫 번째 셀에 '서울'을 입력하고 ❷ 두 번째 셀에 '울'을 입력하다가 ❸ 미리 보기가 확인될 때 Enter를 누르면 거주시 필드가 빠른 채우기로 채워진다.

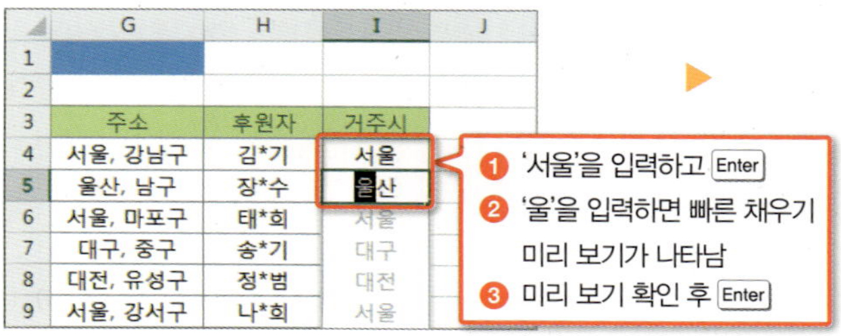

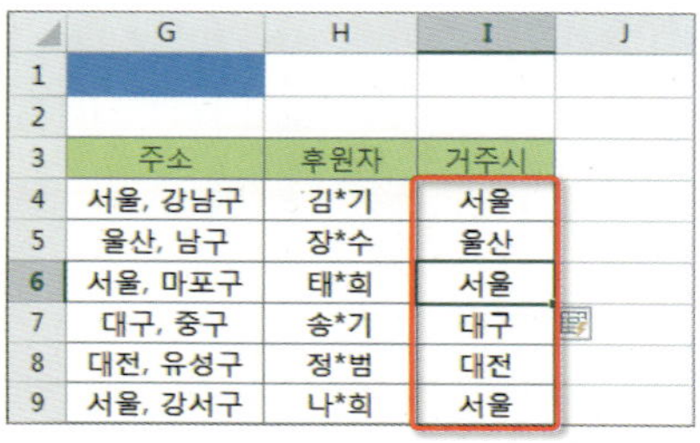

SECTION 04 ———— IT COOKBOOK

데이터 정렬하기

데이터베이스에서 많이 하는 작업은 이름을 가나다순으로 정렬하기, 성적을 내림차순으로 정렬하기, 쇼핑몰 목록을 가격의 오름차순으로 정렬하기와 같이 레코드를 특정 필드를 기준으로 정렬하는 것이다. 엑셀은 정렬을 위한 빠르고 편리한 다양한 방법을 제공한다. 상황에 따라 적절한 방법을 사용할 수 있도록 하나씩 살펴보자.

4.1 단일 필드 기준 정렬

단일 필드를 기준으로 데이터베이스를 정렬할 때는 기준 필드값이 있는 임의의 셀을 선택하여 셀 포인터를 둔 후 리본 메뉴나 팝업 메뉴를 이용한다. 정렬 대상 목록이 연속된 사각 영역이 아니면 현재 셀 포인터를 포함한 연속 사각 영역만 정렬하므로 주의한다.

기본 예제 〉 이름을 가나다순으로 정렬하기

봉사 활동 현황 데이터베이스 내용을 이름순으로 정렬해보자.

❶ 정렬할 이름 필드값을 하나 선택하고 ❷ [데이터] 탭–[정렬 및 필터] 그룹–(텍스트 오름차순 정렬)을 클릭하면 텍스트가 오름차순으로 정렬된다. 이렇게 데이터베이스를 정렬하면 레코드의 순서가 변경되는데, 다시 원래 순서로 돌아가려면 순번 필드를 기준으로 오름차순으로 정렬하면 된다.

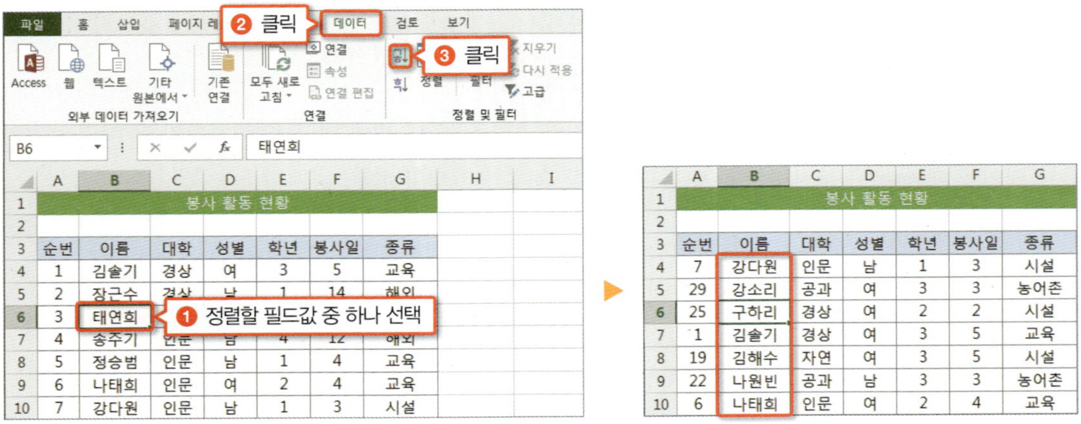

TIP 정렬을 하면 데이터베이스의 레코드 순서가 변경되므로 원래 레코드 순서대로 돌아갈 수 있는 순번과 같은 필드를 포함하는 것이 바람직하다.

정렬은 많이 사용하는 기능이므로 엑셀은 다양한 방법을 제공한다. 셀 포인터를 정렬할 필드값 중 하나에 둔 후 다음 [그림 8-5]의 (a)와 같이 마우스 오른쪽 버튼을 누르고 팝업 메뉴에서 [정렬]-[텍스트 오름차순 정렬]을 클릭하거나 (b)와 같이 [홈] 탭-[편집] 그룹-[정렬 및 필터]-[텍스트 오름차순 정렬]을 클릭하여 정렬할 수 있다.

그림 8-5 다양한 정렬 방법

(a) 셀에서 팝업 메뉴 이용

(b) [홈] 탭-[편집] 그룹-[정렬 및 필터] 이용

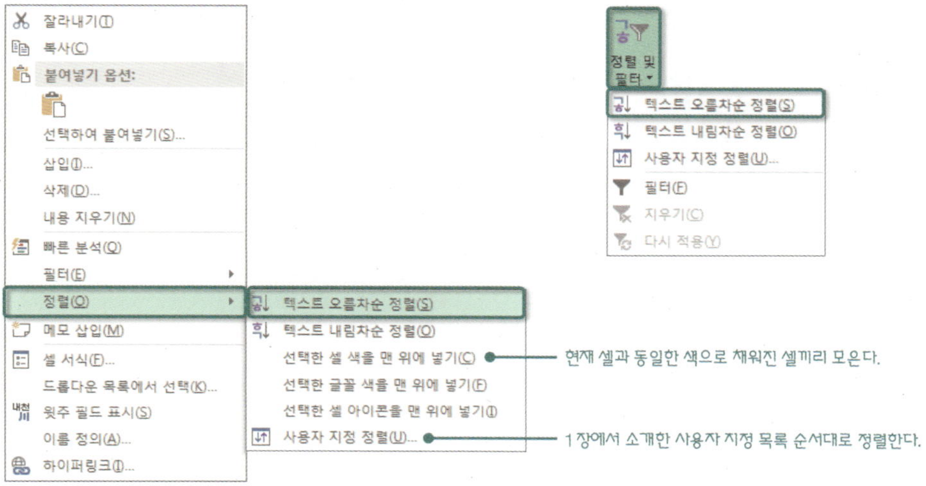

4.2 다중 필드 기준 정렬

부서별로 사원 이름을 오름차순으로 정렬하거나, 같은 상품일 경우 가격이 낮은 순으로 정렬하기와 같이 여러 필드를 기준으로 정렬할 때는 [정렬] 대화상자를 이용해야 한다.

기본 예제 〉 종류와 봉사일 필드를 기준으로 정렬하기

봉사 종류를 가나다순으로 정렬하되 봉사 종류가 같으면 봉사일이 많은 학생부터 표시되도록 해보자.

❶ 정렬할 데이터베이스 임의의 셀을 선택하고 ❷~❸ [데이터] 탭-[정렬 및 필터] 그룹-[정렬]을 선택한다. ❹ [정렬] 대화상자에서 정렬 기준 [열]을 '종류'로, [정렬]을 '오름차순'으로 설정한다. 봉사 종류가 같다면 봉사일을 기준으로 내림차순으로 정렬하도록 정렬 기준을 추가해야 한다. ❺ [기준 추가]를 클릭한 후 ❻ 다음 기준 [열]을 '봉사일'로, [정렬]을 '내림차순'으로 설정하고 ❼ [확인]을 누른다.

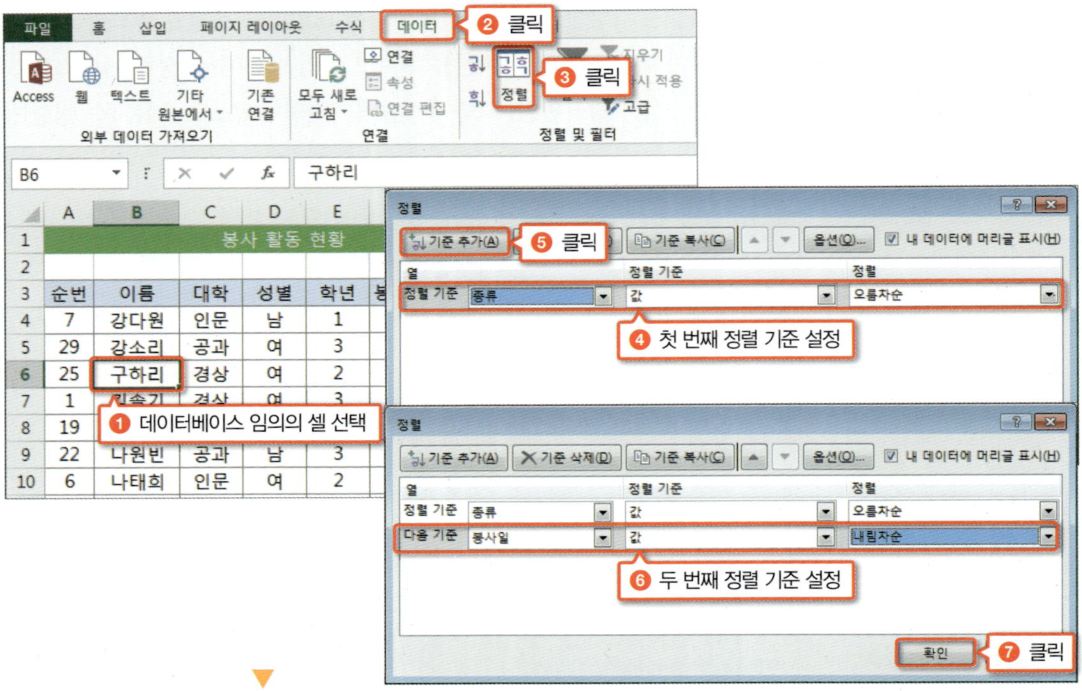

4.3 사용자 지정 목록 기준 정렬

동서남북 순으로, 총무부, 판매부, 생산부 순으로, 월화수 순으로 정렬하기와 같이 단순히 오름차순 또는 내림차순이 아닌 특별한 순서로 정렬하려면 1장에서 소개한대로 사용자 지정 목록을 만든 후 [정렬] 대화상자에서 정렬 순서 목록을 선택하여 정렬한다.

기본 예제 사용자 지정 목록순으로 정렬하기

대학을 가나다순이 아닌 인문, 경상, 자연, 공과 순으로 정렬해보자.

01 [정렬] 대화상자를 띄워 필요 없는 정렬 기준 정리하기

❶ 정렬할 데이터베이스 안의 셀을 선택하고 ❷~❸ [데이터] 탭-[정렬 및 필터] 그룹-[정렬]을 선택한다. [정렬] 대화상자에는 이전 정렬 작업으로 두 번째 정렬 기준까지 설정되어 있다. ❹~❺ 필요 없는 두 번째 정렬 기준을 선택하고 [기준 삭제]를 클릭해 제거한다.

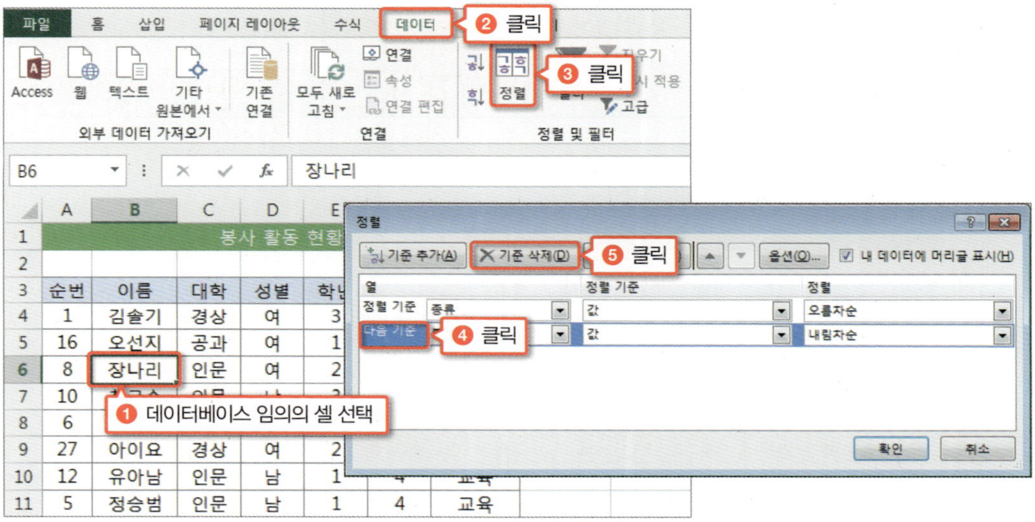

TIP [정렬] 대화상자의 내용은 이전 작업 내용에 따라 달라지므로 적절히 [기준 추가]와 [기준 삭제] 버튼을 이용해 내용을 지정한다.

02 정렬을 위한 사용자 지정 목록 추가 후 목록순으로 정렬하기

❶ 정렬 기준 [열]을 '대학'으로 선택하고, ❷~❺ [정렬]을 '사용자 지정 목록'으로 선택한 후 [사용자 지정 목록] 대화상자에서 인문, 경상, 자연, 공과로 구성된 목록을 입력한 후 [추가]를 클릭한다. ❻~❼ [사용자 지정 목록(L):]에서 방금 추가한 목록을 선택하고 [확인]을 누른다. ❽ 다시 [정렬] 대화상자로 돌아와 [확인]을 눌러 정렬 결과를 확인한다.

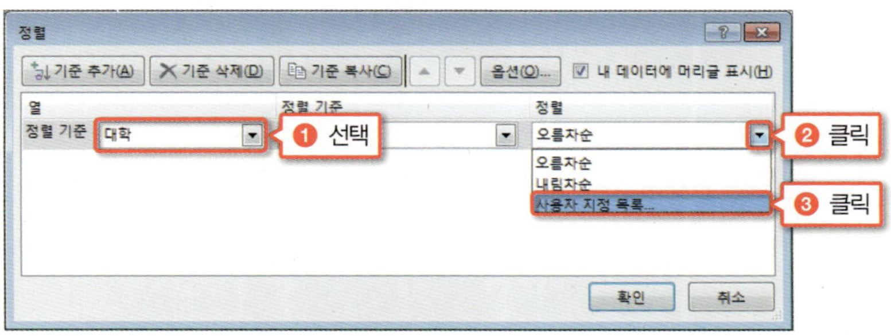

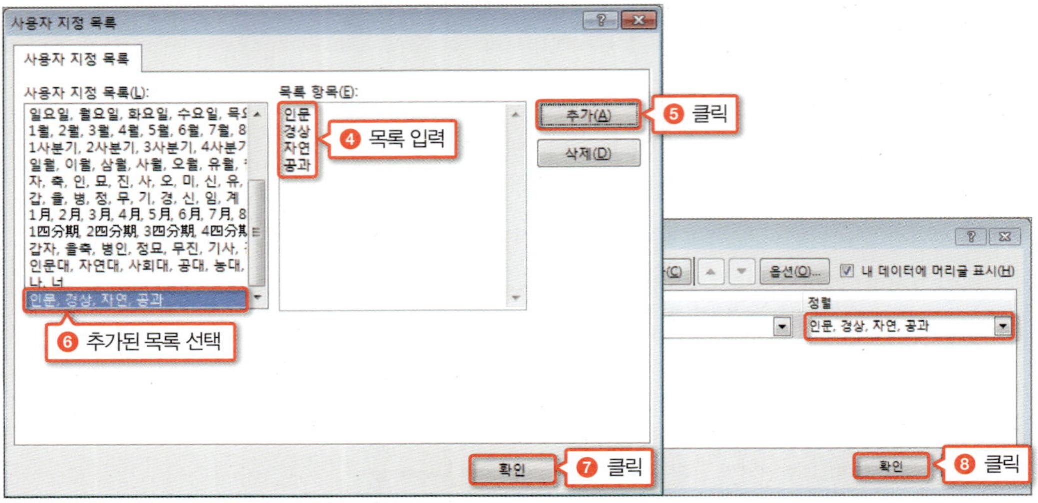

▼

	A	B	C	D	E	F	G
1	봉사 활동 현황						
2							
3	순번	이름	대학	성별	학년	봉사일	종류
4	8	장나리	인문	여	2	5	교육
5	10	최고수	인문	남	3	5	교육
6	6	나태희	인문	여	2	4	교육
7	12	유아남	인문	남	1	4	교육
8	5	정승범	인문	남	1	4	교육
9	23	홍수화	인문	여	1	3	교육
10	15	서민국	인문	남	3	2	농어촌
11	7	강다원	인문	남	1	3	시설
12	30	이정치	인문	남	4	14	해외
13	4	송주기	인문	남	4	12	해외
14	9	이종식	인문	남	4	12	해외
15	1	김솔기	경상	여	3	5	교육
16	27	아이요	경상	여	2	4	교육
17	13	소지법	경상	남	1	3	농어촌
18	21	박가을	경상	여	3	2	농어촌
19	26	이기자	경상	남	2	2	농어촌
20	24	유하늘	경상	남	2	3	시설

인문이 맨 앞에 나타난다.

TIP 미리 [파일] 탭-[옵션]-[고급]-[사용자 지정 목록 편집]을 클릭하여 목록을 추가했다면 [정렬] 대화상자에서 새로 목록을 추가할 필요 없이 [사용자 지정 목록] 대화상자의 사용자 지정 목록에서 정렬 순서를 선택할 수 있다.

4.4 범위를 지정한 정렬

엑셀은 기본적으로 현재 셀 포인터가 포함된 연속 사각형 영역을 데이터베이스(목록)로 간주하여 정렬 작업을 한다. 만일 중간에 빈 행이 있는 영역을 대상으로 하거나 목록의 일부분에 대해 작업을 하려면 대상 범위를 먼저 지정해야 하는데, 이때는 범위의 첫 행에 있는 필드 이름의 포함 여부를 잘 구분해야 한다.

[그림 8-6]은 데이터베이스와 같이 정형화되지 않은 모양의 데이터를 정렬할 때 발생할 수 있는 문제점을 보여준다. (a)의 [B38:C41] 셀의 대학 이름을 가나다순이 되도록 정렬하면 (b)와 같은 결과를 얻을 수 있다. 언제나 이런 결과를 얻는 것은 아니며 이전 정렬 작업 내용에 따라 제대로 정렬될 수도 있고 이와 같이 의외의 결과를 얻을 수도 있다. 이는 37행 위에 정렬과 상관없는 내용이 연속적으로 입력되어 있기 때문이다.

그림 8-6 예상 외의 정렬 결과를 얻게 되는 예

(a) 정렬 전

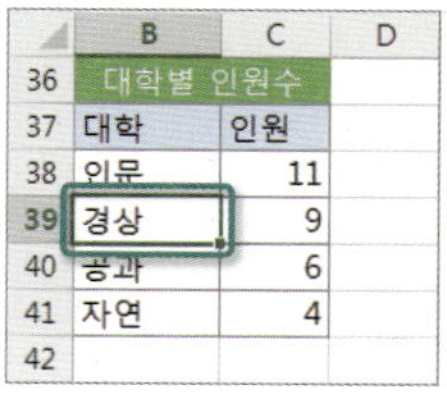

대학 필드 값 중 한 개에 셀 포인터를 둔 후 [데이터] 탭 – [정렬 및 필터] 그룹 – (텍스트 오름차순 정렬)을 클릭한다.

(b) 정렬 후(잘못된 정렬)

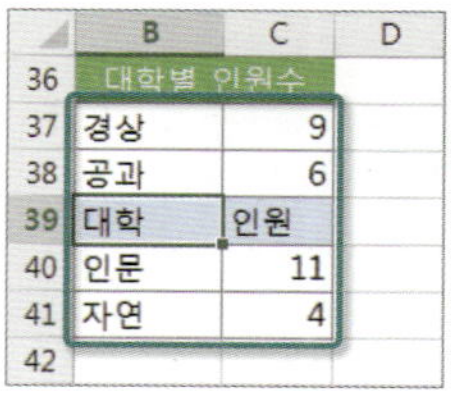

[B39] 셀을 포함한 연속 사각형 영역 [B36:C41]을 데이터베이스로 인식한다. 그래서 첫 번째 행은 필드이름이 있는 머리글 행으로, 37행부터는 레코드로 간주해 정렬하여 잘못된 결과를 출력한다. Ctrl+Z를 눌러 정렬 작업을 취소해야 한다.

[그림 8-6]과 같은 문제를 방지하려면 다음에 살펴볼 예제와 같이 정렬할 범위를 직접 선택한 후 [정렬] 대화상자를 이용해야 한다.

기본 예제 범위를 지정해 정렬하기

[그림 8-6] (a)와 같이 데이터의 일부분인 [B38:C41]셀만 대학 이름이 가나다순이 되게 정렬해보자.

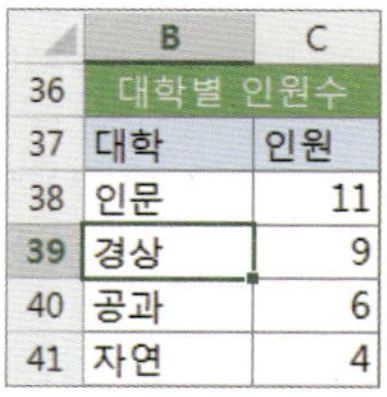

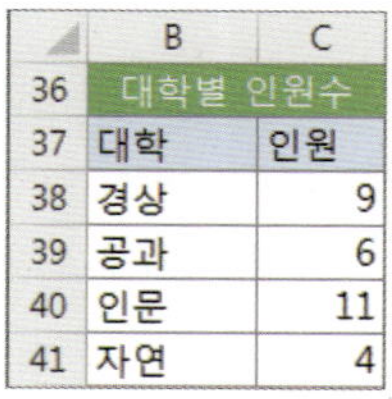

01 범위 지정 후 [정렬] 대화상자 확인하기

❶ 실제 정렬할 내용이 있는 [B38:C41]셀만 선택한 후 ❷~❸ [데이터] 탭–[정렬 및 필터] 그룹–[정렬]을 클릭하면 [정렬] 대화상자가 나타나고 정렬 대상 범위가 자동으로 변경된다. 이는 [정렬] 대화상자의 [내 데이터에 머리글 표시] 때문이다. [내 데이터에 머리글 표시]는 정렬할 범위의 첫 행에 머리글(필드 이름)이 표시되어 있는 상태임을 의미하므로 실제 정렬 대상 범위가 [B39:C41]로 자동으로 변경된다. 주의할 것은 현재와 동일한 시트의 데이터이더라도 이전에 작업한 정렬에 따라 대상 범위가 변하지 않을 수도 있고 이 체크가 해제되어 있을 수도 있다는 것이다. 그러므로 이런 상황의 발생 원인을 정확히 이해하고 있어야 해결법도 정확히 알 수 있다. ❹ 이 예제에서는 이 항목이 체크되어 있어서 문제가 발생하는 경우이므로 체크를 해제하여 정렬 범위에 [B38:C38]셀을 포함시킨다.

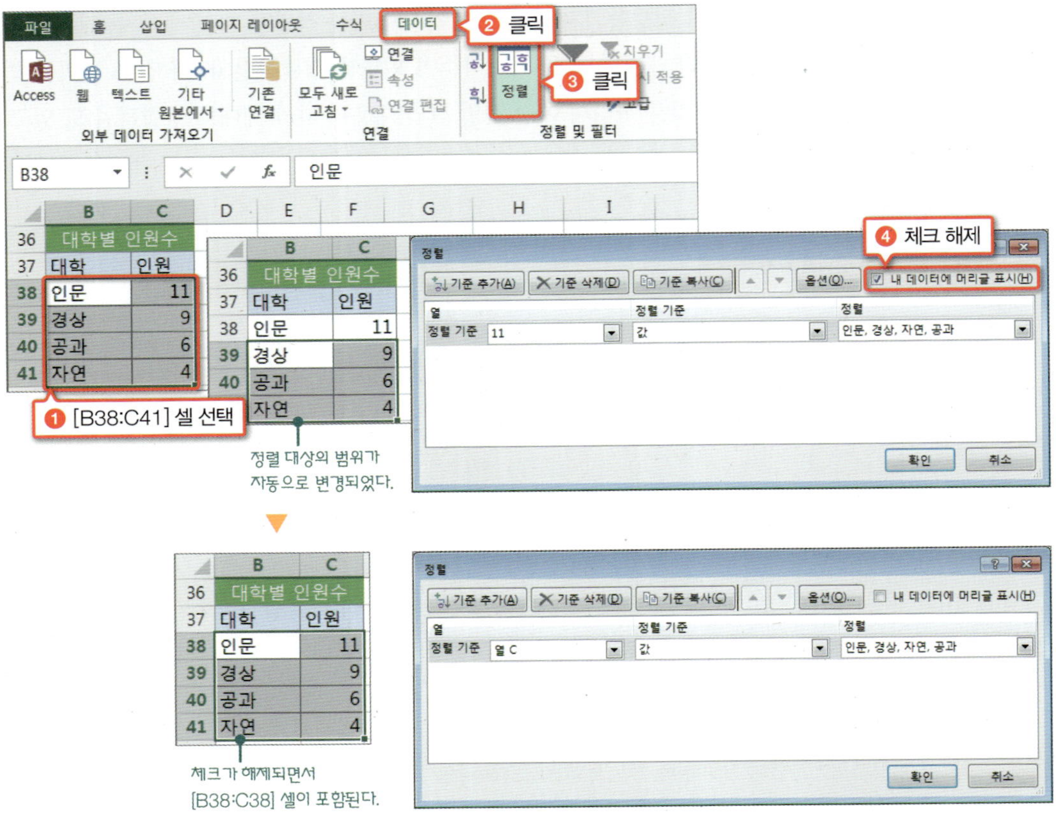

02 정렬 기준 열 지정하기 : 대학 이름이 있는 B열을 기준으로 지정하기

[내 데이터에 머리글 표시]의 체크를 해제하면 데이터에 머리글(필드 이름)이 없는 것으로 간주되어 정렬 기준 [열]에 필드 이름이 나타나지 않으므로 열 머리글을 정렬 기준 열로 대신 선택한다. ❶ [정렬 기준]을 대학 이름이 있는 B열로 지정한 후 ❷ [확인]을 누르면 제대로 정렬된 결과가 나타난다.

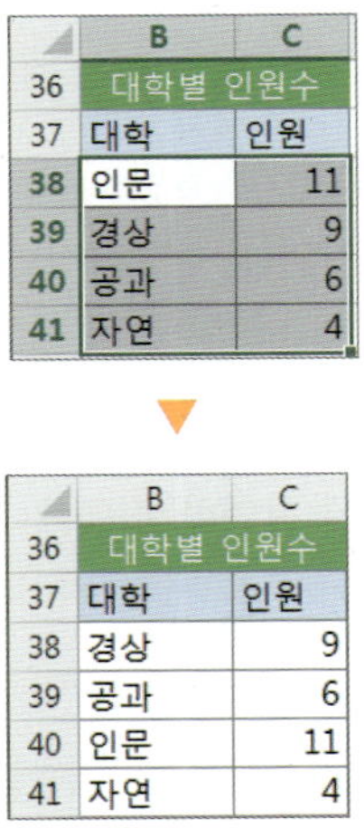

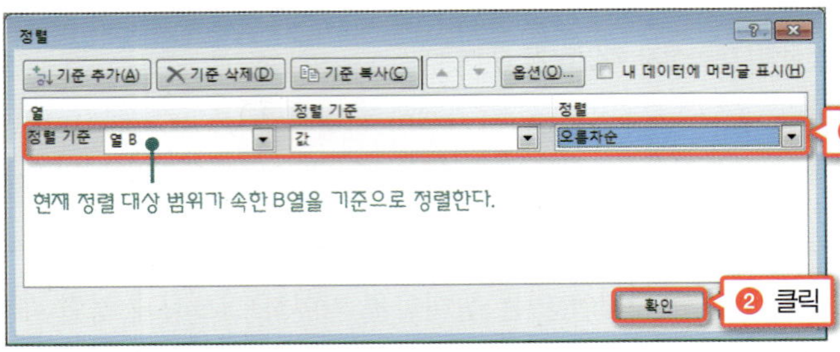

[주의] 이 예제를 수행한 직후 다른 데이터베이스나 특정 범위를 선택해 정렬하면 필드 이름이 표시된 첫 행까지 정렬된다. 이는 여기서 [내 데이터에 머리글 표시] 항목의 체크를 해제했기 때문이므로 필요에 따라 다시 체크한 후 작업해야 한다.

SECTION 05 부분합 구하기

부분합은 SUMIF, AVERAGEIF, COUNTIF 함수를 이용하지 않고도 비슷한 결과를 얻을 수 있는 기능이다. 예를 들면 부서별 성금의 합계, 평균, 최고액을 부분합 기능으로 쉽게 구할 수 있다. 부분합은 이 기능에서 가장 많이 사용되는 함수가 합계라 부분합이라는 이름이 붙은 것으로 합계 외에도 평균, 최소값, 개수 등 다양한 값을 구할 수 있다.

5.1 부분합과 윤곽선

부분합 기능을 제대로 사용하려면 필요한 정렬 작업을 먼저 수행하여 필드들에 대한 그룹화부터 해야 한다. 이는 부분합 기능이 [그림 8-7]의 (a)처럼 그룹화할 필드에 새로운 필드값이 나타날 때마다 그 전까지의 레코드에 대해 부분합 요약 정보를 만들기 때문이다. 그러므로 대학별로 요약 정보가 하나씩만 나타나게 하려면 같은 필드값끼리 연속으로 모이도록 레코드를 배열해야 하는데 이때 가장 간단히 사용할 수 있는 방법이 정렬이다. 그러므로 부분합을 제대로 구하려면 [그림 8-7]의 (b)처럼 같은 값끼리 모을 필드를 먼저 분석한 후 이를 기준으로 정렬하는 작업부터 해야 한다.

그림 8-7 대학별 봉사일의 합계를 부분합 기능으로 잘못 구한 예와 제대로 구한 예

(a) 잘못 구한 예 (대학 필드를 정렬하지 않고 부분합을 구함)

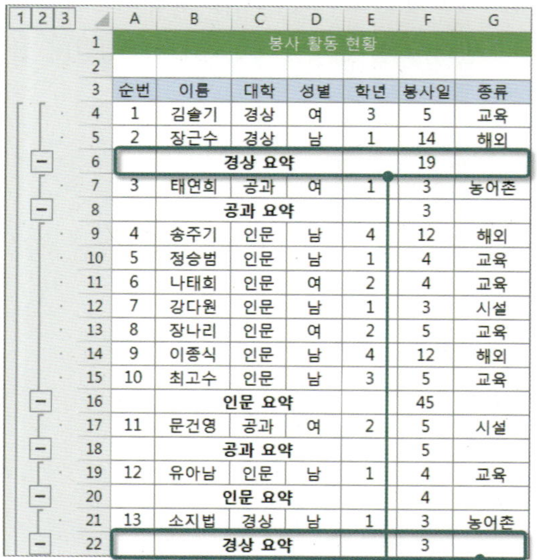

	A	B	C	D	E	F	G
1	봉사 활동 현황						
2							
3	순번	이름	대학	성별	학년	봉사일	종류
4	1	김솔기	경상	여	3	5	교육
5	2	장근수	경상	남	1	14	해외
6			경상 요약			19	
7	3	태연희	공과	여	1	3	농어촌
8			공과 요약			3	
9	4	송주기	인문	남	4	12	해외
10	5	정승범	인문	남	1	4	교육
11	6	나태희	인문	여	2	4	교육
12	7	강다원	인문	남	1	3	시설
13	8	장나리	인문	여	2	5	교육
14	9	이종식	인문	남	4	12	해외
15	10	최고수	인문	남	3	5	교육
16			인문 요약			45	
17	11	문건영	공과	여	2	5	시설
18			공과 요약			5	
19	12	유아남	인문	남	1	4	교육
20			인문 요약			4	
21	13	소지법	경상	남	1	3	농어촌
22			경상 요약			3	

레코드가 같은 대학끼리 모이도록 대학 필드를 정렬하는 작업을 하지 않은 채 부분합을 구해 같은 대학의 부분합 요약 정보가 여러 개 생겼다.

(b) 제대로 구한 예(대학 필드를 정렬한 후 부분합을 구함)

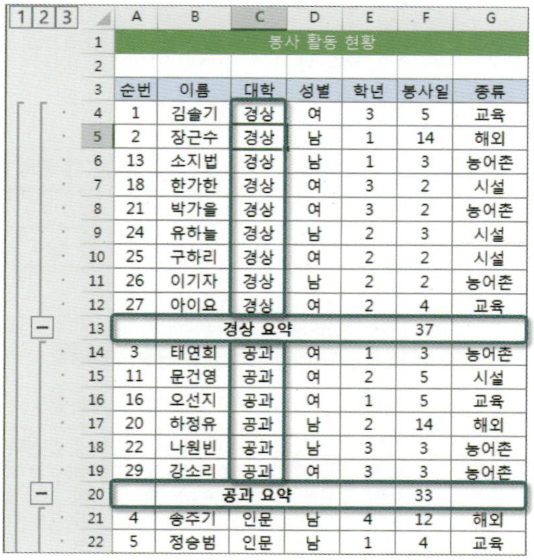

	A	B	C	D	E	F	G
1	봉사 활동 현황						
2							
3	순번	이름	대학	성별	학년	봉사일	종류
4	1	김솔기	경상	여	3	5	교육
5	2	장근수	경상	남	1	14	해외
6	13	소지법	경상	남	1	3	농어촌
7	18	한가한	경상	여	3	2	시설
8	21	박가을	경상	여	3	2	농어촌
9	24	유하늘	경상	남	2	3	시설
10	25	구하리	경상	여	2	2	시설
11	26	이기자	경상	남	2	2	농어촌
12	27	아이요	경상	여	2	4	교육
13			경상 요약			37	
14	3	태연희	공과	여	1	3	농어촌
15	11	문건영	공과	여	2	5	시설
16	16	오선지	공과	여	1	5	교육
17	20	하정유	공과	남	2	14	해외
18	22	나원빈	공과	남	3	3	농어촌
19	29	강소리	공과	여	3	3	농어촌
20			공과 요약			33	
21	4	송주기	인문	남	4	12	해외
22	5	정승범	인문	남	1	4	교육

기본 예제 > 부분합 기능을 이용해 대학별 총 봉사일 구하기

각 대학별로 총 봉사일을 구한 후 경상 대학의 레코드는 모두 표시하고 다른 레코드는 숨겨보자.

	A	B	C	D	E	F	G
1	봉사 활동 현황						
2							
3	순번	이름	대학	성별	학년	봉사일	종류
4	1	김솔기	경상	여	3	5	교육
5	2	장근수	경상	남	1	14	해외
6	3	태연희	공과	여	1	3	농어촌
7	4	송주기	인문	남	4	12	해외
8	5	정승범	인문	남	1	4	교육
9	6	나태희	인문	여	2	4	교육
10	7	강다원	인문	남	1	3	시설
11	8	장나리	인문	여	2	5	교육
12	9	이종식	인문	남	4	12	해외
13	10	최고수	인문	남	3	5	교육
14	11	문건영	공과	여	2	5	시설
15	12	유아남	인문	남	1	4	교육
16	13	소지법	경상	남	1	3	농어촌
17	14	이민후	자연	남	2	5	시설
18	15	서민국	인문	남	3	2	농어촌
19	16	오선지	공과	여	1	5	교육
20	17	양요석	자연	남	1	3	교육
21	18	한가한	경상	여	3	2	시설
22	19	김해수	자연	여	3	5	시설
23	20	하정유	공과	남	2	14	해외
24	21	박가을	경상	여	3	2	농어촌
25	22	나원빈	공과	남	3	3	농어촌
26	23	홍수화	인문	여	1	3	교육

▶

	A	B	C	D	E	F	G
1	봉사 활동 현황						
2							
3	순번	이름	대학	성별	학년	봉사일	종류
4	1	김솔기	경상	여	3	5	교육
5	2	장근수	경상	남	1	14	해외
6	13	소지법	경상	남	1	3	농어촌
7	18	한가한	경상	여	3	2	시설
8	21	박가을	경상	여	3	2	농어촌
9	24	유하늘	경상	남	2	3	시설
10	25	구하리	경상	여	2	2	시설
11	26	이기자	경상	남	2	2	농어촌
12	27	아이요	경상	여	2	4	교육
13			경상 요약			37	
20			공과 요약			33	
32			인문 요약			68	
37			자연 요약			16	
38			총합계			154	

01 부분합을 구하기 전 정렬하기 : 같은 대학끼리 모이도록 정렬하기

같은 대학끼리 레코드를 그룹화하기 위해 대학 필드를 오름차순으로 정렬한다. ❶ 정렬 기준인 대학 필드 중 한 셀을 선택하고 ❷~❸ [데이터] 탭 – [정렬 및 필터] 그룹 – (텍스트 오름차순 정렬)을 클릭한다.

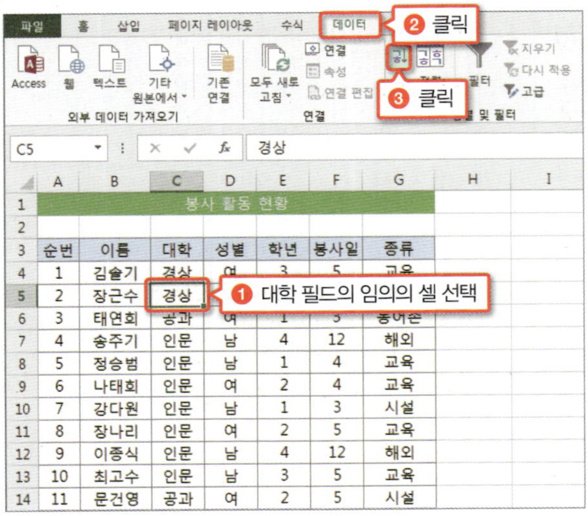

02 대학별로 봉사일의 합계 구하기

❶ 데이터베이스 안의 셀을 선택하고 ❷~❸ [데이터] 탭–[윤곽선] 그룹–[부분합]을 클릭한다. ❹ [그룹화할 항목]에는 같은 값끼리 그룹화할 필드를 지정한다. 대학별로 부분합을 구하므로 '대학' 필드를 선택한다. [부분합 계산 항목]은 같은 대학일 때 실제로 합계, 평균, 최대값 등을 구할 필드를 지정한다. 예제에서는 '봉사일'만 선택했지만 여러 필드를 선택할 수도 있다. [사용할 함수]에는 [부분합 계산 항목]에서 지정한 필드에 대해 구하고 싶은 값의 종류를 지정하므로 '합계'를 선택한 후 ❺ [확인]을 누른다.

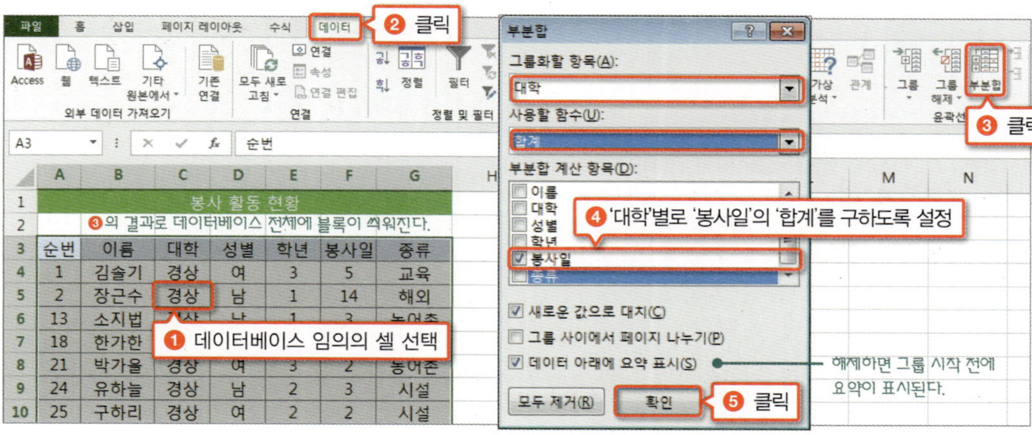

03 윤곽선 기호를 이용해 원하는 부분만 표시하기 : 요약 정보만 표시하기

부분합을 구하면 데이터베이스 안에 그룹별로 부분합 요약 정보가 자동으로 추가되며 행 머리글 왼쪽에는 윤곽선 기호가 생긴다. 이 윤곽선 기호를 이용하면 데이터베이스에 만들어진 부분합 정보 중 필요 없는 부분을 숨기거나 다시 표시할 수 있다.

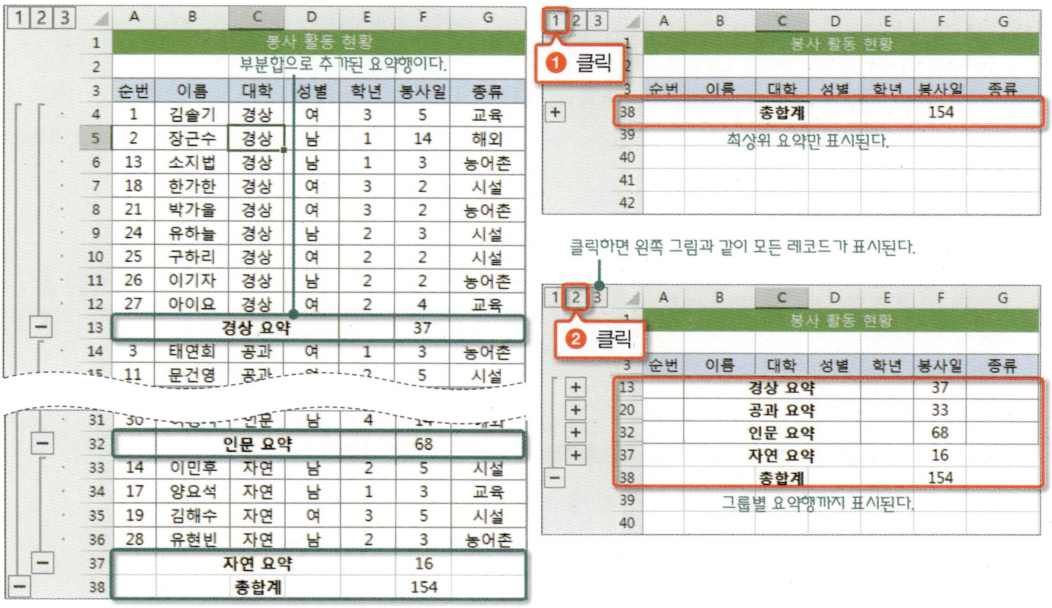

04 윤곽선 기호를 이용해 경상 대학 그룹의 레코드만 표시하기

[13]행의 경상 요약 왼쪽의 [+]를 클릭하면 [-]로 변하며 하위 수준의 내용이 표시된다. 반대로 [-]를 클릭하면 [+]로 변하며 요약 정보만 표시된다.

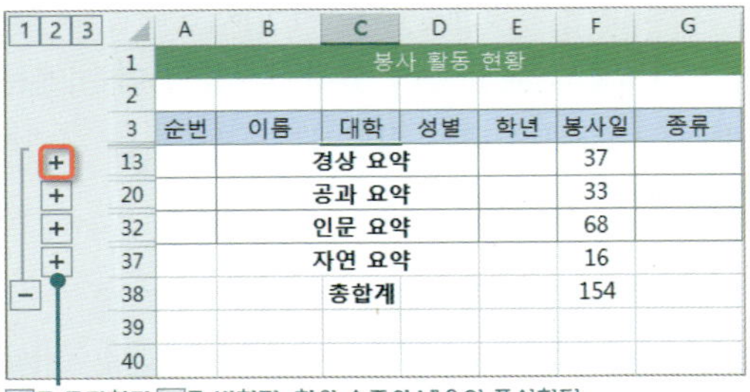

[+]를 클릭하면 [-]로 변하며, 하위 수준의 내용이 표시한다.
[-]를 클릭하면 [+]로 변하며, 요약 정보만 표시한다.

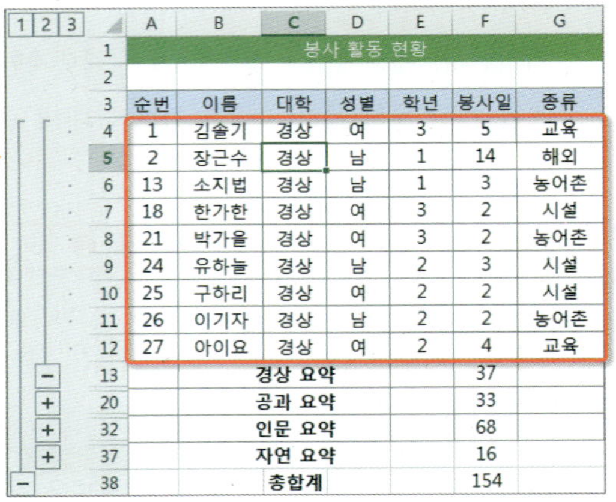

TIP ▶ 데이터베이스 임의의 셀을 선택하고 [데이터] 탭–[윤곽선] 그룹–[그룹 해제 ▾]–[윤곽 지우기]를 클릭하면 윤곽선이 사라지고 [데이터] 탭–[윤곽선] 그룹–[그룹 ▾]–[자동 윤곽]을 클릭하면 윤곽선이 다시 표시된다.

부분합 기능을 이용하면 행 단위로 그룹화되는데 열 단위로도 그룹화할 수 있다. 데이터베이스나 일반 데이터 범위에 그룹 기능을 이용하면 그룹 단위로 표시와 숨기기를 할 수 있다.

기본 예제 ▶ 열 단위로 그룹 만들기와 해제하기

앞의 기본 예제에서 구한 부분합 결과에서 성별과 학년 필드가 있는 [D:E]열을 그룹으로 만들어 화면에서 숨기기를 한 후 다시 그룹을 해제해보자. 숨기기와 표시하기를 자주 반복한다면 숨기기 기능보다 그룹화가 더 편할 수 있다.

01 열 단위로 그룹 만든 후 숨기기 : [D:E] 열을 그룹으로 묶기

❶ 성별과 학년 데이터가 있는 [D:E] 열을 선택하고 ❷~❸ [데이터] 탭–[윤곽선] 그룹–(그룹)을 클릭해 그룹으로 만든다. ❹ 열 머리글 위에 생긴 윤곽선 기호를 클릭하면 그룹을 숨겨주며 다시 클릭하면 그룹을 다시 표시해준다.

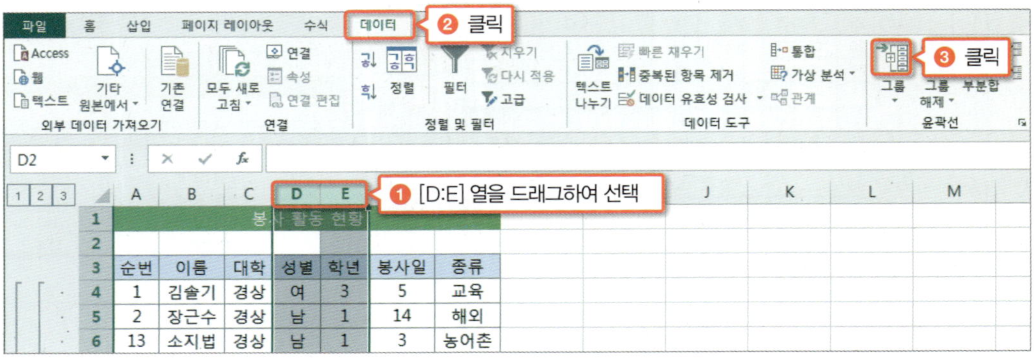

02 열 그룹 해제하기

숨겨진 그룹을 다시 표시하려면 F열 위쪽의 [+]를 클릭한다. 그런 다음 그룹으로 묶인 [D:E]열 머리글을 드래그하여 선택한 후 [데이터] 탭–[윤곽선] 그룹에서 (그룹해제)를 클릭하면 그룹이 해제된다.

기본 예제 부분합 수정하기와 제거하기

부분합의 제거, 수정, 중첩은 부분합을 구한 데이터베이스 안에서 [데이터] 탭–[윤곽선] 그룹–[부분합]을 클릭하여 나타난 [부분합] 대화상자에서 설정한다. 부분합 관련 기능은 실행 취소(Ctrl+Z)와 재실행(Ctrl+Y)이 안 될 수 있으므로 신중하게 작업하는 것이 좋다.

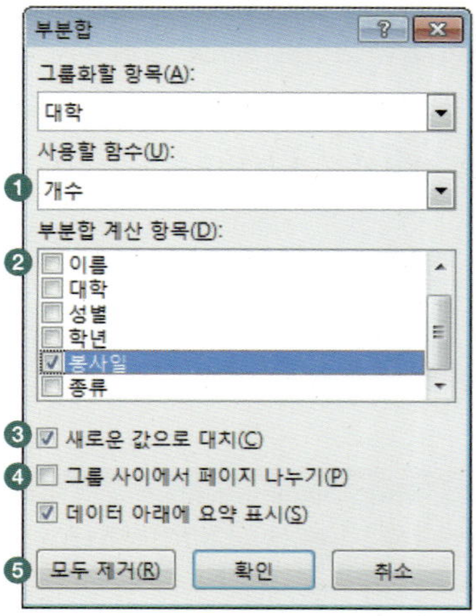

❶ 합계, 평균, 최대치, 숫자 개수, 표준편차 등의 함수로 변경할 수 있다.

❷ 실제로 함수를 적용하여 계산할 필드를 선택한다. 여러 필드를 선택해도 된다.

❸ 체크하면 기존의 요약 정보는 사라지고 새 요약 정보만 남는다. 체크를 해제하면 기존의 요약을 유지한 채 새 요약을 추가한다.

❹ 체크하면 그룹화할 항목의 값이 바뀔 때마다 페이지를 강제로 나누므로 출력했을 때 그룹의 항목별로 레코드와 요약 정보를 구분하는 데 유용하다.

❺ 클릭하면 시트에 삽입된 부분합이 모두 제거된다.

- 부분합 수정 : 항목이나 함수를 수정한 후 ③의 [새로운 값으로 대치]를 체크한 상태로 [확인]을 누르면 기존 요약은 모두 제거되고 새 요약만 남게 되므로 수정 효과를 얻는다.
- 부분합 중첩 : 다음 페이지에서 소개하는 내용으로 함수나 항목을 지정한 후 ③의 [새로운 값으로 대치]의 체크를 해제하여 부분합을 구하면 기존 부분합 안에 다시 부분합이 구해지므로 부분합 추가 효과를 얻는다.
- 부분합 제거 : ⑤의 [모두 제거] 버튼을 클릭하면 모든 부분합이 제거된다.

5.2 여러 그룹의 부분합 : 부분합 중첩

앞서 언급했듯이 [부분합] 대화상자에서 [새로운 값으로 대치]의 체크를 해제하면 부분합을 구한 상태에서 다른 부분합 요약을 추가할 수 있다. 즉, 부분합을 구한 그룹에서 소그룹별로 부분합을 구할 수 있다. 이 경우 먼저 필드별로 그룹화가 정확히 되어 있어야 하므로 부분합을 구하기 전에 정렬의 첫 기준(첫 부분합 그룹), 둘째 기준(둘째 부분합 그룹)이 무엇이어야 하는지 분석하는 것이 중요하다.

기본 예제 > 여러 그룹의 부분합 구하기(부분합 중첩)

봉사 종류별로 해당 인원수를 구하고, 같은 종류의 봉사인 경우 남녀별로 평균 봉사일을 구해보자.

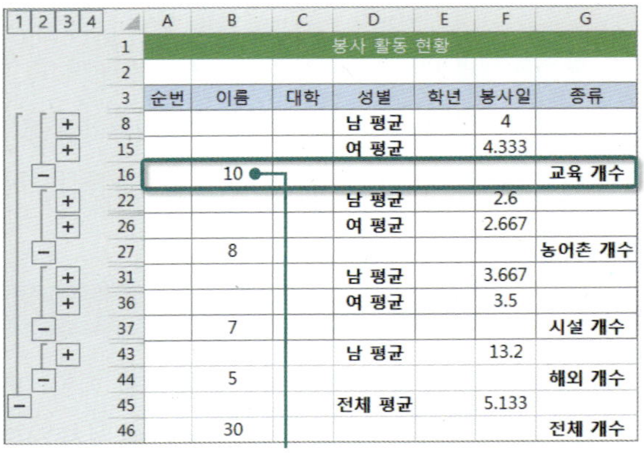

종류가 교육인 레코드 중 이름 필드에 값이 있는 개수, 즉 교육 봉사를 한 인원수에 해당한다.

01 부분합 구하기 전 정렬 작업하기

레코드를 봉사 종류별로 모으고 동일한 봉사는 남과 여로 모아야 하므로 정렬할 때 첫 번째 기준을 '종류'로, 두 번째 기준을 '성별'로 한다. ❶ 데이터베이스 안의 셀을 선택하고 ❷~❸ [데이터] 탭–[정렬 및 필터] 그룹–[정렬]을 클릭한다. ❹ [정렬] 대화상자에서 기준을 설정하고 ❺ [확인]을 누른다.

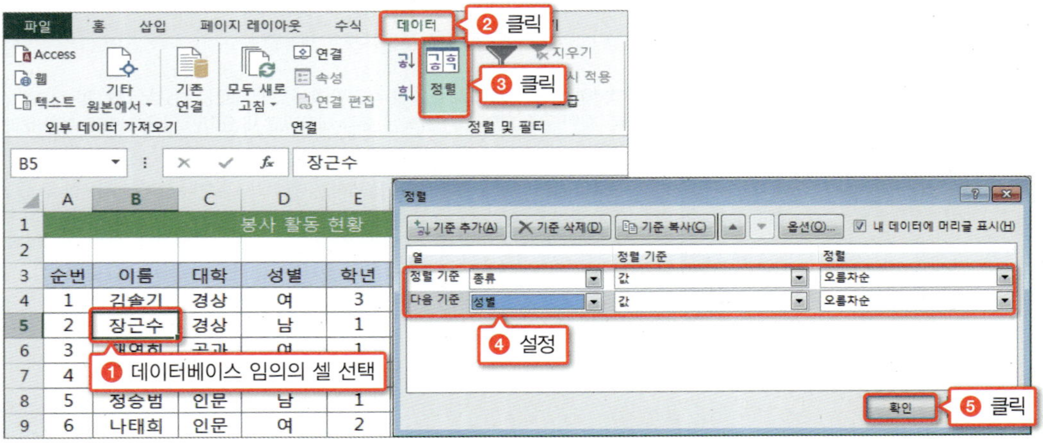

02 첫 번째 부분합 구하기 : 봉사 종류별로 인원수 구하기

인원수는 해당 필드 중 값이 있는 필드 수를 구하는 개수 함수를 이용해 구할 수 있다. 같은 봉사를 한 인원수는 같은 봉사 그룹 중 순번 필드값의 개수, 이름 필드값의 개수, 대학 필드값의 개수 등 여러 필드를 통해 구할 수 있지만 예제에서는 이름 필드값의 개수를 이용해 구해보자. ❶ 데이터베이스 안의 셀을 선택하고 ❷~❸ [데이터] 탭–[윤곽선] 그룹–[부분합]을 클릭한다. ❹ [부분합] 대화상자에서 봉사 '종류'별로 '이름' 필드값의 '개수'를 구하도록 설정한 후 ❺ [확인]을 누른다.

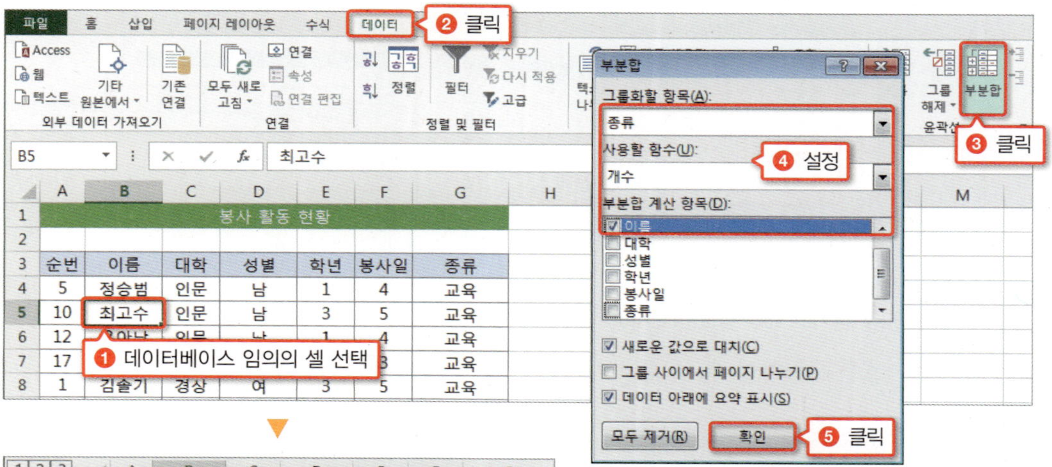

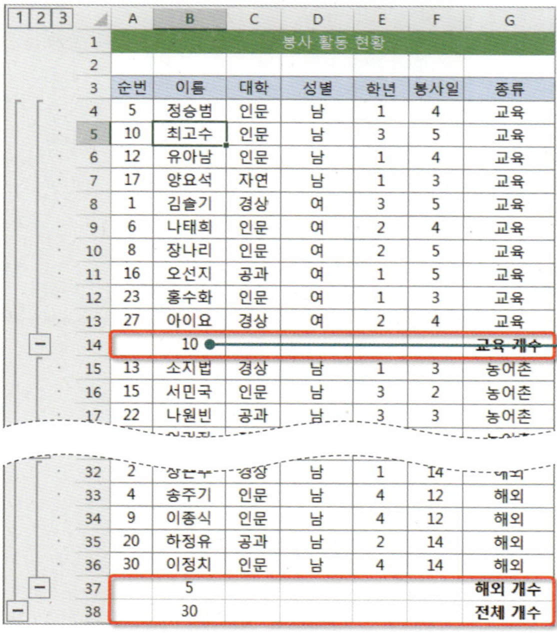

종류가 교육인 그룹 중 이름 필드값의 개수, 즉 인원수에 해당된다. 따라서 [B5] 셀에 이름이 입력되어 있지 않으면 9가 된다. 이처럼 개수 함수는 해당 수를 구하는 데 활용된다.

03 두 번째 부분합 구하기 : 성별로 평균 봉사일 구하기

같은 종류의 봉사 활동을 한 학생들을 다시 남녀로 구분하여 평균 봉사일을 구하도록 부분합을 추가로 구한다. ❶ 데이터베이스 임의의 셀을 선택하고 ❷~❸ [데이터] 탭–[윤곽선] 그룹–[부분합]을 클릭한다. ❹ [부분합] 대화상자에서 '성별'로 '봉사일'의 '평균'을 구하도록 설정하고, [새로운 값으로 대치]의 체크를 해제하도록 설정한 후 ❺ [확인]을 누른다.

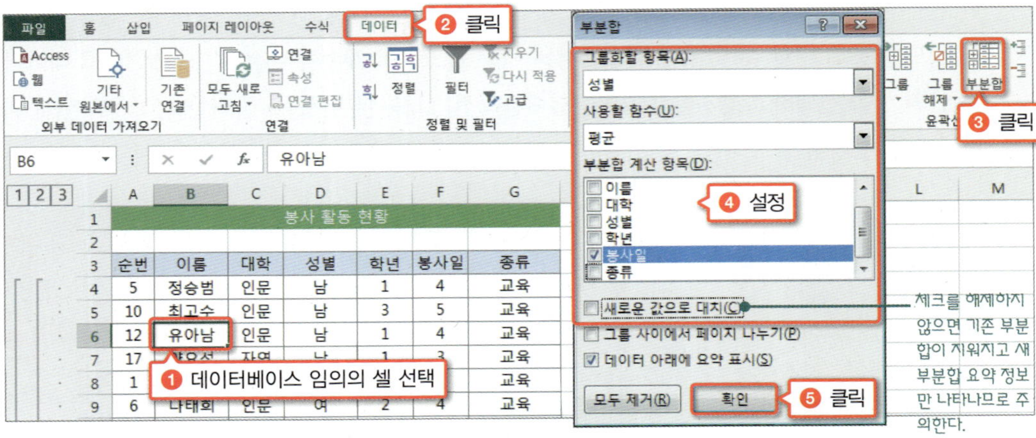

04 레코드는 모두 숨기고 요약 정보만 표시하기

윤곽선 기호를 클릭하여 레코드를 모두 숨기고 요약 정보만 표시한다.

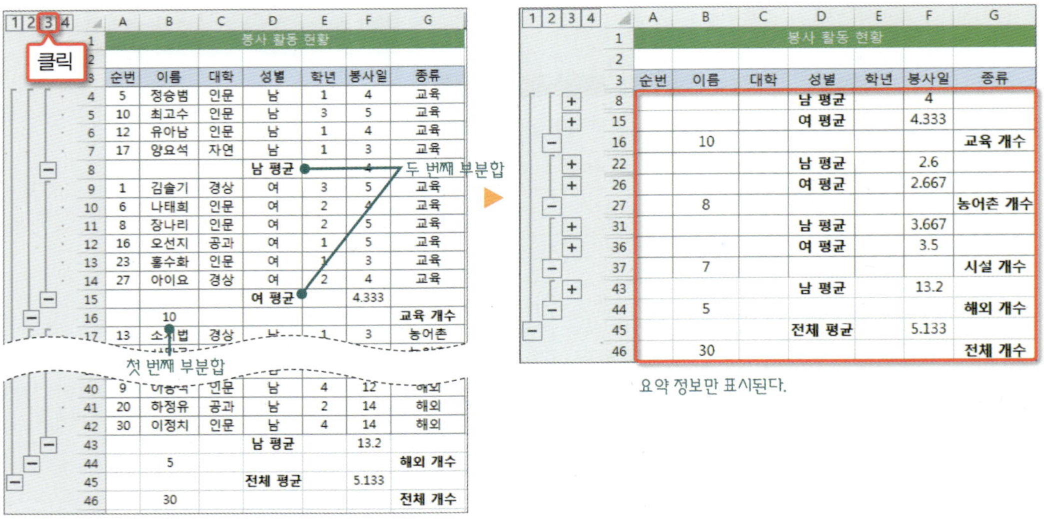

요약 정보만 표시된다.

5.3 화면에 보이는 부분합 결과 셀만 복사

부분합으로 구한 요약 정보만 복사하여 편집하고자 할 때가 있다. 윤곽선 기호를 이용해 부분합 결과에서 레코드를 숨길 수는 있지만 요약 정보를 블록으로 설정하여 복사하면 그 안에 숨겨진 레코드도 자동으로 복사가 된다. 그러므로 화면에 보이는 셀만 복사하려면 [이동 옵션] 대화상자를 이용해야 한다.

기본 예제 〉 화면에 보이는 부분합 요약 정보만 복사하여 편집하기

앞의 예제에서 작성한 부분합 요약 정보에서 봉사 종류별 해당자 수와 성별 평균 봉사일만 새 시트로 가져와 표로 편집해보자.

01 화면에 보이는 요약 정보만 복사하도록 설정해 복사하기

❶ 앞의 예제에서 구한 부분합 결과 중 최종 표를 만드는 데 필요한 정보만 선택하고 ❷~❹ [홈] 탭–[편집] 그룹–[찾기 및 선택]–[이동 옵션]을 클릭한다. ❺ 화면에 숨겨진 데이터는 복사하지 않도록 [이동 옵션] 대화상자에서 [화면에 보이는 셀만]을 선택하고 ❻ [확인]을 누른다. 그런 다음 곧바로 ❼ Ctrl+C를 눌러 현재 선택한 셀을 복사한다.

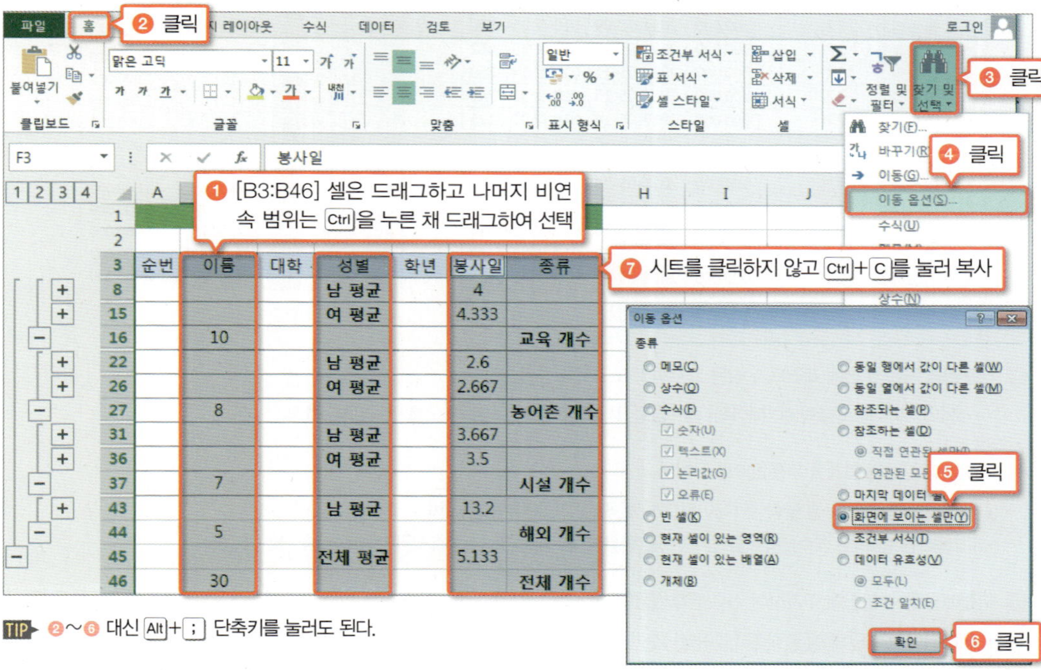

TIP ❷~❻ 대신 Alt+; 단축키를 눌러도 된다.

02 새 시트에서 복사한 내용을 편집하기

새 시트의 ❶ [A1] 셀에서 Ctrl+V를 눌러 복사한 내용을 붙여 넣은 후 ❷ 내용에 맞게 적당한 편집 작업을 통해 표를 완성한다.

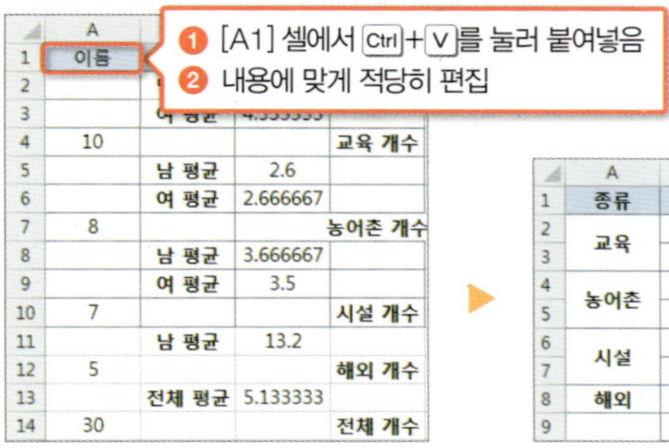

TIP 10장에서 소개하는 바꾸기 기능을 이용해 '남 평균'을 '남'으로 한꺼번에 바꿀 수 있으며, ' 개수'를 찾아서 빈 내용으로 바꾸어 종류 뒤의 ' 개수'를 한꺼번에 제거할 수 있다.

종합 예제 부분합으로 기수별 후원금의 총합과 최대값 구하기

부분합 기능을 이용해 각 기수별 총 후원금과 최대 후원금을 구한 후 1기만 모든 내용이 표시되고 다른 기수는 총 후원금 요약만 표시되게 해보자.

	A	B	C	D	E	F
1	No.	이름	기수	후원금	날짜	전화번호
2	1	김슬기	1기	1,000,000	2014-05-07	010-5229-7887
3	2	장근수	2기	300,000	2014-05-07	010-2127-8478
4	3	태연희	1기	1,000,000	2014-05-07	010-9108-4955
5	4	송주기	1기	2,000,000	2014-05-08	010-8431-0909
6	5	정승범	2기	500,000	2014-05-09	010-5125-4950
7	6	나태희	2기	300,000	2014-05-10	010-3930-2032
8	7	강다원	1기	500,000	2014-05-11	010-1814-8853
9	8	장나리	2기	2,000,000	2014-05-13	010-9632-8745
10	9	이종식	2기	1,000,000	2014-05-14	010-3502-3121
26	25	[illegible]		[illegible]	[illegible]	
27	26	이기자	3기	500,000	2014-05-29	010-3659-8432
28	27	아이요	3기	500,000	2014-05-30	010-4502-8488
29	28	유현빈	3기	300,000	2014-05-30	010-3812-6555
30	29	강소리	2기	500,000	2014-05-31	010-9052-7487
31	30	이정치	1기	1,000,000	2014-05-31	010-3541-0555

▶

	A	B	❶ C	D	❺ G
1	No.	이름	기수	후원금	
2	1	김슬기	1기	1,000,000	
3	3	태연희	1기	1,000,000	
4	4	송주기	1기	2,000,000	
5	7	강다원	1기	500,000	
6	10	최고수	1기	3,000,000	
7	13	소지범	1기	500,000	
8	16	오선지	1기	1,000,000	
9	17	양요석	1기	1,000,000	
10	18	한가한	1기	2,000,000	
11	21	박가을	1기	2,000,000	
12	30	이정치	1기	1,000,000	
13		❸	1기 최대값	3,000,000	
14		❷	1기 요약	15,000,000	
27		❹	2기 요약	9,600,000	
37			3기 요약	5,400,000	
38			전체 최대값	3,000,000	
39			총합계	30,000,000	

❶ 부분합을 구하기 전에 레코드가 같은 기수끼리 모이도록 정렬한다.

- 임의의 기수 필드 클릭 후 [데이터] 탭–[정렬 및 필터] 그룹–(숫자 오름차순 정렬) 클릭

❷ 기수별 후원금의 합계를 부분합으로 구한다.

- 데이터베이스 안의 셀 클릭 후 [데이터] 탭–[윤곽선] 그룹–[부분합] 클릭
- [그룹화할 항목]은 기수, [사용할 함수]는 합계, [부분합 계산 항목]은 후원금만 체크한 후 [확인] 클릭

❸ 이전에 구한 부분합에 추가하여 기수별 후원금의 최대값을 부분합 기능으로 구한다.

- 데이터베이스 안의 셀 클릭 후 [데이터] 탭–[윤곽선] 그룹–[부분합] 클릭
- [그룹화할 항목]은 기수, [사용할 함수]는 최대값, [부분합 계산 항목]은 후원금만 체크, [새로운 값으로 대치]의 체크가 해제된 것을 확인한 후 [확인] 클릭

❹ 윤곽선을 이용해 1기 외 나머지 기수는 합계 요약 정보만 표시되게 한다.

- 2기 요약과 3기 요약 행 왼쪽의 윤곽선에서 [-]를 각각 클릭

❺ 날짜와 전화번호 필드를 숨긴다.

- 열 머리글을 드래그하여 [E:F] 열을 선택하고, 마우스 오른쪽 버튼을 누른 후 팝업 메뉴의 [숨기기]를 클릭한다.

평가 예제

IT COOKBOOK

아래의 지시사항을 참고하여 '8장_평가예제.xlsx'의 시트를 완성하시오.

01 '성적부' 시트를 다음 작성 조건에 따라 작업한 후 오른쪽 그림과 같이 표시되게 하시오.

	A	B	C	D	E	F	G	H	I
1	소속	학번	이름	중간	기말	과제	출석	총점	등급
2	신소재학부	10039012	김슬기	❶ 31	22	9.3	9	71.3	C0
3	신소재학부	10039031	장근수	26	23	98	9	156.0	A+
4	신소재학부	10040089	태연희	33	36	❷ 7	90	167.7	A+
5	물리학부	11020003	정승범	23	23	8.7	8	62.7	D0
6	물리학부	11020012	나태희	39	34	10	10	93.0	A0
7	물리학부	11020029	강다원	20	24	9.3	10	63.3	D0
8	물리학부	11020052	장나리	14	3	6.7	8	31.7	F
9	물리학부	11020053	송주기	33	36	7.3	8	84.3	B0
10	물리학부	11020103	이종식	32	36	9.3	10	87.3	B+
11	기계공학부	11040138	최고수	37	35	8.7	10	90.7	A0
12	화학공학과	11044008	문건영	31	30	10	1010	1081.0	A+
13	화학공학과	11044028	유아남	30	35	10	10	85.0	B+
14	[illegible]	11044032	소지범	[illegible]	[illegible]	[illegible]	9	87.7	B+
46	고분자학과	1303[illegible]	[illegible]	33	33	8.7	[illegible]	[illegible]	[illegible]
47	기계공학부	14040137	최재성	26	18	9.3	9	62.3	D0
48	고분자학과	14095010	김세종	28	31	10	10	79.0	C+
49	고분자학과	14095021	신나라	29	25	8	10	72.0	C0
50	고분자학과	14095023	여동주	26	30	8.7	10	74.7	C0
51	고분자학과	14095043	기가찬	29	31	9.3	10	79.3	C+

▶

	A	⊞ ❻	I	J	K
1	소속		등급	학번	이름
42	화학공학과		A0	*****053	양*석
43	화학공학과		B+	*****015	이*리
44	화학공학과		B+	*****032	소*범
45	화학공학과		B+	*****028	유*남
46	화학공학과		B0	*****008	문*영
47	화학공학과		B0	*****057	한*한
48	화학공학과		C+	*****051	오*지
49	화학공학과		C+	*****074	고*봉
50	화학공학과		C0	*****042	서*국
51	화학공학과		D+	*****034	이*후
52	❸			❹	❺

작성조건

❶ 1행과 [A:C] 열까지가 화면에 항상 나타나도록 틀 고정을 설정한다.

❷ 과제와 출석은 0~10 범위만 유효하도록 데이터 유효성 검사를 지정한 후 잘못된 데이터를 찾아 수정한다(98은 9.8, 90은 9, 1010은 10). 과제와 출석 점수를 0~10 범위로 제한하지만 9.3과 같이 실수를 입력해야 하므로 [데이터] 탭-[데이터 도구] 그룹-[데이터 유효성 검사]-[데이터 유효성 검사]를 클릭한 후 [데이터 유효성 검사] 대화상자-[설정] 탭-[제한 대상]을 '소수점'으로 선택해야 한다. [최소값]은 0, [최대값]은 10으로 설정한다.

❸ 소속을 가나다순으로 정렬하고 같은 소속이면 총점이 내림차순이 되도록 정렬한다.

❹ J열에는 학번의 앞 다섯 자리를 *로 표시한다(빠른 채우기 이용).

❺ K열에는 이름의 중간 글자를 *로 표시한다(빠른 채우기 이용).

❻ 학번부터 총점까지의 성적 데이터가 있는 [B:H] 열을 그룹화한 후 시트에서 숨겨서 성적 공시용 데이터만 보이게 한 다음 스크롤하여 화학공학과 학생 자료만 보이게 한다.

02 '신체검사' 시트에 지정된 틀 고정을 해제하고 부분합 기능을 이용하여 남녀 성별로 키와 몸무게의 평균 그리고 같은 성별끼리는 혈액형 A, B, O, AB 순으로 해당 인원수를 구한 후, 부분합으로 구한 내용을 새 시트에 복사하여 통계 자료 표를 만드시오.

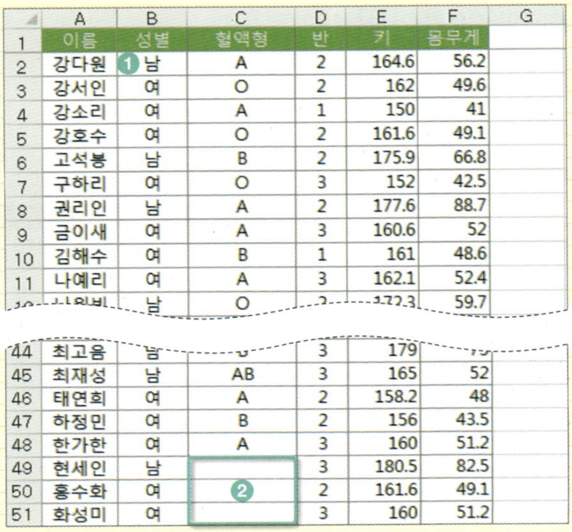

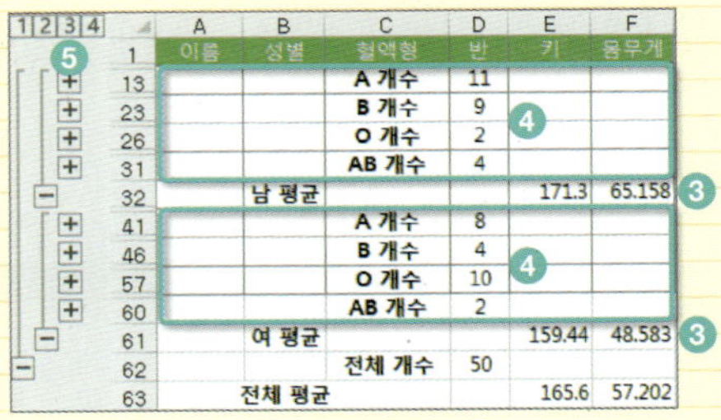

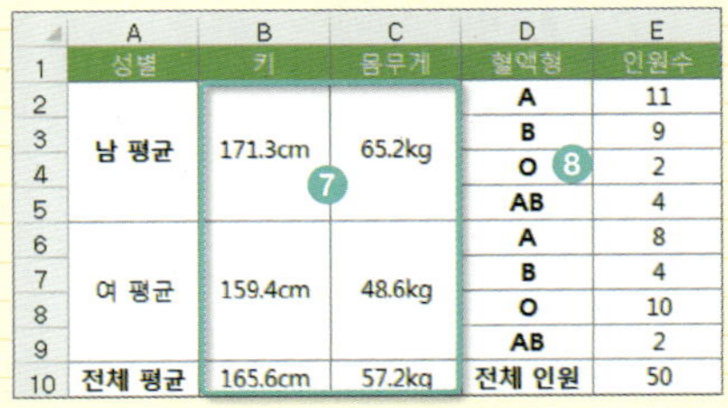

작성조건

1. 현재 [B2] 셀 왼쪽과 위쪽에 지정된 틀 고정을 해제한다.
2. 혈액형에는 A, B, O, AB로 구성된 목록의 데이터만 유효하도록 데이터 유효성 검사를 지정한 후 [C49:C51] 셀에 A, O, A를 목록에서 클릭하여 입력한다.
3. 성별로 그룹화하여 키와 몸무게의 평균을 구한다(같은 성별끼리 모이도록, 같은 성별끼리는 A, B, O, AB순(사용자 지정 목록 이용)으로 모이도록 정렬한 후 부분합을 구한다).
4. 같은 성별끼리는 다시 혈액형별로 해당 인원수를 구한다(혈액형으로 그룹화한 후 그룹 내 반 필드값의 개수로 혈액형 인원수를 구한다).
5. 레코드는 모두 숨기고 요약 정보만 표시되게 한다.
6. 이름 필드는 제외하고 화면에 보이는 요약 정보 셀들만 복사하여 새 시트에 붙여넣고 시트 이름을 '통계자료표'로 변경한다.
7. 복사한 내용을 그림대로 편집하기. 키와 몸무게를 성별과 혈액형 사이로 옮긴 후 셀 병합과 데이터 표시 형식(항상 소수 첫 자리까지 표시하기)을 지정한다(끼워넣기는 Shift+드래그, 표시 형식은 0.0"cm" 등).
8. F열에서 빠른 채우기 기능을 이용하여 혈액형의 개수 텍스트를 제거한 다음 D열로 이동하고, [E1]과 [D10] 셀의 텍스트를 수정한다.

CHAPTER 9

IT COOKBOOK

데이터베이스 분석

8장에서 소개하지 않은 데이터베이스 관련 기능으로 필터링, 피벗 테이블, 목표값 찾기, 시나리오 관리자 기능이 있다. 필터링은 수많은 데이터 중에서 필요한 데이터만 골라주며, 피벗 테이블은 데이터베이스로부터 데이터 분석을 위한 표를 쉽게 만들어주며 필터링과 부분합 기능도 제공한다.

이 장에서는 필터링과 피벗 테이블을 소개한 후, 목표값 찾기와 시나리오 관리자 기능을 추가로 소개한다. 목표값 찾기는 수식이 원하는 목표값이 되는데 필요한 참조 셀 값을 구해주며, 시나리오 관리자는 수식의 참조 셀 값을 다양하게 변경했을 때 수식 결과값이 어떻게 바뀌는지 한눈에 파악할 수 있는 시나리오 요약 보고서를 만들어준다.

SECTION -- IT COOKBOOK

01 자동 필터로 원하는 데이터만 골라 보기

필터링은 특정 해에 출간된 도서 목록 보기처럼 원하는 데이터만 볼 수 있게 해주는 기능으로, 자동 필터와 고급 필터로 나눠진다. 자동 필터는 현재의 데이터베이스에 결과가 나타나며 여러 필드의 필터 조건을 논리곱(AND) 조건으로만 지정할 수 있다. 반면, 고급 필터는 현재의 데이터베이스가 아닌 다른 위치에서도 결과를 얻을 수 있고 필터 조건을 논리곱(AND)과 논리합(OR)을 포함하여 다양하게 지정할 수 있다.

기본 예제 특정 조건을 만족하는 명단만 자동 필터를 이용해 표시하기

자동 필터를 이용해 후원금 데이터베이스에서 4기와 5기 중 50만 원 이상 후원한 명단만 표시해보자.

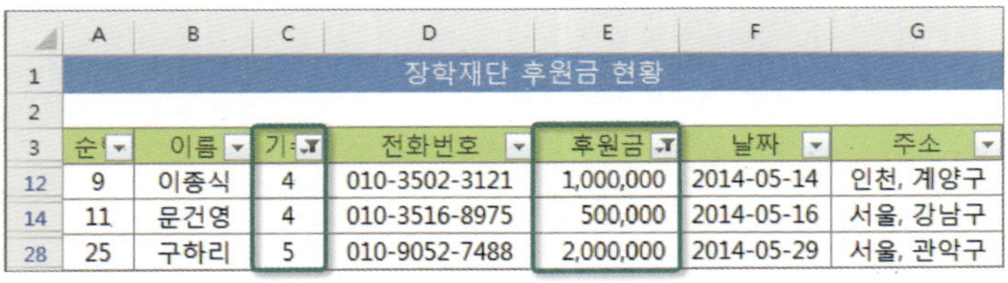

	A	B	C	D	E	F	G
1	장학재단 후원금 현황						
2							
3	순번	이름	기수	전화번호	후원금	날짜	주소
12	9	이종식	4	010-3502-3121	1,000,000	2014-05-14	인천, 계양구
14	11	문건영	4	010-3516-8975	500,000	2014-05-16	서울, 강남구
28	25	구하리	5	010-9052-7488	2,000,000	2014-05-29	서울, 관악구

01 각 필드 이름에 자동 필터 나타내기

❶ 데이터베이스 안의 셀을 선택하고 ❷~❸ [데이터] 탭–[정렬 및 필터] 그룹–[필터]를 클릭하면 각 필드 이름마다 ▾(필터)가 나타난다.

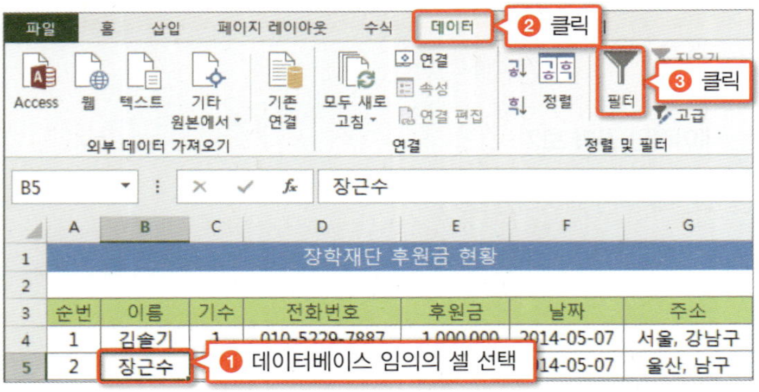

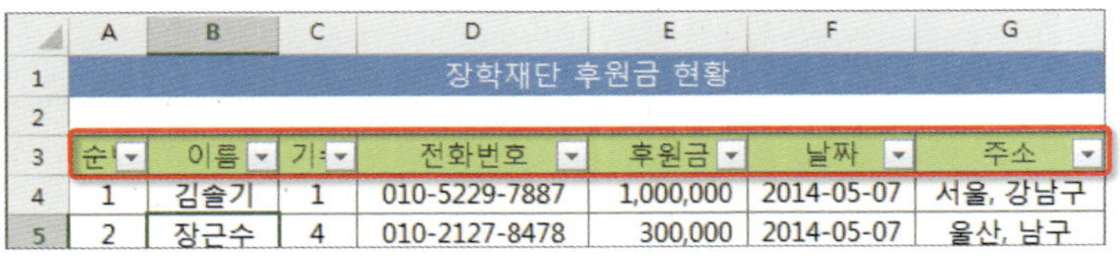

02 기수 필드값이 4이거나 5인 레코드만 표시하기

❶ 필터링할 기수 필드 이름 옆의 ▾(필터)를 클릭하여 나타난 ❷~❸ 필드 값 목록에서 [모두 선택]은 체크를 해제하고 표시할 필드값인 4와 5만 체크한 후 ❹ [확인]을 누른다.

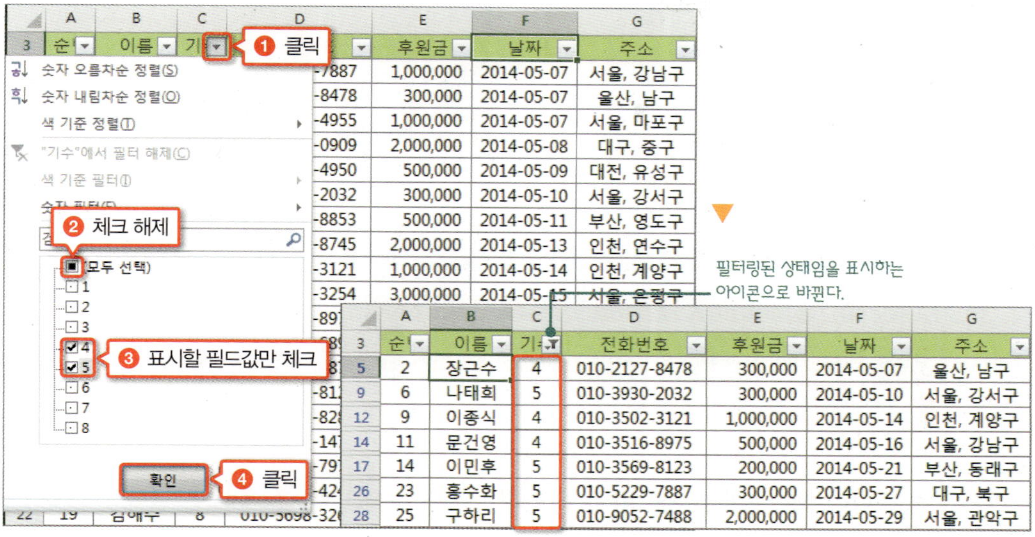

03 기수 필드를 필터링한 상태에서 후원금이 50만 원 이상인 레코드만 필터링하기

❶ 후원금 필드 이름 옆의 ▾(필터)를 클릭하여 ❷ [숫자 필터]–[크거나 같음]을 선택한다. ❸ [사용자 지정 자동 필터] 대화상자에서 찾을 조건 값을 입력하고 ❹ [확인]을 누른다.

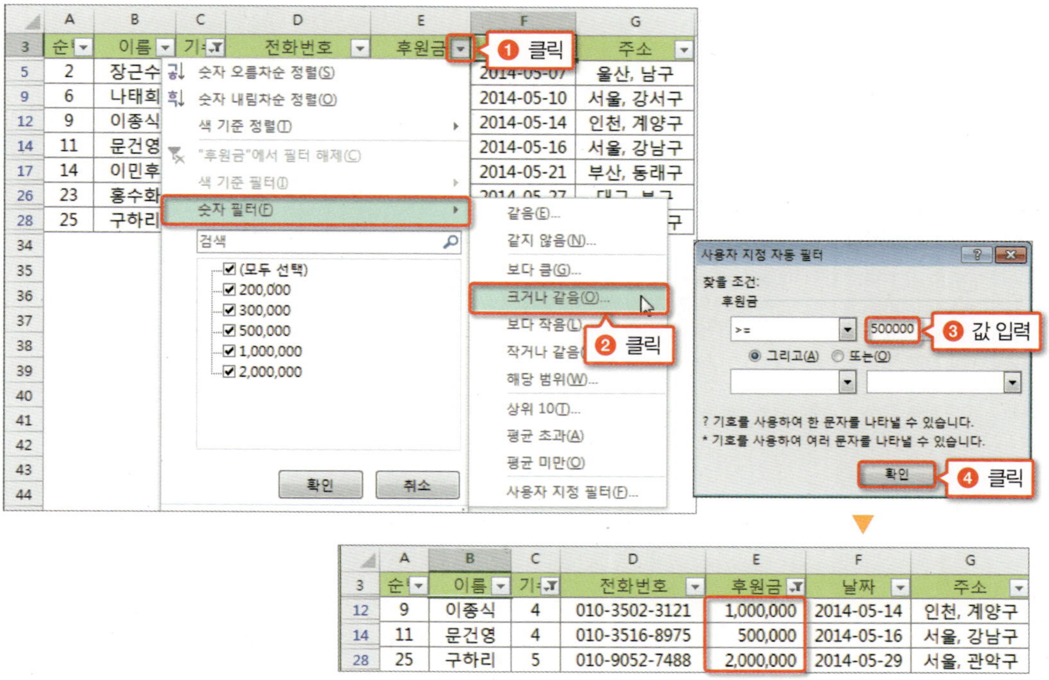

기본 예제 자동 필터 제거하기

데이터베이스에 자동 필터가 설정되면 [데이터] 탭의 [필터] 버튼이 초록색으로 표시된다. 이 버튼을 다시 클릭하면 데이터베이스에서 자동 필터가 제거되고 초록색도 사라진다.

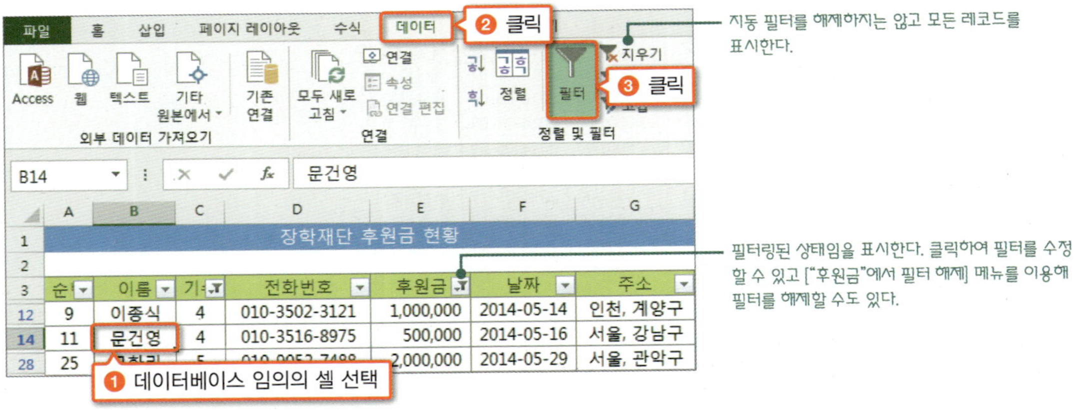

데이터 종류에 따라 다른 필터를 사용할 수도 있다. [그림 9-1]은 텍스트에 대한 필터링의 예이다. 이 외에도 날짜 필드에 대해 날짜 필터를 이용해 월별, 분기별, 특정 기간 등의 필터를 설정할 수 있다.

그림 9-1 텍스트 필터 이용 예 : 주소 필드 값에 '강북'이 포함된 레코드만 표시하기

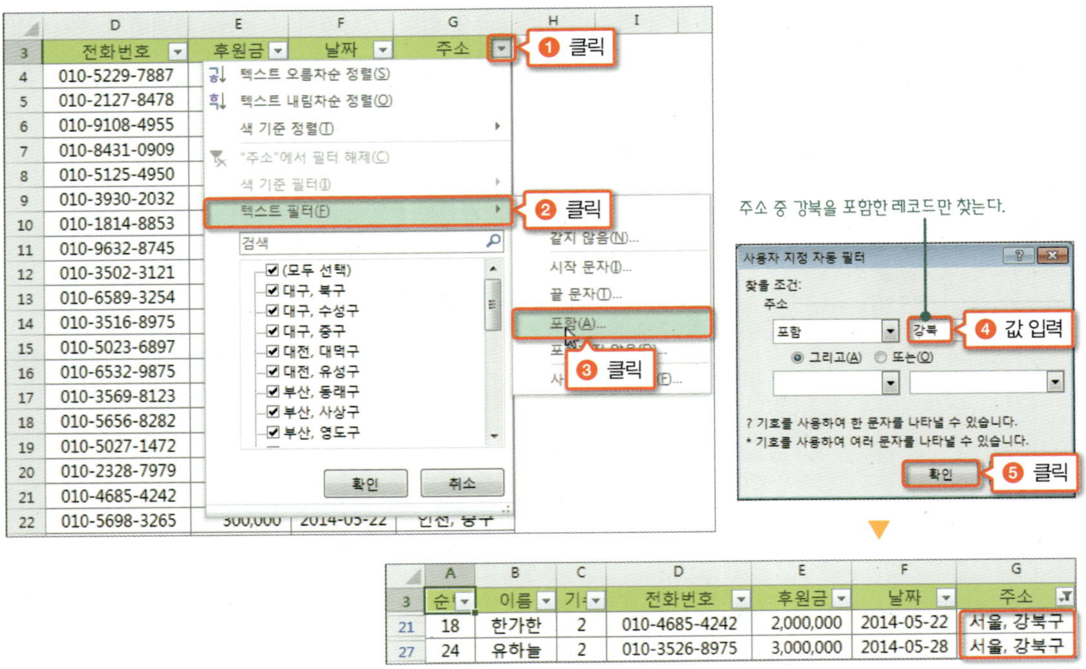

SECTION 02 IT COOKBOOK

고급 필터로 복잡한 조건에 맞는 데이터만 보기

자동 필터는 사용이 간편하지만 현재 데이터베이스 자리에만 결과가 나타나며, 필터 조건을 확인할 수 없고, 필터링 결과에 다시 필터를 설정하므로 다른 필드에 대해 논리곱(AND) 조건의 필터만 지정할 수 있다. 또한 중복된 레코드를 제거하는 기능이 없다. 이런 약점을 보완해주는 것이 이 절에서 다룰 고급 필터이다.

2.1 고급 필터 조건의 작성

고급 필터를 이용할 때는 필터링 조건을 정해진 규칙에 맞춰 표 형태로 미리 입력해두어야 한다. 작성해둔 필터링 조건 표를 기반으로 고급 필터 기능을 이용한 결과를 현재 데이터베이스 또는 별도의 위치에 표시할 수 있다. 필터 조건 표는 몇 가지 규칙을 따라 작성해야 하는데 [그림 9-2]를 예로 들어 살펴보면 다음과 같다.

- 첫째 행은 필드 이름이어야 한다. 둘째 행부터는 필드 이름을 입력해도 필터링이 제대로 되지 않는다.
- 둘째 행부터는 각 필드에 적용할 필터 조건을 첫째 행의 해당 필드 이름과 같은 열에 비교 연산자와 값 형식으로 입력한다.
- 모든 조건을 만족해야 참이 되는 논리곱(AND) 조건은 같은 행에, 조건 중 하나만 만족해도 참이 되는 논리합(OR) 조건은 다른 행에 입력한다.

그림 9-2 다양한 고급 필터 조건 예

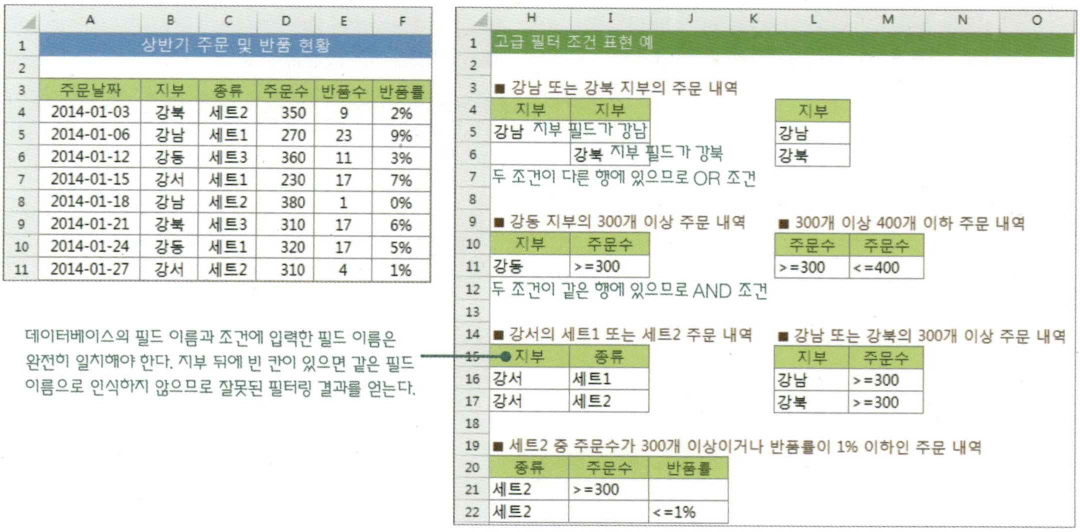

	A	B	C	D	E	F
1	상반기 주문 및 반품 현황					
2						
3	주문날짜	지부	종류	주문수	반품수	반품률
4	2014-01-03	강북	세트2	350	9	2%
5	2014-01-06	강남	세트1	270	23	9%
6	2014-01-12	강동	세트3	360	11	3%
7	2014-01-15	강서	세트1	230	17	7%
8	2014-01-18	강남	세트2	380	1	0%
9	2014-01-21	강북	세트3	310	17	6%
10	2014-01-24	강동	세트1	320	17	5%
11	2014-01-27	강서	세트2	310	4	1%

2.2 필터링 결과에 모든 필드 표시

고급 필터의 결과는 자동 필터와 같이 현재 데이터베이스가 있는 곳에 필터링된 레코드만 표시하고 나머지는 숨기게 할 수도 있고, 데이터베이스가 없는 다른 장소에 별도로 표시하게 할 수도 있다. 다른 장소에 결과를 표시할 때는 레코드의 모든 필드를 표시하게 또는 특정 필드만 표시하게 할 수 있다. 먼저 모든 필드를 표시하는 방법부터 살펴보자.

기본 예제 〉 조건에 맞는 레코드를 필터링하여 모든 필드 표시하기

상반기 주문 및 반품 데이터베이스로부터 강동 지부에서 300개 이상 주문한 내역만 필터링해 [H6] 셀부터 표시해보자.

	A	B	C	D	E	F
1	상반기 주문 및 반품 현황					
2						
3	주문날짜	지부	종류	주문수	반품수	반품률
4	2014-01-03	강북	세트2	350	9	2%
5	2014-01-06	강남	세트1	270	23	9%
6	2014-01-12	강동	세트3	360	11	3%
7	2014-01-15	강서	세트1	230	17	7%
8	2014-01-18	강남	세트2	380	1	0%
9	2014-01-21	강북	세트3	310	17	6%
10	2014-01-24	강동	세트1	320	17	5%
11	2014-01-27	강서	세트2	310	4	1%
12	2014-01-30	강남	세트3	350	30	8%
13	2014-02-05	강북	세트1	340	0	0%
14	2014-02-08	강동	세트2	240	23	10%
15	2014-02-14	강서	세트1	380	27	7%
16	2014-02-17	강남	세트3	390	27	7%
17	2014-02-20	강서	세트2	220	2	1%

강동 지부의 300개 이상 주문 내역

고급 필터 조건 작성

H	I	J	K	L	M
주문날짜	지부	종류	주문수	반품수	반품률
2014-01-12	강동	세트3	360	11	3%
2014-01-24	강동	세트1	320	17	5%
2014-03-22	강동	세트1	370	25	7%
2014-05-09	강동	세트3	360	4	1%
2014-06-11	강동	세트3	300	25	8%

01 고급 필터 조건 작성하기

❶ 지부 필드값이 강동인 조건과 주문수 필드값이 300 이상인 조건을 논리곱(AND)으로 묶어야 하므로 [H4]와 [I4]의 조건을 같은 행에 입력한다. ❷ 데이터베이스 안의 셀을 선택하고 ❸~❹ [데이터] 탭-[정렬 및 필터] 그룹-[고급]을 클릭한다.

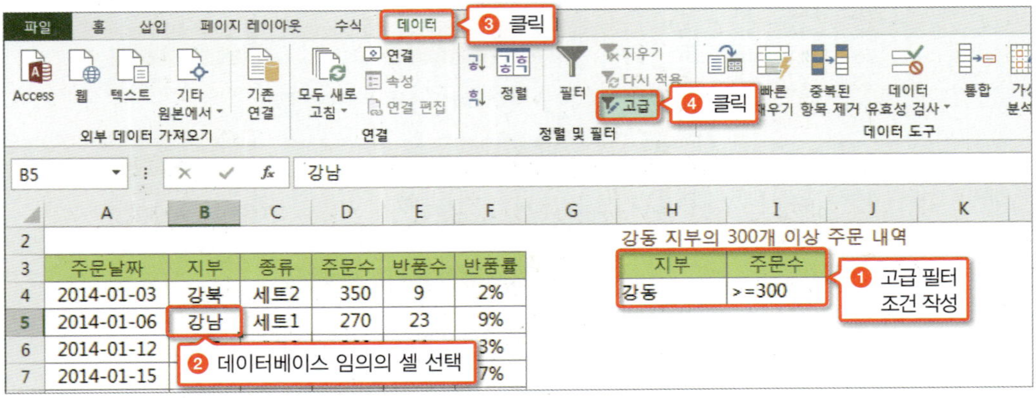

02 [고급 필터] 대화상자를 설정해 필터링하기

❶ [고급 필터] 대화상자의 [목록 범위]에는 셀 포인터가 포함된 연속 영역을 데이터베이스로 간주한 범위가 자동으로 표시되는데, 수정하려면 해당 칸에 있는 기본 범위를 블록 설정하거나 지운 후 시트에서 직접 드래그하여 입력한다. 이때 첫 행이 데이터베이스 필드 이름이 되게 해야 한다. ❷ [조건 범위] 칸을 클릭 후 시트에서 고급 필터 조건이 있는 범위를 드래그한다. 이때 첫 행의 필드 이름을 포함하여 [H3:I4]셀을 드래그해야 한다. ❸ 결과를 현재 데이터베이스가 아닌 다른 위치에 표시하도록 [다른 장소에 복사]를 선택하여 [복사 위치]를 활성화한 후 ❹ [복사 위치] 칸을 클릭하고 시트에서 결과가 나타날 시작 위치인 [H6]셀만 클릭하여 위치를 입력한다. 이때 [H6]셀 아래에 다른 내용이 있으면 필터링 결과가 표시되면서 사라지는데, 이 작업은 Ctrl+Z로도 실행이 취소가 안 되므로 주의한다.

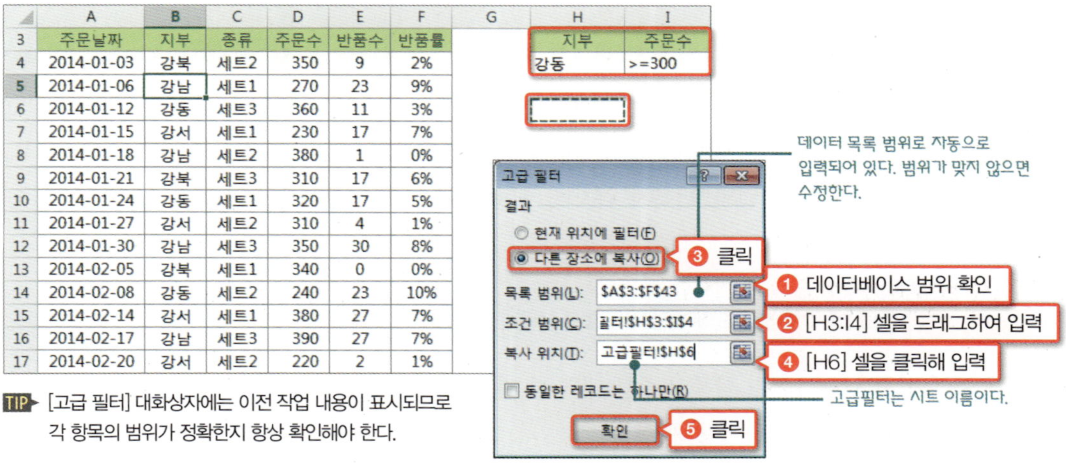

TIP [고급 필터] 대화상자에는 이전 작업 내용이 표시되므로 각 항목의 범위가 정확한지 항상 확인해야 한다.

▼

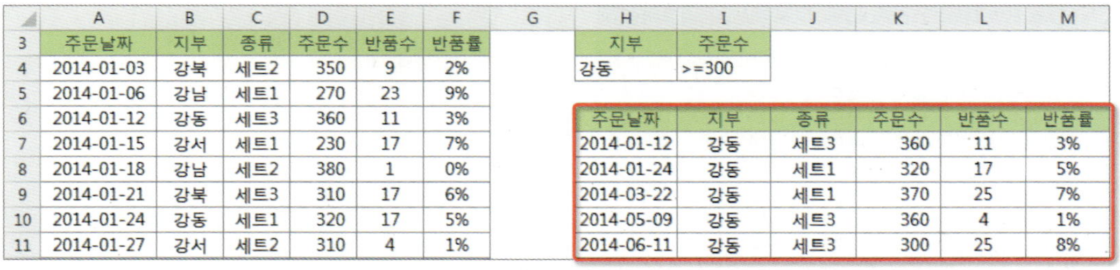

TIP [H4] 셀의 '강동'은 정확하게는 '강동'으로 시작하는 문자열을 의미한다. 그러므로 지부 필드에 '강동 총판'이 있다면 이 레코드 역시 필터링 결과에 표시된다. 정확히 '강동'만 있는 필드를 찾으려면 [H4] 셀에 ="=강동"으로 입력해야 한다. 또는 처음의 '='를 수식 기호로 인식하지 않도록 '=' 앞에 작은 따옴표를 붙여 '=강동으로 간단히 입력해도 된다.

앞의 예제에서는 필터링 결과를 다른 위치에 표시하도록 설정했지만 고급 필터는 기본적으로 현재 데이터베이스 영역에 필터링 결과를 표시한다. 예를 들면 [그림 9-3]과 같이 현재 데이터베이스 영역에 필터링 결과 레코드가 표시되고 나머지 레코드는 숨겨진다. 이때 [데이터] 탭-[정렬 및 필터] 그룹-[지우기]를 선택하면 숨겨진 레코드가 표시된다.

그림 9-3 앞의 [기본 예제]에서 [현재 위치에 필터]를 선택했을 때의 필터링 결과

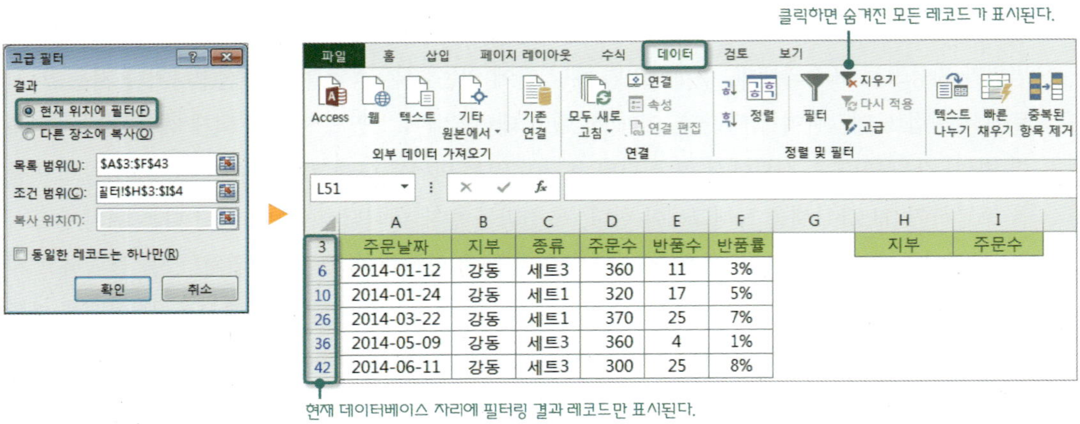

	주문날짜	지부	종류	주문수	반품수	반품률
6	2014-01-12	강동	세트3	360	11	3%
10	2014-01-24	강동	세트1	320	17	5%
26	2014-03-22	강동	세트1	370	25	7%
36	2014-05-09	강동	세트3	360	4	1%
42	2014-06-11	강동	세트3	300	25	8%

고급 필터는 기본적으로 레코드의 모든 필드를 표시한다. 그러므로 레코드에 필드가 너무 많아 특정 필드만 표시하려면 필터링 결과를 직접 편집하는 것보다 특정 필드만 표시되게 필터링하는 것이 편하다. 이 경우 고급 필터 조건뿐만 아니라 표시 결과에 포함할 필드의 이름을 미리 시트에 입력한 후 고급 필터 기능을 적용해야 하며, 결과의 [복사 위치]도 새로 필드 이름을 입력한 범위로 지정해야 한다.

기본 예제 조건에 맞는 레코드의 특정 필드만 표시되게 필터링하기

강서 지부의 세트1과 세트2 상품의 주문 내역 중 지부, 종류, 반품률 필드만 [H8]셀부터 표시되도록 고급 필터 조건을 작성하여 필터링 해보자.

상반기 주문 및 반품 현황

	주문날짜	지부	종류	주문수	반품수	반품률
4	2014-01-03	강북	세트2	350	9	2%
5	2014-01-06	강남	세트1	270	23	9%
6	2014-01-12	강동	세트3	360	11	3%
7	2014-01-15	강서	세트1	230	17	7%
8	2014-01-18	강남	세트2	380	1	0%
9	2014-01-21	강북	세트3	310	17	6%
10	2014-01-24	강동	세트1	320	17	5%
11	2014-01-27	강서	세트2	310	4	1%
12	2014-01-30	강남	세트3	350	30	8%
13	2014-02-05	강북	세트1	340	0	0%
14	2014-02-08	강동	세트2	240	23	10%
15	2014-02-14	강서	세트1	380	27	7%
16	2014-02-17	강남	세트3	390	27	7%
17	2014-02-20	강서	세트2	220	2	1%
18	2014-02-23	강남	세트2	250	6	2%
19	2014-03-01	강동	세트1	200	27	13%
20	2014-03-04	강북	세트3	370	6	2%

강서 지부에서 세트1과 세트2를 주문한 내역

지부	종류

고급 필터 조건 작성

지부	종류	반품률
강서	세트1	7%
강서	세트2	1%
강서	세트1	7%
강서	세트2	1%
강서	세트2	7%
강서	세트1	0%
강서	세트1	5%

필터링 결과

01 고급 필터 조건과 결과에 표시할 필드 이름 입력하기

❶ 강서 지부의 세트1 또는 강서 지부의 세트2를 골라야 하므로 두 조건을 서로 다른 행에 입력한다. ❷ 필터링 결과에 포함할 지부, 종류, 반품률 필드 이름만 미리 입력한다. ❸ 데이터베이스 안의 셀을 선택하고 ❹~❺ [데이터] 탭-[정렬 및 필터] 그룹-[고급]을 클릭한다.

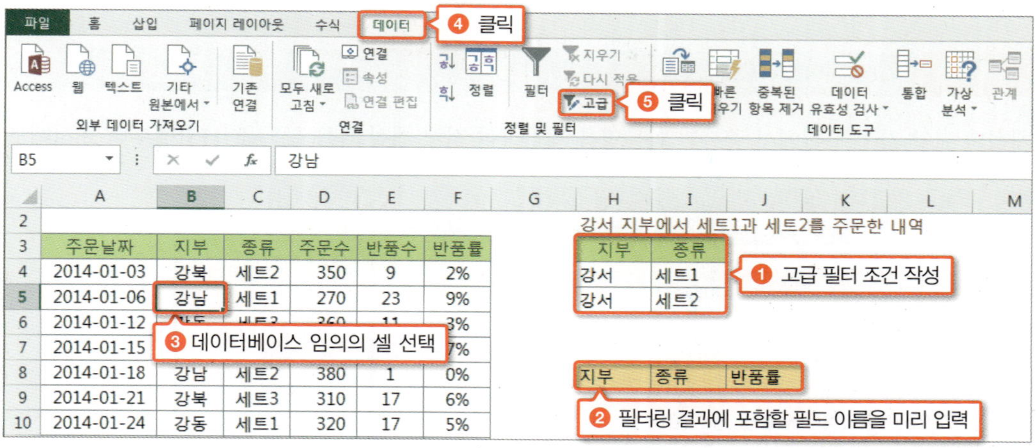

02 [고급 필터] 대화상자를 설정해 필터링하기

❶~❷ [목록 범위]와 [조건 범위]를 설정한 후 ❸ 결과를 현재 데이터베이스가 아닌 다른 위치에 복사하도록 [다른 장소에 복사]를 선택하여 [복사 위치]를 활성화한 후 ❹ [복사 위치]에는 [H8:J8] 셀을 드래그하여 입력한다. 마지막으로 ❺ [확인]을 눌러 결과를 확인한다.

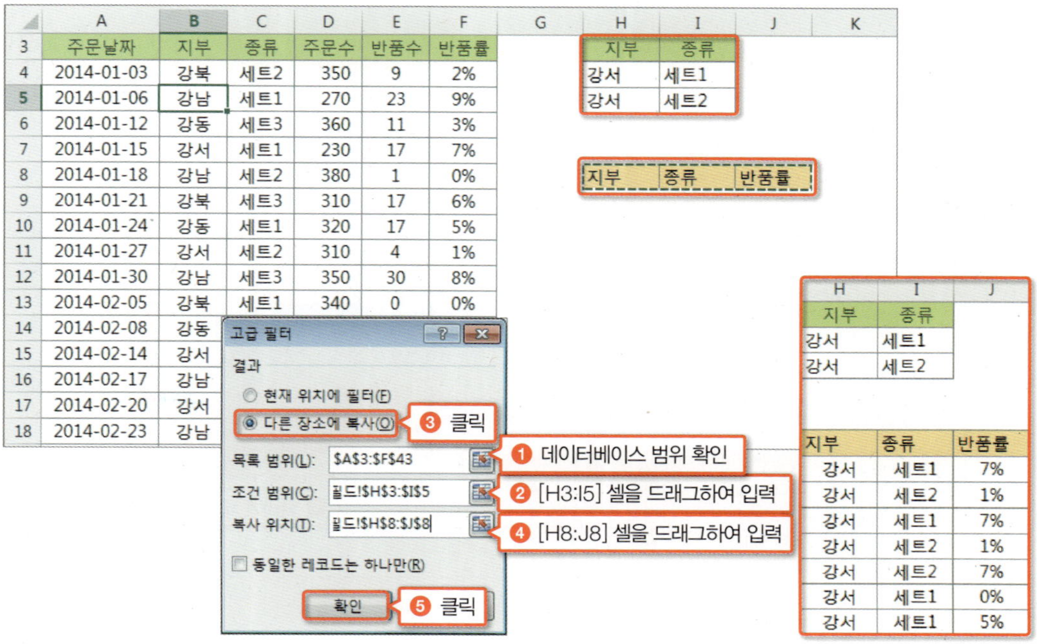

2.3 중복 데이터의 제거

고급 필터의 중복된 레코드 제거 기능을 이용하면 여러 시트를 합쳐 데이터베이스를 만들었을 때 발생할 수 있는 중복된 데이터를 자동으로 제거할 수 있다. 또한 같은 물품명이 여러 번 나타나는 필드에서 중복된 물품명을 제거하여 판매 물품 목록을 쉽게 만들 수 있다.

기본 예제 〉 고급 필터를 이용해 데이터 중복 제거하기

개설된 교양 강의 목록에서 중복된 과목명을 제거하여 전체 개설 과목 목록을 [H3]셀부터 표시해보자.

	A	B	C	D	E	F
1	교양 개설 강의 목록					
2						
3	과목코드	과목명	담당교수	학점	시수	개설학기
4	CT15-06	멀티미디어 활용	유원빈	3	4	2
5	CL12-01	C 프로그래밍	나태희	3	4	1
6	CL14-01	자바	나태희	3	4	1
7	CT13-01	DB 관리	오선지	3	3	1
8	CT15-02	멀티미디어 활용	이종식	3	4	1
9	CT14-03	프레젠테이션	최고수	2	2	1
10	CT14-02	프레젠테이션	유원빈	2	2	1
11	CL12-09	C 프로그래밍	유하늘	3	4	2
12	CT13-02	DB 관리	이정치	3	3	1
13	CL15-02	스마트 앱	최고수	3	3	2
14	CL13-01	C 프로그래밍 고급	이기민	3	4	2
15	CL12-06	C 프로그래밍	이정치	3	4	2

▶

H
전체 개설 과목 목록
과목명
멀티미디어 활용
C 프로그래밍
자바
DB 관리
프레젠테이션
스마트 앱
C 프로그래밍 고급
IT 활용 2
IT 활용 1

01 필터링 결과에 표시할 필드 이름 입력하기 : 과목명 필드 이름만 입력하기

과목명 필드의 중복된 값만 제거하는 것이므로 필터 조건은 따로 없고, ❶ 필터링 결과에 과목명 필드값만 표시하기 위해 결과를 표시할 곳에 필드 이름인 과목명을 미리 입력한다. ❷ 데이터베이스 안의 셀을 선택하고 ❸~❹ [데이터] 탭-[정렬 및 필터] 그룹-[고급]을 클릭한다.

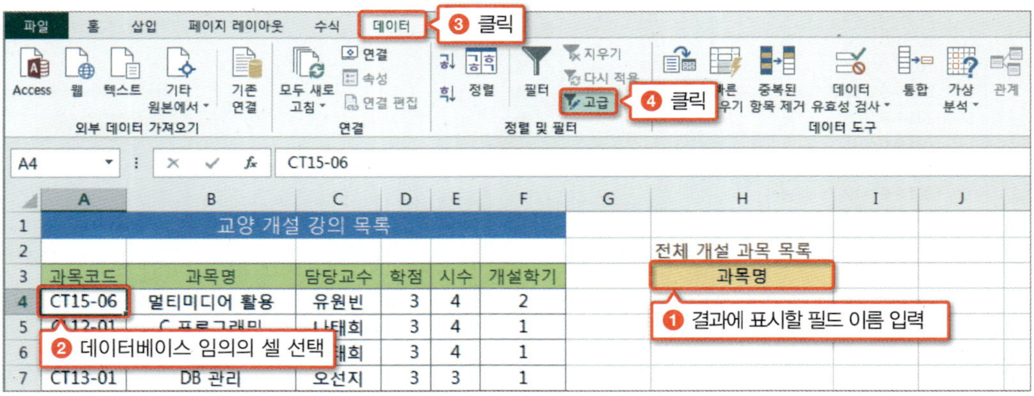

02 [고급 필터] 대화상자를 설정해 필터링하기

❶ [목록 범위]를 확인하고 [조건 범위]는 없으므로 비워둔다. ❷ 결과를 현재 데이터베이스가 아닌 다른 위치에 표시하도록 [다른 장소에 복사]를 선택하여 [복사 위치]를 활성화한 후 ❸ 과목명 필드만 표시하도록 [복사 위치]에는 [H3] 셀을 클릭하여 입력한다. 그리고 ❹ 중복된 필드값은 표시하지 않도록 [동일한 레코드는 하나만]에 체크하고 ❺ [확인]을 누른다.

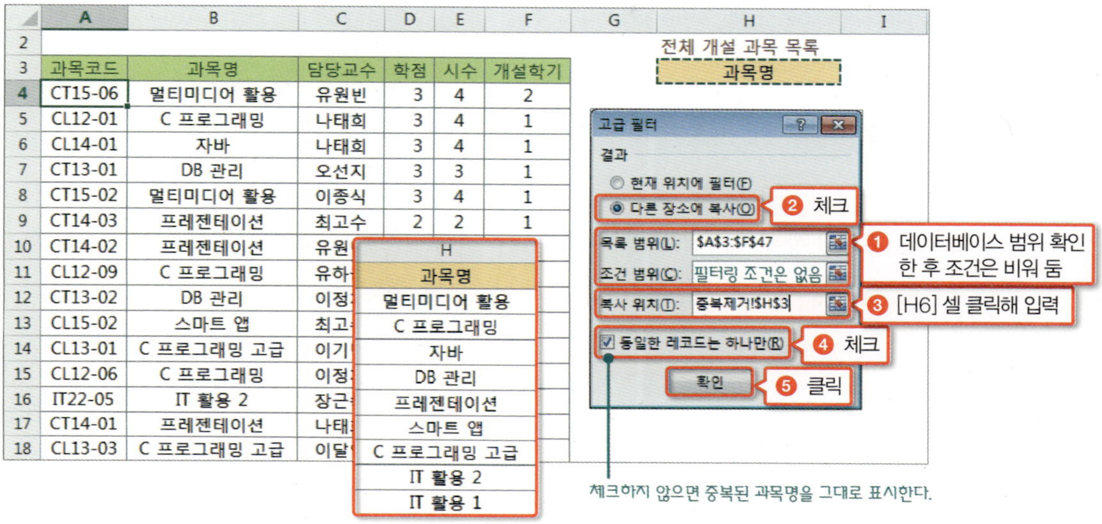

앞의 예제와 같이 특정 필드만 중복 값을 제거하는 것이 아니라 중복된 레코드를 제거한 데이터베이스를 얻고 싶으면 [그림 9-4]와 같이 설정한다. 그러면 4행과 동일한 45행의 CT15-06 멀티미디어 활용 레코드와, 5행과 동일한 43행의 CL12-01 프로그래밍 레코드가 숨겨진 총 42개의 레코드만 표시된다.

그림 9-4 고급 필터를 이용해 데이터베이스에서 중복 레코드를 제거하기 위한 설정

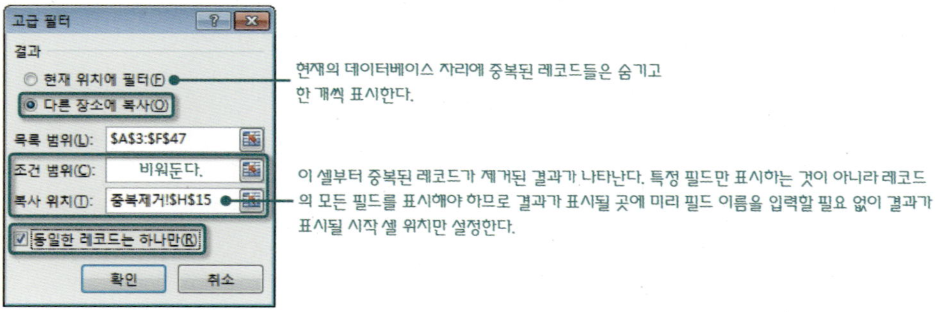

중복 데이터 제거는 고급 필터 외에 조건부 서식과 중복된 항목 제거 기능을 이용해도 된다. 먼저 조건부 서식을 이용하는 방법은 중복된 값이 있는지 확인할 범위를 선택한 후 [홈] 탭-[스타일] 그룹-[조건부 서식]-[셀 강조 규칙]-[중복 값]을 선택하고 서식 지정을 하면 중복된 모든 항목에 해당 서식이 적용되어 쉽게 구분할 수 있다. 하지만 이 방법은 중복 데이터에 서식만 적용해주므로 중복된 값이 많으면 서로 중복된 값이 어떤 것인지 구분하기 어렵고 중복된 데이터를 직접 찾아 제거해야 하는 번거로움이 있다.

다음으로 중복된 항목 제거 기능은 필터링 개념을 몰라도 중복된 데이터를 쉽게 제거할 수 있어 사용이 쉽다. 고급 필터와 달리 현재 데이터베이스가 중복된 값이 제거된 상태로 변경되며 특정 필드만 남도록 할 수는 없다. 그러나 단순히 데이터베이스에서 중복된 내용만 제거하고자 할 때는 간단하게 사용할 수 있는 방법이므로 예제를 통해 익혀보자.

기본 예제 > 중복된 항목 제거 기능을 이용해 데이터 중복 제거하기

❶ 데이터베이스 안의 셀을 선택하고 ❷~❸ [데이터] 탭–[데이터 도구] 그룹–[중복된 항목 제거]를 클릭한다. ❹~❺ [중복된 항목 제거] 대화상자에서 [모두 선택 취소]를 클릭하고 [과목명]만 체크한 후 ❻ [확인]을 누른다. ❼ 중복 제거에 대한 확인 메시지가 나타나면 [확인]을 누른다.

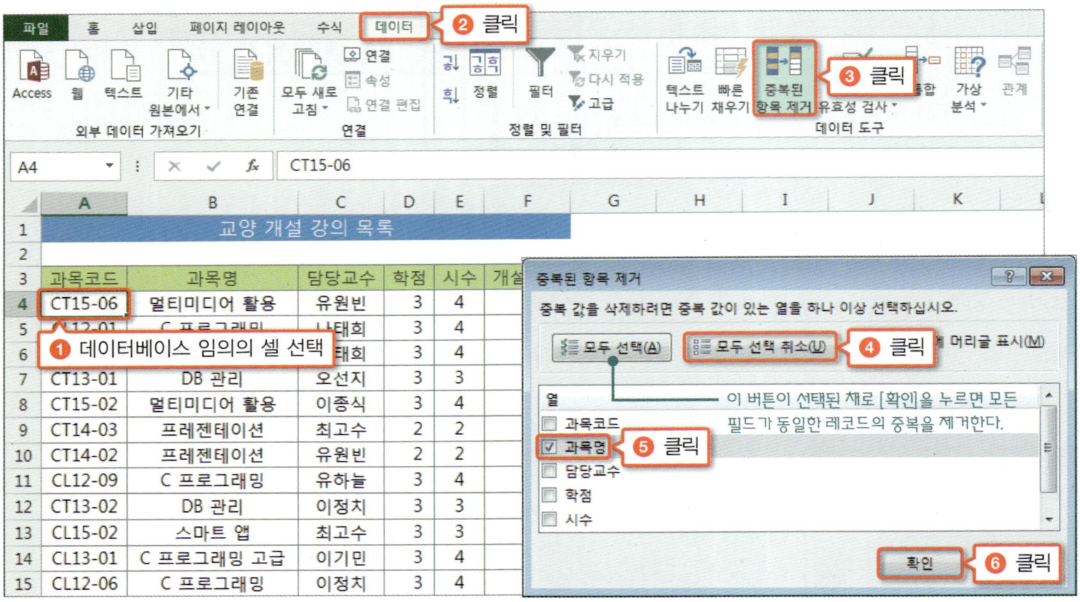

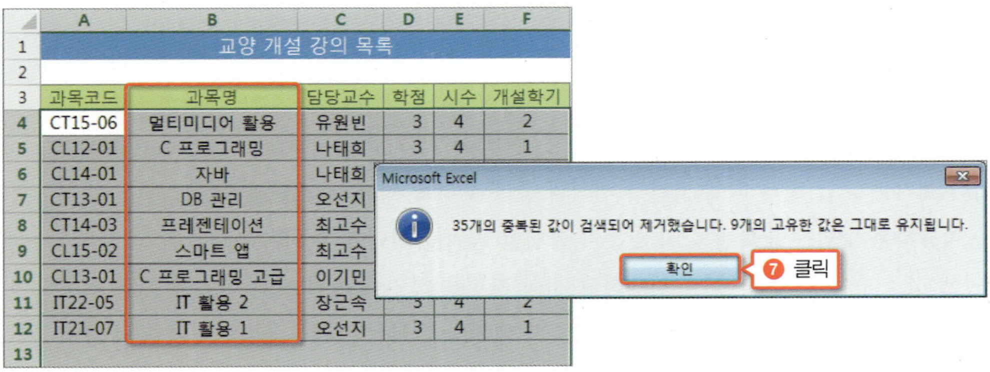

SECTION 03 피벗 테이블 만들기

피벗 테이블은 데이터베이스로부터 관련된 레코드의 특정 필드에 대한 합계, 평균, 최대치, 표준편차와 같은 정보를 표 형태로 요약해 표시한 것이다. 피벗 테이블은 엑셀의 강력한 기능 중 하나로 앞서 소개한 필터링과 부분합 기능까지 포함하고 있다.

3.1 피벗 테이블 필드 작업창

피벗 테이블은 피벗 테이블의 각 영역을 식별할 줄 알면 쉽게 만들 수 있다. [그림 9-5]는 학생 30명의 건강 검사 데이터베이스로부터 혈액형과 성별 평균 키를 구한 피벗 테이블의 예이다. 오른쪽의 [피벗 테이블 필드] 작업창은 필드 이름을 드래그하여 피벗 테이블을 만드는 데 사용된다. 이 작업창을 통해 현재 완성된 피벗 테이블의 각 영역이 어떤 필드로 구성되어 있는지 쉽게 확인할 수 있을 뿐만 아니라 수정도 할 수 있다.

그림 9-5 피벗 테이블의 예와 [피벗 테이블 필드] 작업창

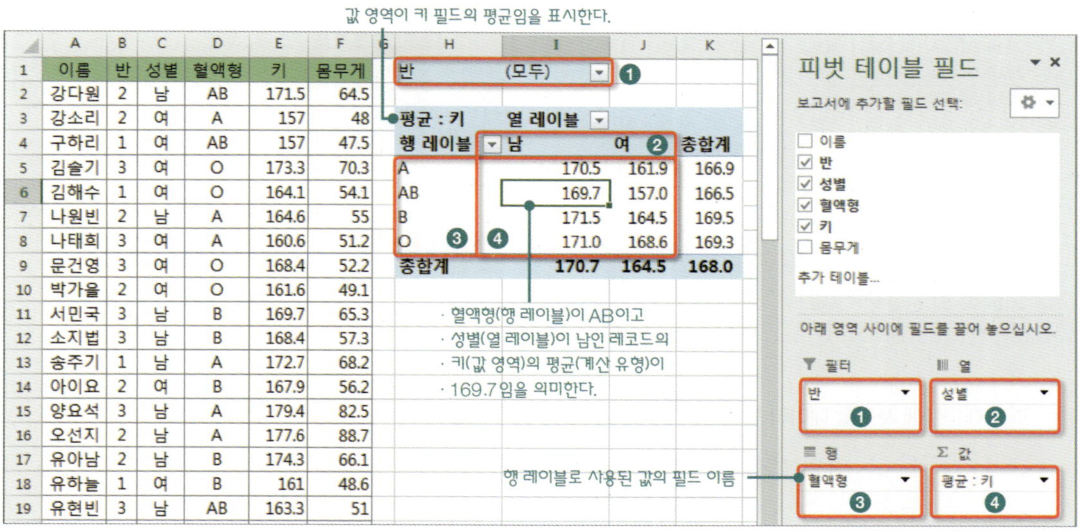

3.2 피벗 테이블 삽입과 편집

엑셀 2013에는 추천 차트처럼 데이터베이스에 적합한 피벗 테이블을 추천하는 기능이 있다. 이 기능을 이용하려면 ❶ 데이터베이스 안의 셀을 선택하고 ❷~❸ [삽입] 탭–[표] 그룹–[추천 피벗 테이블]을 클릭

한다. ❹ [권장 피벗 테이블] 대화상자에 있는 추천 피벗 테이블 중 하나를 선택한 후 [확인]을 누르면 데이터베이스가 있는 시트 왼쪽에 새 시트가 삽입되고 피벗 테이블이 만들어진다.

차트에 사용할 데이터 원본 범위를 먼저 설정한 후 차트를 만드는 것과는 달리, 피벗 테이블은 많은 필드가 있는 데이터베이스로부터 만들며 피벗 테이블에 포함할 필드에 다양한 함수를 적용할 수 있으므로 엑셀이 추천하는 피벗 테이블에는 딱 맞는 원하는 형태가 없을 수 있다. 그러므로 피벗 테이블을 직접 만들거나 추천 피벗 테이블을 변경하는 방법을 알아야 한다.

기본 예제 피벗 테이블 만들기

강서 지부에서 주문한 상품에 대해 분기별 총 주문 개수와 평균 반품률이 표시된 피벗 테이블을 새 시트에 만들어보자.

	A	B	C	D	E	F
1	상반기 주문 및 반품 현황					
2						
3	주문날짜	지부	종류	주문수	반품수	반품률
4	2014-01-03	강북	세트2	350	9	2%
5	2014-01-06	강남	세트1	270	23	9%
6	2014-01-12	강동	세트3	360	11	3%
7	2014-01-15	강서	세트1	230	17	7%
8	2014-01-18	강남	세트2	380	1	0%
9	2014-01-21	강북	세트3	310	17	6%
10	2014-01-24	강동	세트1	320	17	5%
11	2014-01-27	강서	세트2	310	4	1%
12	2014-01-30	강남	세트3	350	30	8%
13	2014-02-05	강북	세트1	340	0	0%
14	2014-02-08	강동	세트2	240	23	10%
15	2014-02-14	강서	세트1	380	27	7%
16	2014-02-17	강남	세트3	390	27	7%
17	2014-02-20	강서	세트2	220	2	1%
18	2014-02-23	강남	세트2	250	6	2%
19	2014-03-01	강동	세트1	200	27	13%
20	2014-03-04	강북	세트3	370	6	2%
21	2014-03-07	강북	세트1	270	9	3%
22	2014-03-10	강동	세트2	220	20	9%

	A	B	C	D
1	지부	강서		
2				
3		주문기간		
4	종류	1사분기	2사분기	상반기전체
5	세트1			
6	합계 : 주문수	610	610	1220
7	평균 : 반품률	7.2%	2.7%	4.9%
8	세트2			
9	합계 : 주문수	530	390	920
10	평균 : 반품률	1.0%	6.9%	3.0%
11	세트3			
12	합계 : 주문수	400	460	860
13	평균 : 반품률	0.8%	7.5%	5.3%
14	**전체 합계 : 주문수**	**1540**	**1460**	**3000**
15	**전체 평균 : 반품률**	**3.4%**	**5.4%**	**4.4%**

01 피벗 테이블에 사용할 데이터 범위와 피벗 테이블 삽입 위치 지정하기

❶ 데이터베이스 안의 셀을 선택하고 ❷~❸ [삽입] 탭-[표] 그룹-[피벗 테이블]을 클릭한다. ❹~❺ [피벗 테이블 만들기] 대화상자에서 [표/범위]와 [새 워크시트] 선택을 확인한 후 ❻ [확인]을 누른다.

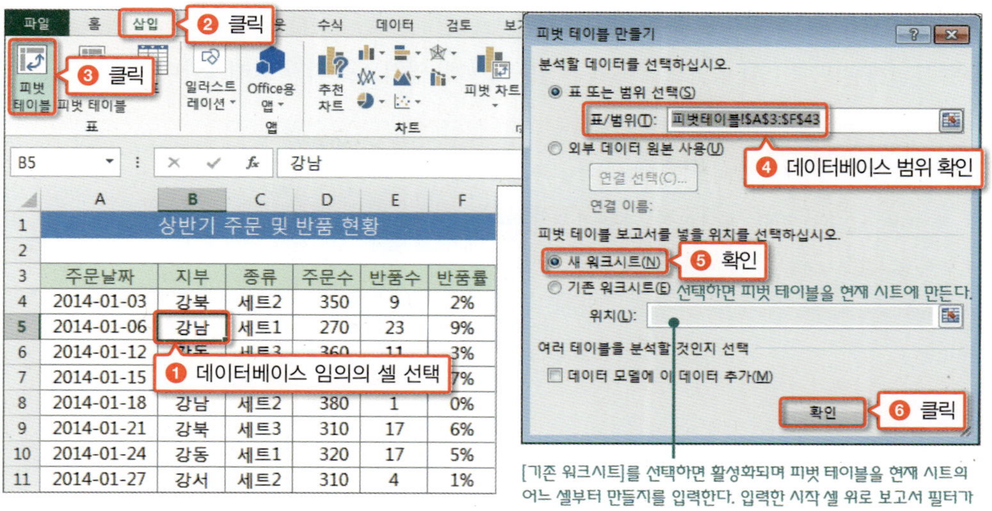

[기존 워크시트]를 선택하면 활성화되며 피벗 테이블을 현재 시트의 어느 셀부터 만들지를 입력한다. 입력한 시작 셀 위로 보고서 필터가 추가되므로 위로 두 행 이상 여유를 두고 위치를 정하는 것이 좋다.

02 지부 필드를 보고서 필터 영역에 넣기

[피벗 테이블 필드] 작업창에서 지부 필드를 [필터] 영역으로 드래그한다. 이렇게 [피벗 테이블 필드] 작업창에서 필드 이름을 해당 영역으로 드래그할 때마다 시트의 해당 영역에 피벗 테이블이 완성된다.

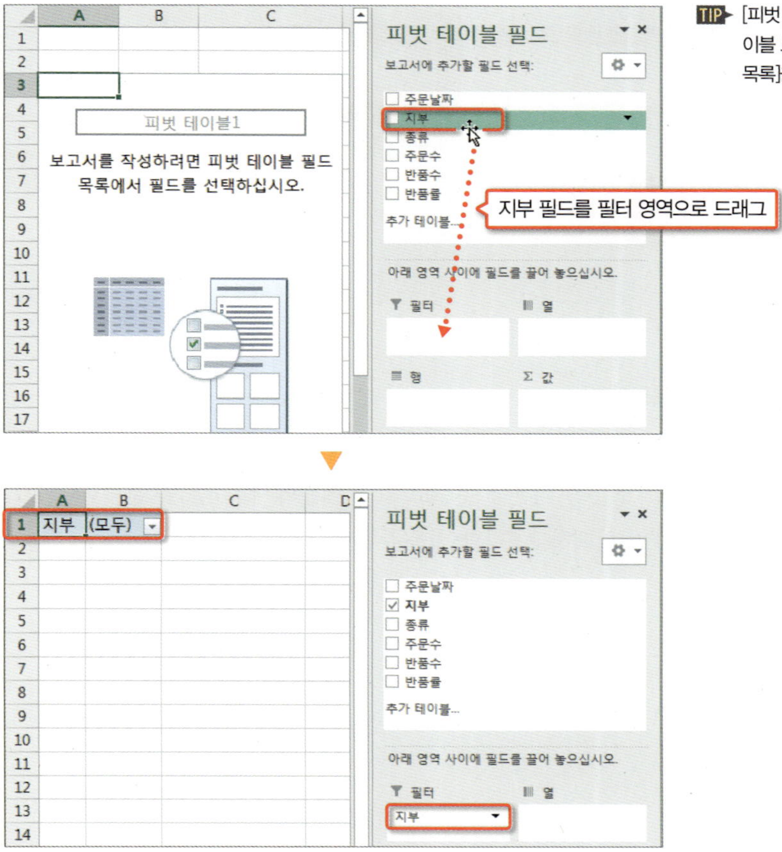

TIP [피벗 테이블 필드] 작업창은 [피벗 테이블 도구 : 분석] 탭–[표시] 그룹–[필드 목록]을 클릭하여 열거나 닫을 수 있다.

03 주문날짜와 종류 필드를 열과 행 영역에 각각 넣기

❶ 주문날짜 필드를 [열] 영역으로 ❷ 종류 필드를 [행] 영역으로 각각 드래그한다.

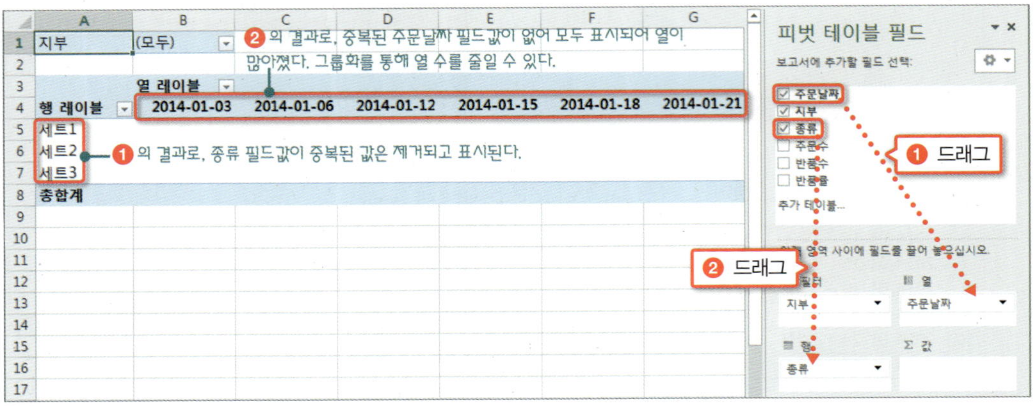

04 주문수를 값 영역에 넣기

주문수 필드를 [값] 영역으로 드래그한다.

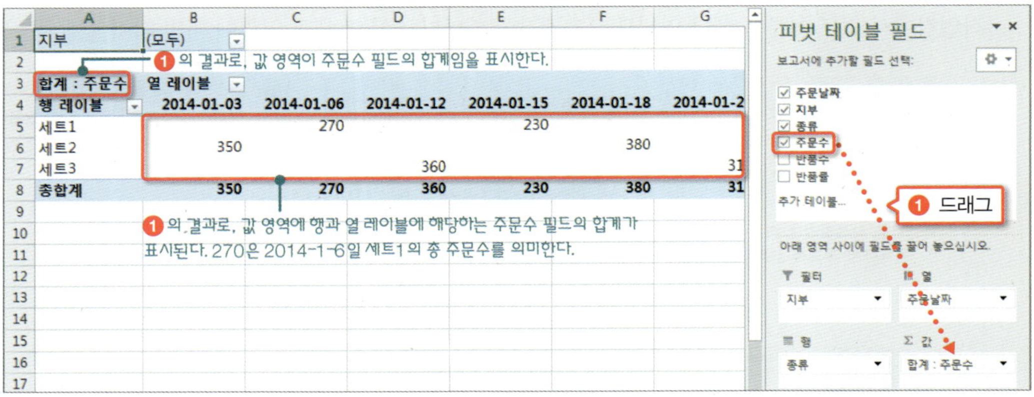

05 주문날짜 필드 값을 각 분기별로 그룹화하기

주문날짜가 아닌 분기별로 총 주문수를 구하려면 주문날짜를 분기 단위로 그룹화해야 한다. ❶~❷ 그룹화할 값 중 하나에서 마우스 오른쪽 버튼을 누르고 팝업 메뉴에서 [그룹]을 클릭한다. ❸ [그룹화] 대화상자에서 [단위]로 '분기'만 선택하고 ❹ [확인]을 누른다.

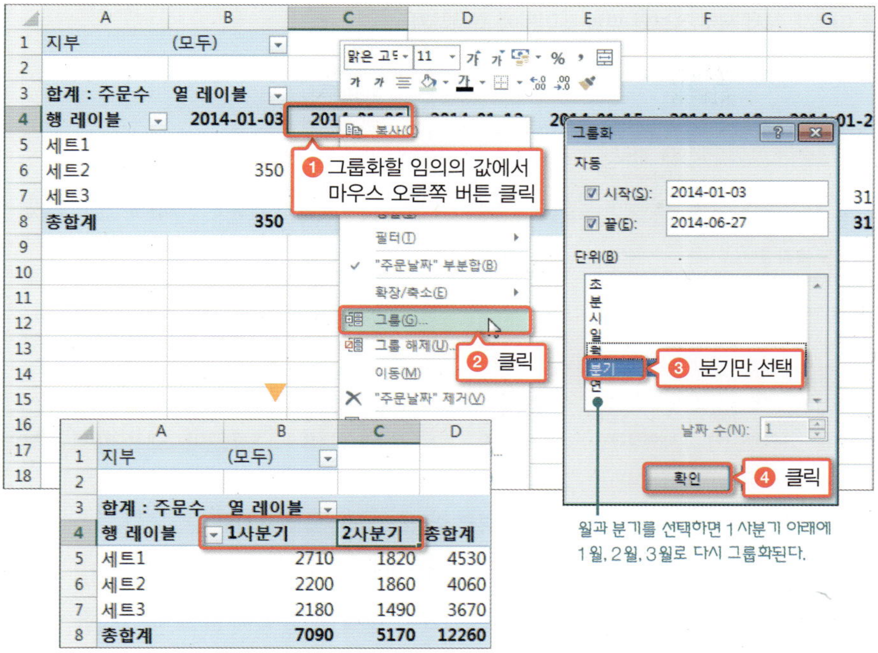

월과 분기를 선택하면 1사분기 아래에 1월, 2월, 3월로 다시 그룹화된다.

06 반품률 필드를 값 영역에 넣기

❶ 반품률 필드를 [값] 영역으로 드래그하면 열 영역에 [Σ 값]이 자동으로 생기는데 ❷ [Σ 값]을 행 영역으로 드래그하여 옮긴다.

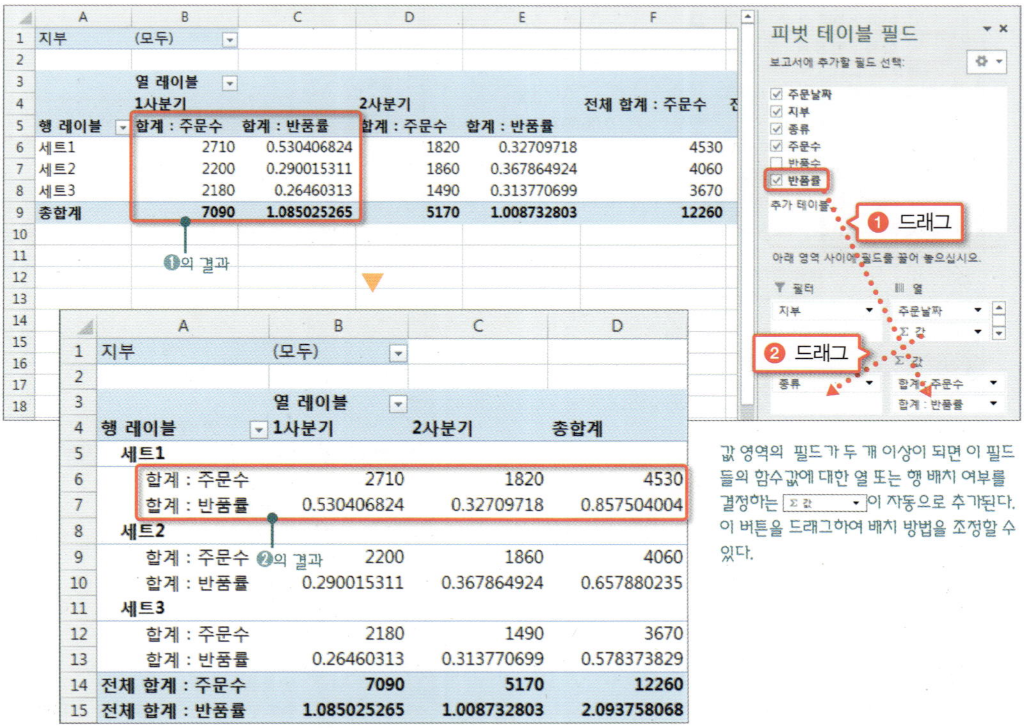

값 영역의 필드가 두 개 이상이 되면 이 필드들의 함수값에 대한 열 또는 행 배치 여부를 결정하는 [Σ 값]이 자동으로 추가된다. 이 버튼을 드래그하여 배치 방법을 조정할 수 있다.

07 보고서 필터를 이용해 강서 지부 정보만 피벗 테이블에 표시하기

❶ 보고서 필터의 [▼]를 클릭한 후 ❷ '강서'를 선택하면 데이터가 강서 지부 정보로만 바뀐다.

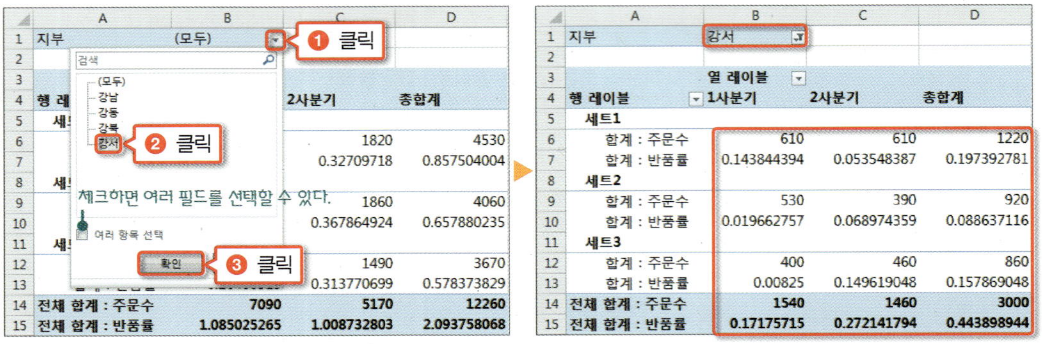

08 값 영역의 반품률에 적용된 계산 유형을 합계에서 평균으로 수정하고 백분율로 표시하기

❶~❷ 합계:반품률에서 마우스 오른쪽 버튼을 누르고 팝업 메뉴에서 [값 필드 설정]을 클릭한다. ❸ [값 필드 설정] 대화상자에서 평균을 선택하고 ❹ [표시 형식]을 클릭해 ❺ 표시 형식을 백분율, 소수 자릿수 1로 설정하고 ❻~❼ 차례로 [확인]을 눌러 대화상자를 모두 닫는다.

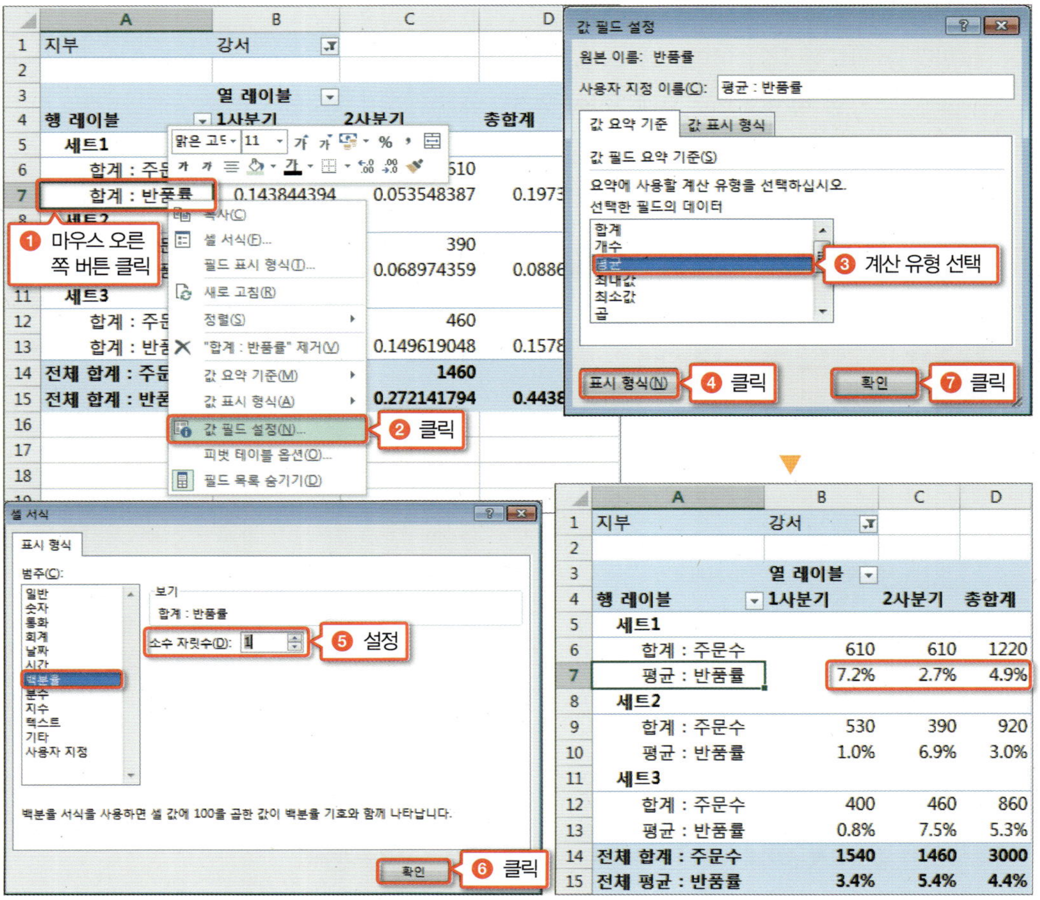

09 피벗 테이블을 적당하게 편집한 후 스타일 지정하기

❶ 행/열 레이블과 총합계를 의미에 맞게 종류, 주문기간, 상반기전체로 수정하고 ❷ 스타일로 [디자인] 탭–[피벗 테이블 스타일] 그룹–[피벗 스타일 보통 9]를 선택하여 적용한다.

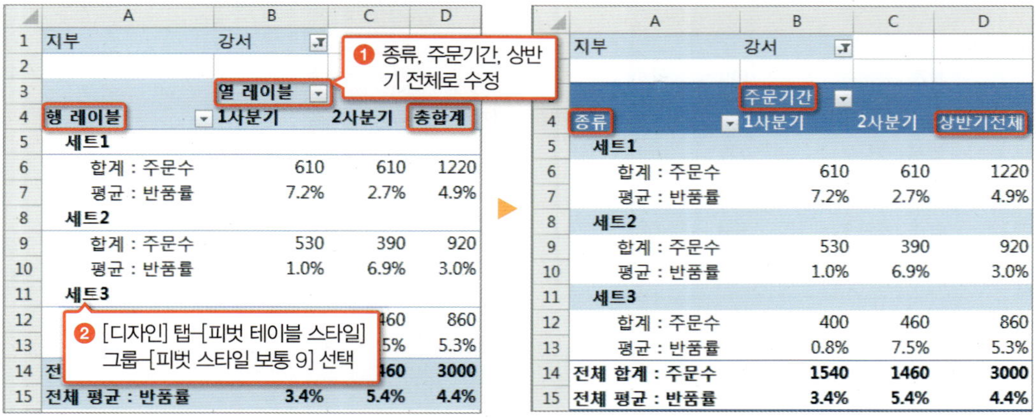

	A	B	C	D
1	지부	강서		
2				
3		주문기간		
4	종류	1사분기	2사분기	상반기전체
5	세트1			
6	합계 : 주문수	610	610	1220
7	평균 : 반품률	7.2%	2.7%	4.9%
8	세트2			
9	합계 : 주문수	530	390	920
10	평균 : 반품률	1.0%	6.9%	3.0%
11	세트3			
12	합계 : 주문수	400	460	860
13	평균 : 반품률	0.8%	7.5%	5.3%
14	전체 합계 : 주문수	1540	1460	3000
15	전체 평균 : 반품률	3.4%	5.4%	4.4%

10 피벗 테이블 업데이트하기

데이터베이스의 내용이 변경되어도 피벗 테이블이 자동으로 업데이트되지는 않는다. 피벗 테이블 임의의 셀에서 마우스 오른쪽 버튼을 누른 후 팝업 메뉴에서 [새로 고침]을 선택하거나 [분석] 탭–[데이터] 그룹–[새로 고침]을 클릭하면 피벗 테이블이 업데이트된다.

피벗 테이블의 각 영역에 배치된 필드를 변경하려면 06단계의 ❷와 같이 [피벗 테이블 필드] 작업창의 각 영역에 있는 필드 버튼을 다른 영역으로 드래그한다. 이때 필드 버튼을 작업창 밖으로 드래그하면 피벗 테이블에서 제거된다. 또한 피벗 테이블은 다양하게 편집할 수 있는데 예를 들면 [그림 9–6]과 같다.

그림 9–6 피벗 테이블의 다양한 디자인 변경 예

(a) [피벗 테이블 도구 : 디자인] 탭 –[레이아웃] 그룹–[빈 행]–[각 항목 다음에 빈 줄 삽입]

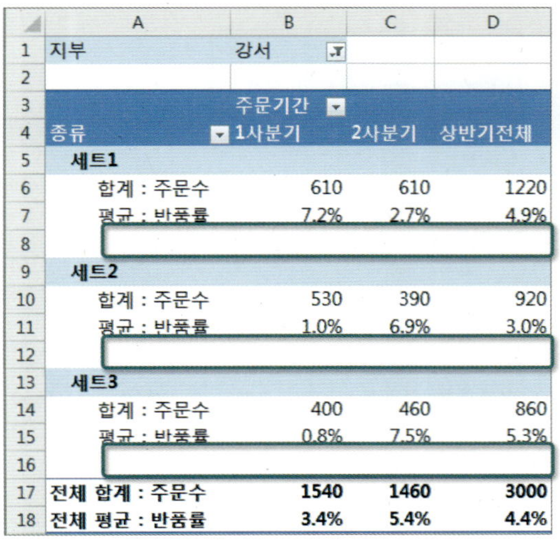

	A	B	C	D
1	지부	강서		
2				
3		주문기간		
4	종류	1사분기	2사분기	상반기전체
5	세트1			
6	합계 : 주문수	610	610	1220
7	평균 : 반품률	7.2%	2.7%	4.9%
8				
9	세트2			
10	합계 : 주문수	530	390	920
11	평균 : 반품률	1.0%	6.9%	3.0%
12				
13	세트3			
14	합계 : 주문수	400	460	860
15	평균 : 반품률	0.8%	7.5%	5.3%
16				
17	전체 합계 : 주문수	1540	1460	3000
18	전체 평균 : 반품률	3.4%	5.4%	4.4%

(b) [피벗 테이블 도구 : 디자인] 탭 –[레이아웃] 그룹–[보고서 레이아웃]–[테이블 형식으로 표시]

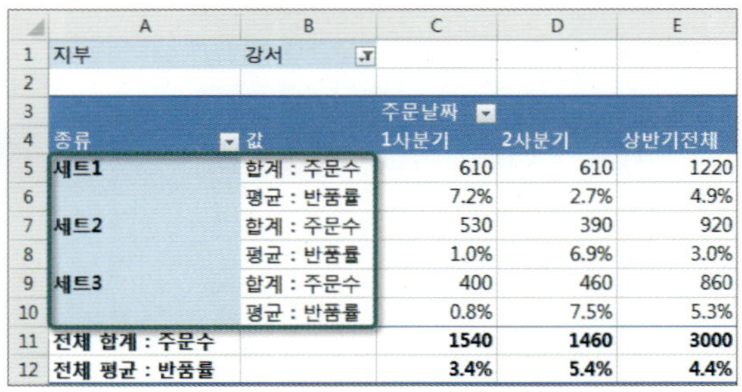

	A	B	C	D	E
1	지부	강서			
2					
3			주문날짜		
4	종류	값	1사분기	2사분기	상반기전체
5	세트1	합계 : 주문수	610	610	1220
6		평균 : 반품률	7.2%	2.7%	4.9%
7	세트2	합계 : 주문수	530	390	920
8		평균 : 반품률	1.0%	6.9%	3.0%
9	세트3	합계 : 주문수	400	460	860
10		평균 : 반품률	0.8%	7.5%	5.3%
11	전체 합계 : 주문수		1540	1460	3000
12	전체 평균 : 반품률		3.4%	5.4%	4.4%

(c) [피벗 테이블 도구 : 디자인] 탭 – [레이아웃] 그룹 – [총합계] – [행 및 열의 총합계 해제]

	A	B	C
1	지부	강서	
2			
3		주문기간	
4	종류	1사분기	2사분기
5	세트1		
6	합계 : 주문수	610	610
7	평균 : 반품률	7.2%	2.7%
8	세트2		
9	합계 : 주문수	530	390
10	평균 : 반품률	1.0%	6.9%
11	세트3		
12	합계 : 주문수	400	460
13	평균 : 반품률	0.8%	7.5%

열의 총합계가 제거된다.

행의 총합계가 제거된다.

(d) [피벗 테이블 도구 : 분석] 탭 – [표시] 그룹 – [필드 머리글]

	A	B	C	D
1	지부	강서		
2				
3		1사분기	2사분기	상반기전체
4	세트1			
5	합계 : 주문수	610	610	1220
6	평균 : 반품률	7.2%	2.7%	4.9%
7	세트2			
8	합계 : 주문수	530	390	920
9	평균 : 반품률	1.0%	6.9%	3.0%
10	세트3			
11	합계 : 주문수	400	460	860
12	평균 : 반품률	0.8%	7.5%	5.3%
13	**전체 합계 : 주문수**	**1540**	**1460**	**3000**
14	**전체 평균 : 반품률**	**3.4%**	**5.4%**	**4.4%**

종류, 주문기간 필드 머리글이 제거된다.

3.3 피벗 테이블 슬라이서

피벗 테이블의 보고서 필터(▾)를 클릭하여 두 개 이상의 항목을 선택하면 보고서 필터 셀에는 `지부 (다중 항목)`과 같이 (다중 항목)으로만 표시되므로 피벗 테이블의 내용이 어떤 항목에 대한 것인지 바로 확인이 되지 않는다. 필터 단추를 클릭해봐야 어떤 항목이 선택되어 있는지 알 수 있다. 이런 문제를 해결해주는 것이 슬라이서이다.

슬라이서를 이용하면 필터 기능을 사용할 수 있으며 선택된 항목을 다른 색상으로 구분하여 표시해주어 현재 필터링된 항목을 쉽게 확인할 수 있다.

기본 예제 피벗 테이블에 슬라이서 삽입하기

[그림 9–6]의 (d) 피벗 테이블의 보고서 필터 자리에 지부 필드 슬라이서를 삽입한 후 강북과 강남 지역의 정보만 피벗 테이블에 나타내보자.

	A	B	C	D
1	지부	강서		
2				
3		1사분기	2사분기	상반기전체
4	세트1			
5	합계 : 주문수	610	610	1220
6	평균 : 반품률	7.2%	2.7%	4.9%
7	세트2			
8	합계 : 주문수	530	390	920
9	평균 : 반품률	1.0%	6.9%	3.0%
10	세트3			
11	합계 : 주문수	400	460	860
12	평균 : 반품률	0.8%	7.5%	5.3%
13	**전체 합계 : 주문수**	**1540**	**1460**	**3000**
14	**전체 평균 : 반품률**	**3.4%**	**5.4%**	**4.4%**

▶

지부 (슬라이서): 강남 | 강동 | 강북 | 강서

	A	B	C	D
3		1사분기	2사분기	상반기전체
4	세트1			
5	합계 : 주문수	1210	1210	2420
6	평균 : 반품률	3.3%	6.8%	5.1%
7	세트2			
8	합계 : 주문수	1210	940	2150
9	평균 : 반품률	2.0%	5.3%	3.5%
10	세트3			
11	합계 : 주문수	1420	370	1790
12	평균 : 반품률	5.7%	7.1%	5.9%
13	**전체 합계 : 주문수**	**3840**	**2520**	**6360**
14	**전체 평균 : 반품률**	**3.7%**	**6.3%**	**4.7%**

01 지부 필드에 대한 슬라이서 삽입하기

❶ 피벗 테이블의 임의의 셀을 선택하고 ❷~❸ [분석] 탭–[필터] 그룹–[슬라이서 삽입]을 클릭한다. ❹ 슬라이서에 포함할 지부 필드만 선택한 후 ❺ [확인]을 누른다.

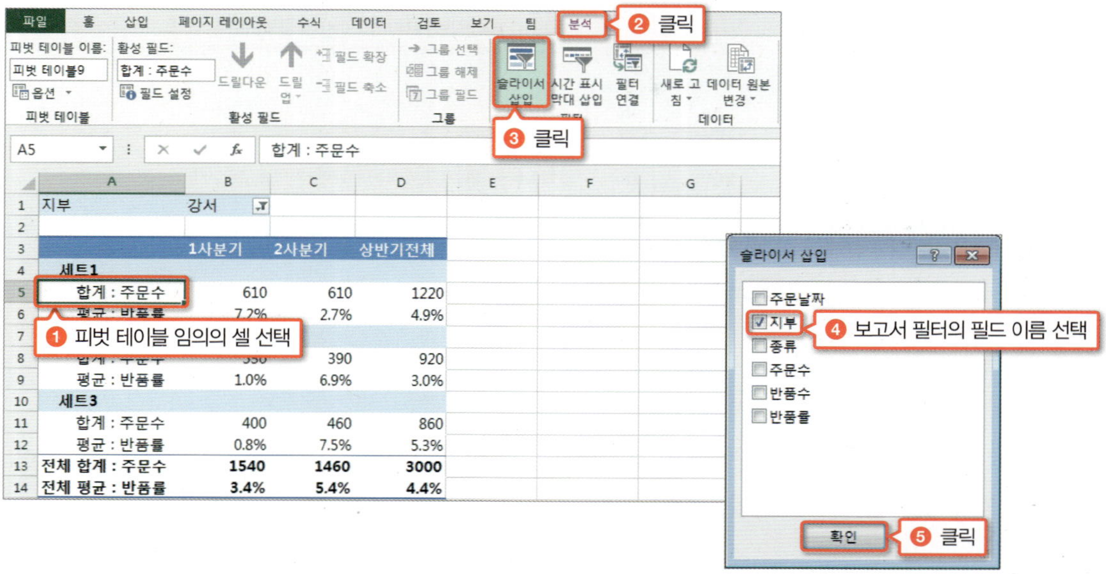

02 슬라이서 모양 편집하기

슬라이서가 선택된 상태에서 ❶ [슬라이서 도구: 옵션] 탭에서 슬라이드에 포함할 버튼의 크기, 한 행에 포함할 버튼 수 즉 열 수를 지정하고 ❷ 슬라이서 핸들을 드래그하여 전체 크기를 조정한다.

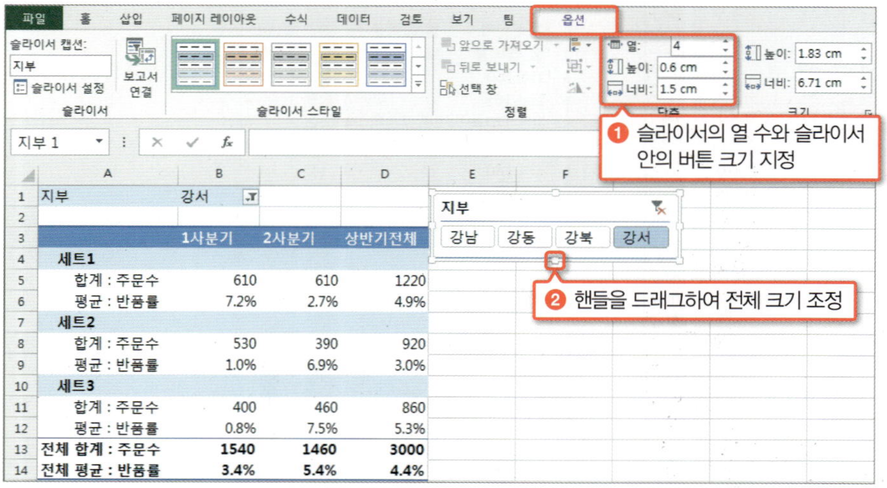

03 슬라이서를 보고서 필터 자리로 옮긴 후 강남과 강북 지부 내용으로 필터링하기

지부: 강남 | 강동 | 강북 | 강서

	1사분기	2사분기	상반기전체
세트1			
합계 : 주문수	1210	1210	2420
평균 : 반품률	3.3%	6.8%	5.1%
세트2			
합계 : 주문수	1210	940	2150
평균 : 반품률	2.0%	5.3%	3.5%
세트3			
합계 : 주문수	1420	370	1790
평균 : 반품률	5.7%	7.1%	5.9%
전체 합계 : 주문수	**3840**	**2520**	**6360**
전체 평균 : 반품률	**3.7%**	**6.3%**	**4.7%**

❶ 시트의 1행 높이를 늘린 후
❷ 슬라이서를 보고서 필터 위치로 이동
❸ [강남] 클릭 후 Ctrl+[강북] 클릭

강남과 강북 지부만의 피벗 테이블 결과이다.

TIP 슬라이서를 클릭한 후 Delete를 눌러서 슬라이서를 제거할 수 있다.

3.4 피벗 차트

피벗 테이블의 데이터를 이용해 피벗 차트를 작성할 수 있다. 피벗 차트에서는 피벗 테이블과 같이 필터링, 함수 변경 등 다양한 작업을 할 수 있다.

기본 예제 피벗 차트 만들기

새 시트에 남녀별 키에 대한 도수 분포표를 피벗 테이블로 만든 후 차트를 만들어보자.

이름	반	성별	혈액형	키	몸무게
강다원	2	남	AB	171.5	64.5
강소리	2	여	A	157	48
구하리	1	여	AB	157	47.5
김솔기	3	여	O	173.3	70.3
김해수	1	여	O	164.1	54.1
나원빈	2	남	A	164.6	55
나태희	3	여	A	160.6	51.2
문건영	3	여	O	168.4	52.2
박가을	2	여	O	161.6	49.1
서민국	3	남	B	169.7	65.3
소지법	3	남	B	168.4	57.3
송주기	1	남	A	172.7	68.2
아이요	2	여	B	167.9	56.2
양요석	3	남	A	179.4	82.5
오선지	2	남	A	177.6	88.7
유아남	2	남	B	174.3	66.1
유하늘	1	여	B	161	48.6
유현빈	3	남	AB	163.3	51
이기자	1	남	O	169.7	56.2
이민후	2	남	O	172.3	59.7
이정치	1	남	AB	174.3	78.5
이종식	1	남	B	167.9	62.3
장근수	2	남	B	177.4	79.2
장나리	3	여	O	175.6	74.7

반 (모두)

개수 : 키	열 레이블		
행 레이블	남	여	총합계
155-160		3	3
160-165	4	5	9
165-170	4	2	6
170-175	6	2	8
175-180	3	1	4
총합계	**17**	**13**	**30**

키의 그룹화

키가 155 이상 160 미만 여자의 인원 수

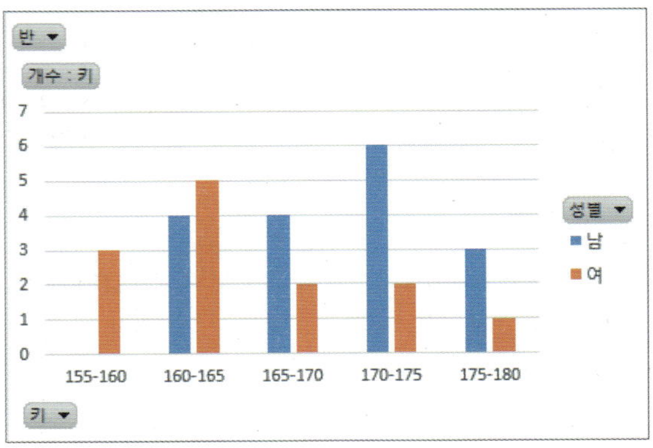

01 피벗 테이블 만들기

데이터베이스 임의의 셀을 선택하고 [삽입] 탭-[표] 그룹-[피벗 테이블]을 클릭한다. [피벗 테이블 만들기] 대화상자에서 [표/범위]는 [A1:F31], 피벗 테이블을 넣을 위치는 [새 워크시트]임을 확인하고 [확인]을 눌러 새 시트에 피벗 테이블을 만든다.

02 키 필드에 개수 함수 적용하기

❶[피벗 테이블 필드] 작업창에서 반 필드는 [필터] 영역, 성별 필드는 [열] 영역, 키 필드는 [행] 영역, 키 필드는 한 번 더 [값] 영역으로 드래그한다. 키 필드를 값 영역에 드래그하면 키 필드에 합계 함수가 적용된다. 예제에서는 해당 키의 인원 수를 구해야 하므로 필드에 적용할 계산 유형을 개수로 직접 수정해야 한다. 계산 유형을 변경하기 위해 ❷ [합계 : 키 ▾]를 클릭하고 ❸[값 필드 설정]을 선택한다. ❹[값 필드 설정] 대화상자에서 계산 유형을 '개수'로 설정하고 ❺[확인]을 누른다.

특정 필드에 대한 '개수' 계산 유형은 해당 필드에 값이 있는 개수를 구하므로 필드값이 없으면 개수에서 제외된다. 예제의 데이터베이스에는 키가 157이고 성별이 여인 레코드가 둘이므로 [C6] 셀에 키 필드값의 개수로 2가 표시된다. 사실 혈액형이나 반 등 다른 필드의 개수를 구해도 결과는 같지만 [A3] 셀에 나타나는 '개수 : 키'가 값의 의미를 가장 잘 나타내므로 권장한다.

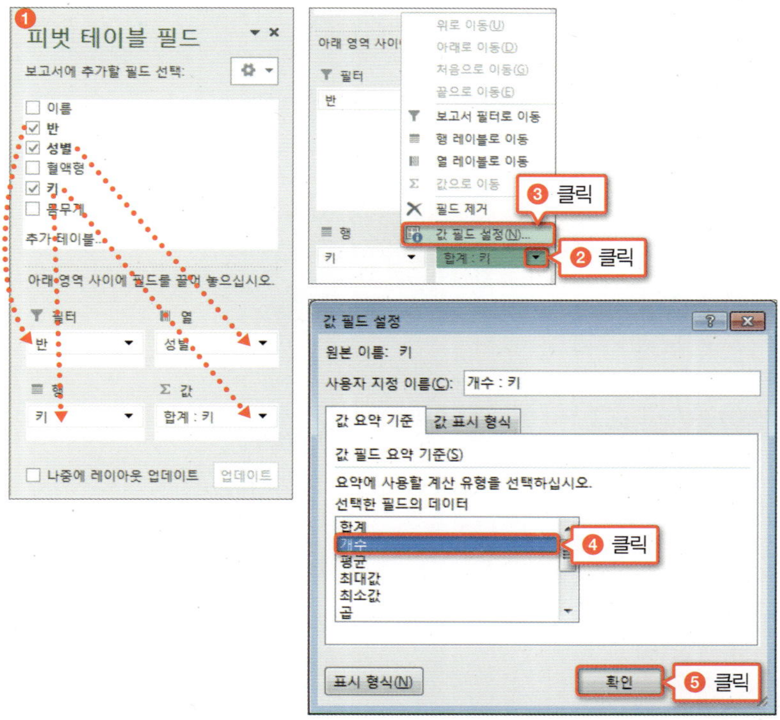

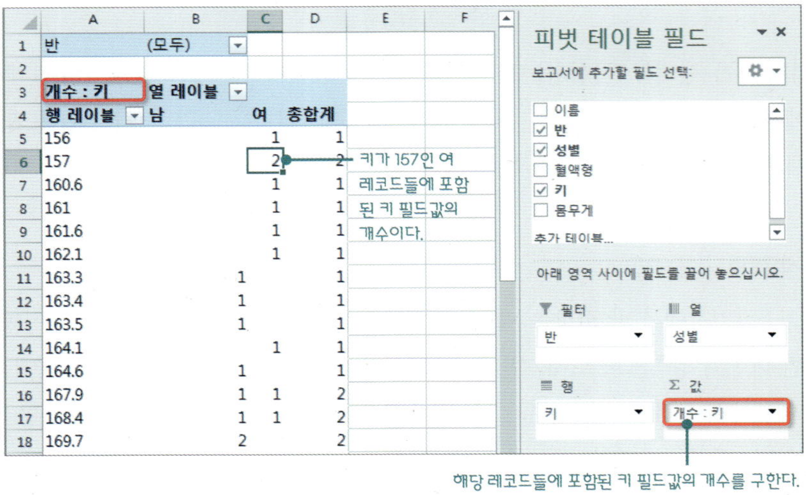

03 피벗 테이블의 키 필드를 그룹화하여 범위별 도수 분포표 만들기 : 키를 155부터 180까지 5단위로 그룹화하기

특정 범위의 키에 속한 인원수를 구하기 위해 행 레이블의 키를 그룹화하려면 ❶~❷ 피벗 테이블 임의의 키 값에서 마우스 오른쪽 버튼을 누르고 팝업 메뉴에서 [그룹]을 클릭한다. ❸ [그룹화] 대화 상자에서 시작값, 끝값, 단위를 설정하고 ❹ [확인]을 누른다. 여기서 그룹화된 각 범위는 155부터, 160부터, 165부터, 170부터, 175부터 끝까지를 의미한다. 즉, 155~160에는 160이 개수에 포함되지 않지만 마지막 범위의 175~180에는 180의 개수가 포함된다.

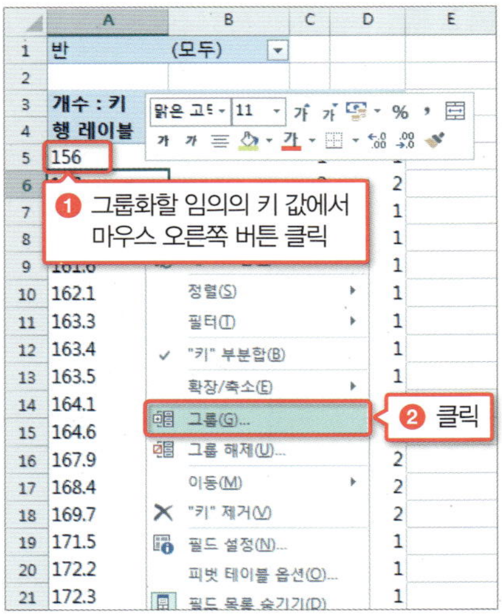

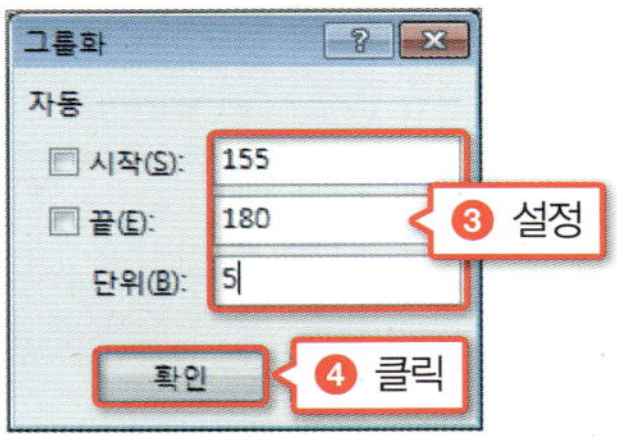

반	(모두)		
개수 : 키	열 레이블		
행 레이블	남	여	총합계
155-160		3	3
160-165	4	5	9
165-170	4	2	6
170-175	6	2	8
175-180	3	1	4
총합계	**17**	**13**	**30**

TIP [필터] 영역의 반 필드와 [열] 영역의 성별 필드를 각 영역에서 제거하면 키 범위별 학생 수만 있는 피벗 테이블을 얻을 수 있다.

행 레이블	개수 : 키
155-160	3
160-165	9
165-170	6
170-175	8
175-180	4
총합계	**30**

04 피벗 차트 만들기

❶ 피벗 차트를 만들 피벗 테이블을 선택하고 ❷~❸ [분석] 탭–[도구] 그룹–[피벗 차트]를 클릭한다. ❹~❺ [차트 삽입] 대화상자에서 차트 종류를 묶은 세로 막대형으로 선택하고 ❻ [확인]을 누르면 피벗 차트가 삽입된다. 삽입된 피벗 차트는 필터를 이용해 차트 내용을 필터링할 수 있다.

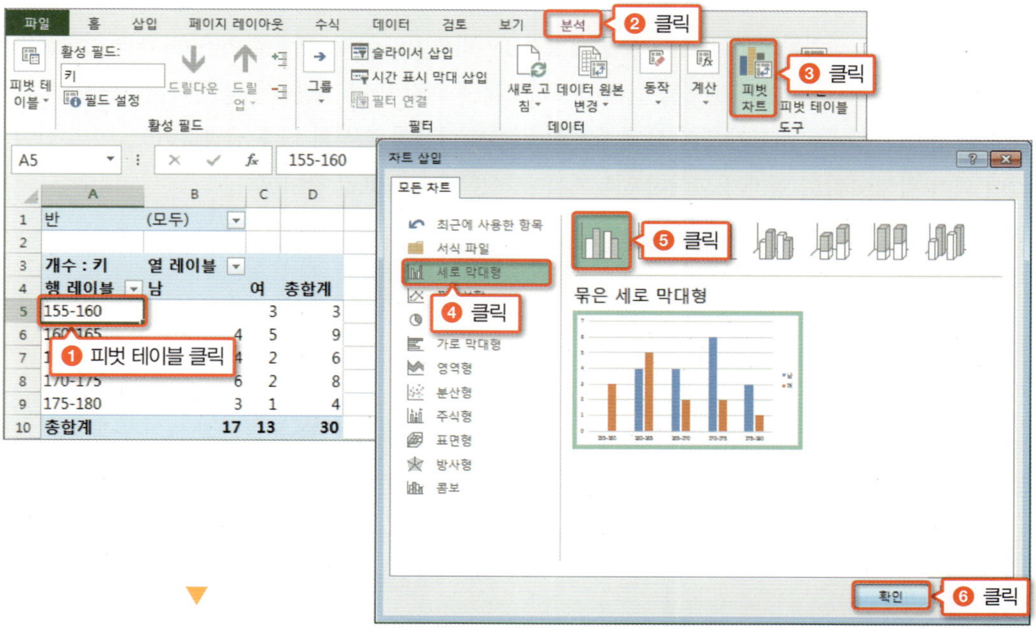

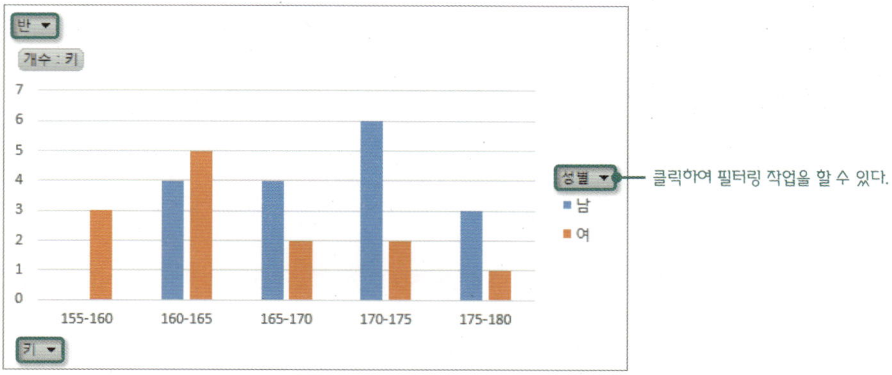

04 목표값 찾기

f(x)=$\sqrt{x}$+1/x로 정의된 함수 f(x)가 있을 때 x가 1이라면 f(x)=2다. 함수값이 5.04가 되려면 x의 값은 얼마여야 할까? 엑셀은 이런 문제를 쉽게 해결하도록 목표값 찾기 기능을 제공한다. [그림 9-7]과 같이 목표값 찾기 기능에서 목표값은 수식에 사용된 x 값이 아니라 수식의 최종 결과값이고, 이 수식이 목표값이 되기 위해 x 값이 얼마가 되어야 하는지를 구하는 것이 목표값 찾기이다.

그림 9-7 함수 f(x)=$\sqrt{x}$+1/x가 5.04가 되기 위한 x 값 구하기에서 목표값과 바꿀 값

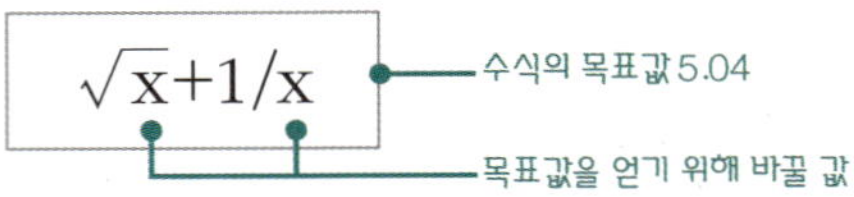

[그림 9-8]은 순이익이 3백만 원이 되기를 원할 때 판매 가격을 얼마로 올려야 하는지를 목표값 찾기 기능으로 해결하는 화면으로, [목표값 찾기] 대화상자 항목의 의미를 보여준다.

그림 9-8 순이익이 3백만 원이 되기 위한 판매 가격을 구할 때 [목표값 찾기] 대화상자 내용

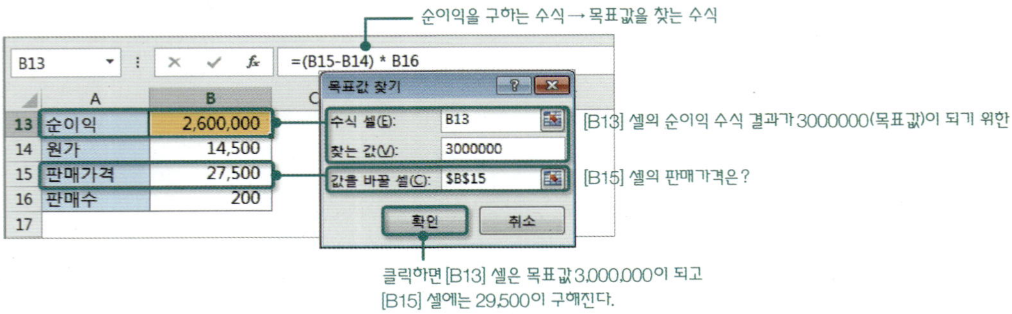

[그림 9-8]의 문제는 [B15] 셀의 판매가격을 28,000, 28,500, 29,000으로 변경하면서 [B13] 셀의 순이익이 3,000,000이 될 때까지 시도하여 해결할 수도 있다. 하지만 이 방법은 시간이 많이 걸리는 단순 반복 작업이므로 목표값 찾기 기능을 이용하는 것이 훨씬 효과적이다. [그림 9-8]의 예와 같이 목표값 찾기 기능을 사용하려면 다음 조건을 만족해야 한다.

- [수식 셀], 즉 목표값을 찾을 셀인 [B13]은 반드시 수식이어야 한다.
- [값을 바꿀 셀]은 [수식 셀]의 수식에서 참조하는 셀이며 수식이 아닌 값이 입력된 셀이어야 한다. 또 [수식 셀]에서 간접 참조하는 셀이어도 된다. 예를 들어 [B16] 셀의 판매수가 =SUM(D16:E16) 수식인 경우 [B16] 셀을 [값을 바꿀 셀]로 사용할 수는 없지만 값이 입력된 [D16]이나 [E16] 셀은 사용할 수 있다.
- 목표값 찾기를 하기 전에 수식의 정확성을 확인하기 위해 수식에서 참조할 모든 내용을 입력해두는 것이 좋다. 특히 [값을 바꿀 셀]인 [B15] 셀 외 다른 모든 참조 대상 [B14], [B16] 셀은 데이터가 미리 입력되어 있어야 한다.

기본 예제 적금 만기액에 맞는 납입금 구하기

은행의 적금 이율이 1년 기준 4%이고 10개월 동안 3만 원씩 입금했을 때의 적금 만기액은 305,555원이다. 적금 만기시 40만 원을 찾고 싶다면 납입금을 얼마로 바꿔야 하는지를 목표값 찾기 기능으로 구해보자.

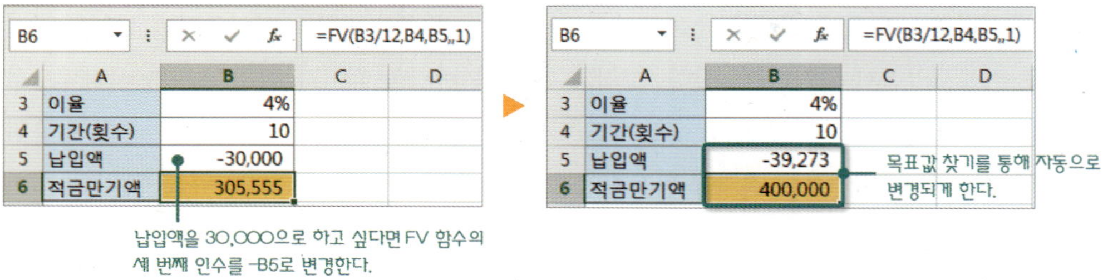

❶ 적금 만기액을 구하는 수식 셀을 선택한 후 ❷~❹ [데이터] 탭–[데이터 도구] 그룹–[가상 분석]–[목표값 찾기]를 클릭하여 [목표값 찾기] 대화상자를 열어 ❺ 각 항목을 설정한 후 ❻ [확인]을 누른다. [목표값 찾기 상태] 대화상자의 내용을 확인하거나 시트의 수식 셀 [B6]이 목표값과 같아졌는지 확인한 후 ❼ [확인]을 누르면 시트가 새 내용대로 변경된다. 만일 목표값을 구하지 못했거나 단순히 변경된 납입액을 확인한 후 원래 시트 내용을 유지하려면 [취소]를 선택한다.

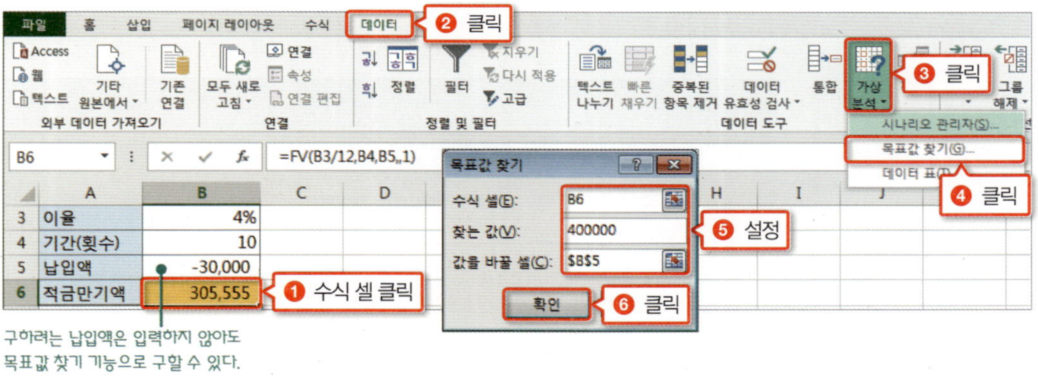

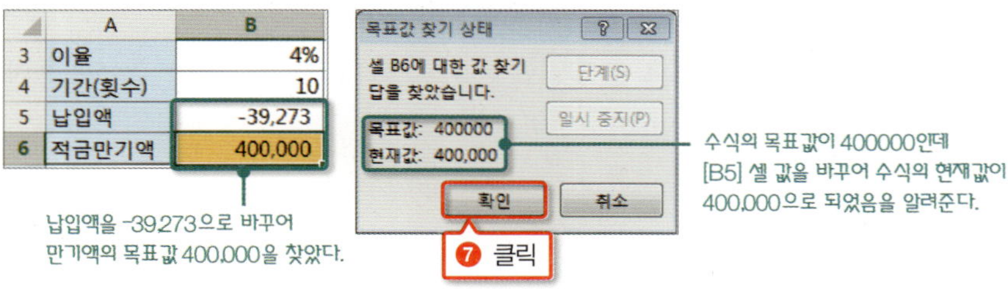

TIP 납입액이 아닌 이율이나 기간을 조정해 적금만기액이 40만 원이 되게 하고 싶으면 [목표값 찾기] 대화상자에서 [값을 바꿀 셀]을 B3이나 B4로 바꾸고 [확인]을 누른다.

SECTION ─── IT COOKBOOK

05 시나리오 요약 보고서 만들기

예산안을 짤 때 특정 항목의 예산 증가와 감소에 따른 전체 예산 총액의 변화를 확인하려면 실제로 특정 항목의 셀 값을 변경시키면서 확인할 수 있다. 그러나 셀 값을 변경할 때마다 이전 결과가 사라지므로 여러 변경 상황에 따른 결과를 한꺼번에 확인할 수 없다. 이 경우 엑셀의 시나리오 관리 기능을 이용하면 특정 셀 값의 변화, 즉 시나리오별 결과를 한꺼번에 확인할 수 있는 요약 보고서를 얻을 수 있다.

5백만 원의 대출금을 원금 균등 상환 방식으로 연이율 4%로 10개월에 거쳐 갚아갈 때 PMT 함수를 이용해 구한 매월 상환액은 －509,212원이다(함수 결과값은 대출자에게서 나가는 금액이므로 음수이다). 시나리오 기능을 이용하면 이 시트로부터 [그림 9-9]와 같이 네 가지 시나리오의 요약 보고서를 만들 수 있다.

시나리오 기능도 목표값 찾기처럼 결과 셀이 수식 셀이어야 하며, 변경 셀은 수식이 아닌 값이 입력된 셀로서 결과 셀에서 직접 참조하는 셀뿐만 아니라 간접적으로 결과 셀 값을 결정하는 데 이용되는 셀도 가능하다.

그림 9-9 다양한 이율과 납입 기간에 따른 시나리오 요약 보고서

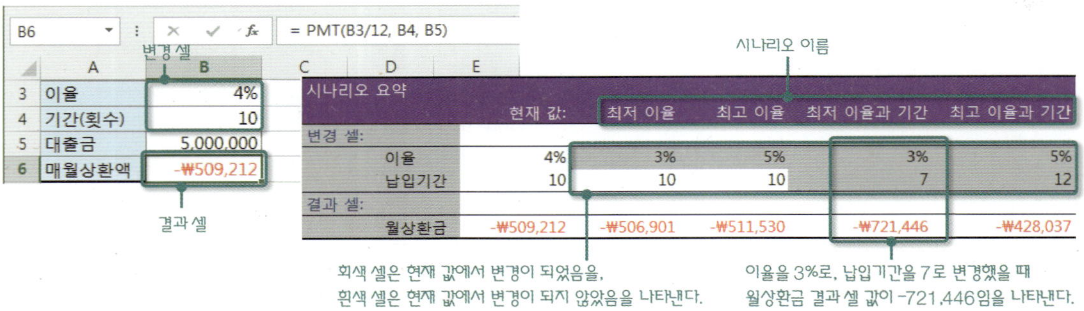

기본 예제 ＞ 시나리오 요약 보고서 만들기

[그림 9-9]와 같이 다양한 이율과 납입 기간에 따른 월 상환금으로 구성된 시나리오 요약 보고서를 만들어보자.

01 [시나리오 관리자] 대화상자 표시하기

시나리오 요약 보고서에 사용될 수식 셀이 있는 시트에서 ❶~❹ [데이터] 탭－[데이터 도구] 그룹－[가상 분석]－[시나리오 관리자]를 클릭한 후 ❺ [시나리오 관리자] 대화상자에서 시나리오 추가를 위해 [추가]를 클릭한다.

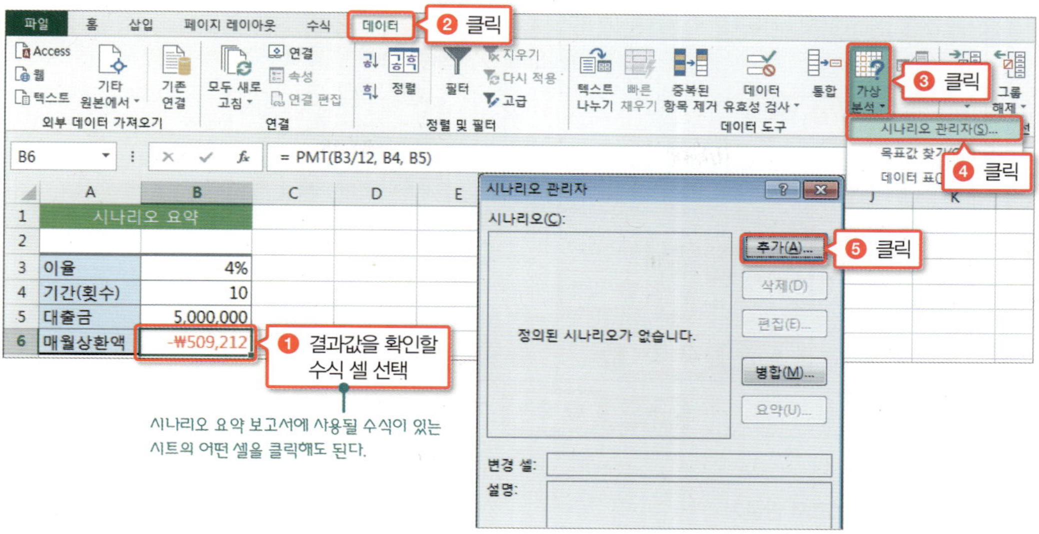

02 최저 이율과 최고 이율 시나리오 추가하기

①~④ 이름이 '최저 이율'인 시나리오는 [B3]셀의 이율을 3%로 변경하도록 설정하고 ⑤ [추가]를 클릭한다. ⑥~⑨ 이름이 '최고 이율'인 시나리오는 [B3]셀의 이율을 5%로 변경하도록 설정하고 ⑩ [추가]를 클릭한다.

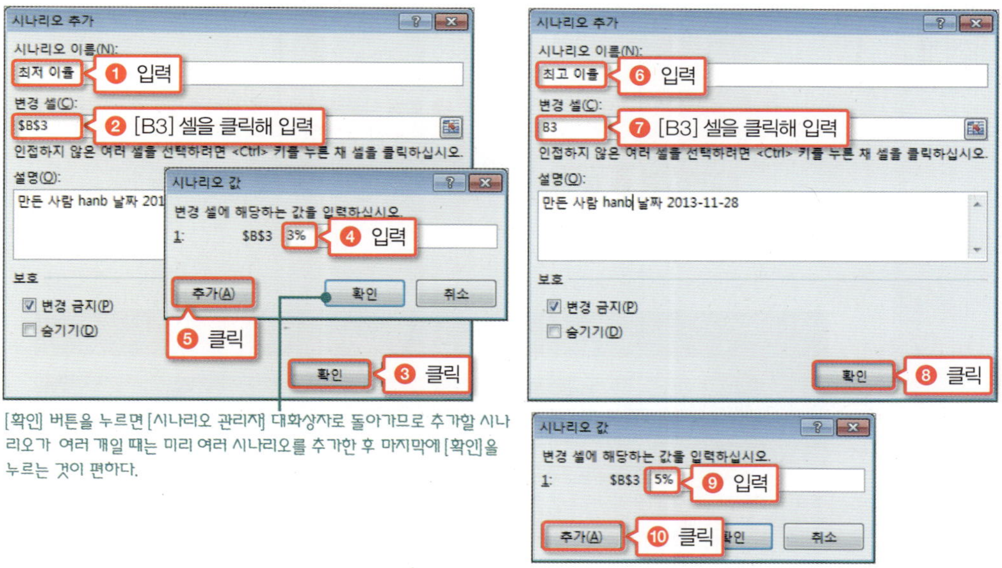

03 최저 이율과 기간, 최고 이율과 기간 시나리오 추가하기

①~④ 이름이 '최저 이율과 기간'인 시나리오의 이율을 3%, 납입 기간을 7로 변경하고 ⑤ [추가]를 클릭한다. ⑥~⑨ 이름이 '최고 이율과 기간'인 시나리오의 이율을 5%로, 납입 기간을 12로 변경한 후 더 추가할 시나리오가 없으므로 ⑩ [확인]을 누른다.

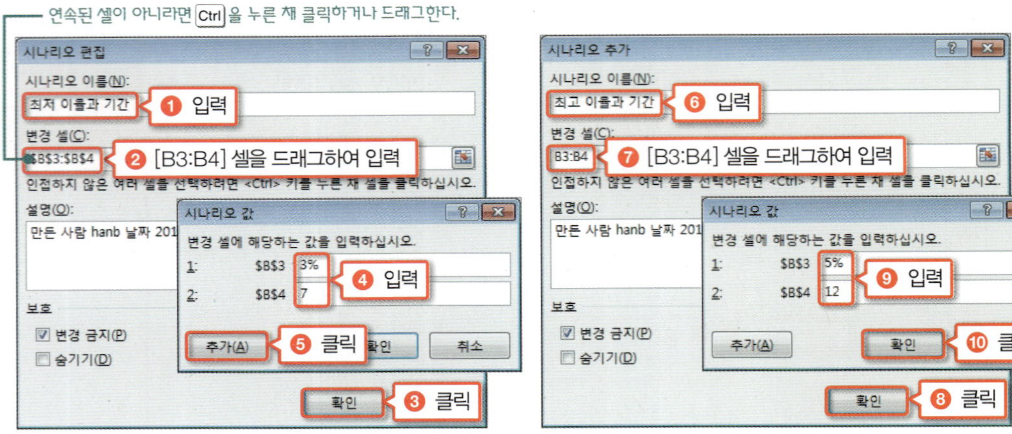

04 시나리오 요약 보고서 만들기

❶ [시나리오 관리자] 대화상자로 돌아와 추가된 시나리오 목록을 확인하고 [요약]을 클릭한다. ❷ 추가한 시나리오의 변경 셀 값에 따른 매월상환액 값의 변화를 확인하도록 [결과 셀]에 B6을 입력한 후 ❸ [확인]을 누르면 ❹ 현재 시트 왼쪽에 시나리오 요약 보고서가 있는 새 시트가 삽입된다. ❹ 요약 보고서에서 [C6:C7]과 [C9] 셀을 각각 이율, 납입기간, 월상환금으로 수정한다.

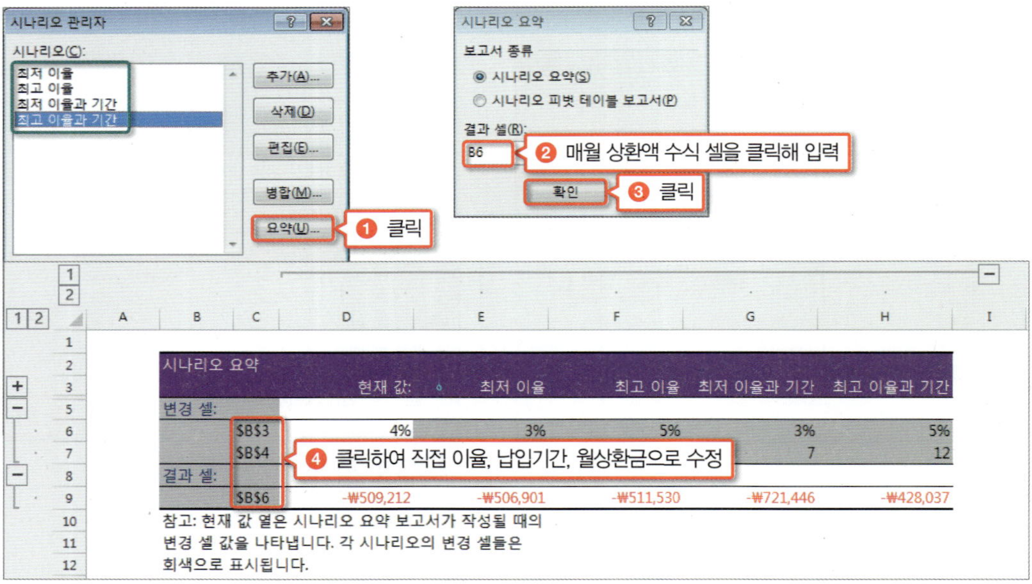

시나리오를 추가하거나 변경하여 새로운 시나리오 요약 보고서를 만들 때는 시나리오 변경 셀과 결과 셀이 있는 시트에서 [데이터] 탭–[데이터 도구] 그룹–[가상 분석]–[시나리오 관리자]를 선택한다. [시나리오 관리자] 대화상자가 나타나면 시나리오 이름을 선택한 후 [추가], [삭제], [편집], [요약] 버튼을 클릭하여 작업한다.

종합 예제 아르바이트 데이터베이스로부터 피벗 테이블 만들기

시트의 데이터베이스로부터 피벗 테이블을 만든 후 슬라이서를 추가하여 강남과 강북의 데이터로만 구성된 피벗 테이블로 변경해보자.

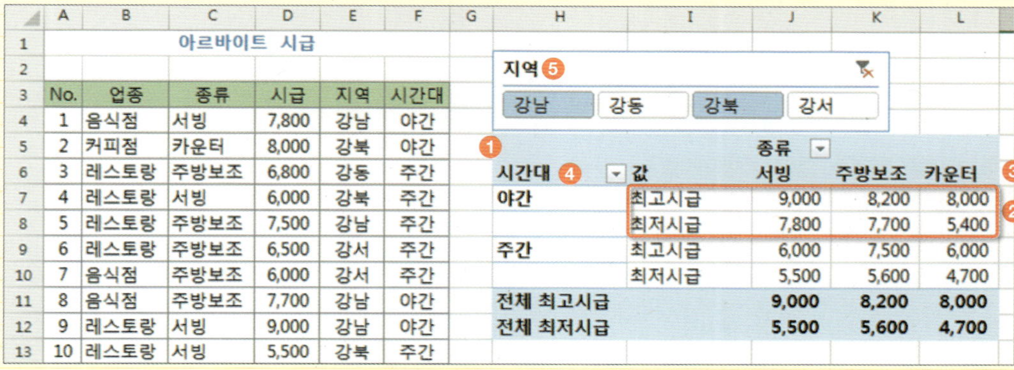

아르바이트 시급

No.	업종	종류	시급	지역	시간대
1	음식점	서빙	7,800	강남	야간
2	커피점	카운터	8,000	강북	야간
3	레스토랑	주방보조	6,800	강동	주간
4	레스토랑	서빙	6,000	강북	주간
5	레스토랑	주방보조	7,500	강남	주간
6	레스토랑	주방보조	6,500	강서	주간
7	음식점	주방보조	6,000	강서	주간
8	음식점	주방보조	7,700	강남	야간
9	레스토랑	서빙	9,000	강남	야간
10	레스토랑	서빙	5,500	강북	주간

시간대 4	값	종류 서빙	주방보조	카운터
야간	최고시급	9,000	8,200	8,000
	최저시급	7,800	7,700	5,400
주간	최고시급	6,000	7,500	6,000
	최저시급	5,500	5,600	4,700
전체 최고시급		9,000	8,200	8,000
전체 최저시급		5,500	5,600	4,700

❶ 피벗 테이블을 삽입한다.

- 데이터베이스 안의 셀 클릭 후 [삽입] 탭–[표] 그룹–[피벗 테이블] 클릭
- [피벗 테이블 만들기] 대화상자에서 [기존 워크시트] 선택 후 시트의 [H5] 셀을 클릭하여 [위치] 칸에 '종합예제! $H$5'를 입력 후 [확인] 클릭
- [피벗 테이블 필드] 작업창에서 필드 이름을 오른쪽 그림과 같이 드래그. [값] 영역에는 최대 시급과 최소 시급을 구해야 하므로 시급 필드를 두 번 드래그

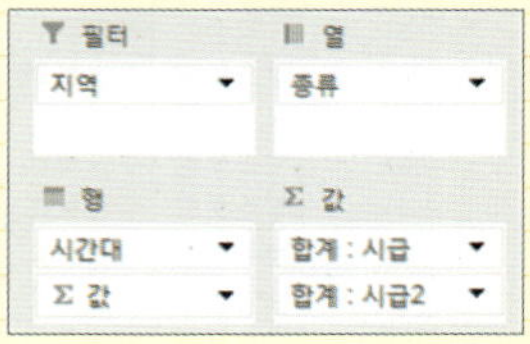

❷ 시급의 최대값과 최소값을 구하도록 계산 유형을 수정한다.

- [피벗 테이블 필드] 작업창 [값] 영역의 [합계 : 시급] 클릭
- [값 필드 설정] 클릭 후 [선택한 필드의 데이터]에서 '최대값' 클릭하고 [확인] 클릭
- [I7] 셀을 클릭하여 텍스트를 최고시급으로 수정
- [값] 영역의 [합계 : 시급2]도 동일한 방법으로 수정

❸ M열의 행의 총합계를 숨긴다.

- [피벗 테이블 도구 : 디자인] 탭–[레이아웃] 그룹–[총합계]–[열의 총합계만 설정] 클릭

❹ 피벗 테이블의 레이아웃을 테이블 형식으로 변경한다.

- [피벗 테이블 도구:디자인] 탭–[레이아웃] 그룹–[보고서 레이아웃]–[테이블 형식으로 표시] 클릭

❺ 슬라이서를 삽입한다.

- [분석] 탭–[필터] 그룹–[슬라이서 삽입] 클릭 후 [지역] 필드만 선택하고 [확인] 클릭
- [슬라이서 도구:옵션] 탭–[단추] 그룹의 [열]은 4, [높이]는 0.6, [너비]는 2로 설정
- [강남] 버튼 클릭 후 [강북] 버튼을 Ctrl+클릭하여 강남과 강북의 피벗 테이블로 수정

평가 예제

아래의 지시사항을 참고하여 '9장_평가예제.xlsx'의 시트를 완성하시오.

01 '자동필터' 시트에서는 자동 필터를, '고급필터' 시트에서는 고급 필터를 이용해 작성조건의 지시 사항에 맞는 데이터만 표시하도록 하시오. 그런 다음 '고급필터' 시트의 데이터베이스로부터 새 시트에 피벗 테이블을 만드시오.

'자동필터' 시트

	A	B	C	D	E	F	G
1		아르바이트 시급					
2							
3	No.	업종	종류	시급	지역	시간대	
8	5	레스토랑	주방보조	7,500	강남	주간	❶
25	22	제빵점	카운터	6,000	강남	주간	
40	37	커피점	주방보조	6,200	강남	주간	
44							

'고급필터' 시트와 피벗 테이블이 있는 새 시트

	A	B	C	D	E	F
1		아르바이트 시급				
2						
3	No.	업종	종류	시급	지역	시간대
4	1	음식점	서빙	7,800	강남	야간
5	2	커피점	카운터	8,000	강북	야간
6	3	레스토랑	주방보조	6,800	강동	주간
7	4	레스토랑	서빙	6,000	강북	주간
8	5	레스토랑	주방보조	7,500	강남	주간
9	6	레스토랑	주방보조	6,500	강서	주간
10	7	음식점	주방보조	6,000	강서	주간
11	8	음식점	주방보조	7,700	강남	야간
12	9	레스토랑	서빙	9,000	강남	야간
13	10	레스토랑	서빙	5,500	강북	주간
26	23	편의점	카운터			
27	24	커피점	카운터	5,200	강서	주간
28	25	커피점	주방보조	5,900	강서	주간
29	26	음식점	서빙	8,000	강동	야간
30	27	제빵점	카운터	5,500	강남	주간
31	28	PC방	카운더	4,500	강서	주간
32	29	레스토랑	서빙	6,700	강동	야간
33	30	음식점	카운터	6,000	강동	야간
34	31	PC방	카운더	5,400	강북	야간
35	32	레스토랑	주방보조	8,200	강남	야간
36	33	음식점	카운터	6,700	강서	야간
37	34	PC방	카운더	5,700	강북	야간
38	35	제빵점	카운터	6,000	강서	야간
39	36	편의점	카운터	6,200	강서	주간
40	37	커피점	주방보조	7,200	강남	야간
41	38	PC방	카운더	4,700	강북	주간
42	39	제빵점	카운터	6,000	강동	주간
43	40	편의점	카운터	4,900	강서	주간
44						

	H	I	J
1	시급이 높은 레스토랑		
2			
3	업종	시간대	시급
4	❷ 고급 필터 조건		
5			
6			
7	❸ 고급 필터 결과		
8	종류	지역	시급
9	주방보조	강남	7,500
10	서빙	강남	9,000
11	주방보조	강서	8,500
12	주방보조	강남	8,200

	L	M	N
1	아르바이트 종류		
2			❹
3	업종	종류	
4	음식점	서빙	
5	커피점	카운터	
6	레스토랑	주방보조	
7	레스토랑	서빙	
8	음식점	주방보조	
9	PC방	카운더	
10	제빵점	카운터	
11	편의점	카운터	
12	커피점	주방보조	
13	음식점	카운터	

	A	B	C	D	E	F	G	H
1	시간대	주간 ❺						
2								
3			업종					
4	종류	값	PC방	레스토랑	음식점	제빵점	커피점	편의점
5	서빙							
6		시급 평균 ❻		5,750	5,600			
7		최저 시급		5,500	5,400			
8	주방보조							
9		시급 평균		6,933	5,800		6,050	
10		최저 시급		6,500	5,600		5,900	
11	카운터							
12		시급 평균	4,733			5,833	5,200	5,700
13		최저 시급	4,500		❼	5,500	5,200	4,900
14	**전체 시급 평균**		**4,733**	**6,460**	**5,700**	**5,833**	**5,767**	**5,700**
15	**전체 최저 시급**		**4,500**	**5,500**	**5,400**	**5,500**	**5,200**	**4,900**

작성조건

1. '자동필터' 시트에는 강남 지역에서 주간에 시급 6000원 이상을 주는 아르바이트 정보만 데이터베이스 자리에 표시하도록 한다.
2. 주간 시급이 7천 원 이상이거나 야간 시급이 8천 원 이상인 레스토랑을 찾기 위한 고급 필터 조건을 [H3] 셀부터 작성한다.
3. 작성한 고급 필터 조건을 이용하여 종류, 지역, 시급 필드만 표시되게 필터링한다([H8] 셀부터 종류, 지역, 시급 필드 이름을 입력한 후 필터링을 해야 한다).
4. 고급 필터의 중복 레코드 제거 기능을 이용해 아르바이트 업종과 종류의 목록을 만든다.
5. 새 시트에 피벗 테이블을 만들고 피벗 테이블 내용이 주간 시간대 레코드의 값이 되도록 필터링한다.
   피벗 테이블 보고서 레이아웃을 '개요 형식으로 표시'로 변경한 후 각 열의 너비를 적절히 조절한다([피벗 테이블 도구:디자인] 탭–[레이아웃] 그룹–[보고서 레이아웃]에서 레이아웃 선택).
6. 텍스트를 수정하고 행의 총합계는 표시되지 않게 한다([피벗 테이블 도구:디자인] 탭–[레이아웃] 그룹–[총 합계]에서 설정한다).
7. [C6:H15] 셀의 모든 값에 [홈] 탭–[표시 형식] 그룹–'쉼표 스타일'을 적용한다.

02 '설문조사' 시트에 피벗 테이블과 피벗 차트를 작성하시오.

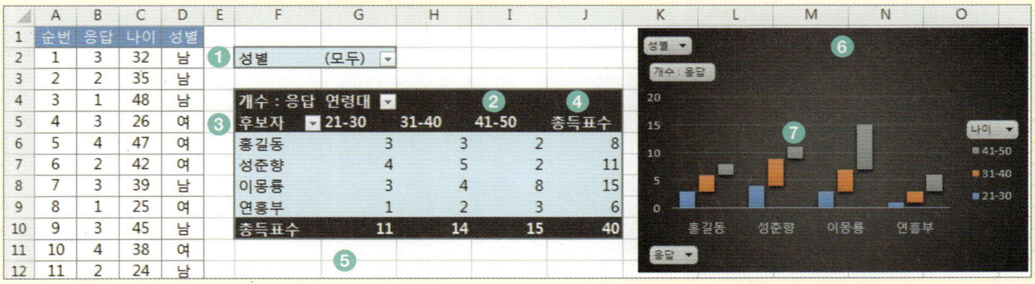

작성조건

1. 현재 시트에 피벗 테이블을 만든다. 행 레이블은 응답 필드를 사용한다. 피벗 테이블을 만든 후 아래의 ③ 과정에서 응답 번호 대신 해당 후보자 이름을 입력한다.
2. 열 레이블은 21~50까지 10 단위로 그룹화한다.
3. [F5], [G4] 셀의 필드 머리글을 변경하고, 행 레이블의 숫자를 해당 후보 이름으로 변경한다.
4. [J5] 셀 내용을 '총득표수'로 변경한다.
5. 피벗 테이블 스타일을 [어둡게] 영역의 '피벗 스타일 어둡게 9'로 변경한다.
6. 피벗 차트(누적 세로 막대형)를 만든 후 차트에 '레이아웃 9'를 적용한 다음 '스타일 8'을 적용한다([피벗 테이블 도구:디자인] 탭–[차트 레이아웃] 그룹–[빠른 레이아웃]–'레이아웃 9' 선택, [차트 스타일] 그룹–'스타일 8' 선택).
7. 차트 제목과 데이터 레이블을 제거한다.

03 '목표값 찾기' 시트에는 반지름이 5인 구의 체적, 가로가 3인 정육면체의 체적, 강동과 강서 지부의 3분기 대비 4분기의 성장률이 구해져 있다. 목표값 찾기 기능을 이용하여 목표하는 구의 체적, 정육면체 체적, 매월 상환액, 성장률을 얻기 위한 조건을 찾아 시트를 완성하시오.

	A	B	C	D	E	F	G	H	I	J	K	L
1	반지름	5		가로	3		이율	4%		지부	3분기	4분기
2	구의 체적	523.599		정육면체 체적	27.000		기간(횟수)			강동	25,000,000	26,100,000
3							대출금	20,000,000		강서	27,000,000	27,300,000
4							매월상환액			합계	52,000,000	53,400,000
5										성장률		3%

▼

	A	B	C	D	E	F	G	H	I	J	K	L
1	반지름	①		가로	②		이율	4%		지부	3분기	4분기
2	구의 체적	200.000		정육면체 체적	200.000		기간(횟수)	③		강동	25,000,000	26,100,000
3							대출금	20,000,000		강서	27,000,000	④
4							매월상환액	-₩500,000		합계	52,000,000	54,080,000
5										성장률		4%

작성조건

① ~② 체적이 200으로 같은 구와 정육면체를 만들려면 반지름과 가로값이 얼마가 되어야 하는지 소수점 아래 세 자리까지 구한다(반지름은 3.628, 가로는 5.848이 되어야 한다).

③ 연 이자율이 4%, 대출금이 2천만 원일 때 매월 50만 원씩 갚는다면 몇 개월에 거쳐 상환해야 하는지 소수점 아래 한 자리까지 나타낸다(기간은 43.0이 되어야 한다). 목표값 찾기 기능을 사용하려면 수식이 입력되어 있어야 한다. 그러므로 [H4] 셀에 PMT 함수를 입력한 후 기간을 찾아야 한다. [H2] 셀에 기간을 입력하지 않은 채 곧바로 목표값 찾기를 수행해도 되나, PMT 함수가 정확한지 확인하려면 이율이 4%, 기간이 30개월일 때 상환액이 -₩701,665인지 검사한다.

④ 4분기의 전체 성장률이 4%가 되려면 강서 지부의 4분기 실적이 얼마로 증가해야 하는지 구한다(강서 지부의 4분기 실적은 27,980,000가 되어야 한다).

04 '시나리오' 시트에 적금 만기액을 구하는 수식을 입력한 후 시나리오 요약 보고서를 만드시오.

	A	B
1	적금 만기액 구하기	
2		
3	이율	4%
4	기간(월)	15
5	납입액	30,000
6	적금만기액	462,189 ①
7		

	B	C	D	E	F	G	H
2	시나리오 요약			②	③	④	⑤
3			현재 값:	최고이율	최장기간	최저납입액	최단기간최고납입
5	변경 셀:						
6	⑥	이율	4%	5%	4%	4%	4%
7		기간(월)	15	15	20	15	10
8		납입액	30,000	30,000	30,000	20,000	70,000
9	결과 셀:						
10		만기액	462,189	465,296	621,450	308,126	712,963

작성조건

① 시트에 입력된 연이율, 기간, 납입액에 따른 적금 만기액을 구하는 수식을 입력한다(현재 시트에 입력한 납입액이 양수이므로 FV 함수의 세 번째 인수를 -B5로 사용한다).

② ~⑤ 표시된 이름의 시나리오로 구성된 시나리오 요약 보고서를 만든다.

⑥ 셀 주소 대신 텍스트를 입력한다.

CHAPTER 10

IT COOKBOOK

엑셀 표 및 유용한 기능

시트에 입력된 데이터를 표로 만들면 수식 셀의 자동 복사, 표 범위의 자동 확장, 요약 정보 표시, 필터링과 같은 작업을 할 수 있어 편리하다. 그리고 시트 보호 기능을 이용하면 다른 사람이 수식 결과만 확인할 수 있게 하기, 수식을 볼 수는 있지만 수정할 수 없게 하기, 시트의 모든 내용을 가리면서 특정 정보만 조회할 수 있게 하기 등의 보안 유지에 도움이 된다.

이 장에서는 표 기능을 소개한 후 시트 보호하기, 셀에 메모와 윗주 삽입하기, 다른 응용 프로그램에서 작성한 내용을 엑셀로 가져올 때 필요한 텍스트 나누기, 특정 데이터 빨리 찾기, 특정 텍스트를 다른 텍스트로 한꺼번에 바꾸기, 도움말을 이용해 책에서 다루지 않은 함수 기능 빠르게 찾기 등 단순하지만 유용한 기능을 소개함으로써 엑셀 소개를 마친다.

SECTION 01 -- IT COOKBOOK

01 엑셀 표 활용하기

엑셀의 표는 표의 데이터를 표 밖과 분리해 관리할 수 있어 범위를 지정하지 않고 정렬, 필터링, 스타일 적용이 가능하다. 또한 표 범위의 자동 확장, 표 수식의 자동 복사 등 많은 작업을 편리하게 할 수 있다.

1.1 엑셀 표 작성, 표 스타일 지정, 표 제거

엑셀의 표는 처음부터 시트에 직접 삽입하여 데이터를 입력해 만들거나, 기존의 데이터 범위를 표로 변환해 만들 수 있다. 그리고 표는 다시 일반 데이터 범위로 변환할 수도 있다. 표를 일반 데이터로 변환하면 기존 표에 적용된 스타일과 요약행이 유지되므로 많은 데이터에 표의 스타일만 적용하고 싶으면 일단 표를 삽입한 후 일반 데이터로 변환하면 편리하다.

표의 첫 행에는 각 열의 이름을 의미하는 열 머리글을 포함하는 것이 바람직하다. 표의 열 머리글은 데이터베이스의 필드 이름에 해당하며 표의 각 행은 데이터베이스의 레코드에 해당한다. 그러므로 8장과 9장에서 소개한 데이터베이스를 표로 만들면 표의 편리한 기능까지 이용할 수 있다.

기본 예제 〉 기존 데이터를 표로 만들어 빠르게 서식 적용하기

[A3:G15] 셀에 입력된 3월 임금 내역 부분을 표로 만든 후 표 스타일을 적용해보자.

	A	B	C	D	E	F	G
1	3월 임금 내역						
2							
3	이 름	월급여	의료보험	연금 등	소득세	주민세	실지급액
4	강소리	2,995,000	113,103	188,685	149,750	14,975	2,830,275
5	나원빈	2,042,500	113,103	128,678	102,125	10,213	1,930,163
6	나태희	3,510,000	141,102	221,130	175,500	17,550	3,316,950
7	서민국	2,395,000	113,103	150,885	119,750	11,975	2,263,275
8	소지법	1,995,000	93,123	125,685	99,750	9,975	1,885,275
9	송주기	2,295,000	113,103	144,585	114,750	11,475	2,168,775
10	유아남	4,206,200	141,102	264,991	210,310	21,031	3,974,859
11	이민후	3,782,000	141,102	238,266	189,100	18,910	3,573,990
12	장근수	1,751,000	93,123	110,313	87,550	8,755	1,654,695
13	최고수	3,220,000	113,103	202,860	161,000	16,100	3,042,900
14	하정유	2,740,000	113,103	172,620	137,000	13,700	2,589,300
15	한가한	2,560,600	113,103	161,318	128,030	12,803	2,419,767

▶

	A	B	C	D	E	F	G
1	3월 임금 내역					표	
2							
3	이 름	월급여	의료보험	연금 등	소득세	주민세	실지급액
4	강소리	2,995,000	113,103	188,685	149,750	14,975	2,830,275
5	나원빈	2,042,500	113,103	128,678	102,125	10,213	1,930,163
6	나태희	3,510,000	141,102	221,130	175,500	17,550	3,316,950
7	서민국	2,395,000	113,103	150,885	119,750	11,975	2,263,275
8	소지법	1,995,000	93,123	125,685	99,750	9,975	1,885,275
9	송주기	2,295,000	113,103	144,585	114,750	11,475	2,168,775
10	유아남	4,206,200	141,102	264,991	210,310	21,031	3,974,859
11	이민후	3,782,000	141,102	238,266	189,100	18,910	3,573,990
12	장근수	1,751,000	93,123	110,313	87,550	8,755	1,654,695
13	최고수	3,220,000	113,103	202,860	161,000	16,100	3,042,900
14	하정유	2,740,000	113,103	172,620	137,000	13,700	2,589,300
15	한가한	2,560,600	113,103	161,318	128,030	12,803	2,419,767
16	요약						**31,650,224**

01 기존 데이터에 표 삽입하기

[A3:G15] 셀을 선택해 표를 삽입해도 되지만 데이터베이스처럼 현재 선택된 셀을 포함한 연속 영역이 표 범위로 자동 설정되므로 ❶ 표에 포함할 임의의 셀을 선택하고 ❷~❸ [삽입] 탭-[표] 그룹-[표]를 클릭한다(Ctrl+T). ❹ 자동으로 설정된 표의 범위는 시트에서 직접 드래그하여 수정할 수 있다. 설정된 표 범위의 첫 행이 머리글이므로 [머리글 포함]에 체크가 되어 있어야 한다. 이 두

가지를 확인한 후 ❺ [확인]을 누르면 표가 삽입된다. 그리고 표의 첫 행에 있는 열 머리글마다 자동 필터가 추가되므로 데이터베이스의 자동 필터 기능을 그대로 사용할 수 있다.

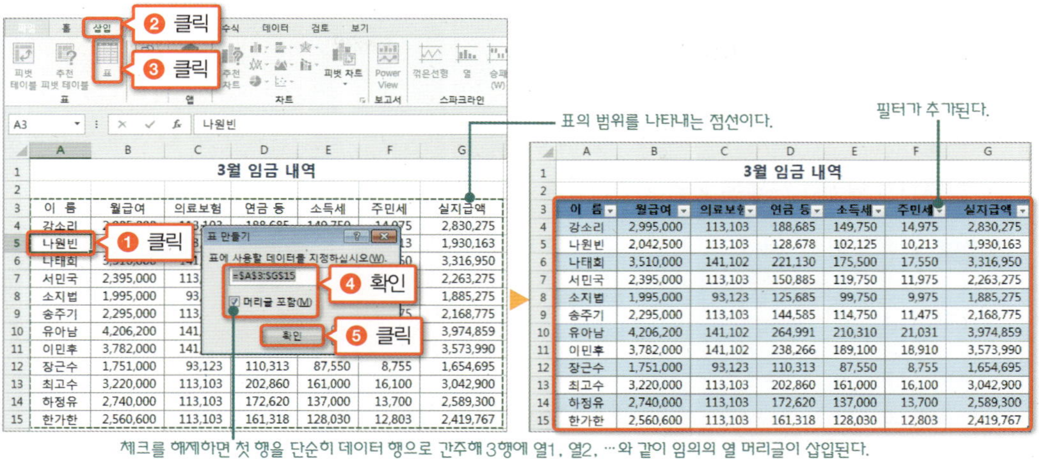

02 표 도구를 이용해 빠르게 서식 지정하기 : 스타일 5, 요약 행 표시, 줄무늬 행 해제

❶ 표의 임의의 셀을 선택하고 ❷~❹ [디자인] 탭–[표 스타일] 그룹– ▽(자세히)를 클릭해 [보통]의 5번째 스타일을 클릭한다. 그리고 ❺ [표 스타일 옵션] 그룹의 [요약 행]에 체크하여 표 맨 아래에 요약 행을 추가한 후 ❻ [줄무늬 행]에 있는 체크를 해제하여 교대로 생기는 줄무늬를 제거한다.

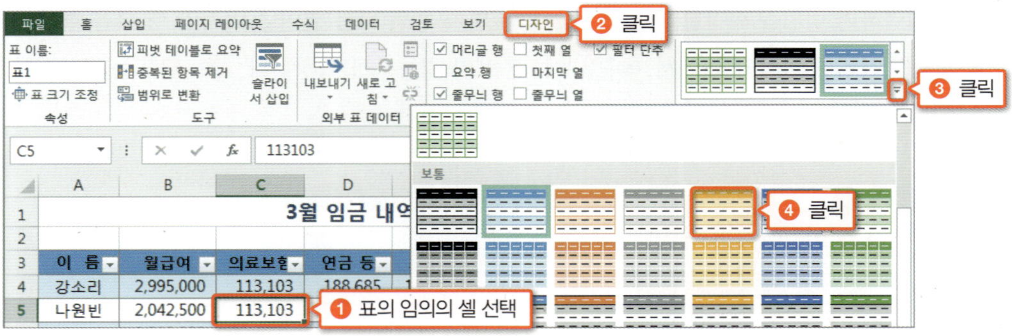

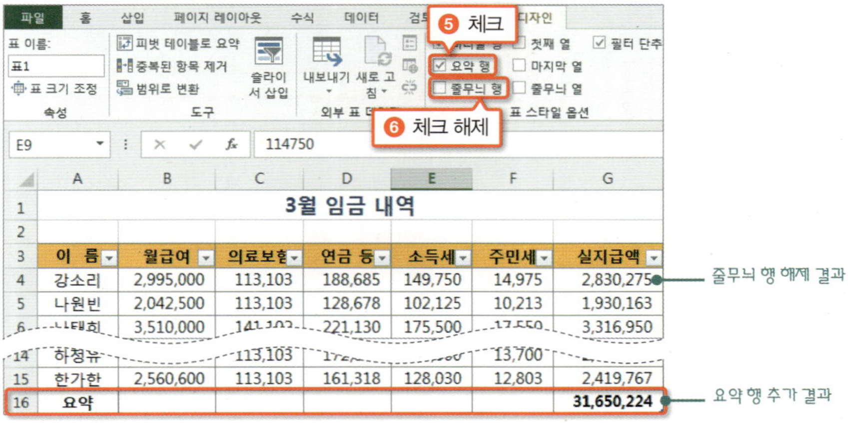

기본 예제 새 표 만들기, 표 확장하기, 표 제거하기

새 표를 만들어 데이터를 입력하며 확장해 보고 이 표를 제거하여 일반 데이터 범위로 변경해보자.

01 빈 셀에 표 삽입하기

❶표가 시작될 위치를 선택하고 ❷~❸[삽입] 탭–[표] 그룹–[표]를 클릭한 후 ❹현재 셀만 포함하도록 데이터 범위를 그대로 둔 후 [확인]을 누르면 표가 삽입된다.

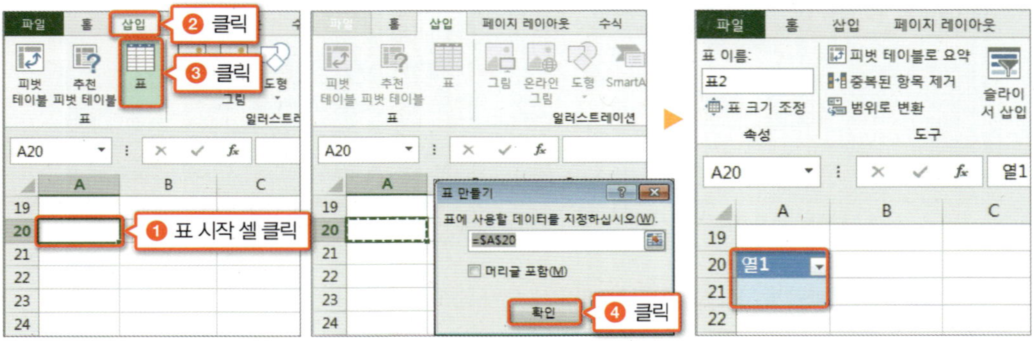

02 표를 확장해가며 데이터 입력하기

표를 삽입한 후에는 표에서 데이터를 입력해가면서 표의 범위를 확장할 수 있다. 삽입된 표에 데이터를 입력하며 범위를 확장할 때는 ❶~❷표의 마지막 열 다음 열이나 마지막 행 다음 행에서 데이터를 입력하거나 마지막 셀에서 Tab을 누르면 표가 자동으로 확장된다. ❸~❹또는 표 맨 끝 셀에서 확장용 핸들을 드래그하여 직접 범위를 확장해도 된다.

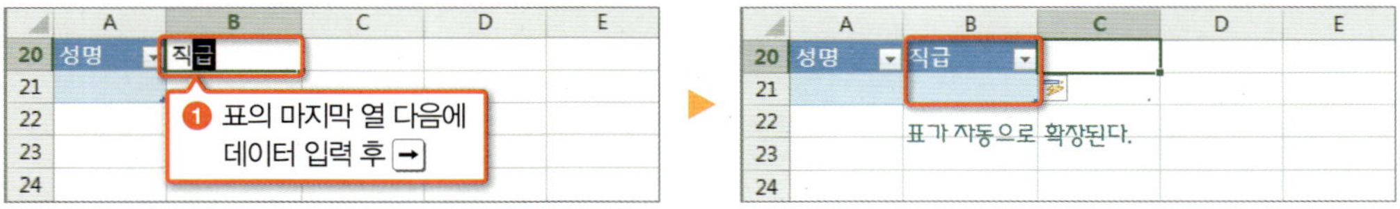

03 표를 일반 데이터 범위로 전환하기

표를 일반 데이터 범위로 전환하면 표의 데이터, 셀 서식, 요약 행은 그대로 유지한 채 표 기능만 제거된다. 표의 데이터까지 모두 제거하려면 일반 셀처럼 표 범위를 선택한 후 Delete를 누른다. ❶ 표 안의 셀을 선택하고 ❷~❸ [표 도구:디자인] 탭–[도구] 그룹–[범위로 변환]을 클릭한 후 ❹ [예]를 클릭하면 표는 제거되고 서식은 유지된 일반 데이터 범위로 된다.

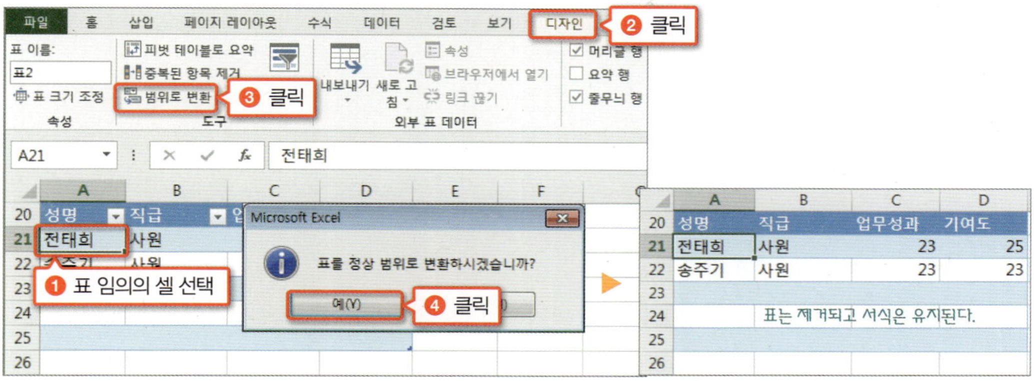

1.2 표의 구조적 참조, 필터링, 슬라이서

표 안에서 셀 참조를 사용하는 수식을 입력하면 구조적 참조로 입력된다. 예를 들어 [그림 10-1]에서 [F4]셀의 주민세 수식에서 [E4]셀을 참조하기 위해 [E4]셀을 클릭하면 [@소득세]로 표시된다. 구조적 참조는 이처럼 해당 셀의 참조를 주소로 직접 표현하지 않고 [@소득세]와 같이 참조 셀의 해당 열 머리글을 이용해 표현한다. [소득세]는 소득세 열 머리글 아래에 있는 모든 소득세 데이터 범위의 참조를 의미하며, [@소득세]는 전체 소득세 데이터 범위 중 현재 수식과 같은 행의 소득세 셀 참조를 의미한다.

표에서는 임의의 셀에 수식을 입력하고 Enter를 누르면 같은 열의 나머지 셀에도 수식이 자동으로 채워지며, 수식을 수정하면 같은 열의 모든 수식이 자동으로 수정되므로 편리하다.

그림 10-1 주민세가 소득세의 10%가 되도록 [F4] 셀에 수식을 입력한 예

	A	B	C	D	E	F	G
3	이 름	월급여	의료보험	연금 등	소득세	주민세	실지급액
4	강소리	2,995,000	113,103	188,685	149,750	=[@소득세]*10%	
5	나원빈	2,042,500	113,103	128,678	102,125		1,940,375
6	나태희	3,510,000	141,102	221,130	175,500		3,334,500
7	서민국	2,395,000	113,103	150,885	119,750		2,275,250
8	소지법	1,995,000	93,123	125,685	99,750		1,895,250

= 입력 → [E4] 셀 클릭 → *10% 입력으로 나타나는 수식이다.

기본 예제 표 수식의 자동 채우기와 자동 수정하기

주민세는 소득세의 10%로 계산하도록 수식을 입력하고, 실지급액은 월급여에서 보험, 연금, 세금을 제외한 값이 되도록 수식을 수정해보자.

	A	B	C	D	E	F	G
3	이 름	월급여	의료보험	연금 등	소득세	주민세	실지급액
4	강소리	2,995,000	113,103	188,685	149,750		2,845,250
5	나원빈	2,042,500	113,103	128,678	102,125		1,940,375
6	나태희	3,510,000	141,102	221,130	175,500		3,334,500
7	서민국	2,395,000	113,103	150,885	119,750		2,275,250
8	소지법	1,995,000	93,123	125,685	99,750		1,895,250
9	송주기	2,295,000	113,103	144,585	114,750		2,180,250
10	유아남	4,206,200	141,102	264,991	210,310		3,995,890
11	이민후	3,782,000	141,102	238,266	189,100		3,592,900
12	장근수	1,751,000	93,123	110,313	87,550		1,663,450
13	최고수	3,220,000	113,103	202,860	161,000		3,059,000
14	하정유	2,740,000	113,103	172,620	137,000		2,603,000
15	한가한	2,560,600	113,103	161,318	128,030		2,432,570

▶

	A	B	C	D	E	F	G
3	이 름	월급여	의료보험	연금 등	소득세	주민세	실지급액
4	강소리	2,995,000	113,103	188,685	149,750	14,975	2,528,487
5	나원빈	2,042,500	113,103	128,678	102,125	10,213	1,688,382
6	나태희	3,510,000	141,102	221,130	175,500	17,550	2,954,718
7	서민국	2,395,000	113,103	150,885	119,750	11,975	1,999,287
8	소지법	1,995,000	93,123	125,685	99,750	9,975	1,666,467
9	송주기	2,295,000	113,103	144,585	114,750	11,475	1,911,087
10	유아남	4,206,200	141,102	264,991	210,310	21,031	3,568,766
11	이민후	3,782,000	141,102	238,266	189,100	18,910	3,194,622
12	장근수	1,751,000	93,123	110,313	87,550	8,755	1,451,259
13	최고수	3,220,000	113,103	202,860	161,000	16,100	2,726,937
14	하정유	2,740,000	113,103	172,620	137,000	13,700	2,303,577
15	한가한	2,560,600	113,103	161,318	128,030	12,803	2,145,346

01 주민세 수식 입력하기 : 자동 채우기

❶ [F4] 셀에 =을 입력하고 ❷ [E4] 셀을 클릭하면 [@소득세]로 구조적 참조가 입력된다. 이는 소득세 열 중 현재 행의 소득세 셀을 참조한다는 의미이다. 이어서 ❸ *10%을 입력하고 Enter를 누르면 나머지 주민세 열의 셀에 수식이 자동으로 채워진다.

	A	B	C	D	E	F	G
3	이 름	월급여	의료보험	연금 등	소득세	주민세	실지급액
4	강소리	2,995,000	113,103	188,685	149,750	=[@소득세]*10%	
5	나원빈	2,042,500	113,103	128,678	102,125		1,940,375
6	나태희	3,510,000	141,102	221,130	175,500		
7	서민국	2,395,000	113,103	150,885	119,750		

❶ = 입력
❷ [E4] 셀 클릭
❸ *10% 입력 후 Enter

▼

	A	B	C	D	E	F	G
3	이 름	월급여	의료보험	연금 등	소득세	주민세	실지급액
4	강소리	2,995,000	113,103	188,685	149,750	14,975	2,830,275
5	나원빈	2,042,500	113,103	128,678	102,125	10,213	1,930,163
6	나태희	3,510,000	141,102	221,130	175,500	17,550	3,316,950
7	서민국	2,395,000	113,103	150,885	119,750	11,975	2,263,275

이 자동 고침 옵션 태그를 클릭해 자동으로 채워진 수식을 제거할 수 있다.

수식이 자동으로 채워진다.

02 실지급액 수식 수정하기 : 구조적 참조 수정하기

❶ 실지급액인 [G4] 셀을 더블클릭하여 수식을 확인하면 =[@월급여]–SUM(표4[@[소득세]:[주민세]])로 의료보험과 연금이 제외되지 않았다. 수식에서 표4는 엑셀에서 정의한 표 범위 이름이고, [@[소득세]:[주민세]]는 현재 행의 소득세부터 주민세까지의 연속된 범위의 구조적 참조를 의미한다. 이 구조적 참조를 수정해야 할 때 셀 하나의 구조적 참조는 [ ] 부분을 선택한 후 변경할 셀을 클릭하면 되지만, 셀 범위의 구조적 참조는 표 이름도 포함하여 [ ] 부분까지 선택해야 한다. 그러므로 ❷ 월급여에서 의료보험과 연금 등도 빼기 위해 표4[@[소득세]:[주민세]]를 선택하고 ❸ [C4:F4] 셀을 드래그하여 범위를 수정한 후 ❹ Enter를 누르면 실지급액 열의 나머지 수식도 자동으로 수정된다.

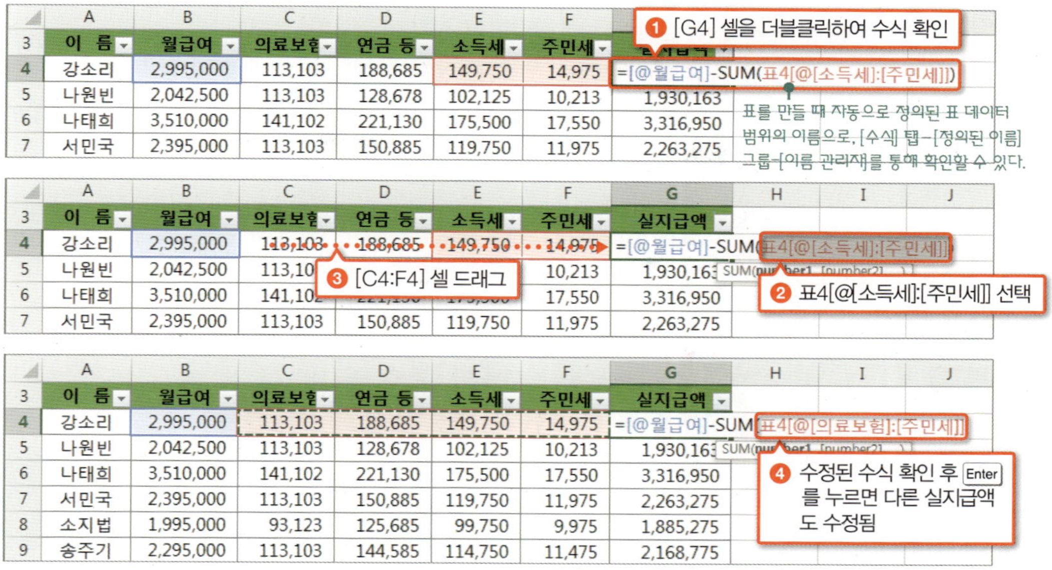

엑셀 2013에서는 표도 슬라이서를 이용해 필터링할 수 있다. 슬라이서를 이용하면 현재 표에 나타난 데이터가 어떻게 필터링된 데이터인지 쉽게 알 수 있을 뿐만 아니라, 직접 필터링도 할 수 있다.

기본 예제 〉 표 필터링하기/표에 슬라이서 삽입하기

인사 고과표에 사원과 대리의 정보만 나타나도록 필터링한 다음 직급에 대한 슬라이서를 삽입하고 이를 이용해 표에 주임의 정보만 나타나도록 필터링해보자.

01 직급이 대리와 사원인 정보만 나타나도록 필터링하기

❶ 직급 열 머리글 옆의 ▾(자동 필터)를 클릭한 후 ❷ 대리와 사원의 체크만 유지하고 주임의 체크는 해제한 후 ❸ [확인]을 누른다.

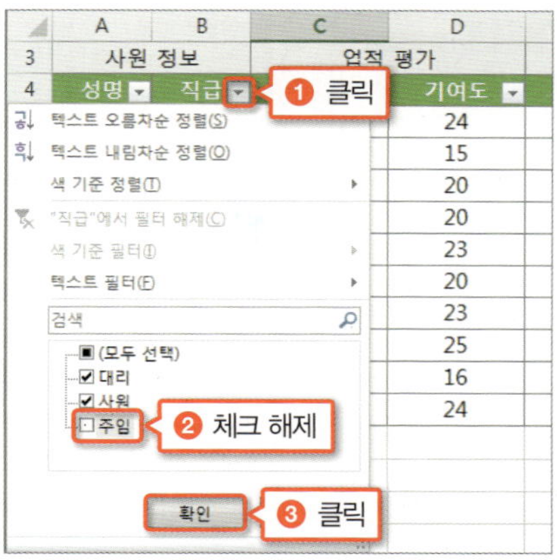

TIP 열 머리글의 필터를 이용하면 데이터베이스처럼 정렬과 필터링을 할 수 있으며, ["직급"에서 필터 해제]를 선택하면 직급 필터에 설정된 필터가 해제된다.

02 직급에 대한 슬라이서 삽입하기

필터링된 인사 고과표가 어떤 직급에 대한 정보만 포함하고 있는지를 쉽게 알 수 있도록 직급 열 머리글에 대한 슬라이서를 삽입해보자. ❶~❸ 표 안에서 [표 도구:디자인] 탭-[도구] 그룹-[슬라이서 삽입]을 클릭한다. ❹ [슬라이서 삽입] 대화상자에서 [직급] 열 머리글만 체크한 후 ❺ [확인]을 누르면 시트에 슬라이서가 삽입된다. 슬라이서에서 파란 색으로 표시된 것은 필터링되어 현재 표에 나타나 있는 항목임을, 흰색은 표에 없는 항목임을 표시한다. 삽입된 슬라이서를 선택하고 Delete를 누르면 간단히 제거된다.

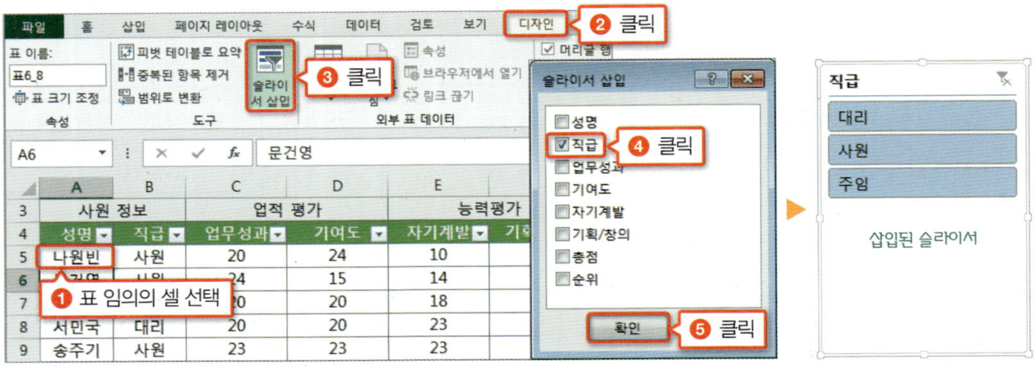

03 슬라이서를 이용해 표 데이터 필터링하기 : 주임 정보만 표시하기

표에 삽입한 슬라이서를 이용해 주임 정보만 보이도록 필터링을 해보자. ❶ 슬라이서를 선택하고 [슬라이서 도구:옵션] 탭을 클릭해 크기, 한 행에 포함할 열 머리글의 버튼 수, 열 머리글의 버튼 크기를 지정하고 슬라이서를 드래그하여 위치를 조정한 후 ❷ [주임]을 클릭해 선택하면 표에 필터링 결과가 바로 나타난다. 두 개 이상의 항목을 선택하려면 Ctrl을 누른 채 항목을 클릭한다.

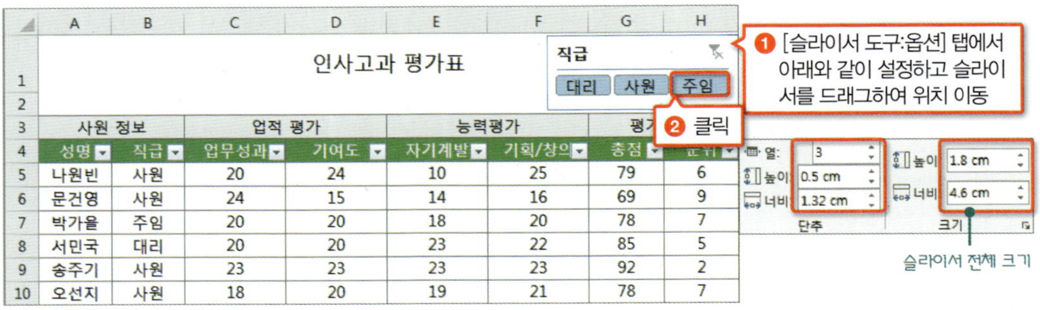

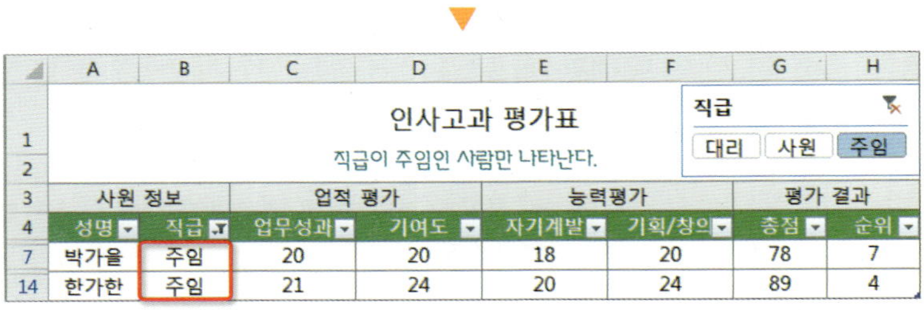

TIP [슬라이서:옵션] 탭-[슬라이서] 그룹-[슬라이서 설정]을 클릭해 [슬라이서 설정] 대화상자에서 슬라이서에 표시된 열 머리글을 제거하는 등 다양한 설정을 할 수 있다.

기본 예제 〉 표의 열과 표 전체 선택하기

데이터를 표로 만들면 행이나 열을 빠르게 선택하고 표의 바깥 테두리를 클릭해 표를 선택할 수 있다. 빠른 분석 갤러리를 이용해 표를 만든 후 교육 과목 전체를 범위로 선택하고 표 전체도 범위로 선택해보자.

01 빠른 분석 갤러리에서 표 만들기

❶ 표를 삽입할 범위를 선택하고 ❷ (빠른 분석)을 클릭한다. ❸~❹ 빠른 분석 갤러리에서 [표]-[표]를 클릭하면 표가 삽입된다.

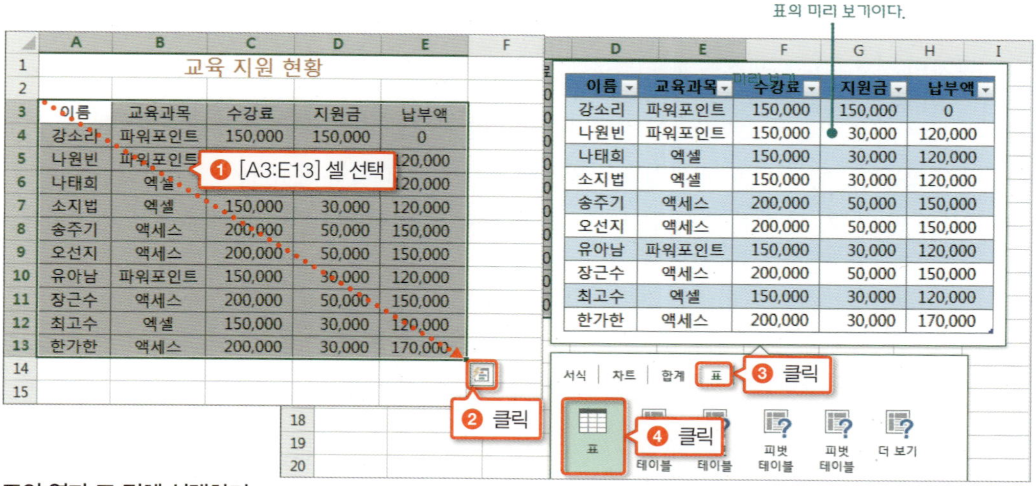

02 표의 열과 표 전체 선택하기

❶ 표의 열을 선택하려면 표의 열 머리글 위쪽 경계선 약간 아래에 마우스 포인터를 두어 굵은 화살표가 나타났을 때 클릭한다. 단, 열 머리글은 포함되지 않는다. 그리고 ❷ 표 전체를 선택하려면 표의 바깥 경계선 부분에 마우스 포인터를 가져가 (이동 표식)이 생겼을 때 클릭한다.

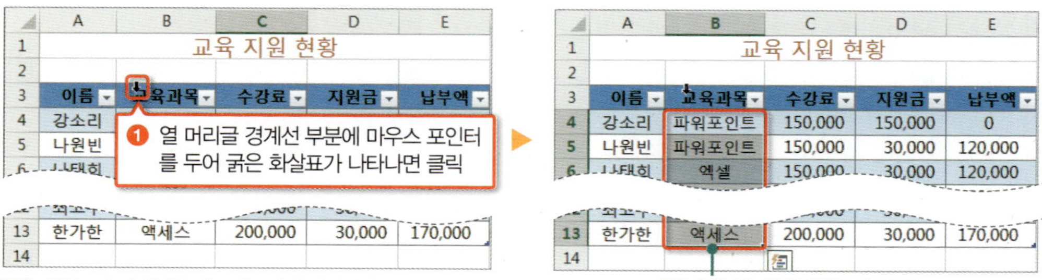

TIP 화살표가 나타났을 때 드래그하면 여러 열을 선택할 수 있다.

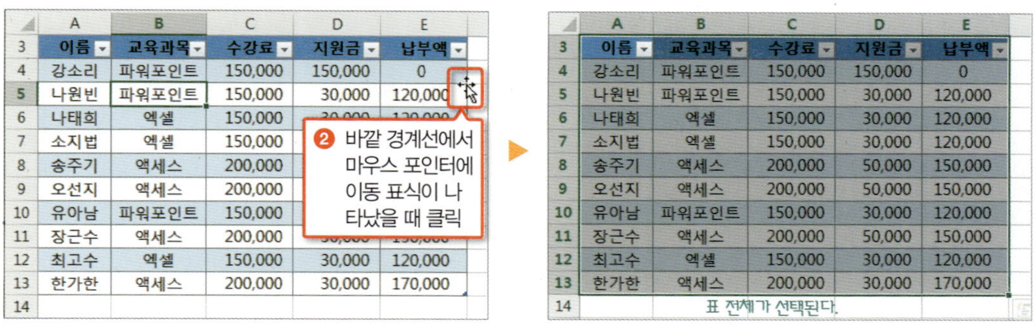

SECTION ··· IT COOKBOOK

02 기타 유용한 기능 익히기

2.1 시트 보호

수식이 많이 포함된 시트에서는 수식의 참조 셀 값을 잘못 수정하여 문제가 발생하는 경우가 종종 있다. 또는 수식에 숨기고 싶은 내용이 있거나, 시트의 내용 중 사용자와 관련된 내용은 검색할 수 있지만 다른 사용자의 정보는 숨기고 싶을 때도 있는데, 이런 경우 시트 보호 기능을 이용하면 된다.

시트의 모든 셀은 기본적으로 잠금이 설정되어 있지만 시트 보호를 따로 설정하지 않는 한 잠금 효과가 나타나지 않는다. 즉, 시트를 보호 상태로 지정해야 셀 잠금 효력이 발생하여 셀 내용을 수정하지 못하게, 서식을 변경하지 못하게, 수식이 보이지 않게, 숨긴 열이나 행을 다시 보이게 수정할 수 없게 할 수 있다.

기본 예제 **시트의 특정 셀만 데이터를 입력할 수 있고 다른 변경 작업은 할 수 없게 보호하기 : 시트 보호와 해제**

학번을 입력하면 해당 학번의 학생 성적을 확인할 수 있도록 시트를 작성한 후 시트 왼쪽의 다른 학생의 성적은 확인할 수 없게 숨겨보자. 그리고 학번을 입력하는 셀만 편집할 수 있도록 잠금을 해제한 후, 시트에서 다른 편집은 할 수 없도록 시트를 보호해보자.

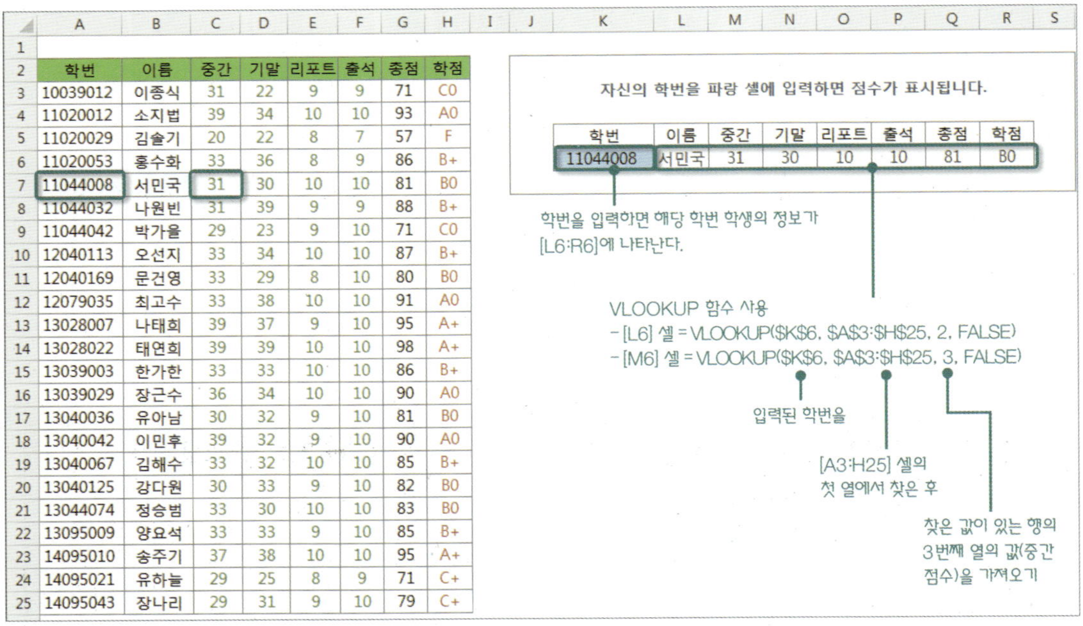

학번	이름	중간	기말	리포트	출석	총점	학점
10039012	이종식	31	22	9	9	71	C0
11020012	소지법	39	34	10	10	93	A0
11020029	김솔기	20	22	8	7	57	F
11020053	홍수화	33	36	8	9	86	B+
11044008	서민국	31	30	10	10	81	B0
11044032	나원빈	31	39	9	9	88	B+
11044042	박가을	29	23	9	10	71	C0
12040113	오선지	33	34	10	10	87	B+
12040169	문건영	33	29	8	10	80	B0
12079035	최고수	33	38	10	10	91	A0
13028007	나태희	39	37	9	10	95	A+
13028022	태연희	39	39	10	10	98	A+
13039003	한가한	33	33	10	10	86	B+
13039029	장근수	36	34	10	10	90	A0
13040036	유아남	30	32	9	10	81	B0
13040042	이민후	39	32	9	10	90	A0
13040067	김해수	33	32	10	10	85	B+
13040125	강다원	30	33	9	10	82	B0
13044074	정승범	33	30	10	10	83	B0
13095009	양요석	33	33	9	10	85	B+
14095010	송주기	37	38	10	10	95	A+
14095021	유하늘	29	25	8	9	71	C+
14095043	장나리	29	31	9	10	79	C+

자신의 학번을 파랑 셀에 입력하면 점수가 표시됩니다.

학번	이름	중간	기말	리포트	출석	총점	학점
11044008	서민국	31	30	10	10	81	B0

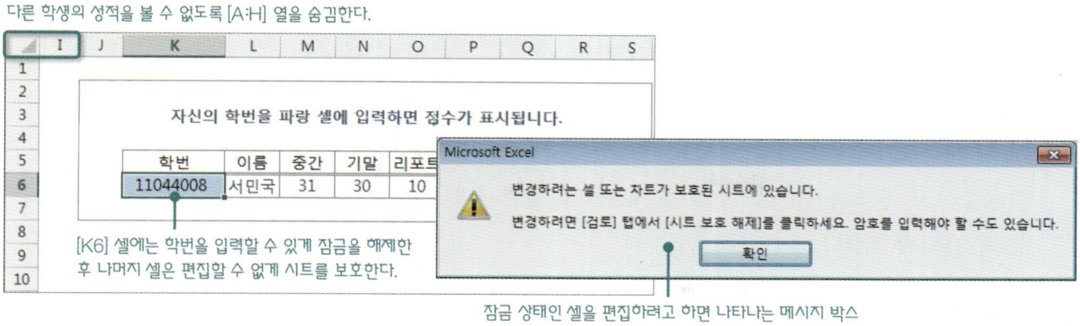

01 [A:H] 열의 정보 숨기기

❶~❷ 숨길 [A:H]열을 선택하고 마우스 오른쪽 버튼을 눌러 ❸ 팝업 메뉴에서 [숨기기]를 클릭한다.

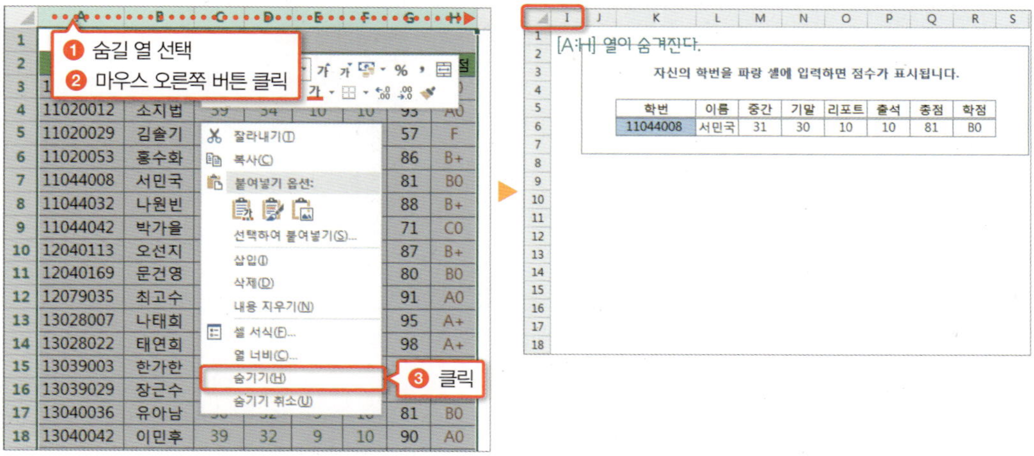

02 사용자가 편집 가능한 [K6] 셀만 잠금 해제하기

지금 시트를 보호하면 모든 셀이 잠금 상태이므로 [K6]셀에 학번을 입력할 수 없게 된다. 그러므로 시트를 보호하기 전에 사용자가 편집 가능한 셀의 잠금을 먼저 해제하도록 ❶ 사용자가 학번을 입력할 [K6]셀을 선택하고 ❷ Ctrl+1을 누른다. ❸~❹ [셀 서식] 대화상자–[보호] 탭에서 [잠금]의 체크를 해제하여 편집 가능한 셀로 변경한 다음 ❺ [확인]을 누른다.

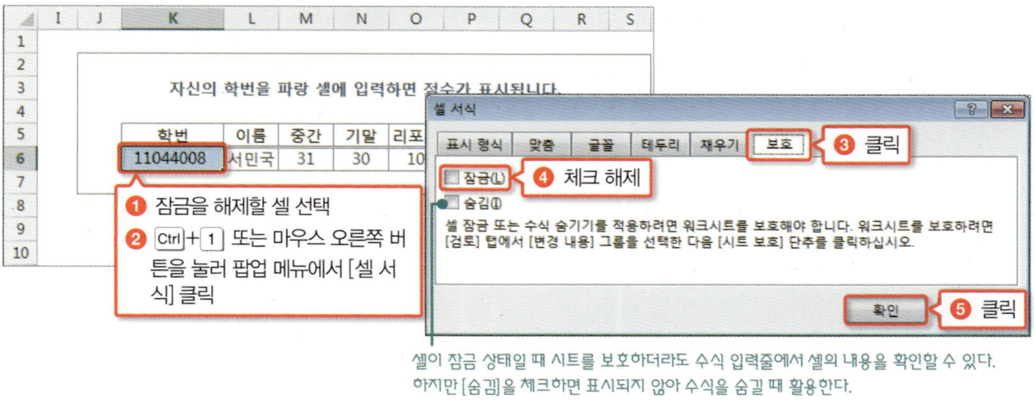

03 학번 입력 셀 외에는 편집할 수 없게 시트 보호하기

보호할 시트의 임의의 셀에서 ❶~❷ [검토] 탭-[변경 내용] 그룹-[시트 보호]를 클릭한다. ❸ [시트 보호] 대화상자에서 보호를 해제할 때 사용할 암호를 입력하고 Enter 를 누른 후 ❹ 다시 한번 동일한 암호를 입력 후 Enter 를 눌러 보호를 완료한다. 암호를 잊으면 절대로 시트 보호를 해제할 수 없으므로 꼭 기억해야 한다.

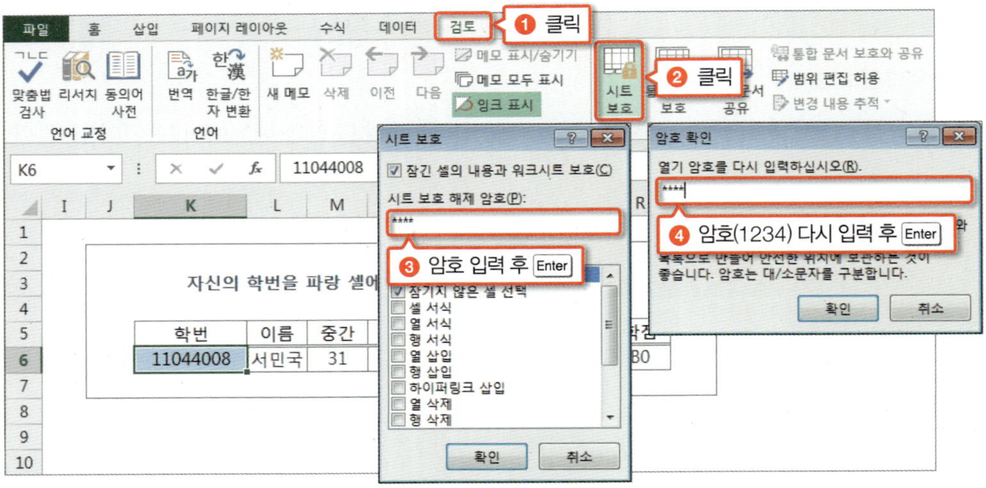

TIP [시트 보호] 대화상자에서 암호를 입력하지 않고 [확인]이나 Enter 만 누르면 암호 없이 보호할 수 있다.

04 시트 보호 해제하기

시트가 보호된 상태에서 잠금이 된 셀을 편집하려고 시도하면 시트가 보호되어 있다는 메시지 박스가 나타난다. 시트 보호를 해제하지 않는 한 편집은 불가능하다. 시트 보호를 해제하려면 ❶~❷ [검토] 탭-[변경 내용] 그룹-[시트 보호 해제]를 클릭한다. ❸ 보호할 때 입력한 암호를 입력하고 Enter 를 누르면 시트 보호가 해제된다.

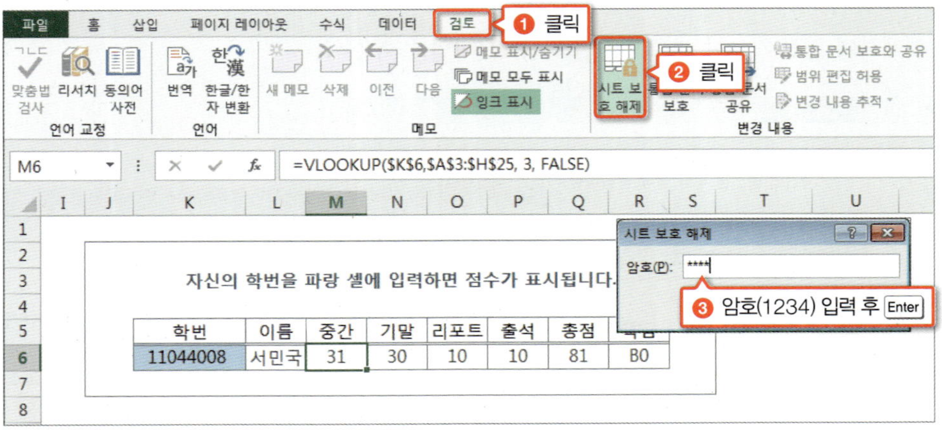

2.2 메모와 윗주의 삽입

특정 판매가가 세일로 조정된 값임을 표시하려고 '세일가' 텍스트를 직접 입력하면 산술 연산이 불가능해진다. 이때는 셀 내용을 직접 변경하기보다는 메모를 삽입하면 좋다. 셀에 메모를 넣으면 셀 우측 상단에 메모 표식(◥)이 생긴다. 메모 표식이 있는 셀에 마우스 포인터를 두면 메모 내용이 표시되므로 나중에 확인할 정보 또는 공유할 시트에서 주의하거나 참고할 내용을 명시하면 유용하다.

셀에 윗주를 이용해 주석을 추가할 수 있는데, 윗주는 텍스트가 입력된 셀에만 넣을 수 있다. 강조는 아니지만 명확성을 위한 내용이나 사용자만 필요할 때 확인할 내용을 넣을 때 유용하다.

기본 예제 ▶ 메모와 윗주 넣기

유아남 팀원의 자료 점수에 점수가 낮은 이유를 메모로, [A1:H1] 병합 셀에는 해당 학기를 윗주로 넣어보자.

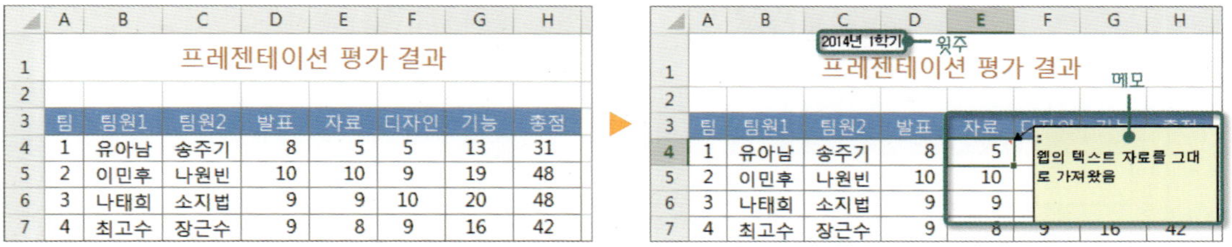

01 메모 넣기 : [E4] 셀에 메모 넣기

❶ 메모를 넣을 [E4] 셀을 선택하고 ❷~❸ [검토] 탭-[메모] 그룹-[새 메모]를 클릭한 후 ❹ 내용을 입력하고 메모 틀 밖을 클릭하면 셀 우측 상단에 메모 표식이 생긴다.

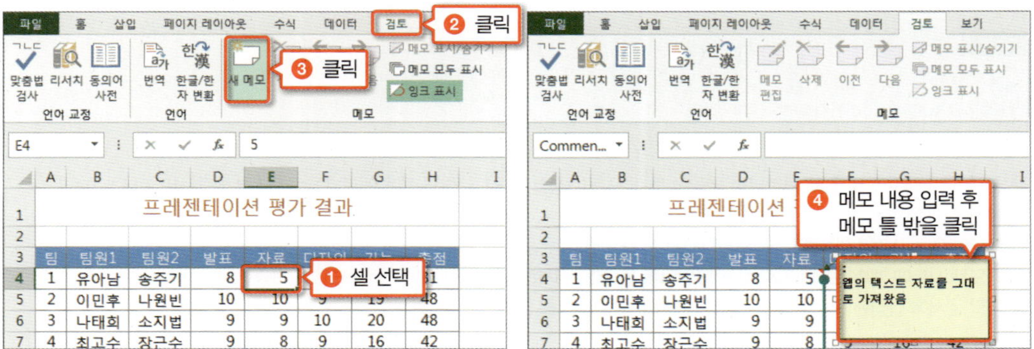

TIP [E4] 셀을 선택하고 마우스 오른쪽 버튼을 눌러 팝업 메뉴에서 [메모 삽입]을 선택해도 메모를 삽입할 수 있다.

메모가 있다는 표식으로, 이 표식이 있는 셀에 마우스 포인터를 두면 메모를 확인할 수 있다.

02 제목 셀에 윗주 넣고 윗주 표시하기

❶ 제목이 있는 [A1:H1] 병합 셀을 선택하고 ❷~❹ [홈] 탭-[글꼴] 그룹-(윗주 필드 표시/숨기

기)의 ▾-[윗주 편집]을 클릭한다. ❺ 윗주 필드에 내용을 입력한 후 다른 셀을 클릭해 입력을 마친다. 윗주는 셀에 기본적으로 표시되지 않으므로 셀에 표시하려면 ❻ 윗주를 삽입한 [A1:H1] 병합 셀을 선택하고 ❼~❾ [홈] 탭-[글꼴] 그룹-내천(윗주 필드 표시/숨기기)의 ▾-[윗주 필드 표시]를 클릭한다.

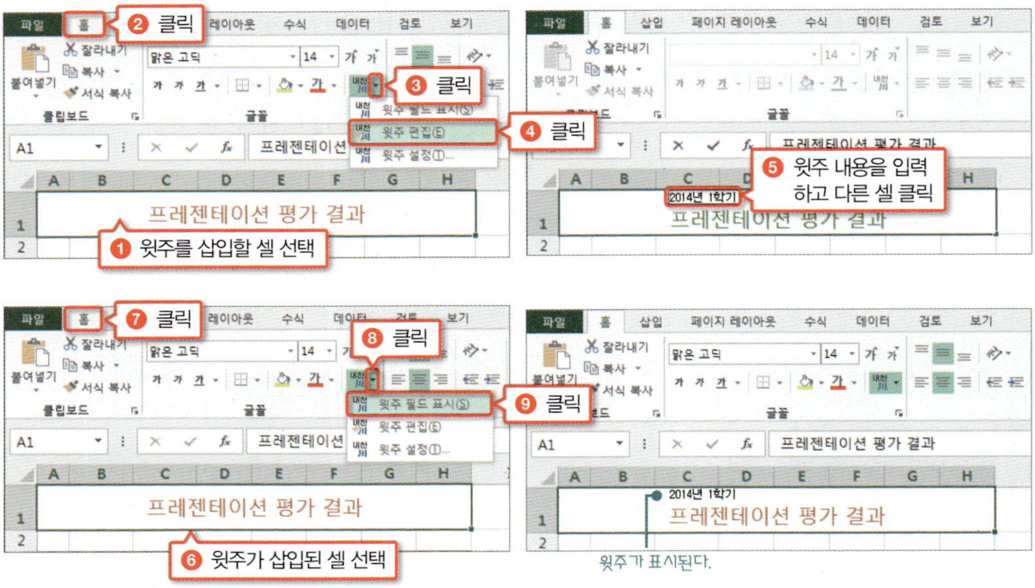

[그림 10-2]는 메모와 윗주에 사용할 수 있는 리본 메뉴이다.

그림 10-2 메모와 윗주를 위한 리본 메뉴

(a) 메모를 위한 리본 메뉴

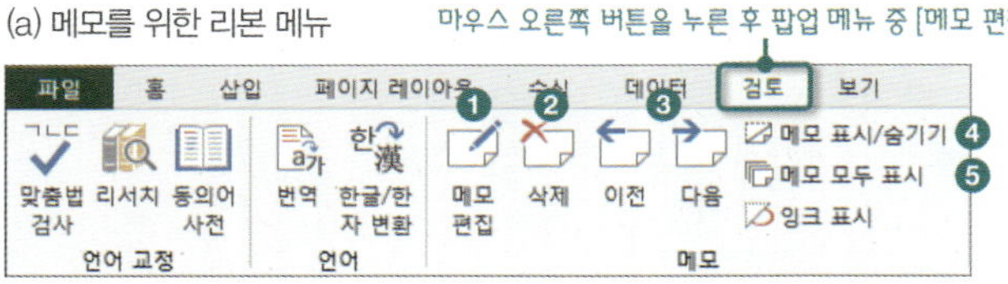

❶ 현재 셀에 메모가 있을 때 나타나며 클릭한 후 메모를 수정할 수 있다. 현재 셀에 메모가 없으면 [새 메모] 버튼이 나타난다.
❷ 메모를 제거한다.
❸ 메모가 있는 이전/다음 셀로 이동하여 메모를 표시한다.
❹ 메모를 시트에 계속 표시하기/마우스 포인터를 둘 때만 표시하기를 설정한다.
❺ 통합 문서에 삽입된 모든 메모를 시트에 표시해 모든 메모를 한꺼번에 확인할 수 있다.

(b) 윗주를 위한 리본 메뉴

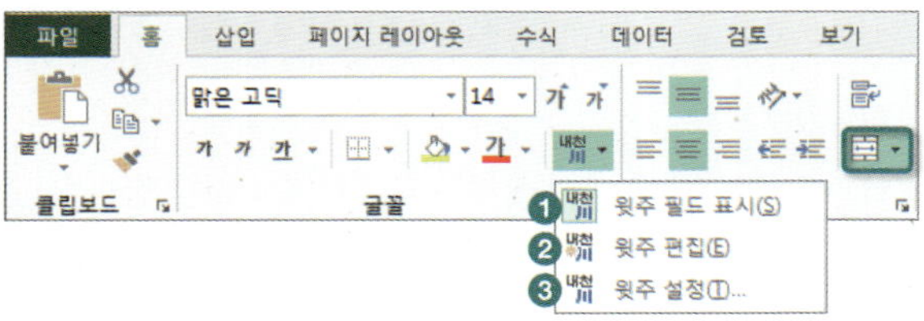

❶ 윗주 내용이 있다면 셀에 표시한다.
❷ 윗주 필드가 표시되고 커서가 나타나 수정할 수 있다. 윗주 제거는 따로 메뉴가 없으며 윗주 필드의 내용을 모두 지우고 윗주 필드 표시를 해제하면 된다.
❸ 윗주의 글꼴과 맞춤을 설정한다.

2.3 텍스트 나누기

아래 한글이나 파워포인트에서 복사한 내용을 엑셀에 붙여 넣어야 하는 경우가 있다. 이때 단락 안의 내용이 탭으로 잘 구분되어 있거나 복사한 내용이 표의 일부라면 엑셀이 단락을 여러 텍스트로 나누어 자동으로 각 셀에 넣어준다. 하지만 그렇지 않은 경우 단락의 모든 내용이 셀 하나에 들어가게 된다.

엑셀의 텍스트 나누기 기능을 이용하면 셀 하나에 있는 단락을 여러 셀에 자동으로 나누어 넣을 수 있다. 이 작업은 빠른 채우기 기능을 이용할 수도 있지만 빠른 채우기는 한 번에 한 열씩만 가능하므로 단락을 여러 셀로 나누려면 작업을 반복해야 한다. 반면, 텍스트 나누기는 단락을 한 번에 여러 셀로 나눌 수 있다. 또한 다른 응용 프로그램에서 만든 텍스트 파일을 엑셀에서 직접 열면 텍스트 나누기 기능이 자동으로 실행되므로 알아두면 유용한 기능이다.

기본 예제 〉 아래 한글에서 작성한 내용을 엑셀 시트의 셀에 복사하기

아래 한글 문서의 학생 명단을 복사해서 엑셀 시트의 각 셀에 입력해보자.

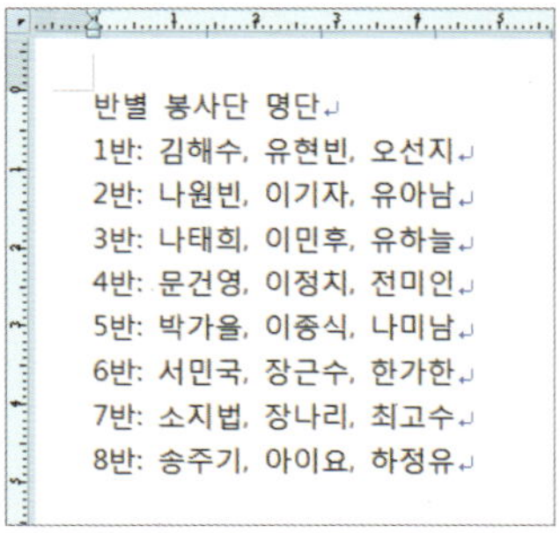

한글 페이지

엑셀 시트

01 아래 한글 내용을 엑셀 시트에 복사하기

❶ ~ ❷ 아래 한글의 내용을 복사한 후 엑셀의 [A1] 셀에 붙여넣으면 단락별로 구분되어 셀에 들어간다.

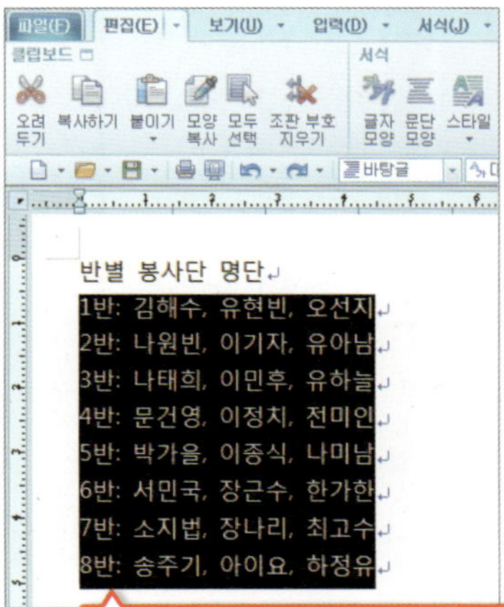

❶ 텍스트를 선택한 후 Ctrl+C를 눌러 복사

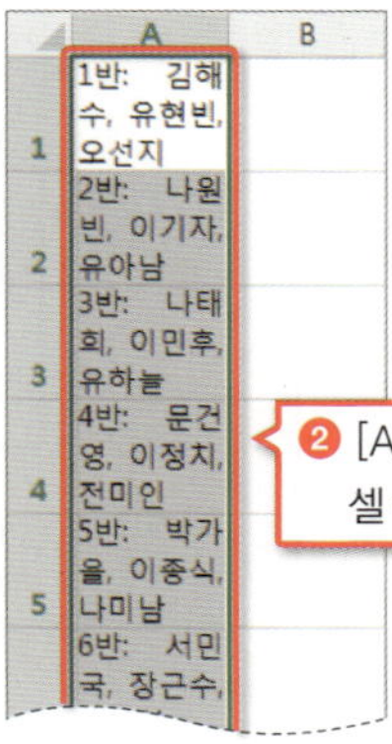

❷ [A1] 셀을 선택하고 Ctrl+V를 누르면 셀 하나당 단락이 하나씩 들어감

02 텍스트 마법사로 한 단락을 여러 셀로 나누기

셀에 있는 한 단락 내용을 여러 셀로 나누기 위해 [A1:A8] 셀을 선택한 상태에서 ❶~❷ [데이터] 탭–[데이터 도구] 그룹–[텍스트 나누기]를 클릭한다. ❸~❹ [텍스트 마법사]의 1단계 대화상자에서 특정 구분 기호를 이용해 단락을 분리하도록 설정한 다음 ❺ [텍스트 마법사]의 2단계 대화상자에서 셀 안의 탭, 쉼표, 공백, 그리고 기타로 : 구분 기호가 있는 곳까지의 내용을 분리해 별도의 셀에 입력하도록 지정하고 ❻ [다음]을 클릭하면 단락이 분리되어 각 셀에 입력된다.

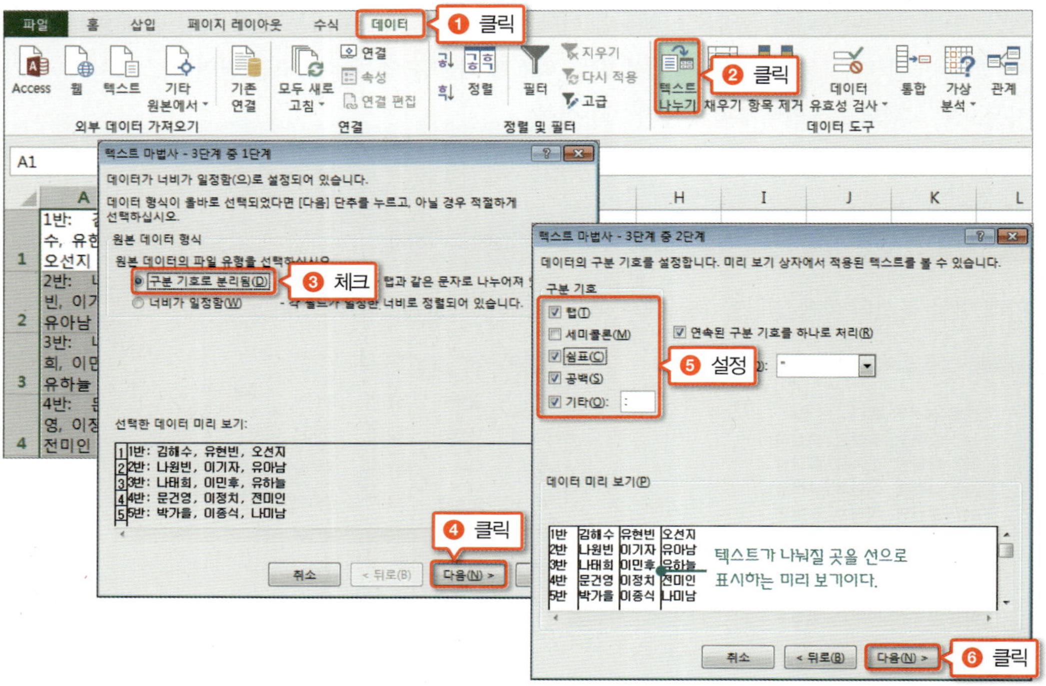

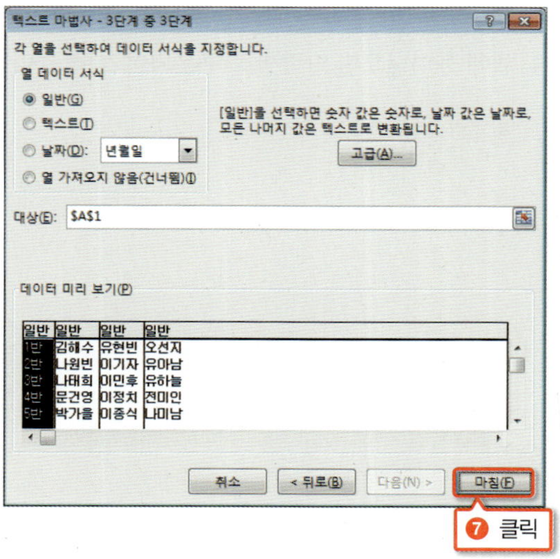

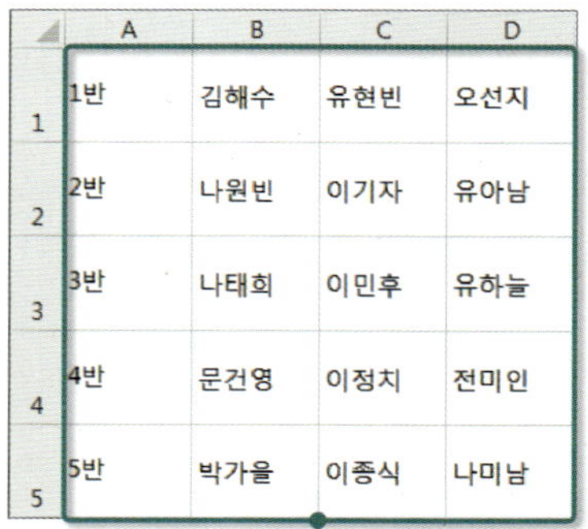

A열 내용이 구분 기호로 나눠어 [A:D] 열에 입력된다. [B:C] 열에 다른 데이터가 있으면 모두 지워지므로 새 데이터가 들어갈 열을 미리 확보하고 작업해야 한다.

엑셀에서 텍스트 파일을 직접 열 때는 [파일] 탭–[열기]를 클릭해 나타난 [열기] 대화상자에서 [파일 이름] 옆의 파일 종류를 '텍스트 파일'이나 '모든 파일'로 지정해야 확장자가 .xlsx가 아닌 파일 이름이 나타난다. 파일 이름을 선택하고 [열기]를 클릭하면 앞의 예제와 같이 텍스트 마법사에서 텍스트 나누기를 할 수 있다.

그림 10–3 엑셀에서 텍스트 파일을 직접 열어 텍스트 나누기

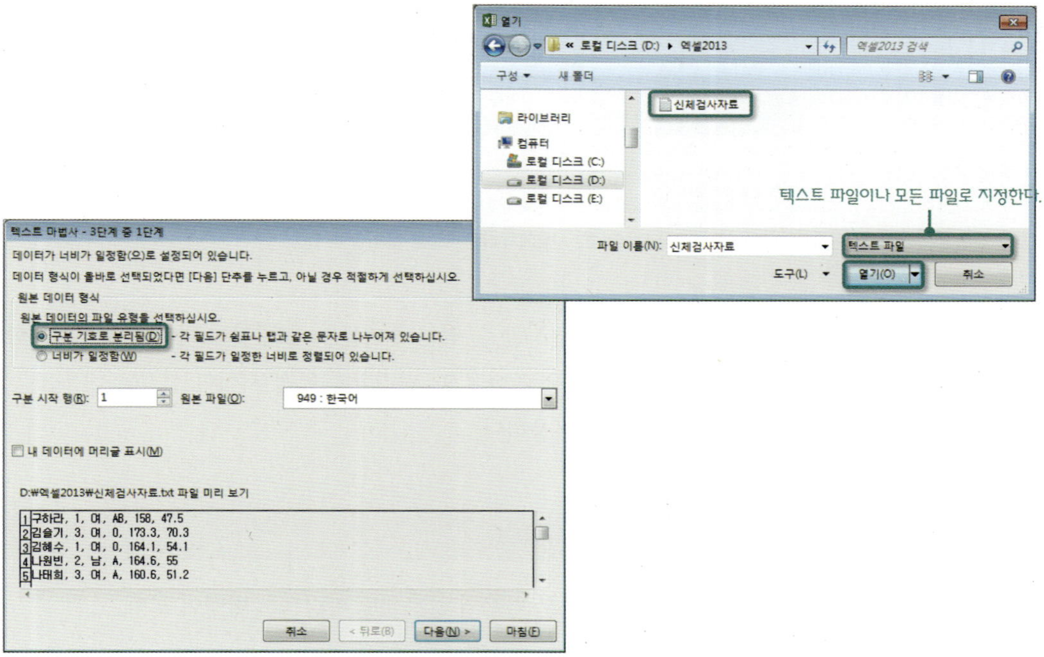

2.4 찾기와 바꾸기

시트에 데이터가 너무 많으면 화면을 위아래로 스크롤하면서 특정 데이터를 빨리 찾기가 쉽지 않다. 그래서 대부분 찾는 값이 있는 열을 오름차순 또는 내림차순으로 정렬하여 찾는다. 하지만 이 방법은 원래 데이터의 순서가 바뀌므로 정렬 전 상태로 돌릴 방법이 있을 때만 가능하다. 그리고 정렬된 데이터가 너무 많거나 찾는 데이터가 어느 시트에 있는지 모르는 경우라면 찾기가 쉽지 않다. 이럴 때는 찾기 기능을 이용하면 편리하다.

기본 예제 특정 데이터 찾기

시트에서 신소재학부 학생의 정보만 찾아서 보기 위해 신소재학부를 모두 찾아보자.

❶~❸ [홈] 탭–[편집] 그룹–[찾기 및 선택]–[찾기]를 클릭한다(Ctrl+F). ❹ [찾기 및 바꾸기] 대화상자의 [찾을 내용]에 '신소재학부'를 입력한 후 ❺ [모두 찾기]를 클릭하면 시트에서 처음으로 찾은 신소재학부 셀에 셀 포인터가 나타난다. [다음 찾기]를 클릭해가며 찾은 내용이 있는 곳을 차례로 확인하거나 아래의 찾은 목록에서 해당 항목을 클릭하여 찾은 내용이 있는 곳으로 셀 포인터를 이동할 수 있다.

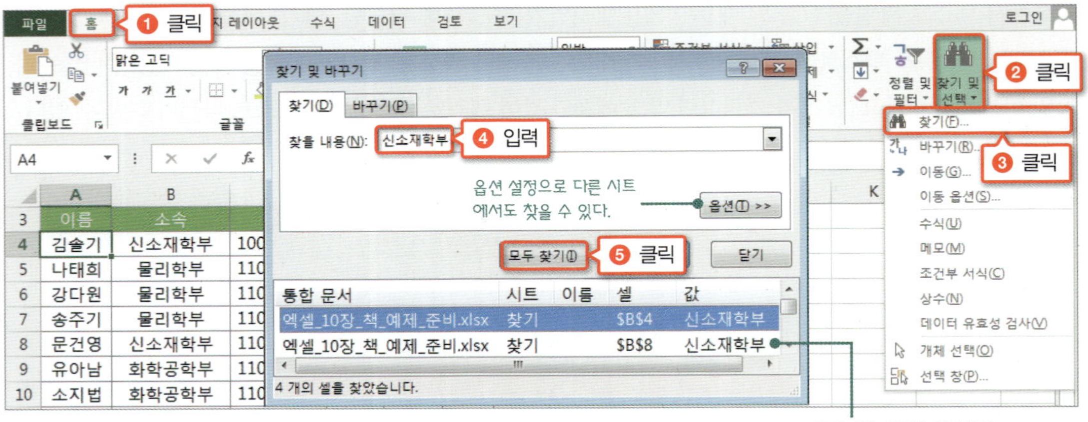

TIP [찾기 및 바꾸기] 대화상자는 일반 대화상자와 달리 닫지 않고도 시트에서 다른 작업을 계속 할 수 있다.

[찾기 및 바꾸기] 대화상자에서는 다양한 옵션을 설정할 수 있는데 이는 다음의 찾아 바꾸기에서 소개한다. 찾아 바꾸기는 특정 내용을 찾아서 다른 내용으로 바꿀 때 편리한데 특정 서식이 설정된 내용을 찾아 다른 내용으로 바꾸며 서식까지 바꿀 수 있어 유용하다.

기본 예제 특정 내용을 찾아 다른 내용으로 서식까지 바꾸기

현재 시트에서 신소재학부를 찾아서 신소재공학부로 바꾸되 글자색도 파랑으로 바꾸어 보자.

01 찾을 내용과 바꿀 내용 지정하기 : 신소재학부를 신소재공학부로 바꾸기

①~③ [홈] 탭–[편집] 그룹–[찾기 및 선택]–[바꾸기]를 클릭한다(Ctrl+H). ④ [찾기 및 바꾸기] 대화상자에서 [찾을 내용]과 [바꿀 내용]을 입력한 후 ⑤ 서식까지 설정하기 위해 [옵션]을 클릭한다.

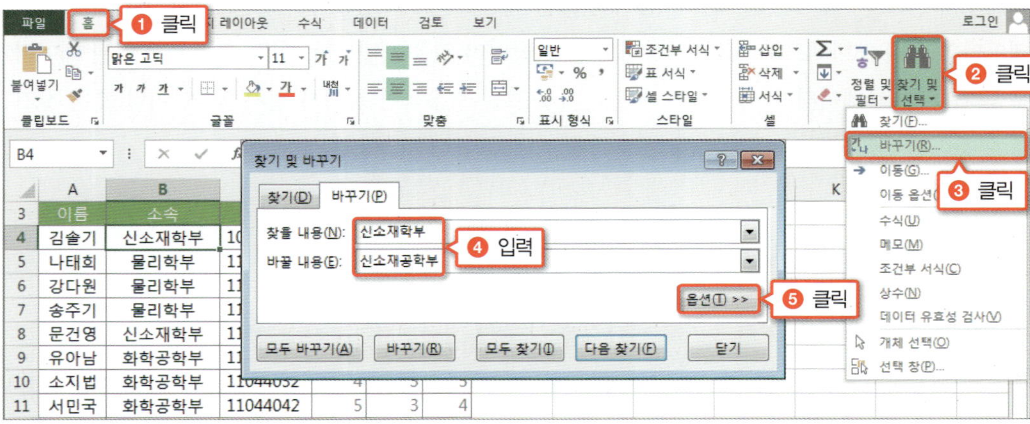

02 바꿀 내용의 서식 설정하기 : 바꿀 글자색을 파랑으로 설정하기

[옵션] 버튼을 클릭하면 다양한 옵션들이 추가로 나타나며 [옵션]을 다시 클릭하면 나타난 옵션이 사라진다. ❶ 바꿀 내용만 서식을 설정하도록 [바꿀 내용] 옆의 [서식]을 선택한다. ❷~❹ [서식 바꾸기] 대화상자–[글꼴] 탭을 클릭한 후 [색]을 파랑으로 선택하고 ❺ [확인]을 누른다.

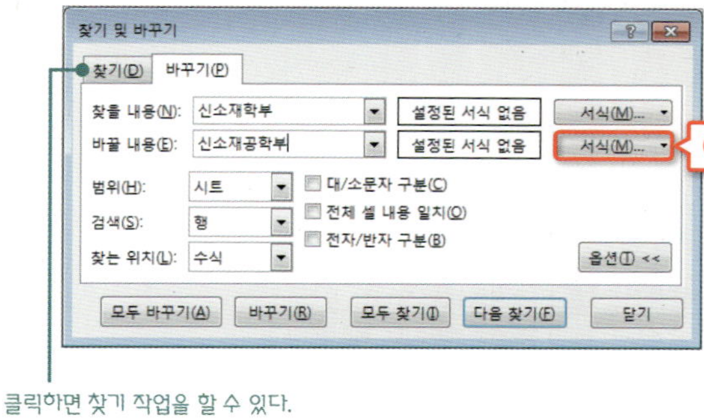

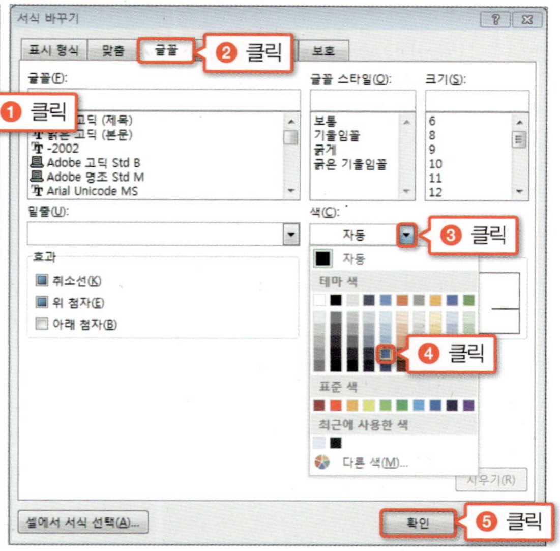

03 설정한 서식대로 한꺼번에 모두 바꾸기

설정한 서식을 미리 보기에서 확인한 후 ❶ [모두 바꾸기]를 클릭하고 ❷ 메시지 박스의 [확인]을 누르면 한꺼번에 모두 바뀐다.

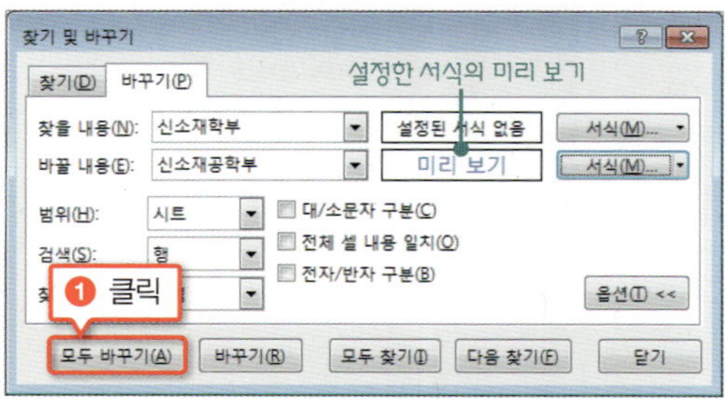

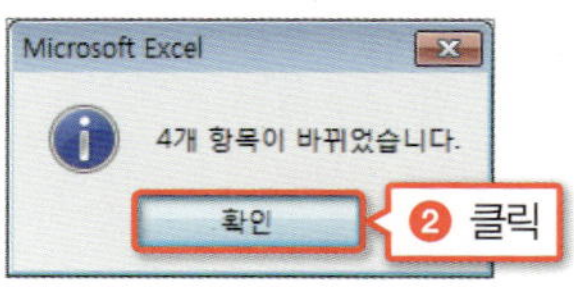

TIP 한꺼번에 바꾸기를 하지 않고 하나씩 확인해가며 바꾸기를 할지 말지를 결정하려면 [바꾸기]와 [다음 찾기] 버튼을 활용한다. 먼저 [다음 찾기]를 클릭해 찾을 내용이 있는 곳으로 이동한 후 바꾸기를 하려면 [바꾸기] 버튼을, 바꾸기를 하지 않고 다음 찾을 내용으로 이동하려면 [다음 찾기] 버튼을 클릭한다.

[찾기 및 바꾸기] 대화상자는 이전 설정을 유지하므로 주의할 점이 있다. 예를 들어 이전에 서식까지 바꾸게 설정했다면 [그림 10–4]의 (a)처럼 [서식 바꾸기 지우기]로 설정된 서식을 해제해야 한다. 그리고 내용이 없는 셀만 찾아 특정 내용을 입력하거나 서식을 수정하는 작업은 (b)와 같이 설정한다. 마지막으로 (c)는 0만 입력된 셀을 찾아 내용을 없애는 설정이다. 이 경우 (b)와 같이 미리 범위를 설정한 후 바꾸기를 하면 범위 안의 셀만 바꾸기가 적용되므로 다른 셀의 0은 그대로 유지할 수 있다.

그림 10–4 [찾기 및 바꾸기] 대화상자 설정 예

(a) '학부'를 찾아 서식 변경 없이 '학'으로 모두 바꾸기

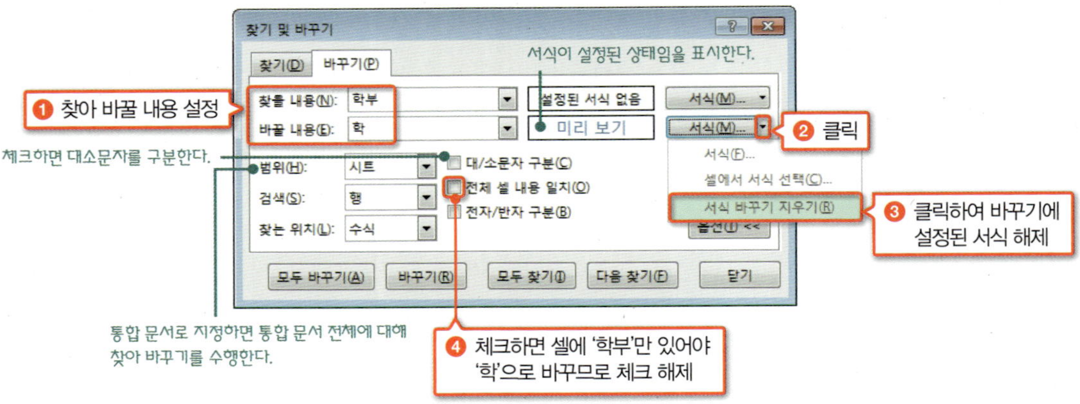

(b) 과제 미제출자의 빈 셀을 찾아서 0으로 바꾸기

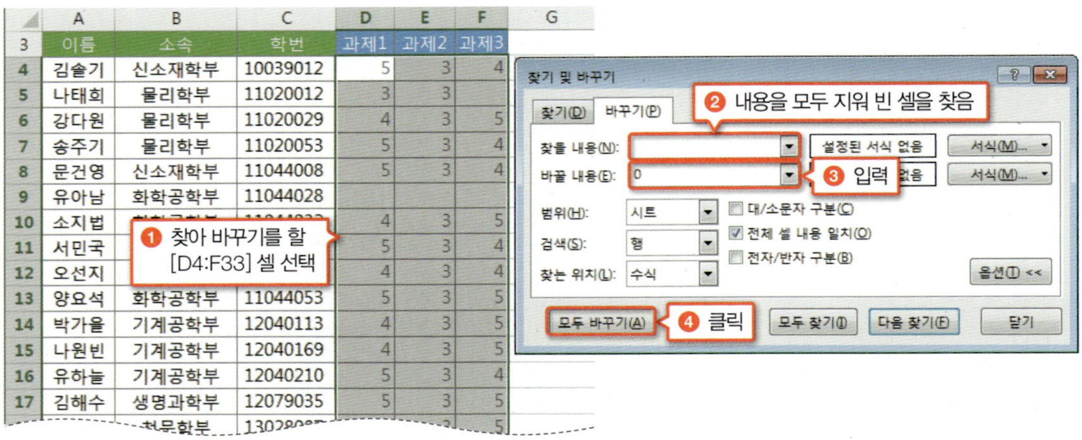

(c) 0만 입력된 셀의 내용을 모두 지우기

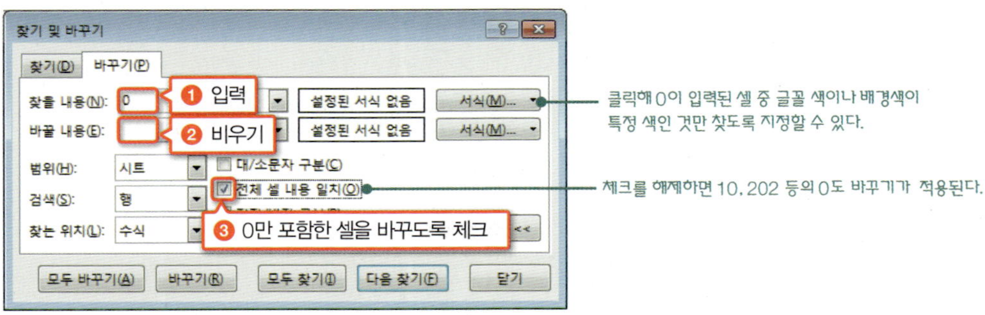

찾아 바꾸기는 기존 내용을 지우거나 다른 내용으로 바꿀 수는 있으나 해당 셀을 시트에서 삭제하지는 못한다. 편집 작업을 하다가 중간에 빈 행들을 한꺼번에 제거해야 할 때는 부분합에서 소개한 [이동 옵션] 대화상자가 편리하다.

[홈] 탭–[편집] 그룹–[찾기 및 선택]–[이동 옵션]을 클릭하여 나타나는 [이동 옵션] 대화상자에서는 시트에서 특정 셀로 빠르게 이동하거나 특정 셀을 선택할 수 있는 다양한 옵션을 제공한다. 그래서 [빈 셀] 종류를 활용하면 특정 범위 중 빈 셀만 한꺼번에 범위로 설정할 수 있다. [이동 옵션] 대화상자를 이용해 특정 범위의 빈 행을 한꺼번에 선택해 삭제하는 방법을 살펴보자.

기본 예제 빈 셀만 [이동 옵션]을 이용해 선택한 후 삭제하기

시트 편집 작업으로 중간에 생긴 빈 셀을 모두 삭제해보자.

01 빈 셀만 선택하기 위해 [이동 옵션] 대화상자 열기

❶ 빈 셀을 포함한 범위를 설정한 후 ❷~❹ [홈] 탭–[편집] 그룹–[찾기 및 선택]–[이동 옵션]을 클릭한다. ❺ [이동 옵션] 대화상자에서 [빈 셀]을 선택하고 ❻ [확인]을 누른다.

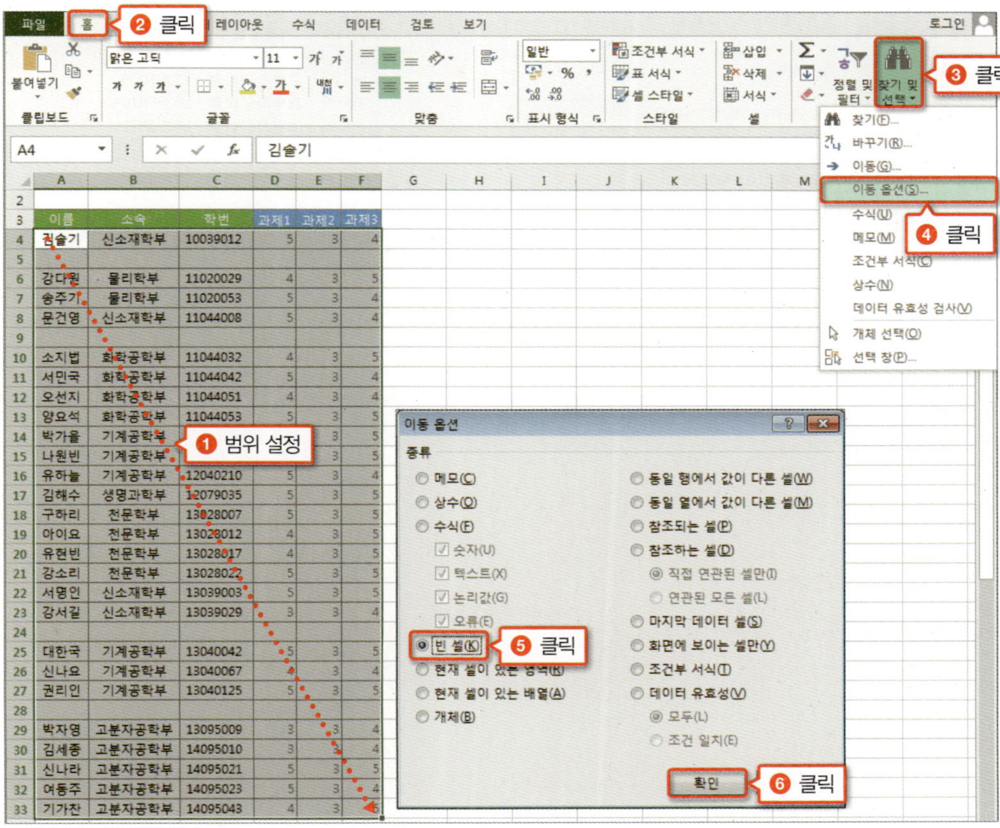

02 선택된 빈 셀 삭제하기

❶~❷블록으로 씌워진 임의의 빈 셀에서 마우스 오른쪽 버튼을 누르고 팝업 메뉴에서 [삭제]를 클릭한다. ❸[삭제] 대화상자에서 빈 셀을 제거하고 아래에 있는 셀을 위로 밀어서 빈 셀을 채우도록 [셀을 위로 밀기]를 선택한 후 ❹[확인]을 누르면 빈 셀이 모두 삭제되어 연속된 학생 데이터를 얻는다.

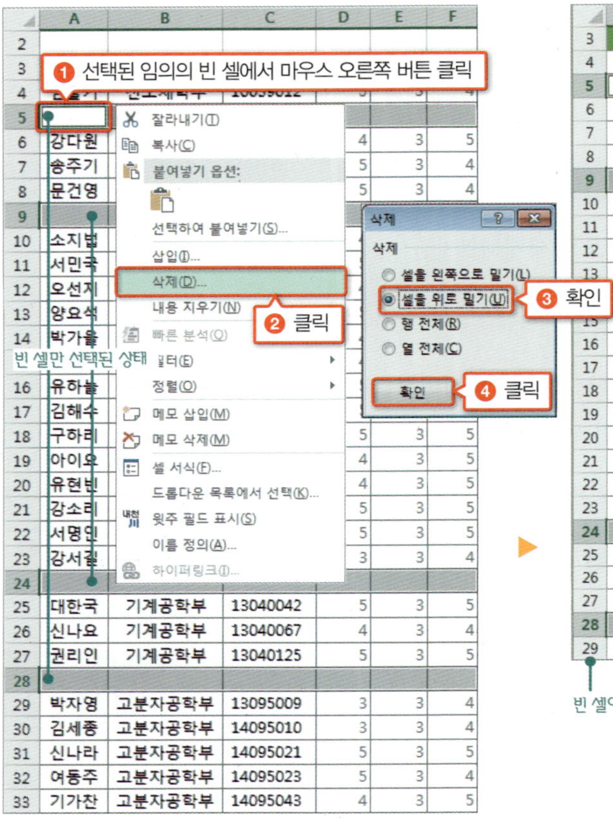

빈 셀이 삭제되어 마지막 학생 정보가 29행에 나타난다.

TIP 빈 셀만 선택된 상태에서 셀 배경색 변경, 대각선 넣기 등 다양한 작업을 할 수 있다.

SECTION 03 ········· IT COOKBOOK

엑셀 도움말과 기타 유용한 함수 살펴보기

엑셀의 기능, 제공 함수, 엑셀 활용 예 등 엑셀과 관련된 궁금한 내용은 도움말 기능을 이용하여 빠르고 편리하게 얻을 수 있다. 엑셀에서 제공하는 함수는 매우 많지만 공간 부족으로 앞서 함수를 다루는 장에서는 필수 함수와 많이 사용하는 함수를 중심으로 소개하였다. 기타 함수들은 [그림 10-5]와 같이 도움말을 이용하면 함수마다 어떤 값을 구하기 위해 어떤 인수를 어떻게 사용하는지를 자세히 알 수 있다.

그림 10-5 엑셀의 도움말을 이용하여 함수 살펴보기

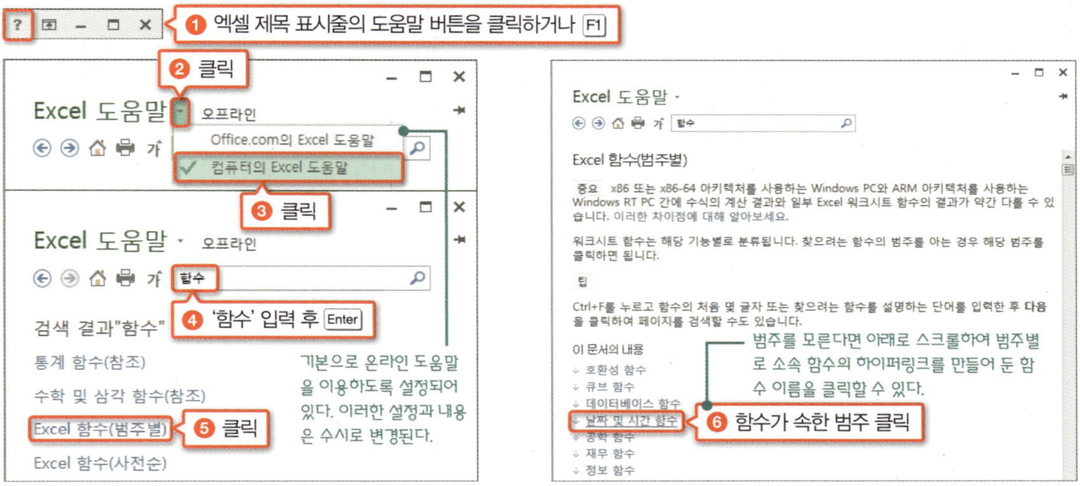

TIP 함수 이름을 직접 검색어로 입력하거나, 평균, 표준편차와 같이 구하고 싶은 값을 검색어로 입력하여 해당 함수를 찾아도 된다.

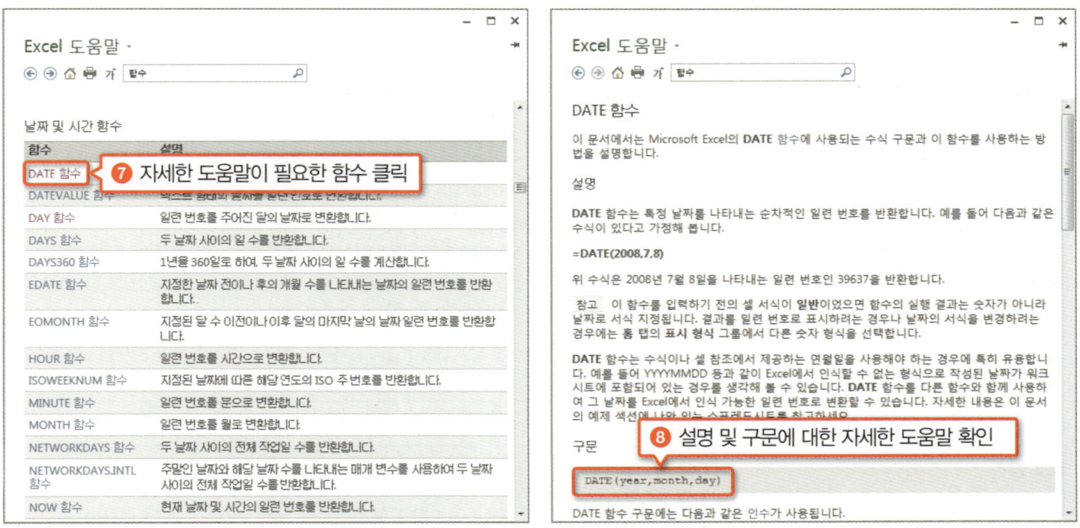

[표 10-1]은 앞서 소개하지 않았지만 유용한 함수들이다. 여기의 설명만으로도 곧바로 이해할 수 없는 함수는 직접 도움말을 참고하자.

표 10-1 책에서 다루지 않은 기타 유용한 엑셀 함수

통계 함수	
MODE(number1, [number2], ...)	인수 중 가장 많이 나타나는 값
LARGE(array, k)	셀 범위(array)에서 k번째로 큰 값
SMALL(array, k)	셀 범위(array)에서 k번째로 작은 값
찾기 및 참조 영역 함수	
ROW([reference])	참조 셀의 행 번호. 인수를 생략하면 이 함수가 사용된 셀의 행 번호가 결과값이 됨. =ROW( )-ROW($A$2)는 현 셀이 [A2] 셀보다 몇 행 뒤에 있는지를 구함. 이 수식은 데이터 목록의 순서를 바꾸더라도 순번을 의미하는 필드값이 언제나 1, 2, 3 순으로 표시되게 할 때 유용함.
COLUMN([reference])	참조 셀의 열 번호. =COLUMN(C2) → 3
데이터베이스 함수	
DCOUNT(database, field, criteria)	데이터베이스(database)에서 조건(criteria)을 만족하는 레코드 중 지정한 필드(field)에 숫자가 있는 셀의 개수. COUNT 함수와 유사함.
DCOUNTA(database, field, criteria)	데이터베이스에서 조건을 만족하는 레코드 중 지정한 필드에 내용이 있는 셀의 개수. COUNTA 함수와 유사함.
DMAX(database, field, criteria)	데이터베이스에서 조건을 만족하는 레코드 중 지정한 필드의 최대값
DMIN(database, field, criteria)	데이터베이스에서 조건을 만족하는 레코드 중 지정한 필드의 최소값
DSUM(database, field, criteria)	데이터베이스에서 조건을 만족하는 레코드들의 지정 필드의 합계
DAVERAGE(database, field, criteria)	데이터베이스에서 조건을 만족하는 레코드의 지정 필드의 평균
수학 및 삼각 함수	
RAND()	0~1 미만의 임의의 실수 난수
EXP(number)	자연 상수 e를 number번 거듭제곱한 값
QUOTIENT(nuumber, divisor)	number를 divisor로 나눈 몫
MOD(number, divisor)	number를 divisor로 나눈 나머지
INT(number)	number보다 작은 정수 중 가장 큰값
SIN(number)	number(각도가 아닌 라디안 단위)에 대한 사인값. 180도의 사인값은 SIN(3.1415)
COS(number), TAN(number)	number의 코사인값, 탄젠트값
텍스트 함수	
VALUE(text)	인수의 텍스트를 숫자로 변환함
REPLACE(old_text, start_num, num_chars, new_text)	old_text의 start_num째부터 num_chars개의 문자를 new_text로 바꿈
SUBSTITUTE(text, old_text, new_text, [instance_num])	text의 old_text 텍스트를 new_text 텍스트로 바꿈
정보 함수	
ISBLANK(value)	인수가 비어 있는 셀이면 TRUE 아니면 FALSE. 인수가 빈 텍스트 " "라면 결과는 FALSE
ISERROR(value)	인수가 오류 값(#VALUE!, #REF!, #N/A 등)이면 TRUE, 아니면 FALSE

종합 예제 윗주와 메모를 포함한 체중 조절 결과표를 보호하기

제목에는 윗주를, 최고수에는 메모를 입력해보자. 그리고 [A3:I10] 셀에 표를 삽입한 후 11행까지 표를 확장한 다음 결과 수식을 수정하고 '성공'인 사람들의 정보만 표시하도록 해보자.

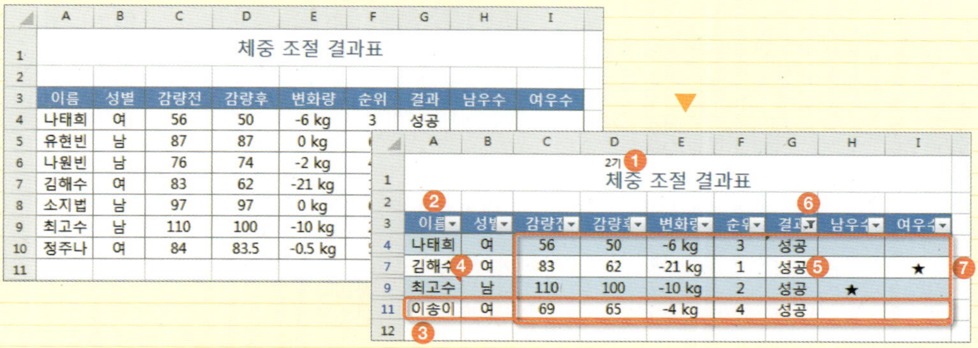

❶ 제목에 '2기' 윗주를 넣고 셀에 표시되게 한다.

- 제목 셀 선택 후 [홈] 탭-[글꼴] 그룹-(윗주 필드 표시/숨기기)의 ▾-[윗주 편집] 클릭하여 윗주 '2기' 입력
- [홈] 탭-[글꼴] 그룹-(윗주 필드 표시/숨기기)의 ▾-[윗주 필드 표시] 클릭

❷ [A3:I10] 셀에 표를 삽입한다.

- 표에 포함할 임의의 셀 [A5] 선택 후 [삽입] 탭-[표] 그룹-[표] 클릭, [표 만들기] 대화상자의 [확인] 클릭

❸ 표의 마지막 10행 다음에 '이송이'의 데이터를 추가한다.

- 표의 마지막 [I10] 셀에서 Tab, 추가된 새 행에 이송이, 여, 69, 65 입력

❹ 최고수 이름 셀에 '1기도 참여' 메모를 넣는다.

- [A9] 셀 선택 후 [검토] 탭-[메모] 그룹-[새 메모] 클릭 또는 팝업 메뉴의 [메모 삽입]
- 메모 틀에 '1기도 참여' 메모 입력 후 메모 틀 밖 클릭

❺ 변화량이 −2 미만일 때 성공이 표시되도록 결과 수식을 수정한다.

- G열의 임의의 수식 셀에서 IF 함수의 첫 번째 인수에서 <0을 <−2로 수정 후 Enter
- 예 : [G4] 셀을 선택했다면 =IF(E4<−2, "성공", "")

❻ 성공한 사람의 데이터만 표시되도록 필터링한다.

- [G3] 셀의 필터 아이콘 클릭 후 [모두 선택] 체크 해제, [성공] 체크

❼ 감량전부터 여우수 열까지의 내용은 수정할 수 없도록 시트 보호를 설정한다.

- 잠금을 해제할 셀([C4:I11] 셀 외의 셀)만 선택하기 어려우므로 모든 셀의 잠금을 해제한 후 [C4:I11] 셀에 다시 잠금을 설정한다.
  시트 전체 셀을 선택 후 팝업 메뉴 [셀 서식] 클릭, [셀 서식] 대화상자-[보호] 탭의 [잠금] 체크 해제
  '감량전' 열머리글 위쪽 경계선 부분에서 마우스 포인터가 진한 화살표로 바뀌었을 때 '여우수' 열머리글까지 드래그하여 [C4:I11] 셀 선택 후, 팝업 메뉴 [셀 서식] 선택, [셀 서식] 대화상자의 [보호] 탭의 [잠금] 체크
- [검토] 탭-[변경 내용] 그룹-[시트 보호] 클릭 후 암호 두 번 입력

평가 예제

'10장_평가예제.xlsx'의 '설계평가' 시트를 오른쪽 그림과 같이 변경한 후 표를 일반 데이터 범위로 변환하시오.

창의적 공학 로봇 설계 평가

팀	디자인	기능	속도	총점	등급
1	8	7	9	7.5	C
2	9	10	10	9.5	A
3	9	9	10	9.0	A
4	9	8	9	8.5	B
5	7	6	7	6.5	D
6	10	10	9	10.0	A
7	9	10	9	9.5	A
8	7	8	9	7.5	C
9	6	8	8	7.0	C
10	8	4	7	6.0	D

▶

① 1학기
창의적 공학 로봇 설계 평가

팀	디자인	기능	속도	총점 ④	등급 ⑤
1	8	7	9	7.6	C
2	9 ③	**10**	**10**	9.8	A
3	9	9	**10**	9.2	A
4	9	8	9	8.4	B
5	7	6	7	6.4	D
6	**10**	**10**	9	9.8	A
7	9	**10** ⑥	9	9.6	A
8	7	8	9	8.0	B
9	6	8	8	7.6	C
10	8	4	7	5.4	재설계

매우 독창적임 ②

작성조건

① 제목에 '1학기' 윗주를 표시한다.

② [B9] 셀에 '매우 독창적임' 메모를 넣은 후 메모 틀 크기를 조정 후 아래에 나타낸다.

③ 표의 스타일을 [밝게]의 '표 스타일 밝게 18'로 설정한다.

④ 총점이 디자인은 20%, 기능은 60%, 속도는 20%를 포함한 값이 되도록 수식을 수정한다.

⑤ 등급은 현재 수식에서 기능이 5점 미만이면 무조건 '재설계'가 되도록 수식을 수정한다.

⑥ 디자인, 기능, 속도 점수 중 10점 만점인 점수만 찾아서 진한 빨강의 굵은 글자가 되도록 찾아 바꾸기 기능을 이용한다.

⑦ 표를 일반 데이터 범위로 변환한다.

IT COOKBOOK

PART 02

파워포인트

IT COOKBOOK

PART 02

파워포인트

CHAPTER 1

IT COOKBOOK

프레젠테이션 제작 과정과 기법

프레젠테이션은 사전에 계획하고 기획한 발표 자료를 프레젠테이션 응용 프로그램을 통해 작성하여 최종적으로 청중들에게 발표하는 전 과정을 의미한다. 프레젠테이션은 발표자가 내용을 일방적으로 전달하는 것이 아니라 상호 작용이 이루어지는 커뮤니케이션 과정이므로 청중과 소통하는 마음으로 발표를 해야 한다. 그러려면 먼저 발표 자료도 잘 기획해야 하고, 이를 바탕으로 청중이 이해하기 쉽도록 가독성이 높은 표현과 디자인을 적용해 제작해야 한다.

이 장에서는 파워포인트의 다양한 기능을 배우기에 앞서 프레젠테이션 과정을 크게 기획, 발표 자료 작성, 발표 3단계로 나누어 살펴본다. 그리고 성공적인 프레젠테이션을 위해 각 단계에서 고려할 사항이나 기법 몇 가지를 함께 소개한다.

SECTION 01 프레젠테이션 기획하기

프레젠테이션은 발표자와 청중의 상호 작용으로 형성되는 커뮤니케이션 과정으로 크게 기획, 발표 자료 작성, 발표의 3단계로 진행된다.

그림 1-1 프레젠테이션 진행 단계

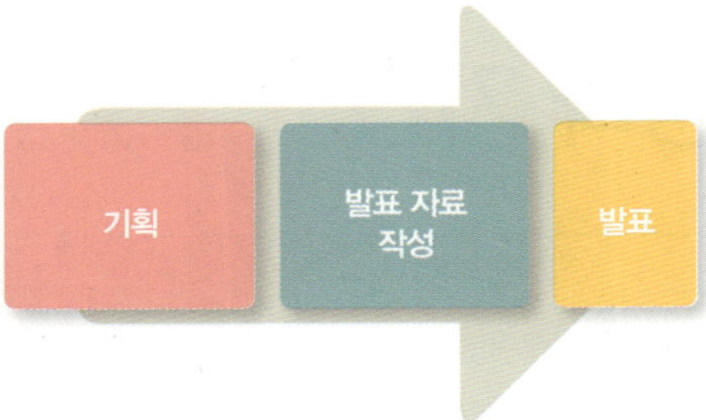

프레젠테이션의 첫 번째 단계인 기획에서는 제작하고자 하는 프레젠테이션의 용도를 먼저 파악한 후 이에 맞게 기획해야 한다. 그러므로 여기서는 먼저 프레젠테이션 용도별로 적합한 형태를 알아본 후, 성공적인 프레젠테이션 작성을 위한 몇 가지 규칙과 이상적인 프레젠테이션의 구조를 알아보자.

1.1 프레젠테이션의 용도와 형태

프레젠테이션의 용도는 크게 커뮤니케이션, 제안, 광고로 분류할 수 있다.

❶ 커뮤니케이션을 위한 프레젠테이션

커뮤니케이션을 위한 프레젠테이션은 상호 작용을 위해 청중이 이해하기 쉽고 논리적으로 설득력이 있어야 한다. 그리고 청중들과 교감할 수 있는 친근한 내용, 재미있는 장면이 포함되면 더 효과적이다.

❷ 의사 결정을 위한 제안형 프레젠테이션

의사 결정을 위한 제안형 프레젠테이션은 청중이 발표자가 원하는 방향으로 의사를 결정하도록 유도하는 것이 목표이다. 그러므로 의사 결정에 필요한 중요 부분만 요약해서 전달하고, 발표자는 청중의 의도를 명확히 파악한 후 진행해야 목표를 달성할 확률을 높일 수 있다.

❸ 광고용 프레젠테이션

광고용 프레젠테이션은 보통 프로젝트 단위의 일회성으로 진행되지만, 해당 기업의 이미지를 심어주는 효과적인 광고 수단이다. 진취적인 색상과 역동적이며 심플한 디자인의 프레젠테이션은 기업의 브랜드 가치를 높이는 것은 물론 광고 효과까지 얻을 수 있다.

프레젠테이션 용도가 결정됐다면 그 용도에 맞게 전체 스토리를 설계하고 개체를 디자인하는 방법을 결정한다. 이때 크게 제안형과 설명형으로 구성할 수 있다. 어떤 형태로 결정하느냐에 따라 프레젠테이션 전체 방향이 결정되므로 신중히 선택해야 하는데, 각 형태에서 주의할 사항은 다음과 같다.

❶ 제안형 프레젠테이션

1 문제의식이나 제안의 목적을 반드시 나타낸다.

2 내용을 논리적으로 구성한다.

3 청중에게 이익이 될 수 있는 부분을 부각해 청중이 납득하고 동의할 수 있게 한다.

4 기업의 비전이나 긍정적인 이미지를 심어줄 수 있는 이미지나 슬로건을 사용하는 것이 좋다.

❷ 설명형 프레젠테이션

1 설명하고자 하는 내용을 이해하기 쉽게 표현하고, 너무 많은 내용을 전달하기보다는 핵심만으로 구성한다.

2 대부분 정보 전달이 목적이므로 목적에 맞는 용어를 사용한다.

3 피드백이 약하기 때문에 자세한 내용은 별첨 자료로 준비한다.

4 설명이 지루하지 않도록 중간중간 흥미 있는 내용을 추가하는 것도 좋다.

1.2 성공적인 프레젠테이션을 위한 규칙

성공적인 프레젠테이션을 위해 기획 과정에서 고려해야 하는 규칙을 몇 가지 알아보자. 프레젠테이션은 한 슬라이드씩 내용을 진행하므로 내용을 담을 때는 하나의 슬라이드를 기준으로 내용을 다음과 같이 기획한다.

1 슬라이드에 문장을 빽빽이 채우기보다는 여백미를 고려하여 축약된 문구 또는 단락 형식으로 내용을 담는다. 슬라이드 한 장에 담을 내용이 많으면 과감히 다음 슬라이드로 넘긴다. 아무리 좋은 글이라도 가독성이 떨어지면 내용 전달에 실패한다.

2 핵심 내용을 키워드로 요약해 간단명료하게 표현한다. 서술식보다는 간단한 요약 문구가 가독성이 높고 이해도 빨리 된다.

3 전체 또는 슬라이드 한 장의 포인트는 세 가지로 정리한다. 인간이 한 번에 기억할 수 있는 한계는 세 가지이다.

4 명확히 이해할 수 있는 흐름으로 보여준다. 내용이 전개되는 흐름에 맞추어 제목과 목차를 언급하는 것이 좋고, 전체가 어떤 흐름으로 되어 있는지 화살표와 같은 도형을 사용하여 진행 절차를 명확히 보여주면 효과적이다.

5 시각적인 표현을 효과적으로 사용한다. 특색 없는 그림보다 사실감 있는 실제 사진이 청중들에게 신뢰감을 주므로 내용과 관련된 사진을 적절히 사용한다.

6 청중이 이해하기 쉽도록 비교법을 사용한다. 수치적인 정보, 특히 비율이나 증가, 감소 등을 설명할 때는 이해하기 쉽도록 표나 차트로 비교하여 보여주는 것이 좋다.

7 혼란스럽지 않도록 색상이나 이미지를 통일한다. 강조할 부분은 다양하게 표현하더라도 전체적으로는 통일된 이미지와 색상을 사용하는 것이 효과적이다.

8 허황된 내용보다는 동기를 유발할 수 있는 구체적인 내용으로 구성한다.

1.3 이상적인 프레젠테이션의 구조

프레젠테이션은 대개 뉴스와 같이 청중에게 새로운 정보를 전달하는 데 목적을 둔다. 그러므로 뉴스의 3단계 진행 구조를 따르는 것이 효과적이다. 즉, [그림 1-2]와 같이 시작 부분인 서론에서 청중들이 호기심과 기대감을 가질 수 있도록 발표할 내용에 대한 전반적인 주제 배경과 목표, 예비 결론을 알려준다. 역동적인 인트로 화면으로 시작하는 것도 청중을 집중시키는 좋은 방법이다. 본론에서는 본격적인 내용과 자신의 생각을 논리적으로 전개시키고, 마지막 결론에서는 전체 내용을 다시 한 번 요약하면서 중요한 내용이 있으면 한 번 더 짧게 강조하고 마무리하는 것이 효과적이다. 단, 결론이 너무 길어지지 않게 주의한다.

그림 1-2 이상적인 프레젠테이션 구조

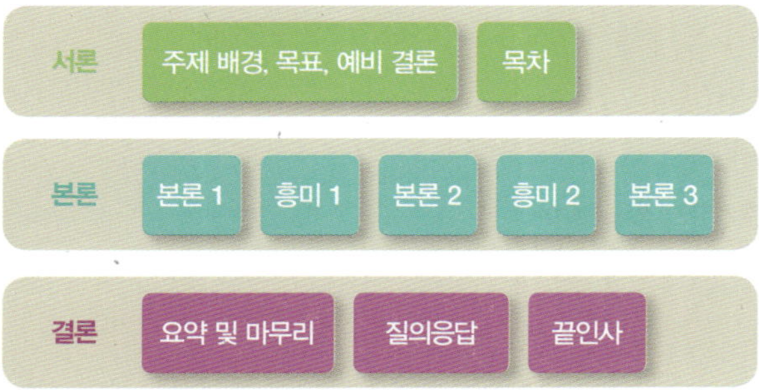

프레젠테이션은 모든 내용이 가급적 '3-3-3의 트리구조'를 따르도록 한다. 한 주제에 대해 세 개의 이야기를 만들고, 세 개의 주제가 모여 하나의 중간 섹션을 구성하며, 중간 섹션이 모여 세 개의 큰 섹션을 형성하게 한다. 그리고 세 개의 큰 섹션이 모여 하나의 프레젠테이션이 되도록 한다. 발표할 때도 흐름과 순서에 따라 흥미로운 내용을 주기적으로 포함하여 3단계의 스피치를 이용하면 더 짜임새 있고 이해하기 쉬운 구성이 될 것이다.

SECTION 02 IT COOKBOOK

프레젠테이션 자료 제작하기

프레젠테이션 기획을 마쳤으면 기획된 내용을 바탕으로 발표 자료를 제작해야 하는데, 파워포인트는 이를 돕는 대표적인 프레젠테이션 전용 프로그램이다.

파워포인트는 다양한 슬라이드 형식과 함께 애니메이션 기능을 지원하여 발표 자료를 더 강력하고 흥미 있게 표현할 수 있도록 도와준다. 파워포인트로 프레젠테이션 자료를 작성할 때는 다음 순서를 따르는 것이 효과적이다.

1 발표할 순서대로 슬라이드를 작성한다.
2 다양한 슬라이드 레이아웃을 활용하여 단계별로 진행한다.
3 차트, 표, 그림, 도형 등과 같은 개체를 적절히 활용한다.
4 화면 전환 효과와 애니메이션 효과를 잘 활용하여 시간적 흐름과 공간적 이동을 통해 동적인 슬라이드가 되게 한다.
5 효과적으로 발표할 수 있도록 지원하는 다양한 기능을 활용한다.

좋은 프레젠테이션은 발표자가 전달하고자 하는 내용을 청중이 한눈에 알아볼 수 있도록 작성된 것이다. 하나의 프레젠테이션은 텍스트, 이미지, 그래프, 표 등의 여러 개체가 합쳐져서 구성된다. 그런데 비슷한 슬라이드가 반복되면 청중의 집중력이 떨어지므로 다양한 개체를 효과적으로 사용해야 한다. 하지만 시각적인 요소가 지나치면 발표 주제가 드러나지 않을 수 있으므로 주의해야 한다. 이런 점 등을 고려하여 프레젠테이션 자료를 작성할 때 주의할 사항을 크게 세 가지로 요약해서 소개한다.

❶ 슬라이드 한 장 당 키워드는 5개를 넘지 않도록 한다.

[그림 1-3]과 [그림 1-4]의 규칙을 참고하여 슬라이드에는 핵심 키워드만 담고, 나머지는 구두로 설명한다.

그림 1-3 슬라이드 작성 규칙 1

1Slide, 1Message
- 하나의 슬라이드에는 하나의 메시지만

KISS(Keep It Short & Simple)
- 짧고 간결하게

KILL(Keep It Large & Legible)
- 모든 요소를 큼지막하게, 그리고 읽기 쉽게

그림 1-4 슬라이드 작성 규칙 2

단순화하라
- 대부분의 청중은 텍스트를 읽는 것을 싫어한다.
- 가급적 단순 명료하게 문장을 작성한다.

그림으로 표현하라
- 텍스트는 도해화한다.
- 그림으로 표현하면 청중의 이해도를 높일 수 있다.

요약하라
- 인간은 망각의 동물이다.
- 최종적으로 프레젠테이션의 결론을 리마인드시킨다.

❷ 텍스트는 글꼴, 글자 크기, 줄 간격 등에 따라 내용 전달력이 달라지므로 적절히 조정한다.

줄 간격이 너무 좁으면 답답해보이고 너무 넓으면 내용이 빈약해보인다. 그러므로 한 슬라이드에 단락은 3개 이하로 하고, 단락 당 3줄이 넘지 않도록 한다. 그리고 줄 간격은 1.2줄(24포인트) 이상으로 한다.

뒤에 앉은 청중도 잘 볼 수 있도록 글꼴은 가독성이 높은 것을 사용한다. 글자 크기는 문장과 단어의 길이에 따라 달라지는데, 최소 크기 이상을 사용하며, 텍스트의 길이에 따라 크기를 적절히 조절한다. 이때 참고할 수 있는 글꼴과 크기는 [표 1-1]과 같다. 표의 예처럼 다소 두껍고 세리프가 없는 글꼴이 가독성이 높다. 그리고 영문은 같은 크기의 한글보다 크기가 작으므로 한글 비율로 조절해야 한다.

표 1-1 텍스트 종류에 따른 권장 크기 및 한글과 영문 글꼴의 비교

텍스트 종류의 권장 크기		한글과 영문 글꼴	
텍스트 종류	권장 크기	한글 글꼴	영문 글꼴
표지 제목	44pt 이상	맑은 고딕 HY견고딕 HY헤드라인M	Arial Tahoma MS PGothic
목차, 간지	36pt 이상	맑은 고딕 HY견고딕 HY헤드라인M	Arial Tahoma MS PGothic
슬라이드 제목	28pt 이상	맑은 고딕 HY견고딕 HY헤드라인M	Arial Tahoma MS PGothic
슬라이드 소제목	20pt 이상	맑은 고딕 HY견고딕 HY헤드라인M	Arial Tahoma MS PGothic
슬라이드 내용	18pt 이상	맑은 고딕 HY견고딕 HY헤드라인M	Arial Tahoma MS PGothic

❸ 5가지 색을 넘지 않도록 한다.

지나침은 부족함만 못하다. 가능하면 유사색을 사용하는 것이 좋고 보색을 사용할 때는 주의을 기울여야 한다. [그림 1-5]는 파워포인트의 색상표이다. 색상을 선택할 때 고민이 된다면 이 색상표에 따라 무지개 색상의 흐름으로 선택하는 것도 한 방법이다.

그림 1-5 색상 선택의 원칙

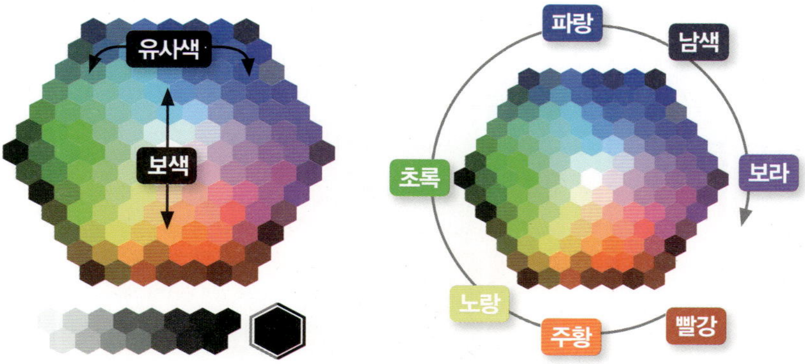

색을 사용할 때 염두에 둘 배색의 원칙을 몇 가지 제시하면 다음과 같다.

1 가능하면 파워포인트에서 제공하는 테마 색을 사용한다.
2 유사색을 사용한다.
3 밝기(명도)를 조절한다.
4 보색은 한두 번 정도만 사용한다.

예를 들어 [그림 1-6]은 유사한 색상을 사용하여 안정된 느낌을 준다.

그림 1-6 유사 색상으로 만든 예

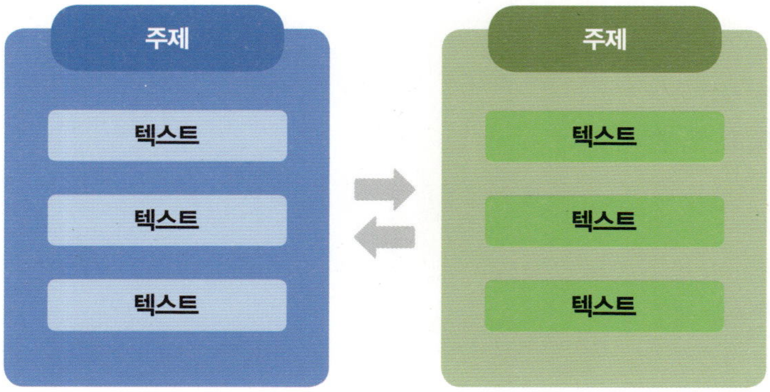

디자인을 할 때 명심해야 할 키워드는 간결함, 통일감, 균형이다. 되도록 간결하게 디자인하여 주제를 한눈에 파악할 수 있도록 하고, 색상이나 글꼴, 효과를 사용할 때는 통일감을 주어 청중이 집중할 수 있도록 해야 한다. 마지막으로 개체 간의 균형, 슬라이드에서의 균형, 프레젠테이션에서의 균형을 고려해야 한다.

[그림 1-7]은 텍스트만으로 작성된 내용을 개체들 간의 균형과 디자인을 고려하여 도형으로 작성한 예이고, [그림 1-8]은 슬라이드에서의 균형을 보여주는 예이다.

그림 1-7 텍스트와 도형의 비교

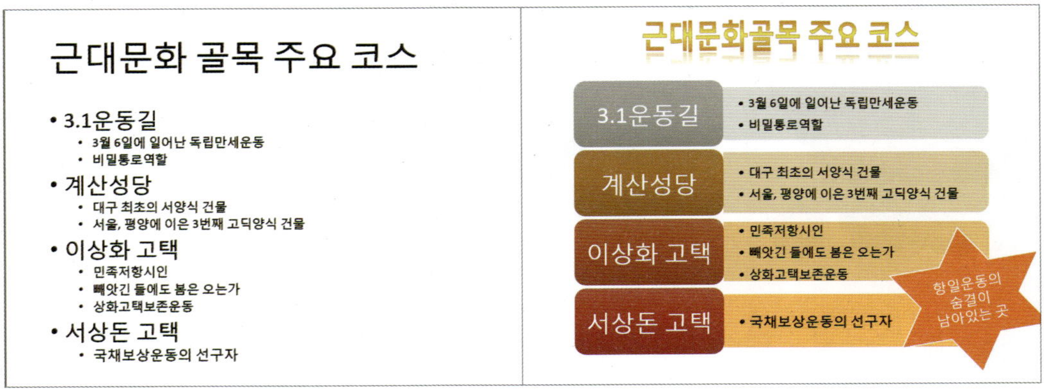

그림 1-8 슬라이드에서의 균형을 적용한 예

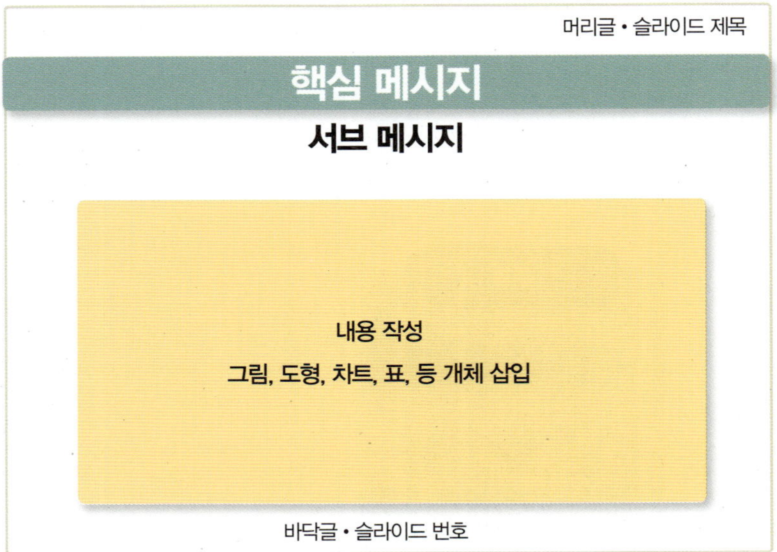

SECTION 03 ------ IT COOKBOOK

프레젠테이션 발표하기

효과적인 발표를 위해서는 철저한 준비가 필요하므로 발표 단계를 다시 준비와 실제 발표 단계로 나누어 각 단계에서 고려해야 할 사항을 알아보자.

3.1 발표를 위한 준비 단계

발표를 위한 준비 단계에서는 다음 네 가지 사항을 고려해야 한다.

❶ 청중을 분석한다.

최고의 발표자는 자기가 하고 싶은 이야기에 20%의 시간을, 상대가 듣고 싶은 이야기에 80%의 시간을 사용한다. 지피지기면 백전백승, 뛰어난 전술을 가지고 있더라도 청중을 잘 분석하지 못하면 성공적인 프레젠테이션을 할 수 없다. 프레젠테이션은 발표자와 청중 간의 양방향 커뮤니케이션임을 잊지 않아야 한다.

그림 1-9 양방향 커뮤니케이션

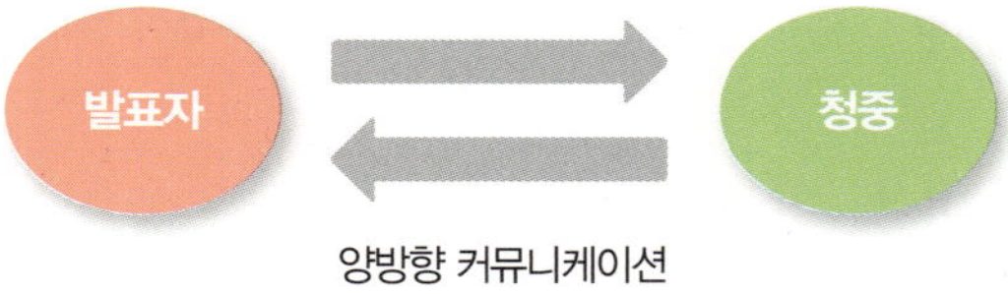

❷ 목적을 파악한다.

프레젠테이션의 본질이나 목적을 파악할 경우에는 단순히 표면적이고 일시적인 것보다는 진정 고객이 원하는 것이 무엇인지 거시적 관점에서 보아야 한다. 그런 다음에는 처음부터 끝까지 프레젠테이션의 목적을 잊지 않아야 한다.

❸ 공간을 활용한다.

프레젠테이션의 동선을 미리 파악해 놓는다. 장소를 미리 확인하고 리모컨 등의 기계 작동 방법도 확실히 익혀 두어야 한다. 혹시 모를 상황에 대비해 화면을 넘겨주는 사람을 한 명 배치해 두는 것도 좋다. 프레젠테이션 중에는 한 자리에 머물기보다는 자연스럽게 움직이는 것이 효과적이다.

❹ 리허설을 진행한다.

리허설을 진행할 때는 작은 실패와 성공을 많이 경험하고 모든 행동과 농담 한마디까지 치밀하게 계획하여 다음 사항이 완벽해질 때까지 준비한다. 다른 사람에게 1을 보여주려면 10을 준비하고 10을 보여주려면 100을 준비해야 한다.

- 발표 자료를 파악하고 이해하여 100% 숙지한다.
- 순서를 정해 연습한다.
- 전체 소요 시간을 측정하면서 반복해서 연습한다.
- 적절한 동작을 사용하며 연습한다.
- 머릿 속에서 상상하지 말고, 직접 말로 연습한다.
- 실제 상황처럼 연습한다.

3.2 발표 단계

이제 프레젠테이션의 마지막 단계인 실제 발표 단계에 대해 알아보자. 발표를 위해 단상에 서면 아무리 경험이 많은 발표자라도 떨리기 마련이다. 긴장을 풀기 위해 크게 쉼 호흡을 한 번 한 후 시작하자. 다음은 두려움을 떨쳐내고 성공적인 발표를 하기 위한 몇 가지 주의 사항이다.

❶ 자신감을 가진다.

제대로 준비되어야 자신감이 생기므로 철저히 준비하고 리허설도 잊지말자. 충분히 준비했다면 잘 해낼 수 있다는 긍정적인 생각을 갖는다.

그림 1-10 발표자의 마음가짐

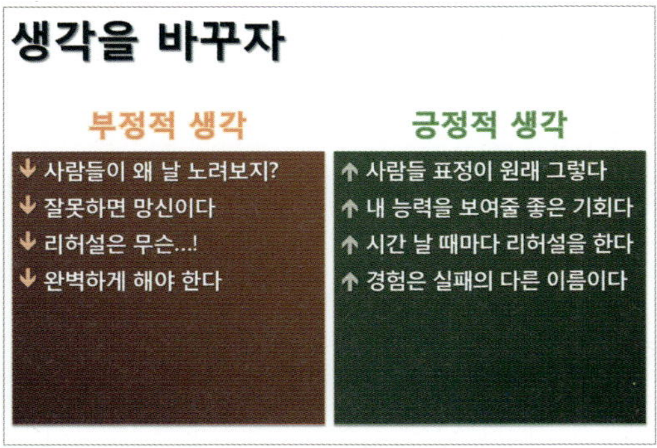

❷ 세련되고 품위 있는 발표를 위해 다음 몇 가지 사항에 주의한다.

1 시선을 적절히 처리한다.

청중의 눈을 보며 말한다. 청중과 눈을 맞추면 진실을 말하고 있다는 것을 전할 수 있고, 청중의 현재 감정을 살펴볼 수도 있다. 결과적으로 청중과 교감하는 프레젠테이션이 가능하다. 청중과의 시선 처리는 '스크린 20 : 청중 80' 정도를 유지한다. 처음부터 청중을 바라보는 것이 어려우면 처음에는 편안한 사람과 먼저 눈을 맞춘 후 어느 정도 익숙해지면 여러 사람과 눈을 맞춘다. 발표를 마칠 쯤이면 전체 청중과 눈맞춤이 이루어져야 한다.

2 적절한 언어를 선택한다.

은어와 비어는 사용하지 않는다. 더불어 자기비하적인 말투와 자기 자랑, 정치 또는 종교적인 발언도 하지 않는 것이 좋다.

3 말의 속도와 억양을 적절히 조절한다.

발표를 할 때는 속도가 너무 빨라도 안 되고 너무 느려 긴장감이 없어도 안 된다. 적당한 강약 조절로 긴장감을 놓치지 않으면서 천천히 정확히 말한다. 짧고 쉽게 말하고 고저장단에 변화를 주며 때로는 침묵도 적절히 사용한다.

4 자연스러운 표정을 유지한다.

여유로운 표정과 웃는 얼굴로 진행하며, 손짓, 몸짓, 제스처 등도 자연스럽게 사용한다. 하지만 너무 지나치면 가볍게 보일 수 있으므로 주의한다.

5 전략적인 패션을 연출한다.

의상은 최대한 단정히 입고, 프레젠테이션 디자인 컨셉에 맞는 포인트를 주는 것도 좋다.

❸ 결론은 명확하고 감동이 있어야 한다. 처음과 마지막에 핵심을 두고 설명한다.

❹ 질의응답도 미리 준비하고 적절히 대처한다.

발표를 마치고 질의응답을 하는 경우가 있다. 질의응답도 발표의 연장선상에 있는 것이므로 신중히 잘 대처한다. 질의응답을 할 때의 주의사항은 질문자를 바로 응시하고 질문을 경청한 후 질문의 요지를 청중에게 간단히 언급한 후 답변해야 한다는 것이다. 답변이 끝나면 질문자에게 원하는 답변이었는지 확인한다. 질문을 중간에 자르지 않아야 하며, 최대한 호의를 가지고 질문을 받는다. 현장에서 답하기 어려운 질문은 언제까지 전달하겠다는 약속을 하고 차후에 별도로 답을 전한다.

❺ 적절한 피드백을 한다.

발표를 마치면 발표자는 긴장을 놓게 된다. 힘든 발표일수록 발표한 것을 가능한 한 빨리 잊고 싶은 마음일 것이다. 하지만 발표는 일회성으로 끝나지 않는다. 다음에도 발표할 기회가 얼마든지 생길 수 있다. 따라서 발표 자료와 발표 상황을 되돌아보며 문제점을 살펴보고, 다음 발표에는 더 나은 발전이 있도록 메모해둔다. 현재의 실패가 다음 성공의 밑거름임을 잊지 말자.

발표할 때 주의할 사항을 시작부터 마무리 과정까지 요약해서 정리하면 다음과 같다.

시작 : 청중의 시선 집중시키기

1 정중히 인사하고 자신을 간단히 소개한다.

2 프레젠테이션의 배경, 주제, 목적, 중요성을 간략히 언급한다.

3 소요 시간과 질의응답 방법을 알려준다.

4 청중을 사로 잡을 수 있는 멘트나 인트로 화면으로 시작한다.

본문 : 내용 말하기

5 증거, 자료, 메시지를 말한다.

6 청중이 이해할 수 있도록 내용을 입증한다.

마무리 : 요약하고 승인 얻어내기

7 본문의 내용을 요약한다.

8 마무리 메시지를 전달한다.

9 반드시 프레젠테이션이 끝났음을 알린다.

10 승인을 얻어낸다.

여기서 잠깐

메라비언의 7-38-55 법칙

7% 내용, 38% 목소리, 55% 바디랭귀지를 의미하는 이 이론은 UCLA 심리학과 명예교수인 알버트 메라비언(Albert Mehrabian)이 1971년에 출간한 『Slient Messages』에서 처음 주장하였다. 전 세계적으로 가장 많이 참조되는 통계 자료로 커뮤니케이션 이론에서 자주 인용되는 법칙이다.

메라비언에 따르면 자신의 감정을 전달하는 데 필요한 세 가지 요소는 말의 내용, 목소리 그리고 바디랭귀지라고 한다. 감정을 효과적으로 의미 있게 전달하기 위해서는 이 세 가지가 조화를 이루어야 한다. 이 요소들이 조화를 이루지 못할 경우에는 수신자가 두 방향의 메시지로 인식하고, 두 개의 다른 방식으로 해석하여 발신자의 의도와 다르게 받아들여질 수도 있다. 그럴 경우 언어적 커뮤니케이션보다 비언어적 커뮤니케이션의 형태가 더욱 명확하게 받아들여진다는 법칙이다.

CHAPTER 2

IT COOKBOOK

파워포인트 기본 사용법과 기능

최근 프레젠테이션을 위해 키노트(Keynote)나 프레지(Prezi) 같은 응용 프로그램을 사용하는 사람이 많이 늘었다. 하지만 파워포인트는 여전히 대표적인 프레젠테이션 프로그램으로 각광 받고 있다. 파워포인트는 사용이 쉽고 프레젠테이션을 위한 유용한 기능을 많이 제공하기 때문에 앞으로도 가장 두터운 사용자층을 유지할 것이다.

이 장에서는 파워포인트의 다양한 기능을 본격적으로 익히기 위해 알고 있어야 하는 파워포인트 기본 사용법을 살펴본다. 그런 다음 파워포인트에서 제공하는 서식 파일 혹은 디자인 테마를 사용하여 간단한 프레젠테이션 문서를 제작한 후 슬라이드 쇼까지 진행해봄으로써 전체 흐름을 경험해본다.

SECTION 01 --- IT COOKBOOK

파워포인트 시작하기

1.1 파워포인트 실행과 프레젠테이션

파워포인트는 일반 응용 프로그램처럼 작업표시줄의 (시작) 버튼–[모든 프로그램]–[Microsoft Office 2013]–[PowerPoint 2013] 메뉴를 차례로 클릭하거나, 바탕화면의 (Microsoft PowerPoint2013 바로가기)를 더블클릭해 실행한다. 파워포인트가 실행되면 [그림 2–1]과 같은 화면이 나타난다.

그림 2–1 파워포인트 실행 첫 화면

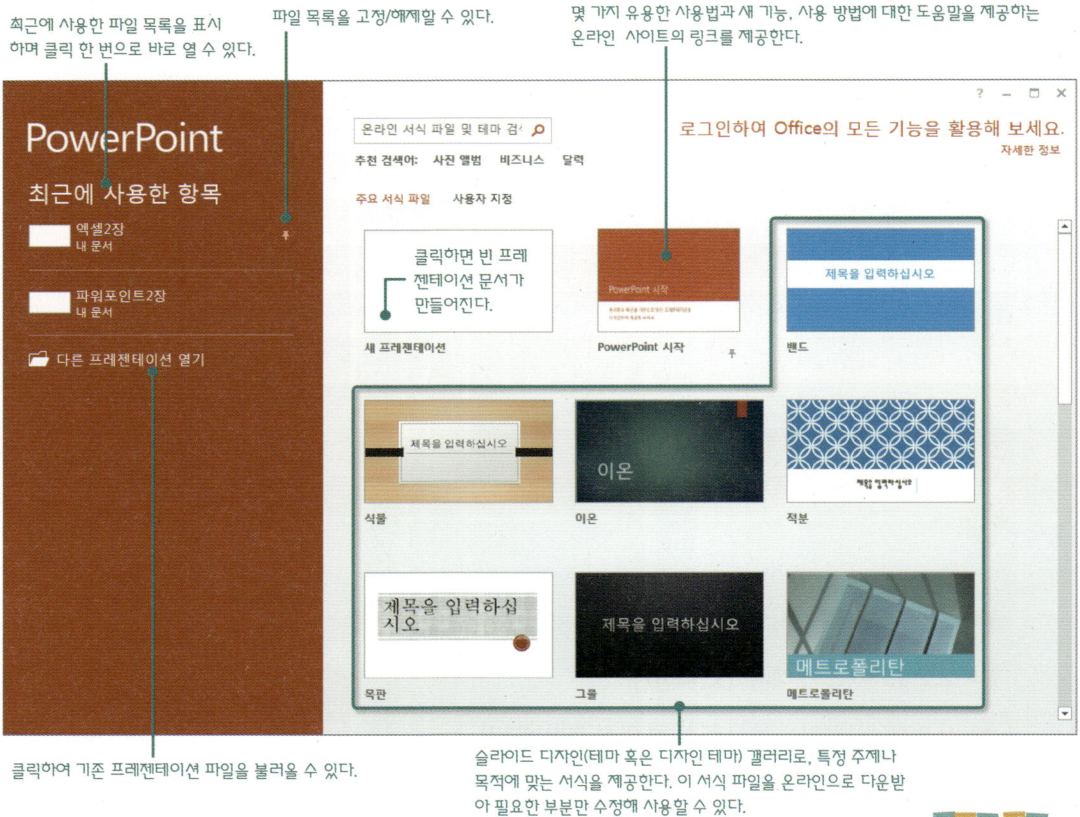

여기서 잠깐

디자인 테마와 서식 파일

- 디자인 테마 : 모든 슬라이드가 일관성을 가지도록 특정 유형에 맞추어 배경 그림과, 개체들 간의 위치와 서식들을 미리 설정해둔 것이다. 사용자가 디자인이 적용된 슬라이드를 추가하면서 문서를 작성할 수 있다.
- 서식 파일 : 디자인 테마가 적용된 여러 장의 슬라이드를 주제별로 미리 만들어 둔 것이다. 예를 들어 사업 계획서 프레젠테이션을 작성할 때 슬라이드를 한 장씩 추가하지 않고 Office.com의 서식 파일 갤러리에서 사업 계획서 서식 파일을 골라 사용할 수 있다.

파워포인트로 작성한 파일(문서)을 흔히 프레젠테이션 파일이라 부른다. 프레젠테이션 파일 하나는 [그림 2-2]와 같이 여러 개의 슬라이드로 이루어져 있다. 즉, 슬라이드 여러 개를 하나의 프레젠테이션으로 묶어 *.pptx 확장자로 저장한다.

TIP 파워포인트 2003 이하는 확장자가 .ppt이고, 2007 이상부터는 확장자가 .pptx이다.

그림 2-2 프레젠테이션 파일과 슬라이드의 관계

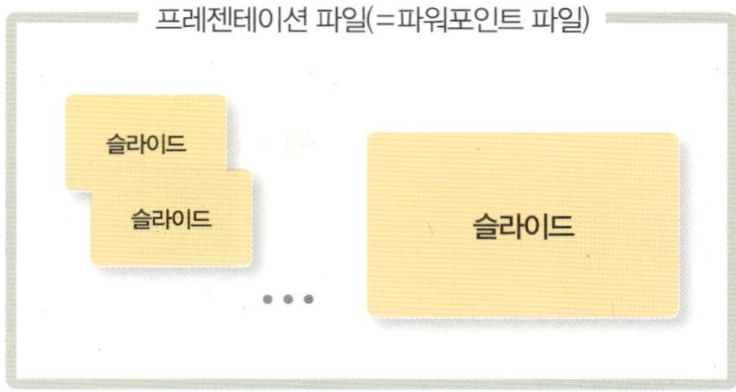

기본 예제 프레젠테이션 문서 만들어 저장하기

파워포인트의 서식 파일을 이용해 간단히 프레젠테이션 문서를 만들어 저장, 종료하는 과정을 연습해보자.

01 서식 파일을 이용해 프레젠테이션 문서 만들기

❶ 파워포인트 창에서 [파일] 탭-[새로 만들기]를 클릭한 다음 ❷ 추천 검색어 중 [비즈니스]를 클릭한 후 ❸ 서식 파일 목록에서 임의의 서식 파일을 클릭한다. ❹ 미리 보기 화면에서 [만들기]를 누르면 디자인과 서식이 적용된 슬라이드 여러 장이 자동으로 생성된다.

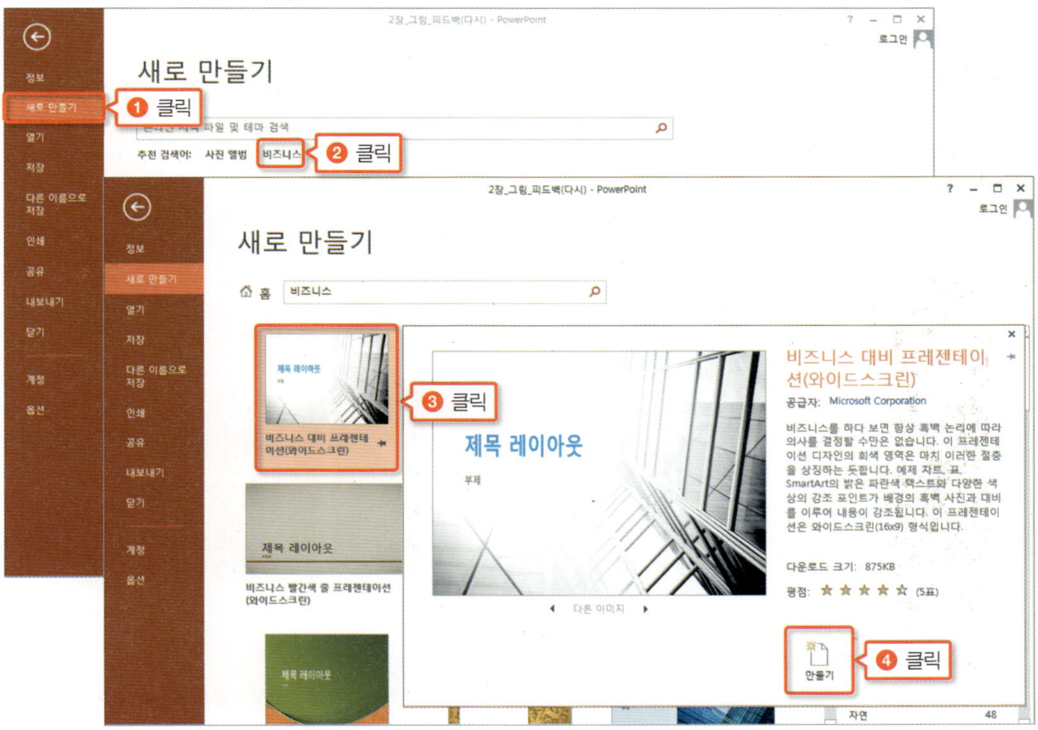

TIP 선택한 서식에 따라 파일을 다운로드하여 만들기도 한다.

02 프레젠테이션 문서 저장하기

❶~❹ [파일] 탭–[저장]–[컴퓨터]–[찾아보기] 순으로 클릭한다. 그리고 ❺ [다른 이름으로 저장] 대화상자에서 파일 저장 경로와 파일명을 지정한 후 ❻ [저장]을 눌러 저장한다.

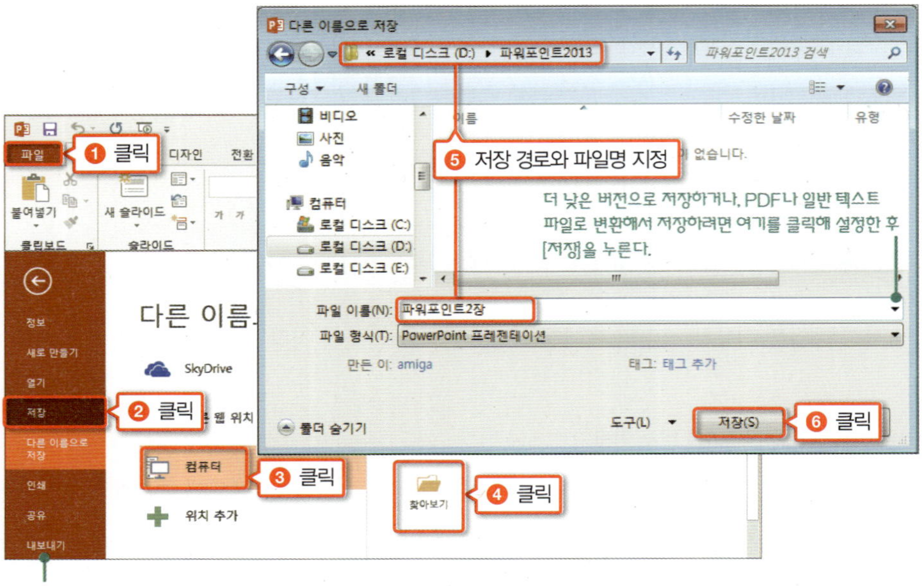

03 프레젠테이션 문서 닫기/파워포인트 종료하기

파워포인트는 프젠테이션 문서마다 작업창이 따로 열리므로 여러 개가 열려 있으면 하나씩 닫아야 한다. 프레젠테이션 문서를 닫을 때는 ❶~❷ [파일] 탭–[닫기]를 클릭한 후 ❸ 저장 여부를 묻는 대화상자에서 [저장]을 눌러 파일을 저장한 후 닫는다.

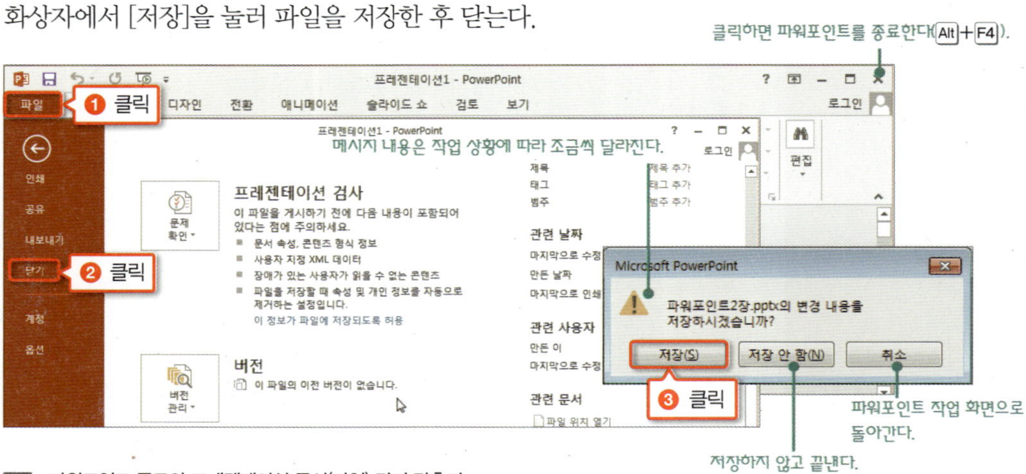

TIP 파워포인트 종료와 프레젠테이션 문서(파일) 닫기 단축키

- 파워포인트 종료(Alt+F4) : 열린 프레젠테이션 문서가 여러 개이면 현재 사용 중인 문서를 닫고, 더 이상 닫을 문서가 없으면 프로그램을 종료한다.
- 문서 닫기(Ctrl+F4) : 프레젠테이션 문서를 닫고, 더 이상 닫을 문서가 없으면 파워포인트의 빈 회색 영역만 남긴다.

여기서 잠깐

2003 이하 버전과 호환되게 저장하기

파워포인트 2013에서 저장하는 문서는 2007이나 2010 버전과는 서로 호환되어 바로 불러와 사용할 수 있다. 하지만 그 이하 버전에서는 별도의 설정이 필요하다. 앞 예제의 [다른 이름으로 저장] 대화상자에서 파일 형식을 'PowerPoint 97-2003 프레젠테이션'으로 선택하고 [저장]을 누르면 저장되는 과정에서 파일 형식에 따른 메시지 창이 나타나는데 여기서 [계속]을 누른다.

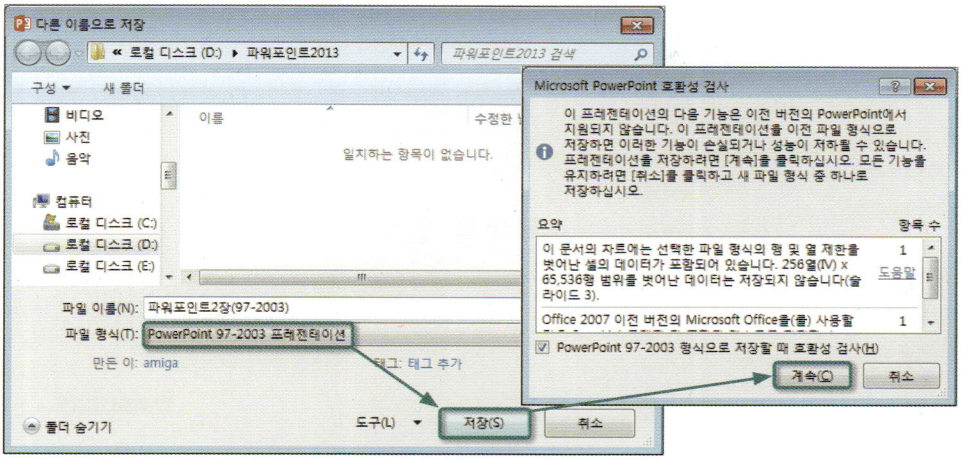

TIP 파워포인트의 내보내기 기능을 이용하면 다양한 형식으로 저장할 수 있는데, 이 방법은 사용된 폰트를 문서와 함께 저장하는 방법과 함께 10장에서 소개할 것이다.

기본 예제 프레젠테이션 문서를 다양한 방법으로 열기

탐색기와 같은 파일 목록창에서 프레젠테이션 파일을 더블클릭하면 파워포인트가 실행되면서 파일이 열리지만, 이 외에도 다양한 방법으로 프레젠테이션 파일을 열 수 있다. 파일을 여는 기능은 모든 프로그램에서 가장 기본이므로 하나씩 익혀보자.

01 파워포인트를 처음 실행하여 최근에 사용한 프레젠테이션 파일 열기

최근에 사용한 프레젠테이션 파일인 경우 파워포인트 실행 초기 화면의 왼쪽 영역에 있는 [최근에 사용한 항목]에서 파일을 바로 클릭하여 열 수 있다.

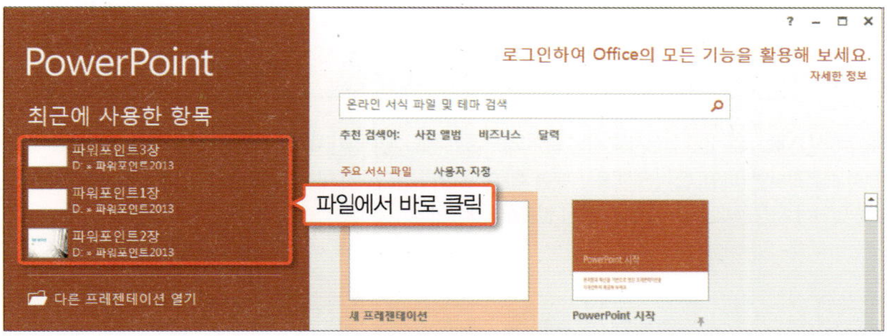

02 파워포인트 실행(파워포인트 작업) 상태에서 프레젠테이션 파일 열기

파워포인트 실행 화면에서 ❶~❹ [파일] 탭–[열기]–[컴퓨터]–[찾아보기]를 클릭한 후 ❺ [열기] 대화상자에서 파일을 선택하고 ❻ [열기]를 누른다.

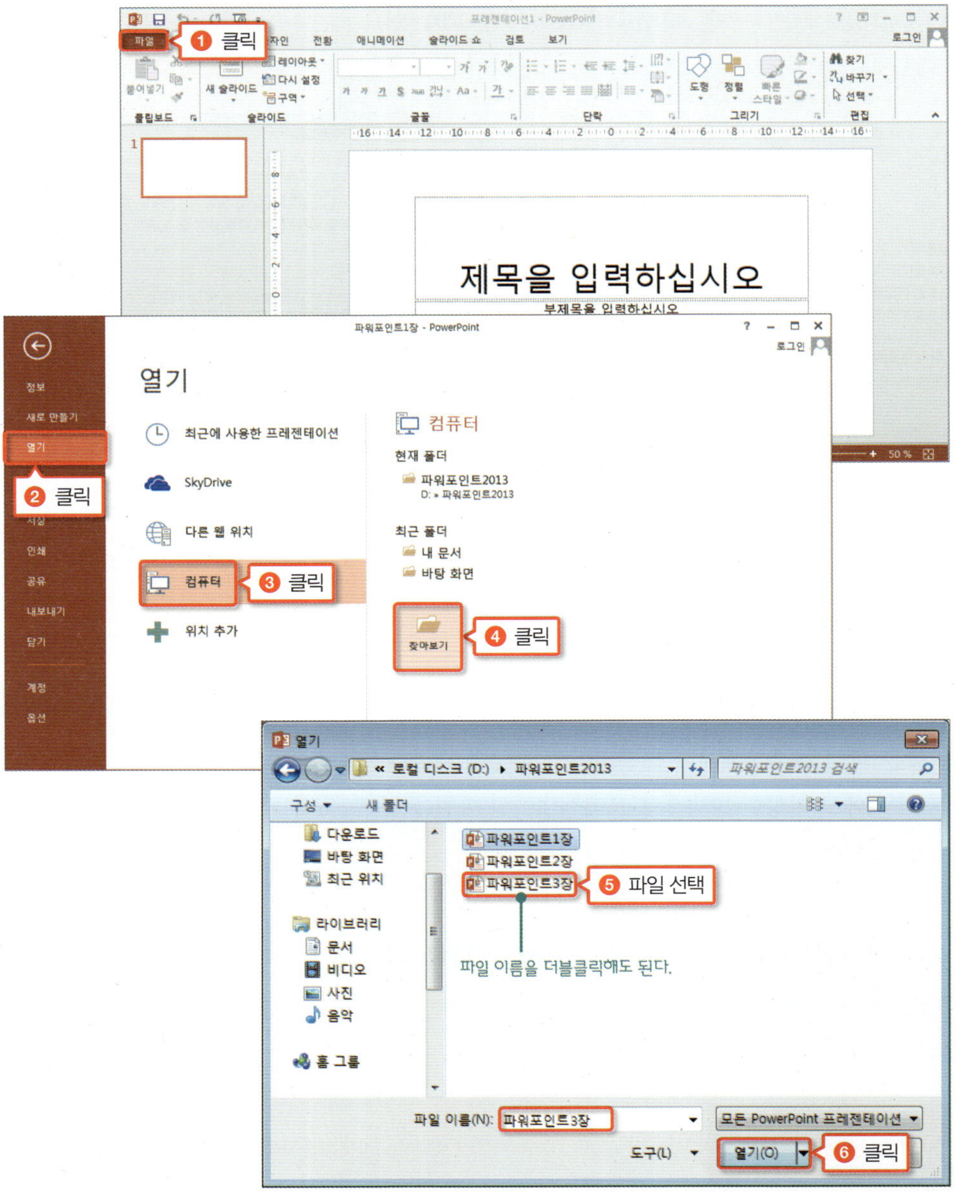

TIP 위와 같은 오피스 백스테이지 대신 [열기] 대화상자를 바로 불어오는 경우에는 Ctrl+O 대신 Ctrl+F12를 누른다. 또는 [열기] 대화상자를 사용하도록 완전히 되돌리려면 [파일] 탭–[옵션]을 선택한 후 [Powerpoint 옵션] 대화상자에서 [저장]을 누른 후 '프레젠테이션 저장' 영역에서 [파일을 열거나 저장할 때 Backstage 표시 안 함]을 체크한다.

03 비정상적으로 종료한 프레젠테이션 파일 열기

파워포인트에는 파일을 제대로 저장하지 못한 채 비정상적으로 종료되었을 때 파워포인트를 다시 실행하여 직전에 작업한 파일을 불러와 복구하는 기능이 있다. 비정상적으로 종료된 파워포인트를 다시 실행한 후 문서 복구 창의 사용 가능한 파일에서 불러와 다시 저장하면 된다.

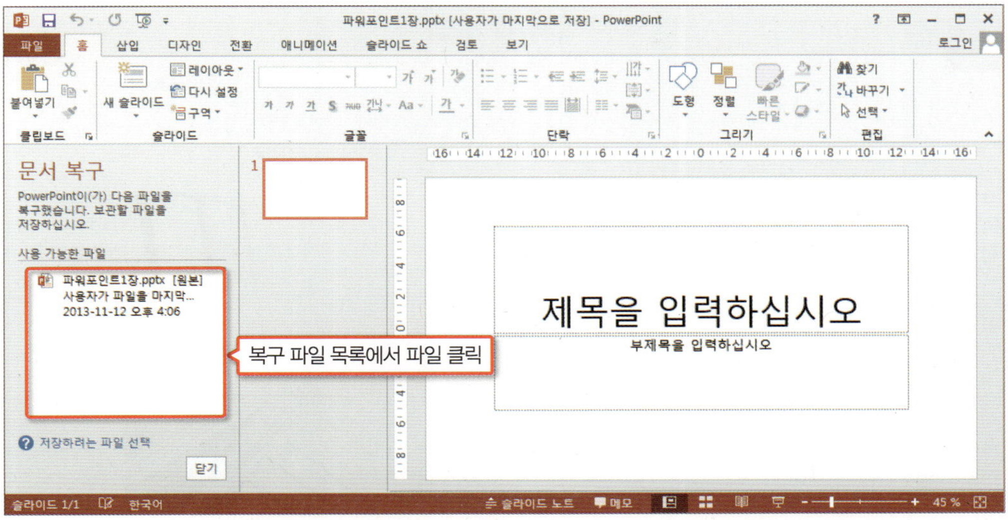

04 즐겨찾기 폴더에 등록해서 열기

자주 사용하는 폴더를 [열기] 혹은 [다른 이름으로 저장] 대화상자에서 즐겨찾기 영역으로 등록해 두면 훨씬 빠르게 해당 폴더로 이동할 수 있다. ❶ 폴더 목록에서 등록할 폴더로 이동한 후 ❷ [즐겨찾기]에서 마우스 오른쪽 버튼을 누르고 ❸ 팝업 메뉴에서 [현재 위치를 즐겨찾기에 추가]를 클릭하면 즐겨찾기에 등록된다. 그리고 즐겨찾기에 등록된 폴더에서 마우스 오른쪽 버튼을 누르고 팝업 메뉴에서 [제거]를 클릭하여 다시 제거할 수 있다.

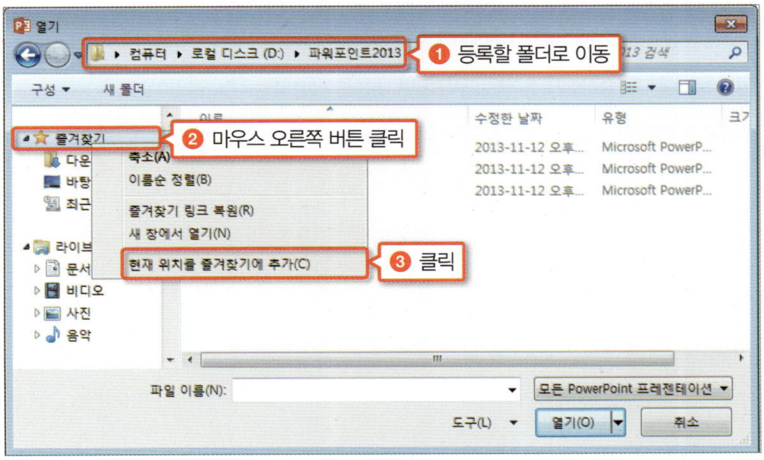

프레젠테이션 파일을 열어 작업하던 슬라이드로 바로 이동하기

파워포인트 2013에서는 파일을 저장할 때 사용하고 있는 슬라이드 위치를 기억하여, 다음에 해당 파일을 불러오면 작업하던 슬라이드 위치로 바로 이동할 수 있다. 프레젠테이션 파일을 열어 오른쪽 하단에 표시되는 '마지막으로 읽은 슬라이드 위치' 메시지를 클릭하면 해당 슬라이드로 이동한다.

1.2 파워포인트의 기본 화면

지금까지 프레젠테이션 파일을 열고 저장하는 방법을 통해 파워포인트 기본 사용법을 알아보았다. 이제 파워포인트를 본격적으로 배우기에 앞서 [그림 2-3]과 같은 기본 화면 구성을 살펴보자. 파워포인트 화면은 크게 리본 메뉴, 슬라이드 공간, 상태 표시줄로 구성된다.

1 **리본 메뉴** : 파워포인트가 제공하는 명령들을 분류하여 리본처럼 가로로 펼쳐서 도구화해 둔 곳이다. 비슷한 종류의 명령을 탭으로 묶고, 이를 다시 그룹으로 세분화하고 있다. 각 그룹에서 자주 사용되는 명령 도구가 가장 크게 표시된다.

2 **슬라이드 공간** : 크게 '슬라이드 보기 창'과 '슬라이드 창'으로 구분되며 내용을 작성하는 작업 공간이다.

3 **상태 표시줄** : 슬라이드와 관련된 정보와 다양한 보기 상태, 화면 확대/축소 등 작업 상태를 표시하는 부분이다.

그림 2-3 파워포인트 기본 화면

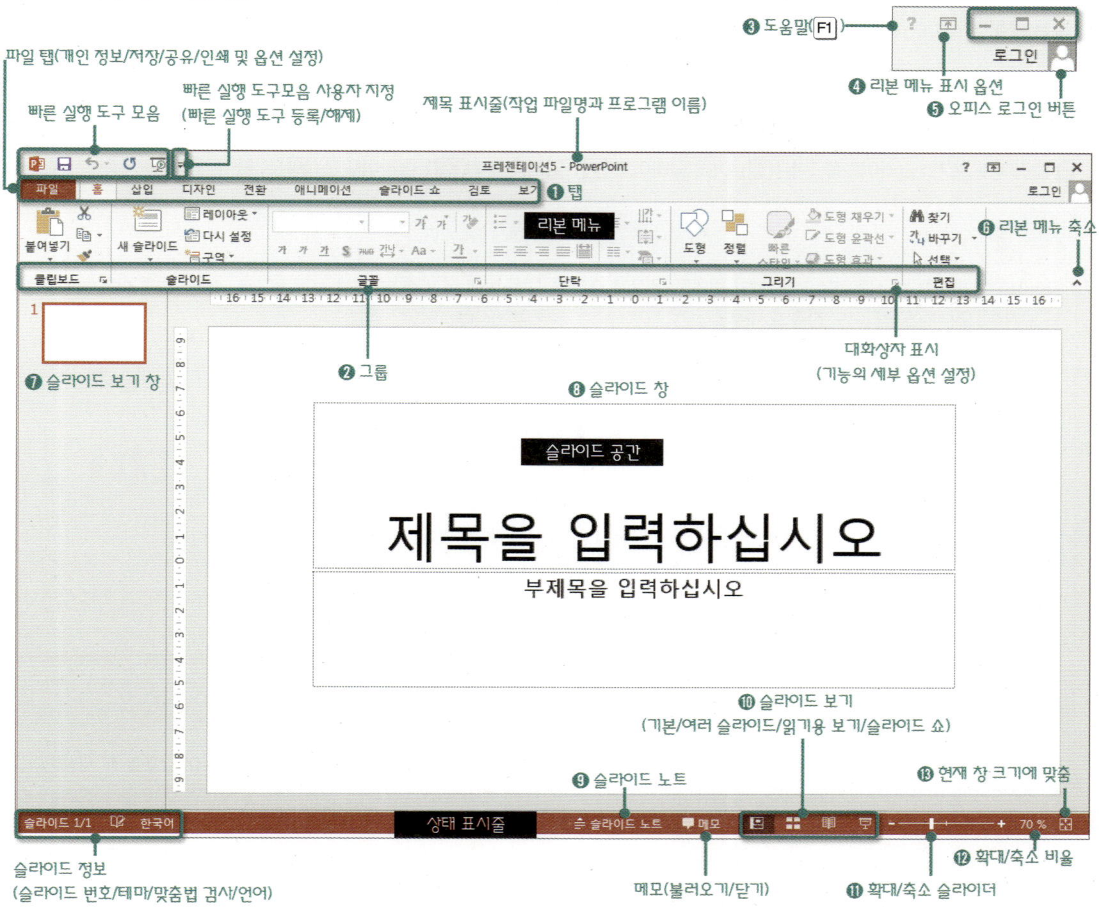

❶ **탭** : 비슷한 종류의 명령을 모아 놓은 곳으로, 탭 이름을 클릭하면 활성화되어 해당 리본 메뉴가 나타난다. 이 외에도 상황에 따라 특별한 기능을 수행할 수 있는 탭이 추가로 나타난다.

❷ **그룹** : 같은 탭에 속한 많은 명령들을 다시 세분화하여 그룹별로 찾기 쉽게 구성해두었다.

❸ **도움말** : 엑셀 도움말 창을 연다. F1을 눌러도 된다.

❹ **리본 메뉴 표시 옵션** : 리본 메뉴를 [자동 숨기기], [탭 표시], [탭 및 명령 표시]로 선택하여 작업 영역을 넓게 사용할 수 있다.

❺ **오피스 로그인 버튼** : 오피스 라이브 계정으로 로그인한 다음, 오피스 문서를 스카이드라이브(SkyDrive)에 온라인으로 [업로드], [열기], [공유]할 수 있다. 스카이드라이브는 마이크로소프트에서 제공하는 클라우드 서비스이다. 즉, 일반 웹하드처럼 장소와 장치에 구애받지 않고 문서를 활용할 수 있도록 해주는 저장 공간이다.

❻ **리본 메뉴 축소** : 리본 메뉴를 축소하여 탭 이름만 표시한다. 탭의 리본 메뉴를 보려면 탭 이름을 클릭한다. 항상 리본 메뉴가 나타나게 하려면 탭 이름을 더블클릭한다. 탭 이름을 더블클릭할 때마다 '최소화'와 '모두 표시'가 전환된다.

❼ **슬라이드 보기 창** : 여러 장의 슬라이드가 작은 그림으로 나열되어 한눈에 확인할 수 있다. 전체 흐름을 보면서 슬라이드의 순서를 확인하거나 특정 슬라이드를 선택할 수 있으며, 슬라이드 이동/삭제/복사가 가능하다.

❽ **슬라이드 창** : 실제 작업이 이루어지는 공간으로, 텍스트나 도형, 그림 등의 콘텐츠를 삽입하거나 편집하여 슬라이드를 작성하는 곳이다.

❾ **슬라이드 노트** : 슬라이드 노트를 보이기/감추기한다. 슬라이드 노트는 슬라이드에는 표시되지 않으며 발표자가 필요한 내용을 추가로 작성하여 발표 시 참조할 수 있도록 사용하는 영역이다.

❿ **슬라이드 보기** : 슬라이드를 기본( ), 여러 슬라이드( ), 읽기용 보기( ), 슬라이드 쇼( )로 볼 수 있다.

기본( )	여러 슬라이드( )
슬라이드를 편집할 때 사용하는 기본 보기 형태로, 왼쪽에 슬라이드 보기 창, 오른쪽에 슬라이드 창을 표시한다.  	한 번에 여러 슬라이드를 보는 형태로, 슬라이드를 이동/복사할 때 편리하다. 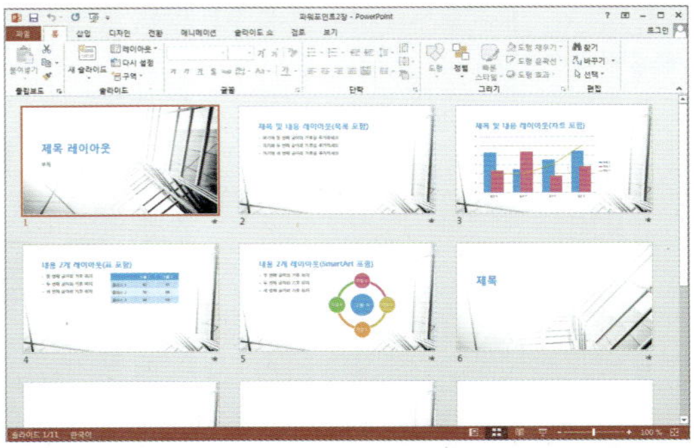
읽기용 보기( )	**슬라이드 쇼( )**
슬라이드 쇼와 비슷하지만 화면 아래쪽에 보기 형태와 슬라이드 이동 조작이 가능한 메뉴가 표시된다. 자신의 컴퓨터에서 프레젠테이션을 진행하면서 검토용으로 이용한다.  	슬라이드를 화면에 꽉 채운 형태로 표시하여 발표할 때 사용한다. F5를 누르면 처음부터, Shift+F5를 누르면 현재 슬라이드부터 슬라이드 쇼가 진행된다. 

⓫ **확대/축소 슬라이더** : 좌우의 –와 +를 클릭하여 10% 단위로 워크시트의 축소와 확대가 가능하다. 조절바를 좌우로 드래그해도 축소와 확대를 할 수 있다.

⓬ **확대/축소 비율** : 클릭하여 워크시트의 확대와 축소 배율을 설정할 수 있다.

⓭ **현재 창 크기에 맞춤** : 슬라이드 크기를 현재 창 크기에 최대한 적합하게 맞춘다.

파워포인트의 기능은 앞서 소개한 리본 메뉴를 이용하거나, 마우스 오른쪽 버튼을 눌러 나타나는 팝업 메뉴(단축 메뉴, 바로가기 메뉴)나 미니 도구 모음, 단축키 등을 통해 이용할 수 있다. 슬라이드에 삽입한 개체에서 마우스 오른쪽 버튼을 누르면 [그림 2–4]와 같이 해당 개체에 따른 팝업 메뉴가 나타나고 위쪽에는 개체 형태별로 서식을 설정할 수 있는 실시간 미니 도구 모음이 나타난다.

그림 2-4 실시간 미니 도구 모음과 팝업 메뉴

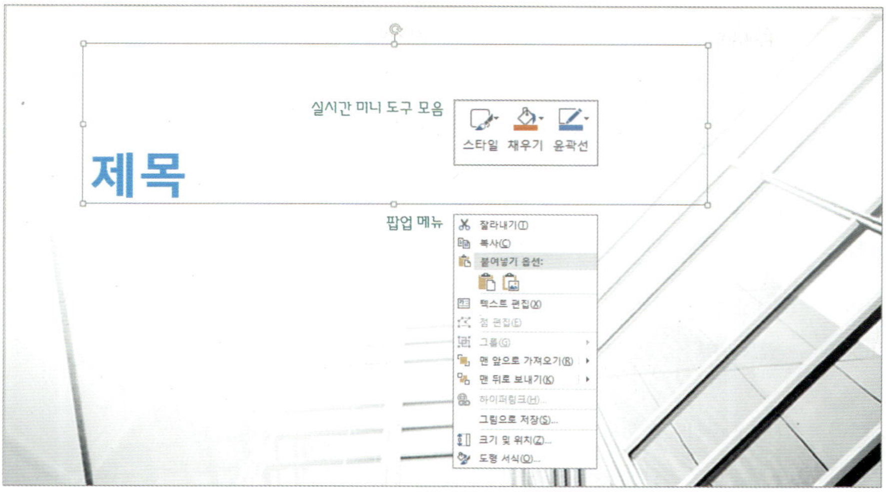

기본 예제 기본 화면 크기 변경하기

이전 버전에서는 슬라이드의 가로와 세로 길이가 비슷한 4:3 비율이었지만, 현재는 대부분의 TV와 비디오가 와이드스크린과 HD 형식을 채택하고 있어 파워포인트 2013에서는 가로가 긴 16:9 비율을 기본 테마로 설정하고 있다. 와이드형 모니터 사용이 일반화되는 추세를 반영한 결과이다. 하지만 일반 프로젝트는 아직 4:3 비율인 경우가 많아 4:3 비율로 변경해야 하는 경우가 있는데 파워포인트 화면 비율을 4:3으로 변경하려면 ❶~❸ [디자인] 탭–[사용자 지정] 그룹–[슬라이드 크기]–[표준(4:3)]을 클릭한다.

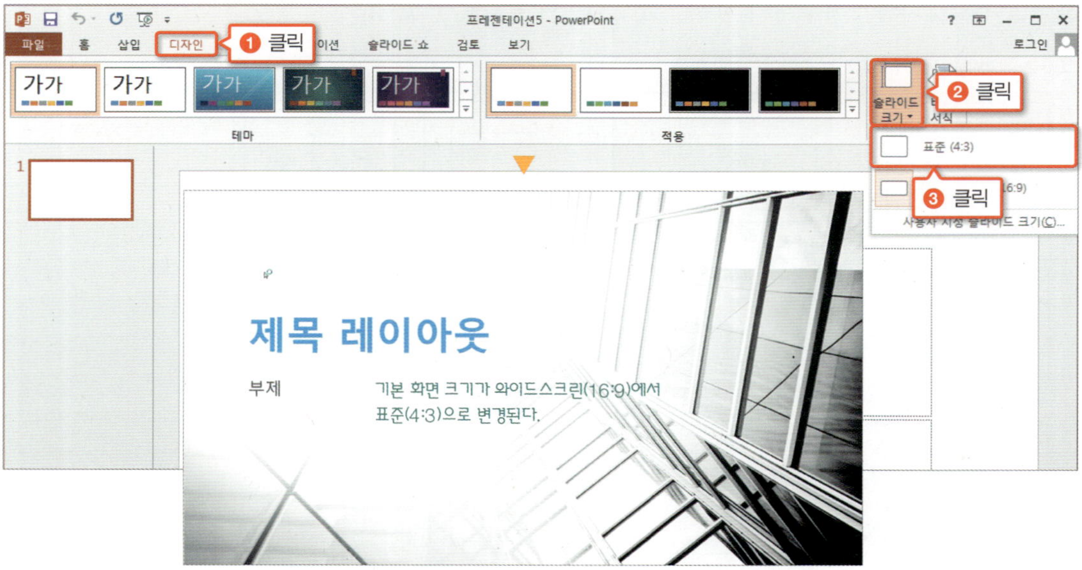

TIP▶ 변경한 화면 비율을 테마로 저장한 후 기본 테마로 설정해두면 파워포인트 실행 화면에서 간단히 선택할 수 있어 편리하다. 변경한 화면 비율을 테마로 저장하는 방법은 10장에서 소개한다.

슬라이드와 레이아웃 익히기

파워포인트를 사용하려면 실제 작업이 이루어지는 슬라이드부터 능숙하게 다룰 수 있어야 한다. 여기서는 프레젠테이션 문서를 편하게 작성할 수 있도록 파워포인트가 지원하는 슬라이드 레이아웃의 유형과 적용 방법을 알아보자. 그런 다음 프레젠테이션 문서에 슬라이드를 추가하고 삭제하는 기능을 익혀보자.

프레젠테이션에서 주로 사용되는 슬라이드는 크게 다음 다섯 가지 형태로 나눌 수 있고, 파워포인트는 이런 형태를 쉽게 작성할 수 있도록 다양한 슬라이드 레이아웃을 제공한다.

1 **제목 슬라이드** : 제목이 들어가는 슬라이드로, 회사 또는 단체의 로고나 정보를 삽입하기도 한다.
2 **차례 슬라이드** : 슬라이드의 전체 흐름을 정리해주는 슬라이드로, 생략하기도 한다.
3 **구역 슬라이드** : 특정 구역의 시작이나 새로운 단원의 시작을 알리는 슬라이드이다. 간지(間紙), 소제목이라고도 부른다.
4 **본문 슬라이드** : 콘텐츠가 들어가는 모든 슬라이드이다.
5 **종료 슬라이드** : 프레젠테이션의 끝을 알리는 슬라이드로, 질의응답과 관련된 내용이나 엔딩 화면으로 많이 대체되기도 한다.

슬라이드 레이아웃은 텍스트, 그림, 표, 도형 등의 개체를 가장 적합하게 포함하도록 서식, 위치 등을 미리 설정해놓은 것이다. 특히 본문은 콘텐츠에 따라 다양한 형태를 고를 수 있다. 하지만 파워포인트가 제공하는 레이아웃 기준으로 엄격히 구분하여 사용할 필요는 없다. 용도에 가장 가까운 레이아웃을 선택한 후 사용자가 적절히 수정해서 사용하면 된다. 파워포인트에서 제공하는 슬라이드 레이아웃은 [홈] 탭-[슬라이드] 그룹-[새 슬라이드]의 ▾를 클릭하여 확인할 수 있다.

그림 2-5 파워포인트가 제공하는 슬라이드 레이아웃

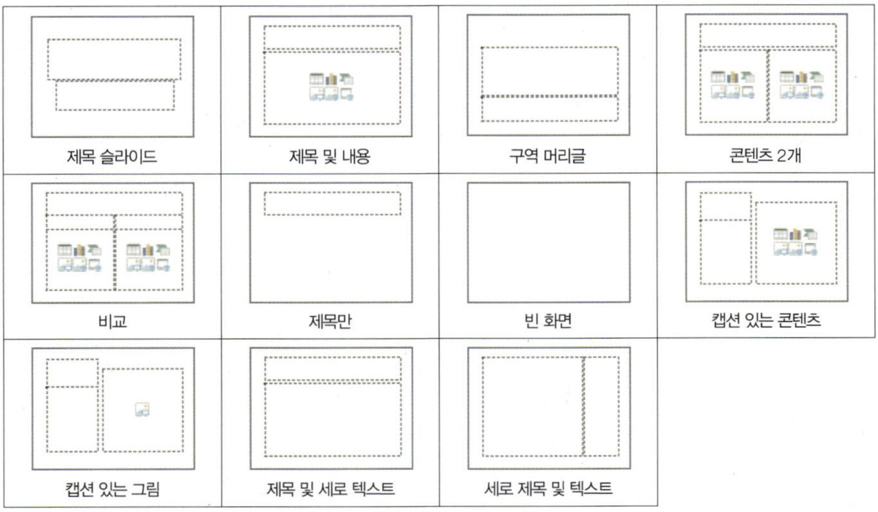

기본 예제 > 슬라이드 삽입하고 레이아웃 변경하기

파워포인트를 실행하면 슬라이드가 하나만 나타난다. 하지만 프레젠테이션 문서는 대개 여러 장의 슬라이드로 구성되므로 슬라이드를 삽입하는 방법을 알아야 한다. 슬라이드를 삽입하는 다양한 방법과 레이아웃을 설정하고 변경하는 방법을 익혀보자.

01 원하는 레이아웃으로 슬라이드 삽입하기

❶~❷ [홈] 탭–[슬라이드] 그룹–[새 슬라이드]의 [▼]를 클릭한 후 ❸ 원하는 레이아웃을 선택한다.

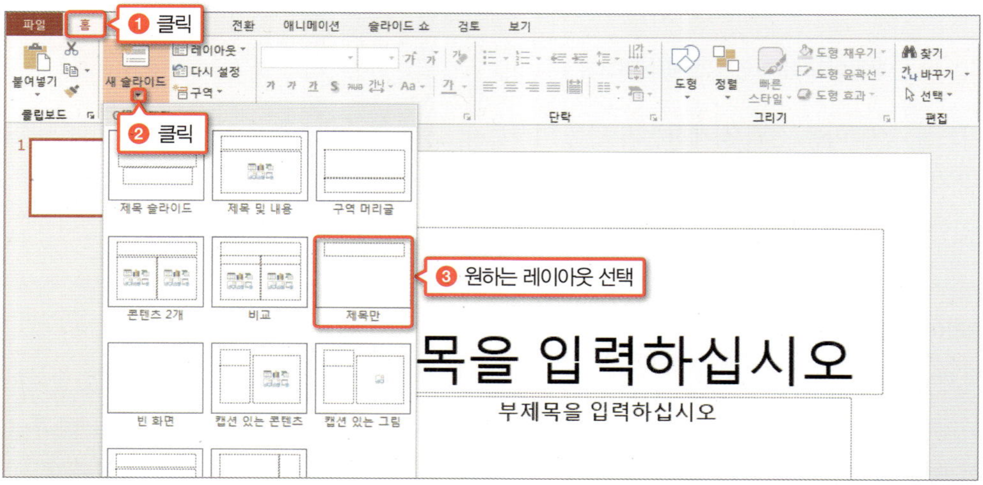

02 다양한 방법으로 슬라이드 삽입하기

슬라이드는 다음과 같이 다양한 방법으로 삽입할 수 있다. 이 외에도 [Ctrl]+[D]를 눌러 복제하는 방법으로 슬라이드를 삽입할 수도 있는데 이 방법은 다음 예제에서 소개한다.

방법 1 : [홈] 탭–[슬라이드] 그룹–[새 슬라이드]를 클릭한다.

방법 2 : [슬라이드 보기 창]에서 축소판 슬라이드를 선택하고 [Enter]를 누른다.

방법 3 : [슬라이드 보기 창]에서 마우스 오른쪽 버튼을 누르고 팝업 메뉴에서 [새 슬라이드]를 클릭한다.

방법 4 : [Ctrl]+[Enter]를 누른다. [Ctrl]+[Enter]는 슬라이드에서 다음 개체 틀로 이동하는 키이지만 이동할 개체가 없으면 새 슬라이드를 삽입한다.

방법 5 : [Ctrl]+[M]를 누른다. 선택된 슬라이드와 동일한 레이아웃의 슬라이드가 삽입된다.

03 슬라이드 레이아웃 변경하기

❶ 레이아웃을 변경할 슬라이드를 선택하고 ❷~❸ [홈] 탭–[슬라이드] 그룹–[레이아웃]을 클릭한 후 ❹ 원하는 레이아웃을 선택한다.

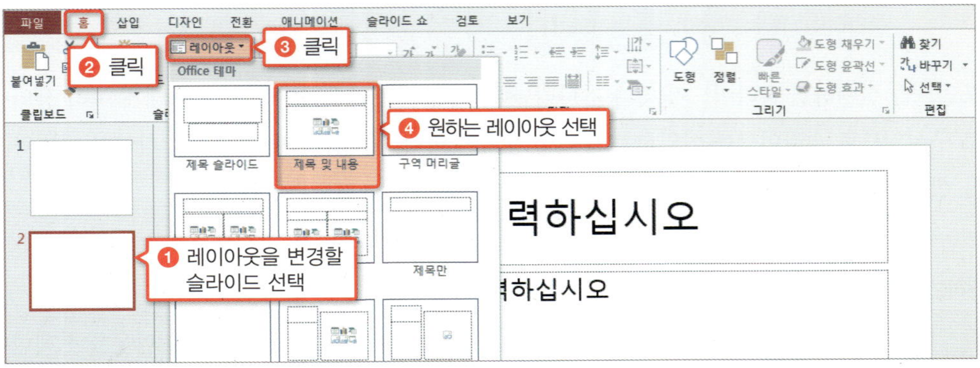

기본 예제 **슬라이드 복제/이동/선택/삭제하기**

슬라이드를 복제/이동/선택/삭제하는 방법을 익혀보자. 특히 슬라이드 복제 기능은 서식이나 형식을 그대로 유지한 채 일부 내용만 변경하는 슬라이드에 이용하면 편리하다. 여기서는 작업 결과를 좀 더 확연히 확인할 수 있도록 슬라이드에 색을 설정하였을 뿐이니 빈 슬라이드에서 따라해도 상관 없다.

01 슬라이드 복제하기

복제는 복사하기(Ctrl+C)와 붙여넣기(Ctrl+V)를 한번에 처리하는 것이다. ❶ 복제할 슬라이드를 복제할 위치로 드래그하여 ❷ 복제할 위치에서 Ctrl을 누른 후 ❸ 마우스에서 먼저 손을 뗀 후 Ctrl에서 손을 떼면 슬라이드가 복제된다. 이 외에도 다음 방법으로 슬라이드를 복제할 수 있다.

방법 1 : [홈] 탭–[클립보드] 그룹–[복사]–[복제] 클릭

방법 2 : 복제할 슬라이드를 선택하고 Ctrl+D

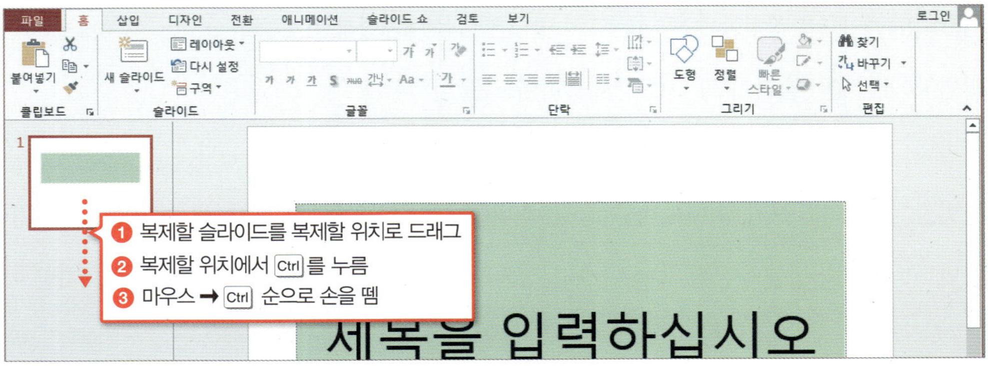

02 슬라이드 이동하기

❶ 이동할 슬라이드를 선택하고 ❷ 드래그하면 슬라이드가 이동한다. 기본 보기 화면 왼쪽 영역의 슬라이드 보기 창에서 슬라이드를 이동할 때도 방법은 같다.

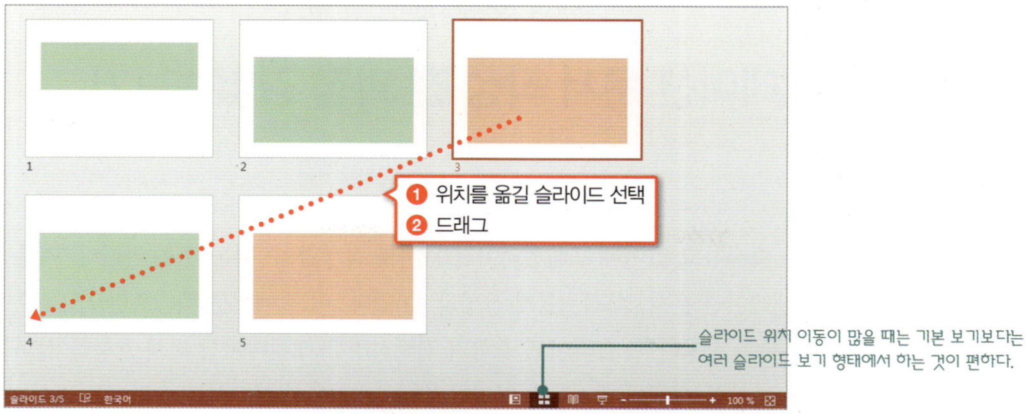

03 연속/비연속 슬라이드 선택하기

연속적인 슬라이드를 선택할 때는 ❶ 선택할 첫 번째 슬라이드를 클릭한 후 ❷ Shift를 누른 채 마지막 슬라이드를 클릭해 선택한다. 그리고 비연속적인 슬라이드를 선택할 때는 ❶ 선택할 첫 번째 슬라이드를 클릭한 후 ❷ Ctrl을 누른 채 선택할 슬라이드를 클릭한다.

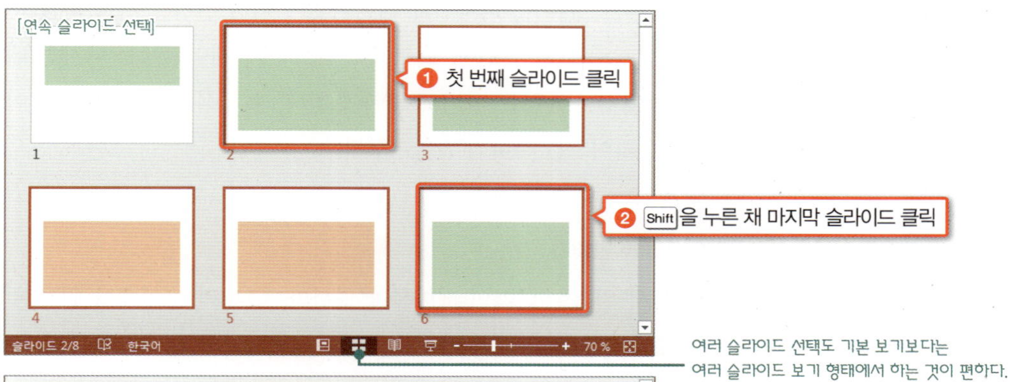

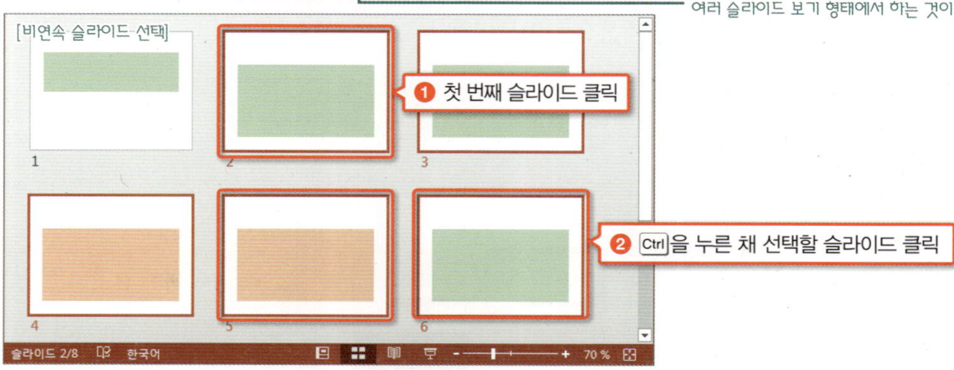

04 슬라이드 삭제하기

❶ 삭제할 슬라이드를 선택하고 ❷ Delete 또는 Back Space를 누르면 선택한 슬라이드가 삭제된다.

SECTION 03 — IT COOKBOOK

03 프레젠테이션 문서 작성 전 과정 경험해보기

파워포인트 기능을 모두 숙지하고 있어야 프레젠테이션 문서를 작성할 수 있는 것은 아니다. 기본 기능만 알아도 간단한 프레젠테이션 문서 정도는 쉽게 작성할 수 있다. 이 절에서는 텍스트만으로 이루어진 간단한 프레젠테이션 문서를 작성한 후 슬라이드 쇼까지 진행하며 프레젠테이션 전체 흐름을 살펴볼 것이다. 파워포인트에서는 다양한 개체에 텍스트를 입력할 수 있는데 우선 여기서는 슬라이드 레이아웃에서 기본으로 제공하는 개체 틀에 텍스트를 입력하는 방법만 다룰 것이다. 그리고 텍스트 상자, 도형 등의 다양한 개체에 텍스트를 입력하는 방법은 이후 장에서 하나씩 소개할 것이다.

기본 예제 〉 표지와 본문으로 구성된 프레젠테이션 문서 작성해 슬라이드 쇼 진행하기

앞서 서식 파일을 사용하는 방법을 알아보았는데, 디자인과 레이아웃이 미리 설정된 서식 파일은 다른 용도에 사용하려고 하면 오히려 더 번거로워질 수 있다. 그러므로 새 프레젠테이션에서 디자인 테마를 선택하거나 디자인이 없는 기본 화면에서 시작하는 방법도 알아야 한다. 여기서는 서식 파일을 이용하지 않는 기본 방법으로 표지와 본문 슬라이드를 하나씩 만들어보자.

01 디자인 테마를 이용해 프레젠테이션 문서 만들기

❶ 파워포인트 실행 초기 화면에서 원하는 디자인 테마를 클릭한다. ❷ 미리 보기에서 원하는 형태를 선택한 후 ❸ [만들기]를 누르면 해당 테마 디자인이 적용된 프레젠테이션 문서가 만들어지고, 제목 레이아웃의 슬라이드 한 장이 기본으로 만들어진다.

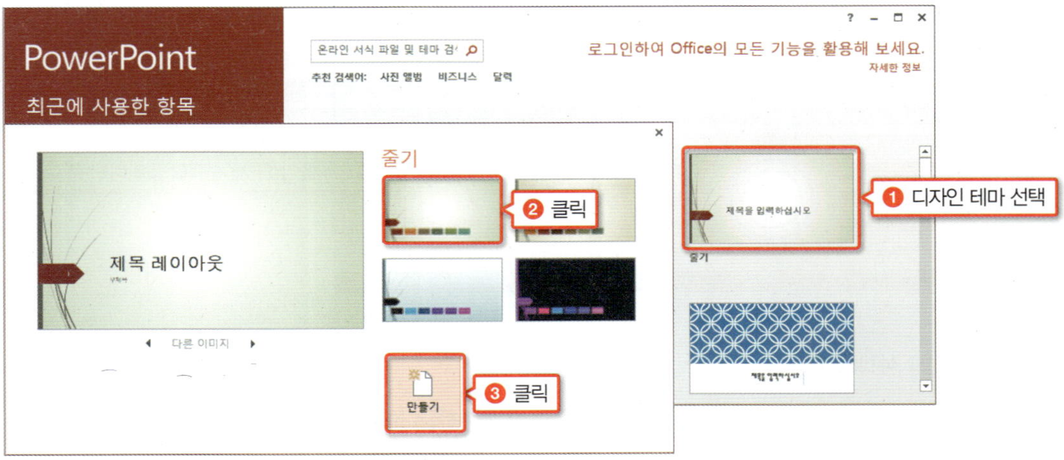

02 표지 슬라이드 작성하기

첫 번째 슬라이드에는 [제목 슬라이드] 레이아웃이 설정되어 있다. 개체 틀을 마우스로 클릭하여 학교 이름, 소속, 이름을 각각 입력한다.

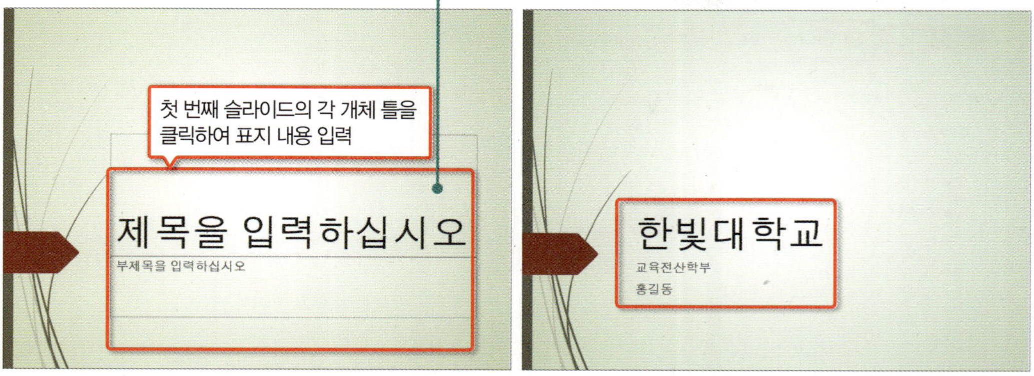

03 본문 슬라이드 1 작성하기 : 제목 및 내용 레이아웃을 삽입하고 텍스트 입력하기

①~③ [홈] 탭-[슬라이드] 그룹-[슬라이드]의 ▾-[제목 및 내용] 레이아웃을 클릭한다. ④ 개체 틀에 그림과 같이 내용을 입력한다.

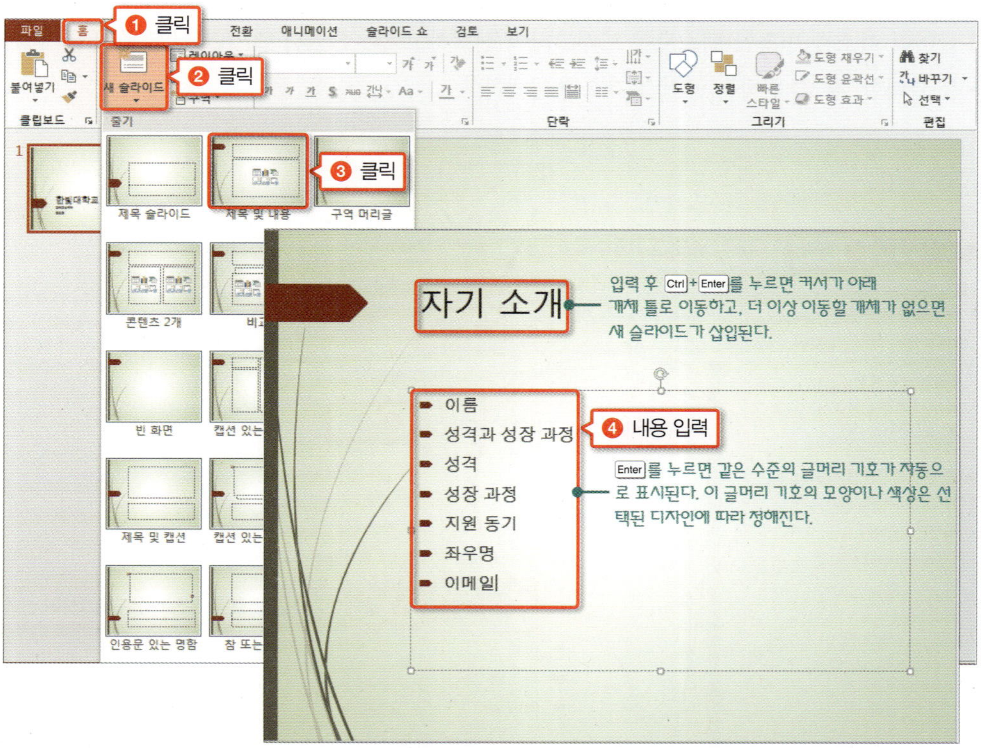

TIP 개체 틀은 슬라이드 레이아웃에 포함되어 있는 점선 테두리 상자로 텍스트, 그림, 표, 차트 등을 손쉽게 추가할 수 있다.

04 본문 슬라이드 1 변경하기 : 목록 수준 조절하기

❶ 목록 수준을 조절할 텍스트를 드래그하여 선택하고 ❷~❸ [홈] 탭–[단락] 그룹의 (목록 수준 늘림)을 클릭한다. Tab을 눌러도 된다.

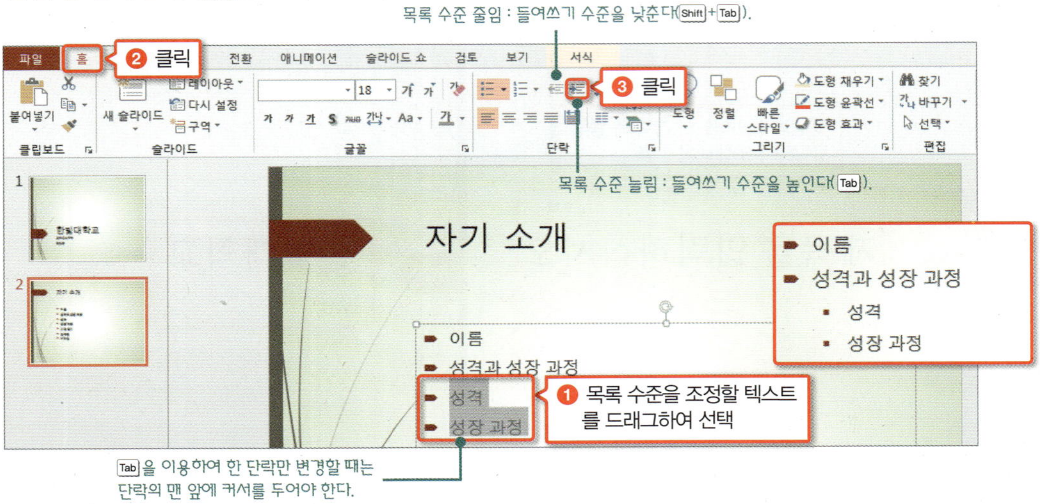

05 본문 슬라이드 1 변경하기 : 글머리 기호 변경하기

❶ 글머리 기호를 변경할 텍스트를 드래그하여 선택하고 ❷~❸ [홈] 탭–[단락] 그룹의 글머리 기호 를 클릭한 후 ❹ 원하는 글머리 기호를 선택한다.

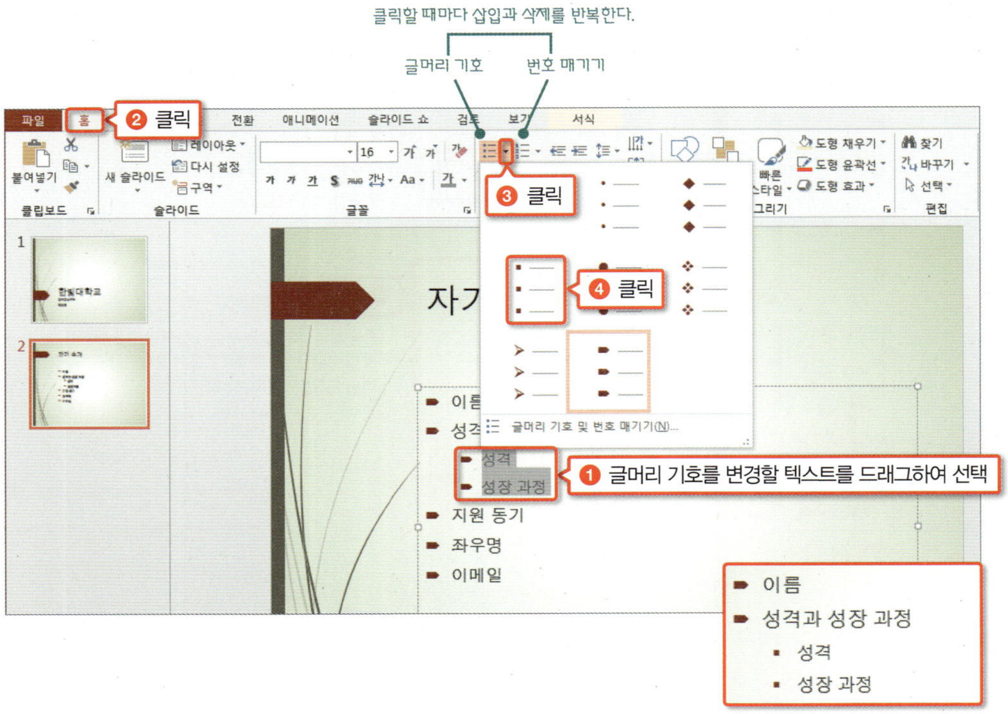

06 본문 슬라이드 2 작성하기 : 한글 자음과 [한자]를 이용해 기호 넣기

특수 문자나 기호는 리본 메뉴나, 한글 자음과 [한자]를 이용해 넣을 수 있다. 특히 한글 자음과 [한자]를 이용하는 방법은 마이크로소프트 사에서 제공하는 모든 응용 프로그램에서 사용할 수 있다. ❶~❷ 한글 자음을 입력한 후 곧바로 [한자]를 눌러 ❸ 특수 문자 목록에서 선택한다.

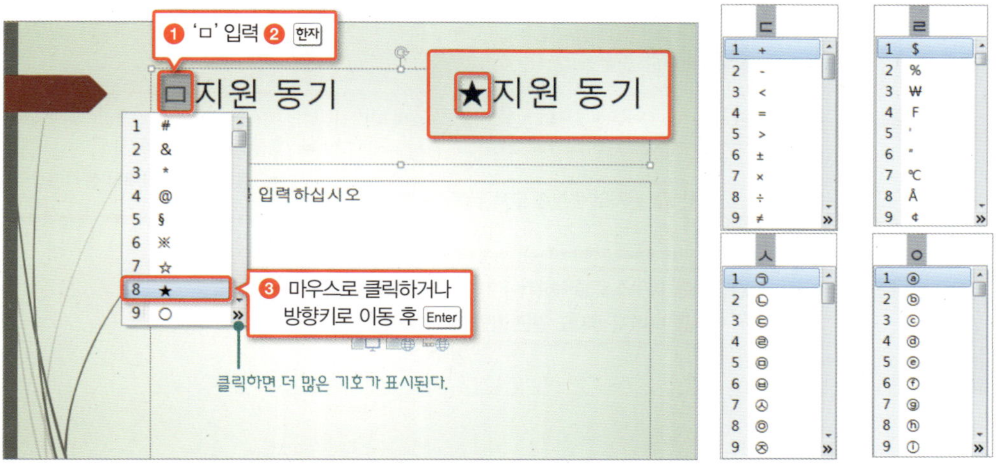

07 본문 슬라이드 3 작성하기 : 리본 메뉴를 이용해 기호 넣기

❶ 기호를 넣을 위치에 커서를 두고 ❷~❸ [삽입] 탭-[기호] 그룹-[기호]를 클릭한다. ❹ [기호] 대화상자에서 글꼴을 선택하고 ❺ 원하는 기호를 찾아 선택한 후 ❻ [삽입]을 눌러 입력한다. 대화상자를 닫기 전까지는 기호를 계속 넣을 수 있고, 더 이상 추가할 기호가 없으면 [닫기]를 눌러 닫는다.

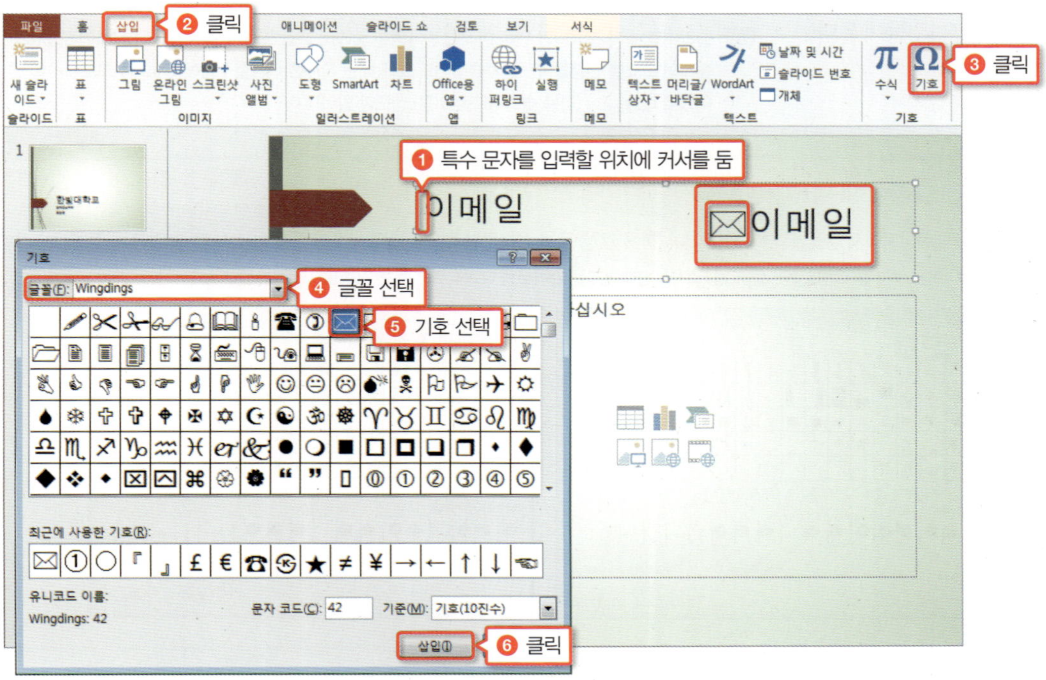

08 본문 슬라이드 작성하기 4 : 한자 입력하기

한자는 한글로 먼저 입력한 후 한자로 변환해야 한다. ❶ 한자로 변환할 글자 뒤에 커서를 둔 다음 ❷ 한자(또는 [검토] 탭–[언어] 그룹–[한글/한자 변환])를 누른다. ❸ 한자 목록에서 한자를 선택하여 변환하고 ❹ 나머지 글자도 같은 방법으로 한자로 변환한다. 한자를 다시 한글로 변환하는 방법은 한글을 한자로 변환하는 방법과 동일하다.

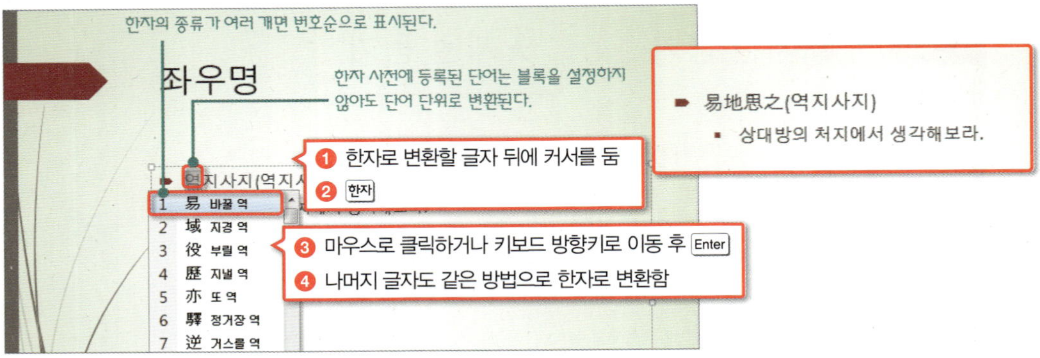

09 슬라이드 쇼 진행하기

자신만의 소개 내용을 입력하여 프레젠테이션 문서를 완성한 후 슬라이드 쇼를 진행해보자. ❶ ~❷ [슬라이드 쇼] 탭–[슬라이드 시작] 그룹–[처음부터]를 클릭하면(F5) 첫 번째 슬라이드부터 슬라이드 쇼가 진행된다. 선택된 슬라이드부터 슬라이드 쇼를 진행하려면 [현재 슬라이드부터]를 선택한다(Shift+F5). ❸ 슬라이드 쇼 상태에서 임의의 위치를 마우스로 클릭하면 다음 슬라이드로 넘어간다. ❹ 마지막 슬라이드에서 쇼 종료 화면이 표시되면 마우스를 클릭해(또는 임의의 키 입력) 편집 창으로 돌아온다.

TIP 슬라이드 쇼가 진행되면 왼쪽 아래에 반투명한 슬라이드 쇼 도구 모음이 나타나는데 이 도구를 이용해 슬라이드 쇼를 진행할 수 있다. 슬라이드 쇼에 대한 자세한 내용을 7장에서 소개하므로 ◁(이전 슬라이드로 이동), ▷(다음 슬라이드로 이동) 정도만 알아두자.

여기서 잠깐

[기호] 대화상자(Alt+I+S)

[기호] 대화상자에서 글꼴을 (현재 글꼴)이나 (한글 글꼴) 등을 선택하여 하위 집합에서 기호 종류를 선택할 수 있다. 글꼴 중 symbol, webdings, wingdings, wingdings2, wingdings3 등이 자주 사용되는 특수 기호를 포함하고 있다.

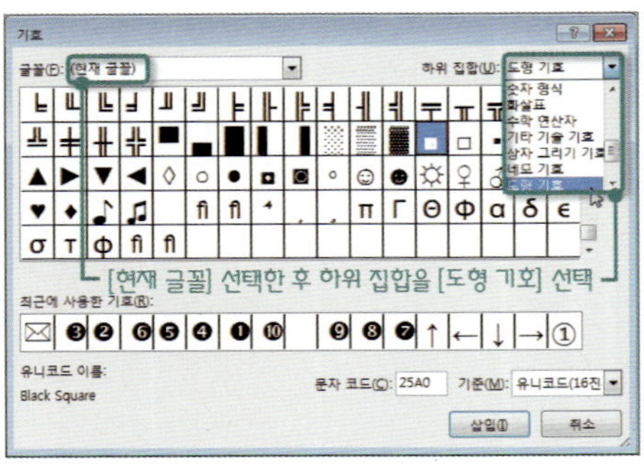

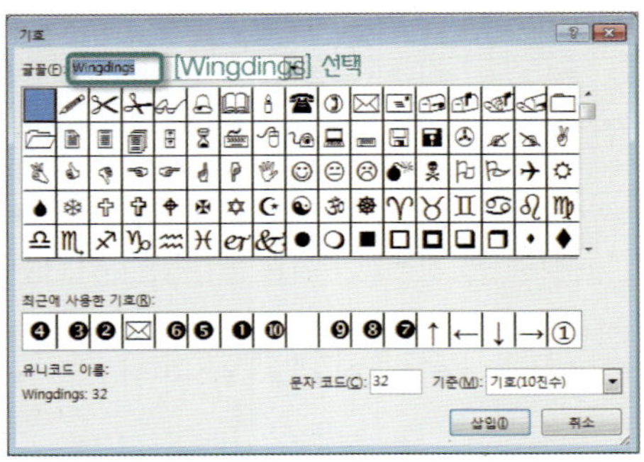

종합 예제

IT COOKBOOK

01 파워포인트가 제공하는 달력 서식 파일을 이용해 프레젠테이션 파일을 작성한 후 '2014년달력.pptx'로 저장해보자.

❶ 파워포인트를 실행한다.

❷ 실행 초기 화면의 추천 검색어에서 '달력'을 클릭 후 서식 파일을 하나 선택하여 프레젠테이션 파일을 만든다.

❸ [파일] 탭-[저장]을 클릭해 '2014년달력.pptx'로 저장한다.

02 파워포인트의 서식 파일을 다운 받아 다음 작업을 진행해보자.

❶ 파워포인트 실행 초기 화면에서 '학교'로 검색하여 '새 학년 학교 및 수업 소개 프레젠테이션' 서식 파일을 선택하여 프레젠테이션 파일을 만든다.

❷ 보기 형식을 [여러 슬라이드 보기]로 변경한다.

❸ 8번 학부모 모임 슬라이드를 삭제한다.

❹ 4번 교직원 소개 슬라이드를 마지막 슬라이드인 요약 슬라이드 앞으로 옮긴다.

❺ 보기 형식을 [기본 보기]로 변경한다.

❻ 1번 제목 슬라이드 다음에 [구역 머리글] 레이아웃을 추가하고 다음 내용을 입력한다.

텍스트 영역 : 사무 융합을 위한 제목 영역 : 파워포인트와 엑셀

❼ 1번 제목 슬라이드와 3번 목차 슬라이드를 다음과 같이 수정한다.

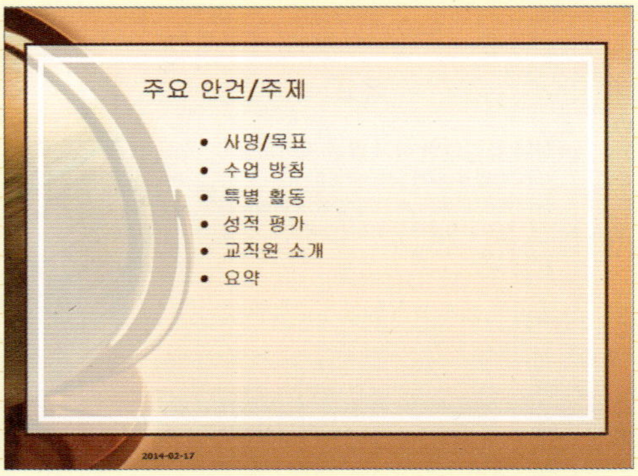

❽ '수업소개.pptx'로 저장한다.

❾ 슬라이드 쇼를 진행한다 : [슬라이드 쇼] 탭-[슬라이드 쇼 시작] 그룹-[처음부터] 클릭

03 다음과 같은 내용으로 '자기소개서' 슬라이드를 작성하여 발표하시오.

1) '교육 테마'나 '밴드' 테마로 새 프레젠테이션 파일을 만든다.

2) 각 슬라이드를 다음과 같이 작성한다. 기호는 [기호] 대화상자에서 글꼴을 Webdings 혹은 Wingdings로 지정한 후 선택한다.

3) '자기소개서.pptx'로 저장한다.

❶ [제목 슬라이드] 레이아웃
❷ 특수 문자 삽입 : [삽입] 탭–[기호] 그룹–[기호]

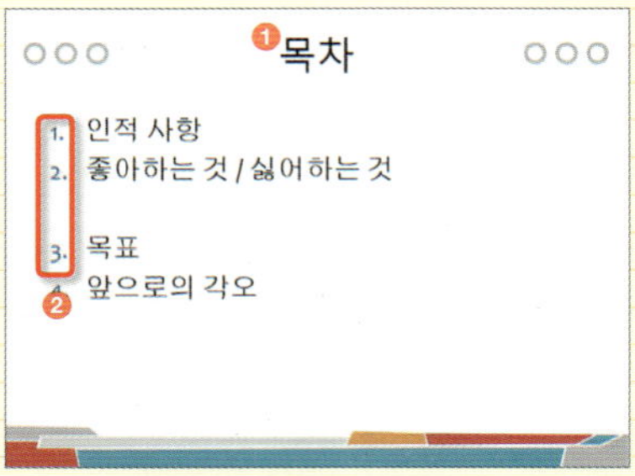

❶ [제목 및 내용] 레이아웃
❷ 글머리 기호 삽입 : [홈] 탭–[단락] 그룹–[번호 매기기]

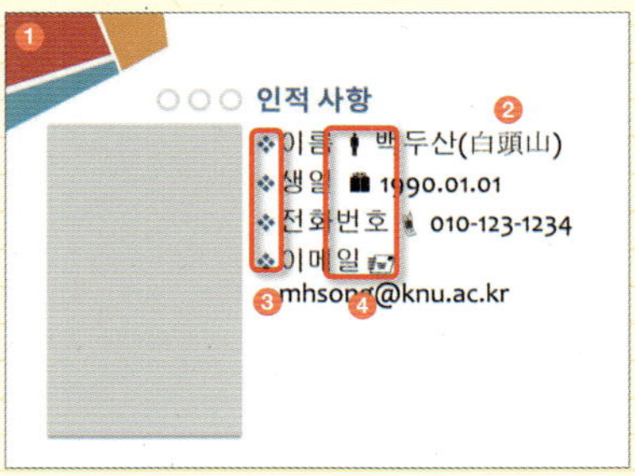

❶ [캡션 있는 콘텐츠] 레이아웃
❷ '백두산' 한자로 변환
❸ 글머리 기호 변경
❹ 특수 문자 삽입

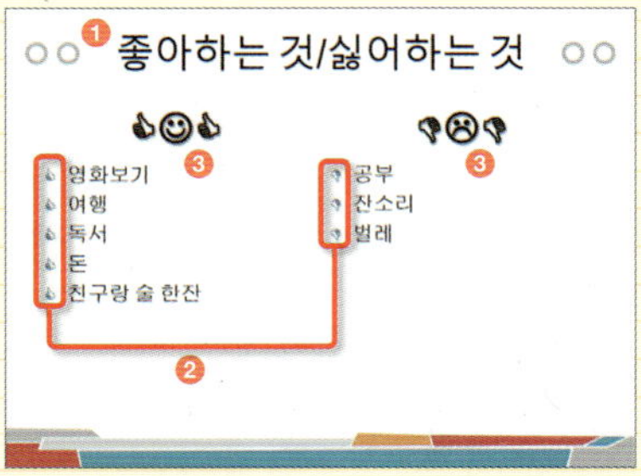

❶ [비교] 레이아웃
❷ 글머리 기호 변경
❸ 특수 문자 삽입

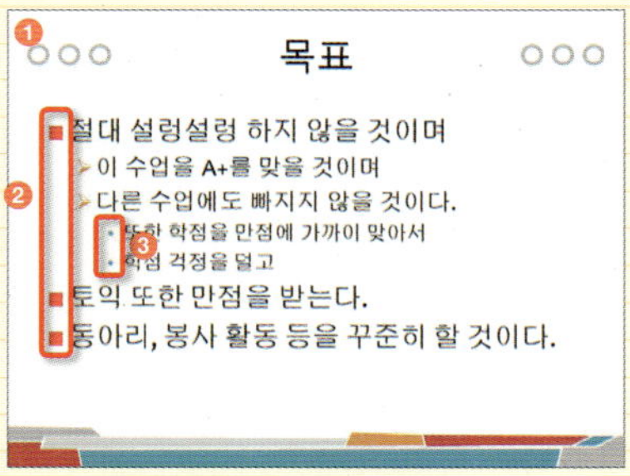

❶ [제목 및 내용] 슬라이드 레이아웃
❷ 각 수준별 글머리 기호 변경
❸ 글머리 수준 늘림 : Tab 키 혹은 [홈] 탭–[단락] 그룹–[목록 수준 늘림]

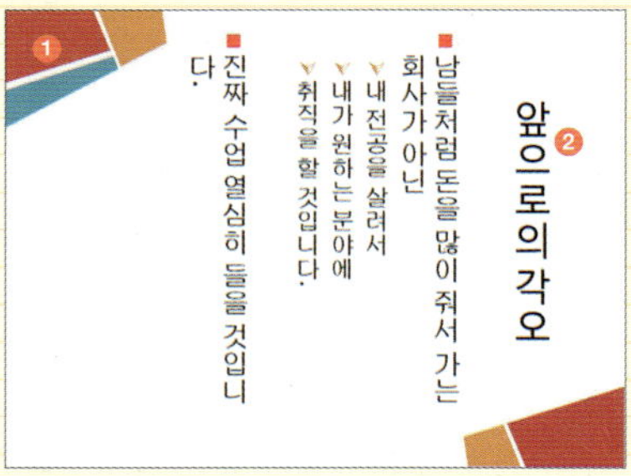

❶ 앞의 슬라이드 복제하여 슬라이드 추가 : [홈] 탭–[슬라이드] 그룹–[새 슬라이드]–[선택한 슬라이드 복제] 클릭
❷ [세로 제목 및 텍스트] 슬라이드 레이아웃으로 변경

4) 슬라이드 쇼를 진행한다.

평가 예제

01 다음과 같이 주어진 내용으로 슬라이드를 작성한 후 '본인학번이름.pptx' 형태로 저장해보자.

사내 정보 검색 대회
문제 게재 – 정답 제출
2014. 5. 12(월) ~ 15일(수) 동안 12:00까지 사내 홈페이지에 1문제씩 게재
문제에 대한 정답을 다음날 12:00까지 출제된 게시판에 제출
수상자 결정
개인별로 정답 여부를 확인한 후 답안 제출 시간 별로 순위를 정하여 시상함

인터넷과 SOHO – 주제 관련 세미나 –
일시 2014년 5월 15일(14:00–16:00)
장소 본사 5층 국제회의장
진행 순서
총장 인사
전자 상거래의 전망
농산물 전자 상거래
세계화로 가는 전자 상거래
소자본 창업

고객(顧客) 현상 및 문제점
고객과의 단일하고 신속한 대화 채널 미흡
해외 고객의 클레임
정보 요구에 대한 신속한 대응 미흡
체계적인 고객 응대의 어려움
분야별 서비스 수준 상이
Technical Report 등의 기술 정보 자료 관리 미흡

전자서명(Digital Signature)
위조불가
생성 키를 소유하지 않은 자는 전자 서명 生成不可
변경불가
생성 키를 소유하지 않은 자는 전자 문서 變更不可
서명자인증
생성 키를 소유한자가 전자 서명의 行爲者임

02 작성된 슬라이드를 다음의 완성된 슬라이드와 작성조건을 참고하여 변경해보자.

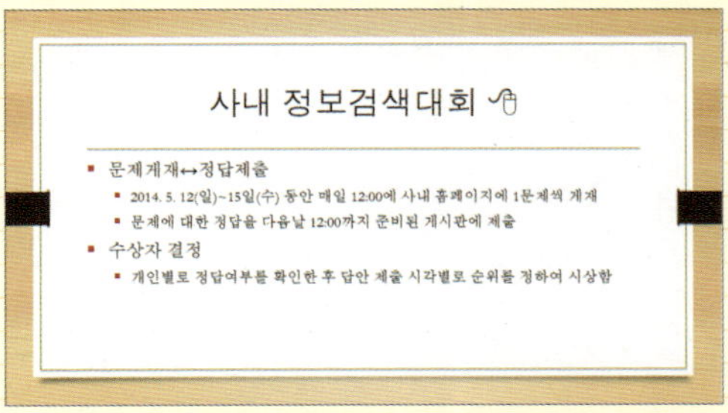

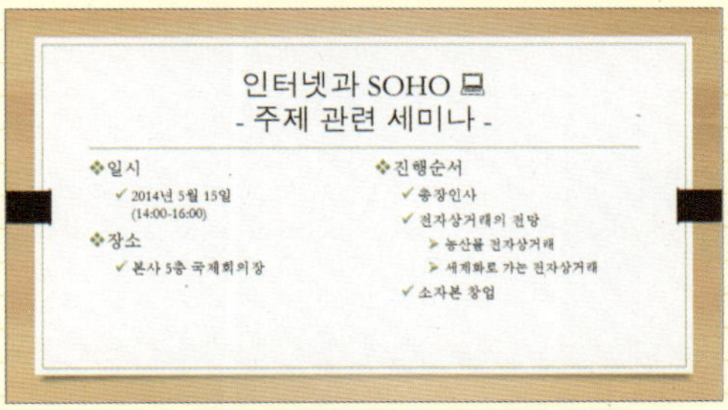

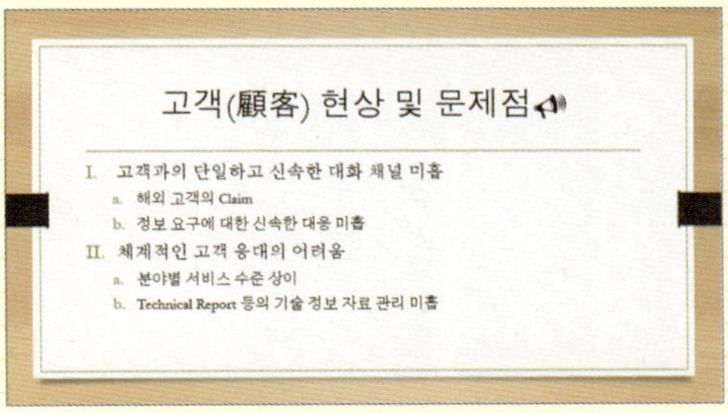

작성조건

❶ 디자인 테마 : 자연주의(다른 디자인 테마로 자유롭게 선택 가능)

❷ 슬라이드 크기 : 와이드스크린(16:9)

❸ 표지 슬라이드 추가하기 : [제목 슬라이드] 레이아웃을 추가하여 내용 입력

- 제목 : IT 활용과 파워포인트
- 부제목 : 본인소속과 이름

❹ 내용 슬라이드 편집하기

- 완성된 슬라이드를 참조하여 슬라이드 레이아웃 변경
- 제목에 특수문자 추가 : 글꼴 Wingdins 56/58, Webdings 85/84
- 글머리 기호 변경 및 수준 조절
- 한자변환

❺ 기타 서식은 완성된 슬라이드를 참조하여 지정

❻ 슬라이드 쇼 진행

CHAPTER 3

IT COOKBOOK

텍스트 서식

이전 장에서 간단한 프레젠테이션 문서를 제작하여 슬라이드 쇼까지 진행해보는 전 과정을 살펴보았다. 그러나 청중의 주목을 끄는 문서를 제작하려면 좀 더 다양한 기능을 익힐 필요가 있다. 프레젠테이션 문서의 핵심은 디자인과 텍스트이므로 가독성 있게 디자인하는 방법과 텍스트를 표현하는 서식은 필수로 익혀야 할 기능이다.

이 장에서는 파워포인트에서 제공하는 디자인 테마에 다양한 변화를 주면서 슬라이드에 간편하게 디자인을 적용하는 방법을 알아본다. 그리고 텍스트 서식과 단락 서식, 워드 아트, 수식 등의 기능을 사용해 보다 세련되게 서식을 지정하는 방법도 알아본다.

SECTION 01 ---- IT COOKBOOK

테마를 이용해 서식 설정하기

프레젠테이션 문서의 텍스트를 꾸미는 가장 간편한 방법은 파워포인트가 제공하는 디자인 테마를 이용하는 것이다. 테마는 슬라이드의 배경, 색상 구성, 글꼴 서식, 글머리 기호 등을 미리 디자인해놓은 것으로 서로 어울리는 색, 글꼴, 효과가 포함되어 있어, 테마를 이용하면 통일된 분위기의 프레젠테이션 문서를 간편하게 작성할 수 있다. 그리고 테마를 이용하면 전체 분위기를 결정한 후 색과 글꼴을 사용자가 원하는 방향으로 수정할 수 있어 간편하다.

기본 예제 〉 테마를 이용해 색상/글꼴 서식 설정하기

01 테마 적용하기

빈 프레젠테이션에서 ❶~❷ [디자인] 탭–[테마] 그룹 아래의 ▿(자세히)를 클릭한 후 ❸ 원하는 테마를 선택하면 전체 슬라이드에 해당 테마가 적용된다. 이때 선택한 테마에서 마우스 오른쪽 버튼을 누르고 팝업 메뉴에서 [선택한 슬라이드에 적용]을 클릭하여 특정 슬라이드에만 적용할 수도 있다.

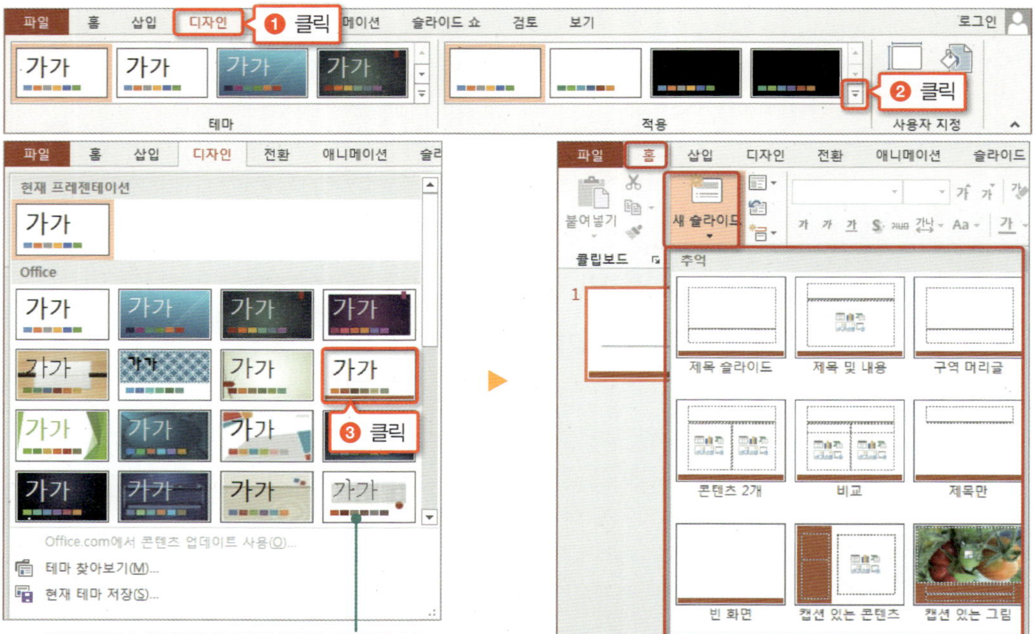

테마에 마우스 포인터를 두면 해당 테마가 적용된 모습을 미리 보기로 확인할 수 있다.

모든 레이아웃에 추억 테마가 적용된다.

02 테마 색상/글꼴 변경하기

디자인은 그대로 유지한 채 색상만 변경하거나 글꼴 서식만 변경하려면 ❶~❷[디자인] 탭–[적용] 그룹 아래의 ⊽(자세히)를 클릭한 후 ❸~❹ 색상을 선택하고 ❺~❻ 글꼴을 선택하여 변경한다. 이때 선택한 색상에서 마우스 오른쪽 버튼을 누르고 팝업 메뉴에서 [선택한 슬라이드에 적용]을 클릭하여 특정 슬라이드에만 적용할 수도 있다. 특정 슬라이드에만 색상을 달리 설정한 후에 글꼴을 변경하면 색상이 변경된 슬라이드만 변경된다.

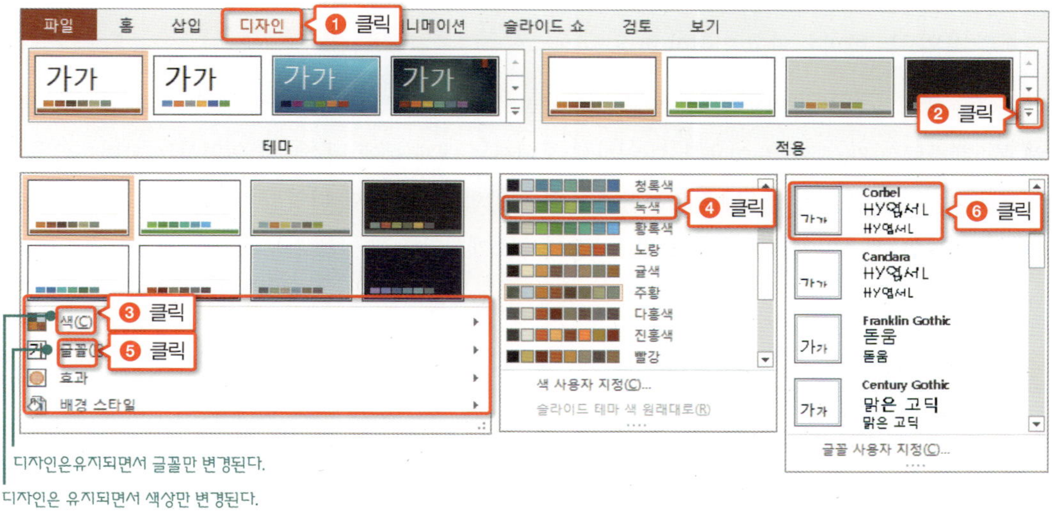

03 배경 그래픽 숨기기

디자인 테마를 적용하면 전체 슬라이드에 적용되는데 특정 슬라이드만 배경 그래픽을 숨겨 적용된 테마를 제거할 수 있다. ❶ 배경 그래픽을 숨길 슬라이드를 선택하고 ❷~❸ [디자인] 탭–[사용자 지정] 그룹–[배경 서식]을 클릭한 후 ❹ [배경 서식] 작업창의 [채우기]에서 [배경 그래픽 숨기기]를 체크한다.

SECTION 02 텍스트 입력하고 서식 설정하기

텍스트는 편집 상태에 따라 가독성이 달라진다. 프레젠테이션 목적에 따라 텍스트를 편집하는 방법을 달리해야 하므로 텍스트 서식에는 정답은 없다. 하지만 목적에 맞게 서식을 적용하려면 서식의 종류와 실제로 적용하는 방법을 알고 있어야 한다.

한글이나 엑셀과 달리 파워포인트는 텍스트를 입력하려면 공간부터 마련해야 한다. 입력 공간으로는 개체 틀, 텍스트 상자, 도형을 이용할 수 있다. 2장에서는 개체 틀에 텍스트를 입력하는 방법을 알아보았으므로 여기서는 텍스트 상자에 텍스트를 입력하는 방법과 텍스트에 다양한 서식을 적용하는 방법을 알아보자. 도형에 텍스트를 입력하는 방법은 4장에서 소개한다.

기본 예제 텍스트 상자에 텍스트 입력하기

❶~❷ [홈] 탭–[그리기] 그룹–(텍스트 상자)를 선택한다. ❸~❹ 슬라이드의 빈 곳을 클릭한 후 텍스트를 입력한다. 빈 곳을 클릭하지 않고 텍스트 상자의 가로 크기를 먼저 설정한 후 텍스트를 입력할 수도 있는데 이때는 가로 크기에 따라 자동으로 줄이 바뀌지만 클릭만 할 경우에는 자동으로 줄이 바뀌지 않으므로 Enter를 눌러 직접 줄을 바꿔주어야 한다.

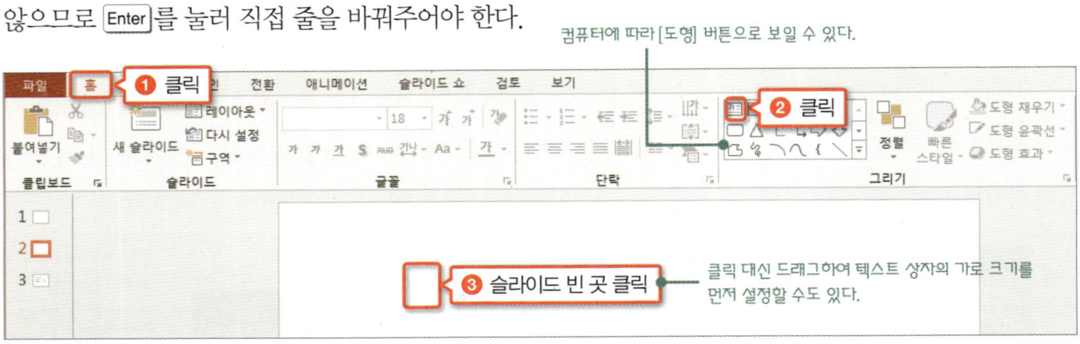

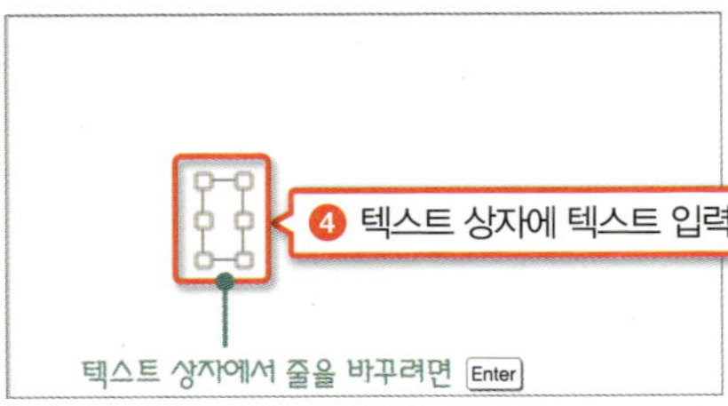

텍스트 서식은 크게 글꼴과 단락 서식으로 구분할 수 있다. 주로 [홈] 탭–[글꼴]/[단락] 그룹을 이용하고 특히 많이 사용하는 서식은 [그림 3–1]과 같이 명령 버튼 형태로 제공한다.

그림 3–1 [글꼴] 그룹과 [단락] 그룹

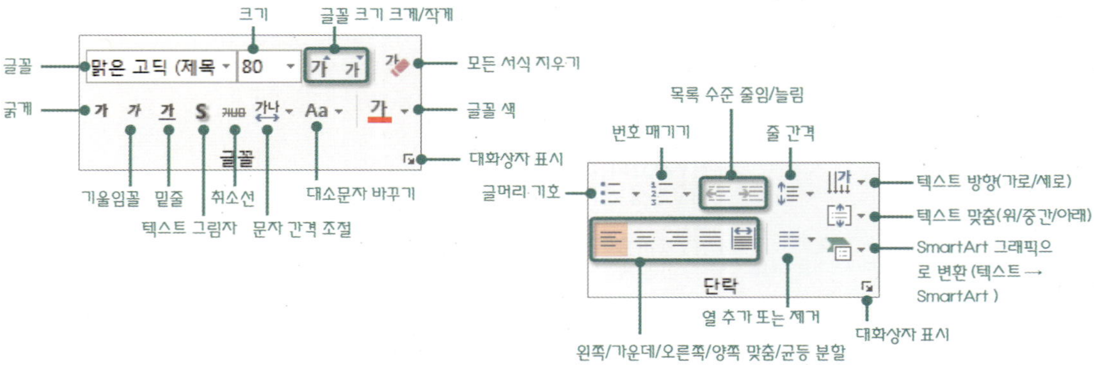

슬라이드에 있는 개체 틀에는 기본으로 적용된 텍스트 서식과 단락 서식이 있다. 그래서 텍스트를 입력하면 설정된 크기와 색상으로 표시되고, 개체 틀의 크기에 맞게 자동으로 줄이 바뀐다. 글머리 기호 또한 자동으로 표시된다. 하지만 사용자가 필요에 따라 추가하여 사용하는 텍스트 상자에는 단락 서식이 기본으로 설정되어 있지 않다. 그러므로 사용자가 직접 서식을 설정해야 한다. 앞으로 다룰 텍스트 서식은 주로 텍스트 상자에 텍스트를 입력할 경우에 많이 사용되지만 개체 틀에도 동일하게 적용할 수 있는 것들이다.

기본 예제 텍스트의 글꼴/크기/색상 변경하기

텍스트에 서식을 설정하려면 서식을 설정할 텍스트를 먼저 선택해야 하므로 텍스트를 선택하는 방법을 먼저 알아본 후 글꼴과 색상을 설정하는 방법을 차례로 알아보자.

01 서식을 적용할 텍스트 선택하기

텍스트를 선택하는 방법은 크게 세 가지이다. 텍스트 상자 테두리를 클릭하여 텍스트 상자 전체를 선택하는 방법, 원하는 텍스트를 드래그하여 연속되게 선택하는 방법, Ctrl+드래그하여 연속되지 않게 선택하는 방법이 있다.

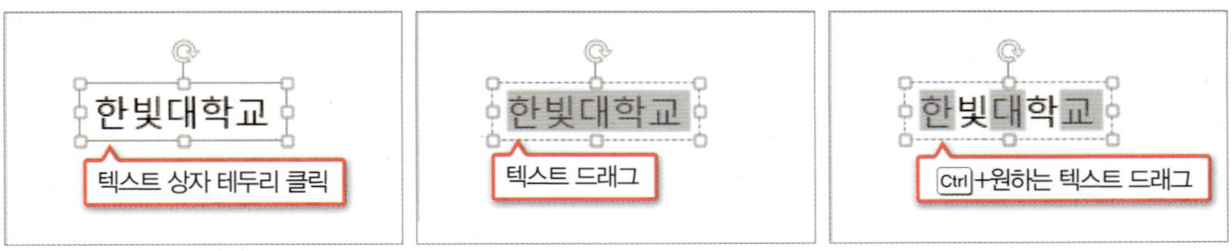

[방법 1] [방법 2] [방법 3]

02 글꼴 변경하기

❶ 글꼴을 변경할 텍스트 선택하고 ❷~❸ [홈] 탭–[글꼴] 그룹–[글꼴]의 ▾를 클릭한 후 ❹ 원하는 글꼴을 선택한다.

마우스로 클릭한 후 [↓]를 누르면 글꼴 목록 순서대로 글꼴이 적용된다.

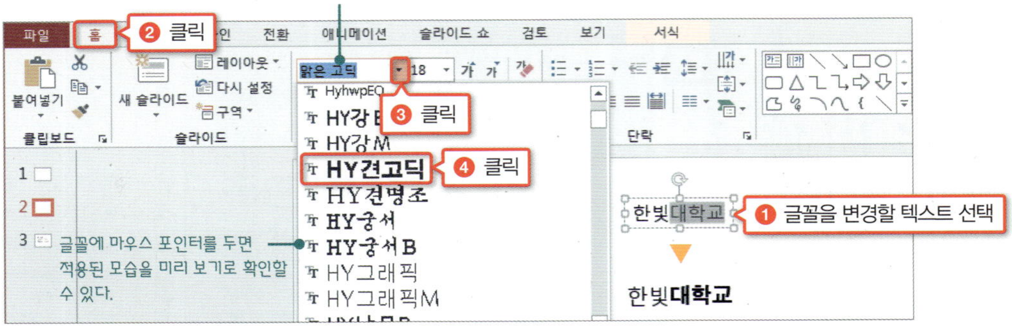

03 글자 크기 변경하기

❶ 글꼴 크기를 변경할 텍스트를 선택하고 ❷~❸ [홈] 탭–[글꼴] 그룹–[글꼴 크기]의 ▾를 클릭한 후 ❹ 원하는 크기의 숫자를 선택한다.

클릭할때마다 크기 목록 순으로 크게(Ctrl+]) / 작게(Ctrl+[)가 변경된다.
선택한 텍스트 상자에 크기가 다른 텍스트가 있으면 비율을 유지하면서 조절된다.

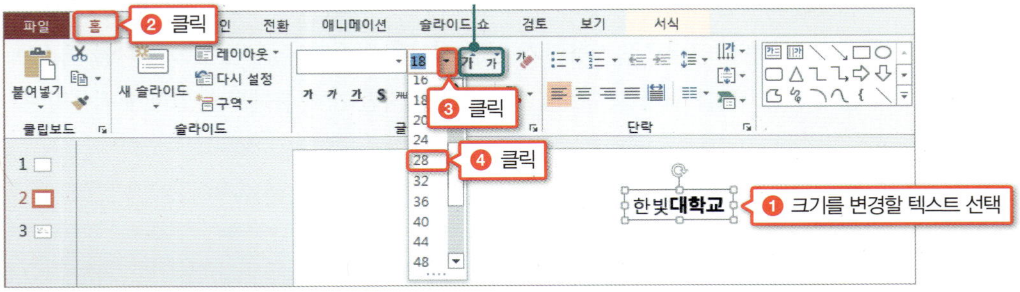

04 글자 색상 변경하기

❶ 색상을 변경할 텍스트를 선택하고 ❷~❸ [홈] 탭–[글꼴] 그룹–[글꼴 색]의 ▾를 클릭한 후 ❹ 원하는 색상을 선택한다.

현재 선택된 색

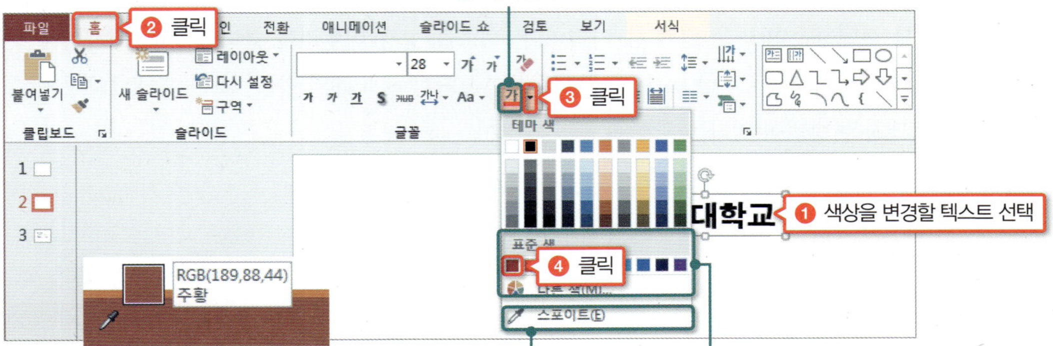

클릭한 후 슬라이드 작업 창 임의의 위치에 마우스 포인터를 가져가면 색상 정보를 표시해주고, 클릭하면 해당 색상이 선택된다.

위의 테마 색은 테마를 변경하면 색도 변한다. 하지만 여기서 선택한 색은 테마와 상관없이 고정된다.

05 대소문자 바꾸기

입력한 영문자를 대문자에서 소문자로, 혹은 소문자에서 대문자로 등 대소문자를 변경하려면 ❶ 대소문자를 변경할 텍스트를 선택하고 ❷~❹ [홈] 탭–[글꼴] 그룹–Aa(대소문자 바꾸기)의 ▾–[대문자로] 또는 [소문자로]를 클릭한다.

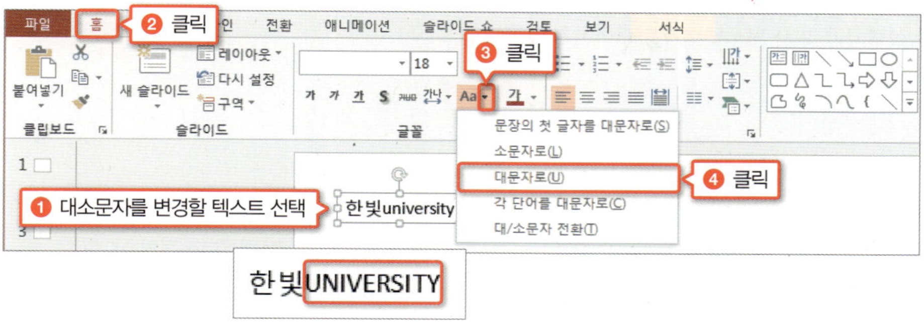

06 기타 텍스트 서식 설정해보기

글꼴 그룹에 있는 [굵게], [기울임꼴], [밑줄], [텍스트 그림자], [취소선]은 한 번씩 클릭할 때마다 설정/해제된다. 변경된 서식을 모두 지우고 기본 상태로 돌아가려면 [모든 서식 지우기]를 클릭한다.

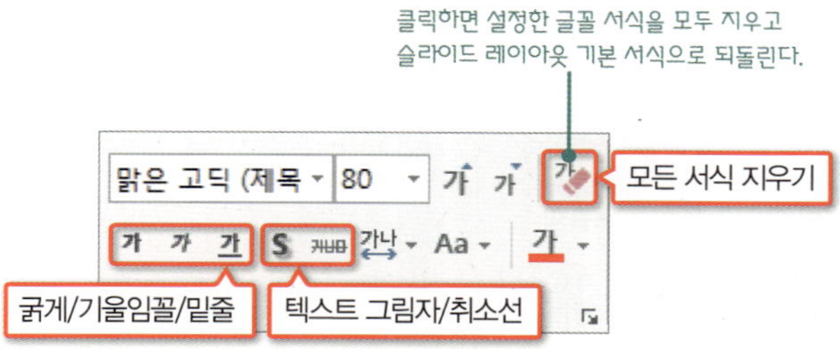

파워포인트는 개체 틀이든 텍스트 상자든 글꼴 서식이 다르지 않지만 단락 서식은 개체 틀인 경우와 텍스트 상자인 경우가 다르다. 개체 틀인 경우 기본적으로 적용되는 단락 서식이 있어 Enter를 누르면 원치 않은 글머리 기호가 자동으로 붙기도 한다. 그런데 일반적으로 개체 틀에 본문 내용을 입력하므로, 여기서는 먼저 개체 틀에 입력된 텍스트를 기준으로 단락 서식을 익힌 후 이를 텍스트 상자에도 적용해보자.

기본 예제 〉 단락/줄 바꾸기와 줄/단락 간격 조절하기

01 단락 바꾸기/줄 바꾸기

텍스트를 입력하다가 ❶ Enter를 누르면 새 단락으로 바뀌면서 앞에 글머리 기호가 자동으로 붙는다. ❷ 단락은 유지한 채 줄만 바꾸려면 Shift+Enter를 누른다.

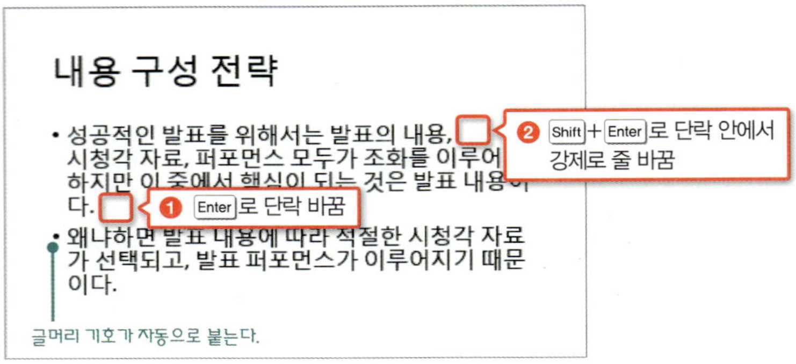

02 빠르게 줄 간격 조절하기

줄 간격이 너무 좁으면 답답해보이고, 너무 넓으면 산만해보이므로 적당히 조절해야 한다. ❶ 줄(단락) 간격을 조절할 텍스트 임의의 위치를 클릭하고 ❷~❸ [홈] 탭–[단락] 그룹–[줄 간격 아이콘](줄 간격)을 클릭한 후 ❹ 원하는 줄 간격을 선택한다.

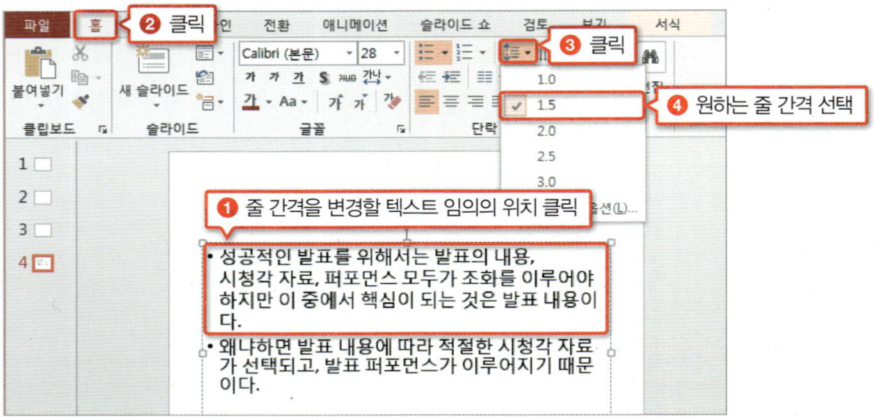

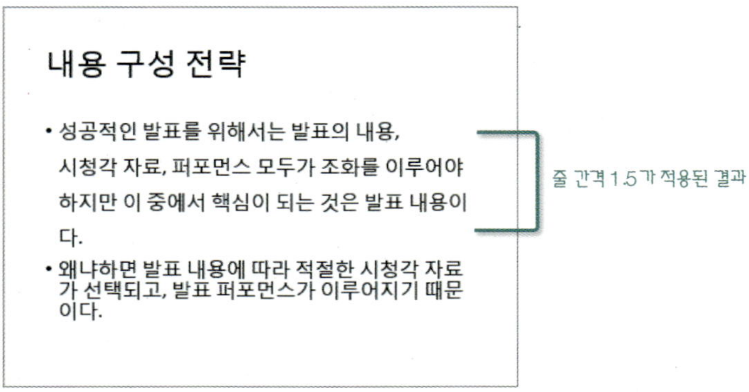

TIP 단락 서식을 지정할 때 한 단락만 변경하는 경우에는 단락 내 텍스트 어느 곳에 커서를 두고 작업해도 된다. 그러나 두 단락 이상 변경하는 경우에는 드래그하여 범위를 지정하거나 텍스트 상자 전체를 선택해야 한다.

03 줄(단락) 간격 세밀하게 조절하기

❶ 텍스트 임의의 위치를 클릭하고 ❷~❹ [홈] 탭–[단락] 그룹–(줄 간격)–[줄 간격 옵션]을 클릭한다. ❺ [단락] 대화상자에서 그림과 같이 설정한 후 ❻ [확인]을 누른다.

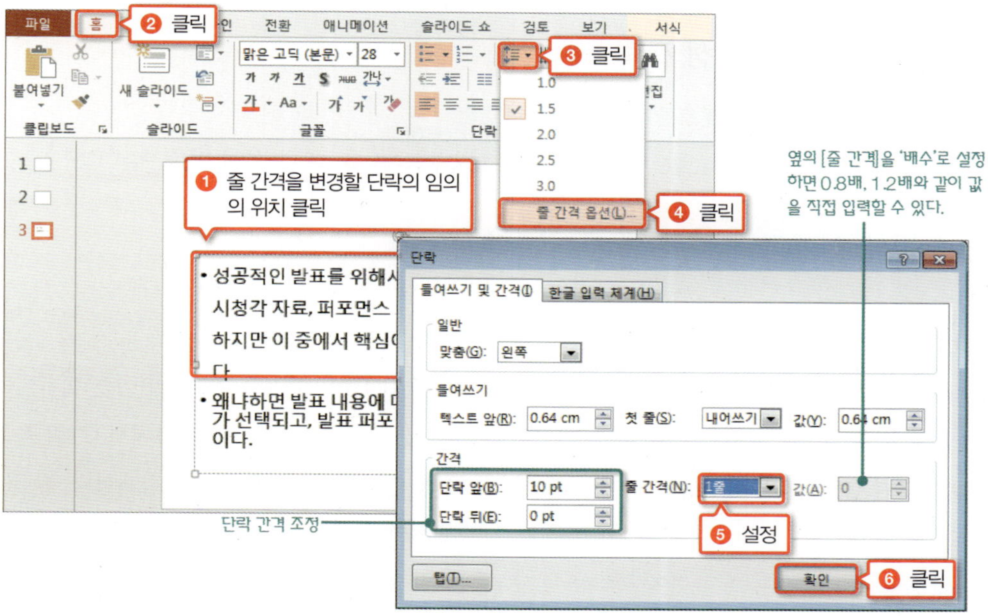

기본 예제 글머리 기호 사용하기

2장에서는 개체 틀에서 자동으로 붙는 글머리 기호를 변경하는 방법을 알아보았으므로 여기서는 텍스트 상자에서 글머리 기호를 설정/해제하며 사용하는 다양한 방법을 알아보자. 요즘은 스티브잡스의 프레젠테이션 방식을 선호하여 글머리 기호를 사용하지 않는 경우도 많지만, 텍스트가 많은 경우나 순서가 있는 텍스트는 글머리 기호로 구분하는 것이 보기에 좋다. 파워포인트에서 사용할 수 있는 글머리 기호는 크게 기호와 번호가 있다. 텍스트 성격에 따라 적절한 글머리 기호를 사용해야겠지만 순서가 있는 텍스트는 번호를 사용하는 것이 좋다.

01 글머리 기호 삽입/삭제하기

글머리 기호는 키보드에 있는 글자로 입력하여 표시하는 것이 아니라 글머리 기호 설정 도구를 선택하여 설정/해제한다.

❶ 글머리 기호를 설정할 텍스트를 선택하고 ❷~❸ [홈] 탭–[단락] 그룹–(글머리 기호)를 클릭한다. (글머리 기호)를 클릭할 때마다 글머리 기호가 이미 있으면 삭제되고 없으면 삽입되는 글머리 기호 삽입/삭제가 반복된다.

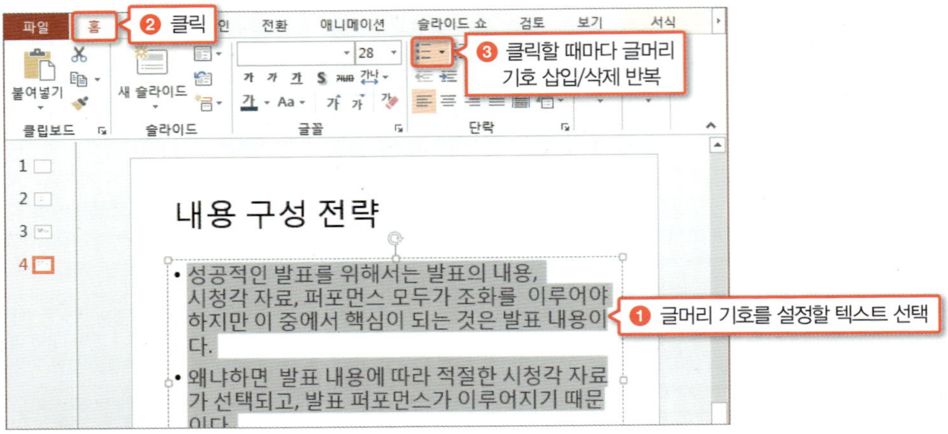

02 글머리 기호 그림으로 변경하기

❶ 글머리 기호를 변경할 텍스트를 선택하고 ❷~❹ [홈] 탭–[단락] 그룹–(글머리 기호)의 ▾–[글머리 기호 및 번호 매기기]를 클릭한다. ❺ [글머리 기호 및 번호 매기기] 대화상자에서 [그림]을 누르고 ❻ [그림 삽입] 창의 [Bing 이미지 검색]에서 '발표'를 입력한 후 Enter를 눌러 검색한다. ❼ 검색된 내용에서 원하는 그림을 선택하고 ❽ [삽입]을 눌러 변경한다.

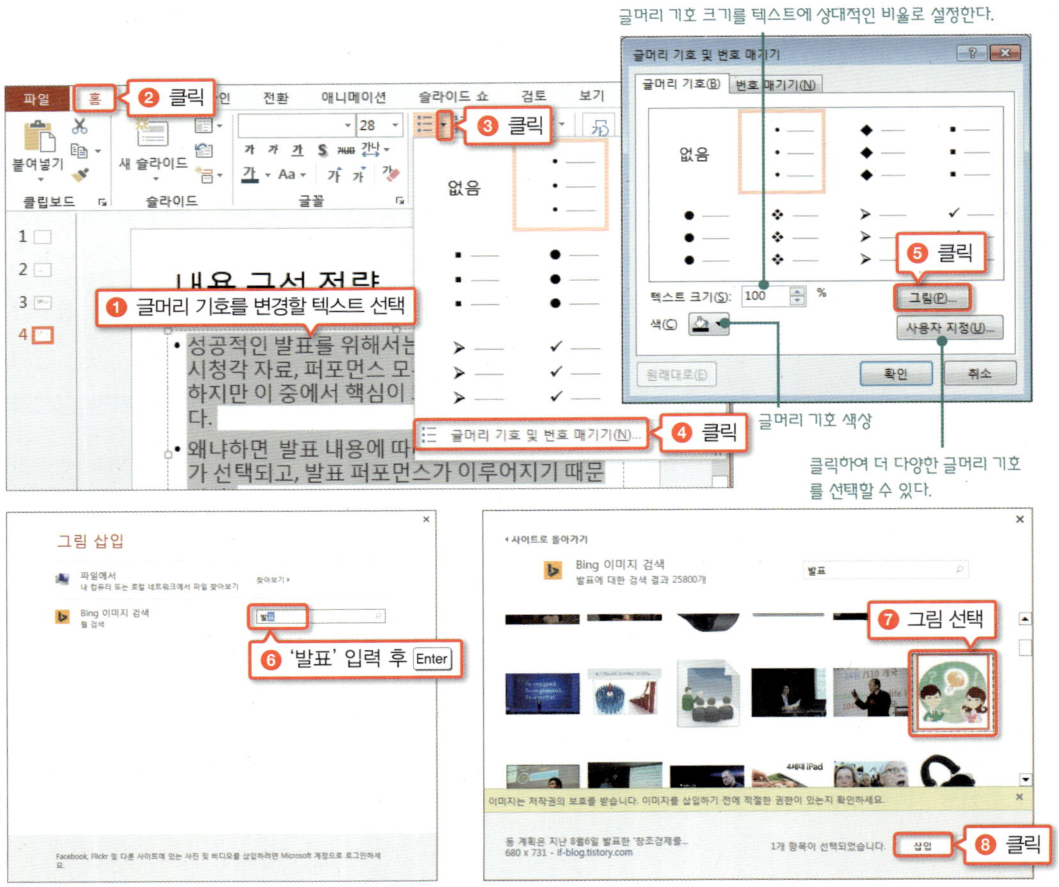

03 글머리 기호와 텍스트 사이의 간격 조정하기

글머리 기호와 텍스트 간격을 조정하려면 먼저 눈금자가 있어야 한다. 눈금자가 보이지 않으면 ❶~❷ [보기] 탭–[표시] 그룹–[눈금자]를 체크하여 표시한다. ❸ 간격을 조정할 텍스트를 드래그하여 선택하고 ❹ 눈금자의 ⌂(왼쪽 여백)을 드래그하여 텍스트의 시작 위치를 조절한다.

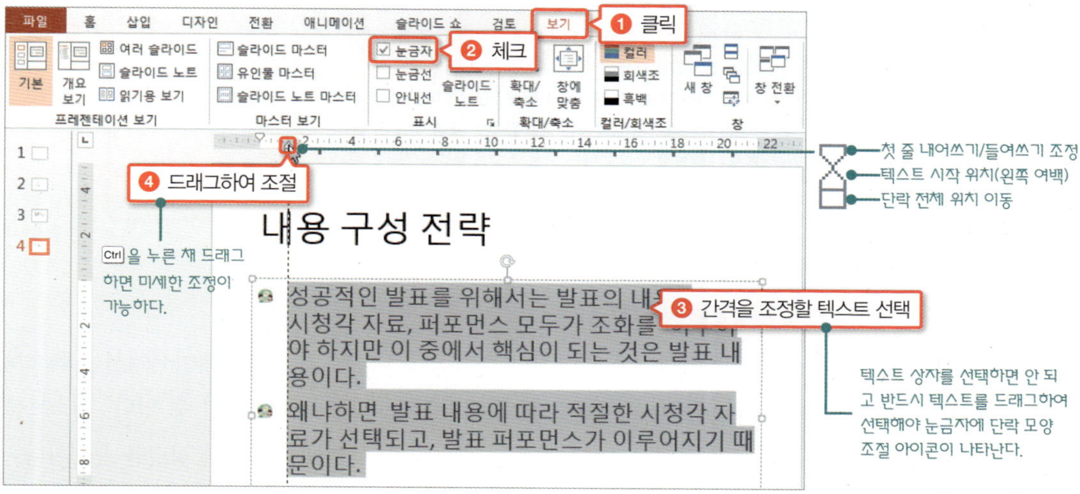

여기서 잠깐

번호 매기기

[홈] 탭–[단락] 그룹–[번호 매기기]를 클릭하거나, [글머리 기호 및 번호 매기기] 대화상자–[번호 매기기] 탭을 이용하면 글머리에 기호 대신 번호를 설정할 수 있다. 번호가 설정된 경우에는 내용을 입력한 후 Enter를 누르면 연속 번호가 자동으로 매겨진다.

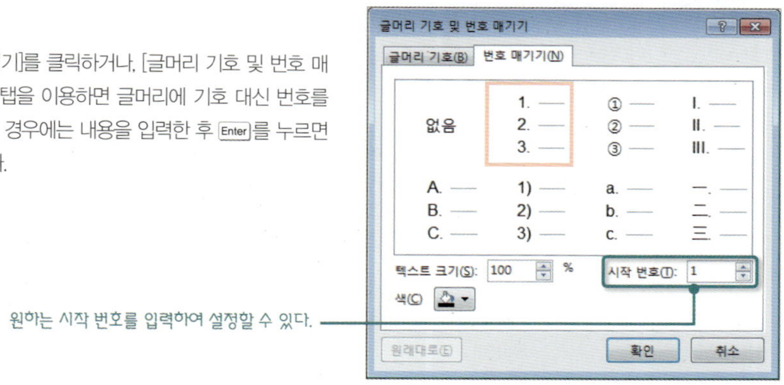

기본 예제 텍스트 방향/맞춤 설정하기

텍스트 상자나 개체 틀 안에서 텍스트의 방향과 정렬, 맞춤을 설정해보자.

01 텍스트 방향 설정하기

❶ 방향을 설정할 텍스트를 선택하고 ❷~❸ [홈] 탭–[단락] 그룹–(텍스트 방향)을 클릭한 후 ❹ 예를 확인하면서 원하는 방향을 선택한다.

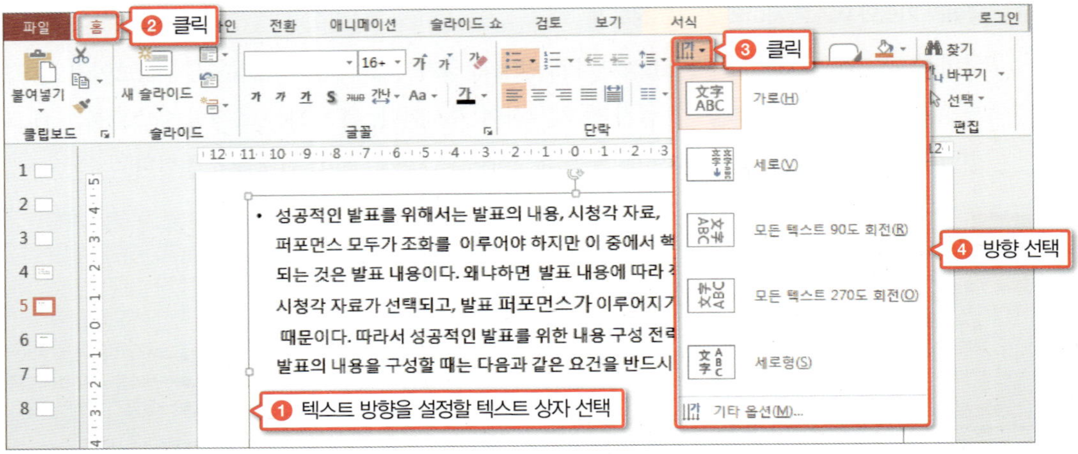

02 텍스트 왼쪽/가운데/오른쪽/양쪽/균등 맞춤하기

대부분 슬라이드에 텍스트를 요약하여 삽입하지만 정보 전달이 중심인 프레젠테이션에서는 텍스트를 어떻게 정렬하느냐에 따라 내용이 일목요연하게 보일 수도 있고 산만해보일 수 있다. 텍스트를 정렬하려면 ❶ 정렬한 텍스트를 선택하고 ❷~❸ [홈] 탭–[단락] 그룹에서 적절한 정렬을 선택한다.

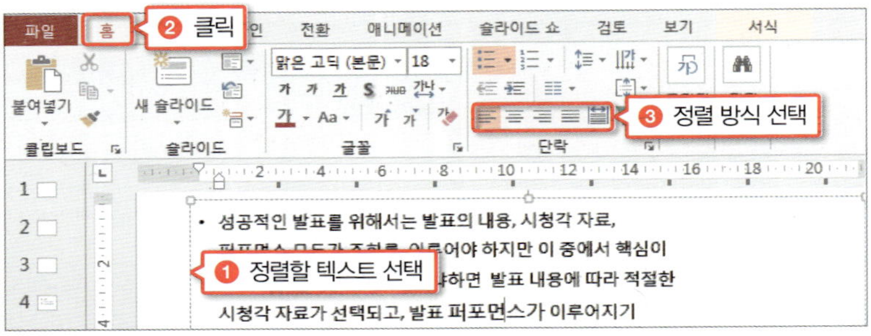

왼쪽 맞춤 왼쪽 축에 맞추어 정렬하여 오른쪽 끝이 들쑥날쑥함.

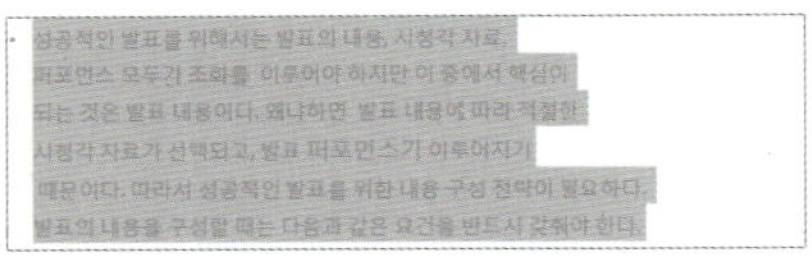

가운데 맞춤 가운데 축을 기준으로 정렬하여 왼쪽과 오른쪽 끝이 들쑥날쑥함. 양이 많은 본문보다는 제목에 많이 사용함.

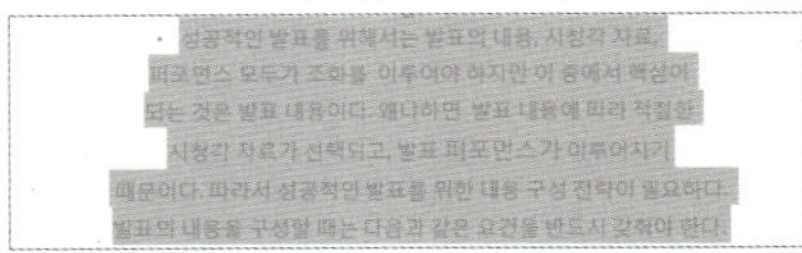

오른쪽 맞춤 오른쪽 축에 맞추어 정렬하여 왼쪽 끝이 들쑥날쑥함. 줄의 시작이 들쑥날쑥하여 양이 많은 본문보다는 제목에 사용함.

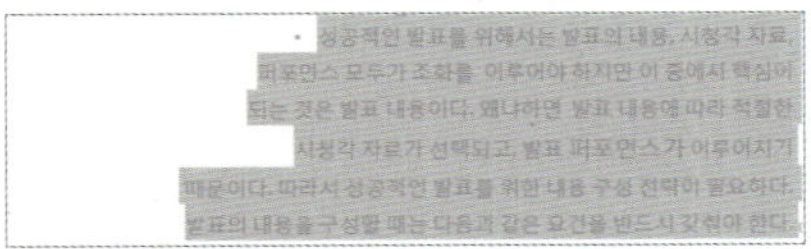

양쪽 맞춤 왼쪽과 오른쪽을 기준으로 균등 분할하여 줄의 양끝을 맞추는 방식으로, 본문 내용으로 많이 사용함.

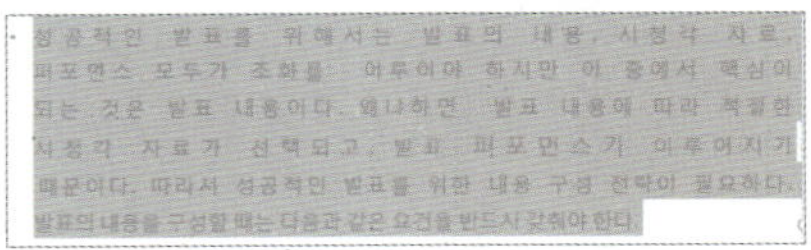

균등 분할 양쪽 맞춤과 비슷하나 글자 사이의 공백을 조절하여 글자 수와 상관 없이 모든 줄을 똑같이 분할함.

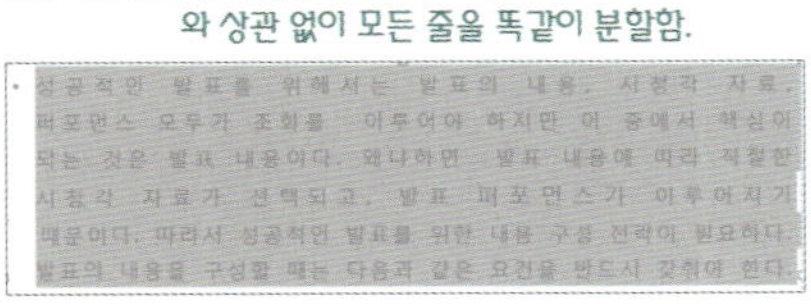

03 텍스트 위쪽/중간/아래쪽 맞춤 설정하기

❶ 맞춤을 설정할 텍스트를 선택하고 ❷~❸ [홈] 탭–[단락] 그룹–[⬚](텍스트 맞춤)을 클릭해 ❹ 예를 확인하면서 원하는 맞춤을 선택한다.

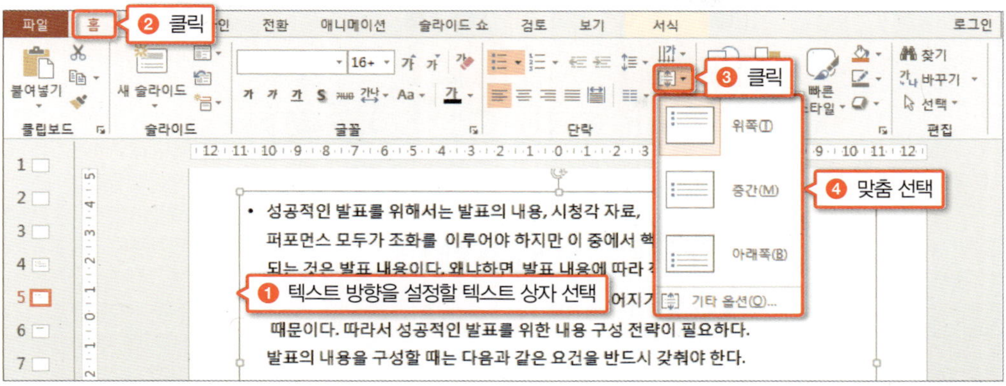

텍스트 상자에 대한 서식을 설정하는 방법을 알아보자. 그런데 텍스트 상자는 결국 4장에서 다룰 도형의 한 종류이므로 여기서는 가장 기본이 되는 서식 설정 정도만 알아보고 더 다양한 서식은 4장에서 알아볼 것이다.

기본 예제 텍스트 상자 서식(빠른 스타일/배경 색/선/효과) 설정하기

[서식] 탭–[도형 스타일] 그룹을 이용해 텍스트 상자에 빠르게 스타일을 적용하고, 색상과 텍스트 효과를 설정할 수 있다. ❶ 서식을 설정할 텍스트 상자를 선택하고 ❷ [서식] 탭–[도형 스타일] 그룹에서 ❸~❹ [도형 채우기] 서식과 ❺~❻ [도형 윤곽선] 서식을 선택하여 적용한다.

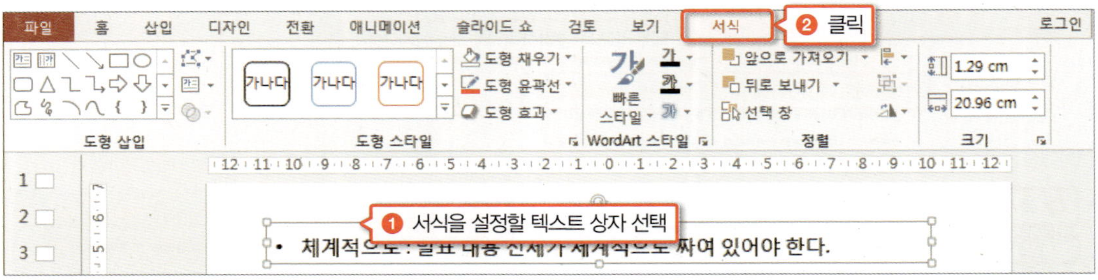

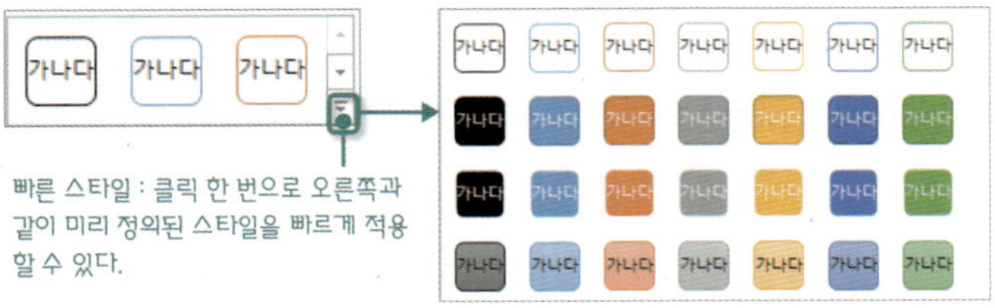

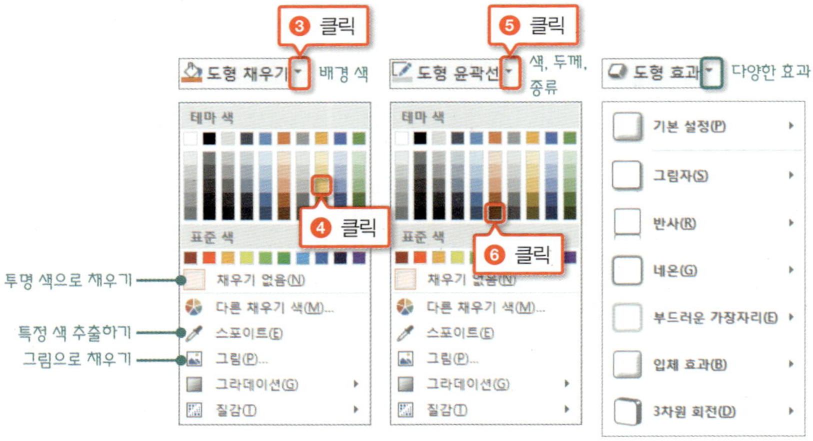

기본 예제 서식 복사 기능을 이용해 텍스트 서식 설정하기

서식만 복사해 적용할 수 있는 서식 복사 기능을 이용해 텍스트에 빠르게 서식을 설정할 수 있다. ❶ 복사할 서식이 적용된 텍스트 상자를 선택하고 ❷~❸ [홈] 탭–[클립보드] 그룹–[서식 복사]를 클릭한 후 ❹ 마우스 포인터가 모양이 되면 복사한 서식을 적용할 텍스트 상자를 클릭한다. 이 서식 복사는 텍스트, 도형, 셀, 그림 테두리 등에서도 동일하게 사용할 수 있는 편리한 기능이다.

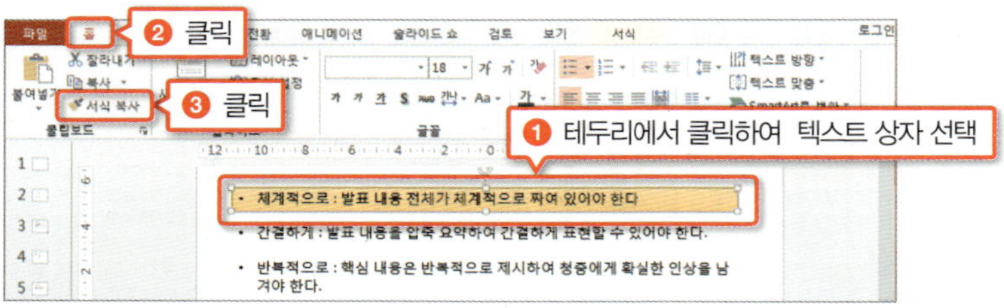

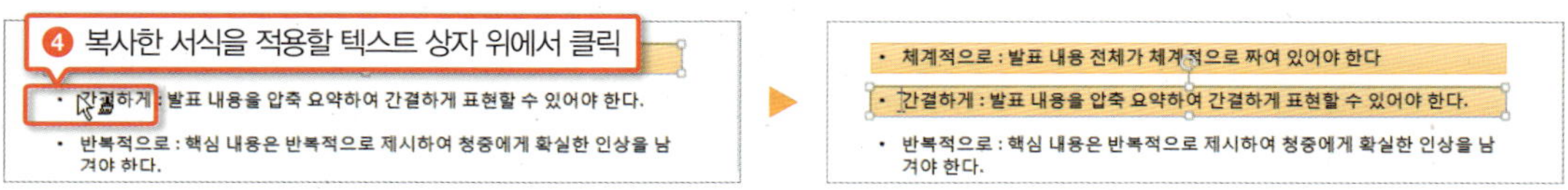

TIP 글꼴만 복사하려면 서식을 복사할 글자 뒤에 커서를 두고 ❷~❸으로 서식을 복사하면 마우스 포인터가 모양으로 붓에 I가 추가로 나타난다. 이후 복사한 서식을 적용할 텍스트를 드래그하면 동일한 서식으로 바뀐다(텍스트에서 더블클릭하면 한 단어만 서식이 바뀐다).

TIP 글머리 기호, 여백 등 단락의 모든 서식을 복사하려면, 단락에서 세 번 클릭하여 단락 전체를 선택한 후 ❷~❸으로 서식을 복사해야 한다. 이후 복사한 서식을 적용할 단락의 끝까지 드래그한다.

TIP [서식 복사] 버튼을 한 번 클릭하면 서식 복사를 한 번 적용할 수 있고, 더블클릭을 하면 계속하여 서식 복사를 적용할 수 있다. 단축키를 사용할 때는 원본을 선택한 후 Ctrl+Shift+C를 누른 다음, 서식을 적용할 대상을 선택하고 Ctrl+Shift+V를 누른다.

03 워드아트 활용하기

워드아트는 텍스트에 특별한 효과를 주는 기능으로, 프레젠테이션 제목이나 핵심 키워드를 강조할 때 많이 사용된다. 워드아트에도 다양한 서식을 설정할 수 있다. 슬라이드에 워드아트를 삽입하고 다양한 서식을 설정하는 방법과 기존 텍스트에 워드아트 서식을 적용하는 방법을 익혀보자. 앞서 배운 글꼴 서식과 비교해보면 워드아트의 기능의 화려함을 더 확실히 알 수 있을 것이다.

기본 예제 > 워드아트 삽입하기

01 새로운 워드아트 삽입하기

❶~❷ [삽입] 탭–[텍스트] 그룹–[WordArt]를 클릭한 후 ❸ 원하는 워드아트 스타일을 선택한다. ❹ 슬라이드 중앙에 생성된 워드아트 텍스트 상자에 내용을 입력한다.

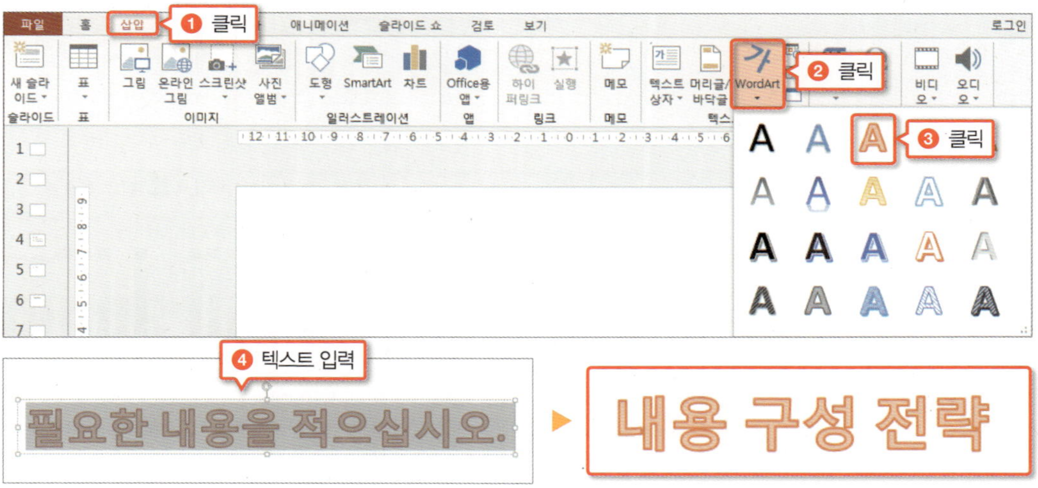

02 기존 텍스트를 워드아트로 바꾸기

이미 입력한 텍스트를 워드아트로 바꿀 수도 있다. ❶ 워드아트로 변경할 텍스트를 드래그하여 선택하거나 텍스트 상자를 클릭해 선택하고 ❷~❸ [그리기 도구:서식] 탭–[WordArt 스타일] 그룹에서 원하는 워드아트 스타일을 클릭하면 선택한 워드아트 스타일로 변경된다.

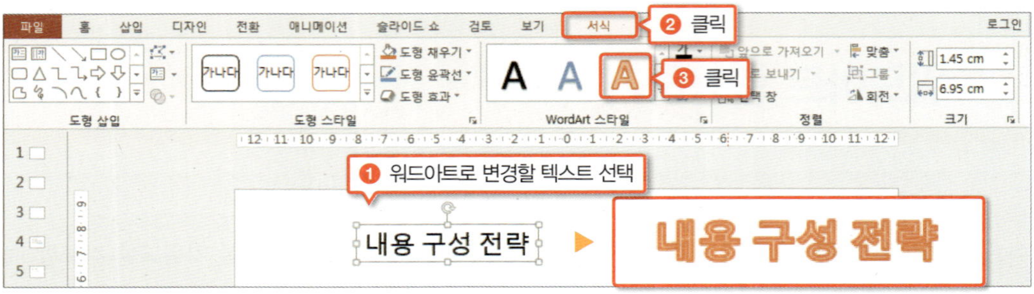

기본 예제 워드아트 서식(빠른 스타일/배경 색/선/효과) 설정하기

[서식] 탭-[WordArt 스타일] 그룹을 이용해 워드아트에 빠르게 스타일을 적용하고 색상과 텍스트 효과를 줄 수 있다. ❶ 서식을 설정할 워드아트를 선택하고 ❷ [서식] 탭-[WordArt 스타일] 그룹에서 ❸~❹ [텍스트 윤곽선] 서식과 ❺~❾ [텍스트 효과] 서식을 선택하여 적용한다.

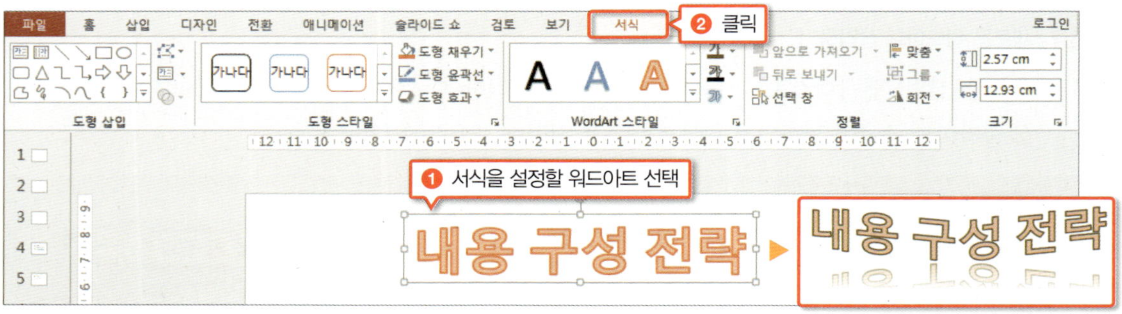

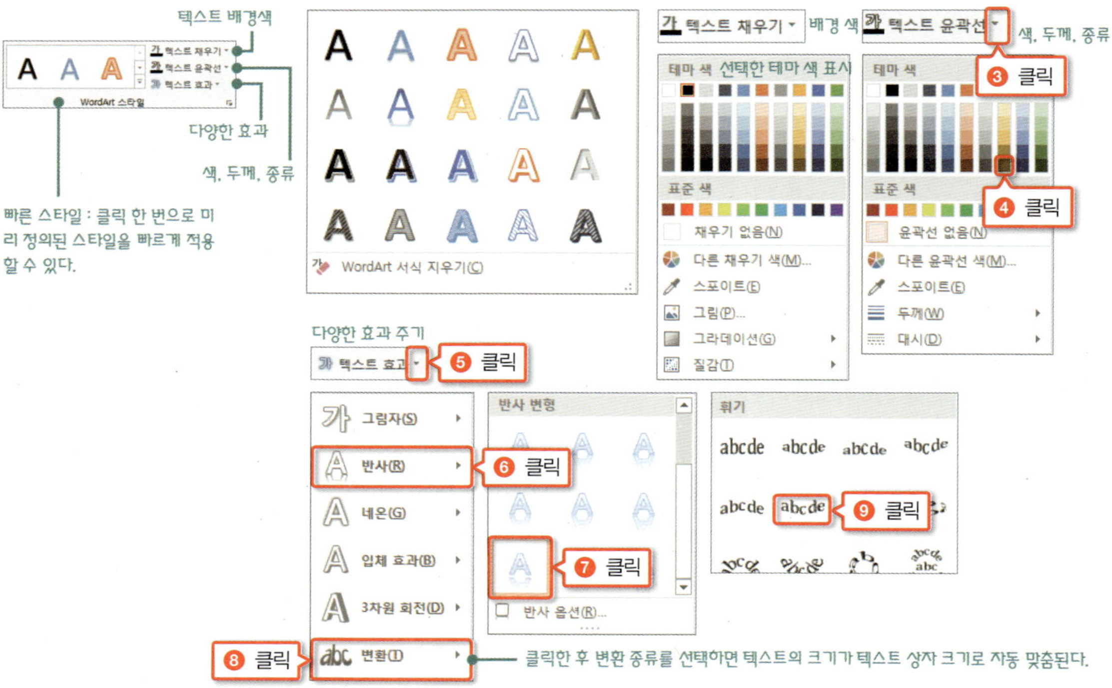

SECTION 04 수식 입력하기

파워포인트에서는 수학과 관련한 기호, 연산자, 수식, 공식 등을 수식 기능을 통해 편리하게 작성할 수 있다. 키보드나 특수 기호로도 입력할 수 없는 수학 기호나 공식은 파워포인트에서 기본으로 제공하는 공식을 사용하거나, 수식 입력 상자를 이용해 입력할 수 있다. 수식은 텍스트인 듯 하지만 일반 텍스트 상자에 텍스트와 혼용하여 입력할 수 없고 수식 입력 영역에 입력해야 한다.

기본 예제 다양한 수식 입력하기

01 수식 선택하기

❶~❷ [삽입] 탭–[기호] 그룹에서 π 를 클릭한 후 ❸~❹ [수식 도구:디자인] 탭의 도구를 이용해 삽입된 수식 입력 영역에 원하는 수식을 선택하거나 직접 입력한다. 이때 커서를 이동하다가 수식 입력 영역을 벗어나면 리본 메뉴에서 [수식 도구] 탭이 사라지므로 수식을 입력하는 동안에 커서가 다른 곳으로 벗어나지 않도록 주의한다.

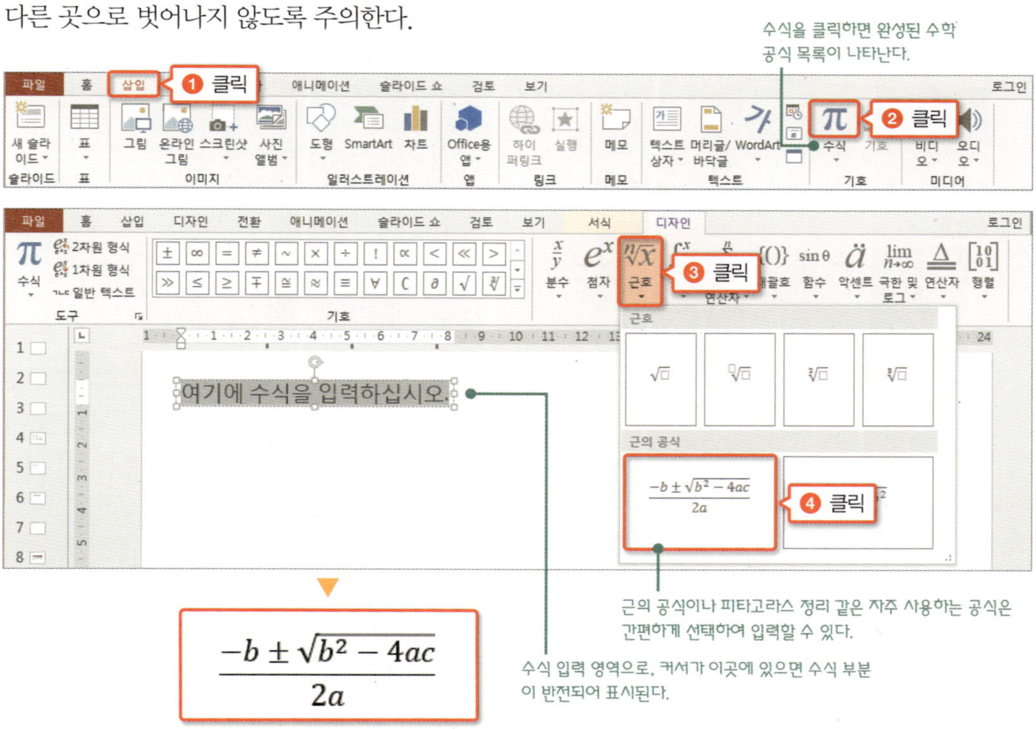

02 수식 기호 사용하기

❶~❷ [수식 도구 : 디자인] 탭–[기호] 그룹 아래의 (자세히)를 클릭한 후 ❸ 기본 수학 연산자의 ▾를 클릭하여 더 많은 수식 기호를 선택할 수 있다.

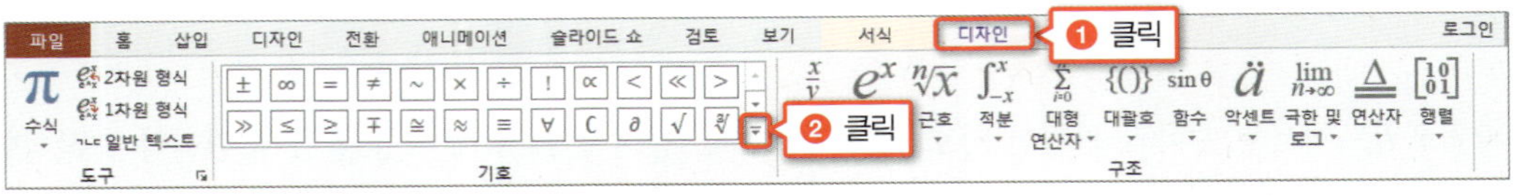

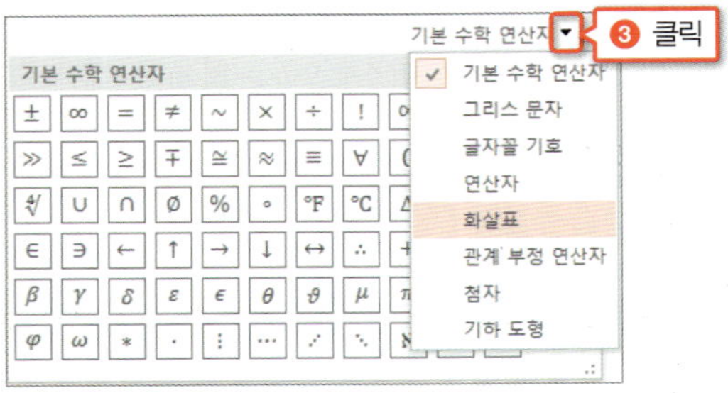

03 수식 입력하기

파워포인트에서는 프로그램 자체에서 제공하는 수식을 선택하여 사용할 수 있지만 직접 입력할 수도 있다. ❶~❷ [삽입] 탭–[기호] 그룹에서 π 를 클릭한 후 ❸~❹ [대형 연산자]를 클릭하고 목록이 나타나면 원하는 수식을 선택한다. 수식 입력 영역에서 각 사각형을 클릭하여 필요한 기호 혹은 텍스트를 입력하면 수식이 완성된다.

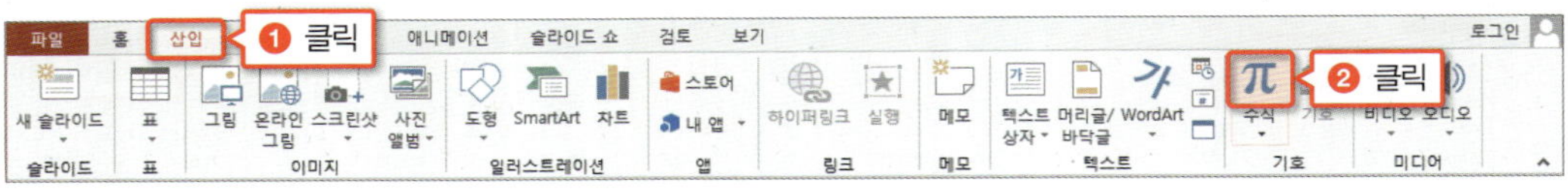

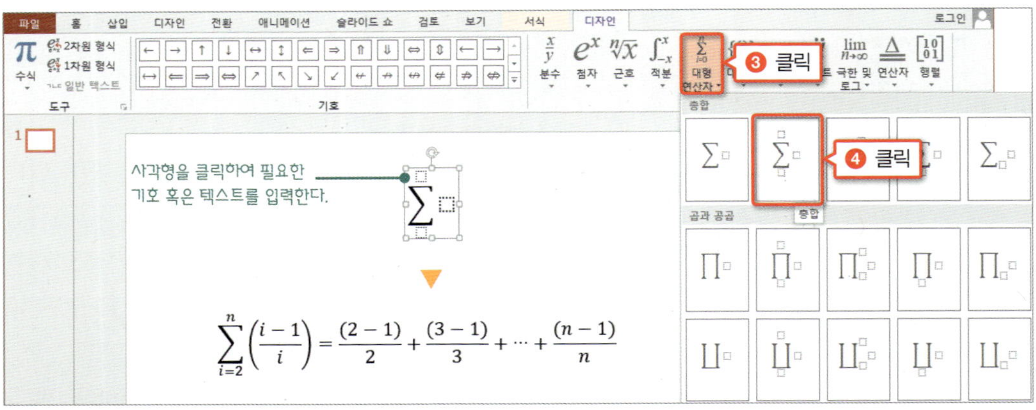

수식도 일반 텍스트처럼 크기나 색상 등의 서식을 적용할 수 있다. 하지만 하나의 수식 입력 영역에서는 하나의 수식을 입력해야 한다. 입력된 수식에서 색상은 일부가 변경되지만 크기는 전체적으로만 조정되기 때문이다. 그러므로 수식 크기를 다르게 설정하려면 서로 다른 수식 입력 영역에 입력해야 한다.

종합 예제

IT COOKBOOK

01 2장에서 만든 '자기소개서.pptx'를 다음과 같이 수정해보자.

1) 디자인 테마를 '비누'로 변경한다 : [디자인] 탭-[테마] 그룹

2) 각 슬라이드의 디자인을 다음과 같이 변경한다.

- 1번 제목 슬라이드 : [디자인] 탭-[적용] 그룹에서 디자인 모양 변경
- 2~6번 슬라이드 : [디자인] 탭-[적용] 그룹-[색]을 이용해 2, 4, 6번 슬라이드는 색상을 귤색으로, 3번과 5번 슬라이드는 청록색으로 변경

3) 슬라이드별로 다음과 같이 텍스트를 입력하고 서식을 설정한다.

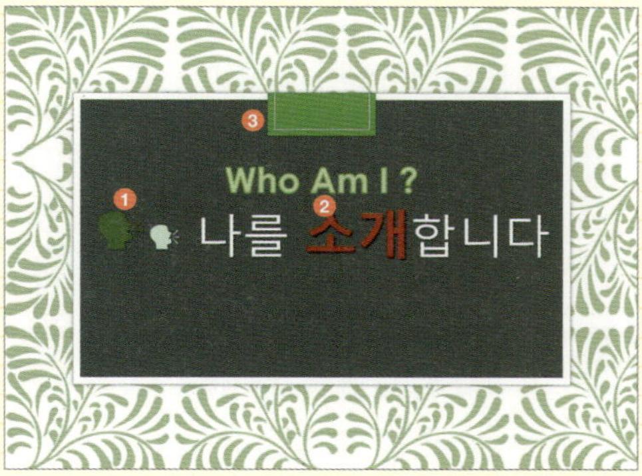

[1번 제목 슬라이드]

❶ '특수 기호' 크기 및 색상 변경 : 크기는 62/40, 색상은 녹색, 강조1, 25% 더 어둡게/녹색, 강조1, 80% 더 밝게

❷ '소개' 서식 : 굵게/그림자, 크기는 62, 색상은 진한 빨강, 그 외 글자 크기는 54

❸ 텍스트 상자 추가하여 내용 입력 후 서식 설정 : 크기는 40, 워드아트 스타일은 채우기-라임

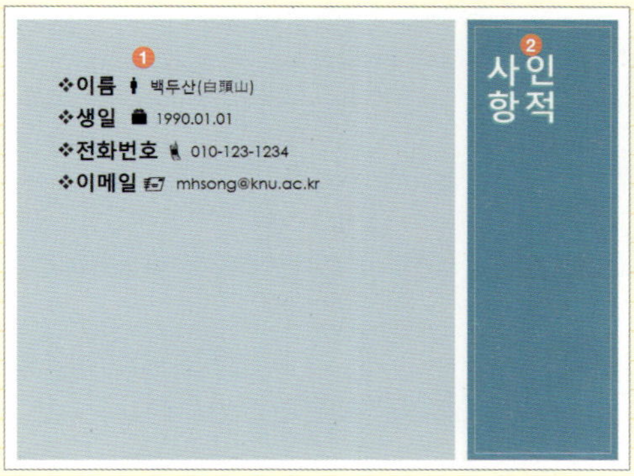

[3번 슬라이드]

❶ 내용 입력 후 제목에 서식 설정 : 크기는 24, 굵게(서식 복사 적용하기)

❷ 제목 글자 서식 변경 : 크기는 40, 텍스트 방향은 세로, 워드아트 스타일은 채우기-흰색/윤곽선-강조2

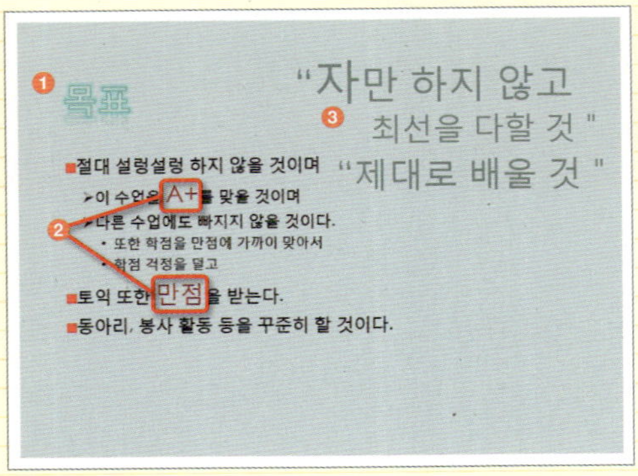

[5번 슬라이드]

❶ 워드아트 스타일로 변경하고 채우기는 바다색, 텍스트 효과는 반사 1/2반사 터치/네온 바다색 네온8pt

❷ 본문 내용 중 "A+", "만점" 서식 : 크기는 24, 색상은 빨강(서식 복사 적용하기)

❸ 텍스트 상자를 세 개 추가하여 내용 입력 후 서식 설정 : 첫 글자 크기는 54/44, 나머지 글자 크기는 36/40, 색은 청회색 강조5–25% 더 어둡게

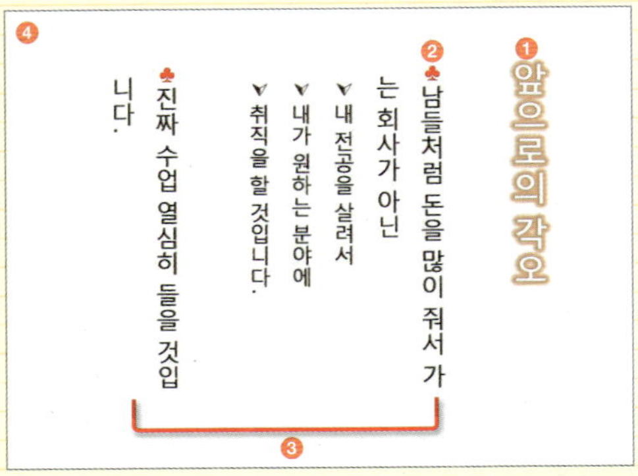

[6번 슬라이드]

❶ 워드아트 스타일로 변경하고 채우기는 흰색, 텍스트 효과는 네온 주황 11pt 네온

❷ 본문 내용 1 수준 글자 글머리 기호 변경 : [사용자 지정]–[현재 글꼴/기타 기호에서 문자 코드 : 2663]–[색 : 빨강]

❸ 단락 서식 : 줄 간격은 1.5, 텍스트 맞춤 가운데

❹ 배경 그래픽 숨기기

[7번 슬라이드]

❶ 빈 슬라이드 추가 후 [구역 머리글]로 슬라이드 레이아웃 설정

❷ 내용 작성 후 서식 설정 : 워드아트 스타일 채우기는 파랑, 텍스트 효과는 [그림자–원근감–대각선 오른쪽 아래], [3차원 회전–평행–축 분리 1 오른쪽으로]

02 빈 슬라이드에 다음과 같이 다양한 내용을 작성해보자.

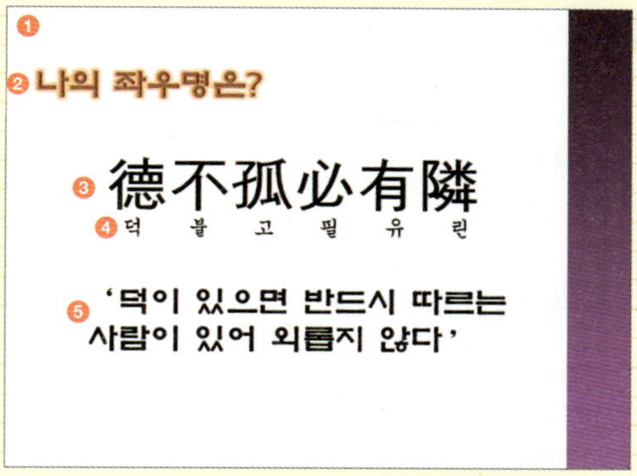

❶ [제목만] 레이아웃 추가 후, [풍요] 디자인 테마로 설정
❷ 제목 작성, 글자 서식은 워드아트 스타일로 채우기는 주황, 강조2
❸ 텍스트 상자 1 추가 후 내용 작성 : 덕불고필유린을 한자로 변환, 글자 크기는 72
❹ 텍스트 상자 2 추가 후 내용 작성 : 크기는 24, 글꼴은 궁서, 글자 간격은 50pt, 한자 바로 아래에 배치
❺ 텍스트 상자 3 추가 후 내용 작성, 글자체–휴먼옛체, 크기는 36

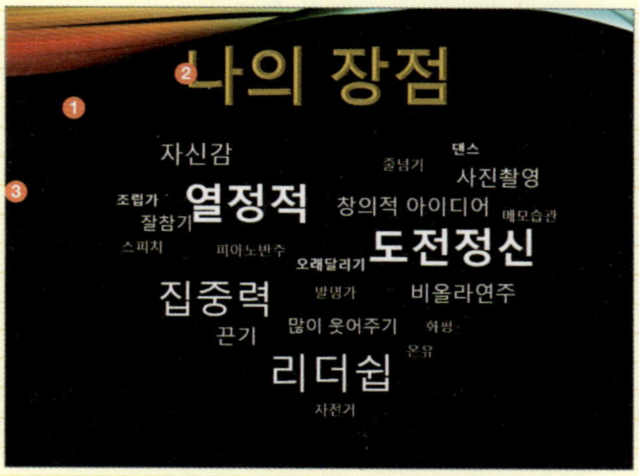

❶ [제목만] 레이아웃 추가 후, [비행기 구름] 테마 설정
❷ '나의 장점' 입력 후 워드아트 스타일로 변경한 후 채우기는 황금색, 선명한 입체 적용
❸ 예제와 같이 전체적으로 하트 모양이 되도록 텍스트 상자를 추가하여 내용 입력하고 크기 자유롭게 지정

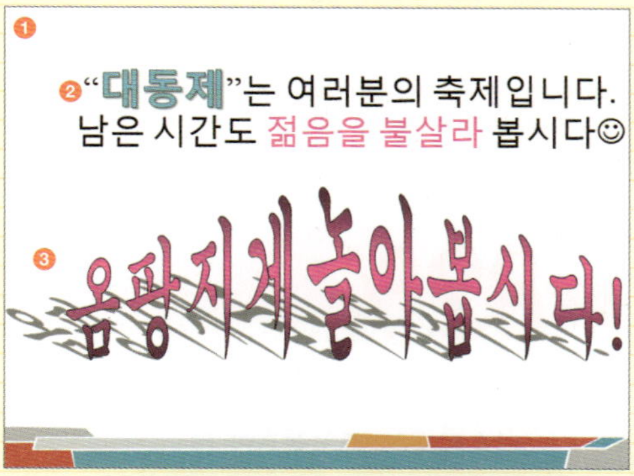

❶ [빈 화면] 슬라이드 추가 후 현재 슬라이드에만 [New_Education02(교육 테마)] 디자인 테마 적용
❷ 텍스트 상자 추가하여 내용 입력하고, '대동제' 서식은 워드아트 스타일로 무늬채우기, 옥색
❸ 워드아트 삽입하여 내용 작성하고 워드아트 스타일–텍스트 효과–변환–휘기–삼각형, 그림자–원근감 대각선 왼쪽 위–그림자 세부 서식, 도형 서식은 그림자–투명도 80%, 크기 100% 흐리게 6pt, 각도는 225, 간격은 0

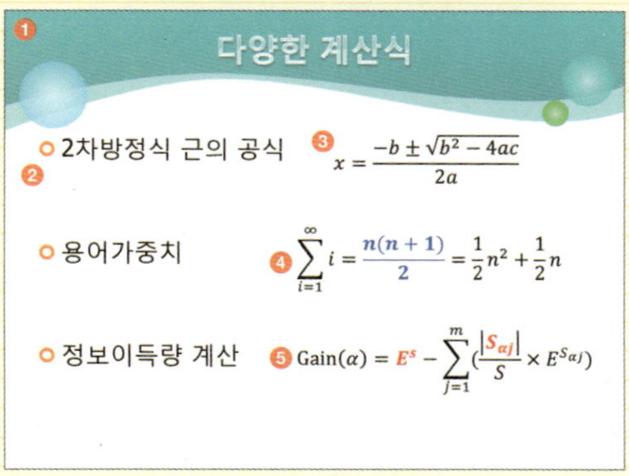

❶ [제목 및 내용] 레이아웃 추가 후, 현재 슬라이드에만 [1_New_Natural01(자연주의)] 디자인 테마 적용
❷ 내용 입력
❸ 근의 공식 수식 입력 후 크기는 24pt
❹ 수식 입력 후 중간 부분 파란색으로 변경, 크기는 24pt
❺ 수식 입력 후 빨간색으로 변경, 크기는 24pt

평가 예제

01 다음과 같이 '행복한 리더되기'라는 주제로 프레젠테이션 파일을 작성해보자.

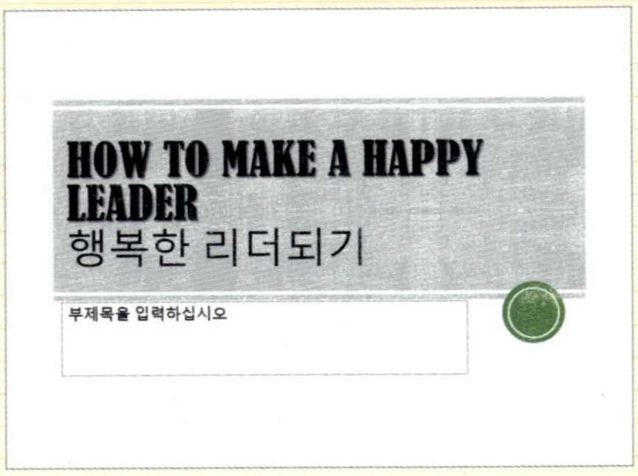

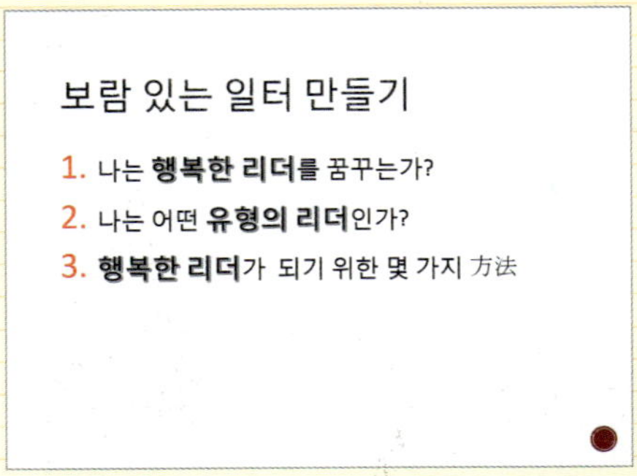

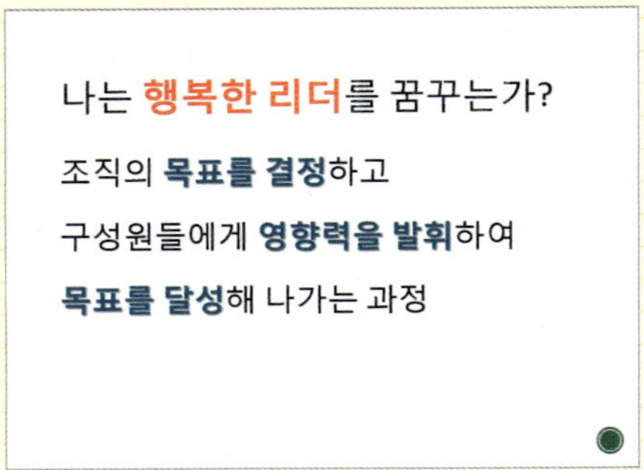

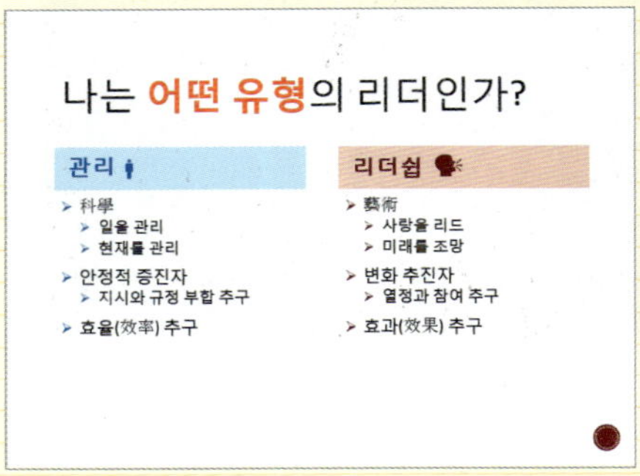

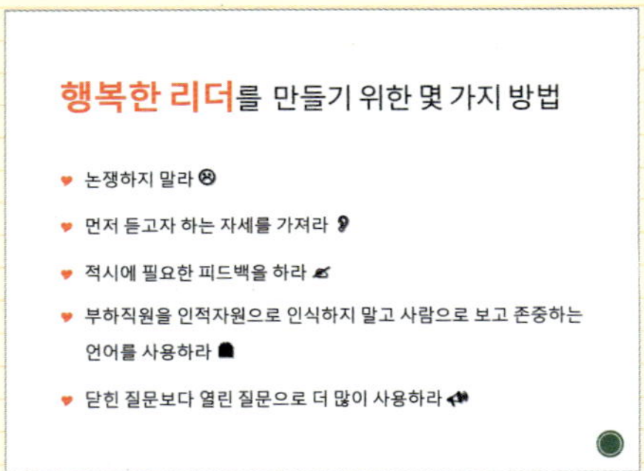

작성조건

① 전체 설정 : 디자인 테마는 '목판', 적용 글꼴은 '맑은 고딕', 슬라이드 크기는 '표준(4:3)'– '최대화'

② 슬라이드 디자인 테마 색상 : 1, 3, 5번 슬라이드는 녹색, 2번과 4번 슬라이드는 빨강, 6번 슬라이드는 자주색

③ 제목 슬라이드 : 글꼴은 영문 Bernard MT Condensed, 글자 크기는 영어 54/ 한글 48

④ 그 외 내용 슬라이드 : 화면을 참조하여 슬라이드 레이아웃은 적절히 선택하도록 한다. 텍스트 서식, 워드아트 스타일, 글머리 기호, 특수 문자(Webdings 130/151/ 79/101/85, Wingdings 76/63) 등을 적용하여 내용이 잘 드러나도록 보기 좋게 작성한다.

CHAPTER 4

IT COOKBOOK

도형의 활용

파워포인트에서는 새 도화지 위에 그림을 그리듯 슬라이드의 기본 배경 위에 개체 틀이나 텍스트 상자 같은 도형을 추가한 후 여기에 텍스트를 입력하는 형태로 내용을 작성한다. 이렇게 파워포인트는 모든 요소가 도형의 집합으로 이루어져 있으며, 텍스트도 도형 안에 작성한다. 지금까지 작성한 슬라이드들도 도형으로 작성한 것과 마찬가지인데, 같은 도형이더라도 적절한 서식을 적용하면 텍스트만으로 부족한 부분들을 더 효과적으로 표현할 수 있다.

이 장에서는 도형에 대해 좀 더 구체적으로 소개한다. 다양한 도형 추가하기, 도형에 텍스트 입력하기, 도형을 내용에 맞춰 크기 조절하기, 도형의 회전/서식/맞춤/정렬 등 도형과 관련한 모든 기능을 살펴보면서 슬라이드를 효과적으로 작성하는 방법을 알아본다.

SECTION -- IT COOKBOOK

01 도형 삽입하고 편집하기

1.1 도형의 종류와 삽입

파워포인트에서 제공하는 도형은 [그림 4-1]과 같이 크게 9가지 그룹으로 나눌 수 있다. 이 중에서 특히 많이 사용되는 것은 선, 사각형, 기본 도형, 블록 화살표이다. 여기서는 많이 사용하는 도형을 중심으로 도형을 삽입하고 편집하는 방법을 알아보자.

그림 4-1 파워포인트에서 제공하는 도형

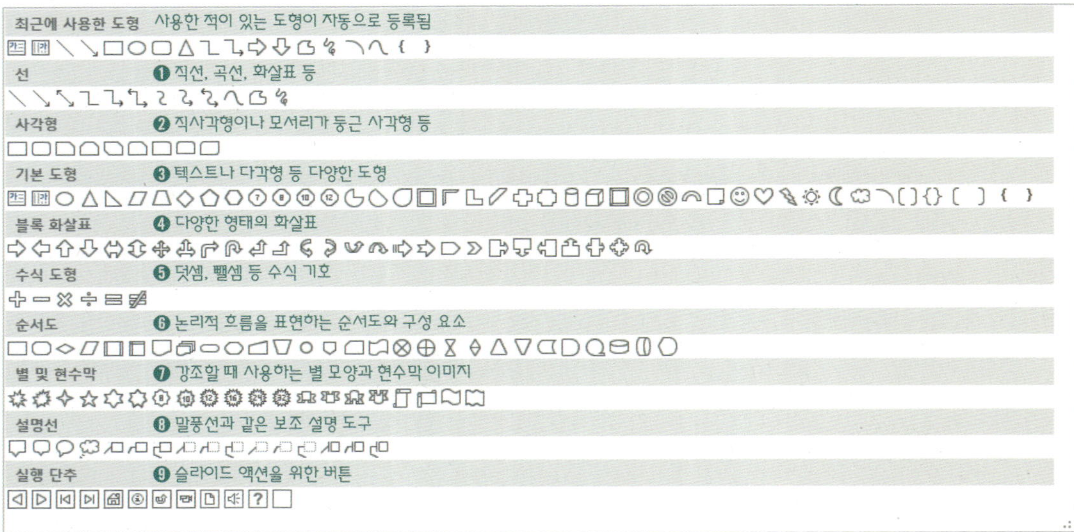

기본 예제 > 도형 그리고 텍스트 입력하기

도형을 삽입하는 방법은 간단하다. 파워포인트에서 제공하는 도형을 클릭한 후 슬라이드에서 드래그하면 된다. 어떤 단축키와 조합하느냐에 따라 도형을 더욱 효과적으로 그릴 수 있는데, 예제를 통해 그 방법을 살펴보자.

01 직사각형 그리기

❶~❸ [삽입] 탭-[일러스트레이션] 그룹-[도형]-[직사각형]을 클릭한 후 ❹ 슬라이드에서 드래그하면 드래그 시작과 끝 지점이 대각선이 되는 직사각형이 그려지고 ❺ Ctrl 을 누른 채 드래그하면 드래그 시작 지점이 중심이 되어 도형이 그려진다.

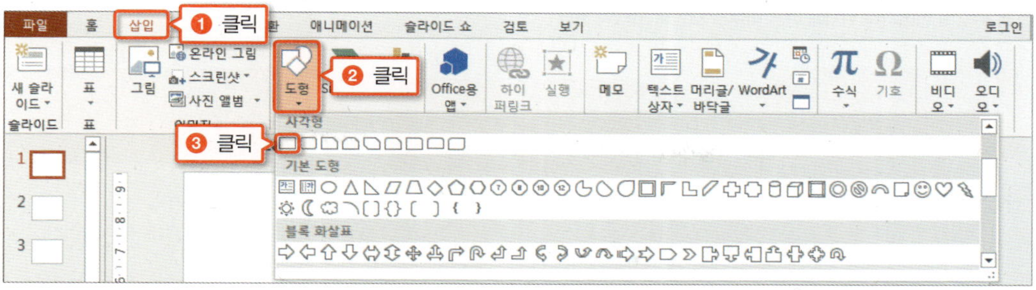

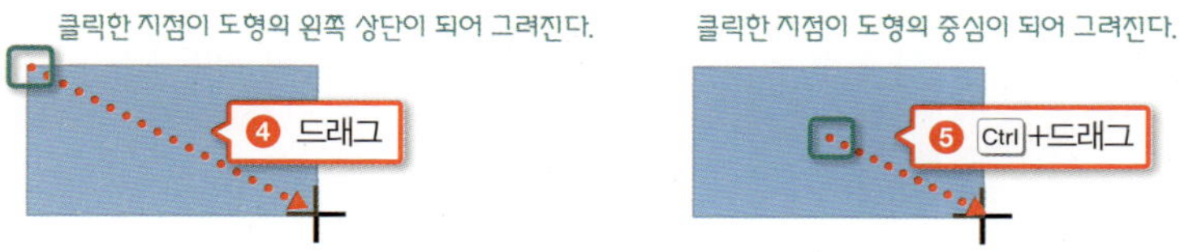

02 정방형 도형 그리기

❶~❸ [삽입] 탭–[일러스트레이션] 그룹–[도형]–[직사각형]을 클릭한 후 ❹ 슬라이드에서 더블클릭하거나 Shift를 누른 채 드래그하면 정방형 도형이 그려진다.

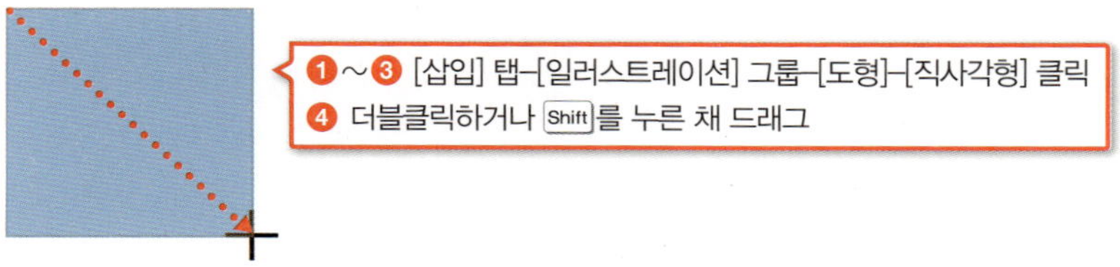

03 도형에 텍스트 입력하기/도형 삭제하기

도형에 텍스트를 입력할 때는 ❶~❷ 도형을 선택하고 텍스트를 입력한다. ❸~❹ 도형을 삭제할 때는 삭제할 도형을 선택하고 Delete를 누른다.

도형에서 마우스 오른쪽 버튼을 클릭한 후 [텍스트 편집]을 선택해서 삽입해도 된다.

마우스 포인터는 도형에서의 위치에 따라 [그림 4–2]와 같이 모양이 달라진다. 대부분 모양만 보아도 어떤 작업을 하기 위한 것인지 짐작할 수 있을 것이다.

그림 4-2 도형에서의 위치에 따른 마우스 포인터 모양의 변화

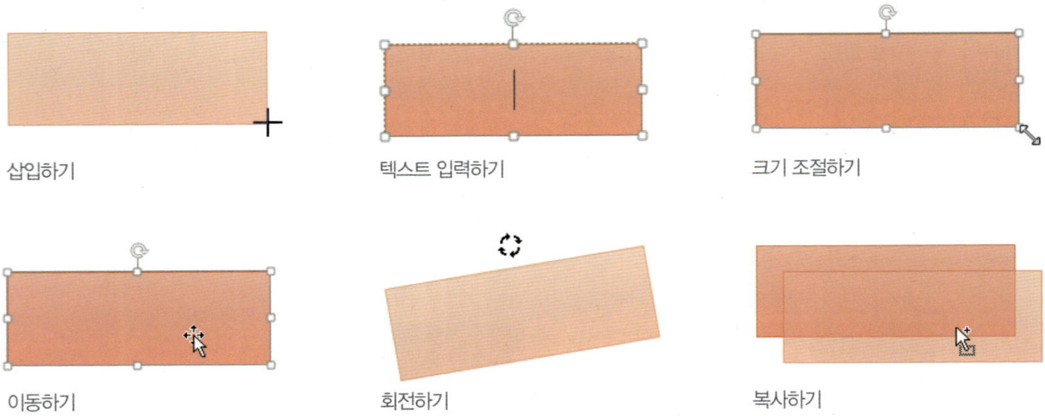

기본 예제 **연결선으로 도형 연결하기/조절하기**

도형 갤러리에 있는 선은 대부분 연결선으로 사용된다. 이 선을 사용해 도형과 도형 간의 관계를 표현한다. 도형을 연결선으로 연결하면 도형의 위치가 변해도 연결선이 탄력적으로 변경되면서 연결이 계속 유지되어 편리하다. 도형을 연결선으로 연결하는 방법과 연결선으로 연결된 도형의 위치가 변할 때 연결선이 어떻게 변하는지 살펴보자.

01 연결선으로 도형과 도형 연결하기

연결할 도형을 준비하고 ❶~❸ [삽입] 탭–[일러스트레이션] 그룹–[도형]–[꺾인 연결선]을 클릭한 후 ❹ 연결 시작 도형에 마우스 포인터를 가져가 각 모서리 중앙에 표시되는 검은색 작은 원에서 클릭한 후 연결할 도형으로 드래그한다.

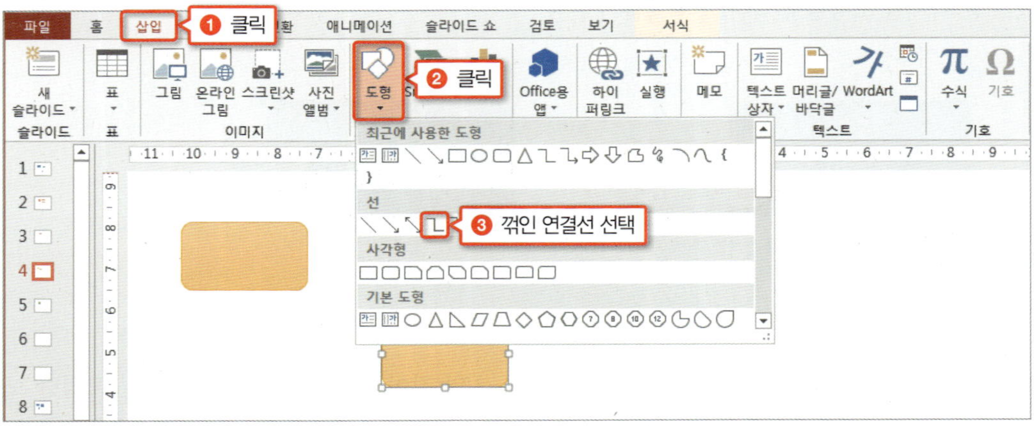

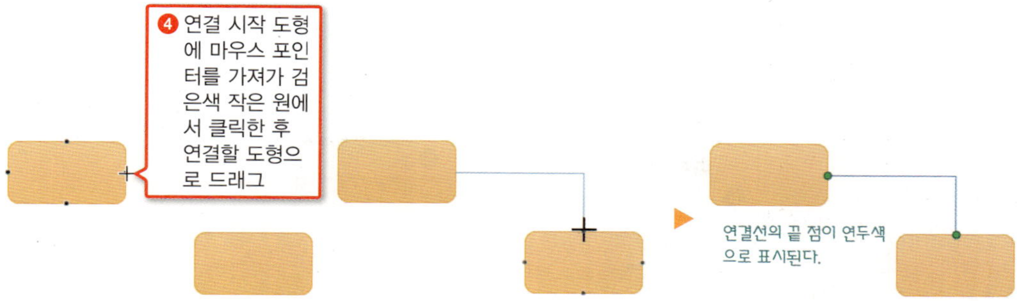

02 연결선 조절하기

도형이나 연결점을 이동하면 연결선 모양이 탄력적으로 이동한다.

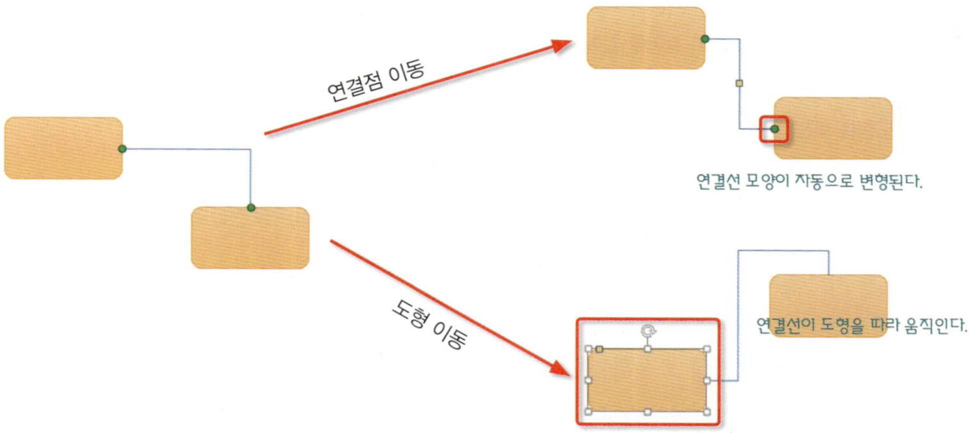

1.2 도형의 크기 조절/이동/복사

파워포인트는 도형에 대한 다양한 기능을 제공한다. 여기서는 도형의 크기를 조절하고 이동하는 편집 기능과 서식을 적용하는 방법을 알아보자. 이는 다음 장에서 배울 그림이나 스마트아트 같은 개체에도 거의 동일하게 적용할 수 있는 기능이기도 하다.

삽입한 도형을 원하는 형태로 만들려면 도형을 자유자재로 조절할 수 있어야 하는데, 이를 위한 핵심이 도형 조절점이다. 슬라이드에 삽입된 도형을 선택하면 가장자리에 8개의 크기 조절점과 회전 핸들이 나타난다. 그리고 도형에 곡선이 있으면 곡선의 각도나 깊이, 기울기를 조절할 수 있는 곡선 조절점이 표시된다. 조절점과 회전 핸들을 이용해 도형의 크기와 방향 또는 곡선을 조절할 수 있다. 또한 경우에 따라 크기 조절점뿐만 아니라 형태를 수정할 수 있는 모양 조절점이 있는 경우도 있다.

그림 4-3 크기 조절점, 회전 핸들, 곡선 조절점, 모양 조절점

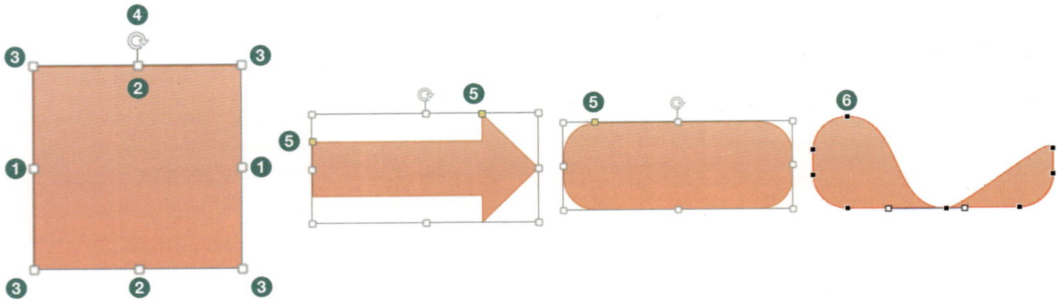

❶ 가로 조절점 : 도형의 가로 길이를 조절한다. Ctrl+드래그하면 좌우 대칭으로 조절한다.

❷ 세로 조절점 : 도형의 세로 길이를 조절한다. Ctrl+드래그하면 상하 대칭으로 조절한다.

❸ 대각선 조절점 : 도형의 가로와 세로 길이를 함께 조절한다. Ctrl+드래그하면 상하 대칭으로 조절하고, Shift+드래그하면 가로 세로 비율을 고정하며 조절한다.

❹ 회전 핸들 : 도형을 회전시킨다. Alt+드래그하면 15도씩 회전시킨다.

❺ 곡선 조절점 : 화살표 두께나 화살표 머리 형태, 모서리의 둥근 정도 등 도형의 곡선 모양을 변경한다.

❻ 모양 조절점 : 도형을 선택하고 [그리기 도구 : 서식] 탭-[도형 삽입] 그룹-[도형 편집]-[점 편집]을 클릭하면 나타나는 조절점으로 도형의 형태나 모양을 변경한다.

삽입한 도형은 선택하여 크기를 조절하거나 다른 곳으로 이동시킬 수 있다. 도형은 클릭해 선택하는데, 여러 개의 도형을 선택할 때는 마우스로 드래그하여 영역을 설정하거나, Ctrl이나 Shift를 누른 채 클릭하여 선택할 수 있다.

기본 예제 도형 크기 조절하기

01 마우스로 도형 크기 조절하기

도형을 선택하고 가로/세로 크기 조절점에
마우스 포인터를 가져가 모양이 바뀔 때 드래그

02 기능키와 방향키로 도형 크기 조절하기

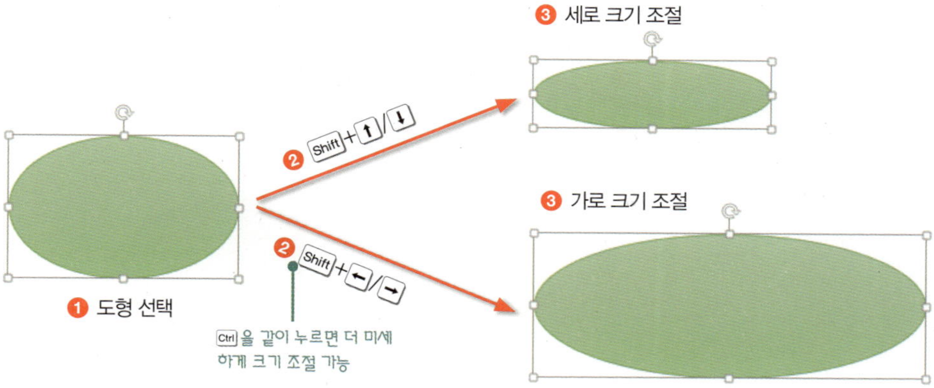

03 비율을 유지하며 도형 크기 조절하기

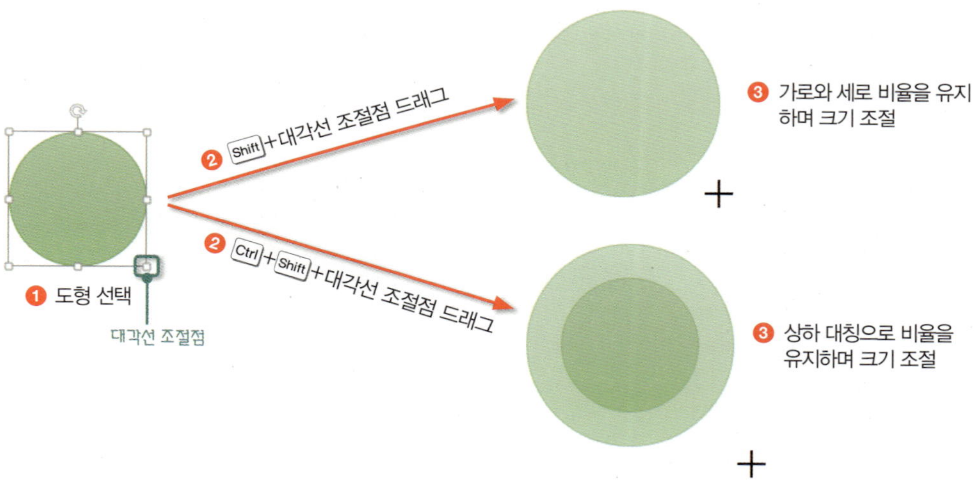

기본 예제 도형 이동하기

01 마우스로 도형 이동시키기

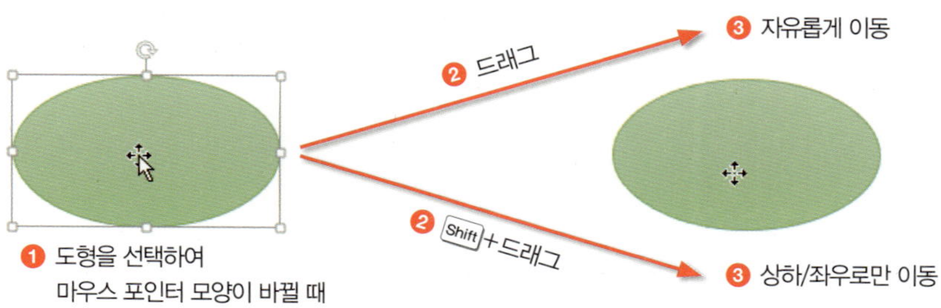

02 기능키와 방향키로 도형을 미세하게 이동시키고 회전시키기

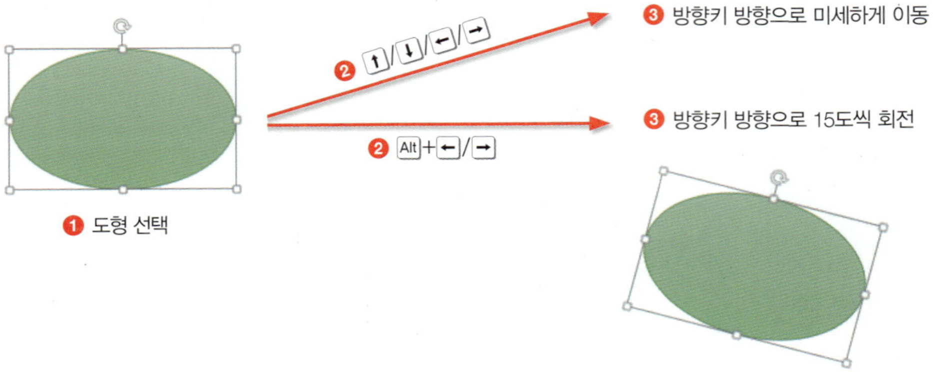

03 도형 배치 간격 맞추며 이동하기

도형이 여러 개 삽입된 상태에서 도형을 드래그하여 이동하면 다른 도형들과의 정렬을 맞출 수 있는 점선이 자동으로 생긴다. 이 점선을 확인하면서 드래그하면 다른 도형들과의 배치 간격이나 위치가 조절된다.

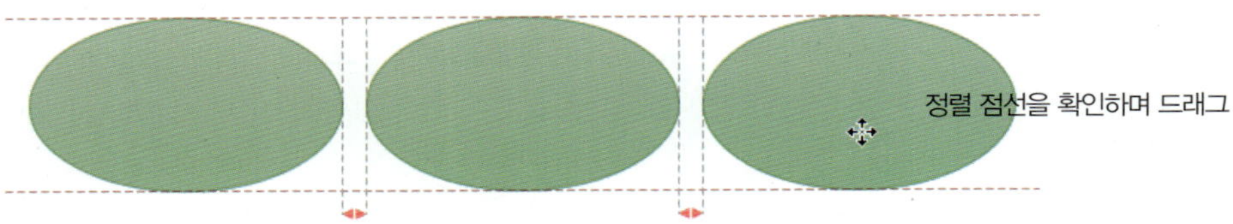

기본 예제 도형 복제하기

모양이 같은 도형을 여러 개 삽입할 때는 각각을 삽입해도 되지만 복제 기능을 이용하면 더 간편하다. 먼저 하나를 삽입한 후 똑같은 모양으로 복제하면 된다. 다양한 복제 방법을 하나씩 알아보자.

01 리본 메뉴를 이용해 복제하기

❶ 복제할 도형을 선택하고 ❷~❹ [홈] 탭-[클립보드] 그룹-[복사]의 ▾-[복제]를 클릭하면 도형이 복제된다.

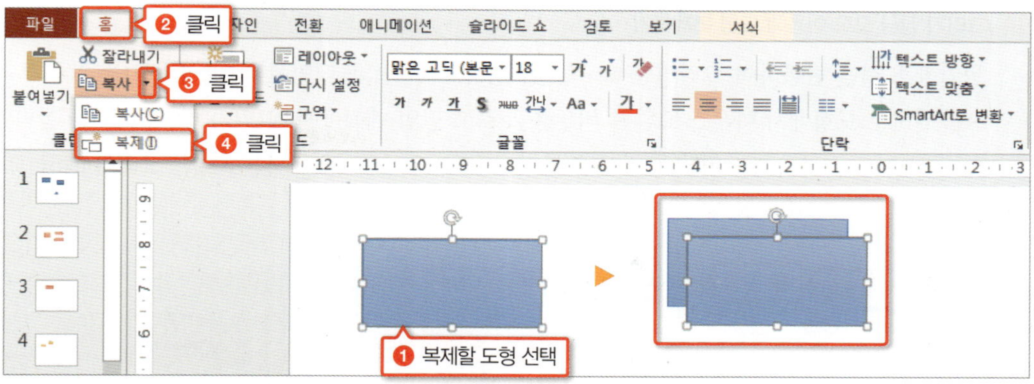

02 단축키를 이용해 도형 복제하기

Ctrl+D나 Ctrl+V를 누르는 횟수만큼 도형이 복제된다.

03 마우스와 기능키를 이용해 도형 복제하기

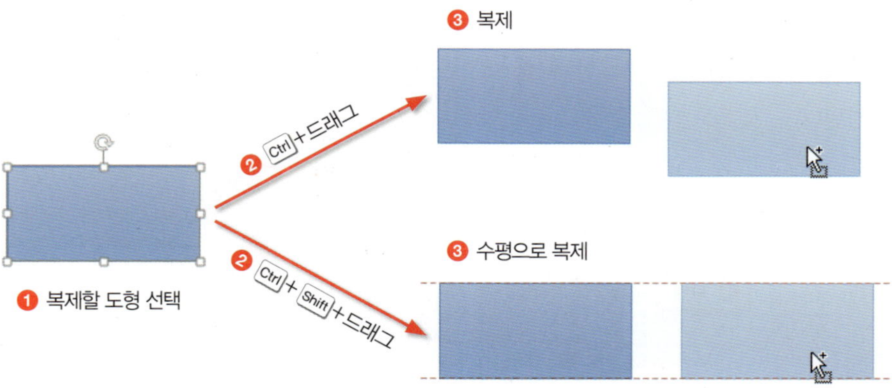

04 그리기 잠금 모드 이용해 도형 복제하기

동일한 도형을 반복하여 그리려면 ❶~❷ [삽입] 탭-[일러스트레이션] 그룹-[도형]을 클릭한 후 ❸~❹ 원하는 도형에서 마우스 오른쪽 버튼을 누르고 팝업 메뉴에서 [그리기 잠금 모드]를 클릭한다. 그런 다음 ❺ 슬라이드를 클릭하면 해당 도형이 계속 추가된다. Esc를 누르면 그리기 잠금 모드가 해제된다.

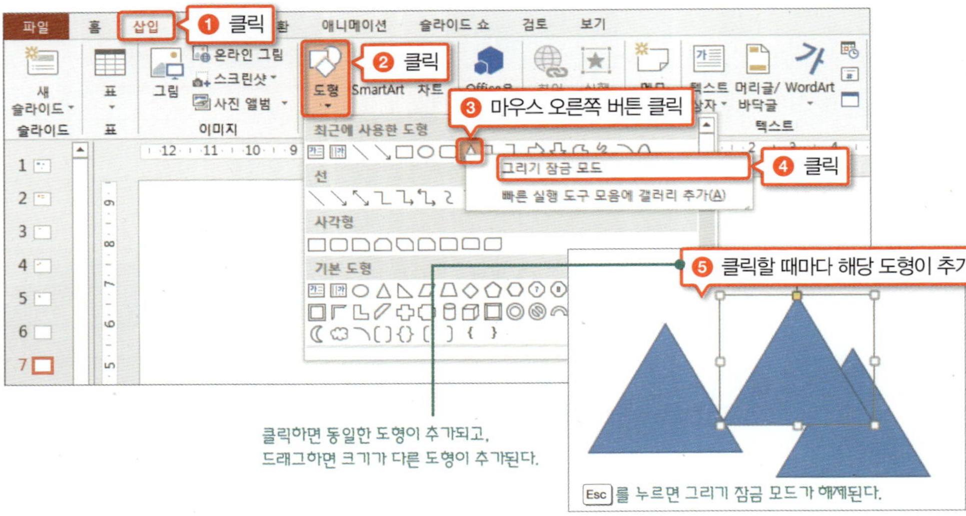

기본 예제 도형 모양 변경하기

삽입한 도형을 다른 모양의 도형으로 변경할 수 있다. ❶ 모양을 변경할 도형을 선택하고 ❷~❸ [서식] 탭-[도형 삽입] 그룹-[도형 편집]을 클릭한 후 ❹~❺ [도형 모양 변경]에서 원하는 도형을 선택하면 해당 모양으로 변경된다.

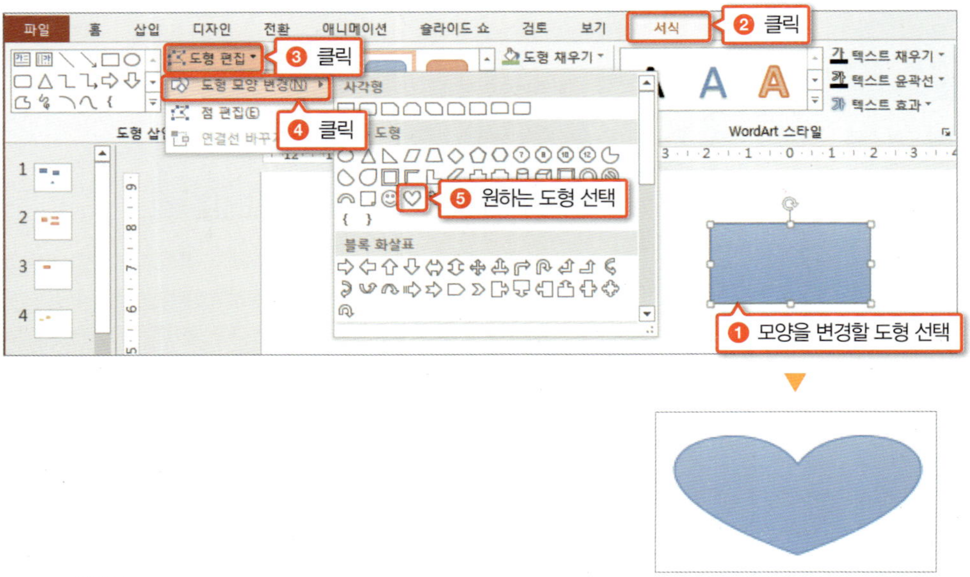

기본 예제 도형 병합/결합/분리/교차/빼기하기

2개 이상의 도형을 병합/결합/분리/교차/빼기하여 다양한 형태로 만들 수 있다. 이때 도형들의 색이 다른 경우에는 맨 먼저 선택한 도형을 기준으로 병합/결합/분리된다. ❶ 병합할 도형들을 선택하고 ❷~❸ [서식] 탭–[도형 삽입] 그룹–[도형 병합]을 클릭한 후 ❹ 병합 형태를 선택한다.

01 도형 병합 메뉴 선택하기

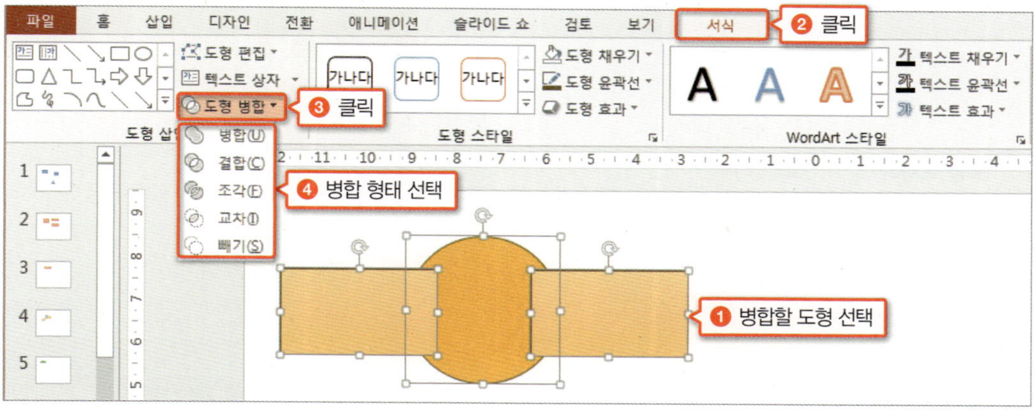

02 도형 병합하기(병합(U))

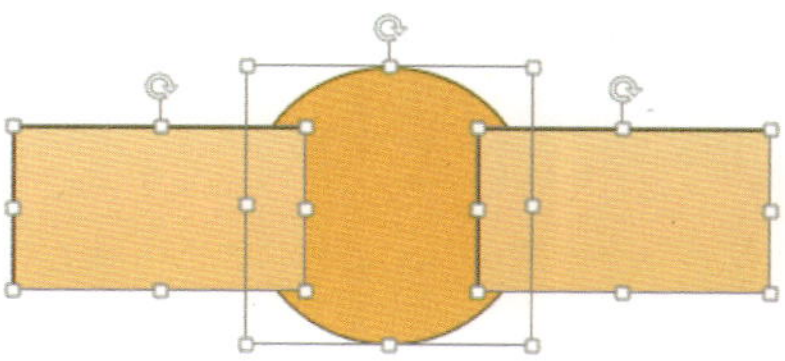

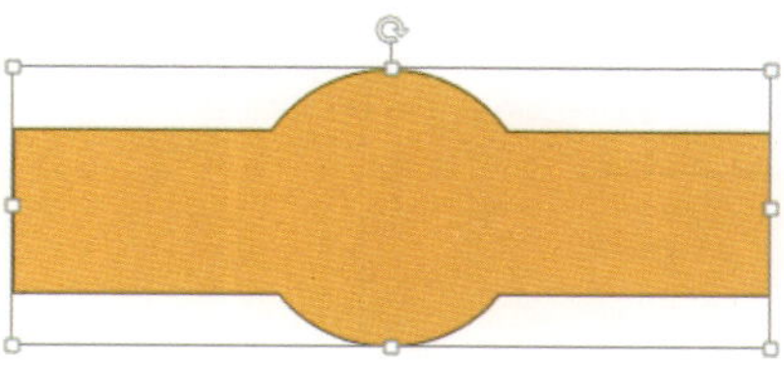

전체가 하나의 도형으로 합쳐진다. 색이 다를 경우 맨 먼저 선택한 도형을 기준으로 병합된다.

03 도형 결합하기(결합(C))

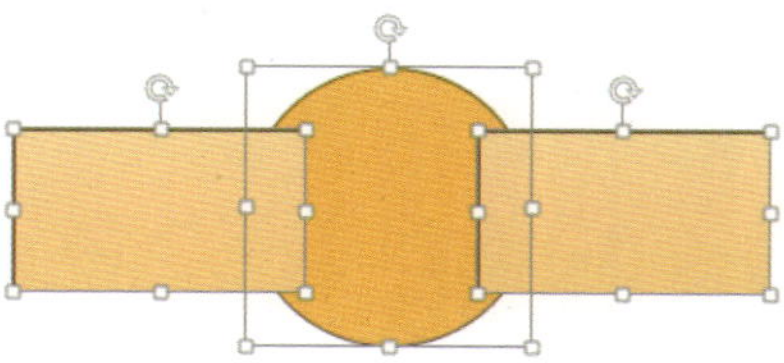

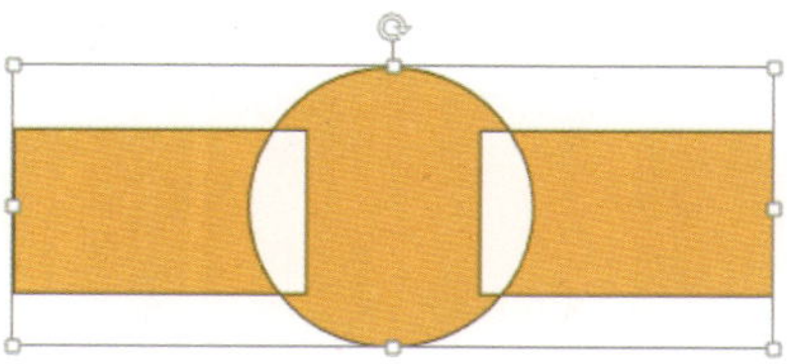

겹치는 부분을 제외한 나머지가 하나의 도형으로 합쳐진다.

04 도형 분리하기(조각(F))

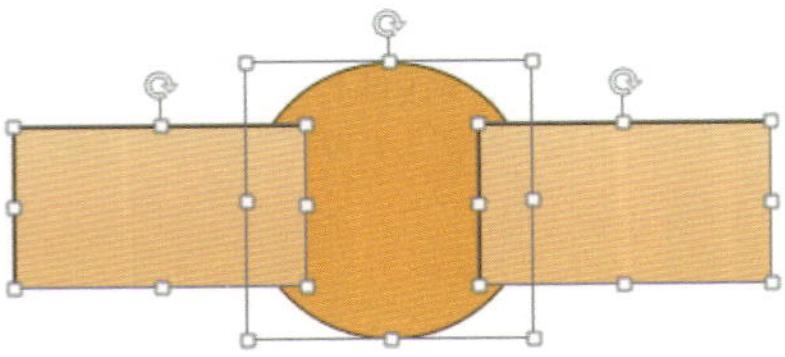

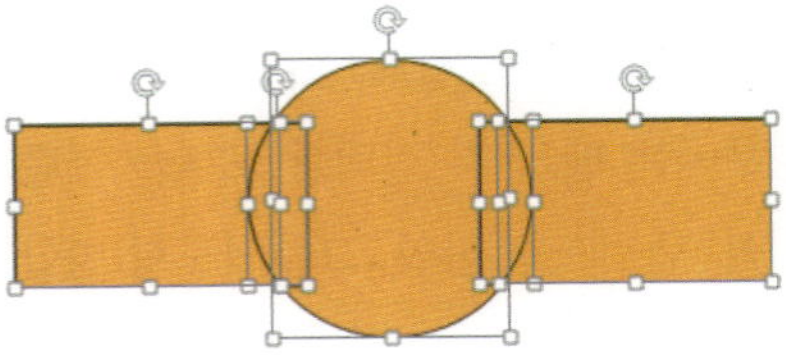

겹치는 부분을 경계로 각 도형으로 분리된다.

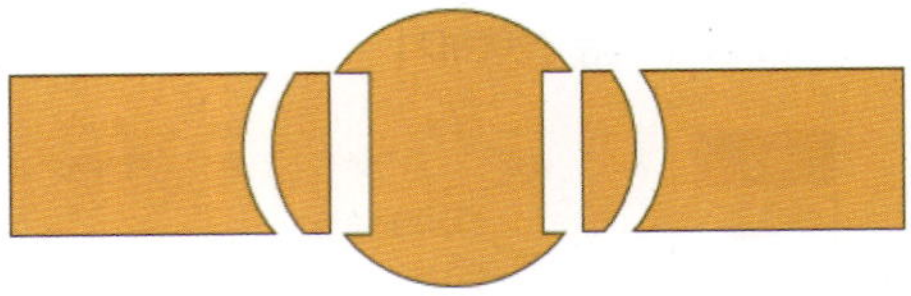

05 도형 교차하기(교차(I))

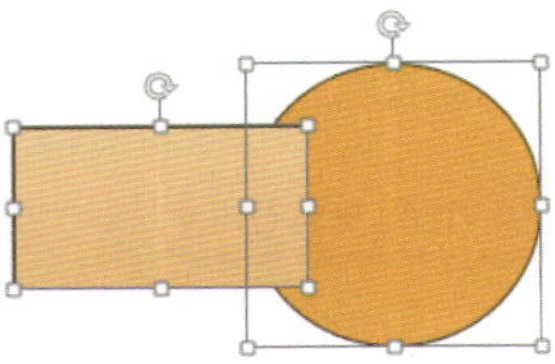

겹치는 부분만 남긴다. 겹치는 부분이 없으면 공백이 된다.

06 도형 빼기(빼기(S))

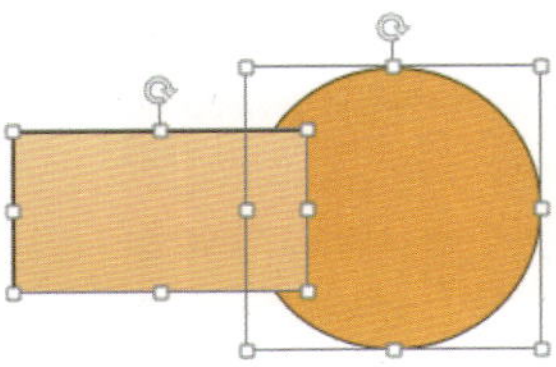

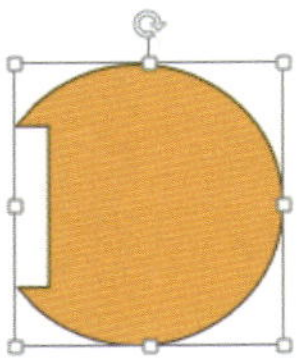

먼저 선택된 도형에서 겹치는 도형에 해당하는 부분을 뺀다.

SECTION 02

IT COOKBOOK

도형 서식 설정하기

슬라이드에 도형을 삽입하면 도형에 서식을 적용할 수 있는 [서식] 탭이 나타나는데 이 탭에 있는 도구를 이용해 도형에 다양한 서식을 설정할 수 있다. 특히 파워포인트 2013부터는 서식 작업창을 이용해 그림에 세부 서식을 설정할 수 있다. 단순한 서식이나 정해진 서식은 [서식] 탭이 간편하지만 좀 더 다양한 서식을 직접 비교하면서 선택할 때는 서식 작업창이 편리하다. 특히 [서식] 탭을 이용하면 서식을 적용할 도형을 메뉴가 가려 잘 안 보이지만 서식 작업창을 이용하면 이런 불편함이 해소된다.

기본 예제 도형의 면/선 서식 설정하기

자주 적용하는 서식 몇 가지는 [서식] 탭을, 더 다양하게 적용할 필요가 있는 그림자와 3차원 서식은 서식 작업창을 이용해 적용해보자. 어떤 방식을 사용하든 적용할 도형을 먼저 선택해야 한다.

01 [도형 스타일]을 이용해 도형의 면과 선 서식 빠르게 설정하기

삽입된 도형의 면색, 테두리 선 등을 다양하게 변경할 수 있는데, 파워포인트는 이런 서식을 빠르게 적용할 수 있는 도형 스타일을 제공한다. ❶ 서식을 적용할 도형을 선택하고 ❷~❸ [서식] 탭–[도형 스타일] 그룹에서 빠른 스타일 아래의 ⊽(자세히)를 클릭한 후 ❹ 원하는 서식을 선택한다.

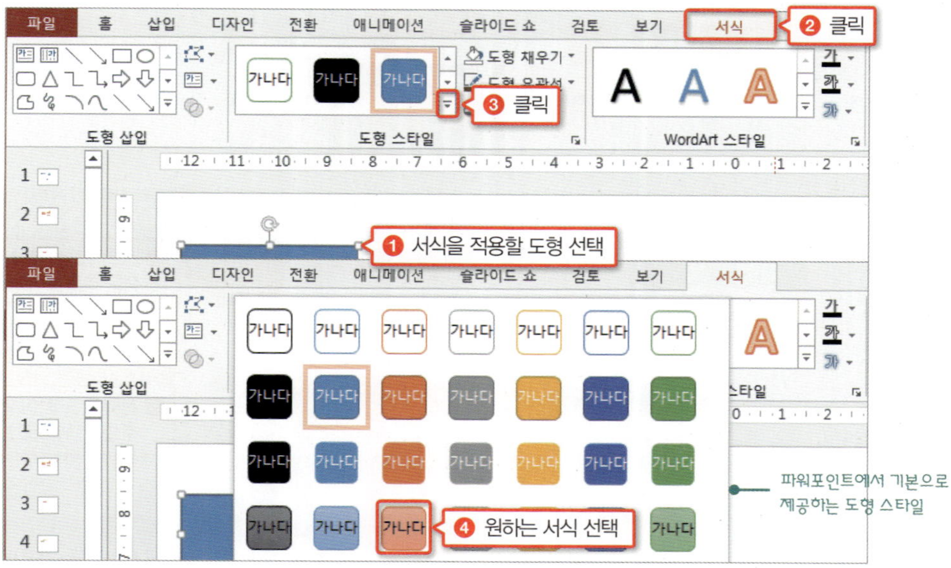

02 도형의 면 색 설정하기

❶ 서식을 적용할 도형을 선택하고 ❷~❸ [서식] 탭–[도형 스타일] 그룹–[도형 채우기]를 클릭한 후 ❹ 설정할 색을 선택한다.

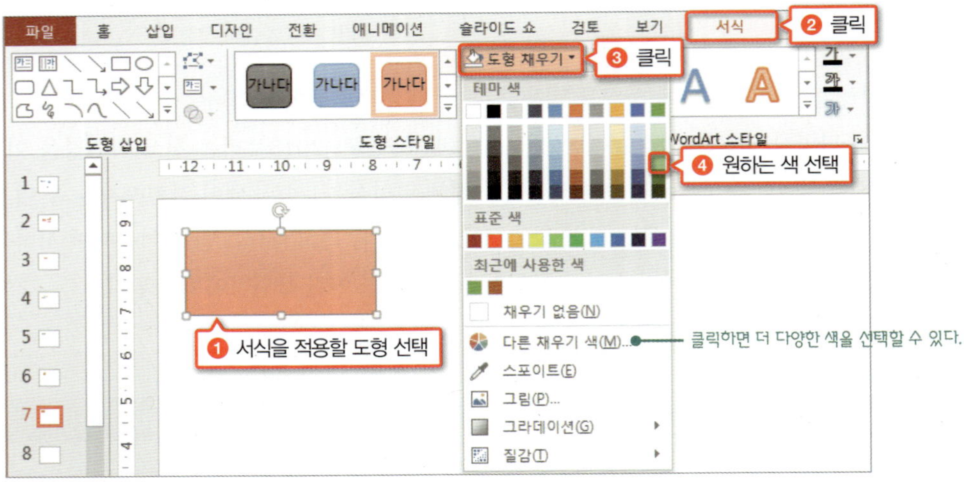

03 원하는 색 추출하여 도형에 적용하기

파워포인트의 스포이트 기능을 이용해 다른 도형이나 그림, 텍스트처럼 슬라이드에 있는 다른 개체의 색을 가져와 채울 수 있다. ❶ 서식을 적용할 도형을 선택하고 ❷~❹ [서식] 탭–[도형 스타일] 그룹–[도형 채우기]–[스포이트]를 클릭한 후 ❺ 색을 추출할 개체를 클릭하면 색이 추출되고 서식을 적용할 도형에 추출한 색이 적용된다.

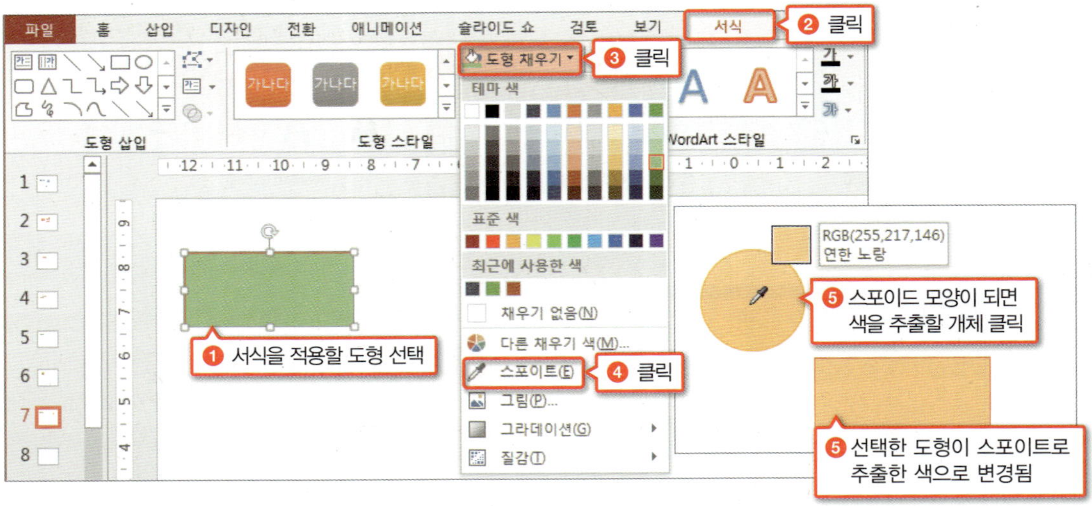

04 도형에 채우기 없음, 그라데이션, 질감 설정하기

❶ 서식을 적용할 도형을 선택하고 ❷~❸ [서식] 탭–[도형 스타일] 그룹–[도형 채우기]를 클릭한 후 ❹ [채우기 없음], [그라데이션], [질감] 등의 서식을 선택하여 설정한다.

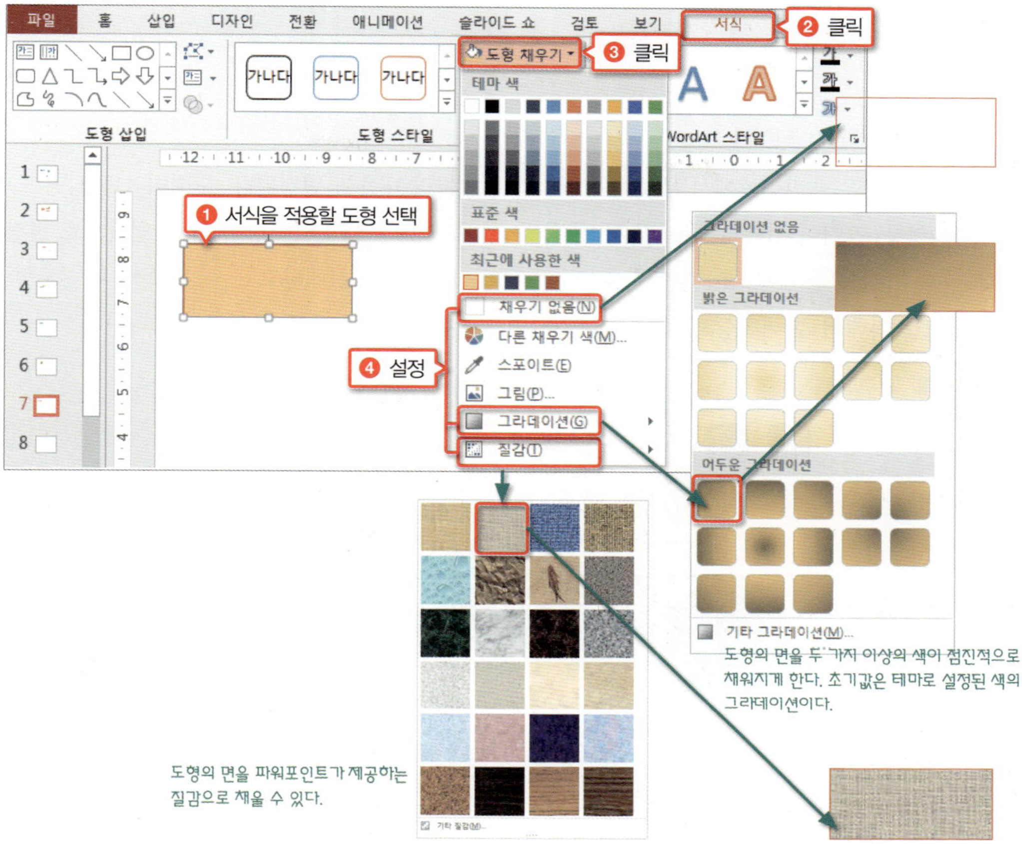

05 도형의 테두리 종류와 굵기 설정하기

❶ 서식을 적용할 도형을 선택하고 ❷~❸ [서식] 탭–[도형 스타일] 그룹–[도형 윤곽선]을 클릭한 후 ❹ 두께, 대시 등의 서식을 선택하여 설정한다.

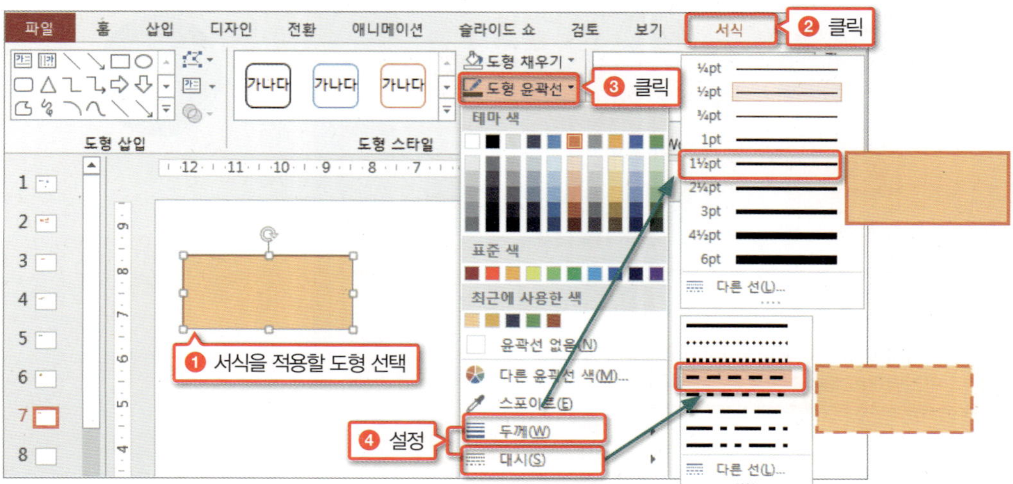

기본 예제 도형에 3차원/그림자 효과주기

01 [도형 서식] 작업창 나타내기

서식 작업창은 슬라이드에서 무엇이 선택되었냐에 따라 내용이 변경된다. 도형이 선택되면 도형 서식 작업창, 그림이 선택되면 [그림 서식] 작업창, 배경이 선택되면 [배경 서식] 작업창으로 변경되어 적용할 서식을 전체적으로 보면서 설정할 수 있다. ❶ 도형을 선택하고 ❷~❸ [서식] 탭-[도형 스타일] 그룹 아래의 (대화상자 표시)를 클릭하면 오른쪽에 [도형 서식] 작업창이 나타난다.

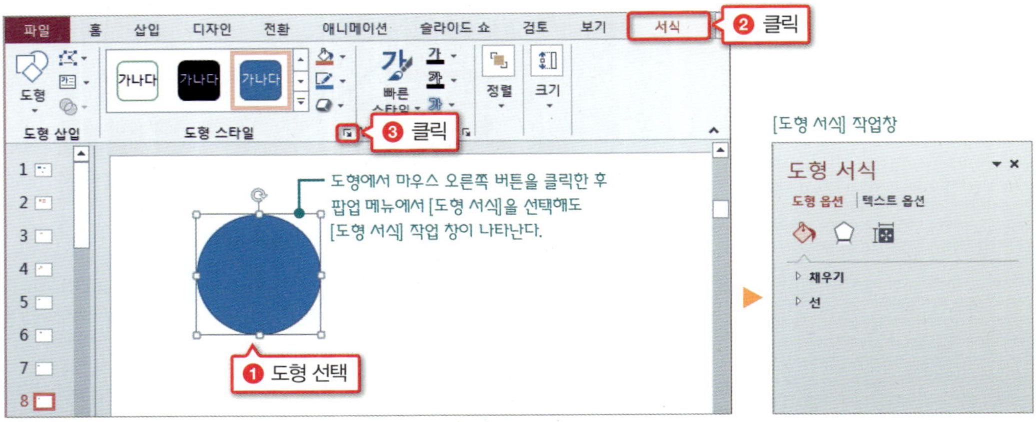

02 3차원 효과주기

❶ 도형을 선택하고 ❷~❹ 도형 서식 작업창에서 [도형 옵션]-(효과)-3차원 서식 앞의 (확장)을 클릭한 후 ❺ 그림과 같이 서식 값을 설정하여 3차원 효과를 준다.

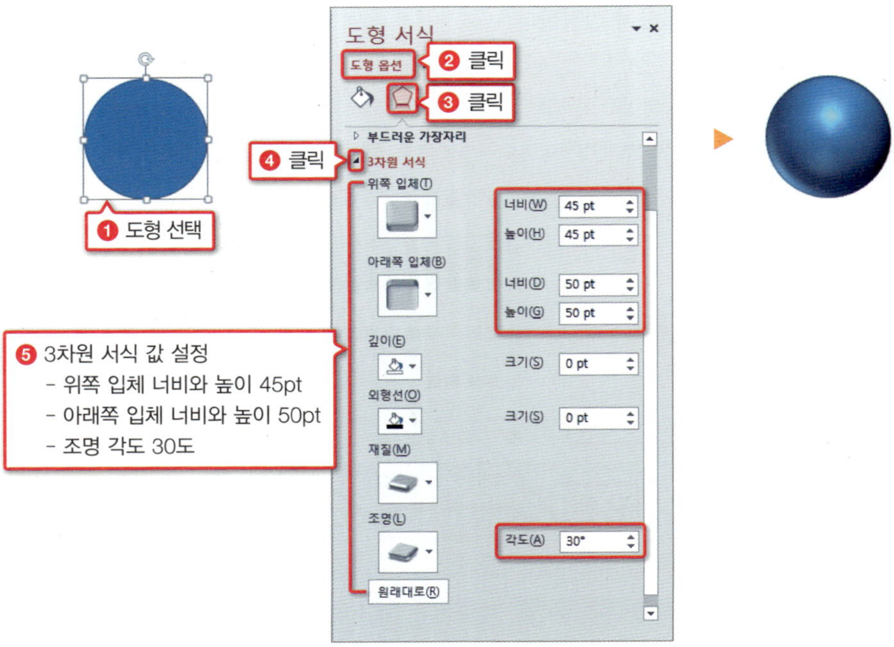

03 그림자 효과 주기

❶ 도형을 선택하고 ❷~❹ 도형 서식 작업창에서 [도형 옵션]–(효과)–그림자 앞의 (확장)을 클릭한 후 ❺ 그림과 같이 서식 값을 설정하여 그림자 효과를 준다.

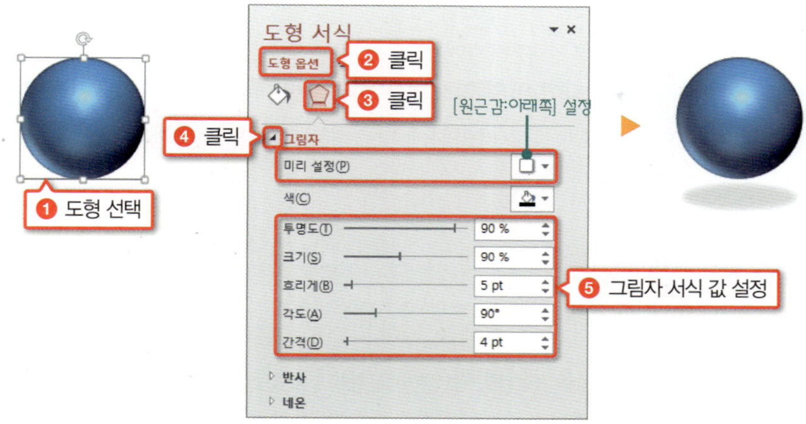

기본 예제 도형 서식 복제하기

모양이 같은 도형은 도형 자체를 복제하면 되지만, 모양이 다른 도형에 동일한 서식을 적용하여 전체적으로 통일된 서식을 적용하고 싶을 때는 도형 서식 복사 기능을 이용할 수 있다. ❶ 서식을 복사할 도형을 선택하고 ❷~❸ [홈] 탭–[클립보드] 그룹–[서식 복사]를 클릭한 후 ❹ 마우스 포인터가 모양으로 바뀔 때 복사한 서식을 적용할 도형을 클릭하면 해당 도형에 복사한 서식이 적용되어 3차원과 그림자 효과가 설정된다.

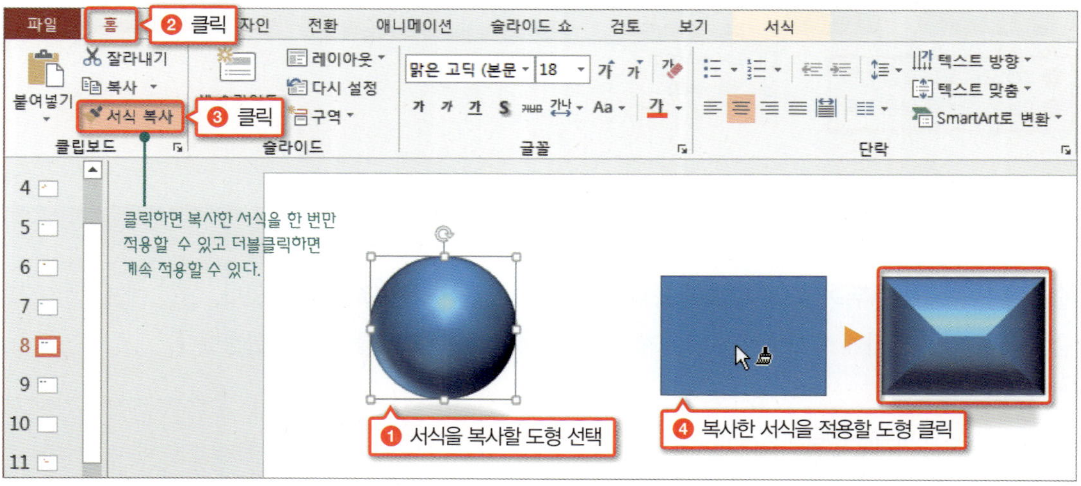

TIP 단축키를 사용할 때는 서식을 복사할 도형을 선택한 후 Ctrl+Shift+C를 누른 다음, 복사한 서식을 적용할 도형을 선택한 후 Ctrl+Shift+V를 누른다.

SECTION 03 ····· IT COOKBOOK

도형을 그룹으로 묶기, 맞춤/정렬하기

슬라이드에 삽입된 도형들이 제대로 정리되어 있지 않으면 오히려 산만해보인다. 파워포인트에서는 여러 도형을 하나의 그룹으로 묶는 기능과 도형들을 다양하게 맞춤하는 기능을 제공한다.

기본 예제 도형 그룹으로 묶기/해제하기

❶ 그룹으로 묶을 도형들을 Shift/Ctrl+클릭 또는 전체를 드래그하여 선택하고 ❷~❸ 마우스 오른쪽 버튼을 누르고 팝업 메뉴에서 [그룹]-[그룹]을 클릭한다(Ctrl+G). 그룹을 해제하려면 그룹화된 도형을 선택한 후 마우스 오른쪽 버튼을 눌러 팝업 메뉴에서 [그룹]-[그룹 해제]를 클릭한다(Ctrl+Shift+G).

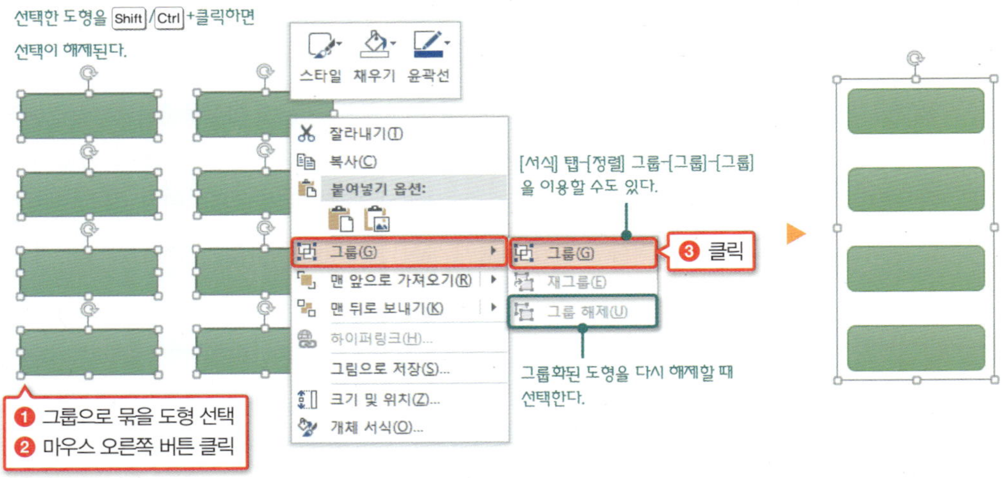

기본 예제 도형 순서 조정하기, 가로와 세로 간격 동일하게 맞춤하기

슬라이드에 도형이 두 개 이상 있으면 도형 간의 순서나 간격 등을 조절할 수 있다. 이번 예제에서도 맞춤 효과를 더 극명하게 보여주기 위해 도형에 색상을 설정하고 크기를 임의로 설정했다.

01 도형 앞으로 가져오기/뒤로 보내기

❶~❷ 도형에서 마우스 오른쪽 버튼을 누르고 팝업 메뉴에서 [맨 앞으로 가져오기]-[맨 앞으로 가져오기]를 클릭하면 선택한 도형이 맨 앞으로 배치된다.

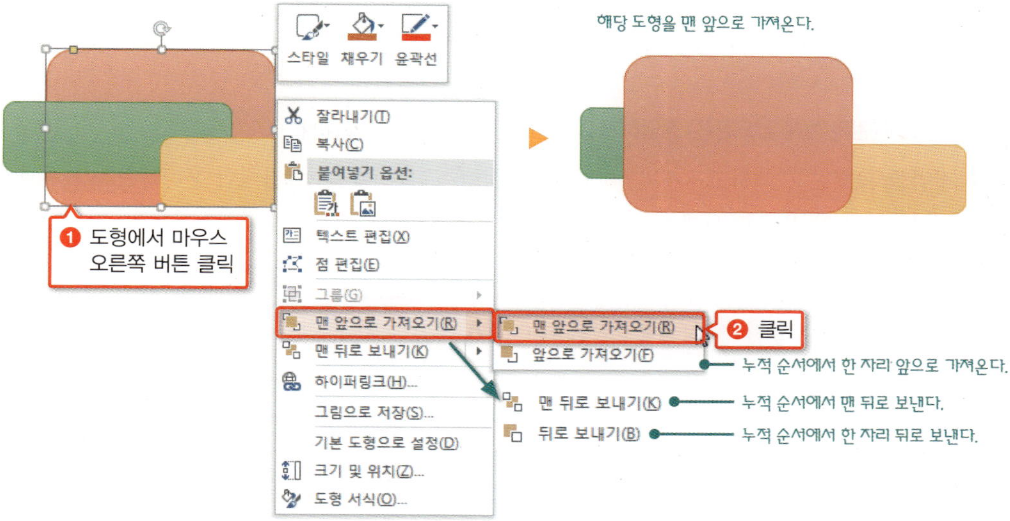

02 도형을 가로/세로 동일 간격으로 맞춤 정렬하기

❶ 정렬할 도형을 선택하고 ❷~❸ [서식] 탭-[정렬] 그룹-[맞춤]을 클릭한 후 ❹ [가로 간격 동일하게/세로 간격 동일하게] 중 정렬 방법을 선택한다.

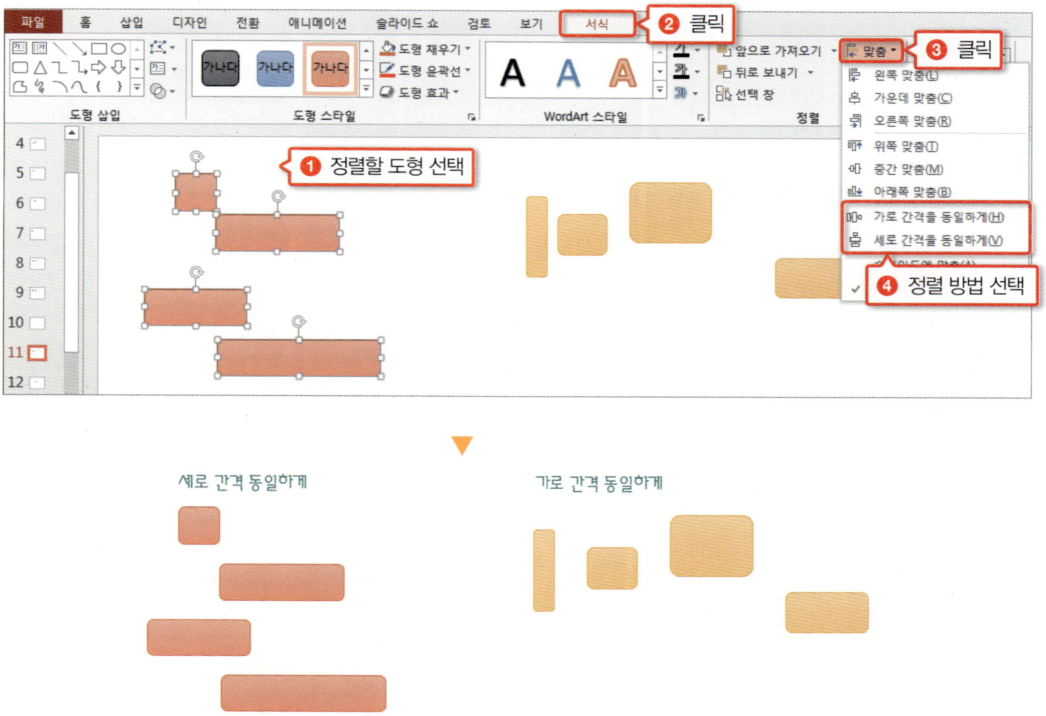

기본 예제 도형을 좌우(왼쪽/가운데/오른쪽) 상하(위쪽/중간/아래쪽) 정렬하기

01 도형을 좌우(왼쪽/가운데/오른쪽) 정렬하기

❶ 정렬할 도형을 선택하고 ❷~❸ [서식] 탭–[정렬] 그룹–[맞춤]을 클릭한 후 ❹ [왼쪽/가운데/오른쪽 맞춤] 중 정렬 방법을 선택한다.

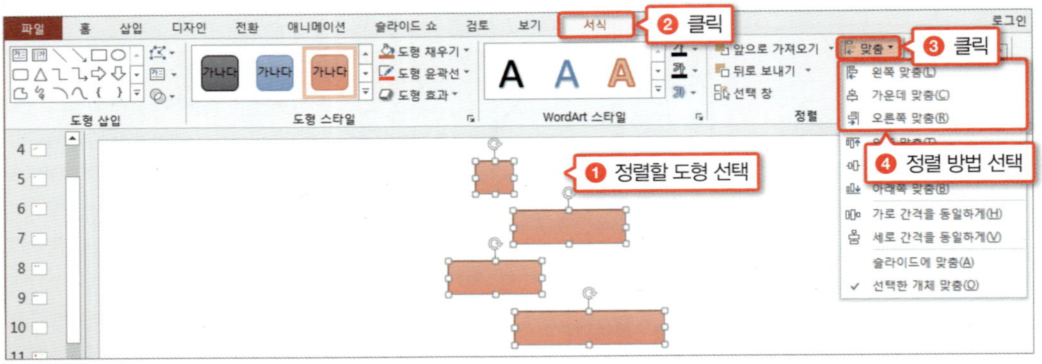

02 도형을 상하(위쪽/중간/아래쪽) 정렬하기

❶ 정렬할 도형을 선택하고 ❷~❹ [서식] 탭–[정렬] 그룹–[맞춤]을 클릭한 후 ❹ [위쪽/중간/아래쪽 맞춤] 중 정렬 방법을 선택한다.

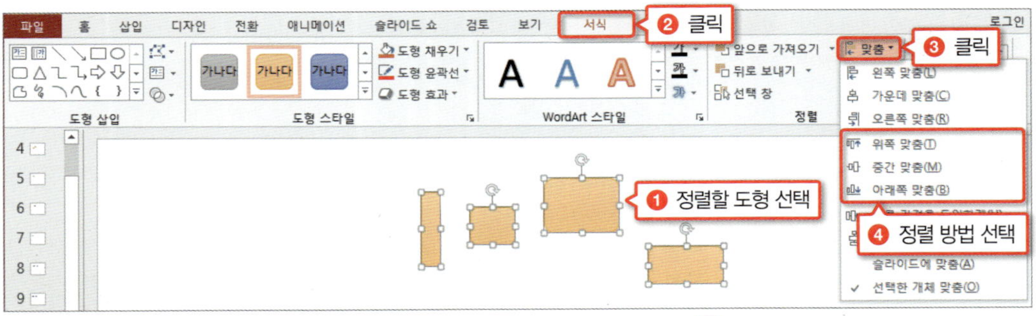

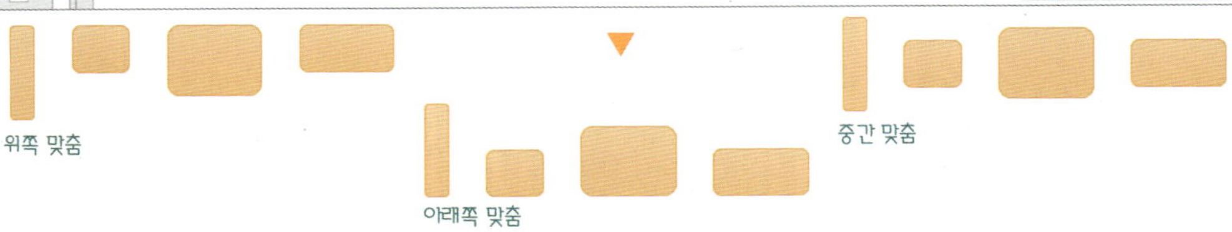

슬라이드에 도형이나 개체가 여러 개 있어 선택이 힘든 경우가 있다. 특히 겹친 도형 중 뒤에 있는 도형은 선택이 쉽지 않다. 이럴 때는 [선택 창]을 이용하면 편하다. 현재 다루는 예제들은 간단하지만 슬라이드 하나에 개체가 여러 개 삽입된 경우에는 [선택 창]을 이용하면 개체 간의 배치 관계가 아무리 복잡해도 쉽게 선택하고 이동할 수 있으며 숨기기/표시 등을 통해 슬라이드를 편하게 작성할 수 있다.

기본 예제 도형 선택 창 이용하기

01 선택 창 열기

슬라이드에서 도형을 선택하기 힘든 경우에는 ❶~❸ [홈] 탭–[편집] 그룹–[선택]–[선택 창]을 클릭하여 [선택 창]을 연다. 도형이 선택된 경우에는 [서식] 탭–[정렬] 그룹–[선택 창]을 클릭해 열 수도 있다.

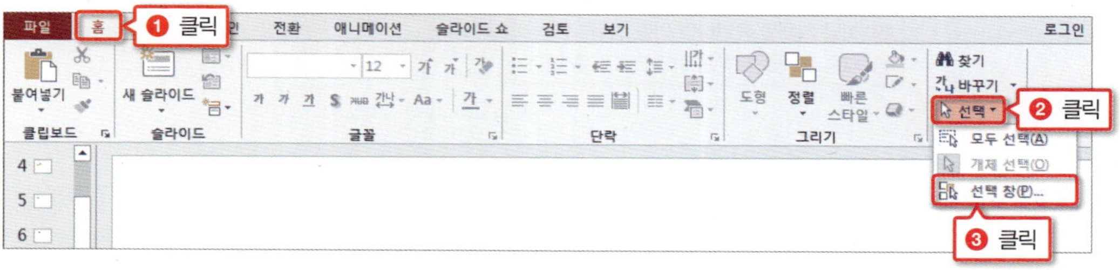

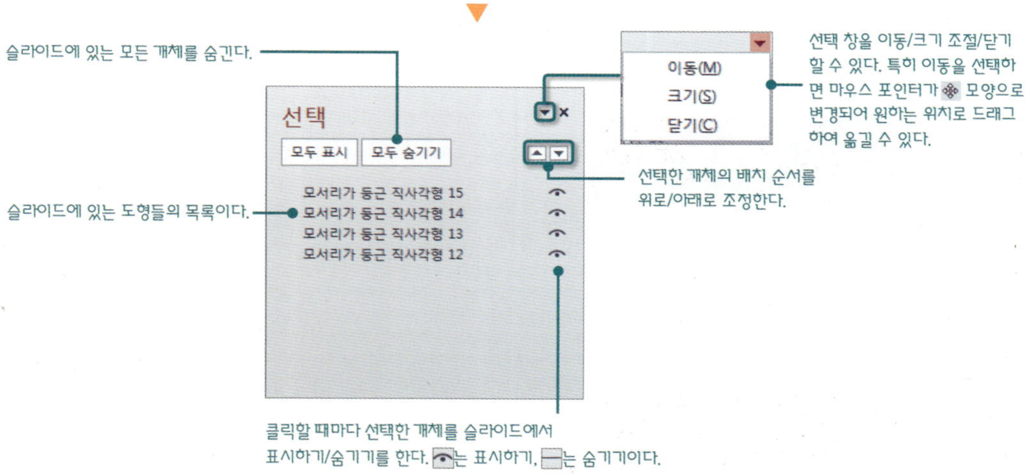

02 선택 창에서 목록 이름 변경하기

❶ 선택 창에서 이름을 변경할 목록을 하나 더블클릭하면 이름을 변경할 수 있는 상태로 변하고 슬라이드의 해당 개체가 선택된다. ❷ 개체를 확인하면서 새로운 이름을 입력하여 변경한다. ❸ 다른 목록도 같은 방법으로 이름을 모두 변경한다.

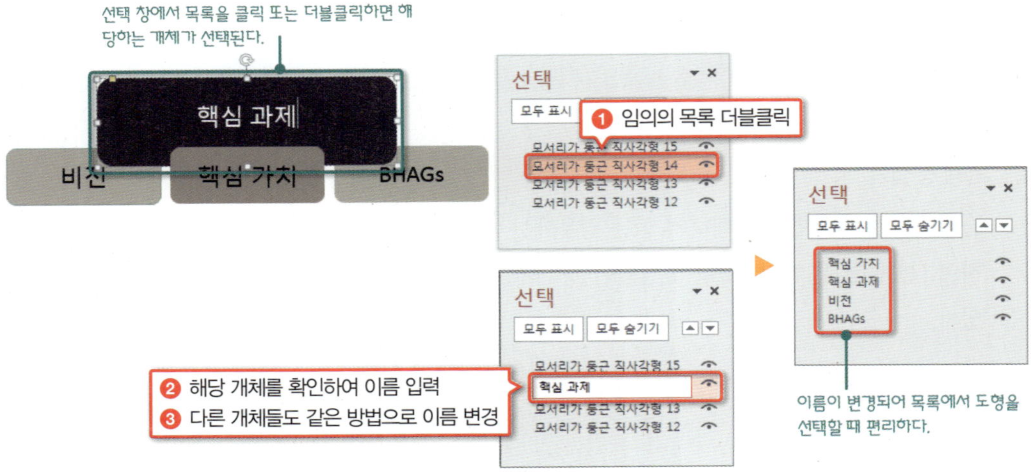

03 선택 창에서 목록 순서 조정하기

도형 목록에서 순서를 변경할 도형을 마우스로 드래그하다가 원하는 위치에 실선이 나타나면 마우스를 드롭하여 위치를 이동한다.

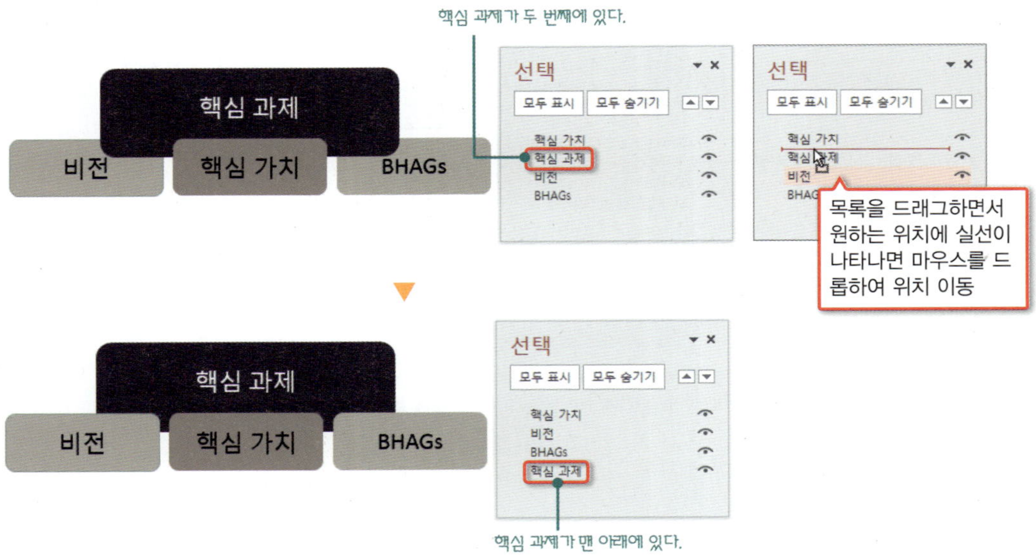

TIP [Ctrl]+[V]로 붙여넣으면 대상 테마 적용으로 복사된다.

종합 예제

※ 다음과 같이 도형을 사용해 다양한 유형의 목차 슬라이드를 작성해보자. 디자인 테마는 '목판'을 사용하고 슬라이드 레이아웃은 '제목만'을 선택한다. 제목의 글자 서식은 MD 개성체, 크기는 54pt로 한다(01~04).

01 텍스트 상자와 선, 눈물 방울 도형으로 목차를 작성한다.

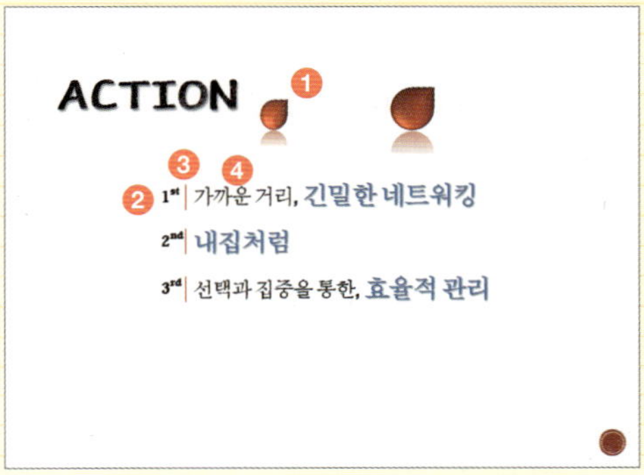

❶ 눈물 방울 도형 : 도형 채우기는 주황, 그라데이션은 선형 대각선 왼쪽 위, 도형 효과는 〈반사-1/2반사, 터치〉, 〈입체 효과-3차원 옵션-3차원 서식: 위쪽 입체-둥글게, 너비 15pt, 높이 6pt, 조명-기타:2점〉

❷ 텍스트 상자 : 1st 입력, st는 위첨자, 오프셋 50%

❸ 직선 그리기

❹ 텍스트 상자 : 예제와 같이 내용 입력하고 글자 서식 변경, 2nd와 3rd 부분은 복사한 후 내용 수정, 왼쪽 맞춤하기

02 텍스트 상자와 사각형 도형으로 목차를 작성한 후 그룹으로 묶고 정렬한다.

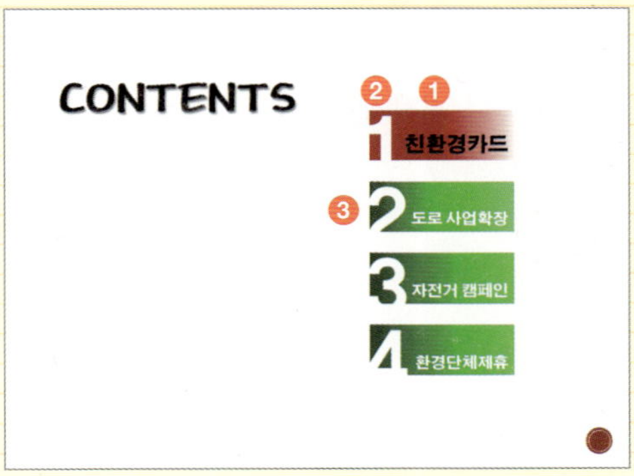

❶ 사각형 도형으로 그리기, 도형 채우기는 빨강, 그라데이션 선형 오른쪽, 그라데이션은 〈기타 그라데이션-중지점 3 : 위치 100% 투명도 100%〉, 글자 입력 후 색상은 검정/크기는 24, 텍스트 맞춤은 아래쪽, 텍스트 정렬은 오른쪽 정렬

❷ 텍스트 상자 1 추가 : '1' 입력, 글꼴은 고딕체 계열로 자유롭게 선택, 색상은 흰색, 크기는 120, 예제와 같이 사각형 도형 앞쪽/위에 배치, 도형 2개로 작성하여 그룹으로 지정

❸ 앞의 ❷ 에서 만든 도형을 복사하여 2, 3, 4, 목차 만든 후 내용 변경, 사각형 도형 색상은 녹색, 그라데이션은 선형 오른쪽/〈기타 그라데이션-중지점2 : 위치 50% 투명도 0% 밝기 20%/중지점3 : 위치 100% 투명도 0% 밝기 60%〉, 각 도형들 간의 정렬 및 맞춤은 왼쪽 맞춤/세로 간격 동일하게

03 삼각형과 평행사변형으로 목차를 만들고 그룹으로 묶는다.

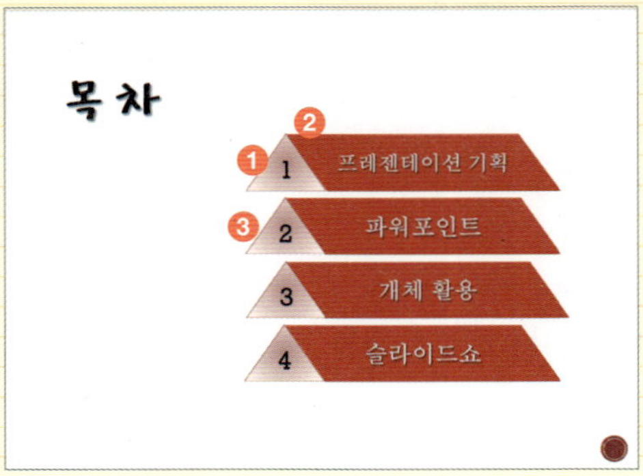

❶ 정삼각형을 그린 후 [그리기 도구]-[서식] 탭-[도형 스타일] 그룹-[도형 채우기]-[그라데이션]-[가운데에서] 설정, [도형 서식]-[텍스트 옵션]-[텍스트 상자]-[아래쪽 여백:1cm]

❷ 평행사변형(기본 도형의 6번째)을 그린 후 회전-좌우대칭, 그림과 같이 삼각형과 평행사변형의 옆면을 붙이고 내용 입력, 2개의 도형을 그룹으로 묶기

❸ 앞의 ❷ 에서 만든 도형을 복사하여 만든 후 내용 수정

04 정원과 모서리가 접힌 도형으로 목차를 만든다.

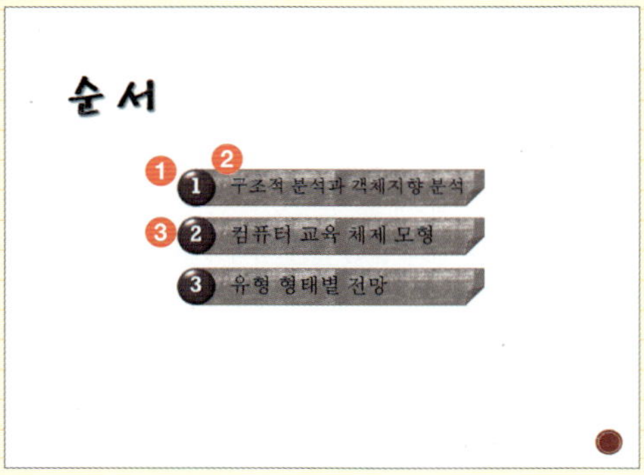

❶ 모서리가 접힌 도형 : 빠른 스타일은 미세 효과-밤색, 내용 작성

❷ 정원을 그린 후 위쪽 입체 둥글게 너비 15pt, 높이 6pt, 재질은 특수 효과-진한 가장 자리, 조명은 보통-세 점, 2개의 도형을 그룹으로 묶기

❸ 앞의 ❷ 에서 만든 도형을 복사하여 만든 후 내용 수정, 정렬은 왼쪽 맞춤, 세로 간격은 동일하게

※ 도형과 배경 서식을 활용하여 다음과 같이 슬라이드를 작성해보자(05~10).

05 표지 슬라이드를 작성한다(배경 서식 변경하기, 모서리가 둥근 직사각형으로 목차 유형 만들기).

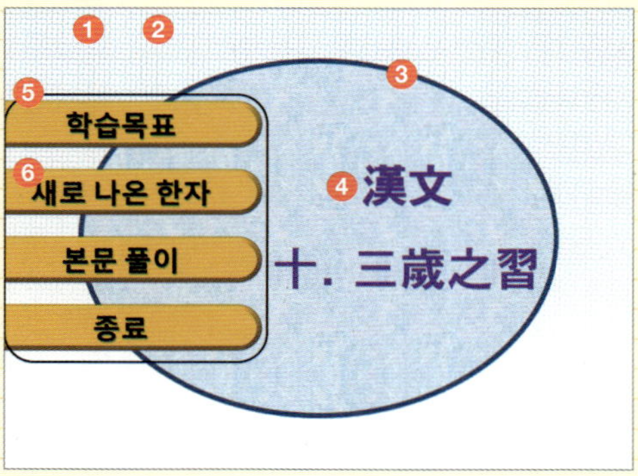

❶ [빈 화면] 레이아웃

❷ 배경 서식 : 패턴 채우기는 넓은 눈금, 패턴 색상은 〈전경색: 파랑, 강조1, 60%〉, 배경색은 흰색

- 배경 그라데이션 만들기 : 직사각형 도형을 선택하여 슬라이드 크기로 드래그하여 그림.
- 도형 그라데이션으로 채우기 중지점 2개 지정한다.
- 중지점 1은 〈위치 0%, 투명도 100%, 밝기 95%〉

- 중지점 2는 〈위치 80%, 투명도 0%, 밝기 0%〉

❸ 타원 그리기 : 타원 도형을 선택하여 그린다.

- 도형 채우기 : 그림 또는 질감 채우기는 파란 박엽지
- 도형 윤곽선 : 색상은 〈파랑, 강조1, 50%〉, 두께는 6pt
- 타원이 슬라이드에 맞추어 정중앙에 배치 : 가운데 맞춤, 중간 맞춤

❹ 텍스트 상자 추가하여 내용을 작성한다.

- 글꼴은 HY견고딕, 크기는 54, 색상은 자주
- 큰제목 : 워드아트 스타일로 〈빠른 스타일: 무늬 채우기 주황 강조3〉

❺ 목차 만든다. 하나를 만든 후 나머지는 복사하여 만들어 내용을 변경한다.

- 글꼴은 맑은 고딕, 크기는 32, 색상은 검정
- 모서리가 둥근 직사각형으로 드래그하여 그리고 오른쪽 둥근 부분은 슬라이드 바깥으로 나가게 한다. 모서리 부분을 둥글게 만들기 위해 곡선 조절점을 안쪽으로 드래그한다.
- 도형 채우기는 주황, 도형 효과는 〈입체 효과: 각지게〉

❻ 앞에서 만든 도형을 Ctrl을 누른 채 드래그하여 도형을 3개 복사한 후 내용을 변경한다. 목차의 모든 도형은 오른쪽 맞춤, 세로 간격 동일하게 되도록 정렬한다.

06 내용 슬라이드 1을 작성한다(배경 서식 그림 또는 질감 채우기, 사각형 도형에 내용 작성하기, 본문 글꼴은 맑은 고딕, 크기는 40).

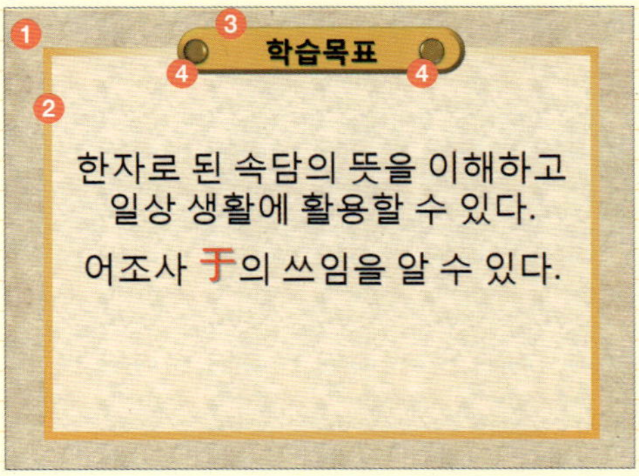

❶ [빈 화면] 레이아웃 추가, 배경 서식은 〈채우기–그림 또는 질감 채우기: 편지지, 맞춤:가운데〉

❷ 직사각형 도형을 추가한 후 내용 작성, 텍스트는 가운데 맞춤/중간 맞춤

- 도형 채우기 : 그림 또는 질감 채우기: 양피지
- 도형 윤곽선 : 두께 10pt, 그라데이션 선은 〈그라데이션 미리 설정–위쪽 스포트라이트 강조4〉

❸ 표지에서 만든 목차 도형을 복사하여(Ctrl+C) 붙여넣기(Ctrl+V)

❹ 타원 도형을 선택한 후 Shift를 누른 채 드래그하여 정원을 그림

- 도형 채우기 : 황금색, 강조4, 25%
- 도형 효과: 3차원 서식–위쪽 입체: 둥글게, 너비 6pt, 높이 6pt/ 조명: 기타–평면, 60
- 복사하여 제목 상자 양쪽으로 배치

07 내용 슬라이드 2를 작성한다(배경 서식 그림 또는 질감 채우기, 텍스트 상자로 내용 작성하기).

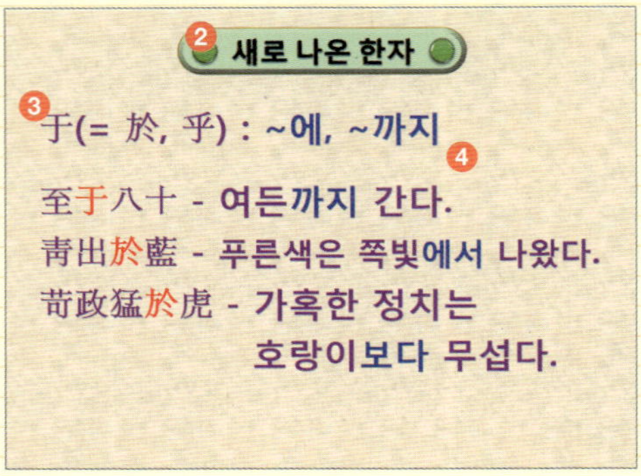

❶ [빈 화면] 레이아웃 추가, 배경 서식은 〈도형 채우기-그림 또는 질감 채우기: 양피지〉

❷ 제목 부분은 앞의 슬라이드에서 제목 복사하여 내용과 색상 변경

❸ 텍스트 상자를 추가한 후 내용 작성, 색상은 보라/파랑, 줄 간격은 단락 앞 12pt

❹ 첫 번째 줄 : 단락 뒤 24pt

08 내용 슬라이드 3을 작성한다(배경 서식 단색 채우기, 텍스트 상자로 내용 작성하기).

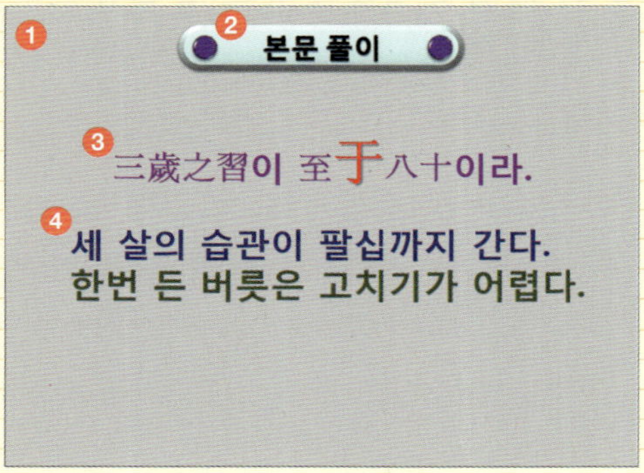

❶ [빈 화면] 레이아웃 추가, 배경 서식은 〈흰색, 배경1, 강조 15%〉

❷ 제목 부분은 앞의 슬라이드에서 복사하여 내용과 색상 변경

❸ 텍스트 상자를 추가한 후 내용 작성, 색상은 보라/빨강

❹ 텍스트 상자를 추가한 후 내용 작성, 색상은 파랑/진한 녹색

09 내용 슬라이드 4를 작성한다. 내용 슬라이드 3을 복사한 후 다음과 같이 내용을 수정한다.

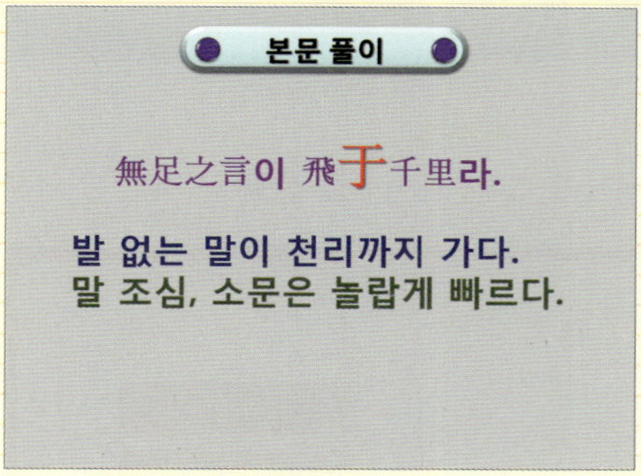

10 내용 슬라이드 5를 작성한다(배경 서식 단색 채우기, 텍스트 상자로 내용 작성하기).

❶ [빈 화면] 레이아웃 추가, 배경 서식은 〈그라데이션 채우기: 그라데이션 미리 설정–아래쪽 스포트라이트 강조5〉

❷ 제목 부분은 앞의 슬라이드에서 복사하여 내용과 색상 변경, 드래그하여 크기 확대

❸ 정원을 그린 후 내용 작성

- 텍스트 서식 : 워드아트 스타일은 〈빠른 스타일: 채우기–흰색, 윤곽선, 강조2〉, 텍스트 효과는 〈입체 효과: 둥글게〉
- 도형 채우기 : 연한 보라 계열 색상
- 도형 효과 : 3차원 서식은 〈위쪽 입체–너비 45, 높이 45〉, 〈아래쪽 입체–너비 50, 높이 50〉, 〈조명–30〉, 그림자는: 〈투명도 90%, 크기 90%, 흐리게 5pt, 각도 90, 간격 4pt〉

❹ 앞의 도형을 복사한 후 내용과 색상 변경

01 다음과 같이 '한빛대학교'를 주제로 슬라이드를 작성하여 프레젠테이션을 진행해보자.

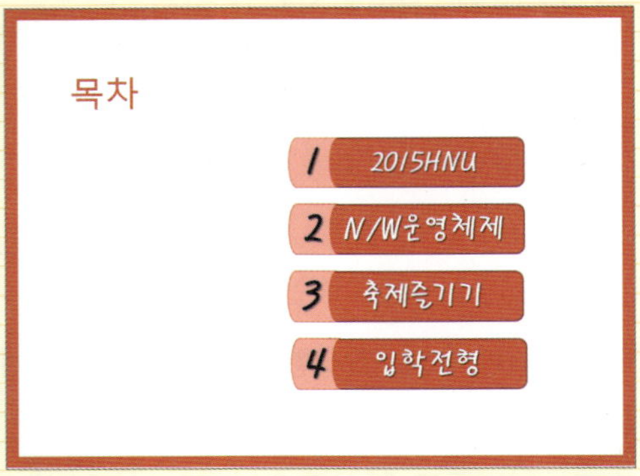

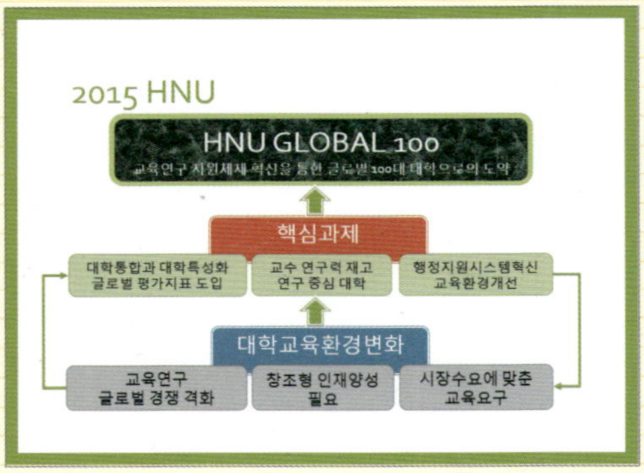

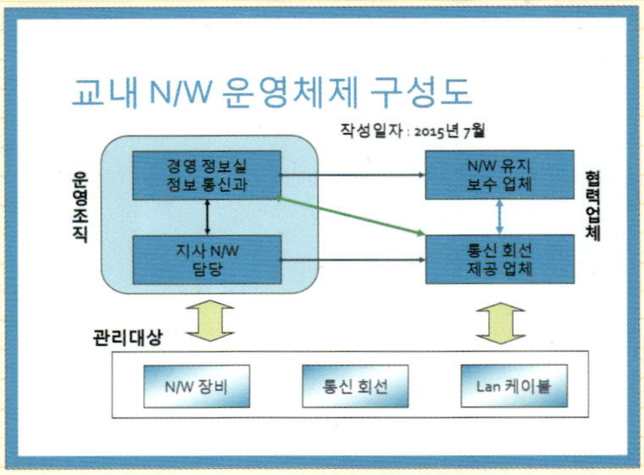

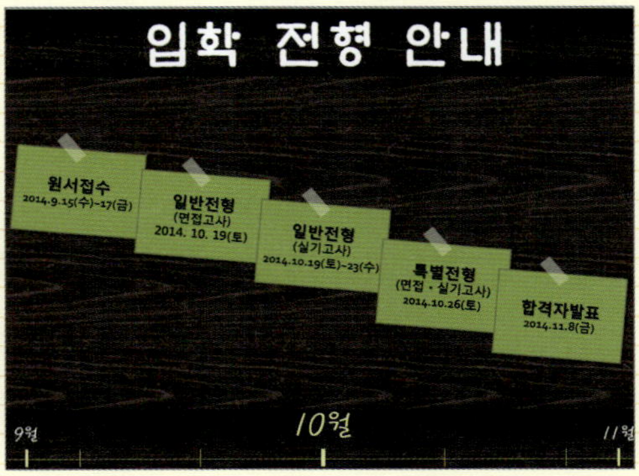

작성조건

❶ 전체 설정 : '기본' 디자인 테마

❷ 색상 변경 : 2번 슬라이드는 진홍색, 4번 슬라이드는 파랑 II

❸ 배경 서식 변경 : 5번/6번 슬라이드 [배경 그래픽 숨기기], 5번 슬라이드 [패턴 채우기–점선 눈금], 6번 슬라이드 [질감 채우기–월넛]

❹ 각 슬라이드의 텍스트는 도형을 사용하여 작성

CHAPTER 5

그림의 활용

이전 장에서는 도형을 활용해 슬라이드를 시각화하는 방법을 알아보았는데 이 외에 그림이나 사진을 이용해 시각화하는 방법도 있다. 특히 상황에 맞는 그림을 적절히 활용하면 그림 한 장만으로도 메시지를 더 강렬하게 전달할 수 있다. 1장의 프레젠테이션 기획 절에서도 언급했듯이 가독성이 있고 보기 좋게 표현할 수 있는 가장 손쉬운 방법은 내용과 잘 어울리는 그림을 추가하는 것이다.

이 장에서는 그림을 삽입한 후, 삽입한 그림을 프레젠테이션의 의도에 맞게 잘 표현할 수 있도록 다양하게 서식을 설정하고 편집하는 방법을 알아본다. 그리고 사진 앨범 기능을 이용해 그림만으로 이루어진 프레젠테이션을 간단히 제작하는 방법을 알아본다. 한 가지 주의할 점은 파워포인트 2013에서는 이전 버전까지 제공하던 클립 아트를 더이상 제공하지 않는다는 점이다. 대신 Bing 이미지 검색을 통해 웹사이트에서 그림을 검색하여 사용할 수 있다. 이때 사용자는 검색된 이미지의 라이선스에 주의해야 한다.

SECTION ----- IT COOKBOOK

01 그림 삽입하고 크기 조절하기

파워포인트에서는 크게 다음 네 가지 방법으로 그림을 삽입할 수 있다. 그리고 삽입된 그림은 도형처럼 조절점을 드래그하여 크기 조절, 위치 이동, 서식 적용 등이 가능하다.

1 이미지를 복사해 붙여넣기 : 다른 프로그램이나 웹 페이지에서 그림을 복사해온다.

2 외부 그림 삽입하기 : PC에 저장된 파일 형태의 그림을 가져온다.

3 온라인 그림 삽입하기 : 마이크로소프트 사가 제공하는 검색 엔진 Bing을 이용해 그림을 추가한다

4 스크린 샷 기능을 이용해 그림 삽입하기 : 화면의 전체나 일부를 캡쳐하는 기능을 이용한다.

기본 예제 그림 삽입하기

01 이미지를 복사해 붙여넣기

❶~❷ 웹 페이지의 그림에서 마우스 오른쪽 버튼을 누르고 팝업 메뉴에서 [복사]를 클릭한 후 ❸~❹ 파워포인트 슬라이드에서 다시 마우스 오른쪽 버튼을 누르고 팝업 메뉴에서 [붙여넣기 옵션] 중에서 선택하여 붙여넣는다.

원본 서식 유지 : 웹 페이지 그림이 아닌 다른 프레젠테이션이나 다른 테마가 적용된 슬라이드에 있는 그림을 복사한 경우 원본 테마 서식을 그대로 유지한다.

그림 : 그림의 원래 모양과 크기를 유지한다.

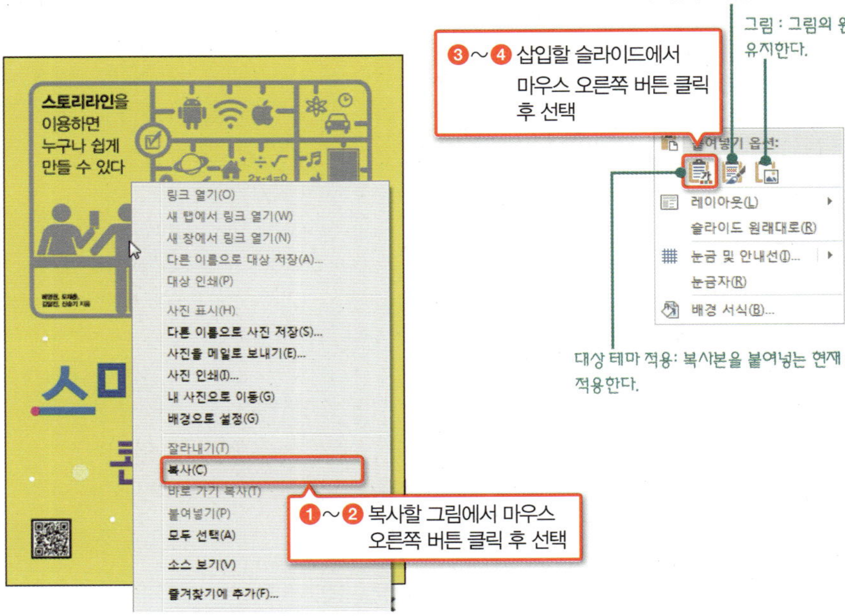

대상 테마 적용: 복사본을 붙여넣는 현재 슬라이드의 테마를 적용한다.

02 외부 그림 삽입하기

PC에 저장된 그림을 불러올 때 사용하는 방법이다. ❶~❷[삽입] 탭-[이미지] 그룹-[그림]을 클릭한 후 ❸[그림 삽입] 대화상자에서 그림 파일을 선택하고 ❹[삽입]을 누른다.

03 온라인 그림 삽입하기

파워포인트는 다양한 그림 모음을 인터넷과 연동하여 제공하는데 이를 온라인 그림이라 한다. 온라인 그림 기능을 이용하면 검색 엔진인 Bing을 통해 웹 사이트에서 그림을 검색하여 삽입할 수 있다.

❶~❷[삽입] 탭-[이미지] 그룹-[온라인 그림]을 클릭한다. ❸~❹[그림 삽입] 창에서 검색 영역에 검색할 단어를 입력하고 Enter나 오른쪽 끝의 작은 돋보기 모양을 클릭해 그림을 검색한다. 여기서는 '비즈니스'로 입력하여 검색하였다. ❺~❻검색 결과에서 원하는 그림을 선택하고 [삽입] 눌러 삽입한다.

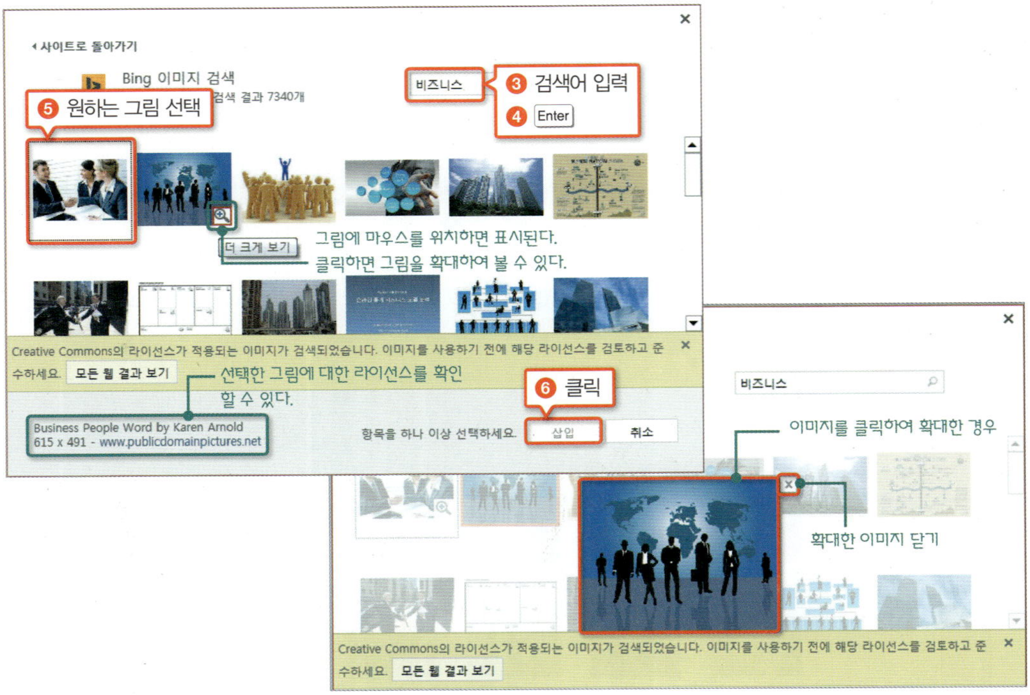

04 스크린 샷 기능을 이용해 그림 삽입하기

파워포인트의 [스크린 샷] 도구를 이용해 전체 창이나 일부를 간편하게 삽입할 수 있다. 캡처할 창을 띄워놓은 후 다시 파워포인트에서 ❶~❸[삽입] 탭–[이미지] 그룹–[스크린 샷]–[화면 캡처]를 클릭해 ❹마우스 포인터가 + 모양일 때 삽입하고자 하는 부분을 드래그하면 해당 부분이 삽입된다.

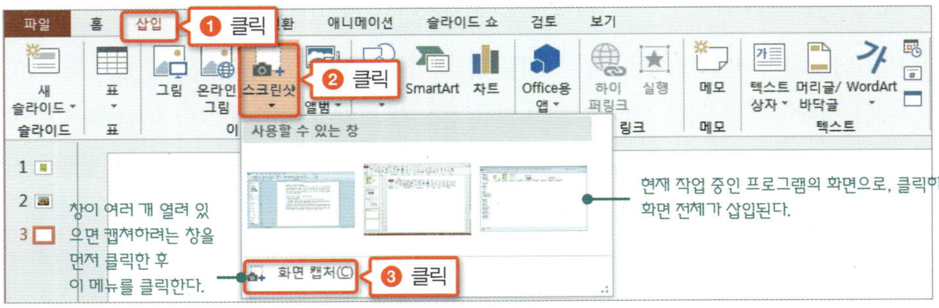

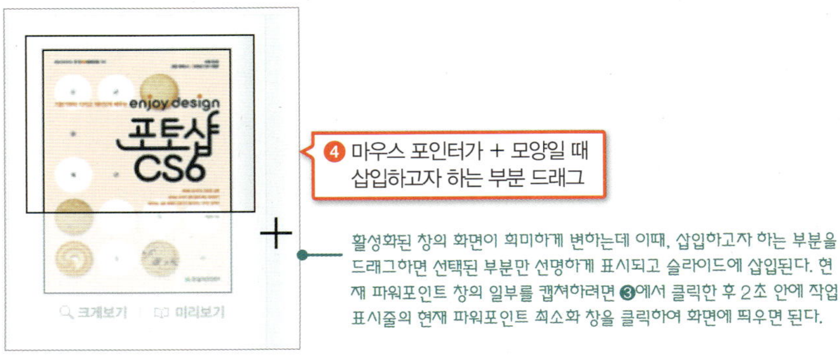

기본 예제 > 그림 크기 조절하고 회전하기

그림은 도형처럼 조절점에서 드래그하면서 조절할 수 있지만 도형과 달리 가로와 세로 비율을 잘 유지해야 형태가 왜곡되지 않는다. 그래서 파워포인트에서는 그림 크기 설정의 기본값이 가로와 세로 비율을 고정하도록 되어 있다. 또한 앞서 배운 방법으로 슬라이드에 그림을 추가할 때 그림 크기가 슬라이드보다 작으면 그림의 원래 크기로, 슬라이드보다 크면 슬라이드 크기에 맞추어 자동으로 조절된다. 그림의 이런 특수성을 감안하여 그림의 크기를 조절하고 회전하는 방법을 알아보자.

01 그림 크기 빠르게 조절하기

그림 모서리의 조절점을 드래그하여 크기를 조절한다. 이때 Ctrl+드래그하면 그림의 중심을 기준으로 조절되고, Shift+드래그하면 가로와 세로 비율을 유지하면서 조절된다. 그러므로 그림의 중심을 기준으로 비율을 유지하면서 조절하려면 Ctrl+Shift+드래그한다.

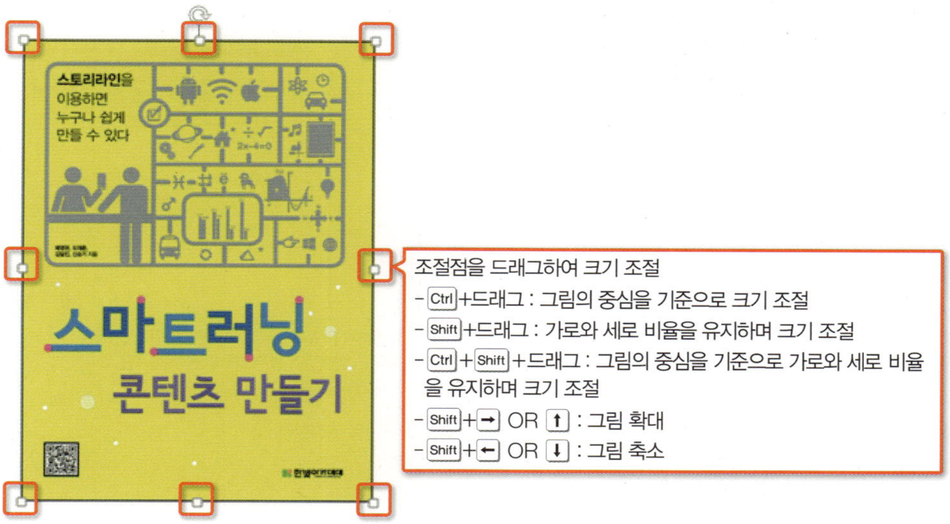

02 정확한 수치 값으로 그림 크기 조절하기

❶ 그림을 선택하고 ❷ [서식] 탭을 클릭한 후 ❸~❹ [크기] 그룹에서 가로와 세로에 값을 입력하고 Enter를 누른다.

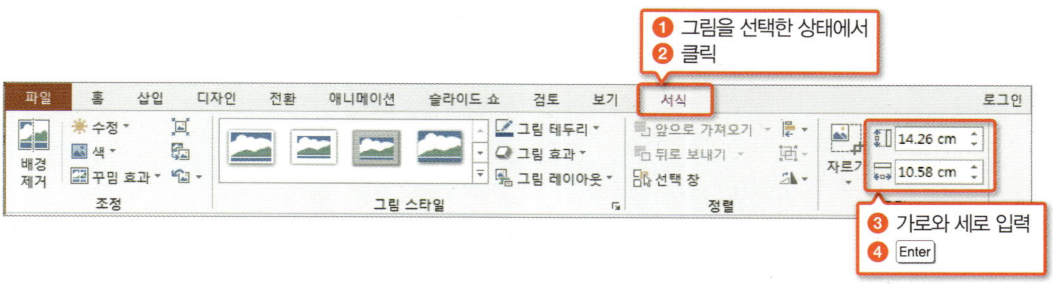

03 가로/세로 비율을 유지하며 그림 크기 조절하기

❶그림을 선택하고 ❷~❸[서식] 탭-[크기] 그룹 옆의 (대화상자 표시)를 클릭해 [그림 서식] 작업창을 연다. ❹[그림 서식] 작업창에서 [가로 세로 비율 고정]과 [원래 크기에 비례하여]를 체크한 후 ❺그림의 크기 조절점을 드래그하여 크기를 조절한다.

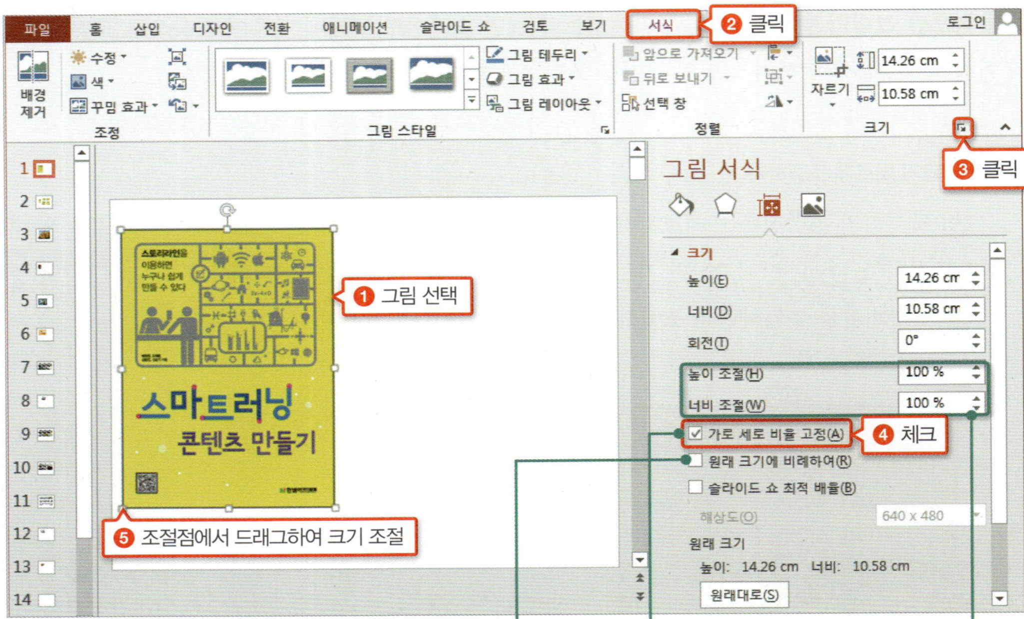

백분율을 입력해 고정된 비율 값으로 크기를 조절한다.

선택되어 있으면 크기 조절점에서 드래그할 때 가로와 세로 비율이 고정되면서 크기가 조절된다.

선택되어 있으면 원본 그림의 크기가 100%가 되고, 선택되어 있지 않으면 현재의 그림 크기가 100%가 된다.

TIP ▶ 여러 개의 그림 크기를 함께 조절하려면 Ctrl을 누른 채 그림을 선택한 후 크기를 조절한다.

04 자유롭게 그림 회전하기

❶ 그림을 선택하고 ❷ 그림의 회전 핸들에서 원하는 방향으로 드래그한다. [Shift]+드래그하면 15도씩 회전한다. 그리고 [Alt]+드래그하면 조금씩 회전하고 [Alt]+[←]/[→]하면 15도씩 회전한다.

05 정확한 위치(값)으로 회전하기

❶ 회전할 그림을 선택하고 ❷~❸ [서식] 탭-[정렬] 그룹-[회전 ▾]을 클릭한 후 ❹ 회전 방법을 선택한다. 또는 [그림 서식] 작업창의 [크기]-[회전]에서 회전 각도를 직접 입력한다.

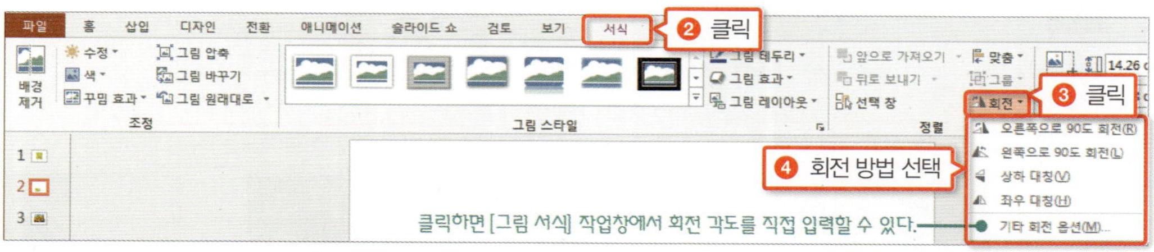

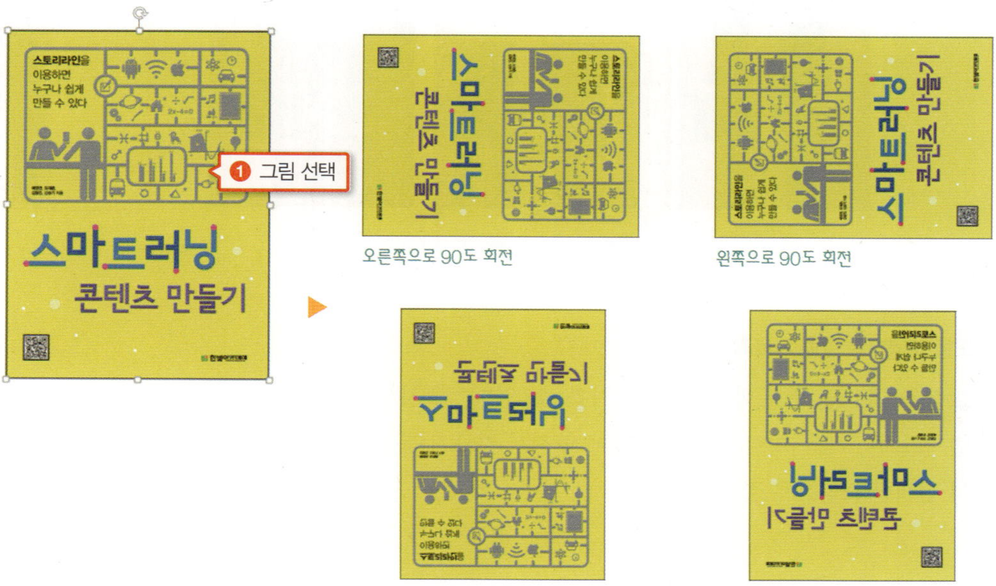

오른쪽으로 90도 회전

왼쪽으로 90도 회전

상하 대칭

좌우 대칭

SECTION 02

그림 편집하기

슬라이드에 삽입한 그림은 그림 서식, 그림 효과 등의 기능을 사용해 다양하게 편집할 수 있다. 여기서는 [온라인 그림] 기능을 이용해 클립 아트에서 '비즈니스'로 검색하여 그림들을 하나씩 삽입해 사용할 것이다.

기본 예제 > 그림 자르기

01 단순 그림 자르기

❶ 자르기를 할 그림을 선택하고 ❷~❸ [서식] 탭-[크기] 그룹-[자르기]를 클릭한다. ❹ 자르기 표식 조절점을 드래그하면 잘려나가는 부분이 진한 회색으로 표시된다. ❺ 그림 외 슬라이드 빈 영역을 클릭하거나 Esc를 누르면 회색 부분이 잘려지고 선택된 부분만 남는다.

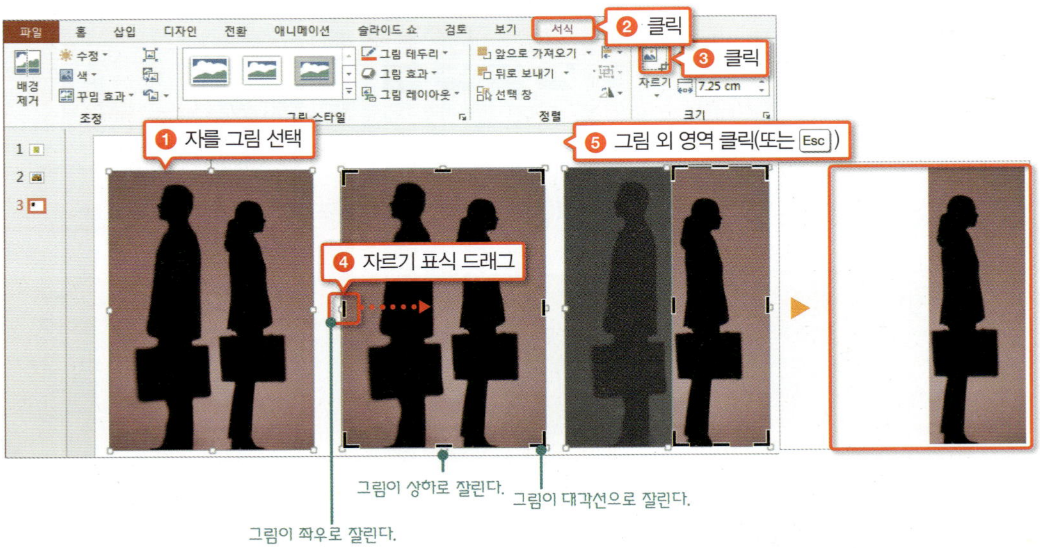

02 도형 모양으로 그림 자르기

그림을 자르면서 도형 모양으로 자를 수 있다. ❶ 자르기를 할 그림을 선택하고 ❷~❹ [서식] 탭-[크기] 그룹-[자르기▾]-[도형에 맞춰서 자르기]를 클릭한 후 ❺ 원하는 모양을 선택하면 그림이 선택한 모양으로 잘린다.

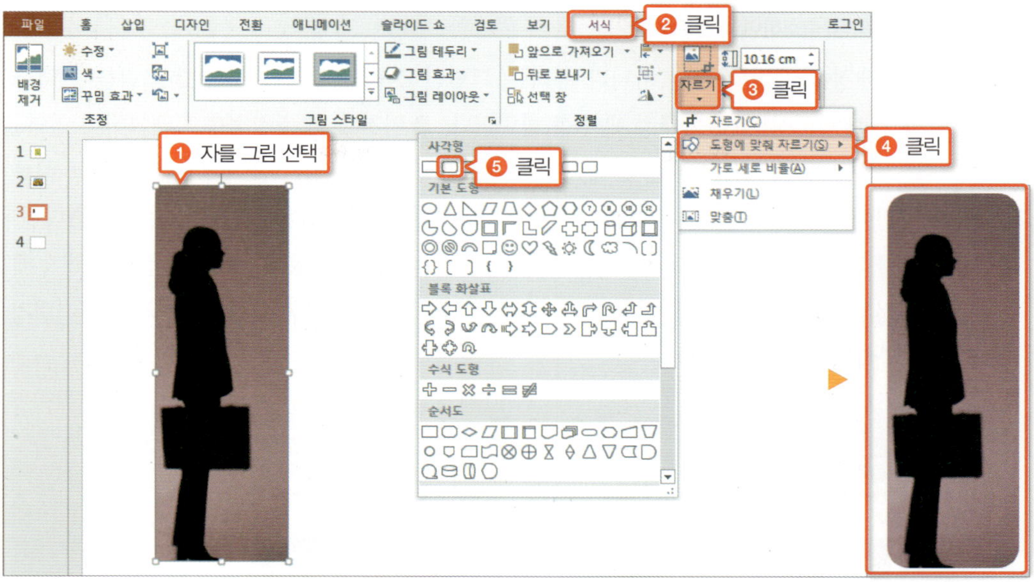

기본 예제 그림 배경 제거하기

01 간단하게 그림 배경 제거하기

슬라이드에 추가된 그림의 배경을 제거하여 슬라이드에 원하는 그림만 표시되도록 할 수 있다. 특히 배경 그림과 선택하고자 하는 그림의 경계가 분명하면 마우스 클릭만으로 손쉽게 그림을 추출할 수 있다. ❶ 배경을 제거할 그림을 선택하고 ❷~❸ [서식] 탭–[조정] 그룹–[배경 제거]를 클릭한다. ❹ 크기 조절 핸들을 드래그하여 영역을 확장한다. ❺ 선택이 완료되면 그림 외 슬라이드 빈 영역을 클릭하거나 Esc를 누르면 배경이 제거된다.

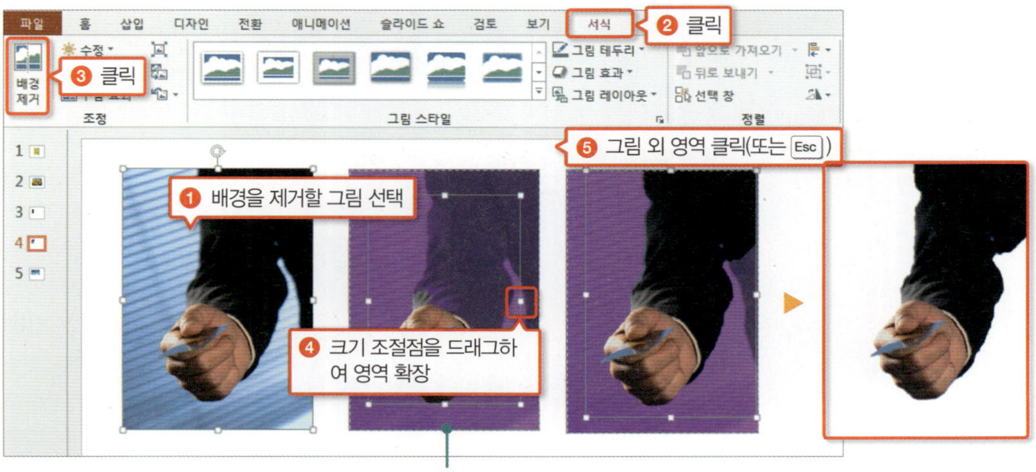

자주색으로 채워지는 부분이 제거되는 영역이다. 배경과 추출할 그림의 색상 차이가 확실하면 조절점만 드래그해도 쉽게 구분된다.

02 보관 영역을 확장/축소하여 배경 제거하기

이번에는 배경을 제거할 뿐만 아니라 원하는 그림만 선택되도록 해보자. ❶ 그림을 선택하고 ❷~❸ [서식] 탭–[조정] 그룹–[배경 제거]를 클릭한다. ❹ 먼저 크기 조절점을 드래그하여 영역을 1차적으로 수정한다. ❺ 제거할 부분이 계속 남아 있으면 [고급 검색] 그룹–[제거할 영역 표시]를 클릭한 후 그림에서 클릭 또는 짧게 드래그하여 제거할 부분을 확장한다. 영역을 잘못 선택했다면 [표시 삭제]를 클릭한 후 삭제 표시(⊖)를 클릭하여 취소하거나 [변경 내용 모두 취소]를 클릭하여 배경 제거 전 과정부터 다시 시작한다. ❻ 선택이 완료되면 그림 외 영역을 클릭하거나 Esc, 또는 [변경 내용 유지]를 클릭해 작업을 완료한다.

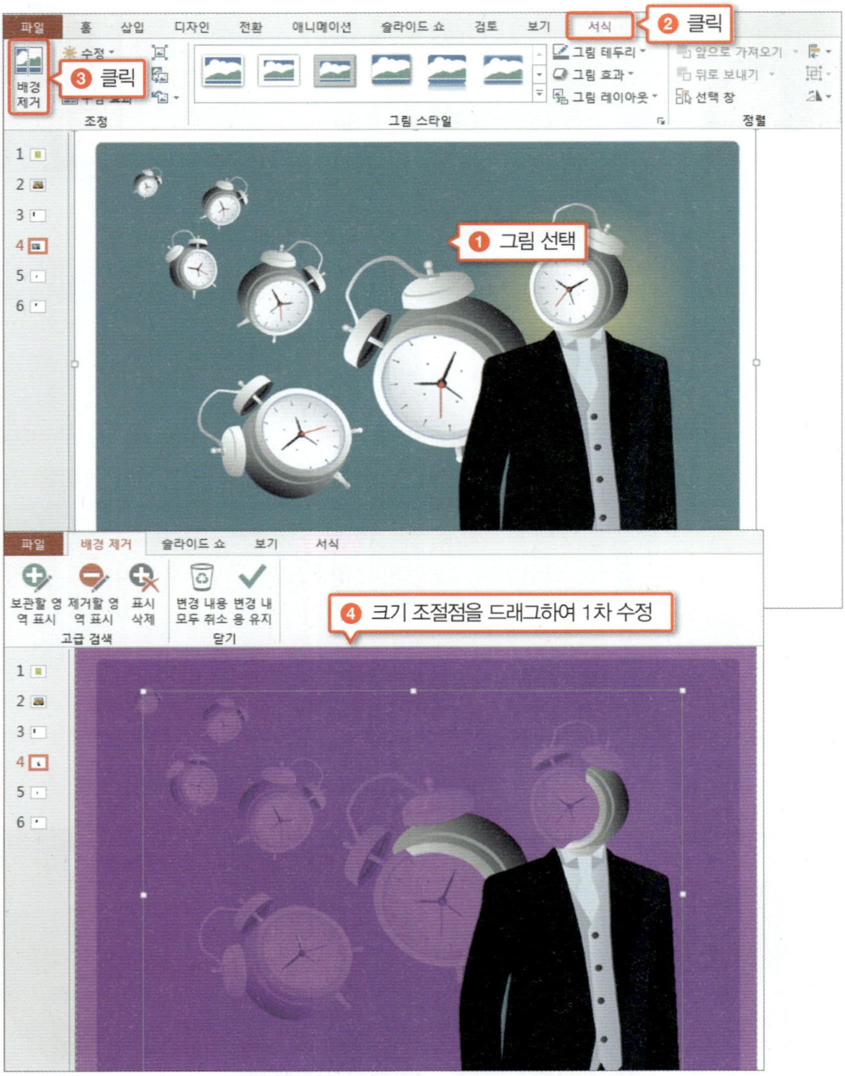

03 투명색 설정하여 배경 제거하기

테마를 설정한 슬라이드에 삽입할 그림의 배경이 흰색이면 어색할 것이다. 이럴 때는 투명한 색 설정 기능으로 해결할 수 있다. 투명한 색 설정 기능은 그림에서 배경과 같이 한 가지 색만 제거할 때 유용하다. ❶ 배경에 색이 있는 슬라이드에 삽입된 흰색 배경의 그림을 선택하고 ❷~❹ [서식]–[조정] 그룹–[색]–[투명한 색 설정]을 클릭한다. ❺ 마우스 포인터가 모양으로 변경되면 투명하게 설정할 부분을 클릭한다.

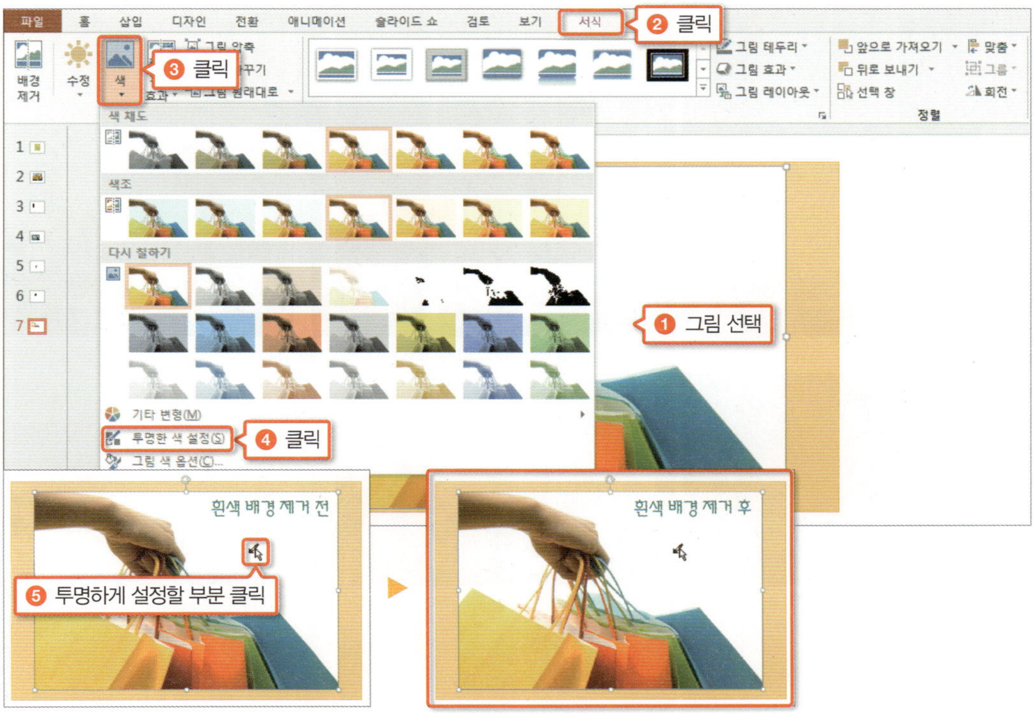

기본 예제 그림 색 보정하기

파워포인트는 간단한 색 보정 기능도 제공한다. 마우스 클릭만으로 손쉽게 색을 보정할 수 있어 간단한 색 보정 정도는 포토샵 같은 그래픽 프로그램 없이도 가능하다.

01 그림 선명도 조절하기

그림의 밝기와 색의 대비를 조절하여 그림을 밝게 또는 선명하게 표현할 수 있다. ❶ 색을 보정할 그림을 선택하고 ❷~❸ [서식] 탭-[조정] 그룹-[수정]을 클릭한 후 ❹ 표시되는 예를 보면서 밝기/대비와 선명도를 선택한다.

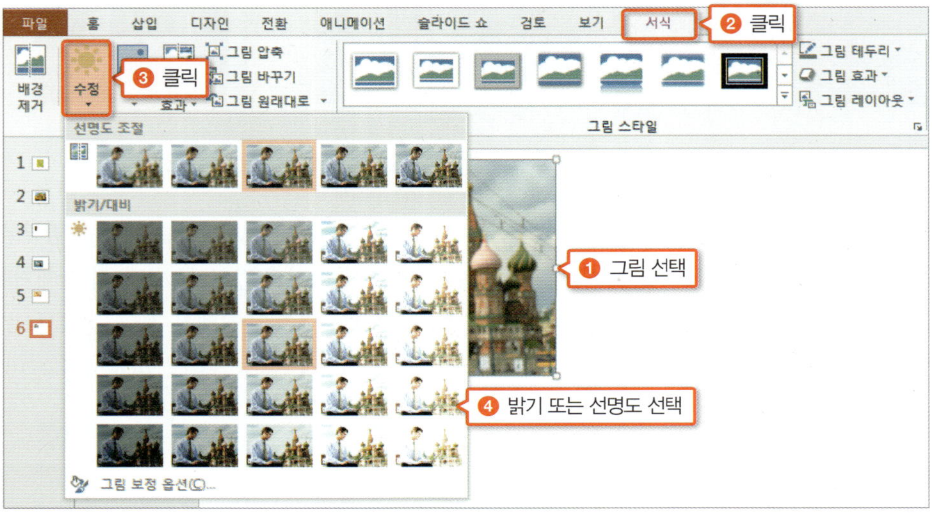

원본 그림

선명도 조절 : 부드럽게 50%

선명도 조절 : 선명하게 50%

밝기/대비 : 밝기 -40% 대비 -40%

밝기/대비 : 밝기 0% 대비 0%

밝기/대비 : 밝기 +40% 대비 +40%

02 그림 색상 조절하기

그림의 채도와 색조를 조절하여 다양한 색상 변화를 표현할 수 있다. ❶ 색상을 조절할 그림을 선택하고 ❷~❸ [서식] 탭–[조정] 그룹–[색]을 클릭한 후 ❹ 표시되는 예를 보면서 색 채도와 색조를 선택한다.

원본 그림

색 채도 : 채도 100%

색 채도 : 채도 400%

색조 : 온도 4700K

색조 : 온도 6500K

색조 : 온도 11200K

다시 칠하기 : 회색조

다시 칠하기 : 흑백 50%

다시 칠하기 : 파랑 밝은 강조 5

03 그림에 꾸밈 효과주기

그림의 면에 터치 효과를 주어 마치 포토샵의 필터와 같은 효과를 설정할 수 있다. ❶ 효과를 줄 그림을 선택하고 ❷~❸ [서식] 탭–[조정] 그룹–[꾸밈 효과]를 클릭한 후 ❹ 표시되는 예를 보면서 다양한 터치 효과를 설정한다.

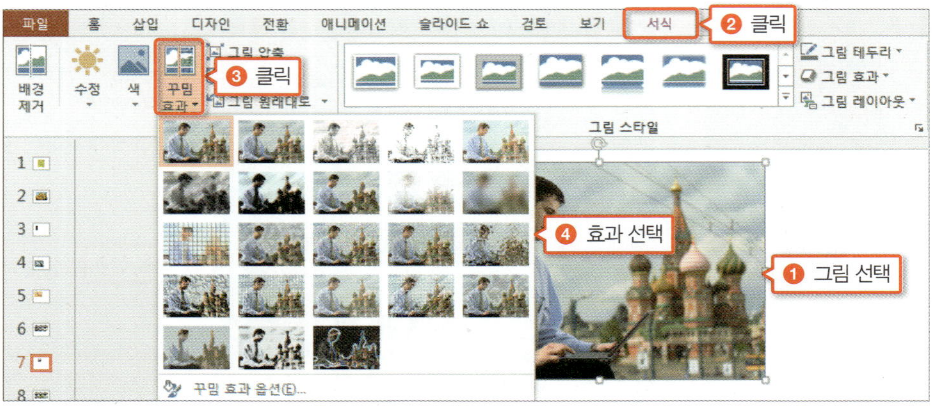

원본 그림

연필 회색조

선 그리기

페인트 스트로크

밝은 화면

네온 가장자리

04 원본 그림으로 되돌리기

잘못 변경한 그림을 원본 상태로 되돌리려면 ❶ 되돌릴 그림을 선택하고 ❷~❸ [서식] 탭–[조정] 그룹–[그림 원래대로]를 클릭한다.

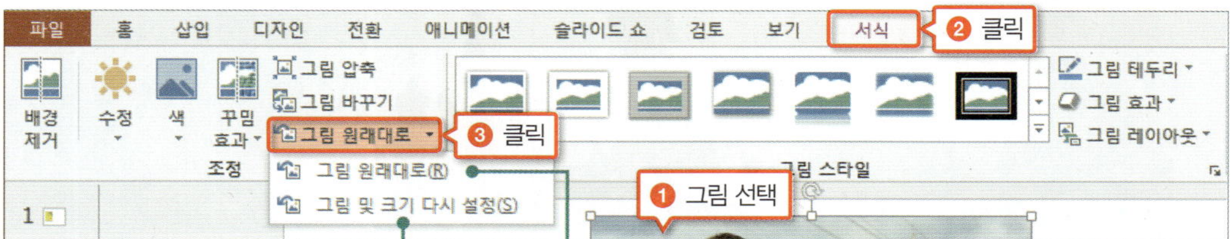

그림 스타일, 수정, 색, 꾸밈 효과 등을 사용해 변경된 경우 원본 그림 상태로 되돌린다.

그림의 크기까지 포함해 원본 그림 상태로 되돌린다.

기본 예제 그림 스타일 적용하기

01 [그림 스타일] 빠르게 적용하기

[그림 스타일]은 그림 테두리, 그림 효과에 대한 다양한 설정을 미리 만들어 둔 것으로, 간편하게 적용할 수 있다. ❶그림 스타일을 적용할 그림을 선택하고 ❷~❸[서식] 탭–[그림 스타일] 그룹에서 그림 스타일을 선택하여 그림에 다양한 스타일을 적용한다.

원본 그림

단순 프레임, 흰색

반사형 모서리가 둥근 직사각형

이중 프레임, 검정

입체 타원, 검정

사각형 가운데 그림자

둥근 대각선 모서리, 흰색

회전, 흰색

원근감 있는 그림자, 흰색

낮은 수준의 원근감, 흰색

부드러운 가장자리 타원

반사형 입체, 흰색

02 개별적으로 그림 스타일 적용하기

그림에 다양한 서식을 설정할 수 있는데 방법은 도형 스타일과 동일하다. ❶ 그림을 선택하고 ❷~❸ [서식]–[그림 스타일] 그룹–[그림 효과]를 클릭하거나, [그림 스타일] 그룹 아래의 (대화상자 표시)를 클릭하여 [그림 서식] 작업창을 표시한 후 [그림 서식] 작업창에서 서식을 설정한다.

기본 예제 서식 유지한 채 그림만 교체하기

그림 스타일은 그대로 유지한 채 그림만 바꿀 수 있다. ❶ 바꾸고자 하는 그림을 선택하고 ❷~❸ [서식] 탭–[조정] 그룹–[그림 바꾸기]를 클릭한 후 ❹ [그림 삽입] 대화상자에서 바꿀 그림을 선택하여 삽입하면 이전에 그림에 적용했던 스타일이 그대로 유지된 채 그림만 변경된다.

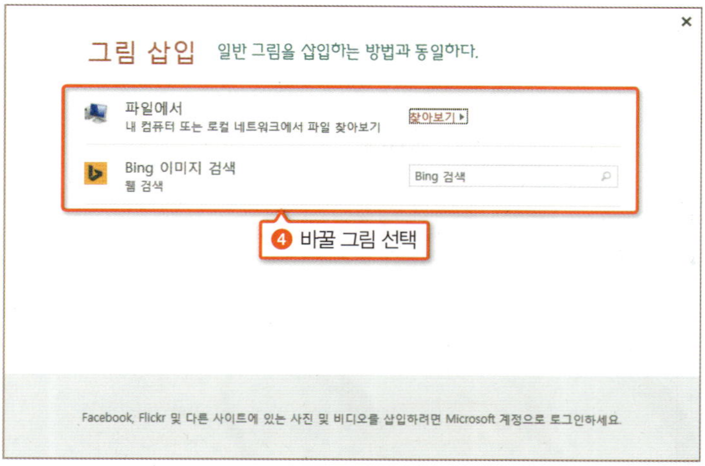

기본 예제 그림 정렬하기

그림도 도형처럼 보기 좋게 정렬할 수 있다. 특히 그림은 텍스트 상자 아래로 배치하여 글의 배경으로 사용하는 경우가 많다.

01 그림 크기 변경하기

❶ 함께 배치할 텍스트를 입력하고 온라인 그림을 하나 삽입한 후 ❷ 그림을 선택하고 ❸~❹ [서식] 탭–[크기] 그룹에서 가로와 세로 크기를 설정한다.

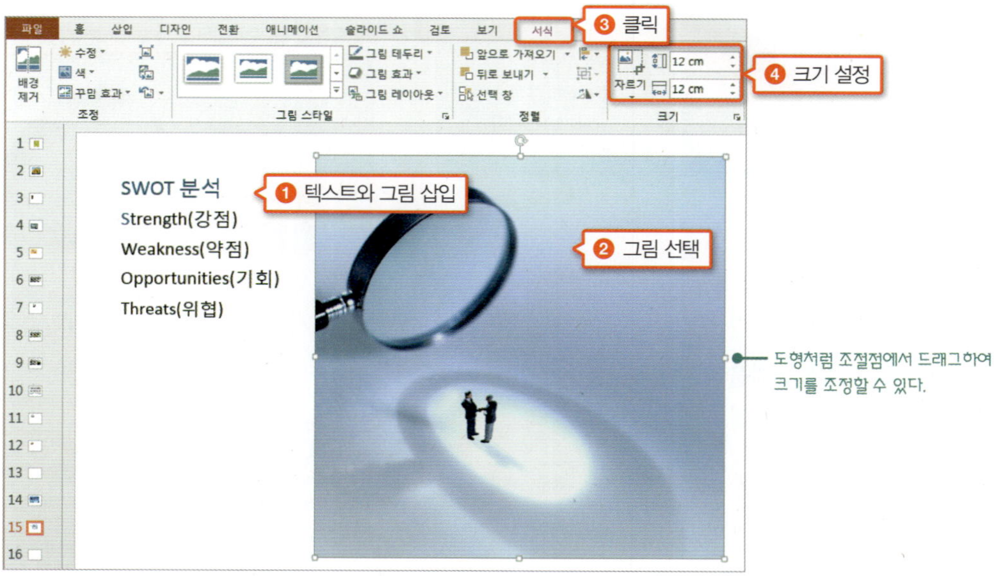

02 그림 정렬하기

그림을 텍스트의 배경이 되도록 배치해보자. ❶ 그림을 선택하고 ❷~❹ [서식] 탭-[정렬] 그룹-[뒤로 보내기]의 ▾-[맨 뒤로 보내기]를 클릭한다. ❺ 텍스트를 그림에 적절히 배치한다.

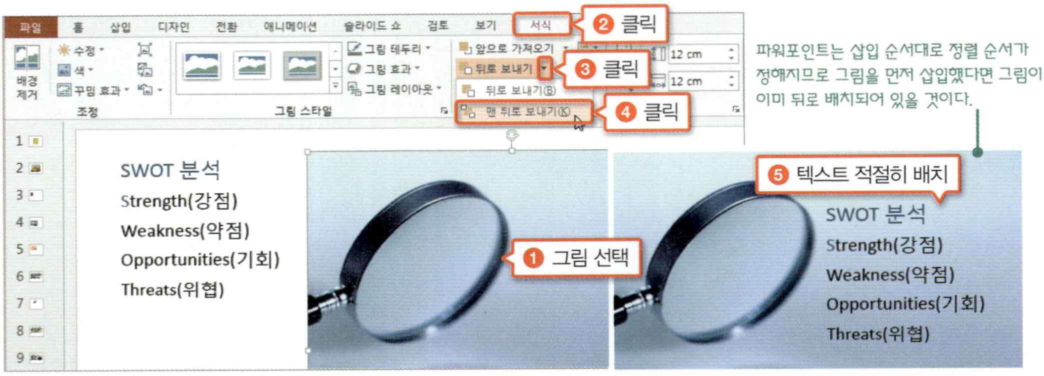

03 그림 회전하기

회전 핸들을 드래그하여 그림을 회전시킬 수도 있지만, 회전 조건을 직접 설정하려면 ❶ 그림을 선택하고 ❷~❸ [서식] 탭-[정렬] 그룹-[회전 ▾]을 클릭한 후 ❹ 회전 방법을 선택한다.

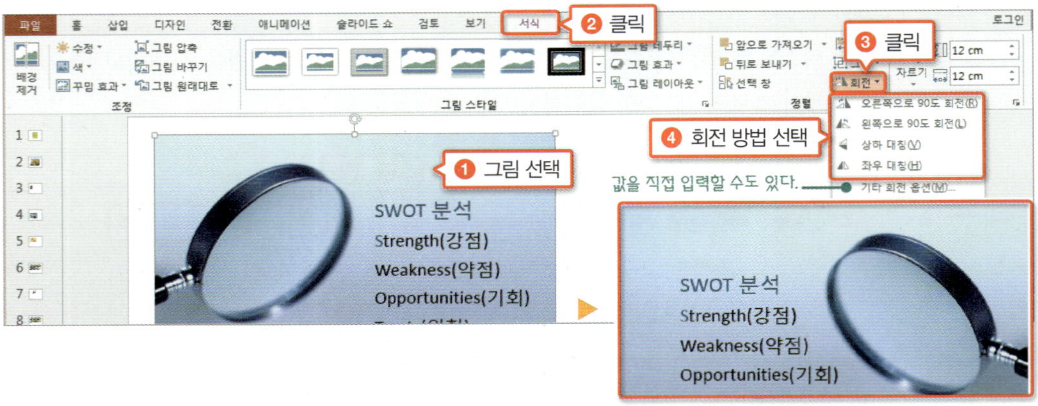

04 그림 맞춤하기

그림 맞춤은 도형과 같다. ❶ 둘 이상의 그림을 선택하고 ❷~❸ [서식] 탭-[정렬] 그룹-[맞춤 ▾]을 클릭한 후 ❹ 맞춤 방법을 선택한다.

SECTION 03 IT COOKBOOK

사진 앨범 제작하기

사진 앨범은 개인용 사진 또는 업무용 사진 여러 장을 슬라이드로 가져와 앨범처럼 프레젠테이션을 만들 수 있는 기능이다. 여러 장의 그림 파일을 한꺼번에 불러와 슬라이드에 표현하고자 할 때 편리하다. 여기서는 윈도우에서 기본으로 제공하는 그림을 이용해 사진 앨범을 제작해본다.

기본 예제 사진 앨범 만들기

❶~❷ [삽입] 탭–[이미지] 그룹–(사진 앨범)을 클릭한다. ❸ [사진 앨범] 대화상자의 그림 삽입에서 [파일/디스크]를 클릭한다. ❹~❺ [새 그림 삽입] 대화상자에서 삽입할 그림을 선택하고 [삽입]을 누른 후 ❻ [사진 앨범] 대화상자로 돌아와 [만들기]를 누른다.

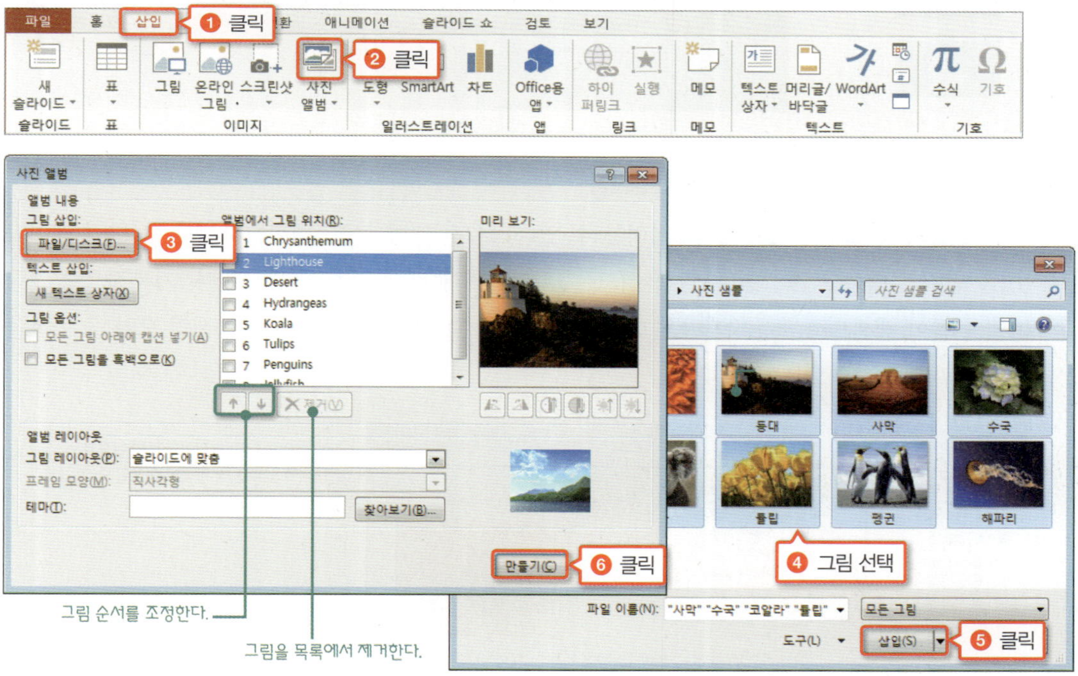

기본 예제 사진 앨범 편집하기

01 [사진 앨범 편집] 대화상자 열기

❶~❸ [삽입] 탭–[이미지] 그룹–[사진 앨범 ▾]–[사진 앨범 편집]을 클릭한다.

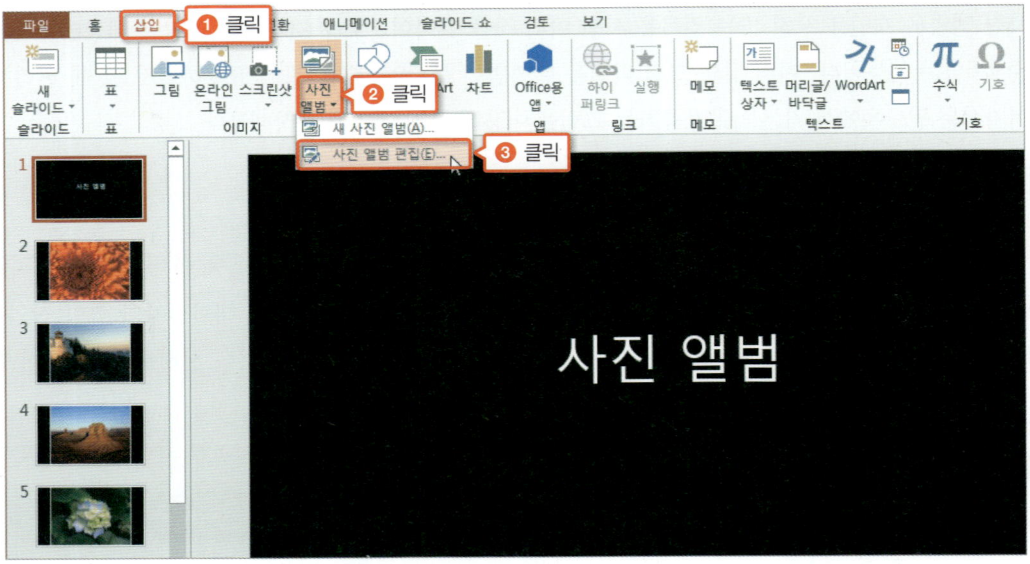

02 그림에 캡션 추가하기/그림 프레임 모양 변경하기

사진 앨범의 각 그림에 설명 글을 입력할 수 있다. [사진 앨범 편집] 대화상자에서 ❶[그림 레이아웃]을 먼저 선택하고 ❷그림 옵션에서 [모든 그림 아래에 캡션 넣기]를 체크한다. 기본적으로 그림 파일 이름이 캡션으로 사용되지만 슬라이드에서 직접 수정할 수도 있다. ❸[프레임 모양]을 항목을 선택하고 ❹[업데이트]를 누른다.

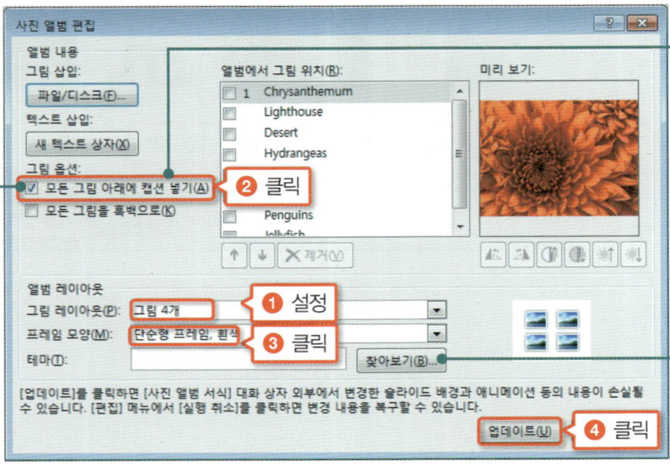

그림 레이아웃이 [슬라이드에 맞춤]으로 선택되어 있으면 이 항목이 선택할 수 없는 비활성 상태가 된다.

클릭해서 원하는 테마를 선택할 수 있다.

그림 파일 이름이 기본 캡션으로 사용된다.

03 그림 회전하기/그림의 대비 및 밝기를 높이거나 낮추기

❶ [사진 앨범 편집] 대화상자에서 변경할 그림을 선택하고 ❷ 오른쪽의 조절 버튼을 눌러 수정한 후 ❸ [업데이트]를 눌러 편집을 완료한다.

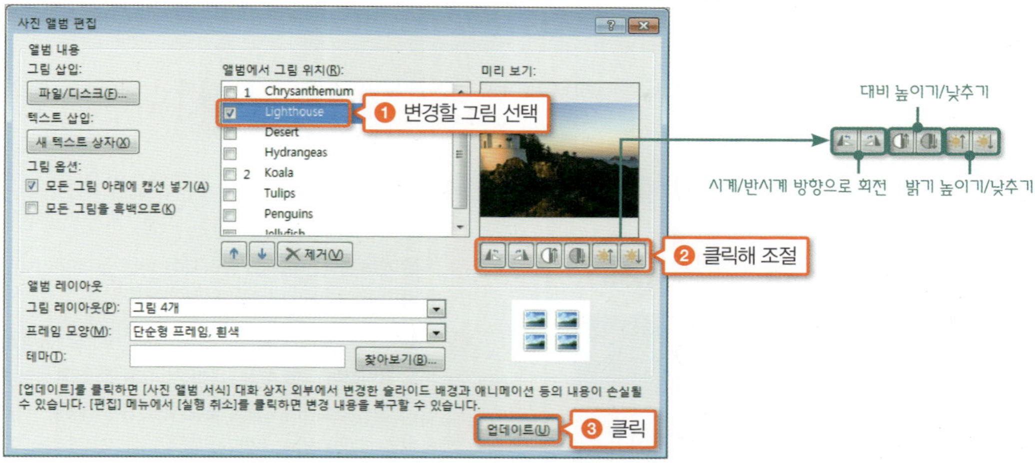

▼

여기서 잠깐

Bing 이미지 검색

파워포인트 2013 이전 버전까지는 오피스에서 제공하는 Clip Organizer를 사용하여 클립 아트, 사진, 애니메이션, 비디오 등과 같은 미디어를 수집하고 저장할 수 있었다. 그러나 파워포인트 2013(오피스2013)에서는 이 기능이 더 이상 제공되지 않는다. 대신 [온라인 그림]-[Bing 이미지 검색]을 통해 웹사이트에서 그림을 검색하여 사용할 수 있다. 한 가지 주의할 점은 Bing 이미지 검색에서는 특정 라이선스가 이미지와 연결되어 있는지 또는 해당 라이선스에 따라 해당 이미지를 사용할 수 있는지를 확인하거나 명시하지 않는다는 점이다.

이미지가 검색되면 "Creative Commons 라이선스가 적용되는 이미지가 검색되었습니다. 이미지를 사용하기 전에 해당 라이선스를 검토하고 준수하세요."라는 문구가 표시된다. 따라서 Bing 이미지 검색에서 검색한 이미지를 사용할 때는 라이선스에 주의해야 하며, 저작권을 포함한 다른 사람의 재산권을 존중해야 한다.

종합 예제

그림을 추가하여 다양한 슬라이드를 작성해보자. 단, 2번과 4번 슬라이드만 디자인 테마를 '추억'으로 설정한다.

01 개체 틀과 그림을 포함하여 2번 슬라이드를 작성한다.

❶ [콘텐츠 2개] 레이아웃

❷ 왼쪽 개체 틀에는 예제와 같이 내용 작성, 글머리 기호는 별표, 들여쓰기는 눈금자 간격에서 1로 수정

❸ 오른쪽 개체 틀에서 중간에 있는 개체 버튼 중 '온라인 그림' 버튼 클릭하여 그림 파일 가져오기, 그림 자르기([서식] 탭-[크기] 그룹-[자르기]-[도형에 맞춰 자르기]-[사각형]-[대각선 방향의 모서리가 잘린 사각형])

❹ 오른쪽 상단 위치에 그림 추가([삽입] 탭-[이미지] 그룹-[온라인 그림]에서 자유롭게 선택하여 추가), 추가한 그림 크기 및 위치 변경

02 앞에서 만든 2번 슬라이드를 복제한 후 다음과 같이 수정해보자(3번 슬라이드).

❶ 앞에서 만든 2번 슬라이드 복제

❷ 내용 작성 : 오른쪽 개체 틀 영역에 있는 그림 삭제하고 예제와 같이 내용 작성, 글머리 기호 지정

❸ [온라인 그림]에서 검색하여 추가

- 그림 크기 줄이기 : '가로 세로 비율 고정', '원래 크기에 비례하여'에 체크([도형 서식]-[크기 및 속성]-[크기])
- 오른쪽 하단으로 위치 이동
- 그림 배경 색상 투명색으로 하기([서식] 탭-[조정] 그룹-[색]-[투명 색 설정])

03 다음과 같이 학교 사진을 둘러보는 슬라이드를 작성해보자(4번 슬라이드).

1. [제목만] 레이아웃 추가 후 배경 서식을 〈그라데이션–밝은 그라데이션 강조1〉로 설정
2. [도형]–[선]에서 '곡선'을 선택하여 왼쪽 끝에서 오른쪽으로 약간 곡선이 되도록 클릭하여 그리기, 선 두께는 3pt
3. [온라인 그림]–[Bing 이미지 검색]에서 '대학교'로 검색한 그림 4장 추가
   - 그림 스타일 : 빠른 스타일에서 각각 자유롭게 지정하여 예제와 같이 만들기
4. 텍스트 상자를 추가하여 각 단과 대학 입력, 글머리 기호 지정, 4개의 상자를 위쪽 맞춤으로 정렬
5. 직사각형으로 도형을 그린 후 각 밴드처럼 표시
6. [온라인 그림]에서 '도서관'으로 검색한 그림 추가
   - 그림의 배경을 제거([서식]탭–[배경 제거])하여 여학생만 남기기, 크기 조절하여 왼쪽 하단에 배치
7. [온라인 그림]에서 자유롭게 그림 2개 추가, 크기 및 위치 수정하여 오른쪽 상단에 배치

04 다음과 같은 제목 슬라이드를 작성해보자(표지 슬라이드).

1. [제목만] 레이아웃, 제일 앞에 위치하도록 함
2. [온라인 그림]에서 '학생'으로 검색 그림 추가
   - 그림 크기 : [그림 서식]–[크기 및 속성]에서 높이와 너비가 4cm인 정사각형으로 크기 조절한 후 복사하여 예제와 같이 가로로 4개 추가
   - [서식] 탭–[조정] 그룹–[수정]–[밝기/대비]에서 각각 다르게 지정
3. 위의 그림을 복사하여 3개를 가로로 배치한 후 [서식] 탭–[조정] 그룹–[색]–[다시 칠하기]에서 각각 파란색, 황금색, 녹색으로 다르게 지정
4. 처음 그림을 복사하여 예제와 같이 배치한 후 [서식] 탭–[조정] 그룹–[꾸밈 효과]에서 [연필 스케치/파스텔 부드럽게/복사]로 각각 지정
5. 앞의 그림을 복사한 후 [서식] 탭–[조정] 그룹–[그림 원래대로]–[그림 및 크기 다시 설정]로 지정
   - 배경 제거하여 예제와 같이 학생 3사람만 남기기
   - [서식] 탭–[조정] 그룹–[수정]–[선명도 조절]에서 '선명하게 0%' 지정

05 본인이 가지고 있는 사진을 이용해 각자의 앨범 프레젠테이션을 만들어보자.

[삽입] 탭–[이미지] 그룹–[사진 앨범]–[새 사진 앨범]

평가 예제

01 다음과 같이 '건강UP, 행복시장'이라는 주제로 슬라이드를 작성하여 프레젠테이션을 진행해보자.

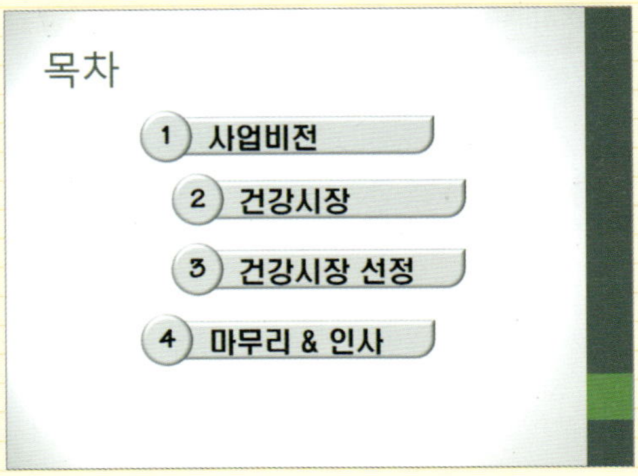

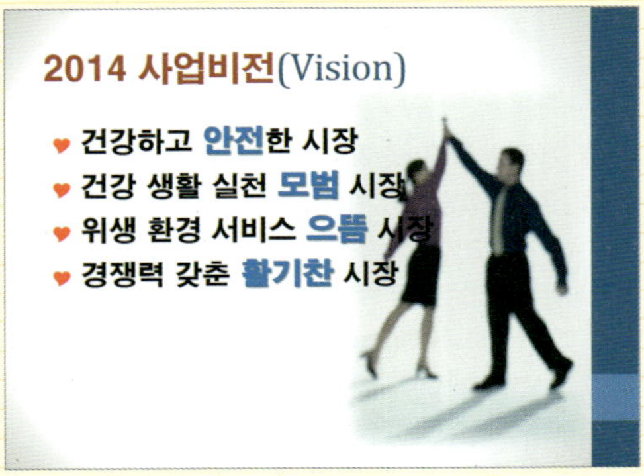

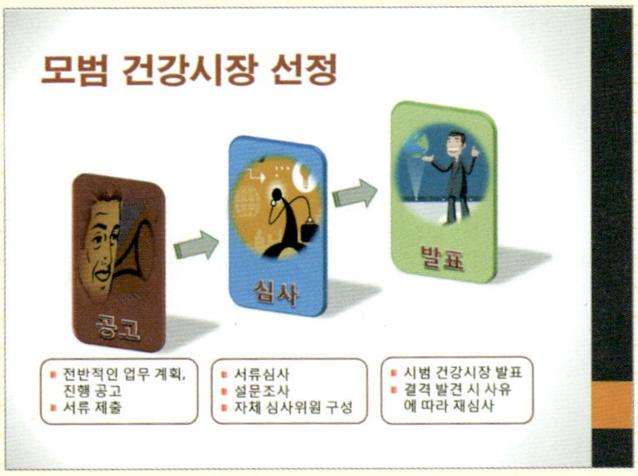

작성조건

❶ 전체 설정 : 디자인 테마는 '근접', 글꼴은 HY견고딕, 디자인 색상은 각 슬라이드별로 다르게 지정

❷ 각 슬라이드의 화면을 참조하여 도형, 그림 등을 삽입하고 서식 변경

TIP 문제에서 제시한 디자인 테마나 그림이 없는 경우에는 자유롭게 선택하여 실습하도록 한다. 각 슬라이드의 서식 역시 앞에서 배운 내용을 바탕으로 화면을 참조하여 보기 좋게 작성하도록 한다.

CHAPTER 6

IT COOKBOOK

스마트아트, 표, 차트의 활용

공간이 한정된 슬라이드에 너무 많은 내용을 담으면 전달력이 떨어지므로 콘텐츠 유형에 따라 효과적인 표현 방법을 활용하는 것이 좋다. 파워포인트에서는 스마트아트, 표, 차트와 같은 다양한 개체를 활용해 콘텐츠를 표현할 수 있다.

이 장에서는 내용을 요약해서 담아낼 수 있는 스마트아트, 표, 차트와 같은 개체를 활용하는 방법을 알아본다. 그런데 이런 개체들도 과하게 사용하면 오히려 전달력이 떨어지므로 각 개체를 어떤 유형의 콘텐츠에 사용하는 것이 효과적인지도 함께 살펴본다.

SECTION 01 ---------- IT COOKBOOK

스마트아트 활용하기

1.1 스마트아트의 종류와 삽입

스마트아트(SmartArt)는 파워포인트에서 미리 만들어둔 조직도 같은 다이어그램 모형들이다. 조직도나 다이어그램은 앞 장에서 배운 도형을 이용해 하나하나 만들 수도 있지만 스마트아트 기능을 이용하면 훨씬 간편하게 만들 수 있다.

파워포인트는 다양한 유형의 스마트아트를 지원하므로 이 중 표현하고자 하는 콘텐츠와 가장 어울리는 형태를 찾는 것이 중요하다. 스마트아트 레이아웃을 선택할 때는 내용이 무엇인지, 텍스트의 양이 많은지, 표현하고자 하는 특정한 방식이 있는지 검토해보고 메시지를 가장 잘 표현하는 레이아웃을 선택한다.

파워포인트가 제공하는 스마트아트의 유형은 [그림 6-1]과 같은 [SmartArt 그래픽 선택] 대화상자에서 확인할 수 있다.

그림 6-1 스마트아트의 유형([삽입] 탭-[일러스트레이션] 그룹-[SmartArt] 클릭)

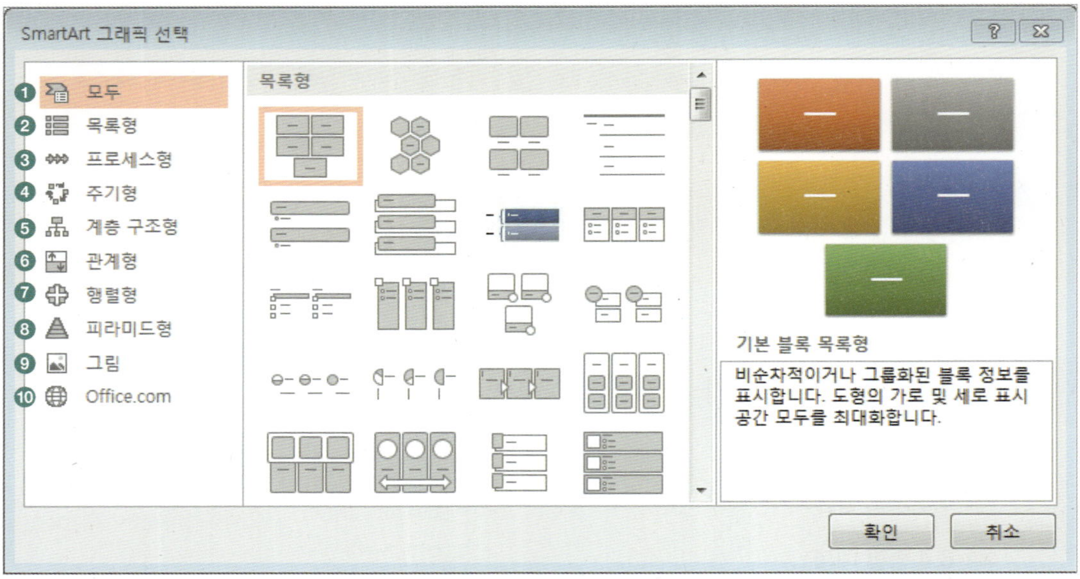

❶ **모두** : 기본으로 선택되어 있는 목록으로, 모든 유형의 스마트아트를 볼 수 있다.

❷ **목록형** : 비순차적이거나 그룹화된 정보를 전달할 때 효과적이다. 글머리 기호 텍스트로 작성한 경우에 색과 입체감을 부여하고 시각적 효과 또는 애니메이션으로 강조할 수 있는 도형으로 손쉽게 전환할 수 있다.

❸ **프로세스형** : 방향 흐름을 표현할 수 있어서 진행 상황이나 방향의 순차적 단계를 전달할 때 효과적이다.

❹ **주기형** : 순환되거나 연결되는 내용을 전달할 때 효과적이다.

❺ **계층 구조형** : 주로 조직도와 같이 내용을 계층적으로 표현할 때 이용한다.

❻ **관계형** : 연관되거나 겹치는 개념 같은 부분적으로 비진행형, 비계층형인 관계를 표현한다. 둘 이상의 모음 간의 개념적 관계 또는 연결을 표현하여 상호 연관된 내용을 전달할 때 효과적이다.

❼ **행렬형** : 정보를 2차원으로 분류하고, 전체 또는 중심 개념에 대한 각 부분의 관계를 보여주어 전체 내용에 대한 구성을 전달할 때 이용한다.

❽ **피라미드형** : 상향의 비례형 또는 계층형 관계를 보여주어 위에서 아래로 또는 아래에서 위로 정보를 표시하는 데 가장 적합하다. 비례 관계나 계층 관계를 표현할 때 효과적이다.

❾ **그림** : 설명 텍스트를 포함하거나 포함하지 않은 상태로 메시지를 전달하려 하는 경우나, 목록 또는 프로세스를 보완하는 그림을 사용할 경우 효과적이다.

❿ Office.com : 앞에서 설명한 형식에 속하지 않는 사용자 지정 스마트아트를 사용할 수 있다.

1.2 다양한 스마트아트의 작성

자주 사용하는 스마트아트 유형을 직접 작성해보면서 사용 방법을 익혀보자.

기본 예제 > 목록형 스마트아트 작성하기

다음과 같은 유형의 스마트아트를 선택해 각 지역과 대학교 이름을 입력해보자.

01 스마트아트 삽입하기

❶~❷ [삽입] 탭–[일러스트레이션] 그룹–[SmartArt]를 클릭한 후 ❸~❹ [SmartArt 그래픽 선택] 대화상자에서 [목록형]–[교대 육각형]을 선택하고 ❺ [확인]을 누른다.

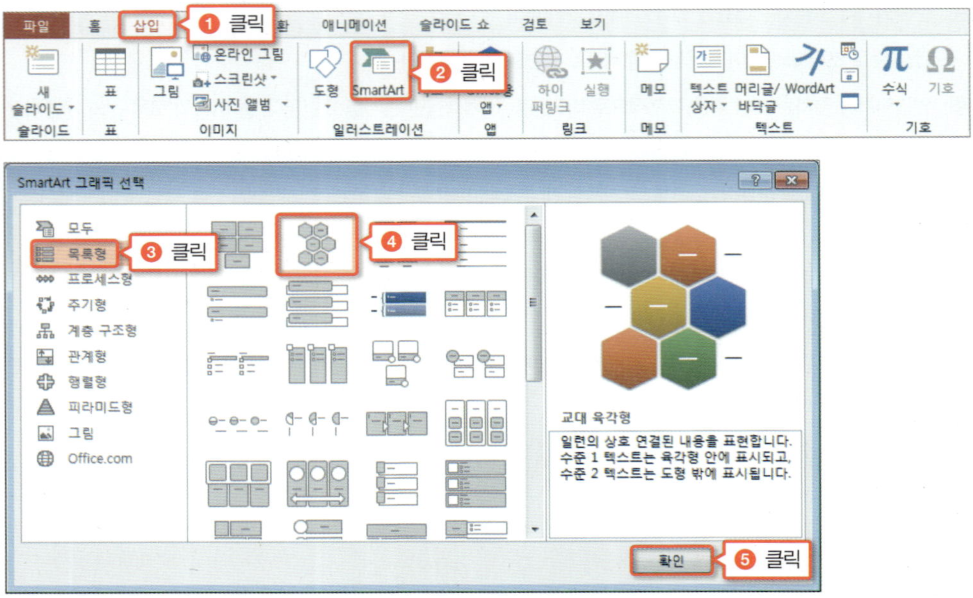

02 스마트아트에 텍스트 입력하기

슬라이드에 선택한 스마트아트가 삽입되고 왼쪽에 텍스트를 입력할 수 있는 창이 표시된다. 스마트아트 도형에 직접 작성해도 되지만 이 텍스트 입력창에 내용을 입력할 수 있다. 글머리 기호가 있는 곳은 방향키로 커서를 이동하고, Enter를 누르면 도형이 자동으로 추가된다. 수준을 내리려면 Tab, 수준을 올리려면 Shift+Tab을 누른다.

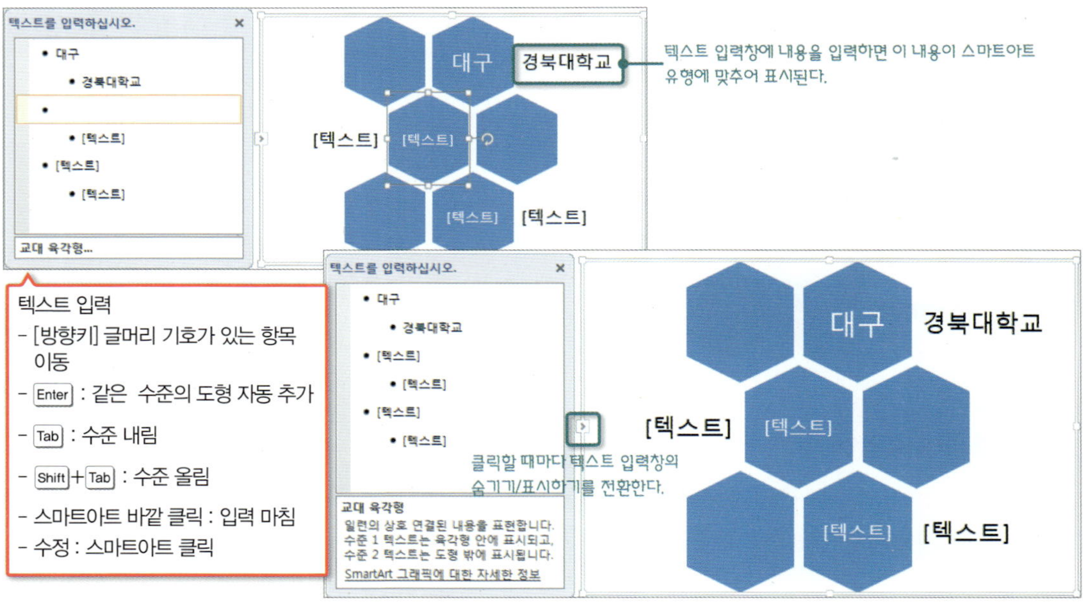

03 스마트아트에 빠르게 색상 설정하기

❶ 스마트아트를 선택하고 ❷~❹ [디자인] 탭–[SmartArt 스타일] 그룹–[색 변경]–[색상형:강조색]을 클릭한다.

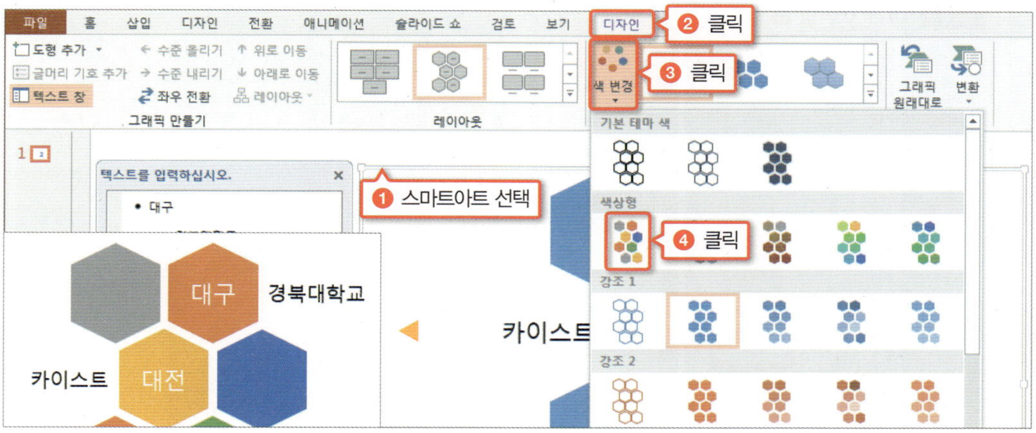

04 스마트아트에 빠르게 서식 설정하기

❶ 스마트아트를 선택하고 ❷~❹ [디자인] 탭–[SmartArt 스타일] 그룹에서 ▿(자세히)를 클릭하여 원하는 스타일을 선택한다.

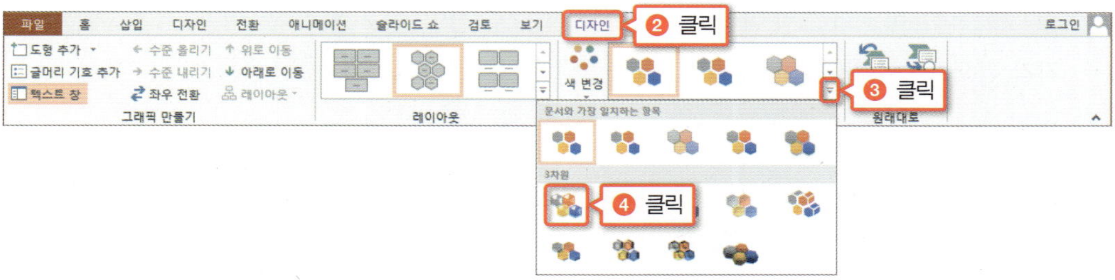

기본 예제 > 그림이 있는 스마트아트 작성하기

다음과 같은 유형의 스마트아트에 그림을 삽입해 완성해보자.

01 스마트아트 삽입하기

❶~❷ [삽입] 탭–[일러스트레이션] 그룹–[SmartArt]를 클릭한 후 ❸~❹ [SmartArt 그래픽 선택] 대화상자에서 [그림]–[벤딩 그림 블록형]을 선택하고 ❺ [확인]을 누른다.

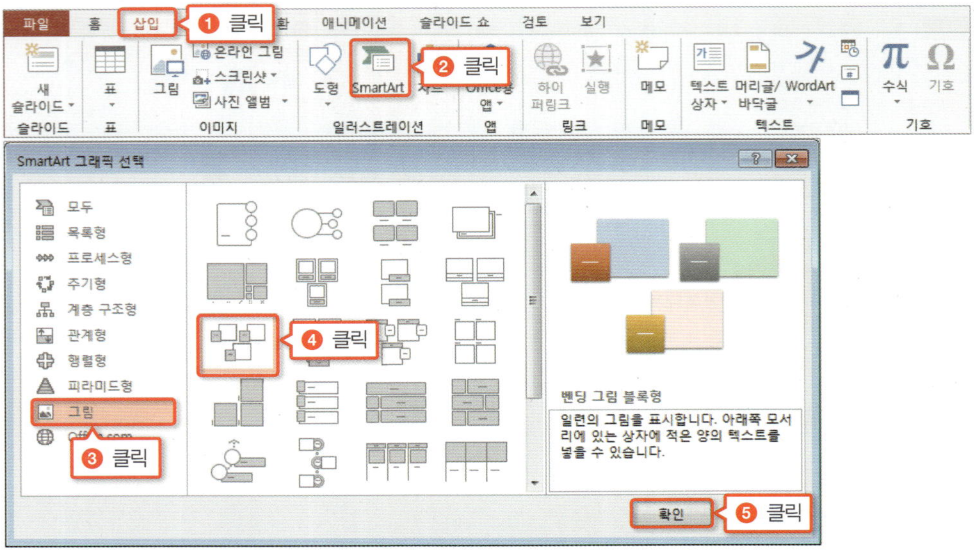

02 스마트아트에 그림 삽입하기

❶~❷ 스마트아트의 그림 아이콘을 클릭한 후 [그림 삽입] 창을 통해 봄, 여름, 가을, 겨울로 그림을 각각 검색하여 추가하고 ❸ [텍스트]를 클릭해 텍스트를 추가한다.

기본 예제 조직도 작성하기

스마트아트 중 특히 많이 사용되는 것이 계층 구조형에 있는 조직도이다. 여기서는 다음과 같은 조직도를 작성하면서 스마트아트를 작성하는 방법을 좀 더 구체적으로 살펴보자.

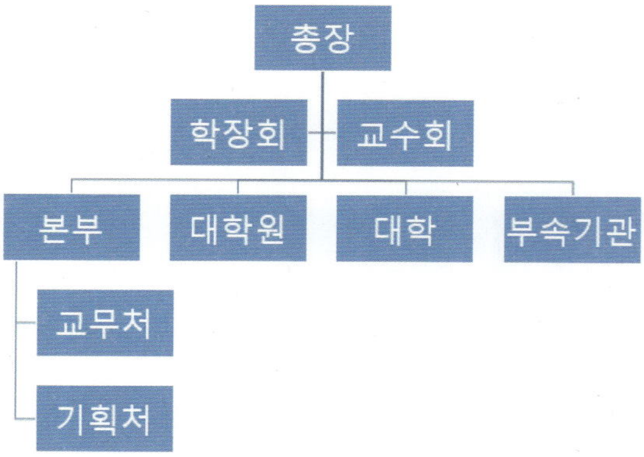

01 계층 구조형 스마트아트 삽입하기

❶~❷ [삽입] 탭–[일러스트레이션] 그룹–[SmartArt]를 클릭한 후 ❸~❹ [SmartArt 그래픽 선택] 대화상자에서 [계층 구조형]–[조직도형]을 선택하고 ❺ [확인]을 누른다.

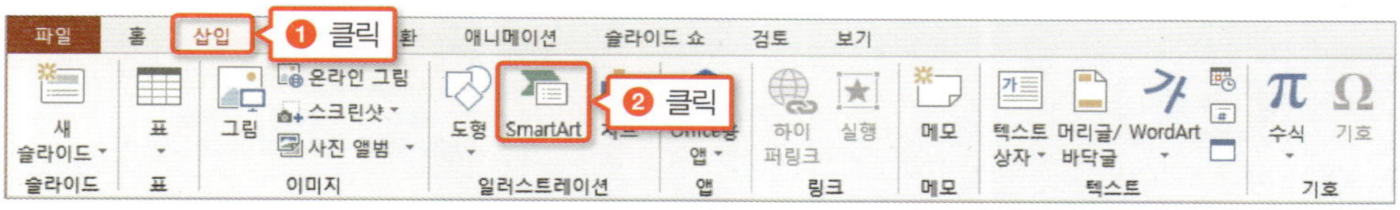

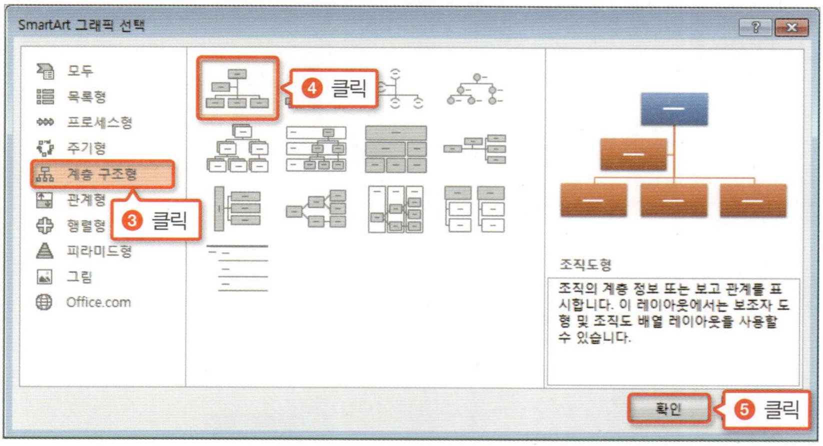

02 조직도에 텍스트 입력하기

스마트아트 텍스트 입력창에 텍스트를 입력한다. 글머리 기호가 있는 곳은 방향키로 커서를 이동할 수 있다. Enter를 누르면 같은 수준의 도형이 자동으로 추가되고 Tab을 누르면 수준이 내려가며 Shift + Tab을 누르면 수준이 올라간다.

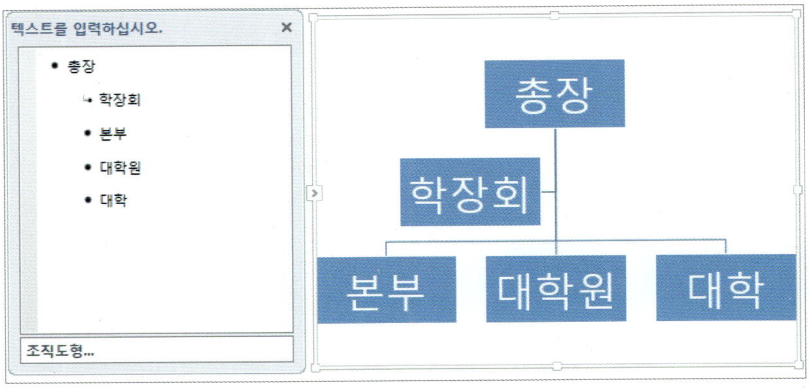

03 보조자 도형 추가하기

기본으로 입력된 조직도에 도형을 추가할 수 있다. 먼저 보조자를 추가해보자. ❶ 조직도 맨 위에 있는 [총장] 도형을 선택하고 ❷~❹ [디자인] 탭–[그래픽 만들기] 그룹–[도형 추가]의 ▾–[보조자 추가]를 클릭하면 보조자 도형이 추가된다. 이 보조자는 조직도형에서만 사용할 수 있으며 다른 계층구조형에서는 사용할 수 없다.

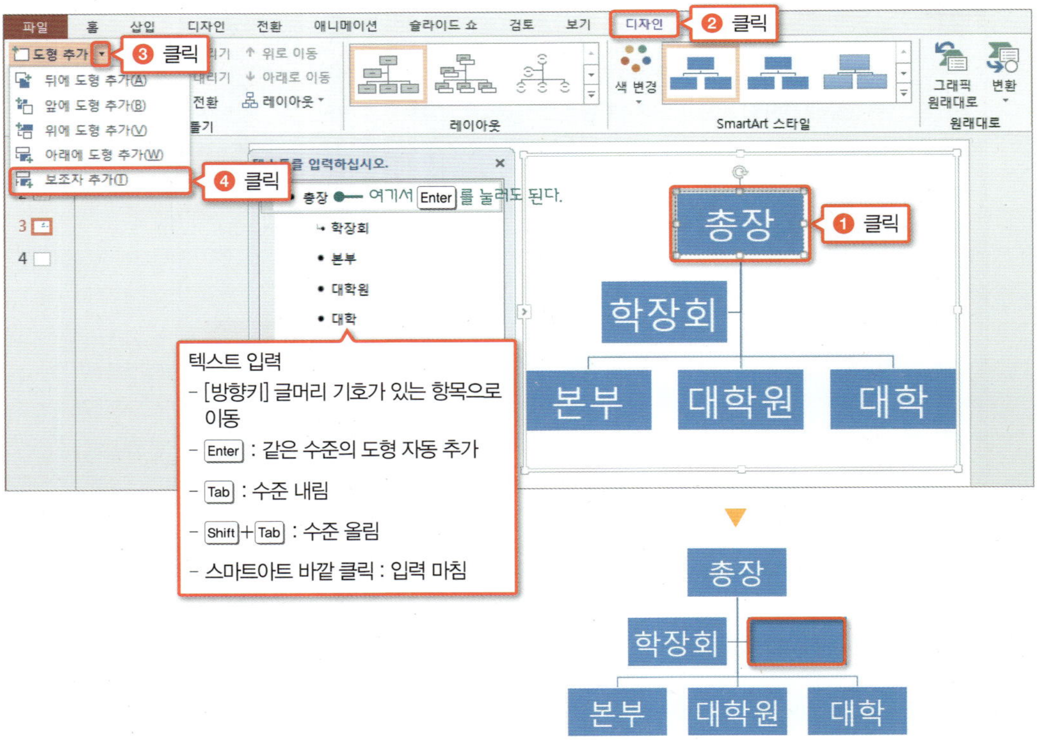

04 위/아래/동일 수준 도형 추가하기

❶ 조직도 맨 위에 있는 [총장] 도형을 선택하고 ❷~❹ [디자인] 탭–[그래픽 만들기] 그룹–[도형 추가]의 ▾–[아래에 추가]를 클릭하면 [총장] 아래에 도형이 추가된다. ❺ 같은 방법으로 [본부] 아래에도 도형을 두 개 추가하고 ❻ 추가한 도형에 텍스트를 입력한다.

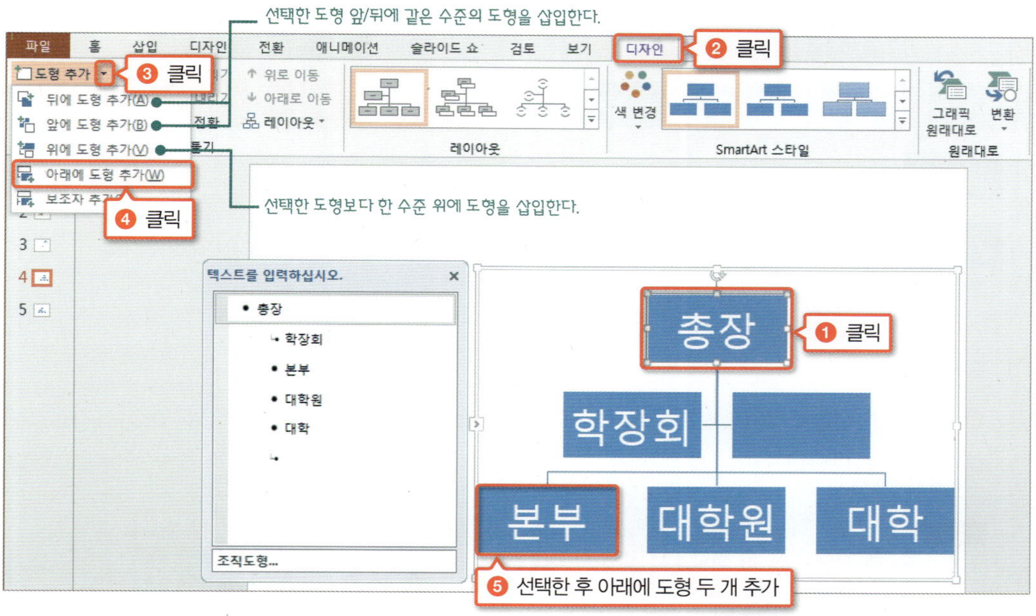

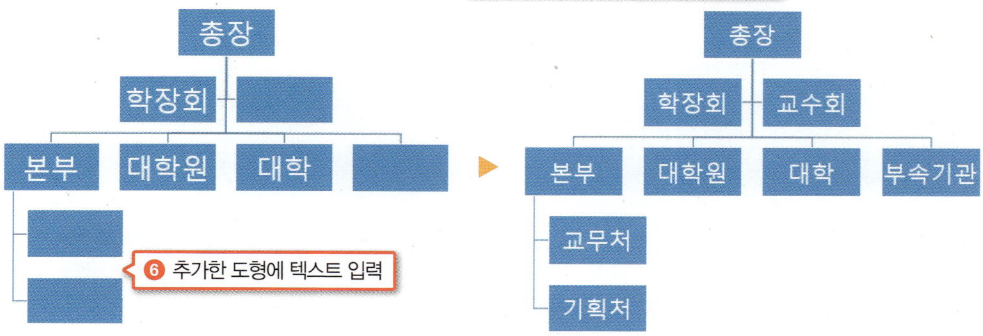

05 도형 삭제하기

도형을 선택하고 Delete를 누르거나, 마우스 오른쪽 버튼을 누르고 팝업 메뉴에서 [잘라내기]를 클릭하여 삭제한다.

기본 예제 스마트아트 편집하기

앞서 작성한 조직도를 다음과 같이 수정해보자.

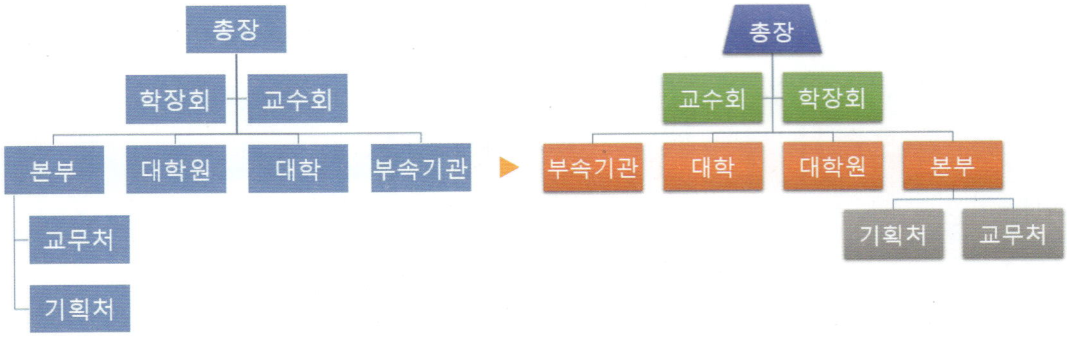

01 도형 변경하기

❶ 모양을 변경할 도형을 선택하고 ❷~❹ [서식] 탭–[도형] 그룹–[도형 모양 변경]–[기본 도형:사다리꼴]을 클릭한다.

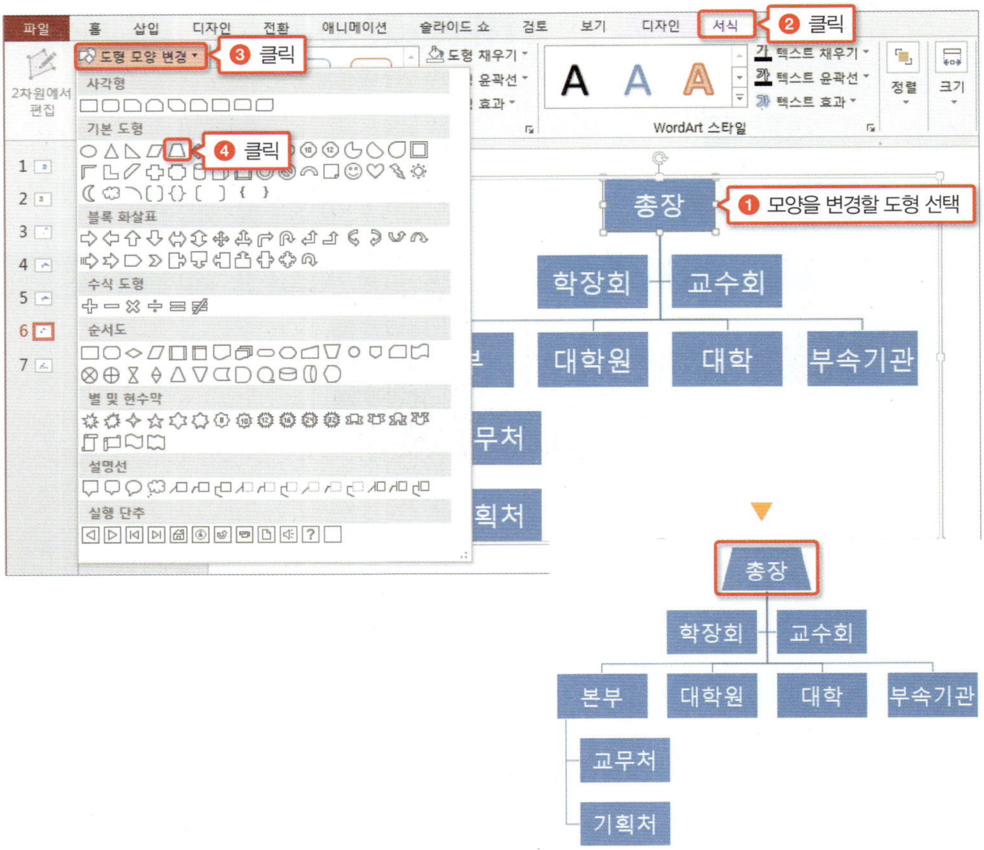

02 조직도 전체 크기 조절하기

조직도의 전체 크기는 스마트아트 테두리의 조절점을 드래그하여 축소하거나 확대한다.

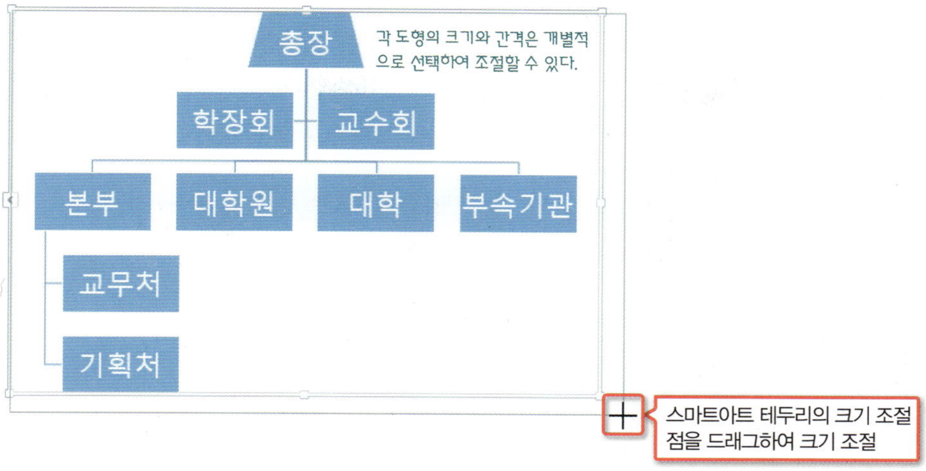

03 조직도 레이아웃 변경하기

조직도의 계층 레이아웃을 변경할 수 있다. 본부 아래에 있는 도형의 레이아웃을 변경해보자. ❶ 레이아웃을 변경할 도형보다 한 수준 위의 도형, 즉 본부를 선택하고 ❷~❹ [디자인] 탭–[그래픽 만들기] 그룹–[레이아웃]–[표준]을 클릭한다.

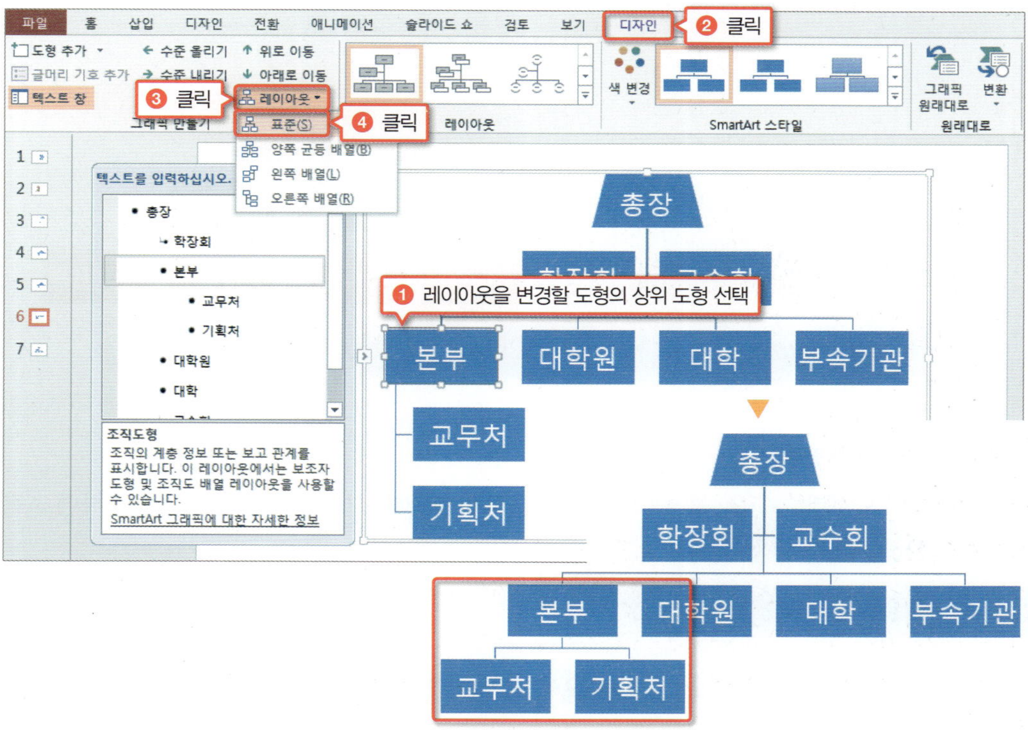

04 조직도 서식 변경하기

[디자인] 탭–[SmartArt 스타일] 그룹에서 조직도 전체의 서식을 일괄적으로 변경해도 되지만 조직도의 도형에 개별적으로 설정할 수도 있다. ❶ 서식을 설정할 도형을 선택하고 ❷~❸ [서식] 탭–[도형 스타일] 그룹에서 [도형 채우기]의 색상을 클릭해 도형의 면색을 채울 수 있고, [도형 윤곽선]에서 선색, 두께, 선의 종류를 클릭해 도형의 선색을 변경할 수 있다. [도형 효과]의 그림자, 반사, 네온 등의 효과를 클릭해 도형에 다양한 효과를 줄 수 있다. 이는 4장에서 배운 도형의 서식과 동일하다.

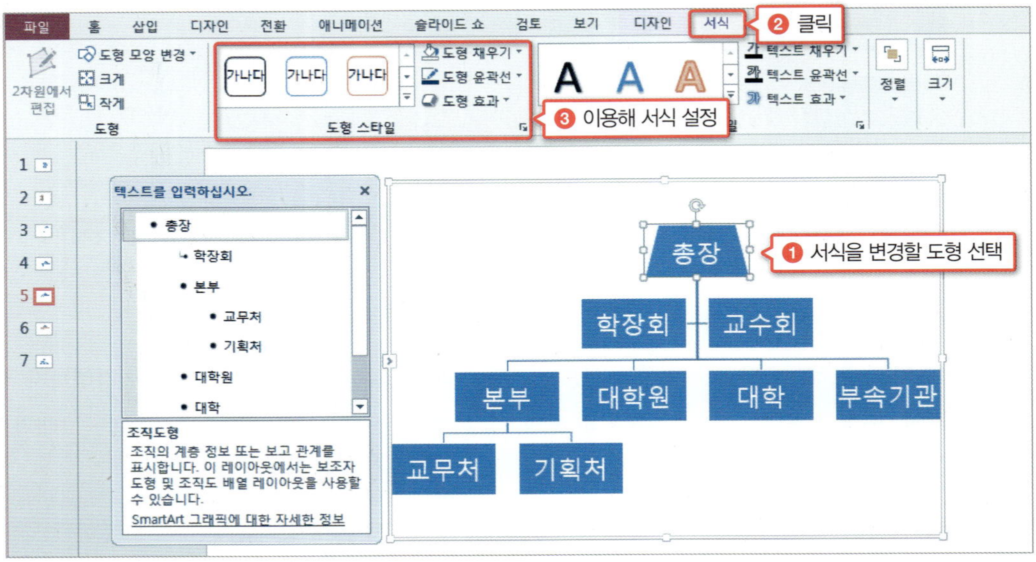

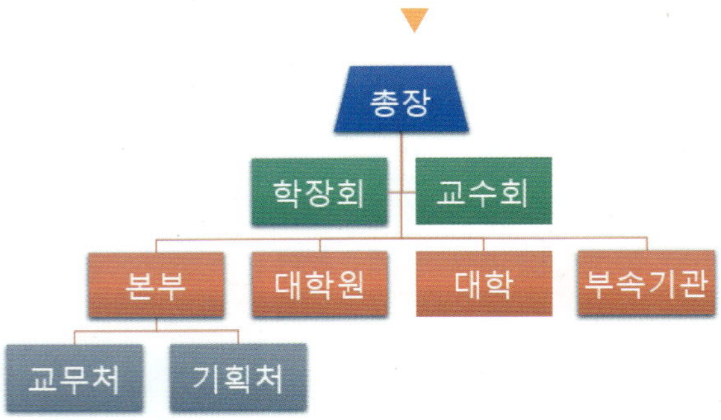

05 조직도 좌우 방향 전환하기

❶ 조직도를 선택하고 ❷~❸ [디자인] 탭–[그래픽 만들기] 그룹–[좌우 전환]을 클릭하면 조직도의 좌우 방향을 바꿀 수 있다.

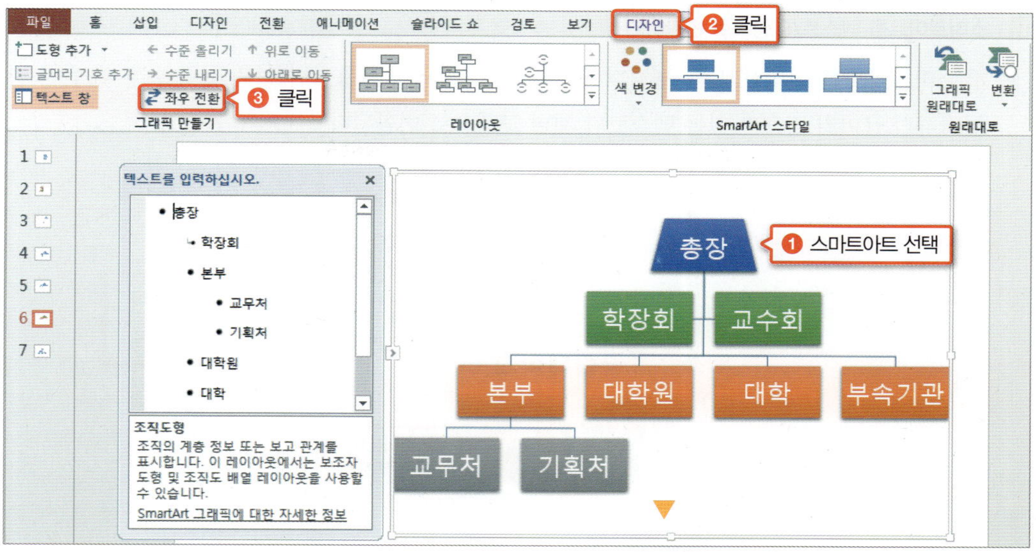

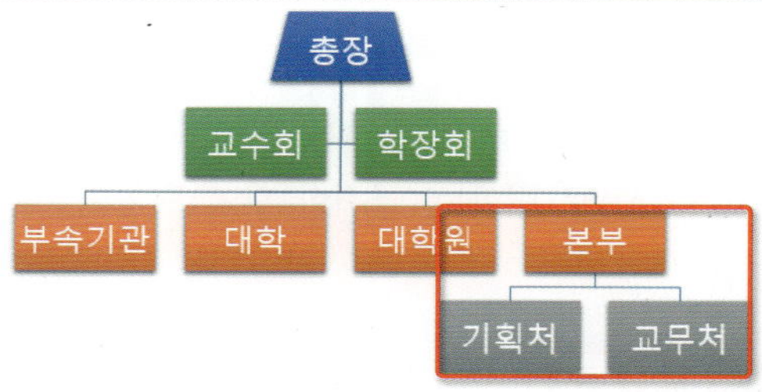

기본 예제 스마트아트 ↔ 텍스트 변환하기

다음과 같이 스마트아트로 작성한 것을 텍스트로, 텍스트로 작성한 것을 스마트아트로 변환할 수 있다. 이 경우 텍스트에서 Enter로 구분되거나 Tab으로 수준이 조정된 것을 스마트아트로 변환하면 스마트아트 내의 도형으로 자동 변환된다.

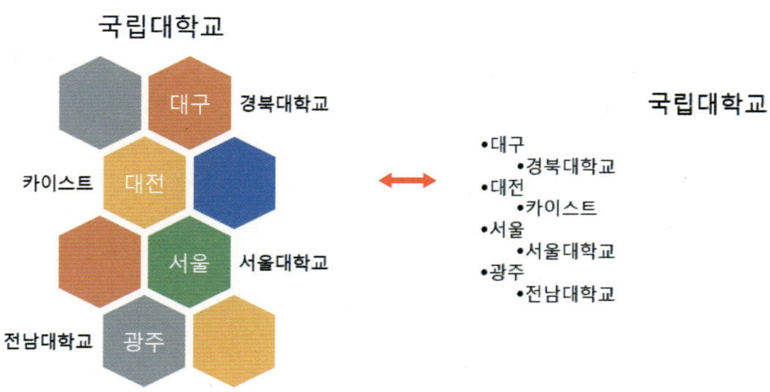

01 스마트아트를 텍스트/도형으로 변환하기

❶ 스마트아트를 선택하고 ❷~❸ [디자인] 탭–[원래대로] 그룹–[변환]을 클릭한 후 ❹ 변환 방법을 선택하면 글머리 기호가 있는 텍스트나 개별 도형으로 변환된다.

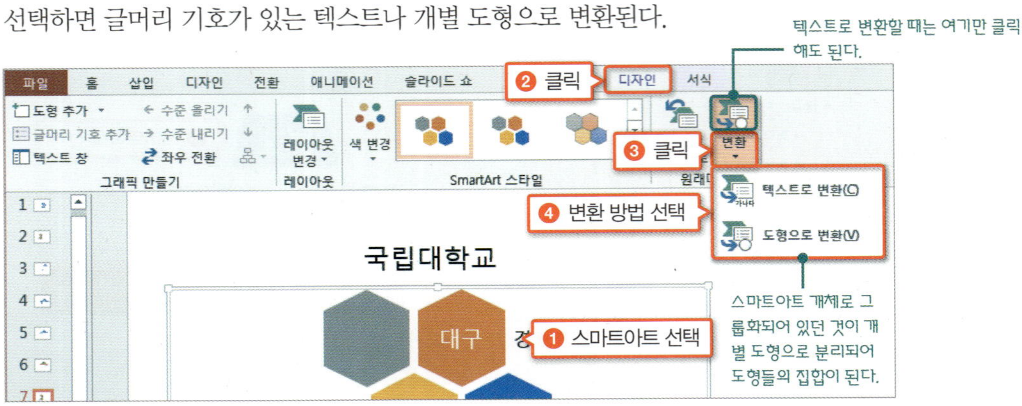

02 텍스트를 스마트아트로 변환하기

❶ 텍스트 개체 틀이나 텍스트 상자에 텍스트를 입력해 선택하고 ❷~❸ [홈] 탭–[단락] 그룹–[SmartArt로 변환]을 클릭한 후 ❹ 변환할 스마트아트 종류를 선택하면 해당 스마트아트로 변환된다.

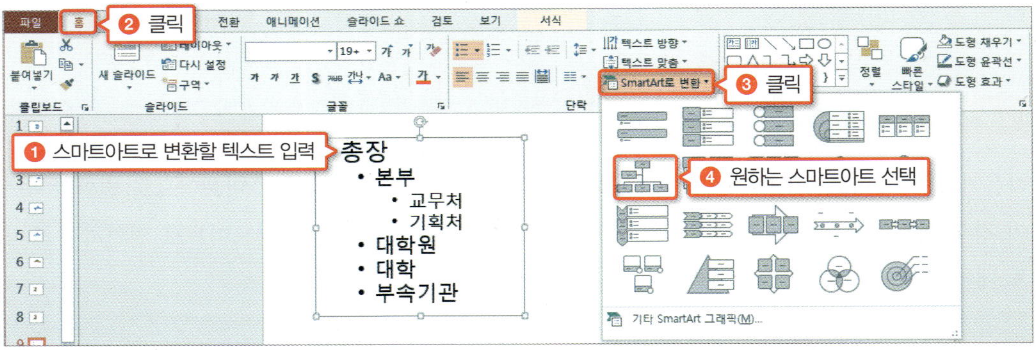

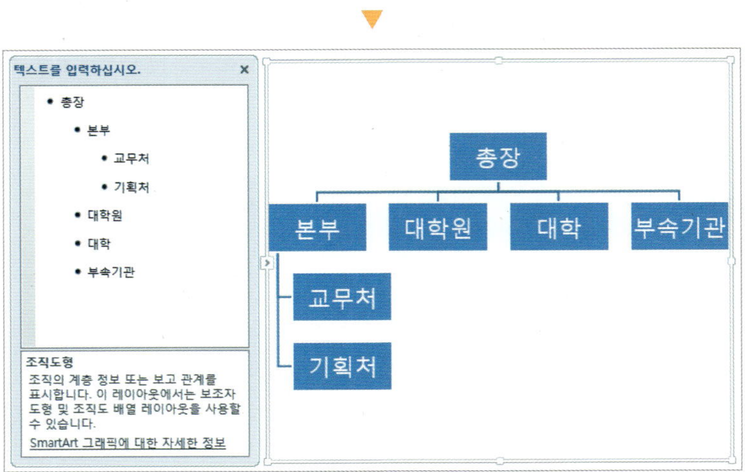

SECTION 02 IT COOKBOOK

02 표 활용하기

표를 이용하면 많은 내용을 일목요연하게 정리할 수 있어 내용을 효과적으로 전달할 수 있다. 표를 삽입할 때는 행과 열 개수를 설정하여 표 크기를 결정한다. 그런 다음 행과 열이 만나 이루어지는 사각 영역인 셀 안에 필요한 데이터를 입력한다. 행과 열의 크기는 필요에 따라 조절할 수 있고, 여러 셀을 하나로 합치거나 셀 하나를 여러 개로 나눌 수 있으며, 행과 열을 추가 혹은 삭제할 수도 있다.

그림 6-2 표의 구성

표를 작성할 때는 대개 다음과 같은 과정으로 작성한다.

1 표에 담을 내용을 정리해 전체적으로 큰 윤곽을 그린 후, 표의 크기(행과 열 개수)를 계산한다. 이때 병합할 행과 열은 개별적으로 계산한다.

2 표를 그린 후 셀을 적절히 병합(혹은 분할)하여 원하는 형태로 만든다.

3 표에 내용을 입력한다.

4 셀의 크기를 조절해 전체 표를 완성하고, 필요한 경우 표의 크기를 조절한다.

5 표에 서식을 적용해 꾸민다. 행이나 열 단위로 서식을 적용하거나, 배경색이나 이미지를 설정하거나 글꼴/글자 크기/글자 색 등을 설정한다.

기본 예제 표 삽입하기

슬라이드에 표를 삽입하는 방법은 다양하다. 어떤 방법이 있는지 하나씩 익혀보자.

01 개체 선택 아이콘을 이용해 표 삽입하기

❶ [제목 및 내용] 슬라이드인 경우에는 가운데 있는 개체 선택 아이콘에서 (표 삽입)을 클릭하여 ❷ [표 삽입] 대화상자에서 열 개수와 행 개수를 각각 입력한 후 ❸ [확인]을 누르면 입력한 열과 행으로 표가 만들어진다.

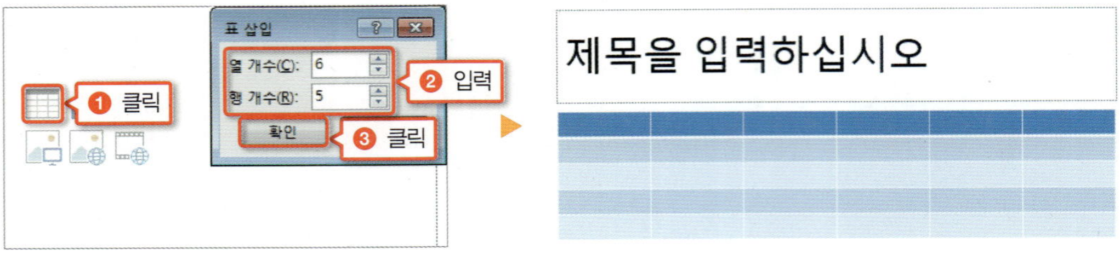

02 표 도구를 이용해 표 삽입하기

일반 슬라이드인 경우에는 ❶~❷ [삽입] 탭–[표] 그룹–[표]를 클릭한 후 ❸ 원하는 열과 행을 드래그하여 표를 삽입한다.

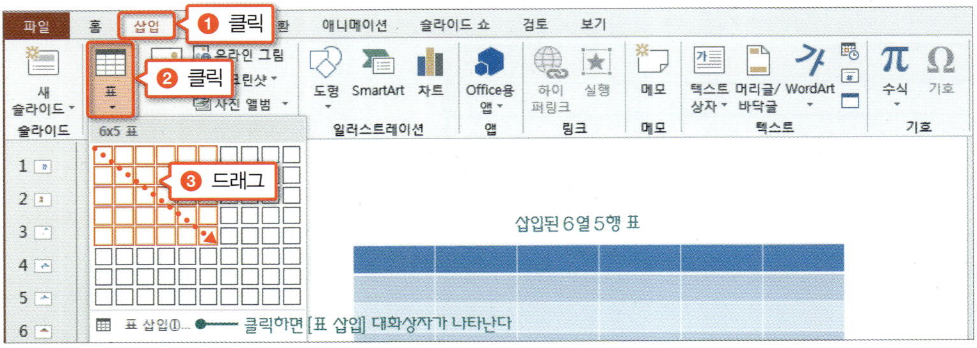

03 표 그리기를 이용해 표 직접 그리기

❶~❸ [삽입] 탭–[표] 그룹–[표]–[표 그리기]를 클릭해 ❹ 마우스 포인터가 ✎(표 그리기) 모양으로 바뀌면 슬라이드에서 드래그하여 표의 전체 크기를 먼저 그린 후 ❺ 다시 ❸ 의 [표 그리기]를 클릭한 후 드래그하여 표에 열과 행을 추가한다. 이때 마우스 포인터는 반드시 표안에 있도록 한다. 이 방법은 표에서 행과 열이 동일하게 정해져 있지 않고 행과 열이 불규칙할 경우에 편리하다.

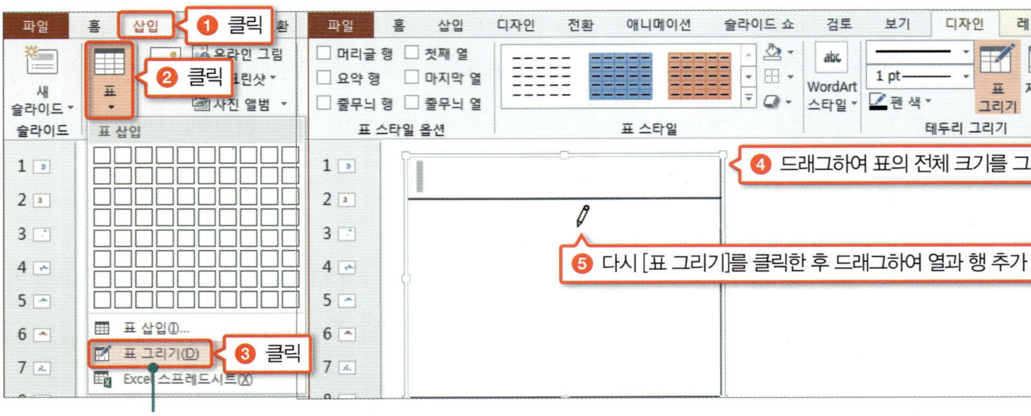

클릭한 후 마우스 포인터가 표 안에 있으면 열과 행이 추가되고 바깥에서 드래그하면 새로운 표가 그려진다.

기본 예제 표에 내용을 입력하고 편집하기

앞에서 삽입한 6열 5행 표에 다음과 같이 내용을 입력한 후, 셀 간격을 적절히 조절하고 행/열 추가 및 병합 등을 통해 편집해보자.

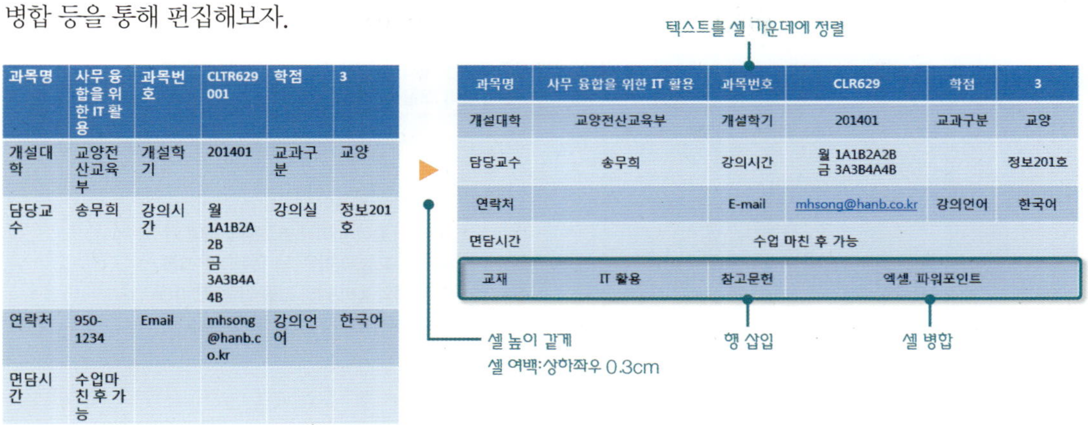

01 표 텍스트의 크기 조절하기

표에 있는 텍스트도 일반 텍스트처럼 글꼴 서식을 변경할 수 있다. 표 전체 텍스트의 글꼴 서식을 변경하려면 ❶ 표 테두리를 클릭하여 표를 선택하고 ❷~❸ [홈] 탭–[글꼴] 그룹–[맑은 고딕, 14pt]로 설정한다.

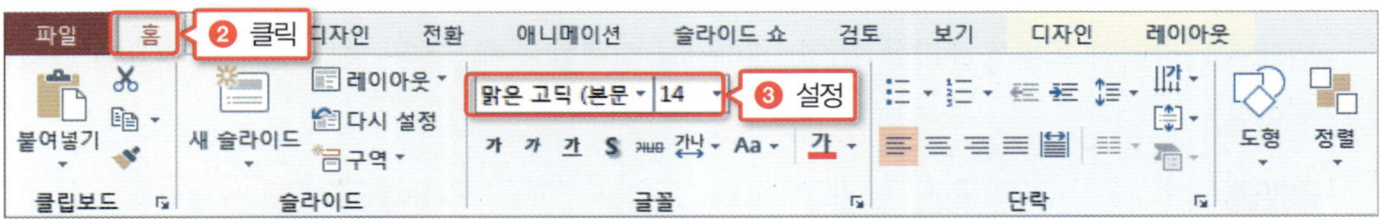

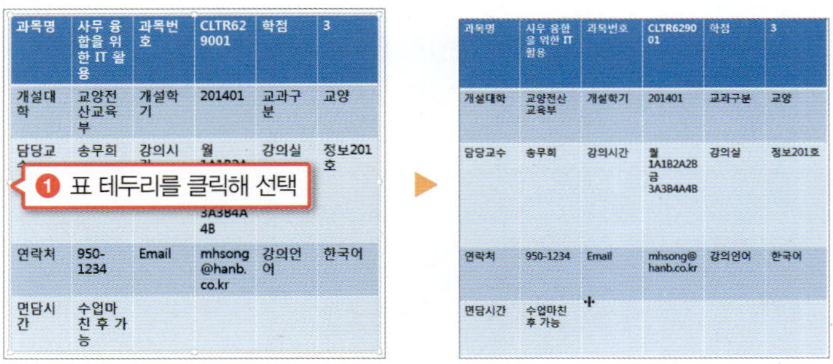

02 표와 셀의 크기 조절하기

❶ 표의 네 모서리 지점을 각각 드래그하여 표 전체 크기를 적절히 조절한다. ❷ 셀의 경계선에서 마우스를 원하는 방향으로 드래그하여 각 셀의 크기를 조절한다. 이때 표의 높이와 너비의 비율을 유지하면서 조절하려면 Shift+드래그하고, 표 중심을 기준으로 전체 크기를 조절하려면 표의 크기 조절점에서 Ctrl+드래그한다.

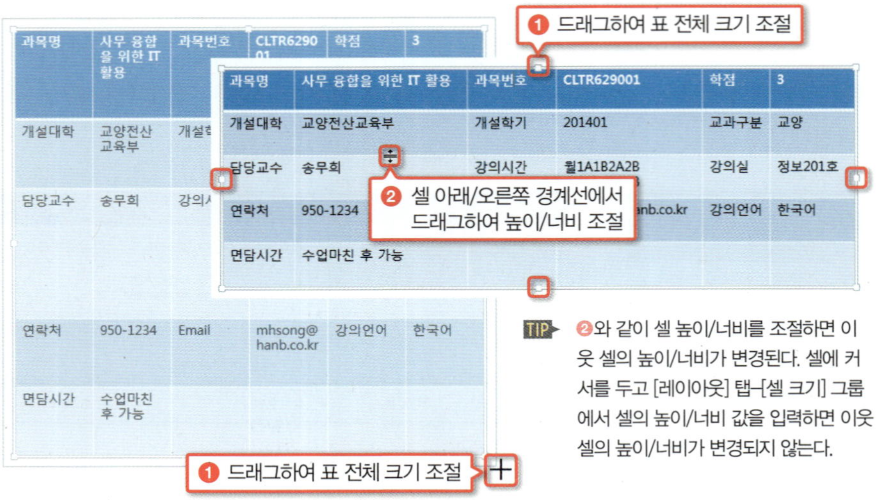

TIP ❷와 같이 셀 높이/너비를 조절하면 이웃 셀의 높이/너비가 변경된다. 셀에 커서를 두고 [레이아웃] 탭–[셀 크기] 그룹에서 셀의 높이/너비 값을 입력하면 이웃 셀의 높이/너비가 변경되지 않는다.

03 행(열) 추가하기/셀 분할하기

표에 행(열)을 추가하는 방법은 세 가지이다. [추가]로 삽입하는 방법, 기존의 행을 분할하는 방법, 앞서 배운 [표 그리기]를 선택하고 원하는 위치에서 마우스를 드래그하여 그리는 방법이 있다. 먼저 행(열)을 추가하는 방법은 ❶ 추가할 위치에 커서를 둔 후 ❷~❸ [레이아웃] 탭–[행 및 열] 그룹–[아래에 삽입]을 클릭한다. ❹ 삽입된 행에 텍스트를 추가로 입력한다. 특히 마지막 행 아래에 행을 추가할 때는 마지막 행의 맨 오른쪽 셀에 커서를 둔 후 Tab만 눌러도 된다. 그리고 여러 행(열)을 한 번에 추가하려면 표에서 추가할 행(열) 개수만큼 선택한 후에 [행 및 열] 그룹에서 필요한 삽입을 클릭한다.

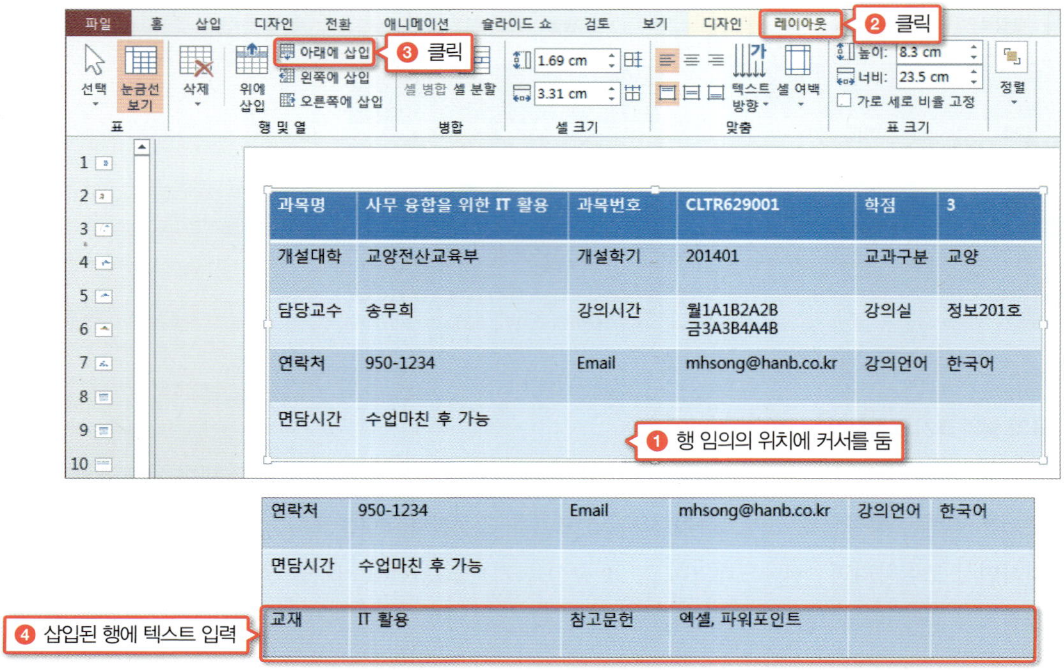

셀 분할을 이용해 행을 추가하려면 ❶ 분할할 행의 셀을 모두 선택하고 ❷~❸ [레이아웃] 탭–[병합] 그룹–[셀 분할]을 클릭한다. ❹ [셀 분할] 대화상자에서 열 개수 혹은 행 개수를 입력한 후 ❺ [확인]을 누른다.

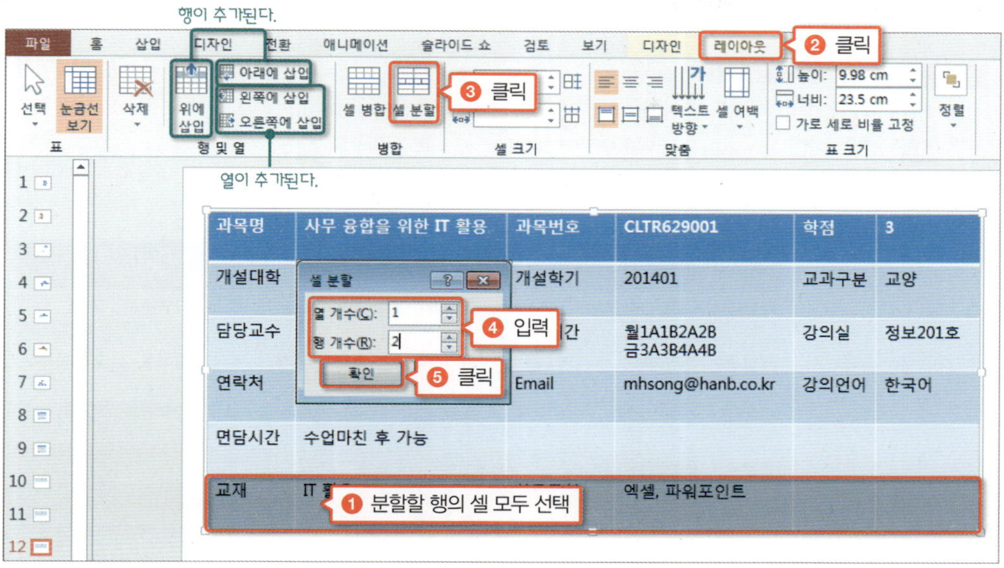

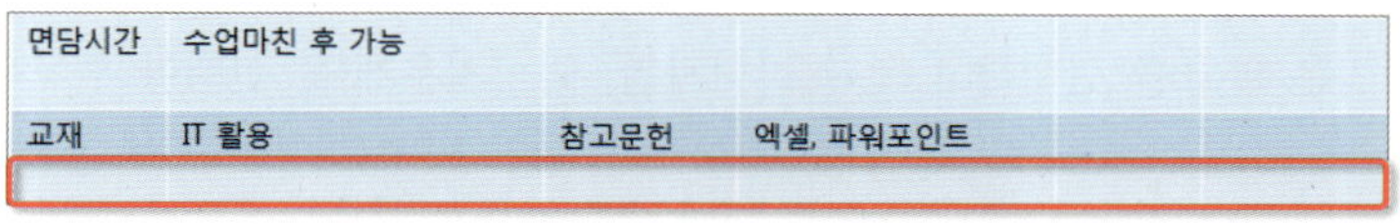

04 행(열) 삭제하기

❶ 삭제할 행의 임의의 셀에 커서를 둔 후 ❷~❸ [레이아웃] 탭–[행 및 열] 그룹–[삭제]에서 ❹ 행을 삭제하려면 [행 삭제]를 클릭하고, 열을 삭제하려면 [열 삭제]를 클릭한다.

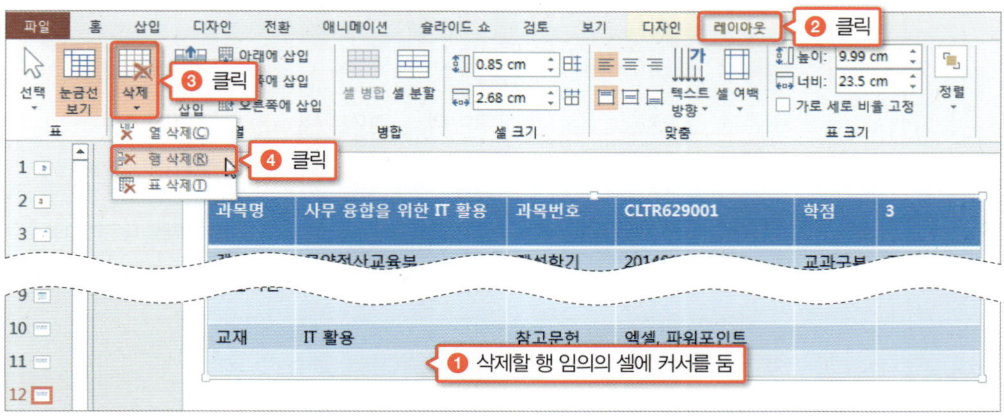

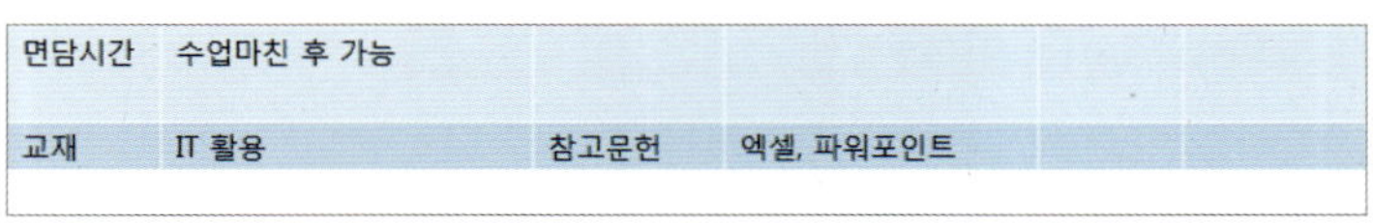

05 셀 병합하기

셀을 병합하는 방법은 두 가지이다. 하나는 병합 기능을 이용하는 방법이고, 다른 하나는 셀과 셀 사이의 경계선을 제거하여 병합하는 방법이다. 먼저 병합 기능을 이용하는 방법은 ❶ 병합할 5행의 셀을 선택하고 ❷~❸ [레이아웃] 탭–[병합] 그룹–[셀 병합]을 클릭한다.

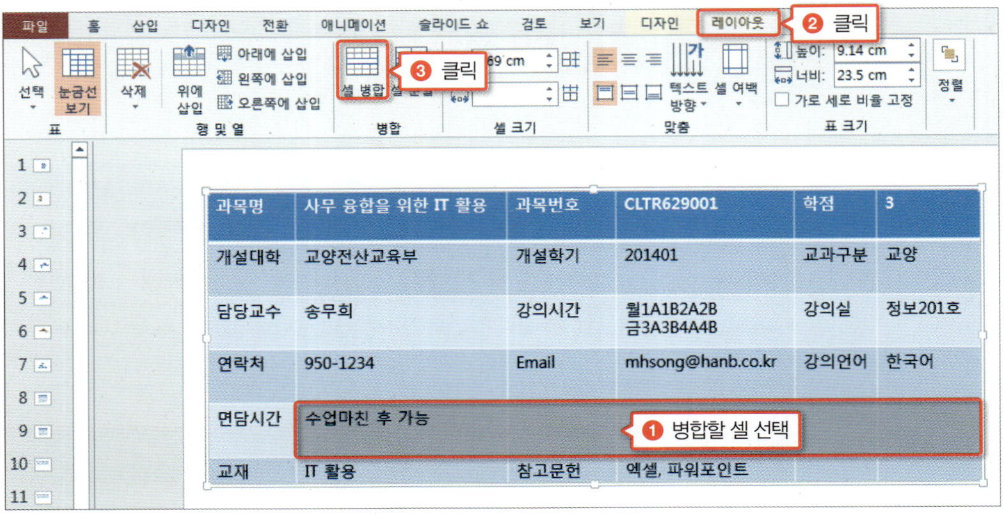

다음으로 셀을 병합하는 방법은 ❶ 표를 선택하고 ❷~❸ [디자인] 탭–[지우개]를 선택한 후 삭제할 테두리를 클릭한다.

[표 그리기]가 선택된 상태에서는 Shift 를 누르면 지우개 상태가 되고, Shift 를 누르지 않으면 표 그리기 상태가 되며, Esc 를 누르면 선택이 해제된다

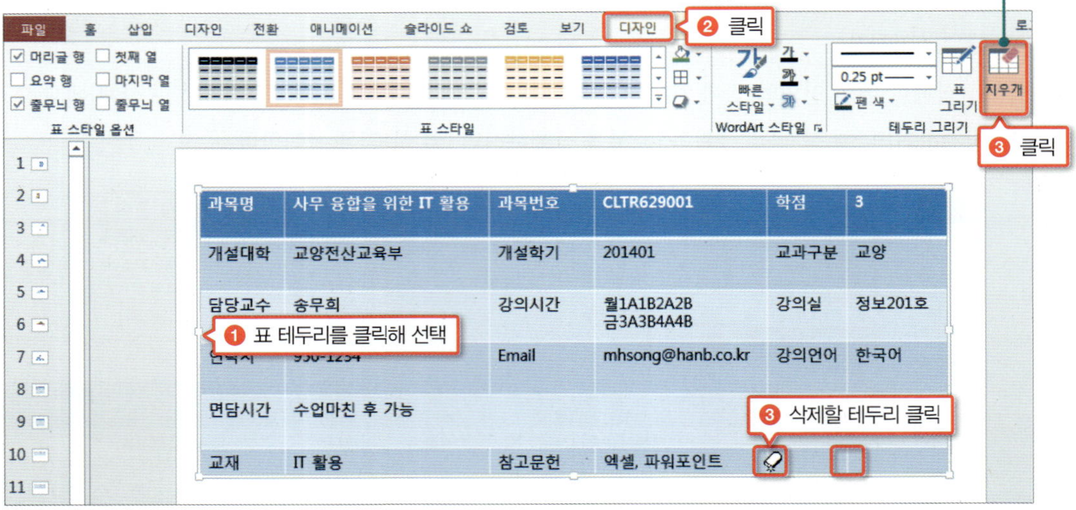

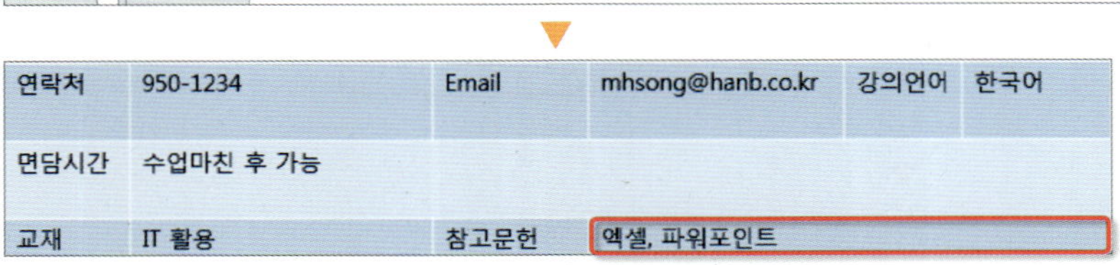

06 행(열) 높이(너비) 동일하게 맞추기

❶ 표의 테두리를 클릭해 표를 선택하고 ❷~❸ [레이아웃] 탭–[셀 크기] 그룹–田(행높이를 같게)를 클릭한다.

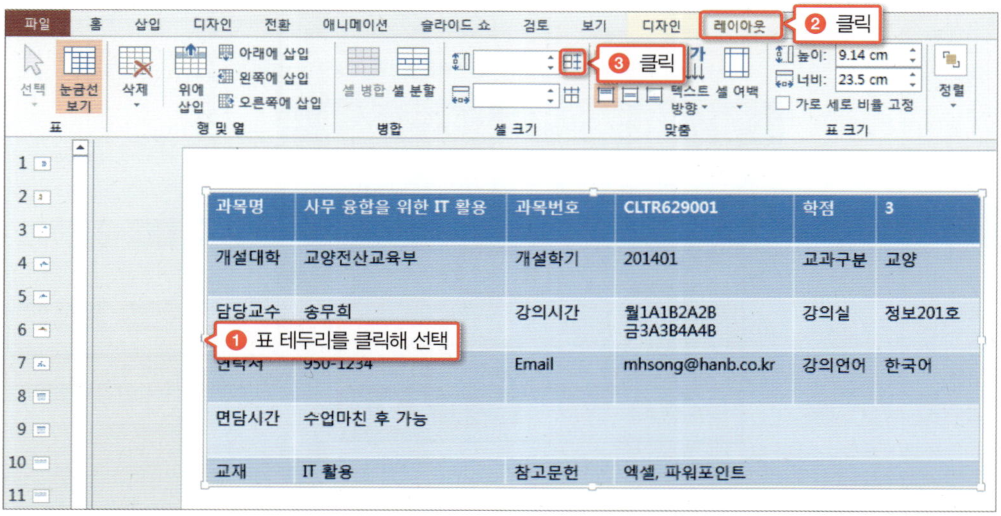

07 셀 맞춤하기

❶ 표의 테두리를 클릭해 표를 선택하고 ❷ [레이아웃] 탭–[맞춤] 그룹에서 ❸ ☰(가운데 맞춤)과 ❹ ⊟(세로 가운데 맞춤)을 클릭한다.

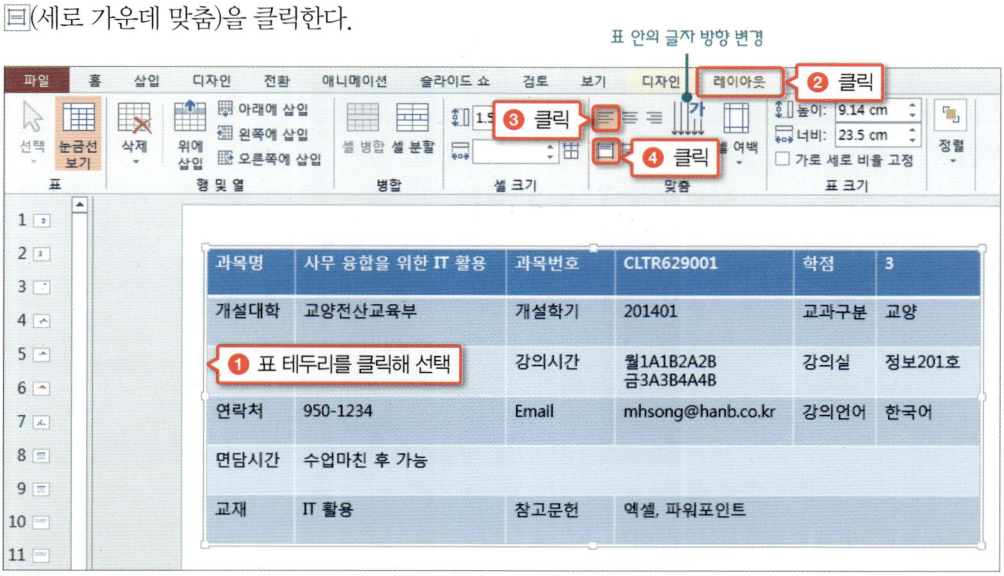

08 셀 여백 조절하기

❶ 표의 테두리를 클릭해 표를 선택하고 ❷~❸ [레이아웃] 탭–[맞춤] 그룹–[셀 여백]을 클릭한다. ❹~❺ [사용자 지정 여백]을 선택한 후 [셀 텍스트 레이아웃] 대화상자에서 안쪽 여백을 그림과 같

이 설정하고 ❻ [확인]을 누른다.

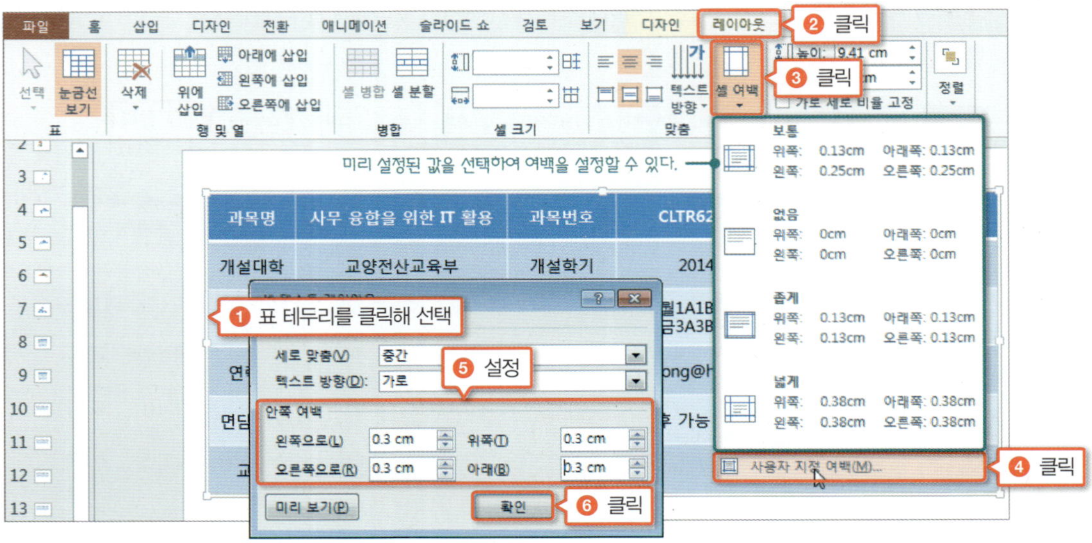

기본 예제 **표에 서식을 설정해 강조하기**

다양한 서식을 설정해 표를 강조할 수 있다. 앞에서 작성한 표에 다음과 같이 서식을 적용한다. 이때 [표 스타일]을 이용하면 클릭 한 번으로 정의된 서식을 적용할 수 있는데, 여기서는 [표 스타일]을 이용해 기본 서식을 적용한 후 이를 변형하는 방식으로 서식을 설정해보자.

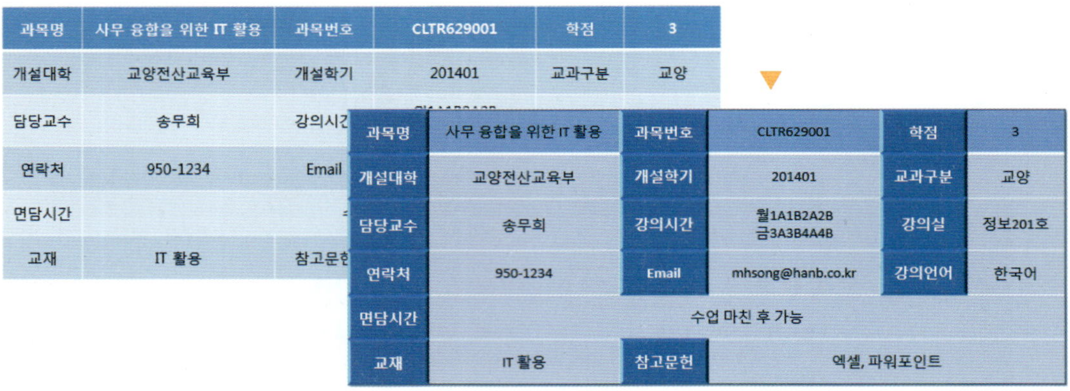

01 표 스타일을 이용해 빠르게 서식 적용하기

❶ 표의 테두리를 클릭해 표를 선택하고 ❷~❸ [디자인] 탭-[표 스타일] 그룹-[보통 스타일 2-강조 5]를 클릭한다. ❹ [표 스타일 옵션]에서 머리글 행, 첫째 열, 줄무늬 열만 선택되도록 그림과 같이 설정한다. ❺ 텍스트는 서식 복사 기능을 이용해, 채우기 색은 색 추출 기능을 이용해 그림과 같이 서식을 수정한다.

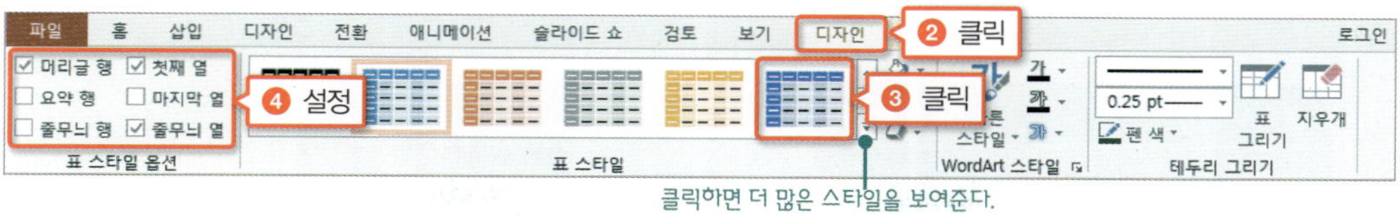

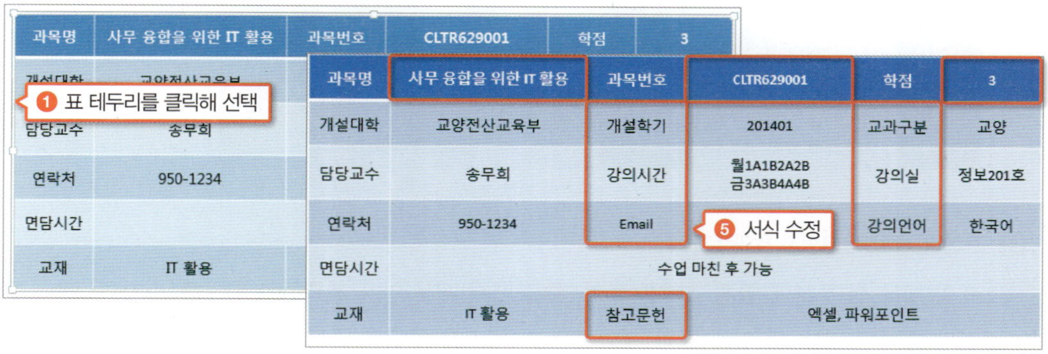

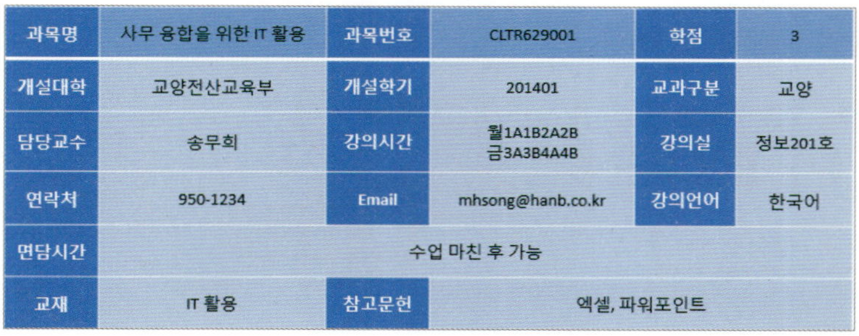

과목명	사무 융합을 위한 IT 활용	과목번호	CLTR629001	학점	3
개설대학	교양전산교육부	개설학기	201401	교과구분	교양
담당교수	송무희	강의시간	월1A1B2A2B 금3A3B4A4B	강의실	정보201호
연락처	950-1234	Email	mhsong@hanb.co.kr	강의언어	한국어
면담시간	수업 마친 후 가능				
교재	IT 활용	참고문헌	엑셀, 파워포인트		

TIP 표에서 셀을 선택할 때는 드래그하여 연속적인 선택만 가능하다. 엑셀이나 한글처럼 비연속적인 선택은 안 된다. 열이나 행 단위로 선택할 때는 표 테두리의 약간 바깥쪽에 마우스 포인터를 두어 마우스 포인터가 ↑ ↓ ← → 모양일 때 클릭한다.

02 표 테두리 서식 설정하기

① 표의 테두리를 클릭해 표를 선택하고 ②~④ [디자인] 탭–[테두리 그리기] 그룹–[펜 색]에서 원하는 색을 클릭한다. ⑤~⑥ [표 스타일] 그룹–[테두리]–[바깥쪽 테두리]를 클릭하여 테두리를 설정한다.

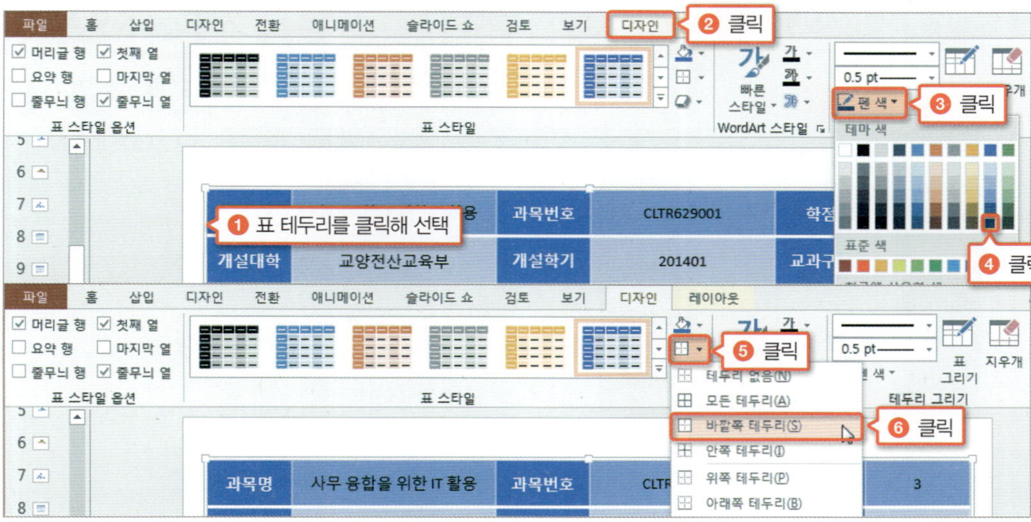

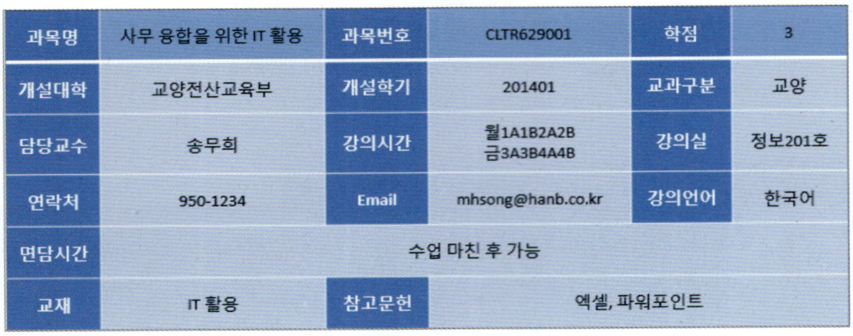

과목명	사무 융합을 위한 IT 활용	과목번호	CLTR629001	학점	3
개설대학	교양전산교육부	개설학기	201401	교과구분	교양
담당교수	송무희	강의시간	월1A1B2A2B 금3A3B4A4B	강의실	정보201호
연락처	950-1234	Email	mhsong@hanb.co.kr	강의언어	한국어
면담시간	수업 마친 후 가능				
교재	IT 활용	참고문헌	엑셀, 파워포인트		

03 표에 입체 효과/그림자 효과주기

표의 제목 셀 부분에 입체 효과를 주자. ❶표에서 제목 열을 선택하고 ❷~❹[디자인] 탭–[표 스타일] 그룹–[효과]–[셀 입체 효과]–[입체 효과:비스듬하게]를 클릭한다. ❺다른 셀에도 동일한 방법으로 입체 효과를 준 다음, 표에 그림자 효과를 주기 위해 ❻[표 스타일] 그룹–[효과]–[그림자]–[바깥쪽:오프셋 대각선 오른쪽 아래]를 클릭한다.

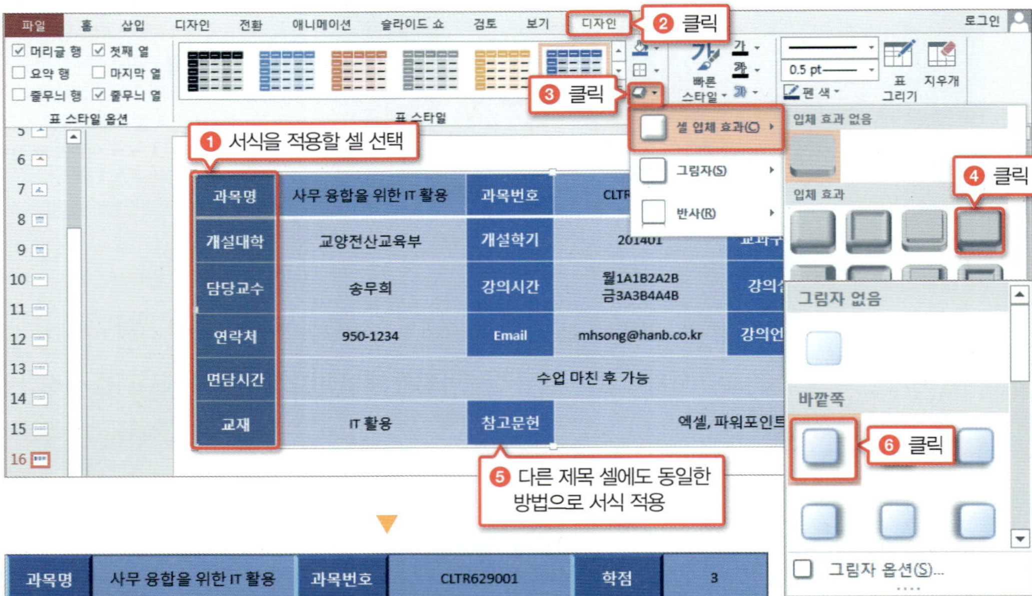

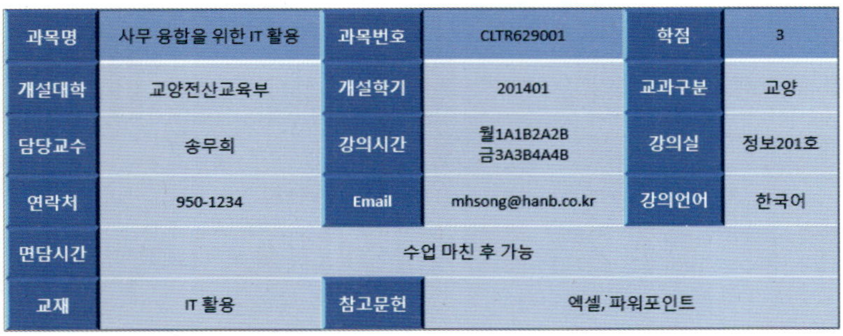

과목명	사무 융합을 위한 IT 활용	과목번호	CLTR629001	학점	3
개설대학	교양전산교육부	개설학기	201401	교과구분	교양
담당교수	송무희	강의시간	월1A1B2A2B 금3A3B4A4B	강의실	정보201호
연락처	950-1234	Email	mhsong@hanb.co.kr	강의언어	한국어
면담시간	수업 마친 후 가능				
교재	IT 활용	참고문헌	엑셀, 파워포인트		

SECTION 03 IT COOKBOOK

차트 활용하기

3.1 차트의 개념과 구성

숫자와 텍스트로만 된 콘텐츠는 다양한 서식을 설정해도 시각적으로 표현하는 데 한계가 있다. 이럴 때 활용할 수 있는 것이 차트이다. 흔히 수치 데이터를 서로 비교하거나 변하는 상태를 알기 쉽게 하기 위해 만든 그림을 그래프라고 하는데, 차트는 이 그래프에 데이터 범례 같은 요소가 추가된 형태이다.

일반적으로 표의 형태로 기록된 수치 데이터를 그래프 형태로 만들고, 그래프에 데이터 레이블 등의 요소를 추가해 시각화한 차트를 만든다. 차트는 데이터를 한눈에 파악하고 분석하는 데 아주 효과적이다.

차트는 파워포인트보다는 엑셀에서 더 많이 사용되고 기본 기능도 동일하므로 여기서는 차트의 기본 기능을 중심으로 알아보자.

3.2 차트의 삽입과 데이터 입력

차트는 표현할 데이터, 차트 종류, 차트 요소, 차트 서식, 차트 위치만 고려하면 프로그램에 상관없이 잘 작성할 수 있다. 차트를 직접 작성하면서 각 요소에 대해 하나씩 익혀보자.

기본 예제 > 차트 작성하기

다음과 같은 데이터를 차트로 작성해보자.

	집단가	집단나
문제 1	55	72
문제 2	79	82
문제 3	80	94

01 차트 삽입하기

❶~❷ [삽입] 탭–[일러스트레이션] 그룹–[차트]를 클릭한 후 ❸~❹ [차트 삽입] 대화상자에서 [세로 막대형]–[묶은 세로 막대형 차트]를 선택하고 ❺ [확인]을 누른다.

TIP 슬라이드 레이아웃이 [제목 및 내용]인 경우에는 슬라이드 가운데에 있는 개체 선택 아이콘에서 (차트 삽입)을 클릭한다.

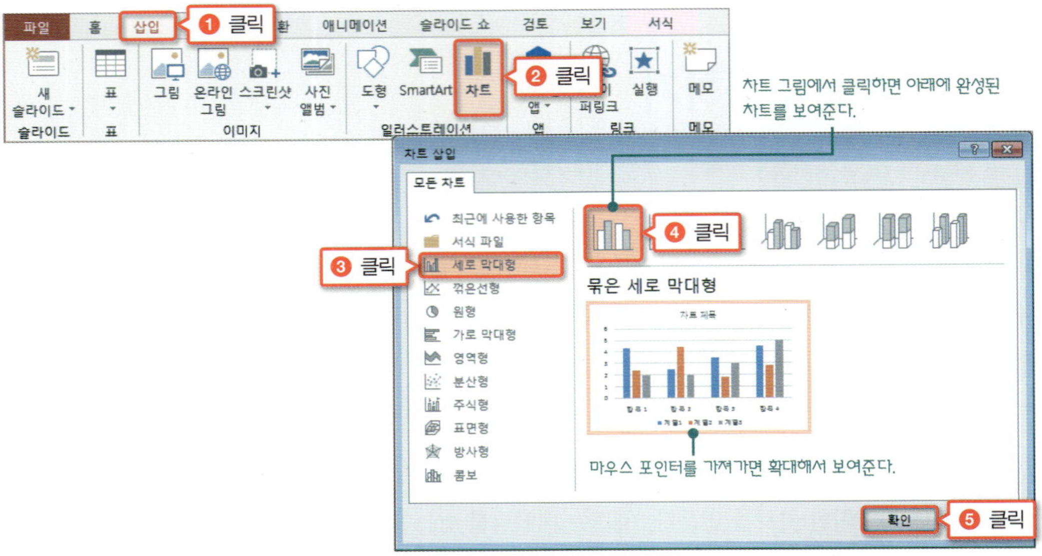

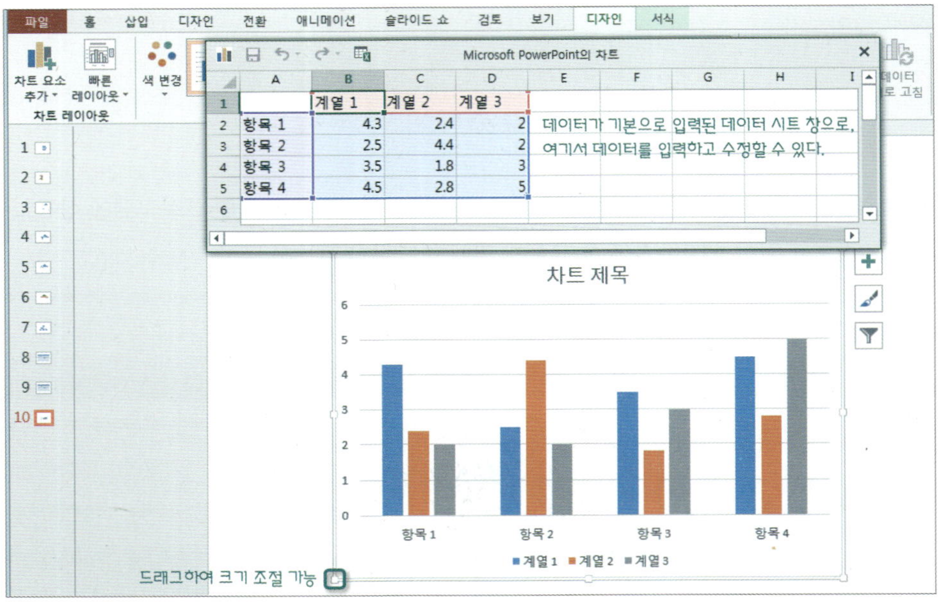

02 차트에 데이터 입력하기

❶ 데이터 시트 화면에서 데이터를 입력하고 필요 없는 데이터는 삭제한다. Enter를 누르면 다음 행으로, 방향키를 누르면 해당 방향으로 이동한다. 데이터가 변경되면 차트도 자동으로 변경된다. ❷~❹ 필요 없는 행이나 열을 삭제할 때는 해당 행(열) 번호에서 마우스 오른쪽 버튼을 누르고 팝업 메뉴에서 [삭제]를 클릭한다. 행이나 열 자체를 삭제하지 않고 입력된 데이터만 지우면 차트에 해당 데이터 영역이 그대로 남게 된다. 데이터 입력을 마치고 슬라이드에서 차트 영역 바깥을 클릭하면 차트 작성이 완료된다. ❺ 차트 제목을 클릭하여 제목을 수정해 차트를 완성한다.

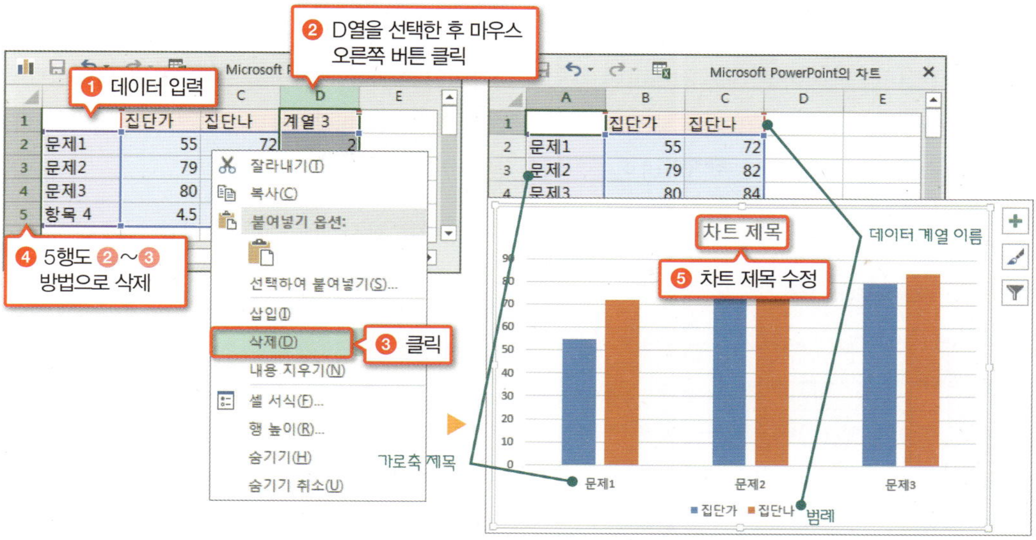

입력된 내용에 따라 차트가 자동으로 변경된다.

03 차트의 데이터 행/열 전환하기

데이터가 이미 입력된 상태에서 행과 열을 전환할 수 있다. 그런데 행/열 전환 기능을 이용하려면 데이터 시트가 먼저 열려 있어야 한다. ❶ 데이터 시트가 열린 상태에서 ❷ [행/열 전환]을 클릭하면 된다. 이때 [행/열 전환]을 한 번씩 클릭할 때마다 행과 열이 전환되는데, 다음 예제 진행을 위해 여기서는 ❸ 한 번 더 [행/열 전환]을 클릭해 원래의 행/열 상태로 되돌린다.

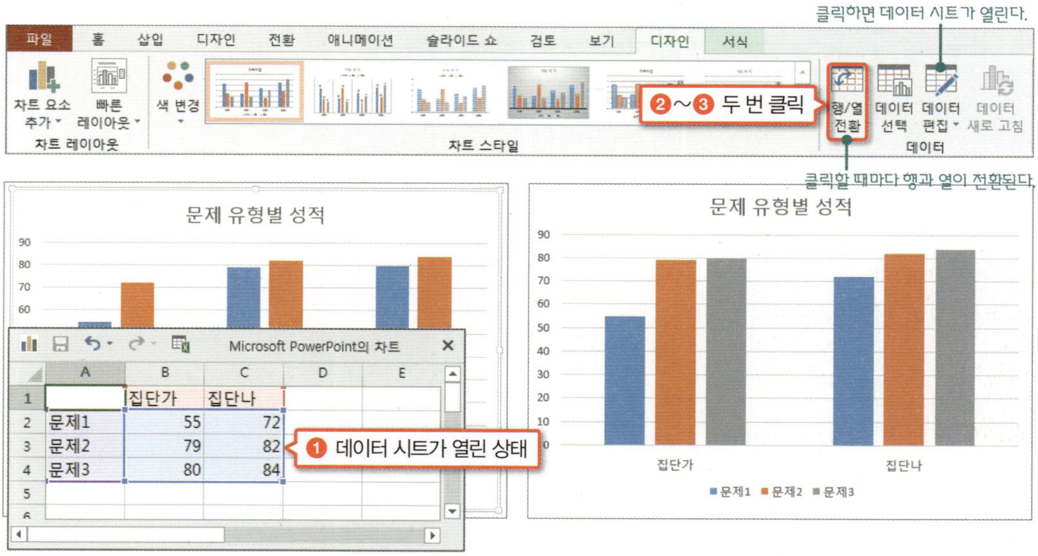

3.3 차트의 요소와 편집

차트에 색상이나 레이아웃 등을 설정하면 차트의 시각적인 효과를 배가시킬 수 있다. 파워포인트에서는 차트의 서식이나 레이아웃을 빠르게 변경할 수 있도록 빠른 레이아웃, 차트 스타일 기능을 제공하는데, 이런 기능을 이용해 마우스 클릭 한 번으로 서식을 쉽게 변경할 수 있다.

차트를 수정하기에 앞서 차트 편집 화면에서 차트의 각 영역을 잠시 살펴보면 [그림 6-3]과 같다.

그림 6-3 차트를 구성하는 요소

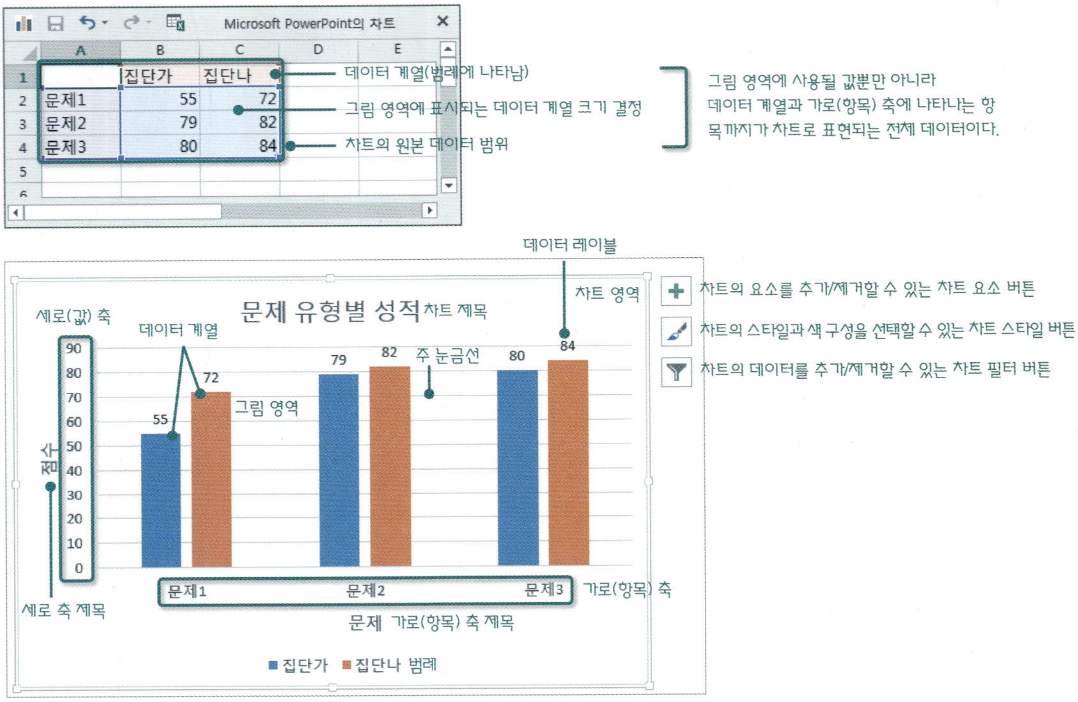

차트 오른쪽에 있는 [+](차트 요소)를 클릭하면 차트 요소가 표시되고, 여기서 각 요소를 체크하여 손쉽게 요소를 추가 또는 제거할 수 있다. 그리고 차트의 각 요소에 마우스 포인터를 두면 해당 요소를 알려주는 스크린 팁이 표시되어 의미를 쉽게 파악할 수 있다.

기본 예제 차트 서식 변경하기

앞서 작성한 차트의 서식을 변경해보자.

01 차트를 빠른 레이아웃으로 변경하기

빠른 레이아웃은 차트에 설정할 수 있는 제목이나 범례와 같이 다양한 레이아웃을 미리 만들어둔 것이다. ❶ 차트를 선택하고 ❷~❹ [디자인] 탭–[차트 레이아웃] 그룹–[빠른 레이아웃]–[레이아웃 5]를 클릭한다. ❺ 변경된 레이아웃에 추가된 축 제목을 입력하여 레이아웃 변경을 완료한다.

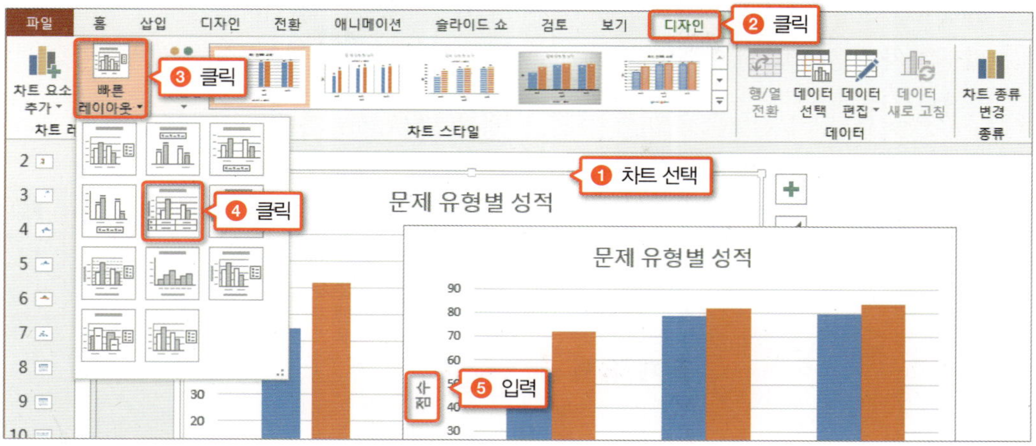

02 차트의 스타일/색 변경하기

차트 스타일과 색 구성은 차트 오른쪽에 표시되는 (스타일)을 이용해 손쉽게 변경할 수 있다. ❶ 차트를 선택하고 ❷~❹ (스타일)–[스타일]–[스타일 2]를 클릭한다. 그런 다음 ❺~❻ [색]–[색 3]을 클릭한다.

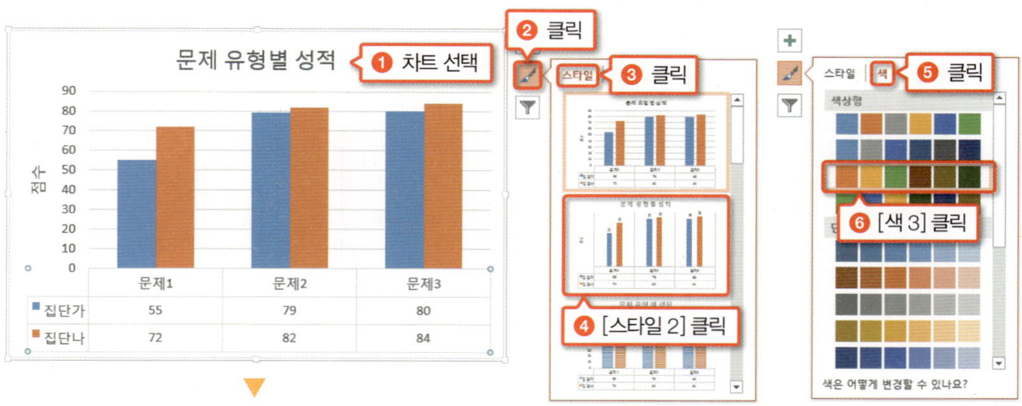

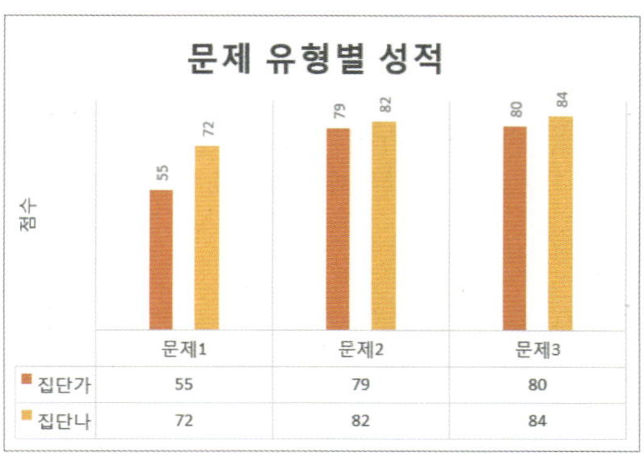

TIP 차트 스타일과 색은 차트를 선택한 후 [디자인] 탭–[차트 스타일] 그룹에 있는 도구를 이용해 설정할 수도 있다.

03 차트 종류 변경하기

파워포인트에서는 데이터의 특성에 따라 차트를 표현할 수 있도록 다양한 종류의 차트를 제공한다. ❶종류를 변경할 차트를 선택하고 ❷~❸[디자인] 탭-[종류] 그룹-[차트 종류 변경]을 클릭한다. ❹~❺[차트 종류 변경] 대화상자에서 [꺾은선형]-[표식이 있는 꺾은선형]을 선택하고 ❻[확인]을 누른다.

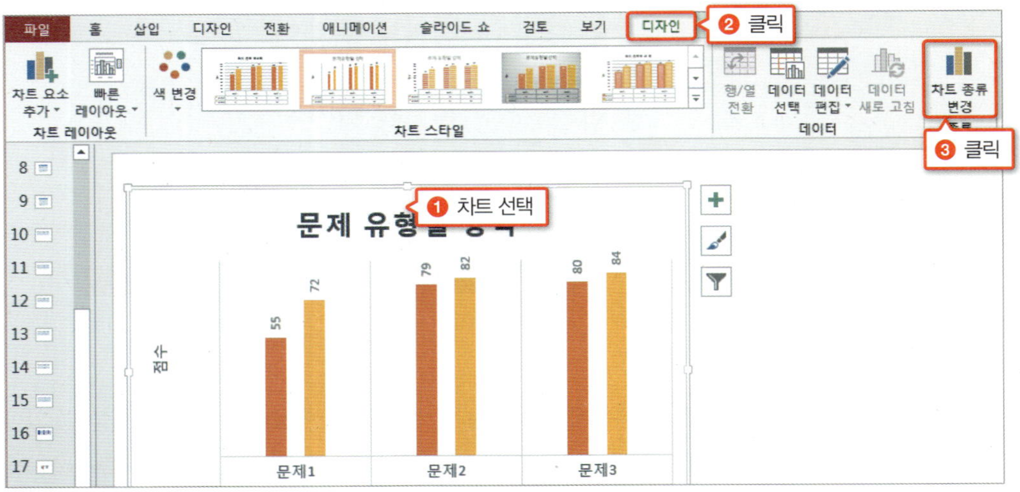

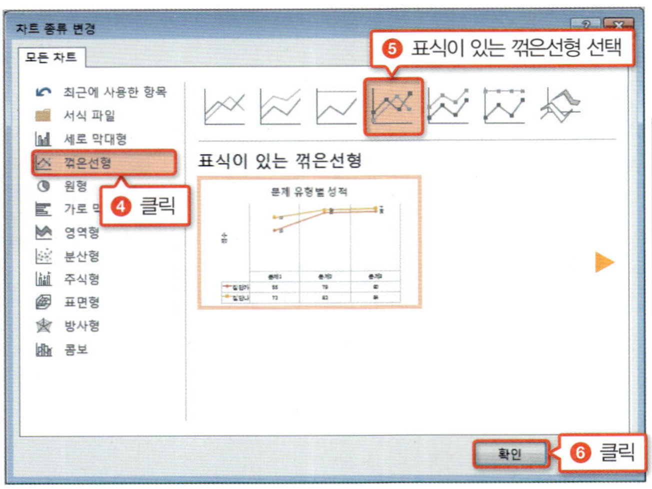

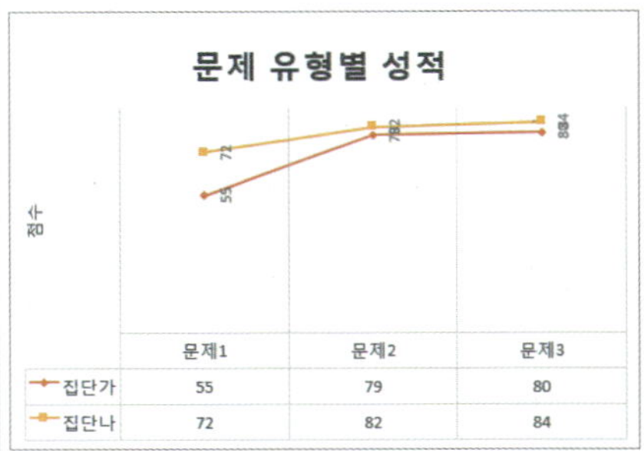

지금까지는 빠른 레이아웃이나 차트 스타일 기능을 이용해 차트를 일괄적으로 변경하였는데 다음 예제에서는 차트의 각 요소별로 입력 및 서식을 변경해보자. 차트의 요소는 기본적으로 다음 방법으로 편집할 수 있는데 여기서는 요소에 따라 편한 방법을 사용할 것이다.

1 내용 입력 : 차트에서 해당 요소를 마우스로 클릭한 후 입력한다.

2 서식 변경 : 요소를 선택한 후 [서식] 탭-[도형 스타일] 그룹에서 변경한다. 또는 요소를 더블클릭하여 [차트 서식] 작업창을 열어 이 작업창에서 서식을 변경한다.

기본 예제 차트 요소 편집하기

앞에서 작성한 묶은 세로 막대형 차트 요소의 서식을 변경하면 어떤 변화가 있는지 하나씩 살펴보자.

01 차트 제목 제거하기

❶ +(차트 요소)를 클릭한 후 ❷ [차트 제목]의 체크를 해제하면 차트 제목이 제거되고 이에 맞게 차트 크기가 조절된다.

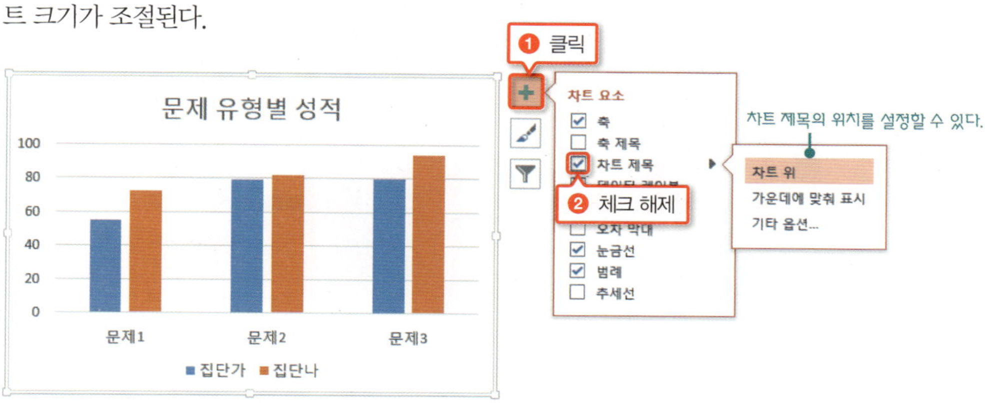

02 축 제목 추가/제거하기

차트 요소에서 ❶ 축 제목을 체크한 후 ❷ 삽입된 세로 축 제목에 제목을 입력하고 ❸ 가로 축 제목은 클릭한 후 Delete를 눌러 삭제한다. 또는 [차트 요소] 창에서 [축 제목]–[기본 가로]의 체크를 해제한다.

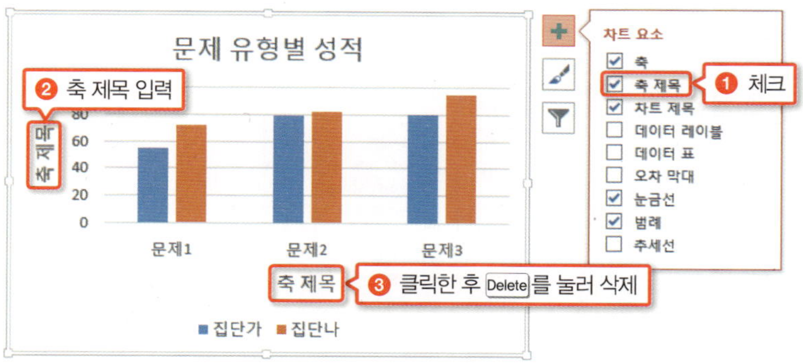

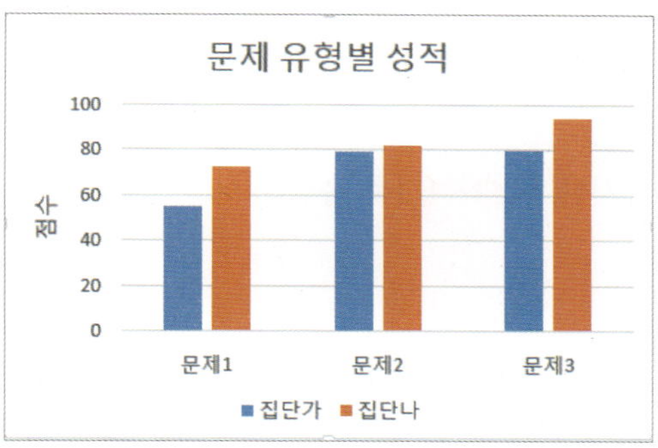

03 축 제목 방향 변경하기

❶ 축 제목을 더블클릭해 오른쪽에 [축 제목 서식] 작업창이 나타나면 ❷~❸ [텍스트 옵션]–[텍스트 상자]를 클릭한 후 ❹ [텍스트 방향]을 선택한다.

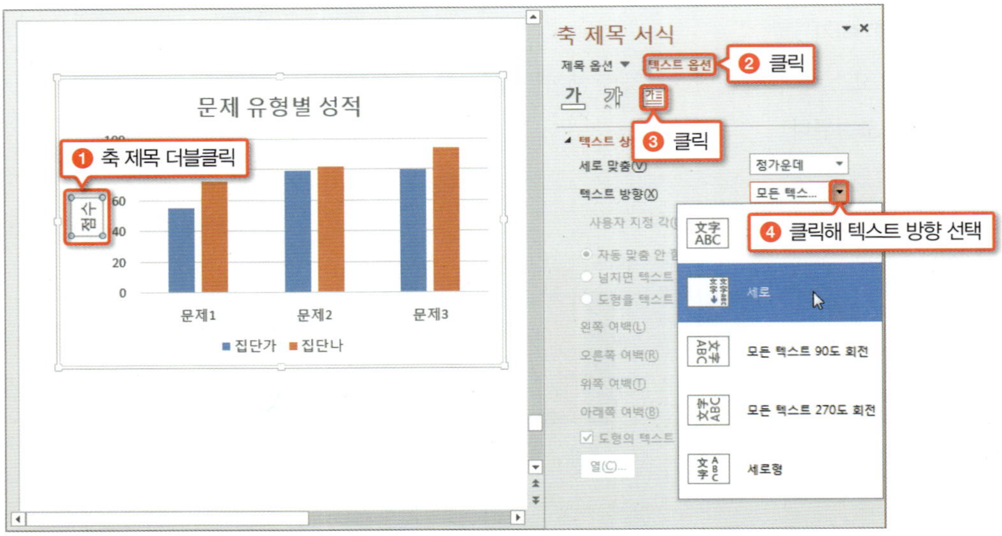

04 범례 위치 설정하기

범례의 위치는 차트 영역 안에서 자유로이 옮길 수 있다. ❶~❷ [차트 요소] 버튼–[범례] 옆의 ▶를 클릭한 후 ❸ 범례 위치를 선택하여 설정한다. 또한 차트 영역에 있는 범례를 직접 드래그하여 옮길 수도 있다.

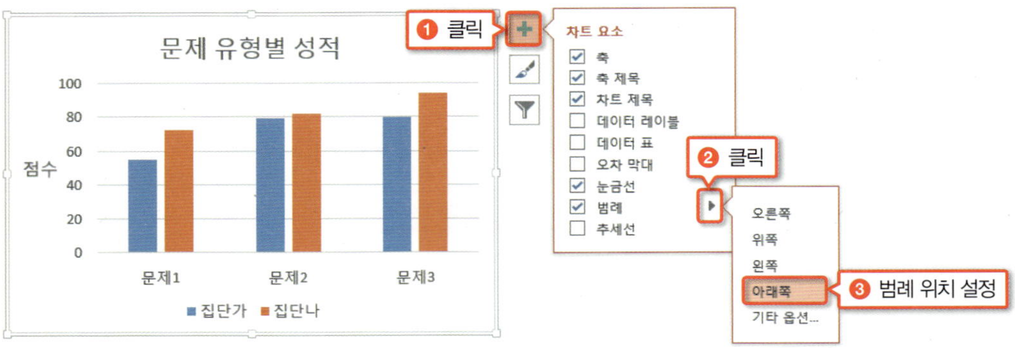

05 세로 축 데이터 간격 조절하기

❶ 세로 축에서 더블클릭해 [축 서식] 작업창을 표시한 후 ❷~❸ [축 옵션]에서 최소값, 최대값, 주 단위 값을 그림과 같이 입력하여 설정한다.

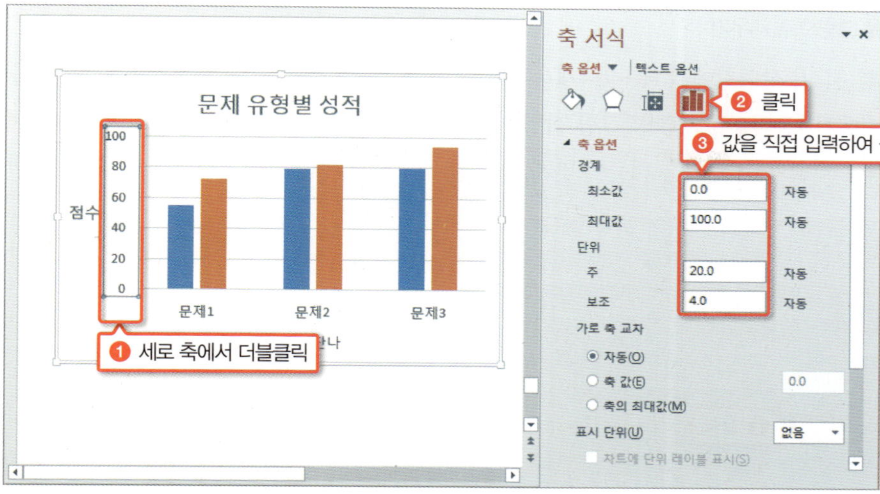

기본 예제 차트 요소 서식 설정하기

차트의 요소별로도 서식을 변경할 수 있다. 차트도 도형이나 그림과 서식을 설정하는 방법이 다르지 않으므로 여기서는 서식을 변경할 차트 요소를 선택한 후 데이터 계열의 배경을 변경하는 방법만 알아보자.

01 차트 요소 선택하기

변경할 차트 요소를 직접 클릭해도 되지만 차트 요소 목록에서 선택하면 좀 더 정확히 선택할 수 있다. ❶ 차트를 선택하고 ❷~❸ [서식] 탭-[현재 선택 영역] 그룹에서 차트 요소를 선택한다. ❹ 데이터 계열 요소에서 마우스 오른쪽 버튼을 누르고 팝업 메뉴에서 [데이터 계열 서식]을 선택한다.

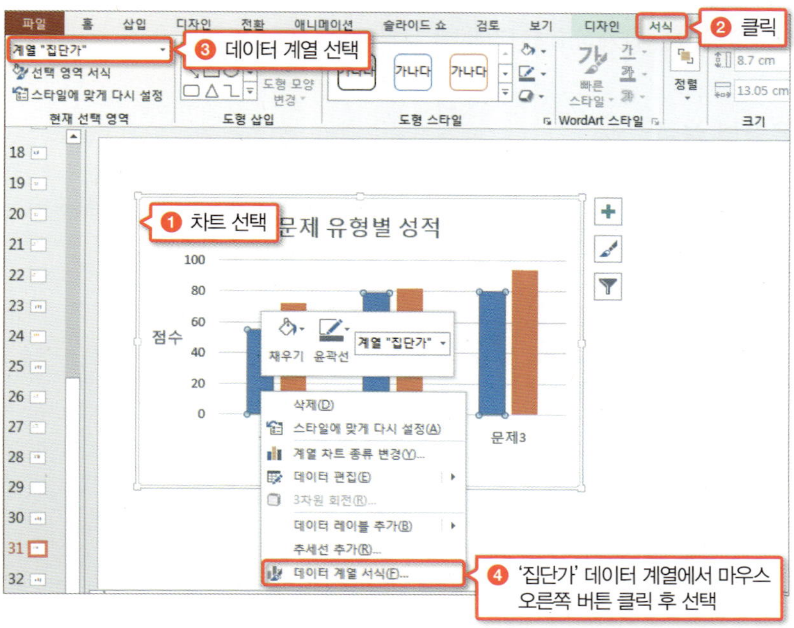

TIP 데이터 계열 요소의 서식은 해당 데이터 요소를 한 번 더 클릭한 후 서식을 설정한다.

02 데이터 계열을 그림으로 채우기

[데이터 계열 서식] 작업창에서 ❶~❷ [채우기]-[그림 또는 질감 채우기]를 선택한다. ❸ [다음에서 그림 삽입 :]에서 [온라인]을 눌러 [그림 삽입] 대화상자에서 그림을 검색하여 삽입한 후 ❹~❺ 50점마다 그림이 채워지도록 [다음 비율에 맞게 쌓기]를 체크하고 아래쪽의 입력란에 '50'을 입력한다.

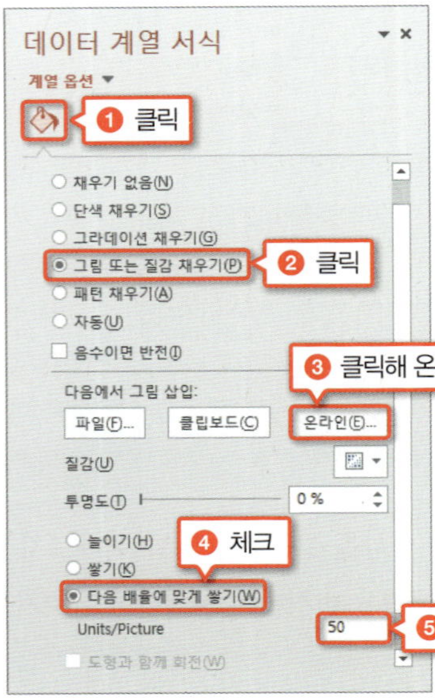

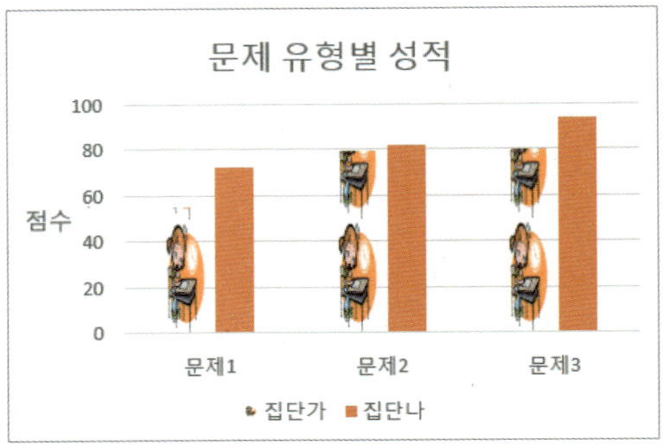

50점마다 그림이 채워진다.

기본 예제 차트 필터를 이용해 특정 데이터 강조하기/숨기기

차트 영역에 특정 데이터를 숨기거나 표시를 선택할 수 있다. 강조하고 싶은 데이터가 있을 때는 다른 데이터는 숨기고 강조할 데이터만 차트에 표시하면 된다. ❶ 차트를 선택하고 ❷ (차트 필터)를 클릭한 후 ❸ 차트에서 제외할 항목의 체크를 해제하고 ❹ [적용]을 누른다.

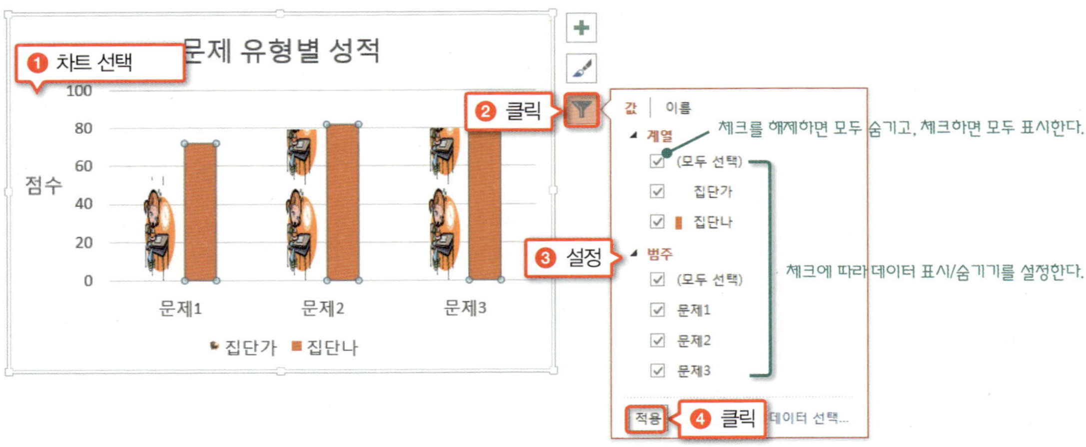

종합 예제

※ 다음과 같이 다양한 스마트아트를 사용하여 슬라이드를 작성해보자(01~07).

01 그림과 같은 유형의 스마트아트를 추가하여 슬라이드를 작성해보자.

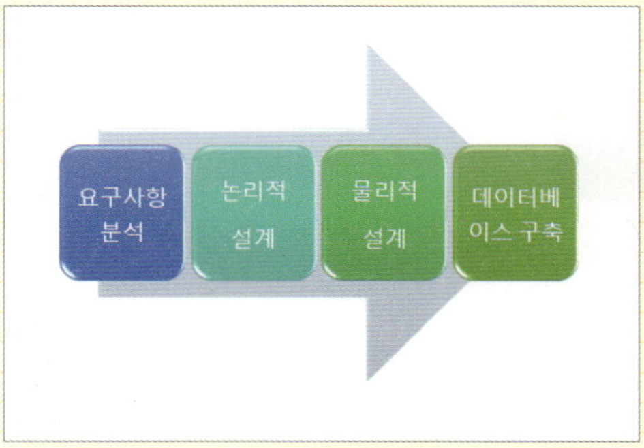

1. 새 슬라이드 추가하고 [삽입] 탭-[일러스트레이션] 그룹-[SmartArt] 클릭
2. '프로세스형-연속 블록 프로세스' 유형 선택
3. 텍스트 입력창 혹은 슬라이드 화면의 텍스트 입력 부분에서 내용 입력
4. [디자인] 탭-[SmartArt 스타일] 그룹-[색 변경]에서 '색상형:강조형5', 스타일은 '3차원:광택 처리' 선택

02 앞에서 만든 스마트아트를 다음과 같이 다양하게 변경해보자.

1. [주기형]-[세그먼트 주기형] 유형으로 변경한다.

2. [프로세스형]-[수식형] 유형으로 변경한다.

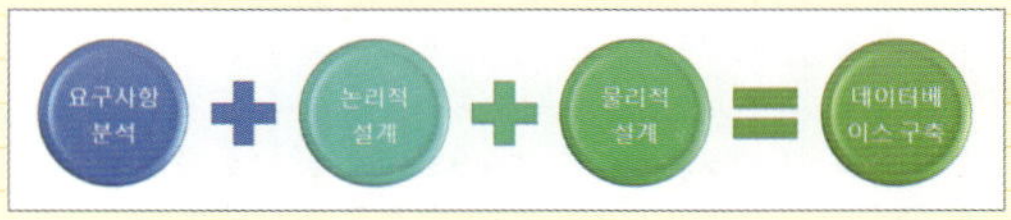

3. [그림형]-[그림 라인업형] 유형으로 변경한다. 다음과 같이 주어진 스마트아트 그림 영역에 [온라인 그림-Bing 이미지 검색]에서 '데이터'로 검색하여 그림을 삽입한다.

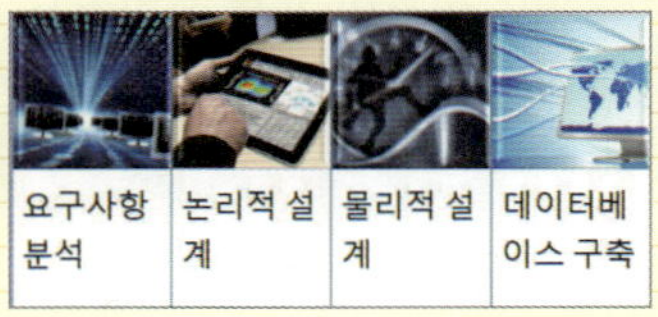

03 그림과 같은 유형의 스마트아트를 추가하여 슬라이드를 작성해보자.

1. 제목 및 내용 레이아웃 슬라이드를 추가하고 디자인 테마와 개체 틀 서식은 자유롭게 지정
2. 스마트아트 유형으로 〈주기형-주기 행렬형〉을 선택하여 내용 작성 후, 스마트아트 색상은 〈색상형-색상형 범위, 강조색 3 또는 4〉, 스마트아트 스타일은 흰색 윤곽선
   수준2 텍스트 상자 부분만 선택하여 글자 크기 16pt, 정렬은 그림과 같이 지정, 텍스트 상자 크기도 텍스트에 맞추어 크기 늘리기

04 〈계층 구조형-조직도형〉 스마트아트로 슬라이드를 작성해보자.

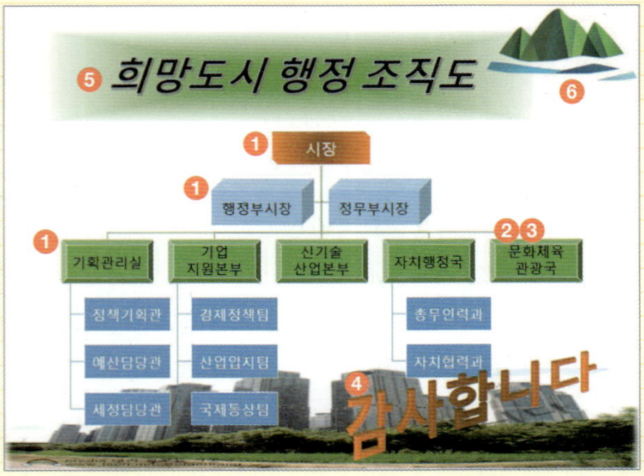

❶ 1수준, 2수준, 3수준 도형 모양 변경 : [서식] 탭-[도형] 그룹-[도형 모양 변경]
❷ [서식] 탭-[도형 스타일] 그룹-[도형 채우기]에서 자유롭게 지정
❸ 글자 크기는 상자에 맞추어 적당히 조절
❹ 워드아트로 내용을 입력한 후 [텍스트 효과] 지정
❺ 슬라이드 제목은 〈도형 채우기-기타 그라데이션-종류:방사형-중지점1 투명도0% 중지점2에서 투명도 100%〉
❻ [온라인 그림]에서 검색하여 그림 추가

※ 표를 포함하는 슬라이드를 작성해보자.

05 다음과 같은 표를 만든 후 서식을 적용해보자.

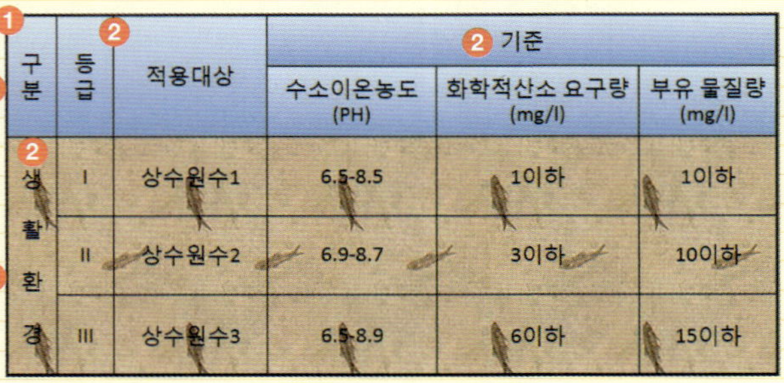

구분	등급	적용대상	기준		
			수소이온농도 (PH)	화학적산소 요구량 (mg/l)	부유 물질량 (mg/l)
생활환경	I	상수원수1	6.5-8.5	1이하	1이하
	II	상수원수2	6.9-8.7	3이하	10이하
	III	상수원수3	6.5-8.9	6이하	15이하

❶ 6행 5열 표 삽입
❷ 그림과 같이 셀 병합
❸ 제목 행 색상 변경 : [표 도구: 디자인] 탭-[표 스타일] 그룹-[음영:파랑:그라데이션]
❹ 제목행 외 내용이 있는 행 색상 질감으로 채우기 : [표 도구 디자인] 탭-[표 스타일] 그룹-[음영:질감:물고기 화석]

06 워드아트와 표를 포함하는 슬라이드를 작성해보자.

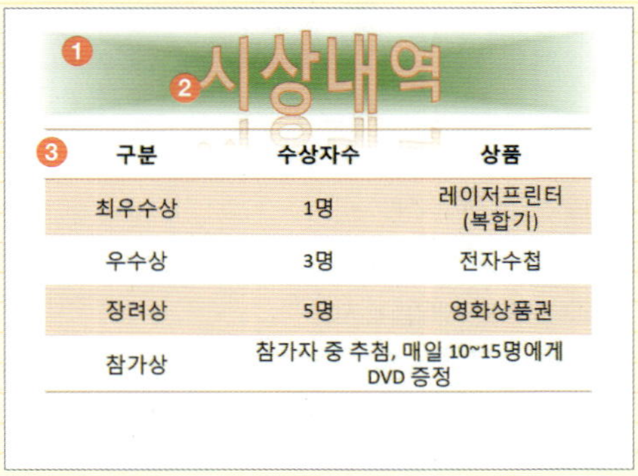

구분	수상자수	상품
최우수상	1명	레이저프린터 (복합기)
우수상	3명	전자수첩
장려상	5명	영화상품권
참가상	참가자 중 추첨, 매일 10~15명에게 DVD 증정	

❶ [제목만] 레이아웃 추가
❷ 제목 작성 후 워드아트 스타일 적용: 텍스트 효과는 〈빠른 스타일: 채우기-밤색, 강조2〉/〈반사: 반사변형-근접반사, 터치〉/〈변환: 휘기-팽창〉, 예제와 같이 제목 개체 틀 크기 줄이기
❸ 3열 5행 표를 삽입하여 그림과 같이 내용을 작성, 표 스타일은 〈빠른 스타일: 밝게-밝은 스타일1, 강조2〉

07 표가 3개인 슬라이드를 작성해보자.

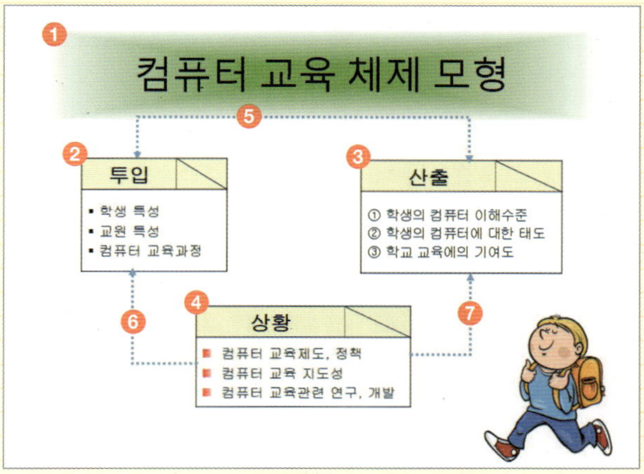

① [제목만] 레이아웃 추가

② 1열 2행 표를 삽입한 후 크기 줄이고 내용 입력, 표 내용에 글머리 기호 지정, 제목 행에 [표 그리기]를 이용해 선을 그림

③ 앞의 ②에서 만든 표를 복사하여 삽입하고 내용 변경, 글머리 기호는 번호 매기기로 변경

④ 앞의 ②나 ③에서 만든 표를 복사하여 삽입하고 내용 변경, 글머리 기호는 그림으로 변경

⑤ ~ ⑥ 선 그리기: [선:자유형]으로 그림, 도형 윤곽선은 두께 3pt/둥근 점선/양끝 화살표

⑦ 앞의 ⑥선을 복사하여 만든 후 [좌우 대칭]으로 회전

※ 차트를 포함하는 슬라이드를 작성해보자(08~09).

08 텍스트와 그림, 차트가 있는 슬라이드를 작성해보자.

	남자
있다	85.2
없다	14.8

	여자
있다	21.7
없다	78.3

① [제목만] 레이아웃 추가

② [삽입] 탭-[일러스트레이션] 그룹-[차트]-[원형 그래프] 선택, 데이터 입력창에 데이터 입력, 차트 요소는 차트 제목 없음, 데이터 레이블 서식은 〈레이블 내용: 백분율, 레이블 위치: 안쪽 끝에, 표시 형식: 백분율, 소수1자리〉, 차트 서식은 〈3차원 회전: X회전 00 Y회전 300〉

③ 앞의 ②번 차트를 복사한 후 내용 변경

④ ~ ⑤ 워드아트로 제목 표현

⑥ [온라인 그림]에서 검색하여 그림 추가

09 다음과 같이 각 분기별 스마트폰 가입 현황을 차트로 작성해보자.

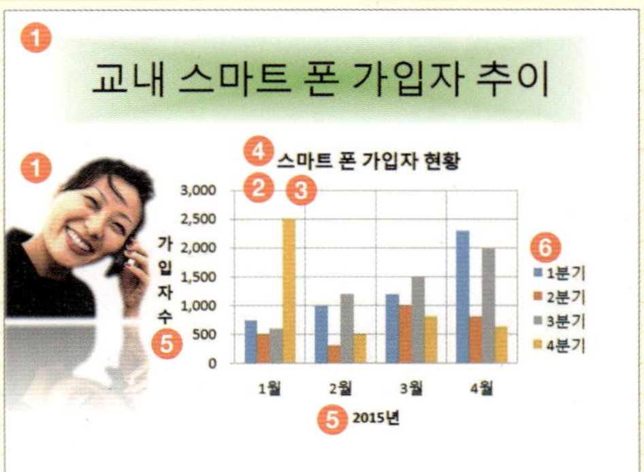

	1분기	2분기	3분기	4분기
1월	750	500	600	2500
2월	1000	300	1200	500
3월	1200	1000	1500	800
4월	2300	800	2000	620

① [제목 및 내용] 레이아웃 추가

② 개체 콘텐츠에서 [차트 삽입] 아이콘 클릭, 차트 종류는 '묶은 세로 막대형'으로 선택

③ 예제와 같이 데이터 입력창에서 데이터 입력

④ 차트 제목 입력

⑤ 가로 축, 세로 축 제목 입력, 세로 축 제목이 세로로 표시되도록 설정([축제목 서식]-[텍스트 옵션]-[텍스트 방향]-[세로])

⑥ 범례를 오른쪽으로 표시하도록 설정

평가 예제

01 다음과 같이 '여행'이라는 주제로 슬라이드를 작성하여 프레젠테이션을 진행해보자.

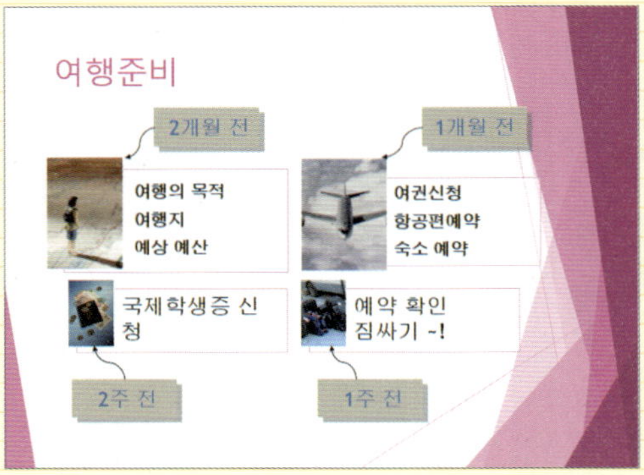

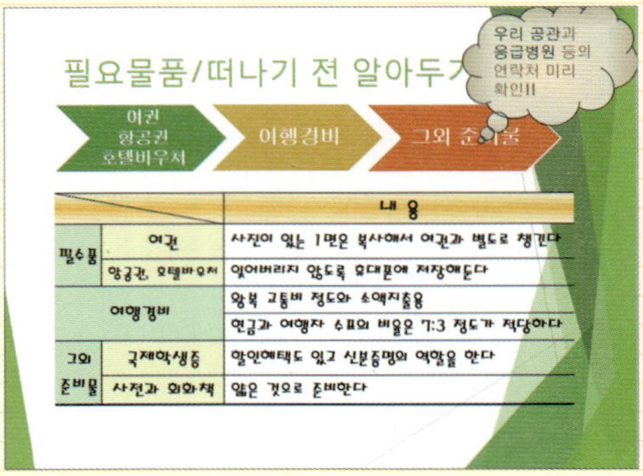

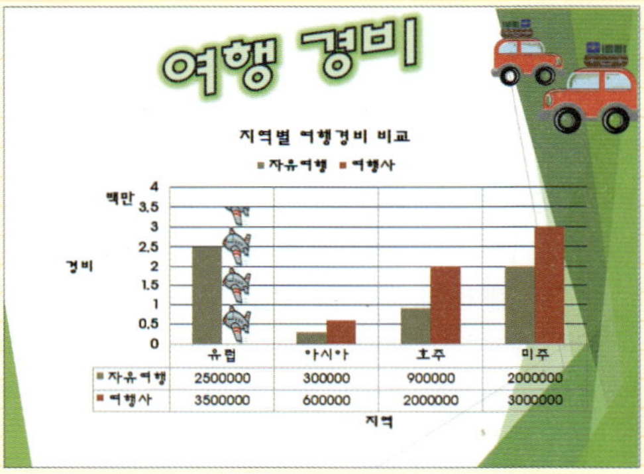

작성조건

1. 전체 설정 : 디자인 테마는 '슬라이스', 각 슬라이드별로 디자인 테마 색상 자유롭게 변경
2. 슬라이드 추가 : [제목 슬라이드] 레이아웃을 추가하여 표지 슬라이드 자유롭게 작성
3. 슬라이드 추가 : [제목 및 내용] 레이아웃을 추가하여 각 내용 슬라이드에 있는 제목과 동일하게 입력하여 '목차 슬라이드' 만들기, 서식은 자유롭게 지정
4. 주어진 예제와 같이 스마트아트, 표, 차트, 워드아트 등 각 개체들을 포함하는 내용 슬라이드 작성(전체 슬라이드 수는 5장이 됨)

CHAPTER 7

IT COOKBOOK

슬라이드 쇼를 위한 화면 전환 효과와 애니메이션

프레젠테이션 문서 작성을 마치면 최종적으로 발표를 위한 슬라이드 쇼를 진행한다. 이때 화면 전환 효과와 애니메이션 기능을 이용하면 슬라이드에 동적인 움직임을 부여하여 내용을 더 효과적으로 전달하고 청중을 집중시킬 수 있다. 하지만 이 기능도 너무 많이 사용하거나 의미 없이 사용하면 오히려 흐름을 끊고 산만함을 줄 수 있으므로 콘텐츠의 특징과 내용의 흐름에 따라 적절히 사용하도록 해야 한다.

이 장에서는 앞서 제작한 프레젠테이션 문서에 화면 전환 효과와 애니메이션을 설정하는 방법을 알아본다. 그리고 파워포인트에서 제공하는 발표자를 위한 도구를 다양하게 활용하는 방법을 알아본다.

SECTION 01 --- IT COOKBOOK

화면 전환 효과 활용하기

1.1 전환 효과의 종류와 설정

슬라이드 전환 효과는 슬라이드 쇼를 진행할 때 이전 슬라이드에서 현재 슬라이드로 전환될 때 나타나는 동적인 효과를 말한다. 전환 방향을 변경하거나 기간을 설정하여 속도를 제어하며, 소리를 추가하는 다양한 속성을 설정할 수 있다.

슬라이드 전환 효과는 [그림 7-1]과 같이 [전환] 탭-[슬라이드 화면 전환] 그룹을 통해 설정한다. 그림과 같이 크게 은은한 효과, 화려한 효과, 동적 컨텐츠로 나뉘는데, 제목이나 강조하고 싶은 슬라이드인 경우와 내용이 작은 경우에는 움직임이 큰 [화려한 효과]나 [동적 컨텐츠]가 효과적이고, 내용이 많은 본문의 경우에는 [은은한 효과]가 효과적이다.

그림 7-1 슬라이드 화면 전환 효과의 설정

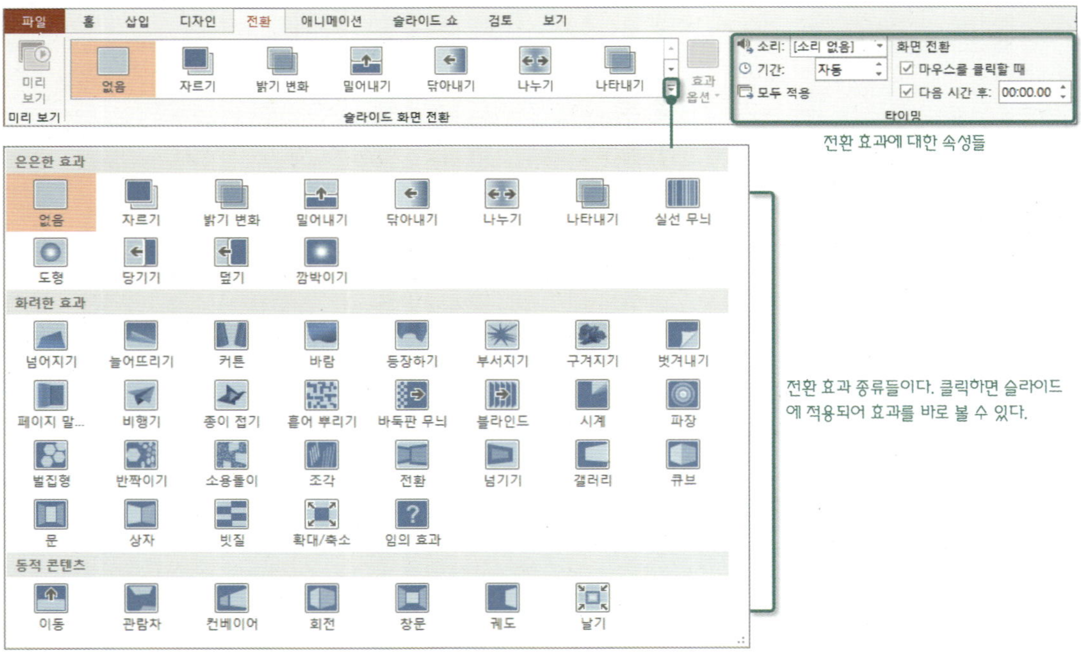

화면 전환 효과는 [그림 7-2]와 같이 효과 옵션을 통해 다양하게 설정할 수 있다. 예를 들어, [나누기] 효과는 화면이 나누어지는 방향을 설정할 수 있는데, 앞뒤로 이어지는 슬라이드에서 화면 전환 효과는 동일하게 하고 전환 방향을 반대로 적용하면 발표 시 내용의 연계성을 유지하면서 효과를 극대화시킬 수 있다.

그림 7-2 슬라이드 화면 전환 효과에 따는 효과 옵션

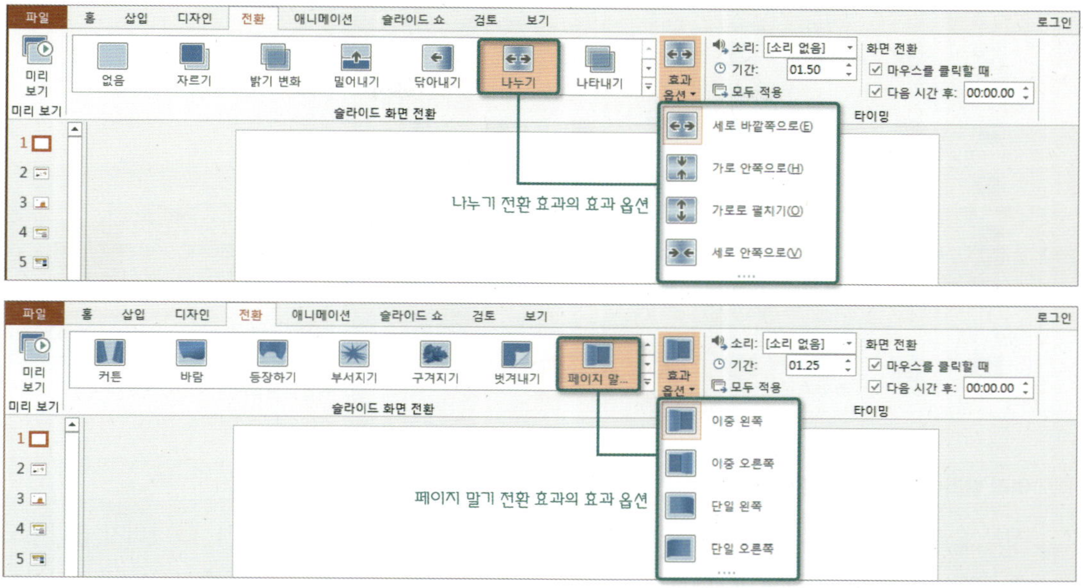

기본 예제 전환 효과 설정/제거하기

예제를 통해 전환 효과를 설정하고 제거하는 방법을 익혀보자. 이 장에서 사용하는 예제 파일은 앞에서 작성한 예제를 하나의 주제로 묶은 것이지만, 지금까지 직접 작성한 파일 중 아무거나 활용해도 상관 없다.

01 제목 슬라이드에 화면 전환 효과 설정하기

보기를 [여러 슬라이드 보기]로 변경한 후 전환 효과를 설정하면 슬라이드 간의 전환 효과 변화도 살펴볼 수 있어 유용하다. 제목 슬라이드에 화면 전환 효과를 설정하려면 ❶ 여러 슬라이드 보기에서 1번 제목 슬라이드를 선택하고 ❷~❹ [전환] 탭–[슬라이드 화면 전환] 그룹 아래의 ▾(자세히)–[동적 컨텐츠:창문]을 클릭한다. 제목 슬라이드는 첫 번째 슬라이드이므로 청중들에게 강한 인상을 주기 위해 동적으로 보이도록 이 전환 효과를 설정한 것이다. 화면 전환 효과가 설정되면 슬라이드의 오른쪽 하단에 작은 별 모양이 표시된다.

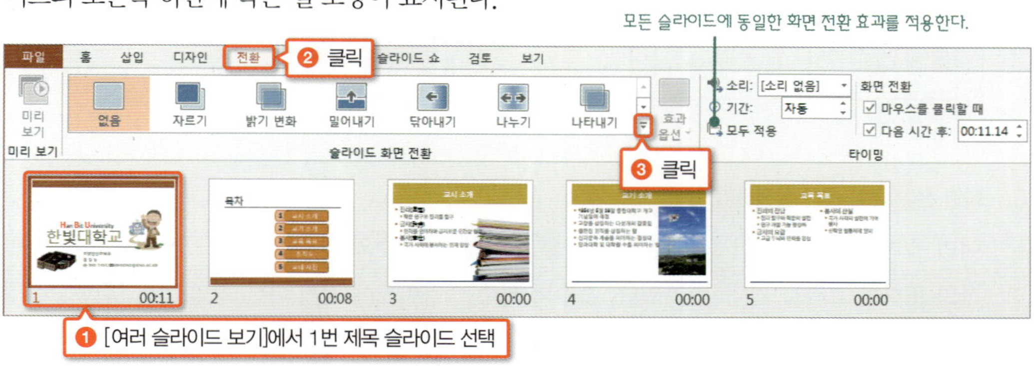

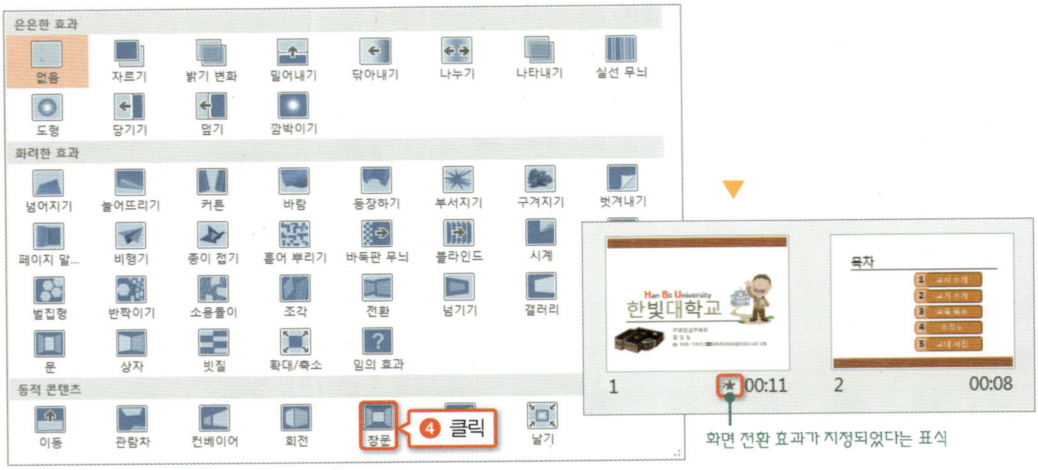

02 여러 슬라이드에 화면 전환 효과 설정하기

제목 슬라이드를 제외한 나머지 슬라이드 모두에 화면 전환 효과를 설정해보자. ❶ 나머지 슬라이드를 모두 선택하고(Ctrl+A로 전체 슬라이드를 선택하고 Ctrl을 누른 채 제목 슬라이드를 클릭하여 제목 슬라이드만 선택 해제) ❷~❹ [전환] 탭–[슬라이드 화면 전환] 그룹의 ▾(아래로)를 조절한 후 [은은한 효과:당기기]를 클릭한다.

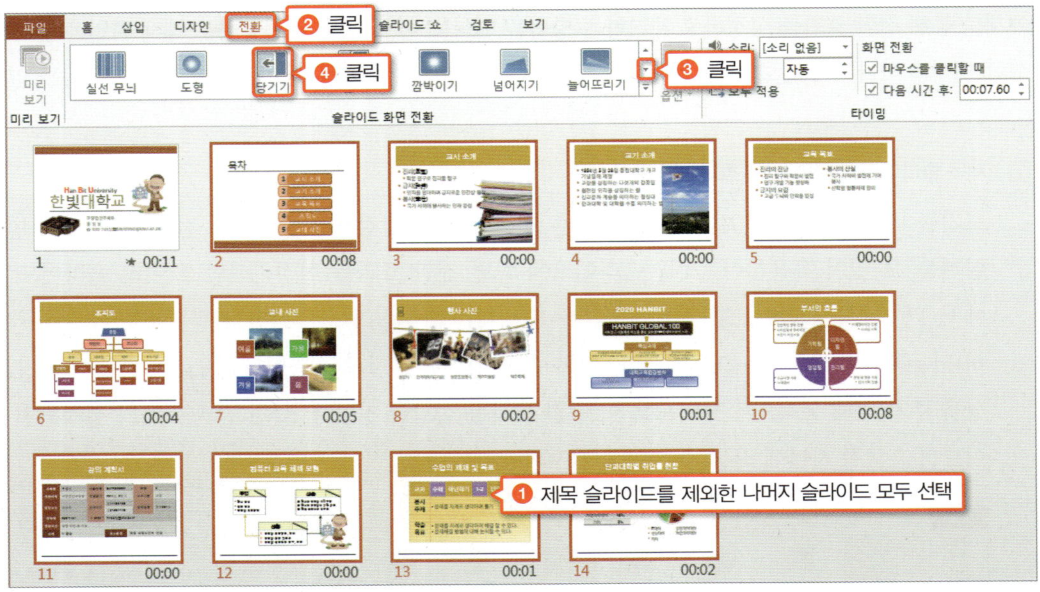

03 화면 전환 효과 옵션 설정하기

여러 슬라이드에 동일한 화면 전환 효과를 설정한 후 홀수와 짝수 슬라이드의 적용 방향을 반대로 하면 또다른 효과를 기대할 수 있다. 홀수와 짝수 슬라이드에 각기 다른 화면 전환 방향을 설정하기 위해 먼저 ❶ 1번 제목 슬라이드를 제외한 홀수 번호 슬라이드를 Ctrl을 누른 채 모두 선택하고 ❷~❹ [전환] 탭–[슬라이드 화면 전환] 그룹–[효과 옵션]–[오른쪽 위에서]를 클릭해 설정한다. ❺ 같은 방법으로 짝수 번호 슬라이드에는 [전환] 탭–[슬라이드 화면 전환] 그룹–[효과 옵션]–[왼쪽 위에서]를 클릭해 설정한다. 설정한 화면 전환 효과는 [슬라이드 쇼]를 눌러 확인할 수 있다.

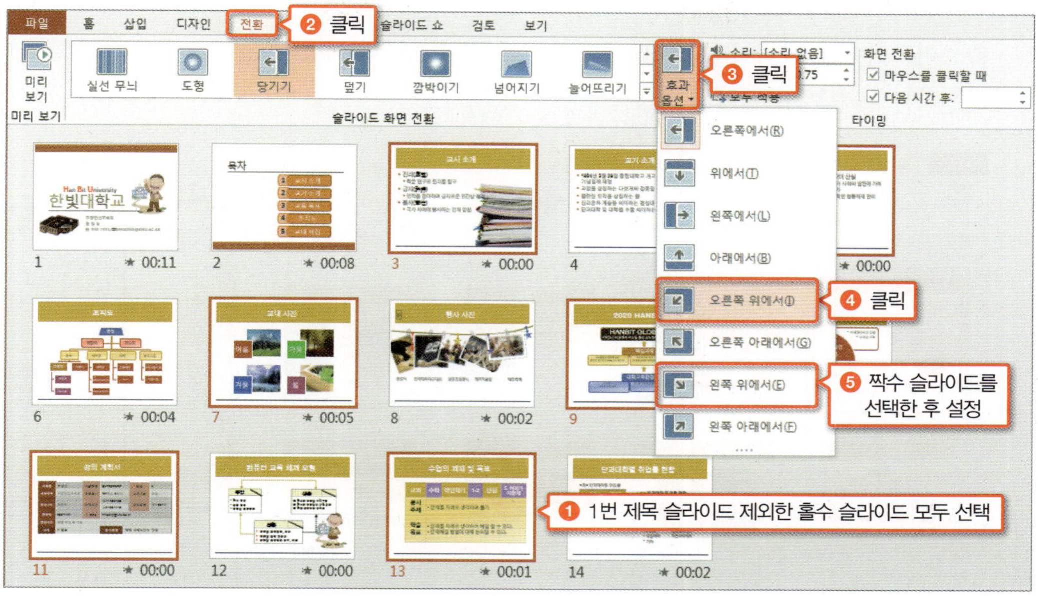

04 설정한 화면 전환 효과 변경/제거하기

전환 효과는 슬라이드 하나에 한 종류만 설정할 수 있어 다른 전환 효과를 선택하면 이전에 설정한 효과가 제거되고 새로운 효과가 적용된다. 그러므로 화면 전환 효과를 완전히 제거하려면 ❶ 화면 전환 효과를 제거할 슬라이드를 선택하고 ❷~❸ [전환] 탭–[슬라이드 화면 전환] 그룹–[없음]을 클릭한다.

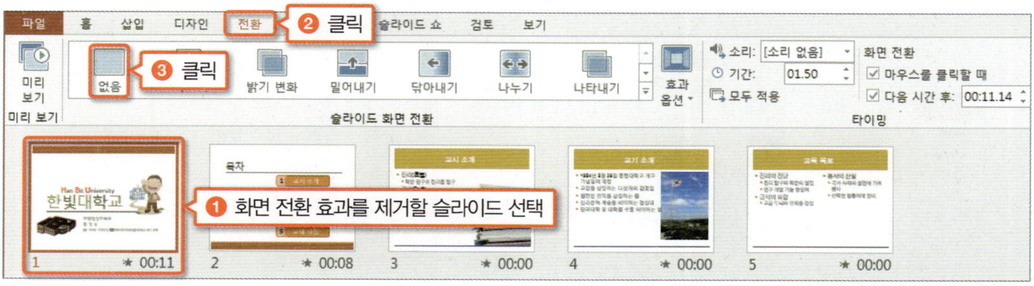

1.2 전환 효과의 속성

화면 전환 효과에 세부적으로 속성을 설정할 수 있다. 즉, 전환 속도, 전환할 때의 소리, 시간 설정을 통한 다음 슬라이드로 자동으로 넘어가기 등의 속성을 설정할 수 있다.

기본 예제 ▶ 전환 효과의 세부 속성 설정하기

예제를 통해 다양한 화면 전환 속성을 설정하는 방법을 익히고 그 효과를 직접 확인해보자.

01 화면 전환 시 소리 추가하기

❶소리를 추가할 슬라이드를 선택하고 ❷~❸[전환] 탭–[타이밍] 그룹–[소리]의 ▾를 클릭한 후 ❹원하는 소리를 선택한다.

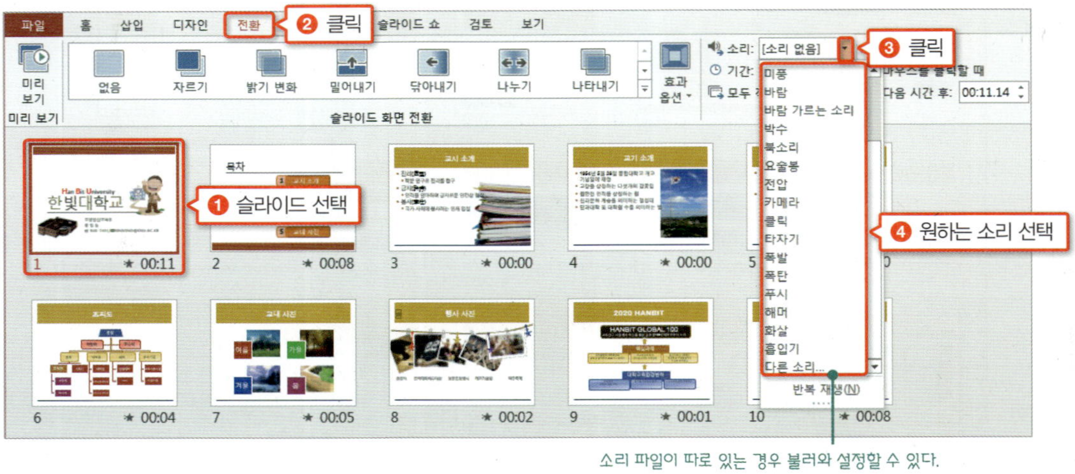

02 화면 전환 타이밍 설정하기

화면 전환 타이밍을 이용해 슬라이드 간의 전환 시간을 설정할 수 있다. ❶타이밍을 설정할 슬라이드를 선택하고 [전환] 탭을 클릭한 후 [타이밍] 그룹의 ❷ [기간]에서 원하는 시간을 설정하면 이전 슬라이드에서 현재 슬라이드로의 전환 속도를 제어할 수 있고, ❸ [다음 시간 후]에서 현재 슬라이드에서 다음 슬라이드로의 자동 전환 시 진행 시간을 직접 입력해 설정할 수 있다.

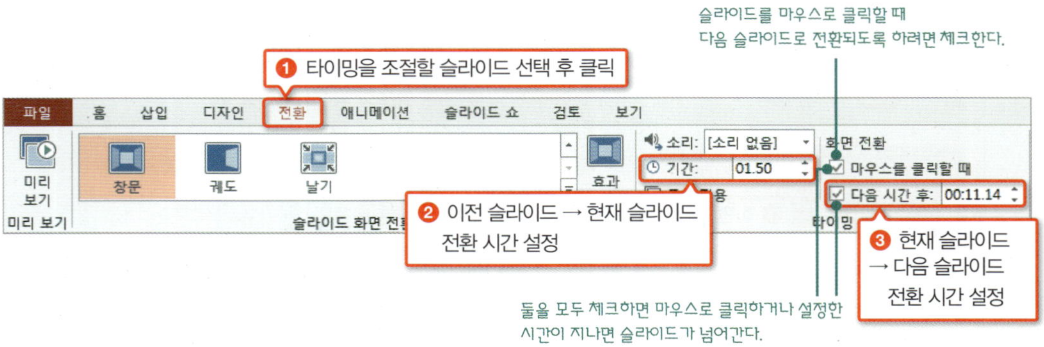

[타이밍] 그룹에 있는 [기간]은 전환 애니메이션이 진행되는 속도가 되고 [다음 시간 후]에 설정하는 시간은 화면이 넘어가는 시간이라고 생각하면 된다.

슬라이드 쇼 자동 전환 설정/해제

타이밍 그룹에서 [다음 시간 후]는 체크를 해제해도 슬라이드 시간 자체가 삭제되지 않아 언제든 다시 설정할 수 있다. 슬라이드에 설정된 시간과 상관 없이 사용자가 화면 전환을 수동으로 진행하려면 [슬라이드 쇼] 탭-[설정] 그룹-[슬라이드 쇼 설정]을 클릭해 [쇼 설정] 대화상자에서 화면 전환으로 [수동]을 선택하고, [타이밍] 그룹-[다음 시간 후]에서 설정한 시간으로 자동 전환하려면 대화상자에서 [설정된 시간 사용]을 선택한다.

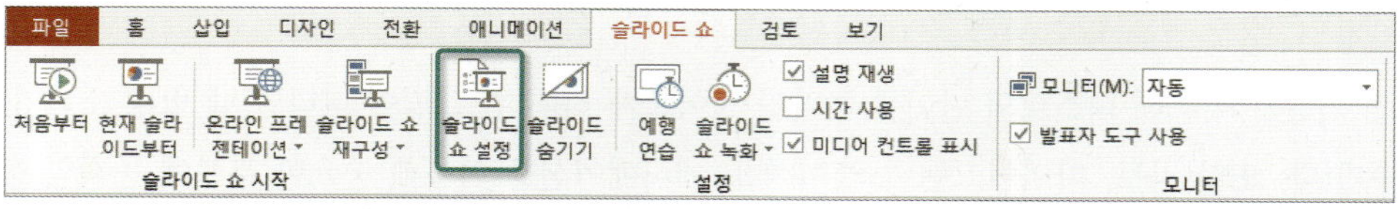

체크하면 Esc 를 누르기 전까지 슬라이드 쇼가 무한 반복하여 행사장에서 전시용도로 사용할 때 유용하다.

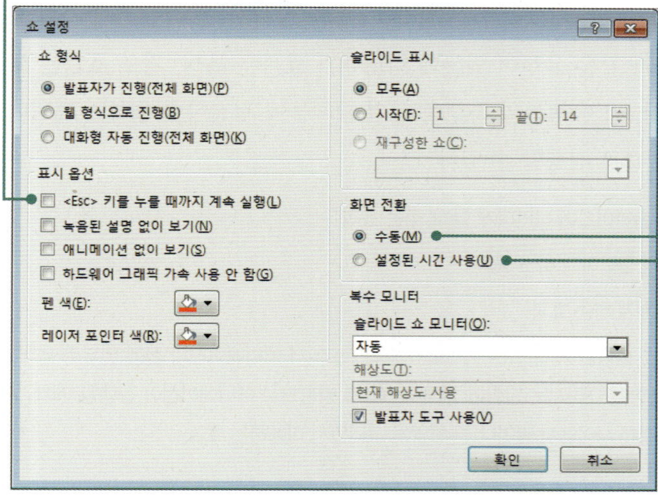

마우스 클릭으로 다음 화면으로 넘어가도록 사용자가 수동으로 조절하여 전환되게 한다.

슬라이드에 설정한 시간이 되면 화면이 자동으로 전환되게 한다.

SECTION ---- IT COOKBOOK

02 애니메이션 활용하기

2.1 애니메이션의 종류와 설정

애니메이션 기능을 이용해 텍스트의 단어를 하나씩 날아오게 하거나, 그림이 나타날 때 박수 소리가 나도록 할 수 있다. 또한 차트, 다이어그램 등의 개체도 애니메이션을 이용해 중요한 부분에 동적인 움직임을 주어 강조할 수 있다.

파워포인트에서 제공하는 애니메이션의 유형은 [그림 7-3]과 같이 [애니메이션] 탭-[애니메이션] 그룹에서 확인할 수 있다. 대표적으로 다음과 같은 유형이 있는데 나타내기 효과는 녹색, 강조 효과는 노란색, 끝내기 효과는 빨간색으로 표시된다. 각 유형들의 특성을 살려 개체들에 적절히 적용하면 애니메이션 자체가 스토리가 되어 발표를 효과적으로 진행할 수 있다.

- 나타내기 효과 : 기본 애니메이션으로, 개체가 슬라이드에 나타나게 할 때 주는 효과
- 강조 효과 : 슬라이드에 나타난 개체를 한 번 더 강조하게 하는 효과
- 끝내기 효과 : 개체를 슬라이드에서 다시 사라지게 하는 효과
- 이동 경로 효과 : 나타내기와 같은 유형이지만, 설정된 개체 또는 텍스트가 슬라이드에서 애니메이션의 진행 일부로 움직이는 경로를 가진다. 즉, 선, 회전, 도형 등을 보면 도형이 그려지는 방향이 정해지는데 그 방향으로 애니메이션이 진행됨. 개체가 위/아래 또는 왼쪽/오른쪽으로 이동하거나, 다른 개체 사이에서 별이나 원 모양을 그리면서 이동하는 효과

그림 7-3 파워포인트에서 제공하는 애니메이션

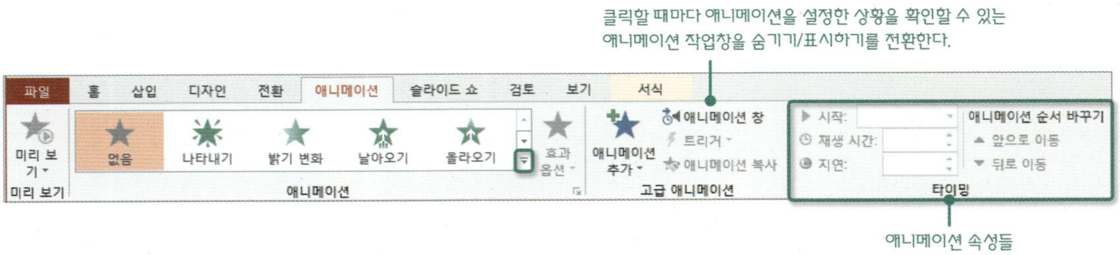

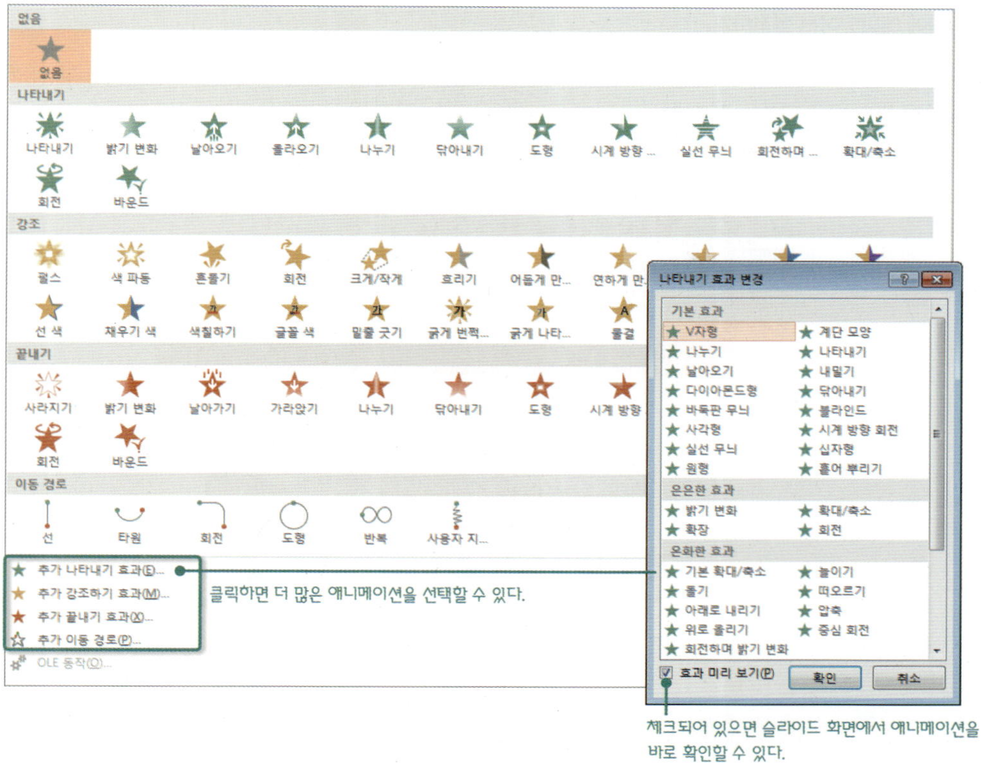

슬라이드의 개체에 애니메이션을 설정하는 방법은 앞 절에서 배운 전환 효과와 유사하다. 그러나 전환 효과를 슬라이드 단위로 설정했다면 애니메이션은 개체 단위로 설정할 수 있다. 즉, 화면 전환은 슬라이드 하나에 한 종류만 설정할 수 있지만, 애니메이션은 개체 하나에 여러 종류를 설정할 수 있어 순서의 개념이 필요하며 이를 이용해 스토리도 만들 수 있다.

기본 예제 > 애니메이션 설정/제거하기

이번 예제에서는 슬라이드 하나에 애니메이션을 여러 개 설정해본다. 하지만 실제에서는 슬라이드 하나에 과도하게 사용하기보다는 내용 전달에 중점을 두고 적당히 사용하는 것이 효과적이다.

01 텍스트 상자에 애니메이션 설정하기

❶ 애니메이션을 설정할 HanBit University 텍스트 상자를 선택하고 ❷~❸ [애니메이션] 탭–[애니메이션] 그룹–[나타내기:밝기 변화]를 클릭하면 해당 애니메이션이 설정되면서 바로 확인할 수 있다.

TIP 애니메이션 작업 창에서 [재생 시작] 버튼을 눌러 확인할 수도 있다.

02 슬라이드에 있는 개체에 애니메이션 각각 설정하기

❶ 한빛대학교 제목 개체 틀에 [나타내기:날아오기] 애니메이션, [왼쪽에서] 효과 옵션을 설정한다.
❷ 부제목 개체 틀에 [나타내기:닦아내기] 애니메이션, [위에서]와 [단락별로] 효과 옵션을 설정한다.
❸ 그림에 [이동 경로:선] 애니메이션, [위쪽] 효과 옵션을 설정한다.

03 설정한 애니메이션 확인하기

슬라이드에 설정된 애니메이션은 ❶~❷ [애니메이션] 탭–[고급 애니메이션] 그룹–[애니메이션 창]을 클릭해 [애니메이션 창]에서 확인할 수 있다. 그리고 [모두 재생]을 눌러 애니메이션을 실행할 수 있다.

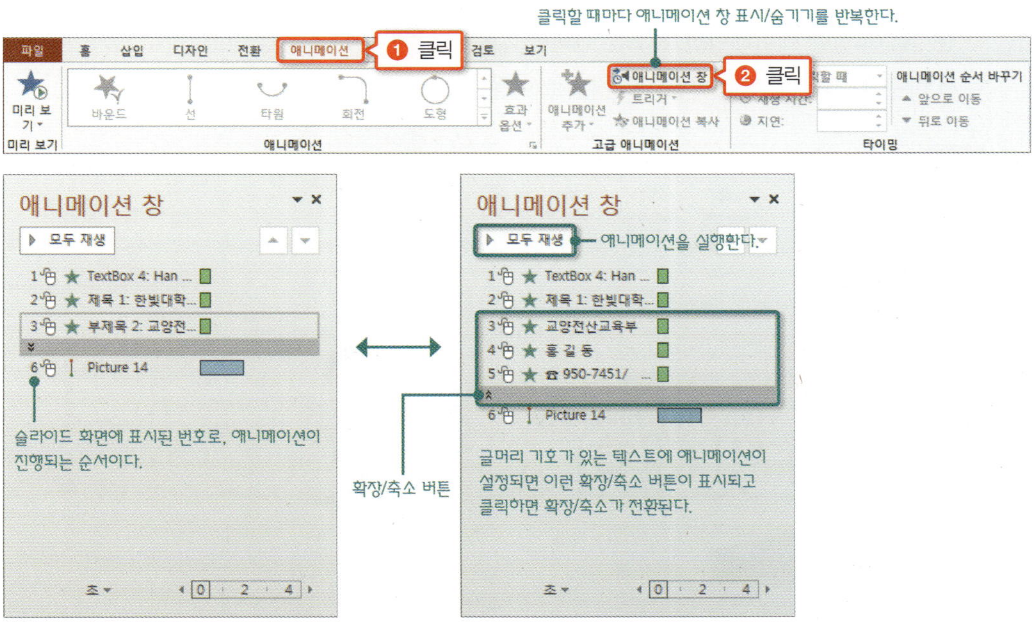

TIP 애니메이션도 화면 전환 효과처럼 [여러 슬라이드 보기]에서 각 슬라이드 오른쪽 아래에 별 모양으로 표시된다.

04 애니메이션 변경/추가하기

애니메이션은 화면 전환과 달리 개체 하나에 여러 개를 설정할 수 있다. 그런데 애니메이션 창에서 애니메이션 목록을 선택하고 다른 애니메이션을 선택하면 이전 애니메이션이 사라지고 선택된 애니메이션이 적용된다. 그러므로 이전 애니메이션을 유지한 채 더 추가하려면 애니메이션 추가 기능을 이용해야 한다. HanBit University 텍스트 상자에 애니메이션을 하나 더 추가해보자. ① HanBit Uiversity 텍스트 상자를 선택하고 ②~④ [애니메이션] 탭–[고급 애니메이션] 그룹–[애니메이션 추가]–[나타내기:회전하며 밝기 변화]를 클릭한다.

05 애니메이션 순서 조정하기

① 순서를 조정할 애니메이션 번호를 선택하고 ②~③ [애니메이션] 탭–[타이밍] 그룹–[애니메이션 순서 바꾸기]에서 [앞으로 이동] 혹은 [뒤로 이동]을 클릭해 순서를 조정한다.

목록을 드래그하거나 이 버튼을 클릭해 순서를 조정할 수도 있다.

06 애니메이션 삭제하기

❶ 애니메이션을 삭제할 개체를 선택하고 ❷~❸ [애니메이션] 탭–[애니메이션] 그룹–[없음:없음]을 클릭한다. 또는 슬라이드 화면에 표시된 애니메이션 순서를 나타내는 번호나 애니메이션 창에서 해당 목록을 선택하고 Delete를 눌러 삭제할 수도 있다.

기본 예제 이동 경로 애니메이션 설정하기

텍스트 또는 개체에 좀 더 스토리가 있게 사용자 설정 애니메이션 이동 경로를 추가할 수 있다. 여기서 설정한 경로에 따라 개체 또는 텍스트 글머리 기호의 중심이 이동한다.

01 이동 경로 애니메이션 선택하기

❶ 이동 경로를 추가할 개체를 선택하고 ❷~❸ [애니메이션] 탭–[애니메이션] 그룹–[이동 경로]를 클릭하여 이동 경로 애니메이션 중 하나를 클릭한다. 이때 이동 경로 애니메이션에서 녹색점은 경로의 시작을, 빨간색점은 경로의 끝을 의미한다.

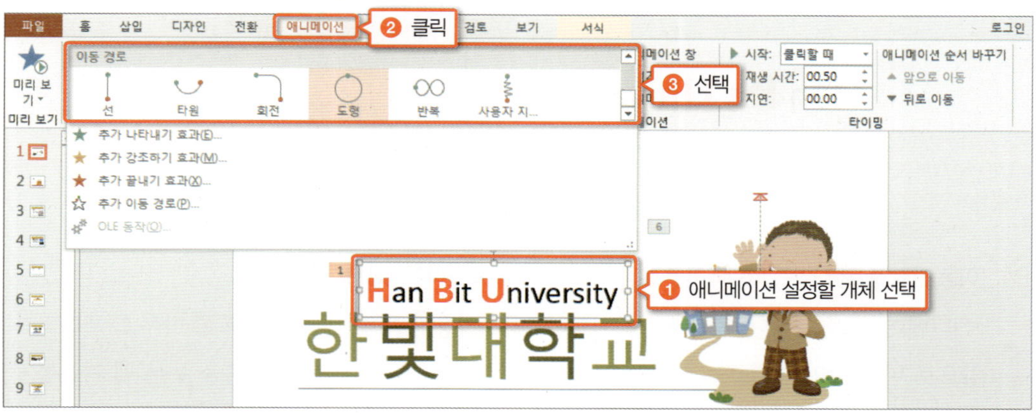

02 [이동 경로:도형] 애니메이션 설정하기

[애니메이션] 탭–[애니메이션] 그룹–[이동 경로:도형]을 선택하면 원 모양으로 이동 경로가 정해지고 설정된 경로가 점선으로 표시된다. 이 원 모양은 [효과 옵션]에서 변경할 수 있다.

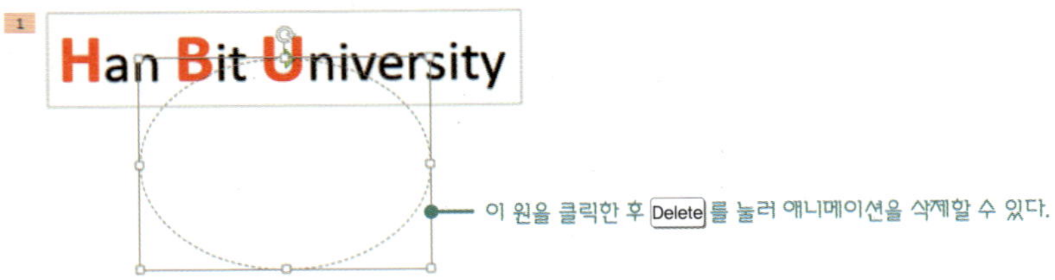

03 [이동 경로:사용자 지정 경로] 애니메이션 직선 경로로 설정하기

[애니메이션] 탭–[애니메이션] 그룹–[이동 경로:사용자 지정]을 선택하고 ❶~❺ 마우스 포인터가 + 모양으로 바뀌면 이동 경로 지점을 계속 클릭하다가 ❻ 경로가 끝나는 지점에서 더블클릭하여 마친다.

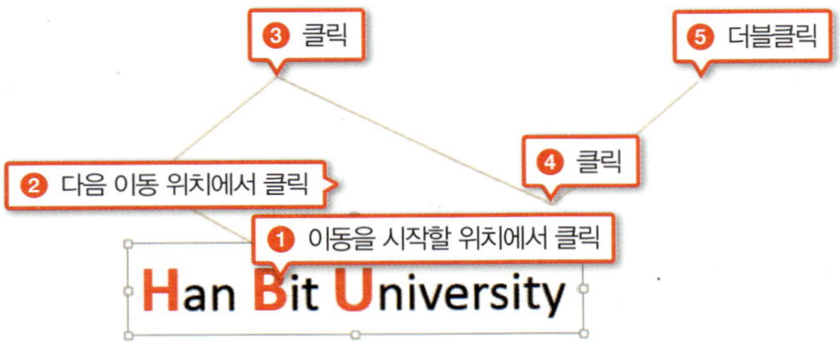

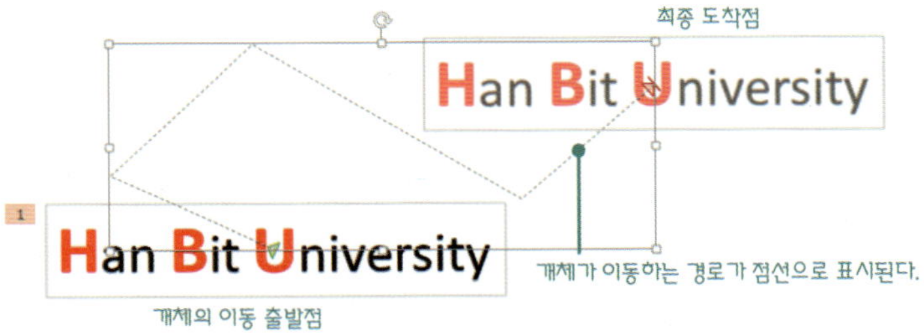

04 [이동 경로:불규칙 경로] 애니메이션 설정하고 출발점으로 돌아가게 하기

[애니메이션] 탭–[애니메이션] 그룹–[이동 경로:사용자 지정]을 선택하고 ❶ 마우스 포인터가 + 모양으로 바뀌면 이동 경로를 시작할 지점을 클릭한 후 ❷ 마우스 왼쪽 버튼을 누른 채 자유롭게 드래

그하다가 ❸ 경로가 끝나는 지점에서 더블클릭하여 마친다. 이때 시작 지점 또는 최종 도착 지점을 포함한 경로는 슬라이드 밖에서도 작동한다. 설정한 경로는 편집할 수 있는데 전체 경로를 이동하려면 경로를 클릭한 후 마우스 포인터가 ✥ 모양으로 바뀌었을 때 원하는 위치로 드래그한다. 그리고 ❹ 이동을 마친 개체를 시작 지점으로 다시 돌아가게 하려면 경로에서 마우스 오른쪽 버튼을 누르고 팝업 메뉴에서 [경로 닫기]를 클릭한다.

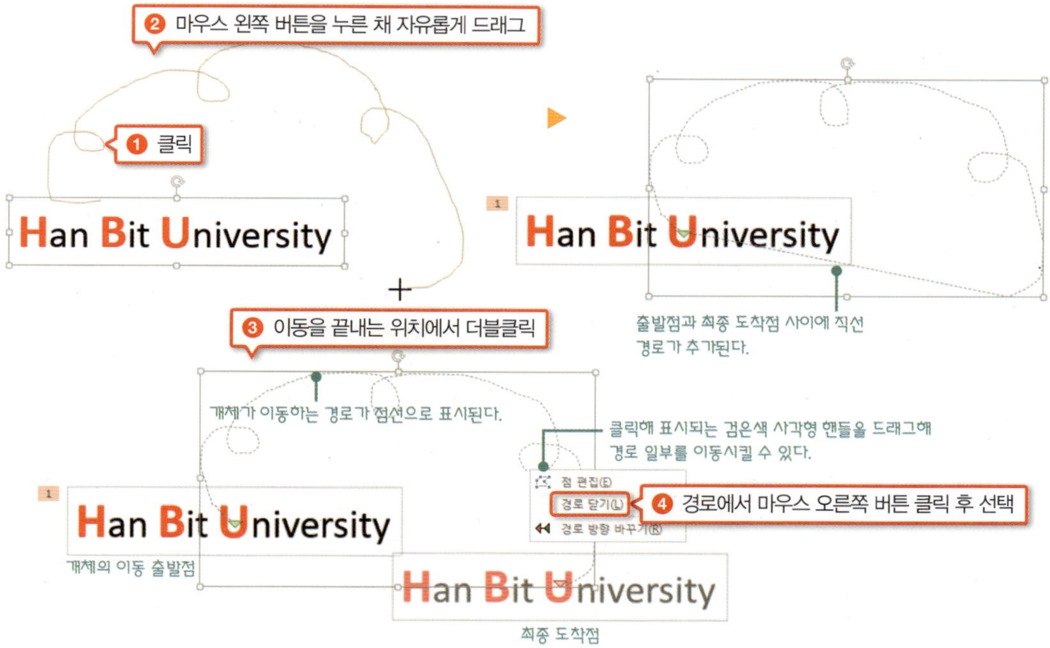

기본 예제 > 다양한 유형의 애니메이션 설정하기

목차 슬라이드에 애니메이션을 설정하여 목차가 번호 순으로 표시된 후 최종적으로는 1번 목차만 남도록 하여, 파워포인트에서 제공하는 각 애니메이션 유형들이 적용되는 경우를 살펴보자. 그런데 애니메이션은 개체 하나에만 설정할 수 있으므로 예제처럼 도형 여러 개로 이루어진 목차에 애니메이션을 설정할 때는 먼저 그룹으로 묶어준다. 예제에서도 각 목차가 번호 순서마다 개체 하나가 되도록 그룹화되어 있다.

01 목차가 번호 순서대로 나타나도록 나타내기 효과 설정하기

❶ 각각의 번호 도형과 제목 도형이 그룹으로 묶여진 1~5번 목차를 선택하고 ❷~❸ [애니메이션] 탭–[애니메이션] 그룹–[나타내기:닦아내기]를 클릭한다. ❹ [애니메이션] 그룹의 [효과 옵션]을 [왼쪽에서]로, ❺ [타이밍] 그룹의 [시작]을 [이전 효과 다음에]로 설정한다.

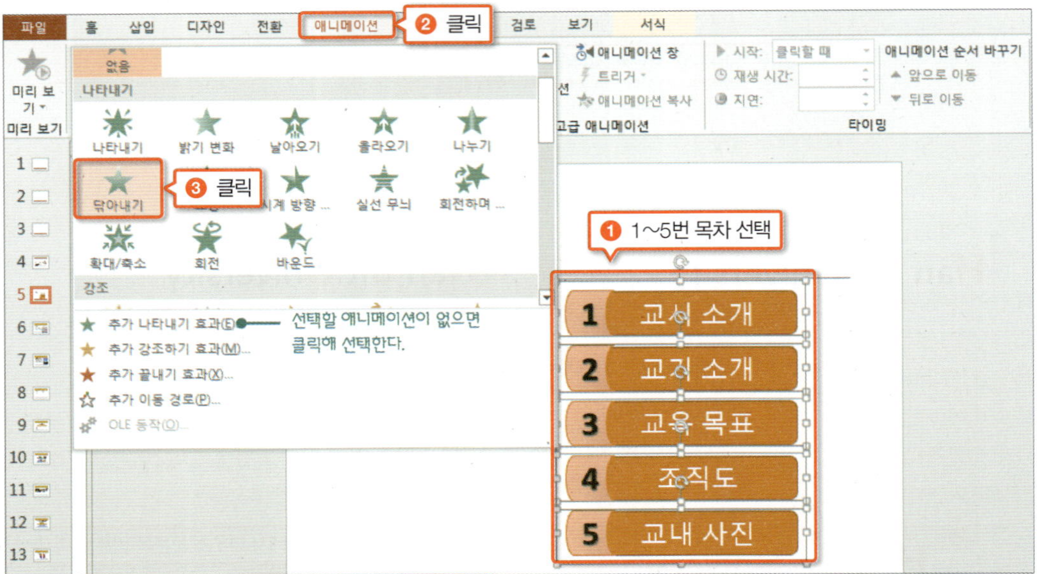

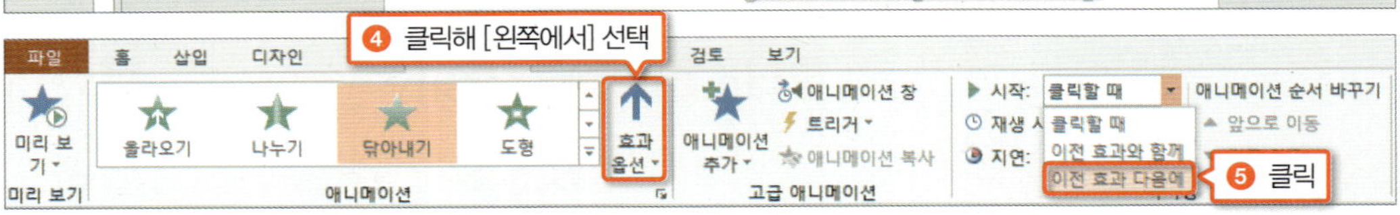

02 1번 목차에 이동 경로 설정하기

❶ 1번 목차를 선택하고 ❷~❹ [애니메이션] 탭–[고급 애니메이션] 그룹–[애니메이션 추가]–[이동 경로:선]를 클릭한다. ❺ [애니메이션] 그룹의 [효과 옵션]을 [왼쪽]으로, ❻ [타이밍 그룹]의 [시작]을 [클릭할 때]로 설정한다.

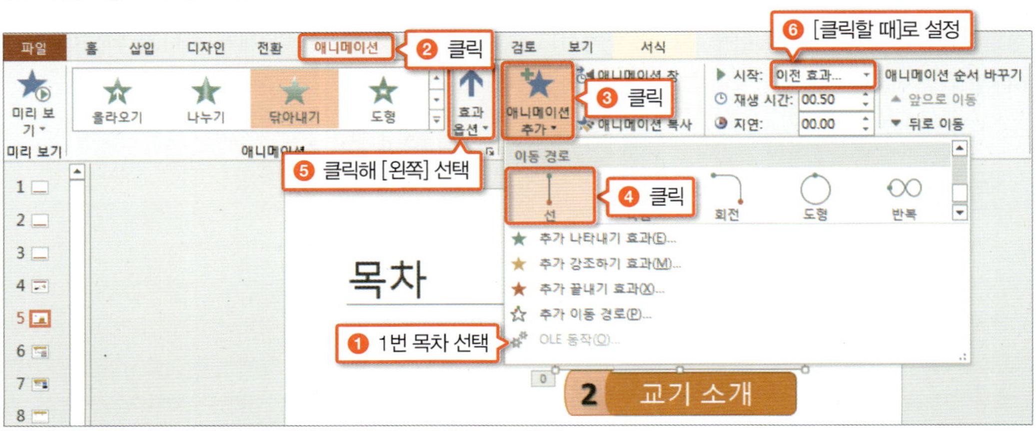

03 2~5번 목차에 끝내기 효과 설정하기

① 2~5번 목차를 선택하고 ②~④ [애니메이션] 탭–[고급 애니메이션] 그룹–[애니메이션 추가]–[끝내기:가라앉기]를 클릭한다. ⑤ [애니메이션] 그룹–[효과 옵션]을 [떠오르며 내려가기]로, ⑥ [타이밍 그룹]의 [시작]을 [이전 효과와 함께]로 설정한다.

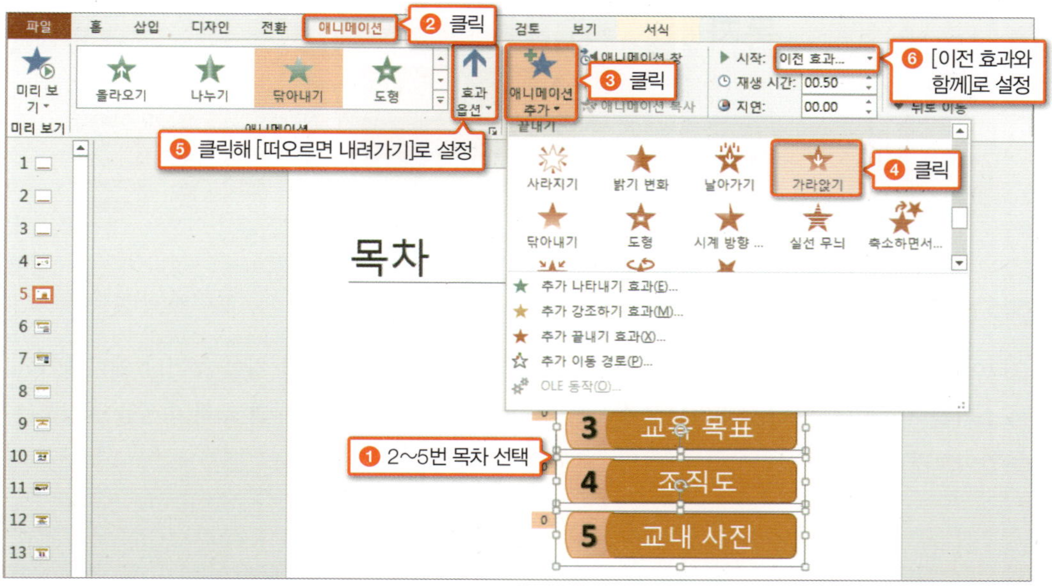

04 1번 목차에 강조 효과 추가하기

① 다시 1번 목차를 선택하고 ②~④ [고급 애니메이션] 그룹–[애니메이션 추가]–[강조:흔들기]를 클릭한다. ⑤ [타이밍] 그룹의 [시작]을 [이전 효과 다음에]로 설정한다.

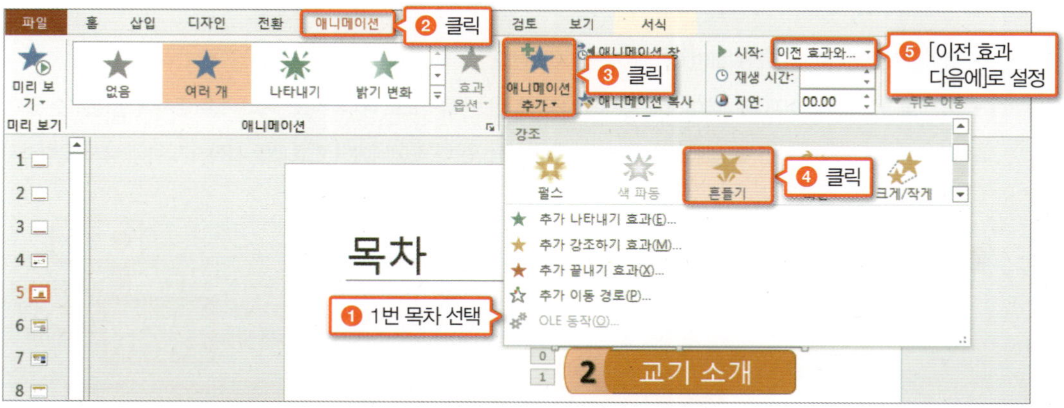

05 애니메이션 확인하기

①~② [애니메이션] 탭–[고급 애니메이션] 그룹–[애니메이션 창]을 클릭해 애니메이션 창을 열어 등록된 애니메이션을 확인한 후 ③ [모두 재생]을 클릭해 애니메이션들을 실행한다.

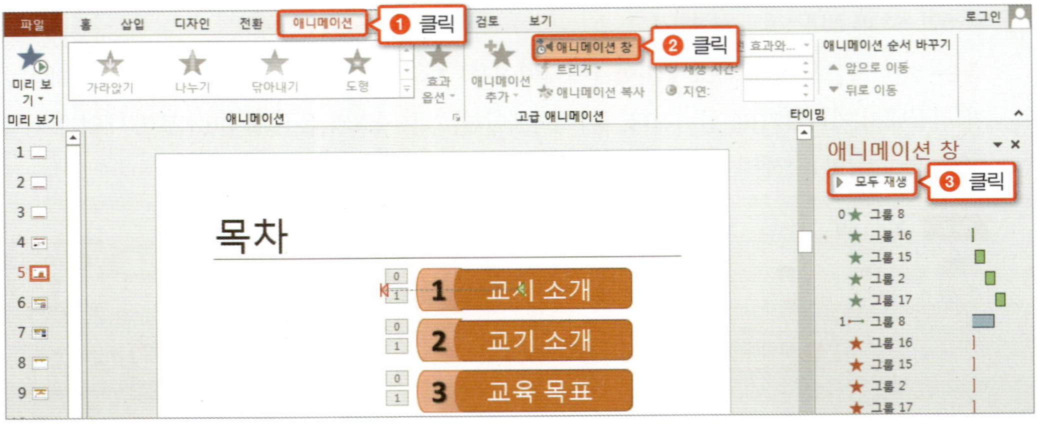

2.2 애니메이션의 속성

슬라이드 하나에 애니메이션을 설정한 개체가 여러 개인 경우에는 시간 차를 두거나 애니메이션 진행 시 소리를 지정하면 좀 더 효과적으로 활용할 수 있다. 애니메이션에 시간과 소리 속성을 설정하는 방법을 알아보자.

기본 예제 애니메이션 효과 시간 속성 변경하기

01 애니메이션 시작 방법 설정하기

❶ 시작 방법을 설정할 애니메이션 개체를 선택하고 ❷~❸ [애니메이션] 탭–[타이밍] 그룹–[시작] 옆의 [▾]를 클릭해 ❹ 시작 방법을 선택한다. 여기서 각 시작 방법의 의미는 다음과 같다.

- 클릭할 때 : 슬라이드를 클릭하면 애니메이션을 시작한다.
- 이전 효과와 함께 : 이전 애니메이션과 동시에 시작. 즉 한 번 클릭으로 애니메이션 여러 개를 동시에 실행할 수 있다.
- 이전 효과 다음에 : 이전 애니메이션이 끝나는 즉시 시작. 즉 다음 애니메이션 효과를 시작하기 위해 다시 클릭하지 않아도 연속적으로 실행된다.

02 애니메이션 재생 시간과 지연 설정하기

❶ 재생 시간과 지연 시간을 설정할 애니메이션 개체를 선택하고 ❷~❸ [애니메이션] 탭–[타이밍] 그룹에서 애니메이션의 길이인 [재생 시간]과 새 애니메이션의 시작 시간과의 시간 차이인 [지연]을 설정한다.

03 애니메이션 반복하기/되감기

특정 애니메이션을 반복하거나 원래 위치로 돌아오게 해보자. ❶ 애니메이션 개체를 선택하고 ❷~❸ [애니메이션] 탭–[애니메이션] 그룹 아래의 ⧉(대화상자 표시)를 클릭한다. ❹~❺ 해당 애니메이션 대화상자의 [타이밍] 탭에서 [반복] 항목을 선택하고 ❻ [확인]을 누른다.

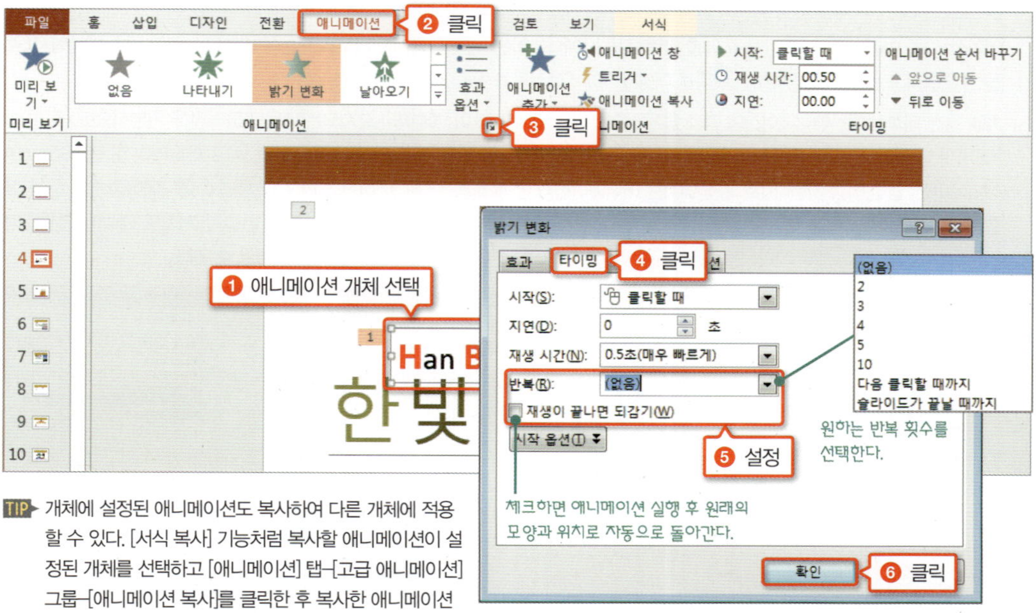

TIP ▶ 개체에 설정된 애니메이션도 복사하여 다른 개체에 적용할 수 있다. [서식 복사] 기능처럼 복사할 애니메이션이 설정된 개체를 선택하고 [애니메이션] 탭–[고급 애니메이션] 그룹–[애니메이션 복사]를 클릭한 후 복사한 애니메이션을 적용할 개체를 클릭한다.

기본 예제 애니메이션에 소리 효과주기

애니메이션에 소리를 추가할 수 있다. ❶~❷[애니메이션] 탭–[고급 애니메이션] 그룹–[애니메이션 창]을 클릭한다. ❸[애니메이션 창]의 목록에서 소리를 추가할 애니메이션 목록을 더블클릭하여 효과 옵션 대화상자를 연다. ❹효과 옵션 대화상자의 [효과] 탭에서 소리를 선택하고 ❺[확인]을 누른다. 설정한 애니메이션은 [애니메이션 창]에서 [모두 재생]을 눌러 확인할 수 있다.

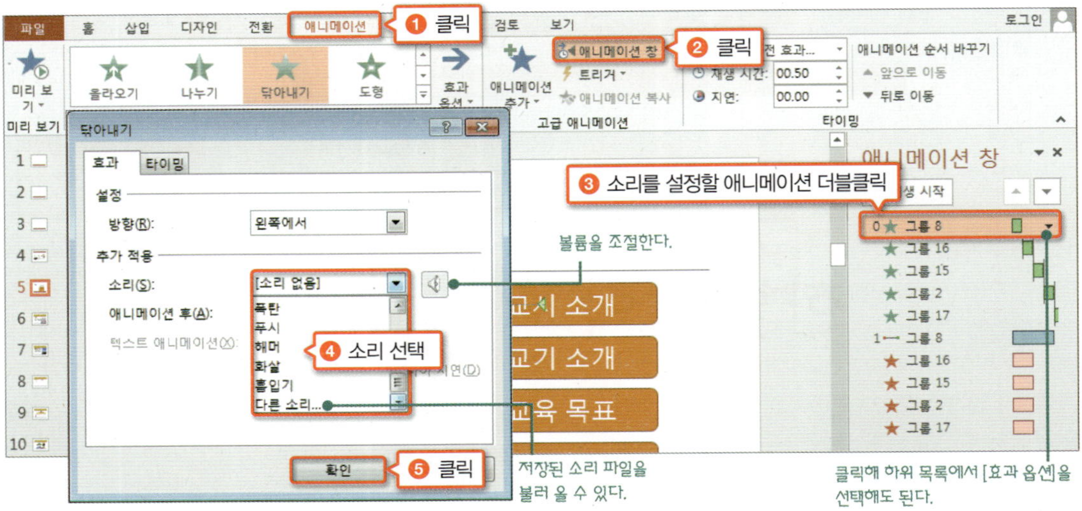

여기서 잠깐

효과 옵션 대화상자

애니메이션에 대한 세부 효과 옵션은 해당 애니메이션 대화상자에서 설정할 수 있다. 애니메이션 대화상자는 [애니메이션] 탭–[애니메이션] 그룹 아래의 (대화상자 표시)를 클릭하거나, [애니메이션 창]의 목록에서 마우스 오른쪽 버튼을 누르고 팝업 메뉴에서 [효과 옵션]을 클릭 또는 해당 애니메이션 목록을 더블클릭하여 불러올 수 있다.

효과 옵션 대화상자는 애니메이션에 따라 탭 구성이 달라지고, 애니메이션에 따라 표시되는 내용도 달라진다. 기본적으로 [효과] 탭과 [타이밍] 탭으로 구성되어 있으나, 애니메이션 효과를 적용한 개체에 따라 [텍스트 애니메이션] 탭, [차트 애니메이션] 탭, [SmartArt 애니메이션] 탭 등이 추가된다. [효과] 탭에서는 애니메이션의 방향, 효과음, 애니메이션 후의 효과, 텍스트 애니메이션 방법 등을 설정할 수 있고, [타이밍] 탭에서는 애니메이션의 시작, 지연 시간, 속도, 반복 횟수 등을 설정할 수 있다. 그리고 [차트 애니메이션] 탭이나 [SmartArt 애니메이션]이 나타나는 경우 그룹 단위의 진행이나 진행 방향 등의 효과 옵션을 선택할 수 있다.

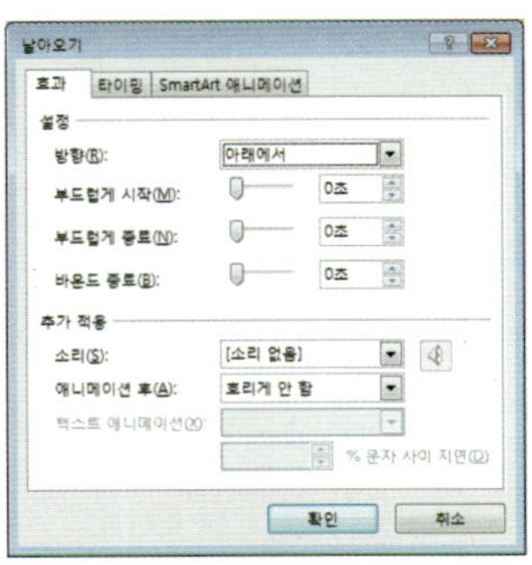
[효과] 탭

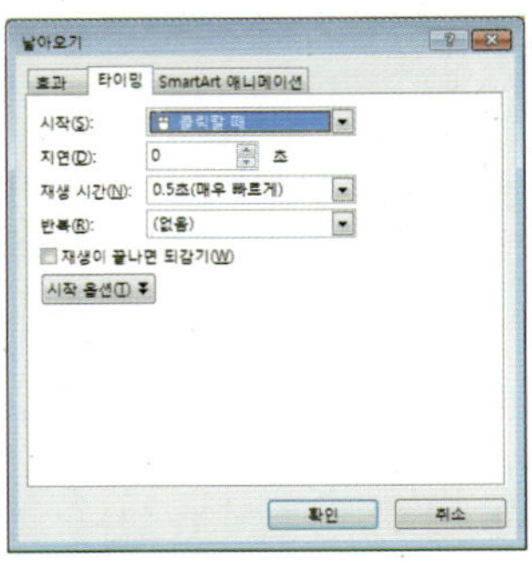
[타이밍] 탭

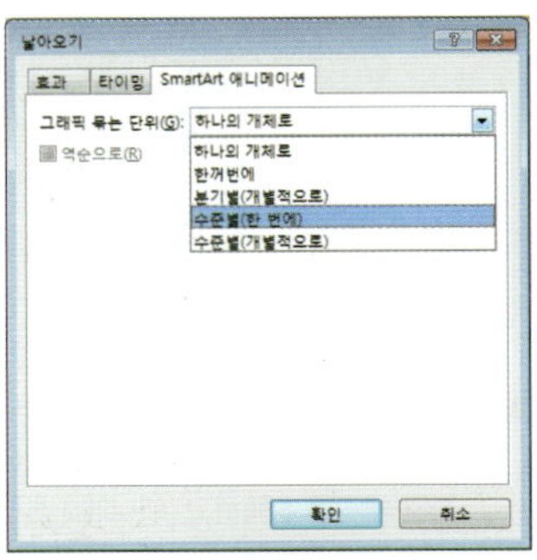
[SmartArt 애니메이션] 탭

SECTION 03 IT COOKBOOK

슬라이드 쇼 진행하기

지금까지는 프레젠테이션 내용을 작성하고 효과적인 발표를 위해 전환 효과와 애니메이션을 설정하는 데 중점을 두었다면 이 절에서는 앞에서 만든 프레젠테이션 파일로 본격적인 발표를 진행하는 슬라이드 쇼와 관련된 기능을 익혀보자.

3.1 슬라이드 예행 연습 및 시간 기록

실전에서 슬라이드 쇼를 하기 전에 사전에 소요 시간을 체크하고 발표를 연습해보는 리허설이 예행 연습이다. 예행 연습을 통해 프레젠테이션도 연습하고 소요되는 시간도 확인할 수 있어 꼭 필요한 과정이다. 예행 연습을 통해 소요되는 시간들은 기록해두었다가 슬라이드 전환 시간으로 사용할 수도 있다.

기본 예제 슬라이드 쇼 예행 연습하기

❶~❷ [슬라이드 쇼] 탭–[설정] 그룹–[예행 연습]을 클릭한다. ❸ 슬라이드 쇼 화면 상단 왼쪽의 예행 연습 도구 모음을 이용해 예행 연습을 진행한다. ❹ 마지막 슬라이드까지 연습을 마치고 슬라이드를 클릭한 후 ❺ 슬라이드 시간 저장 여부를 묻는 메시지 상자에서 [예]를 누르면 [여러 슬라이드 보기]에서 각 슬라이드의 오른쪽 끝에 소요된 시간을 표시해준다.

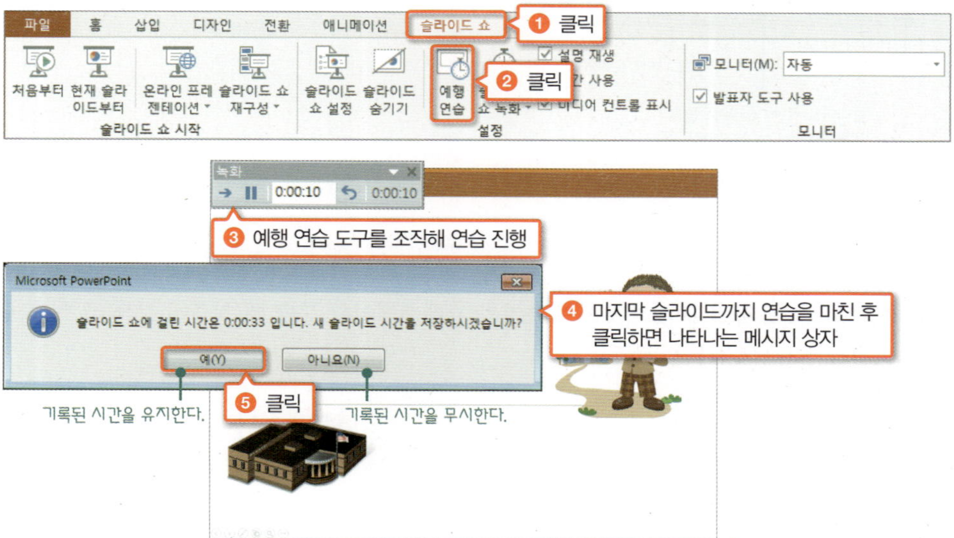

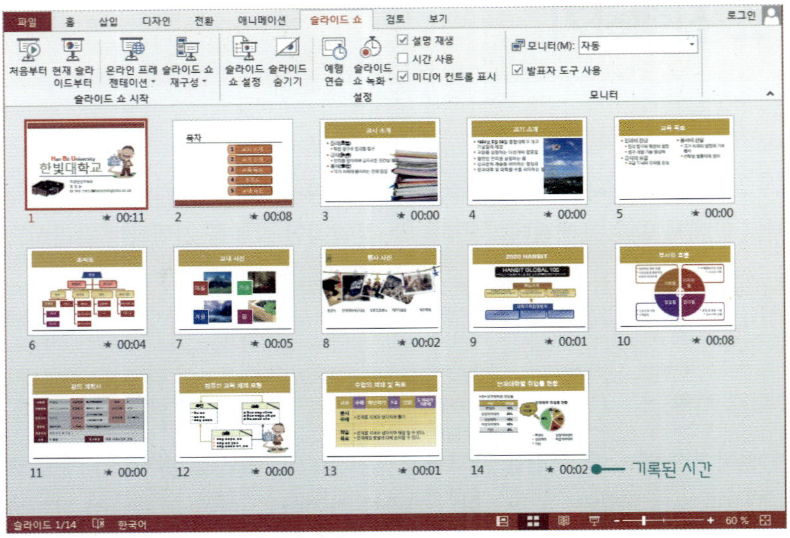

예행 연습 도구 모음은 [그림 7-4]와 같은 방식으로 조작할 수 있다. 그리고 이 도구를 이용해 예행 연습을 하면서 시간을 측정할 수도 있다. 고정된 시간을 할당하고 싶으면 직접 입력해도 되는데, 시간을 입력하고 Enter를 누르면 이 시간으로 설정되고 다음 슬라이드로 예행 연습이 진행된다.

그림 7-4 예행 연습 도구 모음 조작 방법

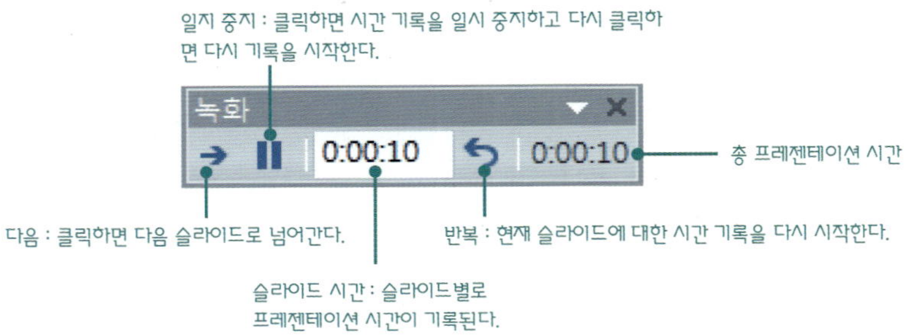

3.2 발표자 도구 화면과 슬라이쇼 도구 모음

파워포인트에서 제공하는 발표자 도구를 이용해 발표자가 프레젠테이션을 할 때 청중이 보는 주 화면과 다른 화면에서 슬라이드 쇼를 제어할 수 있다.

발표자 도구 화면에는 [그림 7-5]와 같이 현재 청중에게 보여지는 화면뿐만 아니라 이전 슬라이드와 다음 슬라이드 내용도 보여주어, 발표자가 다음 슬라이드로 자연스럽게 넘어가게 준비를 할 수 있게 해준다. 그리고 추가로 설명할 내용을 입력한 슬라이드 노트를 발표자 도구 화면에서 볼 수 있어 놓치는 부분 없이 발표를 진행할 수 있다. 그런데 발표자 도구는 듀얼 모니터, 빔 프로젝터 또는 발표용 모니터 장치와 연결되어 있을 때 사용할 수 있고, 모니터가 한 대 밖에 없는 경우에는 Alt+F5를 눌러야 발표자 도구 화면으로 전환할 수 있다. 발표자 도구 화면에 있는 쇼 도구 모음은 실제 슬라이드 쇼 도구 모음과 기능이 같으므로 각 도구를 사용하는 방법은 슬라이드 쇼 도구 모음에서 함께 살펴보자.

그림 7-5 발표자 도구 화면

특정 슬라이드를 보충 설명용으로 작성해 숨기기를 해두었다가 하이퍼링크 등으로 연결하여 필요할 때 다시 표시되게 하면 편리하다. [숨기기]는 슬라이드 쇼를 하는 동안에 특정 슬라이드가 표시되지 않도록 하는 기능이다. [숨기기] 기능이 없다면 만약을 위해 준비한 슬라이드까지 표시되어 흐름이 끊길 수도 있는데, [숨기기] 기능을 이용하면 이런 어려움이 쉽게 해결된다. 슬라이드는 숨기기를 해도 프레젠테이션에 그대로 남고, 슬라이드별로 숨기기 설정과 해제가 가능하다.

기본 예제 슬라이드 숨기기

❶~❷ 숨기려는 슬라이드에서 마우스 오른쪽 버튼을 누르고 팝업 메뉴에서 [슬라이드 숨기기]를 클릭(또는 [슬라이드 쇼] 탭-[설정] 그룹-[슬라이드 숨기기] 클릭)하면 해당 슬라이드 번호에 슬라이드 숨김 아이콘이 표시된다. 숨기기가 설정된 슬라이드에서 팝업 메뉴의 [슬라이드 숨기기]를 한 번 더 클릭하면 숨기기 설정이 해제된다.

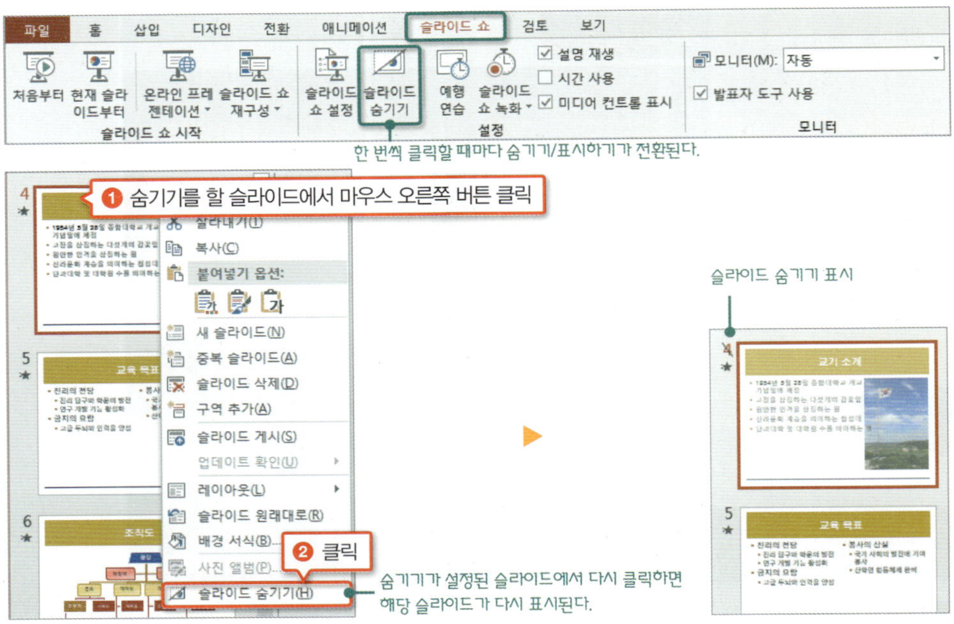

슬라이드 쇼가 실행되면 [그림 7-6]과 같이 왼쪽 아래에 반투명한 슬라이드 쇼 도구 모음이 나타나는데 이 도구 모음을 이용해 슬라이드 쇼를 적절히 진행할 수 있다.

그림 7-6 슬라이드 쇼 도구 모음

기본 예제 슬라이드 쇼 도구 모음을 이용해 슬라이드 쇼 진행하기

01 펜 도구를 사용해 슬라이드 쇼 화면에 그림 그리기

❶ 슬라이드 쇼 왼쪽 하단에 있는 펜 도구를 클릭한 후 ❷ 펜이나 색상을 선택하고 ❸ 슬라이드 쇼 화면에서 자유롭게 드래그하여 그림을 그린다. 펜 도구의 사용을 마치려면 Esc를 누른다. 슬라이드 쇼 화면에 펜으로 그린 표식이 있는 상태에서 슬라이드 쇼를 마치려고 하면 '잉크 주석을 유지하시겠습니까?'라는 메시지가 상자가 나타나는데, 여기서 [예]를 누르면 슬라이드 쇼를 하는 동안 펜으로 그린 표식이 슬라이드에 그대로 유지되어 도형으로 인식된다. 이 표식을 도형 개체처럼 복사/붙여넣기/삭제/이동/크기 조절이 가능하고 서식도 설정할 수 있다.

02 모든 슬라이드 보기 도구를 이용해 특정 슬라이드로 바로 이동하기

❶ 슬라이드 쇼 왼쪽 하단에 있는 [모든 슬라이드 보기] 도구를 클릭하면 슬라이드 쇼를 진행하는 과정에서 모든 슬라이드를 볼 수 있다. 그리고 ❷ 여기서 특정 슬라이드를 선택하면 선택한 슬라이드로 바로 이동한다.

03 화면 확대 도구를 사용해 특정 확대해 보여주기

❶~❷ 슬라이드 쇼 왼쪽 하단에 있는 [슬라이드 확대] 도구를 클릭하면 마우스 포인터가 돋보기 모양으로 변하고 이를 슬라이드 쇼 화면에 가져가면 작은 사각형 영역이 생긴다. ❸ 이 사각형 영역을 클릭하면 해당 부분이 확대되고 마우스 포인터는 ✋ 모양으로 변경된다. 이때 마우스를 드래그하면 화면이 이동된다.

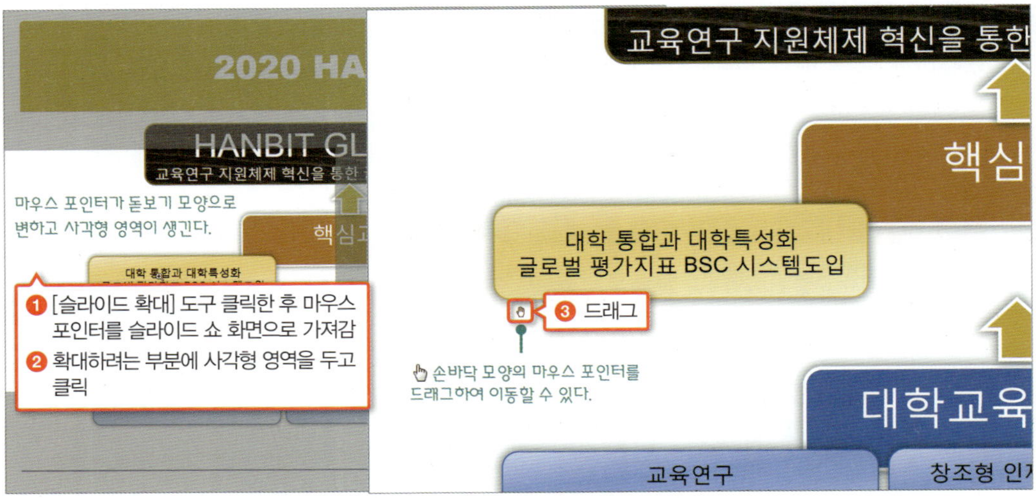

04 슬라이드 쇼 메뉴 도구를 이용해 슬라이드 쇼 마치기

❶ 슬라이드 쇼 왼쪽 하단에 있는 슬라이드 쇼 메뉴를 클릭한 후 ❷ [쇼 마침] 메뉴를 클릭하면 슬라이드 쇼를 마친다.

슬라이들 쇼를 진행할 때 단축키를 사용하면 흐름을 좀 더 자연스럽게 연결시킬 수 있다. 슬라이드 쇼 화면에서 F1을 눌러 [도움말] 창에서 슬라이드 쇼에 필요한 단축키를 확인할 수 있는데 자주 사용하는 단축키는 [표 7-1]과 같다.

표 7-1 슬라이드 쇼에서 사용할 수 있는 유용한 단축키

단축키	기능
F5	첫 번째 슬라이드부터 슬라이드 쇼 실행
Shift+F5	현재 슬라이드부터 슬라이드 쇼 실행
Enter, Space Bar →, ↓, Page Down	다음 슬라이드로 이동
←, ↑, Page Up	이전 슬라이드로 이동
슬라이드 번호+Enter	입력한 숫자에 해당하는 슬라이드로 바로 이동
Ctrl+P	포인터를 펜으로 변경
Ctrl+A	포인터를 화살표로 변경
Ctrl+H	포인터와 하단의 아이콘을 화면에서 숨김
Ctrl+S	슬라이드를 선택할 수 있는 대화상자 표시
E	펜으로 그린 그림을 모두 지움
B	화면을 검은색(블랙 스크린)으로 설정 또는 취소
W	화면을 흰색(화이트 스크린)으로 설정 또는 취소
Esc	대화상자 제거, 슬라이드 쇼 종료, 여러 슬라이드 보기에서 이전 화면으로 이동, 슬라이드 쇼 화면 확대 취소
+, Ctrl++	슬라이드 확대
-, Ctrl+-	슬라이드 축소(일반 보기 화면일 때는 여러 슬라이드 보기로 전환)
←, ↑, →, ↓	슬라이드 쇼 슬라이드 확대일 때 화면 이동

종합 예제

※ 다음과 같이 슬라이드를 작성한 후 각 개체들에 애니메이션을 지정해보자(01~04).

01 왼쪽에 있는 한자 풀이 부분에서 마우스를 클릭하면 오른쪽에 있는 한자 문구 맞추게 해보자.

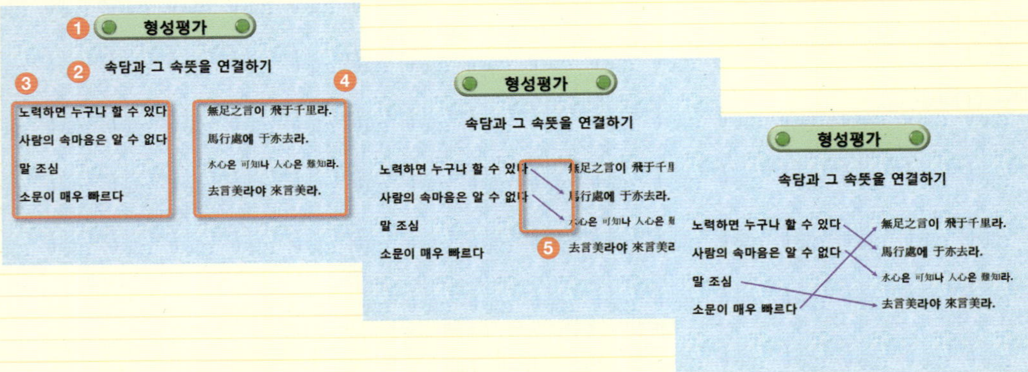

① ~ ④ 부분을 텍스트 상자로 각각 내용을 작성하고, ⑤ 부분은 화살표 선으로 각각의 한자 뜻을 찾아가는 방향으로 그린다.

① ~ ④ 의 애니메이션은 [올라오기, 효과옵션: 떠오르며 내려가기], ⑤ 는 [닦아내기, 효과옵션:왼쪽에서]

- ① ~ ③ 시작: 이전 효과 다음에
- ④ 시작: 이전 효과와 함께
- ⑤ 시작: 클릭할 때

02 슬라이드에 있는 한자 풀이에서 마우스를 클릭하면 풀이에 해당하는 한자 구절이 나타나게 해보자.

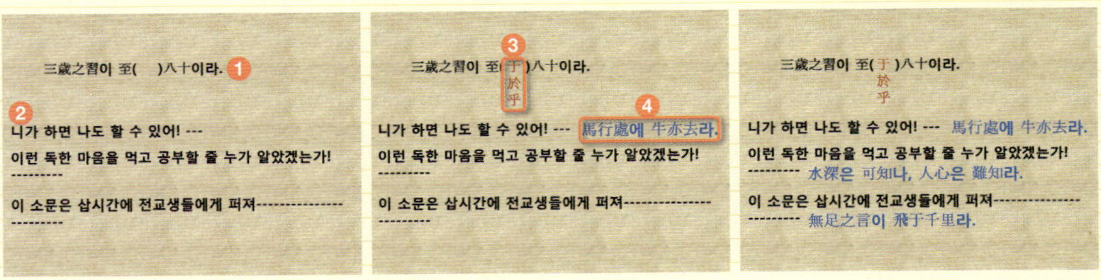

① ~ ④ 부분을 텍스트 상자로 각각 내용을 작성하고, 한자 부분도 텍스트 상자로 각각 작성한다.

① ~ ② 의 애니메이션은 [올라오기, 효과옵션: 떠오르며 내려가기], ⑤ 는 [닦아내기, 효과옵션:왼쪽에서]

- ② 시작: 이전 효과와 함께
- ④ 의 외 한자 부분의 시작은 클릭할 때, 추가 효과는 [소리–타자기, 텍스트 애니메이션: 단어 단위로]한다.

03 다음과 같이 자기소개서에 사용할 표지 슬라이드, 목차 슬라이드, 마지막 슬라이드를 작성한 후 화면 전환 효과와 애니메이션을 지정하여 슬라이드 쇼로 확인해보자.

❶ 전환 효과 : 비행기
❷ 배경 그림 : 슬라이드에 그림 삽입 후 슬라이드 크기에 맞추기, '색 채도 0%'로 그림 조정하기
❸ ❷ 에서 추가한 그림을 복사한 후 대략 위의 반을 자르고 '그림 원래대로', 그림효과: '부드러운 가장 자리 25포인트' 지정
❹ 제목 : 애니메이션은 닦아내기/이전 효과와 함께/효과 옵션: 왼쪽에서, 글자 서식은 워드아트 스타일

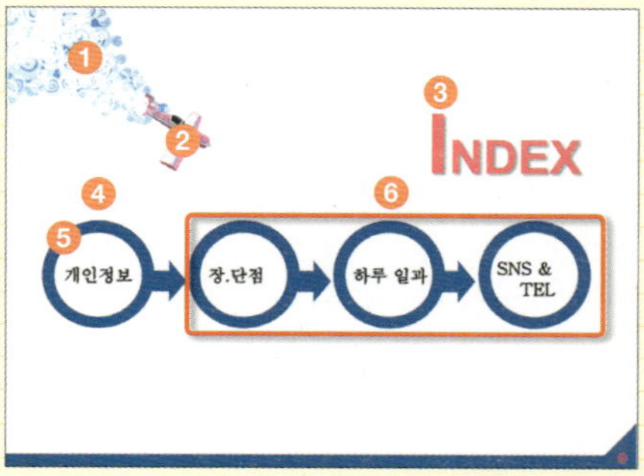

❶ 전환 효과 : 회전
❷ 비행기 그림을 추가한 후 왼쪽 상단 슬라이드 영역 바깥으로 이동, 애니메이션은 〈이동 경로:오른쪽 아래로〉/이전 효과와 함께
❸ 제목 : 굵게, 텍스트가 아닌 텍스트 상자에 [도형 효과]-그림자, '나타내기'-'휘리릭'/이전 효과와 함께
❹ 목차 도형 만들기 : 파랑 정원 위에 흰 정원 + 블록 화살표, 정원 두 개와 화살표를 그룹화한 후, 각 목차 그룹마다 애니메이션 '나타내기'-'닦아내기'/왼쪽에서/이전 효과 다음에
❺ 강조 애니메이션 추가: 크게/작게-크게 120%/시작: 클릭할 때
❻ 끝내기 애니메이션 추가: 축소하면서 회전/시작: 이전 효과와 함께

❶ 전환 효과 : 밝기 변화
❷ 텍스트 상자로 'Thank you' 작성, 애니메이션 효과는 강조 애니메이션: 물결/이전 효과 다음에, 강조 애니메이션 추가는 흔들기/이전 효과 다음에/타이밍: 반복-슬라이드 끝날때까지

04 6장에서 만든 '여행.pptx' 파일을 불러와 전환 효과와 애니메이션을 지정해보자.

❶ 전환 효과 : 깜빡이기
❷ 애니메이션 : 제목은 바운드/문자 단위로/시작:이전 효과와 함께, 부제목은 나누기/효과 옵션:세로 안쪽으로, 시작:이전 효과 다음에

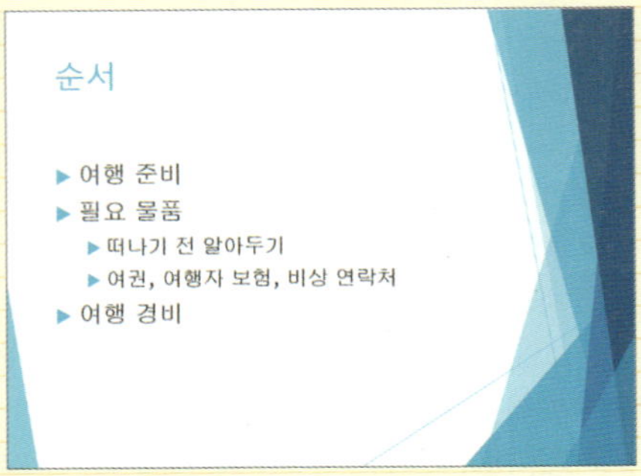

❶ 전환 효과 : 비행기

❷ 애니메이션 : 내용 부분은 닦아내기/효과 옵션:왼쪽에서/단락별로/이전 효과 다음에, 추가 적용은 소리:미풍

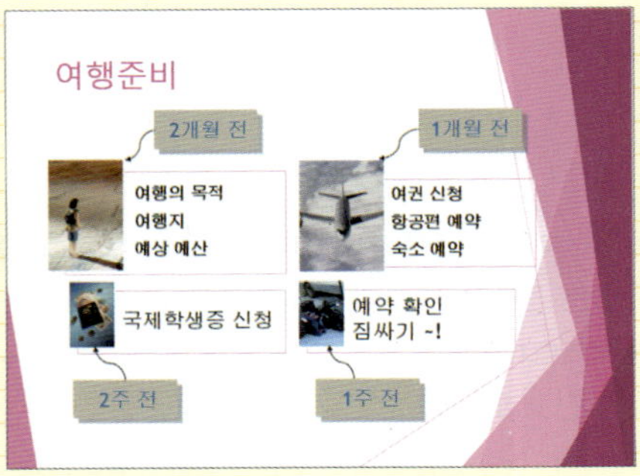

❶ 전환 효과 : 페이지 말아 넘기기/효과 옵션:이중 오른쪽/소리:바람가르는 소리

❷ 스마트아트 애니메이션 : 시계 방향/〈효과 옵션:살1개, 하나의개체로〉/이전 효과 다음에

❸ 그룹 도형 : 올라오기/〈효과 옵션: 떠오르며 올라오기 또는 떠오르며 내려오기/이전 효과 다음에, 추가 적용은 소리:레이저

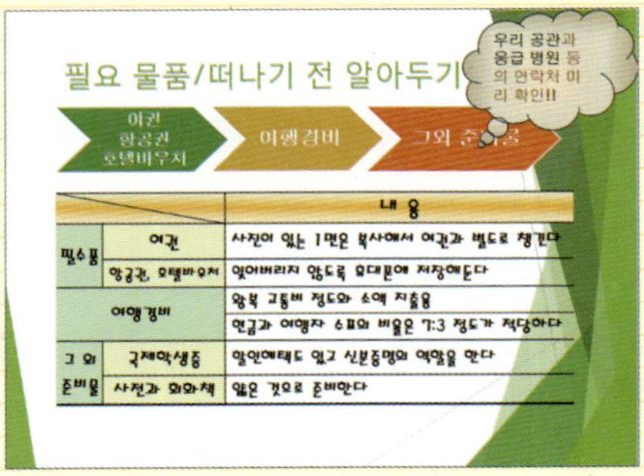

❶ 전환 효과 : 페이지 말아 넘기기/효과 옵션:이중 왼쪽/소리:바람 가르는 소리

❷ 스마트아트 애니메이션 : 닦아내기/〈효과 옵션:왼쪽에서, 개별로〉/이전 효과 다음에

❸ 표 : 블라인드/효과 옵션: 가로 또는 떠오르며 내려오기/이전 효과 다음에, 추가 적용은 소리:레이저

❹ 구름 설명 도형 : 회전/클릭할 때, 추가 강조 효과은 올록볼록/이전효과 다음에

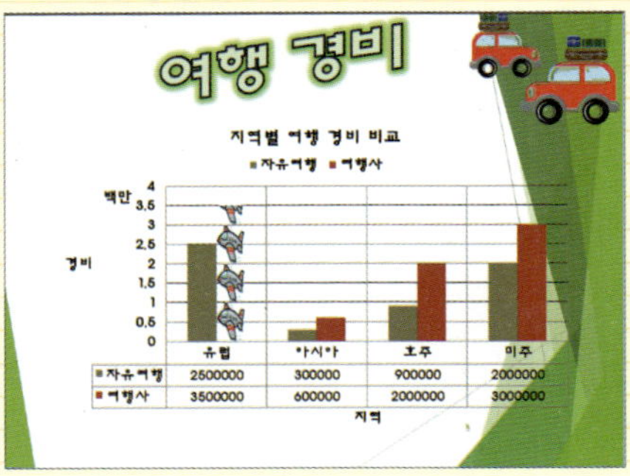

❶ 전환 효과 : 페이지 말아 넘기기/효과 옵션:이중 오른쪽/소리:바람 가르는 소리

❷ 자동차 애니메이션 : 〈이동 경로:선〉/효과 옵션:왼쪽/이전 효과와 함께

❸ 차트 애니메이션 : 닦아내기/효과 옵션: 아래에서/항목별로/클릭할 때

평가 예제

※ 다음과 같이 종합 예제에서 만든 자기소개서 표지, 목차 슬라이드에 이어 자기 소개서의 본문 내용을 작성해보자. 화면 전환 효과와 각 슬라이드에 있는 개체들에 애니메이션을 지정하여 작성한 후 발표해보자. 슬라이드의 배경 혹은 디자인은 자유롭게 지정하도록 한다.

01 전환 효과 : 각 슬라이드에 대해 동일한 전환 효과를 지정하고, 짝수 슬라이드와 홀수 슬라이드 각각에서 효과 옵션을 변경해보자.

02 도형, 표, 그림을 사용하여 개인 정보 슬라이드 내용을 작성한 후 각 개체에 애니메이션을 지정해보자.

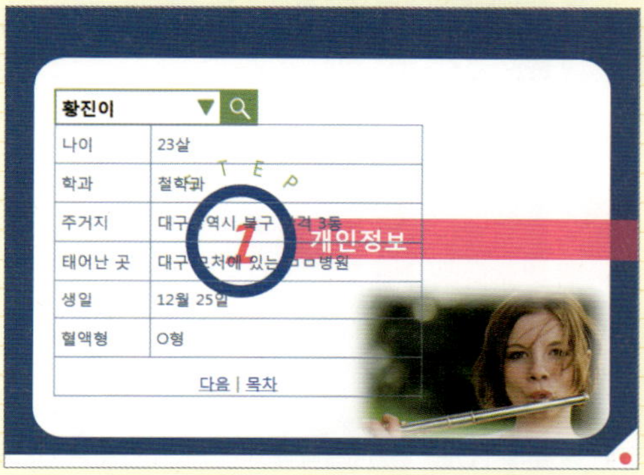

1단계 : ❶ 다음과 같이 도형을 작성한 후 ❷ 도형을 그룹으로 묶는다. ❸ 그룹 도형의 애니메이션 효과는 슬라이드 쇼에서 화면과 같이 밝기 변화로 나타나며, ❹ 마우스를 클릭하면 오른쪽 위 방향으로 이동한 후 ❺ 강조 효과로 도형의 크기가 60%로 줄어들도록 한다.

2단계 :  ❶ 이름 부분은 사각형, 역삼각형 모양으로 만든다. ❷ 돋보기 모양은 클립아트에서 유사한 그림을 가져온다. ❸ 그룹으로 묶는다. ❹ 애니메이션은 위쪽에서 닦아내기로 지정한 후, 이전 효과와 함께 나타나도록 한다.

3단계 : ❶ 클립아트에서 예제와 유사한 그림을 가져온다. ❷ 그림의 크기를 줄인 후 슬라이드 왼쪽하단으로 이동한 후 부드러운 가장자리가 되도록 그림 효과를 지정한다. 그림은 맨 뒤로 배치되도록 한다. ❸ 밝기 변화 애니메이션을 지정한 후 이전 효과와 함께 나타나도록 한다.

4단계 : ❶ 개인 정보 내용을 보여주는 부분은 2열*7행 표로 작성한 후 마지막 7행은 셀을 병합한다. ❷ 애니메이션 효과는 블라인드를 지정하고 2단계에서 만든 이름에서 클릭할 때 나타나도록 트리거를 지정한다.

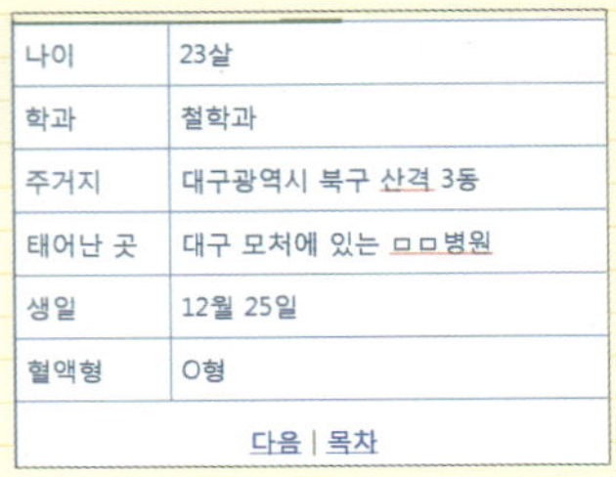

나이	23살
학과	철학과
주거지	대구광역시 북구 산격 3동
태어난 곳	대구 모처에 있는 ㅁㅁ병원
생일	12월 25일
혈액형	O형
다음 | 목차	

03 장단점 슬라이드를 작성해보자.

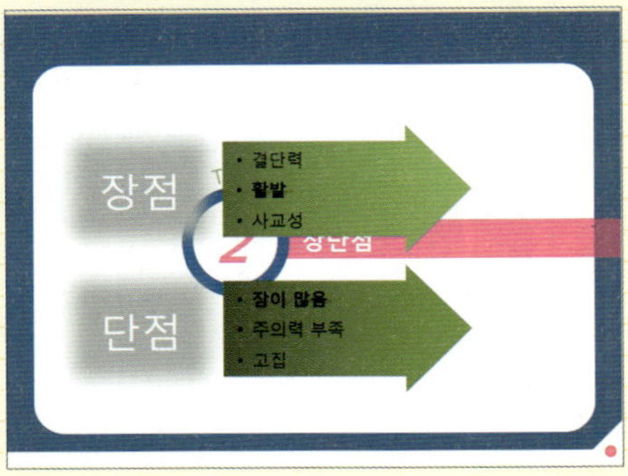

1단계 : ❶ 앞에서 만든 개인정보 슬라이드의 그룹 도형을 복사하여 가져온 후 내용만 변경한다.

2단계 : ❶ 스마트아트–세로 화살표 목록형 유형을 선택하여 작성한다. ❷ 애니메이션 효과는 밝기 변화, 효과 옵션에서 수준(개별적으로) 나타나도록 지정하고, 장점과 단점 제목은 이전 효과 다음에, 내용을 보여주는 도형은 클릭할 때 나타나도록 한다.

04 하루 일과 슬라이드를 작성해보자.

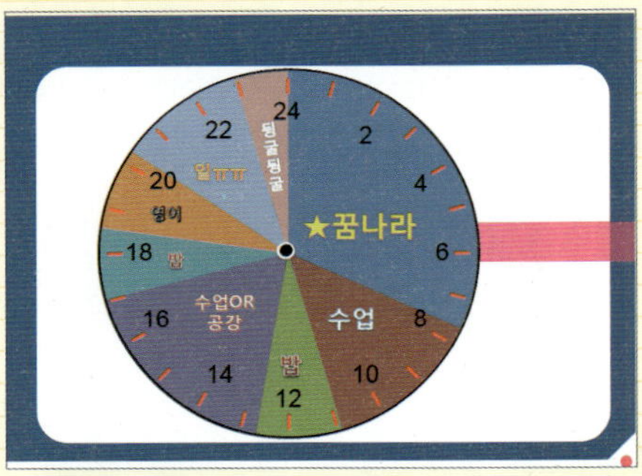

1단계 : ❶ 앞에서 만든 장단점 슬라이드의 그룹 도형을 복사하여 가져온 후 내용만 변경한다.

2단계 : ❶ 하루 일과는 하루를 24시간으로 하여 일과에 따라 시간을 정하여 차트–원형 그래프로 작성한다. ❷ 선과 텍스트 상자를 사용하여 원형 그래프를 시계침처럼 표시되도록 작성한 후 그룹으로 묶는다. ❸ 시계침 도형에 시계 방향, 살 1개, 이전 효과와 함께 로 애니메이션을 지정한다. ❹ 차트에 표시되는 레이블 이름은 보기 좋게 워드아트 스타일로 서식을 준다. ❺ 차트 애니메이션 효과는 시계침과 동일하게 시계 방향, 살1개, 항목별로 나타나도록 한다.

05 SNS&TEL 슬라이드를 작성해보자.

1단계 : ❶ 앞에서 만든 하루 일과 슬라이드의 그룹 도형을 복사하여 가져온 후 내용만 변경한다.

2단계 : ❶ 스마트아트–그림 강조 벤딩 목록형 유형을 선택하여 작성한다. ❷ 스마트아트에서 원형 부분은 [온라인 그림]에서, 위쪽 사각형 부분은 인터넷 화면을 캡처하여 가져온다. 아래쪽 텍스트 상자에 각각의 내용을 작성한다. ❸ 애니메이션 효과는 닦아내기/클릭할 때 왼쪽에서 개별적으로 나타나도록 한다.

CHAPTER 8

IT COOKBOOK

비디오, 오디오, 하이퍼링크의 활용

앞서 다룬 텍스트와 도형, 그림, 차트, 표와 같은 다양한 개체를 활용해 내용을 요약하고 시각화했더라도 정적인 상태로 계속 보여주면 다소 지겨울 수도 있다. 이런 경우 슬라이드 쇼 시작이나 마지막 화면 또는 내용을 강조할 부분에 동영상이나 음악을 적절히 삽입하면 훨씬 더 활기 있고 현장감이 있는 프레젠테이션을 진행할 수 있다.

이 장에서는 슬라이드에 동영상과 같은 비디오와 음악이나 소리와 오디오를 추가하는 방법과 이런 멀티미디어 개체를 프레젠테이션 목적에 맞게 적절히 편집하는 방법을 알아본다. 그리고 슬라이드 쇼 진행 시 다른 슬라이드로 바로 이동하거나, 관련 자료 또는 웹 사이트로 연결할 수 있는 하이퍼링크 기능도 알아본다.

SECTION 01 IT COOKBOOK

비디오 활용하기

요즘에는 스마트폰 등으로도 손쉽게 동영상을 촬영할 수 있는데 이렇게 촬영한 동영상을 슬라이드에 담아내면 사실감 있는 프레젠테이션을 만들 수 있다. 이 절에서는 파워포인트 슬라이드에 비디오를 추가하는 방법과 추가한 비디오를 편집하고 서식을 설정하는 방법을 익혀보자. 슬라이드에는 다양한 비디오 파일을 추가할 수 있는데, 윈도우 미디어 플레이어에서 실행되는 형식이라면 대부분 가능하다.

기본 예제 슬라이드에 동영상 파일 추가하기

슬라이드에 동영상 파일을 삽입해보자. 예제에서는 [라이브러리]–[비디오]–[비디오 샘플] 폴더에 있는 윈도위에서 기본으로 제공하는 파일을 이용한다.

01 슬라이드에 동영상 파일 추가하기

비디오를 삽입할 슬라이드에서 ❶~❸ [삽입] 탭–[미디어] 그룹–[비디오]–[내 PC의 비디오]를 클릭한다. ❹ [비디오 삽입] 대화상자에서 삽입할 동영상 파일을 선택하고 ❺ [삽입]을 누르면 슬라이드에 비디오 파일이 삽입된다.

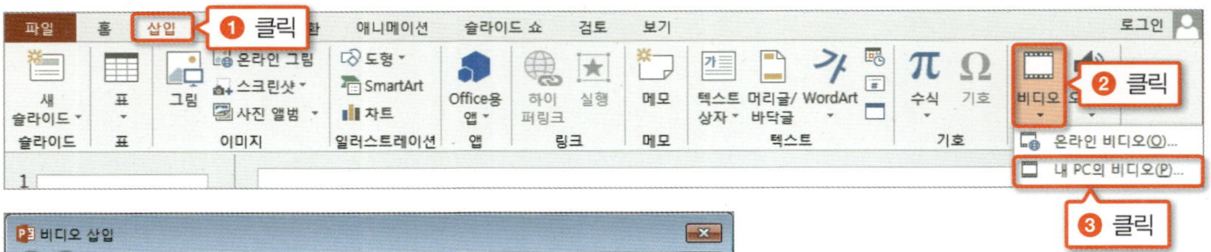

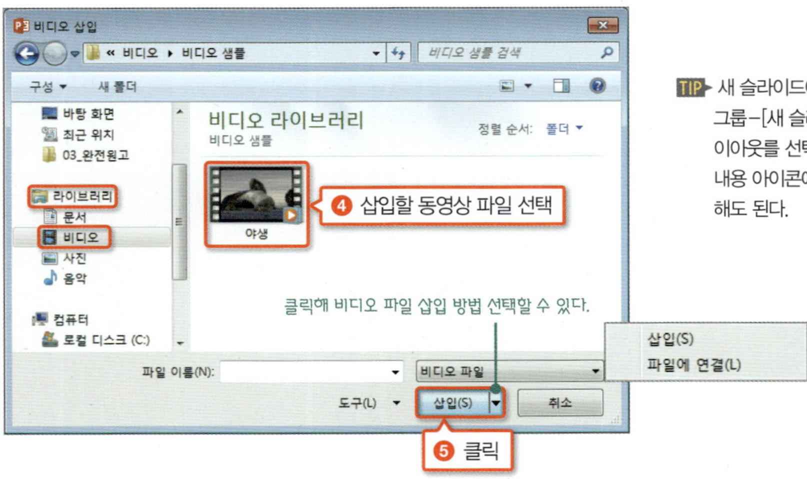

TIP 새 슬라이드에서는 – [홈] 탭–[슬라이드] 그룹–[새 슬라이드]에서 [제목 및 내용] 레이아웃을 선택하여 슬라이드를 추가한 후 내용 아이콘에서 '비디오 삽입' 버튼을 클릭해도 된다.

[비디오 삽입] 대화상자에서는 비디오 파일을 삽입하는 방법을 선택할 수 있는데 [삽입]은 비디오 파일을 슬라이드에 포함시킨다. 그리고 [파일에 연결]은 비디오 파일을 슬라이드에 포함시키지 않고 연결만 하여 파일 용량을 줄이는 데 효과적인데, 이때는 비디오 파일을 프레젠테이션 파일과 반드시 같은 폴더에 보관해두는 것이 좋다.

02 동영상 파일 실행하기

슬라이드에 동영상이 추가되고 동영상을 선택하거나 동영상에 마우스 포인터를 가져가면 동영상 아래에 미디어 컨트롤 라인이 생긴다. ▶(실행)을 클릭해 비디오 실행을 확인할 수 있다.

슬라이드에 비디오 파일이 추가되면 리본 메뉴에 [그림 8-1]과 같은 [비디오 도구] 탭이 나타난다. 이 탭에 있는 도구를 이용해 추가된 비디오에 다양한 효과를 줄 수 있다.

그림 8-1 비디오 도구-[서식] 탭

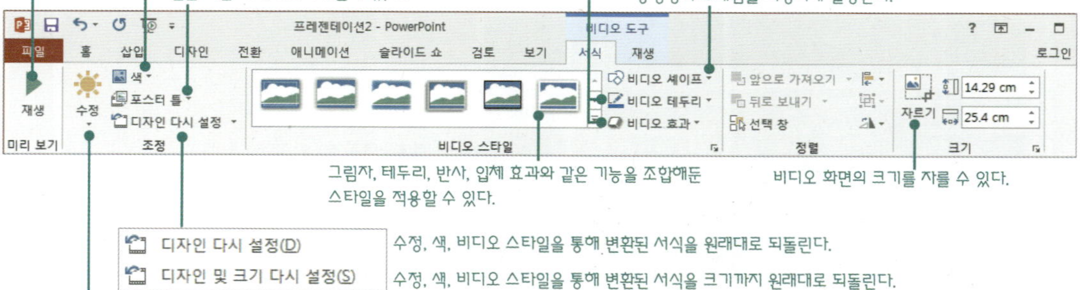

테두리, 효과 등과 같이 5장에서 배운 그림과 효과가 동일한 서식은 생략하고, 비디오 파일과 관련된 서식을 익혀보자.

01 포스트 틀(동영상 첫 화면)을 동영상 특정 화면으로 변경하기

포스트 틀(동영상 첫 화면)을 동영상의 한 장면이나 다른 그림 파일로 설정할 수 있다. 동영상의 한 장면으로 설정하려면 ❶ 동영상을 실행하여 원하는 화면에서 일시정지를 하고 ❷~❹ [서식] 탭–[조정] 그룹–[포스트 틀]–[현재 틀]을 클릭한다.

02 동영상에 비디오 스타일 설정하기

비디오 스타일은 5장에서 배운 그림 스타일처럼 비디오 영상에 그림자, 테두리, 반사, 입체 효과와 같은 기능을 조합해 둔 것이다. ❶ 스타일을 적용할 동영상 파일을 선택하고 ❷~❹ [서식] 탭–[비디오 스타일] 그룹 아래의 ▼(자세히)를 클릭한 후 [강함:반사형 원근감(왼쪽)]을 선택한다.

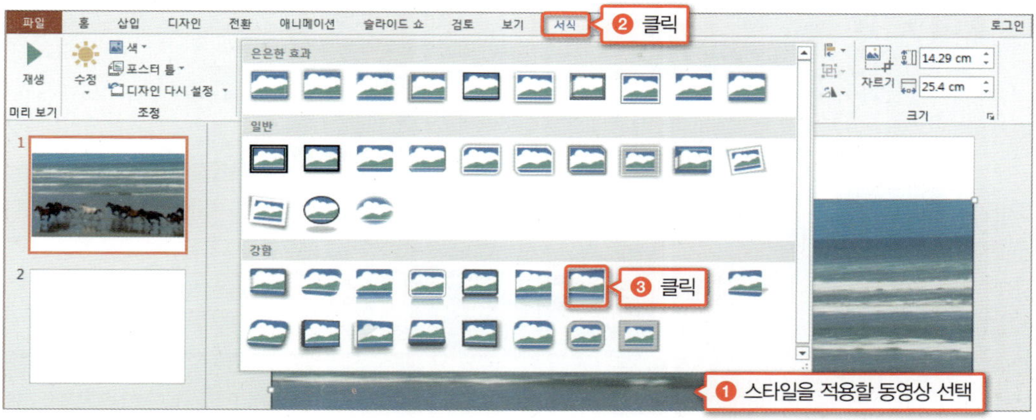

▼

03 비디오 셰이프로 동영상의 프레임 서식 설정하기

동영상을 원, 화살표, 별, 설명선 등과 같이 다양한 모양의 프레임에서 재생되게 할 수 있다. ❶프레임을 변경할 동영상 파일을 선택하고 ❷~❸[서식] 탭–[비디오 스타일] 그룹–[비디오 셰이프]를 클릭한 후 ❹원하는 도형을 선택한다.

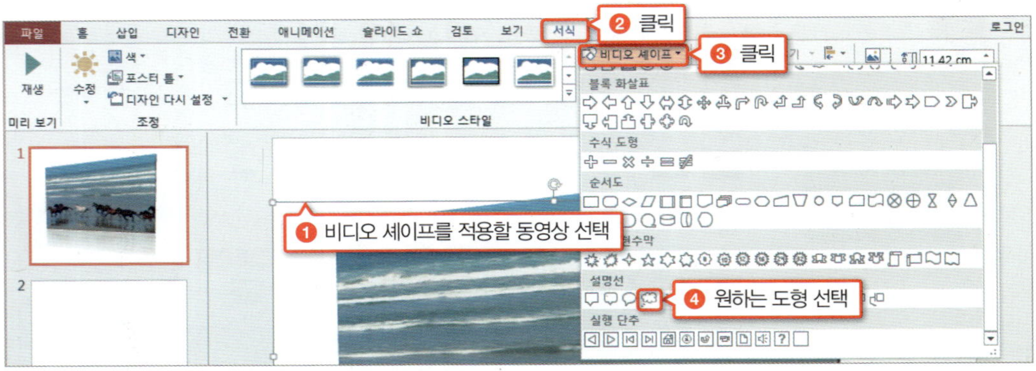

04 디자인 서식 다시 설정하기

서식을 적용했던 동영상을 다시 원본 상태로 쉽게 되돌릴 수 있다. ❶원본 서식으로 되돌릴 동영상 파일을 선택하고 ❷~❹[서식] 탭–[조정] 그룹–[디자인 다시 설정]의 ▾–[디자인 다시 설정]을 클릭한다.

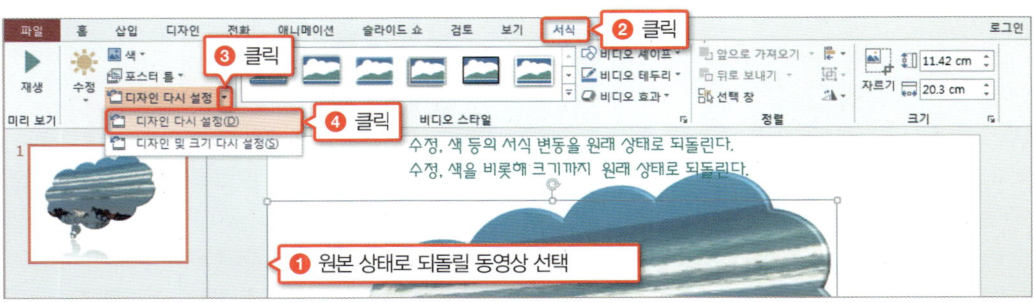

비디오 파일의 실행과 관련된 재생 기능은 [그림 8-2]와 같은 [비디오 도구]-[재생] 탭을 이용해 설정할 수 있다. 각 도구가 어떤 기능을 하는지는 예제를 통해 익혀볼 것이다.

그림 8-2 비디오 도구-[재생] 탭

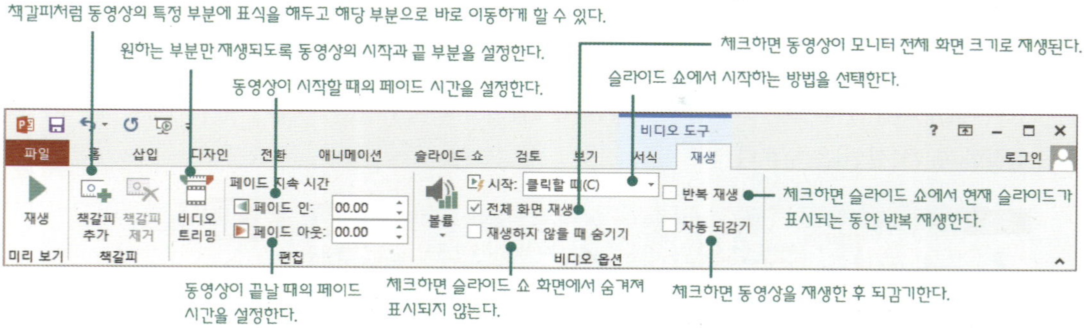

기본 예제 비디오 도구를 이용해 동영상 편집하기

01 동영상에 책갈피 설정/제거하기

파워포인트에서는 동영상의 특정 부분에 표식을 해두고 이 표식 부분으로 바로 이동하는 책갈피 기능을 이용할 수 있다. 책갈피를 적절히 활용하면 영상이 실행되는 동안 강조하고 싶은 부분을 반복 재생하게 하는 효과를 줄 수 있다. 책갈피를 삽입하려면 ❶ 동영상을 실행하다가 원하는 지점에서 [일시정지]를 누른 후 ❷~❸ [재생] 탭-[책갈피] 그룹-[책갈피 추가]를 클릭하면 비디오 미디어 컨트롤 부분에 노란색 원의 책갈피 표식이 생긴다. 동영상을 실행하다가 해당 지점으로 바로 넘어가고 싶으면 이 책갈피 표식만 클릭하면 된다. 설정된 책갈피를 제거하려면 실행이 정지된 상태에서 책갈피를 선택하고 [서식] 탭-[책갈피] 그룹-[책갈피 제거]를 클릭한다.

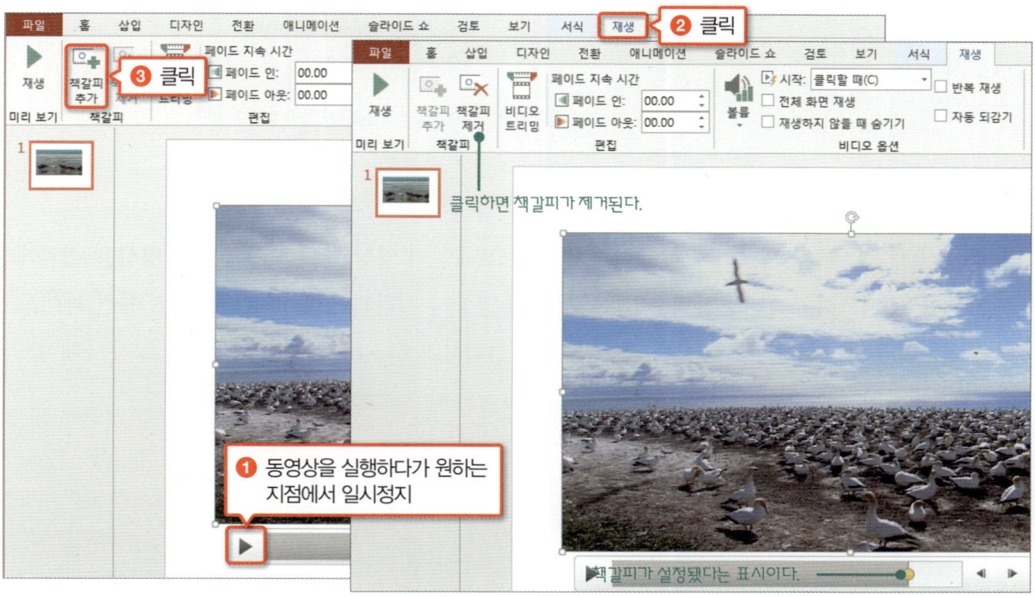

02 동영상 트리밍하기

비디오 트리밍은 동영상이 실행되는 과정에서 시작 부분이나 끝 부분을 숨겨 마치 잘라낸 것처럼 특정 부분에서 시작하고 끝내도록 하는 것이다. 하지만 동영상이 실제로 삭제되지는 않는다. 여기서는 삽입한 동영상의 시작 부분인 말이 달리는 부분을 제외하고 시작해서 코알라 영상까지만 실행하고 마치도록 시작과 끝 부분을 트리밍해보자. ❶ 트리밍을 할 동영상을 선택하고 ❷~❸ [재생] 탭–[편집] 그룹–[비디오 트리밍]을 클릭한다. ❹ [비디오 맞추기] 대화상자에서 시작과 끝 부분을 조절한 후 ❺ [확인]을 누른다.

03 동영상에 페이드 효과주기

동영상이 은은하게 시작하고 종료하도록 이전 프레임의 영상과 다음 프레임의 영상을 겹치게 하는 효과를 페이드라고 한다. 파워포인트에서는 동영상의 시작과 종료 부분에 몇 초 동안 페이드 효과를 줄 수 있다. ❶ 페이드 효과를 줄 동영상을 선택하고 ❷~❸ [재생] 탭–[편집] 그룹–[페이드 지속 시간]에서 시간을 입력해 설정한다.

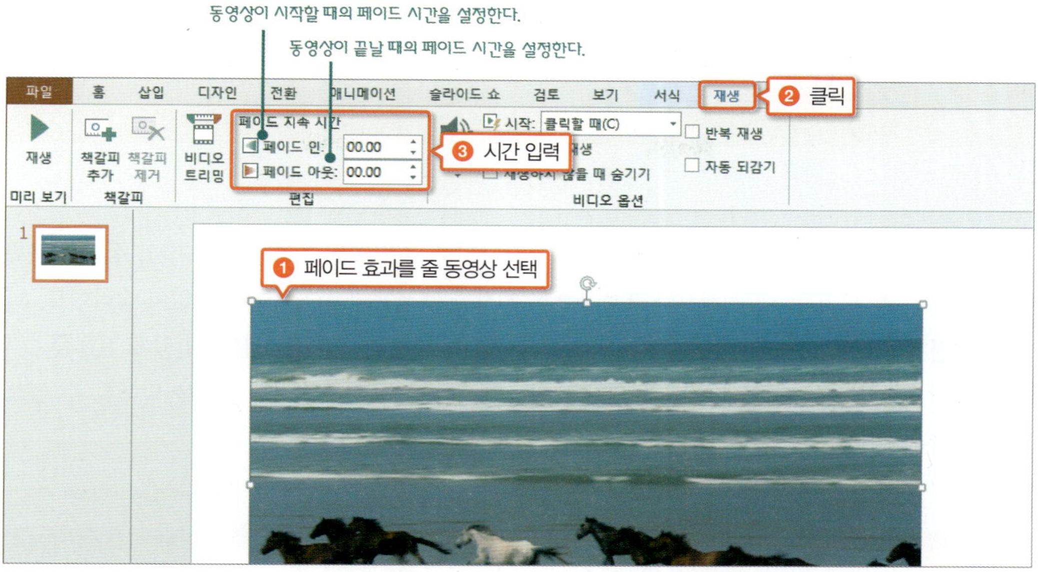

04 동영상 시작 방법 설정하기/전체 화면으로 재생하기

애니메이션 경우처럼 슬라이드 쇼가 진행되는 동안 동영상을 시작하는 방법을 설정하고, 전체 화면으로 재생되도록 할 수 있다. 그런데 전체 화면으로 재생할 때는 원본 동영상의 해상도에 따라 확대하면 왜곡될 수 있으므로 원본 동영상의 상태에 따라 적절히 설정해야 한다. 동영상을 시작하는 방법과 전체 화면 재생을 설정할 때는 ① 동영상을 선택하고 ② [재생] 탭–[편집] 그룹에서 ③ [시작]과 [전체 화면 재생]을 통해 각각 설정한다.

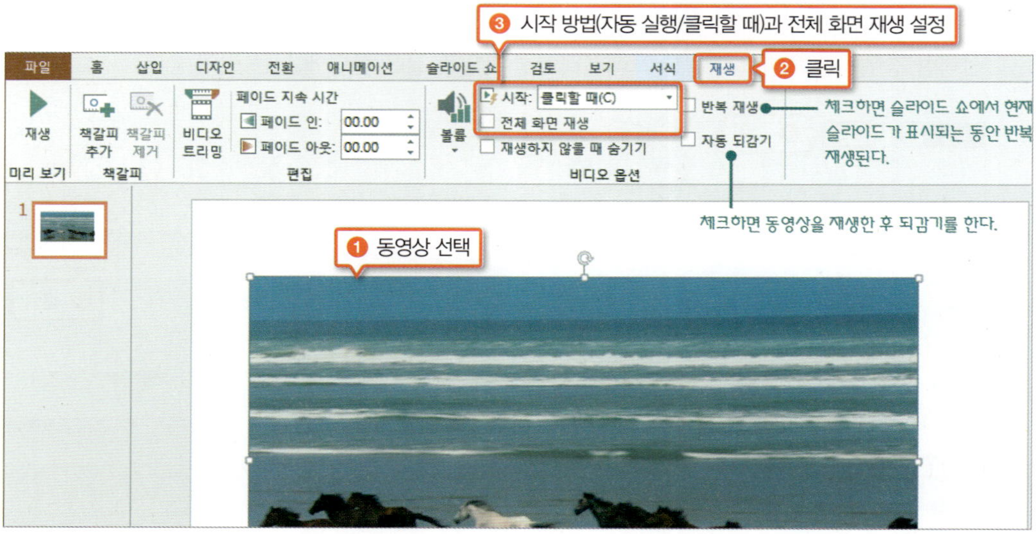

02 오디오 활용하기

슬라이드에 소리나 노래를 추가하여 동영상과 마찬가지로 현장감 있는 효과를 주거나, 정적인 분위기를 환기시킬 수 있다. 또한 행사 전시나 홍보용으로 제작한 프레젠테이션을 발표자 없이 슬라이드 쇼만 진행되는 경우 오디오 기능을 이용해 배경 음악으로 설정하면 슬라이드 쇼를 분위기 있게 진행할 수 있다. 하지만 발표자가 있는 경우에는 배경 음악을 지나치게 사용하면 청중들의 집중을 방해할 수 있으므로 적절히 사용해야 한다.

기본 예제 슬라이드에 소리를 추가해 배경 음악으로 사용하기

01 슬라이드에 오디오 파일 추가하기

오디오를 삽입할 슬라이드에서 ❶~❸ [삽입] 탭–[미디어] 그룹–[오디오]–[내 PC의 오디오]를 클릭한다. ❹ [오디오 삽입] 대화상자에서 삽입할 오디오 파일을 선택하고 ❺ [삽입]을 누르면 슬라이드에 오디오 파일이 삽입되고 슬라이드 중앙에 스피커 아이콘과 미디어 컨트롤이 추가된다.

오디오 파일도 비디오 파일처럼 용량을 줄이기 위해 직접 삽입하지 않고 연결할 수 있지만 일반적으로 오디오는 비디오보다 용량이 적으므로 직접 삽입하는 것이 효과적이다. 그리고 [파일 연결]을 선택한 경우에는 오디오 파일도 프레젠테이션 파일과 같은 폴더에 두는 것이 좋다.

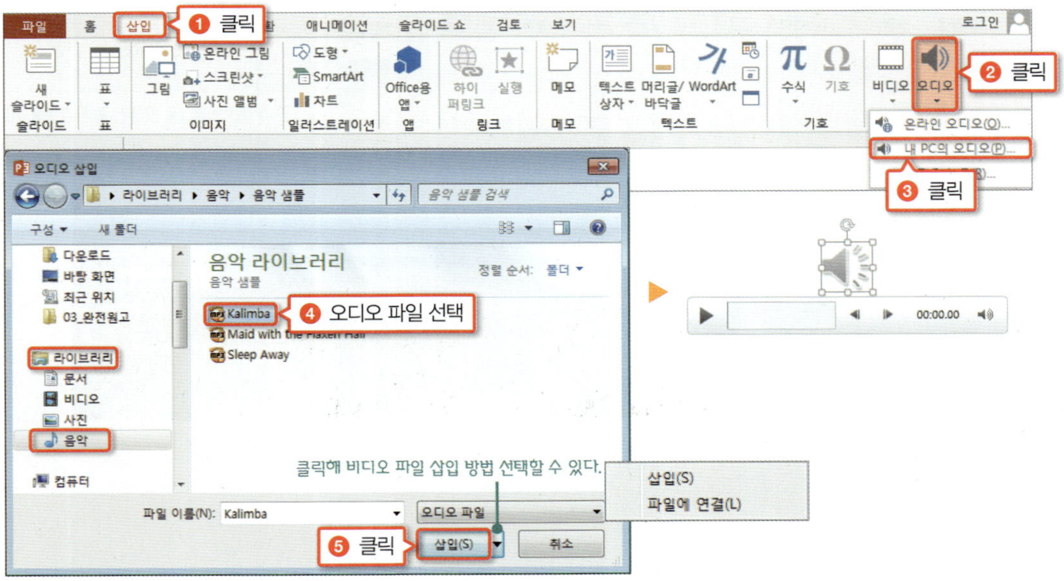

02 추가한 오디오 파일을 배경 음악으로 설정하기

❶ 추가한 오디오 파일을 선택하고 ❷~❸ [재생] 탭-[오디오 스타일] 그룹-[백그라운드에서 재생]를 클릭하면 [시작] 항목이 [자동 실행]으로 설정되고, [모든 슬라이드에 실행]/[반복 재생]/[쇼 동안 숨기기]가 자동으로 체크되며 배경 음악으로 설정된다. 이를 다시 해제하려면 [재생] 탭-[오디오 스타일] 그룹-[스타일 없음]을 클릭한다.

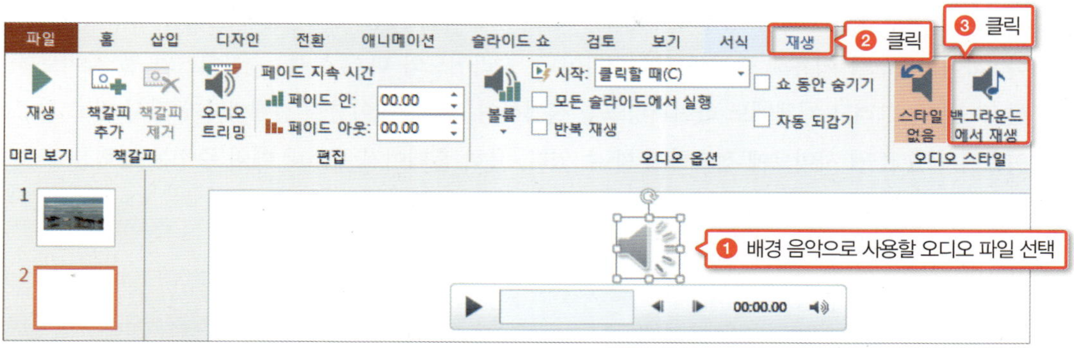

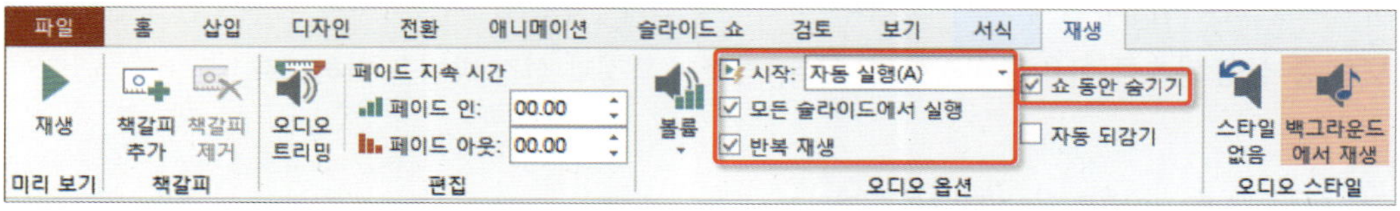

오디오 도구의 기능은 비디오 도구와 거의 동일하여 차이가 있는 부분만 간단히 살펴보면 [그림 8-3]과 같다.

그림 8-3 오디오 도구-[재생] 탭

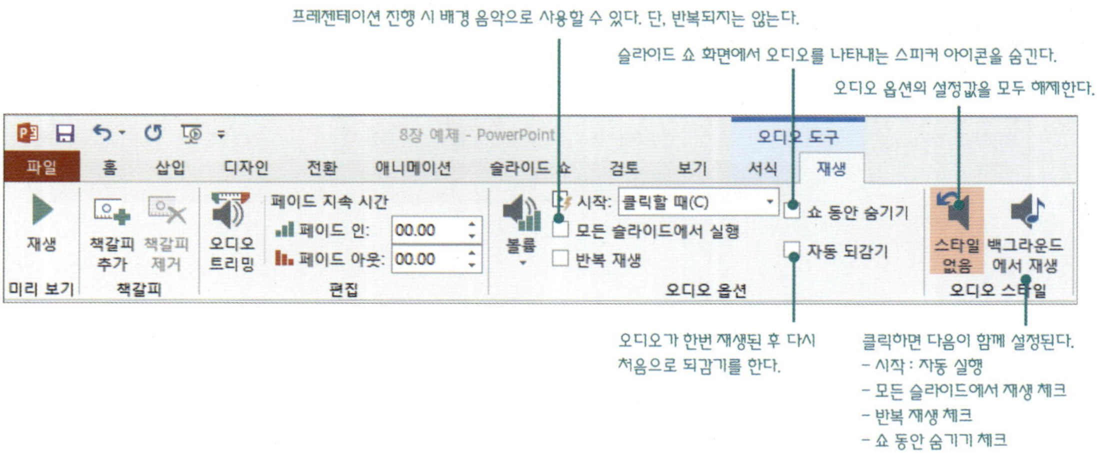

SECTION 03 IT COOKBOOK

하이퍼링크 활용하기

텍스트, 도형, 그림과 같은 개체에서 마우스로 클릭해 다른 대상으로 연결하는 것을 하이퍼링크라고 한다. 하이퍼링크를 이용해 슬라이드와 슬라이드, 슬라이드와 다른 문서, 슬라이드와 웹 사이트를 연결할 수 있다. 그리고 개체에도 하이퍼링크를 설정하여 프레젠테이션을 진행하다가 잠시 참고 자료를 보여주거나 참고 웹 사이트에 접속하게 할 수 있다. 특히 홈페이지 주소나 메일 주소는 입력한 후 Enter나 Space Bar를 누르면 맞춤법 검사가 하이퍼링크를 자동으로 설정해준다.

기본 예제 하이퍼링크 설정/수정/제거하기

하이퍼링크는 [삽입] 탭-[링크] 그룹의 [하이퍼링크]나 [실행]을 이용하거나 파워포인트에서 제공하는 도형 중 실행 단추를 이용해 설정할 수 있다. 각각의 특징과 설정 방법을 익혀보자.

01 텍스트에 웹 사이트를 하이퍼링크로 연결하기

❶ 하이퍼링크를 연결할 텍스트를 선택하고 ❷~❸ [삽입] 탭-[링크] 그룹-[하이퍼링크]를 클릭한다(또는 팝업 메뉴의 [하이퍼링크]를 이용). ❹~❺ [하이퍼링크] 대화상자에서 연결할 웹 사이트를 설정하고 ❻ [확인]을 누른다. 슬라이드 쇼에서 하이퍼링크가 설정된 개체에 마우스 포인터를 가져가면 링크를 의미하는 👆 모양으로 변경되었을 때 클릭하면 해당 웹 사이트가 열린다.

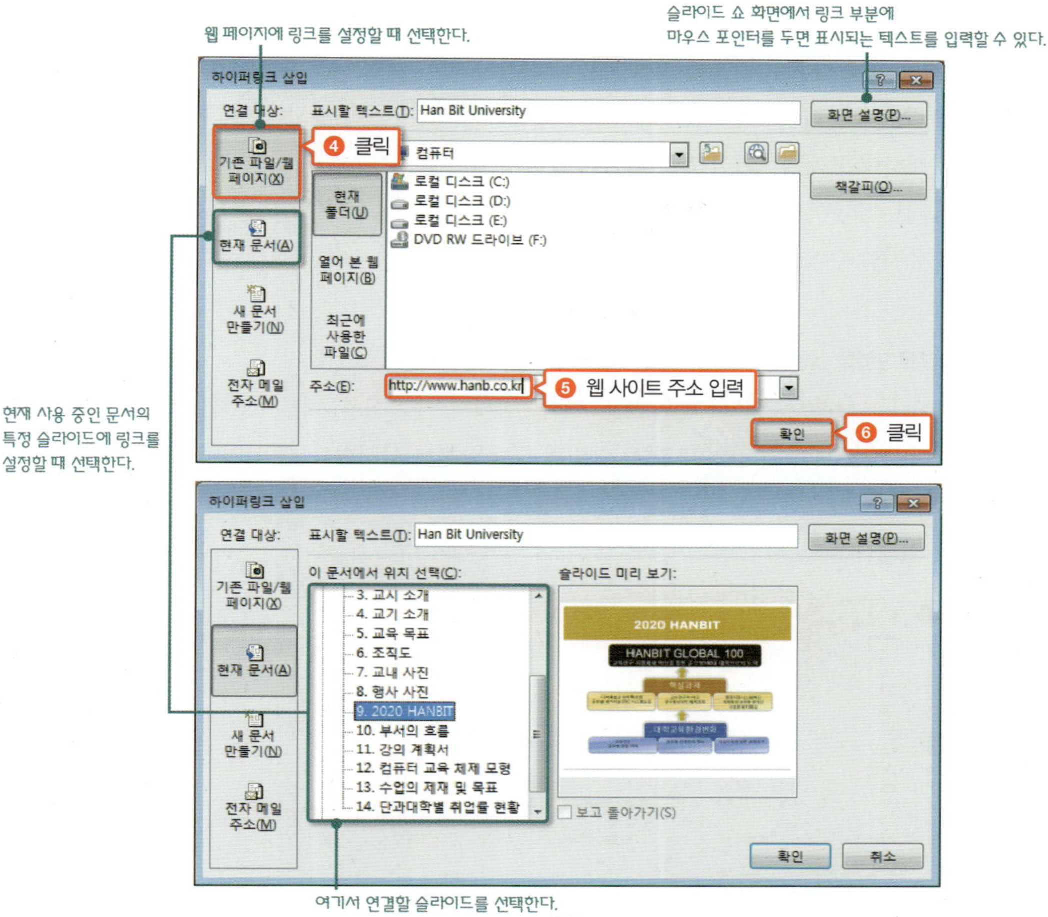

텍스트 상자 안의 글자를 범위로 선택해 하이퍼링크를 설정하면 글자색이 변경되고 밑줄이 그어진다. 하지만 텍스트 상자 자체를 선택하거나, 그림이나 도형 같은 개체는 하이퍼링크를 설정해도 아무 표시가 생기지 않으므로 슬라이드 쇼에서 마우스 포인터를 가져가야 하이퍼링크 설정 여부를 확인할 수 있다.

하이퍼링크에 다른 파일을 설정할 때는 주의할 사항이 하나 있다. 하이퍼링크로 연결된 파일을 다른 폴더로 옮기면 경로를 새로 설정해야 한다는 것이다. 그러므로 하이퍼링크로 연결될 파일은 미리 복사하여 프레젠테이션 파일과 같은 폴더에 보관해두어야 하며, 프레젠테이션 파일을 다른 곳으로 옮기는 경우에는 연결된 파일과 프레젠테이션 파일을 같이 복사 혹은 이동시켜 하이퍼링크를 그대로 유지할 수 있도록 해야 한다.

02 다른 프로그램을 실행하는 [실행] 버튼 추가하기

그림이나 도형을 추가하여 다른 프로그램을 실행시키는 [실행] 버튼으로 활용해보자. ❶~❷ [삽입] 탭–[이미지] 그룹–[온라인 그림]을 클릭해 그림을 하나 삽입한다. ❸ 삽입한 그림을 선택하고 ❹ [삽입] 탭–[링크] 그룹–[실행]을 클릭한다. ❺ [실행 설정] 대화상자에서 [하이퍼링크]를 '첫째 슬라이드'로 설정하고 ❻ [확인]을 누른다.

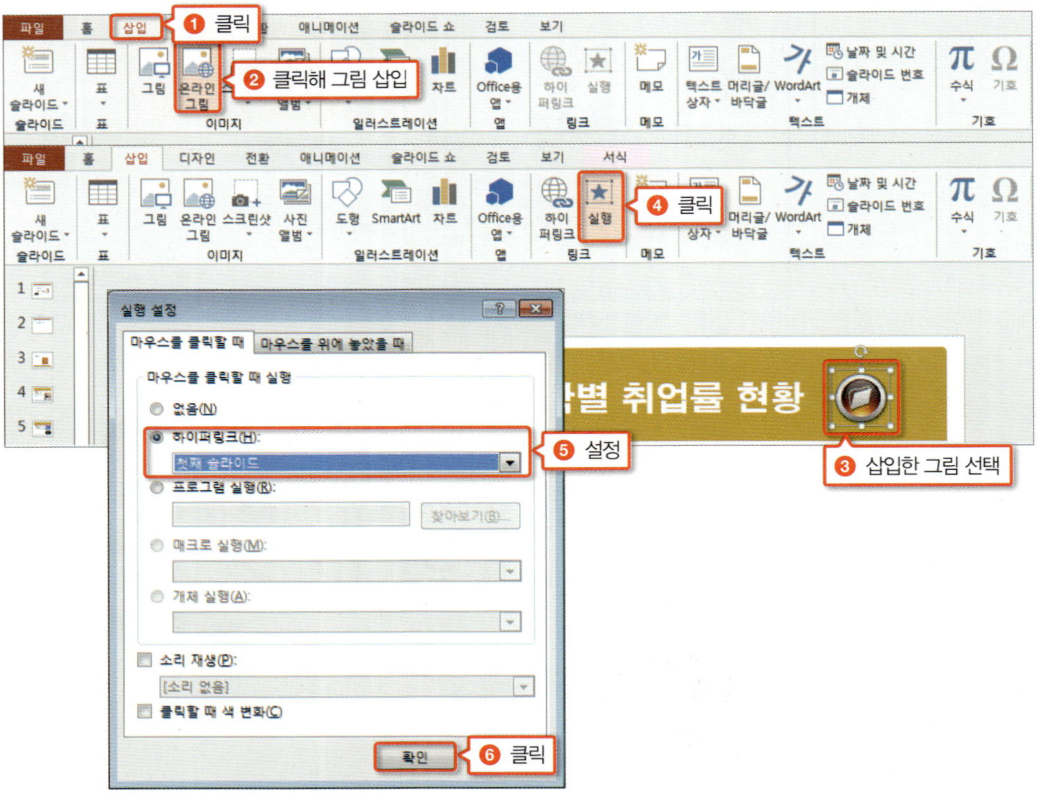

[실행 설정] 대화상자에서는 다음과 같이 다양한 링크를 설정할 수 있다.

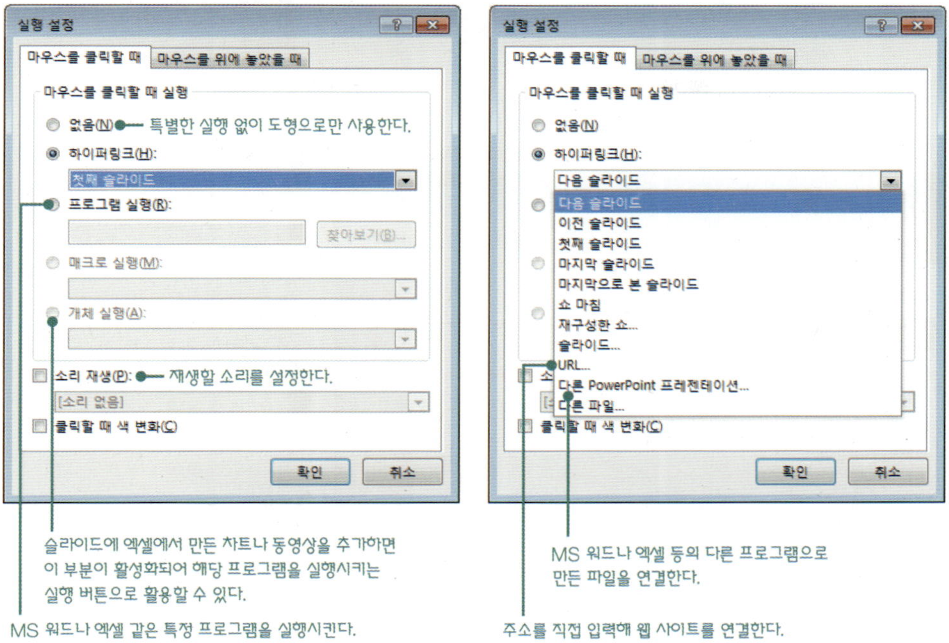

03 실행 단추로 링크 지정하기

이전/다음 슬라이드 또는 최근 슬라이드로 이동하는 등 특정한 작업의 수행을 연관시킨 단추를 실행 단추라 하는데, 이 실행 단추에 슬라이드 간의 이동뿐만 아니라 하이퍼링크도 설정할 수 있다. 마지막 슬라이드에 실행 단추를 추가해 이 단추를 클릭하면 첫 번째 슬라이드로 이동하도록 해보자. ❶~❸ 마지막 슬라이드에서 [홈] 탭–[그리기] 그룹–[도형]–[실행 단추:홈]을 클릭(또는 [삽입] 탭–[일러스트레이션] 그룹–도형의 ▾를 클릭해 선택)한 후 ❹ 슬라이드에서 드래그하면 해당 도형이 삽입됨과 동시에 [실행 설정] 대화상자가 나타난다. 이 단추는 기본적으로 작업 중인 프레젠테이션의 첫 슬라이드로 이동할 수 있게 하이퍼링크가 설정되어 있지만 다른 실행과 연관되도록 설정할 수도 있다. ❺ [실행 설정] 대화상자에서 첫 번째 슬라이드로 하이퍼링크가 설정된 것을 확인한 후 [확인]을 누른다. 슬라이드 쇼에서 실행 단추를 클릭하면 첫째 슬라이드로 이동할 것이다.

04 하이퍼링크 수정/제거하기

❶ 하이퍼링크가 설정된 개체에서 마우스 오른쪽 버튼을 누르고 ❷ 팝업 메뉴에서 [하이퍼링크 편집]를 클릭한다. [하이퍼링크 편집] 대화상자에서 하이퍼링크를 수정하거나, [팝업 메뉴]에서 [하이퍼링크 제거]를 클릭해 하이퍼링크를 제거한다.

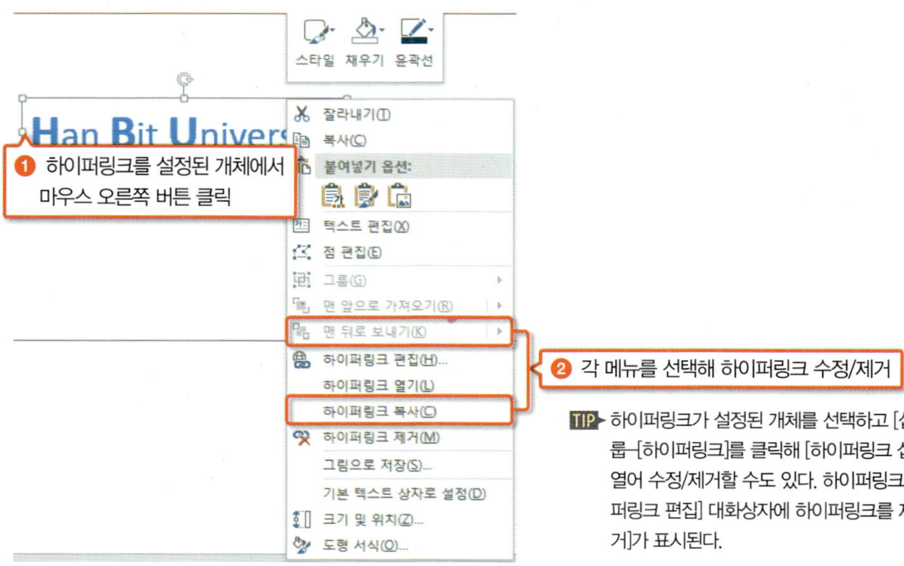

TIP 하이퍼링크가 설정된 개체를 선택하고 [삽입] 탭-[링크] 그룹-[하이퍼링크]를 클릭해 [하이퍼링크 삽입] 대화상자를 열어 수정/제거할 수도 있다. 하이퍼링크가 설정되면 [하이퍼링크 편집] 대화상자에 하이퍼링크를 제거하는 [링크 제거]가 표시된다.

종합 예제

※ 다음과 같이 동영상과 음악을 추가하여 분위기 있는 슬라이드를 작성해보자(01~04).

01 슬라이드에 동영상을 추가하고 서식을 설정한다.

❶ 슬라이드에 동영상을 추가한다 : [삽입] 탭-[미디어] 그룹-[비디오]-[내 PC의 비디오] 또는 [제목 및 내용] 레이아웃인 경우는 [비디오 삽입] 아이콘 클릭

❷ 동영상 중 한 장면을 '포스터 틀'로 지정한다 : 동영상에서 [재생]을 누른 후 적당한 위치에서 [일시 정지] 누르고 [서식] 탭-[조정] 그룹-[포스터 틀]-[현재 틀] 클릭

❸ 영상이 재생되면 전체 화면으로 전환되도록 한다 : [재생] 탭-[비디오 옵션] 그룹-[전체 화면 재생] 클릭

02 제목 슬라이드에 음악 파일을 추가하여 슬라이드 쇼를 하는 동안 배경으로 재생되게 해보자.

❶ 슬라이드에 오디오 파일을 추가한다 : [삽입] 탭-[미디어] 그룹-[오디오]-[내 PC의 오디오] 클릭

❷ 슬라이드 쇼가 진행될 때는 오디오 아이콘이 표시되지 않도록 숨긴다 : [재생] 탭-[오디오 옵션] 그룹-[쇼 동안 숨기기] 클릭

❸ 슬라이드 쇼가 진행되는 동안 음악이 배경으로 재생되도록 한다 : [재생] 탭-[오디오 스타일] 그룹-[백 그라운드에서 재생] 클릭

❹ 음악이 처음 시작되는 부분과 끝나는 부분을 슬라이드에 맞게 트리밍한다 : [재생] 탭-[편집] 그룹-[오디오 트리밍]을 선택하여 음악이 시작되는 부분이 '1:10' 부분에서 시작되고 '4:10' 부분에서 끝나도록 지정

❺ 음악이 부드럽게 시작되도록 페이드인 효과를 지정한다 : [재생] 탭-[편집] 그룹-[페이드인]에서 '01.75' 시간 지정

※ 동영상 프레임을 다양하게 표현해보자.

03 빠른 스타일을 적용해보자.

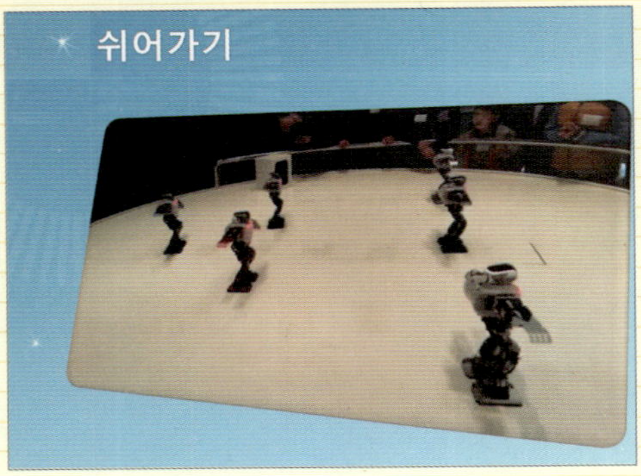

❶ 새 슬라이드를 추가한 후 준비된 파일 동영상을 추가한다.

❷ 빠른 스타일을 적용한다 : [서식] 탭-[비디오스타일] 그룹-[강함: 입체회전 사각형] 클릭

04 도형 안에서 비디오가 재생되도록 하자.

❶ 앞의 예제를 '슬라이드 복제'하여 사용한다.

❷ 기존에 있는 비디오 스타일을 제거한다 : [서식] 탭-[조정] 그룹-[디자인 다시 설정]-[디자인 및 크기 다시 설정] 클릭

❸ 비디오를 선택하고 [서식] 탭-[비디오 스타일]-[비디오 셰이프]-[기본 도형:정오각형] 클릭

❹ 비디오를 선택하고 [서식] 탭-[비디오 스타일]-[비디오 효과]-[반사:전체 반사, 터치] 클릭

❺ [재생]을 눌러 비디오 재생 확인

평가 예제

IT COOKBOOK

※ 4장 혹은 7장에서 만든 슬라이드에 하이퍼링크를 지정하여 슬라이드 쇼에서 링크로 슬라이드를 이동하도록 해보자.

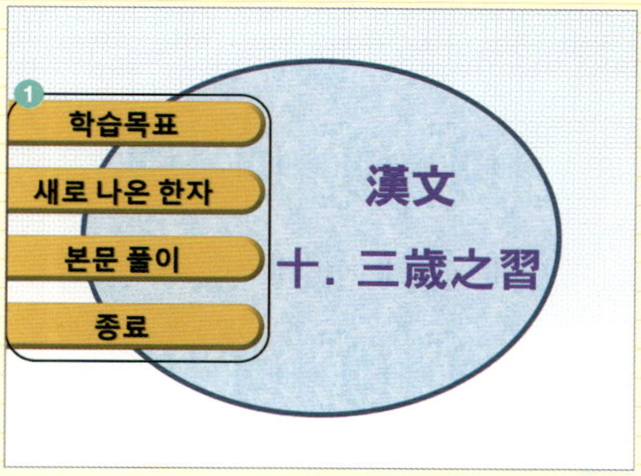

❶ 각 목차 도형을 클릭하면 목차 제목에 해당하는 슬라이드로 이동하도록 하이퍼링크를 지정한다.

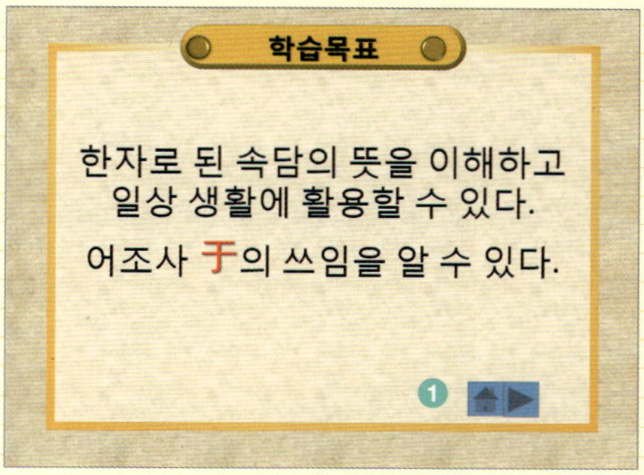

❶ 도형 갤러리의 실행 단추를 이용해 [홈], [다음] 도형을 추가한 후 각각 첫 번째 슬라이드, 다음 슬라이드로 링크를 지정한다.

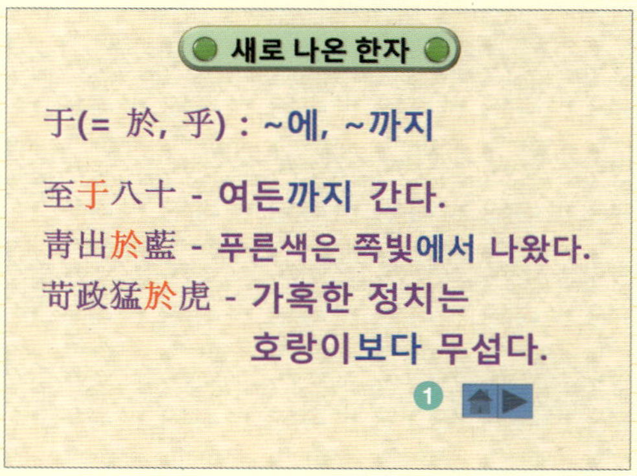

❶ 앞에서 만든 링크 도형을 복사하여 추가한다.

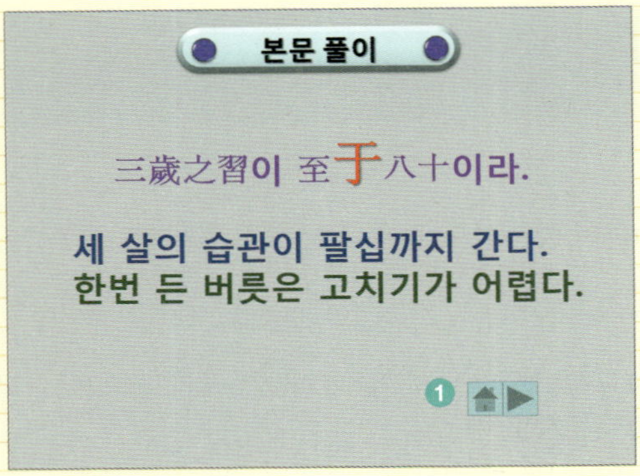

1 앞에서 만든 링크 도형을 복사하여 추가한다.

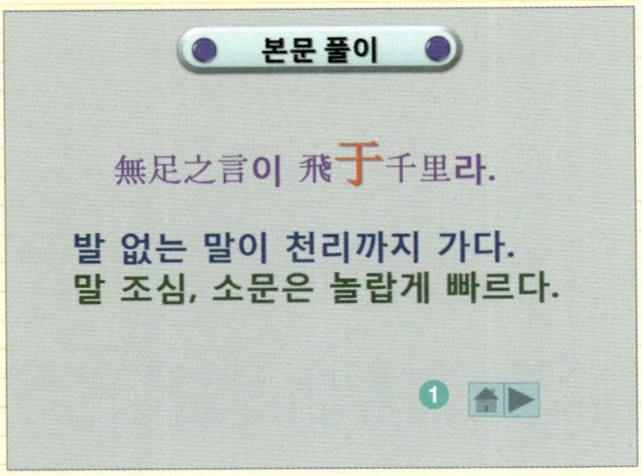

1 앞에서 만든 링크 도형을 복사하여 추가한다.

1 YES 도형을 클릭하면 '쇼 마침' 이 되도록 링크를 지정한다.

2 NO 도형을 클릭하면 쉬어가기 슬라이드로 이동하도록 링크를 지정한다.

1 새 슬라이드를 추가한 후 준비된 동영상을 추가한다.

2 비디오 스타일: 〈강함-원근감있는 그림자〉

3 슬라이드 재생 시 전체 화면으로 재생한다.

CHAPTER 9 IT COOKBOOK

슬라이드 마스터 및 인쇄

슬라이드 마스터는 이름에서 의미하듯이 모든 슬라이드를 대표하는 슬라이드이다. 모든 슬라이드에 동일한 글꼴이나 서식을 설정하거나 동일한 로고를 추가하고자 할 때 슬라이드 마스터를 이용하면 빠르게 적용할 수 있다. 슬라이드 마스터 보기에서 레이아웃과 슬라이드 마스터를 수정하면 프레젠테이션에 있는 모든 슬라이드의 스타일을 동일하게 적용되기 때문이다.

슬라이드 번호나 날짜처럼 간단한 서식만 통일할 경우에는 슬라이드 마스터의 개념이 다소 난해할 수 있으므로 이 장에서는 먼저 머리글/바닥글만 간단히 지정하는 방법을 먼저 알아본 후 슬라이드 마스터의 역할을 알아본다. 그런 다음 슬라이드 마스터를 이용해 모든 슬라이드에 동일한 서식을 지정하거나 변경하는 방법, 슬라이드 마스터에서 슬라이드를 디자인한 후 디자인 테마로 저장하는 방법을 알아본다. 마지막으로 완성된 프레젠테이션 문서를 용도에 맞게 인쇄하는 방법을 추가로 알아본다.

SECTION ---------- IT COOKBOOK

01 머리글/바닥글 사용하기

머리글/바닥글은 모든 슬라이드 혹은 유인물의 특정 위치에 날짜와 시간, 슬라이드 번호, 사용자가 입력하는 문구를 표시한 것이다. 머리글/바닥글은 슬라이드에 설정하거나, 출력물 형태로 사용하는 슬라이드 노트나 유인물에 설정할 수 있다.

머리글/바닥글은 [삽입] 탭–[텍스트] 그룹–[머리글/바닥글]을 클릭해 설정할 수 있다. 슬라이드에 설정하는 경우에는 슬라이드의 상단에 표시되면 머리글, 하단에 표시되면 바닥글이라 한다. 머리글/바닥글 위치는 슬라이드에 설정된 디자인 테마에 따라 달라질 수 있다. 일반적으로 디자인 테마가 없는 기본 배경일 때는 [그림 9–1]의 (a)와 같이 슬라이드 하단 바닥글로 표시되며, 왼쪽 영역에는 날짜와 시간, 가운데 영역에는 바닥글, 오른쪽 영역에는 슬라이드 번호가 표시된다.

머리글/바닥글을 슬라이드 노트 및 유인물에 설정하는 경우에는 [그림 9–1]의 (b)와 같이 머리글은 용지의 상단에, 바닥글은 용지의 하단에 표시된다. 상단 왼쪽 영역에는 머리글, 오른쪽 영역에는 날짜 및 시간, 하단 왼쪽 영역에는 바닥글, 오른쪽 영역에는 출력 용지의 페이지 번호가 표시된다.

그림 9–1 [머리글/바닥글] 대화상자

(a) 슬라이드에 설정하는 경우　　(b) 슬라이드 노트 및 유인물에 설정하는 경우

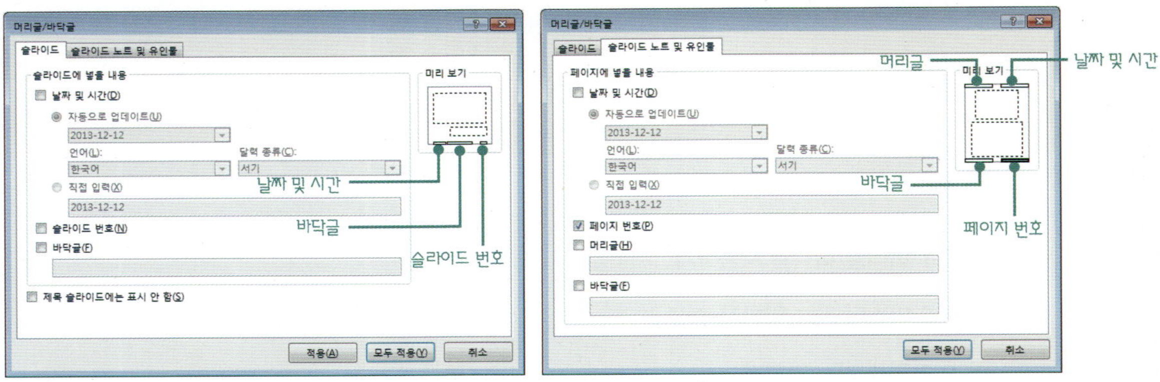

기본 예제 머리글/바닥글 설정하기

슬라이드와 슬라이드 노트 및 유인물에 머리글/바닥글을 각각 설정해보자.

01 슬라이드에 머리글/바닥글 설정하기

제목 슬라이드를 제외한 모든 슬라이드에 오늘 날짜와 슬라이드 번호, 본인의 소속과 이름을 입력해보자. ❶~❷ [삽입] 탭–[텍스트] 그룹–[머리글/바닥글]을 클릭한다. ❸ [머리글/바닥글] 대화상자–[슬라이드] 탭에서 그림과 같이 설정하고 ❹ [모두 적용]을 누르면 슬라이드 창에서 설정한 내용을 바로 확인할 수 있다. 그리고 날짜와 시간을 [자동으로 업데이트]를 체크하면 컴퓨터에 등록된 날짜가 슬라이드에 자동으로 표시되고, 날짜가 바뀌면 슬라이드의 날짜도 자동으로 변경된다.

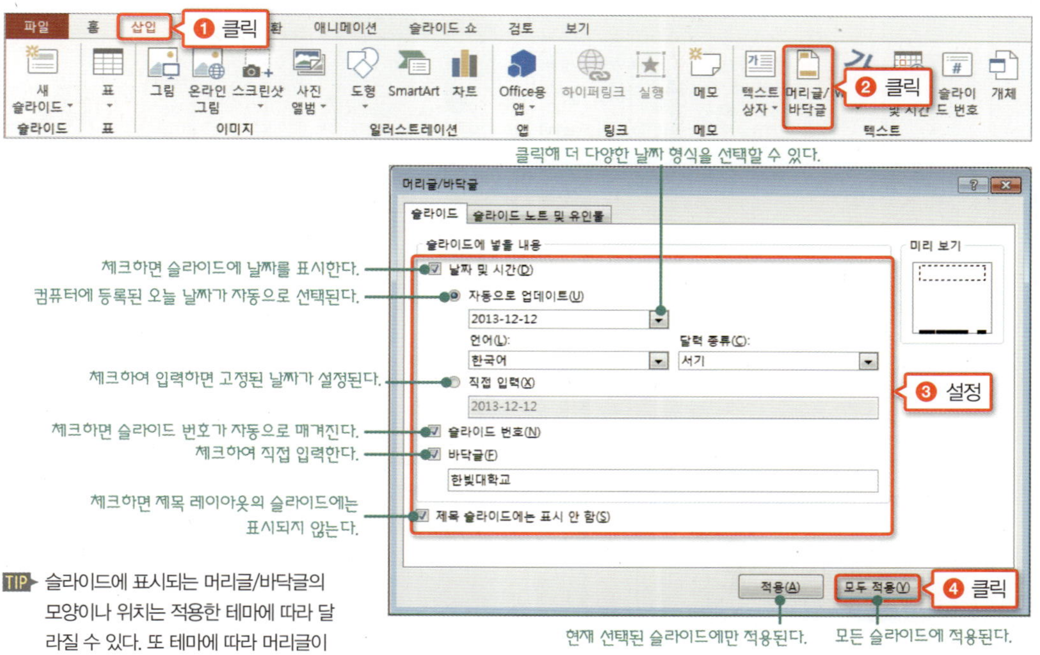

TIP 슬라이드에 표시되는 머리글/바닥글의 모양이나 위치는 적용한 테마에 따라 달라질 수 있다. 또 테마에 따라 머리글이 될 수도 있고, 바닥글이 될 수도 있다.

02 유인물에 머리글/바닥글 설정하기

슬라이드 자체에 머리글/바닥글을 설정할 수 있다. 하지만 한 페이지에 슬라이드를 하나씩 출력하기보다는 여러 슬라이드를 함께 출력하는 경우가 많아 일반 워드 프로세스처럼 출력물에 머리글/바닥글을 따로 설정하는 경우도 많다. 파워포인트의 출력물인 유인물에 머리글/바닥글을 설정하는 방법을 알아보자.

파워포인트로 작성한 내용을 과제로 제출하기 위해 머리글로는 과목명과 날짜를, 바닥글로는 학교 이름과, 페이지 번호를 설정해보자. ❶~❷[삽입] 탭–[텍스트] 그룹–[머리글/바닥글]을 클릭한다. ❸~❹[머리글/바닥글] 대화상자–[슬라이드 노트 및 유인물] 탭에서 머리글과 바닥글을 그림과 같이 구분하여 설정하고 ❺[모두 적용]을 누른다. ❻유인물에 설정한 내용은 인쇄물을 통해 확인할 수 있으므로 [파일] 탭–[인쇄]–[유인물:2슬라이드]를 클릭해 설정한 내용을 확인한다.

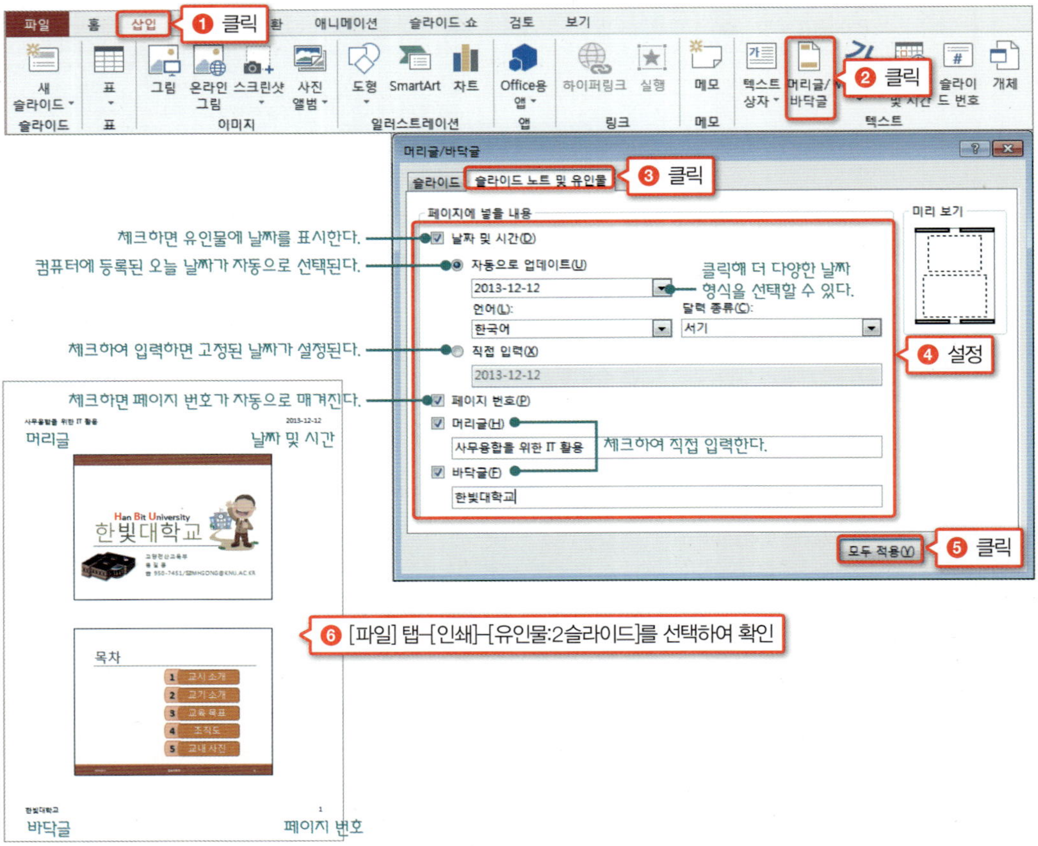

기본 예제 머리글/바닥글 편집하기

슬라이드나 슬라이드 노트 및 유인물에 설정한 머리글/바닥글을 수정할 수 있다. 머리글/바닥글을 어떤 형태로 설정하든 방법은 같으므로 슬라이드를 기준으로 편집 방법을 알아보자.

01 머리글/바닥글 변경/삭제하기

머리글/바닥글은 슬라이드에서 직접 수정하거나 삭제하면 안 되고 [머리글/바닥글] 대화상자를 다시 이용해야 한다. ❶~❷ [삽입] 탭–[텍스트] 그룹–[머리글/바닥글]을 클릭한다. ❸ [머리글/바닥글] 대화상자–[슬라이드] 탭에서 설정을 해제하거나 직접 입력하여 변경한 후 ❹ 현재 슬라이드만 변경하려면 [적용]을, 모든 슬라이드에 적용하려면 [모두 적용]을 누른다.

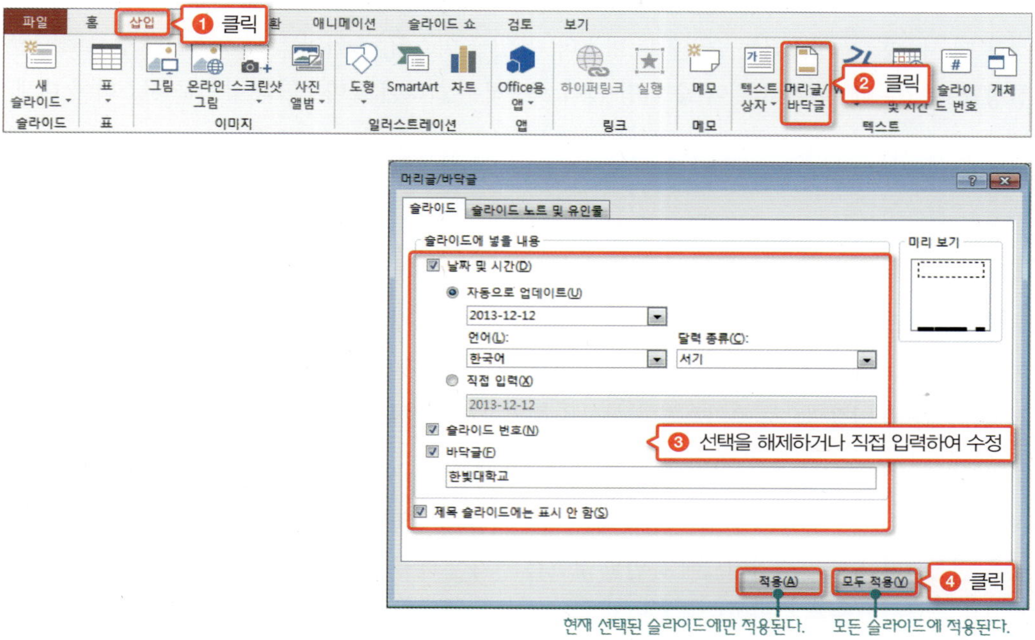

02 슬라이드의 시작 번호 변경하기

머리글/바닥글 기능을 이용해 슬라이드에 번호를 표시하면 1부터 시작하는데 이를 원하는 번호로 수정할 수 있다. ❶~❸ [디자인] 탭–[사용자 지정] 그룹–[슬라이드 크기]–[사용자 지정 슬라이드 크기]를 클릭한다. ❹ [슬라이드 크기] 대화상자에서 슬라이드 시작 번호를 설정한 후 ❺ [확인]을 누른다. 이때 슬라이드 번호는 0 미만으로 설정하면 안 되고, 0으로 설정하면 제목 슬라이드가 0번이 되고 다음 슬라이드부터 1번이 매겨진다.

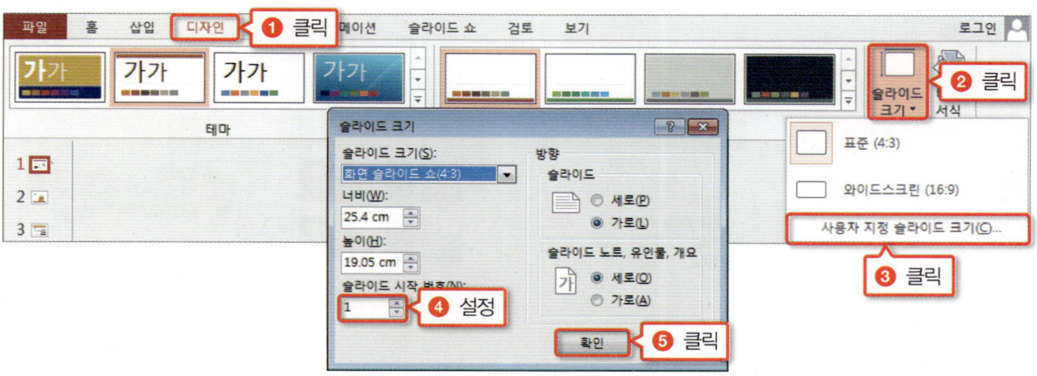

SECTION 02 마스터 기능 익히기

파워포인트에서 마스터는 슬라이드 혹은 유인물을 대표하는 용도로 서식을 일괄적으로 변경하거나 수정할 때 사용한다. 마스터는 슬라이드 마스터, 유인물 마스터, 슬라이드 노트 마스터 등으로 구분하여 설정할 수 있는데, 여기서는 이 중 가장 많이 사용하는 슬라이드 마스터와 유인물 마스터에 대해 알아보자.

2.1 슬라이드 마스터

슬라이드 마스터는 슬라이드의 배경, 텍스트 및 문단 서식, 개체의 위치, 머리글/바닥글 등과 같은 슬라이드 구성 요소들의 서식을 미리 설정해놓은 서식 슬라이드이다. 슬라이드 마스터를 이용해 슬라이드 전체에 내용을 일괄적으로 추가하거나 서식을 동일하게 설정할 수 있다.

슬라이드 마스터에서 설정한 서식은 모든 슬라이드에 동일하게 적용되므로, 슬라이드 마스터에서 설정해두면 슬라이드마다 같은 작업을 반복해야 하는 수고를 줄일 수 있다. 예를 들어 모든 슬라이드의 글꼴을 변경하거나 모든 슬라이드에 동일한 로고를 추가할 때 슬라이드 마스터 보기에서 글꼴을 변경하고 로고를 추가하면 모든 슬라이드에 동일하게 적용된다.

파일 하나에 디자인 테마를 두 종류 설정하면 슬라이드 마스터도 두 가지 표시된다. 앞으로의 예제에서는 슬라이드 마스터와 디자인 테마의 개념을 비교하기 위해, [그림 9-2]와 같이 제목 슬라이드와 목차 슬라이드에는 디자인 테마1이 적용되고, 그 외 슬라이드에는 디자인 테마2가 적용된 예를 사용한다.

그림 9-2 테마가 두 개 적용된 프레젠테이션 예

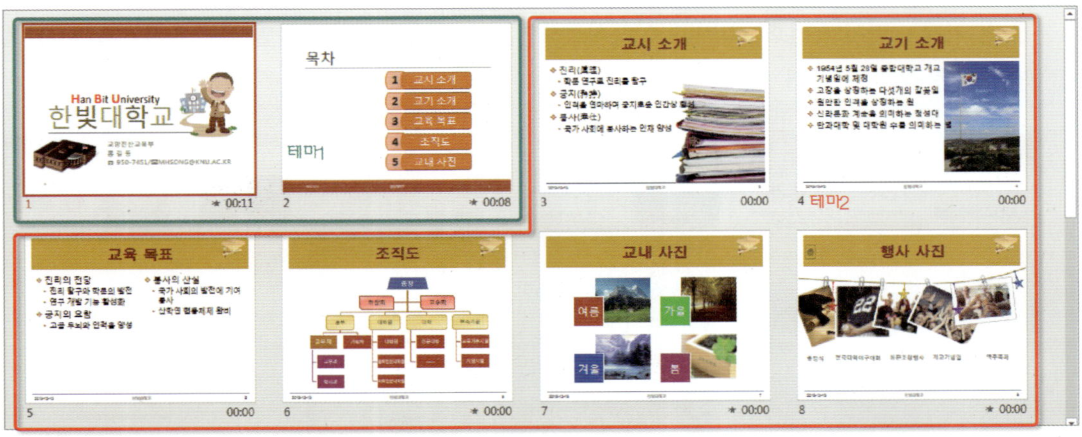

기본 예제 〉 슬라이드 마스터 만들기

01 슬라이드 마스터 화면 표시하기

슬라이드 마스터를 만들려면 먼저 슬라이드 마스터 보기 화면을 표시해야 하므로 ❶~❷ [보기] 탭-[마스터 보기] 그룹-[슬라이드 마스터]를 클릭한다. 작업 화면 왼쪽에 있는 슬라이드 축소판 그림에서 첫 번째 큰 슬라이드가 마스터 슬라이드이다. 그리고 그 아래는 마스터 슬라이드에 관련된 슬라이드 레이아웃 마스터이다.

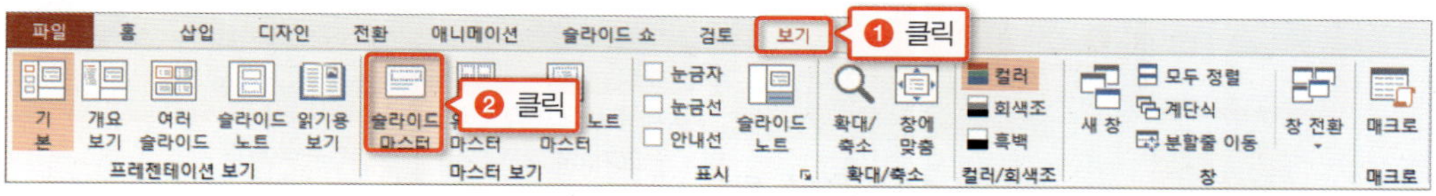

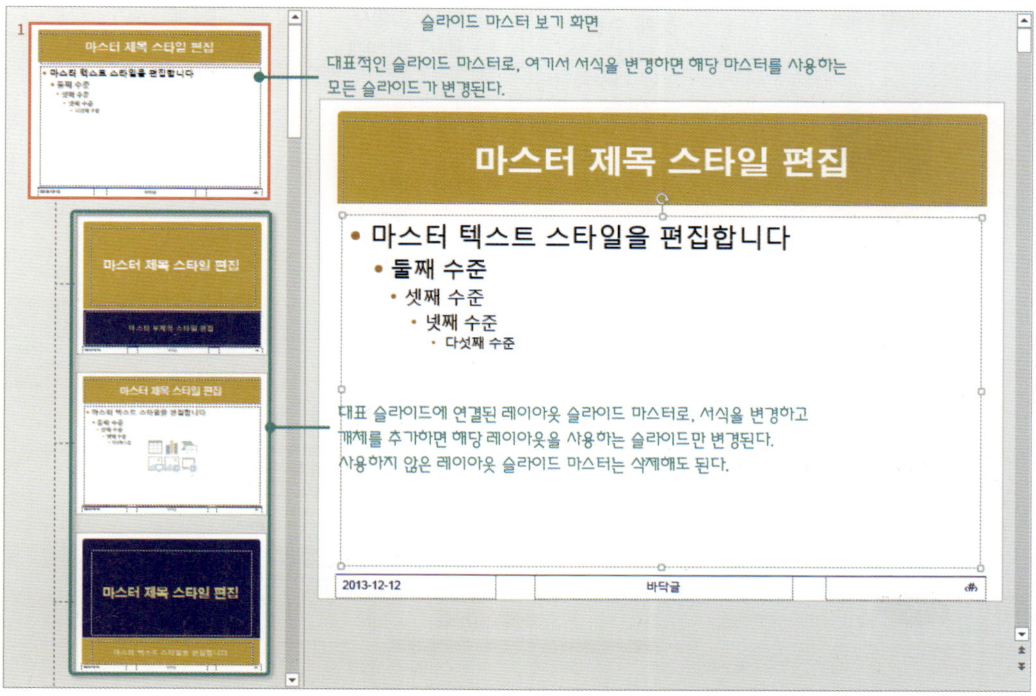

02 슬라이드 마스터를 이용해 본문 슬라이드의 서식 변경하기

슬라이드 마스터 편집창에 만들고 싶은 슬라이드 형식을 정한다. 제목과 내용 텍스트의 글꼴, 글자 크기, 색상, 수준별 글머리 기호, 그림이나 사진 삽입, 디자인 서식 적용 등의 서식을 설정하면 모든 슬라이드에 공통으로 적용된다. 먼저 전체 슬라이드의 제목 서식을 변경하고 그림을 추가해보자. ❶ 왼쪽의 슬라이드 축소판에서 맨 위에 있는 마스터 슬라이드를 선택한다. ❷~❸ 제목 서식 및 첫

째와 둘째 수준의 글머리 기호 서식을 변경하고 ❹ [온라인 그림]의 [Bing 이미지 검색]에서 그림을 하나 삽입한 후 ❺ [슬라이드 마스터] 탭-[닫기] 그룹-[마스터 보기 닫기]를 클릭하여 기본 보기로 돌아온다. 여러 슬라이드 보기에서 확인해보면 모든 슬라이드의 제목 서식과 글머리 기호가 동일하게 변경되고 그림이 추가되어 있을 것이다.

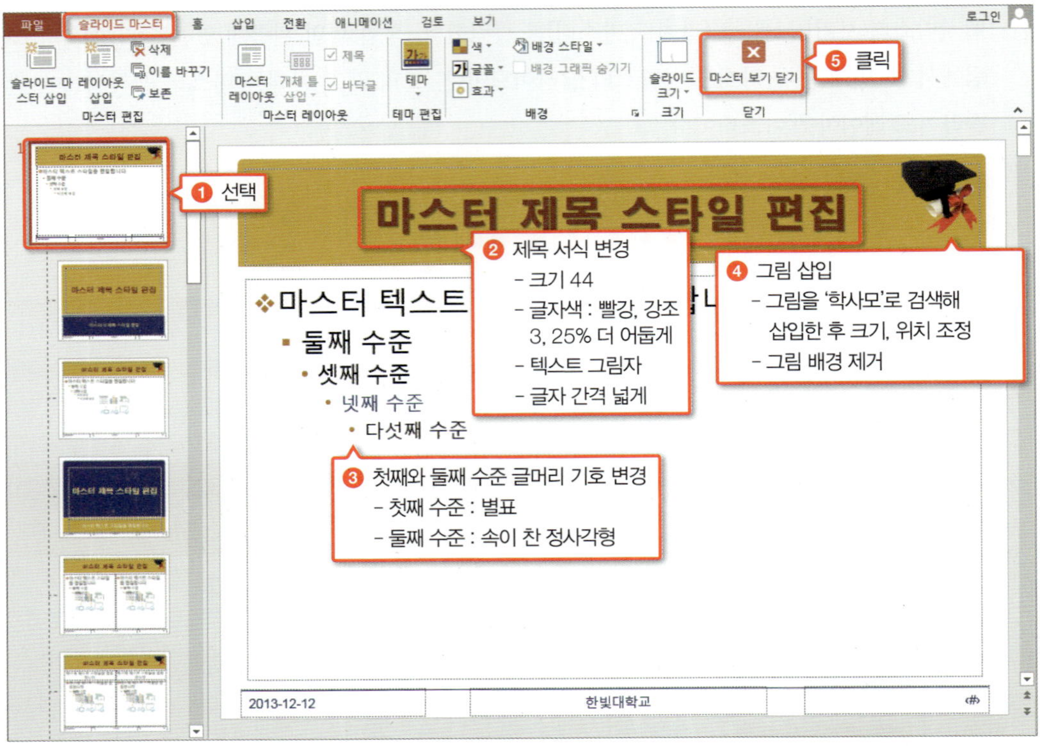

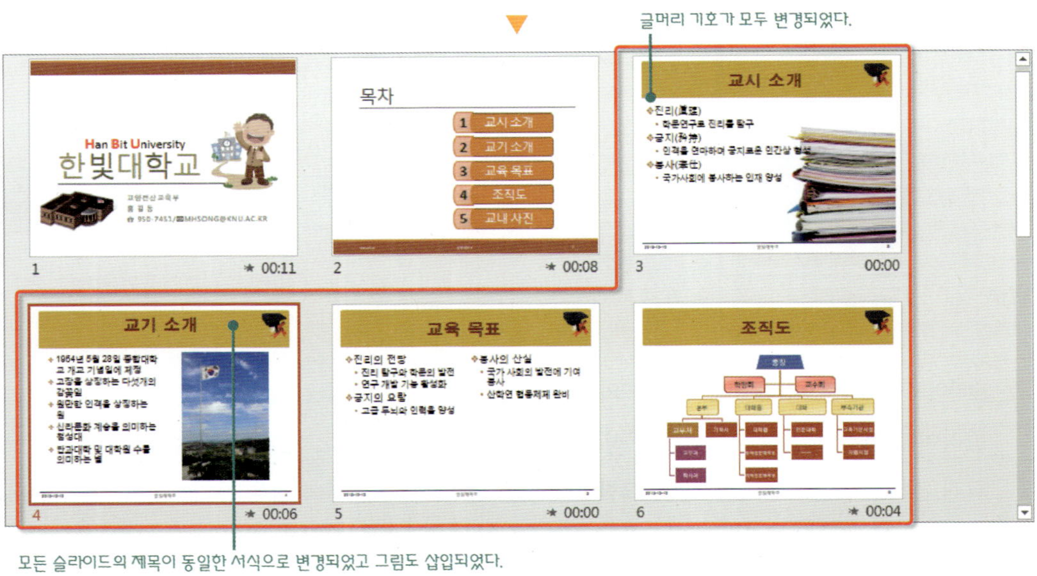

03 제목 슬라이드의 레이아웃 마스터 변경하기

❶ [보기] 탭–[마스터 보기] 그룹–[슬라이드 마스터]를 클릭한 후 ❷ 테마 2의 제목 레이아웃 슬라이드 마스터를 선택한다. ❸ 테마의 배경에 해당하는 도형을 삭제한 후 ❹~❻ 워드아트와 도형, 온라인 그림 등을 이용해 서식을 변경한 후 ❼ [마스터 보기 닫기]를 클릭한다. ❽ 변경된 제목 슬라이드에서 기존 그림 중 마스터에서 설정한 그림과 겹치는 그림은 삭제하거나 위치를 조정한다. 변경된 마스터가 적용된 레이아웃은 [홈] 탭–[슬라이드] 그룹–[새 슬라이드]를 클릭하여 확인할 수 있다.

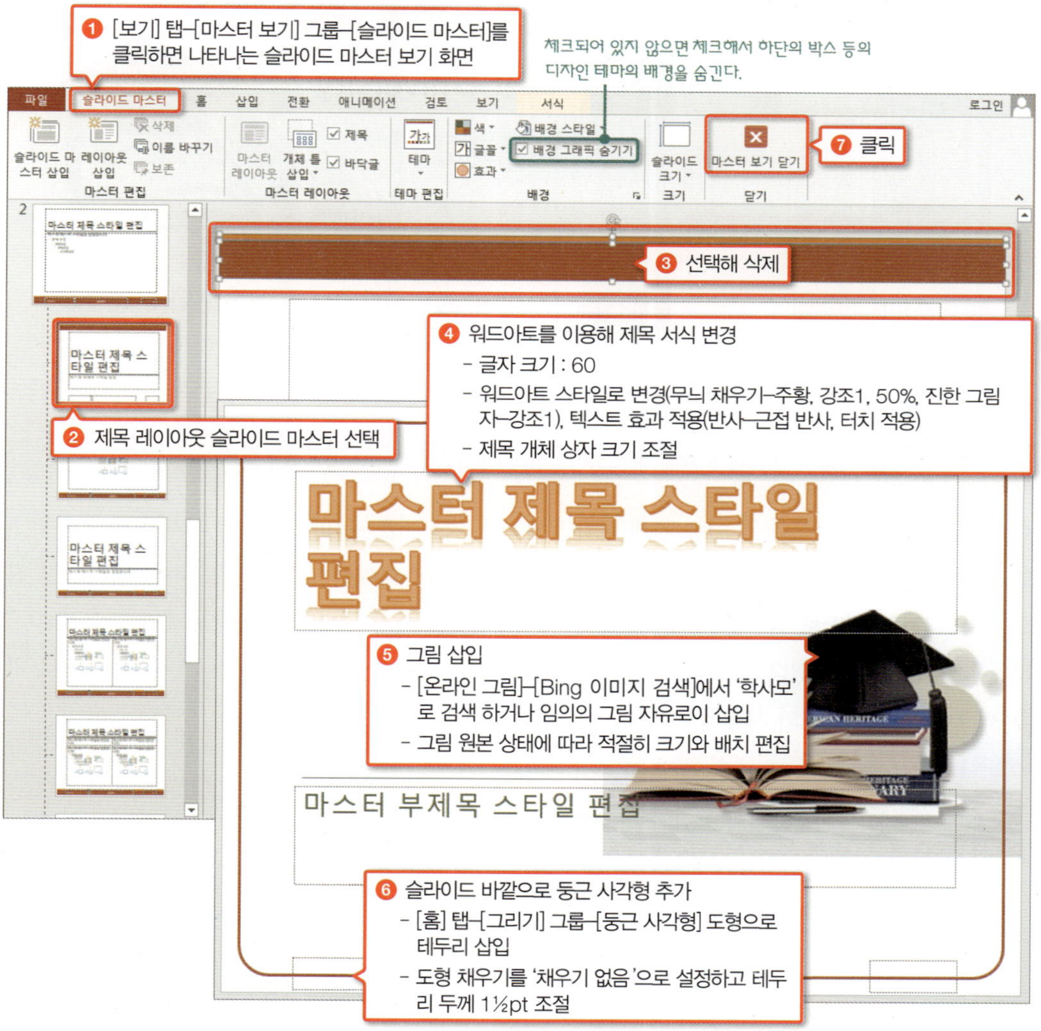

▼

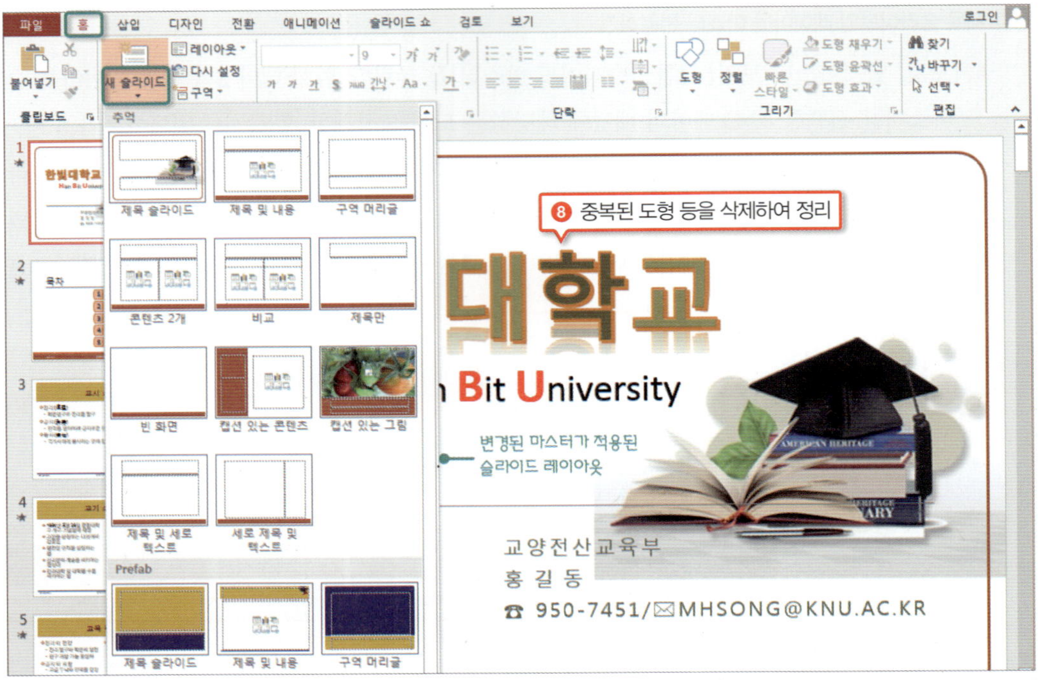

기본 예제 슬라이드 마스터를 이용해 새 디자인 테마 만들기

이번에는 슬라이드 마스터를 이용해 새 디자인 테마를 만들어보자. 파워포인트 디자인 테마는 색, 글꼴, 그래픽이 적용된 통합 디자인 요소 집합이다. 슬라이드 마스터에서 만든 서식도 하나의 디자인 집합으로 묶어 디자인 테마로 저장할 수 있다. 슬라이드 마스터에 설정된 서식을 디자인 테마로 저장해두면 언제든 다시 사용할 수 있다. 즉, 발표 상황이나 주제에 맞는 나만의 디자인 테마를 만들어 파일로 저장한 후 필요할 때마다 불러와 사용할 수 있다.

01 새 프레젠테이션 만들어 슬라이드 마스터 화면 열기

슬라이드 마스터를 이용해 내용 슬라이드에 적용할 디자인을 만들어보자. ❶ 새 프레젠테이션을 만든 후 ❷~❸ [보기] 탭–[마스터 보기] 그룹–[슬라이드 마스터]를 클릭한다.

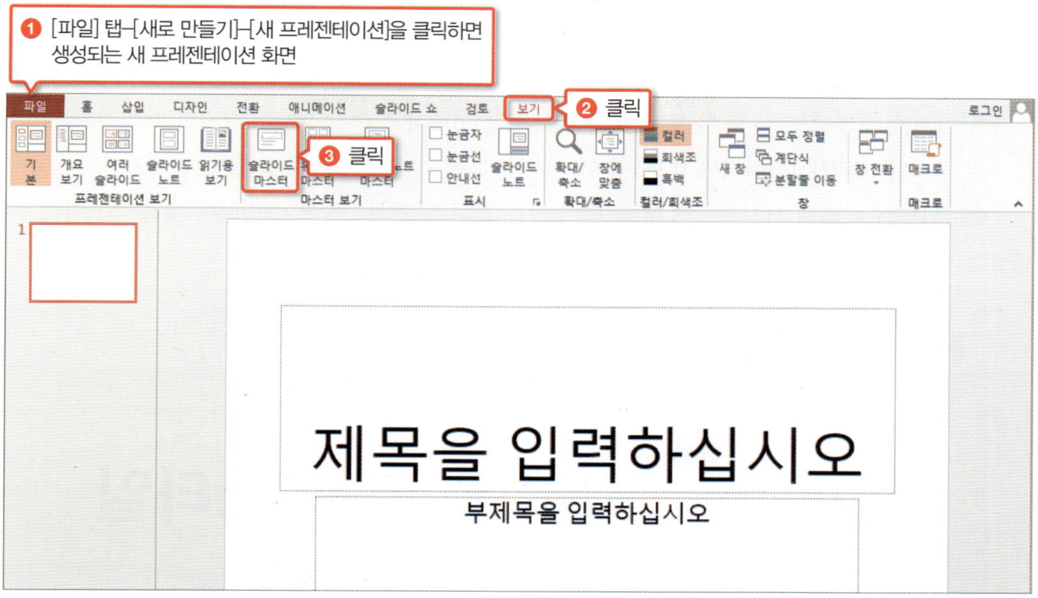

02 내용 슬라이드 마스터 만들기

❶ 작업 화면의 왼쪽에 있는 슬라이드 마스터에서 맨 위에 있는 슬라이드 마스터를 선택한 다음 ❷~❺ 슬라이드의 디자인과 서식을 그림과 같이 설정한다.

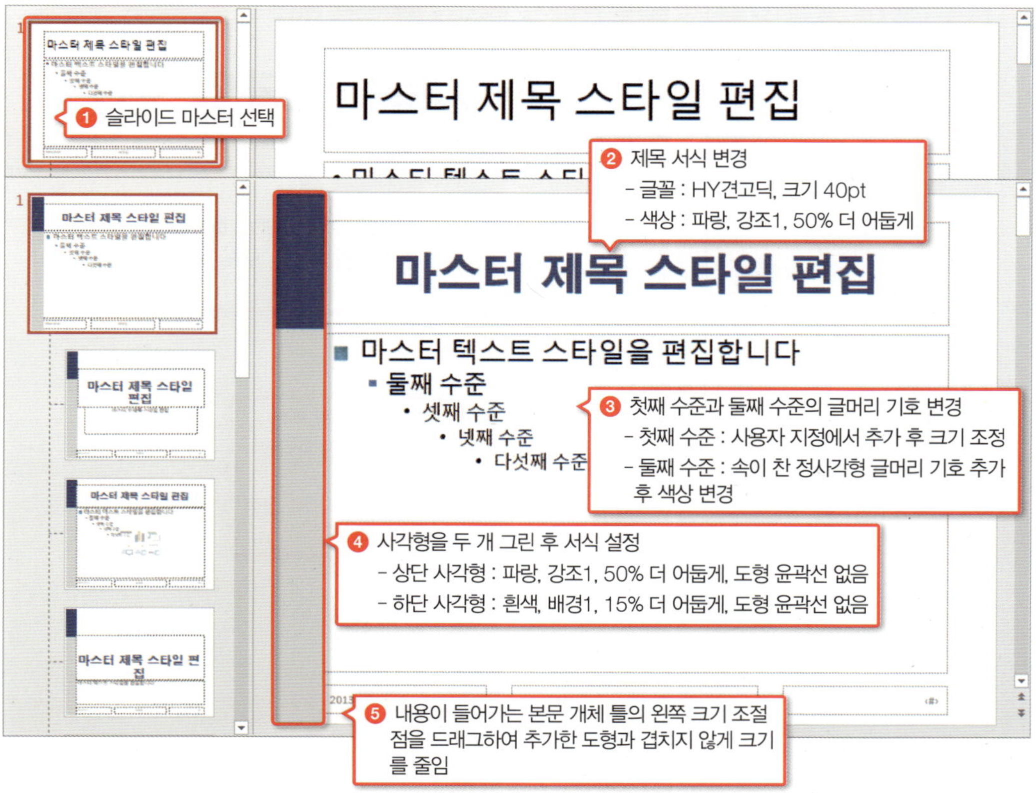

03 제목 슬라이드 마스터 만들기

앞에서 슬라이드 마스터에서 설정한 서식은 모든 슬라이드에 적용되므로 제목 슬라이드에는 서식을 다르게 설정해보자. ❶ 두 번째 제목 마스터를 선택하고 ❷ 슬라이드 마스터로 설정된 서식을 모두 제거하기 위해 [슬라이드 마스터] 탭–[배경] 그룹–[배경 그래픽 숨기기]를 체크한다. ❸ 제목에 워드아트를 이용해 서식을 설정하고, ❹ 그림과 같이 둥근 사각형을 삽입하여 제목 마스터를 완성한다. ❺ 완성되면 [마스터 보기 닫기]를 클릭해 기본 화면 보기로 돌아온다.

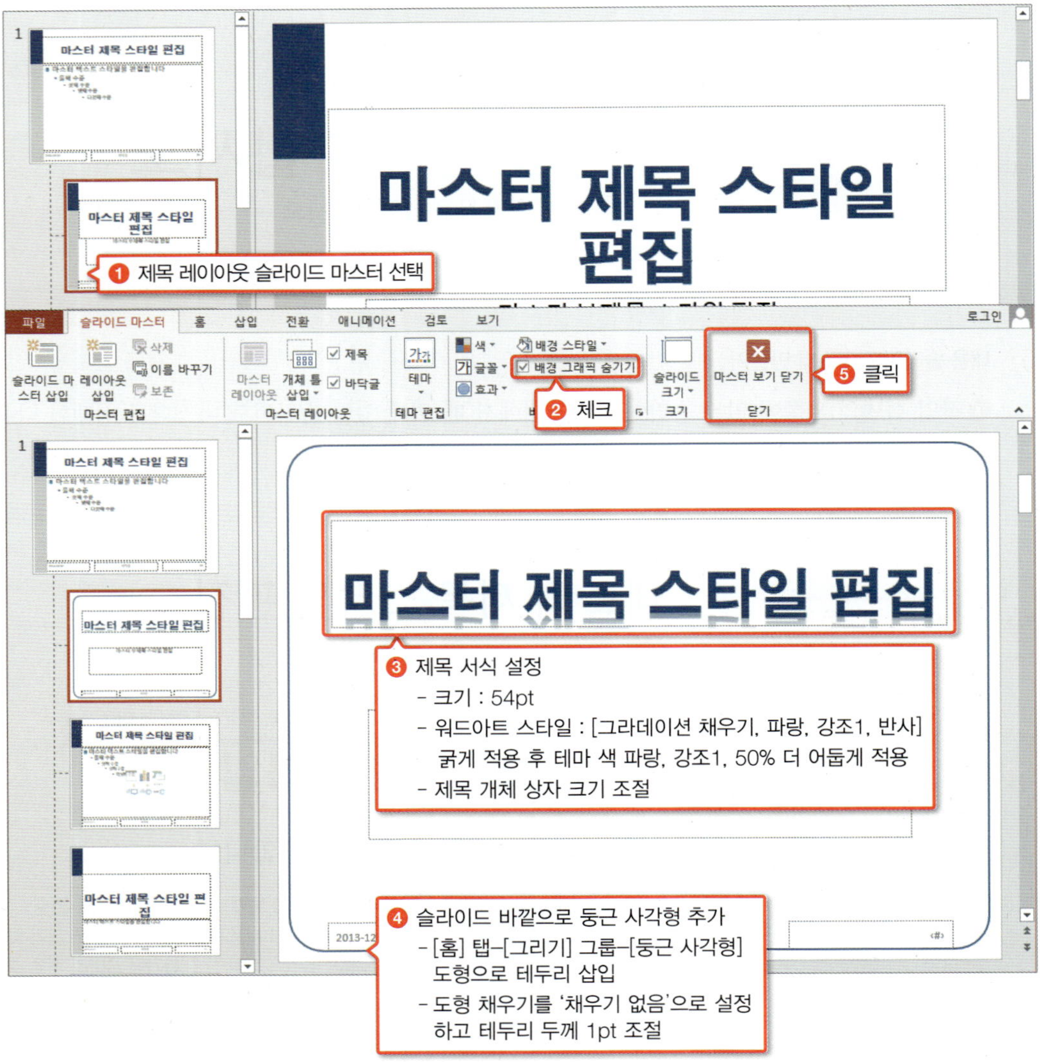

04 디자인 테마로 저장하기

❶~❸ [디자인] 탭–[디자인] 그룹 옆의 ▽(자세히)–[현재 테마 저장...]을 클릭한다. ❹ [현재 테마 저장] 대화상자에서 파일 이름을 설정하고 ❺ [저장]을 누른다. 이때 저장 위치는 디자인 테마가 저장되는 곳으로 기본적으로 설정되어 있으므로 변경 없이 그대로 둔다.

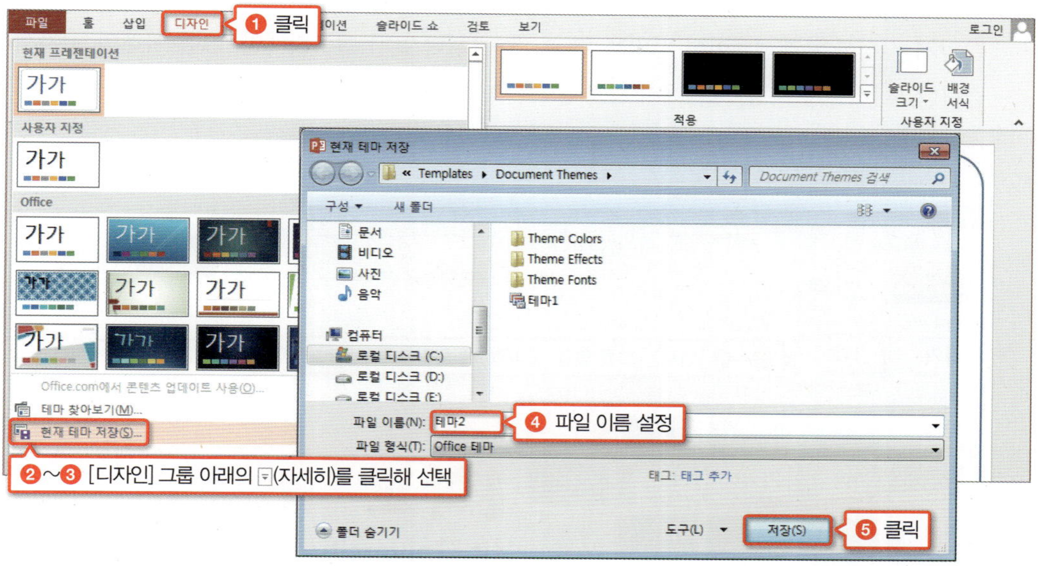

05 저장한 디자인 테마 사용하기

저장된 디자인 테마 파일은 언제든 필요할 때 불러와 사용할 수 있다. ❶ 적용할 슬라이드를 선택하고 ❷~❸ [디자인] 탭–[디자인] 그룹 아래의 ▽(자세히)를 클릭한 후 [사용자 지정] 영역에서 새로 등록된 디자인을 클릭하여 적용한다.

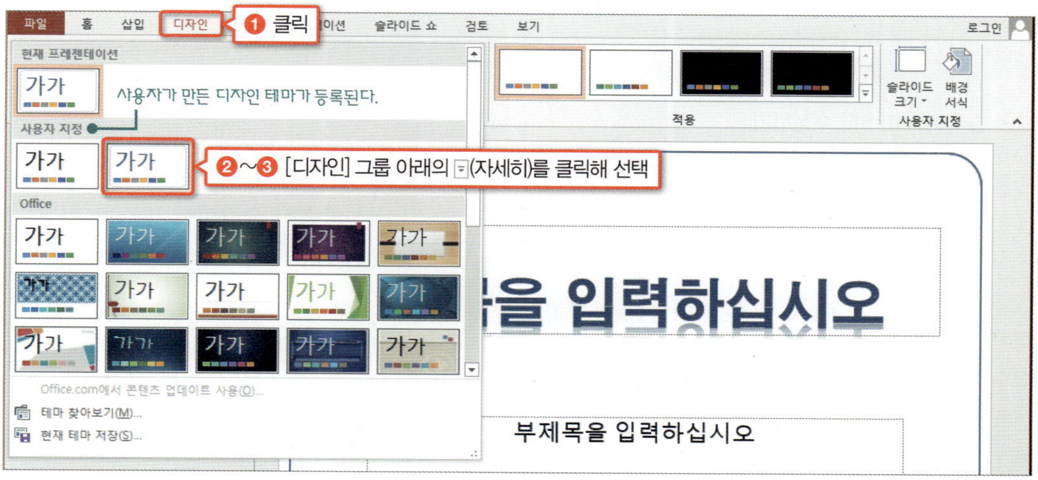

기본 예제 슬라이드 마스터 수정하기

앞의 예제에서 저장한 테마를 앞서 작성한 프레젠테이션 파일에 적용한 후 마스터를 수정해보자.

01 새로운 테마 적용하기

❶ 앞서 작성한 프레젠테이션 파일을 연 후 ❷~❹ [디자인] 탭-[디자인] 그룹 아래의 (자세히)를 클릭한 후 [사용자 지정] 그룹에서 새로 등록된 '테마2' 디자인을 클릭하여 적용한다.

TIP 마스터가 두 종류라면 마스터별로 각각 디자인 테마를 지정하거나 변경할 디자인 테마에서 마우스 오른쪽 버튼을 눌러 '모든 슬라이드에 적용'을 선택한다.

02 슬라이드 마스터 수정하기

새로운 테마를 적용하니 디자인이 겹치는 개체들이 생긴다. 이를 슬라이드 마스터에서 직접 수정해보자. ❶ [보기] 탭-[마스터 보기] 그룹-[슬라이드 마스터]를 클릭해 슬라이드 마스터 화면으로 변경한다. ❷~❸ 슬라이드 마스터를 선택하고 날짜 위치와 페이지 번호를 수정한다. ❹ 이번에는 [제목 슬라이드] 레이아웃을 선택하고 ❺ 겹치는 선을 삭제한다. 수정한 내용은 [슬라이드 마스터] 닫기를 클릭해 확인할 수 있다.

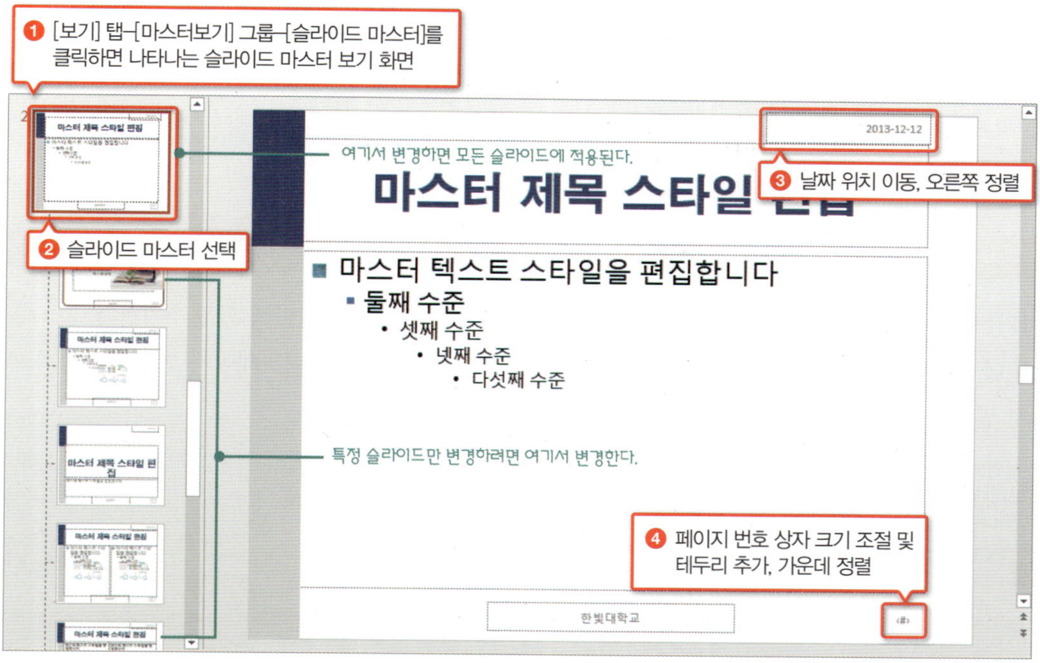

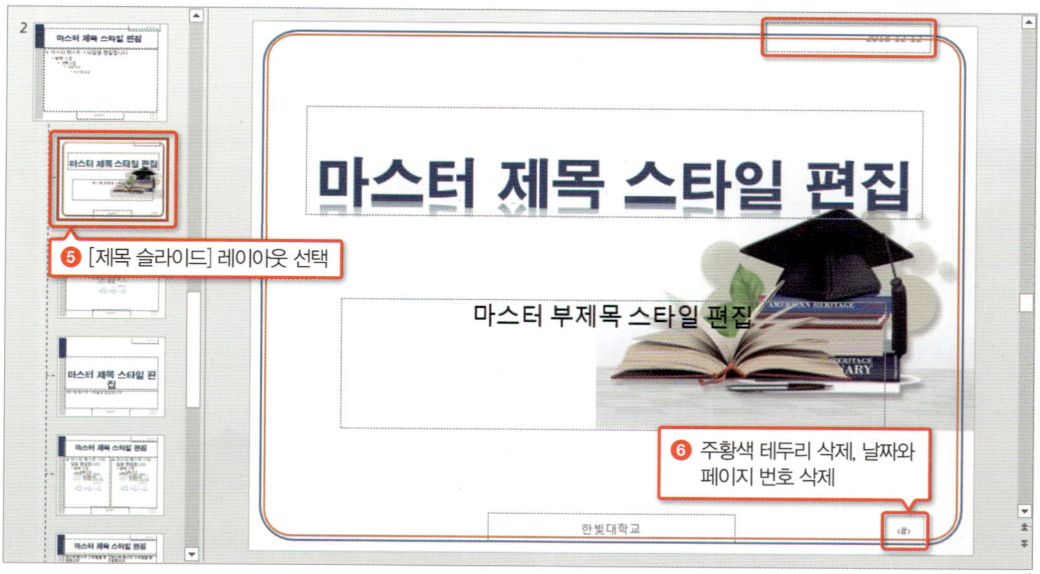

TIP 사용자가 만든 디자인 테마를 적용할 때는 원래 있던 디자인 테마를 먼저 제거한 후(Office 테마를 선택하여 제거) 적용해야 그림이나 도형의 중복을 방지할 수 있다.

2.2 유인물 마스터

유인물 마스터를 이용해 출력물에도 슬라이드 마스터와 별개의 일관된 서식을 적용할 수 있다. 배경 서식 및 머리글/바닥글 위치처럼 디자인이나 레이아웃을 설정할 수 있고 페이지 설정도 가능하다.

기본 예제 > 유인물 위쪽/아래쪽에 테두리 선 추가하기

❶ [보기] 탭-[마스터 보기] 그룹-[유인물 마스터]를 클릭한 후 ❷ 상단과 하단에 선을 추가한다. ❸~❹ [파일] 탭-[인쇄]를 클릭한 후 ❺ 그림과 같이 '2슬라이드'를 선택하여 인쇄 백스테이지 오른쪽의 미리 보기에서 변경한 내용을 확인한다.

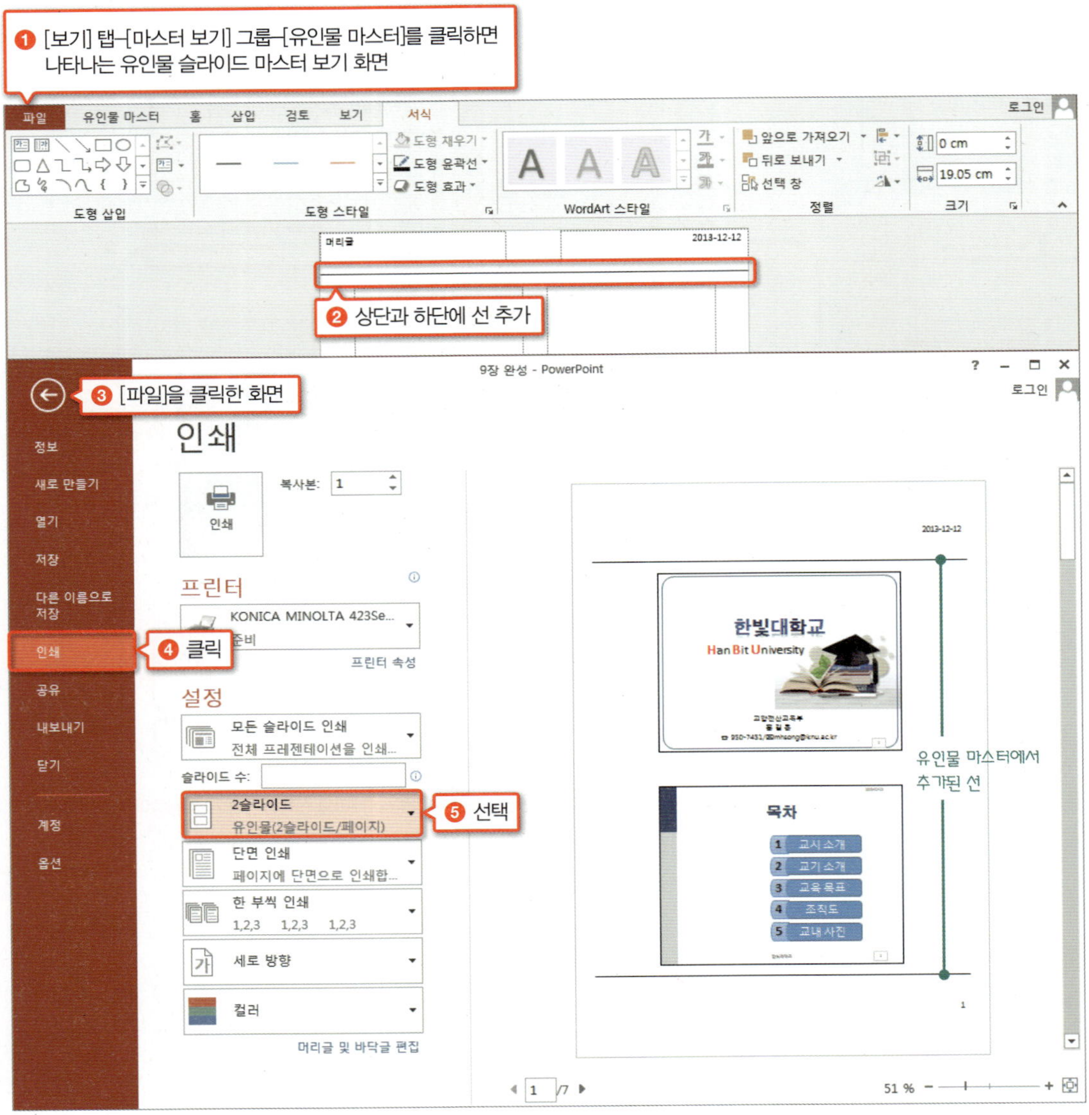

SECTION 03 ----- IT COOKBOOK

인쇄 기능 익히기

파워포인트에서 인쇄를 하려면 [파일] 탭–[인쇄]를 클릭(Ctrl+P)하여 인쇄 백스테이지를 연다. [그림 9–3]과 같은 인쇄 백스테이지의 [설정] 영역에서 인쇄 시 필요한 사항을 선택하고, 오른쪽의 미리 보기에서 인쇄 결과를 확인한 후 [인쇄]를 누르면 인쇄가 시작된다.

그림 9–3 인쇄 백스테이지([파일] 탭–[인쇄] 클릭)

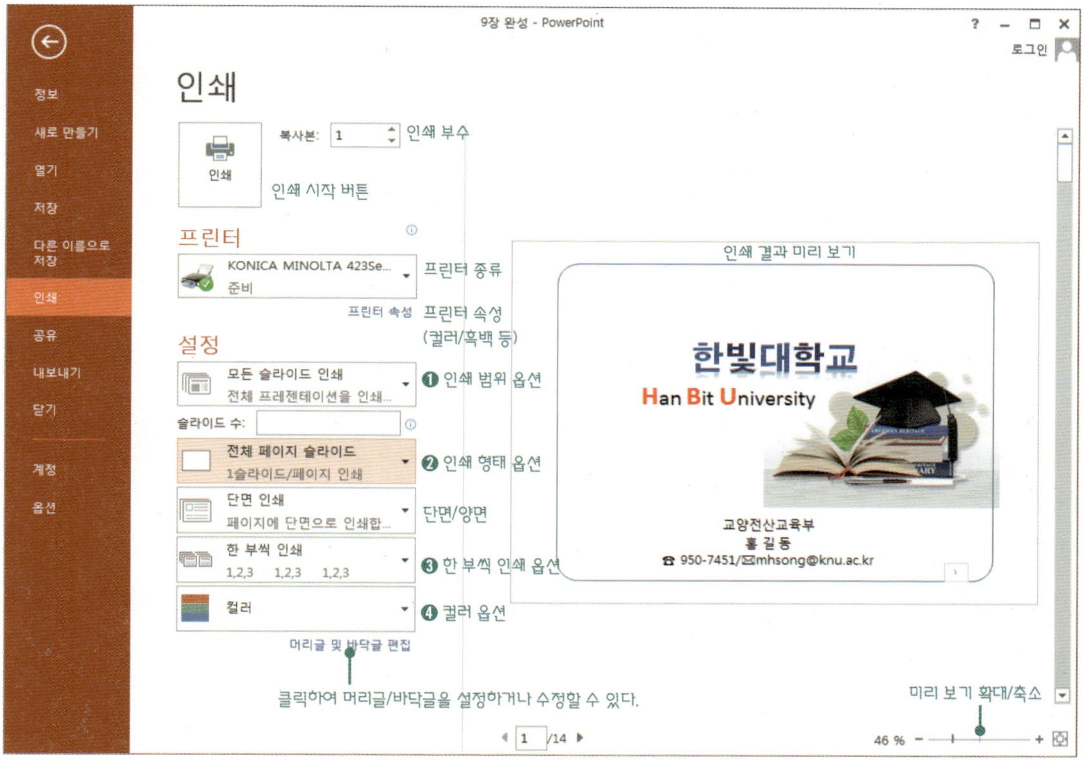

❶ 인쇄 범위 옵션

- **모든 슬라이드 인쇄/범위 지정** : 인쇄할 슬라이드를 설정할 수 있다. 원하는 슬라이드만 인쇄하려면 슬라이드 수의 입력란에 인쇄할 슬라이드 번호를 직접 입력해야 하는데, 슬라이드 번호를 직접 입력하면 이 부분이 [범위 지정]으로 자동 변경된다. 원하는 슬라이드만 인쇄할 때는 비연속적인 슬라이드는 쉼표(,)로, 연속 슬라이드는 대시(–)로 구분해 입력한다.
- **선택 영역 인쇄** : 인쇄 백스테이지를 열기 전에 슬라이드에서 미리 선택해둔 영역만 인쇄된다.
- **현재 슬라이드 인쇄** : 현재 선택된 슬라이드만 인쇄된다.
- **범위 지정** : 인쇄할 특정 슬라이드를 입력한다. 바로 아래에 있는 슬라이드 수 입력란에 출력할 슬라이드 번호를 입력하면 된다.

- **숨겨진 슬라이드 인쇄** : 전체 슬라이드 중에서 '숨기기'로 설정된 슬라이드도 함께 인쇄된다.

❷ [인쇄 형태] 옵션

- **인쇄 모양** : 슬라이드의 배치 순서를 설정한다.
- **유인물** : 한 페이지에 넣을 슬라이드 개수를 설정할 수 있다. 유인물 중에서 한 종류를 선택하면 메뉴 아래쪽에 용지 방향(가로/세로)을 선택할 수 있는 메뉴가 표시된다.
- **슬라이드 테두리** : 슬라이드, 유인물, 슬라이드 노트 등을 인쇄할 때 슬라이드에 가는 테두리를 두른다.
- **용지에 맞게 크기 조정** : 슬라이드의 크기를 인쇄 용지의 크기에 맞추어 키우거나 줄인다.
- **고품질** : 텍스트나 이미지의 그림자를 인쇄할 때 사용할 수 있다.
- **메모 및 잉크 표시 인쇄** : 슬라이드의 메모 및 잉크 표시가 인쇄된다.

❸ [한 부씩 인쇄] 옵션

- **한 부씩 인쇄** : 전체 페이지를 한 부로 하여 인쇄 매수만큼 인쇄된다. [한 부씩 인쇄 안함]보다 인쇄 시간이 오래 걸린다.
- **한 부씩 인쇄 안함** : 각 페이지가 인쇄 매수만큼 인쇄된다.

❹ [컬러] 옵션

- **컬러** : 화면에 보는 것과 똑같이 컬러로 인쇄된다. 컬러 프린터인 경우 선택한다.
- **회색조** : 그림과 도형은 회색조로, 텍스트는 검은색으로 인쇄된다. 흑백 프린터인 경우 선택한다.
- **흑백** : 그림은 회색조로, 도형의 테두리는 검은색/면은 흰색으로, 텍스트는 검은색으로 인쇄된다.

기본 예제 슬라이드 인쇄하기

01 슬라이드 인쇄하기

❶ [파일] 탭–[인쇄]를 클릭한다. ❷ 인쇄 관련 기능과 함께 인쇄 미리 보기 화면이 나타나면 [인쇄]를 누른다.

02 청중에게 나눠줄 유인물 인쇄하기

청중에게 나누어 주는 유인물은 대개 한 페이지에 슬라이드를 축소하여 여러 장 인쇄한 형태이다. 한 페이지에 슬라이드를 여러 장 인쇄하려면 ❶ [파일] 탭–[인쇄]를 클릭한 후 ❷ 인쇄 관련 기능과 함께 인쇄 미리 보기에서 [인쇄 형태]를 클릭하고 ❸ 원하는 형태의 유인물을 선택하여 인쇄한다.

[그림 9–4]는 인쇄 유형을 유인물을 선택하여 한 페이지에 넣을 슬라이드 수를 다양하게 선택한 경우의 예이다.

그림 9-4 [인쇄 모양]과 [인쇄 방향] 옵션 적용 예

(a) 2슬라이드, 용지 세로 방향

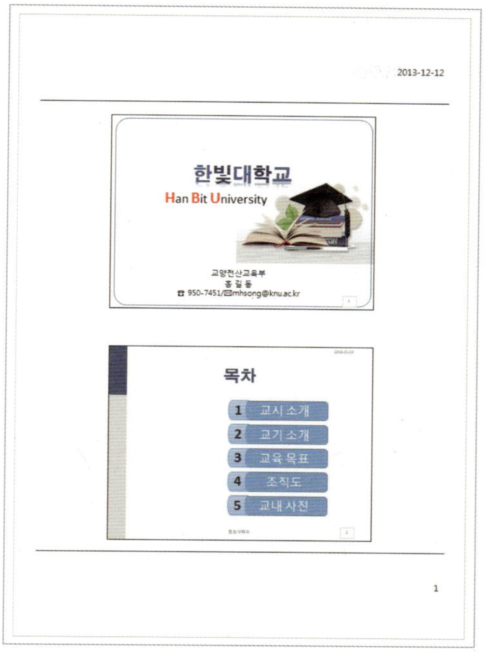

(b) 4슬라이드 가로, 용지 가로 방향

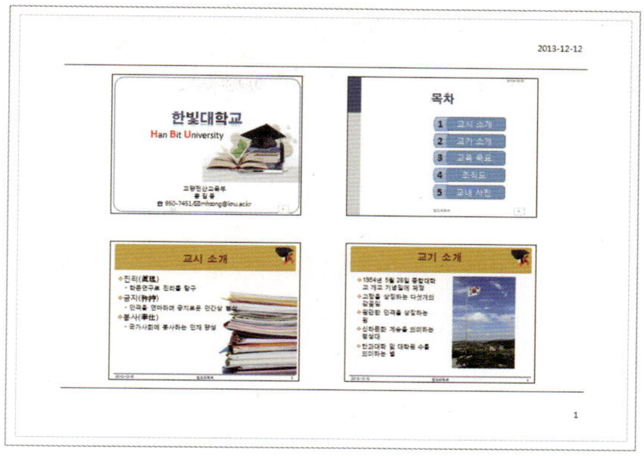

(c) 6슬라이드 가로, 용지 세로 방향

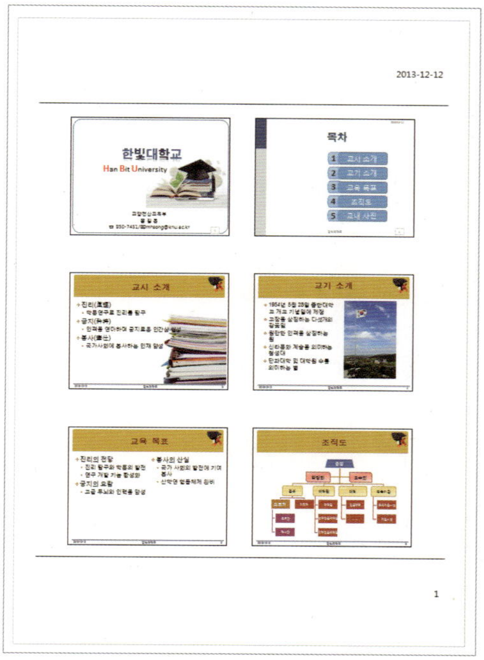

(d) 3슬라이드 용지 방향 세로

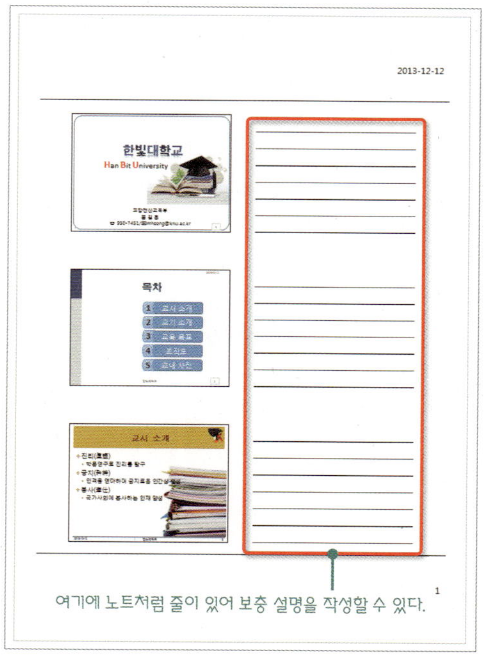

종합 예제

※ 다음과 같이 슬라이드 마스터를 이용하여 나만의 디자인 테마를 만들어보자(01~05).

01 새 프레젠테이션 파일을 만들자.

02 [보기] 탭–[마스터 보기] 그룹–[슬라이드 마스터]를 클릭한 후 왼쪽 마스터 영역에서 제일 위에 있는 마스터 슬라이드에서 다음과 같이 도형과 그림을 추가하여 슬라이드 마스터를 디자인하자.

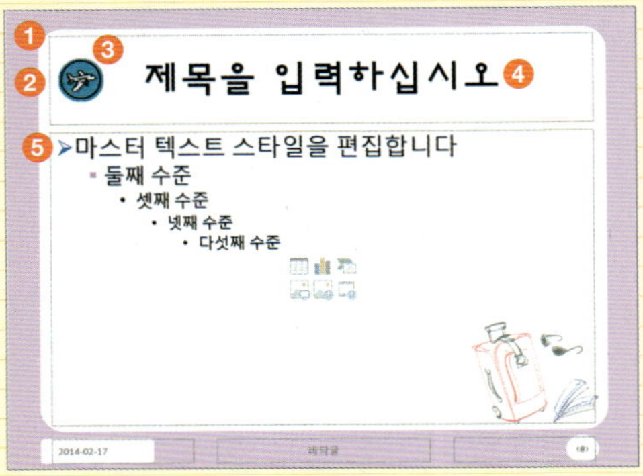

① 직사각형 도형을 슬라이드 전체 크기가 되도록 그린다. 직사각형 도형의 서식은 도형 채우기: 분홍색/도형 윤곽선: 없음/정렬: 맨 뒤로 보내기를 각각 지정한다.

② '모서리가 둥근 직사각형'으로 화면과 같이 그린다. 도형 채우기는 흰색, 도형 윤곽선은 없음으로 지정하고, [서식] 탭–[정렬] 그룹–[선택 창]을 선택하여 ① 도형 위에 배치한다.

③ 온라인 그림의 클립 아트에서 '비행기'로 검색하여 그림을 삽입한 후 제목 개체 틀 앞쪽으로 배치한다.

④ 제목 개체 틀 글자 가운데 맞춤으로 설정하고, 글꼴을 HY나무B(혹은 자유롭게 선택)로 설정한다.

⑤ 첫 번째 수준의 글머리 기호를 화살표:파랑으로, 두 번째 수준의 글머리 기호를 속이 찬 정사각형:분홍색으로 설정한다.

⑥ 온라인 그림의 클립 아트 부분에서 '여행'으로 검색하여 그림을 삽입한 후 오른쪽 하단에 배치한다. 그림의 색상이 연하게 표현되도록 [서식] 탭–[조정] 그룹–[수정]에서 '밝기: +40% 대비: −40%'를 선택한다.

⑦ 모서리가 둥근 직사각형을 그린 후 날짜 영역의 배경으로 사용되도록 글 뒤로 배치한다.

⑧ 타원 도형을 그린 후 슬라이드 번호 영역의 배경으로 사용되도록 글 뒤로 배치한다.

03 슬라이드 마스터 영역에서 두 번째에 있는 제목 슬라이드 레이아웃 마스터를 다음과 같이 디자인하자.

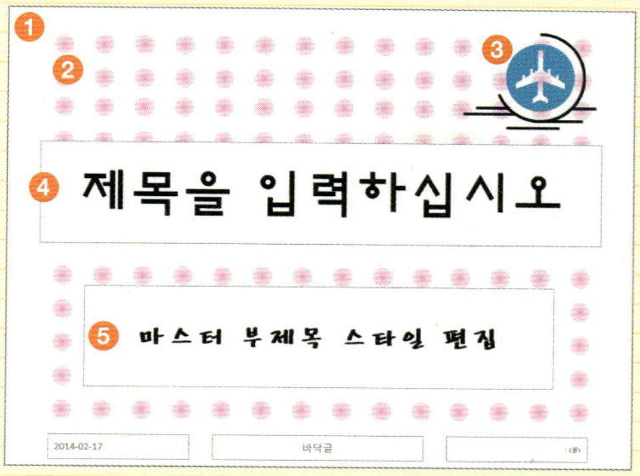

❶ 마스터 슬라이드에서 만든 배경 디자인이 제목 슬라이드에는 적용되지 않도록 [슬라이드 마스터] 탭-[배경] 그-[배경 그래픽 숨기기]를 클릭한다.

❷ 정원을 그리고, 도형의 서식에 도형 채우기는 분홍색, 그라데이션은 중지점의 2개를 지정한 후 중지점1은 진한 분홍색 계열/중지점 2는 연한 분홍색 계열을 지정한다. 도형 윤곽선은 없음으로 지정한다. 서식이 완성된 원을 복사하여 슬라이드에 가득 채운다. 이때 먼저 여러 개를 복사한 후 이를 그룹으로 묶고, 이 그룹을 다시 복사하면 간편하다. 배경에 원이 모두 채워지면 그룹으로 묶고 맨 뒤로 보내기로 배치한다.

❸ 온라인 그림의 클립 아트 부분에서 '비행기'를 검색하여 그림을 삽입한 후 오른쪽 상단에 배치한다.

❹ 제목 개체 틀을 맨 앞으로 가져오기를 하여 앞쪽으로 배치한다. 도형 채우기는 흰색, 텍스트 맞춤은 중간, 크기:60, 굵게, 글꼴도 자유롭게 변경한다.

❺ 부제목 개체 틀도 맨 앞으로 가져오기를 하여 앞쪽으로 배치한다. 도형 채우기는 흰색, 텍스트 맞춤은 중간, 크기는 32, 굵게, 글꼴도 자유롭게 변경다.

04 디자인 테마로 저장한다.

❶ 슬라이드 마스터를 종료한다 : [슬라이드 마스터] 탭-[닫기] 그룹-[닫기] 클릭

❷ '여행'라는 이름의 디자인 테마로 저장한다 : [디자인] 탭-[테마] 그룹-[현재 테마 저장] 클릭

05 8장에서 만든 프레젠테이션 파일에 앞서 만든 '여행' 디자인 테마를 적용해보자.

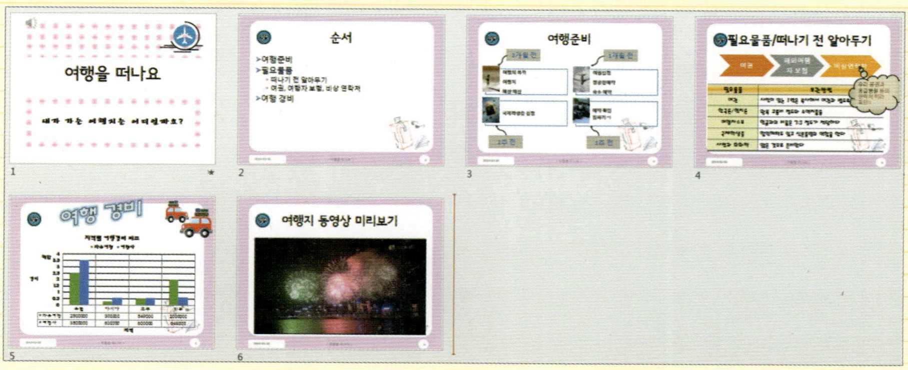

06 유인물 마스터를 이용해 유인물이 다음과 같이 인쇄되도록 디자인해보자.

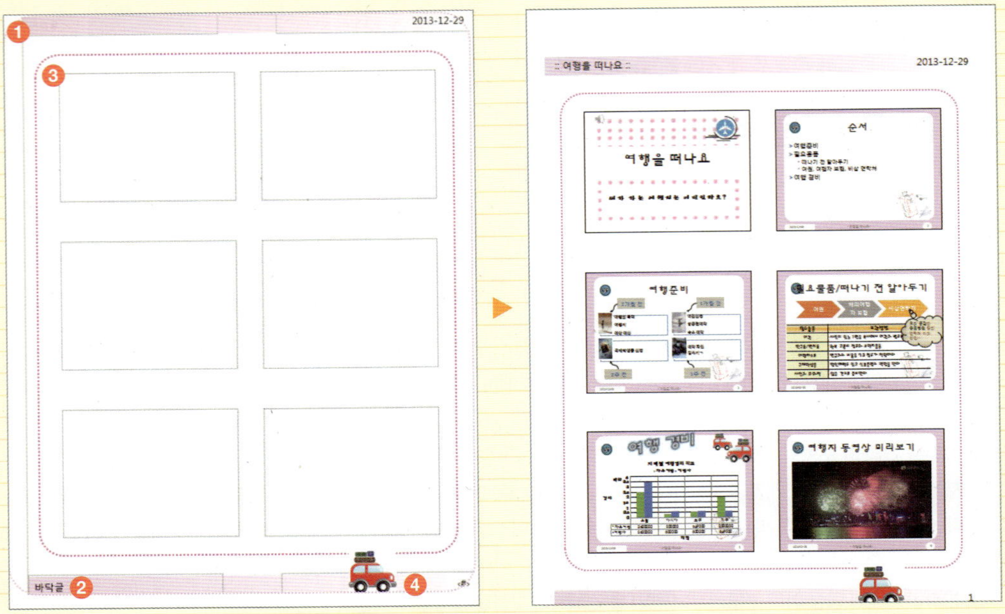

❶ 직사각형 도형을 그린 후 도형 채우기는 분홍색, 그라데이션은 앞뒤로 중지점 2개를 추가한 후 뒤쪽에 있는 중지점에 투명도 100%를 지정한다. 정렬은 '맨 뒤로 보내기'를 선택한다.

❷ 앞서 만든 도형을 복사하여 아래쪽에 배치한다.

❸ '모서리가 둥근 직사각형'을 슬라이드 바깥쪽으로 그린 후 모서리의 둥근 부분이 완만하게 되도록 조절점을 드래그하여 조정한다. 도형 채우기는 없음, 도형 윤곽선은 분홍색, 두께는 2¼pt, 대시는 둥근 점선을 지정한다.

❹ [온라인 그림]에서 '여행' 혹은 '자동차'로 검색하여 그림을 삽입한 후 크기를 작게 줄여 유인물 하단 오른쪽에 배치한다.

평가 예제

※ 다음 지시사항에 맞게 슬라이드를 작성한 후 '희망의 도시, 대구'라는 주제로 직접 프레젠테이션 해보자.

01 새 프레젠테이션 파일을 만들자.

❶ 제목 슬라이드를 제외한 모든 슬라이드에 오늘 날짜, 슬라이드 번호, 바닥글로 '작성자 : 본인이름' 삽입

❷ 모든 슬라이드에 화면 전환 효과 적용 : 표지는 큐브, 목차는 등장하기, 짝수 슬라이드는 페이지 말기:이중 왼쪽, 홀수 슬라이드는 페이지 말기:단일 왼쪽

❸ A4 용지 한 장에 가로 방향으로 4장의 슬라이드가 같이 인쇄되도록 지정하고, 유인물 머리글로 '본인 소속', 바닥글 '과목명'을 지정

❹ 제목 마스터 편집하기

그림과 같이 슬라이드 중하단 위치에 배경 그림 삽입
- 그림 파일 : 배경.jpg
- 그림 크기 : 가로 길이는 슬라이드 크기와 같게, 세로 길이는 슬라이드의 1/3 크기로 보기 좋게 조절
- [배경 그래픽 숨기기]

❺ 슬라이드 마스터 편집하기

- 오른쪽 상단에 로고 그림 삽입
  온라인 그림 : 검색어 '로고'
- 바닥글의 위치를 그림과 같이 왼쪽 상단으로 이동
- 마스터 제목 스타일 변경
  - 글꼴은 돋움체, 크기는 44p, 기울기, 진하게, 그림자 지정
  - 배경색 : 채우기 효과는 그라데이션/경로형
  - 중지점1 위치 0% 투명도 0% 밝기 0%
  - 중지점2 위치 100% 투명도 100% 밝기 0%
- 1수준 글머리 기호 변경 : '그림'이나 '사용자 지정'에서 자유롭게 선택
- 슬라이드 번호 모양을 그림과 같이 사각 테두리로 지정
- 그림과 같이 슬라이드 가운데와 하단 위치에 배경 그림 삽입(그림 파일 : 대구로고.jpg, 배경.jpg)
- 그림은 본문 내용과 겹치지 않게 맨뒤로 보내기, 그림 크기는 적당하게 임의 조절, 대구 로고는 색조정을 '희미하게'로 적용

❻ 슬라이드 마스터 디자인 테마로 저장하기 : 테마 이름 "희망도시"

02 슬라이드를 작성하자(슬라이드 레이아웃은 내용에 따라 적절하게 선택한다).

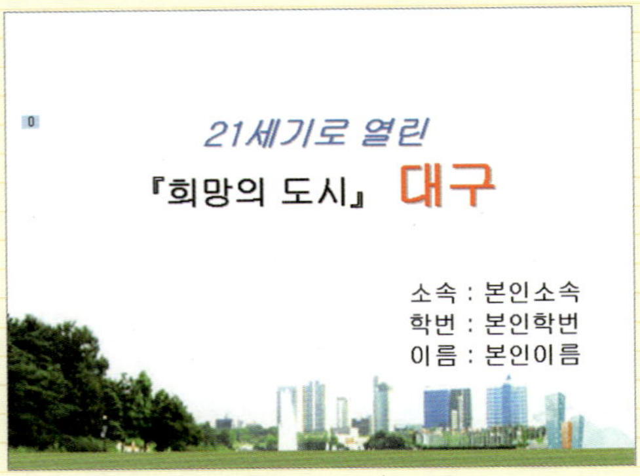

1. 슬라이드 0 – 표지

제목 부분

- 21세기로 열린 : 굴림, 파랑, 기울기, 크기 40pt
- 『희망의 도시』: 굴림, 검정, 진하게, 그림자, 크기 40pt
- 대구 : 굴림, 빨강, 진하게, 그림자, 크기 60pt
- 애니메이션 효과 : 단어 단위로 바운드 효과, 자동으로 나타나기

부제목 부분

- 화면과 같이 위치, 글 내용은 오른쪽 정렬, 크기 28pt

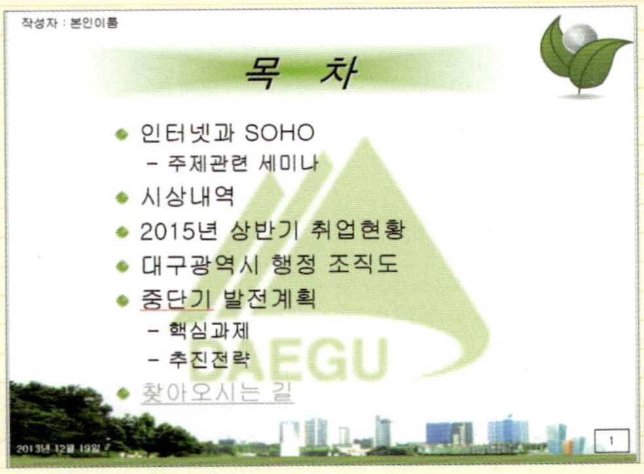

2. 슬라이드 1 – 목차

- 목차 만들기
- '찾아 오시는길' 슬라이드로 하이퍼링크 지정하기
- 텍스트 부분 애니메이션 효과 : 위에서 닦아내기, 마우스클릭할 때 나타나기

3. 슬라이드 2

- 화면과 같이 내용 작성 – '대구.mp4' 동영상 추가하기
- 제목 : 애니메이션 효과는 강조:펄스,/이전 효과와 함께
- 동영상 : 동영상 중의 한 장면을 '현재 틀'로 지정하기, 클릭하면 재생, 재생 시 전체 화면 재생.

4. 슬라이드 3

- 시청 홈페이지에서 지도를 찾아 화면과 같이 크기를 조정하여 슬라이드에 넣기
- 홈페이지로 이동하는 링크 지정하기
- 시청 부분에 점선 타원 그리기
- 애니메이션 효과는 회전, 이전 효과와 함께 나타내기
- 블록 화살표를 이용하여 목차 슬라이드로 이동하는 링크 만들기

CHAPTER 10

IT COOKBOOK

기타 유용한 기능과 옵션

파워포인트가 제공하는 기능 중에서 프레젠테이션 작성과는 직접적인 연관은 없지만 알아두면 유용한 기능을 몇 가지 알아본다.

2장에서 배운 저장하기 기능을 확장하여 내보내기 기능을 통해 프레젠테이션 문서를 다양하게 저장하는 방법, 슬라이드를 구역으로 구분하여 관리하는 구역 관리, 파워포인트가 가지고 있는 기본값과 환경 설정에 관련된 기능을 편집 및 수정하는 파워포인트 옵션 등을 소개한다.

- 10.1 기타 유용한 기능 익히기
- 10.2 유용한 옵션 기능 익히기
- 10.3 종합 예제

SECTION IT COOKBOOK

01 기타 유용한 기능 익히기

여기서는 앞서 다루지 않은 파워포인트의 유용한 기능 몇 가지를 알아보자. 먼저 2장에서 배운 저장 외에 파워포인트의 내보내기 기능을 통해 다른 추가 프로그램 없이도 다양한 형식으로 저장하는 방법과 암호를 설정해 저장하는 방법 등 다양한 저장 방법을 소개한다. 그런 다음 프레젠테이션에 슬라이드가 너무 많은 경우 그룹별로 나누어 관리하는 구역 기능을 소개한다. 마지막으로 파워포인트 기본 화면 비율인 16:9를 4:3으로 변경하여 기본 테마로 저장해두었다가 간편하게 선택하는 방법을 소개한다.

기본 예제 내보내기 기능을 이용해 다양한 형식으로 저장하기

내보내기 기능을 이용해 프레젠테이션 문서를 다양한 형식으로 저장하는 방법을 알아보자. 내보내기 기능은 [파일] 탭을 클릭해 이용할 수 있다.

01 그림 파일로 저장하기

❶~❷ [내보내기]–[파일 형식 변경]을 선택한 후 ❸ 이미지 파일 형식에서 JPEG 형식을 선택하고 ❹ [다른 이름으로 저장]을 누른다. ❺~❻ [다른 이름으로 저장] 대화상자에서 저장 경로와 파일 이름을 설정한 후 [저장]을 누른다. ❼ 저장할 슬라이드를 선택하는 메시지 상자에서 [모든 슬라이드]를 선택하고 ❽ 다음 메시지 상자에서 [확인]을 누르면, 파일 이름과 동일한 이름의 폴더가 생성된 후 모든 슬라이드가 일련번호로 구분되어 개별 그림 파일로 저장된다.

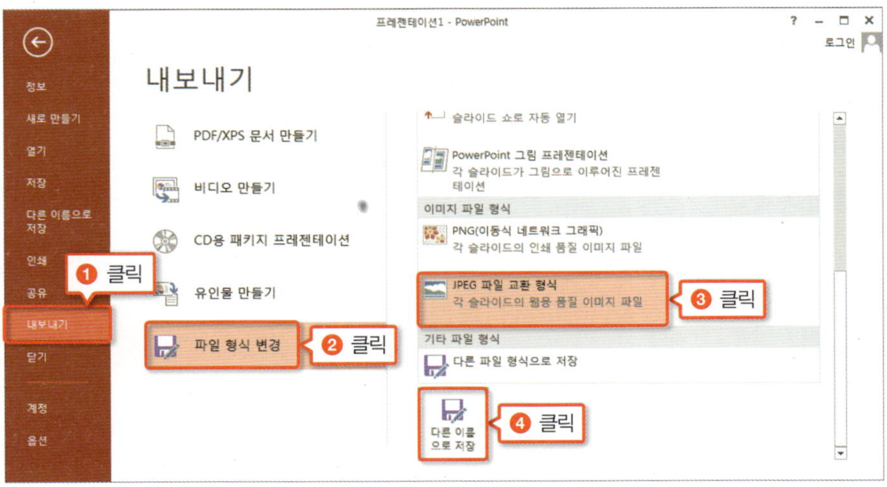

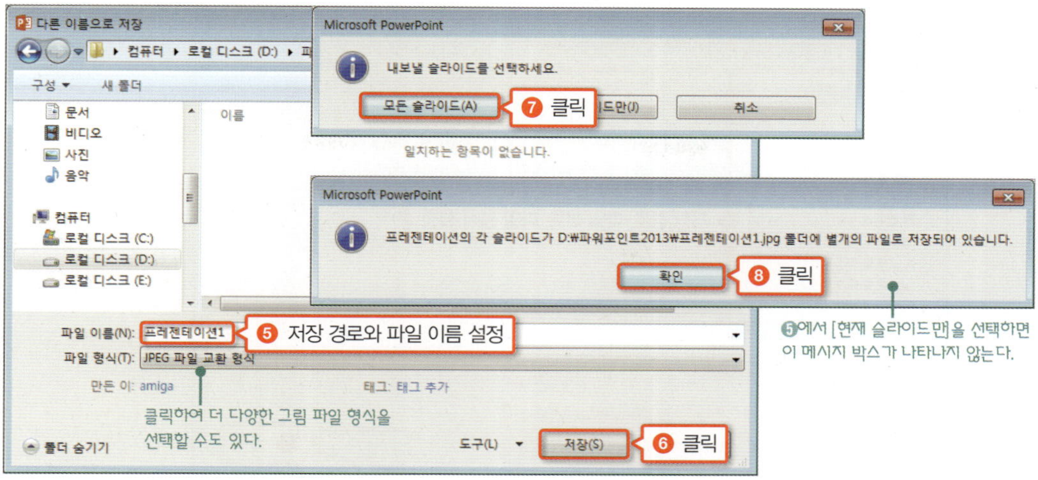

02 동영상으로 저장하기

❶~❷ [내보내기]–[비디오 만들기]를 클릭한 후 ❸ 비디오 만들기 영역에서 기본값으로 두고 [비디오 만들기]를 누른다. ❹ [다른 이름으로 저장] 대화상자에서 저장 경로, 파일 이름, 파일 형식을 설정하고 ❺ [저장]을 누르면 전체 슬라이드가 하나의 동영상 파일로 저장된다.

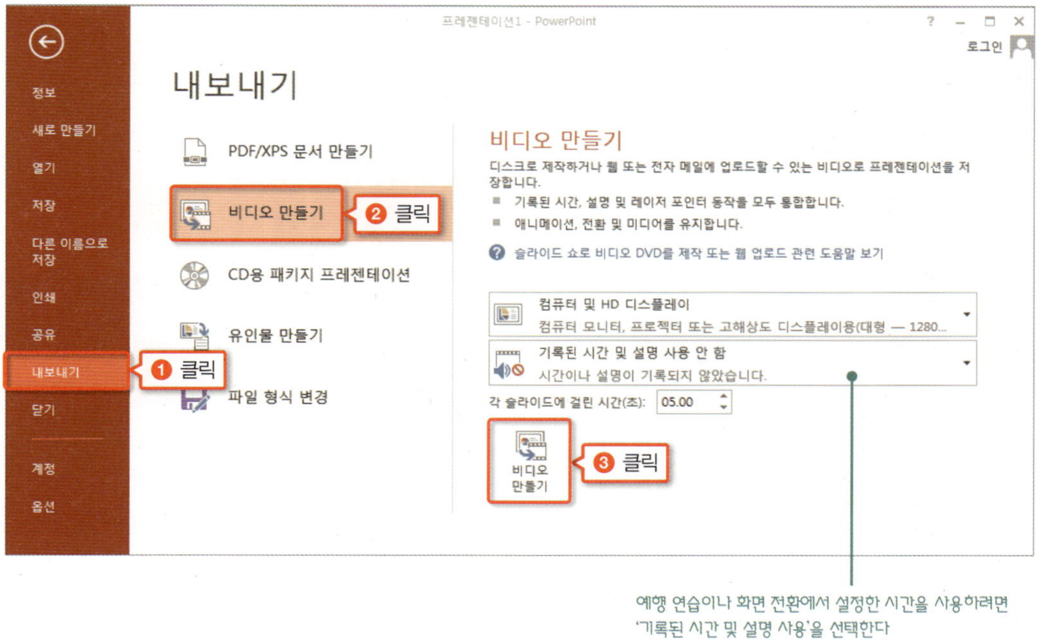

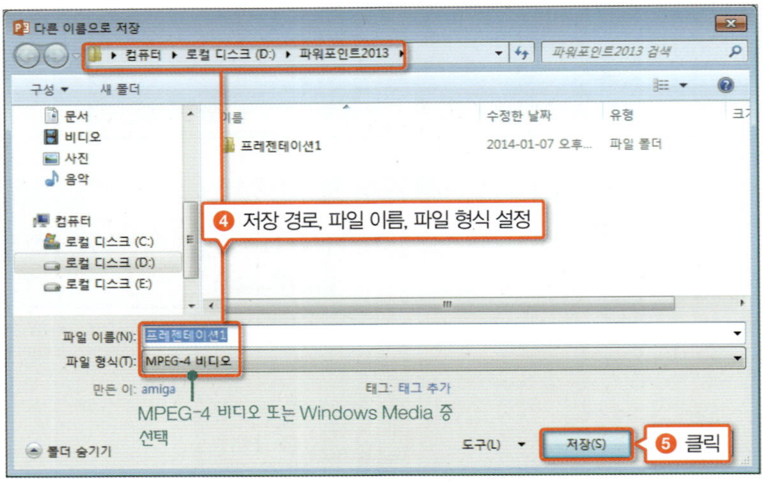

03 PDF로 저장하기

❶~❷ [내보내기]-[PDF/XPS 문서 만들기]를 클릭한 후 ❸ [PDF/XPS 만들기]를 선택한다. ❹ [PDF 또는 XPS로 게시] 대화상자에서 저장 경로와 파일 이름을 설정하고 ❺ [게시]를 누른다.

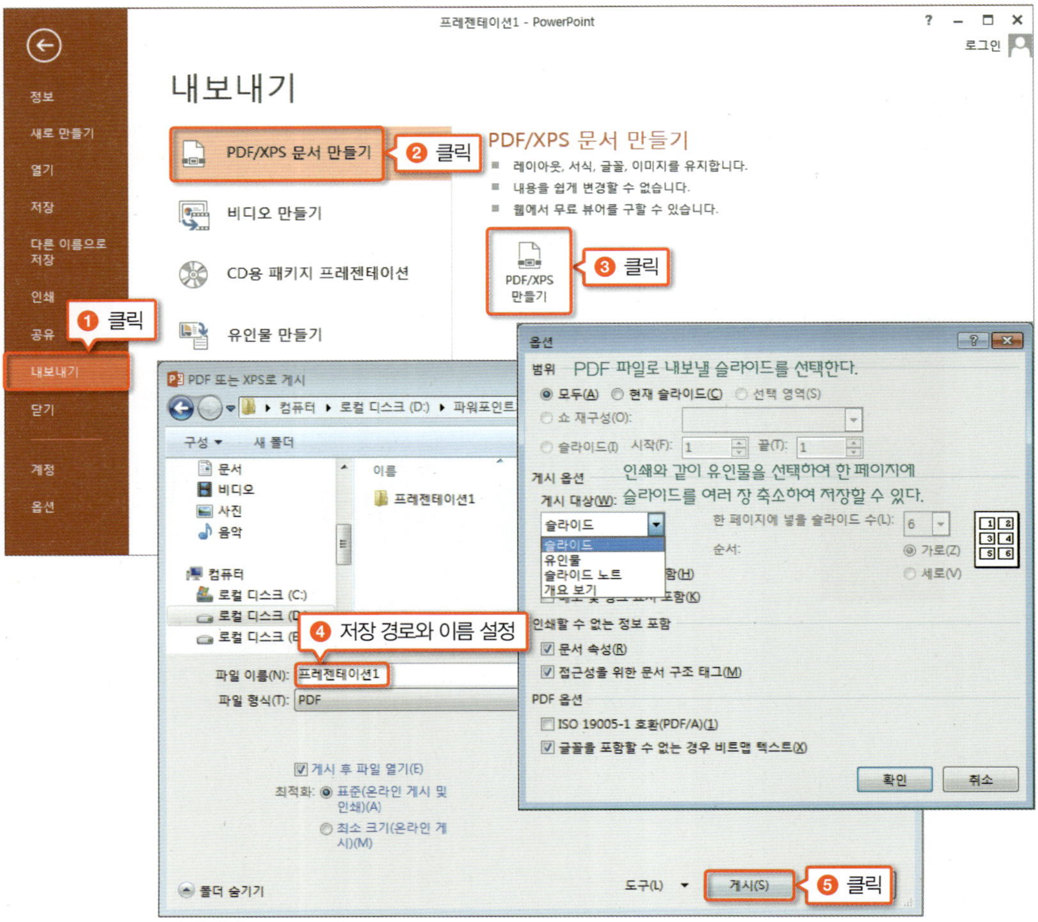

기본 예제 암호 설정해 저장하기

❶ [파일] 탭–[다른 이름으로 저장]–[컴퓨터]–[찾아보기]를 클릭한 후 ❷~❸ [다른 이름으로 저장] 대화상자에서 [도구]–[일반 옵션]을 클릭한다. ❹ [일반 옵션] 대화상자에서 쓰기 암호를 설정하고 [확인]을 누른다. ❺ 다음 메시지 상자에서 암호를 다시 확인한 후 ❻ [다른 이름으로 저장] 대화상자로 돌아와 [저장]을 누른다. 설정한 암호를 모두 제거하려면 [일반 옵션] 대화상자에서 설정한 암호를 모두 지우고 [확인]을 누른다. 열기 암호는 잊어버리면 문서를 열 수조차 없으므로 신중히 설정한다.

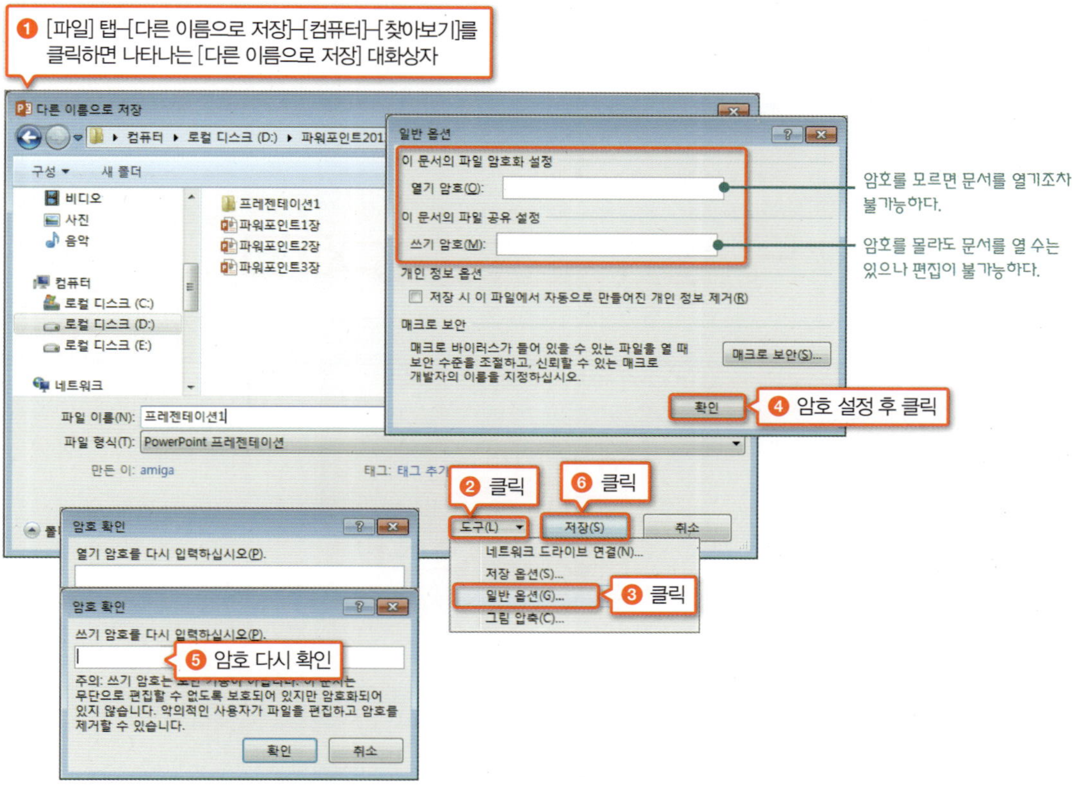

기본 예제 프레젠테이션 문서에 적용한 폰트와 함께 저장하기

프레젠테이션 문서를 다른 컴퓨터에서 열 때 프레젠테이션에 적용한 폰트를 지원하지 않는 경우가 있다. 이럴 경우를 대비하려면 적용한 폰트를 저장하는 것이 좋다. 프레젠테이션 문서와 폰트를 함께 저장하려면 먼저 ❶ [파일] 탭–[다른 이름으로 저장]–[컴퓨터]–[찾아보기]를 클릭한 후 ❷~❸ [다른 이름으로 저장] 대화상자에서 [도구]–[저장 옵션]을 클릭한다. ❹ [PowerPoint 옵션] 대화상자–[저장]에서 [파일의 글꼴 포함]과 [프레젠테이션에 사용되는 문자만 포함(파일 크기를 줄여줌)]을 체크하고 ❺ [확인]을 누른다. ❻ [다른 이름으로 저장] 대화상자로 돌아와 [저장]을 누른다.

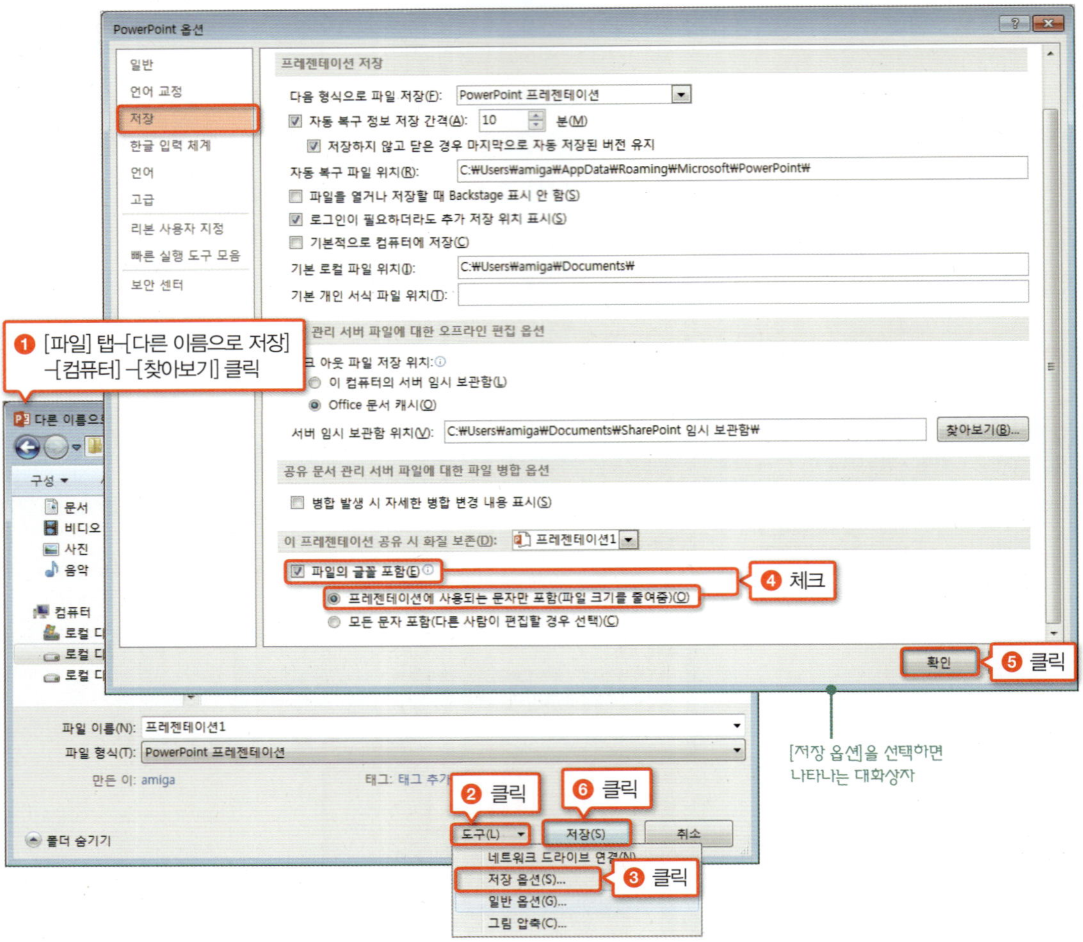

[저장 옵션]을 선택하면 나타나는 대화상자

기본 예제 슬라이드 구역으로 관리하기

01 구역 설정하기

[여러 슬라이드 보기]에서 ❶ 다음 구역으로 구분할 슬라이드를 선택하고 ❷~❹ [홈] 탭–[슬라이드] 그룹–[구역]–[구역 추가]를 클릭하면 '제목 없는 구역'이라는 이름으로 구역이 만들어진다.

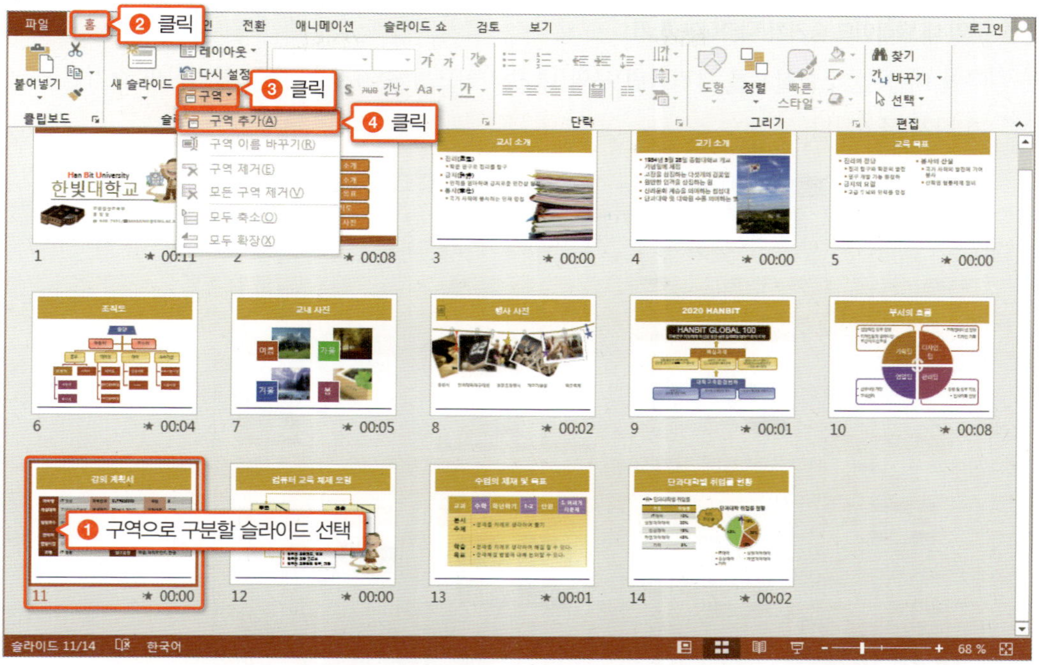

TIP 기본 보기 상태에서도 구역을 구분할 수 있고, 구역 설정은 팝업 메뉴할 수도 있다.

02 구역별로 이름 설정하기

❶'제목 없는 구역'을 선택하고 ❷~❹[홈] 탭–[슬라이드] 그룹–[구역]–[구역 이름 바꾸기]를 클릭한 후 ❺[구역 이름 바꾸기] 대화상자에서 구역 이름을 설정하고 ❻[이름 바꾸기]를 누른다.

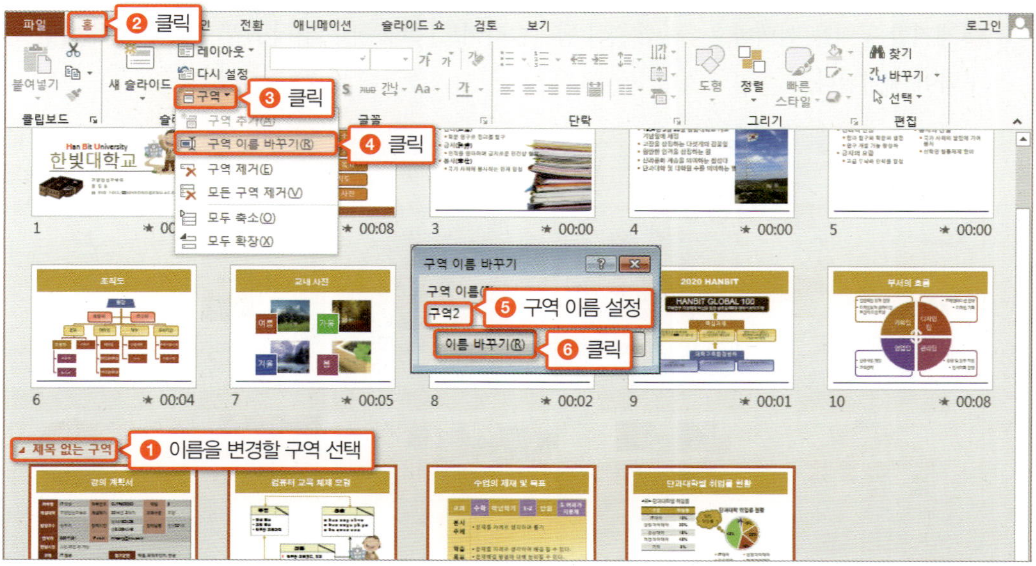

TIP 구역 이름에서 마우스 오른쪽 버튼을 누르고 팝업 메뉴에서 [구역 이름 바꾸기]를 클릭해도 된다.

03 구역 내 슬라이드 숨기기/나타나게 하기

구역 이름 앞의 화살표를 클릭하면 구역 내 슬라이드가 숨겨지고, 다시 클릭하면 숨겨진 슬라이드가 다시 나타난다.

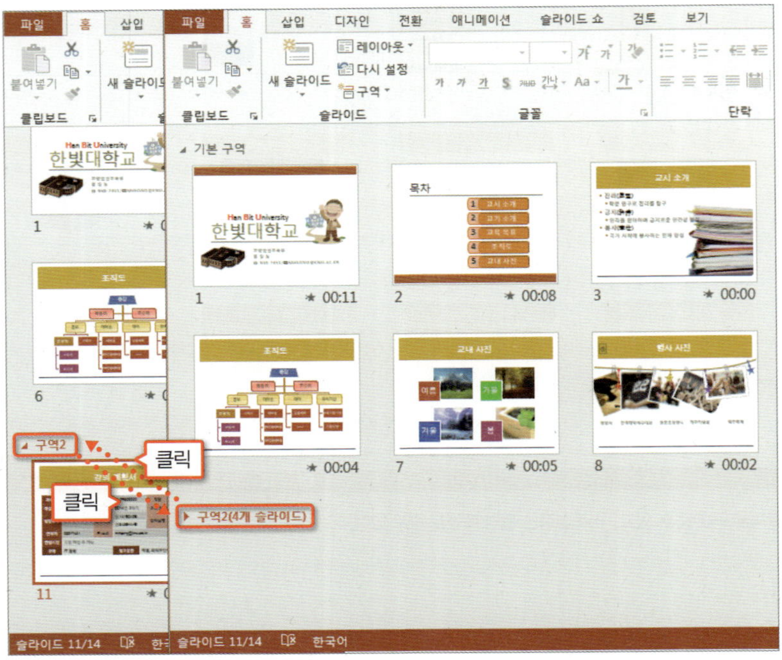

04 구역 제거하기

❶ 제거할 구역을 선택하고 ❷~❹ [홈] 탭–[슬라이드] 그룹–[구역]–[구역 제거]를 클릭하면 선택한 구역이 제거된다.

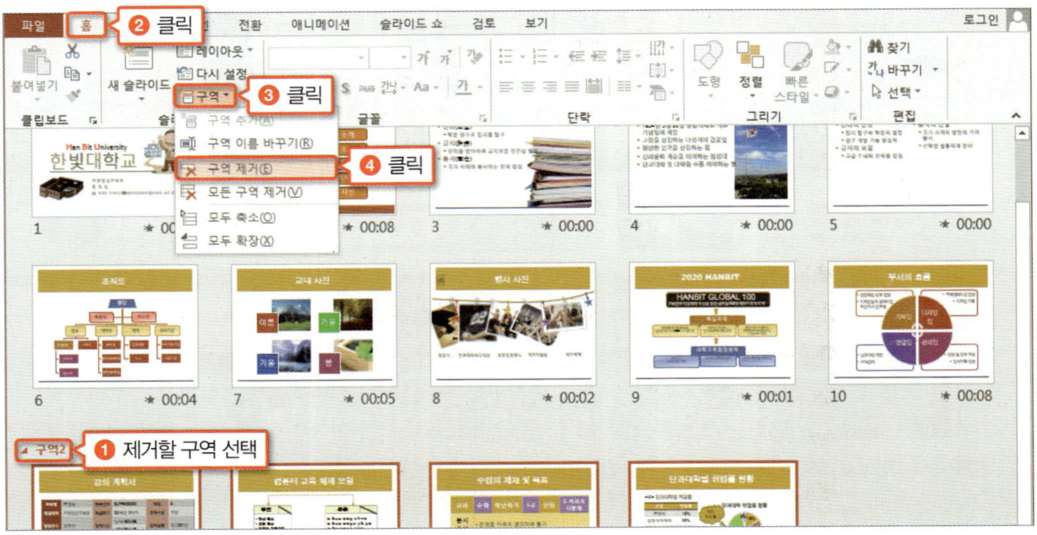

01 화면 크기 변경하기

❶~❷ [디자인] 탭–[사용자 지정] 그룹–[슬라이드 크기] 클릭한 후 ❸ [표준(4:3)]을 선택하면 화면이 4:3 비율로 변경된다.

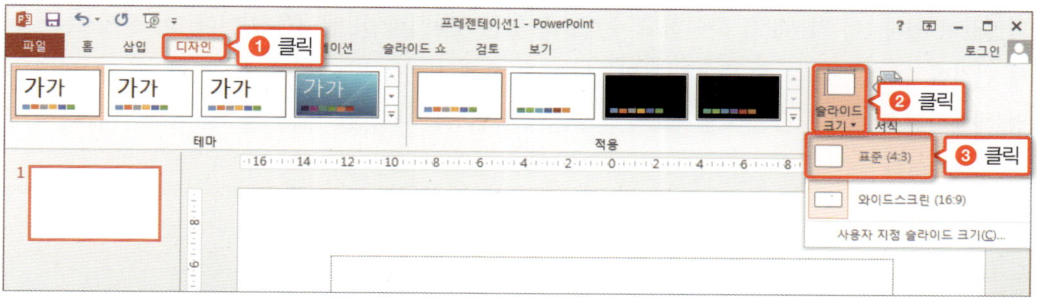

02 변경한 화면 크기를 테마로 저장하기

변경한 화면 크기를 테마로 저장해두면 화면을 매번 조정할 필요가 없어 편리하다. 이를 테마로 저장하기 위해 ❶~❸ [디자인] 탭–[디자인] 그룹 아래의 (자세히)–[현재 테마 저장...]을 클릭한다. ❹ [현재 테마 저장] 대화상자에서 파일 이름을 설정하고 ❺ [저장]을 누른다. 저장한 테마는 [디자인] 탭–[테마] 그룹 옆의 (자세히)에서 사용자 지정 테마를 선택해 사용할 수 있다.

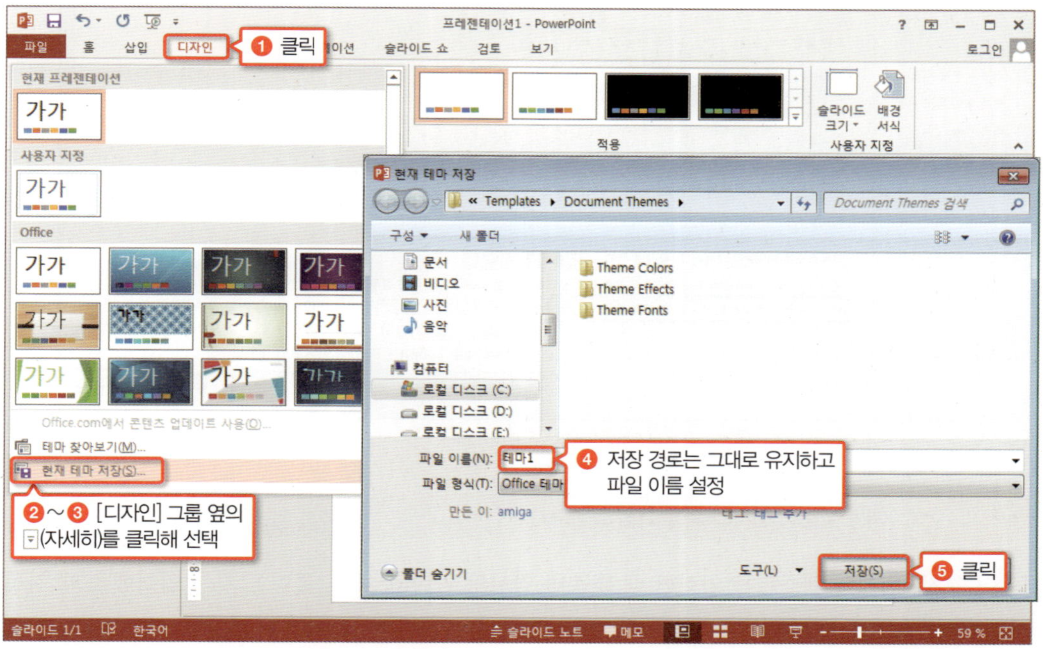

SECTION ---------- IT COOKBOOK

02 유용한 옵션 기능 익히기

파워포인트에서는 프로그램을 사용하는 과정에서 사용자가 편리하게 사용할 수 있도록 미리 설정해둔 기본값이 있다. 이 기본값을 확인하고 수정할수 있는 곳이 [파일] 탭–[옵션]이다. 이 절에서는 [옵션]에서 변경할 수 있는 기능 중 특별히 알아두면 좋은 유용한 기능 몇 가지를 소개한다. 각 항목을 직접 설정/해제하면서 변화 모습을 확인해보자. [옵션]에서 변경된 내용은 파워포인트를 종료한 후 다시 실행하여야 적용된다.

기본 예제 미니 도구 모음 표시하기와 실시간 미리 보기 해제하기

[일반] 탭에서 미니 도구 모음 표시와 실시간 미리 보기를 해제할 수 있다. ❶ [일반] 탭을 클릭한 후 ❷ 미니 도구 모음과 실시간 미리 보기에 대한 부분의 체크 해제하고 ❸ [확인]을 누른다.

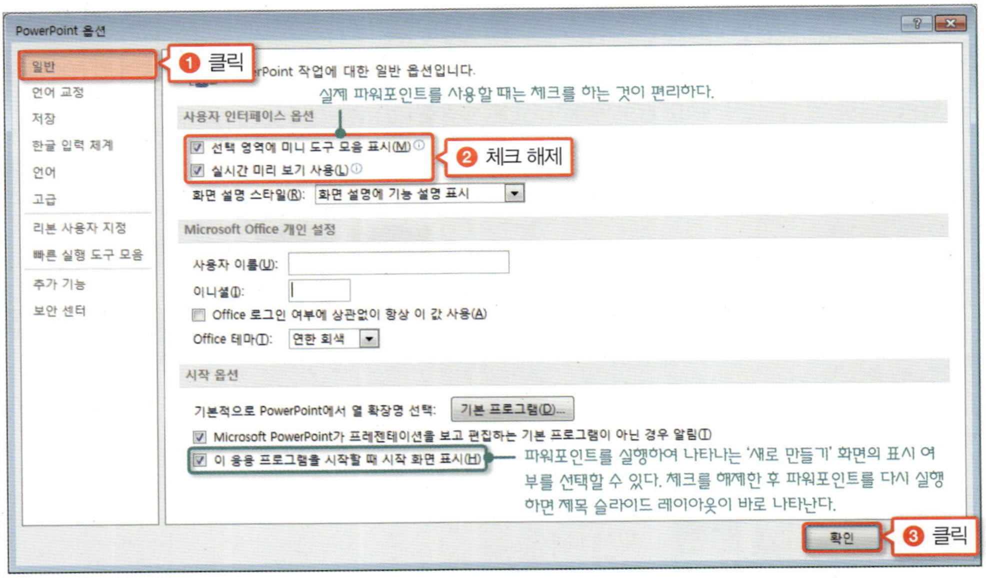

기본 예제 자동 맞춤법 검사와 자동 고침 설정하기

[언어 교정] 탭에서 텍스트를 입력할 때 맞춤법 검사와 관련된 기능, 틀린 글자를 입력했을 때 자동으로 오류 수정 기능과 자동 고침 옵션을 설정할 수 있다. ❶ [언어 교정] 탭을 클릭한 후 ❷ 자동 고침 옵션과 맞춤법 검사와 관련된 항목을 체크하고 ❸ [확인]을 누른다.

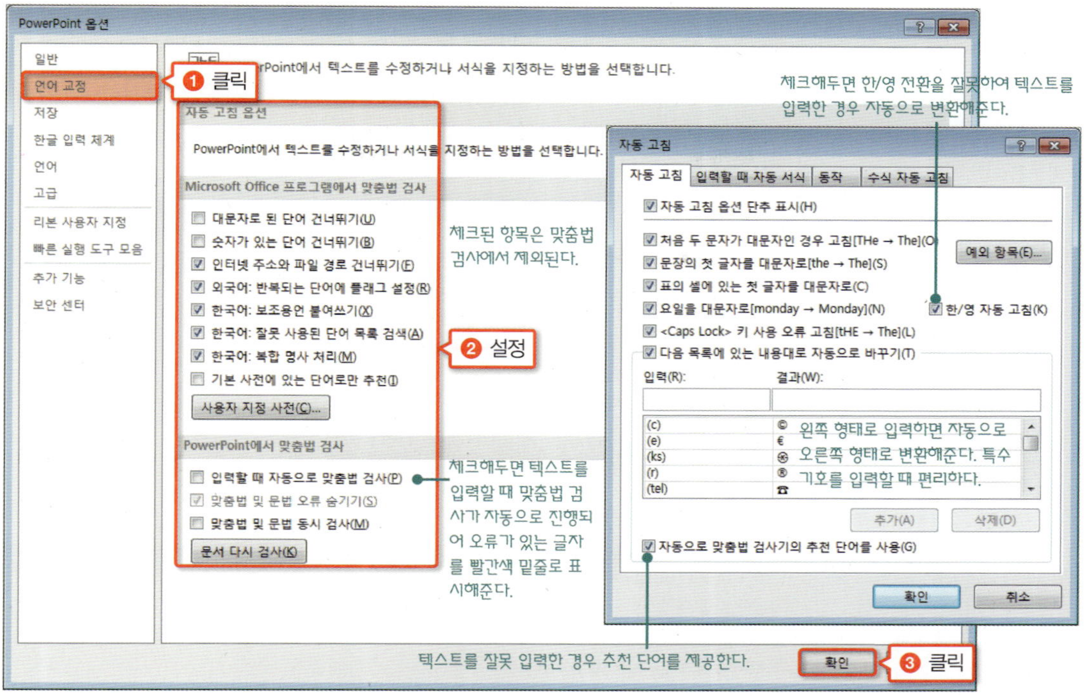

기본 예제 파일 자동 저장 간격 설정하기

[저장] 탭에서 파워포인트가 파일을 자동으로 저장하는 주는 시간 간격을 설정할 수 있는데 기본적으로 10분마다 자동으로 저장되도록 설정되어 있다. ❶ [저장] 탭을 클릭한 후 ❷ 프레젠테이션 저장에서 '자동 복구 정보 저장 간격'을 입력하고 ❸ [확인]을 누른다.

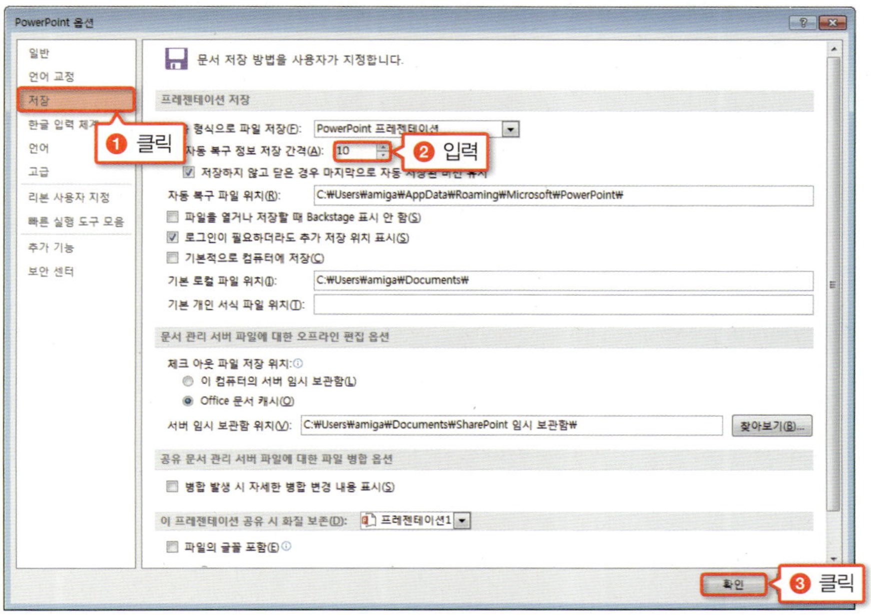

기본 예제 > 편집/표시/슬라이드 쇼/인쇄와 관련된 다양한 설정하기

[고급] 탭에서 슬라이드에서 텍스트나 개체들의 서식을 편집하는 과정과 관련된 사항을 설정할 수 있다. ❶ [고급] 탭을 클릭한 후 ❷ 각 항목에 대한 설명을 참고하여 적절히 설정하고 ❸ [확인]을 누른다.

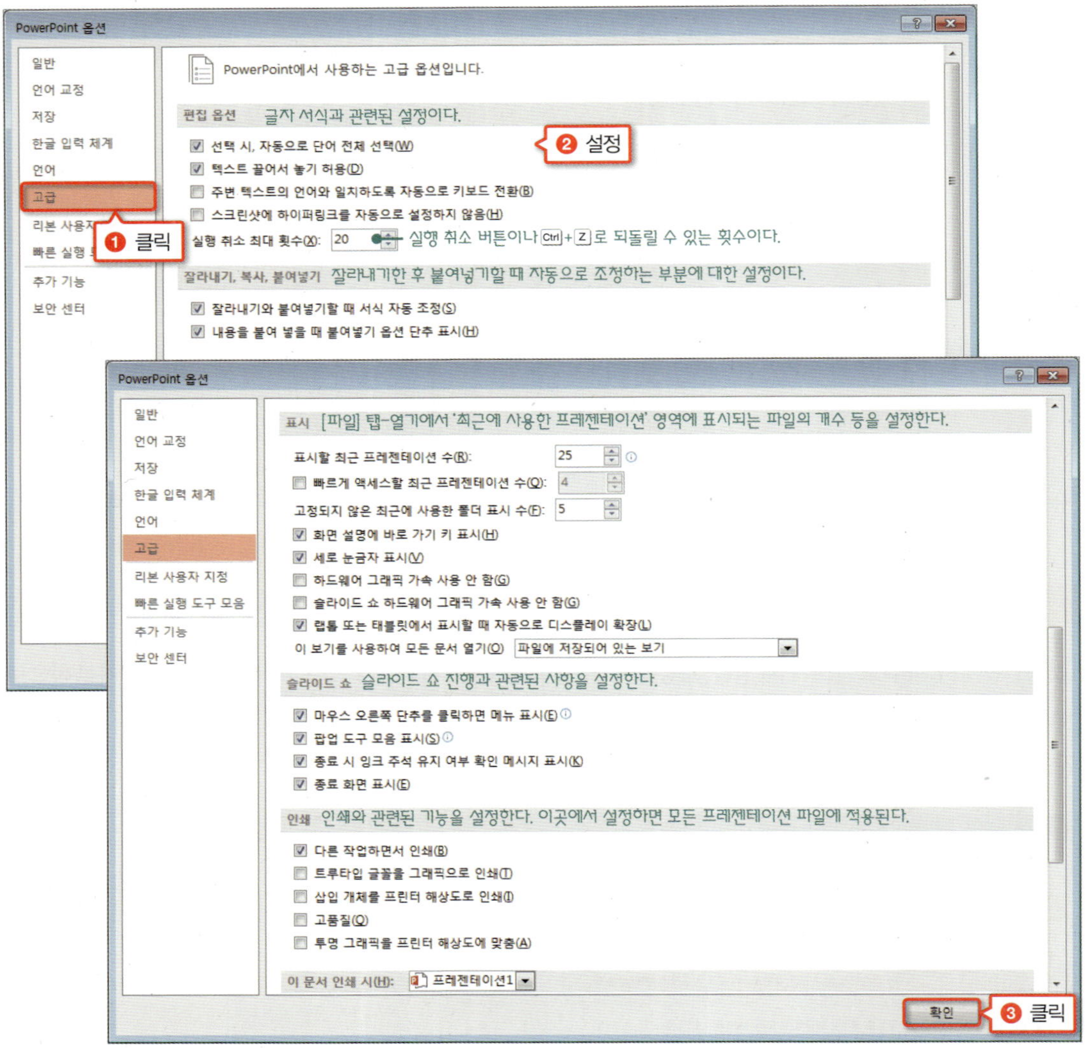

기본 예제 > 리본 메뉴 추가/제거하기

❶ [리본 사용자 지정] 탭을 클릭한 후 ❷ 왼쪽 명령 선택 영역에서 추가할 명령을 선택하고 [추가]를 눌러 추가하거나 오른쪽 명령 선택 영역에서 제거할 명령을 선택하고 [제거]를 눌러 제거한 후 ❸ [확인]을 누른다.

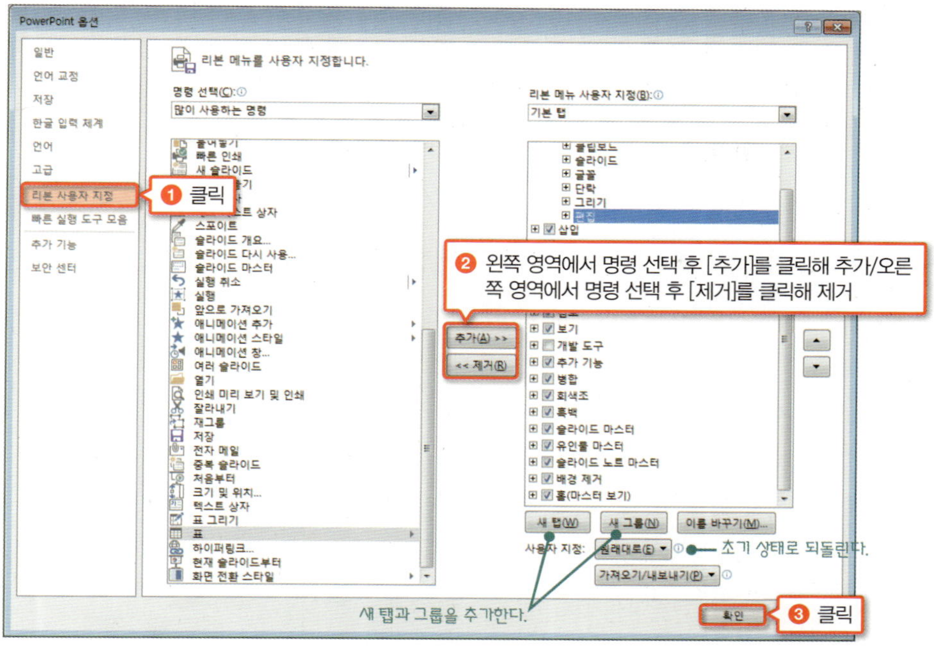

기본 예제 빠른 실행 도구 모음 등록하기

❶ [빠른 실행 도구 모음] 탭을 클릭한 후 ❷~❸ 명령 선택 영역에서 등록할 명령을 선택하고 ❹ [추가]를 누른 후 ❺ [확인]을 누른다.

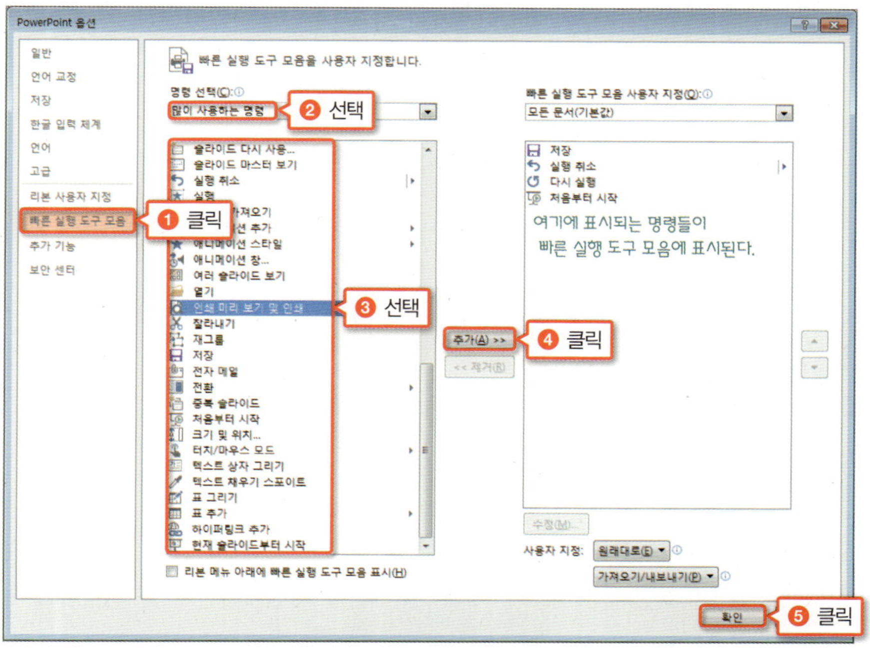

종합 예제

IT COOKBOOK

01 9장 종합예제에서 만든 파일을 가지고 다양한 형식으로 저장해보자.

1) 3번과 4번 슬라이드를 PNG 그림 파일 형식으로 저장해보자.
2) 전체 슬라이드를 JPEG 그림 파일 형식으로 저장해보자.
3) 전체 슬라이드를 한 페이지에 2장씩 포함되게 PDF 파일로 저장해보자.
4) 슬라이드를 파일 형식이 WMV인 동영상으로 저장해보자.
5) 주어진 파일에서 표지와 목차 슬라이드를 '서론', 내용 부분인 3번과4번 슬라이드를 '본론', 마지막 동영상 슬라이드를 '결론'으로 구분하여 구역으로 나누어 슬라이드를 관리해보자.

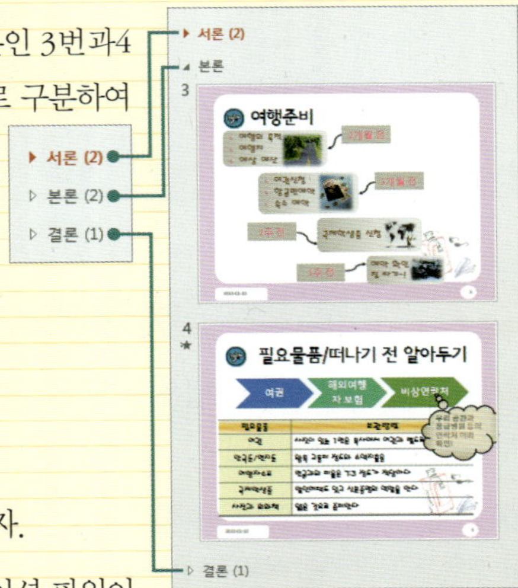

❶ 슬라이드 보기 영역에서 구역을 모두 축소한다.
❷ 본론 부분만 표시되도록 한다.
❸ 출력 시 본론 구역만 출력하도록 구역을 선택한다.

02 파워포인트 옵션 기능을 사용하여 다음과 같이 지정해보자.

1) D: 드라이브에 '본인이름'으로 폴더를 만든 후, 프레젠테이션 파일이 기본으로 저장되는 폴더로 지정한다.
2) Office 테마의 색상을 '연한 회색'으로 변경한다.
3) 프레젠테이션 파일의 자동 복구 정보 저장 간격을 15분으로 변경한다.
4) 한/영 자동고침 기능을 해제한다.
5) 글자를 입력할 때 자동으로 맞춤법 검사 기능을 해제한다.
6) 실행 취소 최대 횟수를 30으로 수정한다.
7) 빠른 실행 도구에 자주 사용하는 명령들을 추가하여 다음과 같은 순서대로 지정한다.

8) 파워포인트를 시작할 때 시작 화면 없이 바로 슬라이드 화면이 나타나도록 지정한다.
9) 리본 메뉴의 순서에서 [디자인] 탭을 [삽입] 탭 앞으로 이동시킨다.
10) 파일 열기를 할 때의 백스테이지 화면에서 '빠르게 액세스할 최근 프레젠테이션 수'를 선택하고 숫자 값을 5로 변경한다.

[엑셀 찾아보기]

ㅍ ㅎ

[파워포인트 찾아보기]

[기호/알파벳]

ㄱ ㄴ ㄷ